1th Edition 개편된 시험제도 완벽대비!

2023
백광훈
경찰형사법
필기노트
Handwriting Notes

백광훈 편저

경단기

박영사

머리말

백광훈 경찰형사법 필기노트 2023년 대비판

본서는 경찰공무원 공개경쟁채용시험(순경공채), 경찰공무원 경력경쟁채용시험(전의경·경행·법학경채), 해양경찰공무원 공개경쟁채용시험(해경공채), 경찰간부후보생 선발시험(경찰간부) 및 경찰공무원 정기 승진시험(경찰승진) 등을 준비하는 수험생들을 위한 전문수험서이다.

2022년 7월, 필자는 서울 경단기학원에 출강하게 됨에 따라, 위에서 나열한 시험들을 준비하는 수험생들만을 위한 경찰형사법 전용 기본서, 판례집, 기출문제집, OX문제집 등의 강의 교재 시리즈를 모두 새롭게 다시 만들게 되었다. 이러한 차제에 필자의 경찰형사법 강의를 듣는 수강생들을 위한 강의판서집의 기능을 하는 필기노트를 만들어내었으니, 그것이 바로 '백광훈 경찰형사법 필기노트'이다.

특히 최근 경찰공무원 시험과목이 개편되어 형사법에서는 형법총론 35%, 형법각론 35%, 형사소송법의 수사와 증거 30%의 비중으로 출제되고 있는바, 본서는 개편된 시험제도를 철저히 반영하여 ① 경찰형법총론·경찰형법각론과 ② 경찰형사소송법(수사·증거)으로 이루어져 있으며, ③ 권말부록에서는 다양한 정리자료도 제공하고자 하였다.

『백광훈 경찰형사법 필기노트』의 출간목적과 그 특징을 소개하자면 아래와 같다.

1. 필기노트는 누구를 위한 것인가를 분명히 하기 위해 필자는 본서의 활용주체를 다음과 같이 보았다.
   - 경찰형사법의 기본개념의 이해와 정리가 필요한 초보 수험생
   - 경찰형법총론 분야의 어려운 이론을 쉽게 정리하고자 하는 수험생
   - 경찰형사소송법 분야의 절차의 흐름을 쉽게 파악하고자 하는 수험생

2. 필기노트의 쓰임새를 고려하여 다음과 같은 효과를 거둘 수 있도록 하였다.
- 강의판서를 사전에 제공함으로써 강의 수강 전 원활하게 예습할 수 있도록 함
- 강의판서 받아쓰기에 대한 시간적 부담을 덜어냄으로써 강의 수강에 집중할 수 있도록 함
- 강의 중에 판서한 내용뿐만 아니라 중요하게 언급한 멘트도 수록함으로써 수험생이 실제 강의를 수강하면서 많은 양의 판서를 받아쓸 필요 없이 강의를 따라올 수 있도록 함
- 강의 수강 후 복습을 시작할 때 강의내용 전반을 쉽게 리마인드하여 효과적으로 복습할 수 있도록 함
- 학원모의고사, 전국모의고사, 실전시험의 각 최종 정리단계에서 그동안 학습한 내용을 빠르게 정리할 수 있도록 함

3. 필기노트임에도 최근 개정법령 및 최신판례와 어긋나지 않도록 하였다.
- 필자의 기본서 및 판례집에 수록된 최근 개정법령 및 최신판례와 일치시킴으로써 일관된 학습을 할 수 있도록 함

4. 백광훈 경찰형사법 강의교재 시리즈의 제작원칙에 따라 심플한 디자인을 추구하였다.

아무쪼록 본서가 이상에서 나열한 목적을 충실히 수행하여 경찰형사법을 준비하는 독자 여러분의 형사법 실력 향상과 고득점 합격에 이바지하기를 바란다. 공부를 진행하면서 어려운 부분은 필자의 다음카페 백광훈형사법수험연구소에 질문해주시길 바란다. 끝으로 필자의 까다로운 요청을 전면적으로 수용해주시고 꼼꼼하게 본서를 제작해주신 도서출판 박영사의 임직원님들에게 심심한 감사의 말씀을 기록해둔다.

2022년 6월
백 광 훈
학습문의 | cafe.daum.net/jplpexam (백광훈형사법수험연구소)

구성과 특징

1. 현장강의 판서의 완벽한 재현!

강의 수강 시 필기시간을 절약함으로써 집중해서 강의를 들을 수 있을 뿐만 아니라, 강의 수강 전 원활한 예습과 시험직전 빠른 회독이 가능하도록 구성하였습니다.

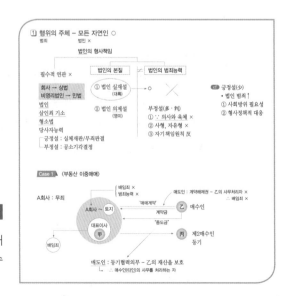

2. 가독성의 극대화를 위한 사례와 판례의 도식화!

사례와 판례를 도표로 표현함으로써 보다 명확하게 내용을 파악하고, 체계적으로 암기할 수 있으며, 강의 수강 후 효과적인 복습이 가능하도록 구성하였습니다.

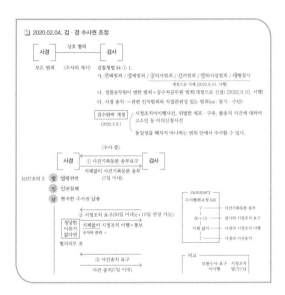

3. 최신 개정법령 완벽반영!

형법 및 형사소송법의 최신 개정사항을 완벽하게 반영하여 효율적인 학습과 필수개념 정립이 가능하고, 수험의 강약을 조절할 수 있도록 구성하였습니다.

4. 필수 암기사항 완벽정리!

반드시 숙지해야 할 암기사항들을 부록으로 한데 모아 수록하였고, 백광훈 교수님만의 두문자 정리를 통해 외우기 어려운 암기사항들을 직관적으로 연상시킬 수 있도록 구성하였습니다.

---

1. 최형법정주의의 내용
   법률주의
   소급효금지원칙
   명확성원칙
   유추해석금지원칙
   적정성원칙(법/소/명/유/적)

2. 추급효 부정 - 면소/무죄/경한신법
   양 벌규정 개정-사업주에 대한 면책규정 신설
   (과실책임설)
   자동차 운수사업법(벌금형 → 과태료)
   내 부자 거래-단순등록법인
   청 소년 숙박업소 출입허용
   개 고기 판매목적 진열
   해직 교원 노조가입 허용
   추 행목적적 유인
   위 계간음
   소 규모 종교회장, 대중음식점
   화 학용품 폐지시 검정 폐지
   자 동차 폐지시 원동기 재사용
   훈 전면허 취소-무면허운전
   재 산명시의무 위반-채무자
   미체 광 봉박주
   강 요죄 벌금형 선택가능
   약 효광고
   정 비사업전문관리업-무등록자 벌칙조항 삭제
      치자금법상 연간 후원금 모금 한도액
      : 전년도 이월금 포함 ○ → 포함 ×
   영 상물등급위원회임원-허위공문서작성죄 ×
      (단, 수뢰죄는 공무원취급)

   유 가증권, 우표와 인지에 관한 죄 - 외국 - 포함
   문 서에 관한 죄 중 제225조 내지 제230조 - 公
   인 장에 관한 죄 중 제238조 - 公
   (내/외/국/통/유/문/인)

4. 친족상도례
   직 계혈족, 배우자, 동거친족,
   동 거가족 또는 그 배우자
   (직/배/동/동/배)
   ※ 친족 범위
      - 혈족 8촌 이내
      - 인척 4촌 이내
   배 우자의 혈족
   혈 족의 배우자
   배 우자의 혈족의 배우자
   (배 - 혈/혈 - 배/배 - 혈 - 배)

5. 친고죄
   비 밀침해죄, 업무상비밀누설죄, 모욕죄,
   (사 자명예훼손죄, 재 산죄 중 친족상도례
   (비/누/모/사/재)

6. 반의사불벌죄
   외국원수·외국사절에 대한 폭 행·협 박·명예훼손·
   모욕죄, 외국국기·국장모독죄
   폭 행·존속폭행죄 → 폭행치사상 ×, 특수폭행 ×
   과 실치상죄 → ~치사 ×, 업무상 ×
   협 박·존속협박죄 → 특수협박 ×
   명 예훼손죄

차례

형벌론

차례

PART 02
형법각론

개인적 법익에 대한 죄

사회적 법익에 대한 죄

국가적 법익에 대한 죄

차례

MEMO

PART 01

형법총론

형법의 일반이론

01 | 형법의 기본개념 |

① 형법의 의의

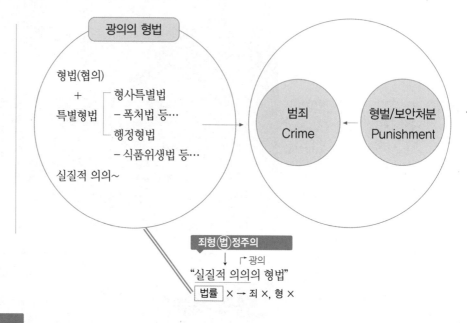

→ 형법 조문
협의의 형법
★ 형법
형식적 의의~

형법-what. 실체법

광의의 형법

형법(협의)
　+
특별형법
　　├ 형사특별법
　　　– 폭처법 등…
　　└ 행정형법
　　　– 식품위생법 등…
실질적 의의~

범죄
Crime

형벌/보안처분
Punishment

죄형(법)정주의
　↓　　┌ 광의
"실질적 의의의 형법"
법률 × → 죄 ×, 형 ×

How. 절차법(소송법)

절차

수사 → │공소│ → 재판–형집행

– 가설적 규범
– 행위규범 & 재판규범
　　├ 금지위반 : 작위범
　　└ 명령위반 : 부작위범
– 의사결정규범 & 평가규범

총론

총칙(일반원칙 : §1~§86) – 일반적 규정
　└ 모든 범죄와 형벌에 적용

책임을 근거로 한 법익박탈

일반이론	범죄론	형벌론
1. 기본개념	1. 일반이론	1. 의의 & 종류 → §41
2. 죄형법정주의★	2. 구성요건　Beling	2. 경중
3. 적용범위★	+　　3단계체계	3. 양정
4. 이론	3. 위법성	4. 누범
	+　→ 범죄성립	5. 선고유예
	4. 책임　　|	집행유예★
	유죄	가석방
	5. 미수	6. 시효 · 소멸 · 기간
	6. 공범	7. 보안처분
	7. 특수형태	
	8. 죄수론	

각론

각칙(개별범죄 : §87~§372) – 법익삼분설
└→ 해당 범죄에만 적용

개인적 법익	사회적 법익	국가적 법익
생명 · 신체 　┌ 살인 　├ 상해 · 폭행 　├ 과실치사상 　├ 낙태 　└ 유기 · 학대	공공의 안전 · 평온 　┌ 공안 　├ 폭발물 　├ 방화 · 실화 　├ 일수 · 수리 　└ 교통방해	국가의 존립 · 권위 　┌ 내란 　├ 외환 　├ 국기 　└ 국교
자유 　┌ 협박 · 강요 　├ 체포 · 감금 　├ 약취 · 유인 · 인신매매 　└ 강간 · 추행	공공의 신용* 　┌ 통화 　├ 유가증권 　├ 문서 　└ 인장	국가의 기능 　┌ 공무원의 직무 　├ 공무방해 　├ 도주 · 범인은닉 　├ 위증 · 증거인멸 　└ 무고
명예 · 신용 · 업무 　┌ 명예훼손 　└ 신용 · 업무	공중의 건강 　┌ 먹는 물 　└ 아편	

*	근대	현대
	개인의 자유↑	행정국가
	야경국가	복지국가

개인적 법익 (계속)

사생활의 평온
　┌ 비밀침해
　└ 주거침입

재산*
　┌ 일반이론
　├ 절도
　├ 강도
　├ 사기*
　├ 공갈
　├ 횡령*
　├ 배임*
　├ 장물
　├ 손괴
　└ 권리행사방해

사회적 법익 (계속)

사회의 도덕
　┌ 성풍속
　├ 도박
　└ 신앙

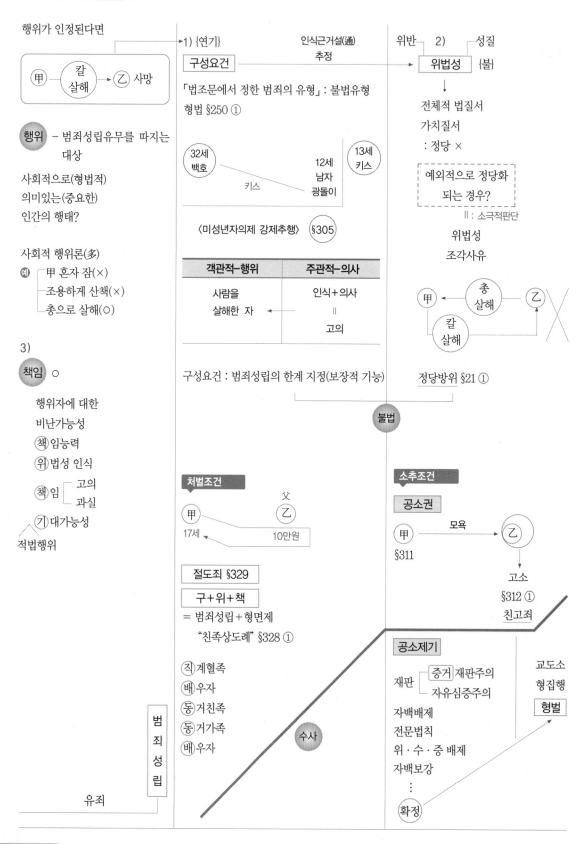

행위가 인정된다면

▶1) (연기)

구성요건

「법조문에서 정한 범죄의 유형」: 불법유형

형법 §250 ①

인식근거설(通)
추정

위반 — 2) — 성질

위법성 (불)

전체적 법질서
가치질서
: 정당 ×

┌─ 예외적으로 정당화
│   되는 경우?
└─ ‖ : 소극적판단

위법성
조각사유

(甲) 칼 살해 → (乙) 사망

행위 – 범죄성립유무를 따지는
대상

사회적으로(형법적)
의미있는(중요한)
인간의 행태?

사회적 행위론(多)
(예) ┬ 甲 혼자 잠(×)
     ├ 조용하게 산책(×)
     └ 총으로 살해(○)

(32세
백호) ─── 키스 ─── (12세
남자
광돌이)   (13세
키스)

〈미성년자의제 강제추행〉 (§305)

객관적–행위	주관적–의사
사람을
살해한 자 ←	인식+의사
‖
고의

구성요건 : 범죄성립의 한계 지정(보장적 기능)

(甲) ← 총
살해 (乙) ×
칼
살해

정당방위 §21 ①

(불법)

3)
책임 ○

행위자에 대한
비난가능성
(책)임능력
(위)법성 인식
(책)임 ┬ 고의
        └ 과실
(기)대가능성
적법행위

처벌조건

(甲)   父
(乙)
17세 ← 10만원

절도죄 §329

구+위+책
= 범죄성립+형면제
"친족상도례" §328 ①

(직)계혈족
(배)우자
(동)거친족
(동)거가족
(배)우자

소추조건

공소권

(甲) ── 모욕 → (乙)
§311

고소
§312 ①
친고죄

공소제기

재판 ┬ 증거 재판주의
      └ 자유심증주의
자백배제
전문법칙
위·수·증 배제
자백보강
 ⋮
(확정)

교도소
형집행
형벌

범
죄
성
립

(수사)

유죄

② 형법의 기능〈보호/보장/사회보호/범죄규제〉

보호(○)/보장(○)/사회보호(×)/범죄규제(×)

(1) 보호적 기능
└ 법익, 사회윤리적 행위가치 모두 보호

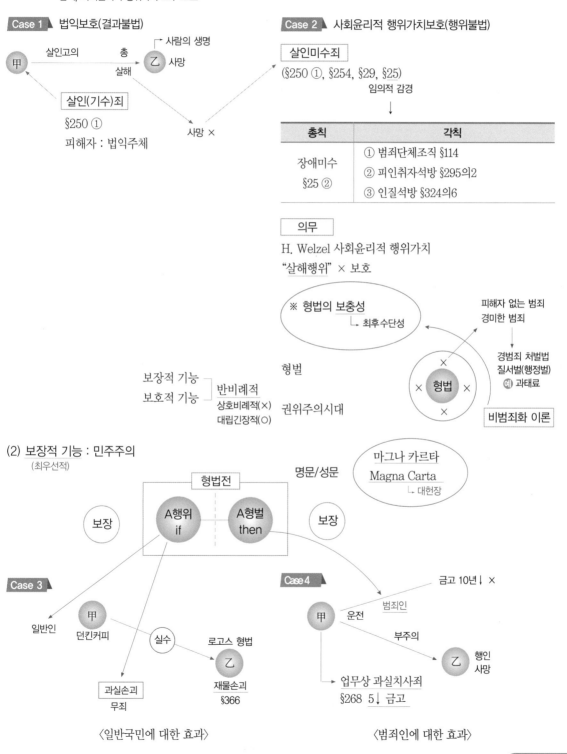

Case 1 법익보호(결과불법)

甲 ──살인고의──총·살해──→ 乙 사망
  ┌ 사람의 생명
살인(기수)죄
§250 ①
피해자 : 법익주체
사망 ×

Case 2 사회윤리적 행위가치보호(행위불법)

살인미수죄
(§250 ①, §254, §29, §25)
          임의적 감경
              ↓

총칙	각칙
장애미수 §25 ②	① 범죄단체조직 §114 ② 피인취자석방 §295의2 ③ 인질석방 §324의6

의무

H. Welzel 사회윤리적 행위가치
"살해행위" × 보호

※ 형법의 보충성
└ 최후수단성

피해자 없는 범죄
경미한 범죄
    ↓
경범죄 처벌법
질서벌(행정벌)
예 과태료

× 형법 ×
비범죄화 이론

보장적 기능 ┐ 반비례적
보호적 기능 ┘ 상호비례적(×)
            대립긴장적(○)

형벌

권위주의시대

(2) 보장적 기능 : 민주주의
(최우선적)

형법전
A행위 if ┆ A형벌 then

보장   보장

명문/성문

마그나 카르타
Magna Carta
└ 대헌장

Case 3

일반인

甲 던킨커피 ──실수──→ 乙 로고스 형법 재물손괴 §366

과실손괴
무죄

〈일반국민에 대한 효과〉

Case 4

금고 10년↓ ×
범죄인
甲 ──운전── 부주의 ──→ 乙 행인 사망

└ 업무상 과실치사죄 §268 5↓ 금고

〈범죄인에 대한 효과〉

└ 법적안정성

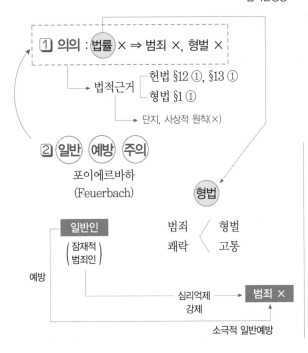

① 의의 : 법률 × ⇒ 범죄 ×, 형벌 ×

└ 법적근거 ┬ 헌법 §12 ①, §13 ①
           └ 형법 §1 ①
           └ 단지, 사상적 원칙(×)

② 일반 예방 주의

포이에르바하
(Feuerbach)

형법

일반인   범죄 / 형벌
(잠재적   쾌락 / 고통
 범죄인)

예방   └ 심리억제 → 범죄 ×
            강제
            소극적 일반예방

cf 특별예방주의 × → 효과적인 형벌

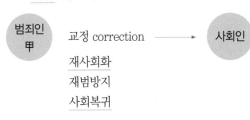

범죄인 甲   교정 correction   사회인

재사회화
재범방지
사회복귀

법률에 정해져 있지 않아도 상관없다.
→ 죄형법정주의 관련 ×. 적극적 일반예방(준법정신)

③ 내용 : 파생원칙

법.소.명.유.적
근대(형식적 의의)

현대(실질적 의의)

(1) 법률 주의 ┬ 형식적 의의의 법률
             └ 실질적 의의의 형법

① 관습형법금지의 원칙

custom 관습 → 범죄성립 ×
              형벌가중 ×

관습은 형법의 법원(×)

예외 ⅰ) 관습 → 범죄성립조각(○)

     ⅱ) 관습 → 성문형법규정
        보충적   간접적
        해석자료(○) 법원성(○)

예
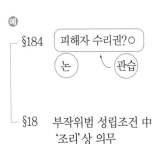
┌ §184 피해자 수리권?○
│   논 ╲ 관습
│
└ §18   부작위범 성립조건 中
         '조리'상 의무

② 포괄위임입법금지 원칙

법률 위임 ───→ 하위법규

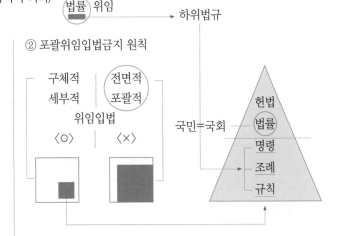

구체적 / 전면적
세부적 / 포괄적
위임입법
⟨○⟩ | ⟨×⟩

국민=국회

헌법
법률
명령
조례
규칙

위반 ○	위반 ×
외환관리규정	청소년 유해매체물
"기타범죄~	환각물질
선량한 풍속~"	학교환경위생구역 PC방 금지
	농협-특가법 시행령-정부관리기업체
약국관리 필요한 사항	게임머니 등 이와 유사한 것

(2) <u>소급효 금지</u> 원칙 : 행위시법 주의, 형벌불소급 원칙, 사후입법금지

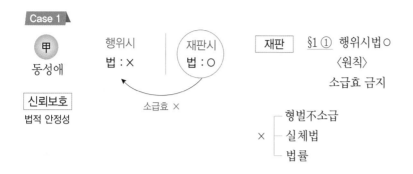

Case 1

甲
동성애

행위시
법 : ×

재판시
법 : ○

소급효 ×

신뢰보호
법적 안정성

재판 §1 ① 행위시법 ○
〈원칙〉
소급효 금지

┌ 형벌不소급
× ─ 실체법
└ 법률

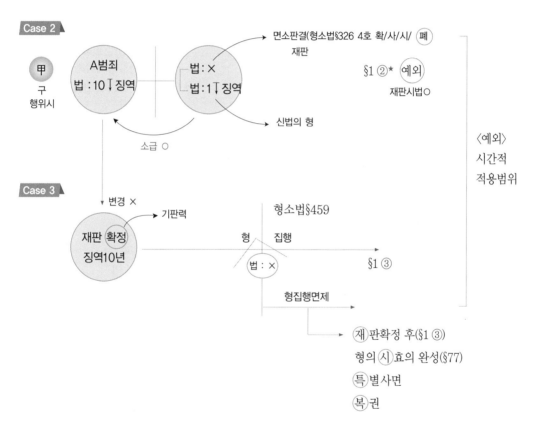

Case 2

甲
구
행위시

A범죄
법 : 10↓징역

법 : ×
법 : 1↓징역

소급 ○

면소판결(형소법§326 4호 확/사/시/ 폐)
재판

§1 ②★ 예외
재판시법 ○

신법의 형

〈예외〉
시간적
적용범위

Case 3

변경 ×
기판력

재판 확정
징역10년

형 집행
법 : ×

형소법§459

§1 ③

형집행면제

재판확정 후(§1 ③)
형의 시효의 완성(§77)
특별사면
복권

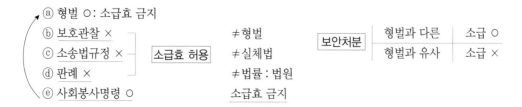

※ <u>소급효 금지 원칙의 적용범위</u>★★

ⓐ 형벌 ○ : 소급효 금지
ⓑ 보호관찰 × ┐
ⓒ 소송법규정 × │ 소급효 허용
ⓓ 판례 × │
ⓔ 사회봉사명령 ○ ┘

≠형벌
≠실체법
≠법률 : 법원
소급효 금지

보안처분	형벌과 다른	소급 ○
	형벌과 유사	소급 ×

보호관찰처분

Case 4

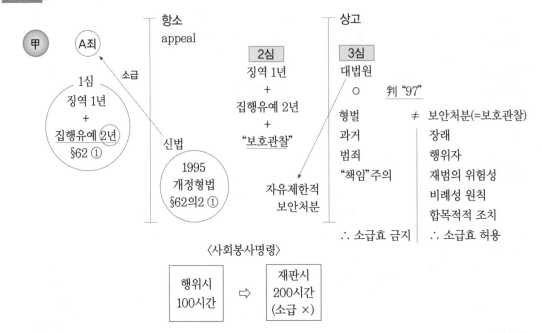

소송법 규정

Case 5

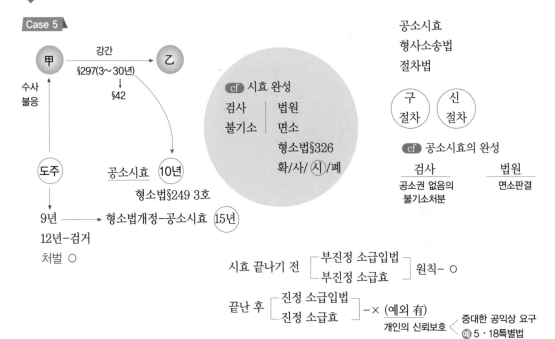

판례
우리	영국
독일	미국
프랑스	호주
일본	
대륙법계	영미법계
성문법	불문법

법률 ≠ 판례

Case 6 판례의 변경-소급효 허용

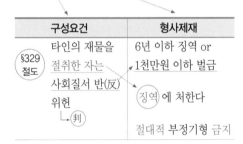

甲 A행위   判 죄 ×
처벌 ○   ○
                         "변경"

        재판   죄 ○ 判

cf 법원의 판례를 신뢰한 경우
§16. 정당한 이유 ○
↓
책임 ×
↓
무죄 ○

(3) 명확성 원칙 – '일반인' 의 기준에서 판단

구성요건	형사제재
§329 절도	타인의 재물을 절취한 자는 사회질서 반(反) 위헌 └판	6년 이하 징역 or 1천만원 이하 벌금 징역 에 처한다 절대적 부정기형 금지

• 법정형 장기 2년 이상 유기형
└ 법정형 범위 안에서 형의 단기–장기 定
• 정기형 可

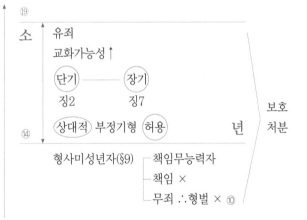

⑲
소   유죄
       교화가능성 ↑
       단기 ──── 장기
       징2   징7
⑭   상대적 부정기형 허용   년   보호처분

형사미성년자(§9) ─ 책임무능력자
              ─ 책임 ×
              ─ 무죄 ∴형벌 × ⑩

• 상대적 부정기형

소년	성인(19세 이상)	
허용	불허	도입고려 ○

(4) 유추해석 금지원칙 ★ 判

피고인에게
불리한 | 유리한
유추/확장
× | ○

위반 = 위헌

① 상관 면전 모욕죄 ≠ 전화
② 군용물 분실 ≠ 기망, 편취
  과실
③ 주민번호허위생성 ≠ 단순사용
④ 사이버 스토킹 ≠ 벨소리
  (음향)
⑤ 수령의무자 ≠ 전달의무자
⑥ 범죄수익 ≠ 횡령미수
⑦ 특수강도 강제추행 ≠ 준강도~
⑧ 무허가 중개업 ≠ 수수료 약속 ·
  수수료 취득   요구
  (기수)   (미수)
  미수범 처벌규정 ×
⑨ 부도수표 ≠ 허위사고 신고
⑩ 불법경품제공 ≠ 재매입
⑪ 모페드형 이륜자동차 ≠
    50cc 스쿠터
⑫ 게임결과에 따른 경품제공 ≠
    무관한 경품제공

Case 1

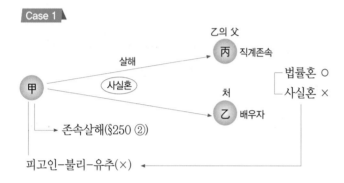

Case 2

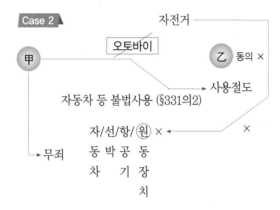

Case 3

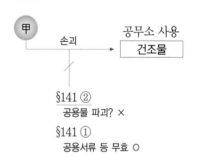

§141 ②
공용물 파괴? ×

§141 ①
공용서류 등 무효 ○

	공기업사장
특가법 수뢰죄 "공무원"	○
변호사법 알선수재 "공무원"	×

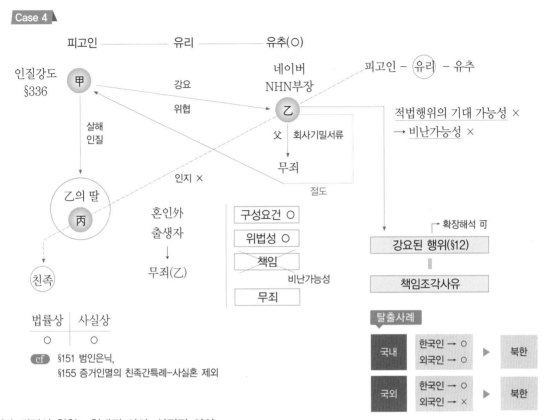

Case 4

피고인 ——— 유리 ——— 유추(○)

인질강도
§336　甲

乙　네이버 NHN부장 ——— 피고인 - 유리 - 유추

강요
위협

父　회사기밀서류

적법행위의 기대 가능성 ×
→ 비난가능성 ×

살해
인질

무죄

인지 ×

절도

乙의 딸
丙

혼인外
출생자
↓
무죄(乙)

구성요건 ○

위법성 ○

책임

비난가능성

무죄

친족

법률상 │ 사실상
　○　│　○

cf §151 범인은닉,
§155 증거인멸의 친족간특례–사실혼 제외

┌─ 확장해석 可

강요된 행위(§12)
‖
책임조각사유

탈출사례

국내　한국인 → ○
　　　외국인 → ○　▶　북한

국외　한국인 → ○
　　　외국인 → ×　▶　북한

(5) 적정성 원칙 : 현대적 의의, 실질적 의의

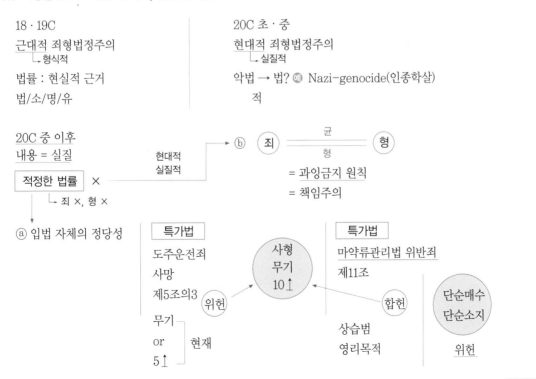

18 · 19C
근대적 죄형법정주의
└ 형식적
법률 : 현실적 근거
법/소/명/유

20C 초 · 중
현대적 죄형법정주의
└ 실질적
악법 → 법? 예 Nazi-genocide(인종학살)
　　적

20C 중 이후
내용 = 실질

적정한 법률 ×
└ 죄 ×, 형 ×

ⓐ 입법 자체의 정당성

현대적
실질적

ⓑ　죄 ──균── 형
　　　　형

= 과잉금지 원칙
= 책임주의

특가법
도주운전죄
사망
제5조의3

위헌

무기
or
5↑ ┤ 현재

사형
무기
10↑

특가법
마약류관리법 위반죄
제11조

합헌

상습범
영리목적

단순매수
단순소지

위헌

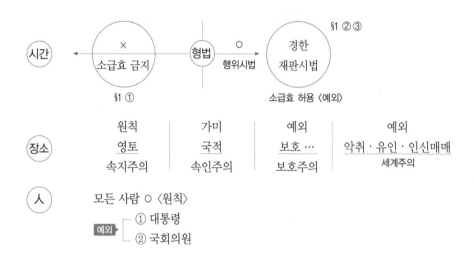

① 시간적 적용범위

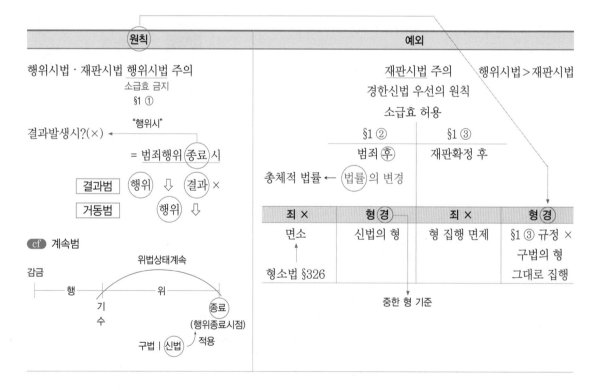

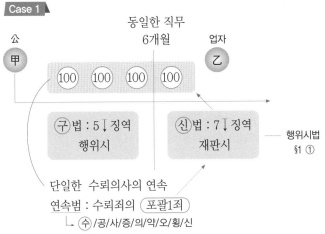

Case 1

동일한 직무
6개월

公
甲

업자
乙

(100) (100) (100) (100)

(구)법 : 5↓징역
행위시

(신)법 : 7↓징역
재판시

—— 행위시법
§1 ①

단일한 수뢰의사의 연속

연속범 : 수뢰죄의 (포괄1죄)

└─ (수)/공/사/증/의/약/오/횡/신

* 포괄1죄 도중 법률변경 : 형의 경중을 비교하지 않고 신법 적용

Case 2

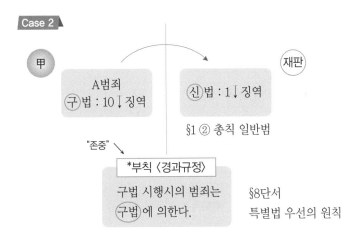

甲

A범죄
(구)법 : 10↓징역

(재판)

(신)법 : 1↓징역

§1 ② 총칙 일반범

"존중"

*부칙 〈경과규정〉

구법 시행시의 범죄는
(구)법에 의한다.

§8단서
특별법 우선의 원칙

(1) 한시법 : 유통기한이 명시 / 추급효 문제

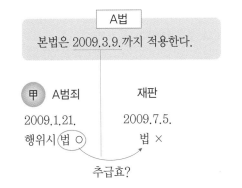

A법

본법은 2009.3.9.까지 적용한다.

ⓐ 부정설(多)

§1 ②
신법주의
경한 신법 우선
면소판결

ⓑ 긍정설(少)

유효기간 만기
범죄빈발 현상 방지
= 법의 실효성 보장
　§1 ① – 행위시의 법률
　구법주의
　유죄판결

甲 A범죄

2009.1.21.
행위시(법) ○

재판

2009.7.5.
법 ×

추급효?

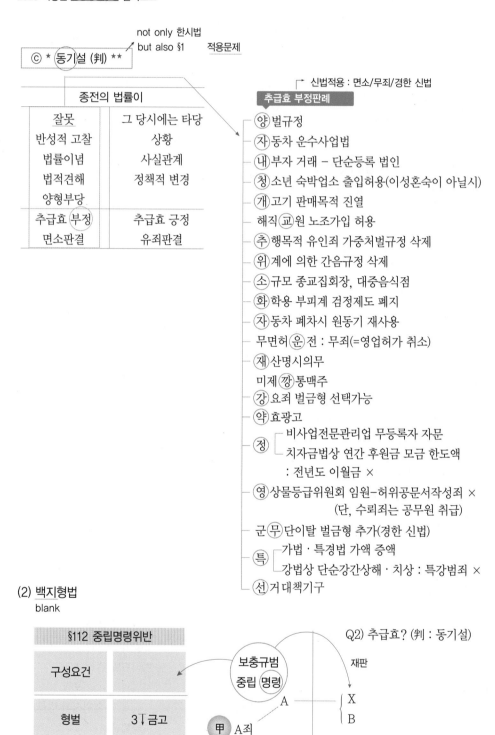

ⓒ * 동기설 (判) ** / not only 한시법 / but also §1   적용문제

신법적용 : 면소/무죄/경한 신법

추급효 부정판례

종전의 법률이	
잘못	그 당시에는 타당
반성적 고찰	상황
법률이념	사실관계
법적견해	정책적 변경
양형부당	
추급효 (부정)	추급효 긍정
면소판결	유죄판결

- 양벌규정
- 자동차 운수사업법
- 내부자 거래 – 단순등록 법인
- 청소년 숙박업소 출입허용(이성혼숙이 아닐시)
- 개고기 판매목적 진열
- 해직교원 노조가입 허용
- 추행목적 유인죄 가중처벌규정 삭제
- 위계에 의한 간음규정 삭제
- 소규모 종교집회장, 대중음식점
- 화학용 부피계 검정제도 폐지
- 자동차 폐차시 원동기 재사용
- 무면허운전 : 무죄(=영업허가 취소)
- 재산명시의무
- 미제깡통맥주
- 강요죄 벌금형 선택가능
- 약효광고
- 정 ┌ 비사업전문관리업 무등록자 자문
  └ 치자금법상 연간 후원금 모금 한도액
     : 전년도 이월금 ×
- 영상물등급위원회 임원–허위공문서작성죄 ×
              (단, 수뢰죄는 공무원 취급)
- 군무단이탈 벌금형 추가(경한 신법)
- 특 ┌ 가법 · 특경법 가액 증액
  └ 강법상 단순강간상해 · 치상 : 특강범죄 ×
- 선거대책기구

(2) 백지형법
blank

§112 중립명령위반	
구성요건	
형벌	3↓금고

보충규범
중립 명령

Q2) 추급효? (判 : 동기설)

재판

A → {X / B

甲 A죄

Q1) §1 ② '법률'의 변경? ○
∴ 총체적 법률상태

中 대한민국 日
        중립

② 장소적 적용범위

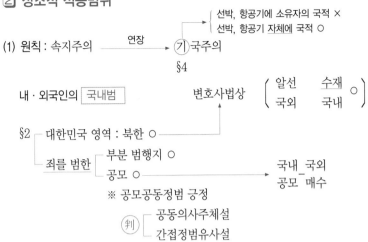

(1) 원칙 : 속지주의 ──연장──▶ ㉐국주의
§4
선박, 항공기에 소유자의 국적 ×
선박, 항공기 자체에 국적 ○

내·외국인의 국내범 변호사법상
알선 수재 ○
국외 국내

§2 ┬ 대한민국 영역 : 북한 ○
└ 죄를 범한 ┬ 부분 범행지 ○
├ 공모 ○ ──────▶ 국내 _ 국외
│ 공모 매수
└ ※ 공모공동정범 긍정
㉠ ┬ 공동의사주체설
└ 간접정범유사설

(2) 가미 : 속인주의

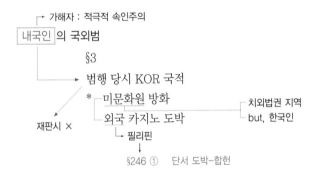

┌─▶ 가해자 : 적극적 속인주의
내국인 의 국외범
§3
└─▶ 범행 당시 KOR 국적
* ┬ 미문화원 방화 ──── ┬ 치외법권 지역
└ 외국 카지노 도박 └ but, 한국인
재판시 × └ 필리핀
↓
§246 ① 단서 도박−합헌

(3) 예외 : 보호주의

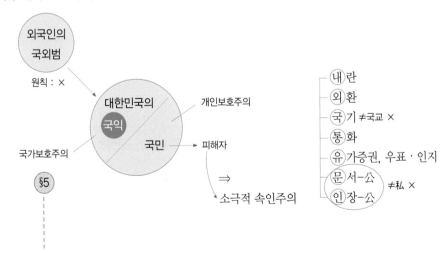

외국인의 국외범
원칙 : ×

대한민국의 국익 국민
개인보호주의
국가보호주의
§5

피해자
⇒
소극적 속인주의

┬ ㉯란
├ ㉮환
├ ㉰기 ≠국교 ×
├ ㉱화
├ ㉲가증권, 우표·인지
├ ㉳서−公
└ ㉴장−公 ≠私 ×

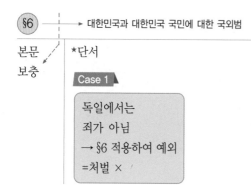

§6 ──→ 대한민국과 대한민국 국민에 대한 국외범

본문 ／ ★단서
보충

Case 1

독일에서는
죄가 아님
→ §6 적용하여 예외
=처벌 ×

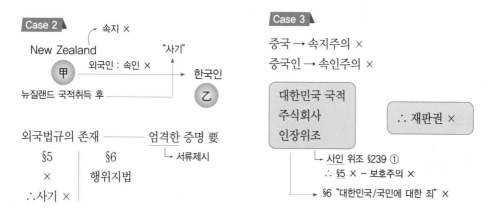

Case 2

─ 속지 ×
New Zealand "사기"
甲 ── 외국인 : 속인 × ──→ 한국인
뉴질랜드 국적취득 후 乙

외국법규의 존재 ─── 엄격한 증명 要
§5 │ §6 └→ 서류제시
× │ 행위지법
∴사기 × │

Case 3

중국 → 속지주의 ×
중국인 → 속인주의 ×

대한민국 국적
주식회사
인장위조

∴ 재판권 ×

└→ 사인 위조 §239 ①
∴ §5 × - 보호주의 ×
└→ §6 "대한민국/국민에 대한 죄" ×

Case 4

중국북경 대한민국 영사관 → 중국 ∴ 속지주의 ×
중국인 → 속인주의 ×
여권발급 신청서 위조
사문서 ∴ §5 ×
§6 "대한민국/국민에 대한 죄" ×
∴ 재판권 ×

(4) 세계주의 : 총칙상 규정 無, 각칙상 有, 판례 有

원칙 × 외국인의 국외범
인류의 공존-害-범죄 ⇒
자국형법

判 중국민항기 납치- 항공기운항안전관리법
└→ 재판권 ○
• 외국통화 위조(§207 ③) - 부분적 세계주의
• 약취 · 유인 · 인신매매(§287~) - 세계주의 신설(§296의2)

(5) 외국에서 형을 집행받은 경우의 처리

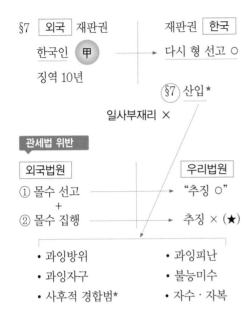

§7 [외국] 재판권   재판권 [한국]

한국인 甲 ⟶ 다시 형 선고 ○

징역 10년

§7 산입 ★

일사부재리 ×

[관세법 위반]

[외국법원]   [우리법원]

① 몰수 선고 ⟶ "추징 ○"
　　+
② 몰수 집행 ⟶ 추징 × (★)

- 과잉방위   • 과잉피난
- 과잉자구   • 불능미수
- 사후적 경합범*   • 자수 · 자복

③ **인적 적용범위**

모든 사람 ○

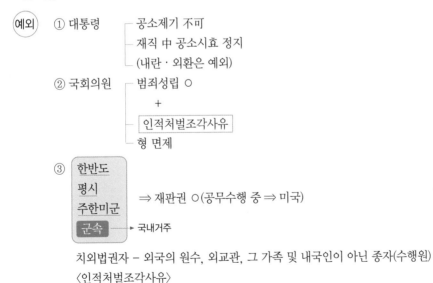

(예외) ① 대통령 ┌ 공소제기 不可
　　　　　　　├ 재직 中 공소시효 정지
　　　　　　　└ (내란 · 외환은 예외)

② 국회의원 ┌ 범죄성립 ○
　　　　　　├ 　　+
　　　　　　├ [인적처벌조각사유]
　　　　　　└ 형 면제

③ [한반도 평시 주한미군 군속] ⟹ 재판권 ○(공무수행 중 ⟹ 미국)
　군속 ▸ 국내거주

치외법권자 – 외국의 원수, 외교관, 그 가족 및 내국인이 아닌 종자(수행원)
〈인적처벌조각사유〉

CHAPTER

04 | 형법이론 |

① 응보형주의 : 책임주의

범죄 ──── 대응 ───→ 형벌
          보복

〈범죄의 책임만큼 형벌을 받는 것은 정의롭다〉

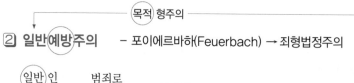

② 일반예방주의 – 포이에르바하(Feuerbach) → 죄형법정주의

일반인 범죄로
        인한   형벌의
        쾌락 <   고통

        심리   강제
                  억제   ──→ 범죄 ×

고전학파   구파 객관주의

③ 특별예방주의

범죄인   재사회화
            Correction
        교정
        형벌
            사회인

이탈리아	F.v.Liszt	교육형주의	사회방위이론
범죄실증주의 • Lombroso • 생래적 범죄이론 • Ferri • 범죄포화의 법칙	목적형주의 – 형벌의 사회교육적 기능 강조	• Liepmann • Lanza • Saidana	• Gramatica • 긴급적 사회방위이론 • Ancel • 신 사회방위이론

근 대 학 파
신파 주관주의

고전학파	근대학파
이성적 · 합리적 인간상 자유의사 ○, 비결정론 의사 → 행위 　객관적 사실 　객관주의 행위책임론	숙명적 · 환경순응적 인간상 자유의사 ×, 결정론 소결, 환경 → 성격 　주관적 특징 　주관주의 행위자책임론

MEMO

PART 01

형법총론

범죄론

제 1 절 범죄론의 기초

① 범죄의 성립요건

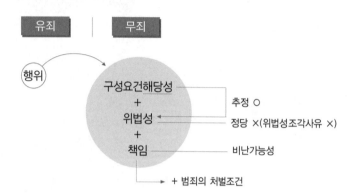

② 범죄의 처벌조건

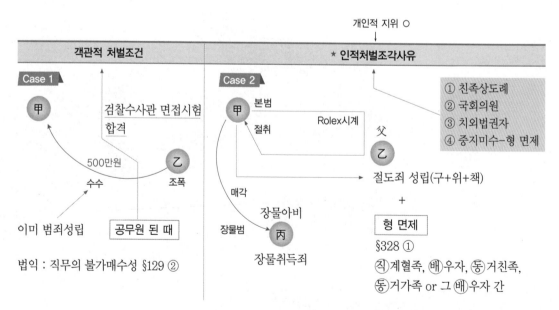

③ 범죄의 소추조건

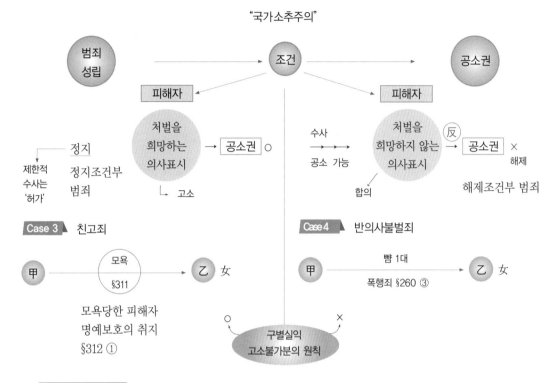

"국가소추주의"

범죄 성립 → 조건 → 공소권

제한적 수사는 '허가'
정지
정지조건부 범죄

피해자 → 처벌을 희망하는 의사표시 → 공소권 ○
└ 고소

수사 → → → 공소 가능

피해자 → 처벌을 희망하지 않는 의사표시 → 공소권 ×
해제
해제조건부 범죄
합의

Case 3 친고죄

甲 ─ 모욕 §311 → 乙 女

모욕당한 피해자 명예보호의 취지 §312 ①

구별실익 고소불가분의 원칙

Case 4 반의사불벌죄

甲 ─ 빰 1대 폭행죄 §260 ③ → 乙 女

친고죄

ⓑ밀침해
업무상 비밀ⓝ설
ⓜ욕
ⓢ자명예훼손
ⓙ산죄 중 친족상도례
(비/누/모/사/재)

반의사불벌죄

ⓟ행·존속폭행죄 → ┌ §107 **외**국원수 폭행·협박·명예훼손·모욕 ┐
├ §108 **외**국사절 폭행·협박·명예훼손·모욕 ├ (폭행치사상 ×, 특수폭행 ×)
└ §109 **외**국국기·국장모독죄 ┘
cf §111. 외국에 대한 사전~ ×

ⓖ실치상·치사 ×, 업무상~ ×
ⓗ박·존속협박죄·특수협박~ ×
ⓜ예훼손죄
ⓒ판물 등에 의한 명예훼손죄

ⓜ	ⓢ	ⓒ	ⓜ
ⓑ반	ⓙ친	ⓑ반	ⓙ친

④ 범죄의 종류

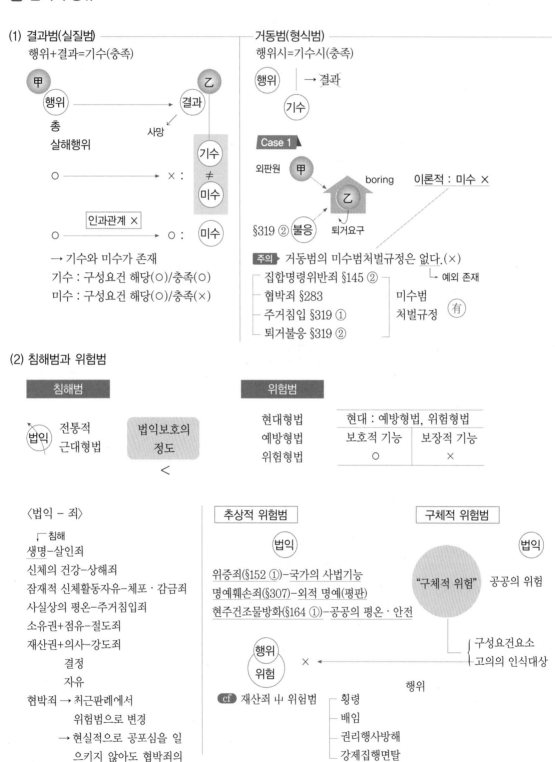

(1) 결과범(실질범) ── **거동범(형식범)**

행위+결과=기수(충족)

행위시=기수시(충족)

甲 → 행위 → 결과 ← 乙

총 살해행위

사망

기수 ≠ 미수

○ ───→ × : 기수 ≠ 미수

인과관계 ×

○ ───→ ○ : 미수

→ 기수와 미수가 존재

기수 : 구성요건 해당(○)/충족(○)

미수 : 구성요건 해당(○)/충족(×)

행위 → 결과 → 기수

Case 1

외판원 甲 → 乙 (boring) 이론적 : 미수 ×

§319 ② 불응 → 퇴거요구

주의 거동범의 미수범처벌규정은 없다.(×)

└ 예외 존재

┌ 집합명령위반죄 §145 ②
├ 협박죄 §283
├ 주거침입 §319 ①   미수범
└ 퇴거불응 §319 ②   처벌규정 有

(2) 침해범과 위험범

침해범

법익 전통적 근대형법

법익보호의 정도 <

위험범

현대형법
예방형법
위험형법

현대 : 예방형법, 위험형법	
보호적 기능	보장적 기능
○	×

〈법익 – 죄〉

┌ 침해
생명–살인죄
신체의 건강–상해죄
잠재적 신체활동자유–체포 · 감금죄
사실상의 평온–주거침입죄
소유권+점유–절도죄
재산권+의사–강도죄
　　　결정
　　　자유
협박죄 → 최근판례에서
　　　위험범으로 변경
　　→ 현실적으로 공포심을 일
　　　으키지 않아도 협박죄의
　　　기수

추상적 위험범

법익

위증죄(§152 ①)–국가의 사법기능
명예훼손죄(§307)–외적 명예(평판)
현주건조물방화(§164 ①)–공공의 평온 · 안전

행위
위험 × ←

cf 재산죄 ↔ 위험범

┌ 횡령
├ 배임
├ 권리행사방해
└ 강제집행면탈

구체적 위험범

법익

"구체적 위험" 공공의 위험

구성요건요소
고의의 인식대상

행위

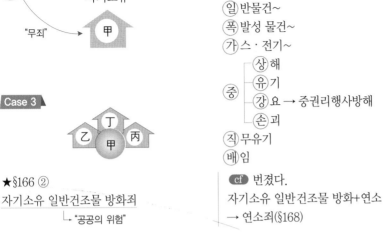

Case 2

甲 방화 → 혼자 사는
자기소유 외딴 곳

"무죄" → 甲

Case 3

乙 丁 丙
甲

★§166 ②
자기소유 일반건조물 방화죄
└→ "공공의 위험"

〈구체적 위험범〉

㉜ 기소유~
㉑ 반물건~
㉏ 발성 물건~
㉧ 스·전기~

㉗ ┬ ㉒ 해
    ├ ㉤ 기
    ├ ㉓ 요 → 중권리행사방해
    └ ㉝ 괴

㉙ 무유기
㉚ 임

cf 번졌다.
자기소유 일반건조물 방화+연소
→ 연소죄(§168)

(3) 즉시범(상태범)

甲 ─총─→ 乙
   살해   사망

기수 ═즉시═ 종료

〈계속범〉

㉗ 포
㉓ 금
㉘ 거침입
㉣ 거불응
㉕ 취유인
㉜ 박개장
㉙ 무유기
㉛ 통방해
㉘ 인은닉

Case 4

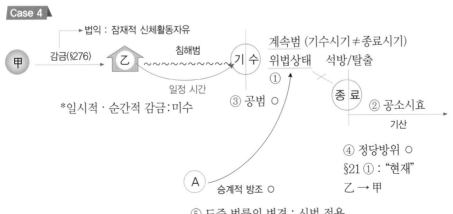

법익 : 잠재적 신체활동자유

甲 ─감금(§276)─→ 乙 ~~~~~침해범~~~~~ 기 수
                        일정 시간
*일시적·순간적 감금:미수

계속범 (기수시기 ≠ 종료시기)
위법상태   석방/탈출
①
③ 공범 ○   종 료 ─ ② 공소시효
                      기산

A ──승계적 방조 ○

④ 정당방위 ○
§21 ① : "현재"
乙 → 甲

⑤ 도중 법률의 변경 : 신법 적용
⑥ 포괄일죄

(4) 일반범 / 신분범

(주체)
누구든지 ~~~~~ 자 ＼／ 범죄 구성적 신분 §33 형벌 가감적 신분
진정신분범 부진정신분범

피고인× ← §129 ① 수뢰 : 공무원, 중재인
§152 ① 위증 : 법률, 선서, 증인
§227 허·공·작 : 작성권한 있는 공무원
§228 공·부실 §233 허·진·작 : 의/한/치/조
일반범 §317 업무상 비밀누설 : 의/한…
§355
① 횡령 : 타인 재물 보관자
② 배임 : 타인 사무 처리자

§250 ② 존속 살해 : 직계비속 or 그 배우자
§251 영아 살해 : 직계존속
영아 유기

상습~죄

업무상~죄(대부분 부진정신분범)

업무상~죄

부진정 신분범	진정신분범★ (예외)
	① 업무상 비밀누설(§317)
	② 업무상 과실장물(§364)
	③ 업무상 위력에 의한 간음(§303 ①)

(5) 목적범

cf 살인죄 §250 ①

甲 ──총──→ 살해 乙

구성요건

객관적 구성요건	주관적 구성요건요소
사람을 살해	알고 + 원하고 인식 + 의사 = 고의

cf 범행의 동기 = 범죄 구성요소(×)
양형 조건(○)
§51 3호

직접적 범행실행 요구
자수범 : 간접정범 ×

위증, 피구금자간음, 부정수표단속법상 허위신고, 도주 + 업무상 비밀누설

• 경향범 └ 성적 경향 필요 ×
• 표현범
• 망각범 └ 과실에 의한 부진정 부작위범

목적범의 종류

~위조, 변조	내란(§87)	준점유강취(§325 ②)
자격모용~작성	준강도(§335)	허위공문서작성(§227)
모해~	음행매개(§242)	강제집행면탈(§327)
~제조, 소지	음화제조·소지(§244)	
cf 단순소지 ○ 아편소지 §205 전시폭발물소지 §121	출판물명예훼손(§309)	
	도박장소·공간 개설(§247)	
~예비·음모	범죄단체조직(§114)	
~모독	다중불해산(§116)	
	직무사직강요(§136 ②)	

Case 5

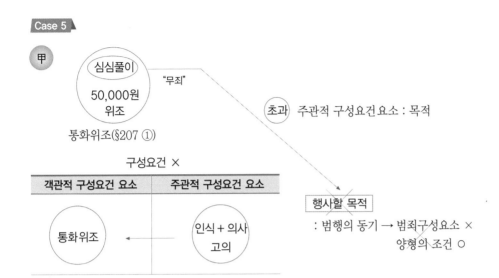

甲

심심풀이

50,000원
위조

통화위조(§207 ①)

"무죄"

초과 주관적 구성요건요소 : 목적

구성요건 ×

객관적 구성요건 요소	주관적 구성요건 요소
통화위조	인식 + 의사 고의

행사할 목적
: 범행의 동기 → 범죄구성요소 ×
양형의 조건 ○

제 2 절 행위론

1 인 과 적 행위론

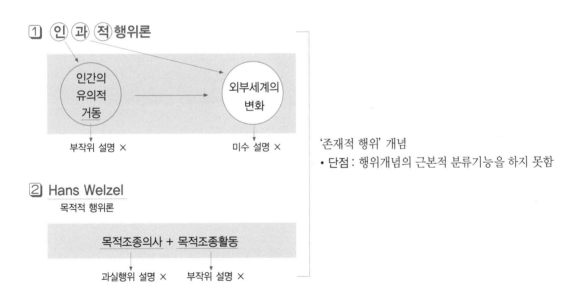

인간의
유의적
거동

외부세계의
변화

부작위 설명 ×   미수 설명 ×

'존재적 행위' 개념
• 단점 : 행위개념의 근본적 분류기능을 하지 못함

2 Hans Welzel
목적적 행위론

목적조종의사 + 목적조종활동

과실행위 설명 ×   부작위 설명 ×

3 사회적 행위론 通

사회적으로 ┌ 고의행위
의미 있는 ├ 과실행위
인간의 행태 ├ 작위
         └ 부작위

• 단점
  ┌ 행위개념의 한계기능 ×
  └ 행위론의 한계기능을 수행할 수 없음(너무 넓음)
• 장점 : 행위의 근본요소로서의 기능에 충실

제 3 절 행위의 주체와 객체

객관적 구성요건요소

1 행위의 주체 – 모든 자연인 ○

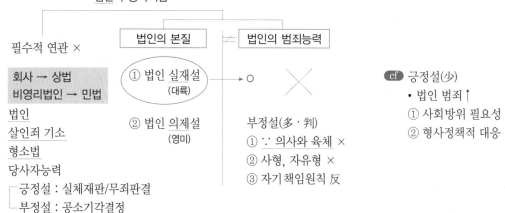

범죄　　　　　법인 ×

법인의 형사책임

필수적 연관 ×

회사 → 상법
비영리법인 → 민법

법인
살인죄 기소
형소법
당사자능력
┌ 긍정설 : 실체재판/무죄판결
└ 부정설 : 공소기각결정

법인의 본질 ≠ 법인의 범죄능력

① 법인 실재설 (대륙) → ○

② 법인 의제설 (영미)

부정설(多·判)
① ∵ 의사와 육체 ×
② 사형, 자유형 ×
③ 자기책임원칙 反

cf 긍정설(少)
• 법인 범죄↑
① 사회방위 필요성
② 형사정책적 대응

Case 1 〈부동산 이중매매〉

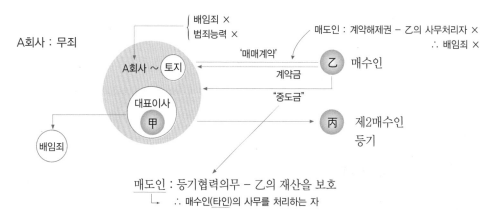

A회사 : 무죄

배임죄 ×
범죄능력 ×

A회사 ~ 토지

대표이사 甲

배임죄

매도인 : 계약해제권 – 乙의 사무처리자 ×
∴ 배임죄 ×

'매매계약'

乙 매수인

계약금

"중도금"

丙 제2매수인
등기

매도인 : 등기협력의무 – 乙의 재산을 보호
└ ∴ 매수인(타인)의 사무를 처리하는 자

(1) 법인의 형벌능력 : ○
　　　　　　(수형능력)

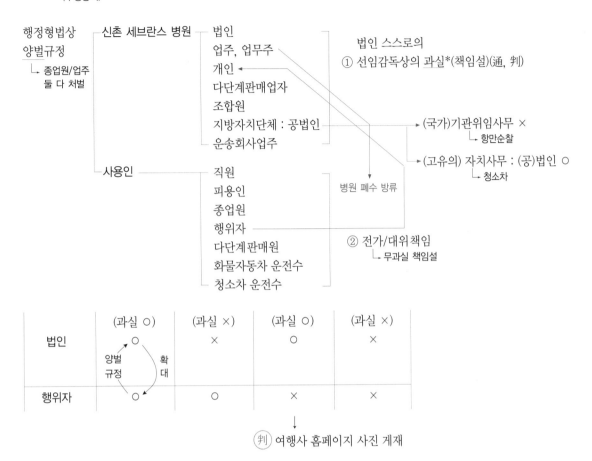

(2) 법인 처벌의 근거

ⓐ *과실책임설(일부 판례, 헌재) → 책임주의!
: 법인 스스로의 선임·감독상의 *과실책임(← 법인의 범죄능력 긍정)

∴ 종업원의 ┌ 범죄성립 여부
　　　　　　├ 위법행위의 동기 "불문" ★★
　　　　　　└ 공소제기 여부

ⓑ 무과실책임설(일부 판례) : *헌법재판소- 위헌 ∴ 이제는 과실책임설
: 전가책임·대위책임　　　　　　　　　　　(← 법인의 범죄능력 부정)

② 행위의 객체

	객관적 구성요건요소 행위의 객체	법익 보호의 객체
살인죄 (§250 ①)	사람	생명
절도죄 (§329)	재물	피해자의 소유권 · 점유권
도주죄 (§145 ①)	×	국가의 구금기능
강도죄 (§333)	재물/재산상 이익	재산권 (+의사결정의 자유)
공연음란죄 (§245)	×	사회의 성풍속

* 보호법익 없는 범죄도 있다. (×) → 보호법익 없는 범죄는 없다.
* 행위객체가 없는 범죄도 있다. (○)

제 1 절 **구성요건이론**

① **소극적구성요건표지이론**

2단계 범죄론 체계

총체적 불법 구성요건		책임	비판
적극적 구성요건요소	소극적 구성요건요소		i) 위법성조각사유의 독자적 기능 무시

적극적 구성요건요소

甲 → 乙
고의
살해 ○

구성요건 해당 ○
적극적 판단

소극적 구성요건요소
정당방위 ×
위법성조각사유 ×
소극적판단

비판
i) 위법성조각사유의 독자적 기능 무시

ii) 모기 $\overset{?}{=}$ 정당방위
　　죽인 행위　사람 살해
iii) 위법성조각사유의 전제사실에 대한 착오
　　: 구성요건고의 조각
　　　→ 과실(○)
　　　≠ 법효과제한적 책임설

주장 ― "구성요건은 위법성의 존재근거"

구성요건 해당성 + 위법성 + 책임
3단계 범죄론 체계

② **구성요건의 요소**

(1)

기술적 구성요건요소	규범적 구성요건요소
쉬운	까다로운

기술적 구성요건요소
쉬운
형법 자체의
기준 → 해석 ○ ──────
사람, 살해
∴ 별도의 가치판단 불요

규범적 구성요건요소
까다로운
────── 해석 ×
∴ 별도의 가치평가 要
(의미해석)

예

	명확 ○	명확 ×

'음란'
'불안감'
'후보자추천과 관련하여'
'건산법상 이해관계인'
'구리(동)'
'채권발생 관련 없는 지급'
'불건전 전화서비스'

'잔인성'
'범죄의 충동'
'가정의례의 참뜻'
'국제평화와 지역안전을
저해할 우려가 있는 지역'

배우자
직계존속
공무원, 중재인
재물의 타인성〈소유〉
문서, 유가증권, 공정증서　　법률적 평가
명예, 신용, 업무　　사회적 평가
음란
추행

(2)

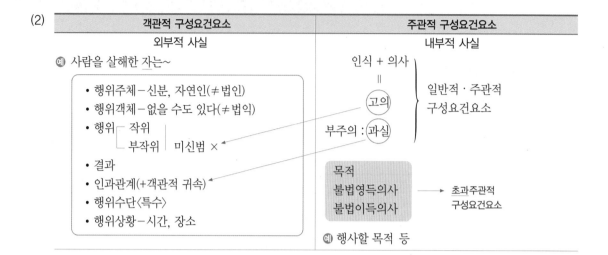

객관적 구성요건요소	주관적 구성요건요소
외부적 사실	내부적 사실

예 사람을 살해한 자는~

- 행위주체 – 신분, 자연인(≠법인)
- 행위객체 – 없을 수도 있다(≠법익)
- 행위 ┌ 작위
      └ 부작위 │ 미신범 ×
- 결과
- 인과관계(+객관적 귀속)
- 행위수단〈특수〉
- 행위상황 – 시간, 장소

인식 + 의사
‖
고의

부주의 : 과실

일반적 · 주관적
구성요건요소

목적
불법영득의사
불법이득의사 → 초과주관적
구성요건요소

예 행사할 목적 등

제 2 절 결과반가치와 행위반가치

결과불법
법익침해 or 그 위험

행위불법
의무위반
행위자 – 의무

Case

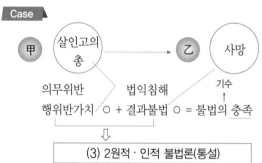

甲 살인고의
총 → 乙 사망

의무위반 / 법익침해 / 기수
행위반가치 ○ + 결과불법 ○ = 불법의 충족
⇩
(3) 2원적 · 인적 불법론(통설)

(1) 순수한 결과반가치론
└ 고전적 범죄체계

「고의 · 과실은 책임에서」
└ 심리적 책임론

甲 ———→ 乙 사망

행위자와는 유리된 객관적 사태의 불법

고의, 과실 : 책임의 요소
심리적 책임론

「살인죄의 불법
‖ ― 둘 다 '생명의 침해'
과실치사죄의 불법」

불법
형법에 위반되는
구체적인
범위와 결과

구성요건 → 행위불법
+ +
위법 결과불법

행위자 ← 비난가능성
← 책임

(2) H. Welzel 행위반가치론 – 목적적 범죄체계

단순강간 < 특수강간
  행위   <   행위
  결과   =   결과

⑩ 살인죄의   과실치사죄의
      불법   >   불법

甲 ⇒ 인적 불법론

甲 →(고의 車 / 살해)→ 乙 死   [행위불법–결과범]
甲 →(과실 / 운전 §268)→ 乙 死   [행위불법–과실범]

결과불법은 같다
(고의범과 결과범의 결과불법은 같다)

★ 불법 =	행위반가치	결과반가치
구성요건 해당성	• 행위주체 : 신분(의무위반) • 의사 : 고의 · 과실 · 목적 • 행위수단	• 결과 • 결과발생의 위험성(불능미수)

＋
위법성
	• 주관적
	  정당화요소 ×
		• 객관적 : 자기/타인에 대한 현재의
		  부당한 침해
		  객관적 정당화상황 ×

→ *방위의사의 유/무

※ 거동범이라 하더
라도 행위불법+
결과불법

〈우연적 방위의 해결〉
객관적 정당화상황 ○, 주관적 정당화요소 ×

Case

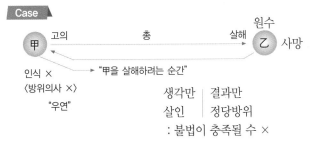

甲 →(고의 / 총 / 살해)→ 乙 원수 사망

인식 ×
〈방위의사 ×〉
  "우연"

"甲을 살해하려는 순간"

생각만	결과만
살인	정당방위

: 불법이 충족될 수 ×

정당방위   §21 ①

◎ 2원적 · 인적 불법론(通)

객관적 정당화상황	주관적 정당화요소	상당한 이유

자기/타인의 법익에 대한
현재의 부당한 침해
甲 :   ○
    ↓
    결과불법 ×
	방위의사
	  × 의무위반
	    ↓
	행위불법 ○
		㉟요성 (=㉕합성)
		㉔회 윤리적 제한

∴ 정당방위 ×

★ 2원적 · 인적 불법론(通)

① (불능) 미수범설 多 → 처음부터 불가능한 상황인데 미수

　　　↕　　　(결과가 불법할 수 없는데 행위가 불법해도 기수가 될 수 없음)

② 기수범설 少

 = 사망

결과발생

결과불법 ○

◎ 순수한 결과반가치론 : 정당방위 ○ → 무죄 : 결과가 정당
◎ 순수한 행위반가치론 : 기수

제 3 절 인과관계와 객관적 귀속

① 인과관계 §17

(1) 고의 · 기수범　예 살인죄(§250 ①)

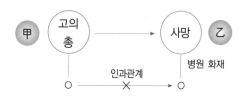

甲 : 살인미수
　　미수범

(2) 과실범　예 업무상 과실치사(§268)

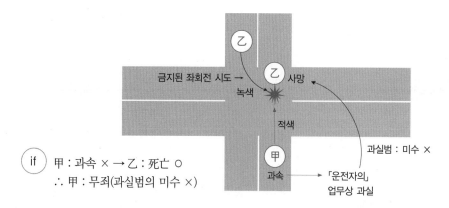

if　甲 : 과속 × → 乙 : 死亡 ○
　　∴ 甲 : 무죄(과실범의 미수 ×)

(3) 결과적 가중범 예 강간치사죄(§301의2)

인과관계 ×
강간치사 ×
결과적 가중범 × → <u>강간기수</u> ○(고의의 기본범죄)

② <u>조건설(=등가설)</u>

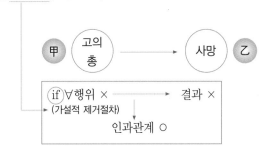

(행위와 결과는)　절대적 제약관계
　　　　　　　　c.s.q.n 공식

문제점

① 인과관계가 너무 ⓐ확대

◎ 합법칙적 조건설(多) : 자연법칙에 부합하는 조건만 보라!
◎ 상당인과관계설(객관적 귀속 不要) (判) : 일반인의 경험(법)칙 예견 ○ 〈객관적 사후예측〉
　　　　　　　　　　　　　　　　　　객관적 존재 상황 + 행위자의 특별한 인식 사정

② 추월적 〉 인과관계 설명 ×
　 택일적

③ 인과관계의 여러 유형

(1) 가설적 인과관계 : 인과관계 ×
    (가정적)

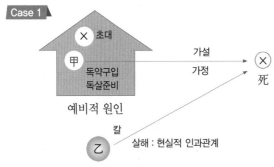

Case 1

×　초대

甲　독약구입
　　독살준비

예비적 원인

가설
가정

⊗　死

칼

乙　살해 : 현실적 인과관계

∴ 甲 : 살인예비죄(§255)
　 乙 : 살인기수

(2) 추월적 인과관계

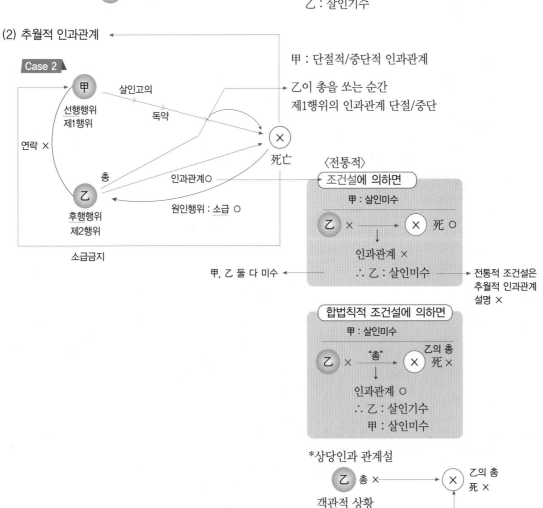

Case 2

甲　살인고의
선행행위　　독약
제1행위

연락 ×

乙　총　인과관계○
후행행위　원인행위 : 소급 ○
제2행위

소급금지

甲 : 단절적/중단적 인과관계

乙이 총을 쏘는 순간
제1행위의 인과관계 단절/중단

⊗　死亡

〈전통적〉
조건설에 의하면
甲 : 살인미수
乙 × → ⊗ 死 ○
인과관계 ×
∴ 乙 : 살인미수

甲, 乙 둘 다 미수

전통적 조건설은
추월적 인과관계
설명 ×

합법칙적 조건설에 의하면
甲 : 살인미수
乙 × "총" → ⊗ 乙의 총 死 ×
인과관계 ○
∴ 乙 : 살인기수
　 甲 : 살인미수

*상당인과 관계설
乙　총 × → ⊗ 乙의 총 死 ×
객관적 상황
+
주관적 사정　인과관계 ○
X의 死 예견 ○
∴ 乙 : 살인기수

(3) 택일적 인과관계
(이중적)

Case 3

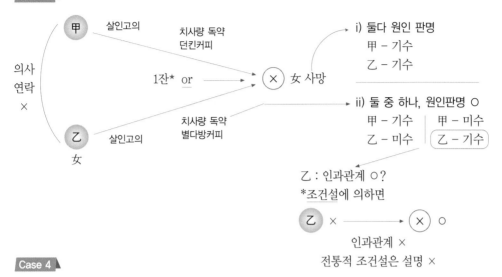

의사
연락
×

甲 ── 살인고의 ── 치사량 독약 던킨커피 ── 1잔* or ⟶ ──(×) 女 사망

乙 ── 살인고의 ── 치사량 독약 별다방커피

→ i) 둘다 원인 판명
  甲 – 기수
  乙 – 기수

→ ii) 둘 중 하나, 원인판명 ○

| 甲 – 기수 | 甲 – 미수 |
| 乙 – 미수 | 乙 – 기수 |

乙 : 인과관계 ○?
*조건설에 의하면

乙 × ⟶ (×) ○
인과관계 ×
전통적 조건설은 설명 ×

Case 4

(×) 1잔, 사망
원인된 행위가 판명 ×

§19
무죄추정의 원칙 (헌법 §27 ④)
"in dubio pro reo"
의심스러울 때에는 피고인에게 유리하게

| 甲 | 인과관계 × → | 미수 |
| 乙 | 인과관계 × → | 미수 |

§19 *

Case 5

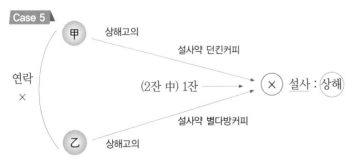

연락
×

甲 ── 상해고의 ── 설사약 던킨커피 ── (2잔 中) 1잔 ⟶ (×) 설사 : 상해

乙 ── 상해고의 ── 설사약 별다방커피

Case 6

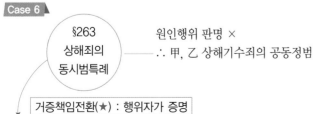

§263
상해죄의
동시범특례

원인행위 판명 ×
∴ 甲, 乙 상해기수죄의 공동정범

거증책임전환(★) : 행위자가 증명

(×) 사망   ∴ 甲, 乙 상해치사죄의 공동정범

(4) 중첩적 인과관계
(누적적)

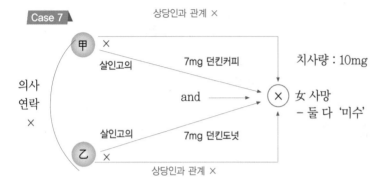

Case 7

```
        상당인과 관계 ×
甲  ×
   살인고의    7mg 던킨커피    치사량 : 10mg
의사
연락   →   and   →   ×  女 사망
×                          - 둘 다 '미수'
   살인고의    7mg 던킨도넛
乙  ×
        상당인과 관계 ×
```

결과를 행위의 탓으로 돌릴 수 있나?

	(합법칙적) 조건설	객관적 귀속	결론	
甲	인과관계 ○	객관적 귀속 ×	살인미수	*주의 §19 ×
乙	인과관계 ○	객관적 귀속 ×	살인미수	

	상당인과관계설(判)	결론
甲	상당인과관계 ×	살인미수
乙	상당인과관계 ×	살인미수

(5) 비유형적 인과관계
(전)

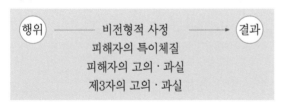

행위 ── 비전형적 사정 ──→ 결과
　　　　피해자의 특이체질
　　　　피해자의 고의 · 과실
　　　　제3자의 고의 · 과실

Case 8

합법칙적 조건설	상당인과관계설
인과관계 ○ 객관적 귀속 甲…위험창출 甲-위험 (실현 ×) → 결과 →「살인미수」	인과관계 ×

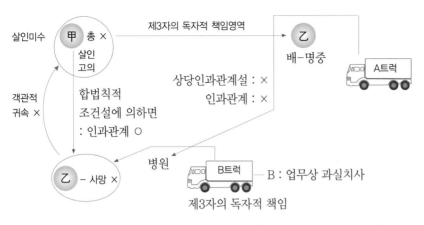

(합법칙적) 조건설 중요설	행위 ——— 인과관계 ——→ 결과	행위 ←——— 객관적 귀속 ——— 결과 탓?
상당인과관계설	행위 ——— 상당성 ——→ 결과 책임(규범적)	

Case 9

의사 Ⓒ 수술지연(제3자의 과실)
  공동원인

乙 – 사망
─────────
甲 상당인과관계 ○
  살인기수

Case 10

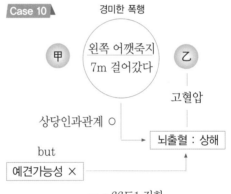

결과적 가중범
• 예견가능성 ×

- 66도1 진화
- 90도1596 삿대질
- 85도303 시비
- 92도3229 화장실에 간 사이
- 85도 1537 방문 흔드는 소리

결과적 가중범

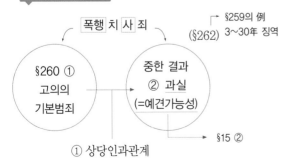

┌ §259의 例
(§262) 3~30年 징역

判 안전거리 미준수와 추돌사고(부정) : 형법상 무죄

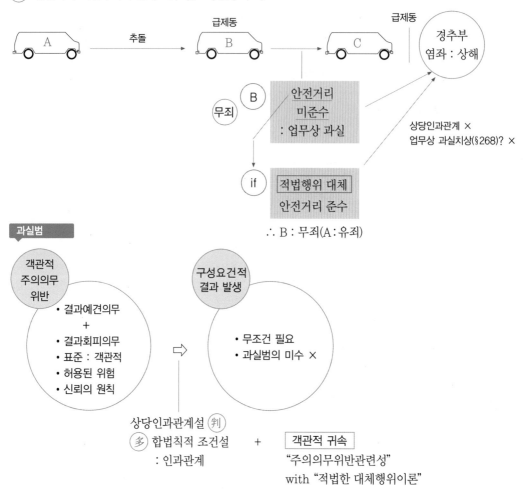

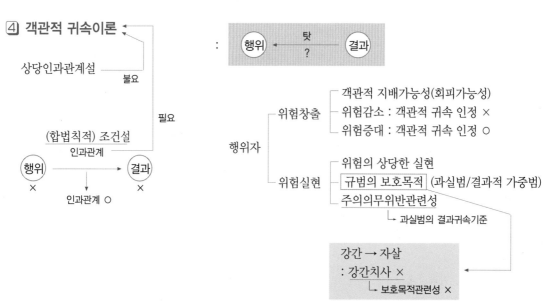

(1) 객관적 지배가능성(=회피가능성)

Case 1

위험창출 ×
: 무죄

무죄 | 살인고의
甲 → 妻 乙 → 사망
낙뢰
인과관계 ○

but 객관적 귀속 ×(회피가능성 ×)

(2) 위험감소원칙(위험감소하면 객관적 귀속 ×)★

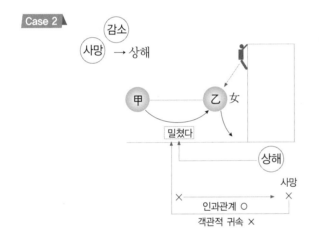

Case 2

감소
사망 → 상해

甲 ── 乙 女
밀쳤다
상해
사망
× 인과관계 ○ ×
객관적 귀속 ×

"긴급피난 ×"
상해죄의 구성요건에 해당되지 않으므로 무죄

∴ 甲 : 무죄

(3) 위험의 상당한 실현

행위 "위험" 창출+위험 ──"실현"──→ 결과

「피해자의 특이체질」

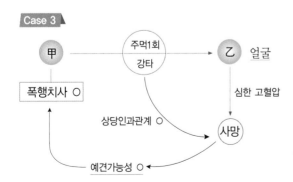

Case 3

甲 ──주먹1회 강타──→ 乙 얼굴
폭행치사 ○
심한 고혈압
상당인과관계 ○
사망
예견가능성 ○

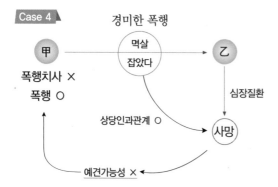

Case 4

경미한 폭행

甲 ──── 멱살 잡았다 ──→ 乙

폭행치사 ✕
폭행 ○

심장질환

상당인과관계 ○

사망

예견가능성 ✕

(4) 주의의무위반 관련성 : 과실범의 결과귀속 기준, 적법한(합법적) 대체행위론

cf 과실범

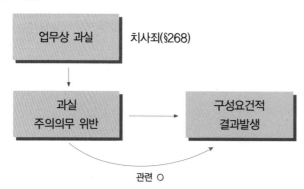

업무상 과실 ──→ 치사죄(§268)

↓

과실
주의의무 위반 ──→ 구성요건적 결과발생

관련 ○

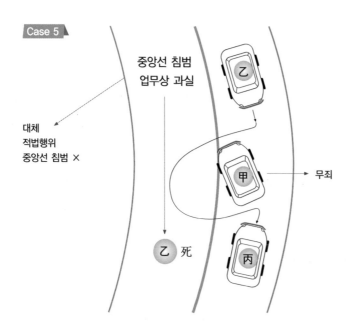

Case 5

중앙선 침범
업무상 과실

乙

대체
적법행위
중앙선 침범 ✕

甲 ──→ 무죄

乙 死

丙

제 **4** 절 **고의**

① **의의**

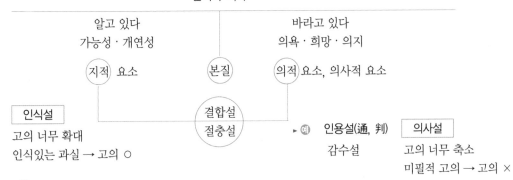

① 甲 ── 총 ──→ 살해 ── 乙

객관적 구성요건에 대한
인식과 의사 = 고의

알고 있다 바라고 있다
가능성 · 개연성 의욕 · 희망 · 의지

지적 요소 본질 의적 요소, 의사적 요소

인식설 결합설
절충설
고의 너무 확대 예 인용설(通, 判) 의사설
인식있는 과실 → 고의 ○ 감수설 고의 너무 축소
미필적 고의 → 고의 ×

§13
'인식+의사'를 의미
본문 죄의 성립요소 인식 × : 벌 ×
= 사실 고의범 ×

甲 ── 멧돼지로 오인 ──→ 乙
사살
〈살인죄(§250 ①)〉

구성요건×
객관적 구성요건 주관적 구성요건 ×
사람을 살해 ←── 인식 ×+의사 ×(= 고의 ×)

단서 법률 – 규정 ○ : 예외
과실범처벌규정
∴ 甲 : 과실치사죄(§267)

고의의 대상

구성요건		위법성	책임	처벌조건
객관적 구성요건요소	주관적 구성요건요소 고의		위법성 인식 –법률의 착오 §16 └ 정당한 이유? : 회피가능성 없을 것 (행위자의 지적 인식능력설)	
에 대한 인식				

- ~에 대한 인식을 따지는 것은 고의와 위법성의 인식 부분
- 처벌조건(절도)에 대한 인식(남의 것인데 아버지 것이라고 인식하고 절도)은
  범죄성립조각에 영향을 끼치지 않는다 → 그대로 처벌
- 아버지 것인데 남의 것이라고 생각하고 절도 → 환상범 : 친족상도례 적용

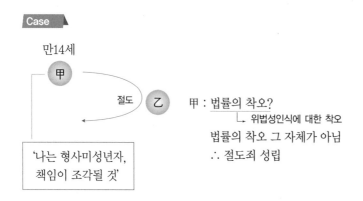

Case

만14세

甲

절도 乙

'나는 형사미성년자,
책임이 조각될 것'

甲 : 법률의 착오?
　　└→ 위법성인식에 대한 착오
법률의 착오 그 자체가 아님
∴ 절도죄 성립

② 고의의 종류

甲	확정적 고의		不확정적 고의	
	목적 乙	직접고의 丙	미필적 고의 丁	택일적 고의
인식	○	가능성 → 개연성 强	다소 弱 1회/2~3일	다수의 행위 객체 Case
의사	强 ↓ 고의 ○ 살인죄 ○	○ ↓ 고의 ○ 살인죄 ○	* 인용설 ○ 주 의 ≠ 인용 ○ 죽어도 좋다 죽어도 할 수 없다 미필적 고의 살인죄　인용 × 설마 죽지 않겠지 인식 있는 과실 과실치사 인식 同 의사 異	甲 총 1발 → 살인미수 원수 A "누가 죽어도 상관없다" 인용┘ 원수 B 사망 살인기수죄 * 상상적 경합 §40　C

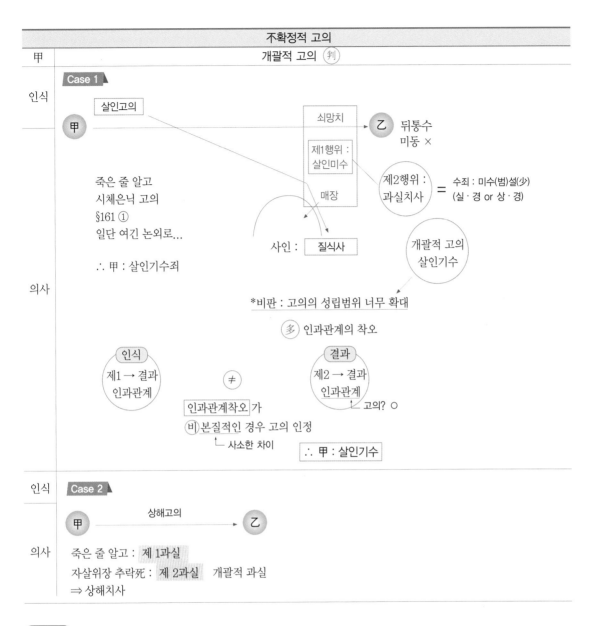

不확정적 고의	
甲	개괄적 고의 判

Case 1

인식

甲 ── 살인고의 ──────────────

쇠망치 ──▶ 乙 뒤통수
미동 ×

제1행위 : 살인미수

매장

제2행위 : 과실치사 = 수죄 : 미수(범)설(少)
(실·경 or 상·경)

의사

죽은 줄 알고
시체은닉 고의
§161 ①
일단 여긴 논외로...

∴ 甲 : 살인기수죄

사인 : 질식사

개괄적 고의
살인기수

*비판 : 고의의 성립범위 너무 확대

多 인과관계의 착오

인식
제1 → 결과
인과관계

≠

결과
제2 → 결과
인과관계
└ 고의? ○

인과관계착오 가
比 본질적인 경우 고의 인정
└ 사소한 차이

∴ 甲 : 살인기수

Case 2

인식

甲 ── 상해고의 ──▶ 乙

의사

죽은 줄 알고 : 제 1과실
자살위장 추락死 : 제 2과실 개괄적 과실
⇒ 상해치사

제 5 절 구성요건적 착오
└ 사실

Case

┌ 구체적 부합설
├ 법정적 부합설
└ 추상적 부합설

甲
고의?

乙의 개

乙 사망

인식사실 재물손괴 구성요건 §366	≠	발생사실 살인죄 구성요건 §250 ①

손괴미수 + 과실치사 = 상·경

1 효과

(1) 기본적 구성요건의 착오
§250 ①

§13 적용

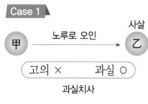

Case 1

甲 ──노루로 오인──> 乙 사살

고의 ×   과실 ○

과실치사

Case 2

甲 ──자기 것으로 오인──> 乙 자전거

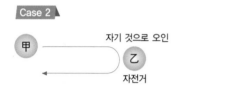

§329 절도, 고의 ×
└ 과실절도 × → 무죄

객관적	주관적 ×	
타인 재물절취	고의 ×	불법영득의사
		└ 초과주관적 요소

(2) 가중적 구성요건의 착오
§250 ②   §15 ①

Case 3

甲 ──원수 A로 오인 / 사살──> 乙 父

인식사실   발생사실
보통살인 §250 ① < 존속살인 §250 ②
             ×
§15 ①   인식 ×
         ∴ 보통살인죄 ○

Case 4

甲   乙

허위사실
진실로 오인
공연히 퍼뜨렸다.

인식사실   발생사실
명예훼손   허위사실적시 명예훼손
§307 ① < §307 ② ×

인식 × ──────> 허위

(3) 감경적 구성요건의 착오 ··· §15 ①
§251 / §252

Case 5

진실한 의사 ×

甲 <──날 죽여라── 乙 女 애인

살해

인식사실   발생사실
촉탁살인 ○ < 촉탁 ×
§252 ①   보통살인 §250 ①
§15 ①   인식 ×

cf 촉탁이 있었는데, 없었다고 오인 : "보통살인"

② 착오의 종류

(1) 구체적 사실의 착오
'동일한 구성요건'

추상적 사실의 착오
'서로 다른 구성요건'

(2) 객체의 착오

방법의 착오

	구체적 사실의 착오		추상적 사실의 착오		비판
학설 ＼ 유형	객체	방법	객체	방법	
구체적 부합설(多)	발생사실에 대한 고의 · 기수	상 · 경 ≒★ 인식사실에 대한 미수 + 발생사실에 대한 과실			이론적 우수 but 고의의 범위 너무 협소
법정적 부합설(判)			(인 · 미 · 발 · 과)		고의의 본질/법리 └ 反
추상적 부합설			경한 죄 고의 · 기수		구성요건적 정형성 └ 反

① 경죄인식＋중죄발생
  ⇒ 경죄기수＋중죄과실(상 · 경)
② 중죄인식＋경죄발생
  ⇒ 중죄미수＋경죄기수
  (흡수)

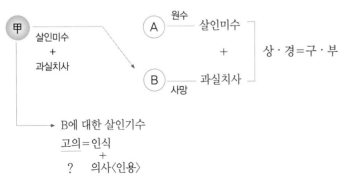

상 · 경＝구 · 부

└➤ B에 대한 살인기수
고의＝인식
+
? 의사〈인용〉

연습

Case 1 구체적/객체

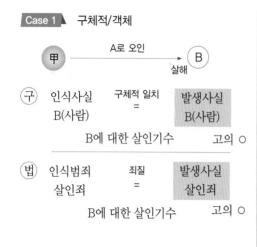

Case 2 구체적/방법

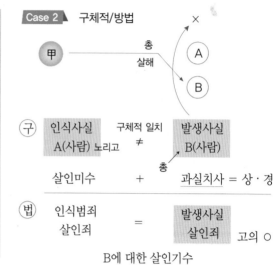

추 B에 대한 살인기수

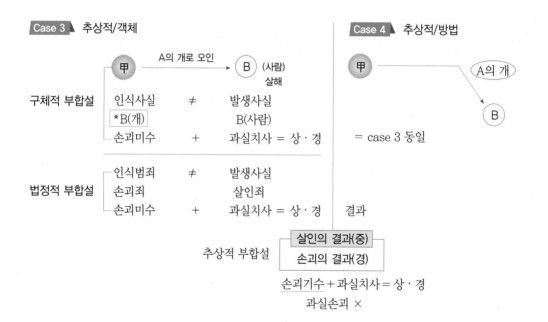

Case 5 추상적/객체

구·부 : 　살인미수＋과실손괴－과실손괴 처벌 ×
법·부 : 　살인미수＋과실손괴

추·부 :
┌─────────────────┐
│ **살인의 고의(중)** │
│ 손괴의 고의(경) │
└─────────────────┘
　　　 살인미수　＋　손괴기수
　　　　　　　　　 흡수
→ 손괴의 고의 함부로 인정
　: 구성요건적 정형성 反

Case 6 추상적/방법

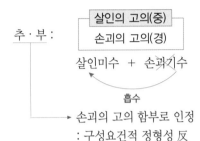

종합사례

Case 7

i) 추상적/방법
ii) 구체적/방법

택일적 고의

	A 삽살개	진돗개 삽살개
구	살인미수＋과실손괴	＋ 손괴미수＋과실손괴 － 상·경
법	삽살개 살인미수＋과실손괴	＋ 삽살개 손괴기수 － 상·경
추	삽살개 살인미수＋손괴기수 흡수	＋ 삽살개 손괴기수 － 상·경

Case 8 법정적 부합설에 대한 비판

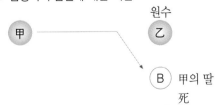

$$\begin{array}{ll}\text{법정적} & : \quad \text{고의} \quad + \quad \text{결과} \quad \rightarrow \text{ 살인기수} \\ \text{부합설} & : \quad \text{살인} \quad + \quad \text{살인}\end{array}$$

살인기수 ⇒ 인식(○) + 의사(○)
→ 딸을 고의로 죽인 것이 된다.
∴ 구체적 부합설 – 乙에 대한 B에 대한 = 상·경으로 보는 것이 타당
　　　　　　　　 살인미수 ⁺과실치사

Case 9 병발사례

　　구·부 & 법·부 : A 살인기수 + B 과실치사 상·경

　　구·부 & 법·부 : A 살인기수 + B 과실치상 상·경

　　구·부 : A 살인미수 + B 과실치사
　　법·부 : A 살인미수 + B 과실치사(비판 : 구체적 부합설과 동일 결론)
　　　　　 A 살인미수 + B 살인기수(비판 : 2개의 고의?)
　　　　　 A × + B 살인기수(多) A에 대한 살인고의 전용

Case 10 반전된 §15 ① 착오 : 객체의 착오

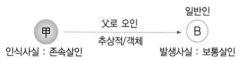

구체적 부합설	존속살해미수 + 보통살인기수 : 상·경	
법정적 부합설	구성요건 부합설	존속살해미수+보통살인기수 : 상·경
	죄질 부합설	존속살해미수+보통살인기수 : 상·경
		보통살인기수(죄질부합설中 다수)

Case 11 방법의 착오

ⓒ 존속살해미수 + 과실치사 = 상 · 경
　　　　　　 乙인식 ×

ⓒ 존속살해미수 + 보통살인기수 = 상 · 경

Case 12 법정적 부합설 中 구성요건부합설 & 죄질부합설 비교

	인식구성요건(미수)		발생구성요건(과실)	
구성요건부합설	점유이탈물횡령(§360)	≠	절도(§329)	= 무죄
죄질부합설	점유이탈물횡령		절도	= 죄질부합
	타인점유		타인점유	∴ 점유이탈물횡령 기수

제 1 절 **위법성의 일반이론**

① 위법성의 의의

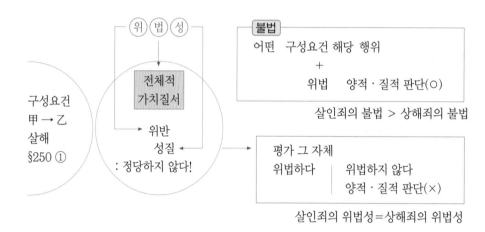

| 주관적
의사 | ≠ | 객관적
행위자와 결과 |
| 행위자
성격 | ≠ | 행위
범죄사실 |

② 위법성의 본질

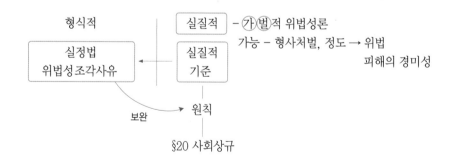

③ 위법성의 평가방법

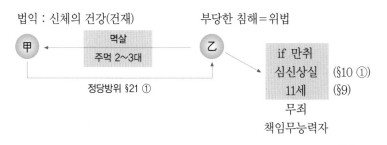

법익 : 신체의 건강(건재)   부당한 침해＝위법

甲 ← 멱살 / 주먹 2～3대 ← 乙

정당방위 §21 ①

if 만취
심신상실 (§10 ①)
11세 (§9)
무죄
책임무능력자

정당방위 가능한가? 그렇다

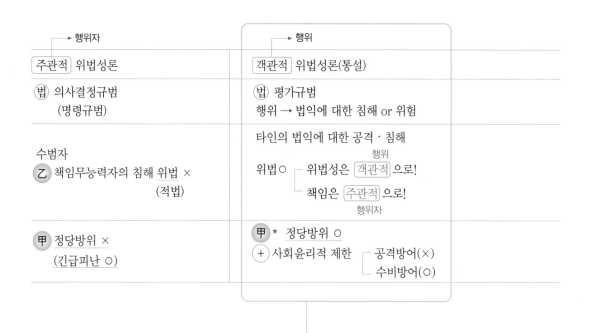

→ 행위자	→ 행위
주관적 위법성론	객관적 위법성론(통설)
법 의사결정규범 (명령규범)	법 평가규범 행위 → 법익에 대한 침해 or 위험
수범자 乙 책임무능력자의 침해 위법 × (적법)	타인의 법익에 대한 공격 · 침해 행위 위법○ ┌ 위법성은 객관적 으로! └ 책임은 주관적 으로! 행위자
甲 정당방위 × (긴급피난 ○)	甲 ★ 정당방위 ○ + 사회윤리적 제한 ┌ 공격방어(×) └ 수비방어(○)

무죄인 행위에 대해서도
정당방위할 수 있다.

제 2 절 정당방위

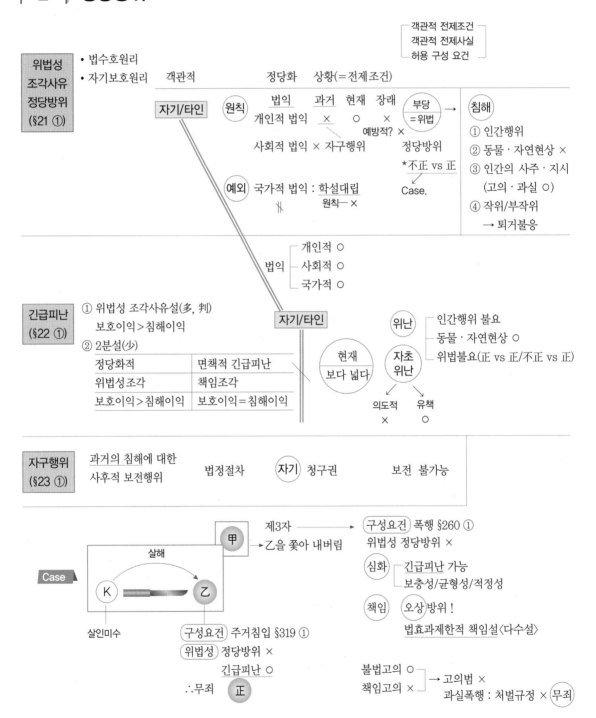

긴급피난 = 적법 ⟹ 정당방위 ×

	주관적 정당화 요소 : 행위반가치조각	상당한 이유(=상당성)

정당
방위
	방위의사
	(인식+의사)
	'행위불법'조각
	2원적·인적 불법론
	
	주관적 + 객관적 = 우연적방위
	   × ○ → 불능미수(多)
		⑪요성(=⑳합성)　〈필. 적. 사〉
		㉑회윤리적 제한(★)
		┌ ① 행위불법이나 책임이 결여, 감소
		│ ② 침해법익과 보호법익 간의 현저한 불균형
		│ ③ 방위행위자에게 상반된 보호의무 인정(부부, 친족)
		└ ④ 도발행위　의도적 ┃ 유책
		                     ×　┃　○

긴급
피난
	피난의사	우월한 이익보호
		㉑충성　㉓형성(★)
		최후수단성　보호이익＞침해이익
		               ※이익 교량
		                (형량)

자구
행위
	그 청구권의 실행불능
	    현저·실행곤란
	    피하기 위한 의사
	   ∴ 자구행위 의사
		상대적 최소피난
		㉑합성
		인간의 존엄성 ┬ 고문
		              │ 강제채혈
		              └ 강제적 장기적출·이식
		                   ↓
		                 위법

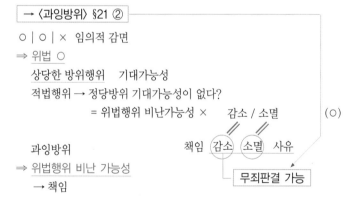

→ 〈과잉방위〉§21 ②

○ ┃ ○ ┃ × 임의적 감면
⇒ 위법 ○
   상당한 방위행위　기대가능성
   적법행위 → 정당방위 기대가능성이 없다?
          = 위법행위 비난가능성 ×　감소 / 소멸　(○)

과잉방위
⇒ 위법행위 비난 가능성
   → 책임

책임 ⑳ 감소 ┃ 소멸 ┃ 사유

무죄판결 가능

㉠ 혀 절단 사건
   보호이익　　　　침해이익
   성적 자기결정권 ≒ 신체의 중요기능

→ 야간·불안 §21 ③
   공포·경악·흥분·당황
   '벌하지 아니한다' → 책임조각

적법행위 기대가능성
벌 × ⇨ 무죄 ⇦ 책임조각사유
         형법상(법조문에 있으니)
         ⇑
      '초'법규적 책임조각사유

제 3 절 긴급피난

① 서설

§22 ① ⇐ 위법성조각사유설(多·判)

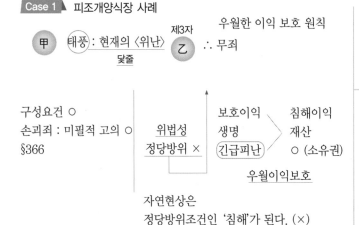

Case 1 피조개양식장 사례

甲 태풍: 현재의〈위난〉 제3자 乙 우월한 이익 보호 원칙
닻줄 ∴ 무죄

구성요건 ○
손괴죄 : 미필적 고의 ○
§366

위법성
정당방위 ×

긴급피난

보호이익 생명 → 침해이익 재산 ○ (소유권)

우월이익보호

자연현상은
정당방위조건인 '침해'가 된다. (×)

(1) 본질
① 책임조각사유설
긴급피난 vs 정당방위(○)
(위법)

② 이분설(少)

정당화적	면책적
위법성 조각	책임조각
보호 > 침해	보호 = 침해
보호이익 불가능	침해이익 가능

정당방위 : 위법한 행위에 대해 가능

③ 위법성조각사유설(多, 判)
cf 초법규적 책임조각사유

② 성립요건

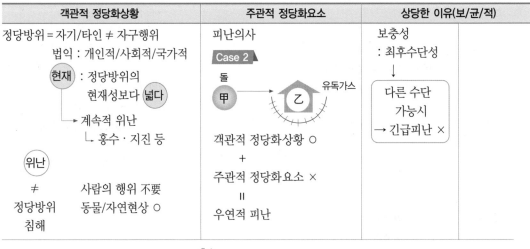

객관적 정당화상황	주관적 정당화요소	상당한 이유(보/균/적)
정당방위 = 자기/타인 ≠ 자구행위 법익 : 개인적/사회적/국가적 현재 : 정당방위의 현재성보다 넓다 └ 계속적 위난 └ 홍수·지진 등 위난 ≠ 정당방위 침해 사람의 행위 不要 동물/자연현상 ○	피난의사 **Case 2** 돌 甲 → 乙 유독가스 객관적 정당화상황 ○ + 주관적 정당화요소 × = 우연적 피난	보충성 : 최후수단성 ↓ 다른 수단 가능시 → 긴급피난 ×

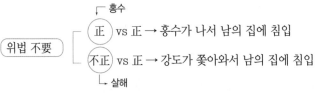

위법 不要
┌ 홍수
├ 正 vs 正 → 홍수가 나서 남의 집에 침입
├ 不正 vs 正 → 강도가 쫓아와서 남의 집에 침입
└ 살해

자초위난 `cf` 도발행위

유책	의도
○	×

Case 3

甲 ──강간고의──→ 乙

(폭행)

甲의 왼손 깨물었다

최협의 : 현저 · 곤란

치아 1개 빠짐

∴ 甲 : 강간미수 + 과실치상 ⇒ 강간치상 §301
      긴급피난 ×

상당한 이유

균형성

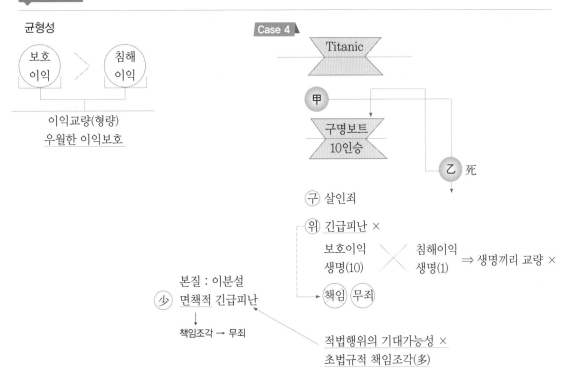

보호 이익 > 침해 이익

이익교량(형량)
우월한 이익보호

Case 4

Titanic

甲

구명보트 10인승

乙 死

(구) 살인죄

(위) 긴급피난 ×

보호이익 × 침해이익   ⇒ 생명끼리 교량 ×
생명(10)   생명(1)

본질 : 이분설
(少) 면책적 긴급피난
↓
책임조각 → 무죄

(책임) (무죄)

적법행위의 기대가능성 ×
초법규적 책임조각(多)

```
┌──────────────────┐
│      적합성        │
└──────────────────┘
상대적 최소피난
인간의 존엄
고문
강제채혈
강제적 장기적출·이식
        ↓
     긴급피난 ×
     위법
```

과잉피난

임의적 감면   §21 ②
     §22 ③

야간·불안   준용   §21 ③
  벌 ×

피난주체 제한

군·경·소·의 §22 ② 금지(×)
              제한(○)

③ **의무의 충돌** – 긴급피난의 특수한 경우(多)

	긴급피난	의무의 충돌 → 무죄
행위태양	작위	부작위 ★
행위강제	×	○
이익교량	우월한 이익	우월한 의무 or 동등한 의무

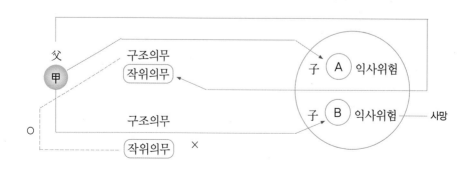

의무의 동시이행 불가능

부작위에 의한	구성요건 ○ 살인죄 부진정부작위범	위법성 ∴ 무죄 정당방위 × → 현재의 부당한 침해 긴급피난 ×(생명 vs 생명) → 긴급피난은 행위의 강제성 × 의무의 충돌 ○　　　　　　작위에 의해 실현 행위강제

유형

Case 1 작위의무 vs 작위의무 ○

Case 2 부작위의무 vs 부작위의무 × → 의무 충돌 ×

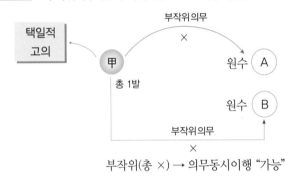

부작위(총 ×) → 의무동시이행 "가능"

Case 3 작위의무 vs 부작위의무 ○/× 부정설(多)

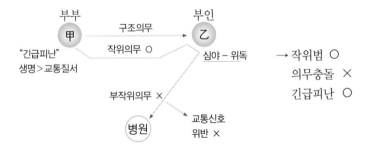

◎ 성립요건 : 정당화적 의무충돌

　① 2개 이상의 법적 의무의 충돌 → 의무 동시이행 불가능
　　　　　　종교, 도덕
　　　　작위 vs 작위

② 의무이행, 상당한 이유 = 고가치 or 동가치
　　작위
　　║
의무의 충돌 : 부작위　　낮은 가치 의무이행 : 위법
긴급피난 : 작위

㉠ 의무의 법적 서열 착오
　　법률의 착오
　　정당한 이유

○	×
책임 ×–무죄	책임 ○–유죄

㉡ 불가피/부득이 기대가능성 ×
　　책임조각 = 무죄
　　초법규적 책임조각
　　면책적 의무충돌

③ 인식 : 주관적 정당화요소 → 행위불법조각
　　　　　생각

제 4 절 자구행위 §23 ①

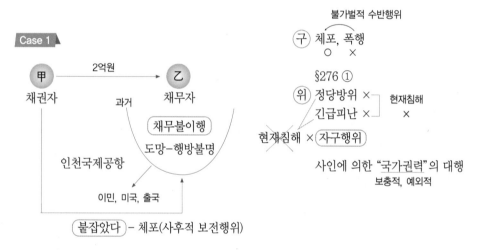

Case 1

甲 ──2억원──→ 乙
채권자　　과거　　채무자

(채무불이행)
도망–행방불명

인천국제공항

이민, 미국, 출국

(붙잡았다) – 체포(사후적 보전행위)

불가벌적 수반행위
구 체포, 폭행
　　○　×

§276 ①
위 정당방위 × ──┐ 현재침해
　　긴급피난 × ──┘ ×

현재침해 × (자구행위)

사인에 의한 "국가권력"의 대행
　　　보충적, 예외적

성립요건

① 〈객관적 정당화상황〉 : 법정 절차에 의한 청구권 보전 불가능
　　㉠ (불법한 청구권 침해) ⇒ 不正 vs 正 (=정당방위) ∴ 엄격한 균형성 不要
　　　└ 채무불이행

　　㉡ 법정절차
　　㉢ 보전
　　　　　　　　　　　　　　　　　　　×
　　≠ (청구권) ┌ ① 원상회복 가능 (要) ∴ 생명·신체·자유·(명예)·신용·정조
　　　　　　　│ 　　　　　　　　　　　× 　×　 ×　 ×　　×　 ×
　　　　　　　└ ② 자기의 청구권 (要) ∴ 타인을 위한 자구행위 ×
　　　　　　　　　≠
　　　　　　　　§21 ① §22 ①
　　　　　　　　자기 or 타인

　　㉣ (불가능)* → 보충성　공시송달 가능 : 자구행위 ×

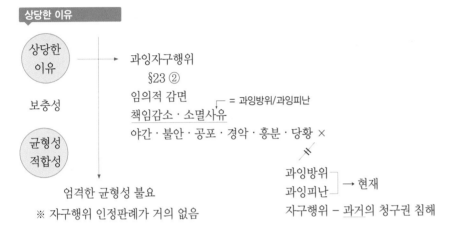

㉠ 자구행위 의사

그 청구권의
실행불능
or
현저곤란

권리보전 행위 ○
피하기 위한 의사

권리보전	권리실행	대체물취거
○	×	×

㉡ 충분한 인적 · 물적 담보 : ×

상당한 이유

상당한
이유

보충성

균형성
적합성

→ 과잉자구행위
　　§23 ②
임의적 감면　　┌ = 과잉방위/과잉피난
책임감소 · 소멸사유
야간 · 불안 · 공포 · 경악 · 흥분 · 당황 ×

과잉방위
과잉피난　　→ 현재
자구행위 – 과거의 청구권 침해

엄격한 균형성 불요
※ 자구행위 인정판례가 거의 없음

제 5 절 | 피해자의 승낙

① 양해

Case 1 – '구성요건' 해당성 조각사유(기망, 강박에 의한 양해 ○)

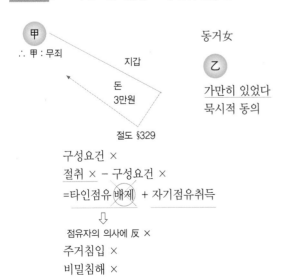

甲
∴ 甲 : 무죄

지갑
돈
3만원

절도 §329

동거女

乙

가만히 있었다
묵시적 동의

구성요건 ×
절취 × – 구성요건 ×
=타인점유 ~~배제~~ + 자기점유취득
　　　　⇩
점유자의 의사에 反 ×
주거침입 ×
비밀침해 ×

② 피해자의 승낙 §24 : 위법성조각사유(구성요건에는 해당)

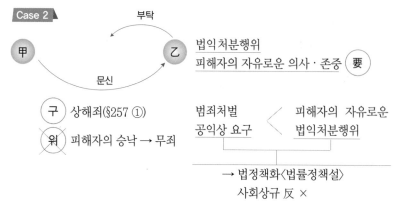

`Case 2`

甲 ↔ 乙 (부탁 / 문신)

법익처분행위
피해자의 자유로운 의사 · 존중 要

구 상해죄(§257 ①)
위 피해자의 승낙 → 무죄

범죄처벌 < 피해자의 자유로운
공익상 요구 법익처분행위

→ 법정책화〈법률정책설〉
사회상규 反 ×

`Case 3`

甲 ← (허락 / 폭행) → 乙 '잡귀'
死

구 폭행치사 §262
위 승낙 × – 사회상규 위반 §24 명문규정 ×
└ 해석상 필요 ○
判 | 84세, 11세 | 종교적 명목
안수기도 | 기도행위
중과실치사 | 폭행치사
→ 과실범 | → 정당행위 ×

`Case 4`

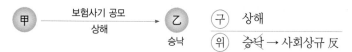

甲 — (보험사기 공모 / 상해) → 乙 승낙

구 상해
위 ~~승낙~~ → 사회상규 反

◎ 성립요건

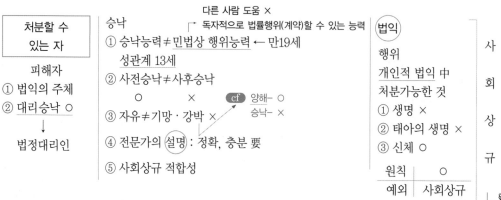

처분할 수 있는 자	승낙	법익	사 회 상 규

처분할 수
있는 자

피해자
① 법익의 주체
② 대리승낙 ○
↓
법정대리인

승낙
다른 사람 도움 ×
┌ 독자적으로 법률행위(계약)할 수 있는 능력
① 승낙능력≠민법상 행위능력 ← 만19세
성관계 13세
② 사전승낙≠사후승낙
× cf 양해– ○
승낙– ×
③ 자유≠기망 · 강박 ×
④ 전문가의 설명 : 정확, 충분 要
⑤ 사회상규 적합성

법익

행위
개인적 법익 中
처분가능한 것
① 생명 ×
② 태아의 생명 ×
③ 신체 ○

| 원칙 | ○ |
| 예외 | 사회상규 |

사 회 상 규
└ §24
명문규정 ×
해석상–필요

Case 5

의사
甲

업무상
과실치상
§268

시진
촉진
문진

자궁근종 – 오진

초음파 검사 ×
가장 기본적

부정확
불충분

승낙

40女
乙

자궁적출

병력조사

설명

자궁외임신
배제

cf 의사의 처분행위

① 업무로 인한 행위(多, 判)
② 피해자의 승낙에 의한 행위(少)

법률규정	
동의 ○ → 죄 ×	
양해	**승낙**
대부분의 개인적 법익	신체
• 절도 · 횡령 등 – 재산죄 • 주거침입비밀침해 등 – 사생활 평온에 대한 죄 • 협박, 감금 등 – 자유에 대한 죄 cf 손괴–양해	• 상해 • 폭행치상 • 과실치상 • 명예훼손(通) • 업무방해(判) • 문서위조(判) (사회적 법익)

동의 ○
→ 처벌 ○

① 살인 : 촉탁 · 승낙살인(§252 ①)(형–경)
② 낙태 : (업무상)촉탁 · 승낙낙태(§269 ②, §270 ①)(형–경)
③ 성 ┌ 준강간, 준강제추행(§299)
    ├ 피구금자 간음(§303 ②)
    └ 미성년자의제 ┌ 강간(§305)
              └ 강제추행

사회적 법익

방화 → 자기소유일반건조물
방화(§166 ②)(형–경)

〈예외〉

*심화

문서위조죄 ┌ §225
       └ §231

작성명의인의 – 추정적 승낙
위임, 포괄승낙 ○
    └ 위조죄 ×

국가적 법익

무고
§156 승낙무고

*작성권자의 의사에 反하는
명의사용 : 명의도용

③ 추정적 승낙

독자적 위법성조각사유(多)
≠사후승낙

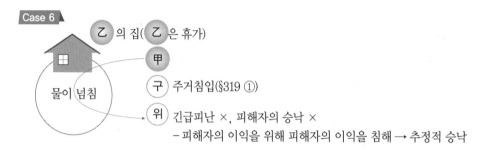

Case 6

乙 의 집(乙 은 휴가)

甲

구 주거침입(§319 ①)

위 긴급피난 ×, 피해자의 승낙 ×
　　– 피해자의 이익을 위해 피해자의 이익을 침해 → 추정적 승낙

물이 넘침

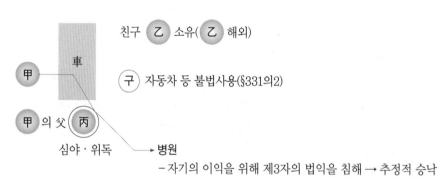

Case 7

친구 乙 소유(乙 해외)

구 자동차 등 불법사용(§331의2)

甲

車

甲 의 父 丙

심야·위독 → 병원
　　– 자기의 이익을 위해 제3자의 법익을 침해 → 추정적 승낙

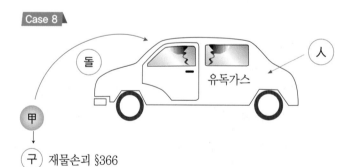

Case 8

돌

人

유독가스

甲

구 재물손괴 §366

위 차의 소유자	제3자 丙	피해자 乙
甲	긴급피난 제3자의 법익을 침해	추정적 승낙 ≠피해자이 승낙 ≠긴급피난

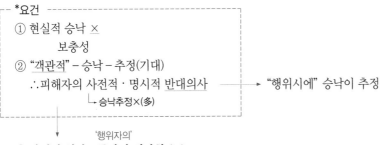

*요건

① 현실적 승낙 ×

　　　　보충성

② "객관적" – 승낙 – 추정(기대)

　　∴피해자의 사전적 · 명시적 반대의사　　━▶ "행위시에" 승낙이 추정

　　　　└ 승낙추정×(多)

　　　　　　　　　'행위자의'

③ 양심적 심사 : 주관적 정당화요소

　　cf 보충성

　　① 형법의 보충성 → 법익보호 기능

　　② 긴급피난

　　③ 자구행위

　　④ 추정적 승낙

　　⑤ 정당행위

　　⑥ 강요된 행위

　　⑦ 보충관계

　　⑧ 부작위범의 보충성

제 6 절 | 정당행위

① 법령에 의한 행위(공/징/사/노/모/감/복/뇌/카/총/母)

① ㉲무원의 직무집행행위

법률	상관의 적법명령
• 민사집행법 　→ 집행관 · 강제집행 • 형소법 　→ 검사 · 사경 • 통비법 　→ 감청	정당행위(당번병 사례) 위법 · 명령 └ 위법 　　　　　　　　　　　　　　　i) 고 박종철 군 고문사건 　　　　　　　　　　　　　　　ii) 안기부직원 불법대선 자료 　　　　　　　　　　　　　　　　　→ 강요된 행위 × 절대적 구속력 ○　　절대적 구속력 × → 책임조각 → 무죄　│ → 유죄 　　└ 초법규적 책임조각사유(명시된 사유는 × , but 인정)

② ㉯계행위

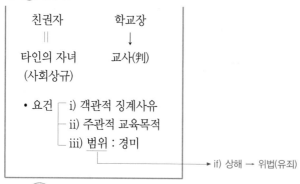

```
        친권자              학교장
          ‖                  ↓
     타인의 자녀          교사(判)
     (사회상규)
```

- 요건 ┌ i) 객관적 징계사유
     ├ ii) 주관적 교육목적
     └ iii) 범위 : 경미

→ if) 상해 → 위법(유죄)

★㉱별 : 전면부정설 ×
       제한적 허용설(多, 判)
- 학교장의 교칙위반 학생 뺨 → 무죄
- 여중 체육교사 : 모욕≠슬리퍼 → 폭행죄+모욕죄

③ ㉲인의 현행범 체포행위

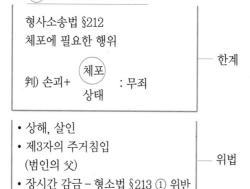

```
형사소송법 §212
체포에 필요한 행위                  ── 한계

判) 손괴+ [체포]  : 무죄
          상태
```

- 상해, 살인
- 제3자의 주거침입   ── 위법
  (범인의 父)
- 장시간 감금 – 형소법 §213 ① 위반

④ ㉳동쟁의행위(★)

헌법 §33 노동3권 ── 단결권, 단체교섭권, 단체행동권
  └ 노동법상 정당행위

※ 요건 i) 주체 : 단체교섭이 주체(노조)
       ii) 목적 : 근로조건 개선(임금인상) → [구조조정] 실시자체 반대목적
                                          정리해고   위법
       iii) 절차 : 합법 – 투표(要)
                    조정기간, 냉각기간, 서면신고
       iv) 범위(수단) : 사용자의 재산권과 조화
                      비폭력

㉴거	전면적·배타적	부분·병존적
	위법	적법

       v) 확성기 적정사용 – 허용

⑤ (모)자보건법상 인공임신중절행위
⑥ (감)염병예방법에 의한 의사의 질병신고행위
⑦ (복)권법령에 의한 복권발행행위
⑧ 장기이식법에 의한 (뇌)사자의 장기적출행위
⑨ 정선 (카)지노
⑩ 경찰관의 (총)기 사용행위   (중) (영) (무) (간)
    └ 경직법 §10의4   죄   장   기   첩
⑪ 이혼한 (母)의 면접교섭권 행사행위

② 업무로 인한 행위(의/안/변/성/재/기)

① (의)사의 치료행위
   ㉠ 업무행위설(多, 判)
     • 목적 : 환자 건강 개선
     • 수단 : 객관적 의술법칙   자궁적출
     └ ※ 비판 : 환자의 의사 '무시'!   ↗
   ㉡ 피해자의 승낙에 의한 행위설(少, (일부판례)) – 의사의 정확, 충분한 설명 要

② (안)락사–업무 ×

적극적 안락사	소극적 안락사(★)
	소극적 부작위
	생명 연장 (치료중단)
	예외적 요건 ○
	└ 위법 ×(위법성 조각)
적극적 작위	∴ 사회상규 – 정당행위
└ 살인	
위법	식물인간
촉탁살인죄	뇌사
§252 ①	→ 가족 中 대표자 ┌ 결정 ×
	└ 본인의 평소 의사 (추정)

③ (변)호인의 변론
   • 의뢰인의 보호((변)호인의 변론)
   • 명예훼손 ┐
   • 업무상 비밀누설 ┘ 업무 : 무죄
   • 허위사실적시명예 ┐
   • 범죄은닉죄/도피★(判) │
   • 위증교사   } 위법
   • 증거인멸 ┘

④ ㉛직자의 업무행위

국·보·법 위반

신고 ×	은신처, 도피자금 제공
㉰ 국·보·법상	범죄은닉·도피(§151 ①)
불고지죄 ○	성직자 → 초법규적 존재 ×
㉟ 성직자의 업무	위법
→ 무죄	

⑤ ㉤건축 조합장의 철거행위

⑥ ㉞자의 취재행위

㉞자의 취재·보도행위

원칙	X파일 사건	
업무로 인한 행위	PD 수첩 유죄	非언론인 – 노회찬 의원 유죄

> **cf** 광우병 : 무죄

> **cf** 운동경기(判)→ 사회상규

③ 사회상규에 위배되지 않는 행위(소/징/권/경···)
└수/도

① ㉬극적 방어행위

甲 ──멱살, 주먹 2~3대──→ 乙

적극적 방어행위	소극적 방어행위
주먹 한 대 + 상해 §262	벗어나기 위해 뿌리쳤다.
㉰ 폭행치상	폭행치상
㉟ 위법성 × → 정당방위	인간의 본능적 저항수단 사회상규 → 정당행위

②㉛계권 없는 자의 징계행위
- 연장자 – 연소자(타인의 자녀)
- 교사 – 법령에 의한 행위(判)
- 군인 – 상사 → 부대원

③ 자기/타인 ⑦리 실행행위

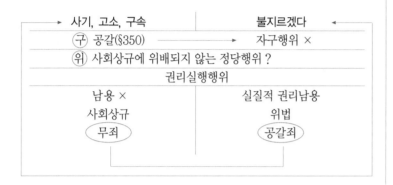

공갈 = 폭행, 협박
+
재산취득
불법영득의사 ×
‖
협박죄설(多)

④ ⑦미한 불법

⑤ 무면허 · 자격 ⑨지침 · 부항 시술

원칙	예외
무면허 의료 행위죄	경미 사회상규–무죄

⑥

여관주인의
친구들
식사비
⑤박

구성요건	도박 §246 ①	풍속영업법 위반
위법성 단서	일시오락 ↳ 무죄	경미한 불법 사회상규(정당행위) 무죄

제 1 절 **책임이론**

① 책임의 의의

- (위법한 행위)를 한 행위자에 대한 비난가능성
  - └ "행위책임" : 원칙
- 不法행위자 ← 비난가능성

$$不法 \xmapsto{\ \text{상응}\ } 책임 \xmapsto[\text{책임주의}]{\ \text{상응}\ } 형벌$$

- 예 무과실책임-양벌규정(위헌)

② 책임의 근거

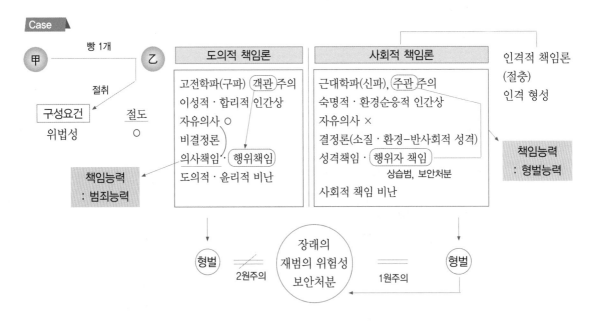

- 책임무능력자의 행위 : 위법-객관적 위법성론
- 책임무능력자 : 처벌 町-사회적 책임론

책 임능력

　　고의 〰〰 사실의 착오
위 법성의 인식(×) ——— 법률의 착오
책 임　고의
　　　　과실

┌───┐
│　　기 대 불가능성 : 책임조각사유 의 부존재 → 책임조각사유가 없어야 한다 │
│　⟋⟍ │
│적법행위의 │
└───┘

책임무능력자(책임 × = 무죄) → 간접정범의 피이용자 ○

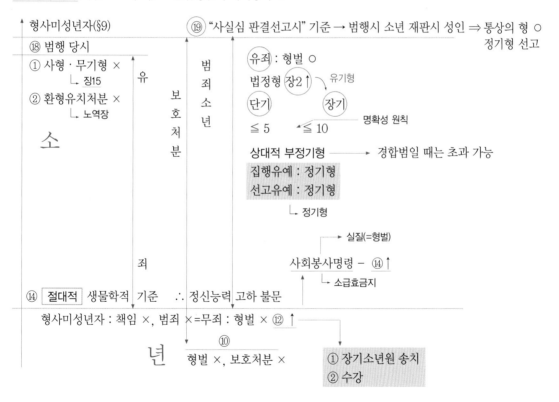

형사미성년자(§9)　　　　　⑲ "사실심 판결선고시" 기준 → 범행시 소년 재판시 성인 ⇒ 통상의 형 ○
⑱ 범행 당시　　　　　　　　　　　　　　　　　　　　　　　　　　　　정기형 선고
① 사형 · 무기형 ×　　　　　　유죄 : 형벌 ○
　└ 징15　　　　　　　　　　법정형 장2 ↑　유기형
② 환형유치처분 ×　　　　　　단기　　　　　장기
　└ 노역장　　　　　　　　　≤ 5　　≤ 10　　명확성 원칙

소　　　　　　　　　　　　　상대적 부정기형 ——→ 경합범일 때는 초과 가능
　　　　　　　　　　　　　　집행유예 : 정기형
　　　　　　　　　　　　　　선고유예 : 정기형
　　　　　　　　　　　　　　　└ 정기형

　　　　　　　　　　　　　　　　　　　　→ 실질(=형벌)
　　　　　　　　　　　　사회봉사명령 – ⑭ ↑
　　　　　　　　　　　　　　　↑　└ 소급효금지
⑭ 절대적 생물학적 기준　∴ 정신능력 고하 불문

형사미성년자 : 책임 ×, 범죄 ×=무죄 : 형벌 × ⑫ ↑
　　　　　　년　　⑩
　　　　　　　　형벌 ×, 보호처분 ×　　① 장기소년원 송치
　　　　　　　　　　　　　　　　　　② 수강

┌─────────┐
│ 성폭력 소년 │
└─────────┘
　　└ 집·유 ┌ 보호관찰
　　　　　　│ 사회봉사 │ 필요적
　　　　　　└ 수강

유 / 보호처분 / 죄 (세로)
범죄소년 (세로)

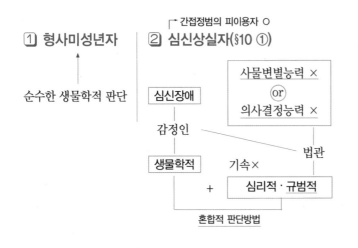

① 형사미성년자

순수한 생물학적 판단

② 심신상실자(§10 ①)
┌ 간접정범의 피이용자 ○

심신장애 → 사물변별능력 ×
or
의사결정능력 ×

감정인

생물학적 ─ 기속× ─ 심리적·규범적

혼합적 판단방법

③ 한정책임능력자
┌ 간접정범의 피이용자 ×

피교사자, 피방조자 ○

심신미약자(§10 ②)	청각 및 언어장애인(§11)
심신장애 ~능력 미약	청각∩언어 and
임의적 감경	필요적 감경

※성폭법 §20(예외적 사형선고 可)
음주·약물 → 심신장애 → 성폭력
→ §10 ①, ②, §11 : 임의적 적용여부 결정

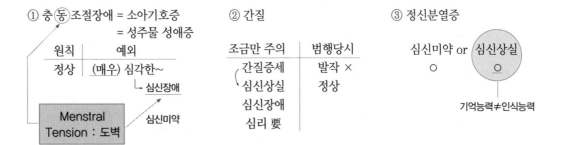

① 충(동)조절장애 = 소아기호증
= 성주물 성애증

원칙	예외
정상	(매우) 심각한~ └ 심신장애

Menstral Tension : 도벽 → 심신미약

② 간질

조금만 주의	범행당시
간질증세 심신상실 심신장애 심리 要	발작 × 정상

③ 정신분열증

심신미약 or 심신상실
○ ○

기억능력≠인식능력

④ 명정(만취)
└ 술에 '만취'하여 의식이 없었다는 주장 : 심신장애 – 주장 : 판단 要
└ 술에 '취'하여 기억이 나지 않는다는 주장 : 심신장애 – 주장 × : 판단 불요(단순한 범행부인)
※ 음주사실만 → 심신장애(×)

④ 원인에 있어 자유로운 행위 – "책임능력"

§10 ③ *입법–해결 → 고의/과실/작위/부작위 불문
○   ○   ○   ○

Case 1

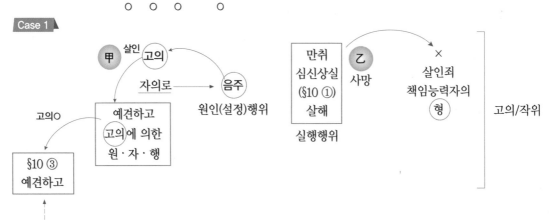

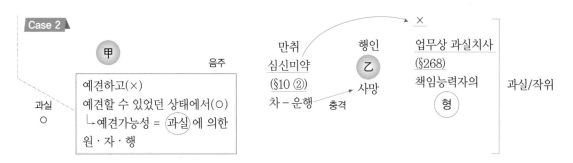

Case 2

甲

음주

과실
○

예견하고(×)
예견할 수 있었던 상태에서(○)
└예견가능성 = 과실에 의한
원·자·행

만취
심신미약
(§10 ②)
차 – 운행

충격

행인
乙

사망

×

업무상 과실치사
(§268)

책임능력자의
형

과실/작위

Case 3 철도역장

甲

음주

심신상실
만취
철로변경 ×

망각범

"과실/부작위"

화물열차
충돌사고
기관사

乙 사망

결론 : 고의, 과실, 작위, 부작위 전부 원·자·행 可
‖
「정당방위」§21의 침해
╫
cf 결과적 가중범의 기본범죄

고의	과실	작위	부작위	
○	×	○	○	(유기 치사)

① 가벌성의 근거

원인행위설

㉠ 간접정범과의 구조적 유사성설 (少)

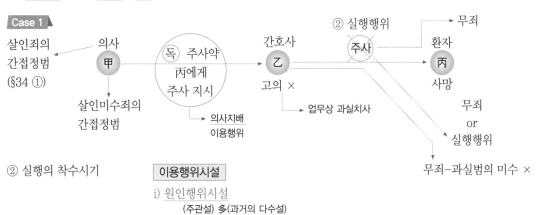

Case 1

살인죄의
간접정범
(§34 ①)

살인미수죄의
간접정범

의사
甲

독 주사약
丙에게
주사 지시

의사지배
이용행위

간호사
乙

고의 ×

업무상 과실치사

② 실행행위
주사

② 실행의 착수시기

이용행위시설

i) 원인행위시설
(주관설) 多(과거의 다수설)
음주시 : 살인미수 ○

무죄

환자
丙

사망

무죄
or
실행행위

무죄–과실범의 미수 ×

ⓐ 행위와 책임은 동시존재 원칙	일치(일치설, 일치모델)
ⓑ 구성요건적 정형성	反(죄형법정주의) × "보장적 기능"

ⓛ 원인행위 ◯ 실행행위

↓

불가분적 관련성설(多)

간접정범		원·자·행
2인 이상	≠	1인
공범론		단독정범

⟨가벌성의 근거 도해⟩

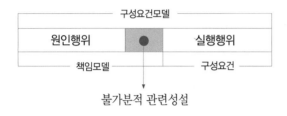

구성요건모델		
원인행위	●	실행행위
책임모델		구성요건

불가분적 관련성설

ⅱ) 실행행위시설(객관설)=구성요건 행위시설

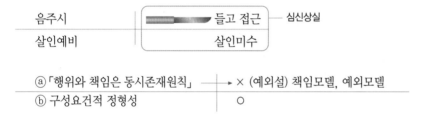

| 음주시 | 들고 접근 | 심신상실 |
| 살인예비 | 살인미수 | |

ⓐ 「행위와 책임은 동시존재원칙」 → × (예외설) 책임모델, 예외모델
ⓑ 구성요건적 정형성 ○

제 3 절 위법성의 인식

① 의의

자기행위가 실질적으로 법질서에 위반된다는 행위자의 인식
→ 사회정의 · 조리 反 − 인식 − 충분
→ 미필적 불법인식 ○
→ 확신범 · 양심범(有)
→ 분리가능

Case 1

야구배트 팼다 (처)
甲 ──────→ 乙 무단외박
징계권 ○−오인 전치 12주 상해
정당 ←

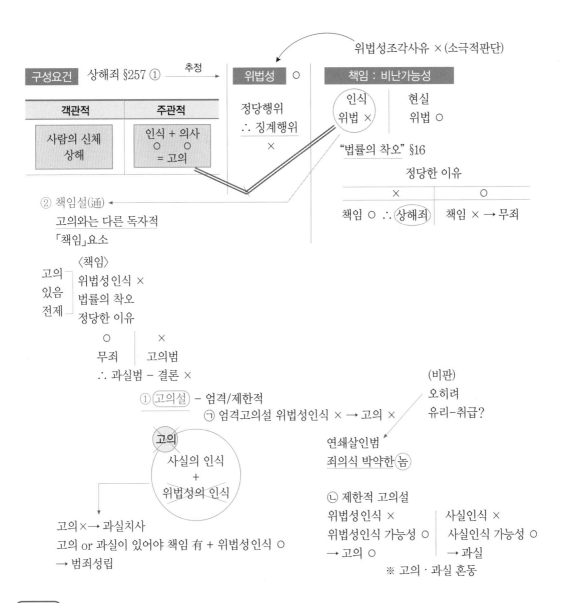

위법성조각사유 × (소극적판단)

| 구성요건 | 상해죄 §257 ① | → 추정 → | 위법성 ○ | 책임 : 비난가능성 |

객관적	주관적
사람의 신체 상해	인식 + 의사 ○ ○ = 고의

위법성 ○
정당행위
∴ 징계행위
×

책임 : 비난가능성

인식
위법 ×   현실
위법 ○

"법률의 착오" §16

정당한 이유

×	○
책임 ○ ∴ 상해죄	책임 × → 무죄

② 책임설(通) ◀
　고의와는 다른 독자적
　「책임」요소

〈책임〉
고의
있음
전제 ── 위법성인식 ×
법률의 착오
정당한 이유

　　○　　　　×
　　무죄　　　고의범
∴ 과실범 – 결론 ×

① 고의설 – 엄격/제한적
　　　　㉠ 엄격고의설 위법성인식 × → 고의 ×

고의
사실의 인식
+
위법성의 인식

고의× → 과실치사
고의 or 과실이 있어야 책임 有 + 위법성인식 ○
→ 범죄성립

(비판)
오히려
유리–취급?

연쇄살인범
죄의식 박약한 놈

㉡ 제한적 고의설
위법성인식 × ｜ 사실인식 ×
위법성인식 가능성 ○ ｜ 사실인식 가능성 ○
→ 고의 ○ ｜ → 과실
　　　※ 고의 · 과실 혼동

제 **4** 절　**법률의 착오**

① 의의

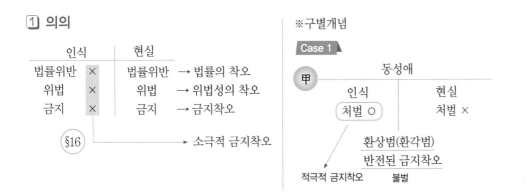

인식		현실	
법률위반	×	법률위반	→ 법률의 착오
위법	×	위법	→ 위법성의 착오
금지	×	금지	→ 금지착오

§16 ── → 소극적 금지착오

※구별개념

Case 1

甲　　　　동성애

인식	현실
처벌 ○	처벌 ×

환상범(환각범)
반전된 금지착오

적극적 금지착오　　불벌

〈적극적 착오〉

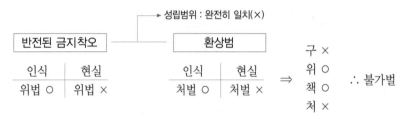

성립범위 : 완전히 일치(×)

반전된 금지착오		환상범	
인식	현실	인식	현실
위법 ○	위법 ×	처벌 ○	처벌 ×

⇒ 구 ×
위 ○
책 ○
처 ×

∴ 불가벌

Case 2

甲 ―절취― 乙 父

처벌 ○ 오인 ← 환상범 ○ / 반전된 금지착오 ×

② 자기의 행위가 법령에 있어서

§16 죄가 되지 않는 것으로 오인한 행위 → 예외적 처벌 ×

직접적(금지규범) 착오			간접적(금지규범) 착오

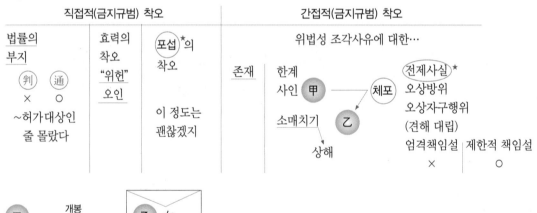

직접적(금지규범) 착오

법률의 부지	효력의 착오 "위헌" 오인	포섭*의 착오
判 通 × × ~허가대상인 줄 몰랐다		이 정도는 괜찮겠지

간접적(금지규범) 착오

위법성 조각사유에 대한…

존재 한계
사인 甲 — 체포
소매치기
乙
↓
상해

전제사실*
오상방위
오상자구행위
(견해 대립)

엄격책임설	제한적 책임설
×	○

甲 ―개봉 비밀침해 §316 ①→ 乙 女

애인

그 오인에
정당한 이유 ○ ― 벌 × → 通 "엄격책임설 : 책임조각 ∴ 무죄"
고의설 : 고의조각 → 과실 有 ∴ 무죄

① 部대장의 허가 – 유류저장 ≠ 상관의 명령이 명백히 위법 : 유죄
② 法원의 판례 신뢰 ≠ 사안(사실관계) 유사 but 서로 다른 판례 신뢰 : 유죄
③ 初등학교장 – 초·교·위 교과식물 양귀비
④ 軍인 – 휴가 – 이복동생 이름 – 복귀 ×
　　許가 담당 공무원 – "허가 불요" 잘못 알려준 경우 ≠ 확실히 답변×(주택관리사)"보" – 아파트관리소장
　　　　　　　　　　　　　　　　　　└→ 유죄　　　　　　　　　　　　　　　　　　×
⑤ 발가락 양말 – 변리사 감정과 특허심판 ≠ 변리사 – Bio Tank – 상표등록
⑥ 미숫가루 제조

⑦ 장의사

⑧ 골프장

⑨ 자수정 채광 – 산림훼손허가 ≠ 허가 – 벌채

　　　　　　　　└── 허가 목적이 다름　cf 잔존목 – 별도의 허가 × – 벌채 = 유죄

⑩ 국유재산 – 건축물, 신축

⑪ 외국인 직업소개

⑫ 광역시의회 의원 – 선관위 공무원의 지적 · 수정 의정보고서 ≠ 국회의원 의정보고서 – 선거운동 = 유죄

⑬ 나대지 – 토석 적치

⑭ 예 비군 대원신고 – 동일주소 – 재차 × ≠ 대원신고 × : 법률의 부지 – 유죄

⑮ 한 약 – 십전대보초 제조 · 판매 – "무혐의"

　　(가감삼십전 대보초)

　　　≠ 무도교습소, 회원 ≠ 교육, 무혐의, 비회원 상대로 교습소 운영 : 유죄

⑯ 비 디오물감상실 업자, ◀────────▶ ≠ 천지창조 유흥업소 성인나이트클럽 ⑱

　　　　　　　　(19세 미만) : 청소년

　　음 · 비게법 18세 미만　　(단속)대상 18세 미만&재학생 ×

⑰ 변 호사, 관할공무원, 기업사채

　　≠ 변호사 – 대강 자문 – '표시'의 효력 없다. §140 ① 공무상 비밀표시무효죄 ○

⑱ 교 통부 장관의 허가 – 교통사고상담센터 직원 → 화해의 중재 · 알선 ≠ ~장관의 회신 : 유죄

　　　　　　　　　　　　　　　　　　　　　　　　　　　　　　　　　고시

⑲ 민사소송법 기타 공법의 (해석) (잘못)

　　표시의 적법성 · 유효성 없다고 오인 → 범의(고의)조각 → 공무상 표시무효 × ∴무죄

③ (위)법성조각사유의(객관적) (전)제사실에 관한 (착)오

　　= 객관적 정당화 상황

　　= '허용구성 요건'　　　　　　　　예 오상방위

　　　　　　　　　　　　　　　　　　　오상피난

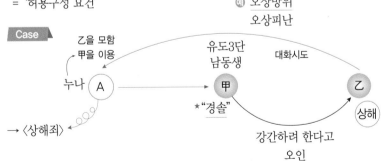

구성요건 ○

객관적 구성요건	주관적 구성요건
사람의 신체 상해	고의 인식 + 의사

（사람의 신체 상해 ← 고의 인식 + 의사）

cf 구성요건적 고의 × 「부정」
i) 소극적 구성요건표지이론
ii) 제한적 책임설 中 유추적용설

위법성

정당방위 §21 ① ×

객관적 정당화상황 '허용구성요건'	주관적 정당화요소	상당한 이유
자기/타인의 법익 현재 ~~부당 침해~~ (○ : 오인)	방위의사 ○	○ 필요성 (=적합성) 사회윤리적제한

책임

① 엄격고의설

고의

사실의 인식
위법성의 인식

부주의
객관적
주의의무 위반

→ 고의 × → 과실치상 ○
∴ Ⓐ 교사범 × 상해죄의 간접정범 §34 ①

② 소극적 구성요건표지이론
2단계 범죄론 체계

총체적 불법구성요건		책임
적극적 구성요건요소	소극적 구성요건요소	
甲 → 乙 상해 ○ 해당	정당방위 × ↑ 해당 ○	

— 위법성조각사유에 해당되지 않아야 함

객관적 : 구성요건 ○ ──────┐
⇧
주관적 : 인식 ○ – 甲의 생각 : 정당방위 ○
"구성요건 ×" 오인 ◄──────

구성요건 착오
구성요건적 고의 ×
↓
甲 과실치상 ∴상해죄의 간접정범
정범이 과실범

고의 ≠ 위법성 인식 "책임설"
└→ 독자적 책임요소

③ 엄격 책임설〈가장 중한 형 나옴〉

〈법률의 착오〉

인식	현실
정당방위 ○ 위법 ×	정당방위 × 위법 ○

§16

정당한 이유

○	×
책임 × 무죄	책임 ○ 유죄 : 상해죄★

Ⓐ 상해죄의 교사범

≠ 제한적 책임설

구성요건 착오 (사실의 착오)★

법률의 착오	사실의 착오
사실 ← 인식 ○ 법적 평가 ← 잘못	사실-인식 × 민들레-오인 고의 × 과실 ○

cf 초등학교장
└→ 양귀비 인식 ○
도교위 지시-처벌 ×-오인
⇒ 법률의 착오

if) 양귀비가 아니라 민들레라고 생각
사실-인식 ×=고의 ×=사실의 착오

④ 유추적용설(少)

사실 의 착오
구성요건 의 착오
⇓ 유추적용

전제 사실 착오
허용 구성요건 착오   : 구성요건 고의 ×

: 구성요건 고의 ×

甲 과실치상

Ⓐ 상해죄의 간접정범 ○
     교사범 ×

⑤ 법효과제한적 책임설 多★

이중기능	고의	구성요건적 고의 : 사람의 신체를 상해한다는 인식+의사	구성요건 + 위법성

└→ 책임고의
제한적 종속형식 : 사람을 상해한다는 의사에 뒤따르는 양심가책/미안함(심정반가치)

⇒ 고의범 × ⇒ 甲 : 과실치상 ○
                              └→ 과실범을 이용한 간접정범 ○
Ⓐ ┌ 간접정범 ○
   │ or
   └ 교사범 ○
        └→ 제한적 종속형식 : 교사범 가능
상해죄의

cf 고의의 이중기능을 인정하는 학설은 법효과제한적 책임설 외에도 있다.

제 5 절 책임조각사유 : 기대불가능성

책위책기 : 책임능력
위법성의 인식책임
책임 ┌ 고의 (위·전·착·제한적 책임설 중
      └ 과실   법효과제한적 책임설)
있으면 → 기대 불가능성의 부존재
무죄   소극적 책임요소

1 형법상 책임조각사유
(규정 ○)

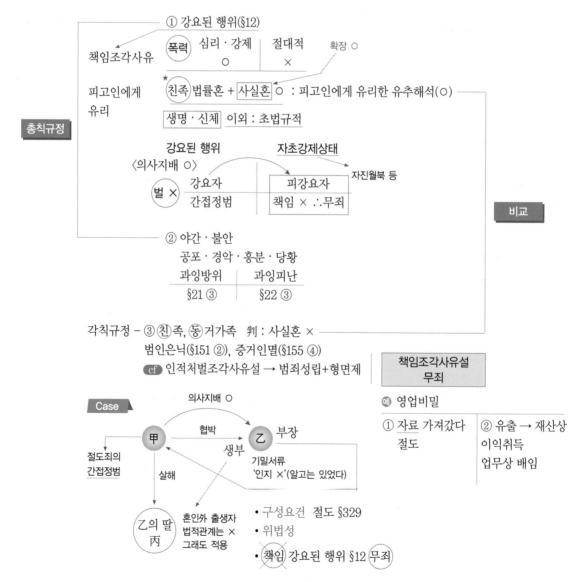

총칙규정

① 강요된 행위(§12)

책임조각사유　폭력 심리·강제 | 절대적　확장 ○
                   ○   ×

피고인에게　친족 법률혼 + 사실혼 ○ : 피고인에게 유리한 유추해석(○)
유리

생명·신체 이외 : 초법규적

강요된 행위　　　　자초강제상태
〈의사지배 ○〉　　　　　　　　　　자진월북 등
벌 ×　강요자　　피강요자
　　　간접정범　 책임 × ∴무죄

② 야간·불안
공포·경악·흥분·당황
과잉방위 | 과잉피난
§21 ③ | §22 ③

비교

각칙규정 – ③친족, 동거가족 判 : 사실혼 ×
범인은닉(§151 ②), 증거인멸(§155 ④)
cf 인적처벌조각사유설 → 범죄성립+형면제

책임조각사유설
무죄

예 영업비밀
① 자료 가져갔다 | ② 유출 → 재산상
   절도 | 이익취득
   | 업무상 배임

Case
의사지배 ○
甲 ──협박──→ 乙 부장
   생부
절도죄의
간접정범
살해
기밀서류
'인지 ×'(알고는 있었다)

乙의 딸
丙
혼인外 출생자
법적관계는 ×
그래도 적용

• 구성요건 절도 §329
• 위법성
• 책임 강요된 행위 §12 무죄

② 초법규적 책임조각사유 → 긍정(多, 判)

① (절대적) 구속력 있는 상관의 위법명령을 따른 부하의 행위 : 위법 × `cf` 실제 판례 : 거의 無
② 의무충돌 상황에서 부득이(불가피하게) 낮은 가치 의무 이행 ⇒ 면책적 의무충돌
③ 자기 or 친족의 생명·신체 이외의 법익에 대한 위해를 방어할 방법 없는 협박에 의하여 강요된 행위
④ 생명 vs 생명 : 소위 면책적 긴급피난(少)
⑤ 우연한 기회에 국가시험문제 입수 + 응시
　　　　　　　　　위계에 의한 공무집행방해 §137
⑥ 맘모스 나이트, 34명 중 청소년 1명
⑦ 초병 2명, 만 4일 6시간 동안 총 3~5시간 수면, 교대 수면
⑧ 최선의 노력 다했으나 임금 지급 ×

책임경감사유

기대가능성 감소 → 책임감경
　　　　　　　　　(→ 형이 경해진다)
- 살인죄 > 영아살해죄 §251
- 유기죄 > 영아유기죄 §272
- 위조통화행사죄 　 위조통화 취득 후
　　§207 ④ 　 지정행사죄 §210
- 도주원조죄 §147 > 단순도주죄 §145 ①

책임감소·소멸사유

기대가능성 결여·감소
→ 책임감경·면제
　　(→ 임의적 감면)
- 과잉방위 §21 ②
- 과잉피난 §22 ③
- 과잉자구행위 §23 ②

책임능력

기대가능성 관련 ×
형사미성년자
심신상실자/심신미약자
청각 및 언어장애인

연습 기대가능성의 구현 ×?
① 형사미성년자
② 강요된 행위
③ 과잉방위
④ 영아살해
　　　답) ① : 책임능력

CHAPTER 05 | 미수론 |

제 1 절 범행의 실현단계

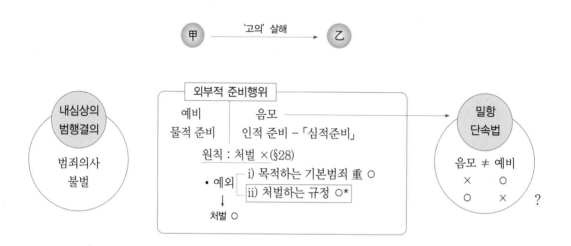

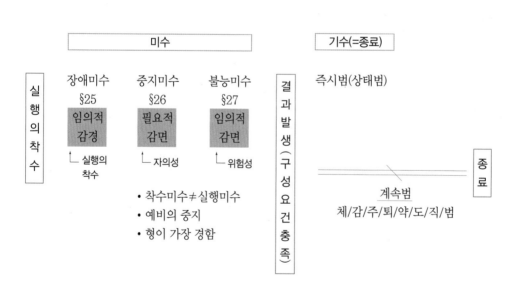

제 2 절 예비죄 −예비·음모죄 총칙

① 처벌규정 → (당연히 미수범 처벌규정○)

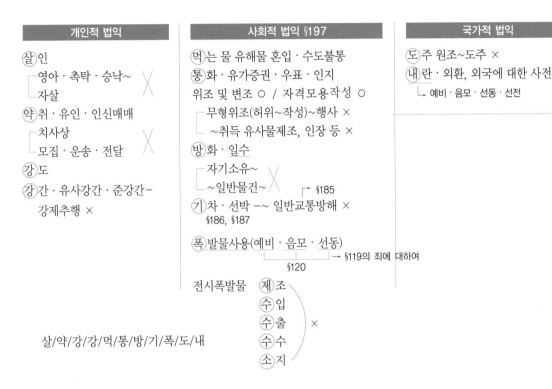

개인적 법익	사회적 법익 §197	국가적 법익
㉠인	㉠는 물 유해물 혼입·수도불통	㉠주 원조~도주 ×
┌영아·촉탁·승낙~ × └자살	㉠화·유가증권·우표·인지 위조 및 변조 ○ / 자격모용작성 ○	㉠란·외환, 외국에 대한 사전 └ 예비·음모·선동·선전
㉠취·유인·인신매매	┌무형위조(허위~작성)~행사 ×	
┌치사상 └모집·운송·전달 ×	└~취득 유사물제조, 인장 등 ×	
㉠도	㉠화·일수	
㉠간·유사강간·준강간- 강제추행 ×	┌자기소유~ └~일반물건~ × ┌§185	
	㉠차·선박 −~ 일반교통방해 × §186, §187	
	㉠발물사용(예비·음모·선동) └──────┘ → §119의 죄에 대하여 §120	
살/약/강/강/먹/통/방/기/폭/도/내	전시폭발물 ┌㉠조 ├㉠입 ├㉠출 × ├㉠수 └㉠지	

② 예비죄의 법적 성격(★, 난이도↑)

① 예비죄와   기본범죄의 관계
   살인예비죄 §255   살인죄 §250

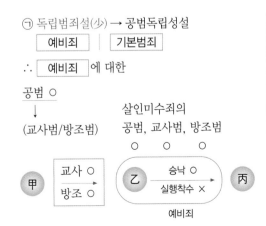

㉠ 독립범죄설(少) → 공범독립성설

| 예비죄 | | 기본범죄 |

∴ | 예비죄 | 에 대한

공범 ○
↓
(교사범/방조범)   살인미수죄의
                  공범, 교사범, 방조범
                   ○   ○   ○

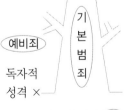

㉠ 발현형태설(多, 判) → 공범종속성설

예비죄   기
본
범
죄

독자적
성격 ×

예비죄에 대한 ㉠공범 ×
예비죄에 대한 교사범 ×
예비죄에 대한 방조범 ×

② 예비죄의 실행행위성

실행착수 전 └ 정형성/고정성

| 발현형태설을 취한다면 | so, 부정설(少) |
| | but 긍정설(多) |

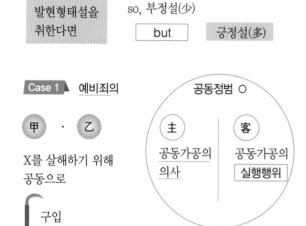

Case 1 ▶ 예비죄의

甲 · 乙

X를 살해하기 위해 공동으로

구입

공동정범 ○

主 공동가공의 의사

客 공동가공의 실행행위

③ 예비죄의 성립요건

주관적 요건(생각)		객관적 요건(행위)
고의 +	목적	외부적 준비행위
인식 + 의사 └ 과실에 의한 예비죄 ×	기본범죄를 범할 목적 : 모든 예비죄는 목적범	① 물적 예비 : ○ ② 인적 예비 : ○ ③ 자기 예비 : ○ ④ 타인 예비 : ×
독립행위설 → ① 준비자체고의설 발현형태설(多·判) ② 기본범죄고의설		

≠ 내심상 범죄의사(처벌 ×)
: 실질적 위험성 要
　　실행의 착수 × ≠ 미수

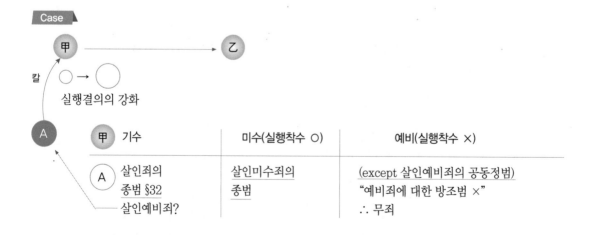

Case ▶

甲 ──────→ 乙

칼

○ → ○

실행결의의 강화

A

甲 기수	미수(실행착수 ○)	예비(실행착수 ×)
A 살인죄의 종범 §32 ── 살인예비죄?	살인미수죄의 종범	(except 살인예비죄의 공동정범) "예비죄에 대한 방조범 ×" ∴ 무죄

1 미수범 처벌근거
(=가벌성 근거)

Case

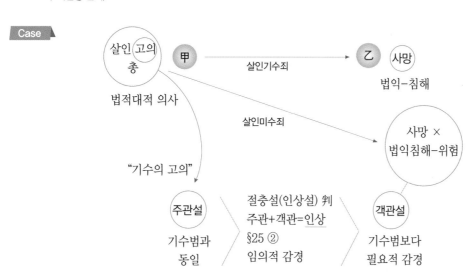

◎ 고의

기수의 고의	미수의 고의
○	×

기수	미수
○	○

빗나가게 하려고 : 살인미수죄 ×
겁을 주겠다는 협박기수의 고의 : (특수)협박(기수)죄 – 위험범

심화

◎ 불능미수의 처벌규정의 존재

		자체
객관설 설명 ×	주관설 설명 ○	
객관설 불벌	불능미수 : 임의적 감면 "절충설"	주관설 기수

Case

〈불능미수(§27)〉
- 처벌규정의 존재 → ┌ 객관설의 표현(×) – 객관주의는 보장적 기능에 가깝다.
　　　　　　　　　　└ 주관설의 표현(○) – 주관주의는 보호적 기능에 가깝다.
- 임의적 감면 → 절충설

② 미수범 처벌규정 총정리

개인	사회	국가
㉠인 ㉡해 　• 폭행 : × 　• 중상해 : × 　• 과실치사상 : × 　• 유기 · 학대 : × 　• 낙태 : × ㉢박 ㉣요 　• 중강요 : × 　• 인질치사상 : ○ ㉤포 　중체포 · 중감금 : ○ ㉥금 ㉦취 · 유인 　모 · 운 · 전 : × 강㉧· 추행 　• §301~§303 : × 　• 위계 · 위력 : × 　• 상해 · 치상 · 살인 · 치사 : × 　• 명예 · 신용 · 업무 : × 　• 비밀침해 : × ㉨거침입 ㉩도 ㉪도 　• 강도치사상 : ○ 　• 해상강도치사상 : ○ 　• 점유강취 : ○ ㉫기 　부당이득 : × ㉬갈 ㉭령 　점유이탈물횡령 : × ㉮임 ㉯괴 　• 장물 : × 　• 중손괴 : × 　• 경계침범 : × 　• 권리행사방해 : × 　• 강제집행면탈 : ×	• 공공의 안전을 해하는 죄 × ㉠발물 　• 소요죄 등 공안 : × 　• 전시폭발물 제조 · 수입 · 　　수출 · 수수 · 소지 : × ㉡화 　• 자기소유 : × 　• 일반물건 : × ㉢수 　현주건조물일수치사상 : ○ ㉣통방해 　~방해 중 교 · 기 · 가 : ○ ㉤화 　위조통화취득후 지정행사 : × ㉥가증권 · 우표 · 인지 　소인말소 : × ㉦서 　사문서부정행사 : × ㉧장 　모두 : ○ ㉨독 　• 먹는 물 사용방해 : × 　• 먹는 물 유독물혼입 : ○ 　• 수도불통 : ○ ㉩편 　• 단순소지 : × 　• 성풍속 : × 　• 도박 · 복표 : × ㉪묘발굴 　• 장례식방해 : × 　• 사체오욕 : × 　• 변사체검시방해 : × ㉫체유기	㉠란 ㉡환 　• 전시군수계약불이행 : × 　• 국기 : × ㉢국에 대한 사전 　국교죄 중 유일 : ○ ㉣법체포 · 감금 　공무원 직무범죄 중 유일 : ○ ~㉤효 　• ~방해 : × ┃ ~방해 　• ~모욕 : × ┃ 대부분　　○ 　　　　　　　×　교통방해 　　　　　　　　　기차 · 선박 　　　　　　　　　교통방해 　　　　　　　　　가스 · 전기 　　　　　　　　　공급방해 ~㉥해 ~㉦괴 ㉧주 　• 집합명령위반 : ○ 　• 범인은닉 : × 　• 위증 : × 　• 증거인멸 : × 　• 무고 : ×

① 성립요건

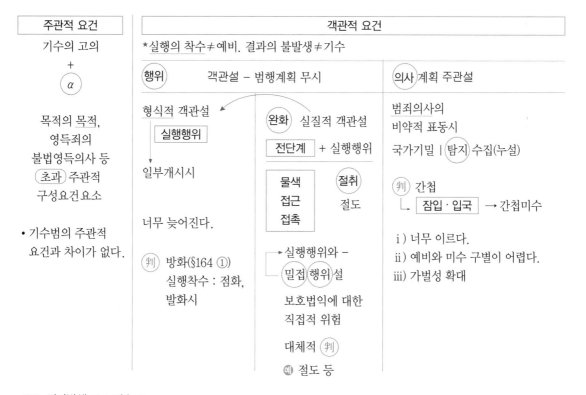

주관적 요건	객관적 요건	

주관적 요건

기수의 고의
+
ⓐ

목적의 목적,
영득죄의
불법영득의사 등
초과 주관적
구성요건요소

• 기수범의 주관적
요건과 차이가 없다.

객관적 요건

★실행의 착수 ≠ 예비. 결과의 불발생 ≠ 기수

행위 객관설 - 범행계획 무시

형식적 객관설
실행행위
일부개시시

너무 늦어진다.

判 방화(§164 ①)
실행착수 : 점화,
발화시

완화 실질적 객관설
전단계 + 실행행위

물색
접근
접촉

절취
절도

실행행위와 -
밀접 행위 설

보호법익에 대한
직접적 위험

대체적 判
예 절도 등

의사 계획 주관설

범죄의사의
비약적 표동시
국가기밀 | 탐지 수집(누설)

判 간첩
잠입·입국 → 간첩미수

i) 너무 이르다.
ii) 예비와 미수 구별이 어렵다.
iii) 가벌성 확대

cf 결과발생 ○ : 미수 ○

예 ┌ 인과관계 ×
　 └ 우연적 방위

 Case

甲 ──살인고의 총──→ 乙 死 ×

인식 × ←──── 甲을 살해하려고 하는 순간

주관적 정당화요소	객관적 정당화상황
방위의사 ×	자기 or 타인 법익 현재 부당 침해 ○
행위불법 ○	결과불법 × ⇒ 불능미수(多)

절충설 (주관적 객관설 · 개별적 객관설) 通

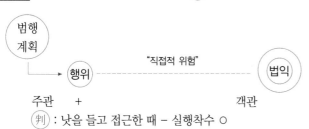

범행
계획

행위 ----- "직접적 위험" ----- 법익

주관 + 객관

判 : 낫을 들고 접근한 때 - 실행착수 ○

제 5 절 중지미수 §26

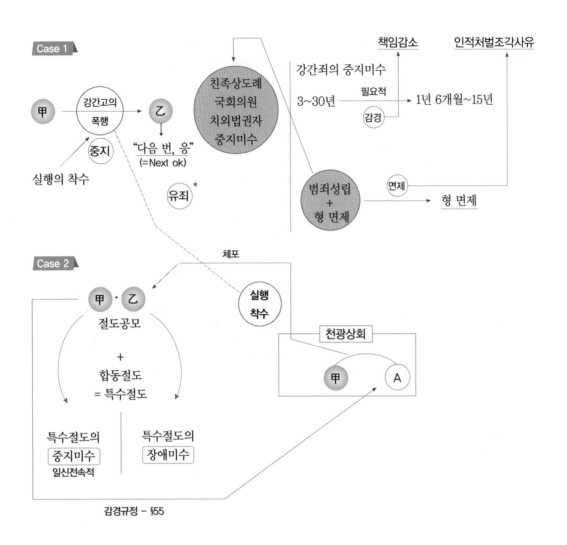

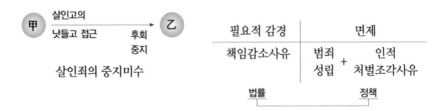

① 본질

① 형사정책설(황금교설 : 황금의 다리 이론)
② 보상설(공적설, 은사설)
③ 형벌목적설(일반예방, 특별예방)
④ 법률설 ┬ 위법성감소·소멸설
        └ 책임감소·소멸설

② 성립요건

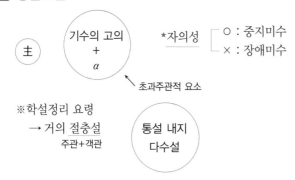

主   기수의 고의 + α   ★자의성 ┬ ○ : 중지미수
                                 └ × : 장애미수
                        ← 초과주관적 요소

※학설정리 요령
  → 거의 절충설   통설 내지
     주관+객관   다수설

절충설× ① 객관적 위법성론
       ② 과실범의 주의의무의 표준 : 객관설
       ③ 간접정범의 실행착수시기 : 주관설(이용행위시설)
       ④ 원·자·행의 실행착수시기 : 학설대립

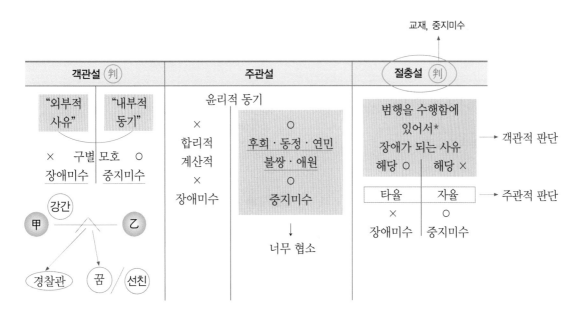

객관설 ㈜		주관설	절충설 ㈜ 교재, 중지미수
"외부적 사유"	"내부적 동기"	윤리적 동기	범행을 수행함에 있어서★ 장애가 되는 사유 → 객관적 판단
× 구별 모호 ○ 장애미수 중지미수		× 합리적 계산적 × 장애미수 ／ ○ 후회·동정·연민 불쌍·애원 ○ 중지미수 ↓ 너무 협소	해당 ○ ｜ 해당 × ──── 타율 ｜ 자율 → 주관적 판단 × ｜ ○ 장애미수 중지미수
강간 甲 ── 乙 경찰관 꿈／선친			

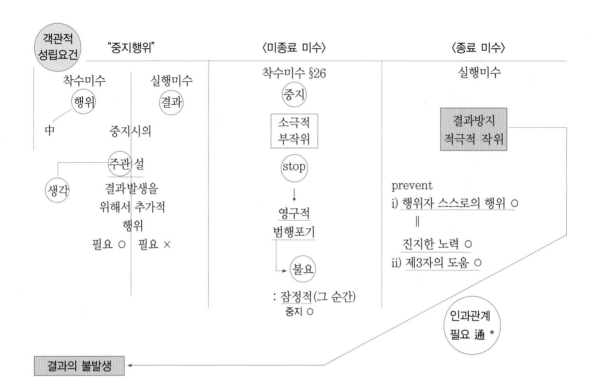

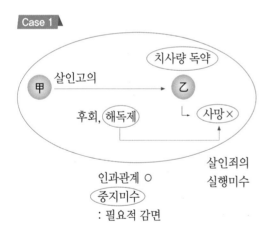

Case 1

인과관계 ○
중지미수
: 필요적 감면

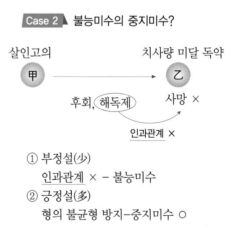

Case 2 ▶ 불능미수의 중지미수?

① 부정설(少)
　인과관계 × – 불능미수
② 긍정설(多)
　형의 불균형 방지–중지미수 ○

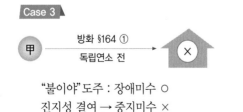

Case 3

"불이야"도주 : 장애미수 ○
진지성 결여 → 중지미수 ×

Case 4

진지한 진화 노력 → 반소 : 기수
독립연소가 되어버림

③ 공범과 중지미수

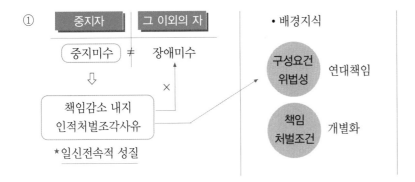

①

중지자 | 그 이외의 자

중지미수 ≠ 장애미수

책임감소 내지
인적처벌조각사유

*일신전속적 성질

• 배경지식

구성요건
위법성 — 연대책임

책임
처벌조건 — 개별화

Case 1

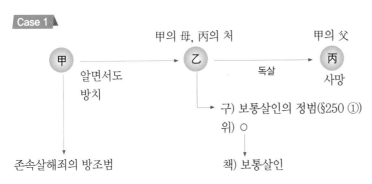

甲의 母, 丙의 처 乙 ← 甲의 父 丙

甲 알면서도 방치

乙 독살 → 丙 사망

구) 보통살인의 정범(§250 ①)
위) ○
책) 보통살인

존속살해죄의 방조범

Case 2

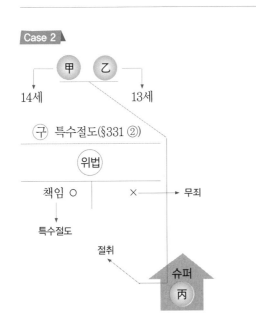

甲 14세 乙 13세

구) 특수절도(§331 ②)

위법

책임 ○ × → 무죄

특수절도

절취

슈퍼 丙

Case 3 처벌조건단계에서의 개별화

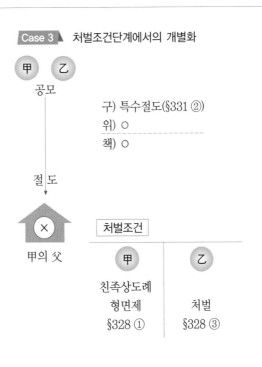

甲 乙 공모

구) 특수절도(§331 ②)
위) ○
책) ○

절도

× 甲의 父

처벌조건

甲 친족상도례 형면제 §328 ① | 乙 처벌 §328 ③

② 결과발생 ○ : 기수
　└▸ 결과방지 ○ (要)

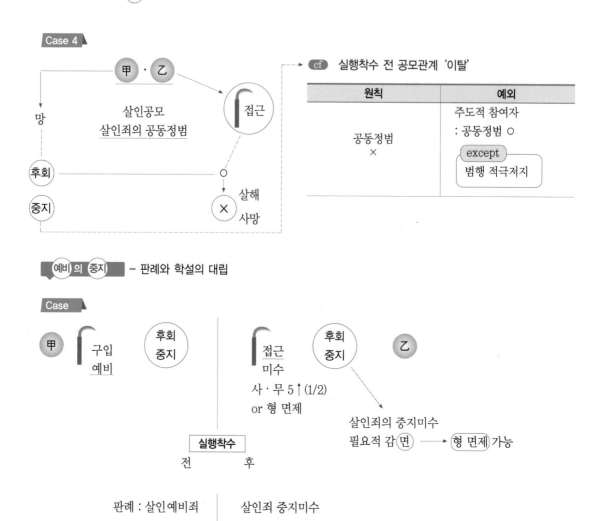

Case 4

甲 · 乙

살인공모
<u>살인죄의 공동정범</u>

접근

망

후회 ─────────── ○

중지 ── × 살해 사망

cf 실행착수 전 공모관계 '이탈'

원칙	예외
공동정범 ×	주도적 참여자 : 공동정범 ○ (except) 범행 적극저지

예비의 중지 – 판례와 학설의 대립

Case

甲 구입 예비

후회 중지

접근 미수
사 · 무 5↑(1/2)
or 형 면제

후회 중지

乙

살인죄의 중지미수
필요적 감(면) ──▸ (형 면제) 가능

실행착수
전　　　후

판례 : 살인예비죄　　살인죄 중지미수

※ 예비 · 음모단계에서도 중지미수의 필요적 형 감면 규정 준용

① (判)부정설
중지미수 §26 only
실행착수 이후
⇒ 예비죄 ○(살인예비 §255)
10↑징역

② 긍정설 ○
형의 불균형
예비 · 음모 ← 필요적 감면 ○

Case

甲 —— 살인고의 치사량 독약 ——→ 乙
　　　　　　　　　　　　　　　死亡 ×

후회
병원 위세척

살인죄의 중지미수에 대하여	
필요적 감경하는 경우	형 면제 * 하는 경우
살인미수 ○	상해기수 ○
	(가중적 미수)

법조경합 흡수관계
∴ 살인죄의 중지미수

제 6 절   불능미수

§27

실행의 [수단/대상]의 착오	주체의 착오 ×	cf 구성요건 흠결이론
결과발생 불가능	가능 : 장애미수	• 주체의 흠결
위험성 有	無 : 불능범, 미신범	– 불벌
		• 인과관계의 흠결
처벌 임의적 감면	불벌	– 불능미수

Case   환상범(주체의 (적극적) 착오)

公 ×

甲 '자신을 공무원으로 착각'　　　수뢰죄의 주체? ×

구별개념

① 환상범 : 불벌　　　　　　　② 미신범 ×
　　인식 │ 현실　　　　　　　　superstition
　　처벌 ○ │ 처벌 ×　　　　　　굿/부적 → 과학주의

성립요건

주관적 요건　　실행의 착수 →　처음부터 결과발생이
　　　　　　　　　　　　　　　불가능함을 알고 있었다.　　　결과발생 ○, but 불능미수 ○
기수의 고의　　　　　　　　　　　　→ 기수의 고의 ×　　　우연적 방위 多
　　+　　　　　　　　　　　　　　　　→ 살인미수 ×
　α　　　　　결과발생의　　　　　　→ 불능미수 ×　　　　: 행위불법 ○+결과불법 ×
초과주관적　　　불가능
구성요소　　───────
　　　　　　수단 │ 대상
　　　　　　주체 = ×

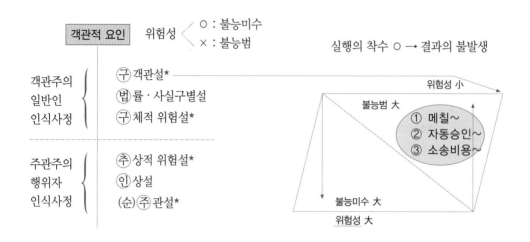

① 구 객관설		② 구체적 위험설 (多)		③ 추상적 위험설(判)		④ 주관설
절대적 불능 × 불능범	상대적 불능 ○ 불능미수	ⓐ 독약 ⓑ 독약 ⓒ 설탕 행위자 인식사정 ≠ 일반인 인식사정 일반인 : 위험성?		ⓐ 독약 ⓑ 독약 ⓒ 설탕 행위자 인식사정 주관 일반인 : 위험성?		독일 원칙 : 가벌적 미수 예외 : 미신범-무죄

	구 객관설		구체적 위험설 (多)	추상적 위험설(判)	주관설
수단	설탕 뿌리면 죽을 것	*치사량 미달 독약	ⓐ 치사량 미달 불능미수∨	불능미수∨	불능미수∨
대상	사체 ↑ 총	방탄복 ↑ 총	ⓑ 설탕→독약으로 오인 불능범 감기약→ 〃 불능범 사카린→ 〃 불능범 * ≒	*불능미수∨	불능미수∨
			ⓒ 설탕 감기약 사카린 → 사람을 죽일 수 있다고 오인 불능범	불능범	불능미수∨
			ⓓ 부적/굿 ×	×	×

↕   ↕   ↕

(비판)절대적 불능－상대적 불능기준이 모호함

(비판) 행위자인식사정 ≠ 일반인 인식 사정일 때 기준이 모호함

(비판) 행위자가 경솔한 사람일 때 － 위험성 너무 확장

CHAPTER 06 | 정범과 공범론 |

제 1 절 정범과 공범의 일반이론

① 공범의 유형

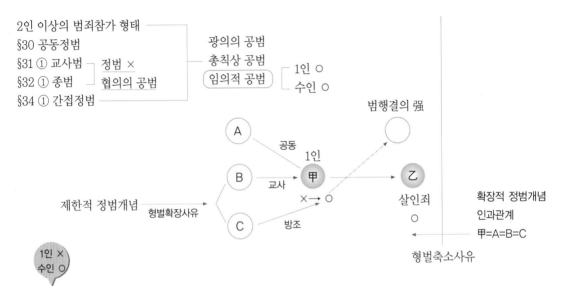

② 필요적 공범 – 2인 이상의 범죄참가가 필수적으로 요구되는 범죄유형
별도의 총칙상 규정 적용 ×

① 집합범	② 대향범		
	○ = ○	> ○ ≠ ○	○ - ×
내란 §87 범죄단체조직 §114 소요 §115 다중불해산 §116	도박 §246 아동혹사 §274 인신매매 §289	수뢰-증뢰 §129 ① §133 ① 수수 약속 요구 × 공여 약속 공여의사표시 × 원칙 : 대향범 + 예외 : 개별범죄 배임수재 배임증재 §357 ① §357 ② 업무상 촉탁·승낙낙태 자기낙태 §270 §269	범인은닉-범인 (§151 ①) 음화반포·판매 -음화매수자(§243) 촉탁·승낙살인 -촉탁·승낙자(§252) 음행매개-간음자 누설(★) 처방전 작성교부 비변호사

③ 합동범

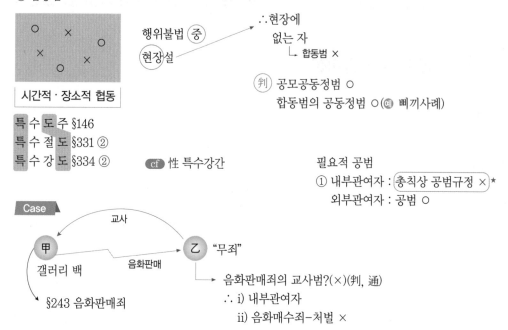

행위불법 (중)

현장설 → ∴현장에 없는 자
└ 합동범 ×

(判) 공모공동정범 ○
합동범의 공동정범 ○(예 삐끼사례)

시간적 · 장소적 협동

특 수 도 주 §146
특 수 절 도 §331 ②
특 수 강 도 §334 ②   cf 性 특수강간

필요적 공범
① 내부관여자 : 총칙상 공범규정 ×★
   외부관여자 : 공범 ○

Case

교사
甲 ──────→ 乙 "무죄"
갤러리 백 음화판매

↓ §243 음화판매죄

음화판매죄의 교사범?(×)(判, 通)
∴ i) 내부관여자
   ii) 음화매수죄–처벌 ×

③ 정범개념

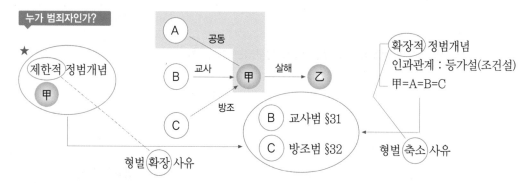

누가 범죄자인가?

★ 제한적 정범개념
甲

A ──공동──→ 甲 ──살해──→ 乙
B ──교사──↗
C ──방조──↗

확장적 정범개념
인과관계 : 등가설(조건설)
甲=A=B=C

B 교사범 §31
C 방조범 §32

형벌 확장 사유

형벌 축소 사유

④ 정범과 공범의 구별

행위>객관설				의사>주관설		행위지배설(判, 通)	
형식적 객관설		실질적 객관설				객관 + 주관(절충)	
정범	공범	정범	공범	정범	공범	정범	공범
甲	Ⓐ·B·C	우세한 원인 甲·A·Ⓑ	열세한 원인	정범의사 자기이익	공범의사 타인이익	행위 지배 ○	행위 지배 ×
공동정범과 방조범 구별 ×		교사범과 간접정범 구별 ×		이타적범행 설명 ×		Roxin 직접정범 : 실행지배 간접정범 : 의사지배 공동정범 : 기능적 　　　　　　행위지배	
주관(범행계획) 무시				객관(실행행위) 무시			

⑤ 공범의 종속성
└─ 협의 : 교사범, 종범

	공범독립성설	공범종속성설(判, 通)	현행형법
범죄이론	주관주의 (행위자의 위험성)	객관주의 (객관적 범죄사실)	기도된교사 §31 ② : 예비음모 처벌 (공범독립성설과 공범종속성실의 절충)
공범의 미수 [(乙)의 실행행위 ×]	공범성립 ○	공범성립 ×	
	살인미수죄의 교사	무죄	§32 : ×(공범종속성설)
	살인미수죄의 방조	무죄	
	§31 ② 당연예시규정	§31 ② 특별예외규정	
간접정범	공범 ○ → 부정	공범 ×→ 긍정	
공범과 신분	§33 단서	§33 본문	
자살관여죄 §252 ②	당연예시규정	특별예외규정	
비판	공범의 성립범위가 너무 넓어진다.	합리적 제한 보장적 기능 중시	

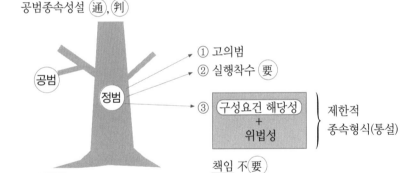

┌─ 공범의 성립범위 합리적 제한 ○
공범종속성설 (通),(判)

① 고의범
② 실행착수 (要)
③ 구성요건 해당성 + 위법성 } 제한적 종속형식(통설)

(공범)─(정범)

(예비죄)에 대한 공범 : 공범 ×

책임 不(要)
극단적 종속형식-책임 要

Case 1 정범의 행위는 구성요건에 해당하여야 한다.

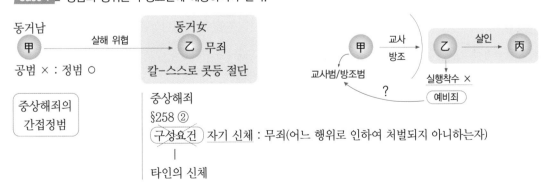

중상해죄의 간접정범

중상해죄
§258 ②
(구성요건) 자기 신체 : 무죄(어느 행위로 인하여 처벌되지 아니하는자)
 |
타인의 신체

Case 2 정범의 행위는 위법하여야 한다.

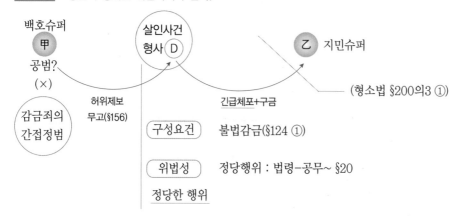

Case 3 기도된 교사

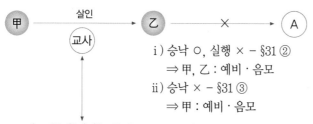

i) 승낙 ○, 실행 × – §31 ②
　　⇒ 甲, 乙 : 예비 · 음모
ii) 승낙 × – §31 ③
　　⇒ 甲 : 예비 · 음모

§32(종범)에서는 규정 ×
∴ 기도된 방조 – 不罰 ⇒ 특별예외규정

Case 4 간접정범과 교사범의 구별 : 정범개념의 우위성(정범>공범)

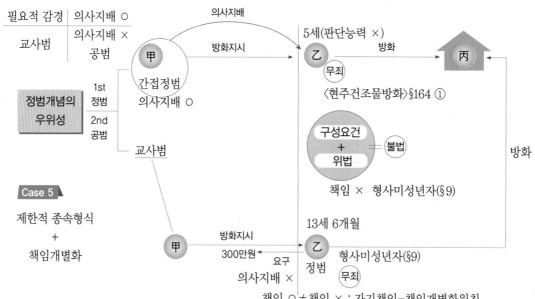

cf 극단적 종속형식 타당 ×
　　乙 → 책임 ×, 甲 → 공범 ×–간접정범으로 봐야하는데 의사지배 × → 무죄

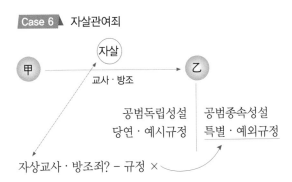

Case 6 자살관여죄

공범독립성설 | 공범종속성설
당연·예시규정 | 특별·예외규정

자상교사·방조죄? – 규정 ×

제 2 절 간접정범 §34 ①

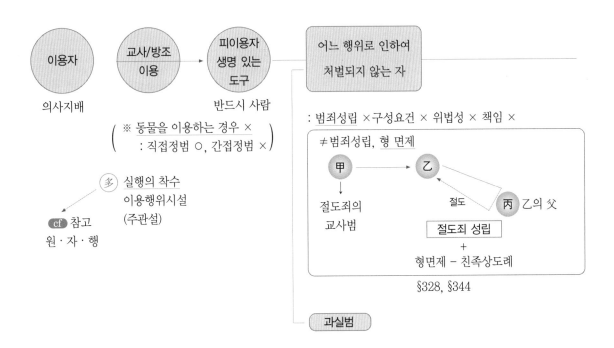

이용자
의사지배

교사/방조
이용

피이용자
생명 있는
도구
반드시 사람

(※ 동물을 이용하는 경우 ×
: 직접정범 ○, 간접정범 ×)

多 실행의 착수
이용행위시설
(주관설)

cf 참고
원·자·행

어느 행위로 인하여
처벌되지 않는 자

: 범죄성립 ×구성요건 × 위법성 × 책임 ×

≠범죄성립, 형 면제

甲 ────→ 乙

절도죄의   절도   丙 乙의 父
교사범

절도죄 성립
+
형면제 – 친족상도례

§328, §344

과실범

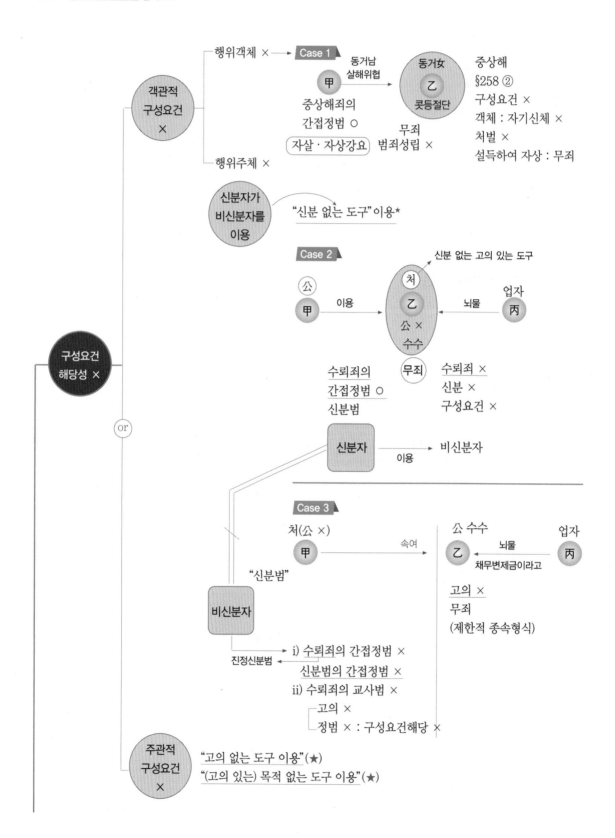

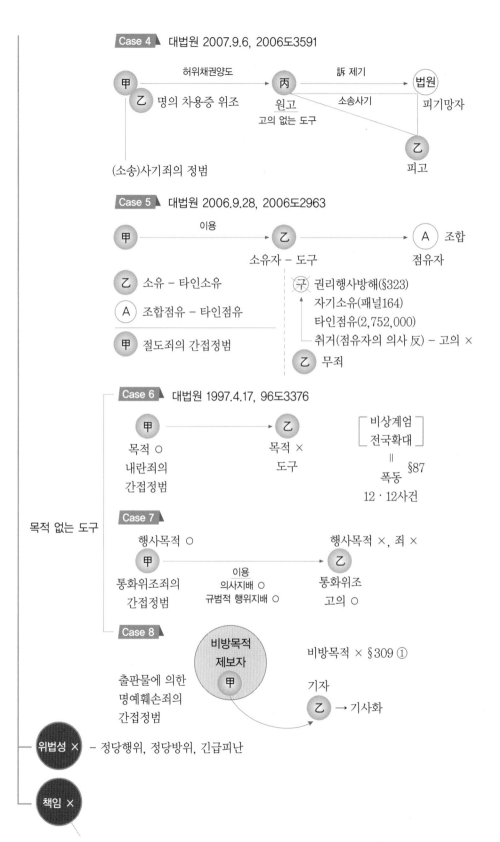

Case 4 대법원 2007.9.6, 2006도3591

甲
乙 ——— 허위채권양도 ——→ 丙 ——— 訴 제기 ——→ 법원

명의 차용증 위조

丙 원고
고의 없는 도구

소송사기 → 乙 피고

피기망자

(소송)사기죄의 정범

Case 5 대법원 2006.9.28, 2006도2963

甲 ——— 이용 ——→ 乙 ——————→ A 조합

소유자 – 도구   점유자

乙 소유 – 타인소유

A 조합점유 – 타인점유

甲 절도죄의 간접정범

구 권리행사방해(§323)
자기소유(패널164)
타인점유(2,752,000)
취거(점유자의 의사 反) – 고의 ✕

乙 무죄

Case 6 대법원 1997.4.17, 96도3376

甲 ——————→ 乙

목적 ○   목적 ✕
내란죄의   도구
간접정범

비상계엄
전국확대
‖
폭동 §87
12·12사건

목적 없는 도구

Case 7

행사목적 ○   행사목적 ✕, 죄 ✕

甲 ——————→ 乙

통화위조죄의   이용   통화위조
간접정범   의사지배 ○   고의 ○
            규범적 행위지배 ○

Case 8

출판물에 의한
명예훼손죄의
간접정범

비방목적
제보자
甲

기자
乙 → 기사화

비방목적 ✕ §309 ①

위법성 ✕ – 정당행위, 정당방위, 긴급피난

책임 ✕

*합일태적
책임개념
(通)

책 임능력 × : 책임무능력자 ┌ 형사미성년자 ┌ 판단능력 없는 형사미성년자 이용: 간접정범 ○
심신상실자 └ 판단능력 있는 형사미성년자 이용: ×(교사범 ○)
↳ 의사지배 ×

≠

한정책임능력자   이용 ×
심신미약자 · 청각 및 언어장애인(교사범 ○) 정당한 이유

위 법성의 인식 × ──────→ 법률의 착오(§16) ┌ 무 : 책임 ○, 유죄, 간접정범 ×
유죄가능 └ 유 : 책임 ×, 무죄, 간접정범 ○

책 임고의 × ──────→ 위 · 전 · 착(허용구성요건 착오) : 법효과제한적 책임설
고의의 이중기능   예 오상방위   → 구성요건고의, 책임고의 ×
∴과실범 → 간접정범

기 대가능성 × : 강요된 행위 이용   의사지배
§12
형법상 책임조각사유   강요자 ────→ 피강요자

간접정범 ○   책임조각
∴ 무죄

의사지배 ×

간접정범 ×   甲 ────→ 乙
(교사범 ○)
인식   사실
책임무능력자 ≠ 책임능력자
책임능력자 ≠ 책임무능력자

┌ 이용
과실에 대한 간접정범 ○
부작위에 대한 간접정범 ○

┌ 형량   상해
직접정범 ① 甲 ──────→ 乙 §257 ① : 7 징역↓

공동정범 §30 ① 1
교사범 §31 ① 1 ──────→
방조범 §32 ② (−)(3년 6월 이하) ──→
간접정범 §34 ① 1 ┐
(−) ┘

§34 ②
<특수교사 1.5(10년 6월 이하 징역)
<특수방조 1
<특수간접정범 ┌ 1.5
└ 1

↓
일반적 가중사유

cf
과실에 의한 간접정범 : ×
부작위에 의한 간접정범 : ×

If you   then ①
A행위,   B행위

A행위에 대한
공동정범 ×

개정형법 반영

예 강간죄 §297조 3년~30년
직접정범 : 1
공동성범 : 1
교 사 범 : 1
종   범 : − (1년 6개월~15년)
간접정범 : ┌ 1
└ −

특수교사 : 1.5(4년6개월~45년)

제 3 절 공동정범 §30

기능적 행위지배설(通, 判)

主 공동가공의 의사
의사의 상호연락+이해
① 편면적 ×
② 동시범 ×
　(상해죄의 동시범)
③ 승계적 공동정범 : 가담 이후 ○
*④ 과실범의 공동정범　○(행위공동설)-判
　　　　　　　　　　×(기능적 행위지배설)-通

客 공동가공의 실행
분업적 역할 분담+실행
① 공모관계의 이탈
*② 공모공동정범　○ ─ 공동의사주체설 ─ 判
　　　　　　　　　　　간접정범유사설
　　　　　　　　　　　기능적 행위지배설 ─
　　　　　　　　　×(기능적 행위지배설) 多
*③ 합동범의 공동정범 ○/×
　　　　　　　　　　판례 통설

공동 가공의 의사

○	×
① 부동산 이중매매–제2매수인	① 아무런 말도 없이 창 밖만 쳐다 보았다.
② 특수강도의 공동정범	② 아무런 대답도 하지 않고 따라 다니다가~
③ 공직선거후보자 공모	이야기만 나눈 경우
	③ 오토바이 훔쳐오면 사 주겠다.
	④ 감독관 허락
	⑤ 여권위조, 밀항공모 ×
	⑥ 밀수해오면 팔아주겠다.
	⑦ 재검토 지시 × → 공동정범 ×
	⑧ 논문심사–금품수수 → 배임수재 ×

① 편면적 공동정범 ×

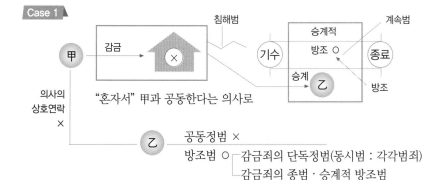

※ 편면적 방조 ○

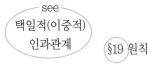

공동정범 ≠ ② 동시범　　　　택일적(이중적)
의사연락 ○　　　의사연락 ×　　　　인과관계　　§19 원칙

cf 중첩적(누적적)
인과관계에서는 적용 ×

Case 2

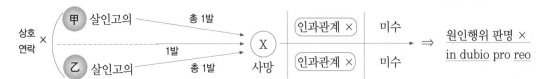

③ 동시범의 특례

§263의 적용범위

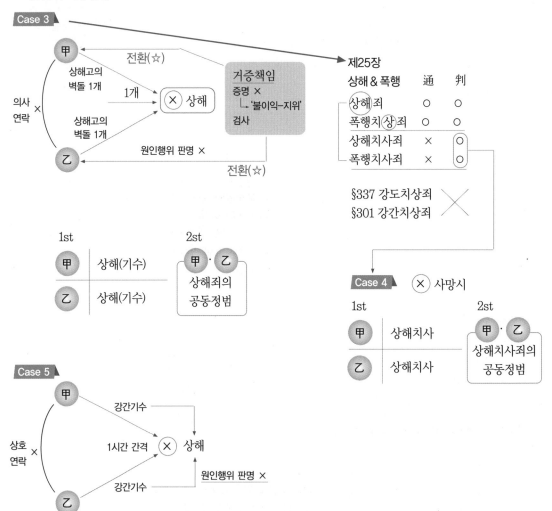

④ 승계적 공동정범

포괄일죄 경우만

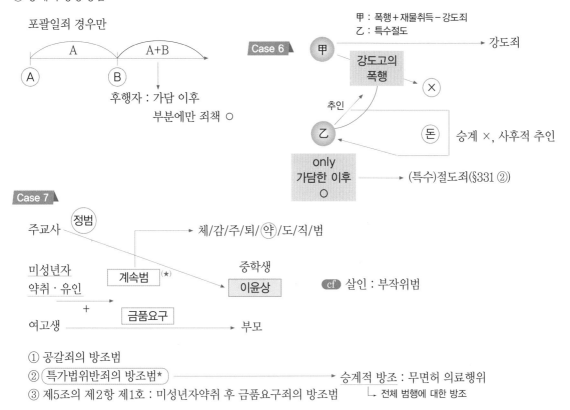

甲 : 폭행 + 재물취득 - 강도죄
乙 : 특수절도

Case 6

후행자 : 가담 이후
부분에만 죄책 ○

Case 7

주교사 ── 정범 ──→ 체/감/주/퇴/(약)/도/직/범

미성년자
약취 · 유인 ── 계속범 ⁽★⁾ ──→ 중학생 이윤상   cf 살인 : 부작위범

    +   금품요구
여고생 ──────────→ 부모

① 공갈죄의 방조범
② 특가법위반죄의 방조범★ ────────→ 승계적 방조 : 무면허 의료행위
③ 제5조의 제2항 제1호 : 미성년자약취 후 금품요구죄의 방조범   └ 전체 범행에 대한 방조

⑤ 과실범의 공동정범

• 특가법상 도주차량 운전죄
  운전자 : 형법 §268 + 구호의무불이행
       ○ + ○
       | |
  동승자 : × + ○

Case 8

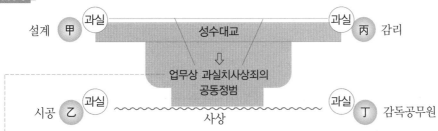

설계 甲 ─과실─ 성수대교 ─과실─ 丙 감리
              ⇩
        업무상 과실치사상죄의
            공동정범
시공 乙 ─과실─ 사상 ─과실─ 丁 감독공무원

esp. 과실범 : 고의의 상호연락 不要   ①행위공동설★

사실적, 前법률적, 자연적 행위의 공동 ○→ 공동정범 ○

※비판 : 공동정범의 주관적 요건 완화 – 책임주의 원칙 反

상·경 →
업무상 과실 일반교통방해(§185)
+
업무상 과실 자동차추락(§187)

부정설 — 특정범죄 에 대한
① 범죄공동설 → 고의의 공동 + 실행행위의 공동
                                          ✕
긍정설
② 공동행위주체설
③ 과실공동 기능적 행위지배설
④ 과실공동 행위공동설

② 목적적 행위지배설
③ 기능적 행위지배설 通
    의사의 상호연락 ✕ → 기능적 행위지배 ✕ → 공동정범 ✕

대안 동시범) 甲 과실 — 인
              乙 과실 — 과
              丙 과실 — 관   결과 ⌐ ○ : 업무상 과실치사상
              丁 과실 — 계   └ ✕ : 무죄(과실미수 ✕)

⑥ 공모관계의 이탈

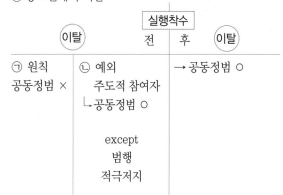

Case 9 ▶ 대법원 2008.4.10, 2008도1274

주도적 참여자
└ "적극적 범행저지" 要 ≠ "어?"
                        └ 이탈 ○
                                    강도상해죄의
                                    공동정범 ○

⑦ 공모공동정범 ⇒ 조직범죄의 수괴
    : 공모 ○, 실행 ✕ ⇒ 공동정범?

Case 10 ▶

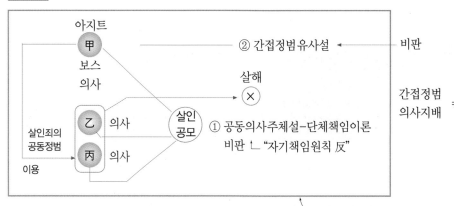

긍정설

① 공동의사주체설
② 간접정범유사설
③ 적극이용설
④ 행위지배 ○
　└ 제한적 인정설

공모자

기능적 행위지배	
○	×
주도적역할	단순가담자
: 공동정범 ○	: 공동정범 ×
㉨ 상급단체간부	

 부정설

① 범죄공동설 ┐
② 행위공동설(★) ┘ 공동실행행위 ×
　‖
③ 공동행위주체설
　多　④ 기능적 행위지배설
　　　공동가공의 실행 ×
　　　→ 공동정범 ×
대안　(특수)교사 · 방조 ○
　　　간접정범 ×(처벌받지 않는 사람을 이용하므로)

⑧ 합동범의 공동정범

현장–시간적 · 장소적 협동 : 현장설

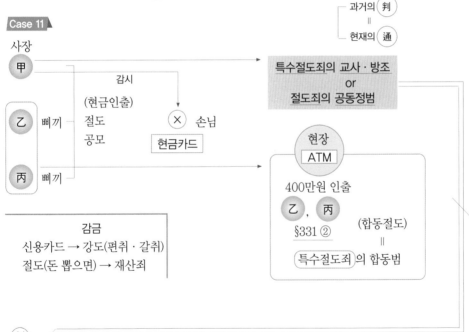

判
전 · 합 → 특수절도죄의 공동정범 ○
(=합동절도의 공동정범)
㉠ 3인 이상의 공모(2인의 공모 ×)
㉡ 그중 2인 이상의
　　현장에서의 합동실행
　　　: 乙 · 丙 합동범 ○

ⓒ 나머지 1인 이상의 공모만 한 자

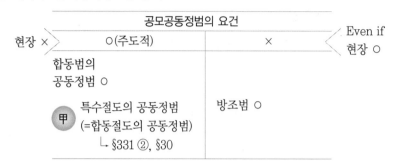

공모공동정범의 요건		
현장 ×	○(주도적)	×

Even if 현장 ○

합동범의 공동정범 ○

(甲) 특수절도의 공동정범 (=합동절도의 공동정범)
└ §331 ②, §30

방조범 ○

공동정범과 착오 공모한 범죄≠실행한 결과

Case 12

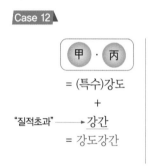

(甲 · 丙) = (특수)강도
+
"질적초과" ➝ 강간
= 강도강간

(乙) 강도

참고

§329 절도
§330 야간주거침입절도
§331 특수절도
§331의2 자동차등불법사용
§332 상습범(상/협/체/성/절/사/장/아/도)

§333 강도
§334 특수강도   +   상해/과실치상 = §337 강도상해 · 치상
§335 준강도   살인/과실치사 = §338 강도살인 · 치사
§336 인질강도   강간   = §339 강도강간
기수/미수 불문

§340 ① 해상강도 ② ③	§341 상습범	§342 미수범	§343 : 강도 ↓	§344 : 절도 §345 §346 : 동력

유체성설   관리가능성설
특별규정   당연규정

(살/약/강/음/통/방/기/폭/도/내)   (多)

실행의 양적초과

Case 13

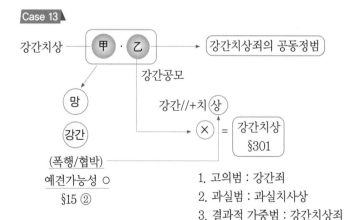

강간치상 (甲 · 乙) ➝ 강간치상죄의 공동정범

강간공모

망

강간

(폭행/협박)
예견가능성 ○
§15 ②

강간//+치(상)
(×) = 강간치상 §301

1. 고의범 : 강간죄
2. 과실범 : 과실치사상
3. 결과적 가중범 : 강간치상죄

강간치상죄의 공동정범
결과적 가중범의 공동정범 ○
"기본범죄(강간)에 대한 공동 ○
or
결과에 대한 예견가능성 ○"
(과실)

cf 〈결과적 가중범〉

강 간 치 상

┌─────────────┐   ┌─────────────┐
│ 고의의 기본범죄 │────┬────│ 과실의 중한 결과 │
└─────────────┘   │   └─────────────┘
                   ▼
              상당인과관계
              예견가능성

기본범죄에 대한 공동이 있   or   중한결과에 대한 예견가능
으면 결과적 가중범의 공동   성이 있으면 결과적 가중범
정범을 인정할 수 있다.(○)   의 공동정범을 인정할 수
                                있다.(○)

Case 14

甲, 乙 ──────── 살인고의 ○
상해공모

          A
         상해

A 상해	사망
甲 상해죄	상해치사죄
乙 살인미수	살인죄

※예견가능성 인정 판례

Case 15

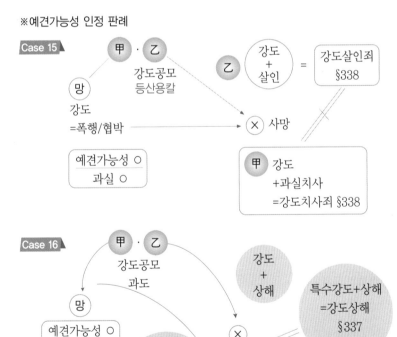

Case 16

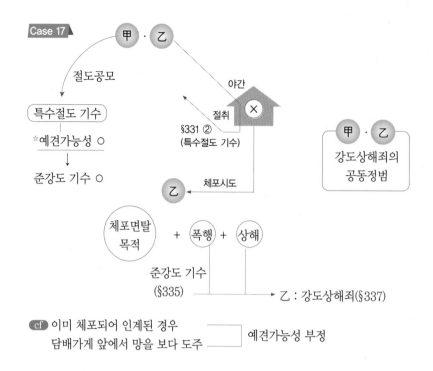

cf 이미 체포되어 인계된 경우
담배가게 앞에서 망을 보다 도주 ┤ 예견가능성 부정

제 4 절 ~ 제 5 절 교사범 & 종범

① 교사범의 성립요건 §31 ①

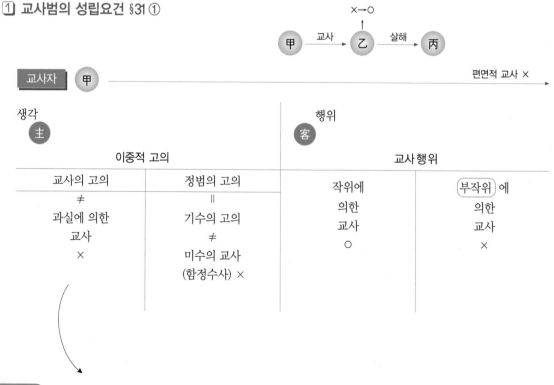

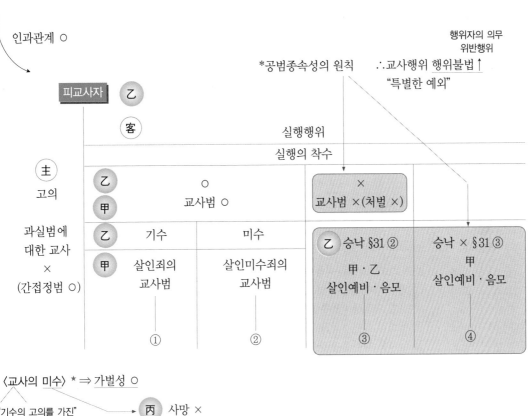

인과관계 ○

*공범종속성의 원칙

행위자의 의무
위반행위

∴교사행위 행위불법↑
"특별한 예외"

피교사자　乙

客

실행행위

실행의 착수

主	乙	○		× 교사범 ×(처벌 ×)	
고의	甲	교사범 ○			
	乙	기수	미수	乙 승낙 §31②	승낙 × §31③
과실범에 대한 교사 × (간접정범 ○)	甲	살인죄의 교사범	살인미수죄의 교사범	甲·乙 살인예비·음모	甲 살인예비·음모
		①	②	③	④

〈교사의 미수〉 * ⇒ 가벌성 ○

"기수의 고의를 가진" ▶ 丙 사망 ×

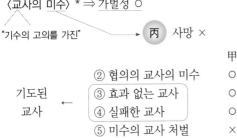

甲

기도된
교사 ←

	甲
② 협의의 교사의 미수	○
③ 효과 없는 교사	○
④ 실패한 교사	○
⑤ 미수의 교사 처벌	×

〈예비죄에 대한 교사〉 * ③번

甲 ──▶ 乙 승낙, 실행착수 × : 준비 ○

교사

교사범 ×
가벌성 ○

효과 없는 교사(§31②)

甲 : 살인예비 - 처벌 ○

심화

독립범죄설 ─

공범독립성설	공범종속성설
공범 ○	공범 ×
살인미수죄의 교사	원칙 : 처벌 ×

─ 발현형태설(多·判)

〈교사범 : 정범의 고의〉
• 막연히 범죄를 하라 : 교사 ×
• 특정범죄에 대한 교사 要 But 범행의 세부사항 특정 不要

현행형법 : 절충

교사범	예비음모
×	○ - 가벌성 ○

② 종범의 성립요건 §32 ①

```
                          ×→○
                           ↑
     甲 ── 방조 ──→ 乙 ── 살해 ──→ 丙
                          ○→ ○
```

방조자 ── 甲 ── 편면적 방조 ○ ──────────────→ 인과관계 필요 ──────→

客 방조행위

	┌ 언어적 방조
물질적 방조	정신적 방조
유형적 방조	무형적(언어적 방조)

主
이중고의

방조	정범
고의	고의
╬	╬
과실에	미수의
의한	방조
방조	×
×	

☆ 부작위에 의한 방조 ○ ≠   Case ▶ 보라매병원

법적 작위의무자 – "방치"
① 법원 경매 총무 : 업무상 횡령 방조
② 은행 지점장 : 업무상 배임 방조
③ 백화점 직원 : 상표법 위반 방조
④ 아파트 지하실 임대인 : 건축법 위반 방조
⑤ 사이트 운영 회사 : 전기통신기본법 위반 방조
　　 팀장, 직원

```
                    *작위에 의한
                     살인죄의 방조범
        의사  A  B ─────┐
                         │          기능적 행위지배 ×
   강청         허용      │          인과관계 ○
                         ↓
        보호자  甲 ──→ 부작위에 의한
         퇴원           살인죄의 정범
              ↘
                乙 환자
                 사망    작위범 → 부작위범
                          ○        ×
                    └ 부작위범의 보충성
```

```
   매도인              매수인
    甲 ←──────────→ 乙
   부동산  계약금, 중도금

      등기 ↘
            丙  제2매수인
                배임죄의 방조?(×)
```
* 배임적 거래행위의 상대방은 배임방조가 되지 않는다.

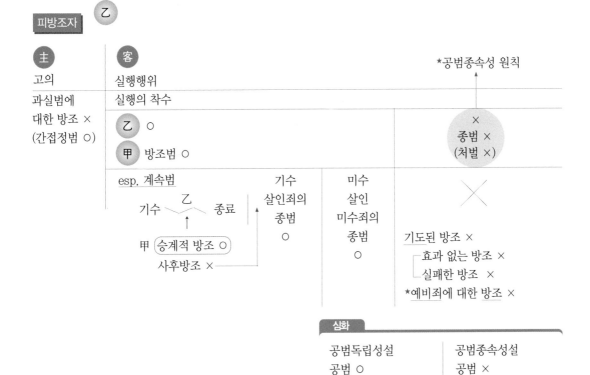

피방조자 乙

主	客		★공범종속성 원칙
고의	실행행위		
과실범에 대한 방조 × (간접정범 ○)	실행의 착수		↑
	乙 ○		×
	甲 방조범 ○		종범 × (처벌 ×)

esp. 계속범

기수 ⌒ 乙 ⌒ 종료

↑

甲 [승계적 방조 ○]

사후방조 ×

기수 살인죄의 종범 ○	미수 살인 미수죄의 종범 ○	✕
		기도된 방조 ×
		┌ 효과 없는 방조 ×
		└ 실패한 방조 ×
		★예비죄에 대한 방조 ×

심화

공범독립성설	공범종속성설
공범 ○	공범 ×
살인미수 방조범	원칙 : 처벌 ×

③ **교사의 착오** 〈교사자의 의도 ≠ 정범의 실행 결과〉
└ 피교사자

구체적 사실의 착오

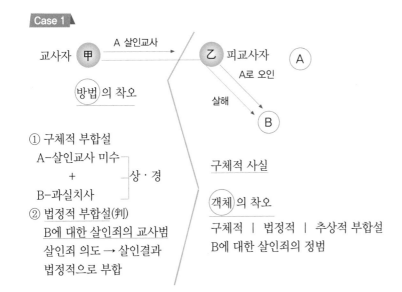

Case 1

교사자 甲 ──A 살인교사──▶ 乙 피교사자 Ⓐ

[방법]의 착오

A로 오인

살해

Ⓑ

① 구체적 부합설
　A-살인교사 미수 ┐
　　　+　　　　├ 상·경
　B-과실치사 ┘
② 법정적 부합설(判)
　B에 대한 살인죄의 교사범
　살인죄 의도 → 살인결과
　법정적으로 부합

구체적 사실

[객체]의 착오

구체적 | 법정적 | 추상적 부합설
B에 대한 살인죄의 정범

추상적 사실의 착오

*교사한 범죄보다 경미한 범죄를 실행한 경우

Case 2

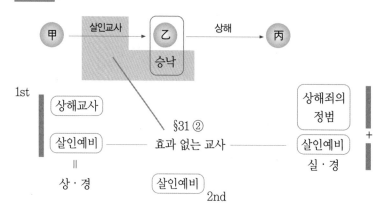

Case 3

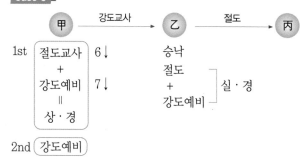

*교사한 범죄를 (초과)하여 실행한 경우

① 질적 초과

Case 4

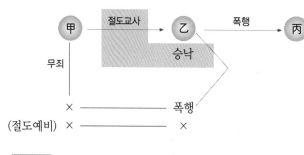

Case 5

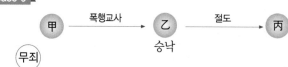

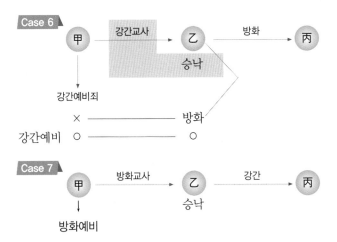

Case 6

甲 ──강간교사──→ 乙 ──방화──→ 丙

甲 ↓

강간예비죄

　　　　×───────방화

강간예비　○───────○

Case 7

甲 ──방화교사──→ 乙 ──강간──→ 丙
　　　　　　　　　　승낙

甲 ↓

방화예비

연습

Case 8

甲 ──강간교사──→ 乙 ──유사강간──→ 丙
　　　　　　　　　　승낙

甲 ↓

유사강간교사

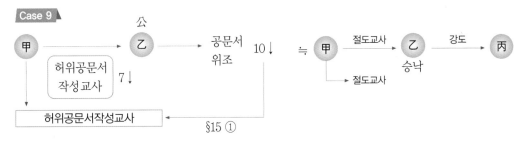

Case 9

甲 ──────→ 公 乙 ──→ 공문서 위조　10↓　　≒　甲 ──절도교사──→ 乙 ──강도──→ 丙
　　허위공문서
　　작성교사　7↓　　　　　　　　　　　　　　　甲 ↓
　　　　　　　　　　　　　　　　　　　　　　　절도교사

허위공문서작성교사 ←─── §15 ①

② 양적 초과

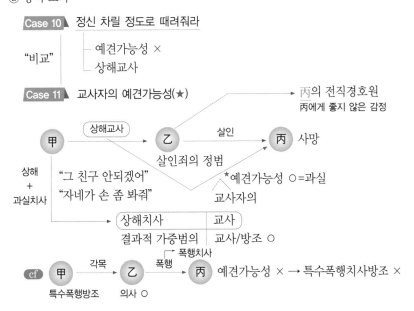

Case 10　정신 차릴 정도로 때려줘라

"비교"　┌─예견가능성 ×
　　　　└─상해교사

Case 11　교사자의 예견가능성(★)　　　　　　　→ 丙의 전직경호원
　　　　　　　　　　　　　　　　　　　　　　　丙에게 좋지 않은 감정

甲 ──상해교사──→ 乙 ──살인──→ 丙 사망
　　　　　　　　　살인죄의 정범

상해
+
과실치사

"그 친구 안되겠어"　　　　　*예견가능성 ○=과실
"자네가 손 좀 봐줘"　　　　교사자의

　　　　　　┌→ 상해치사　　교사
　　　　　　　결과적 가중범의　교사/방조 ○

cf 甲 ──각목──→ 乙 ──폭행──→ 丙　예견가능성 × → 특수폭행치사방조 ×
특수폭행방조　　　　┌→폭행치사
　　　　　　　　　의사 ○

제 6 절 공범과 신분

신분	행위자관련적요소 (객관적행위자표지)	행위요소
통설	○	×
판례	○	○ *모해목적=신분

진정신분범의 성립·과형의 근거 / 부진정신분범의 성립 근거

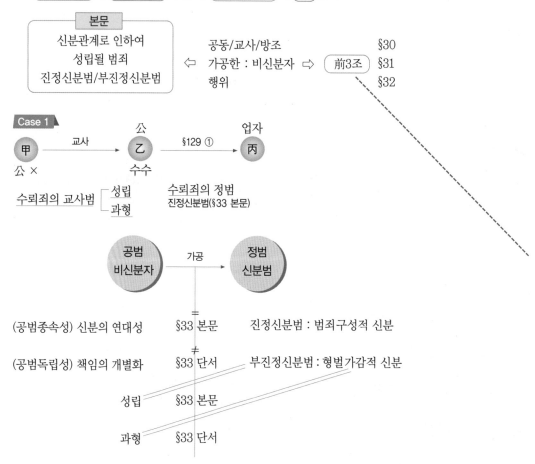

본문
신분관계로 인하여
성립될 범죄
진정신분범/부진정신분범

공동/교사/방조   §30
⇐ 가공한 : 비신분자 ⇒ 前3조   §31
행위   §32

Case 1

甲 ──교사──→ 乙 ──§129 ①──→ 丙
公 ×   公 수수   업자

수뢰죄의 교사범 ┌ 성립   수뢰죄의 정범
                └ 과형   진정신분범(§33 본문)

공범 비신분자 ──가공──→ 정범 신분범

(공범종속성) 신분의 연대성   §33 본문   진정신분범 : 범죄구성적 신분

(공범독립성) 책임의 개별화   §33 단서   부진정신분범 : 형벌가감적 신분

성립   §33 본문

과형   §33 단서

부진정신분범의 성립·과형의 근거

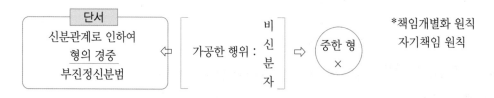

단서
신분관계로 인하여
형의 경중
부진정신분범

⇐ 가공한 행위 : 비신분자 ⇒ 중한 형 ×

*책임개별화 원칙
자기책임 원칙

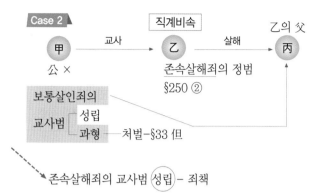

Case 2

甲 ──교사──→ 乙 [직계비속] ──살해──→ 丙 乙의 父

公 × 존속살해죄의 정범
§250 ②

보통살인죄의
교사범 ┌ 성립
       └ 과형 ── 처벌–§33 但

존속살해죄의 교사범 (성립) – 죄책

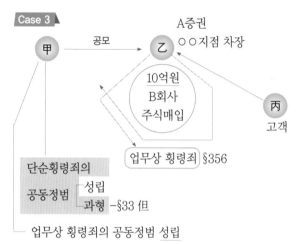

Case 3

甲 ──공모──→ 乙 A증권 ○○지점 차장

10억원
B회사
주식매입

丙 고객

업무상 횡령죄 §356

단순횡령죄의
공동정범 ┌ 성립
         └ 과형 –§33 但

업무상 횡령죄의 공동정범 성립

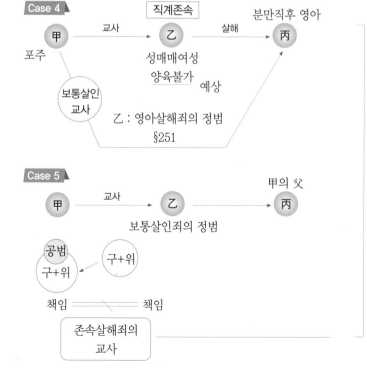

Case 4

甲 ──교사──→ 乙 [직계존속] ──살해──→ 丙 분만직후 영아

포주

보통살인
교사

성매매여성
양육불가 예상

乙 : 영아살해죄의 정범
§251

Case 5

甲 ──교사──→ 乙 ──────→ 丙 甲의 父

보통살인죄의 정범

공범
구+위 ←── 구+위

책임 ──────── 책임

존속살해죄의
교사

§33 단서 적용
〈책임개별화 원칙〉

〈 소극적 신분 과 공범 〉 – §33 적용 ×

| 죄가 안 되게 만드는
신분 스스로 정범 ×,
공범 ○ | 진정신분범
범죄구성적
신분 | 부진정신분범
형벌가감적
신분 | 무면허의료죄
의료인
범죄 불구성적 신분 |

Case 1

Case 2

"의사"
무면허의료죄의 공범
※ 소극적 신분자라 하더라도 공범이 성립할 수 있다. (○)

CHAPTER 07 | 범죄의 특수한 출현형태론 |

제 1 절 과실범과 결과적 가중범

1 과실범 §14

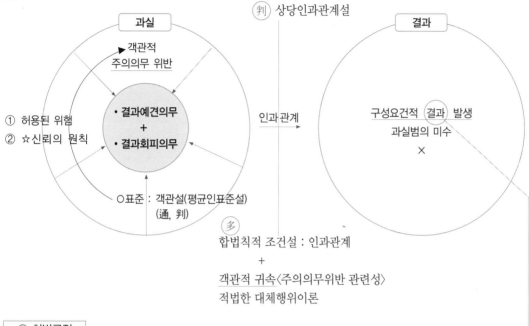

◎ 처벌규정 ◄

	보통과실 ＜	업무상 과실 ＝	중과실
실(화)	○	○	○
★ (일)수	○	×	×
(폭)발성물건 파열	○	○	○
(교)통방해	○	○	○
～(상)	○	○	○
～(사)	○	○	○
★～(장)물취득	×	○(가중적 신분 ×)	○
(가스)·전기방류	○	○	○
(가스)·전기 공급방해	○	○	○

대체로 부진정신분범
예외 : 진정신분범
① 업무상 (비)밀누설
② 업무상 (과)실장물
③ 업무상 (위)력간음

○ **과실의 종류**

① 인식 없는 과실 ⊜ 인식 있는 과실 ≠ 미필적 고의   구별 要 "의사의 정도"
  └ 범죄의 성립 : 동일   ⇒ 인용설

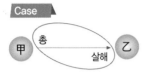

고의 = 인식 + 의사
  ×   : 인식 없는 과실 → 과실치사 §267
  ○   × : 인식 있는 과실 → 과실치사 §267

                      ┌ 중한 결과(×)
② 보통과실 < 업무상 과실 = 중과실

주체	업무자	일반인, 특별한 상황
	주의의무 · 예견의무 · 예견가능성 ↑	
	조금만 주의를 기울였더라면	
	결과회피 가능	

Q. 업무자의 중과실 : 업무상 과실 ○
  ∴ 업무상 과실 + 중과실 : 상 · 경 ×

○ **객관적 주의의무위반과 주관적 주의의무위반**

㉑ 운전경력

	3日	30年		
객관적 주의의무 위반 (신호, 차선...)	=		→ 구성요건적 과실	≠고의의 이중기능 구성요건적 고의
			추정 ×	추정 ○
주관적 주의의무 위반 (개인적 능력)	<		→ 책임과실	책임고의

○ **신뢰의 원칙**

① 의의   ┌ 모든 영역 확대되는 추세
  스스로 교통 규칙 준수 ○
  → 타인의 교통규칙 준수를 신뢰하면 족하다!
  → ∴ 갑작스러운 타인의 위반에 대해서는 과실 ×

수평적	수직적
○	×
	의사 – 간호사
	주치의 – 수련의
	∴ 지휘 · 감독의무

判 명시적 채택

㉠ 속도로 ──────────────→

ⓐ 동차 전용도로(잠수교)

인 도

무 모한 추월

신 호등 + 중 앙선

육 교 밑

소 방도로

횡 단보도 건너편 → 횡단보도에서의 사고 : 사고 당시 신호등 색깔 기준

교 차로 : 통행의 우선순위

무단횡단 운전자	
원칙	예외
무죄	① 미리 예상 　　and ② if 감독 · 급제동 　　→ 사고 × : 유죄

② 한계(신뢰의 원칙 적용 ×)

㉠ 스스로 규칙 위반 → 신뢰원칙 ×

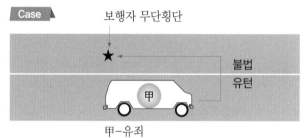

Case

보행자 무단횡단

불법
유턴

甲

甲−유죄
신뢰의 원칙적용 ×

but) 스스로 규칙 위반 → 신뢰원칙 적용여지 없다. ×

: 사고발생의 직접적 원인을 따져봐야 하므로 여지가 없다고는 할 수 없다.

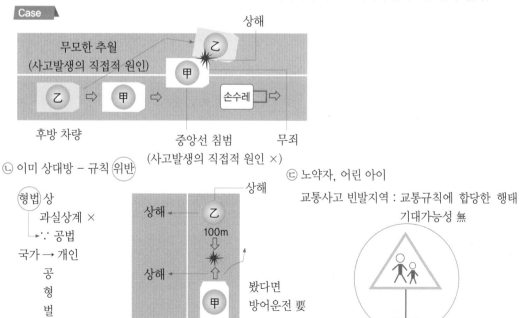

Case

상해

무모한 추월
(사고발생의 직접적 원인)

乙

甲

손수레

乙 ⇨ 甲 ⇨

후방 차량　　　　　　중앙선 침범　　　무죄
　　　　　　(사고발생의 직접적 원인 ×)

㉡ 이미 상대방 − 규칙 위반

형법 상
　과실상계 ×
　∴ 공법
국가 → 개인
　공
　형
　벌

상해

상해 ← 乙

100m
⇩
⇧

상해 ←

甲

봤다면
방어운전 要

업무상 과실치상 ○

㉢ 노약자, 어린 아이

교통사고 빈발지역 : 교통규칙에 합당한 행태
기대가능성 無

주관적 위법성 조각사유

	① 필요설(少)	② 불요설(多)
	행위불법 + 결과불법 ○　　　× : 불능미수, but 　과실범의 미수 : × ∴ 무죄	객관적 정당화상황 ○ └ 충분(주관적 정당화요소 不要) : 정당방위 ○ ∴ 무죄

과실치상 甲 → 乙 살인고의 (총)

과실범–주관적 정당화 요소?

② 결과적 가중범 §15 ②

Case 1

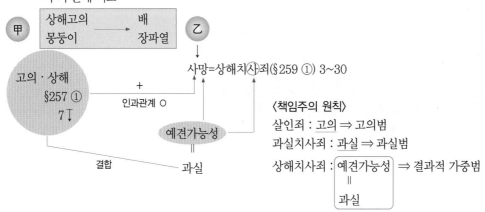

결과적 가중범의 처벌규정

–치–	보통의 결과적 가중범 └ 과실치사상 × : 고의의 기본범죄 無 ∴ 단순과실범	
중–	상해 유기 강요	생명위험
	손괴	생명·신체 위험
중	체포·감금	× – 별도의 가혹행위 要 §277 미수 ○
연–	연소 §168 (자기소유 + α) ↓ 고의의 기본범죄	

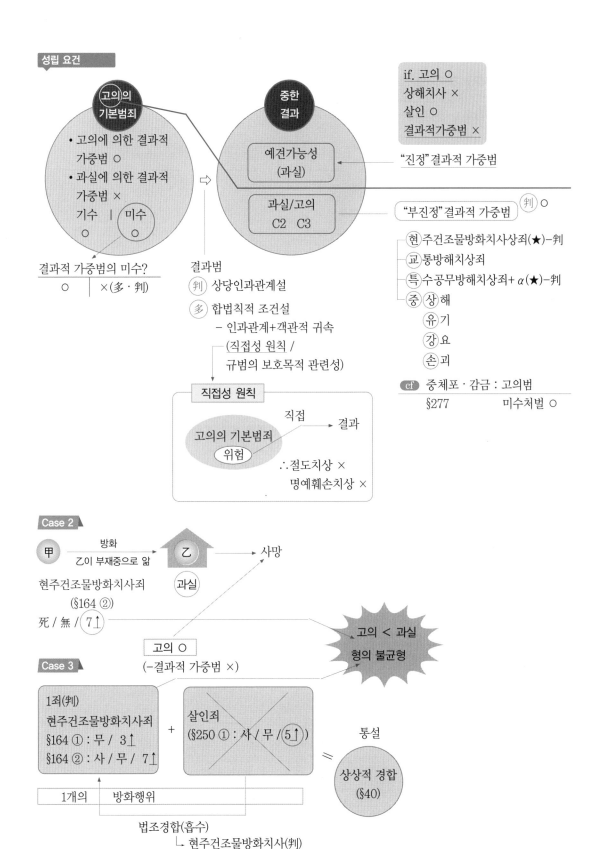

더 알아보기 (*)부진정결과적 가중범과 고의범의 죄수 공식

① 부진정결과적 가중범 ≥ 고의범 : 법조경합 中 특별관계
                                                 부진정결과적 가중범의 1죄
② 부진정결과적 가중범 < 고의범 : ○ + ○
                                     상상적 경합

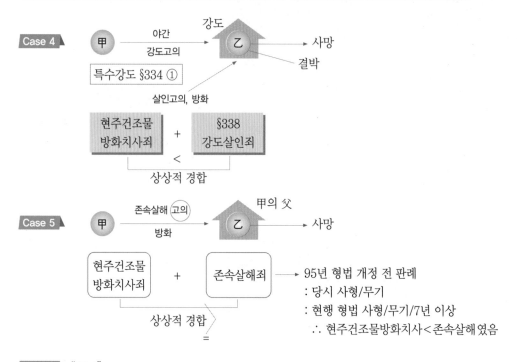

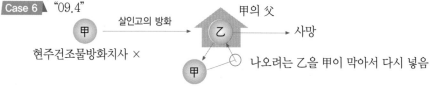

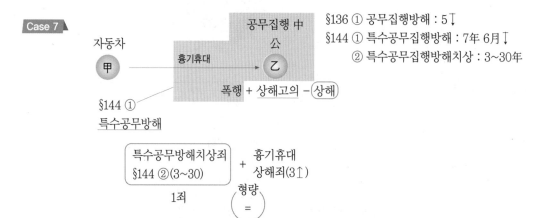

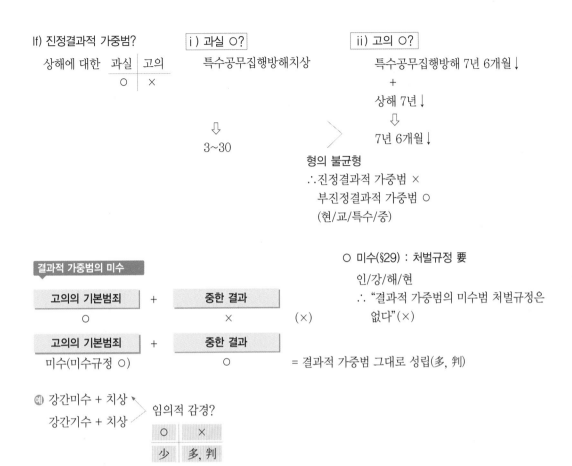

If) 진정결과적 가중범?

상해에 대한 | 과실 | 고의
　　　　　　　 ○ 　 ×

i) 과실 ○?
특수공무집행방해치상

⇩

3~30

ii) 고의 ○?
특수공무집행방해 7년 6개월↓
+
상해 7년↓
⇩
7년 6개월↓

형의 불균형
∴ 진정결과적 가중범 ×
　부진정결과적 가중범 ○
　(현/교/특수/중)

○ 미수(§29) : 처벌규정 要
인/강/해/현
∴ "결과적 가중범의 미수범 처벌규정은
　없다"(×)

결과적 가중범의 미수

| 고의의 기본범죄 | + | 중한 결과 | |
| ○ | | × | (×) |

| 고의의 기본범죄 | + | 중한 결과 | |
| 미수(미수규정 ○) | | ○ | = 결과적 가중범 그대로 성립(多, 判) |

예) 강간미수 + 치상
　　강간기수 + 치상　임의적 감경?

○	×
少	多, 判

제 2 절　부작위범

① 부작위범의 일반이론

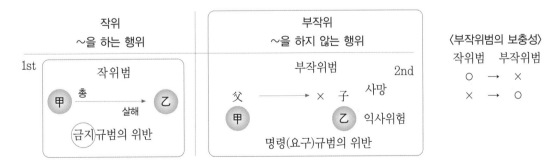

작위
~을 하는 행위

1st　작위범

甲 — 총 → 乙
　　살해

금지규범의 위반

부작위
~을 하지 않는 행위

부작위범　2nd

父 　　　　→ × 　子　사망
甲　　　　　　　　乙　익사위험

명령(요구)규범의 위반

〈부작위범의 보충성〉
작위범　부작위범
○ 　 → 　×
× 　 → 　○

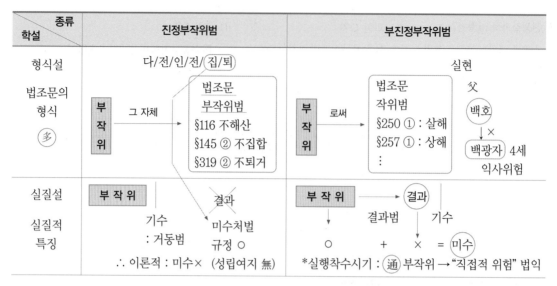

종류 학설	진정부작위범	부진정부작위범

형식설

법조문의 형식 ㉓

다/전/인/전/집/퇴

부작위 → 그 자체 → 법조문 부작위범
§116 不해산
§145 ② 不집합
§319 ② 不퇴거

실현

부작위 → 로써 → 법조문 작위범
§250 ① : 살해
§257 ① : 상해
⋮

父
백호 → × → 백광자 4세
익사위험

실질설

실질적 특징

부작위 │ 결과
기수 : 거동범 미수처벌 규정 ○
∴ 이론적 : 미수× (성립여지 無)

부작위 → 결과
결과범 │ 기수
○ + × = 미수
*실행착수시기 : 通 부작위 → "직접적 위험" 법익

- 진정부작위범은 미수범 처벌규정이 없다. (×)
- 부작위범의 미수는 성립하지 않는다. (×)

비판 : §271 유기죄는 거동범이면서 부진정부작위범

② 부작위범의 성립요건

① 부작위범의 구성요건

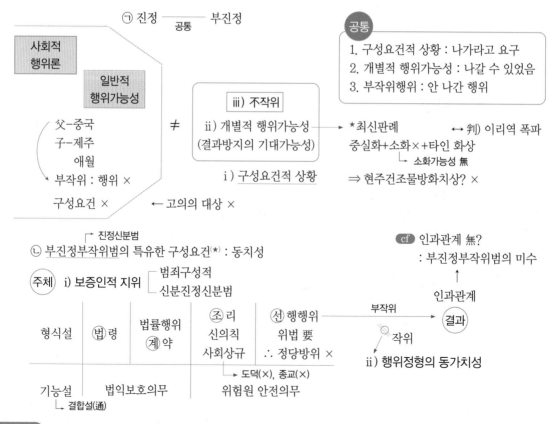

작위의무의 체계적 지위

① 위법성요소설

"작위의무자의
　부작위는
　(위법)하다"

• 비판
작위의무 없는 자의 부작위도
모두 구성요건에 해당된다고
보게 되는 문제점
= 구성요건해당성 너무 (확대)

② Nagler 구성요건요소설(보증인설)

"작위 의무자의 부작위는
　(살인)이다"
　　　‖
　　구성요건

• 비판
작위범과의 체계적 균형 反
위법성을 고려하지 않고 구성요건만 고려

cf

	작위범	(부진정) 부작위범
구성요건	작위	보증인적 지위를 가진 자의 부작위
위법성	정당방위? 정당행위? 부작위의무	보증인적 의무 (작위의무) 강제 ○　강제 × 위법 ○　위법 ×

③ 2분설(통설)

② 부작위범의 위법성

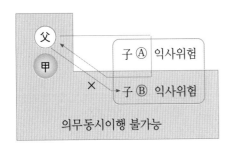

⇒ A를 구하느라 B를 구할 수 없었던 상황(의무충돌)
　= B에 대한 작위 의무 강제 無
　= 부작위해도 위법하지 않음

구성요건
부작위에 의한 (살인죄)

: (부진정) 부작위범
  보증인적 지위
       ○

위법성 ×
정당방위 ×
긴급피난 ×
의무의 충돌 ○

A ←— B
의무 의무
 ○   ×

무죄

④ 부작위범의 책임
      └ 착오

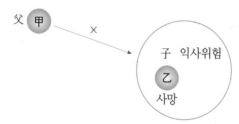

Case 1

父 甲 ——×—→

子 익사위험
乙
사망

① (자기 子인 줄)(몰랐다)
  = 자신이 乙의 父의 지위에
    있다는 사실 인식 ×

  = 보증인적 지위 (착오)

  = 구성요건 (착오) – 인식 ×
                      고의 ×
  ⇒ 구성요건적 고의가 조각
    ∴ 과실범의 성부 문제
                        과실치사

고의○

② (자기 子인 줄 알았다)
  but 구조의무 없다고 오인

인식	현실
×	구조의무 ○
×	작위의무 ○ ⟍ 위법성요소
×	(보증인 의무) ○
위법 ×	위법 ○

  → 금지착오 §16 (★)
  ⇒ 정당한 이유 × / 회피가능성 ○
  ⇒ 책임 ○ ————————→ 살인죄

Case 2 과실의 부작위범

과실범 ─ 부작위범
          망각범 ○ ≠ 환각범
과실의 부진정부작위범 ○, 처벌 ○
부작위에 의한 작위범
 (소화)
과실치사죄 + 실화죄
    ○   ○

만춰
乙

70~80cm

촛불

CHAPTER 08 | 죄수론 |

제 1 절 죄수론의 일반이론

① 죄수결정의 기준

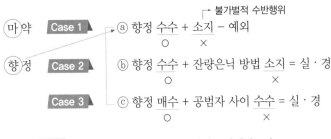

	구성요건 원칙적 기준 구성요건표준설		행위표준설	
			법익표준설	종합적 고려 판단
1개	수개		의사표준설	
1죄	〈행위 · 법익 · 의사〉 고려			

甲 ──강도 + 강간──▶ 乙

§333 §297
=강도강간(§339)
1죄

	1죄	수죄
포괄일죄	행위	
예 甲	1개	수개
수뢰 수뢰 수뢰 ⇒ 1죄	상 · 경	실 · 경

① 행위표준설

강력처벌시(실 · 경多)

마약 **Case 1** ┌▶ ⓐ 향정 수수 + 소지 − 예외 ┌ 불가벌적 수반행위
　　　　　　　　　　　　　ㅇ　　×

향정 **Case 2** ├─ ⓑ 향정 수수 + 잔량은닉 방법 소지 = 실 · 경
　　　　　　　　　　　ㅇ　　　　　　　　　×

　　　　Case 3 └─ ⓒ 향정 매수 + 공범자 사이 수수 = 실 · 경
　　　　　　　　　　　　ㅇ　　　　　　　×

Case 4 ⓓ 아편 · 헤로인 매수 · 판매 : 영업범 1죄

Case 5 ⓔ 히로뽕 제조 + 판매 : 실 · 경
　　　　　　　　　ㅇ　　　ㅇ

Case 6 ⓕ 히로뽕 완제품 제조 + 반제품 제조 = 실 · 경

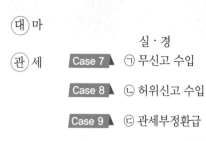

ⓓ 마

관 세

피 라미드 다단계판매업법, 방문판매법 : 실·경

카 드깡 → 불법자금융통(여신전문금융업법상) : 할 때마다 별개의 죄 성립

무 면허운전 : 일수기준(수죄) ≠ 무면허의료 : 영업범 1죄

Case 11 ○○○○ : 수죄 일수 기준

② 법익표준설(대부분 상·경)

Case 12

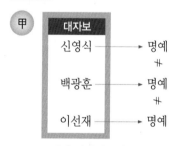

3개의 살인죄의 상·경

Case 13

3개의 명예훼손죄의 상·경

Case 14

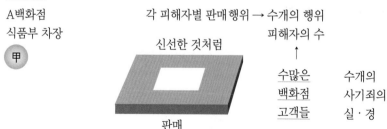

★ ─── 행사죄 + 사기죄 | tip | 행사죄는 거의 실·경
         └실·경

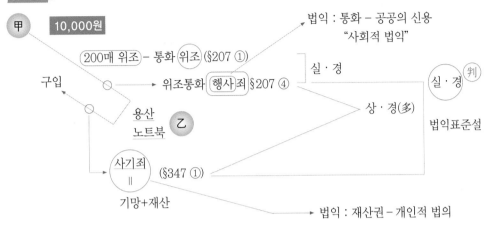

Case 15

甲　10,000원

법익 : 통화 – 공공의 신용
"사회적 법익"

200매 위조 – 통화 위조 (§207 ①)

구입

위조통화 행사죄 §207 ④

실·경

실·경 判

용산 노트북 乙

상·경(多)

법익표준설

사기죄 ‖ (§347 ①)

기망+재산

법익 : 재산권 – 개인적 법의

Case 16

甲　　　　乙

신용카드

절취

신용카드부정사용죄

사문서위조죄 + 위조사문서 행사 동

흡수(불가벌적 수반행위)

현대백화점

의류 구입　丙

사기죄

判 실·경 법익≠법익

③ 의사표준설

──○─○─○─○──►
단일한 의사의 연속

A죄 ┃ 별개의 범의
　　B죄

실·경

Case 18

업자 乙

甲

강간치상
1시간 후
甲의 집 작은 방

별개의 범의 강간

乙 女

실·경

Case 17

公
甲

6개월

100　100　100

단일한 수뢰의사의 연속
연속범 : 포괄1죄

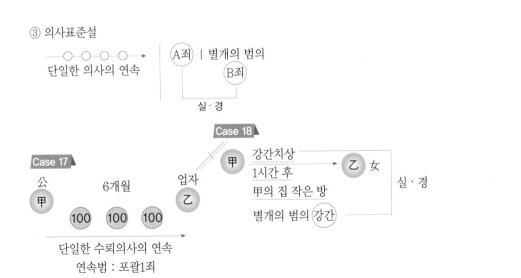

Case 19

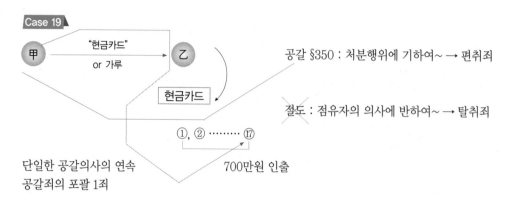

공갈 §350 : 처분행위에 기하여~ → 편취죄

절도 : 점유자의 의사에 반하여~ → 탈취죄

단일한 공갈의사의 연속
공갈죄의 포괄 1죄

700만원 인출

Case 20

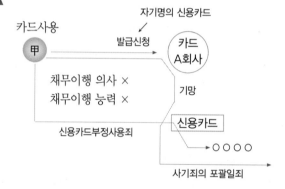

연속범 or 영업범 : 1죄

㊌뢰

㊁갈 : 가루로 만들어 버리겠다.

㊀기 ─ 자기명의 신용카드 : 카드채무 이행의사 없이 사용
　　　└ 1인의 피해자 ↔ 수인의 피해자 : 의사가 동일하더라도 수죄

㊎권거래 ─ 불공정거래 행위
　　　　　└ 시세조종, 허위매수주문, 고가매수주문

㊍료 ─ 무면허 의료(영업법)
　　　└ 의료매개사주　　cf 비영리목적 무면허의료 + 영리목적 무면허의료
　　　　　　　　　　　　　　의료법 위반 ×　　　　　보건범죄단속 특별조치법 위반 ○

㊂사법 → 담합

㊓락실·게임장

업무상㊪령 : 단일한 횡령의사 下계속적 동종행위 반복

㊖용카드 부정사용죄 : ① ② ③ ④ 1죄

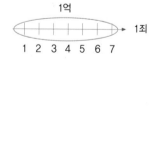

cf
	1죄	실·경
A가게	신용카드 부정사용	사기
B가게	신용카드 부정사용	≠ 사기
C가게	신용카드 부정사용	≠ 사기

실·경

④ <u>구성요건표준설</u>
　┌ 원칙
　법조문

Case 21

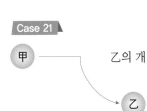

甲 ──── 乙의 개
　↓
乙

$$\boxed{손괴미수} + \boxed{과실치사} = 상상적 경합$$
$$\underline{\hspace{0.5cm}§366\hspace{1cm}§267\hspace{0.5cm}}$$
$$1개의 행위$$

추상적 - 방법
구체적 부합설 / 법정적 부합설
<u>손괴미수 + 과실치사</u>

$\boxed{상·경}$ ┬ $\boxed{본질(실질) : 수죄}$
　　　└ 과형(처리) : 1죄 ↗
　行위 : 1개

Case 22

甲　소득세법 위반 ┐
　　부가가치세법 위반 ├→ "연간 포탈 세액"
　　법인세법 위반 ┘　　일정 ↑
　　　　　　　　　└특가법 위반
　　　　　　　　　　1죄

* 조세범 처벌법에서 각 행위들을 합친 하나의 범죄
　유형 규정
　→ 그에 대한 1죄만이 성립

제 2 절 일죄

① 법조경합

① 특별관계 ─────────────→ 특별 / 보충 / 흡수(★)
　　　　　　　　　　　　　　　불수　불사
　　　　　　　　　　　　　　　명시　묵시

Case 23

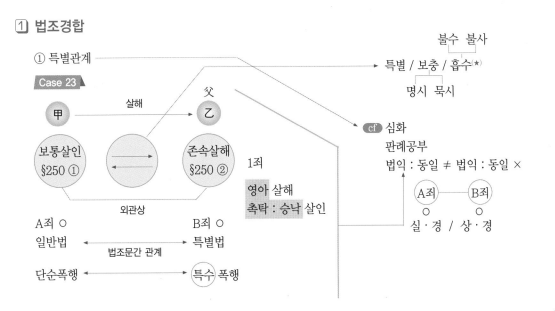

cf 심화
판례공부
법익 : 동일 ≠ 법익 : 동일 ×

(A죄) ── (B죄)
　○　　　○
실·경 / 상·경

父
甲 ──살해──→ 乙

보통살인　　　　　존속살해
§250 ①　　　　　§250 ②
　　　　　외관상
1죄
영아 살해
촉탁 : 승낙 살인

A죄 ○　　　　　B죄 ○
일반법 ←법조문간 관계→ 특별법
단순폭행 ←──────→ (특수) 폭행

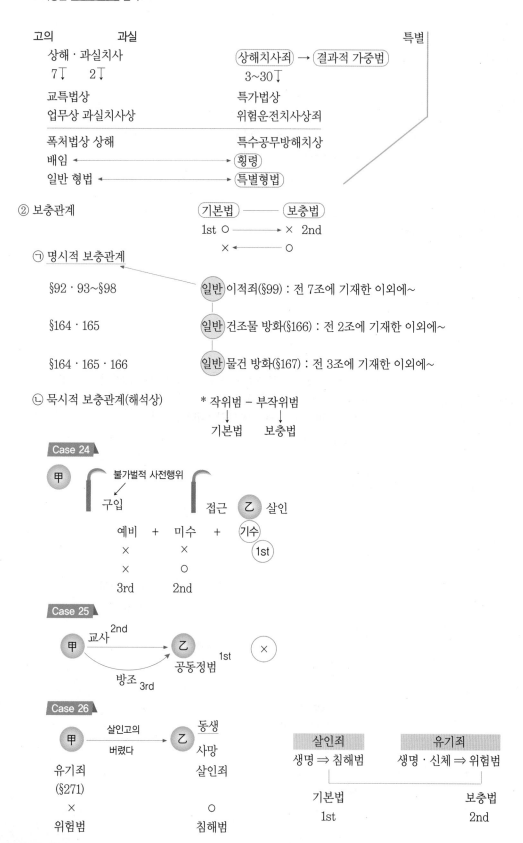

고의   과실   특별

상해 · 과실치사   상해치사죄 → 결과적 가중범

7↓   2↓   3~30↓

교특법상   특가법상

업무상 과실치사상   위험운전치사상죄

폭처법상 상해   특수공무방해치상

배임 ←——————————————→ 횡령

일반 형법 ←——————————————→ 특별형법

② 보충관계   기본법 —— 보충법

1st ○ ——→ × 2nd

× ←—— ○

㉠ 명시적 보충관계

§92 · 93~§98   일반 이적죄(§99) : 전 7조에 기재한 이외에~

§164 · 165   일반 건조물 방화(§166) : 전 2조에 기재한 이외에~

§164 · 165 · 166   일반 물건 방화(§167) : 전 3조에 기재한 이외에~

㉡ 묵시적 보충관계(해석상)   * 작위범 – 부작위범

기본법   보충법

Case 24

甲   불가벌적 사전행위

구입   접근   乙 살인

예비 + 미수 + 기수

×   ×   1st

×   ○

3rd   2nd

Case 25

甲 교사 2nd   乙   1st ×

방조 3rd 공동정범

Case 26

甲 살인고의 乙 동생

버렸다   사망

유기죄   살인죄

(§271)

×   ○

위험범   침해범

살인죄	유기죄
생명 ⇒ 침해범	생명 · 신체 ⇒ 위험범
기본법	보충법
1st	2nd

Case 27

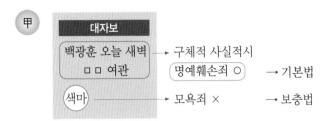

甲

대자보
백광훈 오늘 새벽 □□ 여관

백광훈 오늘 새벽 □□ 여관 → 구체적 사실적시

명예훼손죄 ○ → 기본법

색마 → 모욕죄 × → 보충법

Case 28

A죄 — ×	준A죄 — ○
강간 §297 ————	§299
점유강취 §325 ① ———	②
강도 §333 ————	§335
사기 §347 ————	§348

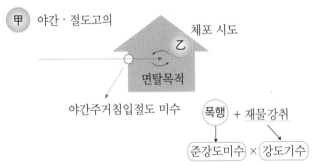

甲 야간 · 절도고의   체포 시도

乙

면탈목적

야간주거침입절도 미수

폭행 + 재물강취

준강도미수 × 강도기수

③ 흡수관계

전부법
부분법

ⓐ 불가벌적 수반행위

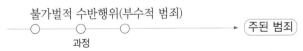

불가벌적 수반행위(부수적 범죄) ———→ 주된 범죄
과정

Case 29

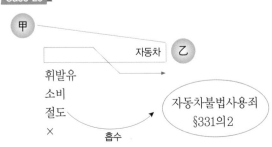

甲

자동차 乙

휘발유
소비
절도
×   흡수 ——→ 자동차불법사용죄 §331의2

Case 30

ⓘ장위조 < ⓜ서위조 < ⓢ용카드 부정 사용
　동행사　　유가증권

Case 31

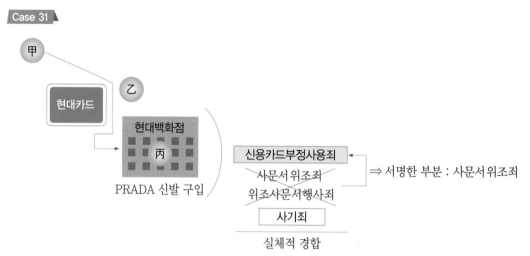

⇒ 서명한 부분 : 사문서위조죄

ⓑ 불가벌적 사후행위 * – 판례 난이도↑

 요건
　i) 일정한 범죄 해당 ○ 要

Case 32

┌ 위탁관계, 처분
　아예 처음부터
　횡령 ×

처분 : 불가벌적 사후행위 ×

Case 33

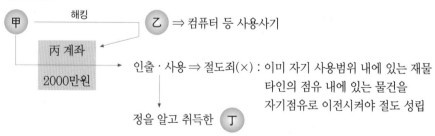

甲 ──해킹── 乙 ⇒ 컴퓨터 등 사용사기

丙 계좌

2000만원

→ 인출·사용 ⇒ 절도죄(×) : 이미 자기 사용범위 내에 있는 재물
　　　　　　　　　　　　　타인의 점유 내에 있는 물건을
　　　　　　　　　　　　　자기점유로 이전시켜야 절도 성립

정을 알고 취득한 丁
⇒ 장물 취득(×)
∵ 재산범죄로 인해 영득한 재물이어야 함

ii) 선행범죄가 침해한 법익의 양을
초과해서는 × (要) → 초과하면 별개의 죄 성립

초과한 경우 ⑩
절도+신용카드 부정사용
절도+영업비밀 부정사용 ⎫
절도+공기호 부정사용 ⎬ 실·경
재산범죄+세금포탈 ⎭

☆
iii) 후행행위가 제3자의
독자적인 법익을 침해 × (要)

별도의 피해자 ×

⑩ 절취한 도품을 선의의
제3자에게 매각한 행위

Case 34

甲 ──상해──→ 乙 │ 살인
○

⇒ 상해

1. 일정한 범죄 해당 ○
2. 상해 < 살인   ∴ 살인죄
3. 동일한 피해자

○ [1죄] ⇒ 불가벌적 사후행위 인정

㉠ 절취한 재물을 손괴·소비·매각
절도 ○   ×

환금성↑

㉡ 절취한 (자기앞수표/기차승차권) 환불
○   ☆ ×

㉢ **Case 35** 대법원 2013.2.21, 2010도10500

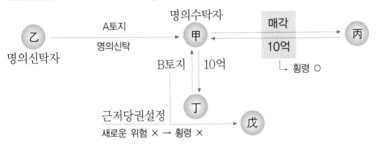

乙 ──A토지──→ 甲 ──매각──→ 丙
명의신탁   명의수탁자   10억

명의신탁자

B토지 │ 10억   └ 횡령 ○

丁

근저당권설정 → 戊
새로운 위험 × → 횡령 ×

㉣ **Case 36** ≠ **Case 37**

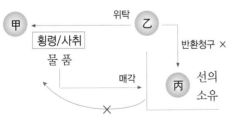

甲 ←──위탁── 乙
횡령/사취   │ 반환청구 ×
물품   매각   ↓
丙 선의
×   소유

× [수죄: 실·경] = 불가벌적 사후행위 부정

*사문서 위조+동행사 될 수도 있음

ⓐ 절취한 예금통장/전당표로 예금인출 / 전당물 반환
절도 ○   사기죄

ⓑ 살해한 사체 적극 매장
○   사체유기 ○ ──→ cf 장제의 의례 갖춘 경우
§161 ①   별개의 '사체에 관한 죄' 성립 ×

ⓒ

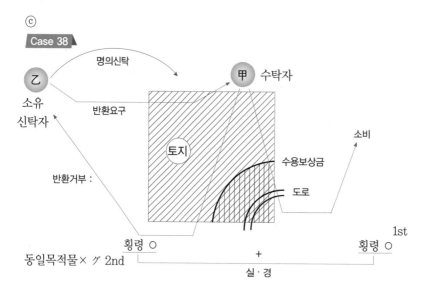

Case 38

Case 39

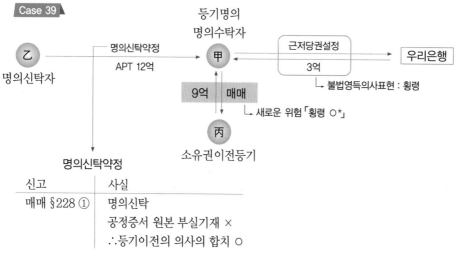

명의신탁약정	
신고	사실
매매 §228 ①	명의신탁 공정증서 원본 부실기재 × ∴등기이전의 의사의 합치 ○

④ Case 40

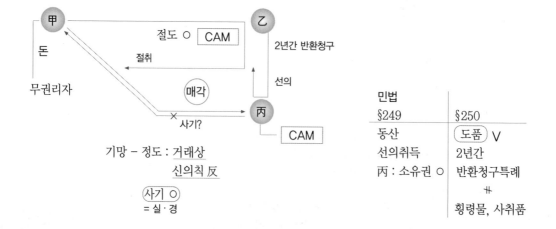

② 포괄일죄 〈결/계/접/연/집(직/영/상)〉

(1) 포괄일죄의 유형

　　① 결합범

　　　Ⓐ+Ⓑ=Ⓒ죄

　　　　　　　　　　　　　　　　　　　　　1.　　2.　　1.　　2.
　　　　　　　　　　　　　　　　　cf 강도+강간 ≠ 강간+강도
　　　　　　　　　　　　　　　　　　　(강도강간)　 (실체적 경합)
　　　　　　　　　　　　　　　　　　　　　　§339

Case 41 　甲　　　　　　　　　乙

　　　　강도+강간　　　　　　　=강도강간(§339)
　　　　분묘발굴+사체영득　　　=분묘발굴사체영득(§161 ②)

Case 42 　강간(기수)+강도=강간죄와 강도죄의 실·경
　　　　강도+상해=강도상해 §337
　　　　강도+살인=강도살인 §338
　　　　강도+과실치사상 = 강도치사상죄(§337·338)

　　　　　부분범죄　　　　　결과적 가중범 : ┌ 법조경합 中 ┐
　　　　　　　　　　　　　　　　　　　　　└ 특별관계 ┘

　　　　• 강간미수+강도+강간기수 → 강도강간기수
　　　　• 강간미수+폭행협박 없이 재물탈취+강간기수
　　　　　　　　　↓　　　　　　　↗
　　　　　폭행협박 ------------- ╱ =강도강간기수

　② 계속범
　　체/감/주/퇴/약/도/직/범

Case 43
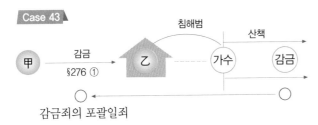
　　감금죄의 포괄일죄

Case 44
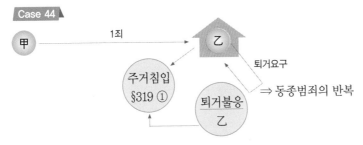

　※ 주의 : 주거침입+(판결확정 후 계속) 퇴거불응 : 실·경
　　　　　신용카드정보보유+처벌 후 계속 정보보유 : 실·경

③ 접속범

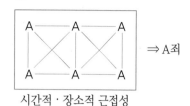

시간적 · 장소적 근접성

≠ ④ 연속범 判

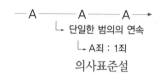

└ 단일한 범의의 연속

└ A죄 : 1죄

의사표준설

㉠ 뢰
㉠ 갈
㉠ 기 ┌ 1인의 피해자
       └ 자기명의 신용카드
㉡ 권 ┌ 시세조종
       ├ 불공정거래
       └ 허위매수주문+고가매수주문+통정매매
㉢ 료법 ┌ 무면허의료
        └ 의료매개사주
㉣ 사법 : 담합
㉤ 락실 / 게임장
㉥ 령(업무상)
㉦ 용카드 부정사용

Case 45

Case 46

⑤ 집합범 : 1죄

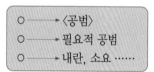

직업범
영업법 | 무면허 의료행위 | ①1죄

상습범 | 동종범죄의 습벽 | ①1죄
       └ 특수적 가중사유
                         → *별도의 형
                           ㉮도
                           ㉯물
                           ㉰박

Case 47

			수죄
직할시세	구세	국세	
취득세	재산세	방위세	
등록세	종합토지세	교육세	
1죄	1죄	1죄	

㉠해 · 폭행
㉡박
㉢포 · 감금
㉣범죄
㉤도 · 강도
㉥기 · 공갈
㉦물
㉧편
㉨박

(2) 포괄일죄 효과

실체법	소송법
1죄	기판력 인정
	└ 면소 판결

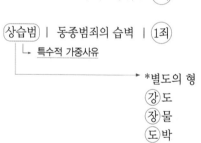

수뢰죄 – 판결확정
기소 : 면소판결

Case 48   상습성 ○

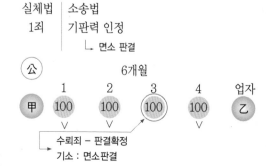

Case 49

Case 50

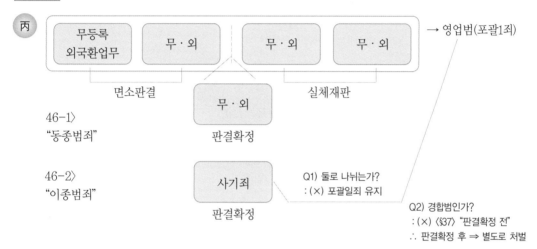

제 3 절 수죄

㉮정수표단속~   ㉯임 → ㉰상적 경합

㉮정수표단속~
 정의약품~   ㉰기 → ㉱체적 경합

㉲천 관련 금품수수   ㉰기 → ㉰상적 경합

㉳사수신행위   ㉰기 → ㉱체적 경합

㉴(변호사법)
 선수재   ㉰기 → ㉰상적 경합

㉵임(업무상)   ㉰기 → ㉰상적 경합
      문서위조   ㉱체적 경합
      · 동행사

배-사-상 예외판례 1

Case 51

乙에 대한 사기
+ 乙에 대한 배임
: 실체적 경합

배-사-상 예외판례 2

Case 52

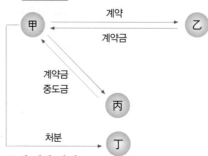

乙에 대한 사기
+ 丙에 대한 배임
: 실체적 경합

① 상상적 경합

Case 53 추 / 방

구성요건
표준설

- 본질(실질)
  수죄
- 과형(처리)
  일죄

*요건
- 1개의 행위
- 수개의 죄
- 법조경합 ×

구/법

손괴미수 + 과실치사 = 상상적 경합
   고의   과실

구체적 적용

① 고의범 ──○── 과실범
② 결과적 가중범 ── 고의범

Case 54

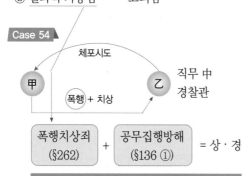

체포시도

甲   乙 직무 中
            경찰관
폭행 + 치상

| 폭행치상죄 (§262) | + | 공무집행방해 (§136 ①) | = 상·경 |

현주건조물방화치사 + 강도살인 = 상·경
     ″   + 존속살해 =   ″   ⎤ 부진정결과적 가중범 < 고의범
현주건조물방화치사 + 살인 = 1죄
특수공무방해치상죄 + 상해 + 1죄
    ┗→ cf 현주건조물방화치사 + 존속살해 = 상·경
        : 과거에는 현주건조물 방화치사죄보다 존속살해죄의 형량이 더 컸음. 그 당시 판례

③ 작위범 – 작위범 : ○
④ 부작위범 – 부작위범 : ○

Case 55

운전자

甲 ──과실 사고──┬─ 乙 – 상해 ┬ 작위범 ── 도교법상 업무상 과실치상죄 ┐
                │   ├ 상·경
                └─ 乙의 차 – 파손 ┬ 작위범 ── 도교법상 과실재물 손괴죄 ┘

* tip : 과실재물손괴+재물파손 ⇒ 대부분 상·경

Case 56

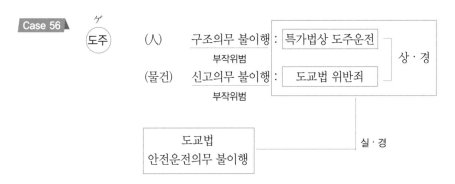

도주

(人) 구조의무 불이행 : 특가법상 도주운전 ┐
     부작위범   ├ 상·경
(물건) 신고의무 불이행 : 도교법 위반죄   ┘
      부작위범

도교법 안전운전의무 불이행 ── 실·경

Case 57   인권옹호직무명령불준수죄+직무유기죄=상·경

⑤ 작위범 ────── 부작위범 : 작위범 처리
   ○   ×   ×

Case 58

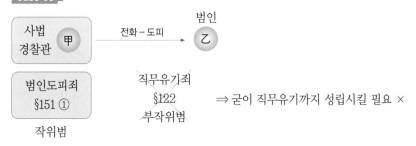

사법 경찰관 甲 ──전화 – 도피──▶ 범인 乙

범인도피죄   직무유기죄
§151 ①   §122   ⇒ 군이 직무유기까지 성립시킬 필요 ×
작위범   부작위범

☆(형소법) │ 직무유기–공소제기 │ : 적법
           │ 소추재량

허위공문서작성
위계에 의한 공무집행방해   직무유기   → 예외) 실·경
증거인멸
건축법 위반교사

군청직원 : 농지불법전용사실 + 별도로
甲   보고 ×   '농지일시전용허가서' 작성
         ↓   ↓
         직무유기 + 허위공문서작성=실·경

⑥ 계속범 ────── 즉시범
　　수단　　　　　목적

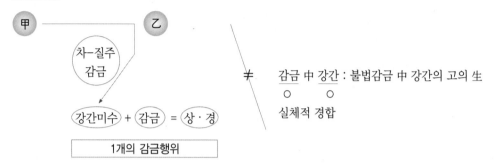

Case 59　강간하기 위해 감금

⑦ 연결효과에 기한 상·경

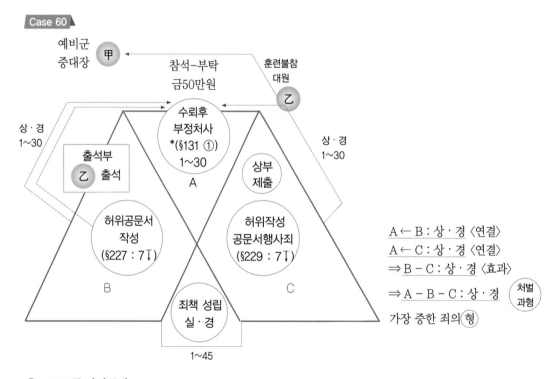

A ← B : 상·경 〈연결〉
A ← C : 상·경 〈연결〉
⇒ B − C : 상·경 〈효과〉
⇒ A − B − C : 상·경　(처벌 과형)
가장 중한 죄의 (형)

⑧ 도로교통 관련문제

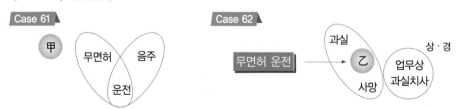

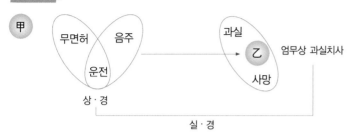

Case 63

甲　무면허 · 음주 · 운전　상 · 경

과실 → 乙 사망　업무상 과실치사

실 · 경

상상적 경합의 법적 효과

① 실체법 : 형법 §40
　'가장 무거운 죄의 형'

A죄　　　B죄　→　if) B죄+벌금/몰수추징
　　　　　　　　　　↓
30년　>　10년　　가장 무거운 죄 아닌 죄에 정한
↕　　　　↕　　　형의 부가형활용 가능
1년　　1개월

30년　>　10년
↕　　　　↕
1개월　　1년
전체적 대조주의(결합주의)

② 소송법 : 형소법
　　기판력

Case 64

甲　총　→　乙의 개　→　丙 사망

손괴미수 + 과실치사
　　상 · 경
검사 손괴미수 – 공소제기
　　└ 판결확정
　　　→ 공소제기 : 면소판결

---

② **경합범 : 실체적 경합법** §37

(1) 동시적 경합범(전단)

Case 65

甲　A죄 사기 10↑　　　B죄 공갈 10↑

판결확정　×
공소제기　○
병합심리가능　○
15 ↓

(2) 사후적 경합범(후단)

Case 66

A죄　　　B죄
　　　→ 징역10년 확정

§39 ① 형평고려, 임의적 감면(★)
　　　5↓ – 재량
　　② 삭제

동시적 경합범의 처리

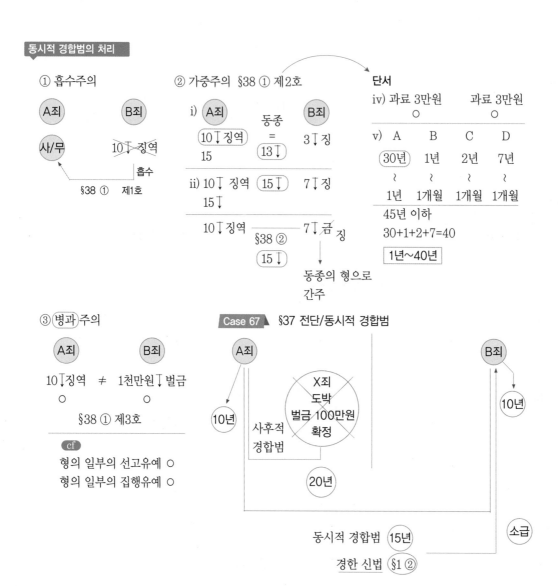

① 흡수주의

A죄   B죄

사/무   10↑징역

흡수

§38 ① 제1호

② 가중주의 §38 ① 제2호

i) A죄   동종   B죄

10↑징역   =   3↑징

15   13↑

ii) 10↑ 징역   15↑   7↑징

15↑

10↑징역   7↑금 징

§38 ②   15↑

동종의 형으로 간주

단서

iv) 과료 3만원   과료 3만원

○   ○

v) A   B   C   D

30년   1년   2년   7년

≀   ≀   ≀   ≀

1년   1개월   1개월   1개월

45년 이하

30+1+2+7=40

1년~40년

③ 병과주의

A죄   B죄

10↑징역 ≠ 1천만원↑벌금

○   ○

§38 ① 제3호

cf

형의 일부의 선고유예 ○

형의 일부의 집행유예 ○

Case 67 §37 전단/동시적 경합범

A죄

10년

사후적 경합범

X죄 도박 벌금 100만원 확정

20년

B죄

10년

소급

동시적 경합범 15년

경한 신법 §1 ②

MEMO

PART 01

형법총론

형벌론

CHAPTER 01 | 형벌의 의의와 종류 |

제 1 절 | 서설

§41

- 과태료 : 형벌 ×
          행정벌 ○
- 추징 : 형식상 형벌-규정(×)
        실질상 형벌의 성격(○)

생명형	사형
자유형	징역, 금고, 구류
명예형	자격상실, 자격정지
재산형	벌금, 과료, 몰수

제 2 절 | 사형 判 합헌

형법 §66 - 집행방법 규정(○)

형소법 - 규정(×)
- ~살인
- 내란 · 외환   강도치사 ×
- 폭발물 사용 §119   강간치사 ×
- 해상강도 강간 §340 ③
- ~치사죄 ┌ 해상강도치사
         └ 현주건조물방화치사 §164 ②

제 3 절 | 자유형

〈2010.4.15. 개정〉

	징역 금고	구류
형기	무기 or 유기 1개월~30년 → 50년	1일~29일
정역	○	*행형법 : 신청 ○-○

*단기자유형 ≠ 특별예방
  6개월 이하
  경미범죄자
    ↖ 제한 · 폐지하는 것이
      = 특별예방(사회복귀, 재사회화)에 좋다.

제 4 절 재산형

액수	벌금	과료	몰수
	5만원 ↑	2천원	
	감경시 5만원 ↓	~5만원 미만	

도박
(§246 ①)

5만원
~
도박 1000만원 ↓
벌금

감경 → 2만 5천원
~500만원

1/2

도박죄의 방조범 §32 ②
  필요적 감경 §55 ① 6호

§69 ②
〈환형유치처분〉
재산형
Y / Ⓝ → 자유형

甲 ← 벌금 1,000만원 선고 – 500만원 납입
  5만원=1일, (200일) – 100일 : 노역장 유치

현행	개선책
총액벌금형	일수벌금형
100일	100일
	일수×수입
↓	↓
소득격차 무시	실질적 평등 ○

예
백호 < 송강호
음주운전
500만원 — 500만원

벌금분납	✕
벌금형의 집행유예	✕

* §70 ② : 황제 노역 방지규정 신설(2014)

몰수와 추징
  → 형식적 : 형벌/실질적 : 대물적 보안처분   cf 압수 ┌ 증거물 : 환부
                                              └ 몰수대상 : 환부×

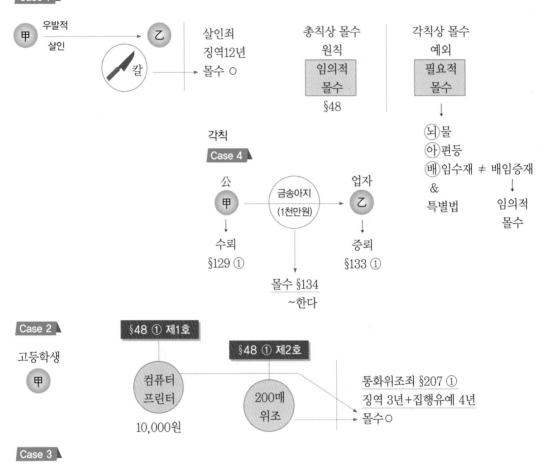

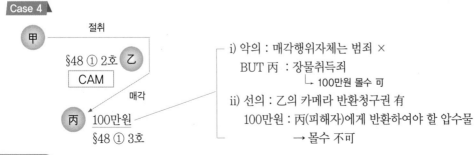

몰수 인정 O	몰수 인정 X
〈대물적 요건〉 ⓐ 범죄행위에 제공하였거나 제공하려고 한 물건	
1 사기도박에 참여하도록 유인하기 위해 고액의 수표 제시 (위 수표가 도박자금에 사용되지 아니하였다 할지라도)	1 체포 당시 미처 송금하지 못하고 소지하고 있던 수표&현금
2 사행성게임기의 기판 · 본체-그 전부가 범죄에 제공된 물건	
3 압수 ≠ 몰수 : 검찰에 의해 압수된 후 피고인에게 환부된 물건	
4 관세법상 무신고수입죄 : 신고를 하지 아니하고 물품을 국내에 반입하려는 행위 → 행위의 대상물? 관세범칙물	≠ 2 관세법상 허위신고수입죄(일제오토바이 사례) : 허위신고죄는 신고행위로써 이루어지는 범죄 → 행위의 대상물? 신고서 ∴ 소정의 물품은 신고의 대상물에 지나지 않음
5 허가없이 수출한 대상물 – 외국환관리법 vs 형법 : 토지개발채권 – 외국환관리법(×) : 허가없는 수출 미수행위로 인하여 비로소 취득하게 된 것은 아님 – 형법(O) : 피고인의 허가없는 수출 미수행위에 제공된 물건에 해당 §48 ① 1호 ⇒ 무허가수출	
〈대물적 요건〉 ⓑ 범죄행위로 인하여 생겼거나 취득한 물건(권리, 이익 포함)	
6 통화위조행위로 만들어 낸 위조통화	3 외국환관리법 – 외국환을 수출하는 행위 : 수출행위 자체로 인해 취득한 외국환이 있을 수 없음
7 문서위조행위로 작성한 위조문서	4 외국환관리법 – 미등록행위 : 미등록행위 자체에 의하여 미화를 취득한 것은 아님 (원래 가지고 있던 돈)
8 절취한 장물이나 도박행위로 인하여 취득한 금품	
9 부정임산물단속에 관한 법률 위반으로 취득한 임산물	5 외국환관리법 – 카지노에서 사용되는 칩 : 외국환리법의 몰수 · 추징 대상은 대외지급수단으로서 현실적으로 대외거래에서 채권 · 채무 결제 수단 사용 가능해야 하고, 사용이 보편성을 가지고 있어야 함 → 카지노 '칩' 은 표시 금액 상당을 보관한다는 증표일 뿐
10 불법 벌채한 목재	
11 통일부장관의 반입승인 없이 북한으로부터 수입한 물건	6 범인이라 하더라도 범행(업무상 비밀이용)으로 취득한 재물/재산상 이익을 보유하지 아니한 자
12 몰수하여야 할 압수물에 대한 '대가보관금' =압수물	7 정치자금법–금품무상대여 통한 위법한 정치자금 기부 : 범인이 받은 부정한 이익은 무상 대여금에 대한 금융 이익(이자) → 무상으로 대여받은 금품 그 자체 ×
13 향정신성의약품을 타인에게 매도한 경우, 매도의 대가로 받은 대금 = 범죄행위로 인한 수익금 (필요적 몰수-마약)	8 부동산 미등기 전매계약에 의해 제 3자로부터 받은 대금은 처벌대상인 '제1차 계약에 따른 소유권이전등기를 하지 않은 행위' 로 취득한 것 × ⇒ 몰수, 추징 × ∵ 몰수 : 미등기로 인해 얻은 이익 = 납부하지 않은 세금

〈대물적 요건〉 ⓒ 제1호 또는 제2호의 대가로 취득한 물건(⇒ 범죄에 의한 부정한 이득)	

14 장물을 매각하여 얻은 금전

15 범인 이외의 자의 소유가 아닌 것
: 공범자 소유물, 무주물, 금제품(아편), 소유자 불명 물건
: 불법원인급여에 해당 −소유자에게 반환청구권 없는 물건
: 소유자가 반환청구권을 포기한 물건
: 압수되었다가 피고인에게 환부된 물건

16 범인의 점유 : 몰수 ○
(관세법 위반*)
└ 관세법 §282 ②(형법의 몰수에 대한 특별규정)
범인이 점유만 해도 몰수 ○(소유자가 누구이든, 선의·악의 여부 불문하고)

17 범죄 후 범인 이외의 자가 정을 알면서 취득한 물건

18 외국환관리법 위반
: 피고인이 회사의 기관으로서 외환을 차용하고 몰수대상물인 외국환 등을 수수
→ 그 차용금에 관한 권리는 회사에 귀속한다 하더라도 몰수·추징 가능

9 장물을 매각하여 그 대가로 받은 금전이지만, '피해자에게 반환하여야 할 압수물' → 피해자에게 교부

10 재산범죄로 인하여 군부에서 부정유출된 소위 장물
→ 몰수 불가. 피해자에게 환수

11 범인 이외의 자의 소유인 것
: 피해자 소유, 다른 사람으로부터 차용한 물건, 군PX에서 군인(공무원)이 그 권한에 의해 작성한 월간 판매실적보고서 내용에 일부 허위기재되어 있는 경우
: 국고 수표 및 범행 후 판결선고 전에 범인의 사망에 의해 물건의 소유권이 상속인에게 이전되었을 경우
: 강도상해 범행에 사용된 범인의 '처 명의·처 소유' 자동차

12 국가소유물
: 부실기재된 등기부, 허위신고로 작성된 가호적부, 국가에 환부할 국고수표, 매각위탁받은 엽총

13 외국환관리법 위반
: 피고인이 외화를 비거주자에게 증여한 경우
→ 증여한 범인의 입장에서 몰수 대상인 외국환 등의 취득이 없어 그 가액에 해당하는 추징 불가

14 피고인이 공동피고인에게 도박자금으로 대여한 금액
→ 대여해준 때부터 그 금원은 피고인 소유가 아니라 공동 피고인들의 소유에 귀속하게 됨

 추징

〈원칙〉
범죄수익 박탈
↓
보통
균분추징 ○
공동연대추징 × → ○

〈예외〉
징벌적 추징
범죄수익 × → 추징 ○

약법
재산 외도피사범
세법
외국환관리법
밀항단속법
└ 징벌적 추징

※ 마약법

Ⓐ	Ⓑ	Ⓒ
│	│	│
6억	6억	6억 ⇒ 공동연대추징(연대책임○)

〈공동피고인에 대한 추징〉

	Ⓐ	Ⓑ	Ⓒ
원칙-개별추징	3억	2억	1억 = 6억
예외-균분추징	2억	2억	2억 = 6억

└ 누가 얼마인지 명확하지 않을 때
공범자 中 1인에게 전액 추징 불가

§49 본문

주형 + 몰수/추징

↓

ㅇㅖ 시효만료 ┌ 불기소처분 + ×
            └ 면소판결 + ×

단서

[유죄재판 ×] + 몰수 ○ : 고등학생이 지폐를 위조했을 때 유죄는 아니더
                         ↓ 라도 위조지폐, 그로 인해 취득한 것 몰수 ○
① 주형
   └ 선고유예 + 몰수 ○ : 선고유예더라도 만능열쇠 몰수 ○
② 주형
   └ 선고유예 + 몰수(필요적 몰수) : 필요적 몰수더라도 전체적으로
                   └ 선고유예 ○   선고유예이므로 몰수도 선고유예

─────────────────────────────

③ 주형   +   몰수   (×)
   └ 선고유예 ×   └ 선고유예 ○
      (형 선고 ○)

제 5 절 **명예형**

CHAPTER 02 | 형의 경중 |

제 1 절 **형의 경중의 기준**

제 2 절 **처단형 · 선고형의 경중**

① §50 기준

② 구체적인 경중의 비교 判

(1) 형집행유예 < 형   집행면제
　　　　　○　　　　×
　　　　　　예 특별사면

(2) 징역형의 <u>선고유예</u> < 벌금형
　　　　　　×

　　징역형의 <u>선고유예</u> > 벌금형의 <u>선고유예</u>

(3) 징역3년   징역2년
　　+ 집행유예4년　　　　　(×)

(4) 부정기형과 정기형

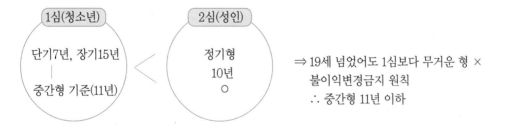

⇒ 19세 넘었어도 1심보다 무거운 형 ×
　　불이익변경금지 원칙
　　∴ 중간형 11년 이하

(5) 피고인만 상고하여 원심이 파기된 경우, 환송 전 원심판결과의 관계

⇒ 환송 후 원심판결의 형이 무거우면 ×

CHAPTER 03 | 형의 양정 |

제 1 절 **형의 양정의 의의**

제 2 절 **형의 양정의 단계**

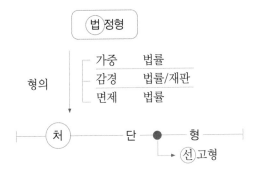

제 3 절 **형의 가중·감경·면제**

총칙	일반적 가중사유		
	특수교사·방조	누범	경합법
	§34 ②	§35 ②	§38 ① 2호
	교사 1.5	장기	1.5
	방조 1	×	≤○+○
		2	

각칙 ▶ 1/2 가중 ┃ ※ 별도의 형 ㉮도/㉛물/㈐박

특수적 가중사유				

상습범〈상습성 ┬ 포괄일죄 中 집합범〉
         ├ 부진정신분범
         └ 행위자 책임
			특수범죄 ┬ 행위방법의 특수성
			       └ 행위불법이 중함	

개인	사회	국가	합동범 ─── ×	
㉠해·폭행 ㉠박 ㉠포·감금 ㉠폭력 ㉠도·강도 ㉠기·공갈 ㉠물	㉠편 ㉠박		특수도주 특수절도 특수강도 + ㉠폭력	단체 or 다중의 위력 or 위험한 물건 휴대

① 법률상 감면사유 정리(심 · 장 · 범 · 석/과 · 불 · 사 · 자/심 · 청 · 방/중 · 예 · 위 · 장)

	임의적 감경	임의적 감면	필요적 감경	필요적 감면
총칙	① 심신미약자 (§10 ②) ② 장애미수 (§25 ② : 인상설) =절충설	① 과잉방위 (§21 ②) ② 과잉피난 (§22 ③) ③ 과잉자구행위 (§23 ②)　⎫ 책임 감소 소멸 사유 ④ 불능미수(§27) ⑤ 사후적 경합범* (§39 ①) ⑥ 자수 · 자복(§52)	① 청각 및 언어 장애인(§11) ② 방조범(§32 ②) 한정책임 능력자	중지미수 (§26 : 책임감소 or 인적처벌조각사유)
각칙	① 범죄단체조직 (§114 단서) ② 피인취자 석방 (§295의2) ③ 인질 석방 (§324의6) cf §336 인질강도 無			① 예비죄의 자수 ⑭란 ⑭환 ⑭국에 대한 사전 ⑭화(일수 ×) ⑭발물 사용 ─ 자수 / 실행 ⑭화위조의 예비 ─ (유가증권 ×) 　예비 · 음모 　자수 ← 필요적 감면 ② 위증 등의 자백 · 자수 ⑭증 자백 · 자수 ⑭위감정 ⑭고 재판, 징계처분 §153 필요적 감면 ③ 장물범 ─→ 본범 §365 ② 필요적 감면 직/배/동/동/배(*) §328 ①

② **재판상 감경(정상참작감경)** §53 ◄

§56 | ㉮칙 : 특수적 가중
　　　㉦수교사 · 방조
　　　㉥범 가중
　　　㉫률상 감경
　　　㉭합범 가중
　　　㉓상참작감경

거듭 ×
§55 | ① 1. 사형 → 무 or 20~50
　　　　　2. 무기 → 10~50
　　　　　3. 유기 → 1/2
　　　　　⋮

② 수개 → 거듭 감경

1000만원↓

도박 방조①, 자수②
§246 ①

　　　500만원　　125만원

Ⓐ 살인미수의 방조, 자수

법정형	§56	ⓘⓘ 방조감경 §32	정상참작감경
§250 ① 사형 or 무기 or 5년↑ §54 ⓘ 형종선택	각 × 특 × 누 × ㉫ 경 × ㉓	10~50 ⓘ미수감경 §25 ② 5~25 ⓘⓥ 자수감경 ×	법률상 감경의 방법 (§55 ① 3호) 2년 6개월 ~12년 6개월 처단형
	§55 ② 법률상 감경		

징역과 벌금의 병과시 정상참작감경의 방법

① 원칙

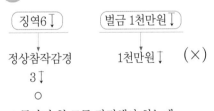

甲 절도죄 §329

징역6↓　　벌금 1천만원↓

정상참작감경　　1천만원↓　(×)
3↓
○
⇒ 두가지 형 모두 감경해야 하는데
　　하나만 감경하면 ×

② 예외

甲 강요죄 §324　　　　도박죄 §246 ①

징역　　§38 ① 3호 병과주의　　벌금

감경 ○　　　　　　　　　　　감경 ×(○)

③ **형의 면제**

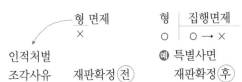

형 면제　　　형 | 집행면제
　×　　　　　○ | ○ → ×

인적처벌　　㉔ 특별사면
조각사유　　재판확정㉓　　재판확정㉔

④ 자수 · 자복

> **더 알아보기** 판결선고 전 구금일수의 산입과 판결의 공시

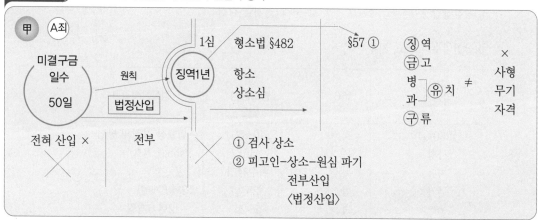

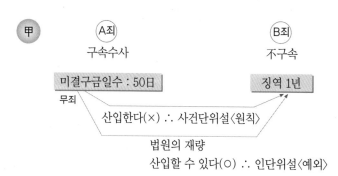

cf 구속영장의 효력

	이중구속	별건구속
① 원칙 : 사건단위설	○	×
② 예외 : 인단위설	×	○

04 | 누범 |

甲　절도죄 〈전범〉
　　징역 1년 확정

형집행 종료	만기출소
	가석방기간 만료
형집행 면제	㉑판확정 후(§1 ③)
	형의 ㉝효의 완성(§77)
일반사면 →	㉠별사면
×	㉵권

누범시효
3년

강간죄
§297 : 3~ 30
　　× 2
└ ③~50 ← §42 단서
처단형

상습사기　15↑ (§351)
　　　　　× 2
　　　└ 30↑

사기 ── 상습 ── 사기

cf 사후적 경합범

① 성립요건

	① 징역 1년 + 선고유예 2년		② 징역 1년 + 집행유예 2년		③ 가석방		判
			형선고 효력 상실				
	中	경과 후	中	경과후	中	경과 후	특별법상 +○
누범의 성립여부	× ↓	× ↓	× ↓	× ↓	× ↓	○ ↓	누범 ○
	선고유예 실효사유	면소간주	집행유예 실효사유	형선고 효력상실	가석방 실효	(★) 형집행 종료	

① 선고유예 요건

• 요건

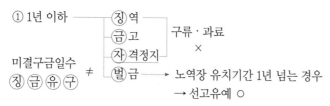

① 1년 이하 ┬ ㉛역
         ├ ㉘고   구류 · 과료
         ├ ㉚격정지   ×
미결구금일수 ┐
㉛ ㉘ ㉤ ㉢ ≠ ㉙금 → 노역장 유치기간 1년 넘는 경우
                    → 선고유예 ○

② 개전-정상-현저
  범행 부인 시
   └ 선고유예 ○

  "재범의 위험성이 없을 것"
    ≠ 자수의 '뉘우침'

전과 : 형선고-경력-그 자체
초범자

단, ③ 자격정지 ↑ 전과 ×

        A죄   B죄
집행유예 기간 경과, 선고유예 ×
선고유예 기간 경과, 선고유예 ○

(A죄)   (B죄)
징 1년 + 집 · 유 2년   → 선고유예 ×
→ 선고

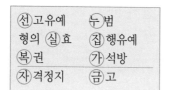

㉛고유예	㉓범
형의 ㉤효	㉛행유예
㉘권	㉐석방
㉛격정지	㉘고

• 선고유예기간 : 2년
• 결정 : 법원
• 효과 : 면소
   cf 집행유예 : 형선고 효력상실
• 보호관찰 : 임의적
    ↓   ≠
   1년   cf 가석방 : 필요적

• ㉤효 : "자격정지↑"

청구	㉙사
결정	법관
불복	피고인

(즉시항고) 3일 내
   └ 형소법 §335 ④ · ③

선고유예 결격사유,
알았거나 알 수
있었을 경우
    ↓
실효청구 ×
1. 선고유예 실효 ×
2. 집행유예 취소 ×

② 가석방 §72

• 요건

                        • 기간
① 무기 │ 20년   → 10년
    유기 │ 형기의 1/3 → 남은 형기

② 재범의 위험성 ×   • 실효 : 고의, 금고 이상
                    과실범 × ≠ 선고유예 실효

고의	과실
○	○

③ 벌금·과료 완납
  • 결정 : 행정처분
  • 효과 : 형집행 종료(누범사유 ○)   • 취소 ┬ 필요적
  • 보호관찰 ┬ 원칙 : 필요적   └ 임의적
   (단축×) └ 예외 : ○ ≠ 집행유예시 보호관찰

③ 집행유예

  • 요건〈§62 ①〉

① 3년 이하의
   징역·금고선고형
   벌금형의 집행유예 ×

② 정상
   참작

③☆ §62 ① 단서

2005.7.29. 개정〈§62 ① 단서 정리〉

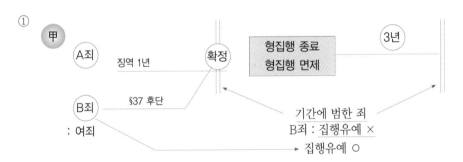

집행유예기간 중 집행유예선고? 判 ×

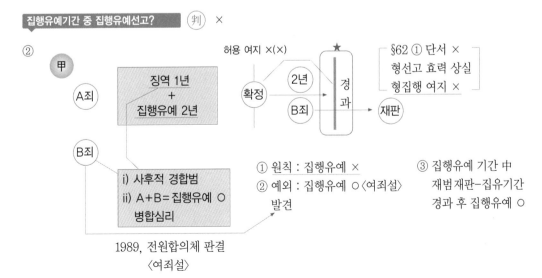

- 보호관찰(소급효 인정) → 단축가능 ≠ 가석방시 보호관찰 → 특별준수사항
- 사회봉사명령 → 말·글 발표 ×, 금전 출연 ×
- 수강명령
- 집행유예 실효 §63
  ① 기간에 범한 죄
  ② 고의범(=가석방 실효 ≠ 선고유예 실효)
  ③ 금고 이상의 실형 ≠ 집행유예 연장기간 중 실효(×)
- 취소   §64 ①

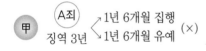

<§62 ②, §59 ②>

甲   A죄   1년 6개월 집행
     징역 3년   1년 6개월 유예 (×)

甲   A죄 ← 집행유예
     B죄 ← 집행

"형을 병과하는 경우" 형의 일부에 대한 집행유예/선고유예 可

CHAPTER 06 | 형의 시효 · 소멸 · 기간 |

제 1 절   형의 시효

제 2 절   형의 소멸 · 실효 · 복권

(1) 형의 소멸

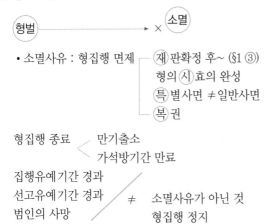

(2) 형의 실효

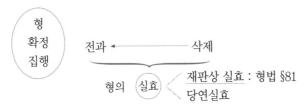

(3) 복권

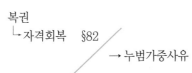

CHAPTER 07 | 보안처분 |

제1절 보안처분의 의의

제2절 형벌과 보안처분의 관계

〈보안처분〉

형벌 ———————— 보안처분

① 2원주의〈원칙〉   ② 1원주의   ③ 대체주의
　　≠　　　　　　　　　=　　　　　　　≠
　○　　○　　　　　　　　　　　　심신미약자
　구 보호감호　　　　　　　　　　치료감호 —— 형벌 대체
　이중처벌의 위험　　　　　　　　　　○

제3절 보안처분의 지도원리

형벌　　　　　│　보안처분
책임주의　　　│　비례성 원칙
　　　보안처분법정주의

제4절 보안처분의 종류

대인　│　대물
○　　│　몰수 | 영업소 폐쇄 | 법인의 해산

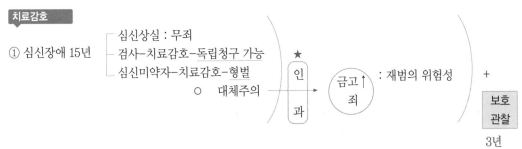

치료감호

① 심신장애 15년
　　심신상실 : 무죄
　　검사-치료감호-독립청구 가능
　　심신미약자-치료감호-형벌
　　　　　ㅇ　대체주의

② 중독 2년
③ 정신성적장애 15년
　　성폭력
④ 살인죄 : 연장 가능

PART 02

형법각론

개인적 법익에 대한 죄

CHAPTER 01 | 생명과 신체에 대한 죄 |

제1절 살인의 죄

① 총설

② 보통살인죄…§250 ①

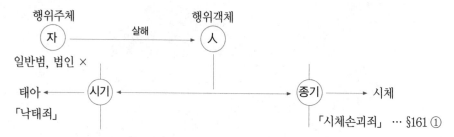

행위주체 ── 살해 → 행위객체
자 ─────────→ 人
일반범, 법인 ×

태아 ← 시기 ← 人 → 종기 → 시체
「낙태죄」 「시체손괴죄」 … §161 ①

① 진통설 : 근거 §251 "분만 중"
② 제왕절개시 : 자궁절개시 (判)
　　(≠제왕절개수술 가능하고 필요하던 시기)

① 원칙 : 맥박종지설(심폐사)
② 예외 : 뇌사설
　　(for 장기이식수술)
　　* 뇌사자의 장기 적출
　　　• 살인죄의 구성요건 해당
　　　• 장기이식법上 법률에 의한 행위 → '정당행위'

甲 ── 자연분만 시도
의사 　 배를 훑어내림
　　　　　⋮
　　　　태아 낙태
　　　　甲 의 죄책?
　━━━━━━━━→ 乙
　　　　　　　산모
　　　　　　　진통 ×
　　　　　　　제왕절개 수술 필요 시점

ⅰ) 살인 ×, 업무상 과실치사 ×
ⅱ) 낙태 × (과실범 ×)
ⅲ) 임산부에 대한 상해 ×
　　∴ 甲 무죄

∵ 사람 ×(태아) → 낙태
∵ 甲 낙태의 고의 × & 과실 낙태 不罰
낙태의 결과 ≠ 임산부에 대한 상해

• 보호법익 : 생명 → 일신전속적 ∴ 죄수판단 : 피해자의 수
• 법익보호의 정도 : 침해범
• 부작위로도 가능 ∴ 부진정부작위범
　구성요건 POINT : 보증인적 지위 ┘
　　　　　　　　　행위정형의 동가치성

- 고의 필요 : 미필적 고의로도 족함(인용설)

〈고의의 이중기능〉
① 구성요건적 고의
② 책임고의 : 위법성 조각사유의 객관적 전제사실에 대한 착오(＝허용구성요건의 착오)
　　 예 오상방위, 오상피난, 오상자구행위

- 위법성조각사유 : 긴급피난 ×(보, 균, 적)
　　　　　　　　　　　　우월한 이익보호
　　　　　　　　피해자의 승낙 ×

안락사
적극 ｜ 소극(연명치료 중단)

위법 ○ ｜ 사회상규

③ **존속살해죄**…§250 ②　　　　　　　…존속 법조경합 中 특별관계

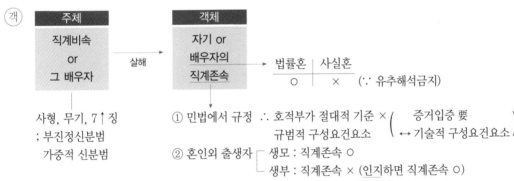

객 주체 : 직계비속 or 그 배우자　—살해→　객체 : 자기 or 배우자의 직계존속

법률혼 ｜ 사실혼
　○　｜　×　(∵ 유추해석금지)

사형, 무기, 7↑징
; 부진정신분범
가중적 신분범

① 민법에서 규정 ∴ 호적부가 절대적 기준 × (증거입증 要
　　　　　　　　규범적 구성요건요소　　　↔ 기술적 구성요건요소)
② 혼인외 출생자 ┌ 생모 : 직계존속 ○
　　　　　　　　└ 생부 : 직계존속 × (인지하면 직계존속 ○)
　　　　　　　　　　　　　　　　　(출생신고)
③ 입양 ┌ 양부모 : 직계존속 ○
　　　　└ 실부모 : 직계존속 ○(친양자일 때 : ×)
④ 계모자 : 존속 × ┐ 인척관계에 불과!　cf 친양자제도 ┌ 양부모 ○
　 적모서자 : 존속 × ┘　　　　　　　　　　　　　　　　└ 실부모 ×

⑤

혼인외 출생자일 때		타인의 자녀일 때
출생신고 → 존속 ○ (인지)	출생신고	입양조건 구비, 입양의사로 출생신고
父 자신이 출생신고 : 인지 ○	존속 × (원칙)	존속 ○　判

주 인식＋의사＝고의

if) 인식사실　　　　발생사실
　　보통살인 ＜　　존속살해
　　인식 × ―――――→

∴ §15 ①에 의해 보통살인죄가 성립!　cf 반전된 §15 ① 착오

④ **영아살해죄** ···§251(10↓징) ··· 부진정신분범, 법조경합 中 특별관계

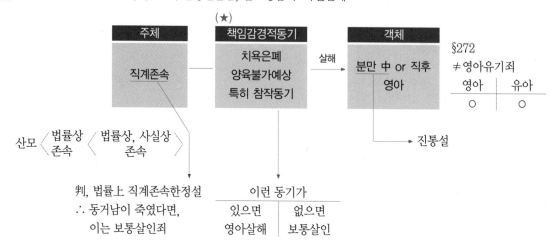

⑤ **촉탁 · 승낙살인죄** ··· §252 ① 　법조경합 中 특별관계

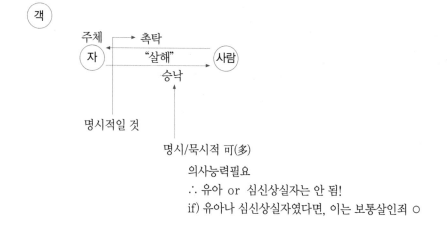

(주) 인식＋의사＝고의

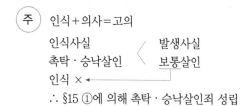

인식 × ◄───────────┘

∴ §15 ①에 의해 촉탁 · 승낙살인죄 성립

6 **자살교사 · 방조죄** …§252 ② 각칙상 독립된 범죄 : 교사 · 방조 따르지 않음

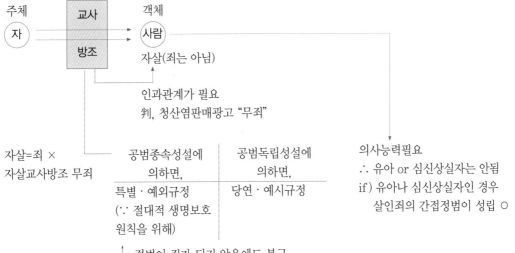

주체

자 ──교사──▶ 객체 사람
  ──방조──▶
       자살(죄는 아님)

인과관계가 필요
判, 청산염판매광고 "무죄"

자살=죄 ×
자살교사방조 무죄

공범종속성설에 의하면,	공범독립성설에 의하면,
특별 · 예외규정 (∵ 절대적 생명보호 원칙을 위해)	당연 · 예시규정

의사능력필요
∴ 유아 or 심신상실자는 안됨
if) 유아나 심신상실인 경우
    살인죄의 간접정범이 성립 ○

└ 정범이 죄가 되지 않음에도 불구,
  공범이 죄 성립하고 있으니까

• 교사나 방조행위시, 실행의 착수 ○(정범의 실행의 착수 여부 불문) 判 유서대필
  ∴ 자살방조미수죄 성립 ○

• 합의동사
① 자살방조
② 설득 : 자살 · 교사
③ 속여서 : 위계 · 살인
④ 살인죄의 간접정범

---

7 **위계 · 위력에 의한 살인죄** …§253

: 250조의 예에 의한다.
 ∴ 250조 보통살인죄와 형량이 같다.

8 **살인예비 · 음모죄** …§255
        └ 발현형태설

: 영아 ×, 촉탁승낙 ×, 자살교사방조 ×

• 예비죄 처벌 두문자

살인	먹는 물 유해물혼입, 수도불통	도주원조
약취 · 유인 · 인신매매	통화, 유가증권, 우표, 인지	내란 · 외환(예비, 음모, 선동, 선전)
강도	방화, 일수	외국에 대한 사전
강간	기차, 선박	
	폭발물사용(예비, 음모, 선동)	

제 2 절 상해와 폭행의 죄

법조문 정리

§257	①	§261	
	②		
	③	§262	
§258	①	§263 (★)	
	②		
	③		
§259	①	§264 상습범	
	②		
	③		
§260	①	§265	
	②		
	③ 반의사불벌		

1 상해와 폭행의 구별

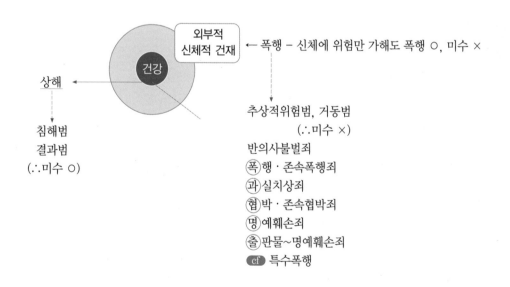

← 폭행 – 신체에 위험만 가해도 폭행 ○, 미수 ×

외부적 신체적 건재

건강

상해

침해범
결과범
(∴미수 ○)

추상적위험범, 거동범
(∴미수 ×)
반의사불벌죄
⑲행·존속폭행죄
⑳실치상죄
㉑박·존속협박죄
㉒예훼손죄
㉓판물~명예훼손죄
cf 특수폭행

② 상해죄 …§257 ①

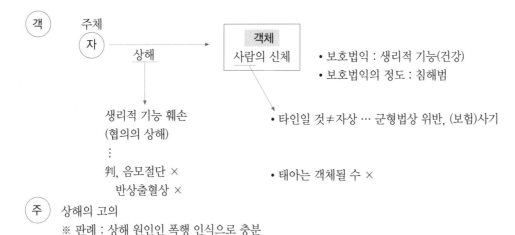

객

주체
자

상해

생리적 기능 훼손
(협의의 상해)
⋮
判, 음모절단 ×
반상출혈상 ×

객체
사람의 신체

• 보호법익 : 생리적 기능(건강)
• 보호법익의 정도 : 침해범

• 타인일 것≠자상 … 군형법상 위반, (보험)사기

• 태아는 객체될 수 ×

주 상해의 고의
※ 판례 : 상해 원인인 폭행 인식으로 충분

③ 존속상해죄 …§257 ②
↳ 부진정신분범, 법조경합 ⊕ 특별관계

상해고의 + 상해결과 = 상해기수
상해고의 + 폭행결과 = 상해미수
폭행고의 + 상해결과 = 폭행치상, 상해죄의 형
                    (성립)   (과형)
폭행고의 + 중상해결과 = 폭행치상, 중상해죄의 형
                    (성립)   (과형)
폭행고의 + 사망결과 = 폭행치사, 상해치사죄의 형
                    (성립)   (과형)

④ 중상해죄 · 존속중상해죄 …§258

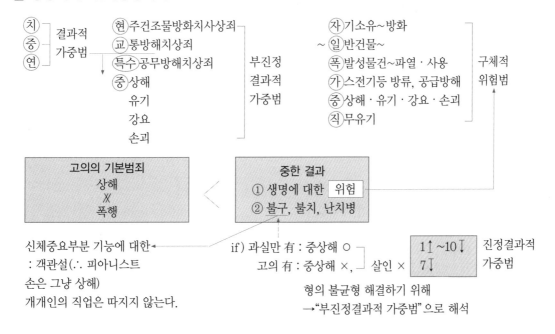

치
중
연

결과적
가중범

현 주건조물방화치사상죄
교 통방해치상죄
특수 공무방해치상죄
중 상해
  유기
  강요
  손괴

부진정
결과적
가중범

자 기소유~방화
~ 일 반건물~
폭 발성물건~파열 · 사용
가 스전기등 방류, 공급방해
중 상해 · 유기 · 강요 · 손괴
직 무유기

구체적
위험범

고의의 기본범죄
상해
╳
폭행

중한 결과
① 생명에 대한 [위험]
② 불구, 불치, 난치병

신체중요부분 기능에 대한
 : 객관설(∴ 피아니스트
손은 그냥 상해)
개개인의 직업은 따지지 않는다.

if) 과실만 有 : 중상해 ○
    고의 有 : 중상해 ×, ┐ 살인 ×
                        ┘

형의 불균형 해결하기 위해
→ "부진정결과적 가중범"으로 해석

1↕ ~10↓
7↓

진정결과적
가중범

⑤ **특수상해 · 존속상해 · 중상해죄**

단체 · 다중 위력 or 위험한 물건 휴대

⑥ **상해치사죄 · 존속상해치사죄**

⑦ **상해죄의 동시범** …§263

$$\left\{ \begin{array}{l} \text{택일적(이중적) 인과관계} \\ \text{공동정범} \end{array} \right\}$$

§19 원칙규정 ········ §263 예외규정

　　　　　　　; <u>거증책임전환규정</u>

　　　　　　　　└ 判, 상해뿐만 아니라,

$$\left[\begin{array}{l} \text{폭행치상} \\ \text{상해치사} \\ \text{폭행치사} \end{array} \right] \text{까지 확장}$$

　　⊕　判, §310 위법성조각사유를 행위자가 증명할 것

　　　　└ 형소법의 '검사' 증명이 반전

⑧ **폭행죄** …§260 (폭), 과, 협, 명, 출 [반의사불벌죄]

형법상의 폭행 "유형력의 행사(=과학적+눈에 보이는 힘)"		형법상의 협박 "해악의 고지(=언어, 문서, 행동)"	
최광의 폭행	사람 or 물건에 대한 유형력 행사 내란, 소요, 다중불해산에서의 폭행	광의의 협박	공포심을 느끼게 할 만한 해악고지(∴ 현실로 공포결과 불요) → 위험범
(광)의의 폭행	사람에 대한 직 · 간접적 유형력 행사 (공)집방, 직무(강)요, (강)요에서의 폭행 +(공)갈		
협의의 폭행	사람의 신체에 대한 직 · 간접적 유형력 행사　┌ 특수공무원폭행 폭행, 특수폭행, 가혹행위에서의 폭행	협의의 협박	해악고지로 상대방에게 공포심생겨야 함 (∴ 침해범) 강요, 공갈, 강제추행(判) 협박죄(§283) 判 전원합의체 : 위험범!!(★)
최협의의 폭행	상대방의 반항, 항거를 현저곤란 　　　　　　억압 　＞ 강도 　　　　　　불가능	강간, 유사강간 ＞ 유형력 행사	

* 최소한 억압할 정도 – 강도
* 최소한 현저히 곤란하게 할 정도 – 강간, 유사강간

전화

청각자극	내용-공포심
폭행	협박

⑨ **특수폭행죄** ⋯§261

↓

- 특수적 가중사유 : 행위불법 가중
- 법조경합 中 특별관계

합동범(현장설)	합동범 아닌 형태
특수⑤주	단체 or 다중의
특수⑧도	위력 or 위험한
특수⑧도	물건을 휴대

⑩ **폭행치사상죄** ⋯§262

고의 결과 성립	처벌(=형)
폭행+상해 ＝폭행치상	§257 : 상해죄
폭행+중상해 ＝폭행치상	§258 : 중상해죄
폭행+사망 ＝폭행치사	§259 : 상해치사죄

⑪ **상습상해 · 폭행죄** ⋯§264

- 행위자책임
- 특수적 가중사유
- 포괄일죄 中 집합범
- 부진정신분범

상습범 처벌규정
⑤해 · 폭행
⑧박
⑧포 · 감금
⑧폭력
⑧도, 강도
⑧기, 공갈
⑧물

국가적법익
⑩편 ×
⑤박

제 3 절 과실치사상의 죄

① **과실치상죄** ···§266
  └ 폭,(과), 협, 명, 출 [반의사불벌죄]

② **과실치사죄** ···§267
  判, 유리창청소사건에서 교사는 무죄

③ **업무상 과실 · 중과실치사상죄** ···§268
  └ 대개 부진정신분범

(사)회성	(계)속성	(사)무
사회생활 上 지위에 기하여	계속적으로 종사하는, 수행하는	
자연적, 개인적 생활현상은 ×	단 1회 예 수술	
예 식사, 산책, 수면, 육아, 독서, 가사		

원칙	예외
: 업무×	: 앞으로 계속 반복의사 ○
	→ 업무 ○

'업무상~' 이지만 진정신분범
① 업무상 (비)밀누설죄
② 업무상 (과)실장물죄
③ 업무상 (위)력에 의한 간음죄

가중적신분요소 '업무상 과실치사상죄'의 업무	「업무방해죄」의 업무 ··· §314
생명 · 신체에 대한 위험관련 업무일 것	생명 · 신체에 대한 위험관련 업무일 것 불요

적법 요하지 않음
면허의 존재 필요 ×
예 무면허운전 & 사상
→ 업무상 과실치사상 ○
	보호법익, 형법상 보호할 가치 필요
	: 적법성 要
	∴ 법원으로부터 직무집행정지가처분
	  받은 직무를 한 경우, 업무방해 ×
	cf 업무의 기초가 된 계약
	  행정행위가 형식적 적법성,
	  유효성까지 갖출 필요 ×

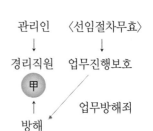

관리인   〈선임절차무효〉
  ↓   ↓
경리직원   업무진행보호
  甲
  ↑   ↘
방해   업무방해죄

제 4 절 낙태의 죄

1 보호법익

┌ 태아 : 생명 · 신체안전
└ 임부 : 생명 · 신체안전

- 자기낙태 · 의사낙태 : 헌법불합치

2 자기낙태죄 …§269 ①

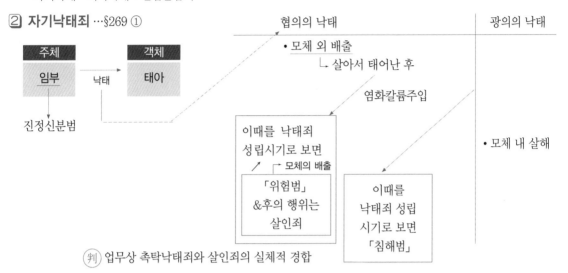

```
      주체          객체
      임부    낙태    태아

진정신분범
```

협의의 낙태 | 광의의 낙태

- 모체 외 배출
  └ 살아서 태어난 후

염화칼륨주입

이때를 낙태죄 성립시기로 보면
↗ ┌ 모체의 배출
「위험범」
&후의 행위는 살인죄

이때를 낙태죄 성립 시기로 보면 「침해범」

- 모체 내 살해

(判) 업무상 촉탁낙태죄와 살인죄의 실체적 경합

3 동의낙태죄 …§269 ②

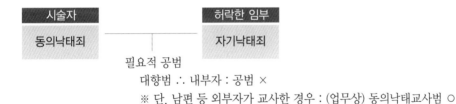

```
   시술자              허락한 임부
  동의낙태죄            자기낙태죄
          └ 필요적 공범
```

대향범 ∴ 내부자 : 공범 ×
※ 단, 남편 등 외부자가 교사한 경우 : (업무상) 동의낙태교사범 ○

4 업무상 동의낙태죄 …§270 ①

의 · 한 · 조 · 약 · 약　　(§233 허위진단서작성 : 의 · 한 · 치 · 조)
　　└ 부진정신분범

5 부동의낙태죄 …§270 ②　　상해흡수, 불가벌적수반행위

6 낙태치사상죄 …§269 ③, §270 ③

결과적 가중범

낙태치사상죄		강간치상죄	
기수	미수	기수	미수
○	×	○	○

제 5 절 유기와 학대의 죄

① **보호법익** : 사람의 생명 · 신체의 안전(추상적 위험범)

② **유기죄**…§271 ①

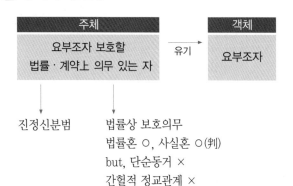

③ **존속유기죄**…§271 ②
└ 부진정신분범
  법조경합 中 특별관계

④ **중유기죄 · 존속중유기죄**…§271 ③ ④
↓   중체포 · 중감금 빼고 미수 ×
자 · 일 · 폭 · 가 · 중 · 직(구체적 위험범)
현 · 교 · 특수 · 중(부진정결과적 가중범)

⑤ **영아유기죄**…§272

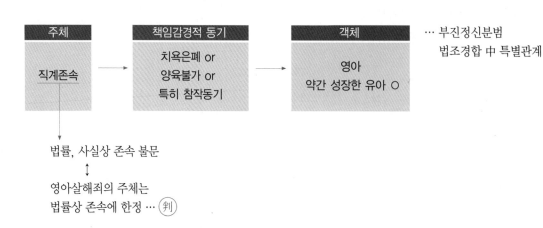

6 **학대죄 · 존속학대죄** ···§273 ① ②

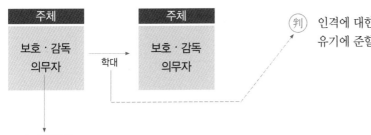

判 인격에 대한 반인륜적 침해 정도로는 부족, 유기에 준할 정도에는 이르러야 한다.

- 진정신분범
- 사회상규, 관습, 조리 포함
 (법률상, 계약상뿐만 아니라)
  ↔ 유기죄(법률상, 계약상만)

7 **아동혹사죄** ···§274
  └ 16세 미만인 자
  인도하거나 인수하는 계약만으로 불충분, 현실 인도 필요 ∴ 필요적 공범 中 대향범
  ↔ §362 ② 장물알선죄(매매중재로 충분, 현실인도 · 계약 · 수수는 불요)

8 **유기치사상죄** ···§275

判 여호와의 증인 신도인 엄마, 수혈거부사건
→ 엄마는 유기치사죄

〈유기치사죄 : 결과적가중범〉
결과적가중범의 기본범죄

고의	과실	작위	부작위
○	×	○	○

제 1 절 협박과 강요의 죄

법조문 정리

협박	강요
§283 ①	§323
②	
③ 반의사불벌	§324
§284	의2
§285 상습범	의3
§286 미수범	의4
↓	의5 미수
위험범	의6 형의 감경
① 해악 → 도달 ×	§325 ①
② 해악 → 도달 ○, 지각 ×	②
③ 해악 → 도달 ○, 지각 ○	③ 미수
┌ 의미인식 ×	§326
└ 의미인식 ○	§327
─ 공포심 × : 기수	§328

① **총설**

　┌ 협박 : 의사결정자유, 위험범(判), 미수범 ○
　└ 강요 : 의사결정에 기한 행동의 자유, 침해범, 미수범 ○

② **협박죄** …§283 ①

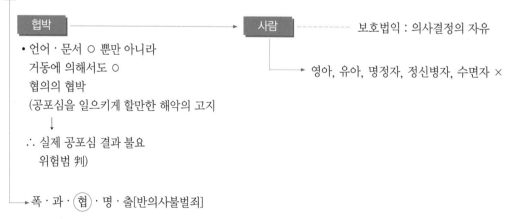

협박 ────────────→ 사람 ------- 보호법익 : 의사결정의 자유

• 언어 · 문서 ○ 뿐만 아니라
　거동에 의해서도 ○
　협의의 협박
　(공포심을 일으키게 할만한 해악의 고지
　　↓
∴ 실제 공포심 결과 불요
　위험범 判)

└ 폭 · 과 · 협 · 명 · 출[반의사불벌죄]

영아, 유아, 명정자, 정신병자, 수면자 ×

③ **존속협박죄** …§283 ②
  └ 부진정신분범, 법조경합 中 특별관계

④ **특수협박죄**
  └ 법조경합 中 특별관계, 합동범이 아닌 형태 ∴ 단체 or 다중의 위력을 보이거나 위험한 물건휴대~
    특수적 가중사유(합동범인 형태 "특수+도" 특수절도, 특수강도, 특수도주)

⑤ **상습협박죄**
  └ 상 · 협 · 체 · 성 · 절 · 사 · 장 · 아 · 도
    포괄일죄 中 집합범
    특수적 가중사유
    행위자책임

⑥ **강요죄** …§324

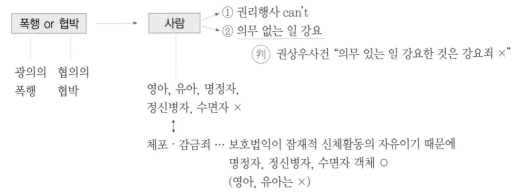

㊁박 < ㉾요 < ㉾갈 < ㉾도

⑦ **중권리행사방해죄(중강요죄)** …§326
  └ 자 · 일 · 폭 · 가 · ㉾ · 직   [구체적 위험범]
    현 · 교 · 특수 · ㉾   [부진정결과적 가중범]

⑧ **인질강요죄** …§324의2   각칙상 감경 ○   3자관계(○)

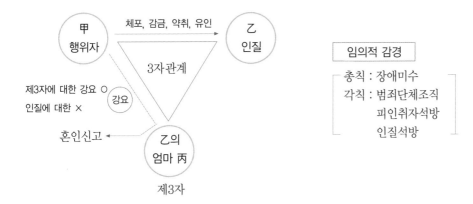

vs 비교

§324의2 ≠ 인질강도죄 ···§336 ··· 재산에 대한 죄

┌ 2자 or 3자관계(○)
│ 임의적 감경×(각칙상 규정 ×)
└ 예비–음모 ○

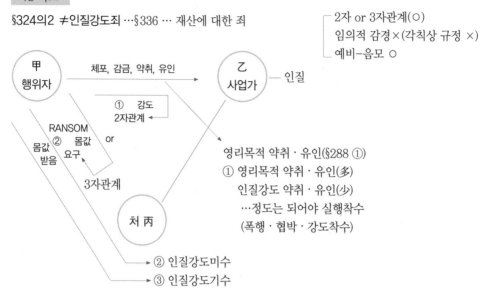

⑨ **인질상해 · 치상죄** ···§324의3
└ 미수범 ○   임의적 감경 ○

⑩ **인질살해 · 치사죄** ···§324의4
└────→ 임의적 감경 ×

제2절 체포와 감금의 죄

법조문 정리

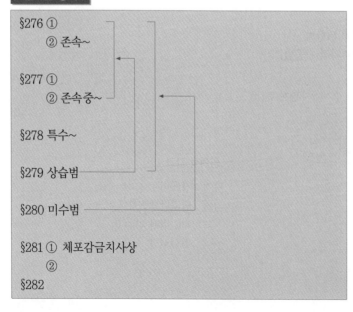

§276 ①
  ② 존속~

§277 ①
  ② 존속중~

§278 특수~

§279 상습범

§280 미수범

§281 ① 체포감금치사상
  ②
§282

① **총설**
- 보호법익 : 잠재적 신체활동의 자유
- 법익보호정도 : 침해범
- 미수처벌 ○

② **체포 · 감금죄** …§276 ①

            체포/감금 ────────→   사람
        물리적 │ 심리적   잠재적 자유
        유형적 │ 무형적   ───────────────
          ○   │   ○   ○   │   ×
                                     │ 영 · 유아

        ∴ 객체 : 영아, 유아 ×   ↔ 협박, 강요죄의 객체와의 차이
               명정자, 정신병자, 수면자 ○

    └→ ㉔· 감 · 주 · 퇴 · 약 · 도 · 직 · 범[계속범]
        포괄일죄   ㉘합범
                   ㉖속범
                   ㉒속범
                   ㉐속범 ┬ 직
                   ㉛합범 ├ 영
                          └ 상

③ **존속체포 · 감금죄**
    └ 법조경합 中 특별관계
       부진정신분범

④ **중체포 · 중감금죄, 존속중체포 · 중감금죄** …§277 ① ②

    ↓   구체적 위험범 ×   "가혹한 행위"가 POINT
   주의!!   결과적 가중범 ×   ∴ 체포 · 감금행위＋가혹한 행위＝결합범(포괄일죄)
            ㉗ 상해
              유기   • 미수범 ○
              강요
              손괴

⑤ **특수체포 · 감금죄** …§278
    └ 특수적 가중사유, 법조경합 中 특별관계, 합동범 아닌 형태
              ∴ 단체 or 다중의 위력을 보이거나 위험한 물건을 휴대하여~

2023 백광훈 경찰형사법 필기노트

⑥ **상습체포 · 감금죄** ···§279

└ 상 · 협 · 체 · 성 · 절 · 사 · 장 · 아 · 도[상습범], 행위자책임, 특수적 가중사유, 포괄일죄 中 집합범

⑦ **체포 · 감금치사상죄** ···§281

- 전형적인 진정결과적 가중범

제 3 절 약취, 유인 및 인신매매의 죄

－「인신매매방지의정서」의 이행입법으로 2013년 개정

법조문 정리

§287 목적범 ×	§292 ┌ ① – 예비 · 미수
§288 ┌ ①	└ ②
├ ②	§293 삭제
└ ③	§294 미수범
§289 ┌ ① 목적범 × 〔예비·미수〕	§295
├ ②	§295의2 임의적 감경
├ ③	§296 예비 · 음모
└ ④	§296의2 세계주의
§290 ┌ ① 상해	* 상습범 삭제
└ ② 치상	* 예비 · 음모 확대
§291 ┌ ① 살인 – 예비 · 미수	* 세계주의 신설
└ ② 치사	

① **미성년자약취 · 유인죄** ···§287

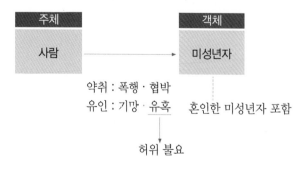

- 보호법익 : 미성년자의 자유권과, 보호감독자의 감독권
  ∴ 본죄 불성립을 위해 둘 모두의 동의 필요
- 장소적 이전 불요
- 대부분 약취 · 유인죄들과는 달리 목적범 ×
- 계속범(체 · 감 · 주 · 퇴 · 약 · 도 · 직 · 범)
- 미성년은 19세 미만

198 PART 02 형법각론 | 개인적 법익에 대한 죄

② **추행 · 간음 · 결혼 · 영리목적 약취 · 유인죄** … §288 ①
　　　　└ 단지 성교목적으로 약취 · 유인 → 간음목적 약취 · 유인

③ **노동력 착취 · 성매매와 성적 착취, 장기적출목적 약취 · 유인죄** … §288 ②
　　2013년 형법개정에 의해 추가된 신종범죄

④ **국외이송목적 약취 · 유인죄** … §288 ③
　　피약취자를 국외로 이송한 사람도 처벌 – 목적범 ×

⑤ **인신매매** … §289 ①
　　목적범 ×

⑥ **추행 · 간음 · 결혼 · 영리목적 매매죄** … §289 ②

⑦ **노동력 착취 · 성매매와 성적 착취 · 장기적출목적 매매죄** … §289 ③

⑧ **국외이송목적 매매죄** … §289 ④
　　피매매자를 국외로 이송한 사람도 처벌 – 목적범 ×

⑨ **약취 · 유인 · 매매 이송 상해 · 치상죄** … §290 ①, §290 ②

⑩ **약취 · 유인 · 매매 이송 살인 · 치사죄** … §291 ①, §291 ②

⑪ **피약취 유인 · 매매 국외이송자 수수 · 은닉죄** … §292 ①

⑫ **피약취 유인 · 매매 국외이송목적 모집 · 운송 · 전달죄** … §292 ②
　　종래 방조범 형태인 것을 2013년 형법개정에 의해 독자적 구성요건으로 만듦

⑬ **형의 감경** … §295의2
　　§291의 죄(~살인 · 치사)는 제외
　　임의적 감경 … ┌ 총칙 : 장애미수
　　　　　　　　　└ 각칙 : 범죄단체조직, 피인취 · 매매자석방, 인질석방

⑭ **세계주의** … §296의2 〈신설〉(2013.4.5.)
　　제287조부터 제292조까지 및 제294조는 대한민국 영역 밖에서 죄를 범한 외국인에게도 적용한다.

⑮ **상습범** … 형법개정에 의해 삭제, 상습범 두문자에서 빠짐

⑯ **예비 · 음모** … 형법개정에 의해 대부분의 약취 · 유인 및 인신매매죄로 확대
　　　　　　　　　두문자 '국' → '약' 취 · 유인 · 인신매매

제 4 절 강간과 추행의 죄

법조문 정리

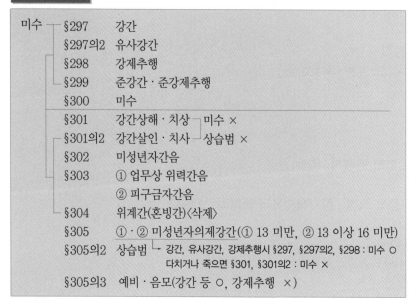

```
미수 ┬ §297      강간
     │ §297의2   유사강간
     │ §298      강제추행
     └ §299      준강간 · 준강제추행
       §300      미수
     ──────────────────────────────
     ┌ §301      강간상해 · 치상 ┬ 미수 ×
     │ §301의2   강간살인 · 치사 └ 상습범 ×
     │ §302      미성년자간음
     │ §303      ① 업무상 위력간음
     │           ② 피구금자간음
     └ §304      위계간(혼빙간)〈삭제〉
       §305      ① · ② 미성년자의제강간(① 13 미만, ② 13 이상 16 미만)
       §305의2   상습범 ┌ 강간, 유사강간, 강제추행시 §297, §297의2, §298 : 미수 ○
                        └ 다치거나 죽으면 §301, §301의2 : 미수 ×
       §305의3   예비 · 음모(강간 등 ○, 강제추행 ×)
```

① 보호법익
• 개인의 성적 자기결정의 자유 내지 성적 자기결정권

② 강간죄…§297

강도
억압할 ≠   ┌─────────┐   강간   ┌────┐   • 법익보호의 정도 : 침해범
정도   │ 폭행/협박 │ ──────────────→ │ 사람 │
           └─────────┘   이성의 성기에   └────┘   ┌ 부부 : 원칙 ○(판례변경)
            최협의 : 현저 · 곤란   성기 삽입
            여자 : 단독정범 ○

③ 유사강간죄 … §297의2

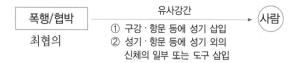

┌─────────┐   유사강간   ┌────┐
│ 폭행/협박 │ ──────────────→ │ 사람 │
└─────────┘   ① 구강 · 항문 등에 성기 삽입   └────┘
  최협의   ② 성기 · 항문 등에 성기 외의
              신체의 일부 또는 도구 삽입

④ **강제추행죄** … §298

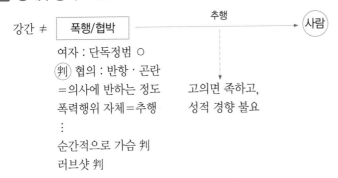

⑤ **준강간죄 · 준유사강간죄 · 준강제추행죄** … §299

§299	심신상실/항거불능 이용	간음/추행	: 준강간 · 유사강간 · 강제추행
§302	미성년자/심신미약자 16↑	위계/위력 간음/추행	: 미성년자 등에 대한 간음
§305	13세 미만 13세 이상 16세 미만	간음 · 추행	: 미성년자 의제강간 · 유사강간 · 강제추행

→ §297, §297의2, §298, §301, §301조의2 예에 의해
　　　미수 ○　　　　　　　미수 ×

⑥ **미성년자 의제강간 · 유사강간 · 강제추행죄** … §305 ① · ②

⑦ **강간 등 상해 · 치상죄 및 강간 등 살인 · 치사죄** … §301, §301조의2

⑧ **미성년자 · 심신미약자 간음 · 추행죄** … §302
　　　　　　　　　　: 16↑(원칙)~19↓ 미성년자

⑨ **업무상 위력 등에 의한 간음죄** … §303 ① ②
　…진정신분범, 친고죄　　　　　　　└ 피구금자 간음 … 위 · 간 · 피 · 부 · 도 · 업(자수범)

⑩ **혼인빙자 · 위계에 의한 간음죄** … §304 〈삭제〉 (2012.12.18.)

⑪ **상습범** … §305의2

⑫ **강간 등 예비 · 음모** … §305의3

CHAPTER 03 │명예와 신용에 대한 죄│

제1절 명예에 관한 죄

① ··· §310 위법성조각

				구체적 사실	추상적 감정표현
반	§307	명예훼손		명예훼손	모욕
친	§308	사자명예훼손			
반	§309	출판물 등에 의한 명예훼손			
친	§311	모욕			

1 명예훼손죄 ··· §307

제1항, 공연히 사실 적시하여 사람·명예훼손 ◄──── (§307 ①에만 적용) 진실한 사실로서 오로지 공공의 이익에 관한 때, 위법성 조각 §310

명예를 훼손할 만한 위험   결과 불요 ∴ 추상적 위험범
(허위사실적시 不要)   외적 명예 判 ∴ 유아·정신병자 포함

제2항, 공연히 허위적시하여
↓
가중적 구성요건

전파성(전파가능성)이론 判

甲 ──사실적시 공연성 ○──→ A ──→ 성 능
            ↓ ↘ 가 파 전   불특정 or 다수
          乙 피해자
          (불특정 및 다수인 : ×)

A가 기자라면, 甲은 제보자
a. A가 기사화시킨 경우

ⓘ ┌ 기자 : 비방목적 × → 무죄
  └ 甲 : 비방목적 ○ ──"목적 없는 도구"
      → 출판물등 명예훼손죄의 간접정범

ⓘⓘ ┌ 기자 : 비방목적 ○
  │   → 출·명 정범
  └ 甲 : 비방목적 ○ → 교사범

b. A가 기사화하지 않은 경우

        ┌'가능성 전파성 ×'┐
  ┌ 기자 : 공연성 × → 무죄
  └ 甲 : 무죄

주 고의 ··· 목적은 불요
착오 ···
  인식사실 발생사실
  §307 ① §307 ②
  인식 ×───────┘
  ∴ 무거운 죄로 처벌 ×(§15 ①)
  구성요건 : §307 ① 해당될 때

동의 → 처벌 ×

피해자의 승낙 ── cf 양해 : 구성요건조각
  신체(상해)   재산죄
  명예훼손   자유
  업무방해   사생활
  문서위조(★)

② **위법성조각사유** … §310 …피고인에게 유리하므로 넓게 인정하자(判)

표현의 자유 ──────── 개인의 명예
      §310

공익성	진실성
「오로지」 해석 : 주로 ∴공익＋사익＝공익으로 봐준다. 공적인물	진실한 사실이라는 증명 없다 해도 → 객관적으로 상당한 이유 있을 때 위법성이 조각 可　　　　　　　"그 오인에" 행위자 : 진실한 사실로 믿었고, 정당한 이유 ○ → 위법성조각, 무죄　　　　　(상당)

③ **사자명예훼손죄** … §308

인식사실　　　　　 발생사실　　　　　　사자명예훼손죄는,
사자명예훼손　　< 생존자명예훼손
인식 × ─────────────────
∴ §15 ①

진실	허위
무죄	유죄

④ **출판물 등에 의한 명예훼손죄** … §309

Case　대법원 1996.8.23, 94도3191

　　　　　　　　　한겨레신문
기자 甲 ──▶ ┌─·············─┐ 진실·증명 ×
　　　　　　　└─·············─┘

① 출판물 명예훼손(§309) ×
　비방 목적 × → 공공의 이익을 위한다는 의사 ○

② 허위사실 명예훼손(§307 ②) ×
　가중적 구성요건 → 고의 要
　〈인식사실〉　　　〈발생사실〉
　　: 진실　　 <　　: 허위
　§307 ①　　　　　§307 ②
　　　　　§15 ①

③ 사실적시 명예훼손(§307 ①)

구성요건 해당성 ○

위법성 §310

공익성	진실성			
	진실 – 증명 ×			
	판례	학설		
		위전착		
		〈엄격책임설〉 법률의 착오 정당한 이유		〈제한적 책임설〉 사실의 착오 고의 × ↓ 과실 ○ 과실 명예훼손 × → 무죄
○	진실 – 믿은 데 상당한 이유 ○ : 위법성 조각 → 무죄	○ → 무죄	× → 명예훼손	

제 2 절 │ 신용 · 업무와 경매에 관한 죄

신용 · 업무 · 경매 · 입찰 공통점 → 위계

1 **신용훼손죄** ··· §313 : 공연성 요건 ×

허 위	사실	유포
~T F	fact 구체적 증명가능 ↔ 평가	퍼뜨림 전파성 要 공연성 – 요건 ×

위계 ──→ 사람의
신용
훼손

2 **업무방해죄** ··· §314 ①

┌ 전파가능성의 고의 要

허위사실유포
위계 ──→ 사람의
업무
위력 ──→ 방해

결과 不要
추상적 위험범

업무방해	공무집행방해(§136) 위계-공무집행방해(§137)
공무 × 사무 ○	공무 ○
허위사실유포 공무방해	×	× : 무죄
위력에 의한 공무방해	×	× : 무죄

③ 컴퓨터 등 업무방해죄 … §314 ②

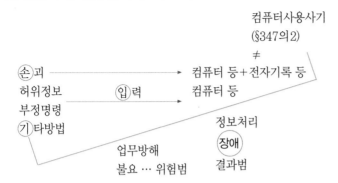

④ 경매 · 입찰방해죄 … §315

위계
위력 ──→ 경매/입찰
　　　　　공정
　　　　　해

04 | 사생활의 평온에 대한 죄 |

법조문 정리

〈비밀침해〉-미수 ×	〈주거침입〉
§316 ①	§319 ① 주·건·선·항·방
②	②
§317 ①	§320
②	
	§321
§318 친고죄	
	§322 미수범
(비)·누·모·사·재)	

제 1 절 비밀침해의 죄

1 업무상 비밀누설죄 … §317

| 진정신분범 | 주체 |

의/한/치/약
약/조/변/변 ── 누설 ┌ 업무처리 中
공/공/대/보   └ 직무상 지득한 ┘ … 비밀
차/종/종

제 2 절 주거침입의 죄

거주자의 <u>의사</u>에 반하여 들어가는 행위
동의 └ 양해

1 주거침입죄 … §319 = 특수강도(§334 ①) 주·건·선·항·방

┌ ① 사람의 주거
├ ② 관리 … 건조물
│   선박
│   항공기
└ ③ 점유하는 방실

보호법익
사실상 평온

┌ 침해 … 침해범
│ 기수; 일부침입도 可
└ 계속범

---

cf 야간주거침입절도 §331 ① 특수절도(주거, 건조물, 선박, 항공기, 방실)

Case

남편 A
외출

처 B ← 정부 甲

① 주거권설	② 사실상 평온설 (多)	③ 판례
주거침입 ○	주거침입 ×	사실상 평온 침해
	Ⓑ의 사실상 평온 ×	∴ 주거침입죄 ○
		Ⓐ의 사실상 평온 ○

문 손잡이 잡아당긴 행위(○)

〈기수〉-보호법익기준

① 일부침입+사실상 평온 침해 ○=기수
  (얼굴 등)
② 전부침입+사실상 평온 침해 ×=미수
  & 기수의 고의
    ∴ 일부침입-고의 ○

CHAPTER 05 | 재산에 대한 죄 |

제 1 절 재산죄의 일반이론

① 분류

객체		법익
재물	• 절도 • 횡령 • 장물 • 손괴	소유권
재물 or 이익	• 강도 • 사기 • 공갈 • 배임수재	(소유권포함)
재산상 이익	• 배임 • 컴퓨터사용 사기 • 부당이득	재산권

cf 소유권 이외의 재산권
   – 권리행사방해(§323)

Case 1

가방소유자   수선업자

甲 → 가방 → 乙

← 수선비 안 내고 가져옴

자기소유 · 타인점유
가져오는 것
⇒ §323 권리행사방해

'유치권'
(적법한 권원)에 의한
점유자
↓
수선비 받을 때까지
가방 점유할 권리 ○

행위태양		
탈취죄	상대방 의사에 反하여	• 절도 • 강도 • 장물
편취죄	상대방 의사에 기하여 (처분행위)	• 사기 • 공갈
신임관계 위반	배신	• 횡령 • 배임
훼기	효용 ×	• 손괴

영득유무	
영득죄	비영득죄
대부분	• 손괴 • 자동차 불법사용 • 권리행사방해

② 재물

(1) 유체성설과 관리가능성설

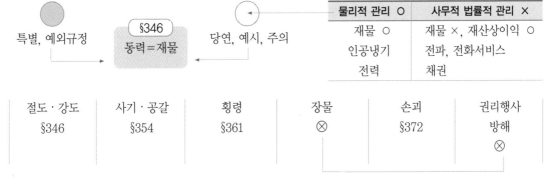

① 유체성설(소수)　　　　② 관리가능성설(多, 判)

특별, 예외규정　→　§346 동력=재물　←　당연, 예시, 주의

물리적 관리 ○	사무적 법률적 관리 ×
재물 ○	재물 ×, 재산상이익 ○
인공냉기	전파, 전화서비스
전력	채권

절도·강도 §346	사기·공갈 §354	횡령 §361	장물 ⊗	손괴 §372	권리행사 방해 ⊗

동력재물 간주규정 ×

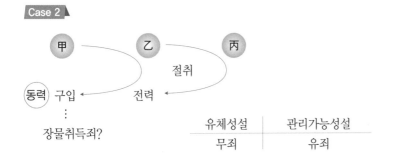

Case 2

甲　　　乙　　　丙

동력 구입 ← 전력 ← 절취
⋮
장물취득죄?

유체성설	관리가능성설
무죄	유죄

(2) 가치성

객관적 경제적 가치 불요	주관적 소극적 가치 ○

(3) 가동성

Case 3

땅

甲

乙

절도?

경계

∴ 부동산은 절도 ×
경계침범죄만 가능(§370)

절도가 성립하려면 "절취로 타인점유배제해야"
⇒ 부동산의 성질상 타인점유배제 어려움

(4) 적법성

① 금제품

절대적 금제품	상대적 금제품
소유 ×	소유 ○, 점유 ×
재물 ×	재물 ○
예 아편흡식기, 통화위조	예 대마, 불법소지무기

Case 4

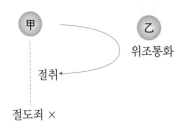

절도죄 ×

위조통화취득죄 ○
└ 절대적 금제품 : 소유 자체가 금지(소유권 ×) ⇒ 재물 ×
     cf 위조된 유가증권 : 절도 ○

② 신체, 시체

원칙	×(중상해, 시체영득)	
예외	별도의 목적	
○	혈액, 안구, 모발, 장기, 정자, 난자, 줄기세포	해부용 시체

③ 정보 → 재물×, 화체된 부분 − 절도 ○

Case 5   대법원 1996.8.23, 95도192

① 사본에 대한 절도 ×
   (甲이 창출 → 타인소유, 타인점유 ×)
② 정보에 대한 절도 ×
   (정보의 재물성 인정 ×)
③ 종이(용지)에 대한 절도 ○

③ 재산상 이익 … 경제적 재산설

성관계	
원칙	예외
×	금품 전제

Case 6 대법원 2001.10.23, 2001도2991

甲 → 乙
女

지불의사 없이 지불할 것처럼
기망

1회 30만원(금품이 전제된 성관계)

乙에 대한 사기 ○

④ **점유** : 사실상 지배상태

	민법	형법
	물권 권리	상태
점유보조자 점유	×	○

Case 7

백호당구장

주인 甲
종업원 乙 ┐ 발견
손님 A ··· i Phone ◄ 보관
손님 B ┘

가게 내의 물건에 대해
종업원이 가져갔다면
주인과 종업원(대내적 관계)의 문제

Case 7-1

B가 절취 ··· 절도 ○
　A소유·乙점유
(타인소유·타인점유)

乙 – 점유보조자도 형법상 점유 ○ (대외적 관계)

Case 7-2

乙이 절취 ··· 절도 ○
　A소유·甲점유
(타인소유·타인점유)

甲 상위점유자
└ 乙 종속적 하위점유자 (or 비독립적 하위점유자)

←

(1) 형법상의 점유

	절도·강도·사기·공갈	횡령(§355 ①)	점유이탈물횡령(§360)	권리행사방해(§323)
소유	他人	他人	他人(무주물 ×)	自己
점유	他人 침해대상 사실상 점유 ○ 절도범인의 점유 ○	自己 침해주체=신분요소 esp. 부동산보관 └ 법률상 보관 └유효-처분권능 예 등기명의 　-명의수탁자	×	他人 보호법익 형법상 보호가치 ○ 적법한 권원 ○(要) 절도범인의 점유 ×

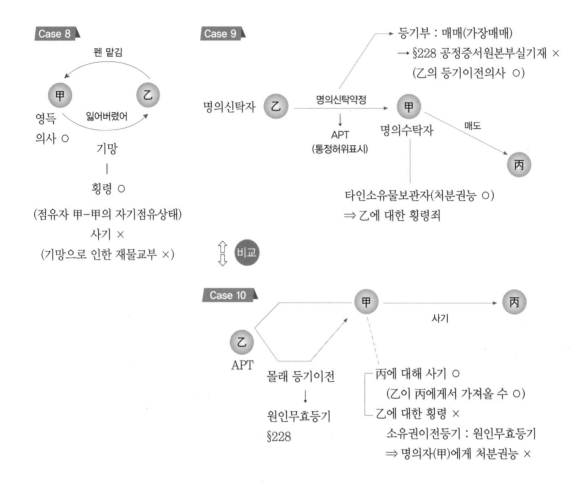

(2) 침해대상으로서의 점유

　〈점유의 개념〉

　　① 객관적 · 물리적 – 점유사실

　　② 주관적 · 정신적 – 점유의사

　　　┌ 사실상 지배의사 : 유아 · 정신병자의 점유 인정

　　　├ 일반적 지배의사(예 리프트탑승권) : 훔치면 절도

　　　└ 잠재적 지배의사 : 수면자, 일시적 의식상실자의 점유 인정, 사자의 점유 인정

　　③ 사회적 · 규범적요소 : 거래계의 경험칙

　　　┌ 유류물 · 분실물(in 당구장 · PC방) : 타인소유+타인점유(관리자) : 절도

　　　└ 타인의 점유

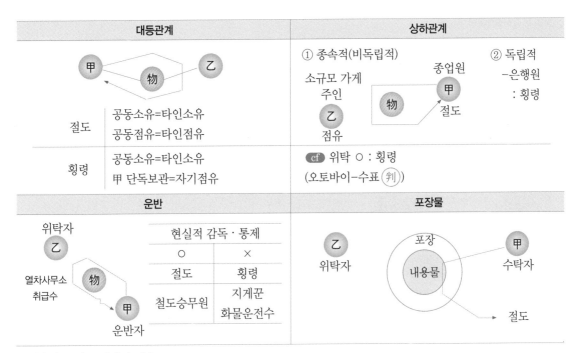

	대등관계		상하관계	

대등관계

甲 — 物 — 乙

절도 공동소유=타인소유
공동점유=타인점유

횡령 공동소유=타인소유
甲 단독보관=자기점유

상하관계

① 종속적(비독립적)
소규모 가게
주인
乙
점유

종업원
甲
절도

② 독립적
–은행원
: 횡령

cf 위탁 ○ : 횡령
(오토바이–수표 判)

운반		포장물

운반

위탁자
乙
열차사무소
취급수
物
甲
운반자

	현실적 감독·통제	
	○	×
	절도	횡령
	철도승무원	지게꾼 화물운전수

포장물

乙
위탁자
포장
내용물
甲
수탁자
절도

• 점유의 주체 – 사자의 점유

Case 11 대법원 1993.9.28, 93도2143

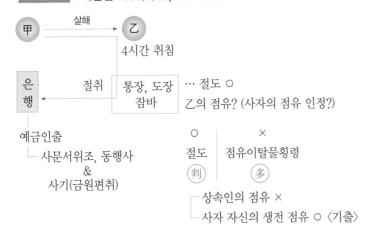

甲 —살해→ 乙
4시간 취침

은행 ←절취— 통장, 도장
잠바

… 절도 ○
乙의 점유? (사자의 점유 인정?)

예금인출
└ 사문서위조, 동행사
&
사기(금원편취)

○   ×
절도 점유이탈물횡령
判   多

┌ 상속인의 점유 ×
└ 사자 자신의 생전 점유 ○ 〈기출〉

⑤ 불법영득의사

① 영득의사의 요소
〈타인소유 배제의사+자기소유 이용의사〉

≠반환의사
사용절도

원칙	예외
처벌 ×	자·선·항·원 §331의2 불법사용

≠손괴
Case
甲 —살해→ 乙
지갑
태워버렸다 ←
절도 ×
증거인멸 ×

타인의 재물(절취)
타인점유배제 + 자기점유취득
↑
인식+의사 = 고의

② 영득의사의 대상

물체설 (너무 협소)	가치설 (너무 광범위)

(判) 물체 or (핵심)가치설

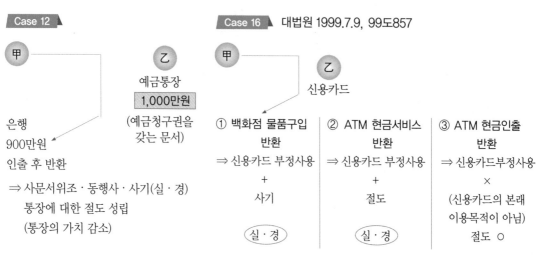

Case 12

甲 ——— 乙

예금통장
1,000만원
(예금청구권을 갖는 문서)

은행
900만원
인출 후 반환

⇒ 사문서위조 · 동행사 · 사기(실 · 경)
통장에 대한 절도 성립
(통장의 가치 감소)

Case 16 대법원 1999.7.9, 99도857

甲 ——— 乙

신용카드

① 백화점 물품구입
반환
⇒ 신용카드 부정사용
+
사기
(실 · 경)

② ATM 현금서비스
반환
⇒ 신용카드 부정사용
+
절도
(실 · 경)

③ ATM 현금인출
반환
⇒ 신용카드부정사용
×
(신용카드의 본래
이용목적이 아님)
절도 O

*신용카드 자체에 대한 절도 ×

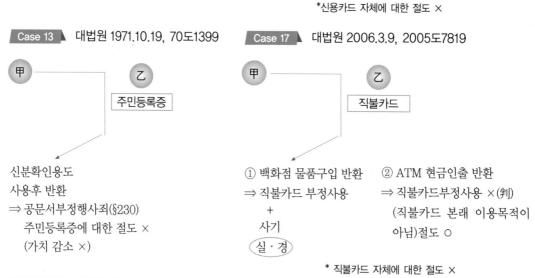

Case 13 대법원 1971.10.19, 70도1399

甲 ——— 乙

주민등록증

신분확인용도
사용후 반환
⇒ 공문서부정행사죄(§230)
주민등록증에 대한 절도 ×
(가치 감소 ×)

Case 17 대법원 2006.3.9, 2005도7819

甲 ——— 乙

직불카드

① 백화점 물품구입 반환
⇒ 직불카드 부정사용
+
사기
(실 · 경)

② ATM 현금인출 반환
⇒ 직불카드부정사용 ×(判)
(직불카드 본래 이용목적이
아님)절도 O

* 직불카드 자체에 대한 절도 ×

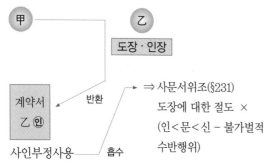

Case 14 대법원 2000.3.28, 2000도493

甲 ——— 乙

도장 · 인장

계약서
乙 ㉑
반환
사인부정사용 —— 흡수

⇒ 사문서위조(§231)
도장에 대한 절도 ×
(인<문<신 – 불가벌적
수반행위)

★ 참고

신용카드 · 직불카드		부정사용죄 – 사용권한 없는 자의 해당 용도 이내 사용
가맹점	재화	O
	용역	
현금 신용 대출		O
현금(예금) 인출		×

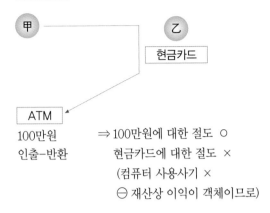

ATM
100만원   ⇒ 100만원에 대한 절도 ○
인출–반환   현금카드에 대한 절도 ×
            (컴퓨터 사용사기 ×
            ⊖ 재산상 이익이 객체이므로)

〈사용절도〉   〈절도〉
  '반환'   ≠   '방치'
                    判 휴대폰 사용 후 피해자의 영업점 앞 화분에 두고 감

⑥ 친족상도례

강도 · 손괴, 점유강취, 강제집행면탈 : ×
§328 ① 인적 처벌조각사유 : 직 · 배 · 동 · 동/배
     ② 상대적 친고죄 : 비동거친족

〈친족〉

① 배우자	② 혈족 8촌 이내(父, 母)	③ 인척
		  – 배우자의 혈족
		  – 혈족의 배우자
		  – 배우자의 혈족의 배우자

Case ▲

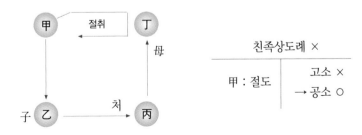

사돈 : 혈족의 배우자의 혈족 – 친족 ×

제 2 절 절도의 죄

법조문 정리

§329   밀접행위시
§330   침입/침입을 위한 구체적 행위시
§331 ┌ ① – 손괴
     └ ② – 밀접행위시
§331의2
§332   상습범
§342   미수
§344   친족상도례
§346   동력=재물

① **절도** ··· §329

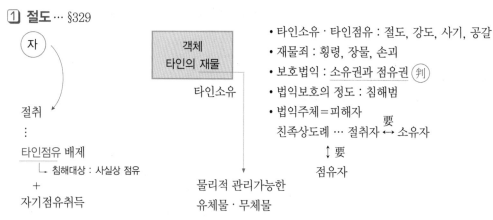

- 타인소유 · 타인점유 : 절도, 강도, 사기, 공갈
- 재물죄 : 횡령, 장물, 손괴
- 보호법익 : 소유권과 점유권 (判)
- 법익보호의 정도 : 침해범
- 법익주체＝피해자
  친족상도례 ··· 절취자 ↔ 소유자 (要)
  ↕ 要
  점유자

자
절취
⋮
타인점유 배제
 └ 침해대상 : 사실상 점유
 ＋
자기점유취득

객체 타인의 재물
타인소유
물리적 관리가능한
유체물 · 무체물

cf 재산죄 중 위험범(判)
  ① 횡령 ② 배임 ③ 권리행사방해 ④ 강제집행면탈

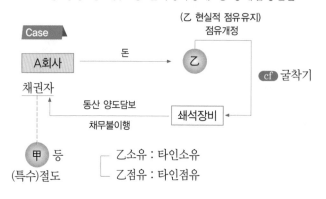

- 대내적 관계 – 채무자(乙) 소유
- 대외적 관계 – 채권자(A) 소유

Case 대법원 2004.3.12, 2002도5090

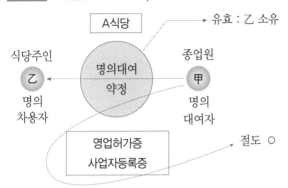

* 명의대여약정
  → 사회질서 反 ×
  → 무효 ×
  ∴ 유효

Case 소유권유보부 매매 긍정 · 부정 사례

자동차 등록명의
··· like) 부동산 – 등기
        선박 – 등기
  → '소유'
∴ 소유권유보부 매매 ×

점유의 배제

절취/강취~카드   현금 인출
탈취죄   절도 ○

갈취~카드   현금 인출   ⇒ 공갈죄의 포괄일죄
공갈 : 편취죄–처분행위   └ 절도 ×

타인계좌 → 계좌이체 → 현금 인출
        컴퓨터   자기계좌 : 절도 ×
        사용사기
        (§347의2)

죄수

절도	점유(침해)의 수
강도 · 사기 · 공갈	피해자의 수
횡령 · 배임	신임관계의 수

합동범에 관한 판례 정리

합동범의 본질	현장설
합동범의 공동정범	공모공동정범설 내지 현장적 공동정범설

제 3 절 강도의 죄

법조문 정리

§333	§341 상습범
§334 ─① 　　　└②	§342 미수범
	§343 예비음모
§335	§344 친족상도례 ×
§336	§345
§337	§346
§338	
§339	
§340 ─① 　　　├② 　　　└③	

① 강도죄 … §333

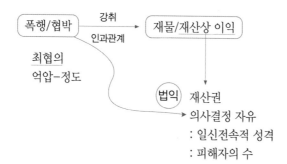

② 특수강도죄 … §334

Case 대법원 1991.11.22, 91도2296

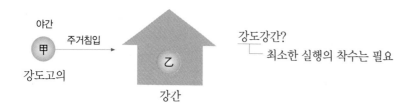

– 특수강도의 실행의 착수시기 : 사람의 반항을 억압할 수 있는 정도의 폭행·협박 있을 때

∴ 甲 : 주거침입＋강도예비＋강간＝실·경

③ **준강도죄** … §335

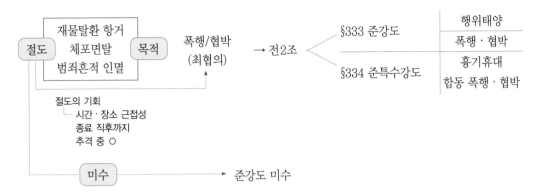

④ **강도살인 · 치사죄** … §338

Case 　대법원 2010.9.30, 2010도7405

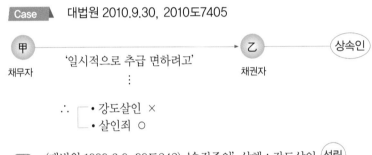

cf • (대법원 1999.3.9, 99도242) '술집주인' 살해 : 강도살인 성립
   • (대법원 1985.10.22, 85도1527) '택시기사' 살해 : 강도살인 성립

⑤ **강도강간죄** … §339

Case 　대법원 1988.6.28, 88도820

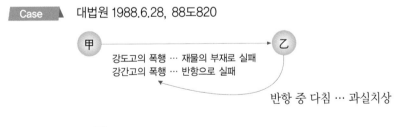

∴ 甲 : 강도강간미수+강도치상죄의 상상적 경합

공식 "강도~죄+강도~죄의 상상적 경합"

제 4 절 사기의 죄

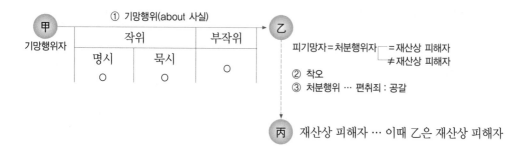

④ 재물 · 재산상 이득
   : 강도, 공갈, 배임수재
   ∴ 보호법익 : 재산권 + 거래상 신의성실

⑤ 재산상 손해 발생 與 : 불요 ↔ 배임죄는 필요

① 사기죄 … §347

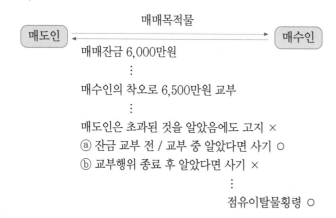

부동산 매매계약

매도인 ◄──────── 매매목적물 ────────► 매수인

매매잔금 6,000만원
⋮
매수인의 착오로 6,500만원 교부
⋮
매도인은 초과된 것을 알았음에도 고지 ×
ⓐ 잔금 교부 전 / 교부 중 알았다면 사기 ○
ⓑ 교부행위 종료 후 알았다면 사기 ×
⋮
점유이탈물횡령 ○

대법원 1989.10.24, 89도1397

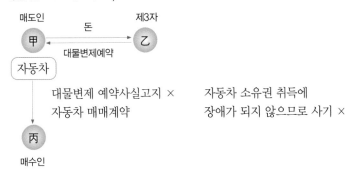

부동산 이중매매

Case

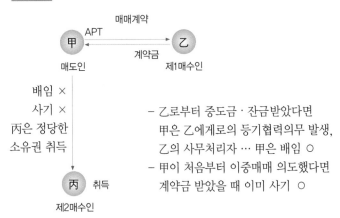

부동산 명의신탁

Case

명의신탁부동산을 명의수탁자가 임의로 처분한 행위는 사기죄 구성 ×

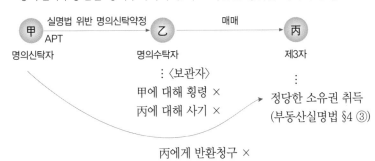

삼각사기

Case

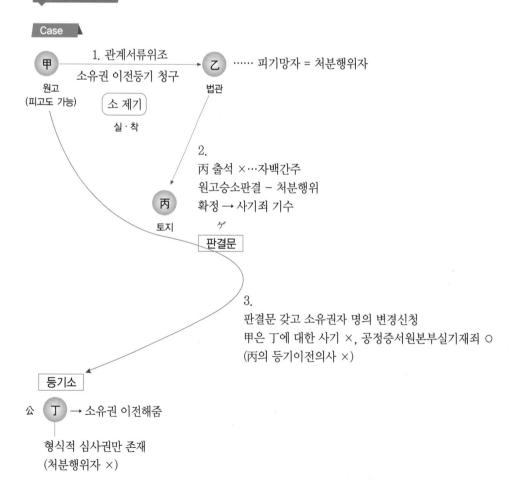

피기망자＝처분행위자

甲 ──기망──▶ 乙 ······ 법관(소송사기), 가족 등···
〈사실상 지위설〉
처분

丙
피해자 피기망자의 처분행위 인정 : 사기
피기망자의 처분행위 부정 : 절도

소송사기

Case

甲 ──1. 관계서류위조 소유권 이전등기 청구──▶ 乙 ······ 피기망자 = 처분행위자
원고 (피고도 가능)   법관
[소 제기]
실·착

2.
丙 출석 ×···자백간주
원고승소판결 – 처분행위
확정 → 사기죄 기수

丙
토지 ゲ
[판결문]

3.
판결문 갖고 소유권자 명의 변경신청
甲은 丁에 대한 사기 ×, 공정증서원본부실기재죄 ○
(丙의 등기이전의사 ×)

[등기소]

公 丁 → 소유권 이전해줌

형식적 심사권만 존재
(처분행위자 ×)

'소송사기의 실행의 착수'
대법원 2009.12.10, 2009도9982

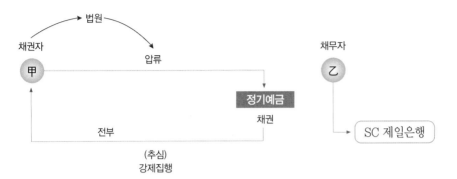

• 채권에 대한 압류 및 전부(추심) 명령을 신청한 경우
　┌ 정본의 존부, 집행개시요건 구비 여부 – 법원의 심사대상 ○
　└ 피압류채권의 존부 – 법원의 심사대상 ×
∴ 소송사기의 실행의 착수 ×

Case 〈등기말소청구소송 제기〉

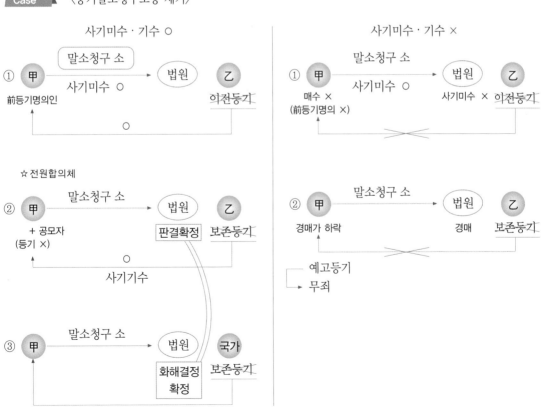

불법원인급여

Case 1

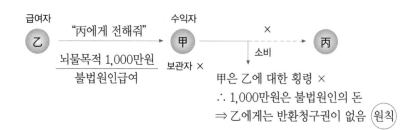

급여자 "丙에게 전해줘" 수익자

乙 ──────────→ 甲 ────×────▷ 丙

뇌물목적 1,000만원 ↓ 소비
불법원인급여 보관자 ×

甲은 乙에 대한 횡령 ×
∴ 1,000만원은 불법원인의 돈
⇒ 乙에게는 반환청구권이 없음 (원칙)

Case 2

포주 윤락女

乙 ←──────── 甲
화대 5 : 5
수익자 불법원인급여 급여자
⋮

화대반환거부–횡령?⇒ 乙은 甲에 대한 횡령 ○
∴ 불법원인 급여이긴 하지만
(예외) 민법§746 단서에 따라 乙의 불법성이 더 크기 때문에
甲은 반환청구권 가짐〈불법성 비교이론〉

Case 3 (case 1의 상황) 대법원 2006.11.23, 2006도6795; 2004.5.14, 2004도677

甲이 乙을 기망하여 뇌물목적의 1,000만원을 받은 경우
⇒ 乙의 반환청구권이 없어도 기망으로 인한 편취 존재
甲은 乙에 대한 사기 ○
• 사기 : 반환청구권의 유무 따지지 않음

② 컴퓨터 등 사용사기죄와 신용카드 범죄

Case

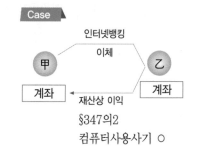

인터넷뱅킹
이체

甲 ──╮ ╭── 乙
╰───╯
계좌 ←──── 계좌
재산상 이익
§347의2
컴퓨터사용사기 ○

Case

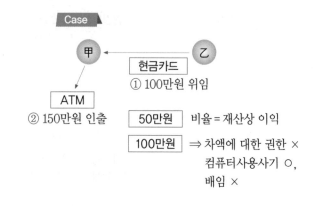

甲 ←──── 乙

현금카드
① 100만원 위임

ATM
② 150만원 인출 50만원 비율 = 재산상 이익
100만원 ⇒ 차액에 대한 권한 ×
컴퓨터사용사기 ○,
배임 ×

재산상 이익 × 재물 ○ → 절도죄 ○
컴퓨터 사용사기 ×

Case

계좌이체
100만원

9999
비밀번호 입력 … 부정한 명령(判)

개정 §347의2
'권한 없이 정보를
입력·변경하여~'

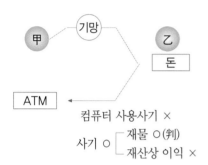

컴퓨터 사용사기 ×

사기 ○ ┌ 재물 ○(判)
        └ 재산상 이익 ×

Case

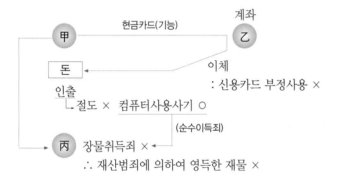

: 신용카드 부정사용 ×

인출
└ 절도 × 컴퓨터사용사기 ○

(순수이득죄)

丙 장물취득죄 × ◄
∴ 재산범죄에 의하여 영득한 재물 ×

Case

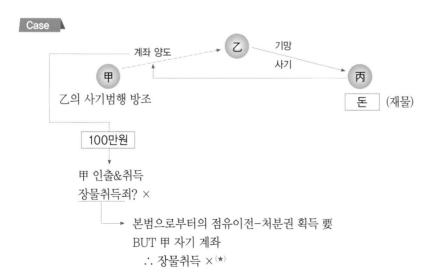

乙의 사기범행 방조

100만원

甲 인출&취득
장물취득죄? ×

┌─► 본범으로부터의 점유이전-처분권 획득 要
    BUT 甲 자기 계좌
      ∴ 장물취득 ×(★)

제 5 절 공갈의 죄

① 총설

② 공갈죄 …§350

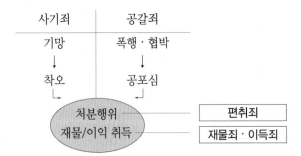

사기죄와의 구별

사기죄	공갈죄
기망	폭행 · 협박
↓	↓
착오	공포심

처분행위
재물/이익 취득 ── 편취죄
── 재물죄 · 이득죄

cf ㉝의의 폭행?
└ ㉚무집행방해, 직무㉢요
㉚갈, ㉢요

* 처분행위자는 재산상 피해자와 일치할 필요가 없다.

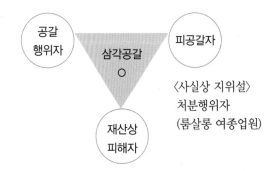

공갈
행위자 ─── 삼각공갈 ─── 피공갈자
○

〈사실상 지위설〉
처분행위자
(룸살롱 여종업원)

재산상
피해자

제 6 절 횡령의 죄

법조문 정리 〈횡령&배임〉

```
§355    ①
        ②
§356
§357    ①
        ②
        ③ 뇌/아/배
§358
§359    미수
§360    ①
        ②
§361    친족상도례 · 동력
```

1 총설

	1st 〈횡령죄〉 §355 ①		2nd 〈배임죄〉 §355 ②
객체	재물	⊕ 재물영득 타인소유	재산상 이익
법익	소유권		재산권
법익보호정도	위험범	신임관계 위반	위험범
기수시기	표현설		* 재산상 손해 : 실해 or 발생 위험
		특별법 · 일반법	
본질	월권행위설	영득행위설	권한남용설 · 배신설
	일시사용 · 손괴 ↓ 횡령 ○	불법영득의사 要 일시사용 · 손괴 ↓ 횡령 ×	대리권 要 · 사실상 신임관계 ○ 不要 법률행위 要 · 법률행위 ○ · 사실행위 ○

2 구성요건

* 배신설 – 단순 채무불이행 : 배임?

① 계약금만 준 경우

    └ 계약금 2배 보상 : 계약해지권 ○(아직 타인의 사무처리자 ×)

② 중도금 · 잔금 준 경우

    └ 乙에게 등기이전(협력) 의무 ○

    (甲은 乙의 사무처리자)

        └ 배임죄 ○

• 타인의 사무처리자 : 타인의 재산을 보호 · 관리하는 사무를 임무의 본질로 삼고 있는 자

    └ 배신설의 보완

(1) 주체 : 위탁관계에 의하여 타인의 재물을 보관하는 자(진정신분범)

* 보관 ┬ 절도죄 : '침해의 대상'

        └ 권리행사방해죄 : '보호의 대상'(법익)

           └→ 침해주체 = 신분요소 = 법률상의 지배

	민법	형법
점유보조자의 점유	×	○

→ i) 절도죄의 점유 예 당구장~
   ii) 횡령죄의 점유 예 다방 종업원~

• 부동산의 보관

부동산명의수탁자	원인무효등기명의인
• 실명법위반 명의신탁 : × • 유효 명의신탁 : ○	×

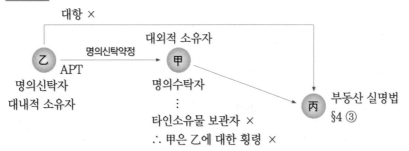

> Case
>
> 대항 ×
>
> 대외적 소유자
>
> 乙 ──명의신탁약정──→ 甲 ──→ 丙 부동산 실명법
> §4 ③
>
> APT
>
> 명의신탁자   명의수탁자
> 대내적 소유자   ⋮
>   타인소유물 보관자 ×
>   ∴ 甲은 乙에 대한 횡령 ×

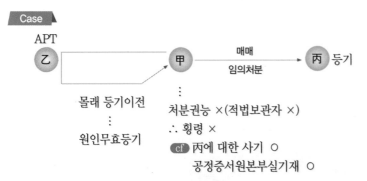

> Case
>
> APT
>
> 乙 ──────── 甲 ──매매──→ 丙 등기
>   임의처분
>
> 몰래 등기이전   ⋮
>   처분권능 ×(적법보관자 ×)
> 원인무효등기   ∴ 횡령 ×
>   cf 丙에 대한 사기 ○
>   공정증서원본부실기재 ○

Case

물품제조회사

A회사 ──농지등기→ 甲 ──처분→ 乙
　　　⋮　원인무효등기　명의수탁자

물품제조회사는 농지에 대한
소유권 가질 수 없음
∴ 甲은 횡령 ×

Case 대법원 2004.5.27, 2003도6988

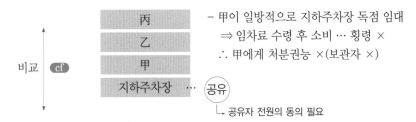

| 丙 |
| 乙 |
| 甲 |
| 지하주차장 … 공유 |

비교 cf

– 甲이 일방적으로 지하주차장 독점 임대
　⇒ 임차료 수령 후 소비 … 횡령 ×
∴ 甲에게 처분권능 ×(보관자 ×)

└ 공유자 전원의 동의 필요

Case 대법원 2001.10.30, 2001도2095

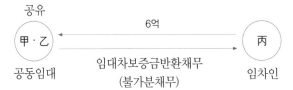

공유
甲·乙 ←─────6억─────→ 丙
공동임대　임대차보증금반환채무　임차인
　　　　　(불가분채무)

甲이 乙의 동의 없이 6억 임의처분 … 甲은 횡령 ○
(甲·乙 합의하에 乙 몫까지 甲이 보관 중이었음 … 甲은 처분권능 ○)

Case 대법원 2006.6.30, 2005도5338

　　　　　　　　　　　　　父
A법인 ←──3억── 乙 死
채무　　　　　　채권
　　3억　　　　　상　속
　　　　　　　1억　1억　1억
丙·丁의 위임 없이　　甲　丙　丁
단독으로 채권 변제
　　　　　　　→ A법인
　　　　　　　　대표이사

– 甲은 A회사에 대한 업무상 횡령 ○
　甲의 상속분 초과 부분(2억원) → 권한 없이 회사소유 금원 인출한 것
– 丙·丁에 대한 횡령 ×
　甲·丙·丁 사이에 위탁관계 존재 × ⇒ 甲은 처분권능이 없음

* 조리에 의한 위탁관계도 가능하다.

Case ▶ 대법원 1968.7.24, 66도1705

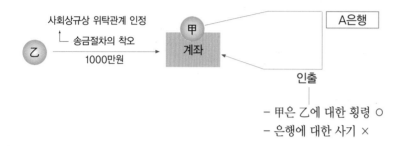

－ 甲은 乙에 대한 횡령 ○
－ 은행에 대한 사기 ×

Case ▶ 대법원 1987.2.10, 86도2349

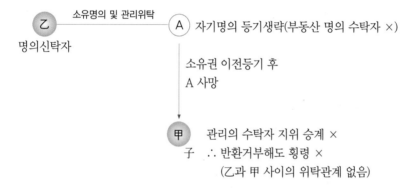

(2) 객체 : 재물
　　　　재물죄 ┬ 타인의 재물
　　　　　　　├ 타인소유
　　　　　　　└ 규범적 구성요건요소

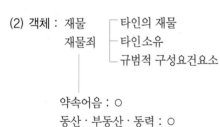

약속어음 : ○
동산·부동산·동력 : ○

• 재물의 타인성
* 부동산 양도담보

① 매도담보

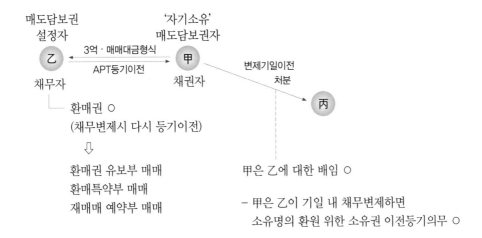

Case 매-배

매도담보권   '자기소유'
설정자   매도담보권자

乙 ←3억·매매대금형식→ 甲   →변제기일이전
    ←   APT등기이전   →   처분
채무자   채권자   丙

└─ 환매권 ○
   (채무변제시 다시 등기이전)
   ⇩
   환매권 유보부 매매   甲은 乙에 대한 배임 ○
   환매특약부 매매
   재매매 예약부 매매   - 甲은 乙이 기일 내 채무변제하면
                              소유명의 환원 위한 소유권 이전등기의무 ○

② 양도담보(협의의 양도담보)

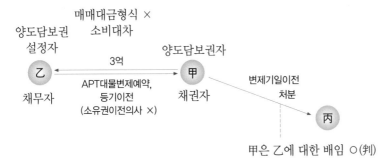

Case 양-배

            매매대금형식 ×
양도담보권   소비대차
설정자   양도담보권자

乙 ←─────3억─────→ 甲   →변제기일이전
    ← APT대물변제예약, →   처분
        등기이전   丙
채무자 (소유권이전의사 ×) 채권자
                    甲은 乙에 대한 배임 ○(判)

③ 가등기담보

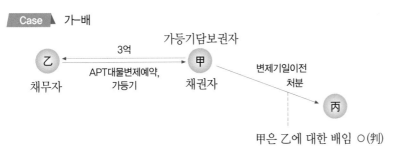

Case 가-배

            가등기담보권자

乙 ←──3억──→ 甲   →변제기일이전
    ← APT대물변제예약, →   처분
        가등기   丙
채무자   채권자
                甲은 乙에 대한 배임 ○(判)

Case
④ 〈변제기 이후〉 정-무

乙 채무변제 ×　　　甲 담보물처분 후 남은 돈 반환 × ······ 배임 ×, 횡령 ×
　　　　　　　　　　　　(청산금 정산의무 불이행)
　　　　　　　　　　　　　　　　　　　　　　무죄
　　　　　　　　　　　　　　↓
　　　　　　　　　　　타인의 사무처리 ×
　　　　　　　　　　　자기의 사무처리 ○
　　　　　　　　　　　cf ①, ②, ③, ④
　　　　　　　　　　　　　가등기담보법에 의하면 – 채권자 : 횡령(通)

　　　　　　　　　　참고2
　　　　　　　　　　　　　　　　　대체로
　　　　　　　　　　정리　– 부동산양도담보 : 배임★(判)

　　　　　　　　　　　　　매도담보권자 – 배임
　　　　　　　　　　　　　양도담보권자 – 배임
　　　　　　　　　　　　　가등기담보권자 – 배임
　　　　　　　　　　　　부동산양도담보 설정자 – 배임 ×
　　　　　　　　　　　　정산의무 불이행 – 무죄
　　　　　　　　　　　⇒ 매배, 양배, 가배, 설배, 정무

동산양도담보

Case　동-배 ×

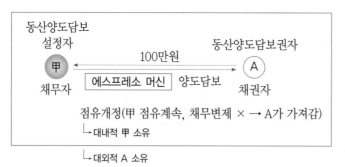

동산양도담보
설정자　　　　　　　　　　동산양도담보권자
甲 ←――― 100만원 ―――→ A
　┌ 에스프레소 머신 ┐ 양도담보
채무자　　　　　　　　　　채권자

점유개정(甲 점유계속, 채무변제 × → A가 가져감)
└대내적 甲 소유
└대외적 A 소유

Case
　　　→ 자기소유/ but 타인사무 ×
甲 이 채무변제기일 전 B에게 처분(B에게 점유까지 이전)
　　　　　　　　　　　└ 현실점유취득(선의취득)

⇒ 甲은 A의 담보권 보호의무 ×
∴ 甲은 A에 대해 배임 ×

Case 점-무

甲이 B에게 양도담보, 점유개정으로 다시 甲의 점유 유지

대외적 소유자 A　　　⇒ B는 담보권 취득 ×(채권만 갖게됨)
(甲은 무권리자)　　　└ 현실점유취득 ×(선의취득 ×)
　　　　　　　　　⇒ A에게 손해 발생 × … 甲은 무죄

Case 공-무

동산양도담보설정자　　　　　　　　동산양도담보권자

甲 ←————————————→ Ⓐ 부산은행
　　　　　　　　　　　　　　　　매수인
┌────┐
│공장기계│ 양도담보
└────┘
　　　　– B에게 기계에 대한 근저당권 설정
　　　　　⇒ 甲은 무권리자(대외적 소유자 A)
　　　　　　　∴ 근저당권 설정 권한 ×
10억　　– 甲의 근저당권 설정 → A에 대한 손해 ×
　　　　　∴ 甲 (무죄)
　　　　　　cf B가 甲에 대한 채무면제 확정 표시 無
　　　　　　　∴ 甲 : 사기 ×

Ⓑ

Case 후-무

甲 → A·B에게 양도담보 후 C에게 처분 … C는 선의취득
　　　A에 대해 배임죄 ×
　　　B는 후순위 채권자(담보권 ×, 채권만 ○)
　　　　∴ B에 대해 (무죄)

Case 동-횡

동산양도담보권자 Ⓐ가 담보물 보관 中 처분
　　　　　　　대내적 甲 소유
　　∴ Ⓐ는 甲에 대해 횡령 ○

Case 대법원 2008.11.27, 2006도4263

　　　　　　　　　　　　　　　　　　　　동산양도담보
　　　　　　　　　　　　　　　　　　　　　설정자
동산양도담보권자

Ⓐ ——————————→ Ⓑ ◁—————— 甲
　　목적물반환청구권 양도&　　　목적물 취거
　　담보목적물 매각　　　　　　(통발어구)

　　　　　甲에 대한 절도죄 ×
　　　　　목적물-자기소유물
　　　　∴ B는 권리행사방해죄 ○

Case 후-절

甲에 대한 절도죄 ○
(A소유-타인소유, 甲점유-타인점유)

정리 동산양도담보

(동)산양도담보권설정자 : (배)임 ×
└ 점유개정을 통한 (점)유 유지 : (무)죄
└ (공)장기계 근저당권 설정 : (무)죄
└ 이중 점유개정 후 제3자에게 처분
└ (후)순위 채권자에 대해 : (무)죄
(동)산양도담보권자 : (횡)령
└ (목)적물반환청구권 양도 : (절)도(불)성립
(후)순위채권자 : (절)도
⇒ 동배 ×, 점무, 공무, 후무, 동횡, 목절불, 후절

목적 · 용도 특정 위탁 금전 기타 대체물
＝ 금전 수수 수반 사무처리

• 공금횡령
└ 목적 · 용도가 특정된 금전 : 다른 용도로 소비하는 행위 자체가 불법영득의사의 표현 – 횡령죄 ○

Case 대법원 1998.4.10, 97도3057

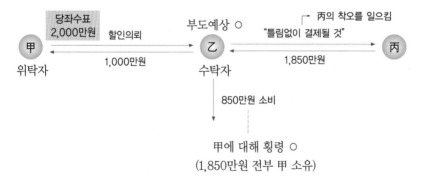

甲에 대해 횡령 ○
(1,850만원 전부 甲 소유)

乙 ⇒ 사기 · 횡령의 실체적 경합 : 피해자가 다르다.

명모에 대한 대여금 채권 ○

甲은 횡령죄 ○

if) 처음부터 할인의사 × → 사기 성립(이후 처분행위 횡령 ×)

Case 대법원 2003.5.30, 2002도235

① 甲 B대학의 총장
자신의 변호사 비용

법인회계자금
교비회계자금

충당
업무상 횡령 ○

목적·용도 특정 금전

② 乙 캠퍼스 건설본부 본부장
└ 원활하게 캠퍼스 건설공사 진행의무 ○

공사계획서
A학원 명의

총장 甲 고무인
직인

⇒ 사문서변조·동행사?
甲의 의사(추정적 의사)에
반하지 않음
∴ 사문서변조죄 성립 ×

목적·용도 특정 금전 판례와 비교해 두어야 할 판례

Case 대법원 1986.6.24, 86도631

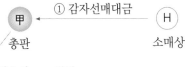
① 감자선매대금

甲
총판

(H)
소매상

② 임의소비 … 횡령 ×
– 대금 소유권이 甲에게 이전
– 甲은 매수인 위한 대금 보관자 ×

cf 양곡구입대금 – 횡령 ○(대법원 1982.3.9, 81도572)

Case 대법원 2003.5.30, 2003도1174

〈이사직무 집행정지 가처분결정〉
↓
직무집행정지로 인한 업무수행 지장 초래 & 결정에 대한 항쟁 필요
∴ 이사의 소송비용 지급 : 횡령 ×
(법인의 업무수행 위해 필요한 비용)
cf 회사이사 – 관계법령 위반
↑
대표이사 회사자금으로 도와줌 … 배임죄 ○

Case ▲ 대법원 2006.4.28, 2005도4085

A대학의 교비회계에 ──── 甲 ──── ▶ A대학의 학교교육시설에 대한
속하는 자금   변제   건축비 채무

교육시설 건축비는 교비회계에 속하는
자금으로 지출가능한 것임
⇒ 불법영득의사 ×, 횡령 ×

Case ▲ 대법원 2007.7.26, 2007도1840

• 자신의 명의로 배당받은 공탁금 – 甲 소유
  → 4,100만원 반환 약정 – 민사상 채무에 불과
∴ 甲이 반환 거부(소비)해도 횡령 ×
  cf 낙찰부동산 – 자기소유 : 횡령 ×/ 경락받은 부동산 : 배임 ×

불법원인급여 → 횡령 ×, 횡령 ○, 사기 ○의 경우

민법 §746 本文		但書
급여자	수익자	급여자 < 수익자
반환청구권 ×	소유 ○	반환청구 ○

Case ▲

금송아지
乙 ──뇌물──▶ 甲 ⋯⋯⋯ 公 丙
급여자   수익자
반환청구권   │
              ▼
             소비

乙 증뢰

甲 증뢰물전달

丙 수뢰

조합의 재산 등 동업체의 재산

Case ▲ 대법원 1989.11.14, 89도17

• 조합동업체 재산 … 甲·乙 공동소유(=타인소유)
∴ 甲이 보관 중 소비 : 횡령 ○

Case　대법원 2005.7.15, 2003도6934

동업　　　　탈퇴
甲　　乙

⇒ 동업재산은 남은 자의 단독소유(甲 소유)
　∴ 甲의 동업재산 처분행위 : 횡령 ×

채권양도

Case　대법원 1999.4.15, 97도666 전원합의체

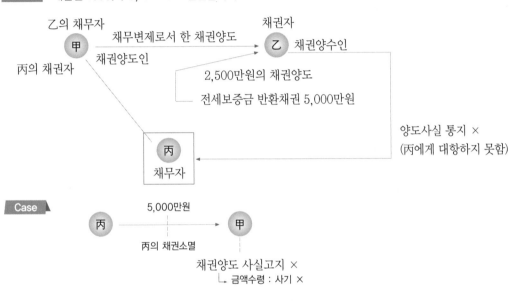

Case

丙 ───── 5,000만원 ────→ 甲

丙의 채권소멸

채권양도 사실고지 ×
　└ 금액수령 : 사기 ×

Case　　甲 - 乙에게 2,500만원 반환 거부

　⇒ 乙에게 2,500만원에 대한 소유권 ○
　　∴ 甲은 횡령죄

1인 회사

Case

프랜차이즈 계약

Case 대법원 1998.4.14, 98도292

甲은 독자적 영업-대상 측의 대금 보관자 ×
(물품판매대금의 임의소비는 단지 채무불이행)
∴ 甲이 대금 임의소비해도 횡령 ×

채권에 상계충당한 경우

① 보통의 경우

Case 대법원 2002.9.10, 2001도3100

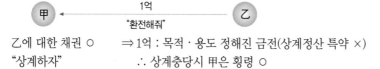

乙에 대한 채권 ○   ⇒ 1억 : 목적·용도 정해진 금전(상계정산 특약 ×)
"상계하자"   ∴ 상계충당시 甲은 횡령 ○

② 회사에 채권을 갖고있는 대표이사가 상계충당한 경우

Case 대법원 2002.7.26, 2001도5459

*목적·용도 특정   회사의 대표자는 회사의 채무이행 가능
 자금이었다면 횡령 ○   회사자금 中 목적용도 특정금전이 아닌 경우
                         횡령 ×

소유권 유보부 매매

Case

– 소유권은 할부금 전부 변제시까지 판매자에게 유보됨
⇒ 甲이 할부금 전부 변제 전 판매 : 횡령 ○

(예외) ① 자동차 甲 명의로 등록 ⇒ 甲 소유
       ∴ 변제 전 판매 : 횡령 ×
       ② 약관에 기하지 않은 경우 판매시 소유권은 甲에게 이전됨
       ∴ 변제 전 판매 : 횡령 ×

변제공탁 집행공탁을 해야 할 것을 변제공탁을 한 경우

> Case ▲ 대법원 2012.1.12, 2011도12604

甲 자기소유이므로, 甲 : 횡령죄 ×

부동산 명의신탁

① 2자간 명의신탁

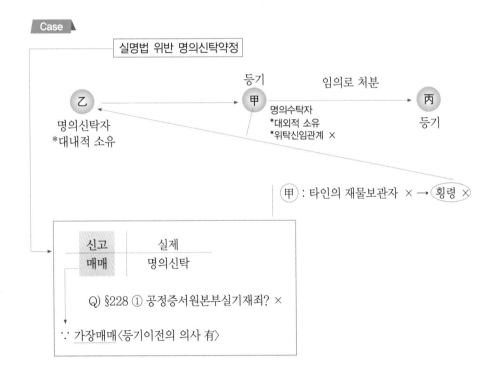

> Case ▲

실명법 위반 명의신탁약정

乙 명의신탁자 *대내적 소유

→ 등기 → 甲 명의수탁자 *대외적 소유 *위탁신임관계 ×

임의로 처분 → 丙 등기

甲 : 타인의 재물보관자 × → 횡령 ×

신고	실제
매매	명의신탁

Q) §228 ① 공정증서원본부실기재죄? ×

∴ 가장매매〈등기이전의 의사 有〉

② 3자간 명의신탁(중간생략등기형 명의신탁)
대법원 2016.5.19, 2014도6992 전원합의체

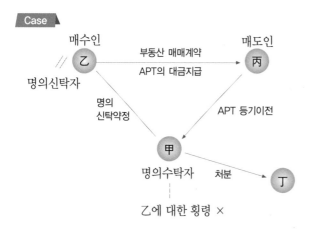

③ 계약명의신탁(매수위임형 명의신탁)

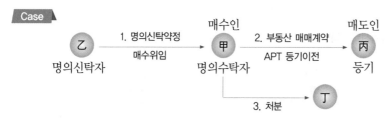

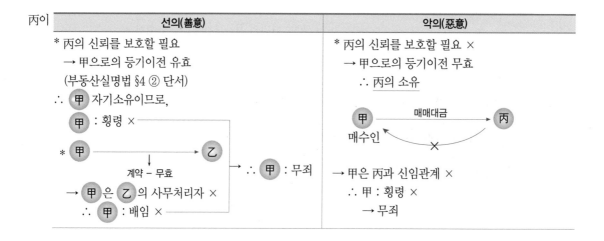

丙이	선의(善意)	악의(惡意)
	* 丙의 신뢰를 보호할 필요 　→ 甲으로의 등기이전 유효 　(부동산실명법 §4 ② 단서) ∴ 甲 자기소유이므로, 　甲 : 횡령 × * 甲 → 乙 　계약 – 무효 → 甲은 乙의 사무처리자 × ∴ 甲 : 배임 × ∴ 甲 : 무죄	* 丙의 신뢰를 보호할 필요 × 　→ 甲으로의 등기이전 무효 　∴ 丙의 소유 → 甲은 丙과 신임관계 × ∴ 甲 : 횡령 × 　→ 무죄

〈부동산 명의신탁 핵심정리〉

		소유자	임의처분 명의수탁자의 죄책	근거	
2자간 명의신탁 (실명법위반 명의신탁)		명의신탁자	횡령 ×	명의신탁자 소유 명의수탁자 : 위탁관계 ×	
3자간 명의신탁		매도인	횡령 ×	명의수탁자	
계약 명의 신탁	선의	명의수탁자	횡령 × ←	자기소유	무죄
			배임 × ←	명의신탁자와의 신임관계 ×	
	악의	매도인	횡령 × ←	매도인 소유 ○ but 매도인과의 위탁(신임)관계 ×	
			배임 × ←	매도인과의 관계 ○ 명의신탁자와의 신임관계	

(3) 주관적 구성요건 – 고의, 불법영득의사

> **Case** ▲ 대법원 2005.8.19, 2005도3045
>
> 〈LBO 방식에 의한 M&A 계약〉

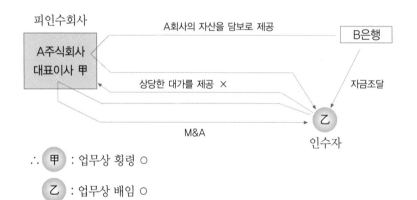

∴ **甲** : 업무상 횡령 ○

乙 : 업무상 배임 ○

(4) 죄수 및 다른 범죄와의 관계
  *횡령죄 – 상법上 납입가장죄

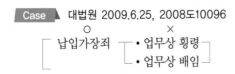

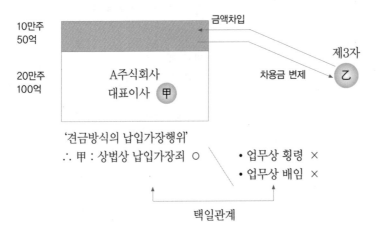

'견금방식의 납입가장행위'
∴ 甲 : 상법상 납입가장죄 ○

- 업무상 횡령 ×
- 업무상 배임 ×

택일관계

제 7 절 배임의 죄

1 배임죄

(1) 주체 : 타인의 사무처리자

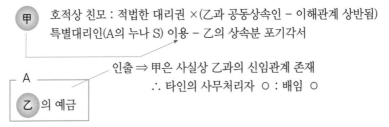

인출 ⇒ 甲은 사실상 乙과의 신임관계 존재
∴ 타인의 사무처리자 ○ : 배임 ○

cf 위임받은 금액 초과 인출 ┌ 저금통장 : 배임
                          └ 현금카드 : 컴퓨터 사용사기

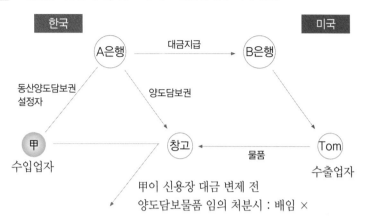

甲이 신용장 대금 변제 전
양도담보물품 임의 처분시 : 배임 ×

Case 자동차(중고차) 관련

• 중고차 할부금 고지 × – 사기 ×
• 할부판매 자동차 – 횡령 ×(소유권 유보부 매매 ×)
• 할부금 완납의무 – 배임 ×(타인사무 ×)

Case 대법원 2009.5.14, 2007도6564

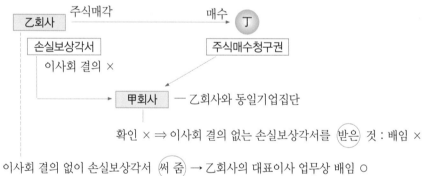

확인 × ⇒ 이사회 결의 없는 손실보상각서를 받은 것 : 배임 ×

이사회 결의 없이 손실보상각서 써 줌 → 乙회사의 대표이사 업무상 배임 ○

Case 대법원 2007.8.24, 2007도3408; 1987.8.18, 87도201

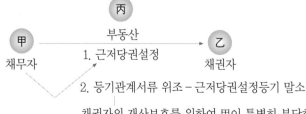

채권자의 재산보호를 위하여 甲이 특별히 부담하는 의무 ×
∴ 甲의 말소행위 : 배임 ×

★ 참고

아파트 건축공사 시행사(대법원 2008.3.13, 2008도373) ┐
아파트 건축분양사(대법원 2009.2.26, 2008도11722) ├ 배임 ×
분양대금선지급(대법원 2007.10.11, 2007도6161) ┘

(2) 배임행위

> **Case** 대법원 2009.5.29, 2007도4949 전원합의체

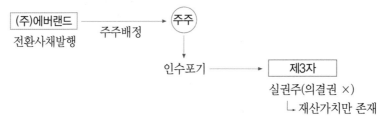

⇒ 먼저 주주에게 배정했기 때문에
에버랜드의 이사들 : 업무상 배임 ×
    cf 무상증자 → 주주
      └ 주가가 내려가기 때문에 주주총회에서 결정

(3) 재산상 손해 발생

> **Case** 대법원 1998.2.10, 97도2919

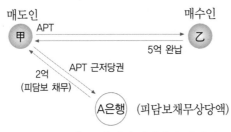

甲은 乙에 대해 재산상 손해 가함

> **Case** 대법원 2008.2.28, 2007도5987
> – LBO방식

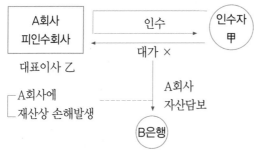

┌ 甲은 업무상 배임 ○
└ 乙이 A회사 자산담보 : 업무상 횡령 ○

Case 대법원 2004.11.26, 2003도1791

보증인 ──── 신규자금 제공 ────▶ 피보증인

이미 보증채무 변제

사용 ○	사용 ×
배임 ×	배임 ○

Case 대법원 2004.4.9, 2004도771

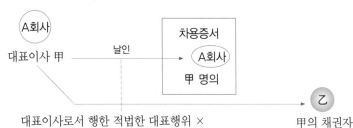

대표이사로서 행한 적법한 대표행위 ×
∴ 회사에 손해발생 × : 업무상 배임 ×
이사가 회사 명의로 배서 : 배임 ○

Case 대법원 2006.6.15, 2004도5102; 1990.4.24, 89도2281

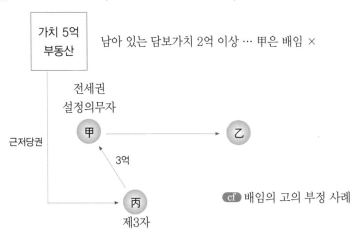

남아 있는 담보가치 2억 이상 … 甲은 배임 ×

cf 배임의 고의 부정 사례

Case 대법원 1983.9.13, 82도2613

채무원리금 대신 부동산을 甲 명의로 소유권 이전등기함
↓
⇒ 고의 인정 × : 배임 ×

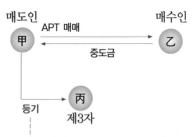

부동산 이중매매

甲은 배임죄 O(甲은 乙에게 등기협력의무 O)

cf 동산 이중매매 – 배임죄가 성립하지 않는다.

★ 참고 6.

〈저당권 관련 정리〉

제3자 명의의 근저당권 말소	배임 ×
저당권 설정 자동차 매도	
전세권 설정의무자 – 근저당권 설정	
매도인 · 매수인에게 이전등기 전 근저당권 설정	배임 O (피담보채무 상당)

② 배임수증재

배임죄와의 구별

	배임	배임수증재
타인의 사무	재산상 사무 O	재산상 사무 불요
부정한 청탁	×	O
객체	재산상 이익	이익+재물
배임행위	O	×
재산상 손해	O	×
필요적 몰수	×	O

∴ 배임죄와는 별개의 독자적 범죄
　– 배임수재를 범한 범인의 배임행위에 공범성립 가능

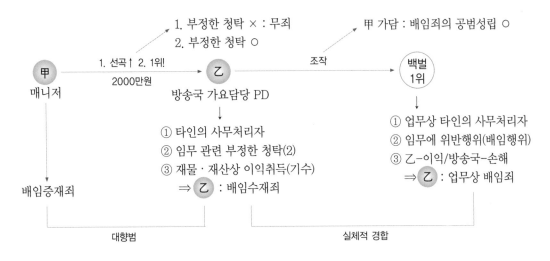

cf 타인의 사무처리자 부정 사례 대법원 2005.11.10, 2003도7970

★ 타인의 사무처리자 인정 여부

타인의 재산관리에 관한 사무의 전부 또는 일부를 타인을 위하여 대행하는 경우	○
단순히 타인에 대한 채무를 부담하는 경우	× (본인의 사무)

제 8 절 장물의 죄

법조문 정리

§362 ┌ ①
     └ ②
§363 상습범
§364
§365 ┌ ① 피해자
     └ ② 본범 : §328 ①
미수 ×, 동력 ×(관리가능성설- ○)

장물죄의 본질
└ 재산범죄의 비호범죄

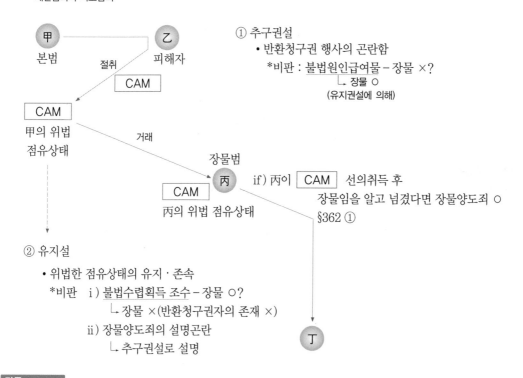

① 추구권설
  • 반환청구권 행사의 곤란함
    *비판 : 불법원인급여물 – 장물 ×?
              └ 장물 ○
              (유지권설에 의해)

甲 ─── 乙
본범   피해자
    절취
    CAM

CAM
甲의 위법
점유상태   거래

        장물범
          丙   if) 丙이 CAM 선의취득 후
   CAM   장물임을 알고 넘겼다면 장물양도죄 ○
   丙의 위법 점유상태   §362 ①

② 유지설
  • 위법한 점유상태의 유지 · 존속
    *비판 i) 불법수렵획득 조수 – 장물 ○?
                └ 장물 ×(반환청구권자의 존재 ×)
          ii) 장물양도죄의 설명곤란
                └ 추구권설로 설명

        丁

장물

재산범죄에 의하여
  • 비재산범죄 × – 손괴죄, 배임죄, 컴퓨터사용사기죄, 부당이득
  • 본범의 실현정도 – 구성요건에 해당하는 위법한 행위이면 ok!
                    – 책임 · 처벌조건 · 소추조건 不要
  • 불가벌적 사후행위로 취득한 재물도 해당 ○
    (예 : 장물보관 중 횡령한 재물을 취득 → 장물취득죄 ○)

ⓔ득한 ≠ 제공된 ×
• 부동산 이중매매(매도인 : 배임, 제3자 : 장물취득죄 ×)
  ⇒ 부동산은 배임죄에 제공된 것일 뿐
• 동산양도담보(설정자 : 배임)
  ⇒ 담보물은 설정자가 갖고 있던 물건일 뿐

ⓐ물 그 자체
• 원형 다소 변경 : ○
• 복사물 : ×
• 돈(수표) : ○

대체장물

① 원칙 : ×(장물성 부정)

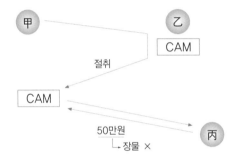

② 예외 : ○(선의의 제3자에게 처분하고 받은 대가)
   丙이 선의였다면 甲은 丙에 대한 사기 ○
   ⇒ 50만원은 사기죄로 영득한 재물이 됨

③ 절취한 현금을 선의의 제3자에게 주고 구입한 물건 : ×

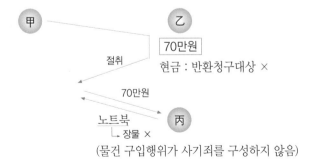

(물건 구입행위가 사기죄를 구성하지 않음)

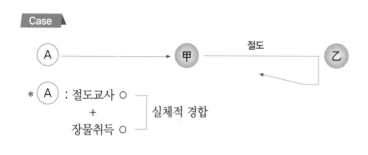

Case

A ──────→ 甲 ──절도──→ 乙

* (A) : 절도교사 ○ ┐
        +   ┤ 실체적 경합
      장물취득 ○ ┘

Case

A ──────→ 甲(5세) ←──강아지── 乙

* (A) : 절도죄의 간접정범 ○
        ~~장물취득~~

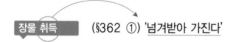

장물 취득   (§362 ①) '넘겨받아 가진다'

Case 대법원 2010.12.9, 2010도6256

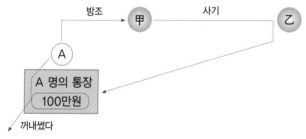

방조 → 甲 ← 사기 ── 乙
A

A 명의 통장
100만원
꺼내썼다

                    ┌ (자신 명의의 예금계좌에서 인출한 것이므로)
                    ↓
* (A) : • 장물 │ 취득 → 장물취득
          ○ │ ×

      • 사기죄의 방조범 ○   * 사기로 인하여 영득한 현금은 재물이 된다.

* 甲 : 사기죄의 정범 ○

제 **9** 절 | 손괴의 죄

① 손괴죄 ··· §366

법조문 정리

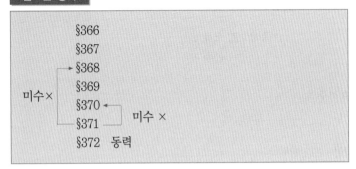

```
          §366
          §367
        ┌ §368
  미수×  │ §369
        │ §370 ┐
        └ §371 ┘   미수 ×
          §372  동력
```

★ 참고

	공용건조물	공익건조물
방화	공용건조물 방화(§165)	
일수	공용건조물 일수(§178)	
파괴	공용물의 파괴(§141 ②)	공익건조물 파괴(§367)
손괴	공용서류 등 무효(§141 ①)	재물손괴죄(§366)

- 공무소사용 자동차 파괴 ┌ 공용물 파괴 ×
                                   └ 공용서류 등 무효 : ○
- 공용 → 재물손괴 ×

Case

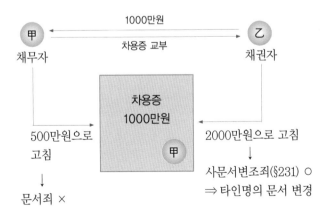

- 자기명의 사문서 내용 변경
- 사문서의 무형위조 : 원칙적 처벌 ×
  ⇒ 문서 손괴(§366) ○(乙 소유의 문서 손괴한 것)

Case 　 대법원 1996.2.23, 95도2754

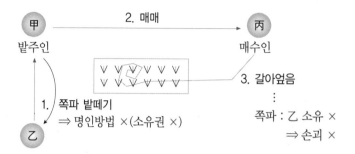

★ 참고 〈민법상 소유권 변동〉 물권변동 : 형식주의
　　　　　　　　　　　　부동산 : 등기
　　　　　　　　　　　　동산 : 인도
　　　　　　　　　　　　수확 × 농작물 : 명인방법

제10절 권리행사를 방해하는 죄

법조문 정리

§323 ┌ 타인점유 + 자기소유 : 취거
　　　└ 타인권리 + 자기소유, 자기점유 : 취거

§325 ┌ ① 점유강취 : 폭행/협박+권리행사방해(늑 강도)
　　　├ ② 준점유강취 : 권리행사방해+목적 → 폭행/협박(늑 준강도)
　　　└ ③ 미수 ┘ ① ②

§326 : §324/§325+생명 위험
§327
§328 　 친족상도례
　★ 미수 ×　★ 동력 재물 간주 규정 ×

① 권리행사방해죄

★ 참고 〈권리행사방해〉 - ㉠거, ㉡닉, ㉢괴

소유	점유	
자기소유	타인점유	권리행사방해 ○
	자기점유 + 타인권리	

★ 참고

유형		소유권	권리행사방해
① 2자간 명의신탁		명의신탁자	×
② 3자간 명의신탁		매도인	×
③ 계약명의신탁	ⓐ 선의★	명의수탁자	○
	ⓑ 악의	매도인	×

Case ▶ 대법원 1991.4.26, 90도1958

• 점유를 수반하지 않는 채권인 원목인도청구권도 본죄의 권리에 해당한다.

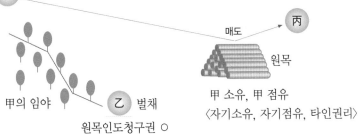

甲 - 乙과 원목벌채에 대한 계약(벌채하면 원목은 乙에게 주기로 함)

丙

매도

원목
甲 소유, 甲 점유
〈자기소유, 자기점유, 타인권리〉

甲의 임야   乙 벌채
원목인도청구권 ○

甲 의 행위 절도 ×, 권리행사 방해 ○
→ 乙의 원목인도청구권 침해

② **강제집행면탈죄-** ⓔ닉, ⓢ괴, ⓗ위양도, ⓗ위 채무부담

Case ▶

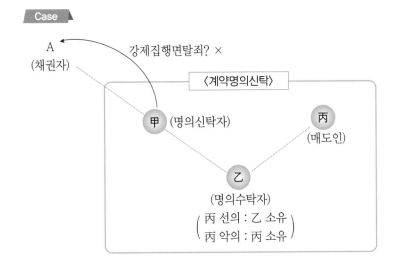

A
(채권자)

강제집행면탈죄? ×

〈계약명의신탁〉

甲 (명의신탁자)   丙
                            (매도인)

乙
(명의수탁자)
(丙 선의 : 乙 소유)
(丙 악의 : 丙 소유)

Case 대법원 1984.6.12, 82도1544

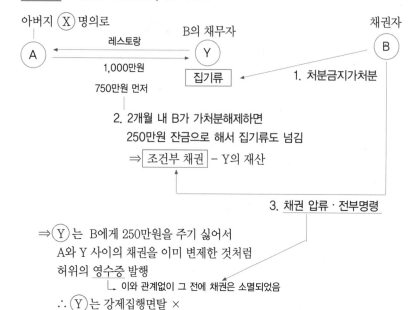

⇒ (Y) 는 B에게 250만원을 주기 싫어서
　　A와 Y 사이의 채권을 이미 변제한 것처럼
　　허위의 <u>영수증</u> 발행
　　　└ 이와 관계없이 그 전에 채권은 소멸되었음
∴ (Y) 는 강제집행면탈 ×

★ 참고
• 강제집행면탈 ──→ 공무상 표시무효 ──→ 부동산 강제집행 효용침해
　　§327　　　　　　　§140 ①　　　　　　　§140의2

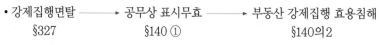

• 강제집행면탈 × ┌ 가압류 후에
　　(判)　　　　├ 토지인도 · 건물철거
　　　　　　　　└ 채권압류 · 전부명령

MEMO

PART **02**

형법각론

사회적 법익에 대한 죄

CHAPTER

01 | 공공의 안전과 평온에 대한 죄 |

제1절 공안을 해하는 죄

```
● 법조문 정리
§114
§115 ┐
§116 ┘ 예비       미수 ×
§117 ┐
§118 ┘ 국가적 법익
```

① 범죄단체조직죄 – 목적범, 집합범, 즉시범

(1) 객관적 구성요건
  ① 범죄 : 사형, 무기 또는 장기 4년 이상의 징역, 반드시 형법상의 범죄를 목적으로 할 필요는 없으며, 특별법상의 범죄도 포함된다.
  ② 단체(필요적 공범–집합범) : 특정다수인의 범죄수행이라는 공동목적 아래 이루어진 계속적인 결합체
  ③ 집단(집합범) : 현재는 단체에 이르지 못한 다수인의 집합

(2) 주관적 구성요건 : 목적

(3) 임의적 감경

② 소요죄

(1) 구성요건
  ① 객관적 구성요건
    ㉠ 주체 : 다중(필요적 공범–집합범) : 한 지방의 평온 · 안전을 해할 수 있는 정도의 다수인
    ㉡ 행위 : 폭행(최광의) · 협박(광의) · 손괴
      한 지방의 공공의 안전을 해할 수 있는 정도의 위험성이 있는 행위가 있는 때 기수에 이르며, 현실적 결과발생은 요하지 않는다(추상적 위험범).
  ② 주관적 구성요건 : 공동의사 필요(통설 · 판례)

공동의사	
○	×
소요	소요 × 특수폭행 특수협박

(2) 공범규정의 적용

　① 다중의 구성원 내부 : 총칙상의 공범규정은 적용되지 않는다.

　② 외부관여자 : 총칙상의 공범규정을 적용할 수 있다(다수설).

(3) 다른 범죄와의 관계

　① 내란죄와의 관계 : 국헌문란의 목적이 없는 점, 한 지방의 평온·안전을 해하는 정도가 상대적으로 낮다는 점, 주모자를 필요로 하지 않는 점(법정형의 등급구별이 없음), 예비·미수를 벌하지 않는 점에서 내란죄와 구별되며, 내란죄가 성립하면 본죄는 흡수된다(법조경합).

　② 소요행위과정에서 실현된 다른 구성요건과의 관계

③ 다중불해산죄

(1) 객관적 구성요건

　① 주체 : 다중이다(집합범).

　② 행위(진정부작위범) : 3회 이상의 해산명령을 받고 해산하지 아니하는 것. 3회 후의 해산명령에 따라 해산한 때에도 본죄가 성립하지 않는다(통설).

　● 소요죄의 예비단계＝다중불해산죄

　　∴ 다중불해산＋소요＝소요죄만 성립

(2) 주관적 구성요건 : 목적

④ 전시공수계약불이행죄

　국가적 법익에 대한 죄

⑤ 공무원자격사칭죄

(1) 공무원의 자격사칭

　사칭하는 공무원의 직권내용은 공무원만이 행사할 수 있는 권한사항(국가적 법익에 대한 죄)

(2) 사칭한 권한행사

　직권행사 없는 단순한 공무원자격의 사칭은 경범죄에 해당할 뿐이다(경범죄처벌법 제1조 제7호 참조).

제 2 절 폭발물에 관한 죄

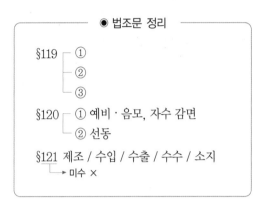

```
● 법조문 정리

§119 ┌ ①
     ├ ②
     └ ③

§120 ┌ ① 예비 · 음모, 자수 감면
     └ ② 선동

§121 제조 / 수입 / 수출 / 수수 / 소지
     └→ 미수 ×
```

1 폭발물사용죄(§119 ①③)

공공의 안전을 문란(위험을 발생)하게 한 : 구체적 위험범
- 자 / 일 / 폭 / 가 / 중 / 직 / 배

2 전시폭발물사용죄(§119 ②)

3 폭발물사용예비 · 음모 · 선동죄(§120)

예비 · 음모 · 선동의 형법상 유일한 처벌규정이다. 총칙상 자수는 임의적 감면사유이지만 본죄의 자수(제1항 단서)는 필요적 감면사유이다.

4 전시폭발물제조 · 수입 · 수출 · 수수 · 소지죄(§121)

미수범 처벌규정 ×

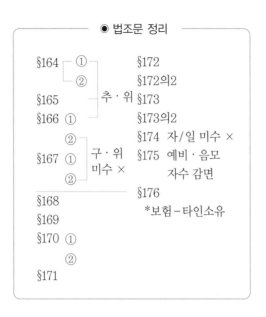

● 법조문 정리

§164 ── ①
       └─ ②
§165 ── 추·위 §172
§166 ① §172의2
       └─ ② §173
§167 ① 구·위 §173의2
       └─ ② 미수 × §174 자/일 미수 ×
§168 §175 예비·음모
§169 자수 감면
§170 ① §176
     ② *보험-타인소유
§171

① 보호법익

공공의 안전과 함께 개인의 재산도 보호법익으로 하는 공공위험죄와 재산죄로서의 이중의 성격을 가지는 범죄이다(이중성격설).

② 현주건조물 등 방화죄

(1) 객관적 구성요건
　① 객체
　　㉠ 사람 : 범인 이외의 모든 자연인을 말한다(대법원 1948.3.19, 4281형상5).
　　㉡ 주거로 사용 : 거주하는 사람을 모두 죽이고 방화한 때에도 연속성이 인정되므로 본죄가 성립한다.
　② 행위 : 불을 놓아 소훼하는 것
　　㉠ 착수시기 : 발화 또는 점화가 있을 것을 요하는 것이 판례(반대견해 有)의 입장이다.
　　㉡ 소훼의 기수시기 : 독립연소설(다수설·판례)　　└→ 점화시설 : 형식적 객관설

(2) 죄수·타죄와의 관계
　① 공공위험죄의 죄수 : 공공의 안전을 기준 1개의 방화행위로 수개의 현주건조물을 소훼한 때에도 1개의 현주건조물방화죄가 성립한다.
　　cf 유가증권 : 매수 / 문서 : 명의인 수
　② 거주자의 동의가 있는 경우 : 자기소유일반건조물방화죄(제166조 제2항)
　　└→ 형이 경해짐 → **cf** 촉탁·승낙살인
　　　　　　　　　　　　촉탁·승낙낙태
　③ 타죄와의 관계
　　㉠ 내란죄와의 관계 : 방화죄는 내란죄에 흡수된다.
　　㉡ 소요죄와의 관계 : 소요죄의 실행 중 방화한 경우 방화죄와 소요죄의 상상적 경합이 된다(다수설).

(3) 현주건조물 등 방화치사상죄

본죄는 부진정결과적 가중범이다. 고의 있는 경우에는 본죄와 살인죄 또는 상해죄의 상상적 경합이 된다고 해야 한다(통설). 다만, 판례는(상상적 경합이 아니라) 현주건조물방화치사죄만 성립한다는 입장이다.

③ 공용건조물 등 방화죄

추상적 위험범

④ 일반건조물 등 방화죄

(1) 타인소유인 경우(제166조 제1항)
본죄는 추상적 위험범이므로 공공의 위험에 대한 인식은 필요하지 않다.
(2) 자기소유인 경우(제166조 제2항)
① 소유자가 방화에 동의한 경우 및 무주물인 경우에는 자기소유에 준하는 것으로 본다. 반대로 자기소유에 속하는 건조물 등이라도 압류 기타 강제처분을 받거나 타인의 권리 또는 보험의 목적물이 된 때에는 타인의 물건으로 간주된다(제176조).
② 공공의 위험에 대한 인식이 필요하다(구체적 위험범).

⑤ 일반물건방화죄

공공의 위험이라는 구체적 위험이 발생해야 기수가 된다.

⑥ 연소죄

- 자기소유 → 타인소유
- 결과적 가중범, ~치~, 중~, 연~ (고의의 기본범죄 필요)

⑦ 방화예비 · 음모죄(§175)

⑧ 진화방해죄(§169)

⑨ 폭발성물건파열죄 및 폭발성물건파열치사상죄(§172)

⑩ 가스 · 전기 등 방류죄 및 가스 · 전기 등 방류치사상죄(§172의2)

⑪ 가스 · 전기공급방해죄 및 가스 · 전기공급방해치사상죄(§173)

준방화죄(폭 · 가스 · 가스)의 공통 특징 : ① 구체적 위험범, ② 과실 · 업무상 과실 · 중과실, ③ 예비 · 음모,
④ 결과적 가중범

⑫ **실화죄**

(1) 단순실화죄

제170조 제2항이 규정하는 "자기의 소유에 속하는 제166조 또는 제167조에 기재한 물건"에서 제167조의 일반 물건이 자기의 소유에 속하는 물건이어야 하는 것이 아니다(판례). 즉, 판례는 본죄의 객체는 자기의 소유에 속하는 제166조에 기재한 물건 또는 자기소유와 타인소유를 불문하고 제167조에 기재한 물건이라고 본다(유추해석이 아님).

(2) 업무상 실화죄 · 중실화죄(§171)

⑬ **과실폭발성물건파열죄, 업무상 과실 · 중과실폭발성물건파열죄(§173의2)**

제 **4** 절 **일수와 수리에 관한 죄**

① **방화죄와 일수죄의 구성요건체계 비교**

현주건조물 등 방화죄	현주건조물 등 일수죄
공용건조물 등 방화죄	공용건조물 등 일수죄
일반건조물 등 방화죄	일반건조물 등 일수죄
진화방해죄	방수방해죄
실화죄	과실일수죄

다만, 과실범에 있어서 일수죄는 단순과실범만을 규정하고 있다(제181조).

② **현주건조물 등 일수죄(§177)**

> **제177조【현주건조물 등에의 일수】** ① 물을 넘겨 사람이 주거에 사용하거나 사람이 현존하는 건조물, 기차, 전차, 자동차, 선박, 항공기 또는 광갱을 침해한 자는 무기 또는 3년 이상의 징역에 처한다.
> ② 제1항의 죄를 범하여 사람을 상해에 이르게 한 때에는 무기 또는 5년 이상의 징역에 처한다. 사망에 이르게 한 때에는 무기 또는 7년 이상의 징역에 처한다.

③ **공용건조물 등 일수죄(§178)**

④ **일반건조물 등 일수죄(§179)**

⑤ **일수예비 · 음모죄(§183)**

★ 예비죄의 자수에서 필요적 감면규정이 없다.(≠방화)

⑥ **방수방해죄(§180)**

⑦ **과실일수죄(§181)**

일수의 죄는 단순과실범 처벌규정만 두고 있고 업무상 과실범과 중과실범의 처벌규정은 두고 있지 않다.

⑧ 수리방해죄(§184)

본죄의 보호법익은 수리권이며 수리권의 근거에 대해서는 법령·계약은 물론 관습에 의한 경우도 포함한다.
- 수리−상수 ○, 하수·폐수 ×

　└ 형법 해석의 보충적 자료
　　간접적 법원성

제 5 절 교통방해의 죄

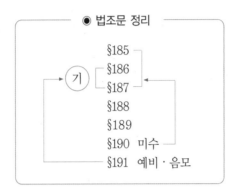

● 법조문 정리

기 ┬ §185
　 ├ §186
　 ├ §187
　 │ §188
　 │ §189
　 │ §190 미수
　 └ §191 예비·음모

① 일반교통방해죄

본죄의 육로란 공중의 왕래에 사용되는 육상도로이다. 반드시 도로법(제2조, 제11조) 및 도로교통법(제2조)의 적용을 받는 도로일 것을 요하지 않는다. 즉, 사실상 불특정 다수인이나 차마의 자유로운 왕래에 사용되고 있는 공공성을 지닌 도로이면 충분하다.
→ 도로의 토지 일부의 소유자라 하더라도 죄 성립 ○(대법원 2002.4.26, 2001도6903)

② 기차·선박 등 교통방해죄(§186)

③ 기차 등 전복죄(§187)

④ 교통방해 등 예비·음모죄(§191)

'기차·선박~': ○ / 일반교통방해 : 예비·음모 ×

⑤ 교통방해치사상죄(§188)

⑥ 과실교통방해죄

(1) 과실일반교통방해, 기차·전차 등 교통방해, 기차 등 전복죄
(2) 업무상 과실·중과실 일반교통방해, 기차·선박 등 교통방해, 기차 등 전복죄
- 성수대교 사례(대법원 1997.11.28, 97도1740)
  업무상 과실일반교통방해죄와 업무상 과실자동차추락죄의 상상적 경합

제 1 절 | 통화에 관한 죄

● 법조문 정리

§207 ①
② ←┐
③
④ 행사
§208
§209
§210 미수 ×
§211 판매할 목적
§212 미수
§213 예비 · 음모
자수 감면

살
약
강
먹
통화 · 유가증권 · 우표 · 인지

○	×
유형위조	무형위조
~위조 · 변조	~행사
자격모용~작성	허위~작성
	~취득/제조
	문서 · 인장

방
기
폭

도
내

내란
외환
외국사전
방화 ○, 일수 ×
폭발물 사용 ○
통화위조 ○, 유가증권 ×

실행행위
자수
필요적 감면

1 내국통화위조 · 변조죄(§207 ①)

(1) 구성요건

① 객관적 구성요건

㉠ 객체 : 통용하는 대한민국의 통화(화폐 · 지폐 · 은행권)

통용 : 강제통용력 有, 통용기간이 경과하여 교환기간 중인 구화 ×(≠유통)

㉡ 행위 : 위조 · 변조

ⓐ 위조 : 진화의 존재 불요. 일반인이 진화로 오인할 정도의 외관 ○

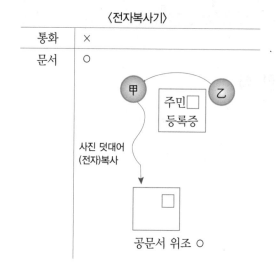

    ⓑ 변조 : 진정한 통화에 가공하여 그 가치를 변경하는 것. 진화의 동일성이 상실되지 않을 것을 요함
  ② 주관적 구성요건 : 고의 · 행사할 목적(목적범)
(2) 죄수 및 타죄와의 관계
  통화위조+행사 = 통화위조죄와 동행사죄의 경합범 / 한 번에 '수종'의 통화를 위조한 경우 통화위조죄의 수죄

② 내국유통 외국통화위조 · 변조죄(§207 ②)

③ 외국통용 외국통화위조 · 변조죄(§207 ③)

  외국통용 – 그 외국에서 강제통용력을 가지는 것
                일반인의 관점에서 통용할 것이라고 오인할 가능성이 있는 지폐 ×(유추해석금지원칙)

④ 통화위조 등 예비 · 음모죄(§213)

  §207 ①~③(위조 · 변조) : 예비 · 음모 ○
  실행에 이르기 전 자수한 경우 : 필요적 감면

⑤ 위조 · 변조통화행사 등 죄(§207 ④)

  목적범이 아님에 주의
(1) 위조통화행사죄의 행사행위 – 유상 · 무상 불문

○	×
• 진화로서 화폐수집상에게 판매	• 단순한 신용력 과시
• 위법한 사용	• 명가 이하 판매
• 도박자금 등	
• 공중전화기/자판기 등 유료자동설비에 투입	

(2) 다른 범죄와의 관계
① 위조·변조+행사죄 = 경합범
② 취득죄와 행사죄 : 모르고 취득 + 사후에 알고 행사 = 위조통화취득 후 지정행사죄(제210조)
    알고 취득+행사 = 경합범
③ 행사죄와 사기죄 : 실체적 경합(법익표준설)

⑥ 위조·변조통화취득죄(§208)

① 범죄행위(⑩ 절취)로 인하여 취득한 경우도 포함된다.
② 취득죄는 목적범

⑦ 위조통화취득 후 지정행사죄(§210)

위조통화행사죄보다 책임이 감경되는 구성요건이다.
① 미수범 규정 無

⑧ 통화유사물제조 등 죄(§211)

진정한 통화와 오인될 정도의 통화위조행위를 하였지만 이에 실패하여 통화유사물을 제조하게 된 데에 그친 경우 본죄가 성립한다(통화위조미수는 불성립).
① 본죄의 목적 : 판매 목적
② 모든 유사물제조는 판매할 목적으로 – 목적범

제 2 절 │ 유가증권, 우표와 인지에 관한 죄

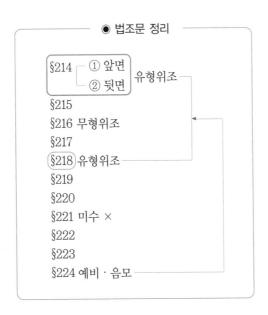

- 법조문 정리 -

§214 ┬ ① 앞면 ┐ 유형위조
     └ ② 뒷면 ┘
§215
§216 무형위조
§217
§218 유형위조
§219
§220
§221 미수 ×
§222
§223
§224 예비·음모

			사문서
명의	위조 · 변조 명의모용	문서의 성립의 진정 - 형식주의 : 원칙 └ 유형위조 작성권자 아닌 자의 작성	사문서 위조 · 변조 자격모용 사문서작성
자격	자격모용작성		
내용	허위작성	문서의 내용의 진정 - 실질주의 : 예외 └ 무형위조 작성권자의 허위작성	

유가증권 · 문서죄의 행사유형 정리

甲 약속어음
SK 텔레콤
대표이사 Ⓐ = 유가증권 위조
명의모용 甲

甲 공소장
서울지검 검사 Ⓑ 공문서 위조

甲 진단서
신촌세브란스병원
내과의사 乙 사문서 위조

백지보충권 남용	대표권 · 대리권 남용
위조	위조 × 자격모용작성 ×

甲 리프트탑승권
M 리조트 대표이사 甲 자격모용 유가증권 작성죄

甲 건축허가서 기안
남구청장 甲 자격모용 공문서 작성죄
부산남구청장 ×
부산동래구청장 ○

甲 ─신청─ 동사무소
인감증명서 사용용도란 문제
공문서변조죄 ×
사문서 변조죄 ○

토지사용승인용 70㎡
135㎡ (부동산 매도용 아님)

작성권자 아닌 자의 작성
유형위조(원칙)

甲
M해운회사
대표이사

선하증권
선적 ○ 내용
M해운대표 甲
(사실 : 선적 ×)

허위 유가증권 작성

甲

유가증권
배서
甲
허위주소

허위유가증권작성 ×
무죄

(주소 : 어음행위의 요건 ×)

甲
등기신청인

소유권이전등기,
근저당권설정등기

‖

객관적 사실

'형식적 심사권' 만 있음

등기관 乙

등기부 : 소유권이전등기만 기재
등기관 : 허위 공문서 작성죄

甲
고대병원의사
乙 : 정상

진단서
乙 : 전치 10주
고대병원의사 甲

허위 진단서 작성죄

甲
공무원 의사
└→ 국군수통병원
乙 : 전치 2주

진단서
乙 : 전치 10주
수통병원의사 甲

甲 ─ 허위 공문서 작성죄

3억
APT
甲   乙
매도인   매수인

매매계약서
1억 8천만원
甲, 乙

甲 ─ 허위사문서작성죄 ×
무죄(사문서의 무형위조)

사문서무형위조

원칙	예외
처벌 ×	처벌 ○, 허위진단서작성

① 유가증권

(1) 개념

① 사법상 재산권 화체
  (공법상 지위·권한 ×)

② 점유
  유통성 不要
  (🖐 약속어음)

(2) 요소

유가증권	
○	×

어음, 회사채
주권, 화물상환증
창고증권, 선하증권
국·공채 ┬ 산업금융채권
      ├ 지하철 공채
      └ 주택채권
상품권, 할부구매전표
공중전화카드, 리프트탑승권
문방구용지로 작성한 약속어음
구두를 구입할 수 있는 신용카드
	정기예탁금증서
	철도화물상환증
	공중접객업소 신발표
	수리점의 물품보관증
	영수증
	후불식 KT 전화카드
	일반 신용카드

날인 ×주권	무인 ○주권

② 유가증권위조·변조죄(§214 ①)

(1) 구성요건

① 객관적 구성요건   ┌ §5 내/외/국/통/유/문/인
  ㉠ 객체 : 대한민국 또는 외국의 공채증서 기타의 유가증권
  ㉡ 행위 : 위조·변조
    ⓐ 위조의 개념 : 타인명의를 사칭하거나 모용하여 그 명의의 유가증권을 발행하는 행위(명의모용)
      • 찢어진 약속어음을 조합하는 것
      • 약속어음의 액면란에 보충권의 범위를 초월한 금액을 기입하는 것 ┐
      • 타인이 위조한 백지의 약속어음을 완성하는 것(판례)   ┘ 백지위조

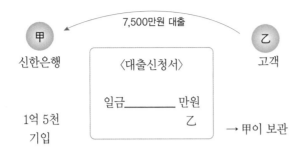

⇒ 乙이 7,500만원을 기입하라고 하였으나, 신한은행 직원 甲이
　　1억 5천만원 기입
　　∴ 甲 : 사문서위조죄

- 기간이 경과한 정기승차권의 종기를 변경하는 것

ⓑ 위조의 정도 : 일반인으로 하여금 유효한 유가증권이라고 오신할 수 있을 정도의 외관 ○
- 허무인 명의 작성 ○, 유가증권으로서의 요건의 흠결 등 사유로 무효한 것 ○

ⓒ 변조 : 동일성을 해하지 않는 범위 내에서 변경을 가하는 것(동일성 새롭게 변경-위조), 진정하게 성립된 유가증권의 내용을 변경, 권한 없는 자의 내용변경행위
- 이미 실효된 유가증권을 변경하여 새로운 유가증권을 만드는 것-위조
- 이미 타인에 의해 위조된 약속어음-변조 ×
- 백지 약속어음이 액면란 등을 부당보충하여 위조 후 임의변경(변조 ×)
　(깨끗한 물에 먹물 → 변조, 먹물에 먹물 → 변조 ×)

② 주관적 구성요건 : 고의 · 행사할 목적

(2) 죄수 및 다른 범죄와의 관계

① 유가증권위조죄의 죄수 : 매수

통화(=방화)	위험 ∴ 종류의 수	1죄(수종의 통화 – 수죄)
유가증권	매수	실체적 경합(대체로)
문서	명의인의 수	상상적 경합(대체로)
인장	불가벌적 수반행위로 모두 흡수(인<문<신)	

③ 유가증권의 기재의 위조 · 변조죄(§214 ②)

④ 자격모용에 의한 유가증권작성죄(§215)

(1) 구성요건

① 타인의 자격모용(자기명의 타인자격) : 정당한 대표권 또는 대리권이 '없는' 자가 작성
② 대리권 · 대표권자가 권한을 '남용'(권한 있는 자 → 범위 넘어섬)하여 본인(회사)명의 유가증권 발행 : 성립 ×
　　cf 백지의 보충권 남용 - 위조 ○, 대리권 · 대표권 남용 - 자격모용 ×, 위조 ×
③ 대리권이나 대표권이 있더라도 권한남용이 아니라 권한범위를 명백히 '일탈' 혹은 '초과' 또는 '초월'하여 본인 또는 회사 명의의 유가증권을 발행하는 행위 : 성립 ○

⑤ 허위유가증권작성죄(§216)

〈허위~작성〉

유가증권 공문서	진단서
목적 ○	목적 ×

• 작성권한 있는 자가 내용을 허위로 작성

허위유가작성 해당 ○	허위유가작성 해당 ×
발행일자를 소급하여 주권 발행	주권발행 전에 주식을 양도받은 자에 대하여 주권 발행
실재하지 않는 회사 명의의 약속어음 발행	배서인의 주소 허위 기재
지급은행과 당좌거래사실이 없거나 거래정 지처분을 당했음에도 수표 발행	약속어음의 발행인이 아닌 발행인의 다른 인 장 날인
先선하증권 발행행위	자기앞수표의 발행인이 수표자금을 입금받지 아니한 채 자기앞수표 발행

⑥ 위조 등 유가증권행사죄(§217)

행사죄는 목적범 ×
수입 · 수출죄는 목적범 ○

복사 유가증권	사문서
×	§237의2

⑦ 인지 · 우표위조 · 변조죄(§218 ①)

⑧ 위조 · 변조인지 · 우표행사 등 죄(§218 ②)

cf 〈상대방－악의〉: 유통가능성 ○

	통화	유가증권	우표 · 인지	문서
행사죄	○	○	○	×

⑨ 위조 · 변조인지 · 우표취득죄(§219)

우표수집의 대상으로서 우표를 매매하는 행위 : ○

⑩ **소인말소죄(§221)**

　　미수범 처벌규정 無

⑪ **우표·인지 등 유사물 제조 등 죄(§222)**

⑫ **예비·음모죄(§224)**

● 살/약/강/먹/⑤/방/기/폭/도/내

　　화 유가증권 우표 인지에 대한 죄 中 유형위조
　　　　　　　　　　　　　　위조·변조, 자격모용작성

● 예비죄의 자수감면특례 없음

예비·음모 ○	예비·음모 ×
유가증권 위조 변조죄 자격모용 유가증권 작성죄 인지·우표위조·변조죄	허위유가증권작성죄 위조유가증권행사죄 위조우표취득죄 소인말소죄 인지·우표유사물제조죄

제 **3** 절 　**문서에 관한 죄**

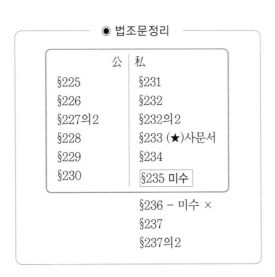

● 법조문정리 ●

公	私
§225	§231
§226	§232
§227의2	§232의2
§228	§233 (★)사문서
§229	§234
§230	§235 미수
	§236 – 미수 ×
	§237
	§237의2

1 문서의 개념

(1) 계속성

- 의사표시의 지속성, 시각성 → 모래, 눈 ×

  Case 1 주민등록증 위조 – 문서의 계속성

  [대법원 2007.11.29, 2007도7480]

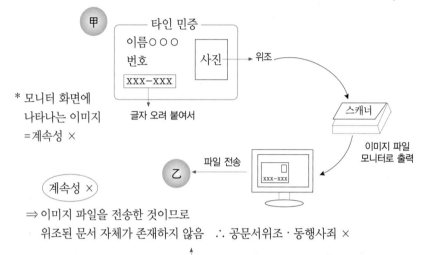

⇒ 이미지 파일을 전송한 것이므로
  위조된 문서 자체가 존재하지 않음 ∴ 공문서위조 · 동행사죄 ×

비교

  Case 2 각주 132. – 비교판례 '휴대전화 가입신청서' – 문서의 계속성

  [대법원 2008.10.23, 2008도5200]

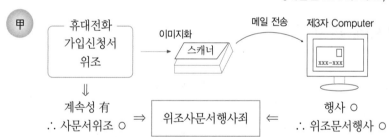

* 컴퓨터에 연결된 스캐너로 읽어 들여 이미지화한 다음
  이를 전송하여 컴퓨터 화면상에서 보게 하는 경우도 행사에 해당

(2) 증명성

시, 소설 : ×

	권리 · 의무	중요사실
문서	○	○
cf 공정증서	○	×

∴ 단순기록 : ×(토지대장, 가옥대장 등)

문서의 증명기능 – 증명성

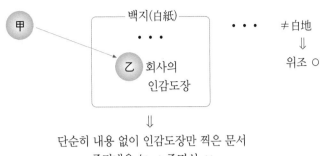

단순히 내용 없이 인감도장만 찍은 문서
증명내용 無 ⇒ 증명성 ×
∴ 문서위조 ×

* 문서? 법률관계 내지 사실증명에 관한 것

(3) 보증성
- 대필, 대리, 별명, 예명 – 명의 ○, 문서성 ○
  익명, 가명 – 문서성 ×
- 복본 – 문서성 ○
- 사본·등본 – 인증이 없는 한 문서 ×

Case 4 문서의 보증기능 – 사자·허무인 명의의 문서 문제

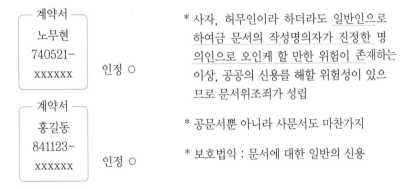

* 사자, 허무인이라 하더라도 일반인으로 하여금 문서의 작성명의자가 진정한 명의인으로 오인케 할 만한 위험이 존재하는 이상, 공공의 신용를 해할 위험성이 있으므로 문서위조죄가 성립

* 공문서뿐 아니라 사문서도 마찬가지

* 보호법익 : 문서에 대한 일반의 신용

② 문서의 종류

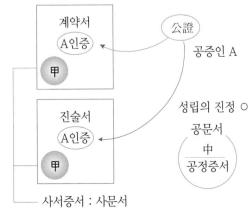

③ 사문서위조 · 변조죄(§231)

(1) 객관적 구성요건

① 객체 : 권리의무 · 사실증명에 관한 타인의 문서 · 도화(증명성)

② 행위 : 위조 · 변조

　ⓐ 위조 : 작성권한이 없는 자가 타인명의를 모용하여 문서를 작성

　　ⓐ 작성권한 없는 자가 작성할 것 : 명의인의 사전승낙 내지 포괄적 위임에 의한 문서작성의 경우는 위조라고 할 수 없다(구성요건해당성 조각).

　　　다만, 위임의 한계나 취지를 넘어서 문서를 보충기재하는 행위(백지위조)는 위조가 된다.

　　ⓑ 대리권 · 대표권 없는 자가 대리인으로서 본인명의문서를 작성한 경우 : 본죄가 아니라 자격모용문서작성죄(제226조, 제232조)에 해당된다.

　　ⓒ 대리권 · 대표권 있는 자가 그 권한을 초월하여(그 권한 이외의 사항에 대하여) 문서를 작성한 경우 : 자격모용문서작성죄가 성립한다(통설).

Case 5 신탁자의 상속인이 수탁자의 동의를 받지 아니하고 그 명의의 채권이전등록청구서 작성 · 행사

[대법원 2007.3.29, 2006도9425]

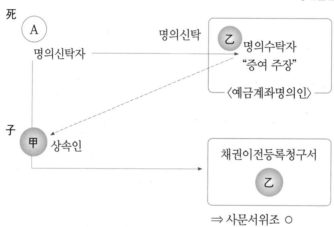

Case 6 세금계산서상의 공급받는 자는 그 문서 내용의 일부에 불과할 뿐 세금계산서의 작성명의인은 아님

[대법원 2007.3.15, 2007도169]

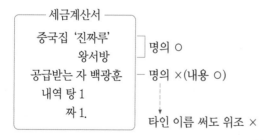

　　ⓓ 대리권 · 대표권 있는 자가 그 권한을 남용하여(그 권한의 범위 내에서) 문서를 작성한 경우 : 배임죄 또는 허위공문서작성죄의 성립은 별론으로 하고 위조에 해당하지 않는다(통설 · 판례).

주식회사 명의의 문서		
대표이사 · 지배인	대표이사로부터 위임받은 자	
	전면적 · 포괄적 위임	구체적 · 세부적, 개별적 위임
위조, 자격모용 작성 ×	위조, 자격모용 작성 ○	위조, 자격모용 작성 ×

Case 7 주식회사의 적법한 대표이사라 하더라도 그 권한을 포괄적으로 위임하여 다른 사람으로 하여금 대표이사의
업무를 처리하게 하는 것은 허용되지 않는다.

[대법원 2008.11.27, 2006도2016]

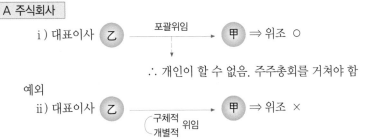

Case 8 〈기망에 의한 위조〉

[대법원 1970.9.29, 70도1759]

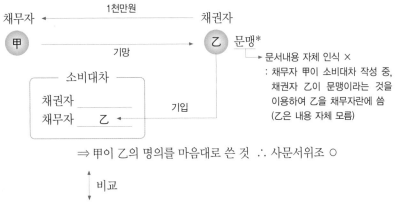

Case 9 당해 문서의 행사 결과 취득되는 재산이나 처분 등에 관하여 타인으로부터 기망당하거나 착오에 빠져 직접
문서 작성하여 타인에게 교부하는 경우

[대법원 2003.11.28, 2003도5340]

〈동기의 착오〉

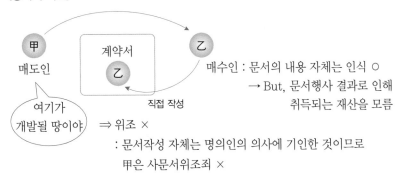

ⓛ 변조

Case 10 타인의 진정문서를 복사하고 원본을 놓아두고 사본을 가져간 사례

[대법원 1996.8.23, 95도192]

복사	
원본 그대로	동일성×
위조 ×	위조 ○ →
⇓	
문서원본의 단순복사	
= 문서위조죄 ×	

사문서위조죄가 성립하려면…
위조된 문서를 복사하는 경우처럼
문서의 복사행위를 통하여 문서를
위조·변조하는 경우

Case 11 〈죄수의 결정기준〉

방화/통화	위험	1죄
유가증권	매수	실체적 경합
문서	명의인의 수	상상적 경합
~행사죄	법익	실체적 경합
인<문<신	법조경합	1죄(불가벌적 수반행위)

(2) 몰수

위조문서는 몰수할 수 있다(제48조 제1항). 다만, 문서의 일부가 몰수에 해당되는 때에는 그 부분을 폐기한다(제48조 제3항).

④ 자격모용에 의한 사문서작성죄(§232)

이름은 자기이름, 자격은 남의 자격

⑤ 사전자기록위작·변작죄(§232의2)

- 무형 위조도 본죄 성립
- 判 RAM 변작도 사전자기록변작죄 인정
- 기수시기 : 램에 올려진 전자기록의 내용을 권한 없이 수정·입력한 시점

⑥ 공문서위조·변조죄(§225)

(1) 행위주체

본죄의 행위주체에는 제한이 없다(일반범).

Case 12 대법원 1981.7.28, 81도898

〈보조공무원〉
① 직접(임의로) 상관명의 작성 → 공문서 위조
② 허위·기안·고의 없는 상관 결재 → 허위공문서작성죄의 간접정범

대법원 2001.3.9, 2000도938

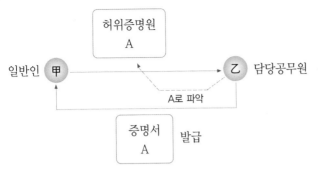

　　i) 허위공문서작성죄의 간접정범 : 허위공문서작성죄는 진정신분범! ⇒ ×
　　ii) 공정증서원본부실기재죄? : 공정증서에 해당 × 원본이어야 함 ⇒ ×
　　iii) 공문서위조죄의 간접정범? : 乙의 의사지배 인정할 수 없음 ⇒ ×
　　　　└▶ 甲이 乙의 이름을 쓰지 않고 乙이 자기이름을 증명서에 씀 = 甲이 乙 이름 모용× ∴ 甲 무죄
　　iv) 위계에 의한 공무집행방해 : 완벽한 기망을 요하는데 적시되어 있지 않음 ⇒ ×

(2) **행위객체** : 공무원 · 공무소가 그의 명의로 작성한 공문서 또는 공도화
　① 공무원 · 공무소 '발행' 의 문서로 제한되는가 : 제한되지 않는다.
　② 공무원 작성문서와 개인작성 문서가 결합되어 있는 경우 : 공무원이 작성한 증명문구에 의하여
　　증명되는 개인작성 부분(부동산매도용 이외의 인감증명서의 사용용도)을 변조하는 경우에는 공
　　문서가 아니라 사문서변조죄가 성립한다.

공	사병존문서		사서증서	인증서
공문서	사문서		사문서	공문서

　사서증서? → 개인이 쓴 증명서

　　　　　　　　　　　　　　　　↓
　　　　　　　　　　　　　위조하면? ⇒ 사문서위조죄

　③ 허위작성된 공문서는 본죄의 객체가 되는가 : 진정성립한 공문서일 것을 요하므로 이미 허위작
　　성된 부진정한 공문서는 공문서변조죄의 객체가 되지 않는다(판례).

유가증권 위조	+	변조
○		×

허위공문서작성	+	변조
○		×

〈권한〉

無	有
고치면	고치면
↓	↓
공문서 변조	허위공문서작성
	(변개)

⑦ 자격모용에 의한 공문서작성죄(§226)

자신의 명의는 그대로 기재하였으나 타인의 자격을 자신의 자격인 것처럼 기재한 경우

⑧ 공전자기록 위작 · 변작죄(§227의2)

⑨ 허위진단서 등 작성죄(§233)

	신분범	목적범
허위진단서작성 §233	의/한/치/조 ○	×
허위공문서작성 §227	공무원 ○	행사목적○ (= 허위유가증권 작성죄○)
공정증서원본부실기재 §228	× 일반범	× 단지 고의만 있으면 ok

cf 공무원의 신분인 의사가 진단서 허위 작성 : 허위공문서작성죄

⑩ 허위공문서작성죄(§227)

작성권한 있는 공무원이 문서 · 도화에 객관적 진실에 반하는 내용을 기재하는 것

Case 16 대법원 2000.6.27, 2000도1858

〈허위?〉	
객관적 진실 反 객관설 most	기억 反 주관설 위증 & 허위감정

公
甲

사실관계	T
적용법조	F

→ 적용법조까지 허위공문서작성으로 보면 적용법조의 실수, 즉 과실까지도 고의로 보게 될 여지가 있다.

∴ 사실관계에 대한 내용에 거짓 없으면 허위공문서작성죄 구성 ×

※ 신분범의 간접정범

└─▶ 수뢰죄/허위공문서작성죄

신분자 ○ | 작성권한 있는 공무원 ○

비신분자 × | ① 일반인 ×
② 작성권한 없는 보조공무원 ─< ×(少)
                                    ○(多, 判)

확장해석/원래 안 되는 것이 원칙이지만
(보조공무원은 주체될 수 없음)

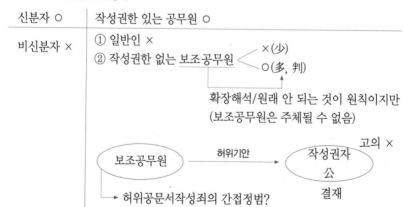

고의 ×

보조공무원 ──허위기안──▶ 작성권자 公
                                    결재

└─▶ 허위공문서작성죄의 간접정범?

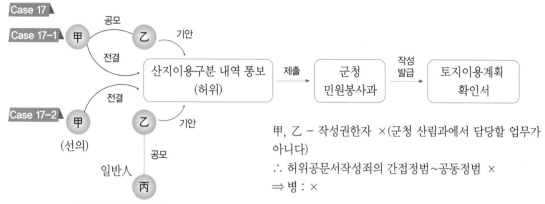

甲, 乙 – 작성권한자 ×(군청 산림과에서 담당할 업무가
아니다)
∴ 허위공문서작성죄의 간접정범~공동정범 ×
⇒ 병 : ×

• 다른 범죄와의 관계
① 본죄와 허위진단서작성죄와의 관계 : '허위공문서작성죄' 만 성립한다는 것이 2004년 대법원 판
례의 입장이다.
② 본죄와 직무유기죄와의 관계 : 허위공문서작성만 성립(원칙). 단 실체적 경합 되기도 함

Case 18

① 작위범 – 부작위범 : 상상적 경합 ×

범인도피 – 직무유기 : 상상적 경합 ×

작위 … 위법사실

② 公 甲 직무유기 + ┌ 적극은폐목적 ○ = 직무유기 × ⇒ 일죄
          │   허위공문서 작성   허위공문서작성
       부작위
          │   └ 적극은폐목적 × = 직무유기 ○ ⇒ 실·경
                별도목적 ○ 허위공문서작성 ○
                허위공문서작성

③ 인권옹호직무명령 不준수죄 + 직무유기 ⇒ 상·경 ○
   (부작위)   (부작위)

⑪ 공정증서원본 등 부실기재죄(§228)

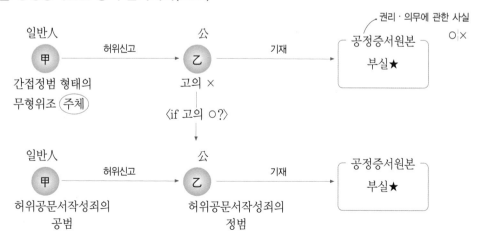

(1) 객관적 구성요건

① 주체	제한 ×(공무원도 可)
② 객체	공정증서원본 ─< 권리·의무 ○ 중요사실 ×

○	×
화해조서, 호적부, 부동산등기부, 상업등기부, 민사분쟁사건처리특례법 합동법률사무소 명의의 공정증서	주민등록부, 인감대장, 토지대장, 가옥대장, 임야대장, 도민증, 시민증, 주민등록증, 사서증서, 판결원본, 수사기관의 진술조서, 사업자 등록증

③ 행위 : 공무원에 대하여 허위신고 → 부실의 사실을 기재

ㄱ 허위신고 : 구두/서면 불문

본죄 성립	본죄 불성립
위장결혼 (혼인생활 의사 ×) 가장된 금전채권	위장이혼 (이혼신고 의사 ○) 허위채권양도

ㄴ 부실의 사실의 기재 ┬ 권리·의무와 관련된 중요한 사실
      ├ 실체적인 권리의무관계와 일치 : 부실기재 ×
      └ 등기경료 당시 기준 판단

Case 19 * 제3자 명의의 근저당권설정등기도 유효하다.

[대법원 2007.2.23, 2006도5074]

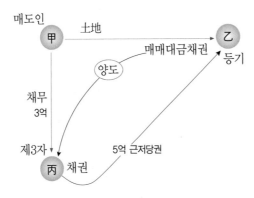

∴ 甲 : 사문서위조, 위조사문서행사, 공정증서 원본부실기재, 부실기재공정증서원본행사의 실체적 경합

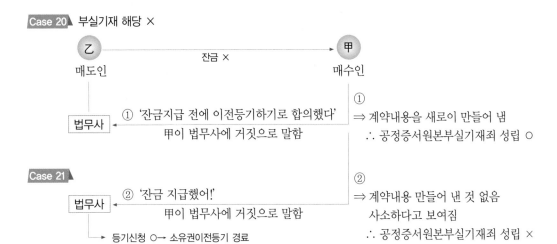

Case 20 부실기재 해당 ×

乙
매도인

잔금 ×

甲
매수인

법무사 ← ① '잔금지급 전에 이전등기하기로 합의했다'
　　　　　甲이 법무사에 거짓으로 말함

①
⇒ 계약내용을 새로이 만들어 냄
∴ 공정증서원본부실기재죄 성립 ○

Case 21

법무사 ← ② '잔금 지급했어!'
　　　　　甲이 법무사에 거짓으로 말함

→ 등기신청 ○ → 소유권이전등기 경료

②
⇒ 계약내용 만들어 낸 것 없음
　사소하다고 보여짐
∴ 공정증서원본부실기재죄 성립 ×

• 가장매매

Case 22 부실기재 해당하지 않는 경우 – 가장매매계약

乙
명의신탁자

부동산명의신탁
등기이전이사 有

甲
명의수탁자

실제	신고	
명의신탁	매매	⇒ 가장매매 (무죄) 실체적인 의무관계 일치
매매	(토지거래허가 잠탈 목적) 증여	⇒ 공정증서원본 부실기재죄 ○

〈부실의 사실의 기재〉

| ① 권리 · 의무와 관련된 중요한 사실에 관한 것 ② 공정증서원본에 기재된 사항이 부존재하거나 외관상 존재하더라도 무효인 경우 | ≠ | ① 기재된 사항이나 원인된 법률행위가 객관적으로 존재하고 다만 거기에 취소사유에 해당하는 하자가 있을 뿐인 경우 ② 사소한 사실에 대해서 허위인 점이 있어도 중요한 부분은 사실 (진실)에 해당하는 경우 ③ 당사자의 의사에 부합하거나 실체적 권리관계에 부합하게 하기 위하거나 부합하는 유효한 등기인 경우에는 (원인이 실제와 다르더라도) 부실기재 해당 × |

| 허위의 채권을 양도한다는 취지의 공정증서를 작성하게 한 사례 → 부실기재 해당 × ∵ 양도, 양수의 의사표시는 실제로 존재하므로 → 채권의 존재 자체를 공증하는 문서가 아님! | ≠ | 실제로는 채권 · 채무 관계가 존재하지 아니함에도 공증인에게 허위신고를 하여 가장된 금전채권에 대하여 '집행력이 있는 공정증서원본'을 작성~ → 부실기재 해당 ○ |

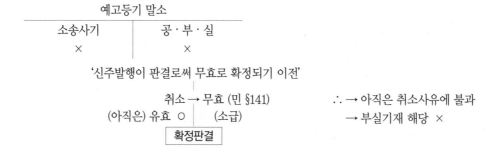

• 중간생략등기

Case 23

A → (B ──중간생략── C) → 현재 D 등기..

세금 안 내려고!
⇓
유효성 인정
∴ 공정증서원본부실기재죄 성립
×

④ 착수 : 허위신고시
   기수 : 공정증서원본 등에 부실의 사실의 기재가 있을 때

⑫ 위조 · 변조 · 허위작성 사문서행사죄(§234)

행사의 상대방은 위조문서임을 모를 것을 요한다. 그러므로 정을 아는 공범자에게 제시 · 교부하는 행위는 본죄의 행사가 아니다(판례). 다만 통화나 유가증권은 상대방이 알고 있다 하더라도 유통가능성이 있으므로 행사죄 성립. 본죄는 행사할 목적을 요하지 않는다.

⑬ 위조 · 변조 · 허위작성 · 부실기재 등 공문서행사죄(§229)

⑭ 사문서 부정행사죄(§236)

문서죄 中 유일하게 미수 규정 無 ⇒ 문서죄 中 가장 가벼움
현금보관증이 자기 수중에 있다는 사실 자체를 증명하기 위하여 증거로서 법원에 제출하는 행위 : ×
타인의 KT 전화카드를 공중전화기에 사용한 행위 : ○

⑮ **공문서 부정행사죄(§230)**

공문서	부정	행사죄
진정	권한 ×	문서의 사용용도 이내
용도 특정 ○	or	or
	(권한 ○)	(사용용도 이외 ○)

(1) 공문서
　　① 진정 작성 要
　　② 용도 특정 要 ≠ 용도다양 ─ 인 감증명서
　　　　　　　　　　　　　　　├ 신 원증명서
　　　　　　　　　　　　　　　├ 화 해조서 경정신청기각결정문
　　　　　　　　　　　　　　　├ 주 민등록표 등본
　　　　　　　　　　　　　　　├ 선 박국적증서 · 선박검사증서
　　　　　　　　　　　　　　　└ 차 용증 및 이행각서(사문서)

(2) 부정
　　③ 사용권한 없는 자　　　　　　　　　　　〈주민등록증〉
　　　　행사 ┬ 해당 문서의 용도 이내 사용 : 죄 ○ – 신분확인용 제시
　　　　　　 └ 해당 문서의 용도 이외 사용 : 죄 × – 이동전화 가입용 제시
　　④ 사용권한 있는 자
　　　　행사 ┬ 해당 문서의 용도 이내 사용 : 죄 × – 선박국적증서 허위사고신고
　　　　　　 └ 해당 문서의 용도 이외 사용 : 죄 ○ – 학설 대립(判 긍정설)

제 4 절   인장에 관한 죄

① **사인 등 위조 · 부정사용죄(§239)**

> **Case 24** ▸ 사인 등 위조 · 부정사용죄

　　* 사문서 위조? × → ∵ 진술자 : 작성명의인 ×
　　* 허위 공문서 작성? × → ∵ 甲 : 신분 ×
　　* 사서명위조+동행사 = ○ → ∵ 乙의 서명만 위조
　　　　　　　　　↓
　　　서명 직후 열람상태

② 위조사인 등 행사죄(§239)

③ 공인 등 위조죄 · 부정사용죄(공기호 부정사용)(§238)

자동차의 차량번호표, 택시미터기의 검정납봉의 봉인이 본죄의 공기호에 해당

④ 위조공인 등 행사죄(§238 ②)

CHAPTER 03 | 공중의 건강에 대한 죄 |

제 1 절 **먹는 물에 관한 죄**

① **먹는 물사용방해죄**(§192 ①)

② **먹는 물유해물혼입죄**(§192 ②)

예비 · 음모 ○

③ **수돗물사용방해죄**(§193 ①)

④ **수돗물유해물혼입죄**(§193 ②)

예비 · 음모 ○

⑤ **먹는 물혼독치사상죄**(§194)

⑥ **수도불통죄**(§195)

예비 · 음모 ○

제 2 절 **아편에 관한 죄**

① **아편흡식죄**(§201 ①)

② **아편흡식장소제공죄**(§201 ②)

③ **아편 등 제조 · 수입 · 판매 · 판매목적소지죄**(§198)

④ **아편흡식기 제조 · 수입 · 판매 · 판매목적소지죄**(§199)

아편흡식기 : 절대적 금제품 → 절도죄 객체 ×

⑤ **세관공무원의 아편 등 수입 · 수입허용죄**(§200)

⑥ **상습아편흡식 · 아편제조 · 수입 · 판매죄**(§203)

⑦ **아편 등 소지죄**(§205)

'아편~죄'에서 주의할 점 : 상습범 처벌규정 有, 필요적 몰수규정 有

CHAPTER 04 | 사회의 도덕에 대한 죄 |

제1절 성풍속에 관한 죄

① 음행매개죄(§242)

대향범 관계에 있으나 음행매개자만 처벌, 총칙상 공범규정 적용 ×

② 음화 등 반포 · 판매 · 임대 · 공연전시 · 상영죄(§243)

① 음란성 : 명확성 ○　cf 외설, 잔인, 범죄의 충동 – 명확 ×
② 음란성은 객관적으로 판단, 전체적 · 종합적 고찰방법에 의해 판단(법인이 판단)
③ 필요적 공범 중 대향범 – 반포 · 판매 · 임대의 상대방 공범 처벌 ×

③ 음화 등 제조 · 소지 · 수입 · 수출죄(§244)

① 음화 등 반포 · 임대 · 공연전시 · 상영죄의 예비단계
② 목적범

④ 공연음란죄(§245)

① 공중 앞에서 알몸노출 : 본죄 성립
② 말다툼 끝에 항의표시로 엉덩이노출 : 무죄
③ 전라 퍼포먼스 요구르트 판촉행사 : 본죄 성립

제 2 절 도박과 복표에 관한 죄

① 단순도박죄(§246 ①)

(1) 객관적 구성요건
  ① 필요적 공범 중 대향범(=아동혹사, 인신매매)
  ② 사기도박 × – 사기죄 성립
  ③ 도박행위 착수가 있는 때 기수(추상적 위험범)

(2) 일시오락
  사회상규에 위배되지 아니한 행위로 위법성 조각

② 상습도박죄(§246 ②)

부진정신분범   • 상/협/체/성/절/사/장/아/⑩ – 상습범
                • 강/장/⑩ – 상습범 중 별도의 형량이 있음

③ 도박개장죄(§247)

  ① 행위자는 도박의 주재자가 될 것을 요함. 도박장소만을 제공한 경우 도박죄의 종범
  ② 기수시기는 도박 개장한 때
  ③ 영리의 목적 ○

④ 복표발매·중개·취득죄(§248)

법령에 의해 발매된 복표 – 정당행위(법령에 의한 행위)로 위법성조각
공/징/사/노/모/전/⑭/뇌/카/총/母

제 3 절 신앙에 관한 죄

① 장례식 등 방해죄(§158)

② 시체 등 오욕죄(§159)

③ 분묘발굴죄(§160)

  미수 ○

④ 시체 등 손괴 · 유기 · 은닉 · 영득죄(§161)

① 미수범 처벌규정 ○
② 유기죄 : ×

⑤ 변사자검시방해죄(§163)

① 사인이 명백한 시체 − 변사체 ×
② 미수범 처벌규정 ×

MEMO

PART 02

형법각론

국가적 법익에 대한 죄

〈보호주의〉

1. ⑭란
2. ㉔환
3. ㉃기   ⑭/㉔/㉃
4. 국교 : ×   통/유/문/인
             └ 보호주의

〈예비죄〉

살   먹   도
약   통   내
강   방
      기
      폭

내란/외환	외국사전
예비 · 음모	예비
선동, 선전	음모
모두 처벌	

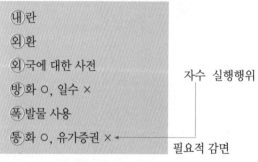

⑭란
㉔환
㉔국에 대한 사전
⑲화 ○, 일수 ×
㉐발물 사용
통화 ○, 유가증권 ×

자수 실행행위

필요적 감면

〈예비 · 음모〉

제 1 절 | 공무원의 직무에 관한 죄

법조문 정리

§122	§129 ┬ ①
§123	└ ②
§124 ┬ ①	§130
└ ② 미수(★)	§131 ┬ ①
§125	├ ②
§126	└ ③
§127	§132
§128	§133 ┬ ①
	└ ②
	§134 필요적 몰수
	§135

① 공무원의 직무 §122~135 : 직무범죄 : 公 – 주체
② 공무방해의 죄 §136~144 : 公 ← 객체
③ 도주 & 범인은닉 §145~151 – 도주원조 : 예비·음모 ○
④ 위증 & 증거인멸 §152~155
⑤ 무고 §156·157

1 직무유기죄(§122)

(1) 구성요건

① 객관적 구성요건

㉠ 주체 : 공무원

주체 ×	주체 ○	병가 중인 자	
사환·청소부·인부 등 기계적·육체적 노무 종사자	우편집배원, 세무수습행정원, 군인 중 사병	주체 ×	공동정범 ○

㉡ 행위
  • 구체적인 업무
  • 부진정부작위범
  • 직무집행의 의사로 자신의 직무를 수행한 경우 ×
  • 지방자치단체장이 자체 인사위원회에 징계의결요구를 하거나 훈계처분을 하도록 지시 ×
  • 사법경찰관이 혐의자를 훈방조치하여 검사의 수사지휘를 받지 않은 경우 ×

(2) 죄수 및 다른 범죄와의 관계

- 작위범과 부작위범 : 상상적 경합 ×, 작위범만 성립
① 직무에 위배하여 허위공문서를 작성한 행위 : 원칙적으로 허위공문서작성죄만 성립

> cf 별도의 허위공문서작성행위 : 실체적 경합

작위범 ○	부작위범 ×	
허위공문서작성		
범인도피		
위계공무방해 + ~~직무유기~~	= ~~상상적 경합~~	
증거인멸		
건축법위반교사		

② 하나의 행위가 직무유기와 다른 작위범에 모두 해당될 경우 검사의 선택기소 가능함
③ 긴급체포자의 적법성 심사를 위한 검사의 호송지휘에 불응한 사법경찰관

　: 인권옹호직무명령 不준수죄(§139)+직무유기 = 상상적 경합
　　　　　부작위범　　　　　　　　　　부작위범

② 피의사실공표죄(§126)

검찰, 경찰 그 밖에 범죄수사에 관한 직무를 행하는 자 또는 이를 감독·보조하는 자(진정신분범)가 공판청구 전(공소제기 전)에 불특정 다수인에게 공표함으로써 성립하는 범죄. 공표는 부작위에 의하여도 가능

③ 공무상 비밀누설죄(§127)

(1) 직무상 비밀 : 외부에 알려지지 않는 것에 '상당한 이익'이 있는 사항도 포함(실질적 기밀개념과 유사 – 간첩죄)

- 옷값 대납 사건의 내사결과보고서는 비공지의 사실이나 본죄의 비밀 ×
- 기업의 비업무용 부동산 보유실태에 관한 감사원 보고서의 내용 – 비밀 ×

④ 직권남용(권리행사방해)죄(§123)

(1) 주체 : 공무원(判 강제력을 수반하는 직무를 행하는 자 不要)
(2) 직권의 남용 : 일반적 권한에 속하는 사항에 관하여 그것을 불법하게 행사하는 것.외관상 직무권한과 아무런
　관련이 없는 행위 ×
(3) 주관적 구성요건 : 권리행사를 방해한다는 의식+직권을 남용한다는 의식
(4) 결과발생 要, 미수범 처벌규정 無

⑤ 불법체포·감금죄(§124)

- 재판, 검찰, 경찰 기타 인신구속을 행하는 자 또는 이를 보조하는 자(부진정신분범)
- 법정절차 없이 경찰서 보호실에 구금시킨 행위 : ○
- 사무실 안팎을 내왕한 경우에도 본죄의 성립에 영향이 없다. : ○

⑥ 폭행·가혹행위죄(§125)

⑦ 선거방해죄(§128)

① 검찰, 경찰, ⓒ의 직에 있는 공무원(진정신분범)

② 목적범이 아니다.

⑧ 단순수뢰죄(§129)

• 직무관련성 + 부정한 이익

• 포괄적 뇌물 ○

　┌ 사교적 의례 : 뇌물 ×

　├ 가액이 통상을 넘는다면 : 대가관계가 없더라도 뇌물 ○

　└ 금액이 적더라도 : 대가관계 분명하다면 뇌물 ○

필요적 공범 & 독립범죄 : 이원설

• 몰수·추징의 방법

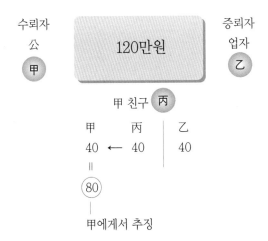

• 죄수 및 다른 범죄와의 관계

포괄일죄-연속범

ⓢ뢰	ⓞ락실 · 게임장
ⓒ갈	ⓗ령
ⓢ기	ⓢ용카드 부정사용
ⓩ권거래법	
ⓔ료법	
ⓨ사법	

⑨ 사전수뢰죄(§129)

청탁	부정한 청탁
§129 ② 사전수뢰	§130 제3자 뇌물제공
§131 ③ 사후수뢰	§357 ① 배임수재

⑩ 제3자 뇌물공여 · 요구 · 약속죄(§130)

제3자 뇌물제공
제3자 뇌물공여
제3자 뇌물수수

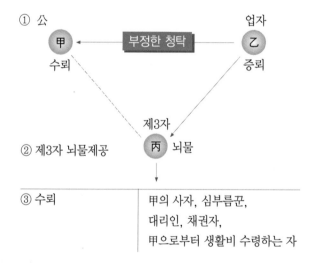

① 公	업자
甲 ←부정한 청탁← 乙	
수뢰	증뢰

제3자
② 제3자 뇌물제공 丙 뇌물

| ③ 수뢰 | 甲의 사자, 심부름꾼, 대리인, 채권자, 甲으로부터 생활비 수령하는 자 |

⑪ 수뢰 후 부정처사죄(§131 ①)
연결효과에 의한 상상적 경합

⑫ 부정처사 후 수뢰죄(사후수뢰죄)(§131 ②③)

⑬ 알선수뢰죄(§132)

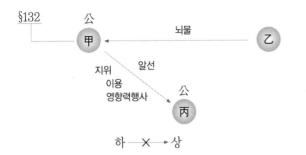

- 주체 : 공무원○, 중재인×
- 지위 이용 ┌ 법률상 · 사실상 영향
　　　　　　├ 상하 · 협동 · 감독 등 관계 불요
　　　　　　├ 친족 · 친구관계 불요
　　　　　　└ 실제 알선 성립 불문

⑭ 뇌물공여 · 공여약속 · 공여의사표시죄(증뢰죄)(§133)

§133 ② 증뢰물 전달 = 제3자 뇌물취득　cf §130

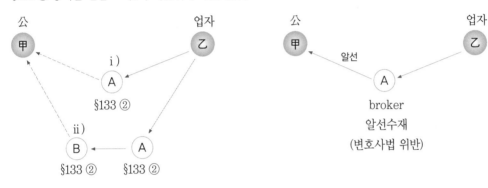

ⅰ) 乙 : §133 ② 제3자에게 금품 교부
　　 A : §133 ② 그 정을 알면서 교부를 받은 자
ⅱ) A : §133 ② 제3자에게 금품 교부
　　 B : §133 ② 그 정을 알면서 교부받은 자

제 2 절 공무방해에 관한 죄

법조문 정리

§136 ─①	§144 ─①
└②	└②
§137	
§138	
§139	미수 ×(~방해)
§140 ①	§143 미수 ○(~침해, ~무효)
②	
③	
§140의2	
§141 ①	
②	
§142	

① **공무집행방해죄**(§136 ①) : 직무를 집행하는 공무원

• 직무집행의 적법성

	예
	경찰관 : 체포권 ○/동사무소 직원 : 체포권 ×
㉠상적 권한(=일반적 권한)	긴급체포의 요건
㉢체적 권한	미란다원칙 고지
적법㉤차	체포의 필요성
	└ 합리성 ─ ○ : 적법
	└ × : 불법

• 위력·허위사실 유포
   └ 공무집행방해 ×, 업무방해 ×
• 직무·사직강요죄 §136 ② : 목적, 장래의 직무집행

② **위계에 의한 공무집행방해**(§137) (공무집행방해와의 비교)

위계에 의한 공무집행방해	cf 공무집행방해
결과발생 要(判)	결과발생 不要
공무집행방해 의사 要(判)	공무원에 대한 폭행·협박의 의사 要
	(공무집행방해 의사 不要)

③ **법정 · 국회회의장 모욕죄**(§138)

~모독 ┐
~모욕 ┘ 목적범

④ **인권옹호직무방해죄**(§139)

└ 인권옹호 직무명령 不준수죄 : 부작위범

\+

직무유기 : 부작위범

=

상상적 경합(判)

⑤ **공무상 비밀표시무효죄**(§140)

• 공무상 표시

① 존재(현존)	정당
② 적법	
③ 유효	
要	不要

∴ 부당하다 하더라도 – 죄 ○

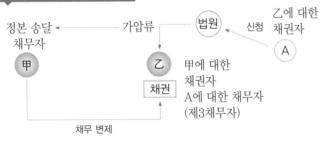

대법원 1975.5.13, 73도2555

┌ 공무상 표시무효죄? – 乙의 채권이 가압류되었다는 정본만 송달받았을 뿐 구체적인 집행행위 ×
└ 공무상 보관물무효죄? – 보관명령이 없으므로 ×

• 압류가 해제되지 않은 이상, 채무를 변제하였다는 것만으로 압류의 효력이 부정되는 것은 아니다.

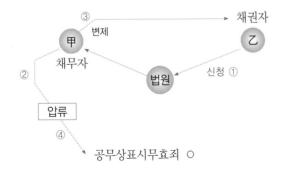

- 가처분을 받은 채무자가 특정채무자로 지정

특정 채무자	이외의 자
온천이용허가권자인 가처분 채무자 남편	× 제3자 부인 건축허가명의 변경

- 점유이전금지가처분

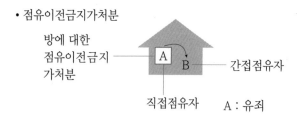

방에 대한
점유이전금지 ─ A B ─ 간접점유자
가처분

직접점유자   A : 유죄

- 채권자의 승낙 ○ – 죄가 되지 않는다.
  * 강제처분의 적법성 · 유효성에 대한 인식 要
    └▸ 고의의 대상 – 사실의 착오

§16 정당한 이유(부·법·초·군·허·향·한·비·변·교)
  └▸ "민사소송법 기타 공법의 해석을 잘못하여~"
  : 형벌 법규의 부지와 구별되어 범의를 조각한다.

      ↕

  변호사의 간단한 자문 ┌ 회피가능성 ○
                    └ 정당한 이유 × : 유죄

제 3 절 도주와 범인은닉의 죄

법조문 정리

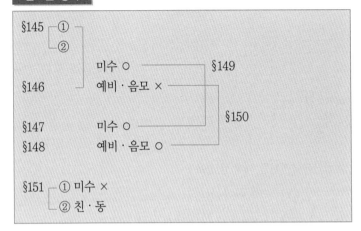

① 단순도주죄(§145 ①)
- 주체 : 법률에 의하여 체포 · 구금된 자(진정신분범)
  * 가석방 · 집행유예 · 보석 · 형집행정지 · 구속집행정지 중인 자 – ×

② 집합명령위반죄(§145 ②)
- 구금된 자(진정신분범), 체포 ×
- 진정부작위범
  ㉮중불해산
  ㉑시공수계약 불이행
  ㉑권용호직무명령 불이행
  ㉑시군수계약 불이행
  ㉑합명령위반
  ㉣거불응

③ 도주원조(§147)
  └ 방조

승계적 방조	사후 방조
○	×

- 간수자 도주원조 : 부진정신분범 §148

④ 범인은닉(§151 ①)

- 범인 자신의 은닉 · 도피행위 – ×
- 주체 : 범인 이외의 자

ⓑ인은닉
ㅁ

ⓑ금 이상　　ⓑ범인⟵ 은닉/도피
ㄹ

　　　　　　他人
ⓑ정형
ㅂ　　　　　└ 소추나 처벌이 불가능해진 자 : ×

Case 1 범인은닉죄 '주체'

범인이 타인을 교사하여 자기의 범인은닉행위를 하게 된 경우

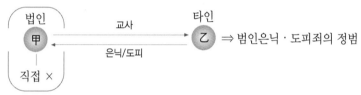

〈범인은닉 · 도피죄의 교사범?〉

多 : 부정 → 스스로 도망가는 것도 죄가 안 되면서 이걸 긍정할 수는 없다.

判 : 인정 → 乙을 죄인으로 만들었기 때문에 甲은 자기방어권을 일탈했다.

∴ 자기가 하면 죄가 안 되지만, 교사는 인정 ○

⇩

Case 2 '위증죄'로 적용

Case 3 '증거인멸죄'로 적용

범

위

증

 **Case 4** '무고죄' 로 적용

무

성립 : 범/위/증/무

* 스스로는 범할 수 없지만 교사범
  • 게임장의 바지사장

공범의 존재 숨김	적극적으로 진범 행세
무죄	범인은닉 ○

 제 **4** 절 **위증과 증거인멸의 죄**

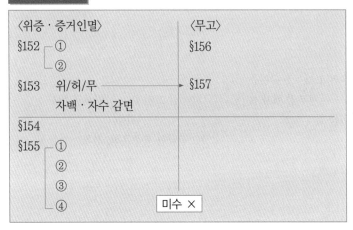

법조문 정리

〈위증 · 증거인멸〉	〈무고〉
§152 ┬ ① └ ②	§156
§153 위/허/무 ──────▶ §157 자백 · 자수 감면	
§154	
§155 ┬ ① ├ ② ├ ③ └ ④	미수 ×

---

① **위증죄(§152 ①)**

국가의 사법기능 : 추상적 위험범

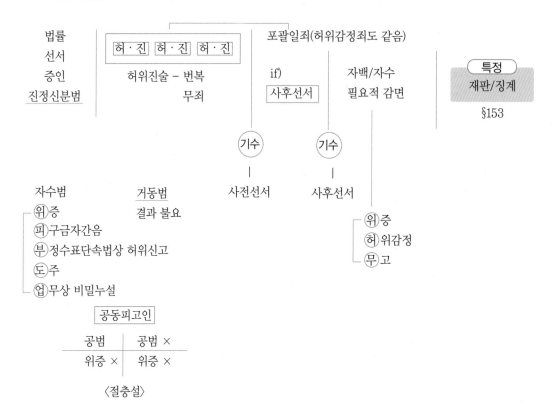

법률
선서
증인
진정신분범

허·진 허·진 허·진

허위진술 – 번복
무죄

포괄일죄(허위감정죄도 같음)

if)
사후선서

기수
|
사전선서

기수
|
사후선서

자백/자수
필요적 감면

특정
재판/징계
§153

자수범
ㅡ (위)증
ㅡ (피)구금자간음
ㅡ (부)정수표단속법상 허위신고
ㅡ (도)주
ㅡ (업)무상 비밀누설

거동범
결과 불요

위증
허위감정
무고

공동피고인

공범	공범 ×
위증 ×	위증 ×

〈절충설〉

★ 증언거부권자

〈증언거부권 행사 ×, 위증〉 → 위증죄 ○

1. 증언거부권 고지 ○	2. 증언거부권 고지 ×(→ 위증 ×)	
위증 ○	① 「고지 ×」→「거부권 행사 ×」 위증 ×	② 「if 고지 ○」→「거부권 행사 ×」 위증 ○ 判) 전남편 음주운전, 전처

• 행위 – 허위의 진술을 하는 것

〈허위〉

객관설	주관설
진실 × Most	증인 – 기억 反 감정인 – 판단 反 위증죄 허위감정죄

• 죄수
 – 하나의 절차 안에서 계속하여 허위의 진술 : 위증죄의 포괄일죄
 – 절차종료 후 새로운 절차에서 위증 : 별개의 위증

② 모해위증죄(§152 ②)

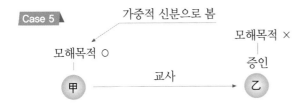

Case 5

가중적 신분으로 봄

모해목적 ○ → 甲 ──교사──→ 乙 (증인) 모해목적 ×

위증
단순위증죄의 정범

通) 단순위증죄의 교사범 ○
判) §33 단서 적용
    모해위증죄의 교사범 ○
§31 ① < §33 단서(우선 적용) 판례입장
가중적 신분

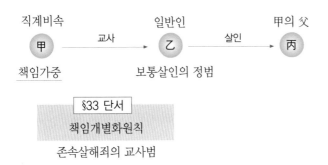

직계비속 甲 ──교사──→ 乙 (일반인) ──살인──→ 丙 (甲의 父)

책임가중   보통살인의 정범

§33 단서
책임개별화원칙

존속살해죄의 교사범

제 5 절 무고의 죄

① 보호법익

국가의 심판기능의 적정과 피무고자의 법적 안정(추상적 위험범)(절충설 · 이중성격설 : 통설).

② 무고죄(§156)

(1) 구성요건

① 행위 : 공무소 · 공무원에 대하여 허위사실을 신고하는 것

  ㉠ 행위의 대상 : 형사처분 · 징계처분에 대하여 직권을 행사할 수 있는 해당 공무소, 공무원

  ㉡ 행위의 태양 : 허위사실을 신고하는 것

    ⓐ 허위사실

      • 허위 : 객관적 진실에 반하는 허위사실(→ 신고자가 그 신고내용을 허위라고 믿었다 하더라도 그것이 객관적으로 진실한 사실에 부합할 때에는 허위사실의 신고에 해당하지 않아 무고죄 성립 ×)

cf 위증죄 – 주관설

- 허위사실이라는 적극적인 증명이 있어야 함. 신고사실의 진실성을 인정할 수 없다는 소극적 증명만으로는 본죄의 성립 ×
- 신고사실의 정황을 과장하는 데 불과 ×
- 상대방의 범행에 공범으로 가담한 사람이 이를 숨긴 채 상대방을 고소한 경우 ×

  cf 상대방의 범행부분이 독립된 경우 ○

- 사실 : 형사처분 · 징계처분의 '원인'이 될 수 있는 것
  - 사면 또는 공소시효완성으로 공소권이 소멸되었음이 명백한 사실을 신고 ×
  - 강간죄로 고소한 것이 친고죄의 고소기간 경과 후에 고소가 제기된 것으로서 처벌할 수 없음이 고소내용 그 자체에 의하여 명백한 경우 ×

ⓑ 신고 : 자발성 要
  - 검사 또는 사법경찰관의 신문에 대하여 허위의 진술 ×
  - 고소보충조서를 받으면서 자진하여 진술한 경우 ○
  - 명의를 대여한 고소에 있어서는 그 명의자를 대리한 자를 신고자로 보아 무고죄의 주체로 인정

방배동 카페 이중임대차 사례

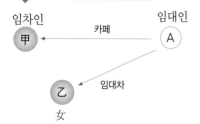

甲 : "허락 없이 임대차 계약했다"

사실 ↓ 허락 ○

甲의 이름 × : 사문서위조 ×

A : 타인의 사무처리자 ×, 배임 ×, 기망 ×, 사기 ×

* 형사범죄 자체 구성 × ∴ 甲 : 무죄

ⓒ 기수시기 : 허위신고가 당해 공무소 · 공무원에게 도달한 때

고소장을 되돌려 받았다 하더라도 무고죄에 성립에 영향 無

미수범 처벌규정 無

② 주관적 구성요건
  ㉠ 고의 : 미필적 인식으로 충분
  ㉡ 목적 : 타인으로 하여금 형사처분 · 징계처분을 받게 할 목적

(2) 죄수 및 다른 범죄와의 관계

1개의 행위로 수인을 무고한 경우 : 수죄의 상상적 경합

자백 · 자수특례규정(필요적 감면)	친족 간 특례규정(책임조각＝무죄)
• 위증죄 · 모해위증죄	• 범인은닉죄
• 허위감정 · 통역 · 번역죄	• 증거인멸죄
• 무고죄	

* 스스로는 범할 수 없지만 교사범 가능

㉑인은닉 / ㉞증 / ㉟거인멸 / ㉒고

MEMO

PART 03

형사소송법

수사와 증거

CHAPTER 01 | 수사 |

제 1 절 수사의 의의와 구조, 수사기관

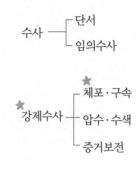

수사 ─┬─ 단서
　　　 └─ 임의수사

★
　　　　　　★ 체포·구속
강제수사 ─┼─ 압수·수색
　　　　　　└─ 증거보전

───────────────
수사종결

공소제기

〈수사기관 : 2020.02.04. 형소법 개정〉

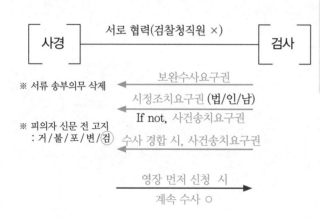

```
┌─────┐   서로 협력(검찰청직원 ×)   ┌─────┐
│ 사경 │ ───────────────── │ 검사 │
└─────┘                           └─────┘
```

To. 검사 ← 사건송치 from. 사경
　① 법 / 인 / 남 ─┬─ 검사의 시정조치 이행 ×
　　　　　　　　　 └─ 피의자 구제신청
　② 사건불송치에 대한
　　　고소인 등의 이의신청

※ 서류 송부의무 삭제 ◄──── 보완수사요구권
　　　　　　　　　　 시정조치요구권 (법/인/남)
　　　　　　　　　◄── If not, 사건송치요구권
※ 피의자 신문 전 고지
　: 거/불/포/변/검 ◄── 수사 경합 시, 사건송치요구권

　　　　　　 영장 먼저 신청 시
　　　　　 ──────────────►
　　　　　　　 계속 수사 ○

※ 사건송치
　① 혐의 有 : 송치 ──────► 검사
　② 혐의 無 : 이유서 등 송부 ──► 검사(90일 내 반환)┬─ 원칙 : 불기소 처분
　　　　　　　　│　　　　　　　　　　　　　　　　 └─ 위법 / 부당 : 재수사 요청
　　　　　　　　│
　　　　　　　　└─► to. 고소인 등 ┐ 이의신청
　　　　　　　　　 송부 후 ⑦일 이내 ├─────► 경찰 서장(검사 ×) ──► 사건 송치 ──► 검사
　　　　　　　　　 사건불송치 이유 통지 ┘

〈수사의 조건〉

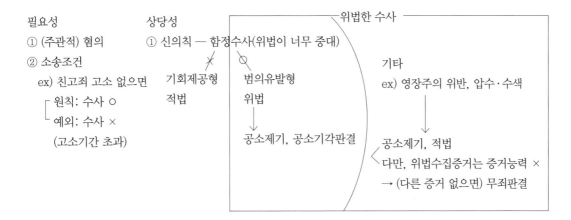

| 필요성 | 상당성 | 위법한 수사 |

필요성
① (주관적) 혐의
② 소송조건
  ex) 친고죄 고소 없으면
  ┌ 원칙: 수사 ○
  └ 예외: 수사 ×
    (고소기간 초과)

상당성
① 신의칙 — 함정수사(위법이 너무 중대)

기회제공형   범의유발형
적법   위법

공소제기, 공소기각판결

기타
ex) 영장주의 위반, 압수·수색

공소제기, 적법
└ 다만, 위법수집증거는 증거능력 ×
  → (다른 증거 없으면) 무죄판결

제 2 절 수사의 개시

① 수사의 단서

수사 전: 피내사자 | 수사 후: 피의자

수사의 단서 ──────→ 수사의 개시
                        ‖   ┌ 입건(형식적)
                       인지 ──┤
                               └ 수사개시활동(실질적)

• 불심검문
• 변사자 검시
★ 고소
• 고발
• 자수

② 불심검문

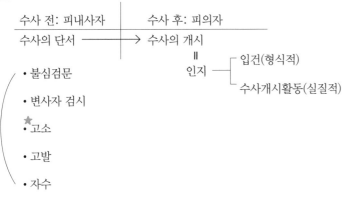

• 거동불심자 = 하/려/안
              였 하 다
              다 는

• 질문
      불리/교통
정지   동행요구   흉기소지검사
  – 임의동행
  – 변호인조력권 ○   cf)진술거부권 ×
  ∴ 피내사자도 접견교통권 ○
  – 6시간까지만 경찰관서 머물 수

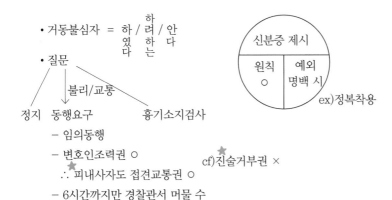

신분증 제시
원칙 ○ | 예외 명백 시
ex)정복착용

③ 변사자의 검시

수사 ×	수사 ○
자살?	범죄피해자
검시	검증 ─ 영장주의

④ 고소

1. 의의 및 성격

(1) 의의

┌ ① 범죄사실 신고: 범죄사실 특정 ○ / 범인, 범죄 장소·일시·방법 특정 ×

　　　　　　　　　　　　　　　　cf) 수사종결 후 '공소장'에 피고인, 공소사실 특정 ○

　　　　　+

└ ② 범인 처벌 희망

　　　↓

　　수사기관

(2) 성격 ┌ 친고죄: 소송조건

　　　　 └ 비친고죄: 수사의 단서

2. 절차: 고소권자 ─ 방법 ─ 기간

(1) 고소권자

　① 피해자(직접 ○, 간접 ×)

　② 법정대리인: '고유권' (self)

　③ 친족: • 피해자 사망 시, 독립 ○ / 명시의사反 ×　　　• 배 / 직 / 형
　　　　　 • 법정대리인 = 피의자　　　　　　　　　　　　　 우 계 제
　　　　　 • 사자명예훼손　　　　　　　　　　　　　　　　 자 친 자매
　　　　　　　　　　　　　　　　　　　　　　　　　　　　　　 족

　④ 지정고소권자: 이해관계인신청 ──────→ 검사 지정
　　　　　　　　　　　　　　　　 10日

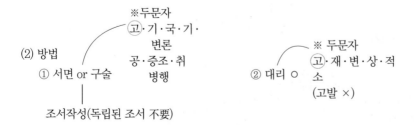

(2) 방법

① 서면 or 구술　　　※두문자
　　│　　　　　　　ⓒ·기·국·기·
조서작성(독립된 조서 不要)　변론
　　　　　　　　　　공·증조·취
　　　　　　　　　　병행

② 대리 ○　　※ 두문자
　(고발 ×)　　ⓒ·재·변·상·적
　　　　　　　　소

(3) 기간: 범인을 안 날 ──── 6개월 (친고죄) / cf) 비친고죄에서는 기간 무의미

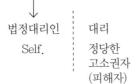

법정대리인 ┆ 대리
Self. ┆ 정당한
┆ 고소권자
┆ (피해자)

3. 고소의 불가분의 원칙

(1) 객관적 불가분 (규정 ×. 당연)

ex)

〈객관적 불가분〉

일죄 (甲 ──상해──→ 乙)   :   ○
〈객관적 불가분〉

                                              피해자가 동일한 경우

과형상 일죄 (甲 ┐   乙의 개) 손괴미수   :   ○ / ×   피해자가 다른 경우
= 상상적 경합   └→ 乙 死   과실치사

과형상 수죄 (甲 ──상해──→ 乙)   :   ×
= 실체적 경합   ──강도──→ 丙

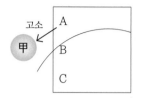

3개의 모욕죄의 상상적 경합

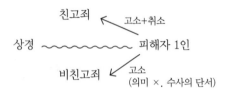

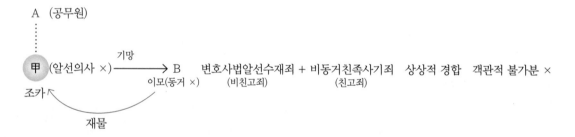

★
(2) 주관적 불가분 (§233)

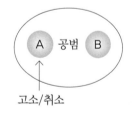

	친고죄		반의사불벌죄 즉시고발
	절대적(비/누/모/사)	상대적(재)	
주관적 불가분	적용 ○	적용 ×	적용 ×

But
전원 신분 ○ : 적용

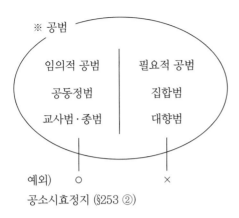

※ 공범

임의적 공범	필요적 공범
공동정범	집합범
교사범·종범	대향범

예외) ○ ×
공소시효정지 (§253 ②)

친족상도례 (형법 §328)
① 직. 배. 동. 동. 배 : 형면제

② × : 고소 ○ → 공소제기 可
(상대적 친고죄)

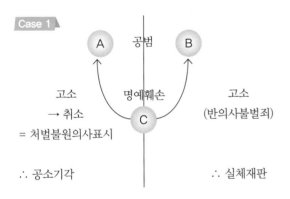

Case 1

공범
Ⓐ   Ⓑ

고소   명예훼손   고소
→ 취소   Ⓒ   (반의사불벌죄)
= 처벌불원의사표시

∴ 공소기각   ∴ 실체재판

4. 고소취소 ⟶ 수사기관 / 법원

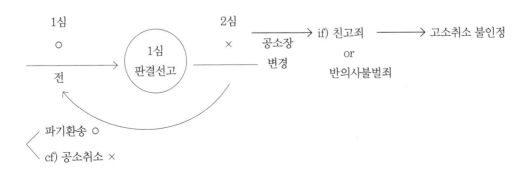

1심   2심
○   ×
           1심   공소장 → if) 친고죄 ⟶ 고소취소 불인정
           판결선고   변경   or
전   반의사불벌죄

파기환송 ○
cf) 공소취소 ×

5. 고소 포기: ×

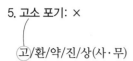

고/환/약/진/상(사·무)

〈고소의 절차 – 기간〉

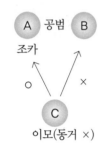

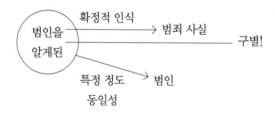

〈고소취소〉

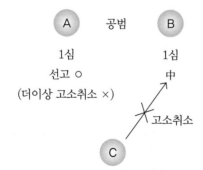

Case 2 2010도2680

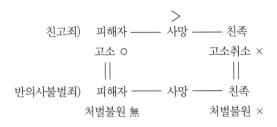

친고죄) 피해자 ────── 사망 ────── 친족
　　　　고소 ○　　　　　　　　고소취소 ×
　　　　　　║║　　　　　　　　　║║
반의사불벌죄) 피해자 ────── 사망 ────── 친족
　　　　처벌불원 無　　　　　　처벌불원 ×

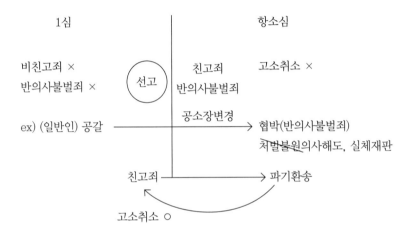

1심　　　　　　　　　　　　항소심

비친고죄 ×　　　　　　친고죄　　고소취소 ×
반의사불벌죄 ×　　선고　반의사불벌죄

　　　　　　　　　공소장변경
ex) (일반인) 공갈 ──────────→ 협박(반의사불벌죄)
　　　　　　　　　　　　　　처벌불원의사해도, 실체재판

　　　　친고죄 ──────────→ 파기환송

　　　　고소취소 ○

Case 3 2016도9470

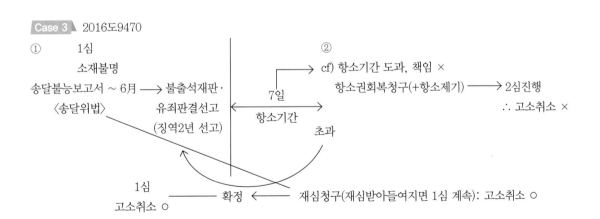

①　　　1심
　　　소재불명
송달불능보고서 ~ 6月 ──→ 불출석재판·
〈송달위법〉　　　　　유죄판결선고
　　　　　　　　　　(징역2년 선고)

②
　　　　　　　　　　cf) 항소기간 도과, 책임 ×
　　　　　　　　　　　항소권회복청구(+항소제기) ──→ 2심진행
　7일　　　　　　　　　　　　　　　　∴ 고소취소 ×
항소기간
　　　초과

　　1심
　고소취소 ○　──　확정　←──　재심청구(재심받아들여지면 1심 계속): 고소취소 ○

〈고소권 포기〉 ×

⑤ 고발

Case 4 2004도4066

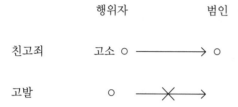

	행위자	범인
친고죄	고소 ○ ──────→	○
고발	○ ──✕──→	

제 3 절 임의수사

검사 ──영장──→ 법관

청구   발부

〈전기통신 감청〉

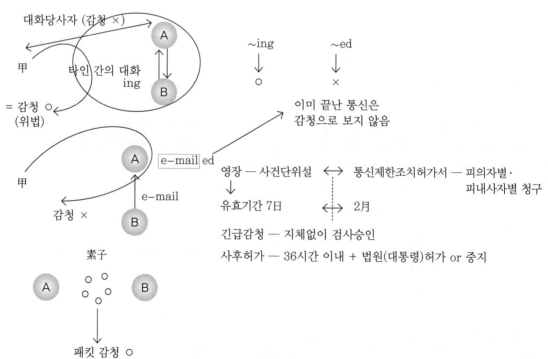

대화당사자 (감청 ×)

甲 타인 간의 대화 ing

A
B

= 감청 ○
(위법)

~ing   ~ed
 ↓   ↓
 ○   ×

이미 끝난 통신은
감청으로 보지 않음

甲

감청 ×

A
e-mail ed

e-mail

B

영장 — 사건단위설 ←→ 통신제한조치허가서 — 피의자별·
 ↓   피내사자별 청구
유효기간 7日 ←→ 2月

긴급감청 — 지체없이 검사승인

사후허가 — 36시간 이내 + 법원(대통령)허가 or 중지

素子

A   ○ ○   B
   ○ ○
    ○
    ↓
패킷 감청 ○

① 2020.03.24. 통비법 개정 〈현행〉 §12의2

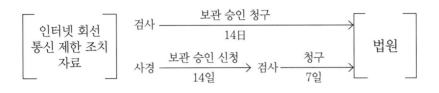

"패킷 감청 : 적법 + 보관승인"

② 2019.12.31. 통비법 개정 〈현행〉

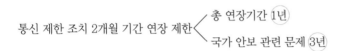

통신 제한 조치 2개월 기간 연장 제한 < 총 연장기간 ①년 / 국가 안보 관련 문제 ③년

〈전기통신 감청 객체〉

※ 형소법 시험 경향

법원직 ≒ 국가 ≠ 경찰
　　　　　 공판　　　 수사

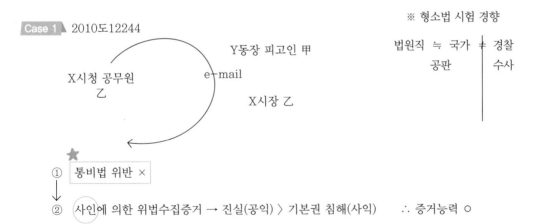

Case 1 2010도12244

X시청 공무원
乙

Y동장 피고인 甲
e-mail
X시장 乙

★
① 통비법 위반 ×
↓
② ⓪사인에 의한 위법수집증거 → 진실(공익) 〉 기본권 침해(사익)　　∴ 증거능력 ○

〈보호실유치〉 ×
〈마취분석〉 ×
〈사진촬영〉 ○
〈계좌추적〉 ×
 cf) 법원 제출명령/영장으로는 가능

〈타인 간의 대화〉

	제3자	대화 참여자
죄 ○	일방동의 ○	죄 ×
	죄 ○	증거 ○
증거 ×		

〈승낙수색과 승낙검증〉

Case 2 2008도7471

지문

승낙수색 + 승낙검증 + §218 유류물 압수 (영장 不要)
　　　　　(오관)

→ 증거능력 ○

〈피의자신문〉　　　　　　　　　　　　　　　　　　　※ 조서: 보고를 위해 작성된 문서

의의: 출석요구 + 진술을 들음

　(if 불응 시, → 영장에 의해 체포)

　진술거부권 고지 (if not, 위수증 ∴ 증거 ×)

거
／
불
／
포
／
변　(if 참여권 보장 ×, 위수증 ∴ 증거 ×)
／
검

〈피의자신문〉

피신조서(§312 ①) ≠ 참고인진술조서(§312 ④)

　　　　　　신청　　신청 or 직권
　　필
　　피의자　+　변호인　신뢰관계인

피의자신문

검사　검찰　+　전문
　　수사관　　위원
필　필

　　　　　　　　(임의적) ──── cf) 필요적: 피해자 참고인조사 / 증인신문

피신조서 열람 or 낭독
　　×

§312 ①　검사작성 피신조서 ⟩ 전문법칙 예외
　　　　　ⓐ법성 ○
　　　　　ⓝ용인정

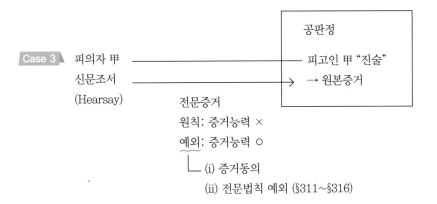

영상녹화

피의자신문	참고인조사
사전고지	사전동의
(동의 不要)	

〈변호인 참여방법〉 (≒변호인이 되려는 자 ×)

　　　　　　　　　　　　　≠ 접견교통권

원칙	예외
신문 후	신문 중
변호인 의견진술	① 부당 이의제기 ○
	② 승인, 의견진술 ○

고지 ─ 거/불/포/변/검　　　　　참여변호인 지정 ─ 피 ─ 검/사 순
신청 ─ 신청 (법/배/직/형)　　　　　　　　　　　　　의　　사　경
　　　　　≠ 적부심·보석: 법/배/직/형/가/동/고　　　자

〈피의자신문참여권의 제한〉

* 헌법상 기본권

'법원'의 결정 (수소법원)	'수사기관' 처분

항고 (§402,§403)　　준항고 (§417):　ⓐ압수

압/구/보/감　　　　　　　　　　　　　ⓒ구금

　　　　　　　　　　　　　　　　　　ⓑ변호인 피의자신문참여권 제한

〈피의자 이외의 자에 대한 조사〉

참고인조사 ― ① 출석요구 ×　　　　　　⑥ '피해자' 참고인조사 시 신뢰관계자 임의·필요적 동석

　　　　　　② 진술거부권 고지의무 ×　　　　　　　　↓

　　　　　　③ 증인신문청구 ○　　　　불안하고 긴장하면 혼자 할 수 있는데 (임의적 동석)/

　　　　　　④ 영상녹화 ○ (동의要)　　　　　　　　　13/장은 필요적 동석!

　　　　　　⑤ 검찰수사관 참여不要

제 1 절 │ 체포와 구속

① 체포

〈체포〉 영장체포 / 긴급체포 / 현행범 체포

체포 — 구속 — 석방

48h

수사	공판
적부심	보석

⊙ 영장에 의한 체포
↓
• 의의: 수사기관 − (by 관할지법판사) — 집행
　　　　　　　 =수임판사

cf) 증인3대의무: 출석의무 ──── if not ──→ 500만 원 과태료
　　　　　　　　 선서의무 ───→ 50만 원↓ 과태료
　　　　　　　　 증언의무

• 요건: ① 상당한 혐의: 객관적

cf) 〈경미범죄〉 (50만 원 이하 벌금. 구류. 과료)

　　　　　　　 불응 ────────→ ○ 　+ 주거부정
② 출석요구
　for 피의자신문　 불응 우려 　　　　　×

* 필요성 (도주 or 증거인멸 우려): 있어야 ──→ 체포 ○ (×)　영장
　　　　　　　　　　　 없음이 명백 → 체포 × (○) 객관식주의!

　　　　　　　　　　　　　　　　　　　　　　　· if) 체포영장 미소지 시
　　　　　　　　　　　　　　　　　　　　　　　〈 긴급집행 → 직후 정본 제시
　　　　　　　　　　　　　　　　　　　　　　　 ≠압수 ×

• 절차: (청구) ──────→ (발부) ──────→ (집행) ─────────────→ (집행 후)
　　　·검사　　　　　　·수임판사　　　　·검사지휘　　　　　　·적부심청구권 고지
　　　　↑　　　　　　·불복 ×　　　　 ·사경집행　　　　　　·체포사실 통지 (24h)
　　　　신청　　　　 ≠구속(영장실질심사)　·미란다원칙고지 – 원칙: 체포 전　　　없으면〈 ① 변호인
　　　·사경　　　　　 = 구속 전 피의자심문　(사/이/변/기)　 예외: 체포 중/직후　　　　② 법/배/직/형
　　　·서면(체포영장청구서)　(체포 전 ×)　　　　　　　　　　　　　　　　　·구속영장 (청구): 체포 ~ 48h

체포 ──→ 구속영장 ──→ 구속영장실질심사 ──→ 구속
5.2　　　　 청구　　　　　 5.4　　　　　 5.4
20:00　　　 5.3　　　　　 18:00　　　　 21:00
　│　　　　 16:00
구속기간　　　　　　　　　　　　　　　　　　　　 5.5 ~
　1日　　　　　×　　　　　　 ×　　　　　　 × 　~ ○: 사경 체포기간 10日
　　　　　　　　　　　　　　　　　　　　　　　　　 (5月 13日 밤12시까지)
　　　　서류: 피의자가 법원에 있는 기간(수사 不可) ∴구속기간에서 제외

⊙ 긴급체포

• 의의: 긴급성으로 → 영장없이 체포

• 요건: 긴 / 중 / 필

① 긴급성:

② 중대성: 사. 무. 장 3↑   ※ 폭행 × / 절도 ○ / 명예훼손 ┌ 사실적시 × / 강간 ○
　　　　　　　　　　　　　　　　　　　　　　　　　　　　　└ 허위사실 ○

③ 필요성: 도망 / 도망·증거인멸 (우려) ──── ·'판단' ★
　(명문 ○)　　　　　　　　　　　　　　　　·체포자
　cf) 영장체포 ×　　　　　　　　　　　　·체포 당시
　　　　　　　　　　　　　　　　　　　　·합리적 판단
↳∴ 경미사건은 긴급체포 ×: ~~중~~
　(50만 원 이하 벌금. 구류. 과료)

• 절차

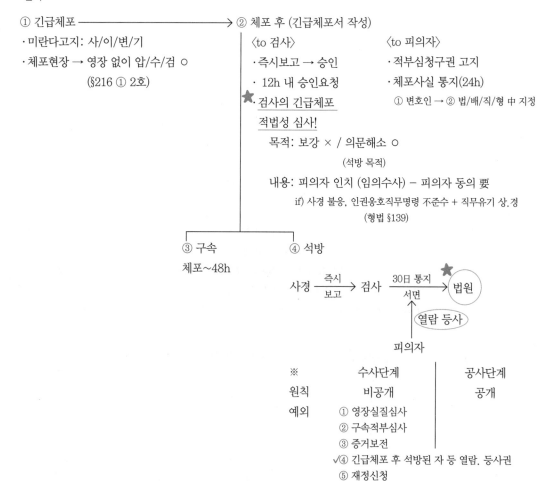

① 긴급체포 ─────────────────→ ② 체포 후 (긴급체포서 작성)
·미란다고지: 사/이/변/기　　　　　〈to 검사〉　　　　　　〈to 피의자〉
·체포현장 → 영장 없이 압/수/검 ○　·즉시보고 → 승인　　·적부심청구권 고지
　　　(§216 ① 2호)　　　　　　·12h 내 승인요청　　·체포사실 통지(24h)
　　　　　　　　　　　　　　★·검사의 긴급체포　　　　① 변호인 → ② 법/배/직/형 中 지정
　　　　　　　　　　　　　　　적법성 심사!
　　　　　　　　　　　　　　　　목적: 보강 × / 의문해소 ○
　　　　　　　　　　　　　　　　　　　　　　(석방 목적)
　　　　　　　　　　　　　　　　내용: 피의자 인치 (임의수사) – 피의자 동의 要
　　　　　　　　　　　　　　　　　if) 사경 불응, 인권옹호직무명령 不준수 + 직무유기 상.경
　　　　　　　　　　　　　　　　　　　　　(형법 §139)

　　　　　　　　③ 구속　　　　④ 석방
　　　　　　　　체포~48h

　　　　　　　　　　사경 ──즉시/보고──→ 검사 ──30日 통지/서면──→ 법원 ★
　　　　　　　　　　　　　　　　　　　　　　↑ (열람 등사)
　　　　　　　　　　　　　　　　　　　　　피의자

※	수사단계	공사단계
원칙	비공개	공개
예외	① 영장실질심사	
	② 구속적부심사	
	③ 증거보전	
	✓④ 긴급체포 후 석방된 자 등 열람. 등사권	
	⑤ 재정신청	

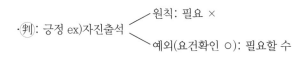

· 判: 긍정 ex)자진출석 ┌─ 원칙: 필요 ×
                    └─ 예외(요건확인 ○): 필요할 수

⊙ 재체포 제한

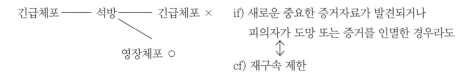

긴급체포 ── 석방 ── 긴급체포 ×   if) 새로운 중요한 증거자료가 발견되거나
                                      피의자가 도망 또는 증거를 인멸한 경우라도
                 └─ 영장체포 ○   ⇕
                          cf) 재구속 제한

⊙ 현행범 체포

· 의의: 범죄를 범한 사람, 막 범한 사람, 준현행범 ──→ 영장없이 체포(누구든지)

· 요건: 현/명/필   준/불/장/신/물
                    리 물 체 음
                    며 소 나 에
                    추 지 의 대
                    적   복 해
                         에 도
                         뚜 망
                         렷
                         한

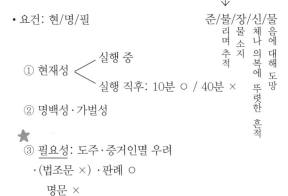

① 현재성 ┌─ 실행 중
        └─ 실행 직후: 10분 ○ / 40분 ×

② 명백성·가벌성

★ ③ 필요성: 도주·증거인멸 우려
   · (법조문 ×) · 판례 ○
     명문 ×

· 절차

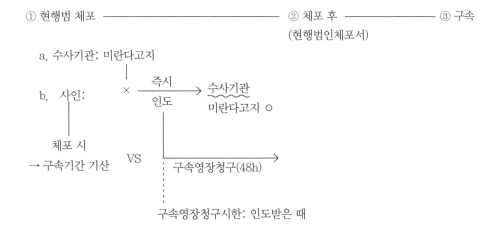

① 현행범 체포 ─────────────── ② 체포 후 ─────────── ③ 구속
   (현행범인체포서)

   a. 수사기관: 미란다고지

   b. 사인: × ─즉시─→ 수사기관
                    인도   미란다고지 ○

      체포 시
   → 구속기간 기산   VS   구속영장청구(48h) ─────→

              구속영장청구시한: 인도받은 때

Case 1 ▶ 2015도13726

바지선 필로폰
　　　현행범 체포 ○ ─────압수방법────→ 압수

§216 ① 2호 체포현장 압수	§218 임의제출물 압수 (현행범 체포 시 可)	★★ ⇒ 판례가 처음 판시!
사후영장 필요	불요 ↓ 증거 ○	

② 구속

※간략 정리

★ (영장실질심사)　　　　　　　　　　　　　　　　(영장집행 시 영장제시의무에 사본교부의무 신설)

피의자 구속　① 영장청구 ○ ― ② 구속 전 피의자심문 ― ③ 영장발부 ― ④ 영장집행 ───────── ⑤ 재구속 제한 ○
　　　　　　　　　　　　　　　　　　　↳ 수임판사, 불복 ×　　　　　　　　　(다른 중요 증거 要)

(영장집행 시 영장제시의무에 사본교부의무 신설)

피고인 구속　① 영장청구 × ― ② 사전청문 ─────── ③ 영장발부 ― ④ 영장집행 + 사후청문 ― ⑤ 재구속 제한 ×
　　　　　　　　　　　　　사/이/변/기　　　　　　↳ 수소법원, 불복 ○
　　　　　　　　　　　　　　　　　　　　　　　　　　　　│
　　　　　　　　　　　　　　　　　　　　　　　　　보통항고 가능

접견교통권

수사	공판
적부심	보석(청구)

　　　　　　구속집행 정지 (직권)
(공통)　　　　　　　┌ 구속취소
　　　　구속실효┤
　　　　　　　　　└ 구속당연실효

⊙ 피의자 구속

　　　　　　　　　　　(영장실질심사)　　　　　　　　　　　　　　　　사전청문영상 가능

① 영장청구 ——— ② 구속 전 피의자심문 ——————— ③ 영장발부 —— ④ 영장집행 —— ⑤ 재구속 제한 ○

　　　　　　　　　　　　　　　　　　　　　　　　　　수임판사　　　　　검사지휘　　　　(다른 중요증거 要)

· 검사　　　　체포피의자　│ ~ 다음날까지　　불복 ×　　　사경·교도집행

· 서면　　　　미체포피의자 │ 인치 후 asap　　　　　　　　미란다고지

　　　　　　　　cf) 도망: 심사 × → 영장 ○　　　　　　　　영장제시 및 사본교부

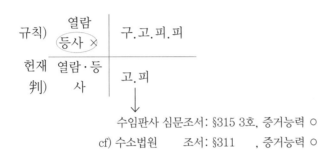

| 규칙) | 열람
등사 × | 구.고.피.피 |
| 헌재
判) | 열람·등
사 | 고.피 |

　　　　　　　　　　　　　　　　　↓

　　　　　수임판사 심문조서: §315 3호, 증거능력 ○

　　　cf) 수소법원　　　조서: §311　　, 증거능력 ○

　　　　　　　　　　　　　　　　　　　검사지휘
　　　　　　　　　　　　　　　　　　　사경·교도집행
⊙ 피고인 구속　　　　　　　　　　　　예외: 급속 — 재판장
　　　　　　　　　　　　　　　　　　　영장제시 및 사본교부

① 영장청구 × ——— ② 사전청문(사/이/변/기) ——— ③ 영장발부 ——— ④ 영장집행 + 사후청문(사.변)

　　　　　　　　↑　　　　　　　　　　　　　수소법원　　　　　│　　　　　　　　↓
　　　　　　　　│　　　　　　　　　　　　　불복 ○　　　⑤ 재구속제한 ×　　위반해도
　　　　　　　　↓　　　　　　　　　　　　　　　　　　　　　　　　　　　　　위법은 ×
　　　　　　　위반 시

　　　　원칙) 위법
　　　　예외) 절차적 권리 실질적 보장 시, 적법
　　　　　cf) 모두절차, 실질적 보장 ×

　　　　　cf) 진술거부권 고지 ×
　　　　　　　이미 공판시작 때 했으므로

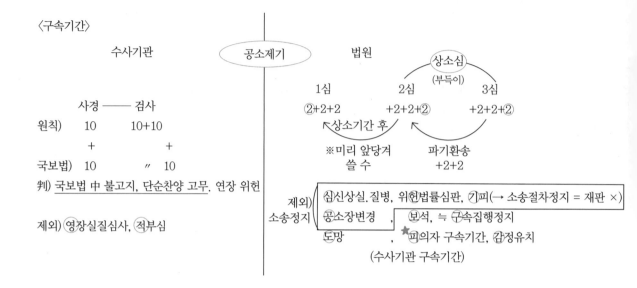

〈구속기간〉

<table>
<tr><td></td><td>수사기관</td><td>공소제기</td><td>법원</td></tr>
</table>

수사기관

사경 ── 검사

원칙)   10   10+10
          +   +
국보법)   10   〃   10

判) 국보법 中 불고지, 단순찬양 고무. 연장 위헌

제외) 영장실질심사, 적부심

공소제기

법원

상소심
(부득이)

1심   2심   3심
②+2+2   +2+2+②   +2+2+②

↳상소기간 후→   ↰
※미리 앞당겨   파기환송
쓸 수   +2+2

제외) ┌ 심신상실.질병, 위헌법률심판, 기피(→ 소송절차정지 = 재판 ×)
소송정지│ 공소장변경 ,   보석, 늑 구속집행정지
       └ 도망   , ★ 피의자 구속기간, 감정유치
                   (수사기관 구속기간)

※ 다른 중요한 증거

• 재구속 제한: '수사기관' 구속 ── 석방 → if 다.중 × ── 구속 ×
                (법원 ×)

• 재기소 제한: 검사, 공소취소 ── 공소기각결정·확정 → if 다.중 × ── 공소제기 ×
                    (공/사/관/포)

• 재정신청기각: 재정신청기각결정·확정 → if 다.중 × → 공소제기 ×

〈구속영장의 효력범위〉

• 원칙) 사건단위설

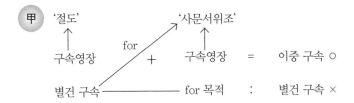

• 예외) 인 단위설

③ 피의자 · 피고인의 접견교통권

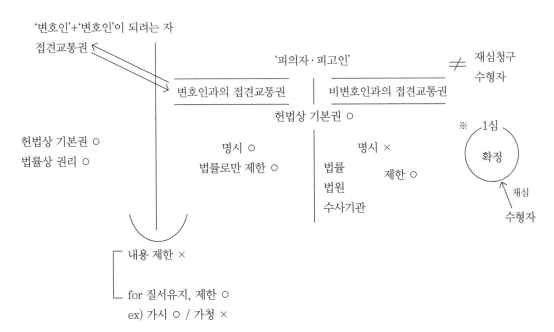

91헌마111 판례	2009헌마341 판례
접견	접견권
사실상 현재 상태	기본권
제한 ×	제한 ○

항고 ⟷ 수소법원 (§403 ② 압/구/보/감)

준항고 ⟷ 수사기관 (§417 압/구/변)

행정소송 ⟷ 구치소장

cf) 헌법소원: 원칙 × (보충성)
         예외 ○

④ 체포·구속적부심사제도

1. **의의**: 체포/구속이 적법한지 or 계속 체포/구속이 적당한지 심사(심판)

　　　　　　　※구속적부심: 48+24 / 보석: 7+7 / 약식: 14日+7日

2. **청구**
　　① 피의자청구 ──── 검사 ──── 피고인: 유지
　　② 변호인 　　　　전격기소
　　③ 법/배/직/형
★ ④ 가/동/고

3. **심사**(48h) ★
　• 합의부 or 단독
　• 영장발부 법관
　　: 원칙 ×
　　　예외(다른 법관): ○ (직근상급법원 ×)
　　cf)기피신청재판
　　　·합의부 ────→ 직근상급법원
　　　　　　구성 ×

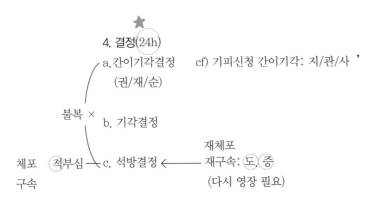

4. **결정**(24h) ★
　　　a.간이기각결정　　cf) 기피신청 간이기각: 지/관/사 '
　　　　(권/재/순)

　불복 ×　b. 기각결정

　　　　　　　　　　　재체포
체포　적부심 ─ c. 석방결정 ←── 재구속: 도 증
구속　　　　　　　　　　　　　(다시 영장 필요)

구속적부심 ─ d. '보증금납입'조건부 ←── 재구속:　　도
　　　／　　(= 피의자 보석)　　(다시 영장 필요)　염
보통항고 ○　　(= 기소 전 보석)　　　　　　　　　　출
　　　　　　　　　　　　　　　　　　　　　　　　　조

⑤ 보석

〈보석〉: 지없 — 지없 — 7 — 항/항 — 항 — 7
　　　(지체없이)
　　　ⓐ　　ⓑ　　ⓒ　　ⓓ　　ⓔ　　ⓕ

1. 의의: 보증금 등 일정한 조건 下, 구속집행정지하고 구속인 피고인 석방
　　　　　(구속영장 효력은 유지)

2. 종류

(1) 청구 ┬ 원칙: 필요적 (하여야)　　　　(2) 직권–청구: 임의적 보석
　　　　 │
　　　　 └ 예외: 필요적 보석 제외 사유
　　　　　　│ (보석허가 할 수 ○ / 금지 ×)
　　　　　　│
　　　　 사유: 사. 무. ㉣10
　　　　　　　㉠누범, ㉡상습
　　　　　　　죄㉢인멸. 우려
　　　　　　　㉤도망. 우려
　　　　　　　㉥주거 분명 ×
　　　　 피해자 등 ㉦해를 가할 염려

3. 절차

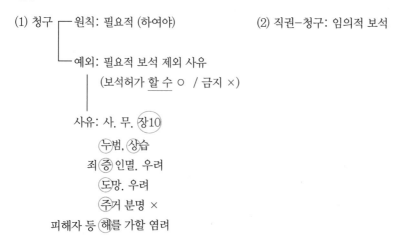

① 청구 ————— ② 심사 ——————————— ③ 결정 (⑦일) ←—→ 불복 (§403 ② 압/구/보/감)
피고인　　　　•수소법원
변호인　　　　•지없, 심문기일 지정·통지　　　　ⓐ 보석청구 기각결정 ←——→ 보통항고
법/배/직/형　•검사의견 청취 ─ⓑ→지없 의견　　　ⓑ 보석허가결정 ←——→ 보통항고
가/동/고　　　(구속력 ×)　　(다음날까지)

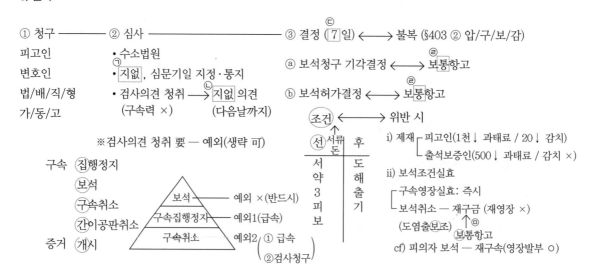

　　　　※검사의견 청취 要 — 예외(생략 可)

구속 집행정지
　　　보석
　　　구속취소
　　　간이공판취소
증거 개시

조건 ←——→ 위반 시
선 ┌서류 후
　 │돈
서 │ 도
약 │ 해
3 │ 출
피 │ 기
보 │

i) 제재 ┬ 피고인(1천↓ 과태료 / 20↓ 감치)
　　　　└ 출석보증인(500↓ 과태료 / 감치 ×)

ii) 보석조건실효
　┌ 구속영장실효: 즉시
　└ 보석취소 — 재구금 (재영장 ×)
　　 (도염출보조) ↑ⓔ
　　　　　 보통항고
cf) 피의자 보석 — 재구속(영장발부 ○)

보석 — 예외 ×(반드시)
구속집행정지 — 예외1(급속)
구속취소 — 예외2 ┌① 급속
　　　　　　　　└②검사청구

• 보증금몰취 (피의자 보석 = 피고인 보석)

임의적(할수)	★ 필요적(몰수하여야)
재구금	유죄확정 – 도망

• 보증금환부: ⑦ ⑭

⑥ 구속의 집행정지

피고인의 청구권	× → 직권
대상	피고인·피의자
검사의 의견청취	○ (급속 시 ×)

• 관련 문제
 i) 감정유치 – 구속집행정지 ○
   – 구속기간 제외 ○
   – 미결구금일수 산입 ○

 ii) 국회의원 석방요구
   – 구속집행정지 ○ (현행범 ×)
   – 별도의 결정 ×
   – 검찰 총장: 즉시 석방 지휘

Case 2 ▲ 2000헌마474

적부심 변호인

구.고.피.피	고.피(判)
열람	열람 ○
~~복사~~	등사 ○

Case 3 ▲ 2003도5693

구속적부심문조서

증거능력	증명력(判)
○	신중
§315 3호	

1심	효력
무죄판결선고 ⟶	구속실효
적부심석방결정 ⟶	송달

Case 4 ▲

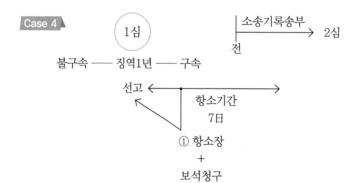

※ 즉시항고 두문자

집/공/기/참/정/상

선 ┌비용┐ 재
　 │보상│
　 │배상│
　 └과태료┘
　 　∴ⓓ돈

재/구/감

7 구속의 실효 - 구속취소 및 당연실효

⊙구속·당연실효

① 구속기간 만료: ×

② 석방판결선고

   ex) 1심

     무죄

------선고: 구속실효
구속 中

③ 사형·자유형 확정 (선고)
  (징역·금고·구류)
  ex) 1심

  징역1년 --------------------확정 ─ 형집행: 구속실효
    선고 ─────항소기간────┘
            항소 ×   도과
  (구속유지)

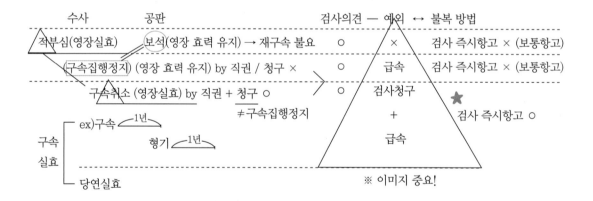

제 2 절 압수·수색·검증·감정

① 압수·수색

Ⅰ. 의의:
　┌─ 압수(seizure): 증거물 or 몰수할 것으로 예상되는 물건의 점유 취득하는 강제처분
　│
　└─ 수색(search): 증거물 or 몰수할 물건 or 체포할 사람을 발견하기 위해
　　　　　　　　주거·신체 등에 행해지는 강제처분

Ⅱ. 목적물

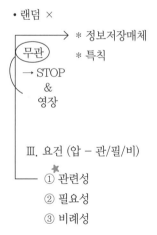

★ 증거물　　　　　몰수물

'증거에만'　　　　　　형법
→ 필요적 가환부　　필요적 몰수(ex: 뇌물, 아편, 배임수재로 취득물..)

'증거에'
임의적 몰수 (형법 §48)
→ 임의적 가환부

　　cf) 증거 ×　　　&　　　몰수 × ──→ 압수 계속 필요 × ──→ 환부

• 랜덤 ×

　　　　　──→ ＊ 정보저장매체
　무관　　　＊ 특칙
→ STOP
　　&
　영장

　Ⅲ. 요건 (압 – 관/필/비)
　　★
　　① 관련성
　　② 필요성
　　③ 비례성

Ⅳ. 절차
• '법원'의 압수·수색

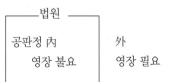

┌──── 법원 ────┐
│ 공판정 內　　　外　　　cf) 법원 검증, 공판정 내외 불문 영장 불요
│　영장 불요　　영장 필요
└──────────────┘

① 청구 ——→ 발부

② 집행

    i) 긴급집행 × (=영장 미소지 시, 압수·수색집행 ×) ≠ cf) 체포·구속   긴급집행 ○

    ii) 영장 소지 & 제시 ——→ '모두에게   & 사본교부의무 신설(예외 有)

                         → 개별적 제시'

                └ 단, 예외: 현실적 제시 불가능 시 제시 × (피압수자 – 도망 등)

    iii) 참여권 보장: ┌ 원칙: 통지
                        └ 예외: 불참 명시 / 급속 – 통지 ×

    iv) 야간집행 제한 — 예외 ┌ 도박 등 풍속 해하는 행위
                                └ 음식점 등 야간 출입 가능 장소 (공개시간 내)

    v) 집행 종료 후, (기간 내) 재집행 금지

③ ┌ '압수물 목록' 교부: 압수 직후 바로

    │ (압수조서 교부 ×)

    └ (압수물 없으면) '수색증명서' 교부

★★
V. 영장주의의 예외: §216. 217. 218

VI. 압수물의 처리

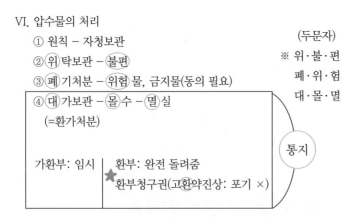

    ① 원칙 – 자청보관
    ② (위)탁보관 – (불)편
    ③ (폐)기처분 – (위험)물, 금지물(동의 필요)
    ④ (대)가보관 – (몰)수 – (멸)실
       (=환가처분)

    가환부: 임시 │ 환부: 완전 돌려줌
               ★환부청구권(고환약진상: 포기 ×)

(두문자)
※ 위·불·편
  폐·위·험
  대·몰·멸

통지

〈압수·수색 검증의 영장주의의 예외〉

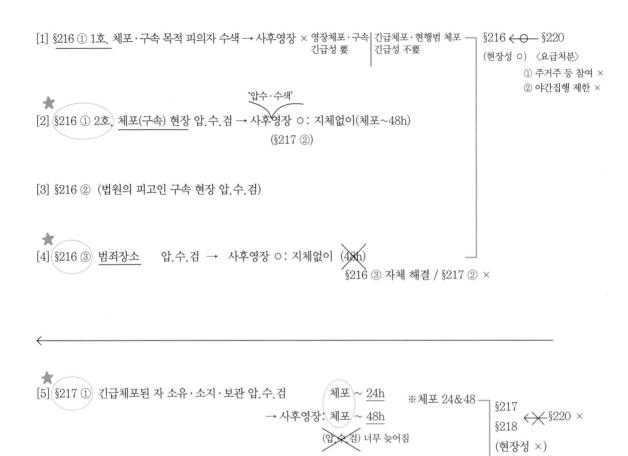

[1] §216 ① 1호. 체포·구속 목적 피의자 수색 → 사후영장 × 영장체포·구속ㅣ긴급체포·현행범 체포 ─── §216 ⟵─○─ §220
                                                     긴급성 要 ㅣ 긴급성 不要   (현장성 ○) 〈요급처분〉
                                                                                            ① 주거주 등 참여 ×
                                                                                            ② 야간집행 제한 ×

                                               '압수·수색'
[2] §216 ① 2호. 체포(구속) 현장 압.수.검 → 사후영장 ○: 지체없이(체포~48h)
                                            (§217 ②)

[3] §216 ② (법원의 피고인 구속 현장 압.수.검)

[4] §216 ③ 범죄장소   압.수.검 → 사후영장 ○: 지체없이 (~~48h~~)
                                        §216 ③ 자체 해결 / §217 ② ×

←───────────────────────────────────────

[5] §217 ① 긴급체포된 자 소유·소지·보관 압.수.검   체포 ~ 24h   ※체포 24&48   §217   ⟵─✕─ §220 ×
                                                                              §218
                    → 사후영장: 체포 ~ 48h   (현장성 ×)
                    (~~압.수.검~~) 너무 늦어짐

                                              cf) 적부심: 48+24

[6] §218 유류물·임의제출물 압수 → 사후영장 ×

Case 1 2003모126

※ 수사기관의 처분 '준항고'(§417)

ⓐ/구/변

Case 2 2011모1839 [2]

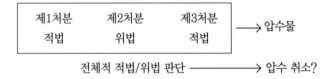

제1처분	제2처분	제3처분
적법	위법	적법

⟶ 압수물

전체적 적법/위법 판단 ⟶ 압수 취소?

Case 3 2009도11401

증거동의(반대신문권 포기)

증거능력 없는 전문증거	○
위법수집증거	×
자백배제법칙	

Case 4 ex) 관세법 위반한 화장품 + 유통기한 임박 ⟶ 대가보관
　　　　　　(물수물)　　　　　　　　　　　(환가처분)

〈압수물의 처리 – 2. 압수물의 환부와 가환부〉

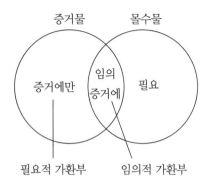

증거물   몰수물

증거에만   임의 증거에   필요

필요적 가환부   임의적 가환부

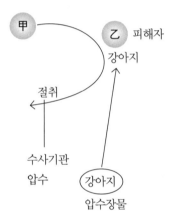

甲   乙 피해자

강아지

절취

수사기관 압수   강아지

압수장물

1. 환부

피고사건 종결 전	압수물의 필요적 환부결정	예외적 압수장물의 피해자환부 임의적 환부결정
종국재판	(환부 의무 ○) ∴ 몰수선고 × → 환부간주 if 돌려주지 않으면 검사에게 재판집행에 대한 이의신청	필요적 환부선고

(1) 가환부

    ① 의의

    ② 대상

    ③ 절차 ┬ ★ 청구

            ├ 통지

            └ 임의적/필요적 가환부

    ④ 효력

(2) 환부

    ① 의의

    ② 대상

    ③ 절차 ┬ 결정 (청구 ×)

            ├ 환부청구권 포기 ×

            ├ 통지

            ├ 필요적 환부

            └ 환부불능과 공고: 8月

    ④ 효력

      • 압수 효력 상실

      • 실체법상 권리 효력 ×

      • 몰수선고 × = 압수 해제 간주

    ⑤ 압수장물의 피해자환부

      • 의의

      • 요건: 피해자환부 명백 / 의문 ×

      • 절차

      • 효력

    ⑥ 공소제기 전 압수물의 환부·가환부: 청구 – 필요적 환부·가환부

(3) 환부·가환부결정에 대한 불복

위법한 압수물도 몰수 ○ (압수 ≠ 몰수)

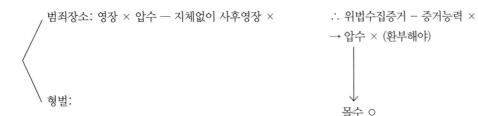

범죄장소: 영장 × 압수 — 지체없이 사후영장 ×   ∴ 위법수집증거 – 증거능력 ×

→ 압수 × (환부해야)

형벌: 몰수 ○

2. 수사상 검증

3. 수사상 감정

제 3 절 | 수사상의 증거보전

① 증거보전

I. 의의: '판사주재' 증거조사·증인신문 cf) 영장에 의한 체포·구속·압수·수색

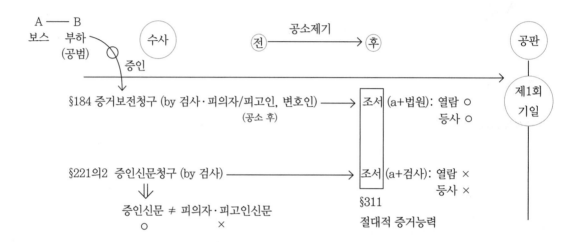

II. 요건
1. 증거보전 필요성
2. 시한: 1회 공판기일 전

III. 절차
1. 청구
(1) 청구권자
(2) 관할법원: 수소법원 ×
(3) 서면주의
(4) 청구 내용: 피의자신문. 피고인신문 ×
공범자/공동피고인 증인신문 ○

2. 증거보전 처분
(1) 청구에 대한 결정: 기각결정 및 불복 ○ ─ 3일 내 항고
(2) 판사의 권한 및 당사자 참여권

〈위법수집증거〉
원칙: 증거동의 있어도, 증거능력 ×
예외: 증거동의 시, 증거능력 ○

cf) 증거동의 대상
원칙: 전문증거

① 참여권배제조서
② 증언번복조서

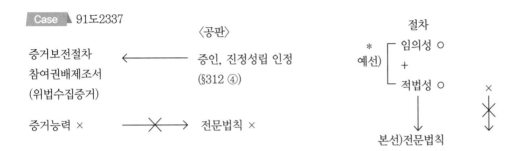

Case 91도2337

〈공판〉
증거보전절차   ←———   증인, 진정성립 인정
참여권배제조서   (§312 ④)
(위법수집증거)

증거능력 ×   ———×——→   전문법칙 ×

절차
          ┌ 임의성 ○
*   │
예선)   │   +
          └ 적법성 ○
                ↓
        본선)전문법칙

IV. 증거보전 후 절차 – 보전된 증거의 이용
　　1. 증거물 보관
　　2. 보전된 증거의 열람 등사: 당사자의 열람·등사권 ○
　　　　　　　　　　　　판사허가
　　　　　　　　　　　　(수소법원 ×)
　　3. 조서의 증거능력 및 공판절차에서의 이용: 절대적 증거능력 (§311)

② 수사상 증인신문

I. 의의: 참고인조사 등 불응 시, 수임판사 힘을 빌려 수사활동

II. 요건

    1. 증인신문 필요성
       (1) 중요참고인의 출석 or 진술거부
       (2) 진술번복 염려 ×
    2. 제1회 공판기일 전

III. 절차

    1. 증인신문청구: 검사, 서면
    2. 심사 및 결정: 기각결정 불복 ×
    3. 판사의 권한 및 당사자의 참여권 ○

IV. 증인신문 후 조치

    1. 서류의 송부: 검사에게 송부 ⟶ 열람·등사권 불인정
    2. 조서의 증거능력과 증거조사: 절대적 증거능력 (§311)

CHAPTER 03 | 수사의 종결 |

제 1 절 사경·검사의 수사종결

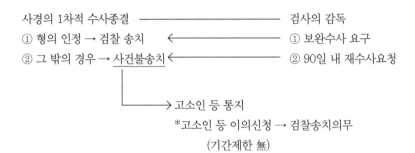

사경의 1차적 수사종결 ───────── 검사의 감독
① 혐의 인정 → 검찰 송치 ←───── ① 보완수사 요구
② 그 밖의 경우 → 사건불송치 ←──── ② 90일 내 재수사요청
└──→ 고소인 등 통지
*고소인 등 이의신청 → 검찰송치의무
(기간제한 無)

〈검사의 수사종결〉

수사 〈 공소제기
　　　 불기소처분 ─ 고소인 고발인 → 검찰항고(30日) 기각 ─ 고소인 일부 고발인 → 고법: 재정신청
　　　　　　　　　　　　　　　　　　　　　　　　　 고발인 → 대검: 재항고

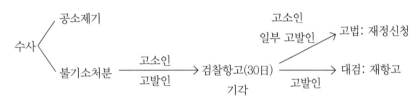

cf) 헌법소원
• 고소인 × (재판은 헌소)
• 고발인 × (자기관련성 ×)
• 고소 × 피해자 ○
• 기소유예 피의자 ○

• 협의의 불기소
1) 구 ──────→ 혐의 없음
　×
2) 구 + 위 + 책 ──────→ 죄 안 됨
　○　×
　○　○　×
3) 구 + 위 + 책 + 소송조건 ──→ 공소권
　○　○　○　×　　　　　　 없음

• 기소유예
구 ○+위 ○+책 ○+소송조건 ○
재량
(기소편의주의)

〈수사종결처분 통지〉(by 검사)

① 고소인·고발인: 〈 공소제기 불기소, 공소취소, 타관송치 ─ 7일
　　　　　　　　　 불기소처분 이유 + 신청

② 피의자: 불기소처분 / 타관송치 ─ 즉시

③ 피해자: 공소제기 ○ × / 공판 일시 장소 결과 / 구금 ○ × + 신청

CHAPTER 03 **수사의 종결** 349

제 2 절 공소제기 후의 수사

강제수사: ×	임의수사: ○

체포·구속 ×　　　　　★

압수·수색 검증 ┬ 원칙: ×

　　　　　　　└ 예외(중요↓)

　　　　　　ex) i) §216 ②

　　　　　　　　ii)§218

피고인신문 ○

참고인조사 ○

cf. 공판정에서 (증언) 마친 증인 ― (번복) ― 참고인 진술조서: 위수증

(증거동의) ―――→ 증거능력 ○

　　　　↕

(위증죄) 피의자신문조서: 위수증 ―→ 증거능력 ×

제 1 절 ~ 제 2 절 증거법 일반, 증명의 기본원칙

① 증거재판주의

증거신청 ── 심리 ──────────────── 증거결정 ──── 증거조사

증거재판주의(§307 ①)   자유심증주의

∶ 사실인정 ←──── 증거   증명력
                                              |
증거능력 ○   탄핵증거:
                                              자백보강법칙
• 임의성 ○ §317, §309(자백배제법칙)   공판조서 배타적 증명력
• 적법성(§308의2): 위수증배제법칙
• 전문증거 ×(§310의2) ── 예외, 증거능력 ○
                        (i)증거동의(§318 ①)
                        (ii)전문법칙 예외(§311~§316)

〈엄격한 증명〉: 증거능력 ○ 증거 + 적법한 증거조사 = 증명   cf)자유로운 증명

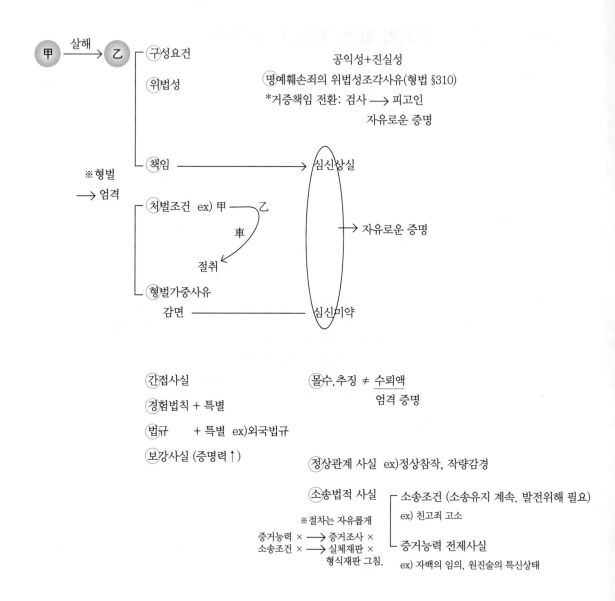

甲 ──살해──→ 乙

├ ⓒ구성요건

│ ⓦ위법성   공익성+진실성
│   명예훼손죄의 위법성조각사유(형법 §310)
│   *거증책임 전환: 검사 ──→ 피고인
│   자유로운 증명

※형벌
──→ 엄격

├ ⓒ책임 ──────────→ 심신상실

├ ⓒ처벌조건 ex) 甲 ── 乙
│   車
│   절취   ──→ 자유로운 증명
│
└ ⓒ형벌가중사유
   감면 ──────────→ 심신미약

ⓒ간접사실   ⓒ몰수.추징 ≠ 수뢰액
                              엄격 증명
ⓒ경험법칙 + 특별

ⓒ법규   + 특별 ex)외국법규

ⓒ보강사실 (증명력↑)
                          ⓒ정상관계 사실 ex)정상참작, 작량감경

                          ⓒ소송법적 사실 ┌ 소송조건 (소송유지 계속. 발전위해 필요)
                                       │   ex) 친고죄 고소
                          ※절차는 자유롭게
              증거능력 × ──→ 증거조사 ×   └ 증거능력 전제사실
              소송조건 × ──→ 실체재판 ×   ex) 자백의 임의, 원진술의 특신상태
                         형식재판 그침.

                          ⓒ탄핵사실(증명력↓)

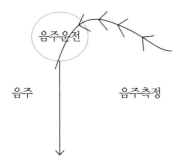

음주   음주측정

혈중알코올 농도 추정

- 위드마크공식, 전제: 엄격한 증명
  (ex: 체중, 음주량..)

② **거증책임**

소송종결
증명불능,
불이익 ──────→ 원칙: 검사
　　　　　　　　※ 예외. 전환
　　　　　　　　　형법 §263, §310

③ **자유심증주의**

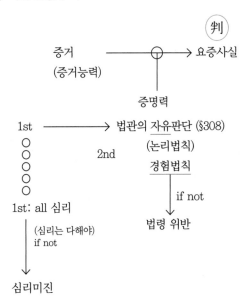

Case 1 ▸ 2013도11650

수사기관　　≠　　공판정
진술　　　　　　번복

한명숙 유죄 (可)

공판조서

증거능력 ○ (§311)

'소송절차'	증명력 ○ (반증 ×. §56)
실체	× (자유심증주의. §308)

Case 2 2010도12728

상해진단서 ─────────→ 인과관계

증명력
원칙: ×
예외: ○
(상해 주장과 일시, 원인 등 일치 시)
유효한 백업 자료

Case 3 2016도2889

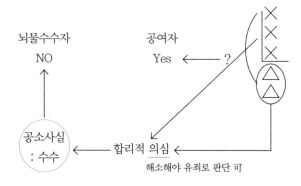

뇌물수수자   공여자
NO   Yes ← ─ ?

공소사실
: 수수 ← ─ 합리적 의심 ←
해소해야 유죄로 판단 可

1심   2심   3심
무죄 ← ─ 의문, 유죄의 개연성만으로   ∴ 유죄 ← 원심파기. 무죄
        (의심해소 ×)

확정판결

① 동일 　｜　② 다른사실
○ 　　　　　 ✕

　　　1심　　　　　　　　　　　2심

증명적 판단 ⟵———————— 원칙. 존중

　　　　　⟵————✕———— 예외. 부당/추가 증거조사로 다른 증거발견 시,
　　　　　　　　　　　　　　　　　존중 ✕

공소사실 합리적 의심　　　의심 + 해소 (단순의심만 ✕)
　　무죄　　 ⟵———————— 유죄

cf) 양형판단 (고유재량)　　　양형판단 (1심 양형판단 잘못 이유 적시 不要)
　　ex) 10년　　　　　　　　　ex) 5년

제 3 절 자백배제법칙

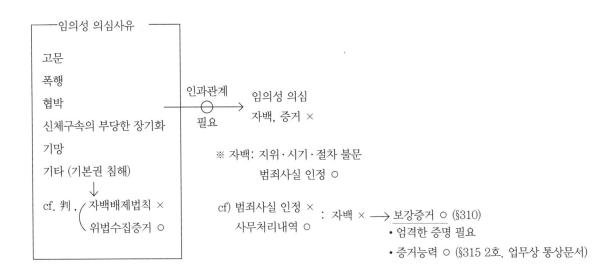

─임의성 의심사유─

고문
폭행
협박
신체구속의 부당한 장기화
기망
기타 (기본권 침해)
　　↓
cf. 判 , ┌ 자백배제법칙 ×
　　　　└ 위법수집증거 ○

인과관계 ○ 필요 → 임의성 의심
자백, 증거 ×

※ 자백: 지위·시기·절차 불문
　　　　범죄사실 인정 ○

cf) 범죄사실 인정 ×
　　사무처리내역 ○ : 자백 × ─→ 보강증거 ○ (§310)
　　　　　　　　　　　　　• 엄격한 증명 필요
　　　　　　　　　　　　　• 증거능력 ○ (§315 2호. 업무상 통상문서)

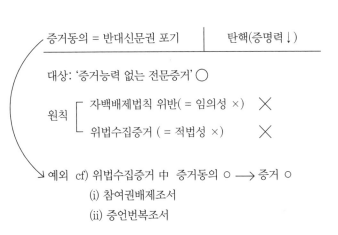

증거동의 = 반대신문권 포기 ｜ 탄핵(증명력↓)

대상: '증거능력 없는 전문증거' ○

원칙 ┌ 자백배제법칙 위반(= 임의성 ×)　　╳
　　　└ 위법수집증거 (= 적법성 ×)　　╳

예외 cf) 위법수집증거 中 증거동의 ○ ─→ 증거 ○
　　(i) 참여권배제조서
　　(ii) 증언번복조서

제 4 절 위법수집증거배제법칙 (exclusionary rule)

중대한 위법, 증거 ×   경미한 위법, 증거 ○

① 헌법 위반──── 영장주의 위반   사인에 의한 위수증 ┌─ 원칙: 증거 ○ (대다수 인정)
            적정절차 위반   └─ 예외: 증거 ×
                                         통비법 위반

② 형법상 범죄
   (형사소송법의 강행규정 위반)

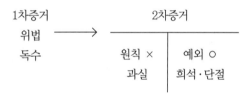

1차증거   2차증거
위법 ──→ ─────────────────
독수   원칙 × │ 예외 ○
          과실   │ 희석·단절

과테말라 외국호텔, 참고인진술조서

위수증 ×　　§312 ④. 전문증거 ┬ 적
　　　　　　　　　　　　　　├ 실
　　│　　　　　　　　　　├ 특 ×
　　│　　　　　　　　　　└ 반
　　│
증거능력 ○　　증거능력 ×

제5절 전문법칙

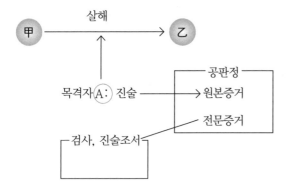

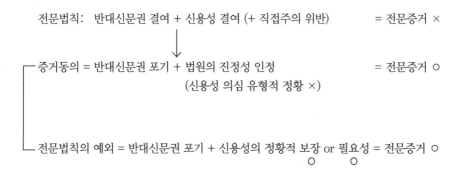

전문법칙: 반대신문권 결여 + 신용성 결여 (+ 직접주의 위반)　　　= 전문증거 ×

증거동의 = 반대신문권 포기 + 법원의 진정성 인정　　　　　　　= 전문증거 ○
　　　　　　　　　　　　(신용성 의심 유형적 정황 ×)

전문법칙의 예외 = 반대신문권 포기 + 신용성의 정황적 보장 or 필요성 = 전문증거 ○
　　　　　　　　　　　　　　　　　　　　　　○　　　　○

〈전문법칙 예외〉

1. §311　'법원·법관' 면전조서 ⟶ 절대적 증거능력 ○

　　　　① 공판준비 기일조서
　　　　② 공판조서
　　　　③ 법원·법관 검증조서
　　　　④ §184 증거보전청구
　　　　⑤ §221의2 증인신문청구

2. §312 〈'수사기관'의 조서〉

§312 ① 검사작성, 　　　피의자신문조서	§312 ③ 사경작성 　　　피의자신문조서	§312 ④ 진술조서
a. ㉧법한 절차·방식 b. ㉯용의 인정	a. ㉧법한 절차·방식 b. ㉯용의 인정(조서: 진실)	a. ㉧법한 절차·방식 b. ㉥질적 진정성립 　　by 진술 or 객관적 방법 c. ㉠대신문 기회보장 d. ㉦신상태

'수사과정' §312 ⑤ 진술서 　⟶ §312 ①~④	'수사기관' §312 ⑥ 검증조서	
ex) 사경 수사과정 중 　　피의자(피고인) 진술서 　　∴§312 ③	a. ㉧ b. ㉥립의 진정	cf. 피의자 진술내용이 들어가면, 　　검증조서 × ⟶ 피신조서

※ 성립의 진정

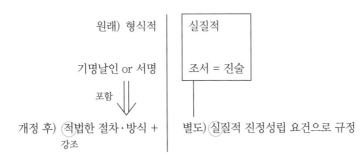

CHAPTER 04 증거　361

수사과정 外

진술서

§313

§313 ③ 감정서

	진술서		진술 기재 서류 (녹음 테이프)	
	피고인	피고인 아닌 자	피고인	피고인 아닌 자
自필/서명/날인	자	자	자	자
成립의 진정	성	성	성	성
		反	特	

(§312 ④ 적용 ×)

§314 반대신문 결여, 필요성의 예외

사망　질병　외국거주　소재불명　그밖에는 ＋ 必요성 ＋ 特신상태

§315 당연히 증거능력 ○ 서류

　1호. 공권력 증명문서
　2호. 업무상 통상문서
　3호. 기타 특신문서

§316 전문진술　　　　※ 재전문 서류: ○
① 원진술: 특　　　　　　　재전문 진술: ×
　　"피고인"
② 원진술: 필 + 특
　　"피고인外"

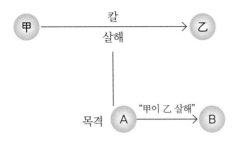

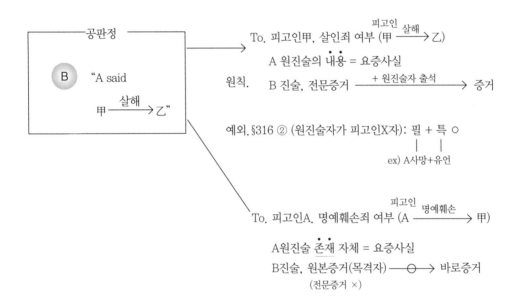

언어적 행동: 내용 중요 ×. 전문증거 ×
= 행동설명적 언어

언어적 정황: 내용 중요 ×. 전문증거 ×
= 정황설명적 언어

Case 1 92도682

B 공범 ——— A
│
│   대화中 A의 혐의부분 — 피의자신문. 진술거부권 고지 要
│
검사

〈검사작성 피신조서〉
§312 ①

① 적

② 내용의 인정(2022.1.1. 시행)

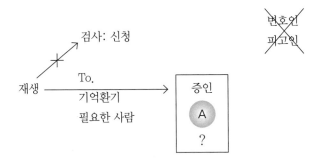

법원

검사: 신청

~~변호인~~
~~피고인~~

재생 — To. 기억환기 필요한 사람 → 증인 (A) ?

〈사경작성 피신조서〉
　§312 ③

① 적

② 내용의 인정

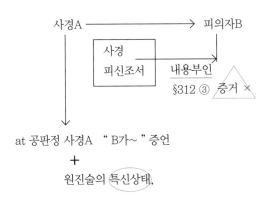

사경A —————→ 피의자B

사경 피신조서 — 내용부인 →
§312 ③ 증거 ×

at 공판정 사경A " B가~ "증언
　　　+
　원진술의 특신상태,

조사자증언 전문진술, §316 ①, 증거 ○

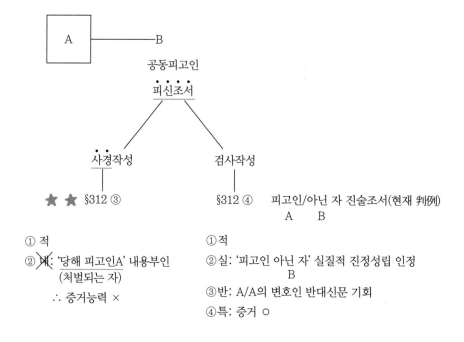

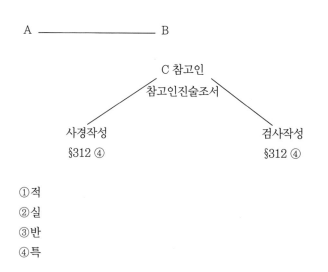

〈진술조서〉

피고인 아닌 자
공동피고인 ― 검사작성
　　§312 ④

① 적

② 실 〈 진술
　　　　대체증명

③ 반대신문의 기회보장

④ 특신상태

Case 2 2005도9730

〈엉성한 진술조서 사건〉

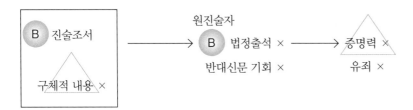

피고인 (A) 증거동의 ○ (§318 ①)　　│　if. 증거동의 ×
　　⟶ 증거능력 ○　　　　　　　　│　　　　+
　　　　　　　　　　　　　　　　│　§314 ① 사.질.외.소.그
　　　　　　　　　　　　　　　　│　　　　② 특
　　　　　　　　　　　　　　　　│　　⟶ 증거능력 ○

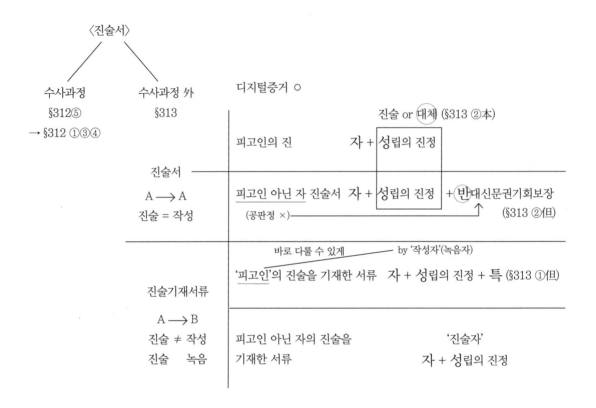

〈진술서〉

수사과정   수사과정 外   디지털증거 ○

§312⑤   §313

→ §312 ①③④   진술 or 대체 (§313 ②本)

피고인의 진   자 + 성립의 진정

진술서

A ⟶ A   피고인 아닌 자 진술서   자 + 성립의 진정   + 반대신문권기회보장

진술 = 작성   (공판정 ×)   (§313 ②但)

바로 다룰 수 있게   by '작성자'(녹음자)

'피고인'의 진술을 기재한 서류   자 + 성립의 진정 + 특 (§313 ①但)

진술기재서류

A ⟶ B

진술 ≠ 작성   피고인 아닌 자의 진술을   '진술자'

진술   녹음   기재한 서류   자 + 성립의 진정

Case 3   2010도8735

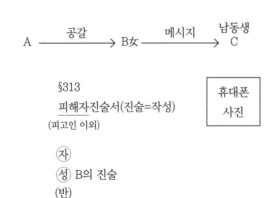

A ⟶ 공갈 ⟶ B女 ⟶ 메시지 ⟶ 남동생 C

§313   휴대폰

피해자진술서(진술=작성)   사진

(피고인 이외)

자

성 B의 진술

반

〈전문법칙 예외〉

1. §311: '법원 · 법관' 면전조서

2. '피신조서'

　　§312 ①: 검사작성

　　§312 ③: 사경작성

　　§312 ④: 검사

　　　　　　사경 '진술조서'

3. '진술서'

§312 ⑤: 수사과정　　　§313: 수사과정 外

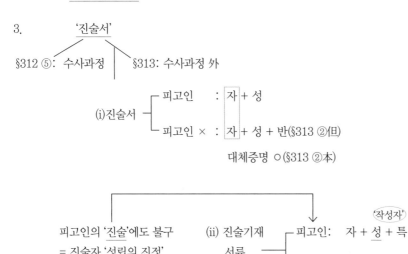

(i) 진술서 ─┬─ 피고인　　 : 자 + 성
　　　　　　└─ 피고인 × : 자 + 성 + 반(§313 ②但)
　　　　　　　　　　　　대체증명 ○(§313 ②本)

피고인의 '진술'에도 불구　　(ii) 진술기재　　　'작성자'
= 진술자 '성립의 진정'　　　　 서류 ─┬─ 피고인:　자 + 성 + 특
　　부인에도 불구하고　　　　　　　　 └─ 피고인 × : 자 + 성

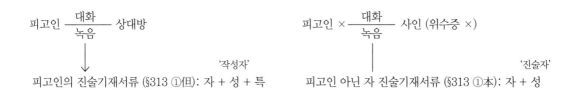

피고인 ──대화／녹음── 상대방

　　　　　　　　　　　　　　　'작성자'
피고인의 진술기재서류 (§313 ①但): 자 + 성 + 특

피고인 × ──대화／녹음── 사인 (위수증 ×)

　　　　　　　　　　　　　　　　　　'진술자'
피고인 아닌 자 진술기재서류 (§313 ①本): 자 + 성

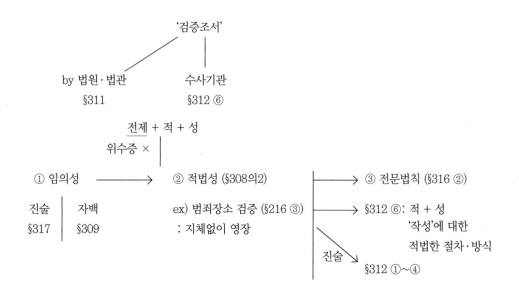

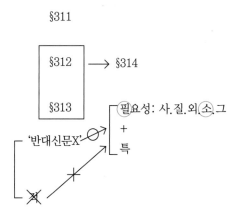

소재불명, 그밖에 이에 준하는 사유

~~증언거부권~~

§315 '당연증거 ○'

1. 공권적 증명문서

2. 업무상 통상문서

3. 기타 특신문서

---

§316 전문진술

　　원진술 ——— 전문진술

① 피고인 ——— 특

② 피고인 × ——— 필 ± 특
　　　　　　　　사.질.외.소.그

재전문
　┌ 서류 ○
　└ 진술 ×

성폭행피해아동A ——————————————————— 母. B ———————————→ 성폭력상담소 상담원

공판정: 원본　　　　　　　　　　　　　　　　공판정: 전문진술(§316 ②, 필+특)　　재전문진술 ×　│ 예외: 증거동의 ○
검사과정 A진술조서: 전문서류(§312 ④, 적/실/반/특)　검사작성 B진술조서: 재전문 서류
　　　　　　　　　　　　　　　　　　　　　　전문　　　§316 ② + §312 ④
　　　　　　　　　　　　　　　　　　　　　　　　　필·특 + 적/실/반/특

최량증거법칙 = 원본동일성 ○

Case 4 2007도10804

┌─ 전문법칙 예외 ─ §313 ①但: 자 + 성 + 특

└─ 증거동의 = 당사자 동의 + 법원 진정성 인정
      (=신용성 의심 정황 ×)

제 6 절 당사자의 동의와 증거능력

〈증거동의〉

원칙
§310의2   §311~§316(317)   §318 ①: 증거동의
判) 전문증거 ×   전문증거 ○

〈증거공통〉

검사증거 ──────────→ 피고인 ○

검사   ←────   피고인 제출 증거
(상대방=검사)

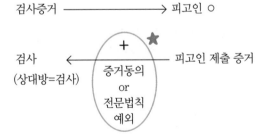
증거동의
or
전문법칙
예외

증거능력 없는 전문증거 ≠ 자백보강증거(유죄증거)

　　　　　　　　　　　　　　　　자백과는 다른
　　　　　　　　　　　　　　　　증거능력 있는 증거

증거동의　　　탄핵증거

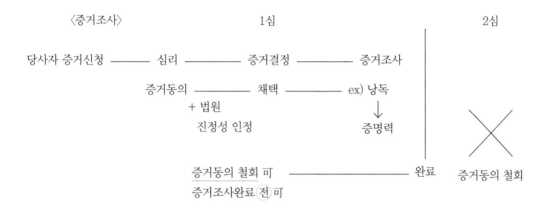

〈증거조사〉　　　　　　　　　　1심　　　　　　　　　　　　2심

당사자 증거신청 ──── 심리 ──────── 증거결정 ──────── 증거조사

　　　　　　증거동의 ──────── 채택 ──────── ex) 낭독
　　　　　　　+ 법원　　　　　　　　　　　　　　　↓
　　　　　　진정성 인정　　　　　　　　　　　　증명력

　　　　　　증거동의 철회 可 ────────────── 완료　　증거동의 철회
　　　　　　증거조사완료 (전) 可

§310 피고인 자백 + 보강증거 = 유죄

증거능력 ○

증명력 ○   자백과는 다른 (독립한)   cf) 증거동의·탄핵증거: 증거능력 없는 전문증거

cf) 공범자의 자백 ×   증거능력 있는 증거

∴보강증거 不要   ┌ 자백 ×
                                                         └ 사무처리내역(수첩) ○
                                                           정황증거 ○   cf)동기.습성 ×

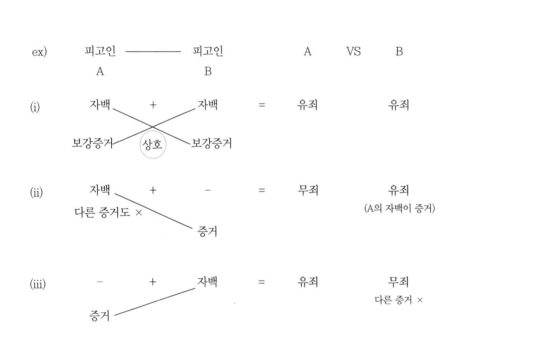

ex)   피고인 ——— 피고인   A   VS   B
         A   B

(i)   자백   +   자백   =   유죄   유죄

       보강증거 상호 보강증거

(ii)   자백   +   —   =   무죄   유죄
                                         (A의 자백이 증거)
       다른 증거도 ×
                      증거

(iii)   —   +   자백   =   유죄   무죄
                                         다른 증거 ×
       증거

'사무처리 내역' — 자백 ×

        — 업무상 통상문서 (§315 2호): 증거능력 ○

        ∴ 보강증거 ○

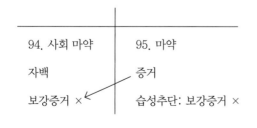

94. 사회 마약	95. 마약
자백	증거
보강증거 ×	습성추단: 보강증거 ×

if) 상습범이라고 해도

判) 상습범

각 보강증거 필요하다고 봄

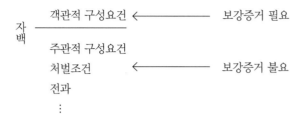

자
백 ─── 객관적 구성요건 ←──────── 보강증거 필요

주관적 구성요건
처벌조건 ←──────── 보강증거 불요
전과
⋮

제 9 절 공판조서의 배타적 증명력

§56: 자유심증주의 예외

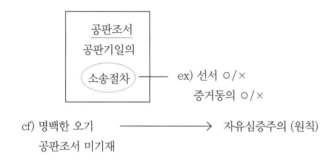

```
┌──────────────┐
│    공판조서    │
│   공판기일의    │
│   (소송절차)   │─── ex) 선서 ○/×
└──────────────┘        증거동의 ○/×
```

cf) 명백한 오기 ──────────→ 자유심증주의 (원칙)
공판조서 미기재

부록

형법

01 │형법 학설 요점정리│

1. 한시법의 추급효

(1) 부정설(多), 긍정설(少), 동기설(判)

(2) 판례는 동기설을 한시법 문제에만 국한하여 적용하지 않고, 제1조 제2항 및 제3항의 적용요건으로 적용하고 있음

(3) 동기설(판례) : 법률의 변경의 동기가

    ① 법적 견해(법률이념)의 변경에 기인하는 경우 : 반성적 조치 → 불처벌(중요판례 : 양/자/내/청/개/교/소/화/자/운/재/깡/강/약/정/영/무/특/선)

    ② 사실관계(상황)의 변경에 기인하는 경우 : 정책적 변경 → 추급효 인정

2. 행위론

인과적, 목적적, 사회적(通), 인격적 행위론, 행위론 부정론

(1) **인과적 행위론** : 인간의 유의적 거동＋외부세계의 변화/의욕된 신체활동

    ※ 인식 없는 과실, 부작위, 미수 설명 못함(행위론의 근본기능 수행 못함)

(2) **목적적 행위론** : 목적조종의사＋목적조종활동

    ※ 과실행위, 부작위 설명 못함(행위론의 근본기능 수행 못함)

(3) **사회적 행위론(통설)** : 사회적으로 중요한 인간의 행태(규범적 행위개념)

    ※ 이론적 통일성이 없으며, 행위론의 한계기능 수행 못함

(4) **인격적 행위론** : 인격의 표현 → 사회적 행위론에 포함

학설	행위	구성요건	위법성	책임
인과적 행위론	유의성＋거동성	객관적 구성요건	객관적 구성요건에 대한 규범적, 객관적 가치판단	심리적 책임론 • 책임능력 • 책임형식(조건) 　고의＝범죄사실의 인식, 　　　　위법성의 인식(고의설) 　과실＝주의의무위반
목적적 행위론	유의성＋거동성＋목적성	객관적/주관적 (고의·과실) 구성요건	• 인적 불법론 • 행위반가치론 • 주관적 정당화요소 일반화	순수한 규범적 책임론 • 책임능력 • 위법성인식(책임설) • 기대가능성
사회적 행위론	• 사회적 중요성 • 의사지배가능성	객관적/주관적 (의사방향결정요인) 구성요건	이원적·인적 불법론	합일태적 책임론 • 책임능력 • 심정반가치로서의 고의·과실 • 위법성인식 • 기대가능성

3. 법인의 형사책임

범죄능력에 관한 부정설(多·判), 형벌능력 긍정설(多), 처벌근거에 관한 과실책임설(多·判)

> 과실책임설 : 감독상 과실, 행위자의 선임·감독의 부작위
>
> | 법인 | ⟷ | 종업원 |
>
> 무과실책임설 : 형벌주체(일반원칙−책임주의)의 예외, 대위책임·전가책임 인정

4. 소극적 구성요건표지이론

구성요건과 위법성의 단계 : 2단계 범죄체계론, 총체적 불법구성요건

총체적 불법구성요건 구성요건해당성＋위법성		책임
적극적 구성요건요소	소극적 구성요건요소	행위자에 대한 비난가능성
구성요건해당성 ○	위법성조각사유 ×	

* 위법성조각사유의 독자적 기능 무시 : 모기를 죽인 행위＝정당방위로 살인한 행위

* 허용구성요건의 착오의 해결 中 제한적 책임설의 입장을 수용하지 못함

∴ 3단계 범죄론체계와 구별 : 구성요건에 해당되지만 위법성이 조각되는 행위의 존재를 인정하느냐?

5. 이원적·인적 불법론

결과반가치와 행위반가치, 우연방위의 해결

구분	결과반가치론	행위반가치론
불법의 본질	결과반가치에 대한 부정적 가치판단	행위자의 행위에 대한 부정적 가치판단
형법의 규범적 성격	평가규범적 성격 강조	의사결정규범적 성격 강조
형법의 기능	법익보호	사회윤리적 행위가치의 보호
고의·과실	책임요소	주관적 불법요소
위법성조각사유의 일반원리	법익형량설, 우월적 이익설	사회상당설, 목적설
과실범의 불법	고의범과 불법의 경중에서 차이 없음	고의범과 불법의 경중에서 차이 인정
불능범	객관설 → 불가벌	주관설 → 불능범 부정
비판	법익침해결과만을 가지고 살인 ＝과실치사 ＝무과실에 의한 사망	결과측면의 무시로 ① 미수＝기수 처벌 ② 과실치사＝과실치상 처벌
통설의 결론	결과반가치＋행위반가치(이원적·인적불법론)	

- 우연방위(의도는 불법한데 결과는 정당한 형태)의 해결

    객관적 전제조건(정당화상황) : 자기·타인 법익 현재의 부당한 침해 ○ −결과불법 ×

    주관적 정당화요소(의사) : 방위의사 × −행위불법 ○

    오늘날 ⇒ 불법 : 행위불법＋결과불법−이원적·인적 불법론

    ① 불능미수범설(多), ② 기수설(少, 결과반가치 긍정설), ③ 무죄설(정당방위로 위법성조각설, 순수한 결과반가치론), ④ 기수범설(순수한 행위반가치론)

6. 인과관계와 객관적 귀속

(1) 가설적 인과관계 : 형법상 인과관계 부정
(2) 추월적 인과관계, 택일적 인과관계 : 조건설−인과관계 부정, 합법칙적 조건설−인과관계 인정
(3) 중첩적 인과관계 : 조건설은 인과관계 인정하지만 객관적 귀속은 부정
(4) 비유형적 인과관계 : 합법칙적 조건설−인과관계 인정, 상당인과관계설(判)−부정

- 조건설의 문제점 : 인과관계 너무 확대, 추월적·택일적 인과관계를 설명 못 함
- 상당인과관계설(판례) : 인과관계가 상당한 경우에만 인정(인과관계 있으면 바로 기수)
- 합법칙적 조건설(행위와 결과 사이에 일상적·자연적 경험법칙에 부합하는 조건에 의한 인과관계)+객관적 귀속이론(결과 귀속에 의한 기수판단 기준. 법적·규범적 판단)

7. 구성요건적 착오(사실의 착오)

유형 학설	구체적 사실의 착오		추상적 사실의 착오	
	객체의 착오	☆방법의 착오	객체의 착오	방법의 착오
구체적 부합설(多)	발생사실에 대한 고의 기수		인식사실의 미수+발생사실의 과실 (상상적 경합)	
법정적 부합설(判)				
추상적 부합설			• 경죄고의−중한 결과 발생 ⇒ 경죄기수+중죄과실(상·경) • 중죄고의−경한 결과 발생 ⇒ 중죄미수+경죄기수(중죄에 흡수) (상·경)	

인과관계의 착오 : 개괄적 고의설(判), 인과관계의 착오설(多), 미수설(少) 등

8. 원인에 있어서 자유로운 행위

가별성의 근거	원인행위설	
학설	간접정범과의 구조적 유사성설	원인행위와 실행행위의 불가분적 연관성설
실행의 착수시기	원인행위시설(주관설 : 원인행위시 미수)	실행행위시설(객관설 : 원인행위시 예비)
행위와 책임의 동시존재원칙	○ (일치설, 구성요건모델)	× (예외설, 책임모델)
구성요건적 정형성	× (죄형법정주의, 보장적 기능에 反)	○ (행위와 책임의 동시존재원칙에 反)

9. 위법성조각사유의 객관적 전제사실에 대한 착오(허용구성요건착오)

(1) 오상방위, 오상피난 등
(2) 엄격고의설 : 위법성인식은 고의의 한 요소에 불과(고의조각 ⇒ 과실범 성립여부가 문제)
(3) 소극적 구성요건표지이론 : 위법성조각사유 착오는 구성요건 착오, 고의 조각, 과실범

- 엄격책임설 : 위법성에관한착오는모두금지착오(법률의착오), "고의범"또는무죄
- 제한적책임설
  - 유추적용설 : 구성요건착오를유추적용하여구성요건고의조각, 과실범⇒ 공범성립부정
  - 법효과제한적 책임설(多) : 고의의 이중기능 인정, 구성요건고의○, 책임고의×⇒ 고의범×, 과실범○. 단! 고의범의 불법은 있으므로 공범 성립도 가능

10. 예비죄와 기본범죄의 관계

(1) 독립범죄설 : 예비행위는 독자적인 불법성을 지닌 기본적 범죄행위 ⇒ 예비죄의 공범 ○

(2) 발현형태설(多 · 判) : 효과적인 법익보호를 위한 수정적 구성요건형태에 불과 ⇒ 예비죄의 공범 ×

(3) 예비죄의실행행위성

   ① 독립범죄설에 의하면 당연히 인정

   ② 발현형태설에 의하면 부정되는 게 당연(小), 하지만 예비죄의 처벌규정이 존재하는 이상 실행행위성이 인정될 수 있다(多) ⇒ 예비죄의 공동정범 성립(判)

11. 실행의 착수시기

객관설		주관설	개별적 객관설(통설)
형식적 객관설	실질설 객관설	범죄의사의 비약적 표동시	주관＋객관
실행행위의 일부 개시시	법익에 직접적 위험시 밀접하게 연관된 행위시 (밀접행위설)	• 간첩죄(잠입설 · 판례)	범행계획 고려, 법익에 대한 직접적 위험시
• 방화죄(判)	• 절도죄 등(다수 판례)	※비판 : 객관 무시, 너무 이르고, 예비와 미수의 구별이 어려움	• 살인죄(낫을 들고 다가간 때 : 판례)
※비판 : 주관 무시, 너무 늦음	※비판 : 주관 무시		

12. 중지미수의 자의성

객관설		주관설		절충설(사회통념설, 多 · 判)	
내부적 동기	외부적 동기	윤리적 동기(○)	윤리적 동기(×)	• 강요된 장애사유(×) • 자율적으로 중지	• 강요된 장애사유(○) • 타율적으로 중지
자의성(○) → 중지미수	자의성(×) → 장애미수	후회, 연민, 동정, 회오 등 → 중지미수	합리적 · 계산적 동기 → 장애미수	• 자율성(○) • 중지미수	• 자율성(×) • 장애미수
• 구별이 모호 • 외부적 사유에만 의존		• 중지미수의 인정 범위가 지나치게 협소 • 윤리적 동기와 자율성 혼동			

13. 불능미수의 위험성

	구객관설		구체적 위험설(多)	추상적 위험설(判)	주관설
판단 기준	• 절대적 불능 • 위험성(×) • 불능범	• 상대적 불능 • 위험성 • 불능미수	「행위자의 인식사정+ '일반인의 인식사정'」을 일반인이 위험성 판단	「행위자의 인식사정」을 일반인이 위험성 판단	• 원칙 : 가벌적 미수 • 예외 : 미신범
수단의 착오	설탕을 하늘에 뿌림	치사량 미달의 독약	① 치사량 미달 → 불능미수	불능미수	불능미수
			② 설탕을 독약으로 오인 → 불능범	불능미수	불능미수
대상의 착오	시체	방탄복	③ 설탕에 살상력(有) → 불능범	불능범	불능미수
			④ 부적 → 불능범	불능범	불능범
비판	구체적 기준 無, 순환의 오류		판단의 기준이 모호하다.	위험성의 범위가 너무 확대된다.	

14. 공범의 종속성

(1) **공범독립성설** : 공범(협의의 공범 : 교사범 · 종범)은 피교사자 · 피방조자의 범행실행과는 상관없이 그 스스로의 교사행위 · 방조행위만으로도 성립한다. 주관주의 범죄이론. 공범의 성립범위가 지나치게 확장. 간접정범도 모두 공범. 간접정범과 교사범도 구별할 수 없음. 예비죄의 공범 인정

(2) **공범종속성설(통설 · 판례)** : 정범의 성립은 교사범 · 종범과 같은 협의의 공범의 구성요건의 일부를 형성하고, 교사범 · 종범이 성립하려면 먼저 정범의 범죄행위가 인정되는 것이 그 전제조건이 된다.

〈종속성의 유무에 관한 학설〉

구분	공범종속성설(통설 · 판례)	공범독립성설
범죄이론	객관주의 : 정범의 범죄가 객관적으로 있어야 공범도 성립하게 된다.	주관주의 : 범죄란 행위자의 반사회성의 징표이다.
공범의 미수	• 정범의 행위가 가벌미수로 된 때에만 공범의 미수를 인정한다. • 기도된 교사(제31조 제2항 · 제3항) → (교사자의 특유한 불법에 근거한) 특별규정 으로 본다. ⇨ 예비죄에 대한 공범 성립 부정	• 정범의 실행행위가 없는 경우에도 공범의 미수를 인정한다. 공범독립성설은 교사나 방조행위 그 자체만으로도 공범 성립을 인정하기 때문이다. • 기도된 교사(제31조 제2항 · 제3항) → 공범독립성설의 근거이다. ⇨ 예비죄에 대한 공범 성립 긍정
간접정범	피이용자의 행위를 정범의 행위로 볼 수 없으므 로 이용자는 정범이 된다. → 간접정범개념을 긍정한다.	교사 · 방조행위가 있는 이상 공범은 성립할 수 있으므로 이용자는 정범이 아니라 공범이다. → 간접정범을 부정한다.
공범과 신분	신분의 연대성을 규정한 형법 제33조 본문을 당연규정으로 본다.	신분의 개별성을 규정한 형법 제33조 단서를 원칙적 규정으로 본다.
자살관여죄	자살이 범죄가 아님에도 불구하고 교사 · 방조자 를 처벌하는 것이다. → (타인의 생명상실에 관여했다는 특별한 사유에 근거한) 특별규정으로 본다.	공범독립성설의 유력한 근거로 본다. → 예시규정으로 본다.

15. 과실범의 공동정범

(1) 긍정설
① 행위공동설(판례) : 고의행위이건 과실행위이건 간에 전법률적 · 자연적 행위의 우연한 공동만 있으면 공동정범의 '공동'이 있다는 학설 + 책임주의가 약화된다는 비판이 있음
② 공동행위주체설 : 공동의 행위를 하면 하나의 주체가 되어 누구의 행위에 의해서 결과가 발생하든 공동정범이 성립한다는 입장(행위공동설과 같은 입장)
③ 과실공동 · 기능적 행위지배설 : 주의의무위반의 공동과 결과 발생에 대한 기능적 행위지배가 있으면 과실범의 공동정범이 성립한다는 입장
④ 과실공동 · 행위공동설 : 의사의 연락이 없어도 과실의 공동과 결과를 일으키는 행위의 공동이 있으면 과실범의 공동정범이 성립한다는 학설

(2) 부정설
① 범죄공동설 : 특정범죄에 대한 고의의 공동과 실행행위의 공동이 있어야 공동성을 인정. 고의범의 범위 내에서만 공동정범을 인정하며 과실범의 공동정범은 인정하지 않고 단지 동시범이 될 뿐이라는 입장
② 목적적 행위지배설 : 과실범에 있어서는 목적적 행위지배 자체가 있을 수 없기 때문
③ 기능적 행위지배설(통설) : 기능적 행위지배는 공동의 결의에 기초한 역할분담을 의미하는데, 과실범에는 이러한 공동의 범행결의가 불가능. 동시범 이론으로 해결해야 한다는 주장

16. 공모공동정범

(1) 긍정설
① 공동의사주체설(판례) : 일종의 단체책임의 원리로 공동정범의 성립요건에 접근한 것으로서 개인책임의 원칙에 반한다는 비판이 있는 입장
② 간접정범유사설(판례) : 직접 실행에 관여하지 않아도 다른 사람의 행위를 자기의사의 수단으로 하여 범죄를 하였다는 점에서 직접 실행행위를 분담한 경우와 차이가 없음. 간접정범과 유사한 것이 왜 공동정범인가라는 비판
③ 적극이용설
④ 기능적 행위지배설에 의한 제한적 긍정설(근래 판례) : 기능적 행위지배설을 취하면서도 공모공동정범을 인정하는 입장. 공모자가 기능적 행위지배의 요건을 갖춘 경우에는 공동정범이 된다.

(2) 부정설
① 범죄공동설 : 특정범죄에 대한 고의의 공동과 실행행위의 공동이 있어야 공동성을 인정. 실행행위의 공동이 없으므로 공모공동정범은 공동정범이 될 수 없음
② 행위공동설 : 전법률적 · 자연적 행위 공동이 없으므로 공동정범의 '공동'이 없음
③ 공동행위주체설 : 공동의 행위가 없으므로 주체가 될 수 없음(행위공동설과 같은 입장)
④ 기능적 행위지배설(통설) : 공동의 실행이 없으므로 기능적 행위지배 부정. 제34조 제2항의 특수교사 · 방조(또는 교사범 · 방조범)로 해결하자는 대안을 제시

17. 공범과 신분

제33조의 해석에 관한 통설과 소수설 · 판례의 대립

형법 제33조	본문	단서
통설	진정신분범의 성립 · 과형의 근거	부진정신분범의 성립 · 과형의 근거
소수설 · 판례	• 진정신분범의 성립 · 과형의 근거 • 부진정신분범의 성립의 근거	부진정신분범의 과형의 근거

18. 부작위범의 종류, 작위의무의 체계적 지위, 작위의무의 발생근거

(1) 부작위범의 종류
① 형식설(多) : 진정부작위범은 부작위에 의한 부작위범, 부진정부작위범은 부작위에 의한 작위범
② 실질설 : 진정부작위범은 거동범, 부진정부작위범은 결과범. 이에 대해서 부진정부작위범에는 거동범도 있을 수 있다는 비판 있음

(2) 작위의무의 체계적 지위
① 위법성요소설, 보증인설(구성요건요소설)
② 이분설(통설)
  ㉠ 보증인지위는 구성요건요소, 보증인의무는 위법성요소
  ㉡ 보증인적 지위에 대한 착오는 구성요건착오, 보증인적 의무착오는 위법성의 착오이므로 금지착오

(3) 작위의무의 발생근거
① 형식설 : 법령, 계약 등 법률행위, 조리(사회상규 · 신의칙), 선행행위
② 기능설(실질설) : 법익에 대한 보호의무, 위험원에 대한 안전의무
③ 결합설(절충설) : 형식설을 원칙으로 하되 기능설에 의하여 보완

19. 죄수결정의 표준

학설	표준	상상적 경합	연속범
행위표준설	의사와 결과를 포함하는 행위	일죄	수죄
법익표준설	침해된 법익	수죄	수죄
의사표준설	단일성이 인정되는 범의의 수	일죄	일죄
구성요건표준설	구성요건의 수(원칙적 기준)	수죄	수죄

20. 집행유예기간 중의 집행유예는 가능한가

(1) 여죄설(少 · 判) : 형법 제37조의 경합범 관계에 있는 수죄가 전후에 기소되어 각각 별개의 절차에서 재판을 받게 된 결과 어느 하나의 사건에서 먼저 집행유예가 선고되어 그 형이 확정되었을 경우, '동시에 같은 절차에서 재판을 받아 한꺼번에 집행유예를 선고할 수 있었던 경우와 비교하여 현저히 균형을 잃게 되므로, 이러한 불합리가 생기는 경우에 한하여' 형의 집행유예를 선고받은 경우를 제62조 제1항 단서의 '금고 이상의 형'을 선고받은 경우에 포함하지 않는 것으로 보아 재차의 집행유예가 허용된다(대법원 1989.9.12, 87도2365 전원합의체). "원칙적으로 허용되지 않지만, 예외적으로 '여죄설'의 요건을 갖추면 허용"(소위 여죄설)

> 집행유예기간 중의 집행유예 ┌ 원칙−불가
> └ 예외−경합범 관계에 있으면 가능(판례)
> • 여죄설에 의한 집행유예기간 중 재차 집행유예가 가능하기 위한 요건(2005.7.29. 형법개정 이전의 판례)
> ① A죄(이미 집행유예 받은 죄)와 B죄가 경합범 관계에 있을 것
> ② 병합심리하였더라면 A죄와 B죄의 전체에 대하여 집행유예의 선고가 가능하였을 것

(2) 적극설(多) : 집행유예기간 중이라 하더라도 법원의 판단에 의해 얼마든지 재차 집행유예를 선고할 수 있다고 보는 것이 타당하다(적극설 : 다수설). 특별예방주의 고려

(3) 2005년 개정형법(제62조 제1항 단서) 이후의 판례 : 집행유예기간 중에 범한 범죄에 대하여 공소가 제기된 후 그 범죄에 대한 재판 도중에 전자의 집행유예기간이 경과한 경우에는−제62조 제1항 단서가 적용되지 않는다고 보아−집행유예의 선고가 가능(대법원 2007.2.8, 2006도6196). 집행유예기간 중의 재범이라 하여도 전자의 집행유예기간을 경과하면 집행유예를 선고할 수 있는 또 하나의 예외적 경우 인정

우리 공부는 질의 공부가 아닌 양의 공부입니다. 절대 시간을 확보하여 회독수를 늘리고 반복하십시오.

백광훈

■ 우리 형법상의 친고죄 및 반의사불벌죄의 규정들

구분	해당 범죄
친고죄	• 범죄가 경미한 경우 : 사자명예훼손죄(제308조), 비밀침해죄(제316조), 모욕죄(제311조), 업무상 비밀누설죄(제317조) ⇨ [비·누·모·사] • 재산죄 중 친족상도례에서 비동거친족 간의 경우(제328조 제2항)[재]
반의사 불벌죄	• 외국원수·외국사절에 대한 폭행·협박·모욕죄(제107조·제108조) • 외국국기·국장모독죄(제109조) • 폭행·존속폭행죄(제260조) • 과실치상죄(제266조) • 협박·존속협박죄(제283조) • 명예훼손죄(제307조) • 출판물 등에 의한 명예훼손죄(제309조) ⇨ [폭·과·협·명·출] • 부정수표단속법 위반죄(동법 제2조 제2항, 제3항)

■ 우리 형법상의 목적범 총정리

구분	해당 범죄
진정 목적범	목적의 존재가 범죄성립요건인 범죄를 말한다. ① 각종 위조·변조죄(행사목적), ② 각종 자격모용작성죄(행사목적), ③ 각종 영득·이득죄(불법영득·이득의사), ④ 각종 예비죄(기본범죄목적), ⑤ 내란죄(제87조 : 국토참절·국헌문란목적), ⑥ 국기·국장모독죄(제105조), 국기·국장비방죄(제106조 : 대한민국을 모욕할 목적), ⑦ 외교상기밀탐지·수집죄(제113조 제2항 : 누설목적), ⑧ 범죄단체 등의 조직죄(제114조 : 사형, 무기 또는 장기 4년 이상의 징역의 범죄목적), ⑨ 다중불해산죄(제116조 : 폭행·협박·손괴목적), ⑩ 직무·사직강요죄(제136조 제2항 : 직무강요·저지·사직목적), ⑪ 법정·국회회의장모욕죄(제138조 : 법원재판·국회심의 방해·위협목적), ⑫ 무고죄(제156조 : 타인 형사처분·징계처분 목적), ⑬ 위조통화수입·수출죄(제207조 제4항), 위조유가증권수입·수출죄(제217조), 위조인지·우표수입·수출죄(제218조 제2항 : 행사목적), ⑭ 위조통화취득죄(제208조), 위조인지·우표취득죄(제219조 : 행사목적), ⑮ 통화유사물제조죄(제211조 제1항), 인지·우표유사물제조죄(제222조 제1항 : 판매목적), ⑯ 허위공문서작성죄(제227조 : 행사목적), 공·사전자기록위작·변작죄(제227조의2, 제232조의2 : 사무처리를 그르치게 할 목적), ⑰ 공·사인위조·부정사용죄(제238조 제1항, 제239조 제1항 : 행사목적), ⑱ 음행매개죄(제242조 : 영리목적), ⑲ 음화제조·소지죄(제244조 : 음화반포·판매목적), ⑳ 도박장소공간 개설(제247조 : 영리목적), ㉑ 준점유강취죄(제325조 제2항) 및 준강도죄(제335조 : 재물탈환항거·체포면탈·죄적인멸목적), ㉒ 강제집행면탈죄(제327조 : 강제집행을 면할 목적)
부진정 목적범	목적의 존재가 형의 가중·감경사유로 되어 있는 범죄를 말한다. ① 내란목적살인죄(제88조 : 국토참절·국헌문란의 목적, 살인죄에 비하여 불법가중), ② 모해위증죄(제152조 제2항), 모해증거인멸죄(제155조 제3항 : 모해목적), ③ 아편·아편흡식기판매목적소지죄(제198조, 제199조 : 판매의 목적, 단순아편 등 소지죄(제205조)에 비하여 불법가중), ④ 촉탁승낙살인죄(제252조 제1항 : '본인을 위하여' 는 기술되지 않은 구성요건요소, 살인죄에 비하여 불법감경), ⑤ 추행·간음·결혼·

영리목적약취 · 유인죄(제288조 제1항 : 추행 · 간음 · 결혼 · 영리목적), 국외이송목적약취 · 유인죄(제288조 제3항), 국외이송목적 매매죄(제289조 제4항 : 국외이송목적, 미성년자약취 · 유인죄에 비하여 불법가중), ⑥ 출판물명예훼손죄(제309조 : 비방목적, 명예훼손죄에 비하여 불법가중)

■예비죄 처벌규정 암기요령 : 살 · 약 · 강/먹 · 통 · 방 · 기 · 폭/도 · 내

개인적 법익	사회적 법익	국가적 법익
• 살인 • 약취 · 유인 · 인신매매 • 강도	• 먹는 물유해물혼입 · 수도불통 • 통화 · 유가증권 · 우표 · 인지 • 방화 · 일수 • 기차 · 선박 • 폭발물사용(예비 · 음모 · 선동)	• 도주원조 • 내란 · 외환(예비 · 음모 · 선동 · 선전) • 외국에 대한 사전

■미수범 처벌규정 관련 중요사항 세부정리

1. 거동범(형식범)(범죄단체조직죄, 소요죄, 다중불해산죄, 공무원자격사칭죄, 직무유기죄, 직권남용죄, 공무상비밀누설죄, 공무집행방해죄, 범인은닉죄, 위증죄, 증거인멸죄, 무고죄, 변사체검시방해죄, 폭행죄, 존속폭행죄, 유기죄, 명예훼손죄, 모욕죄, 업무방해죄 등)은 거의 미수범 처벌규정이 없다.
2. 다만 거동범이라 하더라도 협박죄, 주거침입죄, 퇴거불응죄, 집합명령위반죄는 미수범 처벌규정이 있다.
3. 진정부작위범(다중불해산죄, 전시군수계약불이행죄, 전시공수계약불이행죄, 집합명령위반죄, 퇴거불응죄)은 거동범적 성질을 가지므로 이론적으로 미수범이 성립하기 어렵다.
   ① 다만 집합명령위반죄, 퇴거불응죄는 진정부작위범이지만, 미수범 처벌규정이 있다.
   ② 이와 달리 부진정부작위범은 결과범적 성격을 가지므로 미수를 인정할 수 있다.
4. 예비 · 음모죄를 처벌하는 범죄들은 −실행착수 이전 단계부터 처벌하기 때문에− 당연히 미수범 처벌규정이 있다(대체로 살인, 약취 · 유인 · 매매 · 이송, 강도, 먹는 물유해물혼입과 수도불통, 통화 · 유가증권 · 우표 · 인지위조 · 변조죄와 자격모용유가증권작성죄, 방화 · 일수, 기차 · 선박등교통방해죄와 기차등전복죄, 폭발물사용죄, 도주원조, 내란 · 외환의 죄와 외국에 대한 사전죄는 예비 · 음모를 처벌하기 때문에 미수범 처벌규정도 있다).
5. 국기에 대한 죄(국기 · 국장모독죄, 국기 · 국장비방죄)는 미수범 처벌규정이 없다.
6. 국교에 대한 죄(외국원수폭행등죄, 외국사절폭행등죄, 외국국기 · 국장모독죄, 중립명령위반죄, 외교상기밀누설죄)는 미수범 처벌규정이 없다. 단, 외국에 대한 사전죄는 예비 · 음모도 처벌하며 따라서 미수범 처벌규정도 있다.
7. 공안을 해하는 죄(범죄단체조직죄, 소요죄, 다중불해산죄, 전시공수계약불이행죄, 공무원자격사칭죄)는 모두 미수범 처벌규정이 없다.
8. 폭발물에 관한 죄 중에서 폭발물사용죄와 전시폭발물사용죄는 예비 · 음모를 처벌하므로 미수범 처벌규정도 있다. 그러나 전시폭발물제조죄는 미수범 처벌규정이 없다(따라서 예비 · 음모 처벌규정도 없다).
9. 공무원의 직무에 관한 죄는 직무범죄라고 하는데 미수범 처벌규정이 거의 없다(직무유기, 직권남용, 폭행 · 가혹행위, 피의사실공표, 공무상비밀누설, 선거방해, 뇌물에 관한 죄 전부). 다만 불법체포 · 감금죄는 미수범 처벌규정이 있다. 이는 체포 · 감금죄가 사람의 신체활동의 자유를 침해해야 성립한다는 침해범적 성격에 따른 것이다.
10. 공무방해에 관한 죄 중에서 공무집행방해, 위계에 의한 공무집행방해, 법정 · 국회회의장모욕, 인권옹호직무방해, 특수공무방해죄는 미수범 처벌규정이 없지만, 공무상비밀표시무효(공무상비밀침해도 포함), 부동산강제집행효용침해, 공용서류무효와 공용물파괴, 공무상보관물무효죄는 미수범 처벌규정이 있다.

11. 도주에 관한 죄는 모두 미수범 처벌규정이 있다(특히 우리나라는 자기도주행위의 미수도 처벌된다). 그러나 범인은닉죄는 미수범 처벌규정이 없다.

12. 위증과 증거인멸의 죄는 모두 미수범 처벌규정이 없다.

13. 무고의 죄는 미수범 처벌규정이 없다.

14. 신앙에 관한 죄 중에서 장례식등방해, 시체오욕, 변사체검시방해죄는 미수범 처벌규정이 없으나, 분묘발굴, 시체영득등죄는 미수범 처벌규정이 있다.

15. 방화죄는 거의 미수범 처벌규정이 있다. 그러나 자기소유일반건조물방화, 일반물건방화, 진화방해죄는 미수범 처벌규정이 없다. 예비·음모도 이와 마찬가지이다.

16. 일수와 수리에 관한 죄도 거의 미수범 처벌규정이 있다. 그러나 자기소유일반건조물·재산일수, 방수방해, 수리방해죄는 미수범 처벌규정이 없다. 예비·음모도 마찬가지이다.

17. 교통방해죄의 죄는 모두 미수범 처벌규정이 있다.

18. 먹는 물에 관한 죄 중에서는 먹는 물유해물혼입, 수돗물유해물혼입죄, 수도불통죄는 미수범 처벌규정이 있다(이 죄들은 예비·음모를 처벌하는 죄들이다). 그러나 먹는 물사용방해, 수돗물사용방해죄는 미수범 처벌규정이 없다(예비·음모도 없다).

19. 아편에 관한 죄는 대체로 미수범 처벌규정이 있다. 그러나 아편·몰핀소지죄(단순소지)는 없다.

20. 공공의 신용에 대한 죄
    ① 통화 : 대체로 있으나, 위조통화취득후지정행사죄 ×
    ② 유가증권·우표·인지 : 대체로 있으나, 소인말소죄 ×
    ③ 문서 : 대체로 있으나, 사문서부정행사죄 ×
    ④ 인장 : 모두 ○

21. 성풍속에 관한 죄는 미수범 처벌규정이 없다.

22. 도박과 복표에 관한 죄는 미수범 처벌규정이 없다.

23. 살인의 죄는 미수범을 처벌한다.

24. 상해, 존속상해죄는 미수범 처벌규정이 있으나, 중상해·존속중상해는 -결과적 가중범이므로- 미수범 처벌규정이 없다. 폭행의 죄는 거동범이므로 미수범 처벌규정이 없다.

25. 낙태의 죄는 미수범을 처벌하지 않는다.

26. 유기와 학대의 죄는 미수범을 처벌하지 않는다.

27. 체포와 감금의 죄는 미수범을 처벌한다.

28. 협박의 죄는 미수범을 처벌한다.

29. 약취와 유인의 죄는 미수범을 처벌한다.

30. 강간죄, 강제추행죄, 준강간·준강제추행, 미성년자의제강간, 미성년자의제강제추행죄는 미수범을 처벌하나, 강간상해·치상, 강간살인·치사, 미성년자·심신미약자간음·추행, 업무상 위력 등에 의한 간음, 미성년자의제강간상해·치상, 미성년자의제강제추행상해·치상죄는 미수범 처벌규정이 없다.

31. 명예에 관한 죄는 미수범 처벌규정이 없다.

32. 신용, 업무와 경매에 관한 죄는 미수범 처벌규정이 없다.

33. 비밀침해의 죄도 미수범 처벌규정이 없다.

34. 주거침입의 죄는 모두 미수범을 처벌한다.

35. 권리행사방해, 중권리행사방해, 강제집행면탈죄는 미수가 없으나, 강요죄, 인질강요죄, 인질상해·치상, 인질살해·치사죄, 점유강취죄, 준점유강취죄는 미수범 처벌규정이 있다.

36. 절도와 강도의 죄는 모두 미수를 처벌한다. 강도치사상죄나 해상강도치사상죄도 미수범 처벌규정이 있다.

37. 사기와 공갈의 죄는 거의 미수를 처벌한다. 단, 부당이득죄는 미수범 처벌규정이 없다.

38. 횡령과 배임의 죄, 배임수증재죄도 미수를 처벌한다. 단, 점유이탈물횡령죄는 미수범 처벌규정이 없다.

39. 손괴죄는 미수를 처벌하나, 경계침범죄는 미수범 처벌규정이 없다.

40. 강요죄는 미수범 처벌규정이 없다가 개정형법(1995)에서는 미수범 처벌규정이 신설되었다.

41. 과실범은 미수범 처벌규정이 없다.

42. 결과적 가중범은 거의 미수범 처벌규정이 없다. 다만, 인질치사상, 강도치사상, 해상강도치사상, 현주건조물일수치사상죄는 미수범 처벌규정이 있다(결과적 가중범의 미수에 관하여 상세한 것은 후술하는 결과적 가중범 관련문제 참조).

43. 예비·음모죄는 미수범을 처벌할 수 없다. 실행의 착수 이전 단계이기 때문이다(예비의 미수는 부정). 다만 중지미수와 관련해서는, 예비단계에도 중지미수의 필요적 형감면규정을 준용할 수 있는가(예비의 중지)의 문제에 대해 판례는 부정설의 입장을 취하나 학설은 긍정설의 입장을 취한다.

■ 각칙상 범죄의 실행의 착수시기(판례)

살인죄	타인의 생명을 위태롭게 하는 행위를 직접 개시시(개별적 객관설 : 낫을 들고 다가간 때)
촉탁·승낙살인죄	행위자가 피해자의 살해에 착수시
자살교사·방조죄	자살교사·방조시(다수설)
폭행죄	폭행의사를 가지고 유형력의 행사를 직접 개시시
인신매매죄	매매계약 체결시
강간죄	강간의 수단으로 폭행·협박을 개시시(가슴과 엉덩이를 쓰다듬은 경우 : ×)
인질강요죄	강요의 의사로 체포·감금·약취·유인행위 개시시(견해 대립)
절도죄	타인점유 배제행위의 개시시(실질적 객관설 : 밀접행위설) ① 낮에 주거에 침입하여 절취할 물건을 물색할 때(물색행위시설) ② 라디오를 절취하려고 그 선을 건드리다가 피해자에게 발견된 경우(밀접행위시설) ③ 자동차 오른쪽 앞문을 열려고 앞문 손잡이를 잡아당기다가 피해자들에게 발각된 경우 　　(↔ 손전등 사건은 예비에 불과)
야간주거침입절도죄	야간에 절도의 목적으로 주거에 침입시
특수절도죄(야간손괴주거침입절도죄)	타인의 주거에 침입하여 건조물의 일부인 방문 고리를 손괴시
강도죄	강도의 폭행·협박 개시시. 단, 특수강도(제334조 제1항)는 견해 대립
인질강도죄	금품요구시(다수설)
특수강도 (야간주거침입강도)	주거침입시(판례) ↔ 폭행협박시(판례) ※상반된 판례
사기죄	① 보험금 사취목적의 방화(보험사기) : 보험회사에 보험금 청구시 ② 소송사기 : 법원에 소장(訴狀) 제출시(피고는 서류 제출시)
컴퓨터 등 사용사기	허위정보 또는 부정한 명령 입력시
공갈죄	① 폭행·협박 개시시 ② 기업체의 탈세사실을 국세청이나 정보부에 고발한다는 말을 기업주에게 전한 경우에는 실행의 착수가 있음(대법원 1969.7.29, 69도984)
배임죄	부동산이중매매 : 제2매수인으로부터 중도금 수령시
방화죄	(매개물에) 점화한 때 - "현주건조물에 방화하기 위해 비현주건조물에 방화한때"는 현주건조물방화죄의 실행의 착수가 있음(판례)
간첩죄	간첩의 목적으로 대한민국지역에 들어오는 시점에 실행의 착수(판례 : 주관설) ↔ 비밀의 탐지, 수집행위를 개시한 때 실행의 착수(다수설)

■공범 관련 처벌규정 비교

구분	처벌내용
공동정범	각자를 정범으로 처벌한다(제30조).
동시범 (독립행위의 경합)	원인된 행위가 판명되지 아니한 때에 각 행위를 미수범으로 처벌한다(제19조). ※ 특례규정 : 상해죄인 경우 공동정범의 예에 의한다(제263조).
교사범	정범(실행한 자)의 형으로 처벌한다(제31조 제1항). ※ 기도된 교사 • 효과 없는 교사 · 교사자와 피교사자를 음모 또는 예비에 준하여 처벌(교사를 받은 자가 범죄의 실행을 승낙하고 착수에 이르지 아니한 경우)(제31조 제2항) • 실패한 교사 · 교사자를 음모 또는 예비에 준하여 처벌(교사를 받은 자가 범죄의 실행을 승낙하지 아니한 경우)(제31조 제3항)
종범(방조범)	정범의 형보다 감경한다(필요적 감경)(제32조 제2항). ※ 기도된 방조 : 불벌
공범과 신분	• 진정신분범 · 비신분자인 공범도 신분범의 공동정범 · 교사범 · 종범 성립(제33조 본문) • 부진정신분범(신분관계로 인하여 형의 경중이 있는 경우) · 비신분자(신분 없는 자)는 무거운 형으로 벌하지 않음(제33조 단서).
간접정범	교사 또는 방조의 예에 의하여 처벌(제34조 제1항)
특수교사	정범에 정한 형의 장기 또는 다액에 그 2분의 1까지 가중처벌(자기의 지휘 · 감독을 받는 자를 교사한 경우)(제34조 제2항)
특수방조	정범의 형으로 처벌(자기의 지휘 · 감독을 받는 자를 방조한 경우)(제34조 제2항)

■공범론 관련 개념 정리(다수설 · 판례에 의함)

구분	예	인정 · 처벌할 것인가
공동정범	편면적 공동정범	부정 ※ 경우에 따라 동시범 또는 종범
	승계적 공동정범	개입한 이후의 행위에 대해서만 책임 부담(판례 및 현재의 다수설)
	과실범의 공동정범	긍정(판례), 부정(다수설)
	공모공동정범	긍정(판례), 부정(다수설)
간접정범	간접정범의 미수	간접정범의 미수로 처벌(다수설)/착수시기 : 이용행위시설(다수설)
	과실에 의한 간접정범	부정
	부작위에 의한 간접정범	부정
교사 · 방조	과실에 의한 교사	부정/이유 : 교사의 고의 필요
	교사의 미수	처벌규정 있음(제31조 제2항 · 제3항 : 기도된 교사＝효과 없는 교사＋실패한 교사)
	미수의 교사(함정수사)	교사범 불성립(판례 · 다수설)/이유 : 기수의 고의 필요
	편면적 교사	부정
	과실범에 대한 교사	부정/이유 : 정범은 고의범이어야 함/해결 : 간접정범
	교사의 교사 (간접교사 · 연쇄교사)	긍정
	부작위에 의한 방조	긍정/비교 : 부작위에 의한 교사는 부정

교사 · 방조	승계적 방조	긍정
	사후방조	방조 불인정 ※ 사후종범은 종범이 아니라 독립된 범죄이다. ⓔ 범인은닉 등
	과실에 의한 방조	부정/이유 : 방조의 고의 필요
	미수의 방조	부정/이유 : 기수의 고의 필요
	기도된 방조(방조의 미수)	처벌규정이 없어 불벌
	편면적 방조	긍정
	예비의 방조	부정/참고 : 효과 없는 방조 불벌
	종범의 종범 (간접방조, 연쇄방조) 교사의 종범 종범의 교사	긍정 ※ 모두 다 방조범이다.

■ 상습범 처벌규정 및 그 형의 정리

구분		각 조에 정한 형의 2분의 1까지 가중한 경우	가중형을 별도로 규정한 경우
개인적 법익에 대한 죄	생명 · 신체	• 상해 · 존속상해죄(제257조) • 중상해 · 존속중상해죄(제258조) • 폭행 · 존속폭행죄(제260조) • 특수폭행죄(제261조)	없음
	자유	• 체포 · 감금, 존속체포 · 감금죄(제276조) • 중체포 · 감금, 존속 중 체포 · 감금죄(제277조) • 협박 · 존속협박죄(제283조) • 특수협박죄(제284조) • 강간죄 등(제297~300, 302, 303, 305조)(성폭력)	없음
	재산	• 절도죄(제329조) • 야간주거침입절도죄(제330조) • 특수절도죄(제331조) • 자동차 등 불법사용죄(제331조의2) • 사기죄(제347조) • 컴퓨터 등 사용사기죄(제347조의2) • 준사기죄(제348조) • 편의시설부정이용죄(제348조의2) • 부당이득죄(제349조) • 공갈죄(제350조)	• 강도죄(제333조) • 특수강도죄(제334조) • 인질강도죄(제336조) • 해상강도죄(제340조 제1항) • 장물취득 · 알선 등 죄(제362조)
사회적 법익에 대한 죄		• 아편 등 제조 등 죄(제198조) • 아편흡식기제조 등 죄(제199조) • 세관공무원의 아편 등 수입죄(제200조) • 아편흡식 및 동 장소제공죄(제201조)	도박죄(제246조)

※ 국가적 법익에 대한 죄는 상습범 처벌규정이 없음을 주의

■ 형의 감면사유 정리

구분		필요적		임의적
감경	총칙	청각 및 언어장애인, 종범		심신미약자, 장애미수범(제25조)
	각칙			범죄단체의 조직, 인질강요 및 인질 상해 · 치사상죄의 인질 석방, 약취유인자 석방
감면	총칙	중지미수범(제26조)		과잉방위, 과잉피난, 과잉자구 행위, 불능미수, 사후적 경합범 의 처리, 자수 · 자복
	각칙	실행착수 전 자수	내란죄, 외환죄, 외국에 대한 사전 죄, 폭발물 사용죄, 방화죄, 통화위 조죄의예비 · 음모죄	없음
		재판 · 징계처분 확정 전 자수 · 자백	위증 · 모해위증죄, 허위감정 · 통역 · 번역죄, 무고죄의 기수범	
		친족상도례	장물죄를 범한 자와 본범 간에 제328조 제1항의 신분관계가있는 때	
면제	친족간 특례	① 범인은닉죄(제151조 제2항) : 친족, 동거의 가족 ② 증거인멸죄(제155조 제4항) : 친족, 동거의가족 * 다만, 위 ①②는책임조각사유라는 것이 현재의 다수설		
	친족상 도례	권리행사방해죄, 절도죄, 사기 · 공갈죄, 횡령 · 배임죄, 장물죄 (재산죄 중 강도, 손괴는 제외)		

■ 형의 시효의 기간

제78조【시효의 기간】 시효는 형을 선고하는 재판이 확정된 후 그 집행을 받지 아니하고 다음 각 호의 구분에 따른 기간이 지나면 완성된다.
1. 사형 : 30년
2. 무기의 징역 또는 금고 : 20년
3. 10년 이상의 징역 또는 금고 : 15년
4. 3년 이상의 징역이나 금고 또는 10년 이상의 자격정지 : 10년
5. 3년 미만의 징역이나 금고 또는 5년 이상의 자격정지 : 7년
6. 5년 미만의 자격정지, 벌금, 몰수 또는 추징 : 5년
7. 구류 또는 과료 : 1년

■집행유예 · 선고유예 · 가석방의 비교

구분	집행유예(제62조~제65조)	선고유예(제59조~제61조)	가석방(제72조~제76조)
요건	① 선고형이 3년 이하의 징역, 금고 또는 500만원 이하의 벌금 ② 정상에 참작할 만한 사유가 있을 것 ③ 금고 이상의 형을 선고한 판결이 확정된 때부터 그 형의 집행종료 · 면제 후 3년까지의 기간에 범한 죄가 아닐 것	① 선고형이 1년 이하의 징역, 금고, 자격정지, 벌금 ② 뉘우치는 정상이 뚜렷할 것 ③ 자격정지 이상의 형을 받은 전과가 없을 것	① 무기에서는 20년, 유기에서는 형기의 3분의 1을 경과 ② 행상이 양호하여 뉘우침이 뚜렷할 것 ③ 벌금 또는 과료의 병과가 있는 때에는 그 금액을 완납할 것
기간	1년 이상, 5년 이하	2년	무기형은 10년, 유기형은 10년 한도 내의 잔형기
결정	법원의 판결	법원의 판결	행정처분(법무부)
효과	형 선고의 효력상실	면소된 것으로 간주	형 집행이 종료한 것으로 간주
보호관찰 등	• 임의적 처분(제62조의2 제1항) • 사회봉사, 수강명령도 가능 • 집행유예기간(단축 可)	• 임의적 처분(제59조의2) • 1년(단축 불가)	• 필요적 처분(제73조의2 제2항) • 가석방기간(단축 불가)
실효	유예기간 중 고의로 범한 죄로 금고 이상의 실형을 선고받아 그 판결이 확정된 때	• 유예기간 중 자격정지 이상의 형에 처한 판결이 확정된 때(필요적) • 자격정지 이상의 형에 처한 전과가 발견된 때(필요적) • 보호관찰 준수사항의 무거운 위반(임의적)	가석방 중 고의로 지은 죄로 금고 이상의 형을 선고받아 그 판결이 확정된 때
취소	• 필요적 취소(제64조 제1항) : ③의 요건이 발각된 경우 • 임의적 취소(제64조 제2항) : 보호관찰 등 준수사항 · 명령의 무거운 위반	취소제도 없음(∵ 형 선고 안 됨)	• 감시에 관한 규칙의 위반(임의적) • 보호관찰 준수사항의 무거운 위반(임의적)

■ 형법상 중요한 기간 · 기한 · 액수 · 연령 등의 숫자 정리

형법규정	중요한 숫자
형사미성년자(제9조)	14세 미만
소년법의 소년(소년법 제2조)	• 19세 미만 • 10세 이상 소년 : 보호처분 • 12세 이상 소년 : 장기소년원송치, 수강명령 • 14세 이상 소년 : 사회봉사명령
사형 · 무기형에 처할 수 없으며 벌금형의 환형유치처분도 못내리는 연령	18세 미만(사형 · 무기형 → 15년)
아동혹사죄의 아동(제274조)	자기의 보호 · 감독을 받는 16세 미만
미성년자의제강간죄의 객체(제305조)	13세 미만, 13세 이상 16세 미만
미성년자위계 · 위력간음죄(제302조)	16세(원칙) 이상 19세 미만
특수교사의 가중(제34조 제2항)	정범의 형의 장기 · 다액의 2분의 1까지
특수방조의 가중(제34조 제2항)	정범의 형
경합범 가중(사형 · 무기형 외의 동종의 형인 A형과 B형) (제38조 제1항 제2호)	① A+[A(장기 · 다액)×2분의 1]=X ② X ≤ (A+B) ③ X ≤ 45년
누범의 성립요건(제35조 제1항)	금고 이상 형집행종료 · 면제 후 3년 이내
누범의 형(제35조 제2항)	장기의 2배까지
사형의 집행기한(형사소송법 제465조)	판결확정 후 6월 이내 집행
유기징역의 기간(제42조)	1개월 이상 30년 이하(가중시 50년까지)
구류의 기간(제46조)	1일 이상 30일 미만
벌금의 액수(제45조)	5만원 이상(감경시에는 5만원 미만도 가능)
벌금 · 과료의 납입기한(제69조)	판결확정일로부터 30일 이내
벌금 미납입시(제69조 제2항)	• 1일 이상 3년 이하 노역장 유치 • 1억원 이상 : 최소기간 법정
과료 미납입시(제69조 제2항)	1일 이상 30일 미만 노역장 유치
노역장 유치기간(제70조 제2항)	• 1억원 이상 5억원 미만 : 300일 이상 • 5억원 이상 50억원 미만 : 500일 이상 • 50억원 이상 : 1천일 이상
과료의 액수(제47조)	2천원 이상 5만원 미만
자격정지의 기간(제44조 제1항)	1년 이상 15년 이하

CHAPTER 03 | 형법 두문자 총정리 |

1. 죄형법정주의의 내용

㉲률주의
㉠급효금지원칙
㉳확성원칙
㉴추해석금지원칙
㉵정성원칙(법/소/명/유/적)

2. 추급효 부정 – 면소/무죄/경한신법

㉯벌규정 개정 – 사업주에 대한 면책규정 신설
      (과실책임설)
㉴동차 운수사업법(벌금형 → 과태료)
㉯부자 거래 – 단순등록법인
㉳소년 숙박업소 출입허용
㉮고기 판매목적 진열
해직㉲원 노조가입 허용
㉴행목적 유인
㉴계간음
㉠규모 종교집회장, 대중음식점
㉲학용 부피계 검정 폐지
㉴동차 폐차시 원동기 재사용
㉴전면허 취소 – 무면허운전
㉳산명시의무 위반 – 채무자
미제㉰통맥주
㉱요죄 벌금형 선택가능
㉴효광고
㉵비사업전문관리업 – 무등록자 벌칙조항 삭제
   치자금법상 연간 후원금 모금 한도액
    : 전년도 이월금 포함 ○ → 포함 ×
㉵상물등급위원회임원 – 허위공문서작성죄 ×
(단, 수뢰죄는 공무원취급)
군㉰단이탈 – 징역 → 징역 또는 벌금(경한 신법)
㉲가법 · 특경법상 가액 증액(경한 신법)
   강법상 흉기휴대 강간(집행유예 × → 집행유예 ○)
㉲거대책기구
(양/자/내/청/개/교/추/위/소/화/자/운/재/깡/강/약/정/영/무/특/선)

3. 보호주의(제5조【외국인의 국외범】)

㉯란의 죄
㉵환의 죄
㉲기에 관한 죄
㉴화에 관한 죄 – 외국통화 포함

㉴가증권, 우표와 인지에 관한 죄 – 외국~포함
㉲서에 관한 죄 중 제225조 내지 제230조 – 公
㉯장에 관한 죄 중 제238조 – 公
(내/외/국/통/유/문/인)

4. 친족상도례

㉲계혈족, ㉯우자, ㉰거친족,
㉰거가족 또는 그 ㉯우자
(직/배/동/동/배)

※ 친족 범위

  – 혈족 8촌 이내
  – 인척 4촌 이내
㉯우자의 ㉲족
㉲족의 ㉯우자
㉯우자의 ㉲족의 ㉯우자
(배 – 혈/혈 – 배/배 – 혈 – 배)

5. 친고죄

㉯밀침해죄, 업무상비밀누설죄, ㉲욕죄,
㉠자명예훼손죄, ㉯산죄 중 친족상도례
(비/누/모/사/재)

6. 반의사불벌죄

외국원수 · 외국사절에 대한 ㉲행 · 협박 · 명예훼손 ·
모욕죄, 외국국기 · 국장모독죄
㉲행 · 존속폭행죄 → 폭행치사상 ×, 특수폭행 ×
㉮실치상죄 → ~치사 ×, 업무상~ ×
㉲박 · 존속협박죄 → 특수협박 ×
㉳예훼손죄
㉶판물 등에 의한 명예훼손죄
(폭/과/협/명/출)

※ 명예에 관한 죄

㉳예훼손죄 – ㉯의사불벌죄
㉠자명예훼손죄 – ㉲고죄
㉶판물명예훼손죄 – ㉯의사불벌죄
㉲욕죄 – ㉲고죄
(명/사/출/모 – 반/친/반/친)

7. 정지조건부/해제조건부

㉠고죄 – ㉡지조건부
㉡의사불벌죄 – ㉠제조건부
(친-정/반-해)

8. 구체적 위험범

㉠기소유~   → 예비 · 음모, 미수 ×
~ ㉡반물건~   → 예비 · 음모, 미수 ×
㉠발성 물건~, 폭발물사용
㉠스 · 전기 등 방류, 공급방해
㉠상해 · 유기 · 강요 · 손괴
㉠무유기
㉠임
(자/일/폭/가/중/직/배)

9. 계속범

㉠포, ㉠금, ㉠거침입, ㉠거불응, ㉠취 · 유인,
㉠박개장, ㉠무유기, ㉠통방해, ㉠인은닉
(체/감/주/퇴/약/도/직/교/범)

10. 자수범

㉠구금자간음죄, ㉠정수표단속법상 허위신고,
㉠증죄, ㉠주죄, ㉠무상 비밀누설죄
(피/부/위/도/업)

11. 법령에 의한 행위

㉠무원의 직무행위, ㉠계행위,
㉠인의 현행범체포, ㉠동쟁의,
㉠자보건법, ㉠염병예방법, ㉠표발매죄,
㉠사자의 장기적출행위(장기이식법)
강원도 정선 ㉠지노
경찰관의 ㉠기사용
㉠(母)의 면접교섭권
(공/징/사/노/모/감/복/뇌/카/총/모)

12. 업무로 인한 행위

㉠사의 치료
㉠락사(안락사가 업무행위인 것은 아님)
㉠호인의 변론
㉠직자의 업무행위
㉠건축 조합장의 철거행위
㉠자의 취재행위
(의/안/변/성/재/기)

13. 사회상규에 위배되지 아니하는 행위

㉠극적 방어행위
㉠계권 없는 자의 징계행위
㉠리실행 행위
㉠미한 불법
㉠지침, 여관주인 ㉠박
(소/징/권/경/수/도)

14. 책임의 본질 : 합일태적 책임개념

㉠임능력,
㉠법성의 인식,
㉠임고의 · 과실,
㉠대불가능성의 부존재
(책/위/책/기)

15. 법률의 착오 정당한 이유 인정 판례

㉠대장의 허가 – 유류저장
≠상관의 명령이 명백히 위법
㉠원의 판례 신뢰
≠사안(사실관계) 유사 but 서로 다른 판례 신뢰
㉠등학교장 – 도 · 교 · 위 교과식물 양귀비
㉠인 – 휴가 – 이복동생 이름 – 복귀 ×
㉠가 담당 공무원 – "허가 불요" 잘못 알려준 경우
≠확실히 답변 ×(주택관리사"보" – 아파트관리소장)
• 발가락 양말(변리사+특허심판)≠Bio Tank(변리사)
• 미숫가루 제조
• 장의사
• 골프장

- 자수정 채광－산림훼손허가
  ≠허가－벌채잔존목－허가 × － 벌채
- 국유재산－건축물 신축
- 외국인 직업소개
- 의정보고서작성배부(관할선관위공무원)
  (광역시의원 판례)
- 나대지－토석적치
- 선설치 후허가

(예)비군 대원신고－동일 주소－재차 ×
≠대원신고 × : 법률의 부지－유죄
(한)약－십전대보초 제조 · 판매－"무혐의"
가감삼십전 대보초
≠무도교습소, 회원－교육, 무혐의, 교습소 운영
(비)디오물 감상실 업자, 18세
음 · 비계법 18세 미만
≠천지창조 유흥업소 성인나이트클럽 18세
단속대상 18세 미만 & 대학생 ×
(변)호사, 관할공무원, 기업사채
≠변호사－대강 자문－표시의 효력 없다.
≠변리사－Bio Tank－상표등록
민사소송법 기타 공법의 해석 잘못,
표시의 적법성 · 유효성 없다고 오인
→ 범의(고의)조각 → 공무상 표시무효 × ∴무죄
(교)통부 장관의 허가－교통사고상담센터직원
→ 화해의 중재 · 알선
≠~장관의 회신(고시) : 유죄
(부/법/초/군/허/예/한/비/변/교)

16. 예비죄 처벌규정

(살)인(영아 · 촉탁 · 승낙~ ×, 자살~ ×)
(약)취 · 유인 · 인신매매(치사상 ×, 인취등목적 모집 ·
운송 · 전달 ×)
(강)도
(강)간(강제추행 ×)
(먹)는 물유해물혼입 · 수도불통
(통)화 · 유가증권 · 유표 · 인지(유형위조 : ~위조 · 변조 ·
자격모용~작성 ○)(무형위조, ~행사, 취득, 문서 ·
인장죄 ×)
(방)화 · 일수(자기소유~ ×, ~일반물~ ×)
(기)차 · 선박(교통방해 ×)
(폭)발물사용(예비 · 음모 · 선동)

(도)주원조
(내)란 · 외환(예비 · 음모 · 선동 · 선전), 외국에 대한
사전(예비 · 음모)
(살/약/강/강/먹/통/방/기/폭/도/내)

17. 미수범 처벌규정 총정리

- 개인
(살)인
(상)해
(협)박
(강)요
(체)포
(감)금
(약)취 · 유인
(강)간
(주)거침입
(절)도
(강)도
(사)기
(공)갈
(횡)령
(배)임
(손)괴

- 사회
(폭)발물
(방)화
(일)수
(교)통방해
(통)화
(유)가증권 · 우표 · 인지
(문)서
(인)장
(음독)
(아)편
(분)묘발굴
(시)체유기

- 국가
(내)란
(외)환
(외)국에 대한 사전

Ⓑ법체포 · 감금
~Ⓜ효
~Ⓒ해
~Ⓟ괴
Ⓓ주

18. 메스암페타민 관련 불능미수 정리

Ⓐ품배합미숙 – Ⓑ능미수
Ⓙ조방법부족 – Ⓙ애미수
염산 Ⓜ칠 에페트린 – 불능 Ⓑ
(약–불/제–장/메칠–범)

19. 불능미수의 위험성

Ⓖ객관설
Ⓛ률 · 사실구별설
Ⓖ체적 위험설
Ⓒ상적 위험설
Ⓘ상설
Ⓙ관설
(구/법/구/추/인/주)

20. 정범의 종류와 표지

Ⓙ접정범 – Ⓢ행지배
Ⓖ접정범 – Ⓘ사지배
Ⓙ동정범 – Ⓚ능적 행위지배
(직–실/간–의/공–기)

21. 합동범과 그 외 특수범죄

특수Ⓓ주죄
특수절Ⓓ죄
특수강Ⓓ죄
특수강간죄
(합! 도~오웅~범!)
특수Ⓖ무집행방해죄
특수Ⓖ갈죄
특수Ⓟ행죄
특수Ⓒ포 · 감금죄
특수Ⓒ박죄

특수Ⓙ거침입죄
특수Ⓙ요죄
특수Ⓢ괴죄
특수Ⓢ해죄
(공/공/폭/체/협/주/강/손/상)

22. 직접 : ✕ / 교사 · 방조 : ○

Ⓑ인도피죄
Ⓦ증죄
Ⓙ거인멸죄
Ⓜ고죄
(범/위/증/무)

23. 과실범 처벌규정

실Ⓗ죄
과실Ⓘ수죄(업무상 과실범 ✕, 중과실범✕)
과실Ⓟ발성물건파열죄
과실Ⓚ통방해죄
과실치Ⓢ죄
과실치Ⓢ죄
업무상 과실Ⓙ물죄(일반 과실범 ✕)
과실Ⓖ스 · 전기 등 방류죄
과실Ⓖ스 · 전기 등 공급방해죄
(화/일/폭/교/상/사/장/가스/가스)

24. 도로교통에 관한 신뢰의 원칙 판례

Ⓖ속도로
Ⓢ방도로
Ⓙ동차전용도로
Ⓘ도
Ⓜ모한 추월
Ⓢ호등
Ⓙ앙선
Ⓨ교 밑
Ⓗ단보도
Ⓚ차로
(고/소/자/인/무/신/중/육/횡/교)

25. 결과적 가중범의 처벌규정

~(치)~
(중)~(상)해
　　(유)기
　　(강)요
　　(손)괴 → 중체포 · 감금 ×
(연)소
(치/중–상 · 유 · 강 · 손/연)

26. 결과적 가중범의 미수처벌규정 有

(인)질치사상죄
(강)도치사상죄
(해)상강도치사상죄
(현)주건조물일수치사상죄
(인/강/해/현)

27. 부진정결과적 가중범

(현)주건조물방화치사상죄
(교)통방해치상죄
(특수)공무방해치상죄
(중)상해죄, (중)유기죄, (중)강요죄, (중)손괴죄
(현교 특수 중학교)

28. 작위범과 부작위범

(작)위범 – (금)지규범의 위반
(부)작위범 – (명)령(요구)규범의 위반
(작/금/부/명)

29. 진정부작위범

(다)중불해산죄
(전)시군수계약불이행죄
(인)권옹호직무명령불준수죄
(전)시공수계약불이행죄
(집)합명령위반죄
(퇴)거불응죄
(다/전/인/전/집/퇴)

30. 작위의무(보증인적 지위 · 의무) 발생근거

(법)령에 의한 작위의무
(계)약 등 법률행위에 의한 작위의무
(조)리에 의한 작위의무
(선)행행위에 의한 작위의무
(법/계/조/선)

31. 포괄일죄의 유형

(결)합범, (계)속범, (접)속범, (연)속범,
(집)합범(직업범/영업범/상습범)
(결/계/접/연/집)

32. 행위표준설 : 강력한 대응을 위해 주로 실체적 경합으로

(마)약류, (향)정신성의약품, (대)마,
(관)세법 위반의 밀수, (피)라미드판매,
(카)드깡(신용카드를 이용한 불법자금융통),
(무)면허운전
(마/향/대/관/피/카/무)

33. 의사표준설 : 연속범 · 영업범–포괄일죄

(수)뢰, (공)갈, (사)기
(증)권거래법 위반, (의)료법 위반, (약)사법위반죄
불법 (오)락실(게임장) 영업, 업무상 (횡)령,
(신)용카드부정사용
(수/공/사/증/의/약/오/횡/신)

34. 배임, 사기, 특별법위반죄의 죄수

(부)정수표 단속법 위반+업무상 (배)임 ⇒ (상) · 경
(부)정수표 단속법 위반+(사)기 ⇒ (실) · 경
(정)의약품제조(녹동달 오리골드)
(공)천관련 금품수수+(사)기 ⇒ (상) · 경
(유)사수신행위+(사)기 ⇒ (실) · 경
변호사법상 (알)선수재+(사)기 ⇒ (상) · 경
업무상 (배)임+(사)기 ⇒ (상) · 경
　　　　　　　　　　　　(실) · 경
부/배–상, 부/사–실
공/사–상, 유/사–실
알/사–상, 배/사–상/실

35. 형의 경중의 순서

ⓢ형, ⓙ역, ⓖ고, ⓩ격상실, ⓩ격정지,
ⓑ금, ⓖ류, ⓖ료, ⓜ수
(사/징/금/자/자/벌/구/과/몰)

36. 필요적 몰수

ⓝ물죄의 뇌물, ⓐ편, ⓑ임수재죄의 재물,
ⓣ별법
(뇌/아/배/특)

37. 징벌적 몰수 · 추징

ⓜ약법, 재산 ⓖ외도피사범, ⓖ세법,
ⓔ국환관리법, ⓜ항단속법
(마/국/관/외/밀 – 징)

38. 상습범 처벌규정

ⓢ해 · 폭행, ⓗ박, ⓒ포 · 감금, ⓢ폭력,
ⓙ도 · 강도, ⓢ기 · 공갈, ⓙ물죄, ⓐ편,
ⓓ박
(상/협/체/성/절/사/장/아/도)

※ 별도의 형
ⓖ도, ⓙ물, ⓓ박

39. 가중감경의 순서

ⓖ칙 조문에 따른 가중
ⓣ수교사 · 방조
ⓝ범가중
ⓑ률상 감경
ⓖ합범 가중
ⓙ상참작감경
(각/특/누/법/경/정)

40. 실행착수 전(前) 자수 → 필요적 감면

ⓝ란, ⓔ환, ⓔ국에 대한 사전죄
ⓑ화(일수 ×), ⓟ발물사용, ⓣ화죄(유가증권 ×)
(내/외/외/방/폭/통)

41. 재판, 징계처분 확정 전 자백 · 자수 → 필요적 감면

ⓦ증 · 모해위증
ⓗ위감정 · 통역 · 번역
ⓜ고죄
(위/허/무)

42. 형집행면제

ⓙ판확정 후 법률의 변경에 의하여 범죄를 구성하지
않는 때
형의 ⓢ효의 완성
ⓣ별사면
ⓑ권
(재/시/특/복)

43. 자수의 요건

ⓢ사기관에 할 것
ⓩ발성
죄를 범한 ⓗ이면 가능
ⓝ우침이 있을 것
(수/자/후/뉘)

44. 판결선고 전 구금일수의 통산 – 법정통산

유기 ⓙ역, 유기 ⓖ고, 벌금이나 과료에 관한
ⓤ치 또는 ⓖ류에 산입한다.
→ ⓢ형 · ⓜ기형 · ⓩ격형에는산입 ×
(징/금/유/구 – 사/무/자)

45. 선고유예 요건

1년 이하의 ⓙ역이나 ⓖ고, ⓩ격정지 또는
ⓑ금 → 구류 · 과료 ×
(징/금/자/벌)

46. (선/실/복/자 – 누/집/가/금)

ⓢ고유예	ⓝ범
형의 ⓢ효	ⓙ행유예
ⓑ권	ⓖ석방
ⓩ격정지	ⓖ고

47. 광의의 폭행

ⓐ무집행방해죄
직무ⓓ요죄
ⓐ갈죄
ⓓ요죄
(공/강/공/강)

48. 강요죄 관련 죄수

ⓗ박죄 < ⓓ요죄 < ⓐ갈죄 < ⓓ도죄
(협/강/공/강)

49. 신용훼손

ⓗ위의 사실을 유포
기타 ⓦ계로써 사람의 신용을 훼손한 자
(허/위)

50. 업무방해

ⓗ위의 사실을 유포
ⓦ계 또는
ⓦ력으로써 사람의 업무를 방해한 자
(허/위/위)

51. 경매, 입찰의 방해

ⓦ계 또는 ⓦ력 기타 방법으로 경매 또는 입찰의 공정
을 해한 자
(위/위)

52. 업무의 요건

ⓢ회성 - 개인적 · 자연적 생활현상 ×
ⓖ속성, ⓢ무
(사/계/사)

53. 업무상 비밀누설

ⓘ사, ⓗ의사, ⓒ과의사, ⓐ제사, ⓐ종상,
ⓙ산사, ⓑ호사, ⓑ리사, ⓐ인회계사,
ⓐ증인, ⓓ서업자나 그 직무상 ⓑ조자 또는
ⓒ등의 직에 있던 자
ⓙ교의 직에 있는 자 또는 있던 자
(의/한/치/약/약/조/변/변/공/공/대/보/차/종)

54. 주거침입죄 = 특수강도죄

사람의 ⓙ거
관리하는 ⓖ조물, ⓢ박, ⓗ공기
점유하는 ⓑ실
(주/건/선/항/방)

55. 주거 · 신체수색죄

사람의 ⓢ체, ⓙ거
관리하는 ⓖ조물, ⓙ동차, ⓢ박, ⓗ공기
점유하는 ⓑ실
(신/주/건/자/선/항/방)

56. 야간주거침입절도죄 = 특수절도죄

사람의 ⓙ거
관리하는 ⓖ조물, ⓢ박, ⓗ공기
점유하는 ⓑ실
(주/건/선/항/방)

57. 자동차등불법사용죄

ⓙ동차, ⓢ박, ⓗ공기, ⓦ동기장치자전거
(자/선/항/원)

58. 횡령&배임

• 부동산의 양도담보

㉤도담보권자 – ㉤임
㉑도담보권자 – 판례는 ㉥임(이론상 횡령)
㉓산의무불이행 – ㉤죄
㉕등기담보권자 – 판례는 ㉥임

• 동산의 양도담보

㉢산양도담보권설정자 – ㉤죄
㉢산양도담보권자 – ㉥령
㉫적물반환청구권 양도 – ㉥도 ㉥성립
㉪순위채권자 – ㉥도

(매–배/양–배/정–무/가–배/동–무/동–횡/목–절불/후–절)

59. 점유이탈물횡령

㉯실물
㉤류물
타인의점㉤를이탈한재물
㉢장물

(유/표/점/매)

60. 장물

㉤산범죄에의하여→비재산범죄 ×
㉤득한≠제공된 ×
㉤물그자체→   복사물 ×

(재/영/재)

61. 폭·가·가 : 공통점

㉥발성물건파열
㉤스·전기등방류
㉤스·전기등공급방해
• 구체적위험범
• 과실범처벌규정有
• 예비·음모有
• 결과적가중범 규정有

62. ~방해죄 = 미수처벌규정 無

예외) 미수처벌규정 有
일반 ㉥통방해
과실 ㉤차·선박 등 교통방해죄
과실 ㉤스·전기 등 공급방해죄

(교/기/가)

63. 유가증권·문서죄유형

1st   ㉤의모용–~위조·변조
2nd   ㉤격모용–자격모용 작성
3rd   ㉤용–허위~작성

(명/자/내)

64. 허위진단서작성 주체

㉤사, ㉤의사, ㉤과의사, ㉤산사

(의/한/치/조)

65. 공문서부정행사죄성립×

①㉤감증명서 제시
②㉤원증명서
③㉤해조서 경정신청 기각결정문
④㉤민등록표 등본
⑤㉤민등록증 이동전화 가입
⑥㉤박국적증서와 선박검사증서
⑦㉤용증 및 이행각서

(인/신/화/주/주/선/차)

66. 인/문/신 : 불가벌적 수반행위

㉤장위조< ㉤서위조< ㉤용카드부정사용
                  (유가증권)

(인/문/신)

67. 국가기밀

㉤질적 ㉤밀개념 – ㉤정
㉤지의 사실 –㉤정

(실/기/긍, 공지/부)

68. 범인은닉죄

범인은닉/벌금/법정형
(버/버/버)

MEMO

부록

형사소송법

① 2020.02.04. 검 · 경 수사권 조정

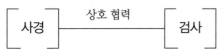

사경 ── 상호 협력 ── 검사

모든 범죄   〈수사의 개시〉   검찰청법 §4 ① 1.

가. ㉕패범죄 / ㉓제범죄 / ㉓직자범죄 / ㉓거범죄 / ㉓위사업범죄 / ㉓형참사
<u>개정으로 삭제 [2022.9.10. 시행]</u>

나. 경찰공무원이 범한 범죄+공수처공무원 범죄(개정으로 신설) [2022.9.10. 시행]

다. 사경 송치 → 관련 인지범죄와 직접관련성 있는 범죄(ex: 동기 · 수단)

검수완박 개정   시정조치미이행사건, 위법한 체포 · 구속, 불송치 사건에 대하여
[2022.5.9.]   고소인 등 이의신청사건

동일성을 해치지 아니하는 범위 안에서 수사할 수 있다.

〈수사 중〉

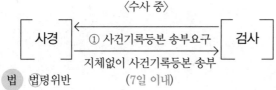

사경 ←── ① 사건기록등본 송부요구 ── 검사
        지체없이 사건기록등본 송부
§197조의 3   법 법령위반   (7일 이내)
           인 인권침해
           남 현저한 수사권 남용

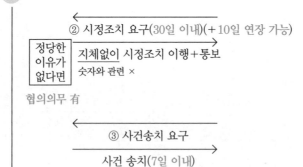

              ② 시정조치 요구(30일 이내)(+ 10일 연장 가능)
정당한   지체없이 시정조치 이행+통보
이유가   숫자와 관련 ×
없다면
협의의무 有

              ③ 사건송치 요구
              사건 송치(7일 이내)

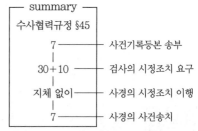

┌── summary ──
수사협력규정 §45
    7 ──────── 사건기록등본 송부
    │
  30+10 ────── 검사의 시정조치 요구
    │
 지체 없이 ──── 사경의 시정조치 이행
    │
    7 ──────── 사경의 사건송치

┌─ 비교 ─
              보완수사 요구   시정조치
              미이행   법/인/남
직무배제   ○   ×
징계   ○   ○

〈피의자신문 전 고지의무〉

거 진술거부 할 수 있다.

불 진술을 거부하더라도 불이익을 받지 아니한다.

포 진술거부권을 포기하고 행한 진술은 유죄의 증거가 될 수 있다.

변 변호인 조력권

검 검사에 대한 구제신청권

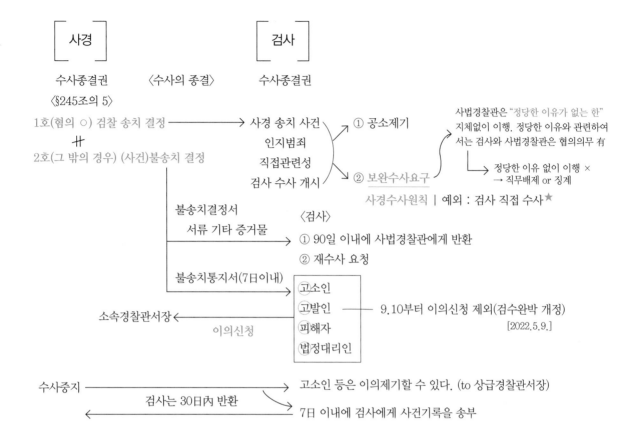

$$\begin{bmatrix} 사경 \end{bmatrix} \qquad \begin{bmatrix} 검사 \end{bmatrix}$$

수사종결권 　〈수사의 종결〉　 수사종결권

〈§245조의 5〉

1호(혐의 ○) 검찰 송치 결정 ──→ 사경 송치 사건 ── ① 공소제기

　⊦⊦　　　　　　　　 인지범죄

2호(그 밖의 경우) (사건)불송치 결정　 직접관련성

　　　　　　　　　　 검사 수사 개시 ── ② 보완수사요구

사법경찰관은 "정당한 이유가 없는 한"
지체없이 이행. 정당한 이유와 관련하여
서는 검사와 사법경찰관은 협의의무 有

　　→ 정당한 이유 없이 이행 ×
　　→ 직무배제 or 징계

사경수사원칙 │ 예외 : 검사 직접 수사 ★

불송치결정서

서류 기타 증거물 ──→〈검사〉

　① 90일 이내에 사법경찰관에게 반환

　② 재수사 요청

불송치통지서(7日이내)

│ 고소인 │
│ 고발인 │ ── 9.10부터 이의신청 제외(검수완박 개정)
│ 피해자 │ 　　　　　　　　　 [2022.5.9.]
│ 법정대리인 │

소속경찰관서장 ←──　이의신청

수사중지 ─────────────→ 고소인 등은 이의제기할 수 있다. (to 상급경찰관서장)

　　　검사는 30日內 반환

←───────── 7日 이내에 검사에게 사건기록을 송부

② 2019.12.31. 통비법 개정 〈현행〉

통신 제한 조치 2개월 기간 연장 제한 〈 총 연장기간 ① 년
　　　　　　　　　　　　　　　　　　국가 안보 관련 문제 ③ 년

③ 2020.03.24. 통비법 개정 〈현행〉 §12의2

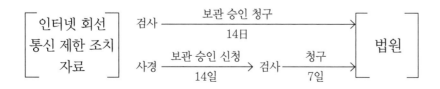

$$\begin{bmatrix} 인터넷 회선 \\ 통신 제한 조치 \\ 자료 \end{bmatrix}$$

검사 ──보관 승인 청구── 　 〔 법원 〕
　　　　　14日

사경 ──보관 승인 신청── 검사 ──청구──
　　　　　14일　　　　　 7일

"패킷 감청 : 적법 + 보관승인"

02 | 청구권자 정리 |

CHAPTER 01 수사

절차		청구권자	직권
고소· 고소 취소 권자	일반	피해자, 법정대리인	
	피해자 사망	배우자, 직계친족, 형제자매	
	피해자의 법정대리인이 피의자이거나 법정대리인의 친족이 피의자인 경우	피해자의 친족	
	고소취소	고소권자와 동일	
고소권자 지정신청		이해관계인	
고발권자		누구든지 범죄가 있다고 사료되는 자(임의적) 공무원(필요적)	
피의자접견 또는 신문참여신청		피의자 또는 그 변호인·법정대리인·배우자· 직계친족·형제자매	
피의자진술 영상녹화물의 재생요구		피의자 또는 변호인	
피의자신문 시 특별한 보호를 요하는 자의 신 뢰관계 있는 자의 동석신청		피의자, 법정대리인	○
전문수사자문위원의 지정		검사의 직권이나 피의자 또는 변호인	○

CHAPTER 02 강제처분과 강제수사

절차	청구권자	직권
체포·구속영장청구	검사	
긴급체포 후 석방된 자의 관련서류 열람·등사	석방된 자 또는 그 변호인·법정대리인·배우자· 직계친족·형제자매	
구속기간 연장신청	검사	
체포구속적부심청구	체포 또는 구속된 피의자, 그 변호인· 법정대리인· 배우자·직계친족·형제자매·가족·동거인 또는 고용주	
보증금납입조건부석방결정에 의한 보증금의 몰수청구	검사	○
체포현장에서 영장 없이 압수한 물건에 대한 압수수색영장청구	검사	
접견교통의 금지청구	검사	○
피고인 구속취소청구	검사, 피고인, 변호인, 변호인선임권자(법정대리인, 배우자, 직계친족, 형제자매)	○
보석청구권자	피고인, 피고인의 변호인·법정대리인·배우자· 직계친족·형제자매·가족·동거인 또는 고용주	
보석조건의 변경청구	보석청구권자	○
보석 또는 구속의 집행정지의 취소청구	검사	○
보석취소 시의 보증금몰취청구	검사	○
증거에 공할 압수물의 가환부청구	소유자, 소지자, 보관자 또는 제출인	
수사상의 감정유치청구	검사	

1. 접견교통권: 변호인**이나** 변호인이 되려는 자는 신체가 구속된 피고인 또는 피의자와 접견하고 서류나 물건을 수수(授受)할 수 있으며 의사로 하여금 피고인이나 피의자를 진료하게 할 수 있다(제34조).

2. 구속 전 피의자심문: 판사는 제1항(체포된 피의자)의 경우에는 즉시, 제2항(체포된 피의자 이외의 피의자)의 경우에는 피의자를 인치한 후 즉시 검사, 피의자 **및** 변호인에게 심문기일과 장소를 통지하여야 한다. 이 경우 검사는 피의자가 체포되어 있는 때에는 심문기일에 피의자를 출석시켜야 한다(제201조의2 제3항).

3. 구속기간과 갱신: 제1항에도 불구하고 특히 구속을 계속할 필요가 있는 경우에는 심급마다 2개월 단위로 2차에 한하여 결정으로 갱신할 수 있다. 다만, 상소심은 피고인 **또는** 변호인이 신청한 증거의 조사, 상소이유를 보충하는 서면의 제출 등으로 추가 심리가 필요한 부득이한 경우에는 3차에 한하여 갱신할 수 있다(제92조 제2항).

4. 증거보전청구권: 검사, 피고인, 피의자 **또는** 변호인은 미리 증거를 보전하지 아니하면 그 증거를 사용하기 곤란한 사정이 있는 때에는 제1회 공판기일 전이라도 판사에게 압수, 수색, 검증, 증인신문 또는 감정을 청구할 수 있다(제184조 제1항).

5. 탄핵증거와 영상녹화물: 피고인 **또는** 피고인이 아닌 자의 진술을 내용으로 하는 영상녹화물은 공판준비 또는 공판기일에 피고인 또는 피고인이 아닌 자가 진술함에 있어서 기억이 명백하지 아니한 사항에 관하여 기억을 환기시켜야 할 필요가 있다고 인정되는 때에 한하여 피고인 **또는** 피고인이 아닌 자에게 재생하여 시청하게 할 수 있다(제318조의2 제2항).

04 | 형사소송법 두문자 정리 |

CHAPTER 01 수사

제1절 수사의 의의, 구조 및 수사기관

- 사경의 위법·부당 수사에 대한 검사의 시정조치요구: 법/인/남
  ① **법**령위반
  ② **인**권침해
  ③ 현저한 수사권 **남**용

- 검사의 **동일성** 범위 내 수사: 시/체/청-동일성
  ① **시**정조치 미이행으로 송치
  ② 위법**체**포구속으로 송치
  ③ 불송치 고소인등 이의신**청**으로 송치

제2절 수사의 개시

불심검문 대상
- 거동불심자: 하/려/안
  ① 어떠한 죄를 범**하**였다고 의심할만한 상당한 이유가 있는 자
  ② 어떠한 죄를 범하**려**고 하고 있다고 의심할 만한 이유가 있는 자
  ③ 이미 행하여진 범죄나 행하여지려고 하는 범죄행위에 관하여 그 사실을 **안**다고 인정되는 자를 말한다
    (경직 제3조 제1항).

- 수사기관(검사·사경관)의 처분 중 준항고의 대상: 압/구/변
  검사 또는 사법경찰관의 구금, 압수 또는 압수물의 환부에 관한 처분과 변호인의 참여 등에 관한 처분(제243조의2)이다(제417조). 다만, 검사가 법원의 재판에 대한 집행지휘자로서 움직이다가 한 조처는 여기에 포함되지 아니한다(74모28).

제3절 임의수사

- 피의자신문 진술거부권 고지내용(제1항): 거/불/포/변 미란다고지 (＋검사에 대한 구제신청권)

- 수사기관(검사·사경관)의 처분 중 준항고의 대상: 압/구/변
  검사 또는 사법경찰관의 **구**금, **압**수 또는 압수물의 환부에 관한 처분과 **변호**인의 참여 등에 관한 처분(제243조의2)이다(제417조). 다만, 검사가 법원의 재판에 대한 집행지휘자로서 움직이다가 한 조처는 여기에 포함되지 아니한다(74모28).

제1절 체포와 구속

- 체포영장의 집행 시 미란다원칙 고지의무: 사/이/변/기 (+진술거부권 고지, 수사협력32조)
  - ⓐ 피의**사**실의 요지
  - ⓑ 체포의 **이유**와
  - ⓒ **변**호인을 선임할 수 있음을 말하고
  - ⓓ 변명할 **기회**를 준 후가 아니면 피의자를 체포할 수 없다.

- 준현행범인: 준/불/장/신/문(준호가 장에서 신물이 났다)
  - ⓐ 범인으로 **불**리며 추적되고 있을 때
  - ⓑ **장**물이나 범죄에 사용되었다고 인정하기에 충분한 흉기나 그 밖의 물건을 소지하고 있을 때
  - ⓒ **신**체 또는 의복류에 증거가 될 만한 뚜렷한 흔적이 있을 때
  - ⓓ 누구냐고 **묻**자 도망하려고 할 때

- 구속사유 심사 시 고려사항: 중/재/해는 구속 시 고려해라
  07년 개정법에서는 "법원은 제1항의 구속사유를 심사함에 있어서 범죄의 중대성, 재범의 위험성, 피해자 및 중요 참고인 등에 대한 위해우려 등을 고려하여야 한다."는 조항을 신설하였다(제70조 제2항).

- 피의자 구속과 피고인 구속 시 고려사항
  피의자 구속 시 고지사항: 사/이/변/기
  피고인 구속 시 고지사항: ① 사전청문: 사/이/변/기 ② 사후청문: 사/변 – 단, 거치지 않아도 위법 × (둘 다)

- 피의자에 대한 구속기간의 제외기간: 정/영/적/도/감은 빼자
  - ㉠ 구속집행**정**지기간
  - ㉡ **영**장실질심사에서 관계서류와 증거물의 법원접수일로부터 검찰청에 반환한 날까지의 기간
  - ㉢ 체포구속**적**부심사에 있어서 법원이 관계서류와 증거물을 접수한 날로부터 결정 후
    검찰청에 반환된 때까지의 기간
  - ㉣ 피의자가 **도**망한 기간
  - ㉤ 피의자 **감**정유치기간

- 피고인에 대한 구속기간의 제외기간: 심/헌/기 공/보/구/ 도/피/감
  공소제기 전 체포, 구인, 구금기간(피의자로서의 구속기간), **보석**기간, **구속**집행정지기간, **기**피신청(제22조), **공소**장변경 (제298조 제4항), **심신**상실과 질병(제306조 제1항, 제2항)에 의하여 공판절차가 정지된 기간(제92조 제3항), 법원의 위**헌**법률심판제청에 의한 재판정지기간(헌법재판소법 제42조 제1항), 피고인이 **도**망간 기간, **피고인 감**정유치기간(제172조의2 제1항)

- 체포·구속적부심심사청구권자: 피/변/법/배/직/형/가/동/고: 보석청구권자도 동일
  체포·구속된 **피**의자, 피의자의 **변**호인, **법**정대리인, **배**우자, **직**계친족, **형**제자매, **가**족, **동**거인, **고**용주: 청구권이 있다(제214조의2 제1항)(= 보석≠변호인선임대리권자≠상소권자).

- 적부심절차: 48h 내 심문 + 24h 내 결정

- 필요적 보석의 제외사유: 장10/누상/증/도/주/해: 보석해야 하는 건 아니야

  ① 피고인이 사형, 무기 또는 **장기 10년**이 넘는 징역 또는 금고에 해당하는 죄를 범한 때

  ② 피고인이 **누**범에 해당하거나 **상습**범인 죄를 범한 때

  ③ 피고인이 죄**증**을 인멸하거나 인멸할 염려가 있다고 믿을 만한 충분한 이유가 있는 때

  ④ 피고인이 **도**망하거나 도망할 염려가 있다고 믿을 만한 충분한 이유가 있는 때

  ⑤ 피고인의 **주**거가 분명하지 아니한 때

  ⑥ 피고인이 피해자, 당해 사건의 재판에 필요한 사실을 알고 있다고 인정되는 자 또는 그 친족의 생명·신체나 재산에 **해**를 가하거나 가할 염려가 있다고 믿을만한 충분한 이유가 있는 때

- 보석절차: 지없–지없–7–항·항–항–7

  ① 보석청구 → **지체없이** 기일지정·통지·심문 → ② 검사의 의견(**지체없이**: 다음날까지) → ③ 법원의 결정(청구 후 7일 내) → ④ 기각결정: 보통**항**고 – 허가결정: 보통**항**고 → ⑤ 보석취소결정: 보통**항**고 – 보증금몰취 → ⑥ 보증금환부(**7일** 내)

- 검사의 의견의 필요적 청취: 집/보/구/간/개(보석/취/개/간/집)

  ① 구속**집**행정지, ② **보**석, ③ **구**속취소, ④ **간**이공판절차취소, ⑤ 증거**개**시

- 보석의 청구권자: 피/변/법/배/직/형/가/동/고: 체포·구속적부심청구권자도 동일

  피고인, 피고인의 **변**호인, **법**정대리인, **배**우자, **직**계친족, **형**제자매, **가**족, **동**거인 또는 **고**용주이다(제94조).

- 보석조건의 결정: 서/약/3/피/보는 선이행(서류·돈은 먼저 내), 도/해/출/기는 후이행(선이행으로 변경 可)

  1. 법원이 지정하는 일시·장소에 출석하고 증거를 인멸하지 아니하겠다는 **서**약서를 제출할 것: 선이행 후석방

  2. 법원이 정하는 보증금에 해당하는 금액을 납입할 것을 약속하는 **약**정서를 제출할 것: 선이행 후석방

  3. 법원이 지정하는 장소로 주거를 제한하고 주거를 변경할 필요가 있는 경우에는 법원의 허가를 받는 등 **도주**를 방지하기 위하여 행하는 조치를 받아들일 것: 선석방 후이행

  4. 피해자, 당해 사건의 재판에 필요한 사실을 알고 있다고 인정되는 사람 또는 그 친족의 생명·신체·재산에 **해**를 가하는 행위를 하지 아니하고 주거·직장 등 그 주변에 접근하지 아니할 것: 선석방 후이행

  5. 피고인 아닌 자(제3자)가 작성한 출석보증서를 제출할 것: 선이행 후석방

  6. 법원의 허가 없이 외국으로 **출**국하지 아니할 것을 서약할 것: 선석방 후이행

  7. 법원이 지정하는 방법으로 **피**해자의 권리 회복에 필요한 금전을 공탁하거나 그에 상당하는 담보를 제공할 것: 선이행 후석방

  8. 피고인이나 법원이 지정하는 자가 **보**증금을 납입하거나 담보를 제공할 것: 선이행 후석방, 이 조건은 보석취소 시에도 보석이 자동실효되지 않음

  9. 그 밖에(기타) 피고인의 출석을 보증하기 위하여 법원이 정하는 적당한 조건을 이행할 것: 선석방 후이행

- 보석조건 결정 시 고려사항: 보석조건을 정할 때에는 성/죄/증명성/전/환/자/정황을 고려하라.

  a. 범죄의 **성**질 및 **죄**상, b. 증거의 **증**명력(증거능력 ×), c. 피고인의 **전**과·**성**격·**환**경 및 **자**산(경력 ×),

  d. 피해자에 대한 배상 등 범행 후의 **정황**에 관련된 사항(07년 개정)을 고려하여야 한다(제99조 제1항).

- 피의자 보석의 재구속·보석취소·구속집행정지취소사유 비교
  - 피의자보석의 재구속사유: 도/염/출/조
  - 보석취소사유: 도/염/출/보/조

    ㉠ **도**망한 때, ㉡ 도망하거나 죄증을 인멸할 **염**려가 있다고 믿을 만한 충분한 이유가 있는 때, ㉢ 소환을 받고 정당한 이유 없이 **출**석하지 아니한 때, ㉣ 피해자, 당해 사건의 재판에 필요한 사실을 알고 있다고 인정되는 자 또는 그 친족의 생명·신체·재산에 해를 가하거나 가할 염려가 있다고 믿을 만한 충분한 이유가 있는 때 (**보**복의 위험), ㉤ 법원이 정한 **조**건을 위반한 때
  - 구속집행정지취소사유: 도/염/출/보/조

- 구속취소권자·청구권자: 직/검/피/변/법배직형

제2절 압수·수색·검증·감정

- 형법상 업무상 비밀누설죄(제317조)의 주체: 의/한/치/약/약/조/변/변/공/공/대/보(조자:간호사 등)/ 차(등의 직에 있던 자)/종/종, 형소법상 압수거부권자(제112조) = 증언거부권자(제149조): 변/변/공/공/세(무사)/대/의/한/치/약/약/조/간(호사)/종/전(직)

  ∴ 형법과 형소법의 차이: 세무사 ※ 감정인·교사·법무사·관세사·건축사·공인중개사 ×

- 포기가 인정되지 않는 권리: 고/환/약/진/상이라 포기가 안돼
  고소권, 압수물환부청구권, 약식명령에 대한 정식재판청구권(피고인), 진술거부권, 상소권(사·무 ×)

- 검증영장 집행 시 필요한 처분: 신/사/분/물/기는 검증해
  검증을 함에는 신체의 검사, 사체의 해부, 분묘의 발굴, 물건의 파괴, 기타 필요한 처분을 할 수 있다(제219조, 제140조).

- 감정에 필요한 처분: 주/신/사/분/물
  타인의 주거, 간수자 있는 가옥, 항공기, 선차 내에 들어갈 수 있고, 신체의 검사, 사체의 해부, 분묘의 발굴, 물건의 파괴를 할 수 있다(제173조 제1항).

제3절 수사상의 증거보전

- 서면으로 그 사유를 소명해야 하는 것: 기/정/상/증보거인
  ① **기**피신청, ② **증**거보전, ③ 수사상 **증**인신문청구, ④ **정**식재판청구, ⑤ **증**인거부권, ⑥ **상**소권회복

CHAPTER 03 수사의 종결

제1절 사법경찰관과 검사의 수사종결

- [위법 · 부당 수사] 7−30+10−지없−7: 사경 사건기록등본 송부 7 − 검사 시정조치요구 30+10 − 사경 시정조치 **지없** − (미이행시) 사경 사건송치 7

- [사경 불송치 · 수사중지 이의] 불−소/중−상: **불**송치 이의신청 − **소**속 경찰관서 장, 수사**중**지 이의제기 − **상급** 경찰관서 장

- 수사종결처분 통지 시한: 고고공불취타 − 7/고고불이유청 − 7/피불타 − 즉/ 피해자 − 공공구−신청

고소인 · 고발인	공소제기 · 불기소 · 공소취소 · 타관송치	7일 이내
	불기소처분 · 이유 · 신청	
피의자(고서 · 고발 불문)	불기소 · 타관송치	즉시
피해자(신청 要)	공소제기여부, 공판일시 · 장소, 재판결과, 피의자 · 피고인의 구속 · 석방 등	신속하게

CHAPTER 04 증거

제2절 증명의 기본원칙

- 통설은 엄격한 증명의 대상으로 보지만, 판례는 자유로운 증명의 대상으로 보는 것:

  * 명/심/몰에서는 자유롭게 쇼핑해

  ① **명**예훼손죄의 위법성조각사유인 사실의 증명, ② **심**신상실 · 심신미약,

  ③ **몰**수 · 추징 대상여부 및 추징액의 인정

제5절 전문법칙

- 검사 작성 피신조서 증거능력 인정요건(제312조 제1항): 적/내(= 312조 제3항)

  검사가 피고인이 된 피의자의 진술을 기재한 조서는 ① **적**법성, ② **내용**인정

- 진술조서 증거능력 인정요건: 적/실/반/특

  검사 또는 사법경찰관이 피고인이 아닌 자의 진술을 기재한 조서는

  ① **적**법성, ② **실**질적 진정성립, ③ **반**대신문의 기회보장, ④ **특**신상태

- 수사과정 외 사인 진술서 증거능력 인정요건: 피고인 − 자/성/특, 피고인이 아닌자 − 자/성/반

- 제314조의 증거능력 인정요건: 필/특

	수사
지체×/ 즉시	• 사법경찰관의 시정조치(수사협력 45조) • 구속통지(88조) • 보석 전 검사의견(97조) • 긴급체포시 검사의 승인(200조의3) • 긴급체포서 작성(200조의3) • 긴급체포 후 구속영장신청(200조의4) • 현행범 체포 후 석방(200조의4) • 구속전피의자심문 기일·장소 통지(201조의2) • 체포현장에서 압수·수색·검증청구(216조) • 증인신문 서류 판사송부(221조의2) • 피의자 진술 영상녹화 후 봉인(244조의2) • 피의자 통지(불/타)(258조) • 재정결정 후 담당검사 지정(262조)
1	• 국선변호인 효력(1인 이상)규칙 15조 • 구속전 피의자 심문(다음날)201조의2 • 고소취소기간(1심 판결/선고 전)232조 • 참여변호인 지정(1인)243조의2 • 전문수사자문위원 수(1인 이상)245조의3
2	• 수사목적 통신제한조치(2월)통비법6조 • 법원의 구속기간(2개월, 심급마다 2차 연장−필요 하면 3차○)92조
3	• 증거보전 기각결정 항고(3일 이내)184조 • 긴급체포요건(사·무·장3↑)200조의3 • 고소·고발인 사건처리(3월 이내)257조 • 재정신청 필수적항고 예외(항고에 대한 불처분 3개월 경과)260조 • 재정결정 처리기간(3월 이내)262조
4	• 국가안보 목적 통신제한 조치(4월)통비법7조
6	• 임의동행(6시간 초과 경찰서 유치×)경직법3조 • 친고죄 고소기간(안 날로부터 6월)230조
7	• 시정조치 검토 위한 검사의 사건기록등본 송부요구에 대한 사경 사건기록등본 송부(7일 이내)수사협력45조 • 사경 검사에 대한 사건송치(7일 이내)수사협력45조 • 통신제한조치자료 사경 신청 후 검사의 법원에 대한 보관승인청구(7일 이내)통비법12조의2 • 영장유효기간(7일)규칙178조 • 보석청구 후 법원의 결정(7일 이내)규칙55조 • 보증금 환부(7일 이내)104조 • 사경 사건불송치 고소인등 통지(7일 이내)245조의6 • 고소·고발인(공/불/취/타) 통지(7일 이내)258조 • 고소·고발인 불기소이유 고지(7일 이내)259조 • 재정신청 관계서류 고등법원 송부(7일 이내)261조 • 즉시항고 기간(7일)405조

	수사
10	• 보석제외사유(사/무/장/10↑ 징역·금고)95조 • 사경·검사의 구속기간(10일 이내)202조, 203조 • 검사의 구속기간 연장(1차 10일 이내)205조 • 재정신청기간(10일 이내)260조 • 재정신청서 접수 후 피의자 통지(10일)262조
12	• 긴급체포시 사경의 검사에 대한 승인요청(12시간 내)수사협력27조
14	• 검사의 법원에 대한 통신제한조치자료 보관승인청구(14일 이내)통비법12조의2 • 사경의 검사에 대한 통신제한조치자료 보관승인신청(14일 이내)통비법12조의2
20	• 피고인 보석조건 위반시 감치기간(20일 이내)102조
24	• 피의자 체포 후 통지의무(지체없이: 24시간 이내) 규칙51조 • 긴급체포된 자에 대한 압수·수색(체포시부터 24시간)217조
30	• 검사의 시정조치요구(30일 이내−10일 연장 可)수사협력45조 • 통신제한조치 후 검사의 통지·통지유예(30일 이내)통비법9조의2 • 검사의 석방 후 법원에 대한 통지(30일 이내)200조의4 • 재정신청 필수적 항고 예외(검사가 공소시효 만료일 30일 전까지 공소 불제기)260조
48	• 체포·현행범체포·긴급 체포시의 구속영장청구(48시간 이내)200조의2, 200조의4, 213조의2 • 체포·구속적부심 심문(48시간 이내)214조의2
50	• 영장체포·현행범체포·구속(70조, 200조의2, 201조, 214조) • 주거불명인 경미사건(다액 50만원↓벌금·구류·과료)214조
90	• 사경 송부 사건불송치 관계서류 검사의 반환(재수사 요청, 90일 이내)245조의5
500	• 출석보증인 과태료(500만원↓)100조의2
1,000	• 피고인 보석조건 위반 후 과태료(1,000만원↓)102조

MEMO

MEMO

KB041737

제6판

형사법사례연습

하태훈 · 김정철

박영사

제 6 판 머리말

　「형사법사례연습」으로 이름을 바꿔 전면개정판을 출간한 후 첫 개정이다. 벌써 2년의 세월이 흘렀고, 놓쳐서는 안 될 중요한 판례의 변경도 있어서 이를 추가하고 내용을 보완하는 개정판을 내야만 했다. 내친김에 변호사 시험 출제 경향에 맞추어 새로운 문제도 추가했다. 문제의 사실관계가 부정확한 부분이나 문제의 해설 중 다소 서술이 불분명 부분을 수정하였다. 나아가 수험서로서의 적합성과 가독성을 높이고자 주요 핵심 용어와 암기해야 할 문구에 색깔을 입히는 작업도 하였다.

　내용과 형식면에서 완성도를 높인 개정판이 수험생에게 많은 도움이 되기를 기대한다.

　정성으로 개정판을 다듬어 준 박영사 임직원 여러분, 특히 편집부 장유나 과장과 조성호 이사의 노고에 깊이 감사드린다.

2022년 5월
몸과 마음이 봄꽃처럼 피어나는 계절에
하태훈 · 김정철

전면 개정판 머리말

제4판이 출간된 지 6년이 지났으니 그야말로 지각 개정판이다. 그래서 늦은 김에 전면 개정을 기획했다. 형사소송법 사례와 종합사례를 추가하여 「형사법사례연습」으로 책 이름도 바꾸었다. 더욱더 새로운 것은 공동 저자가 합류한 것이다. 학부 때부터 인연을 맺어 대학원 석·박사과정, 그리고 지금까지 사제의 연을 이어온 김정철 변호사(법학박사)다. 그의 가세로 형사법 통합사례연습으로 탈바꿈하게 되었다.

이제 법학전문대학원이 도입된 지 10년이 넘었고 변호사 시험이 시행된 지 10회가 되어 간다. 그동안의 출제 경향을 분석해 보면 형법과 형사소송법에서 전형적이고 중요한 기본 쟁점이 다루어지고 있음을 알 수 있다. 형법 및 형사소송법의 기본에 충실해야 해결할 수 있는 사례형이 출제되고 있다. 판례 사안을 응용한 사례가 주류다. 점점 사례가 까다로워지고 있다는 평가도 있다. 이러한 출제 경향에 부합한 맞춤형 사례들을 추가하고 보완한 것이다. 수험생들은 다양한 사례를 접하고 사고해야 법률적 쟁점을 찾아내고 사례를 해결할 수 있는 능력이 배양될 수 있다. 특히 형사소송법 사례와 종합문제가 보충되어 변호사 시험 대비 완벽한 수험서, 사안을 파악하고 형사법적 쟁점을 찾아내는 훈련에 적합한 교재가 된 것이다.

전면 개정판이 출간되기까지 정성을 쏟아 부은 박영사 임직원 여러분, 특히 편집부 장유나 과장과 조성호 이사의 노고에 깊이 감사드린다.

2020년 5월
아름다운 신록의 계절에
하태훈·김정철

제4판 머리말

제3판이 출간된 지 4년이 지났으니 개정판이 나오기에 적절한 때가 된 것 같다. 하지만 개정해야 할 많은 요인을 생각하면 진즉 개정판이 나왔어야 했고 조금은 늦은 감이 없지는 않다. 사례연습교재를 필요로 하는 수요층이 사법시험 수험생에서 변호사시험 수험생으로 이동하고 있다는 점도 그렇지만 형사법관련 법 개정도 적지 않았고 판례가 변경되거나 새로운 판례가 쏟아졌기 때문이다. 더구나 제3판이 출간된 이후에 독자와의 직간접의 소통의 결과를 반영해야 할 필요가 있었기에 개정판은 벌써 출간되었어야 했다. 수험서 개정작업에 매달릴 수 있는 사정이 아니었음을 변명으로 삼는다.

제3판은 새로운 법률가 양성체제가 도입된 2009년에 출간되었다. 법학전문대학원 졸업생이 배출되어 3번이나 시행된 변호사시험에서 사례형은 형사특별법과 형사소송법을 포함한 통합형 문제유형으로 출제되었기에 이에 대비한 통합형 사례의 보충이 필요하였다. 그러나 변호사시험의 통합형이든 사법시험의 사례형이든 분명한 것은 사례의 사실관계를 선입견 없이 정확하게 파악한 후 어떤 형법규정과 범죄실현형태(고의와 과실, 작위와 부작위, 미수와 기수, 공범과 정범 등)를 적용할 것인지에 관한 형법적 검토가 요구된다는 점이다. 따라서 사안을 파악하고 형법적 쟁점을 찾아내는 연습에 여전히 유용한 사례연습교재가 될 것이다.

개정판에는 사법시험 사례형 4개와 변호사험시험 통합형 3개가 추가되었다. 형사판결의 사실관계를 재구성한 실무형 사례들인데, 주로 기존의 사례에서 다루지 않은 쟁점이 포함되었다. 수험생들은 다양한 사례를 접해야 법률적 쟁점을 찾아내고 사례해결능력이 배양될 수 있기에 많은 사례의 보충이 요구되었지만 7개로 만족해야 했다. 이번에 새롭게 추가된 통합형은 변호사시험을 대비한 문제유형이다. 형법적 사안에 '체포', '압수·수색', '공소장변경', '전문증거' 등 출제가능성이 높은 형사소송법적 문제를 결합한 종합사례들이다.

'형법사례연습'이 처음 출간되기까지도 그랬지만 학부의 '형법사례연습'강의가 개정작업의 밑바탕이 되었다. 사례구성은 내 몫이지만 완벽한 논점잡기와 사례해결은 여러 학기 동안 수강생들의 발표와 토론이 쌓여 이루어진 결과물이다. 특히 학부 수강생 중 김보현 양의 도움이 매우 컸다. 형법총·각론과 형사소송법, 형법연습에 이르기까지 나의 형사법 관련강의에서 단연 돋보였던 김보현 양은 제53회 사법시험에 매우 우수한 성적으로 합격한 후 사법연수원에 입소하기 전 개정 작업에 참여하였다. 역시 우수한 성적으로 제55회 사법시험에 합격하여 올해 사법연수원에 입소하게 되는 김한솔 군은 개정 법률과 새로운 판례를 보충하고 전체적으로 수정 및 보완 작업을 통해 완성도를 높이는데 애썼다. 둘 다 우리 사회가 요구하고 기대하는 훌륭한 법조인으로 성장할 것임을 확신한다.

끝으로 정성어린 손길로 개정판을 다듬어준 박영사 임직원 여러분, 특히 편집부 문선미 대리와 전략기획팀 정병조님께 감사의 뜻을 전한다.

2014년 1월 겨울 햇살 가득한 연구실에서

하 태 훈

제3판 머리말

2009년은 향후 법조인 양성에 대변혁을 가져올 법학전문대학원이 개원하여 법학교육과 사법시험의 환경에 적지 않은 변화가 있었던 해다. 무엇보다도 올해 사법시험 1차 합격인원이 줄었으며 사법시험 최종합격자 수도 점차적으로 줄어들 전망이다. 이런 상황에서 사법시험과 법학전문대학원 진학 사이에서 방향을 잡지 못하고 고민하는 수험생들이 늘어나는 것 같다.

그러나 어떤 길을 선택하든 (형법)사례해결능력을 갖추어야 훌륭한 법조인으로 태어날 수 있다는 사실은 변함이 없다. 실생활에서 발생하는 분쟁사례들을 형법적 시각에서 쟁점화하고 이를 형법적으로 해결하는 능력을 길러낼 수 있도록 도와주는 도구가 바로 사례연습이므로, 새로 추가한 사례도 기존의 사례처럼 대법원 형사판결의 사실관계를 재구성한 실무형 사례이다. 추가한 사례는 신용카드 사용범죄에 관한 사례, 문서위조죄의 쟁점을 다룬 사례, 형법 및 형사특별법의 적용관계를 다룬 청소년에 대한 성범죄 사례, 뇌물 관련 범죄와 몰수 및 추징관련 사례, 형법의 시간적 적용범위에 관한 사례 등 기존 사례에서 다루지 않은 쟁점들을 포함한 사례들이다.

이번 개정판에는 그동안 수험생들이 보내준 의견과 문제제기, 독자들이 발견한 오탈자 등을 충분히 반영하여 수정·보완하였다. 형식적인 면뿐만 아니라 내용적인 면에서도 받아들일 만한 좋은 내용들이었다. 초판과 개정판 이후에 많은 관심과 반응을 보여준 독자들에게 감사의 마음을 전한다. 제3판을 통해서 독자와 직간접의 소통이 이루어지길 기대한다.

판례는 판례공보 제328호(2009. 8. 15.)까지 참고하였다. 이 사례연습에서는 특별법위반의 죄책의 경우에 '폭처법상 흉기휴대폭행죄', '특가법상 보복목적살인죄', '여신전문금융업법상 신용카드부정사용죄' 등의 용어를 사용하였으나, 실무상 이러한 죄명을 사용하는 것은 아니다. 실무상으로는 죄명표에 따라 'ㅇㅇㅇ법위반'이라고 표기하고 괄호 안에 간략히 행위태양을 나타내거나, 일부 죄책은 괄호 없이 단순히 'ㅇㅇㅇ법위반'으로 표기한다. 실무상 죄명 표기를 따르면 범죄의 행위태양이 정확히 드러나지 않아 수험생들이 혼동할 우려가 있어 이해를 돕기 위해 위와 같이 표기한 것이다. 별도 첨부한 실무상 죄명표를 참고하기 바란다.

 초판이 발간될 때처럼 정인국 변호사의 헌신적인 도움이 있었기에 제3판이 발간될 수 있었다. 바쁜 변호사 업무에도 불구하고 틈을 내어준 정 변호사에게 감사의 마음을 전한다. 정 변호사는 저자가 초판 머리말에서 확신한 바대로 사법연수원을 수료하고 법무관을 마친 후 국내 유명 로펌에서 변호사로서 활동하고 있다.

 끝으로 제3판 개정 작업에 정성으로 참여한 박영사 임직원 여러분께 감사드리며 특히 노현 부장과 조성호 부장께 감사의 뜻을 전한다.

2009년 8월 말
더위가 여전한 여름의 끝자락에
신법학관 연구실에서
하 태 훈

개정판 머리말

초판이 출간된 지 2년이 채 되지 않았으므로 개정판은 조금 이른 듯싶다. 그러나 사례 하나하나가 포함하고 있는 논점이 아주 방대함에도 불구하고 사례연습교재로서 23개의 사례는 너무 적은 것이 아닌가 하는 수험생들의 불안감이 몇 개의 사례를 추가하는 개정작업을 서두르게 하였다.

사기죄, 횡령죄 및 배임죄 등 재산범죄에 관한 사례가 이미 초판에도 있었지만 이번에 '신용카드의 부정사용', '동산의 양도담보', '채권의 이중양도' 등에 관한 사례를 추가한 이유는 최근 대법원 판례에서 확인할 수 있듯이 이 같은 사건이 현실적으로 많이 발생하여 실무상 중요성이 증가하고 있기 때문이다. 이 사례들은 민사법적 내용을 담고 있어서 형사사례 해결에 민사법적 이해가 요구된다는 점에서 출제가능성이 아주 높은 논점을 포함하는 좋은 사례라고 할 수 있을 것이다. 또한 소위 '보라매병원' 사례는 구성요건해당성(작위와 부작위의 구분), 위법성 및 책임조각사유의 존부, 정범 및 공범론 등 형법총론상의 여러 가지 논점을 모두 검토해야 하는 종합사례이다. 이 사례해결은 대법원 판례에 대한 비판적 분석을 담고 있어서 수험생들의 판례이해에 도움이 될 것이다. 기존의 사례들에 대해서도 수정 및 보완 작업을 통해 완성도를 더욱 높이기 위해 노력하였다. 판례가 종전의 입장을 변경한 부분이나 주목할 만한 새로운 쟁점을 담고 있는 판례들은 상세히 분석하여 모두 반영하였다. 이러한 과정들을 통해 약 100여 페이지 가량이 증면되었다. 판례는 판례공보 251호(2006. 6. 1.)까지 참고하였다.

초판을 선보인 이후에 독자들의 관심과 반응을 살펴볼 기회가 많지 않았다. 2004년 12월부터 사법제도개혁추진 작업에 참여하였고 2005년 8월부터는 안식년을 맞아 미국 캘리포니아 Berkeley대학교 Law School(Boalt Hall)에 Visiting Scholar로서 연구체류중이기 때문이다. 사실 그래서 개정작업이 가능하기도 했다. 이번 2학기부터 독자들과 직·간접의 대화를 나눌 수 있기를 기대한다.

개정작업에도 처음처럼 변함없는 애정과 관심을 갖고 참여해 준 정인국 법무관에게 깊은 고마움을 표한다. 법무관으로서의 바쁜 생활에도 불구하고 e-mail로 주고받은 토론의 결과가 사례구성과 사례해결의 완성도를 한층 높여주었다. 관심과 성원을 보내준 독자여러분께도 고마움을 전한다.

끝으로 정성어린 손길로 개정판을 다듬어 준 박영사의 임·직원 여러분께 감사의 뜻을 전한다.

2006년 6월
California Berkeley에서
하 태 훈

머리말

　사법시험에 뜻을 둔 수험생뿐만 아니라 전국의 법과대학들도 지금 일대 전환기를 맞아 혼란스럽다. 법조인 양성제도의 기본 틀이 수십 년 전통의 '사법시험에 의한 선발'에서 2008년에 도입될 법학전문대학원의 '교육에 의한 양성'으로 바뀌기 때문이다. 다양한 전공의 학부 졸업생이 전문대학원에서 내실 있는 전문법학교육을 받으면 변호사 자격을 취득할 수 있도록 법조인 선발제도를 개편하여 법학교육과 법조인 선발 사이에 밀접한 연계를 구축하고 법학교육 및 대학교육을 정상화하겠다는 취지이다.

　그러나 미국식의 로스쿨이 도입되어 법조인 양성제도와 법학교육의 내용 및 방식에 변화가 따르더라도 사례해결능력의 배양이라는 법학교육의 목표는 달라지지 않는다. 대학에서 형법이론과 형법해석학을 배우는 목적이 어디에 있는가. 형법규정을 올바르게 해석하여 구체적 사례에 적응하여 타당한 결론을 얻어낼 수 있는 능력을 배양시키는 데 있다. 시민 사이의 분쟁을 야기한 행위가 가벌적인가 여부를 구체적인 형벌규정으로 근거지워 판단하도록 학습하는 것이다. 그 목표를 효과적으로 달성할 수 있는 방식이 바로 형법사례와 판결에 의한 case method(또는 socratic method)이다. 이는 학생들로 하여금 적극적으로 결론도출에 참여하게 하는 방식으로 사례를 중심으로 토론을 거쳐 형법이론을 이해시켜 형법(률)지식과 함께 형법적 추론방식과 논쟁기술을 습득시킬 수 있는 장점을 갖기 때문에 효과적인 교육방식으로 미국이든 독일이든 어디서나 널리 사용되고 있다. 말하자면, 이 교재는 case method를 위한, case method에 의한 결과물인 셈이다.

　형법학에 입문한 초심자뿐만 아니라 형법이론과 형법도그마틱에 대한 상당한 수준의 이해가 구비된 수험생까지도 교과서나 논문을 읽고 고개를 끄떡이는 학습방식에만 익숙해 있다. 그러나 사례연습에 관한 한 그런 방식은 금물이다.

　스스로 논점을 찾아내고 사례를 해결하려는 노력을 기울이지 않고 그저 남이 찾아낸 논점과 사고과정을 읽고 암기하는 데 그친다면 실제 시험장에서 받게 되는 생소한 사례문제에 당황하게 되고, 극히 제한된 시간 내에 문제해결을 요구하는 시험이라는 특수한 상황 때문에 논리적 사고과정은 작동할 수 없을 것이다. 실제 채점과정에서도 주어진 문제에 대한 해결이 아닌 기성의 답안에 문제를 끼워 넣는 식의 답안들을 적잖게 발견하고 실망하였 던 기억이 있다.

사법시험 합격자 천 명 시대에는 최소한의 노력으로 일단 합격하고 보자는 전략을 세우 는 수험생이 적지 않을지도 모른다. 법조인에게 요구되는 깊고 방대한 법적 지식은 사법시 험에 합격한 후에 습득할 수 있으리라는 계산이다. 그러나 이는 대단한 착오다. 일단 법조 인이 되면 그럴 시간도 없을 뿐만 아니라 불충분하거나 불완전하게 습득한 법적 지식을 수 정하거나 채워 넣는 것은 새로 시작하는 것보다 어려울 수 있기 때문이다. 따라서 수험생 에게 중요한 것은 합격이 아니라 제대로 준비해서 좋은 성적으로 합격하는 것이다. 그 방 법과 길을 제시하려는 것이 이 사례연습 교재의 의도이다. 이 교재는 법조인으로서 우리의 주변에서 발생하는 생활 사태를 형법적 이슈로 변환시켜 형법적 결론을 내리고 그 결론에 이르게 된 사고과정을 훈련하게 도와주는 유용한 도구가 될 것이다.

이 형법사례연습 교재는 지난 수년간 나의 사례연습 강의시간에 학생들이 발표하고 토 론했던 사례 가운데 우선 20개를 선별하고, 3 개의 기출문제를 추가한 것이다. 이 사례들 은 형법이론의 대립을 잘 드러낼 수 있도록 불가피하게 소위 교과서 범죄의 형태로 구성되 어 있지만, 실제 발생한 판례사안을 응용하여 형법총·각론의 논점들을 잘 배합한 종합사 례이다. 실제 출제된 사례보다 총론과 각론의 다양한 논점들이 포함되어 있어 아무리 잘 준비한 수험생이라도 60분에 해결할 수 있는 사례가 아니며, 적어도 두 배 정도의 시간이 필요하고 난이도도 사법시험보다 상당히 어려운 수준이다. 이것은 이 교재가 예상문제집이 아니라, '연습'교재이기 때문이다. 이런 유형의 사례문제로 논점을 찾아내고 형법을 적용하 는 사고과정을 학습해야만 어떤 사례문제를 접하더라도 해결할 수 있는 대응력과 적응력이 습득되는 것이다.

성문법국가에서도 판례가 법학교육내용의 당연한 구성요소로 자리잡아가고 있고 판례의 체계적 이해는 법률이해의 필수전제가 된다. 법원의 법률해석의 결과인 판결에 의해서 일 반적·추상적 법규범이 구체적 법규범이 되어 살아 있는 법률이 되고, 구체적인 생활 사안 에 대해서 법관이 그 법률을 적용해야 비로소 법이 실현된다. 따라서 이 교재에서는 사례 구성이나 사례해결에서 판례를 중시하였다. 그러나 지나치게 판례에 치중하고 의존하는 것 은 법적 사고의 함양에 부정적이며 법학교육을 왜곡시키게 된다. 사례문제를 해결하는 데 자신만의 논증과정과 문제해결을 모색하는 것이 아니라 암기한 판례를 기계적으로 적용하 는 것으로 문제해결을 다했다고 할 것이기 때문이다. 그저 선판례를 나열하는 것은 법률해 석의 대안적 논증이 될 수 없다. 판례는 판례공보 213호(2004년 11월 1 일)까지 참고하였다.

(형)법은 논리가 아니라 경험과 상식의 산물이다('The life of law has not been logic: it has been experience.'). 따라서 생활사태의 법적 결론도 상식적이고 경험에 부합해야 한다. 그러나 형법사례의 결론에 이르는 사고과정은 방법론적으로 논리적이고 체계적이어야 한다.

우선 형법사례의 사실관계를 선입견 없이 정확히 읽어야 한다. 대체로 연습교재의 사례는 그 사실관계가 확정되어 있기 때문에 사실관계를 파악하는 데 어려움이 없을 것이다. 그러나 만일 사실관계가 불분명할 때에는 자신이 자의적으로 사실관계를 공상할 것이 아니라 일반적 생활경험에 비추어 사태가 어떻게 전개되는 것이 실제 상황에 가장 부합되는 것인지를 생각하여 사례를 파악해야 한다.

사실관계를 정확히 이해했다면 논점을 찾아내고 형법적 검토단계가 이어져야 한다. 무엇보다도 중요한 것은 논점을 찾아내는 것이다. 논점이 빗나가면 아무리 빗나간 논점에 대한 검토과정이 완벽해도 과락을 면치 못할 것이다. 그 다음으로 어떤 형법구성요건을 실현했는지, 어떤 특별한 범죄실현 형태인지(예컨대 작위, 부작위, 고의 또는 과실, 기수 또는 미수, 정범 또는 공범 등) 등을 검토하여 사안을 구성요건에 포섭시키는 작업이 이루어져야 한다. 서술방식은 사건의 발생순서에 따라 연대기식으로 하든지, 행위자별(즉 정범을 먼저, 그리고 공범, 정범이 여러 명일 경우에는 가장 중요한 인물순으로)로 하든지, 아니면 행위별로 하는 방식이 있다. 어떤 방식을 취할 것인지는 사례의 특성에 따라 결정해야 한다.

범죄 성립 여부는 반드시 구성요건해당성(객관적 구성요건요소와 주관적 구성요건요소), 위법성 또는 위법성조각사유(객관적 정당화상황, 주관적 정당화요소, 상당성), 책임(책임능력, 적법행위에 대한 기대가능성 등), 그리고 여러 개의 범죄가 성립할 경우에는 이들 사이의 관계(죄수 및 경합관계)의 순서로 체계적으로 검토한다. 문제되지 않거나 이견 없이 충족된 범죄성립요소는 검토할 필요 없이 한 줄로 처리해도 상관없다. 이에 반해서 논쟁점이 되는 주제에 관해서는 학설과 판례의 입장을 소개하고 이를 비판적으로 검토하고 자신이 취할 견해의 근거를 제시하여 그에 따른 결론을 도출하는 과정을 논리적으로 서술해야 한다. 이 교재를 통해서 논점 찾기와 논리적·체계적 모범답안 작성방식이 효과적으로 학습되기를 기대한다.

끝으로 기능적 가사지배(家事支配)에 대한 공동의 의사형성이 있었음에도 저술 작업, 채점, 외부활동 등을 핑계로 공범관계에서 이탈한 남편에게 실행의 착수 이전의 이탈이라는 이유로 책임도 묻지 않고 인내하고 격려해 준 서강대 법학과 교수인 아내 정선주에게 고마움을 표하며, 독일 형법전을 든 안경 쓴 형법 교수를 자신의 미래의 모습으로 그린 아들 현수로부터 자극받은 경쟁의식이 이 책을 마무리하는 촉진제가 되었음을 고백한다.

제45회 사법시험에 합격하여 연수원에서 이 사회가 요구하는 법조인이 되기 위해 노력하고 있는 정인국 군과 어렵고 힘든 학자의 길을 차근차근 밟아가고 있는 박사과정의 이근우 군은 나와 함께 토론하면서 완벽한 논점잡기와 답안의 완성도에 기여했으며, 수험생의 눈높이에 맞춘 편집 등 좋은 아이디어를 제공하였다. 법조인으로서, 법학자로서의 그들의 미래가 밝게 열려 있음을 확신한다.

또한 나의 '형법사례연습'강의에 적극적으로 참여하여 이 책의 기초를 형성시킨 고려대학교 법과대학 학생들 모두에게도 어떠한 길을 가든 그들의 노력이 합당한 결실을 얻을 수 있기를 바란다.

출판의 기회를 주신 박영사 안종만 회장께 깊이 감사드리며, 박규태 편집위원과 조성호 차장 외 박영사의 임·직원 여러분께 감사의 뜻을 표한다.

2004년 11월

결실의 계절, 가을의 끝자락에

신법학관 연구실에서

하 태 훈

사례목차

제1편 형법 사례문제

제2편 형소법 사례문제

제3편 종합문제

차 례

사 례 2

구체적 사실의 착오 / 예비의 중지 / 간접정범의 성립요건

사 례 5
반복된 위난 / 공범과 신분 / 부진정 부작위범

■ 사 례 6
자초위난 / 중지미수의 자의성 / 유기죄의 보호의무

▌사 례 7
상관의 위법한 명령에 복종한 행위 / 범죄목적출입과 주거침입죄

사 례 10

금지착오 / 판례변경과 소급효금지원칙 / 자구행위 / 컴퓨터사용사기죄와 불가벌적
사후행위

▌사 례 11
결과방지의 실패와 중지미수 / 死者의 점유 / 死者 명의의 문서

사 례 12
공모관계의 이탈 / 합동범의 공동정범 / 공범과 중지미수

사 례 13
작위와 부작위의 구별 / 정범과 공범의 구별 / 보증인지위의 발생근거

▌사 례 16

합동범의 본질 / 합동범의 공동정범 / 준강도의 공동정범

▌사 례 17

2인 이상 공범자의 착오 / 명예훼손죄의 공연성

사 례 18
연결효과에 의한 상상적 경합 / 뇌물죄의 제 문제

사 례 19
뇌물죄의 제 문제 / 불법원인급여와 횡령죄

▌사 례 25
공문서와 사문서의 구별 / 공정증서의 증명력 범위 / 채무이행의 유예와 사기죄

사 례 27
자기명의 신용카드 사용과 사기죄 / 갈취한 신용카드의 사용과 절도죄 / 친족상도례의 적용범위

사 례 28
불법원인급여와 횡령죄 / 금전 등 대체물의 위탁과 횡령죄

사 례 29

부동산 이중매매 / 부작위범 / 불능범

제 1 문

▍사 례 30

양도담보의 제 문제와 횡령·배임의 구별

사 례 33

배임수증재죄에서의 부정한 청탁의 의미 / 동산의 양도담보와 배임죄

▌사 례 34
현주건조물방화치사상죄와 부진정 결과적 가중범 / 부작위에 의한 살인죄 / 유기죄의 보호의무

사 례 35

유가증권위조 및 동행사죄 / 금제품의 재물성 / 책략절도(기망적 절도) / 점유의 개념 /
불법원인급여와 횡령죄·배임죄·사기죄 / 거스름돈 사기

제2편 형소법 사례문제

▌사 례 36
제척사유의 주요쟁점

▌사 례 37
기피신청과 소송절차의 정지

제 1 문

제 2 문

▌사 례 38
긴급체포의 요건

▌사 례 39
상상적 경합과 고소취소 / 친고죄의 고소 전 수사

제 1 문

제 2 문

제 5 문

▌사 례 41
수사단계의 구속기간 / 피고인 특정 / 위장출석 / 성명모용

제 1 문

제 2 문 – (1)

제 2 문 – (2)

제 3 문

▌사 례 51

전문증거 / 사본의 증거능력 / 제314조와 증언거부권

▌사 례 52
공소장변경 필요성 / 공판중심주의 / 공판조서의 증거능력

| 사 례 53

현행범체포의 요건 / 범칙금 납부와 일사부재리 / 특수매체기록의 증거능력

제 1 문

┃ 사　례 54

항소심에서의 공소장변경과 고소취소시한

┃ 사　례 55

증명력을 다투는 방법

▌사 례 59
증언의 증거능력 / 변호인의 진실의무

제 1 문

▌사 례 61
영장주의 / 위법수집증거배제법칙

▌사 례 62
피고인의 구속기간 / 전문진술기재 조서의 증거능력 / 조사자 증언의 증거능력

| 사 례 63

전문증거의 증거능력 제문제 / 열람 · 등사 청구권

▌사 례 64

증언거부권과 위증죄 성부

▌사 례 65
전문법칙 이중의 예외 제314조

▎사 례 68
재심판결의 기판력과 제37조 후단 경합

▌사 례 69
죄수판단과 일부상소 / 항소심(상고심)의 파기범위

▎사 례 70
일부상소와 파기범위, 재심사유와 불이익변경금지

제3편 종합문제

❙ 종합 사례 1

문서위조 / 소송사기 / 공소장변경 / 포괄일죄 / 일부상소

▌종합 사례 2

합동절도 · 승계적 공동정범 / 사기죄의 공동정범 / 일부상소 / 공소사실의 동일성 / 불이익 변경 금지의 원칙

제 1 문

종합 사례 4

변호사법 제111조의 해석 / 긴급체포 / 함정수사 / 폭력행위 등 처벌에 관한 법률
제7조의 해석

형법 사례문제

형사법 사례연습

criminal procedure law

○ 사례 1

1. 피고인 甲은 2015. 1. 5. 범한 상습절도(적용법조: 특정범죄 가중처벌 등에 관한 법률 제5조의4, 형법 제329조) 및 강도죄로 기소되어 재판을 받고 징역 5년의 실형이 선고되었으며, 그 판결이 확정된 자이다. 甲의 변호인 乙은 2015. 2. 26. 특가법 제5조의4 중 형법 제329조에 관한 부분이 위헌결정이 난 사실을 확인하고 피고인을 위해 구제방법을 강구하고 있다.

아래의 물음에 대하여 답하시오(판례의 입장에 따를 것).

(1) 변호인 乙은 상습절도범을 가중처벌한 특가법 조항이 위헌결정으로 위 법률이 폐지된 것과 다름이 없으므로 형사소송법 제326조 제4호에 의하여 면소판결을 해줄 것을 주장하고자 한다. 그 주장은 법원에서 받아들여질 수 있는가? (15점)

(2) 변호인 乙은 특가법 부분이 위헌결정이 난 것을 기화로 하여 재심을 청구하고자 한다. 재심사유에 해당하는가? (20점)

(3) 만일 위 사안에서 피고인 甲에 대한 특가법 위반(상습절도) 및 강도죄로 판결이 확정되지 아니하고 현재 기소되어 재판 중이라면, 변호인 乙은 특가법 위반(상습절도)으로 기소된 부분에 대하여 형법상 상습절도를 적용해 줄 것을 주장할 수 있는가? (25점)

2. 甲은 자신의 유흥주점을 단골로 드나들면서 외상으로 마신 술값 300여만원을 갚지 않는 乙에게 자신 소유의 A4용지 한 장에 지불각서의 내용을 기재하여 건네주며 乙로 하여금 서명날인만 하도록 하는 방식으로 乙 명의의 지불각서를 작성하게 하였다. 甲은 사전 예고 없이 그 장소에 알고 지내는 후배 3명(깍두기머리와 검은색 정장차림)을 불러들였고, 영문도 모른 채 온 후배들의 모습에서 저절로 험상궂은 분위기가 연출되었다. 甲은 乙이 지불각서를 작성하고 서명날인을 하자 계획한 대로 그 각서를 빼앗았다.

甲의 죄책은? (40점)

해 설

I. 논점의 정리

1문의 (1)의 경우는 특가법 제5조의4 제1항 중 형법 제329조에 관한 부분의 위헌결정으로(헌재결 2015. 2. 26, 2014헌가16 등) 형벌에 관한 법률 또는 법률조항이 소급하여 그 효력을 상실하게 될 경우 무죄사유인지 면소사유인지 문제되고, (2)의 경우는 재심사유로서 증거의 신규성와 명백성을 검토하여야 하는지 여부가, (3)의 경우는 형법 제1조 제2항에 의하여 신법을 적용할 수 있는지가 '법률의 변경'에 해당하는지 여부와 관련하여 문제된다.

2문의 경우는 甲은 외상값을 받기 위해 험상궂은 분위기를 연출하여 乙 명의로 지불각서를 작성하도록 한 후 이를 빼앗았다. 제2행위에서는 우선 ① 甲이 乙 작성의 지불각서를 빼앗은 행위가 공갈죄에 해당하는지가 문제되는데 乙이 서명날인한 甲 소유의 지불각서의 소유권이 누구에게 귀속되는지를 살펴 재물의 타인성 여부가 검토되어야 한다. 또한 외상채권 자체에 대한 공갈죄가 성립하는지도 살펴보아야 한다. 다음으로 ② 甲이 乙에게 각서를 작성하게 한 행위가 의무 없는 행위를 강요한 것으로 강요죄가 성립하는지, 구성요건해당성이 인정된다면 甲이 외상채권을 행사한 것으로 보아 자구행위 또는 정당행위로서 위법성이 조각될 수 있는지 검토해야 한다. 또한 ③ 강도죄, 점유강취죄 및 협박죄의 성립 여부와 죄수문제, 폭력행위 등 처벌에 관한 법률(이하 폭처법)에 의한 가중처벌을 할 수 있는지 살펴본다.

II. 특가법 위반 제5조의4와 관련한 쟁점

제1문-(1)

(1) 변호인 乙은 결국 상습절도범을 가중처벌한 특가법 조항이 위헌결정으로 위 법률이 폐지된 것과 다름이 없으므로 형사소송법 제326조 제4호에 의하여 면소판결을 해줄 것을 주장하고자 한다. 그 주장은 법원에서 받아들여질 수 있는가? (15점)

1. 쟁점의 정리

특가법 위반 제5조의4 제1항 중 형법 제329조에 관한 부분의 위헌결정으로(헌재결 2015. 2. 26, 2014헌가16 등) 형벌에 관한 법률 또는 법률조항이 소급하여 그 효력을 상실하게 된다.

과연 이러한 경우 형이 폐지된 것과 같이 평가하여 면소판결을 선고하여 줄 것을 주장할 수 있는지, 아니면 범죄가 되지 아니하는 경우에 해당하여 무죄판결을 구하여야 하는지 문제된다.

2. 면소사유인지 무죄사유인지 여부

우리 형법은 제1조 제2항에서 범죄 후 법령개폐로 형이 폐지되었을 때에는 면소판결(형사소송법 제326조 제4호)을 하도록 되어 있다. 그러나 헌법재판소의 위헌결정으로 인하여 형벌에 관한 법률 또는 법률조항이 소급하여 그 효력을 상실한 경우에는 형이 폐지된 것이 아니라 처음부터 적용법률이 없는 것이므로 당해 법조를 적용하여 기소한 피고 사건은 범죄로 되지 아니하는 때에 해당하므로 무죄판결을 선고하여야 한다.[1]

제 1 문 – (2)

(2) 변호인 乙은 특가법 부분이 위헌결정이 난 것을 기화로 하여 재심을 청구하고자 한다. 재심사유에 해당하는가? (20점)

1. 문제점

재심이란 유죄의 확정판결에 대하여 / 중대한 사실오인이나 그 오인의 의심이 있는 경우에 / 판결을 받은 자의 이익을 위하여 / 판결의 부당함을 시정하는 비상구제절차이다. 따라서 비상구제절차라는 특성상 재심사유는 법률에 규정된 사유로 제한적으로 해석하여야 하고, 사안의 경우 과연 재심사유로 규정되어 있는지 문제된다.

2. 재심사유로 규정되어 있는지 여부

형사소송법 제420조 제5호에서는 '유죄의 선고를 받은 자에 대하여 무죄 또는 면소를, 형의 선고를 받은 자에 대하여 형의 면제 또는 원판결이 인정한 죄보다 경한 죄를 인정할

---

[1] [관련판례] 형벌에 관한 법령이 헌법재판소의 위헌결정으로 소급하여 효력을 상실하였거나 법원에서 위헌·무효로 선언된 경우, 법원은 당해 법령을 적용하여 공소가 제기된 피고사건에 대하여 형사소송법 제325조에 따라 무죄를 선고하여야 한다. 나아가 형벌에 관한 법령이 폐지되었다 하더라도 그 '폐지'가 당초부터 헌법에 위배되어 효력이 없는 법령에 대한 것이었다면 그 피고사건은 형사소송법 제325조 전단이 규정하는 '범죄로 되지 아니한 때'의 무죄사유에 해당하는 것이지, 형사소송법 제326조 제4호에서 정한 면소사유에 해당한다고 할 수 없다(대결 2013. 4. 18, 2011초기689 전합).

명백한 증거가 새로 발견된 때'를 재심사유로 규정하고 있다. 앞서 살펴본 바와 같이 형벌조항의 위헌 무효로 인한 경우는 무죄사유에 해당하므로 본 호의 재심사유 해당여부를 검토할 수 있으나, 이 경우 증거의 신규성과 명백성이 존재하여야 한다. 그러나 헌법재판소법 제47조 제4항에서 제3항의 경우에 위헌으로 결정된 법률 또는 법률의 조항에 근거한 유죄의 확정판결에 대하여는 재심을 청구할 수 있다고 규정하여 신규성과 명백성을 별도로 판단할 필요 없이 재심사유로 인정된다고 할 것이다.

제 1 문 − (3)

(3) 만일 위 사안에서 피고인 甲에 대한 특가법 위반(상습절도) 및 강도죄로 판결이 확정되지 아니하고 현재 기소되어 재판 중이라면, 변호인 乙은 특가법 위반(상습절도)으로 기소된 부분에 대하여 형법상 상습절도를 적용해 줄 것을 주장할 수 있는가? (25점)

1. 쟁점의 정리

행위시점에는 특가법 위반(상습절도) 규정이 존재하였으나 재판시점에는 위헌결정으로 규정이 삭제되고 형법상 상습절도 규정만이 존재하는 상태이므로 과연 이 경우 피고인은 형법 제1조 제2항에 의하여 신법인 형법상의 상습절도를 적용해 줄 것을 주장할 수 있는지가 '법률의 변경'에 해당하는지 여부와 관련하여 문제된다. 이는 별도의 경과규정이 존재하지 않기 때문에 형법 제1조 제2항이 적용되는지 검토하여야 한다.

2. 형법 제1조 제2항의 의미와 적용범위

(1) '범죄 후 법률의 변경'

형법은 행위자에게 유리한 경한 법을 적용한다는 취지에서 행위시법원칙의 예외인 제1조 제2항을 규정하고 있다. 이에 따라 범죄 후의 법률의 변경에 의하여 그 행위가 범죄를 구성하지 않을 때에는(제1조 제2항 전단) 신법에 의해 형이 폐지되었으므로 면소판결을 내리고, 형이 구법보다 경한 때에는(제1조 제2항 후단) 신법을 적용하여야 한다. 신법이 적용되기 위해서는 범죄 후 법령이 변경되어야 한다. 즉 결과발생 여부 및 결과발생시점과는 관계없이 실행행위가 종료된 후에 법령이 변경되고 변경된 법령이 구법보다 경하거나 처벌법규가 폐지된 때에는 신법이 적용된다.

이에 반해서 범죄의 실행행위 도중에 법률이 개정된 경우에는 제1조 제1항의 규정상 당연히 범죄행위종료 시에 효력이 있는 법률(즉 행위시법인 신법)이 적용된다.

(2) 범죄 후 법령의 개폐라 하더라도 형의 폐지로 볼 수 없는 경우

형법 제1조 제1항은 행위 시와 재판 시의 형벌법규의 변경이 있는 경우라도 형의 경중에 변경이 없다면 행위시법이 적용되어야 함을 명백히 하고 있다. 형의 경중에 변화가 있는 경우라면 형법 제1조 제2항에 따라 경한 신법이 소급하여 적용된다. 물론 구법적용의 경과조치가 규정되어 있다면 예외적으로 구법이 적용된다.

그러나 판례는 형법 제1조 제2항의 법률의 변경에 관해서 법률변경의 이유를 검토한 후에 행위시법을 적용하여 처벌할 것인지 아니면 재판시법을 소급 적용할 것인지를 결정한다는 소위 동기설을 취하고 있다. 즉 법률이 변경된 경우에 행위자에게 유리한 제1조 제2항이 언제든지 소급 적용되는 것이 아니라 법률변경의 이유가 법률이념의 변천에 따라 과거에 범죄로 보던 행위에 대하여 그 평가가 달라져 이를 범죄로 인정하고 처벌한 그 자체가 부당하였다거나 또는 과형이 과중하였다는 반성적 고려에 있는 경우에 한하여 신법을 적용한다는 것이다(대판 1999. 6. 11, 98도3097. 같은 취지로 대판 2009. 9. 24, 2007도6185; 대판 2009. 9. 24, 2009도6443; 대판 2010. 3. 11, 2009도12930; 대판 2010. 7. 15, 2007도7523; 대판 2010. 10. 28, 2010도7997; 대판 2011. 4. 14, 2010도2540; 대판 2013. 7. 11, 2013도4862, 2013전도101; 대판 2016. 1. 28, 2015도18280; 대판 2016. 1. 28, 2015도17907; 대판 2016. 3. 10, 2015도19258; 대판 2016. 6. 23, 2016도1473).

이에 반해서 사정의 변천에 따라 그때그때의 특수한 필요에 대처하기 위하여 법령을 개폐하는 경우에는 이미 행위시법에 의해서 성립한 위법행위를 법률이 변경된 재판 시에 관찰하여도 행위 당시의 행위로서는 가벌성이 있는 것이어서 행위시법이 적용된다고 본다(대판 1997. 12. 9, 97도2682. 같은 취지로 대판 1985. 5. 28, 81도1045; 대판 1999. 10. 12, 99도3870; 대판 1999. 11. 12, 99도3567; 대판 2000. 8. 18, 2000도2943; 대판 2011. 7. 14, 2011도1303; 대판 2011. 9. 8, 2011도7635).

(3) 판례의 입장

이 사건 특가법 제5조의 4 제1항은 다음과 같은 이유로 위헌결정이 이루어졌다. 헌법재판소는 "상습으로 절도 및 장물취득을 하는 경우, 검사는 특정범죄에 대한 가중처벌을 통하여 건전한 사회질서를 유지하고 국민경제의 발전에 기여한다는 특가법의 입법목적(제1조)에 따라 심판대상조항을 적용하여 기소하는 것이 특별법 우선의 법리에 부합한다. 그러나 범인의 성행, 범행의 경위, 범죄전력, 결과발생의 정도 등 여러 사정을 고려하여 형법 조항을 적용하여 기소할 수도 있는데, 이러한 기소가 적법함은 물론 이 경우 법원은 공소장의 변경 없이는 형이 더 무거운 심판대상조항을 적용할 수 없다. 그런데 특가법 제5조의4 제1

항 중 형법 제329조에 관한 부분으로 기소된 피고인은 벌금형을 선고받을 수 없고, 한 차례의 법률상 감경이나 작량감경에 의하더라도 1년 6월 이상 30년 이하의 유기징역형을 선고받아야 함에 비하여, 형법 조항으로 기소된 피고인은 벌금형의 선고도 가능할 뿐만 아니라 1월 이상 9년 이하의 유기징역형을 선고받게 된다. 이와 같이 어느 법률조항이 적용되는지에 따라 벌금형이 선고될 수 없고, 징역형 기준 최대 18배에 이르는 형의 불균형이 초래되며, 유기징역형만 규정된 형법 조항과는 달리 위 조항에는 선택형으로 '무기징역'까지 함께 규정되어 있어 심각한 형의 불균형이 발생한다"는 이유로 위헌 결정을 내린 바 있다(헌재결 2015. 2. 26, 2014헌가16·19·23).

대법원은 "2016. 1. 6. 법률 제13717호로 개정된 특정범죄 가중처벌 등에 관한 법률(이하 '특정범죄가중법'이라 한다) 제5조의4 제5항에 대하여 위와 같이 누범으로 처벌하는 경우에는 같은 항 각 호의 구분에 따라 가중처벌하도록 규정하면서, 그 제1호에서 형법 제329조부터 제331조까지의 죄나 그 미수죄를 범한 경우에는 2년 이상 20년 이하의 징역에 처하도록 규정하여 법정형을 변경하였다. 그 취지는 구 특정범죄가중법 제5조의4 제5항에서 정한 범죄전력의 요건을 갖춘 절도 등의 누범자라 하더라도 그 절도 등의 형태와 동기가 매우 다양하므로 무기 또는 3년 이상의 징역으로 가중처벌하도록 한 종전의 형벌규정이 과중하다는 데에서 나온 반성적 조치라고 보인다. 따라서 이는 형법 제1조 제2항에서 정한 '범죄 후 법률의 변경에 의하여 그 행위가 범죄를 구성하지 아니하거나 형이 구법보다 경한 때'에 해당하므로, 개정 전의 범죄에 대하여도 신법인 특정범죄가중법 규정을 적용하여야 한다"(대판 2016. 2. 18, 2015도17848)고 판시하고 있는 바, 같은 이유로 **위헌결정을 받은 이 사건 적용법조 역시 종전의 형벌규정이 과중하다는 데에서 나온 반성적 조치**임에는 의문의 여지가 없다.

(4) 소 결

판례는 제1조 제2항의 '법률의 변경'의 의미를 반성적 조치로 이루어진 법률의 변경으로 한정하는 것이므로 이는 행위자에게 불리하게 축소 해석한 결과가 된다. 제1조 제2항의 취지가 행위자보호에 있기 때문에 처벌법규가 없어진 경우나 구법보다 형벌이 경하게 변경한 경우에는 원칙적으로 제1조 제2항을 적용하는 것이 타당하다. 그러나 이 사안의 경우는 판례에 의하더라도 변호인 乙은 재판시법인 형법 제332조에 의한 상습절도의 규정을 적용해 줄 것을 주장할 수 있고, 이는 받아들여질 것이다.

III. 甲이 乙 작성의 지불각서를 빼앗은 행위의 강도죄 또는 공갈죄 성부

1. 문제의 소재

甲이 험상궂은 분위기를 연출하여 乙이 甲의 지시대로 지불각서를 작성했는데, 이러한 甲의 협박은 반항이 불가능한 정도의 해악의 고지라고 볼 수 없어 강도죄의 협박에 해당하지 아니할 것이므로 공갈죄의 성립 여부가 문제된다.

공갈죄란 사람을 공갈하여 '타인'이 점유하는 '타인'의 재물 또는 재산상의 이익을 취득함으로써 성립하므로 공갈죄가 성립하려면 甲이 취거한 지불각서의 소유권이 乙에게 귀속되어야 한다. 甲의 소유인 A4 용지에 乙이 지불각서의 내용을 기재하고 서명날인하여 새로운 문서를 만들었는데 그 문서의 소유권이 乙에게 귀속되는지, 아니면 여전히 甲에게 있는지가 검토되어야 한다.

2. 공갈죄의 성부

타인소유의 재물인지 판단하기 위하여 먼저 甲 소유의 종이에 지불각서를 작성한 것이 사법상의 가공의 법리가 적용되어 소유권의 변동을 가져오는지를 살펴본다. 사법상 가공의 법리란 타인의 동산에 가공한 때에는 그 물건의 소유권은 원재료의 소유자에게 속하지만 (민법 제259조 제1항 본문), 가공으로 인한 가액의 증가가 원재료의 가액보다 현저히 다액일 때에는 가공자의 소유로 하는 것(제259조 제1항 단서)을 말한다. 가공이라고 하기 위해서는 타인 소유의 원재료를 사용하거나 타인 소유의 물건에 변경을 가하는 공작행위가 있어야 하고, 공작의 결과로 원재료와는 사회경제적 관념상 구별되는 새로운 물건이 창출되어야 한다. 예컨대, A 소유의 캔버스와 물감을 사용하여 유명 화가 B가 그림을 그렸다면 B의 공작행위로 인한 가치의 객관적인 증가로 인해 그 그림의 소유권은 가공자인 B에게 있다는 것이다.

사안의 경우 지불각서가 민법의 가공의 법리에 의해 乙의 소유가 되려면 乙의 지불각서 작성과 서명날인으로 인하여 지불각서의 경제적 가치가 객관적으로 현저히 증대해야 한다. 그러나 사안에서 乙의 서명날인은 당사자 사이의 채권존부관계를 명확히 하는 면에서 증명적 가치가 있을지는 모르지만 객관적인 경제적 가치를 증대시켰다고 볼 수 없으므로 민법 제259조의 가공의 법리에 의한 소유권변동은 일어나지 않는다고 본다. 객관적으로는 지불각서의 가치가 종이의 가치보다 현저히 증대되었다고 볼 수 없으므로 지불각서의 소유권은 여전히 甲에게 속한다. 또한 甲이 乙에게 A4 용지를 건네주었지만 소유권 이전의 의사로 점유를 이전했다고 보기 어렵다. 따라서 지불각서는 甲에게는 '자기가 점유하는 자기소유의 물건'에 해당한다. 공갈죄의 '협박'은 인정되지만 '타인이 점유하는 타인의 재물'이 아니므로 공갈죄는 성립하지 않는다. 판례 역시 '공갈죄의 대상이 되는 재물은 타인의 재물을 의미하므로, 사람을 공갈하여 자기의 재물을 교부받는 경우에는 공갈죄가 성립하지 아니한다. 그리고 타인의 재물인지는 민법, 상법, 기타의 실체법에 의하여 결정되는데, 금전을 도난당한 경우 절도범이 절취한 금전만 소지하고 있는 때 등과 같이 구체적으로 절취된 금전을 특정할 수 있어 객관적으로 다른 금전 등과 구분됨이 명백한 예외적인 경우에는 절도 피해자에 대한 관계에서 그 금전이 절도범인 타인의 재물이라고 할 수 없다(대판 2012. 8. 30, 2012도6157)'고 판시한다.

3. 외상채권에 대한 공갈죄의 성부

외상채권에 대한 공갈죄가 성립하려면 甲이 지불각서의 취거로 '재산상의 이익'을 취득했다고 볼 수 있어야 한다. 재산상 이익이란 재물 이외의 일체의 재산적 가치 있는 이익으로, 부채 감소와 같은 소극적 이익이나 일시적 이익도 포함한다. 형법상 재산상 이익에 대해서는 법률상 권리로서 인정되는 이익으로 한정하는 법률적 재산설, 그 재화가 법적으로 보호 내지 승인된 것인지 여부는 상관없고 경제적 가치를 지니는 사실상 이익도 포함된다는 경제적 재산설, 법질서에 의해 보호를 받는 경제적 이익으로 한정하는 법률적·경제적 재산설로 나뉜다.

판례는 경제적 재산설을 취하여 **재산상의 이익은 반드시 사법상 유효한 재산상의 이득만을 의미하는 것이 아니고 외견상 재산상의 이득을 얻을 것이라고 인정할 수 있는 사실관계만 있으면 족하다**고 한다(대판 1997. 2. 25, 96도3411). 피해자를 속여 성매매 대금 명목으로 돈을 받은 경우에 그 돈의 반환을 요구하는 피해자를 폭행·협박한 후 돈을 가지고 현장을 이탈했다면 돈의 반환을 면하게 되는 재산상의 이익을 취득한 것이다(대판 2020. 10. 15, 2020도7218). 사기죄의 객체가 되는 재산상의 이익이 반드시 사법상 보호되는 경제적 이익만을 의미하지 아니하고, 부녀가 금품 등을 받을 것을 전제로 성행위를 하는 경우 그 행위의 대가는 사기죄의 객체인 경제적 이익에 해당하므로, 부녀를 기망하여 성행위 대가의 지급을 면하는 경우 사기죄가 성립한다고 본다(대판 2001. 10. 23, 2001도2991).

이 사안에서 재산상의 이익을 어떻게 파악하느냐에 관계없이 지불각서의 작성으로 외형상으로 권리의무관계의 변동이 생겼다고 볼 수 없기 때문에 공갈죄가 성립하지 않는다. 乙이 지불각서를 작성하기 전부터 이미 甲에 대한 외상채무를 부담하고 있었던 점에 미루어 이미 존재하는 채무에 대한 어떠한 집행력도 가지지 않는 지불각서의 작성이 외형상으로 권리의무관계의 변동을 일어나게 하지는 않는다. 乙이 서명날인한 지불각서의 내용은 이미 존재하고 있는 채무의 승인으로, 의사표시 또는 채무부담행위에 해당하지 않으므로 단순한 증거서류의 작성이 공갈죄의 구성요건으로서 피해자의 처분행위라고 볼 수 없다. 따라서 甲이 지불각서 내용에 의하여 공갈죄의 객체인 재산상 이익을 취득한 것으로 인정되지 아니한다. 다만 피해자를 강요하여 지불각서를 작성하게 하였다면 지불각서에 쓰여진 내용의 의사표시를 하게 한 것이 되어 외형상은 그 서면에 따른 채무부담의 의사표시를 한 것이고, 이 서면은 그 의사표시에 관한 증거서류가 되고 권리의무관계의 외형적인 불법적 변동이나 재산상의 이득의 취득이 인정된다고 볼 여지가 있다면(대판 1994. 2. 22, 93도428) 공갈죄가 성립할 수 있다.

4. 소 결

甲이 공포감을 조성하여 乙에게 지불각서를 작성하도록 하였으므로 공갈죄의 협박은 인정된다. 그러나 지불각서는 여전히 甲의 소유와 점유가 인정되는 재물이므로 공갈죄의 객체가 될 수 없으며, 甲이 지불각서 내용(외상채권)에 의하여 공갈죄의 객체인 재산상 이익을 취득한 것으로 볼 수 없다. 따라서 甲의 행위는 제350조 제1항의 공갈죄를 구성하지 아니한다.

IV. 甲이 乙에게 지불각서를 작성하게 한 행위 - 강요죄(형법 제324조)의 성립 여부

1. 구성요건해당성

강요죄란 폭행 또는 협박으로 사람의 권리행사를 방해하거나 의무 없는 일을 하게 하는 것을 내용으로 하는 범죄이다. 협박의 정도는 반드시 상대방의 반항을 불가능하게 하거나 곤란하게 할 정도에 이를 것을 요하는 것은 아니고 상대방에게 공포심을 일으켜 그 의사결정과 활동의 자유를 제한할 정도에 이를 것을 요한다.

이 사안에서 문제되는 의무 없는 일을 하게 한다는 것은 의무 없는 자에게 일정한 작위, 부작위 또는 수인의무를 강요하는 것이다. 乙은 甲에게 채무를 이행해야 할 법적 의무가 있을지언정 지불각서 등을 작성할 법적 의무는 없으므로 甲은 乙에게 의무 없는 일을 강요한 것으로서 강요죄의 구성요건해당성을 충족한다. 판례 역시 피고인이 투자금의 회수를 위해 피해자를 강요하여 물품대금을 횡령하였다는 자인서를 받아낸 뒤 이를 근거로 돈을 갈취한 경우, 피고인의 주된 범의가 피해자로부터 돈을 갈취하는 데에 있었던 것이라면 피고인은 단일한 공갈의 범의하에 갈취의 방법으로 일단 자인서를 작성케 한 후 이를 근거로 계속하여 갈취행위를 한 것으로 보아야 할 것이므로 위 행위는 포함하여 공갈죄 일죄만을 구성한다고 보아야 한다(대판 1985. 6. 25, 84도2083)고 하면서 자인서를 받은 부분에 대하여는 강요죄를 인정한 바 있다.

2. 위법성조각사유의 인정 여부

(1) 자구행위 해당 여부

자구행위는 청구권보존이 필요한 상황에서(즉, 법정절차에 의해서 청구권을 보전할 수 없는 경우) 이를 인식하고 자력구제의 의사로 자구행위(즉, 청구권의 실행불능 또는 현저한 실행곤란을 피하기 위한 행위)를 해야 하며 이는 상당한 이유가 있어야 한다. 피고인은 피해자에게 채무변제를 요구할 수 있는 채권적 청구권을 갖고 있다. 이미 변제기일이 지났기 때문에 청구권에 대한 불법한 침해상태가 존재한다. 불법하게 침해된 청구권이 법정절차에 의해서 보전이 불가능하여야 한다.

이 사안에서 甲은 乙이 외상으로 마신 술값 300여만원에 대한 채권이 있으나 법정절차에 의해 청구권보전이 불가능한 급박한 상황이 존재하지 않을뿐더러 험상궂은 분위기를 연출하며 지불각서의 작성을 강요한 행위는 권리의 남용이자 사회윤리에도 반하므로 상당한 이유가 있다고 볼 수 없다. 따라서 甲이 乙에게 자신 소유의 A4 용지에 乙 명의로 지불각서를 작성하게 한 행위는 자구행위의 성립요건을 충족시키지 못하므로 위법성조각사유에 해당하지 아니한다.

(2) 정당행위 해당 여부

일반적 위법성조각사유인 정당행위에 해당하려면 사회상규에 위배되지 않는 행위여야 한다. 판례는 형법 제20조 소정의 '사회상규에 위배되지 아니하는 행위'를 법질서 전체의 정신이나 그 배후에 놓여 있는 사회윤리 내지 사회통념에 비추어 용인될 수 있는 행위로 정의하고(대판 1997. 11. 14, 97도2118), 정당행위를 인정하려면 첫째 그 행위의 동기나 목적의 정당성, 둘째 행위의 수단이나 방법의 상당성, 셋째 보호이익과 침해이익과의 법익권형성, 넷째 긴급성, 다섯째 그 행위 외에 다른 수단이나 방법이 없다는 보충성 등의 요건을 갖추어야 한다고 본다(대판 1986. 10. 28, 86도1764; 대판 1994. 4. 15, 93도2899; 대판 1999. 1. 26, 98도3029; 대판 2000. 3. 10, 99도4273; 대판 2000. 4. 25, 98도2389; 대판 2004. 10. 28, 2004도3405; 대판 2006. 6. 27, 2006도1187; 대판 2007. 5. 11, 2006도4328; 대판 2009. 6. 11, 2009도2114).

사안에서 甲은 비록 채권추심의 목적이 정당하더라도 협박했으므로 수단의 정당성이 결여되었고, 甲의 채권추심의 재산권적 법익과 乙의 의사결정의 자유를 비교해 볼 때 법익균형성도 결여한바 정당행위로서 위법성이 조각되지 않는다.

3. 소 결

乙에게 지불각서에 서명날인할 법적 의무가 없으므로 이를 협박을 통해 강요한 것은 의무 없는 일의 강요로서 강요죄의 구성요건을 충족한다. 비록 甲이 외상채권을 추심하기 위한 권리행사목적이더라도 수단의 정당성을 결여한바 위법성이 조각되지 않으므로 강요죄가 성립한다.

V. 폭처법에 의한 가중 처벌 및 감금죄의 성립 여부

1. 폭처법(제2조 제2항)의 가중 처벌 여부

'2인 이상이 공동'으로 협박하는 경우에는 폭처법 제2조 제2항에 의해 가중 처벌된다.

이 사안에서 甲이 단순히 알고 지내던 후배들을 사전 예고 없이 불러들여 자신의 범행 실행에서 협박의 도구로 사용한 것에 불과하므로 후배 3명에게 甲의 범죄실행에 관하여 공동가공의 의사가 있었다거나 기능적 행위지배가 있다고 보기 어렵다. 따라서 사안의 경우 형법의 특별법으로서 폭처법이 적용되지는 아니한다.

2. 감금죄의 성립 여부

甲이 깍두기 후배들을 이용하여 乙을 위협하여 각서를 쓰게 하는 동안 乙의 신체적 활동의 자유가 침해되었다고 볼 여지도 있다. 그러나 감금죄는 성질상 시간적 계속성을 요하는 계속범이므로 乙의 자유가 계속 침해되었다고 볼 수 없으며, 甲에게 감금의 고의까지 있었다고 볼 수 없으므로 감금죄는 성립하지 않는다.

VI. 사안의 해결

(1) 헌법재판소의 위헌결정으로 인하여 형벌에 관한 법률 또는 법률조항이 소급하여 그 효력을 상실한 경우에는 형이 폐지된 것이 아니라 처음부터 적용법률이 없는 것이므로 당해 법조를 적용하여 기소한 피고 사건은 범죄로 되지 아니하는 때에 해당하므로 무죄판결을 선고해야 한다.

또한 헌법재판소법 제47조 제4항에서 제3항의 경우에 위헌으로 결정된 법률 또는 법률의 조항에 근거한 유죄의 확정판결에 대하여는 재심을 청구할 수 있다고 규정하여 신규성과 명백성을 별도로 판단할 필요 없이 재심사유로 인정된다.

나아가 재판 시에 법률이 변경되었다면 형법 제1조 제2항을 적용하여 재판시법률을 적용할 수 있다.

(2) 제2행위에서는 乙이 甲 소유의 A4용지에 지불각서를 작성했다고 하더라도 지불각서의 소유권이 변동되지 않는바, 지불각서에 대한 공갈죄가 성립하지 않으며 외상채권 자체에 대한 공갈죄도 성립하지 않는다.

乙에게 각서를 작성하게 한 행위는 의무 없는 행위를 강요하였고 자구행위나 정당행위의 요건을 충족시키지 못해 위법성이 조각되지 않으므로 강요죄가 성립한다.

폭처법의 가중 처벌 요건인 '2인 이상의 공동'에 해당하지 않으므로 폭처법은 적용되지 않고 감금죄도 성립하지 않는다.

2. 구체적 사실의 착오 / 예비의 중지 / 간접정범의 성립요건

○ 사례 2

A는 사위가 자기 딸과 결혼하기 전에 사귀던 여대생 B와 결혼 후에도 계속 만나면서 성관계를 맺고 있다는 소문을 듣고 여대생 B를 죽이기로 결심하였다. 그러나 A는 자신이 직접 실행할 용기도 없고, 실패할 경우에 탄로날 것이 두려워 제3자에게 시키기로 하였다. A는 자신의 살해계획을 숨긴 채 백수인 조카 甲과 乙에게 사업자금을 대주기로 약속하고 수면제가 든 플라스틱 통을 건네주면서 이를 먹이고 재물을 탈취하라고 시켰다. 그러나 A는 이 통에 치명적인 황산을 넣고 수면제로 위장하였다. 수면제를 건네받은 甲과 乙은 A가 시킨 대로 범행기회를 엿보다가 우연히 플라스틱 통을 열어보았는데, 심한 냄새가 나는 것을 의심한 甲과 乙은 독약일 수도 있다고 생각하고 범행을 포기하였다.

甲과 乙이 범행을 포기한 것을 안 A는 甲을 다시 불러 현금으로 1억원과 공기총을 건네주면서 여대생 B를 살해하고 베트남으로 도주하라고 비행기표까지 준비해주었다. 이에 甲은 아침에 조깅을 하러 아파트에서 나오는 여대생 C를 B로 오인하고 C를 미행하다가 봉고차로 납치하여 공기총으로 살해하고 베트남으로 출국하였다.

A, 甲과 乙의 형사책임은?

해 설

Ⅰ. 논점의 정리

이 사안은 크게 두 부분으로 나누어서 판단할 수 있다.

(1) 첫 번째 부분은 A가 조카 甲과 乙에게 수면제로 위장한 황산을 주면서 재물을 탈취하라고 시켜서 여대생 B를 살해하고자 하였으나, 甲과 乙이 수면제를 독약이라 의심하여 범행을 포기한 부분이다(이를 '제1행위'라 한다). 제1행위에서는 甲과 乙에게 강도예비의 공동정범의 죄책을 지울 수 있는지, 이들이 예비단계에서 범행을 포기하였다는 점에서 예비죄에 중지미수 규정을 준용할 수 있는지 등이 문제된다.

A의 경우는 형법 제34조의 "어느 행위로 인하여 처벌되지 아니하는 자"의 해석과 관련하여 살인미수의 간접정범으로 처벌할 수 있는지를 살펴보아야 한다. 아울러 살인 부분과는 별도로 강도 부분에 대한 교사범을 인정할 것인지도 문제된다.

(2) 두 번째 부분은 A가 다시 甲에게 여대생 B를 살해할 것을 지시하고 현금과 공기총, 비행기표를 제공하였으나 甲이 C를 B로 오인하고 납치·살해 후 베트남으로 출국한 부분이다(이를 '제2행위'라 한다). 이 부분에서는 범죄 실행과정에서 객체의 착오를 일으킨 甲에게 발생 사실에 대한 고의 기수범을 인정할 것인지가 문제된다. 甲에게 범행을 지시하고 범행도구 등을 제공한 A에게는 살인죄의 공동정범을 인정할 것인지 아니면 교사범을 인정할 것인지가 문제되고, 이 경우 甲의 객체의 착오가 공범인 A에 대해서는 어떠한 의미를 갖는지도 살펴보아야 한다.

또한 비행기표를 제공하여 甲의 도주를 도와 준 행위에 대해서는 범인도피죄가 성립 가능한지도 문제된다.

Ⅱ. 제1행위에 있어서의 형사책임

1. 甲과 乙의 죄책

(1) 특수강도죄(형법 제334조 제2항)의 성부

형법 제334조 제2항의 특수강도죄는 2인 이상이 합동하여 강도죄를 범한 경우 성립한다. 본 사안에서 甲과 乙이 수면제를 먹이고 B의 재물을 탈취하려고 한 행위가 이에 해당하는지를 살펴보아야 한다. 우선 2인 이상이 가담하여 합동성은 인정되므로, 폭행 또는 협박으로 타인의 재물을 강취하거나 재산상의 이익을 취득하였는지를 검토하겠다.

1) 수면제의 투여가 강도죄의 폭행에 해당하는지 여부

강도죄의 폭행은 상대방의 반항을 불가능하게 할 정도의 가장 강력한 유형력의 행사를 말한다. 그러나 실제로 상대방의 반항이 억압되었을 것을 요하지는 않는다. 상대방으로 하여금 반항이 불가능한 혼수상태를 초래하였다던가, 예상되는 반항을 미리 제압하기 위한 행동의 경우에도 강도죄의 폭행을 인정할 수 있다. 그러므로 상대방의 동의를 받지 않은 수면제·마취제·주류 등의 사용으로 항거불능상태를 만드는 것도 폭행에 해당한다(대판 1954. 6. 29, 4286형상1110; 대판 1962. 2. 15, 4294형상677; 대판 1979. 9. 25, 79도1735; 대판 1984. 12. 11, 84도2324 등). 사안에서 甲과 乙의 수면제 투여행위가 있었다면 피해자에게 항거불능의 상태를 야기할 수 있었으므로 수면제 투여는 강도죄의 폭행으로 판단할 수 있다.

2) 특수강도죄의 실행의 착수시기

합동범에 의한 특수강도죄의 경우 실행의 착수 시기는 강도죄와 동일하게 '폭행·협박을 개시한 때'이다. 따라서 사안의 경우 범행대상에게 수면제 투여행위를 개시할 때 동 죄의 실행의 착수를 인정할 수 있다. 그러나 甲과 乙은 수면제로 오인한 황산을 가지고 범행의 기회를 엿보고 있었을 뿐, 독약일 것 같다는 생각이 들어 투여 행위는 포기하였다. 따라서 특수강도의 실행의 착수 전에 범행을 포기하였으므로 동 죄의 기수범은 물론 미수범도 성립하지 않는다.

(2) 강도예비죄(형법 제343조)의 성부

1) 예비행위의 인정 여부

강도의 예비행위는 범죄의 실행을 목적으로 하는 준비행위로서 실행의 착수에는 이르지 않을 것을 요한다. 단순한 내부적 계획이 아닌 외부적 행위이어야 하는데, 甲과 乙은 수면제를 투여하기 위해 범행의 기회를 엿보고 있었으므로 이는 객관적으로 명확한 기본범죄의 준비행위라고 할 수 있다.

2) 예비죄의 공동정범 인정 여부

이 사안에서 강도의 예비범에 해당하는 甲과 乙의 가담형태를 공동정범으로 평가할 수 있는지가 문제된다.

2인 이상이 공동하여 범죄를 실현하고자 하였으나 가벌적 예비단계에 그친 경우에 ① 예비죄의 공동정범이 성립한다는 견해와, ② 이 경우 예비행위를 공동으로 행한 자 사이에는 범행을 공동실행한다는 합의가 당연히 존재할 것이므로 직접 기본범죄에 대한 '음모죄'가 성립한다는 견해가 대립한다.

예비죄에 있어서도 공동가공의 의사와 공동실행의 사실이 있으면 공동정범의 성립을 부정할 이유가 없다. 기본범죄에 대한 음모죄가 성립한다는 견해에서는 음모를 심리적 준비

단계라고 하면서 공동실행의 '사실'이 있음에도 이를 음모로만 판단하는 것은 논리에 맞지 않는다. 따라서 예비죄의 공동정범을 인정하는 견해가 타당하며, 이에 의하면 사안에서 甲과 乙에게는 강도예비죄의 공동정범이 성립한다. 판례 역시 정범이 실행의 착수에 이르지 아니하고 예비단계에 그친 경우에는, 이에 가공한다 하더라도 예비의 공동정범이 되는 때를 제외하고는 종범으로 처벌할 수 없다(대판 1979. 5. 22, 79도552)고 판시하여 공동정범의 성립을 긍정하는 입장이다.

　3) 예비행위를 중지한 경우 중지미수 규정(형법 제26조)의 준용 여부

　① **문제의 소재**　본 사안에서 甲과 乙은 범죄의 수행에 일반 사회통념상 장애가 될 만한 사유가 없음에도 불구하고 스스로 강도 범행을 중지하였다. 예상했던 수면제가 아니라 독약일 수 있다는 생각에 범행을 포기한 것이지 장애가 될 만한 사정 때문에 그만둔 것이 아니다. 이 경우 중지행위에 '자의성'이 인정되므로 중지미수의 요건을 일응 충족한다고 보여진다. 실행의 착수 이전단계에서 범행을 중지한 경우에도 중지미수 규정을 준용할 수 있는지에 대해서는 견해가 대립한다. 미수범에 대해서 중지범의 특례를 인정한다면 그보다 법익침해의 위험이 훨씬 적은 예비·음모에 대해서도 중지범의 특례를 인정하는 것이 타당하지 않는가라는 의문에서 비롯된 문제이다.

　② **견해의 대립**

　(ⅰ) 준용 긍정설　예비에 대하여도 중지미수의 규정을 준용해야 한다는 견해이다. 다만 중지미수의 규정이 준용되는 범위에 관하여는 다시 견해가 나누어지는데, 다수설은 예비의 형이 중지미수의 형보다 무거운 때에는 형의 균형상 중지미수의 규정을 준용해야 한다고 한다. 이에 반하여 예비의 중지에 있어서도 언제나 중지미수의 규정을 준용하여야 하며, 감경 또는 면제해야 할 대상형도 기수형이 아니라 예비·음모죄의 형이어야 한다고 해석하는 견해도 있다.

　(ⅱ) 준용 부정설　실행에 착수하지 아니한 예비에 대하여는 중지미수의 규정을 준용할 여지가 없다고 본다. 이로 인한 처벌의 불균형은 자수의 정도에 이른 때에 한하여 중지미수의 필요적 감면규정을 유추적용하여 처벌의 불균형을 시정할 수 있을 뿐이라는 견해와, 예비를 처벌하는 경우에는 중지미수에 대하여도 형의 면제를 허용하지 않아야 한다는 견해로 나누어진다.

　(ⅲ) 판례의 태도　대법원은 관세법상 관세포탈예비죄가 문제된 사안에서, "중지범은 범죄의 실행에 착수한 후 자의로 그 행위를 중지한 때를 말하는 것이고, **실행의 착수가 있기 전인** 예비·음모의 행위를 처벌하는 경우에 있어서는 중지범의 관념은 이를 인정할 수 없다"고 판시하여 중지범의 특례적용을 부정하고 있다(대판 1999. 4. 9, 99도424).

③ **검토 및 사안에의 적용** 고의범의 실현단계상 미수는 예비의 다음 단계이기 때문에 예비의 중지미수를 인정하는 것은 논리적으로 모순된다. 일정한 예비행위를 행한 후에는 독립한 구성요건으로서의 예비죄가 성립하는 것이기 때문에 예비죄에 정해진 법률효과를 부여하면 될 뿐이지 별도로 실행착수 이후에 문제되는 중지미수를 논의할 여지는 없다. 처벌의 불균형 문제는 양형단계에서 형법 제51조의 적용을 통해 충분히 시정할 수 있기 때문에 예비의 중지미수를 인정하는 무리한 해석론을 따를 실익도 적다. 입법론적으로는 예비의 중지에 대하여 필요적 감면규정을 신설하는 것이 가장 바람직한 해결방법이 될 것이다.

2. A의 죄책

(1) 강도살인죄(형법 제338조)의 간접정범 인정 여부

A가 甲과 乙을 이용하여 B를 강도하고 살해할 고의를 가졌다는 점은 분명하다. 간접정범이 성립하기 위해서는 피이용자에 대한 의사지배가 있어야 하는데, 사안에서 A는 살인부분에 대해서는 甲·乙에 대한 의사지배를 인정할 수 있지만, 강도부분에 대해서는 인정할 수 없다. 甲·乙은 A의 살인의도를 모른 채 살인의 도구로 이용될 처지에 놓였지만, 강도부분에 대해서는 그렇지 않았기 때문이다. 따라서 A에게 살인죄의 간접정범을 인정함은 별론으로 하고 강도살인죄의 간접정범은 인정되지 않는다.

(2) 살인죄(형법 제250조 제1항)의 간접정범 인정 여부

1) 간접정범의 성립요건(형법 제34조 제1항)

간접정범이 성립하기 위해서는 객관적으로 피이용자는 "어느 행위로 인하여 처벌되지 아니하는 자 또는 과실범으로 처벌되는 자"여야 한다. 그러나 사안에서 甲과 乙은 '강도예비죄'로 '처벌'되는 자이므로 이 경우에도 A를 간접정범으로 평가할 수 있을지가 문제된다. 이는 형법 제34조의 해석론과 관련된 문제이다. 동 조항의 "어느 행위로 인하여 처벌되지 아니하는 자"가 법질서 전체에 대하여 처벌되지 아니하는 자를 의미하는지, 아니면 이용자가 의도한 범죄－사안에서는 살인죄－로 처벌되지 아니하는 자를 의미하는지를 판단해야 한다.

형법 제34조에서는 '단순히' 처벌되지 아니하는 자가 아니라 '어느 행위'로 인하여 처벌되지 아니하는 자일 것을 요구하고 있다. 이는 피이용자가 배후 인물에 의해서 의도된 범죄와 관련해서 처벌되지 아니한다는 의미로 해석되어야 한다. 즉 배후 인물이 피이용자를 조종하여 달성하려고 했던 범죄를 '어느 행위'라고 표현하고 있다고 이해된다. 그렇지 않다면 입법자가 '어느 행위'라는 수식어를 붙이지 않고 그저 '처벌되지 아니하는 자'라고 범행매개자를 묘사했을 것이다.

사안에서 A가 의도한 살인죄와 관련해서 甲과 乙은 고의가 없기 때문에 책임을 지지 않는다. 설사 甲과 乙이 범죄의 실행에 나아갔더라도 살인의 고의가 없어 강도치사죄의 책임을 지게 되므로 '과실범으로 처벌받는 자'로서 역시 A에게는 간접정범이 성립할 것이다.

사안은 '정범 배후의 정범이론'이 논의되는 영역이 아님을 주의하여야 한다. 피이용자는 특수강도죄에 있어서는 정범이지만 배후인물에 의해서 의도된 살인죄와 관련해서는 정범이 아니다. 오직 A만이 살인죄의 정범적 지위에 있는 것이다. 따라서 배후인물인 A는 정범 배후의 정범(이른바 배후정범)처럼 보이지만 자신이 의도한 살인죄와 관련해서는 처벌되지 않는 범행매개자를 이용한 자로서 제34조가 명문으로 규정한 간접정범이다.

2) 간접정범의 실행의 착수시기

A는 甲과 乙에게 수면제로 위장한 황산을 건네주어 B를 살해하기 위해 자신이 필요한 행위를 다하였으나, 정작 甲과 乙은 범죄의 실행에 나아가지 않았다. 이러한 경우에 간접정범의 실행의 착수시기를 누구를 기준으로 판단할 것인지 다양한 기준이 제시된다. ① 이용자가 피이용자를 이용하기 시작할 때 실행의 착수가 있다는 이용행위시설, ② 피이용자가 현실적으로 범죄행위를 개시한 때 실행의 착수를 인정하는 피이용행위시설, ③ 피이용자가 선의의 도구인 경우에는 이용행위를 개시한 때에, 악의의 도구인 경우에는 피이용자가 자기의사에 따라 실행행위를 조정할 수 있으므로 피이용자의 실행행위가 개시된 때에 실행의 착수가 있다는 이분설, ④ 보호법익에 대한 위험야기행위가 어느 때에 직접적 위험야기의 단계에 이르는가 하는 점을 고려하여 개별구성요건별로 간접정범의 실행의 착수시기를 결정하자는 개별화설 등이 있다.

간접정범도 정범임이 분명한 이상 착수시기도 이용자를 중심으로 판단해야 하고, 간접정범의 정범성의 근거는 의사지배에 있으므로 의사지배를 개시하는 시점에 실행의 착수를 인정해야 한다. '이용행위시설'에 따라 판단하면, A가 甲과 乙에게 수면제로 위장한 황산을 건네주면서 재물을 탈취하라고 지시하고 甲과 乙이 이에 동의한 때에 실행의 착수를 인정할 수 있다.

3) 소 결

A가 살인죄로는 처벌받지 아니하는 자인 甲과 乙을 이용한 때에 간접정범의 실행의 착수가 인정된다. 甲과 乙은 자의로 범행을 중지하였고, 이는 이용자에 있어서는 도구의 문제이므로 '장애'미수로 봄이 옳다. 따라서 A는 간접정범의 형태에 의한 살인죄의 장애미수범으로 처벌된다.

(3) 특수강도의 '교사범(형법 제31조 제1항)' 인정 여부

A에게 살인죄에 대한 간접정범을 인정하는 것과는 별도로 강도를 지시한 부분에 대해서 강도죄의 교사범을 인정할 것인지가 문제된다.

교사자의 고의는 특정한 범죄와 정범에 대한 인식이 있어야 인정된다. 객관적 행위로 보면 A의 교사행위는 특수강도의 교사행위지만 실제로 A는 특수강도의 고의를 가진 것이 아니라 '강도살인'의 고의를 가지고 있었다. 즉 객관적으로 특정화된 범죄의 행위태양과 주관적으로 특정화한 범죄의 행위태양이 서로 다르다는 점이 문제된다. 그러나 "큰 고의는 작은 고의를 포함한다"는 원칙에 따라 강도살인의 교사의 고의는 특수강도의 교사의 고의를 포함한다. 따라서 A에게 특수강도에 대한 객관적인 교사행위와 주관적인 교사의 고의가 존재하므로 동 죄의 교사범의 성립을 인정할 수 있다. 다만 범행을 승낙한 甲과 乙이 실행에는 착수하지 않았으므로 A의 교사는 형법 제31조 제2항의 '효과 없는 교사'에 해당한다.

III. 제2행위에 있어서의 형사책임

1. 甲의 죄책

(1) 서설 – 구체적 사실의 착오 중 객체의 착오

제2행위에 대한 甲의 죄책은 C를 납치한 행위와 살해한 행위로 나누어 평가할 수 있다. 납치 및 살해행위의 죄책을 논하기 전에 먼저 甲이 범행객체에 대해 '착오'를 일으켰다는 점을 주목해야 한다.

甲은 C를 B로 착각하고 납치하여 살해하였는바, 甲의 착오는 행위자가 행위목표로 삼았던 대상의 동일성에 착오를 일으킨 경우로서 '객체의 착오'에 해당한다. 사안은 그 중에서도 행위자가 의도한 행위객체가 침해되지는 않았으나 실현된 행위객체와 구성요건상 동종인 '구체적 사실'의 착오이다. 이는 구성요건상으로 중요하지 않은 행위자의 동기의 착오에 불과하므로 '사람을 납치하고 죽인 사실'에 중점을 두어 실현된 결과에 대한 고의 기수범을 인정해야 한다.

(2) 특수체포·감금죄(형법 제278조)의 성부

甲이 공기총을 소지하고 C를 승합차로 납치한 행위는 '위험한 물건을 휴대하여 사람을 체포 또는 감금'한 것으로 평가할 수 있다. 따라서 구성요건해당성이 인정되며, 기타 위법성과 책임을 조각할 사유가 보이지 않으므로 C에 대한 특수체포·감금죄가 성립한다. 甲은 처음부터 C를 납치하여 살해할 계획이었으므로 특수체포·감금죄는 살인죄에 흡수된다고 볼 여지도 있으나, 체포·감금이 살인죄의 성립에 통상적으로 수반되는 것은 아니고, 양 죄는 그 보호법익도 달리하므로 별죄가 성립한다.

(3) 살인죄(형법 제250조 제1항)의 성부

甲은 살인의 고의를 가지고 사람을 살해하는 결과를 발생시켰으므로 살인죄의 구성요건을 충족시킨다. 범행대상을 착각한 것은 구성요건상 중요하지 않은 동기의 착오로서 '사람을 죽인 사실'에 중점을 두어 C에 대한 살인죄가 성립한다. B에 대한 살인의 고의가 C에 대해서 실현된 이상 B에 대한 살인미수나 살인예비의 죄책은 문제되지 않는다.

(4) 죄수관계

결국 甲에게는 C에 대한 특수체포·감금죄와 살인죄가 성립한다. 감금 중 새로운 범의로 한 살인이라면 감금죄와 살인죄의 경합범이 된다. 사안과 같이 처음부터 살인을 목적으로 감금한 경우에는 행위의 부분적 동일성을 인정하여 양 죄를 상상적 경합관계로 볼 여지도 있으나 체포·감금행위가 살인죄의 실행의 착수로 보기 어려우므로 양 죄를 경합범으로 보는 것이 타당하다.

2. A의 죄책

(1) 살인죄의 공동정범(형법 제30조) 인정 여부

제2행위에서는 甲의 살인행위에 대해 A를 교사범으로 볼 것인지 아니면 공동정범으로 볼 것인지가 문제된다. 제1행위에서와는 달리 제2행위에서 A는 자금을 제공하고 범행도구와 도주를 위한 비행기표를 준비하는 등 범행을 위해 보다 적극적으로 행동하고 있기 때문이다.

공동정범의 성립요건으로서는 주관적으로 공동가공의 의사를 요하고, 객관적인 요건으로서 기능적 범행지배에 의한 실행행위의 분담을 요한다. 사안에서 甲과 A 사이에 범행 이전에 연락이 오갔으므로 범행의 공동의사는 인정이 된다. 문제되는 것은 기능적 범행지배에 의한 실행행위의 분담이라는 객관적 요건을 인정할 수 있는가이다. 일반적으로 공동실행행위라 함은 전체 계획에 따라 결과를 실현하는 데 필요불가결한 요소가 되는 행위를 분담하는 것으로서, 반드시 구성요건에 해당하는 행위 자체를 분담할 것은 요하지 않는다.

사안을 구체적으로 살펴볼 때 먼저 비행기표와 현금 1억원을 제공한 것을 범죄수행에 필수불가결한 행위라 보기는 어렵다. 범죄를 교사하는 경우에 그 대가를 지불하거나 도주수단을 제공하는 것은 일반적으로 발생할 수 있는 일이다. 따라서 자금제공과 도주를 위한 비행기표제공은 범행기여와 공동의 의사형성요소로 보기 어렵다. 공기총의 경우 범행도구이므로 필요불가결한 요소로 볼 여지가 없는 것은 아니지만, 甲이 피해자를 납치한 후 살해하는 데에는 굳이 공기총에 의할 것을 요하지 않고 범행당시의 상황에 따라 甲에게는 다양한 수단을 선택할 여지가 있으므로 공기총을 제공한 것은 단순한 범행방법의 지시에 불과하다. 따라서 이를 실행행위의 분담으로 보아 공동정범을 인정하기는 무리이므로 살인죄의 교사범만이 문제될 뿐이다.

(2) 살인죄의 교사범(형법 제31조 제1항) 인정 여부

1) 문제의 소재

A는 B를 살해하기 위해 甲에게 B에 대한 살인을 교사하였으나, 甲은 엉뚱하게도 객체의 착오를 일으켜서 아무런 관련이 없는 C를 살해하였다. 이 경우 甲이 실현한 결과에 대해서 A에게 어떠한 책임을 물을 수 있는지가 문제된다. 교사자가 정범에게 특정 대상에 대한 범행을 교사하였는데 피교사자가 범죄를 실현하면서 객체의 착오를 일으킨 경우 교사자에게는 어떠한 착오를 인정할 것인가의 문제이다.

2) 견해의 대립

① 법정적 부합설의 입장 ─ 법정적 부합설에서는 교사범에게 객체의 착오를 인정한다. 이러한 결론의 근거로서는 ① 교사자는 행위자가 착오를 일으킬 수 있다는 가능성을 일반적 경험칙상 예견할 수 있다는 점, ② 교사자는 정범과 동일하게 처벌되므로 정범에게 무의미한 착오는 교사자에게도 마찬가지이어야 한다는 공범의 종속성, ③ 이 경우는 구체적인 행위실현과정상의 착오에 불과하여 행위자의 고의를 인정할 수 없는 방법의 착오와는 다르다는 점을 든다. 법정적 부합설에 의하면 동일한 구성요건 간의 착오가 문제되는 경우는 객체의 착오이건 방법의 착오이건 모두 고의기수범을 인정하기 때문에 사안에서 A에게는 발생한 결과, 즉 C에 대한 살인죄의 기수범이 성립한다.

② 구체적 부합설의 입장 ─ 구체적 부합설의 경우 교사범에게 객체의 착오를 인정하는 견해와 방법의 착오를 인정하는 견해로 나누어진다.

객체의 착오를 인정하는 견해는, 법정적 부합설의 근거와 같으며 그 밖에도 교사자가 교사방법에서 착오를 한다는 것은 있을 수 없고 방법의 착오는 오직 실행행위자만이 할 수 있는 것이라 주장한다. 따라서 B에 대한 살인의 고의가 C에게 실현되어 A 역시 C에 대한 살인죄의 기수범으로 처벌된다. 독일 연방대법원은 이와 유사한 'Rose-Rosahl' 사건에서 Rosahl에게 살인죄의 교사범을 인정하였다(BGHSt 37, 217).

방법의 착오를 인정하는 견해는, ① 교사자의 입장에서는 정범(피교사자)의 객체착오가 행위수단 또는 행위방법의 잘못으로 엉뚱한 객체에 결과가 발생한 방법의 착오와 구조적으로 같고, ② 정범의 객체의 착오에 의해 공격의 대상이 된 피해자는 교사자의 교사 고의 내용에 전혀 포함되어 있지 않으며, ③ 공범의 종속성을 인정한다고 하여 공범의 가벌성과 범죄성이 정범의 행위에 의하여 결정되는 것은 아니라는 점을 논거로 한다. 이에 의하면 교사자 A에게는 C에 대한 과실치사죄(정범)와 B에 대한 살인미수죄(교사범)가 성립한다.

3) 검토 및 사안에의 적용

본 사안에서는 A 자신은 직접 착오를 일으킨 바 없다. 따라서 행위객체의 동일성을 착

오한 '객체의 착오'보다는 행위의 수단·방법이 잘못되어 의도한 객체 이외의 객체에 대하여 결과가 발생한 '방법의 착오'에 보다 가깝다. 아무리 A가 공범으로서 정범인 甲에 따라 죄책이 인정된다고 하여도 의도하지 않은 고의까지 인정할 수는 없다. 따라서 본래 교사범의 성립요건인 교사자의 고의와 피교사자의 실행결과가 일치하여야 한다는 요건을 충족시키지 못한 이 사안에서는 '구체적 부합설'에 따라 A에게 '방법의 착오'를 인정하여야 한다. 객체의 착오를 일으킨 정범 甲은 발생한 결과인 C에 대한 살인기수의 책임을 지지만, 방법의 착오가 인정되는 A는 C에 대한 과실치사죄와 B에 대한 살인미수죄의 상상적 경합범으로 처벌된다. 그러나 법정적 부합설이나 객체의 착오로 보는 구체적 부합설의 입장에서는 C에 대한 살인 교사의 죄책을 인정한다.

4) 제1행위의 살인미수와의 관계 – 살인미수의 연속범 인정 여부

사안에서 A는 동일한 살인의 의사로 B에 대해 두 차례에 걸쳐 살해를 시도하였으므로 제1행위의 살인미수와 제2행위의 살인미수가 연속범으로서 포괄일죄 관계에 있지 않는가 하는 의문이 제기될 수 있다.

연속범이 인정되기 위해서는 법익의 동일성, 침해방법의 동종성, 시간·장소적 접착성, 범의의 단일성을 그 요건으로 한다. 사안에 있어서 A는 첫 번째와 두 번째의 살인 시도에 있어서 법익의 동일성과 범의의 단일성은 인정할 수 있으나, 그 이외의 다른 요건들은 만족하지 못하였다. 따라서 포괄일죄를 인정할 수는 없고, 양 죄는 실체적 경합관계에 있다.

판례는 "살해의 목적으로 동일인에게 일시 장소를 달리하고 수차에 걸쳐 단순한 예비행위를 하거나 또는 공격을 가하였으나 미수에 그치다가 드디어 그 목적을 달성한 경우에 그 예비행위 내지 공격행위가 동일한 의사발동에서 나왔고, 그 사이에 범의의 갱신이 없는 한 각 행위가 같은 일시 장소에서 행하여졌거나 또는 다른 장소에서 행하여졌거나를 막론하고, 또 그 방법이 동일하거나 여부를 가릴 것 없이 그 살해의 목적을 달성할 때까지의 행위는 모두 실행행위의 일부로서 이를 포괄적으로 보고 단순한 한 개의 살인죄로 처단할 것이지, 살인예비 내지 미수죄와 동 기수죄의 경합죄로 처단할 수 없는 것이다"라고 판시하여 일죄의 성립을 인정하고 있다(대판 1965. 9. 28, 65도695; 대판 1983. 1. 18, 82도2761). 그러나 문제된 사건은 수차례에 걸친 살인 시도 후에 결국 살해의 목적을 달성한 경우에 살인죄의 일죄로 판단한 경우이다. 따라서 살해에 성공하지 못하여 두 차례의 살인미수 간의 관계가 문제되는 사안과 같은 경우에도 동일하게 판단할 수 없다.

(3) 범인도피죄(형법 제151조)의 성부

벌금 이상의 죄를 범한 자를 은닉·도피하게 한 자에 대해서는 범인도피죄가 성립한다. 즉 도피행위 당시에 상대방이 이미 죄를 범한 자일 것을 요한다. 그런데 A가 甲에게 비행

기표를 건네줄 당시, 甲은 아직 B를 살해하지 않은 상태였다. 그렇다면 아직 살인행위를 한 자가 아니므로 범인도피죄에서의 죄를 '범한' 자에 해당하지 않아 동 죄가 성립하지 않는다고 생각할 수 있다.

그러나 이러한 생각은 범인도피죄의 기수시기를 잘못 판단한데서 비롯된 것이다. 배후에서 범죄를 지시하는 경우에 실행행위자가 안심하고 범죄를 행할 수 있도록 지시자가 미리 도피수단을 제공하는 것은 쉽게 예상할 수 있는 일이다. 도피수단의 제공만으로 즉시 도피행위가 끝나는 것이 아니라, 실행행위자가 범죄를 실행한 후 지시자가 제공한 수단으로 피신하였을 때 비로소 범인도피행위가 기수에 이르는 것이다. 이 사안에서는 A가 비행기표를 제공한 것만으로 도피행위가 종료된 것이 아니라, 甲이 살인행위 후 A가 제공한 비행기표를 이용하여 베트남으로 출국한 때에 도피행위가 기수에 이르렀다고 보아야 한다.

그렇다면 A는 비행기표를 제공하여 이후에 C에 대한 살인죄의 기수에 이른 甲이 베트남으로 출국할 수 있도록 하여 관헌의 체포·발견을 곤란 또는 불가능하게 하였으므로, 범인도피죄의 구성요건에 해당하고 별다른 위법성 조각사유도 찾을 수 없다.

IV. 사안의 해결

(1) 甲의 죄책

甲은 제1행위에 있어서 특수강도의 고의를 가지고 B에게 특수강도죄를 범하기 위해 기회를 엿보다가 범행을 포기하였으므로 강도예비죄가 성립한다.

제2행위와 관련하여 구체적 사실에 관한 객체의 착오는 범죄의 성부에 영향을 미치지 않으므로 C에 대한 살인죄의 기수범의 형사책임을 지며, 그 수단으로서의 특수체포·감금죄와는 실체적 경합관계에 있다.

(2) 乙의 죄책

乙은 제1행위에 있어 甲과 마찬가지로 강도예비죄로 처벌되며 甲과는 공동정범관계에 있다.

(3) A의 죄책

A는 제1행위에 있어서 간접정범의 형태에 의한 살인의 장애미수범이 성립하고, 동 죄는 특수강도의 효과 없는 교사와 상상적 경합관계에 있다.

제2행위와 관련하여 구체적 부합설의 입장에서 방법의 착오를 인정하여 C에 대한 과실치사죄의 정범과 B에 대한 살인미수의 교사범이 인정되며, 양 죄는 상상적 경합관계에 있다. 범인도피죄도 인정된다.

　제1행위와 제2행위는 별개의 행위이므로, 각각의 행위에서 甲과 A에게 문제되는 죄책들은 실체적 경합관계에 있다.

3. 인과과정의 착오(개괄적 고의) / 원인에 있어 자유로운 행위

○ 사례 3

甲은 야간에 乙의 집에 들어가 乙을 죽이고 돈을 빼앗기로 결심하였다. 그러나 막상 계획한 범행시간이 다가오자 甲은 용기가 나지 않아 술을 마셨다. 甲은 만취된 상태에서 원래 계획했던 대로 야간에 乙의 집에 침입하여 乙의 머리를 몽둥이로 여러 차례 내리쳤다. 乙이 쓰러져 축 늘어지자 甲은 乙이 죽은 것으로 생각하였다. 甲은 곧이어 乙의 집 장롱 속에서 1억원짜리 양도성 예금증서 2장을 꺼내 가졌다. 그런 다음 甲은 증거를 인멸하기 위해 乙의 집에 불을 질렀고, 이로 인해 乙의 집은 전부 타버렸다. 나중에 밝혀진 바에 의하면 乙은 甲의 몽둥이에 맞아 죽은 것이 아니라 甲의 방화로 발생한 유독가스에 질식하여 사망하였다.

1. 甲의 죄책은[2]? (75점)
2. 만일, 甲이 죽일 생각은 없이 乙의 머리를 내리쳤으나 乙은 甲의 몽둥이에 맞아 죽은 것이 아니라 甲의 방화로 발생한 유독가스에 질식하여 사망하였다면 甲은 어떤 죄책을 지는가? (25점)

---

2) 2003년도 45회 사법시험 기출문제 수정 보완.

해 설

제1문

1. 甲의 죄책은? (75점)

I. 논점의 정리

사안에서 甲은 야간에 乙의 집에 침입하여 乙을 죽이고 양도성예금증서를 꺼내 가진 후 乙의 집에 불을 질렀다. 甲의 행위는 '만취상태에서 乙을 살해하였다고 생각하고 금품을 강취한 행위(제1행위)'와 '乙이 죽은 것으로 생각하고 증거를 인멸하기 위해 乙의 집에 불을 지른 행위(제2행위)'의 두 부분으로 나눌 수 있다.

(1) '제1행위'에서는 실제로 乙이 사망하지 않았다는 점에서 甲이 인식한 사실과 발생한 사실 간에 차이가 존재한다. 이 경우 甲의 고의대로 강도살인죄의 기수범을 인정할 것인지, 아니면 발생한 결과대로 미수범만을 인정할 것인지가 문제된다. 이는 인과과정의 착오로서 이른바 '개괄적 고의'가 문제되는 경우이다. 甲은 만취상태에 빠진 뒤 위 범행을 하였으므로 심신장애를 인정하여 책임을 조각 내지 감경할 것인지, 아니면 원인에 있어 자유로운 행위로서 책임을 그대로 인정할 것인지도 문제된다.

(2) '제2행위'에서는 甲이 사체손괴의 고의(또는 증거인멸의 고의)로 불을 질렀으나 乙이 사망하지 않았다는 점에서 결과발생이 불가능하나 그 위험성은 인정되어 사체손괴죄의 불능미수범에 해당하는지가 문제된다. 乙은 甲의 방화로 발생한 유독가스에 질식하여 사망하였다는 점에서 사망의 결과를 甲에게 귀속시켜 현주건조물방화치사죄를 인정할 수 있는지도 살펴보겠다. 제2행위 역시 술을 마신 후 만취된 상태 하에서의 범행이므로 책임능력이 문제되는바, 甲이 음주 당시에 범행을 은폐하기 위해 불을 지르고 그로 인해 乙이 사망할 것까지도 예견하였는지가 문제된다.

각각의 죄책에서 구성요건해당성의 문제를 검토하고, 위법성은 특별히 문제되는 점이 없으므로 생략한 후 곧바로 책임능력 유무를 검토하는 순서로 사안을 해결하겠다.

II. 제1행위에 대한 형법적 평가

1. 강도살인죄(형법 제338조)의 기수·미수 여부

(1) 문제의 소재

사안에서 甲은 야간에 乙의 주거에 침입하여 흉기인 몽둥이로 乙을 구타한 다음 재물인 양도성예금증서를 강취하였다. 흉기를 휴대하고 야간에 주거에 침입하여 재물을 강취한 행위는 형법 제334조의 특수강도죄로 평가된다. 동 조 제1항의 특수강도의 경우 주거침입이 강도행위의 수단으로 구성요건화되어 있으므로 주거침입죄는 별도로 성립하지 않는다.

강도가 사람을 살해하면 강도살인죄가 성립하고, 여기의 강도에는 단순강도와 특수강도 및 준강도가 모두 포함되므로 甲은 강도살인죄의 주체에 해당한다. 그런데 문제는 乙이 甲의 구타행위에 의해 사망한 것이 아니라 죄적인멸을 위한 방화행위에 의해 사망하였다는 점에 있다. 이러한 경우를 인과과정의 착오라 부르고 이른바 '개괄적 고의 사례'라고 하는데, 제1행위와 제2행위를 포괄하여 한 개의 고의 기수범을 인정할 것인지, 아니면 제1행위에 대한 미수와 제2행위에 대한 과실의 경합범을 인정할 것인지가 문제된다. 이러한 논의는 "피고인이 피해자를 살해하기 위하여 몽둥이로 구타하고 피해자가 실신하자 사망한 것으로 오인하고 매장함으로써 결국 피해자가 질식사한 사건(대판 1988. 6. 28, 88도650)"에서 본격화되었다.

(2) 이른바 '개괄적 고의' 사례의 해결방안

1) 견해의 대립

① 개괄적 고의설   이 이론은 행위자가 의욕한 결과가 이미 제1행위에 의하여 발생한 것으로 믿었으나 사실은 자신의 기수행위를 은폐하기 위한 제2행위에 의하여 실현된 경우에 두 개의 부분행위를 전체적으로 동일한 고의에 의한 한 개의 행위로 보자는 견해이다. 행위자가 살인의 고의를 가지고 행위한 경우에는 죄적을 은폐하기 위한 행위는 전체행위에서 하나의 비독자적인 부분행위에 불과하기 때문에 제2행위시에도 제1행위시의 살인고의가 여전히 남아있어 전체적으로 하나의 살인죄의 고의기수 책임을 물을 수 있다고 본다.

그러나 이 견해는 결과책임을 중시한 나머지 고의의 성립범위를 부당하게 확대시킨다는 점과, 행위시에 고의가 동시에 존재해야 한다는 원칙이 무시된다는 점에서 비판을 받고 있다.

② 인과과정 착오설   인과과정의 착오를 행위자가 예견한 인과과정과 실제 진행된 인과과정 사이의 상위성의 정도에 따라 구별하여 해결해야 한다는 견해이다. 즉, 현실적 인과진행과의 상위(相違)가 일반적인 경험법칙에 의해 예견 가능한 범위 내에서 이루어졌고, 따라서 다른 행위로 평가할 수 없는 경우에는 인과과정의 착오는 비본질적이어서 구성요건적

고의가 배제되는 것은 아니라고 본다. 반면에 최초의 원인행위와 최종적인 결과발생 사이에 중대한 인과과정상의 의외성이 인정될 경우에는 고의실현이라는 주관적 구성요건해당성이 문제되기 이전에 인과관계라는 객관적 구성요건이 실현되지 않은 것으로 보아야 하므로 구성요건의 착오문제는 제기될 여지가 없고, 인식사실의 미수와 발생사실의 과실의 실체적 경합으로 처벌해야 한다.

③ 객관적 귀속설   인과과정의 착오를 객관적 귀속의 문제로 보는 견해에서는 이러한 개괄적 고의사례 역시 객관적 귀속의 문제로 본다. 즉 구성요건적 결과가 행위자의 죄적은 폐를 위한 제2행위에 의해 비로소 야기되었으며, 그것이 일반적인 생활경험의 범위 내에서 죄적인멸을 위한 전형적인 행위로 평가할 수 있는 한 원칙적으로 객관적 귀속이 인정되고, 그 결과가 이미 제2행위에 객관적으로 귀속시킬 수 없을 때에는 결과의 제1행위에의 귀속은 배제된다는 견해이다.

④ 미수와 과실의 경합설   전체적인 행위경과를 상이한 고의를 갖고 있는 2개의 독립된 부분행위로 구분하여 형법적인 평가를 하려는 견해이다. 제1행위의 살인고의는 살인의 결과가 발생했다고 확신한 시점부터 상실되어 앞선 행위를 은폐할 목적으로 행한 제2행위 시에는 존재하지 않는다는 것이다. 따라서 살인 고의로 행한 제1행위에 의하여 실제로는 사망의 결과가 발생하지 않았기 때문에 살인미수가 되며, 경우에 따라서는 과실치사가 되는 제2행위와는 경합관계에 있다는 결론에 도달한다.

이 견해에 대해서는 고의는 범행의 전 과정에 걸쳐서 요구되는 것이 아니라 범행에 착수하여 인과관계가 진행되는 시점까지만 존재하면 충분하다는 점을 간과했다는 비판이 제기된다.

2) 판 례

대법원은 피고인이 피해자를 살해하기 위하여 몽둥이로 구타하고 피해자가 실신하자 사망한 것으로 오인하고 매장함으로써 결국 피해자가 질식사한 사건에서, "전 과정을 개괄적으로 보면 피해자의 살해라는 처음에 예견된 사실이 결국은 실현된 것으로서 피고인들은 살인죄의 죄책을 면할 수 없다"고 판시하여(대판 1988. 6. 28, 88도650), 개괄적 고의이론으로 문제를 해결한 것으로 보인다.

3) 검토 및 사안에의 적용

이른바 개괄적 고의의 사례는 의도한 범죄의 기수가 행위자의 후행위에 의한 경우로서 예견한 인과진행과 현실적으로 진행된 인과과정이 상이하다는 점에서 결국 인과과정의 착오의 일 유형에 해당한다. 따라서 행위자가 예견한 인과과정과 실제 진행된 인과과정 사이의 본질적 상위 여부에 따라 구별하여 해결해야 한다는 견해가 타당하다.

착오의 본질적 상위 여부는 **일반경험칙에 의하여 예견할 수 있는 범위를 넘어 다른 행위로 인한 결과인가를 기준**으로 한다. 사람을 살해하고 증거를 인멸하기 위하여 단순히 매장하는 경우(위 판례 사안)와는 달리, 살인 후에 불을 지르는 행위는 방화죄라는 별도의 구성요건에 해당하는 행위로서 일반적으로 예견 가능한 범위를 넘어선 것이라고 볼 수 있고, 더욱이 방화행위는 심신상실상태에서 일어났으므로 이 경우의 착오는 중요하고 본질적인 착오로 볼 수 있다. 따라서 최초의 원인행위와 최종적인 결과발생 사이에 중대한 인과과정상의 의외성이 인정되므로 제1행위의 미수와 제2행위의 과실의 경합범으로 해결하여야 한다. 이에 따르면 甲은 강도살인미수의 죄책을 지며, 제2행위에 대해서 별도의 죄책이 인정되면 이와 실체적 경합의 관계에 있게 된다.

2. 원인에 있어 자유로운 행위(형법 제10조 제3항)의 인정 여부

(1) 문제의 소재

사안에서 甲은 만취상태에서 범행을 저질렀기 때문에 심신장애상태 하의 행위로서 책임이 조각 내지 감경될 수 있다. 그러나 甲은 이미 강도살인을 계획하고, 범행의 용기를 얻기 위해 술을 마신 후 스스로 심신장애상태를 유발하였기 때문에 '원인에 있어 자유로운 행위'로서 책임감면이 부정되는지를 검토해야 한다. 형법 제10조 제3항에서는 "위험의 발생을 예견하고 자의로 심신장애를 야기한 자의 행위에는 전2항의 규정을 적용하지 아니한다"고 규정하고 있다.

(2) 위험발생의 예견

위험발생의 예견이란 행위자가 특정 구성요건적 결과발생을 인식·인용한 경우, 또는 그 가능성을 예견할 수 있었던 경우를 의미한다는 것이 다수의 견해이다. 반면, 특정 구성요건과 무관하게 위험발생을 인식하거나 예견할 수 있었던 경우로 보는 입장도 있다(판례). 사안에서 甲은 乙을 죽이고 돈을 빼앗기로 계획하고 일부러 술을 마셔 만취하였기 때문에 위험발생(사안의 경우 강도살인의 결과)을 '예견'한 정도에 지나는 것이 아니라 이를 '의도'한 경우에 해당한다.

(3) 자의에 의한 심신장애상태의 야기

'자의(自意)'의 의미에 대해서는 심신장애상태의 야기에 대해 '고의'가 있는 경우만을 의미한다는 견해와 고의 이외에 '과실'도 포함한다는 견해가 대립한다. 사안의 경우 甲은 범행의 용기를 얻기 위해 술을 마셔 만취상태에 빠진 것이므로 어느 견해에 의하든지 자의성이 인정된다.

甲의 만취상태가 형법적으로 심신상실상태인지 심신미약상태인지도 문제된다. 책임능력에서 문제되는 심신상실상태는 음주로 인하여 반드시 의식 없는 상태에 이를 것을 요구하지는 않는다. 의식을 잃어버린 때에는 책임능력이 아니라 이미 행위능력을 상실한 경우로 볼 것이다. 따라서 만취상태라는 표현은 심신상실상태를 의미한다고 보아야 한다.

(4) 효 과

甲은 자의로 심신상실상태를 야기하였으므로 형법 제10조 제3항이 적용되어 비록 행위 당시에 심신상실의 상태였다 할지라도 책임감면은 부정되고 강도살인죄의 미수범의 죄책을 진다.

Ⅲ. 제2행위에 대한 형법적 평가

1. 사체손괴죄(형법 제161조 제1항)의 성부

(1) 불능미수범(형법 제27조)의 인정 여부

사안에서 甲은 乙이 사망하였다고 오인하고 자신의 강도살인 범행의 증거를 인멸하기 위해 乙의 집에 방화를 하였다. 이 경우 甲은 乙이 사망하였다고 오인하고 방화를 하였기 때문에 대상의 착오로 인하여 결과발생이 불가능한 경우로서 사체손괴죄의 불능미수에 해당하는지를 검토해야 한다.

불능미수가 인정되려면 결과발생의 '위험성'이 있을 것이 요구된다. 위험성의 판단기준에 대해서는 구객관설, 법률적 불능·사실적 불능 구별설, 구체적 위험설, 추상적 위험설, 주관설, 인상설 등 다양한 견해가 대립한다. 판례(대판 2019. 3. 28, 2018도16002 전합)는 불능범과 구별되는 불능미수의 성립요건인 '위험성'은 피고인이 행위 당시에 인식한 사정을 놓고 일반인이 객관적으로 판단하여 결과 발생의 가능성이 있는지 여부를 따져야 한다고 하여 추상적 위험설에 가까운 입장을 취한다.

구체적 위험설에 의할 때, 강도살인의 실행에 착수한 자가 피해자가 사망한 것으로 생각하고 죄적은폐를 위해 불을 지른 경우라면, 행위자가 인식하고 있었던 사정 및 일반인이 인식할 수 있었던 사정을 고려하여 일반적 경험법칙에 비추어 볼 때 사체손괴의 결과발생의 위험성이 있음을 부인할 수 없다. 판례의 입장에 따를 때에도 위험성을 인정할 수 있음에는 의문의 여지가 없다. 따라서 甲의 행위는 사체손괴의 불능미수의 구성요건에 해당한다.

(2) '과실에 의한 원인에 있어 자유로운 행위'의 문제

사안에서 甲이 乙의 집에 방화할 당시 甲은 만취되어 심신상실의 상태에 있었다. 甲의 행위가 사체손괴죄의 구성요건에 해당하고 위험성이 인정된다고 하더라도 심신상실상태 하의 행위이므로 책임을 조각할 것인지, 아니면 제1행위와 마찬가지로 원인에 있어 자유로운 행위로서 책임감경을 부정할 것인지가 문제된다(이러한 점은 다음에 논의할 현주건조물방화치사죄에서도 마찬가지로 문제된다).

우선 甲은 술을 마셔 심신장애를 야기할 당시 乙의 집에 방화하겠다는 고의는 가지지 않았다. 따라서 '고의에 의한 원인에 있어 자유로운 행위'에 해당하지 않음은 분명하다. 그러나 술을 마실 당시에 자신이 방화할 것이라는 점에 대해서 예견할 수 있었다면, '과실에 의한 원인에 있어 자유로운 행위'로 평가할 수 있다. '과실에 의한 원인에 있어 자유로운 행위'의 유형 중에 원인행위 시에 책임능력 흠결상태에서 어떤 범행을 저지르게 될 것인지를 예견하지 못하고(즉 과실) 자신을 책임능력 흠결상태에 빠뜨리고, 그 상태에서 고의로 범행을 한 경우(즉 고의와 과실의 결합 형태)에 행위자를 어떻게 취급할 것인가에 대하여 고의범으로 처벌하자는 견해와 과실범으로 처벌하자는 견해가 대립되어 있다. 책임무능력 상태에서 예견하지 못했던 고의범죄의 실현이기 때문에 고의범으로 처벌하는 것은 책임원칙상 문제가 있고, 독일과 같은 규정(형법 제323조의a: 명정상태에서의 범죄)이 없는 현행 형법상으로는 과실범으로 처벌하는 것이 타당하다.

사안 역시 고의범인 사체손괴죄로 처벌할 수는 없고 과실범으로 처벌해야 할 것이다. 다만 사체손괴 행위는 형법상으로 별도의 과실범 처벌규정이 없기 때문에 甲은 과실범으로도 처벌할 수 없고, 다음에 언급할 방화행위에 대한 죄책만이 문제된다.

2. 현주건조물방화치사죄(형법 제164조 제2항)의 성부

(1) 구성요건해당성

사람의 주거나 사람이 현존하는 건조물 등에 방화를 하게 되면 현주건조물방화죄가 성립하고, 현주건조물방화에 의하여 사람을 사망에 이르게 하면 현주건조물방화치사죄가 성립한다.

甲은 사람이 주거로 사용하는 乙의 집에 불을 질렀고, 이로 인해 乙이 사망하는 결과가 발생하였다. 甲은 방화 당시 乙이 사망한 것으로 오인하였으므로 乙의 사망에 대한 고의는 인정할 수 없고 따라서, '현주건조물방화치사죄'의 구성요건해당성을 검토해야 한다.

사안에서는 과연 甲이 乙의 사망이라는 중한 결과를 예견할 수 있었는지, 즉 과실이 인정되는지가 문제된다.

구성요건요소로서의 과실은 객관적으로 판단해야 한다. 즉 행위자의 위치에 있는 통찰력 있는 일반인의 판단을 기준으로 하여 결정하게 된다. 행위자인 甲은 乙이 사망한 것으로 판단하였지만, 통찰력 있는 일반인의 입장에서 보면 乙이 사망하지 않았다는 사실을 알 수 있었으므로 과실을 부정할 수 없다. 따라서 甲의 행위는 현주건조물방화치사죄의 구성요건에 해당한다.

(2) 책임능력 유무

사체손괴죄에서 판단한 것과 마찬가지로 음주하여 심신상실상태에서 불을 질렀기 때문에 역시 '과실에 의한 원인에 있어 자유로운 행위'에 해당한다. 따라서 방화행위에 있어 고의범의 책임을 지울 수 없고 과실범의 죄책만이 가능하다. 사체손괴행위와는 달리 불을 지르는 행위에서는 실화죄라는 처벌규정이 마련되어 있다. 따라서 甲의 행위가 현주건조물방화치사죄의 구성요건에 해당하더라도 고의범인 본 죄의 책임은 부정되고 과실범으로서 실화죄 내지 과실치사죄의 성부만이 문제될 뿐이다.

3. 소결 – 실화죄(형법 제170조) · 과실치사죄(제267조)의 상상적 경합

甲이 乙의 집에 불을 지른 행위는 사체손괴죄(불능미수) 및 현주건조물방화치사죄의 구성요건에 해당하나 술을 마실 당시 제2행위에 대한 고의는 없었다. 따라서 고의범의 죄책을 지울 수 없고, 과실에 의한 원인에 있어 자유로운 행위로서 과실범의 죄책만이 가능할 뿐이다. 사체손괴의 경우는 별도의 과실범 처벌규정이 없는바 과실범으로도 처벌되지 않는다. 현주건조물방화치사의 측면에서 보면 방화 및 이로 인한 사망의 결과 발생에 대한 예견가능성은 인정된다 할 것이어서 실화죄 및 과실치사죄가 성립한다. 물론 처음 술을 마실 때 방화에 대한 예견가능성 또는 사망에 대한 예견가능성을 부인하는 결론에 도달한다면 과실범으로써의 책임 역시 지울 수 없다는 결론에 다다른다.

甲이 증거를 인멸할 목적으로 불을 질렀다는 점에서 증거인멸죄도 문제될 수 있으나 증거인멸죄의 객체는 타인의 형사사건이나 징계사건에 관한 증거일 것을 요하므로, 甲이 자기증거를 인멸하기 위해 불을 지른 이상 증거인멸죄는 성립하지 않는다.

결국 제2행위에 있어서 甲에게는 실화죄 및 과실치사죄의 죄책이 인정되고 양 죄는 상상적 경합의 관계에 있다.

IV. 사안의 해결

(1) 甲이 만취상태에서 乙을 살해하였다고 생각하고 금품을 강취한 제1행위는 강도살인죄의 구성요건에 해당한다. 그러나 실제로 乙은 사망하지 않았고 이와 별개의 독립한 방화행위에 의해서 사망하였으므로 예견한 인과과정과 실현된 인과과정상에 본질적인 착오가 존재한다. 따라서 고의기수범의 성립이 부정되어 강도살인의 미수의 죄책만이 가능하다. 甲은 만취하여 심신상실의 상태에서 범행을 저질렀으나 고의로 책임무능력 상태를 유발하

였기 때문에 책임조각은 인정되지 않는다.

(2) 乙이 죽었다고 생각하고 증거를 인멸하기 위해 乙의 집에 불을 지른 제2행위는 사체손괴죄 불능미수 및 현주건조물방화치사죄의 구성요건에 해당한다. 그러나 제2행위는 심신상실상태하의 행위로서 술을 마실 당시에는 이들 범행까지 예견하지는 못했다고 판단된다. 다만 예견가능성은 인정되므로 과실에 의한 원인에 있어 자유로운 행위에 해당한다. 과실에 의한 원인에 있어 자유로운 행위는 고의범으로는 처벌할 수 없기 때문에 과실범인 실화죄 및 과실치사죄로 처벌된다.

(3) 결론적으로 甲에게는 강도살인미수, 실화죄 및 과실치사죄의 죄책이 인정된다. 제2행위에서 인정되는 실화죄와 과실치사죄는 상상적 경합의 관계에 있고, 이들 죄는 제1행위에서의 강도살인미수죄와 경합범의 관계에 있다.

제2문

2. 만일, 甲이 죽일 생각은 없이 乙의 머리를 내리쳤으나 乙은 甲의 몽둥이에 맞아 죽은 것이 아니라 甲의 방화로 발생한 유독가스에 질식하여 사망하였다면 甲은 어떤 죄책을 지는가? (25점)

Ⅰ. 문제점

乙은 고의로 상해죄를 실현한 이후에 객체가 죽은 것으로 착각하고 제2의 행위를 하여 고의 없이 과실로 사망의 결과를 야기시켰다. 따라서 1문과 달리 애초의 고의가 살인의 고의가 아니므로 사망의 결과를 살인의 고의에 귀속시키는 문제가 아니라 과실로 발생한 사망의 결과를 상해로 인한 전형적인 위험이 실현된 것으로 볼 수 있을지 소위 결과적 가중범의 '직접성의 원칙'과 관련된 쟁점이다. 결국 고의상해와 과실치사가 결합된 상해치사죄(결과적 가중범)의 성립여부가 문제된다.

Ⅱ. 상해치사죄의 성립여부

사안의 경우, 고의에 의한 상해의 결과인 제1행위와 과실에 의한 사망의 결과인 제2행위가 결합된 것이다. 이에 대해 개괄적 고의처럼 소위 개괄적 과실을 인정하여 사망의 결과를 상해에 의한 것으로 인정할 수 있을지 학설의 대립이 있다.

1. 개괄적 과실 부정론(직접성의 원칙)3)

이 견해는 개괄적 과실을 부정하며, 이는 결과적 가중범의 객관적 귀속의 척도가 되는 직접성의 원칙을 엄격히 해석하는 견해로 당연히 설문사례에서 이를 부정한다. 결국, 乙은 상해죄와 과실치사죄의 경합범이 된다고 한다.

2. 개괄적 과실 긍정론

이 견해는 개괄적 고의처럼 개괄적 과실을 부정할 이유가 없으며, 제1행위의 상해는 고의범이지만, 발생한 결과인 사망의 결과는 제1의 과실행위라고 할 수 있는 것이고, 여기의 제1의 과실행위와 착오로 모래에 파묻은 제2의 과실행위가 결합하여 종국적으로 사망이라는 중한 결과가 발생한 것이므로 이를 개괄적 과실이라고 평가할 수 있다고 한다.

3. 판 례

피고인이 피해자에게 우측 흉골골절 및 늑골골절상과 이로 인한 우측 심장벽좌상과 심낭내출혈 등의 상해를 가함으로써, 피해자가 바닥에 쓰러진 채 정신을 잃고 빈사상태에 빠지자, 피해자가 사망한 것으로 오인하고, 피고인의 행위를 은폐하고 피해자가 자살한 것처럼 가장하기 위하여 피해자를 베란다로 옮긴 후 베란다 밑 약 13m 아래의 바닥으로 떨어뜨려 피해자로 하여금 현장에서 좌측 측두부 분쇄함몰골절에 의한 뇌손상 및 뇌출혈 등으로 사망에 이르게 하였다면, 피고인의 행위는 포괄하여 단일의 상해치사죄에 해당한다(대판 1994. 11. 4, 94도2361).

III. 검토 및 소결

① 개괄적 고의라는 용어도 이를 긍정하는 견해에서만이 사용하고 있는데, 이 사안을 개괄적 과실 사안으로 칭하는 입장 또한 개괄적 고의에 대응하는 개념으로 이를 지칭하고 있는 것으로 보인다. 사안의 경우는 제2행위만으로도 사망에 대해서는 과실을 충분히 인정할 수 있다고 생각된다. 그러므로 사망에 대한 과실은 긍정할 수 있다.

② 다만, 제2의 행위의 결과를 결과적 가중범에서 요구하는 인과관계와 객관적 귀속을 인정할 수 있을지 문제되나, 사안의 경우 제2의 행위는 제1의 행위에 따른 착오에 기인하

---

3) 독일의 판례 입장이기도 하다. 독일 판례는 결과적 가중범에서 중한 결과는 기본 구성요건의 실현을 통하여 이루어져야 하는데 이 사안과 같은 경우 기본범죄행위를 통하여 실현된 결과가 아니고 또한 기본범죄행위시에는 그 후 현실로 발생한 구체적 사안경과에 대하여 예견불가능하다는 점이다.

였고, 그리고 사망의 결과는 또다시 제2의 행위에 직접적으로 기인하였으므로 전체적으로 기본 범죄행위와 가중된 결과 사이에도 직접성을 긍정할 수 있다고 보는 것이 더욱 합리적이라고 생각된다. 판례처럼 상해치사죄를 인정하는 것이 타당하다. 결국 乙의 행위는 상해치사죄의 결과적 가중범이 성립한다고 평가할 수 있겠다.

4. 위법성조각사유의 주관적 정당화요소 / 공동정범의 객체의 착오 / 준강도의 기수판단기준

○ 사례 4

채권자 A의 사주를 받은 甲과 乙은 A에게서 빌린 돈을 갚지 않는 B의 집에 침입하여 재물을 절취하기로 공모하였다. 이들은 발각될 때에는 체포를 면하기 위하여 폭력행사도 불사하기로 암묵적으로 합의하였다. 계획한 그믐날 밤에 甲과 乙은 함께 담을 넘어 B의 집 건물 뒤쪽으로 접근하여 잠긴 유리창문을 돌로 깨뜨려 열었다. 이때 집안에서 갑자기 무슨 소리가 들리자 놀란 甲과 乙은 "튀자!"라고 외치며 각기 서로 다른 방향으로 도망쳤다. 그러다가 집모퉁이를 돌아나오던 甲은 누가 다가오는 것이 어렴풋이 보이자 집주인 B라 생각하고 일격을 가하였다. 그러나 사실은 乙이었고 乙은 甲의 일격에 코뼈가 부러졌다. 한편 유리창이 깨어진 덕분에 마침 가스레인지에서 새어나온 LP 가스에 의식을 잃고 쓰러진 B의 부인이 살아나게 되었다.

甲과 乙의 형사책임은?

해 설

I. 논점의 정리

甲과 乙의 행위는 '절도하려다 도망친 행위'와 '甲이 乙을 주인으로 착각하여 상해를 입힌 행위'의 두 부분으로 나눌 수 있다.

(1) 우선 甲과 乙이 B의 집에 침입하여 손괴 후 절도하려다 도망친 행위에 대한 죄책의 경우,

① '절도하려던 행위'에 있어서는 '야간주거침입절도', '야간손괴후주거침입절도', '합동절도' 중 어느 죄의 구성요건에 해당하는지가 문제된다. 이 경우 절도하려는 과정에서 행한 주거침입 및 손괴행위가 독자적으로 평가될 것인지의 죄수관계 역시 살펴보겠다.

② '유리창을 손괴한 행위'에 별개의 가벌성이 인정된다면, 긴급피난의 성부를 판단할 필요가 있다. 이들이 유리창을 깨뜨림으로써 결과적으로 B의 부인의 생명을 구하였다는 점에서, 주관적 정당화사유가 없는 경우에도 위법성조각사유를 인정할 것인지가 문제된다.

(2) 甲이 乙을 주인으로 착각하여 상해를 입힌 행위에서는 준강도죄 및 강도상해(치상)죄의 성부가 문제된다. 준강도죄에 있어서는 ① 절도의 미수도 그 주체에 해당하는지의 문제, ② 甲이 乙을 집주인으로 착오하였다는 구성요건적 착오의 문제, ③ 준강도죄의 기수 여부를 절취행위를 기준으로 판단할 것인지 아니면 폭행행위를 기준으로 판단할 것인지의 문제, ④ 폭행의 대상이 동료 乙이라는 점에서 객체의 불가능성으로 인한 불능미수를 인정할 것인지의 문제를 검토해야 한다. 상해의 결과에 대해서는 甲에게 고의가 인정된다면 준강도상해가, 부정된다면 준강도치상이 성립한다.

乙의 경우 甲에게 성립한 준강도상해(치상) 등의 범죄에 대해 공동정범을 인정할 수 있는지 살펴보겠다.

II. B의 집에 침입하여 손괴 후 절도하려다 도망친 행위

1. 주거에 침입하여 절도하려던 행위

(1) 구성요건의 확정
1) 야간손괴후주거침입절도죄(형법 제331조 제1항)

甲과 乙은 야간에 B의 집에 들어가서 절도를 범하기 위해 창문을 손괴하려다 발각된 줄 알고 도망치게 된다. 이 경우 우선 주거침입과 손괴의 행위 태양으로 절도를 하려고 한 점

에서, 특수절도로서 형법 제331조 제1항이 규정하고 있는 '야간손괴후주거침입절도죄'가 문제된다.

결론적으로 이는 부정하여야 한다. 동 조항에서는 "야간에 문호 또는 장벽 기타 건조물의 일부를 손괴하고 전 조의 장소에 침입하여"라고 규정하여 손괴가 주거침입의 '수단'일 것을 요하고 있다. 그러나 甲과 乙은 이미 B의 집의 담을 넘음으로써 주거에 침입하였다. 주거침입이 먼저 이루어진 후에 손괴의 행위가 있었다면 이는 야간손괴후주거침입절도에 해당할 수 없고, 손괴행위는 별개로 평가하여야 한다. 판례 역시 "야간에 주거에 침입한 후 건조물의 일부인 방문고리를 손괴하다가 잡히거나, 야간에 주거에 침입하여 절취 후에 나오면서 문을 부순 경우에는 야간주거침입절도죄(미수)와 손괴죄의 경합관계가 성립한다"고 판시하고 있다(대판 1977. 7. 26, 77도1082).

2) 합동절도죄(형법 제331조 제2항)

2인 이상이 절도로 나아갔다는 점에서, 제331조 제2항의 '합동절도'가 문제될 수 있다. 합동절도의 실행의 착수는 재물을 물색하거나 접근하는 행위가 있어야 성립하는데(대판 1987. 1. 20, 86도2199; 대판 1989. 9. 12, 89도1153), 합동절도가 야간에 주거에 침입하여 행해진 경우에도 동일하게 볼 것인지가 문제된다.

이에 대해 합동절도가 야간에 주거에 침입하여 행해진 경우라면 주거침입시에 실행의 착수를 인정하여야 한다는 견해가 있으나 허용될 수 없는 유추적용이라 본다. 甲과 乙이 아직 재물을 물색한 바 없는 이상 합동절도에는 해당하지 않는다.

3) 야간주거침입절도죄(형법 제330조 제1항)

결론적으로 甲과 乙에게는 야간주거침입절도죄의 구성요건해당성이 인정된다.

(2) 소 결

甲과 乙은 B의 주거에 침입하여 동 죄의 실행에는 착수하였으나 재물을 절취하지 못하고 발각되었다고 판단하고 실행행위를 중지하였기 때문에 장애미수에 해당한다. 객관적으로 장애가 없었으나 행위자는 있다고 오인하고 중지한 경우에는 자의성이 부정되므로 중지미수의 가능성은 없다. 따라서 甲과 乙은 야간주거침입절도 미수의 공동정범으로 평가된다. 주거침입죄는 동 죄의 불가벌적 수반행위로서 흡수되어 별죄가 성립하지 않는다.

2. 유리창을 손괴한 행위

(1) 구성요건해당성(형법 제366조, 폭처법 제2조 제2항)

앞에서 살펴본 대로 야간손괴후주거침입절도죄가 부정되는 이상 유리창을 손괴한 행위는 별개로 평가되어야 한다. 돌을 던져 유리창을 깨뜨린 행위는 형법 제366조의 재물손괴죄에 해당하고, 2인 이상이 공동하여 동 범죄를 행하였으므로 가중처벌 규정인 폭처법상 공동손괴죄에 해당한다.

(2) 위법성조각사유의 인정 여부

甲과 乙은 절도의 실행 중 유리창을 깨어 손괴죄를 범하였으나, 이러한 행위로 인하여 B의 부인이 목숨을 건질 수 있었다는 점에서 형법 제22조의 긴급피난의 가능성이 문제된다. 주관적 정당화요소가 결여된 상태에서 위법성조각사유의 객관적 정당화 상황을 실현한 경우 이를 형법적으로 어떻게 취급할 것인지 견해가 대립한다.

1) 주관적 정당화요소를 결한 경우의 효과

① 기수범설   위법성은 객관적 정당화요소와 주관적 정당화요소가 충족되어야만 조각된다고 본다. 위법성을 조각하기 위한 주관적 정당화요소, 즉 방위의사 또는 피난의사가 없는 경우 주관적 정당화요소의 대칭개념인 주관적 구성요건요소인 고의를 상쇄시키지 못하여 행위반가치는 그대로 남고 또한 이로서 그 행위로 인한 결과도 구성요건적 결과로서 결과반가치를 구성하게 된다. 따라서 불법이 그대로 성립되어 위법성이 인정된다.

② 불능미수범설   주관적 정당화요소가 없어서 그 대칭개념인 고의를 상쇄시키지 못하여 행위반가치가 존재하지만, 객관적 정당화상황이 존재하기 때문에 행위에 의한 결과는 법적으로 허용되어 결과반가치가 탈락한다. 따라서 형태상 불능미수와 유사하며 결과발생이 불가능한 경우라서 불능미수로 취급해야 한다는 견해이다.

③ 위법성조각설   극소수의 입장으로서 위법성조각을 위해서는 주관적 정당화요소는 불필요하기 때문에, 행위자가 존재하는 객관적 정당화 상황을 알지 못하고 행위한 경우에도 위법성이 조각된다고 본다.

2) 검토 및 사안에의 적용

불능미수범설은 구성요건적 결과가 이미 '발생'하였음에도 미수에 불과하다고 하는 것은 부당하고, 침해행위가 과실행위이거나 미수에 그친 때에는 '과실범의 미수' 또는 '미수범의 미수'에 해당하게 되어 해결할 수 없는 결과를 초래한다. 위법성조각설은 결과반가치 일원론에서나 받아들여질 수 있는 견해이다. 위법성을 조각하기 위해서 주관적·객관적 정당화요소를 모두 요구하고 있다면, 하나라도 충족하지 못할 경우에는 위법성이 조각될 수 없고 기수범으로 처벌되어야 한다.

甲과 乙의 손괴행위는 이미 기수에 이르렀고, 그 밖의 위법성·책임조각사유도 없는 이상 폭처법상 공동손괴죄의 공동정범으로 처벌된다.

III. 甲이 乙을 집주인으로 착각하여 상해를 입힌 행위

1. 甲의 죄책

(1) 준강도죄(형법 제335조)의 성부

1) 구성요건해당성

준강도죄의 다른 구성요건은 특별히 문제되지 않으나, 미수범이 동 죄의 주체에 해당하는지와 객체의 착오의 경우 발생한 결과에 대한 고의를 인정할 것인지는 살펴볼 필요가 있다.

① **준강도죄의 주체**   준강도죄는 '절도가' 재물탈환을 항거하거나 죄적을 인멸하거나 체포를 면할 목적으로 폭행 또는 협박을 가할 때 성립한다. 준강도죄의 주체를 절도의 기수범으로 제한하는 견해도 있으나, 체포면탈이나 죄적인멸 목적의 폭행 또는 협박은 절도 미수범의 경우도 가능하기 때문에 절도미수범도 본 죄의 주체로 인정된다 할 것이다. 판례 역시 "준강도의 주체는 절도 즉 절도범인으로, 절도의 실행에 착수한 이상 미수이거나 기수이거나 불문한다(대판 2003. 10. 24, 2003도4417)"라고 하여 동일한 입장이다.

② **객체의 착오시 고의의 인정 여부**   甲은 자신과 공동정범인 乙을 집주인으로 오인하고 폭행했기 때문에 준강도의 고의를 인정할 것인지도 문제된다. 甲은 행위객체의 동일성에 관하여 착오를 일으켰다. 甲이 현실로 인식한 행위객체와 결과가 발생한 행위객체가 동일하게 준강도죄의 행위객체인 '타인'이기 때문에, '구체적 사실의 착오 중 객체의 착오'에 해당한다.

이 경우에는 甲이 현실적으로 인식한 대로 결과가 발생하였는지를 불문하고 형법적 평가는 달라지지 않는다. 왜냐하면 甲의 체포면탈 목적의 폭행이라는 범죄실현의사는 집주인이든, 제3자이든, 공동정범자 중 1인이든 준강도죄의 객체인 사람에 지향되어 있기 때문이다. 구체적 사실의 객체착오에 대한 구체적 부합설·법정적 부합설 중 어느 학설에 의하건 甲에게는 발생한 사실에 대한 준강도의 고의가 인정된다.

2) 기수인지 미수인지 여부

① **문제의 소재**   준강도죄는 절도죄와 폭행·협박죄가 결합된 범죄라는 성격을 가지고 있기 때문에, 본 사안처럼 절도가 미수에 그친 경우 양 자 중 어느 것을 기준으로 미수 여부를 가려야 하는지 견해가 대립된다. 형법은 준강도죄의 미수범처벌 규정을 신설하였다.

② **견해의 대립**

(i) **절취행위시설**   본죄의 기수·미수는 절취의 기수·미수에 따라 결정하여야 한다고 본다. 준강도죄의 주된 보호법익이 재산이므로 기수·미수도 재산적 법익에 대한 침해 여부에 따라 판단하여야 하고, 폭행·협박을 기준으로 결정하면 절취미수상태에서 체포를 면

탈할 목적으로 폭행을 가하면 항상 준강도의 기수로서 강도죄로 처벌되지만, 강도죄의 경우 폭행만 하고 재물취거에 실패하면 강도죄의 미수로 처벌된다는 점에서 양자 사이에 불균형이 발생함을 근거로 든다.

(ii) 폭행·협박행위시설   절취의 기수·미수를 불문하고 본 죄의 기수·미수는 폭행·협박의 기수에 따라 결정된다고 본다. 강도살인죄나 강도상해죄 등에서도 재물취득 여부는 기수 성립에 영향을 미치지 않으므로 사후강도인 준강도도 달리 보아야 할 이유가 없고, 준강도의 구성요건행위는 폭행·협박으로 보면서 기수·미수의 결정기준을 절취행위에서 찾는 것은 논리적으로 모순이라고 주장한다.

(iii) 종 합 설   준강도죄는 재물취득과 폭행·협박의 결합범이므로 그 기수·미수는 보호법익과 관련된 두 측면, 즉 재물취득과 폭행·협박의 두 측면에서 결정되어야 한다고 본다. 따라서 절도와 폭행·협박이 모두 기수에 도달한 경우에만 준강도의 기수가 되고, 어느 일방이라도 미수에 그친 경우에는 준강도의 미수로 보아야 한다고 주장한다.

③ 판례의 태도   "형법 제335조에서 절도가 재물의 탈환을 항거하거나 체포를 면탈하거나 죄적을 인멸할 목적으로 폭행 또는 협박을 가한 때에 준강도로서 강도죄의 예에 따라 처벌하는 취지는, 강도죄와 준강도죄의 구성요건인 재물탈취와 폭행·협박 사이에 시간적 순서상 전후의 차이가 있을 뿐 실질적으로 위법성이 같다**고 보기 때문**인바, 이와 같은 준강도죄의 입법 취지, 강도죄와의 균형 등을 종합적으로 고려해 보면, 준강도죄의 기수 여부는 절도행위의 기수 여부를 기준으로 하여 판단하여야 한다"고 판례를 변경하였다(대판 2004. 11. 18, 2004도5074 전합).

④ 검토 및 사안에의 적용   만일 절취행위를 기준으로 미수를 인정할 경우, 절도의 장애미수가 준강도로 나아갔으므로 준강도의 장애미수로 평가될 것이다. 절취행위시설에 대해서는, 준강도의 구성요건행위는 폭행·협박으로 보면서 기수·미수 여부는 그 이전의 절취행위를 기준으로 판단하는 것은 폭행·협박이라는 실행의 착수 이전에 이미 기수 여부가 결정되는 것으로 **미수에 대한 기본 논리에 부합하지 않는다는 비판**이 제기된다. 반면에 폭행·협박행위시설에 대해서는, 재물을 절취하지 못한 채 폭행·협박만 가한 경우에도 준강도죄의 기수로 처벌받게 됨으로써 강도미수죄와의 불균형이 초래된다는 문제점이 지적된다.

절취행위시설이나 폭행·협박행위시설 모두 문제점을 안고 있으나, **준강도죄는 본질적으로 재산범죄라는 점** 및 폭행·협박행위시설에 의할 경우에는 강도미수죄와의 관계에서 처벌의 불균형 문제가 발생하여 형벌체계상 정당성과 균형을 벗어나게 되는 점을 생각할 때, 준강도죄의 기수시기를 재물취거시로 보는 견해가 타당하다고 본다.

(2) 강도상해 내지 치상죄의 성부(형법 제337조)

준강도죄에서 절도의 기수 여부를 불문하는 것과 마찬가지로 강도상해(치상) 등 죄의 경우에도 기본범죄의 기수·미수 여부는 영향이 없으므로, 사안에서 甲은 준강도로서 강도라는 주체로서의 요건을 갖추고 있다. 다만 甲의 폭행행위에 의한 상해가 강도상해에 해당하는지 강도치상에 해당하는지 살펴볼 필요가 있다.

일반적으로 얼굴을 강하게 가격하게 되면 상해의 결과가 발생할 것이 분명하다. 따라서 甲은 乙의 얼굴에 일격을 가할 때 상해의 고의가 있었다고 판단되어 고의범인 강도상해죄의 구성요건에 해당한다.

기본범죄의 미수가 본 범죄의 기수·미수에 어떠한 영향을 미치는가[4]도 문제된다. 강도상해의 불법의 근거는 강도가 고의로 상해의 결과를 발생시키는 것으로서, 강도상해에서의 미수는 상해의 미수를 의미하는바 기본범죄의 미수는 관계가 없다. 즉 사안에서 甲이 상해의 고의를 가지고 상해의 결과를 발생시켰으므로 강도상해 기수의 책임을 진다. 이는 상해의 결과가 과실로 발생하는 경우인 결과적 가중범의 경우도 같다.

2. 乙의 죄책

(1) 준강도죄(형법 제335조)의 공동정범 인정 여부

사안에서 乙은 절도가 미수가 된 후 甲과 서로 다른 방향으로 도망쳤으나, 도주한 이후의 甲의 죄책에 대해서도 공동정범으로서의 책임을 지는가의 문제가 제기될 수 있다.

판례는 "절도의 공동정범자 또는 합동범 중의 1인이 폭행·협박으로 나아갈 것을 다른 범인이 예견하지 못하였다고 볼 수 없으면 준강도죄의 공동정범이 성립한다"고 판시하고 있다(대판 1988. 2. 9, 87도2460; 대판 1989. 12. 12, 89도1991; 대판 1991. 11. 26, 91도2267). 따라서 폭행에 대해서 사전양해나 의사연락이 없었고, 범행장소가 빈 가게로 알고 있었으며, 망보던 공범이 인기척 소리에 도망치고 난 후 체포를 면할 목적으로 피해자를 폭행하여 상해를 입혔다면, 이미 도주한 공범은 다른 공범자의 폭행행위를 전혀 예견할 수 없었다고 보여지므로 도주한 공범에게는 준강도상해의 공동정범의 책임을 물을 수 없다(대판 1984. 2. 28, 83도3321).[5]

---

4) 강도치상으로 의율한 경우는 결과적 가중범의 미수의 문제로 언급할 수 있다.

5) 반면에 범인들이 소매치기할 것을 공모하고 만일을 대비하여 각 식칼 1자루씩을 나누어 가진 후 합동하여 피해자의 손지갑을 절취하였으나 그 범행이 발각되자 두 갈래로 나누어 도주 중 피해자의 추격을 받게 되어 공범들 중 1인이 체포를 면탈할 목적으로 소지 중인 식칼을 추격자를 향하여 휘두른 경우, 직접 칼을 휘두르지 않은 공범의 경우에도 공범자와 공모 합동하여 소매치기를 하고 발각되어 도망할 때에 다른 공범자가 그를 추격하는 피해자에게 체포되지 아니하려고 위와 같이 폭행할 것을 전연 예기하지 못한 것으로는 볼 수 없다(대판 1984. 10. 10, 84도1887).

요컨대 판례는 준강도죄의 공동정범의 성부를 다른 공범자에게 폭행·협박에 대한 '**예견가능성**'이 있는지에 따라서 판단하고 있다. 구체적으로 유형을 나누어보면, 절도범행시에 흉기를 미리 준비하는 등 폭행행위에 대한 사전양해가 있었다고 볼 수 있는 경우에는 다른 공범자에게도 예견가능성을 인정하나(대판 1984. 10. 10, 84도1887; 대판 1988. 2. 9, 87도2460), 처음부터 범행 장소를 사람이 없는 곳으로 알고 있었던 등의 이유로 절도범행 발각 후의 상황에 대해서 전혀 준비한 바 없었던 경우에는 그 예견가능성을 부정하고 있다(대판 1984. 2. 28, 83도3321).

그러나 준강도죄는 절도죄의 결과적 가중범이 아니라, 폭행·협박에 대한 별개의 고의를 요하는 고의범이므로 과실범의 요소인 예견가능성만으로는 고의범의 책임을 지울 수 없다. 절도의 공동정범에게 다른 공동정범이 행한 준강도죄의 죄책을 지우기 위해서는 폭행 자체에 대해서 기능적 행위지배가 인정되거나, 최소한 절도의 공모시에 발각될 경우 폭력을 행사하겠다는 점에 대해서까지 합의하였다고 볼 수 있어야 한다.

사안에서 甲과 乙은 발각될 때에는 체포를 면하기 위하여 폭력행사도 불사하기로 암묵적으로 합의하였으므로, 甲이 행한 폭행에 대해서 乙에게 책임을 귀속시킬 수 있다. 따라서 乙은 준강도의 공동정범으로 평가되고 나아가 상해의 결과에 대한 책임귀속 여부까지 검토하여야 한다.

(2) 강도치상죄(형법 제337조)의 공동정범 인정 여부

甲과 乙은 절도 공모시에 폭행까지 공모하였고 이에 따라 甲이 타인에게 상해를 가하였으므로, 공동정범인 乙에게는 상해결과에 대한 예견가능성이 인정되어 강도치상죄의 공동정범이 성립한다(만약 상해에 대한 미필적 고의까지 있다면 강도상해죄의 공동정범이 인정될 것이다. 판례[6]).

그러나 이 사례에서는 폭행을 당하여 상해를 입은 자가 집주인이나 제3자가 아니라, 바로 공동정범자 중 1인인 '乙'이었다는 점에서 이 원칙을 그대로 적용할 수 있을 것인가가 문제된다.

구체적 사실의 착오 중 객체의 착오가 범죄의 성립에 영향을 미치지 않음은 앞에서 살펴본 바와 같다. 또한 이러한 착오가 공동정범 중 일부에 있었던 경우, 다른 공동정범의 형사책임에 영향을 미치지 않는다. 범행동료를 범행대상으로 착오하였더라도 달리 평가할 이

---

6) 행위자 상호간에 범죄의 실행을 공모하였다면 다른 공모자가 이미 실행에 착수한 이후에는 그 공모관계에서 이탈하였다고 하더라도 공동정범의 책임을 면할 수 없는 것이므로 피고인 등이 금품을 강취할 것을 공모하고 피고인은 집 밖에서 망을 보기로 하였으나, 다른 공모자들이 피해자의 집에 침입한 후 담배를 사기 위해서 망을 보지 않았다고 하더라도, 피고인은 판시 강도상해죄의 공동정범의 죄책을 면할 수가 없다(대판 1984. 1. 31, 83도2941).

유는 없다. 공범 중 1인에 대한 범행의 경우에도 甲이 행한 강도상해의 죄책에 대해서 동료 乙은 피해자인 동시에 강도치상죄의 공동정범에 해당한다. 이에 반해서 실제 실현된 결과와 공모한 실행행위와의 사이에 인과과정의 착오가 개입된 것이라고 보아, 이를 상해를 입은 공동정범의 입장에서 보면 방법의 착오이기 때문에 고의를 조각한다고 보는 견해도 있다. 그러나 공동정범 중 1인의 착오가 다른 공동정범에게는 방법의 착오가 된다는 견해는 실행행위의 일부라도 참여하지 않는 교사범의 경우에는 타당하지만, 공동정범의 경우에는 일부실행의 전부책임이라는 원칙상 타당치 않다고 본다.

Ⅳ. 사안의 해결

(1) 甲의 죄책

甲은 야간주거침입절도의 미수범으로서 체포를 면탈할 고의로 타인을 상해하였으므로 준강도상해가 성립한다. 절도과정에서 범한 손괴행위는 폭처법 제2조 제2항의 구성요건에 해당하고 위법성이 조각되지 않는다. 결과적으로 甲은 준강도상해죄와 폭처법상 공동손괴죄의 실체적 경합범으로 처벌된다.

(2) 乙의 죄책

乙에게는 야간주거침입절도 미수와 폭처법상 공동손괴죄의 실체적 경합범이 성립한다. 만약 절도의 공모 속에 발각되면 폭행하겠다는 공모까지 포함된 경우라면 준강도치상의 죄책까지 지울 수 있다. 乙이 범행의 피해자라는 점은 본 죄의 성립에 영향을 미칠 수 없다.

5. 반복된 위난 / 공범과 신분 / 부진정 부작위범

○ 사례 5

평소에 폭행을 일삼아 온 아버지를 증오하던 대학생 甲은 우연히 자살사이트에 들어가 보고 나서 '이렇게 사느니 차라리 죽어버려야지'라고 결심하고 같은 과 친구에게 자신의 고민을 털어 놓았다. 甲의 고민을 들은 A는 "야! 임마, 니가 죽기는 왜 죽어? 나 같으면 아버지를 죽여버리겠다"고 말하였다. 이에 甲은 아버지를 살해하기로 다짐하였다. 그러나 혼자 힘으로는 자신의 범행을 실현하기가 어렵다고 판단하여 친한 친구를 끌어들이기로 하였다. 甲이 중학교 동창생인 친구 乙에게 사정을 얘기하자 평소에 甲을 따르게 여긴 乙은 甲과 함께 범행하기로 하였다. 범행 당일에 甲은 미리 준비해 둔 독약을 냉수에 타 술 취한 아버지에게 갖다 주어 마시게 하였다. 아버지가 사망하자 차에 대기하고 있던 乙은 甲과 사체를 차에 옮겨 싣고 가서 야산에 암매장하였다.

한편 甲의 어머니 丙은 무슨 일이 벌어지고 있는지를 알고 있었지만 평소 남편의 폭행에 시달렸던 터라 "잘됐어"라고 생각하고 안방에서 자는 척하였다.

甲, 乙, 丙, A의 형사책임은?

해 설

Ⅰ. 논점의 정리

사안에서 甲의 아버지에 대한 살인과 사체 암매장에 대해서 甲·乙·丙·A 각각의 죄책이 문제된다. 먼저 직접 실행행위를 한 甲과 乙의 죄책을 논한 다음 丙·A의 순으로 검토하겠다.

(1) 甲과 乙은 공모대로 甲의 아버지를 살해하고, 사체를 차에 옮겨 싣고 야산에 암매장하였는데, 살인죄와 사체유기죄의 성립 여부가 문제된다.

이 경우 甲에게는 존속살해죄의 성부가 문제되는데, 아버지가 평소에 폭행을 일삼아왔다는 점에서 지속적 위난에 대한 정당방위 또는 긴급피난으로서 위법성이 조각되는지, 위법성이 조각되지 않을 경우에도 기대불가능성으로 인한 책임조각이 가능한지 살펴보겠다.

乙의 경우는 차에서 대기한 행위를 기능적 역할분담으로 보아서 공동정범을 인정할 것인지가 문제되고, 비신분자가 신분자에 가담한 경우에 공범과 신분에 관한 형법 제33조의 해석론을 논하도록 하겠다.

사체의 암매장에 있어서는 사체유기죄의 성부와 관련하여 이것이 구체적으로 은닉인지 유기인지, 살인행위에 따른 불가벌적 사후행위인지 여부를 살펴보겠다. 아울러 증거인멸죄 역시 문제되는데 타인의 증거인지 여부가 문제된다.

(2) 甲의 어머니 丙의 경우 甲과 乙의 범행을 알면서도 모른 척 하였는바, 이를 부진정부작위범에서 말하는 부작위로 평가하여 살인죄의 부작위범을 인정할 수 있는지, 인정할 경우에도 정범인지 종범인지 살펴보아야 한다.

(3) 甲의 친구 A가 甲에게 "나 같으면 아버지를 죽여버리겠다"고 말한 것을 교사로 평가하여 甲의 존속살인에 대한 교사범이 성립할 수 있을지도 검토하여야 한다.

Ⅱ. 甲과 乙의 죄책

1. 甲의 아버지를 살해한 행위

(1) 甲의 죄책 – 존속살해죄(형법 제250조 제2항)의 성부

1) 구성요건해당성

존속살해죄는 자기 또는 배우자의 직계존속을 살해함으로써 성립하는 범죄이다. 사안에서 甲은 자신의 직계존속인 아버지에게 독약이 든 냉수를 마시게 함으로써 아버지를 사망

에 이르게 하였고, 아버지에 대한 살인의 고의 역시 존재하므로 존속살해죄의 구성요건해당성이 인정된다.

2) 위법성조각사유의 존부

사안에서 甲의 살해행위는 아버지의 일상적 폭행으로 인한 증오감에서 비롯되었다. 이러한 아버지의 폭행행위를 현재의 침해 내지 현재의 위난으로 보아 정당방위 또는 긴급피난을 인정할 수 있을 것인지 문제된다.

① **정당방위**(형법 제21조 제1항)**의 인정 여부**   정당방위는 자기 또는 타인의 법익에 대한 현재의 부당한 침해를 방위하기 위한 상당한 이유가 있는 행위를 말한다. 정당방위가 성립하려면 '침해의 현재성', '방위의사', '상당한 이유'가 요구되는데, 사안의 경우 특히 '침해의 현재성'과 '상당성'을 인정할 수 있는지 문제이다.

(i) 침해의 현재성   살해 당시 甲의 아버지는 만취상태에 있어서 직접적으로 침해의 현재성을 인정하기는 어렵다. 그러나 아버지의 폭행은 반복적이고 일상적이었으므로 장래에도 폭행이 반복될 것이 확실히 예견된다. 이를 지속적 위난으로 보아 '예방적 정당방위'를 인정할 수 있을지에 대해 견해가 대립된다.

판례는 자신을 계속적으로 강간한 의붓아버지를 살해한 사안에서 "강간행위가 반복하여 계속될 염려가 있었다면, 피고인의 이 사건 범행 당시 피고인의 신체나 자유 등에 대한 현재의 부당한 침해상태가 있었다고 볼 여지가 없는 것은 아니다"라고 하여 침해의 현재성을 인정한 바 있다(대판 1992. 12. 22, 92도2540).

그러나 위법성조각사유와 같은 법의 예외적 규정은 엄격하게 해석해야 함이 원칙이고 예방적 정당방위를 인정하게 되면 정당방위가 애초부터 허용될 수 없는 많은 사건들이 면죄부를 얻거나 과잉방위화될 여지가 있어 법익 보호가 곤란해질 우려가 있다. 따라서 예방적 정당방위는 부정함이 타당하다.

사안에서 甲의 아버지는 평소에 폭행을 일삼아 왔으므로 침해가 충분히 예견된다 할 뿐이지 침해의 급박성, 긴박성은 인정될 수 없다. 따라서 현재성은 부정된다.

(ii) 방위의 상당성   설사 판례처럼 지속적 위난의 경우에 현재성을 인정하더라도 방위행위는 행위 당시의 사정으로 보아 방위에 필요하고 사회적·윤리적으로 용인될 수 있어야 한다.

사안에서 甲은 아버지의 폭행을 피하거나 경찰에 신고하는 등의 방법을 이용할 수 있었음에도 불구하고 살해행위를 통하여 생명이라는 가장 중요한 법익을 침해하였다는 점, 긴밀한 인적 관계에 있는 자 상호간에는 법질서 수호의 이익이 약화되어 회피가능성이 있는 경우에는 피하거나 피할 수 없는 막다른 상황에서도 보호방위에 그쳐야 하고 특히 생명을 침해하는 방위행위는 자신의 생명에 위협을 느낄 경우 최후의 수단으로만 허용된다는 점, 또한 乙과 공모하여 미리 범행을 준비하고 아버지가 술에 취하여 제대로 판단할 수 없는 상황에서 독약을 먹여 살해하였다는 점에서 상당성을 인정할 수 없다.

결론적으로 甲의 아버지 살해행위는 침해의 현재성과 방위의 상당성, 그리고 방위의사가 부정되어 정당방위가 성립하지 않는다.

② 긴급피난(형법 제22조 제1항)의 인정 여부   긴급피난이란 자기 또는 타인의 법익에 대한 현재의 위난을 피하기 위한 상당한 이유가 있는 행위를 말한다. 정당방위와 긴급피난은 그 본질이나 요건이 상이(相異)하므로 정당방위가 부정되는 경우에도 긴급피난이 인정될 수 있다. 사안에서는 그 요건 중 위난의 현재성과 피난행위의 상당성 여부가 문제된다.

(i) 위난의 현재성   긴급피난에서의 위난의 현재성은 정당방위에서의 현재성보다 넓게 인정된다. 정당방위와는 달리 적법한 침해에 대해서도 피난이 가능하고 위난이 사람의 행위에 기초하지 않은 경우에도 인정될 수 있기 때문이다. 따라서 법익에 대한 침해가 확실하거나 개연성이 있는 정도라도 현재성은 인정될 수 있는바 사안과 같은 계속적 위난의 경우에도 위난의 현재성은 인정된다.

(ii) 피난행위의 상당성   긴급피난에서의 상당한 이유는 不正 대 正이 충돌하는 정당방위에서의 상당한 이유보다 더 엄격한 판단이 요구된다. 앞에서 살펴본 바와 같이 정당방위의 상당성이 부정되는 이상 긴급피난의 상당성(보충성과 법익균형성) 역시 인정될 여지가 없어 사안의 경우 긴급피난도 성립하지 않는다. 다만, 현재성 등 긴급피난의 요건을 갖추고 있으나 상당성만 인정되지 않는 경우이므로 과잉피난은 인정될 수 있다.

3) 책임조각사유의 존부

아버지의 일상적 폭행에 시달려 온 구체적 사정에 비추어 甲이 아버지를 살해하는 행위 대신에 다른 적법한 행위를 할 것을 기대할 수 있을 것인지의 여부, 즉 기대가능성의 존부에 따른 책임조각 여부가 문제된다. 이는 이른바 '면책적 긴급피난'을 인정할 수 있는가의 문제이다.

아버지의 일상적 폭행에 시달려 왔다는 점에서 甲에게 요구할 수 있는 적법행위의 기대가능성은 그렇지 않은 상황에 있는 사람에 대한 기대가능성보다는 현저히 낮아질 것이다. 그러나 경찰에 도움을 청한다든지, 폭행죄로 고소한다든지 등의 법적 조력을 구하는 것이 불가능하였다고 보이지는 않는다. 사안에서 甲이 처한 상황에서 보통의 사람이라면 누구나가 살인을 할 수밖에 없었다고는 볼 수 없다. 따라서 기대불가능성을 이유로 한 책임조각은 인정할 수 없다.

(2) 乙의 죄책

1) 구성요건해당성

① 공범과 신분(형법 제33조의 해석론)　앞에서 甲의 경우에는 존속살해죄의 죄책을 지게 됨을 살펴보았다. 그런데 여기에서 甲에게 인정되는 직계비속이라는 신분은, 형의 가감에 영향을 미치는 가감적 신분으로서 공동정범인 乙에게는 인정되지 않고 있다. 이와 같이 직계비속이라는 신분이 인정되지 않는 乙에게 존속살인죄의 성립을 인정할 것인지, 아니면 보통살인죄의 성립을 인정할 것인지에 대해서 형법 제33조의 해석과 관련하여 견해가 대립한다. 다만 처벌에 있어서는 보통살인죄에 정한 형에 의한다는 점에 대해 견해가 일치하고 있다.

(i) 제 1 설　통설은 부진정신분범에 있어서는 신분이 범죄의 구성에 영향을 미치지 않고 형벌을 가감하는 기능을 가질 뿐이며, 이에 대해서는 별도로 동조 단서에 규정하고 있으므로 본문은 진정신분범에 대해서만 적용된다고 해석한다. 이에 의하면 비신분자인 乙은 보통살인죄의 공동정범으로서 보통살인죄에 정한 형으로 처벌된다.

(ii) 제 2 설　본문은 진정신분범이나 부진정신분범을 불문하고 공범의 성립에 관한 규정이고, 단서는 부진정신분범의 과형에 관한 규정이라 한다. 따라서 본문의 범죄란 진정신분범뿐만 아니라 부진정신분범까지도 포함한다는 견해이다. 비신분자인 乙에게는 존속살인죄가 성립하고 형법 제33조 단서에 의해 중한 형이 아닌 보통살인죄에 정한 형으로 처벌된다.

(iii) 판 례　판례는 제 2 설의 입장으로서 처와 자가 공동하여 남편을 살해한 때에 처에게도 존속살해죄의 공동정범을 인정하고(대판 1961. 8. 2, 4294형상284), 비점유자가 업무상 점유자와 공모하여 횡령한 경우에 비점유자도 형법 제33조의 본문에 의하여 공범관계를 인정하며, 다만 처단에 있어서 동조의 단서를 적용한다고 하며(대판 1965. 8. 24, 65도493), 은행원의 업무상 배임에 가공한 은행원이 아닌 자에 대하여도 업무상 배임죄의 공동정범을 인정하였고(대판 1986. 10. 28, 86도1517), 상호신용금고의 임원 등의 지위에 있는 자와 그러한 신분관계가 없는 자의 배임행위에 대해서도 업무상 배임죄의 공동정범의 성립을 인정하되 처벌은 형법 제33조 단서에 의한 단순배임죄의 처단을 인정하였다(대판 1999. 12. 26, 97도2609).

(iv) 검토 및 사안에의 적용　본문을 부진정신분범에 대하여도 적용하여 공범의 성립의 근거를 마련하면 진정신분범에 대하여는 과형에 관한 규정이 없게 되는 문제점이 있고, 본문은 '신분관계로 인하여 성립될 범죄'라고 규정하고 있는데 부진정신분범은 신분관계로 인하여 성립되는 범죄가 아니므로 본문은 구성적 신분(진정신분범)에 대한 규정이라고 해석하는 제 1 설이 타당하다. 단서가 비신분자를 중한 형으로 처벌하지 않는다는 규정은 책임의

개별화 원칙을 선언한 것이라 할 수 있다.

乙은 가감적 신분자인 甲의 존속살해에 가담하고 있는바, 이는 신분관계로 인하여 형의 경중이 있는 경우에 해당되므로 제33조 단서가 적용되어 乙은 보통살인죄를 범한 것이 된다. 이러한 결론은 앞으로 논의할 丙과 A의 죄책에 있어서도 동일하다.

② **공동정범**(형법 제30조)**의 인정 여부**   사안에서 살인의 실행행위를 직접 담당한 것은 甲이고 乙은 차에서 대기하고 있었다. 따라서 이러한 경우에도 乙에 대해 기능적 범행지배를 인정하여 살인죄의 공동정범의 성립을 인정할 수 있을 것인지가 문제된다.

판례는 수인이 강도를 공모하고 밖에서 망을 보고 있는 자에 대해서 특수강도죄의 공동정범을 인정하였고, 절도를 공모하고 절취행위 장소 부근에서 자신이 운전하는 차에서 대기한 경우에 실행행위의 분담은 물론 현장성까지 인정한 바 있다(대판 1988. 9. 13, 88도1197).

사안의 경우 乙은 甲의 독살행위시에 범행 장소와 가까운 곳에서 대기함으로써 언제든지 실행행위에 가담할 수 있는 상태에 있었다. 공동정범에서 공동가공의 실행행위는 구성요건에 해당하는 행위를 직접 하였느냐가 아니라, 전체계획에 의한 결과를 실현하는 데 불가결한 요건이 되는 기능을 분담하였는지가 기준이 된다. 甲과 乙은 범행계획에 따라 함께 구성요건적 사건진행을 장악하고 범죄의 수행에 불가결한 행위를 분담하였다고 보여지므로 乙은 甲의 살인행위에 대한 공동정범으로 평가된다.

2) 위법성 및 책임

'타인'의 법익에 대한 정당방위나 긴급피난이 가능하다는 점에 비추어 지속적 위난에 대한 정당방위나 긴급피난 등의 문제가 제기될 수 있으나, 甲에 대해서 살펴본 바와 같이 현재성과 상당성이 부정된다. 책임조각사유로서의 기대불가능성은 아버지에게서 직접 폭행을 당한 甲에 대해서도 부정되므로 논의할 여지가 없다.

2. 甲의 아버지를 암매장한 행위

(1) 사체유기 내지 은닉죄(형법 제161조 제1항)의 성부

유기란 사체를 종교적·사회적으로 매장이라고 인정되는 방법에 의하지 않고 방기하는 것이고, 은닉이란 사체의 발견을 불가능하게 하거나 심히 곤란하게 하는 것을 말한다.

사안에서 甲의 아버지를 암매장한 것은 형법 제161조 제1항의 구성요건에 해당함에는 의문이 없다. 다만 유기인지 은닉인지가 문제되는데, 암매장의 경우는 사체 발견이 곤란하다는 점에 초점을 맞추어 사체은닉죄를 인정함이 타당하다.

또한 살인죄와의 관계에서 사체은닉행위가 불가벌적 사후행위에 해당하는지 문제된다.

판례는 "사람을 살해한 다음 그 흔적을 은폐하기 위하여 그 시체를 다른 장소로 옮겨 유기하였을 때에는 살인죄와 사체유기죄의 경합범이 성립하고 사체유기를 불가벌적 사후행위라고 할 수 없다"고 판시한 바 있다(대판 1986. 6. 24, 86도891).

사체은닉죄는 살해당한 피해자의 법익을 보호하기 위한 범죄가 아니라 '死者에 대한 사회의 종교적 감정'이라는 별도의 법익을 보호하기 위한 범죄이므로 불가벌적 사후행위는 성립될 수 없다. 따라서 (존속)살해죄와 사체유기죄는 실체적 경합 관계에 있다.

(2) 증거인멸죄(형법 제155조)의 성부

증거인멸죄는 '타인'의 형사사건 또는 징계사건에 관한 증거를 행위의 객체로 하는바, 사안의 경우 자신과 공범자에 공통된 형사사건 증거를 타인의 형사사건에 대한 증거라고 할 수 있는지가 문제된다.

1) 견해의 대립

이에 대해서는 ① 공범자의 사건은 타인의 사건이라고 할 수 없으므로 본죄가 성립하지 않는다는 '부정설', ② 공범자와 자기에게 공통된 증거는 타인의 형사사건에 대한 증거에 포함된다는 '긍정설', ③ 공범자를 위한 의사로 한 때에는 타인사건이라고 인정하지만, 자기만을 위하거나 자기와 공범자의 이익을 같이 위하여 증거를 인멸한 때에는 본죄가 성립하지 않는다는 '절충설'이 대립한다. 판례는 "피고인 자신이 직접 형사처분이나 징계처분을 받게 될 것을 두려워한 나머지 자기의 이익을 위하여 그 증거가 될 자료를 인멸하였다면, 그 행위가 동시에 다른 공범자의 형사사건이나 징계사건에 관한 증거를 인멸한 결과가 된다고 하더라도 이를 증거인멸죄로 다스릴 수는 없다"고 판시하였다(대판 1995. 9. 29, 94도2608).

2) 검토 및 사안에의 적용

생각건대 긍정설에 의하면 단독범이 스스로 증거를 인멸하는 경우에는 본 죄가 성립하지 않는데, 공범관계에서는 본 죄가 성립하는 불균형이 발생한다. 부정설은 공범사건이라도 그 일부의 공범자에 대해서만 증거로 되는 경우가 있고 공범자 상호간에도 이해가 상반되는 증거가 있을 수 있다는 점을 간과했다는 점에서 불합리하다. 부정설의 토대 위에서 공범자 각자에게 각각 관련 없는 증거에 대해서는 인멸의사를 고려해 증거인멸죄의 성부를 검토하는 절충설이 타당하다.

사안에서 甲과 乙이 행한 사체 암매장 행위는 살해의 범행 후 스스로의 이익을 위한 것으로 판단된다. 따라서 자기의 형사사건에 관한 증거인멸로서 증거인멸죄의 구성요건해당성이 부정된다.

III. 丙의 죄책

1. 문제의 소재

甲의 어머니인 丙은 남편에 대한 甲 등의 살인 및 기타 범죄행위에 적극적인 작위로 가담하고 있지는 않다. 그러나 사건의 정황에 대해서 알게 되었음에도 불구하고 남편의 생명에 대한 침해행위를 저지하지 않았으므로 부작위에 의한 살인 및 사체은닉죄가 성립할 것인지 문제된다. 또한 부작위범이 성립한다면 丙의 가담형태가 정범인지 종범인지도 살펴보겠다.

2. 살인죄의 부진정 부작위범(형법 제250조 제1항, 제18조)의 성부

(1) 부진정 부작위범의 성립요건

부작위범에 있어서는 '구성요건적 상황'과 '부작위', '행위의 가능성'을 그 성립요건으로 한다. 특히 부진정 부작위범은 작위범의 구성요건을 부작위에 의하여 실현하는 것이므로 작위의무자의 부작위에 의한 범행이 작위에 의한 구성요건의 실현과 같이 평가될 수 있어야 한다. 이를 부진정 부작위범의 동치성이라고 하는데 '보증인지위'와 '행위태양의 동가치성'을 그 내용으로 한다.

살인죄와 같이 구성요건에 행위의 수단이나 방법을 특정하지 않은 결과범에 있어서는 보증인지위에 있는 자가 작위의무의 위반행위만 있으면 행위태양의 동가치성이 인정된다(대판 1992. 2. 11, 91도2951, 대판 2015. 11. 12, 2015도6809 전합). 따라서 사안에서는 丙에게 남편에 대한 살해행위를 막아야 할 보증인지위가 있는지를 살펴보겠다.

(2) 보증인지위의 인정 여부

보증인지위란 부진정 부작위범에서 구성요건 실현의 방지를 위한 행위자의 특별한 지위를 말한다. 보증인지위의 발생근거에 대한 형식설과 실질설의 견해를 종합적으로 고찰하여 볼 때, 일반적으로 보증인지위는 법령·계약·선행행위 및 조리를 근거로 인정된다.

사안에서 丙의 보증인지위는 두 가지의 관점에서 접근해 볼 수 있다. 첫째로 피해자와의 관계에서 남편과 아내, 즉 부부이므로 민법 제826조의 부부간의 부양의무로부터 도출된 보호의무가 인정되고, 둘째로 甲과의 관계에서 친권자로서의 감독의무가 있으므로 안전의무로 인한 보증인지위도 인정된다.

(3) 소 결

사안에서 丙에게는 피해자인 남편에 대한 살해행위를 막아야 할 보증인지위가 인정된다. 또한 피해자가 술에 취해 살인을 피하기 힘든 상황에 있고 丙이 최소한 경찰을 부른다거나 하는 손쉬운 행동으로도 甲 등의 범행을 막을 수 있었던 점 등을 볼 때 구성요건적 상황과 부작위 및 행위의 가능성이라는 부작위범의 여타 요건 역시 충족되어 丙은 살인죄의 부진정 부작위범으로 평가된다.

3. 별개의 작위정범 존재시 부작위 가담자의 정범성 인정 여부

어머니가 어린 아이에게 젖을 먹이지 않아 아이가 사망한 경우처럼 부작위에 의해 직접 구성요건적 결과가 발생한 경우에 부작위자는 정범임이 분명하다. 그러나 본 사안과 같이 구성요건적 결과는 독립된 작위범의 행위에 의해 발생하였고, 다만 보증인지위에 있는 자가 부작위를 통해 그 결과발생에 기여한 경우에 부작위는 범죄의 실행행위라기보다는 방조행위로 평가될 가능성이 크다. 이러한 경우에도 부작위범을 작위범과 동일하게 처벌할 것인지에 대해서는 견해가 대립한다.

(1) 견해의 대립

1) 정 범 설

부진정 부작위범에 있어서 작위정범이 존재하는 경우에도 원칙적으로 부작위자는 정범이 되는 것으로 보며, 예외적으로 자수범이나 신분범 또는 목적범과 같은 특수한 구성요건의 경우 부작위자에게 이러한 구성요건표지가 결여된 경우에만 방조범이 된다는 견해이다.

이 견해에 따르면 살인죄는 위와 같은 특수한 구성요건에 해당하지 않으므로 丙은 살인죄의 정범으로 보아야 하고, 그렇다면 甲·乙과 丙은 甲의 아버지 살해에 있어 동시범으로 평가된다.

2) 종 범 설

부진정 부작위범에서 보증인적 지위에 있는 자가 작위정범에 가담한 경우 작위자가 당해 범죄의 정범이며 부작위자는 원칙적으로 방조범일 뿐이고 작위범에서와 같은 정범과 방조범의 구별문제는 보통 일어나지 않는다고 한다. 정범과 종범의 경우에 침해한 보증인의 의무와 내용이 다르고, 범행지배의 정도도 다르다는 점을 전제로 한다.

3) 개별화설

작위의무의 발생근거에 관해 기능설의 입장에서, 보호의무를 지는 경우에는 정범이고 안전의무를 지는 경우에는 방조범이라는 견해이다.

4) 판 례

판례는 "형법상 방조는 작위에 의하여 정범의 실행행위를 용이하게 하는 경우는 물론, 직무상의 의무가 있는 자가 정범의 범죄행위를 인식하면서도 그것을 방지하여야 할 제반조치를 취하지 아니하는 부작위로 인하여 정범의 실행행위를 용이하게 하는 경우에도 성립된다 할 것이므로 은행지점장이 정범인 부하직원들의 범행을 인식하면서도 그들의 은행에 대한 배임행위를 방치하였다면 배임죄의 방조범이 성립된다(대판 1984. 11. 27, 84도1906)"고 하여 종범설의 입장으로 보인다.

법원의 입찰사건담당공무원이 입찰보증금이 계속적으로 횡령되고 있다는 사실을 알고도 이를 제지하거나 상관에게 보고하는 등의 의무를 다하지 않은 경우(대판 1996. 9. 6, 95도2551), 백화점에서 특정매장의 상품관리와 고객불만사항 확인 등의 업무를 담당하는 직원이 자신이 관리하는 매장에서 가짜 상표가 부착된 상품을 발견하고도 시정요구나 상부보고 등의 의무를 다하지 않은 경우(대판 1997. 3. 14, 96도1639)에도 방조범을 인정하였다.

(2) 검토 및 사안에의 적용

작위의무자가 부작위를 통해 의무를 위반한 경우에 이론적으로는 정범을 인정하는 것이 타당하다. 그러나 부진정 부작위범은 본질적으로 작위범에 비하여 불법비난의 정도가 낮게 되는데, 독일의 경우에는 부작위자에게 정범이 인정되더라도 부작위에 대한 법정형 감경사유가 있기 때문에 양형상의 고려를 통한 합리성을 기할 수 있지만, 우리 형법에는 이러한 법정형 감경사유가 없기 때문에 형 감경의 가능성을 지닌 방조범을 인정하는 것이 실제에 있어서 더 합리적이라고 본다(독일 형법 제13조 제2항은 부진정 부작위범의 형을 임의적 감경사유로 규정하고 있다). 나아가 그 부작위가 정범의 행위와 동가치성을 가진다고 볼 수 없는 경우로 보아 부작위에 의한 방조로 의율하는 것이 타당하다[7].

따라서 丙에게는 부작위에 의한 살인죄의 방조범이 성립한다. 이 경우 甲과 乙이 방조를 받고 있다는 사실을 인식하지 못하였더라도 편면적 방조가 인정되므로 문제되지 않는다. 丙이 남편의 폭행에 시달렸다는 점에서 위법성 및 책임 조각을 검토할 여지는 있으나, 甲에서 살펴본 바와 같이 인정할 수 없다.

사체 은닉에 있어서는 丙이 남편의 살해에 뒤이은 사체은닉까지 예상하였다고는 보기 어려워 사체은닉의 죄책은 지지 않는다.

---

7) 인터넷 포털 사이트 내 오락채널 관리운영 담당직원은 콘텐츠 제공업체들이 게재하는 음란만화의 삭제를 요구할 조리상의 의무가 있다고 하여 음란만화들이 지속적으로 게재되고 있다는 사실을 알고도 삭제 조치 등의 의무를 다하지 않은 경우(대판 2006. 4. 28, 2003도4128) 정범행위와 동가치성을 인정할 수 없다(부작위가 작위에 의한 법익침해와 동등한 형법적 가치가 있는 것이어서 그 범죄의 실행행위로 평가될 수 없다는 이유로)는 이유로 부작위에 의한 방조범을 인정하였다.

Ⅳ. A의 죄책

1. 문제의 소재

A에 대하여는 "나 같으면 아버지를 죽여버리겠다"고 말한 것이 존속살인의 교사행위로 볼 수 있는지 문제된다. 甲이 이 말을 듣고 아버지에 대한 살인의 범의를 가지게 되었기 때문이다.

2. 존속살해죄의 교사범의 성부

(1) 교사범의 성립요건

교사범이란 타인을 교사하여 범죄 실행의 결의를 생기게 하고, 이 결의에 의하여 범죄를 실행하게 하는 자를 말한다. 교사범이 성립하려면 교사자에 대한 요건으로서 '교사행위'와 '교사의 고의'가 인정되어야 하고, 피교사자에 대한 요건으로서 '피교사자의 범행결의'와 이에 따른 '실행행위'가 있어야 한다.

(2) 사안의 경우

단순히 범죄를 유발할 수 있는 행위 상황을 만들어 주는 것은 일상생활에서도 의도하지 않고 흔히 일어날 수 있는바, 사안의 경우가 그러하다. 사안에서 A는 甲의 자살을 막기 위하여 그 말을 한 것이지 실제로 甲이 아버지를 죽이기를 원했던 것으로 보기는 어렵다. 따라서 교사의 고의가 부정되어 본 죄의 교사범은 성립하지 않는다.

Ⅴ. 사안의 해결

(1) 甲은 독약을 탄 냉수를 아버지가 마시게 하여 아버지가 사망하였으므로 존속살해죄의 구성요건해당성이 인정된다. 아버지가 평소에 폭행을 일삼아 왔다는 사실은 정당방위나 긴급피난 등의 위법성조각사유나 면책사유에 해당하지 않고 다만 양형단계에서 고려 가능할 뿐이다. 사망한 사체를 암매장한 행위는 사체은닉죄를 구성하고 존속살해죄와 실체적 경합관계에 있다.

(2) 乙이 차에서 대기한 행위는 甲의 존속살해에 대한 실행행위의 분담으로 평가된다. 다만 乙은 직계비속의 신분이 없는 가담자이므로 보통살인죄의 공동정범이 성립한다. 사체 암매장에 있어서도 사체은닉죄의 공동정범이 성립하고 보통살인죄와 실체적 경합관계에 있다.

(3) 丙은 甲과 乙의 살인행위에 대해서 남편을 보호할 보증인 지위에 있는 자로서 부작위하고 있어 살인죄의 부진정 부작위범에 해당한다. 이 경우 독립된 작위정범이 이미 존재

하는 이상 살인죄의 방조범으로 처벌된다.

(4) A가 甲에 대해 "나 같으면 아버지를 죽여버리겠다"고 말하여 이에 따라 甲이 아버지를 살해하였더라도 A에게는 교사의 고의가 부정되므로 존속살해죄의 교사범을 인정할 수 없어 무죄이다.

6.　자초위난 / 중지미수의 자의성 / 유기죄의 보호의무

○ 사례 6

甲은 흉기를 휴대하고 강도할 생각으로 초복날 22시경 문이 열려 있던 피해자의 아파트로 들어가 우선 집안에 사람이 있는지를 살피던 중 피해자가 잠옷 바람으로 화장실에서 나오자 갑자기 욕정을 느껴 칼로 협박하였다. 이에 피해자는 다음에 밖에서 만나서 응해주겠다고 甲을 설득하였다. 그러자 甲은 다음 기회를 노리면서 욕정을 억누르며 피해자의 휴대폰 번호를 메모하고 아파트를 나오다가 때마침 귀가하는 피해자의 오빠와 마주치자 체포되지 않으려고 피해자의 오빠를 벽 쪽으로 밀친 다음 도망쳤다.

며칠 후 甲은 밤늦게 귀가하는 피해자를 우연히 만났으나 며칠 전의 약속과는 달리 아는 체도 하지 않자 화가 난 甲은 강간할 마음을 먹고 피해자를 아파트 단지의 놀이터로 끌고 가 저항하는 피해자의 입을 손으로 틀어막고 옷을 벗기려 하였다. 이에 피해자가 甲의 손가락을 깨물자, 甲은 손가락이 끊어질 듯한 통증을 느낀 나머지 피해자에게 물린 손가락을 비틀어 빼냈고 이로 인해 피해자의 이빨 한 개가 빠지는 상해를 입히고 말았다. 피해자가 입에서 피를 흘리며 실신하자 甲은 피해자 옆에 떨어져 있는 핸드백을 들고 도주하였다.

甲의 형사책임은?

해 설

Ⅰ. 논점의 정리

사안은 단독정범 甲이 행한 수 개의 행위로 구성되어 있으므로 행위별로 나누어서 甲의 형사책임을 검토하겠다.

(1) 甲이 피해자의 집에 들어가 강도를 시도한 행위를 제1행위라 한다. 제1행위에서는 야간에 흉기를 휴대하고 피해자의 집에 들어가 강도를 시도하였다는 점에서 형법 제334조의 특수강도죄가 문제된다. 甲은 아직 폭행·협박에 나아가지 않아 주거침입만으로도 특수강도(야간주거침입강도)의 실행의 착수를 인정할 것인지를 살펴보겠다. 甲이 흉기를 들고 피해자의 집에 들어간 행위는 그 자체로 특수주거침입으로 평가되는데, 동 죄가 특수강도죄와의 관계에서 흡수되는지가 문제된다.

(2) 피해자를 강간하려다 그만두고 나온 제2행위에서는 강간죄의 미수범이 문제된다. 보다 구체적으로 살펴보면, 제1행위에서 甲에게 특수강도죄가 성립한다면 성폭력범죄의 처벌 및 피해자보호 등에 관한 법률(이하 '성폭력처벌법'이라 한다)상의 특수강도강간죄가, 특수강도의 성립을 부정한다면 동법상 특수강간죄가 문제된다. 甲이 피해자를 칼로 협박하여 강간의 실행에 착수하였으나 피해자의 애원에 중지하였다는 점에서 중지미수의 인정 여부를 살펴볼 필요가 있다.

(3) 피해자의 오빠를 밀쳐 상처를 입힌 제3행위에 있어서는, 甲을 준강도의 주체로 평가하여 준강도죄를 인정할 것인지 아니면 단순히 폭행죄만을 인정할 것인지가 문제된다.

(4) 피해자를 또다시 강간하려다 이빨을 부러뜨리고 실신케 한 제4행위에서는 강간치상죄의 성부가 문제된다. 이 경우 강간미수범도 강간치상죄의 주체가 될 수 있는지, 상해의 결과가 결과적 가중범의 성립요건을 충족시키는지, 甲의 행위가 위법성 조각사유로서 정당방위 내지 긴급피난에 해당하지 않는지 등을 살펴보겠다.

(5) 실신한 피해자의 핸드백을 들고 도주한 제5행위에서는 강도죄 또는 절도죄의 성부가 문제된다. 강도죄와 관련하여서는 폭행과 재물취거 간에 목적·수단관계를 인정할 수 있는지를 살펴보고 실신한 자의 점유의사를 인정할 수 있는지도 검토하겠다. 실신한 피해자를 방치하고 도주한 행위를 유기죄로 평가할 수 있는지도 또한 문제된다.

Ⅱ. 피해자의 집에 들어가 강도를 시도한 행위

1. 특수강도죄(형법 제334조)의 성부

(1) 문제의 소재

특수강도죄는 단순강도죄에 불법이 가중된 가중적 구성요건으로서 야간에 주거에 침입하여 강도한 행위(제1항)와, 흉기를 휴대하거나 2인 이상이 합동하여 강도한 행위(제2항)를 규율하고 있다.

사안에서 甲은 강도를 위한 폭행·협박에는 나아가지 않아 제2항의 흉기휴대강도의 실행의 착수는 부정되어야 한다. 그러나 야간인 22시경에 피해자의 집에 침입하였으므로 제1항의 야간주거침입강도의 실행의 착수로 볼 것인지가 문제된다.

(2) 야간주거침입강도의 실행의 착수시기

1) 주거침입시설

제1항의 특수강도는 주거침입과 강도의 결합범으로서 시간적으로 주거침입이 선행되는 것이고, 야간주거침입절도의 실행의 착수를 주거침입으로 보는 것이 통설·판례의 입장이므로 이와의 균형상 주거침입시를 실행의 착수로 보아야 한다는 견해이다.

2) 폭행·협박시설

특수강도죄는 강도에 대한 단순한 가중적 구성요건을 규정한 것에 지나지 않기 때문에 여기에 야간주거침입절도죄에 대한 해석을 확대적용하여서는 안 되고, 강도죄의 기본적 구성요건은 폭행·협박이므로 폭행·협박을 개시한 때 실행의 착수를 인정해야 한다는 견해이다.

3) 판 례

판례는 야간에 흉기를 휴대하고 타인의 주거에 침입하여 집안의 동정을 살피는 행위만으로는 특수강도의 실행의 착수로 볼 수 없다는 입장(대판 1991. 11. 22, 91도2296)과, 주거침입과 강도죄의 결합범인 제334조 제1항의 야간주거침입강도처럼 제2항의 흉기휴대강도에 있어서도 그 강도행위가 야간에 주거에 침입한 후 이루어진 것이라면 주거침입시를 실행의 착수로 보아야 한다는 입장(대판 1992. 7. 28, 92도917)으로 상반되어 있다.

(3) 검토 및 사안에의 적용

주거침입시설에 따르면 단순절도가 야간에 주거에 침입한 경우와 흉기를 휴대한 특수강도나 흉기를 휴대하지 않은 강도가 야간에 주거에 침입한 경우에 모두 각 죄의 실행의 착수가 인정된다. 그렇다면 단순절도가 야간에 주거에 침입한 경우와 단순강도가 야간에 주거에 침입한 경우는 객관적 행위상황이 동일하기 때문에 행위자의 주관적 의사에 따라 절도인지 강도인지가 구별되어야 한다. 이는 행위자의 변명에 따라 범죄구성요건이 뒤바뀔 수 있음을 의미한다. 이러한 이유로 어떤 형태의 특수강도이든 강도의 실행의 착수를 피해자의 반항을 억압할 수 있는 정도의 폭행 또는 협박이 있어야 인정하는 것이 타당하다고 본다.

따라서 甲이 피해자의 아파트에 침입하여 동정을 살핀 행위는 특수강도죄의 실행의 착수에 해당한다고 볼 수 없으므로, 특수강도'예비'죄(형법 제343조)의 죄책을 진다.

2. 특수주거침입죄(형법 제320조)의 성부

흉기를 들고 타인의 주거에 허락 없이 들어갔으므로 주거침입죄에 해당하고, 그 행위가 흉기를 휴대한 채 이루어졌으므로 특수주거침입죄의 법정형에 따라 처벌된다.

문제는 특수주거침입죄가 특수강도죄에 흡수되는 것이 아닌가 하는 점이다. 주거침입시 야간주거침입강도의 실행의 착수가 인정되는 경우에는 주거침입죄가 이에 흡수된다고 보는 것이 일반적인 듯하나, 폭행·협박시로 보는 견해는 주거침입죄는 특수강도의 구성요건이 아니므로 특수주거침입죄는 특수강도예비죄에 흡수되지 않고 별개의 죄가 성립한다. 강도할 목적으로 흉기를 휴대하고 야간에 주거에 침입한 행위는 전체적으로 하나의 행위로 평가할 수 있다고 본다면 양 죄는 상상적 경합관계에 있다고 볼 것이나, 별개의 행위로 평가되므로 실체적 경합으로 봄이 타당하다.

III. 피해자를 강간하려다 그만둔 행위

1. 특수강도강간죄(성폭력처벌법 제3조 제2항)의 성부

특수강도강간죄는 특수강도가 강도의 기회에 부녀를 강간함으로써 성립하는 범죄이다. 앞에서 살펴본 바와 같이 甲은 특수강도의 실행의 착수인 폭행·협박에 나아가지 않았으므로 강도의 신분을 취득하지 않아 특수강도강간죄의 죄책을 지지 않는다.

판례 역시 "야간에 타인의 주거에 침입하여 집안의 동정을 살피는 것만으로는 특수강도의 실행에 착수한 것이라고 할 수 없다"고 하여 특수강도에 착수하기 전에 저질러진 강간행위에 대해 특수강도강간죄의 성립을 부정한 바 있다(대판 1991. 11. 22, 91도2296).

2. 특수강간죄(성폭력처벌법 제4조 제1항)의 성부

(1) 문제의 소재

특수강간죄는 흉기 기타 위험한 물건을 휴대하여 강간한 경우에 성폭력처벌법상 법정형이 가중된 구성요건이다. 사안에서 甲은 칼로 피해자를 협박하고 특수강간죄의 실행에 착수하였으나 그만두고 나왔으므로 미수로 평가된다. 특히 중지미수에 해당하는지가 문제되는데 '자의성'과 '범행의 종국적 포기 필요성'이라는 관점에서 살펴보아야 한다.

(2) 중지미수(형법 제26조)의 성립요건

1) 주관적 요건

피해자의 설득에 의하여 강간행위를 그만둔 경우에 자의성을 인정하여 중지미수로 볼 것인지 아니면 장애미수로 볼 것인지가 문제된다.

① 자의성의 판단 기준   자의성의 판단기준에 대하여는 ① 외부적 사정과 내부적 동기를 구별하여 외부적 사정에 의하여 범죄가 완성되지 않은 경우는 장애미수이고 그렇지 않은 때가 중지미수라는 '객관설', ② 후회, 동정, 기타 윤리적 동기에 의하여 중지한 경우만이 중지미수이고 그렇지 않은 때는 전부 장애미수라는 '주관설', ③ 할 수 있었음에도 불구하고 하기를 원하지 않아서 중지한 때가 중지미수이고, 하려고 하였지만 할 수가 없어서 중지한 때가 장애미수라는 '프랑크의 공식', ④ 일반 사회관념상 범죄수행에 장애가 될 사유가 있어 그만둔 경우는 장애미수이지만, 그러한 사유가 없음에도 불구하고 자기의사에 의하여 중지한 경우에는 중지미수를 인정하는 '절충설', ⑤ 범인의 범행중지의 동기가 형의 필요적 감면을 받을 만한 가치가 있다고 평가되는 경우에는 중지미수이고, 그렇지 않은 경우에는 장애미수라는 '규범설' 등이 대립한다.

판례는 일반 사회통념상 범죄를 완성하는 데 외부적 장애사유가 있었는지 여부에 따라 판단하는바, 자율적 중지의 경우에는 자의성을 인정하지만, 발각·처벌의 두려움이나 여성의 생리 같은 외부적 영향이 있는 경우에는 자의성을 부정하고 있다. 본 사안과 유사한 경우에 판례는 강간피해자가 다음에 만나 친해지면 응해주겠다고 간곡히 부탁하여 중지한 경우 자의성을 인정한 바 있다(대판 1993. 10. 12, 93도1851).

② 검토 및 사안에의 적용

객관설은 해석 여하에 따라 중지미수의 인정범위가 확장될 수 있으며, 주관설은 윤리성의 개념이 애매하다는 점에서 부당하고, 프랑크 공식은 자의성을 가능성의 문제로 파악한다는 점에서 문제가 있다. 규범설은 행위자에게 불리한 유추적용의 위험성이 있고, 중지미수를 불가벌로 하는 독일형법과 달리 필요적 감면사유로 인정하는 우리 형법의 특성을 간과하였다는 비판이 제기된다.

자의성 판단에 관한 다수설과 판례의 입장인 절충설의 관점에서는, 설득에 의한 범행포기는 비록 피해자의 설득이라는 외부적 요인이 있었지만, 범행포기의 의사결정은 사회일반의 통념상 범죄수행에 장애가 될 만한 외부적 장애에 기인한 것으로 볼 수 없다. 따라서 피해자의 설득에 의해 강간행위를 포기한 것은 중지미수의 주관적 요건인 자의성을 충족한다고 볼 수 있다.

2) 객관적 요건 — 범행의 종국적 포기 요부

중지미수의 객관적 요건으로서 착수미수의 경우는 실행의 중지를, 실행미수의 경우는 결과의 방지를 필요로 한다. 사안의 경우 甲이 강간을 하려다 그만둔 행위는 착수미수로서 범행의 중지가 인정된다. 다만 범행의 중지라는 것이 행위의 목표달성 자체를 '종국적'으로 포기할 것을 필요로 하는가가 문제된다.

중지미수를 처벌하지 않는 독일형법과는 달리 우리 형법은 단순히 형을 감경 또는 면제하도록 규정하고 있기 때문에 실행의 중지를 반드시 범행의 종국적 포기로 엄격하게 해석할 필요는 없다. 따라서 행위자가 다음에 보다 유리한 상황에서 실행하기 위해 잠정적으로 행위를 중지하는 것도 실행의 중지에 포함된다. 사안의 경우 甲은 범행을 잠정적으로 중지한 것으로 평가되며, 중지미수의 성립에 범행의 종국적 포기를 요소로 하지 않는 이상 실행의 중지 역시 인정된다.

(3) 소 결

甲이 피해자의 설득에 의해서 강간행위를 포기한 것에 대해서는 중지미수의 주관적 요건인 자의성이 인정된다. 또한 객관적 요건으로서의 범행의 중지는 범행의 종국적 포기를 의미하는 것이 아니어서 실행의 중지 역시 인정된다. 기타 위법성이나 책임조각 사유가 발견되지 않아, 甲은 특수강간죄의 중지미수의 죄책을 진다.

IV. 피해자의 오빠를 밀치고 도망친 행위

1. 준강도죄(형법 제335조)의 성부

(1) 문제의 소재

준강도죄는 절도가 재물의 탈환을 항거하거나 체포를 면탈하거나 죄적을 인멸할 목적으로 폭행 또는 협박을 가함으로써 성립하는 범죄이다. 사안에서 甲에게는 특수강도의 예비죄가 인정되는데, 준강도의 주체에 절도범 외에 (특수)강도범도 포함되는가, 포함된다면 (특수)강도의 '예비'에 불과한 자도 이에 해당되는지를 검토하여야 한다.

(2) 준강도의 주체에 강도(예비)범의 포함 여부

준강도의 주체에 강도가 포함되는지에 대해서는, ① 이를 인정하게 되면 문언해석에 반함을 이유로 강도가 체포면탈 목적으로 폭행·협박하였다면 강도죄와 폭행·협박죄의 실체적 경합범이 성립한다는 견해와, ② 강도의 구성요건은 절도의 구성요건을 포괄하고, 강도범도 적어도 그런 의미에서는 절도죄의 일종이기 때문에 강도도 준강도의 주체가 될 수 있다는 견해가 대립한다.

판례는 "강도범인이 체포를 면탈할 목적으로 경찰관에게 폭행을 가한 때에는 강도죄와 공무집행방해죄는 실체적 경합관계에 있고 상상적 경합관계에 있는 것이 아니다(대판 1992. 7. 28, 92도917)"라고 판시하여 부정설의 입장으로 평가되고 있다.

준강도의 주체에 강도를 포함시켜야 한다는 견해의 주된 논거 중의 하나는, 절도미수가 체포를 면하기 위해 사후적으로 폭행한 경우에는 준강도의 기수범으로 처벌받는데, 강도미수가 동일한 목적으로 폭행한 경우 강도미수와 폭행죄의 실체적 경합범으로 보게 되면 강도미수를 유리하게 취급하는 것이 되어 형사정책적으로 바람직하지 않은 결과를 초래한다는 점이었다. 그러나 판례가 절도미수범이 체포면탈 목적으로 폭행을 가한 경우에 준강도의 기수가 아니라 미수범을 인정하는 것으로 그 태도를 변경하였기 때문에(대판 2004. 11. 18, 2004도5074 전합) 더 이상 위와 같은 처벌의 불균형은 발생하지 않는다. 따라서 이제는 강도를 준강도의 주체에 포함시킬 실익도 없어졌으므로 문언해석에 충실하게 준강도의 주체에서 제외함이 타당하다는 것이다. 그러나 단순강도가 체포를 면하기 위하여 흉기를 휴대하고 폭행·협박을 가한 때에는 불법성과 위험성이 가중되는 것이므로 준강도를 인정할 필요성이 있다. 이 경우 특수강도의 준강도가 성립하는데, 만일 강도가 준강도의 주체가 아니라고 보면 강도와 특수폭행·협박죄의 실체적 경합에 그치게 된다. 따라서 준강도의 주체에 강도도 포함된다고 해석하는 것이 타당하다.

준강도의 주체에 강도를 포함시키는 견해에 의하더라도, 절도 또는 강도죄의 '예비'행위에 그친 자가 체포면탈 등의 목적으로 폭행 또는 협박을 가한 경우에는 준강도죄를 부정하여야 할 것이다. 예비는 미수와는 달리 원칙적으로 불가벌이고, 예비단계에서 체포면탈 또는 죄적인멸 목적으로 폭행 또는 협박을 가한 행위자의 위험성 또는 불법내용이 강도죄와 동일한 정도라고 볼 수는 없기 때문이다.

(3) 소 결

甲이 피해자의 오빠를 밀친 행위는 비록 체포를 면하기 위한 폭행이지만 강도의 실행의 착수 이전인 예비단계에서의 폭행이기 때문에 甲은 준강도의 주체에 속하지 않는다. 즉 甲의 행위는 별도로 폭행죄가 문제될 따름이다.

2. 특수폭행죄의 성부

사안에서 피해자의 오빠를 폭행한 甲의 행위는 일단 폭행죄의 구성요건에 해당하고, 나아가 그러한 행위를 '흉기를 휴대하여' 폭행한 것으로 평가할 수 있다면 형법상 특수폭행죄에 의해 가중처벌된다.

형법 제261조 특수폭행죄의 '휴대하여'의 의미는 몸에 지니는 것을 의미하고 반드시 상대방에게 인식시킬 필요는 없다. 그러나 휴대란 위험한 물건을 범행현장에서 그 범행에 사용하려는 의도로 소지하거나 몸에 지니는 것을 말하므로 **범행과 전혀 무관하게 우연히 이를 소지한 경우는 여기에 포함될 수 없다.**

사안에서 甲은 강도를 계획하고 범행계획에 따라 흉기를 휴대한 자로서, 범행 도중 체포될 상황에 처하면 이를 면탈하기 위해 폭행할 것이라는 점은 충분히 예상할 수 있다. 그러므로 甲의 흉기 소지는 범행과 무관한 우연한 소지로 볼 수 없어 甲에게는 형법상의 특수폭행죄가 성립한다.

V. 피해자를 또다시 강간하려다 치아를 결손시키고 실신케 한 행위

1. 강간미수죄(형법 제300조, 제297조)의 성부

피해자를 아파트 단지의 놀이터로 끌고 가 저항하는 피해자의 입을 손으로 틀어막고 옷을 벗기려 한 행위는 상대방의 반항을 불가능하게 하거나 현저하게 곤란하게 하는 폭행으로서 강간죄의 실행의 착수가 인정된다. 그러나 피해자가 손가락을 깨무는 등 저항을 하여 결국 강간행위에 성공하지 못하였으므로 강간죄의 장애미수에 해당한다.

2. 강간치상죄(형법 제301조)의 성부

(1) 구성요건해당성

1) 주 체

행위의 주체는 강간죄 등을 범한 자로서 그 기수·미수를 불문하여 강간죄가 미수에 그쳤더라도 강간치상죄의 주체에 포함된다.

2) 행 위

① **상해의 결과 발생**　피해자의 치아가 결손되고 실신까지 한 것은 생리적 기능훼손으로서의 건강침해에 해당한다.

② **인과관계 및 객관적 귀속**　강간치상죄의 중한 결과인 상해는 간음행위 그 자체로 인한 경우나 그 수단인 폭행에 의한 경우뿐만 아니라 사안과 같이 널리 강간의 기회에 이루어진 경우에도 인정된다. 판례도 피해자가 강간의 수단인 폭행을 피하려다가 상해결과가 발생한 경우에도 본 죄의 성립을 인정하였고(대판 1978. 7. 11, 78도1331), 본 사안과 유사한 사건에서 피해자가 손가락을 깨물며 반항하자 손가락을 잡아 뽑다가 피해자에게 치아결손

의 상해를 입힌 것에 대해 본 죄의 성립을 인정하였다(대판 1995. 1. 12, 94도2781).

③ **기수 여부** 기본범죄의 미수에 의하여 중한 결과가 발생한 경우에 결과적 가중범의 미수를 인정할 것인지에 대해서 견해가 대립한다. 그러나 이러한 논의는 결과적 가중범에 미수처벌규정이 있는 경우에만 가능한 것으로서, 미수범 처벌규정이 없는 강간치상죄에서는 논의의 실익이 없다. 따라서 사안에서 치상의 결과가 발생한 기본범죄인 강간죄가 미수에 그쳤더라도 甲은 강간치상죄의 기수범으로 처벌된다.[8]

3) 그 밖에 결과적 가중범인 강간치상죄의 성립요건 역시 모두 충족되는 것으로 평가되어 甲에게는 동 죄의 구성요건해당성이 인정된다.

(2) 위법성조각사유의 존부

1) 정당방위(형법 제21조)

사안에서는 甲이 자신의 손이 깨물린 위급한 상황에서 폭행으로 피해자에게 상해를 입혔으므로 이러한 행위가 정당화될 수 있는지 문제된다. 만약 위법성이 조각되면 甲은 강간미수죄의 죄책을 지게 될 뿐이다.

정당방위는 현재의 '부당한' 침해를 방어하기 위한 상당한 이유 있는 행위이어야 하는데, 사안에서 피해자가 손가락을 깨문 행위가 위법한 행위인지를 검토해 보아야 한다. 피해자의 행위는 상해죄의 구성요건에 해당하지만 자신의 성적 자기결정의 자유를 침해하는 甲의 부당한 공격에 대하여(객관적 정당화 상황) 방위하기 위한 행위로서(주관적 정당화 요소), 손가락을 깨무는 행위는 방위에 상당한 수단(수단과 목적 간의 비례성)으로 볼 수 있고 따라서 정당방위에 해당하는 적법한 행위가 된다.

결국 피해자의 적법한 정당방위에 대한 甲의 정당방위는 허용되지 않는다.

2) 긴급피난(형법 제22조)

긴급피난은 자기 또는 타인의 법익에 대한 현재의 위난을 피하기 위한 상당한 이유 있는 행위로서, 위난이 위법할 것을 요하지 않는다. 다만 그 위난이 피난자의 귀책사유로 초래된 경우에도 긴급피난이 가능한지 문제된다.

---

8) 이 사안이 성폭력처벌법 제8조가 적용되는 사안이라고 할 경우는 다음과 같은 판례를 언급하여야 할 것이다. "성폭력범죄의 처벌 및 피해자보호 등에 관한 법률 제9조 제1항에 의하면 같은 법 제6조 제1항에서 규정하는 특수강간의 죄를 범한 자뿐만 아니라, 특수강간이 미수에 그쳤다고 하더라도 그로 인하여 피해자가 상해를 입었으면 특수강간치상죄가 성립하는 것이고, 같은 법 제12조에서 규정한 위 제9조 제1항에 대한 미수범 처벌규정은 구법 제9조 제1항(현재 제8조 제1항)에서 특수강간치상죄와 함께 규정된 특수강간상해죄의 미수에 그친 경우, 즉 특수강간의 죄를 범하거나 미수에 그친 자가 피해자에 대하여 상해의 고의를 가지고 피해자에게 상해를 입히려다가 미수에 그친 경우 등에 적용된다(대판 2008. 4. 24, 2007도10058)."

① 자초위난에 대한 긴급피난의 가능성

(i) 원 칙   긴급피난 상황에 대한 책임이 없을 것이 긴급피난의 요건은 아니므로, 위난 상황의 유발에 책임이 있는 사람도 긴급피난행위를 할 수 있다. 판례는 "선박을 미리 이동 시켜 놓지 않아 태풍을 만나게 되고 그와 같은 위급한 상황에서 선박과 선원들의 안전을 위하여 사회통념상 가장 적절하고 필요불가결하다고 인정되는 조치를 취하였다면 형법상 긴급피난으로서 위법성이 없어서 범죄가 성립되지 아니한다고 보아야 하고, 미리 선박을 이동시켜 놓아야 할 책임을 다하지 아니함으로써 위와 같은 긴급한 위난을 당하였다는 점 만으로는 긴급피난을 인정하는 데 아무런 방해가 되지 아니한다"고 판시하였다(대판 1987. 1. 20, 85도221).

(ii) 예 외   그러나 처음부터 피난행위를 할 '목적'으로 위난을 야기하거나, 고의적인 행 위로 위난을 야기한 경우에는 긴급피난권의 남용으로서 긴급피난이 허용되지 않는다. 판례 역시 "스스로 야기한 강간범행의 와중에 피해자가 피고인의 손가락을 깨물며 반항하자 물 린 손가락을 잡아뽑다가 피해자에게 치아결손의 상해를 입힌 경우를 가리켜 법에 의하여 용인되는 피난행위라 할 수 없다"고 판시하여(대판 1995. 1. 12, 94도2781), 책임 있는 사유에 의한 자초위난과 고의에 의한 자초위난의 경우를 달리 평가하고 있다.

② **사안의 경우**   원칙적으로 긴급피난의 경우에는 위난의 원인이 어디에 있는지를 문 제삼지 않으므로 위난상황 유발에 책임이 있는 자도 긴급피난행위를 할 수 있다. 그러나 자초위난을 이익형량의 요소로 고려하는 것까지 부정하는 것은 아니므로 목적 또는 고의에 의한 자초위난의 경우에는 긴급피난은 허용되지 않는다.

사안에서 甲이 현재의 위난상황에 빠진 것은 스스로 피해자를 고의적으로 공격했기 때 문이다. 따라서 甲이 자신의 법익침해상황을 벗어나기 위해 피해자의 치아를 결손시킨 행 위는 고의에 의한 자초위난으로서 긴급피난에 해당하지 않는다. 그 이외의 위법성조각사유 도 보이지 않고 책임도 인정되므로 甲은 강간치상죄의 죄책을 진다.

VI. 실신한 피해자의 핸드백을 들고 도주한 행위

1. 강도죄 또는 절도죄의 성부

(1) 강도죄(형법 제333조)의 성부

사안에서 甲은 강간의 고의로 폭행하여 상대방이 항거불능상태에 빠지자 비로소 강도의 고의가 생겨 이를 기화로 재물을 취거하였다. 이 경우에 강도죄를 인정할 것인지가 문제된다.

강도죄의 폭행·협박은 '재물취거의 수단'으로 사용되어야 한다. 그러나 甲은 강간 후에 영득의사가 생겨 재물을 취득하였으므로 재물취거와 폭행 사이의 목적·수단관계를 인정할 수 없어 강도죄가 성립하지 않는다. 이 때에는 강간죄와 절도죄의 경합범이 문제될 뿐이다.

판례는 강간범이 강간행위 후에 강도의 범의를 일으켜 항거불능상태에 있는 부녀의 재물을 취득한 사건에서, 범인을 강도강간죄로 의율해야 한다는 검사의 상고의견에 대하여 강간죄와 강도죄의 경합범이 성립될 수 있을 뿐이라는 이유로 상고를 기각하였다(대판 1977. 8. 28, 77도1350. 더 직접적인 판시로 대판 2010. 12. 9, 2010도9630). 강간행위 후가 아니라 강간행위의 종료 전 즉 그 실행행위의 계속 중에 강도행위를 할 경우에는 이때에 바로 강도의 신분을 취득하므로 그 자리에서 강간행위를 계속하면 강도강간죄를 구성한다는 것이다(대판 2010. 12. 9, 2010도9630). 그러나 재물취거와 폭행 사이에 목적·수단관계를 인정할 수 없는 이상, 강도강간죄가 성립하지 않을 뿐만이 아니라 애초에 강도죄 자체가 성립하지 않는 것이므로 위 판시 역시 부당하다. 이에 반해서 성매매 도중에 시비가 붙어 이불을 덮어씌운 상태에서 피해자를 폭행하고 간음한 후 이불 속에 있는 피해자를 두고 나가다가 탁자 위의 피해자 손가방에서 현금 등을 꺼내간 사안에서 폭행과 재물취거 사이에 인과관계가 존재하지 않는다는 이유로 강도죄를 부정하였다(대판 2009. 1. 30, 2008도10308).

(2) 절도죄(형법 제329조)의 성부

甲의 취거행위는 폭행·협박이 재물강취의 수단으로 사용된 것은 아니므로 강도죄가 아닌 단순한 절도죄에 해당한다. 다만, 절도죄의 객체는 타인 소유, 타인 점유의 재물일 것을 요구하는데, 실신한 피해자에게도 점유를 인정할 수 있는지 문제된다. 즉 점유는 사실상 재물지배라는 객관적 요소, 지배의사라는 주관적 요소와 경험법칙에 따른 사회적·규범적 요소로 이루어져 있는데, 실신한 자에게 주관적 요소인 점유의사를 인정할 수 있는지 문제된다.

그러나 재물지배의 의사는 현실적인 의사일 것을 요하지 않으며 잠재적 지배의사로 족하다. 따라서 수면에 빠져 있는 사람이나 의식을 잃은 사람도 점유의사를 가질 수 있어 甲은 절도죄의 책임을 진다.

2. 유기죄(형법 제271조 제1항)의 성부

(1) 문제의 소재

甲은 실신한 피해자를 방치하고 도주하여 이에 대해 유기죄의 죄책을 지울 것인지 검토할 필요가 있다. 형법은 유기죄에 있어서 보호의무의 발생 근거를 법률과 계약에 한정하고 있는데, 그 외에도 사무관리·관습·조리·선행행위에 의한 보호의무의 발생을 인정할 것인가가 문제된다.

(2) 유기죄의 보호의무의 발생 근거

1) 한 정 설

제271조 제1항에서는 주체를 보호의무 있는 자로 제한하고 있기 때문에 법률·계약으로 한정해야 하며, 또한 관습·조리의 경우에는 묵시적 계약에 의한 보호의무로 또는 법률상 보호의무에 해당할 수 있기 때문에 제한적 해석이 타당하다는 견해이다.

2) 확 대 설

형법 제271조 제1항에서 규정한 내용은 예시된 것에 불과하므로 널리 사무관리·관습· 조리·선행행위에 의해서도 보호의무가 발생한다는 견해이다. 이에 따르면 보호의무의 발생근거는 부진정 부작위범의 보증인의무와 동일하게 된다.

3) 판 례

대법원은 현행 형법은 구법과는 달리 보호법익의 범위를 넓힌 반면에 보호책임 없는 자의 유기죄는 없애고 **법률상 또는 계약상의 의무 있는 자만을 유기죄의 주체로 규정**하고 있기 때문에 사회상규상의 보호책임을 관념할 수 없다고 보고, 법률상·계약상의 보호의무가 있는지를 밝혀야 한다고 본다. 이러한 입장에 따라 술에 취하여 우연히 동행하게 된 경우에 위험에 처한 상대방을 구조할 의무가 없다고 판시하였다(대판 1977. 1. 11, 76도3419).

(3) 검토 및 사안에의 적용

보호의무의 근거를 제한하고 있지 않은 독일이나 일본과는 달리 우리 형법은 유기죄의 주체를 법률상·계약상 의무 있는 자로 규정하고 있다. 그럼에도 관습·조리와 같은 불확정 개념을 도입하여 보호의무의 근거를 확대하는 것은 죄형법정주의 원칙에 반하여 법적 안정성에 문제를 일으킨다. 따라서 한정설이 타당하며, 이에 의하면 甲에게는 법률상 또는 계약상 丙에 대한 보호의무가 인정되지 않아 유기죄는 성립하지 않는다. 판례는 사안과 유사한 경우에 "강간치상의 범행을 저지른 자가 그 범행으로 인하여 실신상태에 있는 피해자를 구호하지 아니하고 방치하였다 하더라도 그 행위는 포괄적으로 단일의 강간치상죄만을 구성한다"고 판시하였다(대판 1980. 6. 24, 80도726).

확대설에 따르더라도, 유기죄에 의하여 발생할 정도의 위험이 이미 다른 범죄에 의해서 발생한 경우에는 그 범죄로 처벌될 뿐이지 선행행위에 의한 보호의무가 발생하는 것은 아니다. 사안에서 강간피해자의 생명 또는 신체에 대한 위험은 이미 위법한 선행행위인 강간치상행위로 실현되었기 때문에 이를 구조해야 할 보호의무는 존재하지 않는다. 따라서 甲의 행위는 유기죄의 구성요건에 해당하지 않는다.

VII. 사안의 해결

(1) 甲이 피해자의 집에 들어가 강도를 시도한 행위에 있어서, 특수강도죄의 실행의 착수 시기는 폭행·협박시이므로 甲은 특수강도의 예비범에 해당한다. 한편 특수주거침입죄가 별도로 성립하며, 이는 특수강도예비죄와 실체적 경합관계에 있다.

(2) 강도의 실행에 착수하지 않은 상태에서 행한 강간미수 행위는 특수강도강간죄가 아닌 특수강간죄에 해당하며, 중지미수의 요건인 '자의성'과 실행행위의 중지를 충족시키므로 특수강간미수의 죄책을 지게 된다.

(3) 피해자의 오빠를 밀치고 도망친 행위에 있어서는, 폭행죄만이 성립한다. 준강도의 주체에 강도를 포함시키는 견해에 의하더라도 甲의 행위는 강도예비에 불과하므로 준강도죄는 성립하지 않는다. 甲은 야간에 폭행하였고, 甲이 칼을 소지한 것은 흉기의 휴대로 평가되어 형법상 특수폭행죄에 의해 가중처벌된다.

(4) 피해자를 강간하려다 치아를 결손케 하고 실신케 한 행위는 강간치상죄의 구성요건에 해당한다. 그리고 피해자의 치아를 결손시킨 행위는 고의에 의한 자초위난으로서 긴급피난에 해당하지 않으므로 위법성이 조각되지 않아 甲은 강간치상죄의 죄책을 진다. 한편 첫 번째 강간시도와의 관계에 있어서 접속범 또는 연속범의 요건을 충족시키지 않는지 생각해 볼 수도 있으나, 양자 간에는 시간적 및 장소적 관련성도 없다고 보여지며, 그 중 하나는 상해의 결과를 야기하였기 때문에 단일한 범의와 동일한 법익침해 등의 요건도 충족시키지 못한다.

(5) 피해자의 핸드백을 들고 도주한 행위에서는, 핸드백에 대한 피해자의 점유가 인정되며, 강간의 기회에 행한 폭행이 재물강취의 수단으로 행해진 것이 아니어서 강도죄가 아니라 절도죄의 죄책을 진다. 실신한 피해자를 보호해야 할 법률상·계약상 의무를 인정할 수 없고, 유기죄에 의해 발생할 정도의 위법이 이미 강간행위에 이해 평가되었으므로 별도로 유기죄의 죄책을 인정할 수 없다.

(6) 결국 甲은 특수강도예비와 특수주거침입죄(실체적 경합관계), 특수강간죄의 중지미수, 특수폭행죄, 강간치상죄, 절도죄의 실체적 경합범으로 처벌된다.

7. 상관의 위법한 명령에 복종한 행위 / 범죄목적출입과 주거침입죄

○ 사례 7

경찰서 정보과 과장 甲은 정보과 형사 乙에게 관내에 있는 한총련 회장이 속한 Korea대학교 총학생회실에 도청장치를 설치하여 반미시위에 관한 정보를 수집하라고 지시하였다. 이에 乙은 상사의 지시가 부당하다고 생각했지만 그 지시에 따르는 것이 경찰업무의 일환이라고 생각하면서 승진에 영향을 미칠 것이 두려워 이의제기도 하지 못하고, 평소 알고 지내던 Korea대학교 직원에게 부탁하여 학교 로고가 새겨진 교직원용 점퍼를 빌려 입고 학생회관으로 들어갔다. 학생회관 내 총학생회실 앞으로 간 乙이 학생회실 안으로 들어가려고 하자 학생회 간부는 출입을 제지하였고, 이에 학교에서 비품을 교체하기 위하여 비품현황을 파악하러 왔다고 속여 허락을 받고 총학생회실 안으로 들어가 비품을 살피는 척 하다가 탁자 밑에 도청장치를 숨겨 놓았다. 그러나 실제 도청에 성공하지는 못하였다.

총학생회실을 나오다가 국가보안법 위반으로 오랫동안 체포영장이 발부되어 지명수배를 받고 있던 이 대학 학생회 조직국장이 화장실에서 나오는 것을 발견하여 1계급 특진을 떠올리며 체포하고 싶었지만 자신의 신분이 노출될 것을 두려워한 乙은 수배학생을 검거하지 아니하고 몸을 피해 경찰서로 돌아왔다.

乙의 형사책임은?(통신비밀보호법 포함)

[참조법령]

통신비밀보호법

제3조(통신 및 대화비밀의 보호) ① 누구든지 이 법과 형사소송법 또는 군사법원법의 규정에 의하지 아니하고는 우편물의 검열·전기통신의 감청 또는 통신사실 확인자료의 제공을 하거나 공개되지 아니한 타인 간의 대화를 녹음 또는 청취하지 못한다. 다만, 다음 각호의 경우에는 당해 법률이 정하는 바에 의한다.

－이하 생략－

제8조(긴급통신제한조치) ① 검사, 사법경찰관 또는 정보수사기관의 장은 국가안보를 위협하는 음모행위, 직접적인 사망이나 심각한 상해의 위험을 야기할 수 있는 범죄 또는 조직범죄 등 중대한 범죄의 계획이나 실행 등 긴박한 상황에 있고 제5조 제1항 또는 제7조 제1항 제1호의 규정에 의한 요건을 구비한 자에 대하여 제6조 또는 제7조 제1항 및 제3항의 규정에 의한 절차를 거칠 수 없는 긴급한 사유가 있는 때에는 법원의 허가 없이 통신제한조치를 할 수 있다.

② 검사, 사법경찰관 또는 정보수사기관의 장은 제1항의 규정에 의한 통신제한조치(이하 "긴급통신제한조치"라 한다)의 집행착수 후 지체 없이 제6조 및 제7조 제3항의 규정에 의하여 법원에 허가청구를 하여야 하며, 그 긴급통신제한조치를 한 때부터 36시간 이내에 법원의 허가를 받지 못한 때에는 즉시 이를 중지하여야 한다.

③ 사법경찰관이 긴급통신제한조치를 할 경우에는 미리 검사의 지휘를 받아야 한다. 다만, 특히 급속을 요하여 미리 지휘를 받을 수 없는 사유가 있는 경우에는 긴급통신제한조치의 집행착수 후 지체 없이 검사의 승인을 얻어야 한다.

④ 검사, 사법경찰관 또는 정보수사기관의 장이 긴급통신제한조치를 하고자 하는 경우에는 반드시 긴급검열서 또는 긴급감청서(이하 "긴급감청서등"이라 한다)에 의하여야 하며 소속기관에 긴급통신제한조치대장을 비치하여야 한다.

－이하 생략－

제16조(벌칙) ① 다음 각 호의 어느 하나에 해당하는 자는 1년 이상 10년 이하의 징역과 5년 이하의 자격정지에 처한다.

1. 제3조의 규정에 위반하여 우편물의 검열 또는 전기통신의 감청을 하거나 공개되지 아니한 타인 간의 대화를 녹음 또는 청취한 자
2. 제1호에 따라 알게 된 통신 또는 대화의 내용을 공개하거나 누설한 자

－이하 생략－

제18조(미수범) 제16조 및 제17조에 규정된 죄의 미수범은 처벌한다.

해 설

Ⅰ. 논점의 정리

본 사안에서 형사책임이 문제되는 乙의 행위는 '도청장치 설치를 목적으로 학생회관 내 총학생회실에 들어간 행위', '총학생회실에 도청장치를 설치한 행위', '국가보안법 위반으로 수배중인 자를 보고서도 체포하지 않은 행위'의 세 부분으로 나눌 수 있다.

(1) 우선 도청장치 설치를 목적으로 학생회관 내 총학생회실에 들어간 행위에서는 주거 침입죄의 성부를 검토해야 한다. 학생회관에의 출입과 총학생회실에의 출입을 나누어서 판단해야 할 것이다. 학생회관을 일반에게 공개된 장소로 볼 수 있다면 이러한 장소에의 출입이 침입에 해당하는지가 문제되고, 총학생회실의 경우 학생회 간부의 제지가 있었으나 乙이 자신을 교직원이라고 기망하였다는 점에서 주거권자의 착오에 의한 허락이 본 죄의 성립에 어떠한 영향을 주는지 살펴보아야 한다.

(2) 총학생회실에 도청장치를 설치한 행위에서는 통신비밀보호법위반죄로 처벌할 것인지가 문제된다. 우선 본 죄의 구성요건해당성에 있어서 실제로 도청이 이루어지지 않은 경우에도 도청장치를 설치한 것만으로 본 죄의 기수범을 인정할 것인지가 문제된다. 도청장치의 설치가 상관의 명령에 따라 이루어진 것이라는 점에서 '구속력 있는 상관의 명령에 복종한 경우'에 이를 정당행위로 보아 위법성을 조각할 수는 없는지, 또한 통신비밀보호법에서 규정한 감청이 허용되는 예외 사유에 해당하지 않는지를 검토하겠다. 위법성이 인정되는 경우에도 '강요된 행위' 내지는 '기대불가능성'을 이유로 한 책임조각의 가능성도 살펴보아야 한다.

(3) 국가보안법 위반으로 수배중인 자를 보고서도 체포하지 않은 행위에 대해서는 부작위에 의한 직무유기죄 및 범인도피죄의 성부가 문제된다. 체포를 시도할 경우 경찰관임이 탄로가 나서 도청장치를 설치한 것이 발각되거나 乙의 생명 및 신체에 위험이 발생할 수도 있었다는 점을 생각할 때 긴급피난에 의한 위법성 조각 또는 기대불가능성을 이유로 한 책임조각의 가능성을 검토해야 한다.

위에서 살펴본 대로 범행의 시간적 순서에 따라 죄책을 논의하는 것이 일반적이지만, 사안의 경우 주거침입죄의 성부를 검토하려면 일단 乙의 출입이 '범죄'를 목적으로 한 출입인지의 판단이 선행되어야 한다. 따라서 도청장치를 설치한 행위에 대해 범죄(통신비밀보호법위반죄)가 성립하는지를 살펴본 다음에 주거침입의 문제를 검토하겠다.

II. 총학생회실에 도청장치를 설치한 행위

1. 구성요건해당성-통신비밀보호법위반죄(제3조, 제16조, 제18조)

乙이 반미시위에 관한 정보 수집을 목적으로 학생회관 내 총학생회실에 도청장치를 설치한 행위는 통신비밀보호법 제3조(통신 및 대화비밀의 보호)에서 금지하는 행위에 해당한다. 다만 도청장치를 설치하였을 뿐이고 아직 현실적으로 녹음 또는 청취에 나아간 바는 없으므로 제18조의 미수범 처벌규정이 적용된다.

2. 위법성조각사유의 존부

(1) 상관의 위법한 명령에 복종한 경우 정당행위(**형법 제20조**)의 인정 여부

1) 문제의 소재

공무원은 상관의 직무명령에 복종할 의무가 있다(국가공무원법 제57조 공무원은 직무를 수행할 때 소속 상관의 직무상 명령에 복종하여야 한다). 따라서 적법한 상관의 지시 또는 명령에 복종하는 행위는 법적 구속력이 있는 법령에 의하는 행위로서 정당행위에 해당한다. 그러나 직무상 명령은 적법할 것을 요한다. 감청허가를 받지도 않고 비밀리에 도청장치를 설치하라는 명령은 위법하다고 밖에 볼 수 없다. 따라서 사안과 같은 경우는 위법한 명령에 복종한 경우로서 정당행위가 될 수 없다.

다만 위법한 명령으로 법적 구속력은 없더라도 그 명령에 사실상 구속력이 있다면 이에 따른 경우 위법성이 조각되는지에 대해서는 견해가 대립한다. 사안의 경우 경찰공무원의 조직적 특성과 경찰업무의 일환으로 생각하였다는 점에서 상관의 명령에 '사실상' 구속력이 인정되어 위법성이 조각될 것인지의 문제를 검토해야 한다.

2) 견해의 대립

① 위법성 조각 긍정설   상관의 명령이 위법한 경우에도 그 명령에 사실상 구속력이 인정된다면 충돌하는 의무 사이의 이익교량으로 해결하자는 견해이다. 명령을 이행하는 부하의 행위가 비교적 '경미한' 법위반에 해당하는 경우라면 명령 복종에 우월적 이익을 인정할 수 있으므로 상관의 명령은 구속력을 갖는다. 이때 명령을 받은 부하는 법적 복종의무(작위의무)와 다른 한편으로는 법적으로 허용되지 않는 이행행위의 부작위(부작위의무) 사이의 충돌상황에 놓이게 되고, 국가 활동의 기본적 질서원리로서 상관에 대한 복종의무가 불법회피의무보다 우선하므로 의무의 충돌 또는 긴급피난으로서 정당화된다고 본다.

② 위법성 조각 부정설   위법한 명령에 구속력이 없는 경우라면 이에 따른 행위에 대해 위법성 조각을 논의할 여지는 없다. 위법한 명령이 구속력이 있는 경우에도 그 구속력

이 위법을 적법으로 변화시킬 수는 없으며, 설사 상관의 명령에 절대적 구속력이 있어서 거역할 수 없더라도 기대불가능성을 이유로 한 책임 조각이 가능할 뿐이지 위법성을 조각할 수는 없다고 본다.

③ 판례의 태도   판례는 "공무원이 그 직무를 수행함에 즈음하여 상관은 하관에 대하여 범죄행위 등 위법한 행위를 하도록 명령할 직권이 없는 것이며, 또한 하관은 소속 상관의 적법한 명령에 복종할 의무는 있으나 그 명령이 위법 내지 불법한 명령일 때에는 이는 벌써 직무상의 지시명령이라고 할 수 없으므로 이에 따라야 할 의무가 없다"라고 하여 위법한 명령에 복종한 경우 위법성이 조각될 수 없음을 명백히 하고 있다(대판 1999. 4. 23, 99도636; 동지 1980. 5. 20, 80도306; 대판 1988. 2. 23, 87도2358; 대판 1997. 4. 17, 96도3376; 대판 1999. 4. 23, 99도636). 다만, 중대장의 지시에 따라 관사를 지키고 있던 중 중대장과 함께 외출나간 그 처로부터 24 : 00경 비가 오고 밤이 늦어 혼자 귀가할 수 없으니 관사로부터 1.5킬로미터 가량 떨어진 지점까지 우산을 들고 마중을 나오라는 연락을 받고 당번병으로서 당연히 해야 할 일로 생각하고 그 지점까지 나가 동인을 마중하여 그 다음날 01 : 00경 귀가하였다면 위와 같은 당번병의 관사이탈 행위는 중대장의 직접적인 허가를 받지 아니하였다 하더라도 당번병으로서의 그 임무범위 내에 속하는 일로 오인하고 한 행위로서 그 오인에 정당한 이유가 있어 위법성이 없다고 볼 것이라고 판시하여 오인에 정당한 이유가 있는 경우 정당행위를 인정한 바 있다(대판 1986. 10. 28, 86도1406).

3) 검토 및 사안에의 적용

위법하지만 면책될 수 있다는 견해가 다수설의 입장이다. 그러나 구속력을 갖는 상관의 명령에 복종하는 행위가 위법하다고 본다면 복종의무를 다한 부하의 행위에 대해서 정당방위가 가능하게 된다는 점에서 부당하다. 복종의무를 다한 자를 정당방위의 대상이 되게 할 수는 없다.

물론 명령이행행위가 정당화되면 명령 이행행위로 인하여 침해받은 피해자의 정당방위권이 부정되므로 명령 이행행위는 그 위법이 경미한 경우에만 위법성이 조각된다. 이러한 경미한 위법의 경우 이에 따른 침해의 정도가 심하지 않을 뿐만 아니라, 국가에 대한 배상청구권은 보장되기 때문에 침해를 수인하도록 하는 것이 상대방에게 가혹하거나 부당한 것은 아니기 때문에 사실상 구속력을 인정하고 위법성을 조각하는 것이 가능하다고 판단된다.

이에 따라 사안을 적용해 보면, 사안에서는 침해되는 법익이 통신의 비밀·사생활의 자유라는 헌법상 명문규정으로 보장되는 인격적 법익에 해당한다. 이처럼 중요한 법익을 침해하는 행위를 내용으로 한다면 그 위법의 정도는 중대하여 이미 직무상의 지시명령일 수 없다. 나아가 사실상 구속력도 없는 위법한 명령으로서 이에 복종하여 도청장치를 설치한 행위는 판례의 입장에 따르더라도 위법성이 조각될 수 없다.

(2) 통신비밀보호법상의 위법성조각사유

범죄 수사 등을 목적으로 도청 등의 통신제한조치를 하기 위해서는 사전에 법원의 허가를 받을 것을 요한다(통신비밀보호법 제6조). 다만 제8조에 규정한 긴급한 사유가 인정되면 법원의 허가를 받지 않았더라도 통신제한조치의 위법성이 조각된다. 사안에서 乙은 법원의 허가를 받지 않았으므로, 甲의 명령과 乙의 행위가 위법성이 조각되기 위해서는 '긴급성'을 요한다.

사안을 살펴보면 甲은 반미시위에 관한 정보를 수집하기 위해 도청의 명령을 내렸지만 반미시위가 일어날 현저한 개연성을 인식하고 내린 명령은 아닌 것으로 보인다. 대학의 학생회가 일반적으로 반미투쟁적인 성격을 띠고 있다는 사정만으로는 특별히 긴급한 상황이 있다고 할 수 없다. 따라서 본 사안의 경우는 통신비밀보호법 제8조에서 허용되는 법원의 허가 없는 통신제한조치가 가능한 상황에 해당하지 않는다.

3. 책임조각사유의 존부

(1) 강요된 행위(형법 제12조)에의 해당 여부

강요된 행위란 '저항할 수 없는 폭력'이나 '자기 또는 친족의 생명·신체에 대한 위해를 방어할 방법이 없는 협박'에 의하여 강요된 행위를 말한다.

사안에서 상사 甲의 지시가 저항할 수 없는 폭력에 해당하지 않음은 분명하다. 甲의 명령을 승진을 빌미로 한 협박으로 평가할 수 있다 하더라도, 생명 또는 신체에 대한 위해의 협박이 아닌 이상 강요된 행위의 요건을 충족시킬 수 없다.

(2) 초법규적 책임조각사유(기대불가능성)에의 해당 여부

강요된 행위 등 형법에 규정된 경우 이외에 '기대불가능성'을 초법규적 책임조각사유로 인정하면 형법의 규범적 기능을 약화시킬 위험이 있으므로 부당하다는 견해도 있다. 그러나 실정법에서 기대불가능한 사정을 모두 규정한다는 것은 입법적으로 불가능하고, 현행법상으로는 그나마 책임조각사유에 관한 규정도 불충분하다는 점을 고려할 때 구체적인 사정에 따라 기대불가능성을 초법규적 책임조각사유로 인정하여 형벌권의 행사를 완화할 필요가 있다.

하지만 사안의 경우에는 그러한 기대불가능성을 인정하기 어렵다. 乙은 甲의 명령이 부당한 것임을 명백히 인식하고 있었으며, 승진에 영향을 미칠 것이 두려웠다는 사실만으로는 기대가능성을 부정할 수 없다. 설사 경찰관의 경우 상관의 명령에 절대 복종하여야 한다는 것이 불문율처럼 되어 있더라도 국민의 기본권인 사생활의 자유(헌법 제17조) 및 통신의 자유(헌법 제18조)를 침해하는 행위는 우리의 법질서상 명백한 불법으로서 적법행위에 대한 기대가능성이 없는 경우에 해당하지 않는다.

(3) 판례의 태도

안기부장의 지시에 따라 특정 대통령 후보를 비방하는 허위내용의 책자를 발간하여 선거법 위반 및 출판물에 의한 명예훼손 등이 문제된 사건에서, 판례는 "안기부가 엄격한 상명하복의 관계에 있는 조직이라고 하더라도 안기부 직원의 정치관여가 법률로 엄격히 금지되어 있고, 피고인도 상관의 의도를 잘 알고 있었으며, 여기에 피고인의 경력이나 지위 등에 비추어 보면, 이 사건 범행이 강요된 행위로서 적법행위에 대한 기대가능성이 없다고 볼 수는 없다"고 판시하였다(대판 1999. 4. 23, 99도636; 참조판례 1980. 5. 20, 80도306 - 김재규 내란목적 살인사건; 대판 1988. 2. 23, 87도2358 - 박종철 군 고문치사사건; 대판 1997. 4. 17, 96도3376 - 5·18 내란사건).

4. 소 결

乙이 상관 甲의 지시로 도청장치를 설치한 것은 통신비밀보호법 제3조에 위반된 행위로서 아직 청취 또는 녹음에는 나아가지 않아 미수범에 해당한다. 도청장치를 설치하라는 명령은 그 위법이 경미하다고 볼 수 없어 명령의 구속력이 부정되므로 위법성이 조각될 수 없고, 통신비밀보호법 제8조의 긴급통신제한조치가 가능한 경우에도 해당하지 않는다. 상관의 명령에 복종하지 않을 것이 기대불가능하다고 보이지 않아 면책사유도 부정되므로 결국 乙은 통신비밀보호법위반죄(제3조) 미수범의 책임을 진다.

III. 도청 목적으로 학생회관 내 총학생회실을 출입한 행위 - 주거침입죄(형법 제319조 제1항)의 성부

1. 문제의 소재

앞에서 살펴본 대로 乙이 도청장치를 설치한 행위는 통신비밀보호법 위반죄의 죄책에 해당한다. 乙은 이러한 범죄 목적을 숨기고 학생회관 내 총학생회실에 들어간 것인데, 이를 '주거침입'으로 보아 처벌할 것인지가 문제된다. 주거침입죄의 성부는 학생회관에의 출입과 총학생회실의 출입을 나누어서 판단해야 할 것이다.

학생회관의 경우 일반인의 출입이 자유롭게 허용된 곳이라면 이러한 장소에 범죄목적으로 출입한 경우 본 죄의 성부가 문제된다. 학생회관에의 출입에 대해 주거침입이 부정될 경우에도, 총학생회실은 일반 공중의 출입이 허용되지 않는 개별적 공간이므로 주거권자를 기망하여 출입한 경우에 하자 있는 허락에 기초한 출입으로서 주거침입죄를 인정할 것인지 가 문제된다.

2. 학생회관에 출입한 행위

(1) 학생회관이 일반적 출입이 허용된 장소에 해당하는지 여부

우선 대학교나 대학교의 학생회관을 은행·백화점·음식점·전시장 등과 같이 일반 공중 에게 개괄적인 출입이 허용된 장소로 볼 것인지가 문제된다. 판례는 "일반적으로 대학교의 강의실은 그 대학당국에 의하여 관리되면서 그 관리업무나 강의와 관련되는 사람에 한하여 출입이 허용되는 건조물이지, 널리 일반인에게 개방되어 누구나 자유롭게 출입할 수 있는 곳은 아니다"라고 한다(대판 1992. 9. 25, 92도1520). 그러나 사안의 경우는 학생회관으로서 강의실과 같이 용도와 목적이 정해진 곳이 아니므로 특정한 자에게만 출입이 허용된다고 제한할 이유가 없다. 현실적으로 볼 때에도 학생회관은 학생들의 학교 내에서의 생활 일반 과 관련하여 학생뿐만 아니라 다양한 사람들이 출입하고 있다. 따라서 학생회관은 일반인 의 출입이 허용된 건조물에 해당한다.

(2) 일반적 출입이 허용된 장소에 범죄목적 출입시 주거침입죄의 성부

일반적 출입이 허용된 장소에 범죄목적으로 출입한 경우에 이를 침입으로 보아 주거침 입죄로 처벌할 것인지에 대해서는 긍정설과 부정설의 견해가 대립한다. 과거 판례는 "다방, 당구장, 독서실 등의 영업소가 들어 있는 건물 중 공용으로 사용되는 계단과 복도는 누구 나 자유롭게 통행할 수 있는 장소이기 때문에 범죄의 목적으로 들어가는 경우를 제외하고 는 출입에 관하여 관리자나 소유자의 묵시적 승낙이 있다고 보아 주거침입죄를 구성하지 않는다"라고 하여 공개된 장소라 하더라도 **범죄의 목적으로 들어간 경우 주거침입죄의 성 립을 인정**하고 있다(대판 1985. 2. 8, 84도2917).

그러나 공개된 장소에서는 관리자의 특별한 선별이 없이 출입이 허용되는 것이고, 목적 이 위법하다는 것만으로는 사실상의 평온을 해하는 행위태양이 있다고 할 수 없다. 특별한 개인적 출입금지에 위반하거나 부당한 행위태양－예컨대 담을 넘어 들어가거나 영업시간 외에 출입한 경우, 집회관련 외부인의 출입을 금지한 대학구내(대판 2003. 9. 23, 2001도4328) 등－이 아닌 이상 범죄의 목적만 가지고 그 출입을 '침입'이라 판단할 수는 없다. 즉 사안 에서 乙의 학생회관에의 출입은 침입의 행위태양에 해당하지 않아 본 죄의 구성요건해당성 이 부정된다고 봄이 타당하다.

과거 소위 '초원복집' 판례로 불리던 추정적 의사를 통해 주거침입죄를 인정하던 판례는 전원합의체 판결로 역사의 뒤안길로 사라지게 되었다. 2021년 전원합의체 판례는 공동주거권자 1인의 부재 중 현재하는 거주자와 혼외성관계를 목적으로 그의 현실적인 승낙을 받아 통상적인 출입 방법에 따라 공동주거에 들어간 사안에서 주거침입죄를 부정한 바 있는데, "주거침입죄의 보호법익은 사적 생활관계에 있어서 사실상 누리고 있는 주거의 평온, 즉 '사실상 주거의 평온'으로서, 주거를 점유할 법적 권한이 없더라도 사실상의 권한이 있는 거주자가 주거에서 누리는 사실적 지배·관리관계가 평온하게 유지되는 상태를 말한다. 이러한 보호법익은 주거를 점유하는 사실상태를 바탕으로 발생하는 것으로서 사실적 성질을 가진다. 공동거주자 개개인은 각자 사실상 주거의 평온을 누릴 수 있으므로 어느 거주자가 부재중이라고 하더라도 사실상의 평온상태를 해치는 행위태양으로 들어가거나 그 거주자가 독자적으로 사용하는 공간에 들어간 경우에는 그 거주자의 사실상 주거의 평온을 침해하는 결과를 가져올 수 있다. 그러나 공동거주자 중 주거 내에 현재하는 거주자의 현실적인 승낙을 받아 통상적인 출입방법에 따라 들어갔다면, 설령 그것이 부재중인 다른 거주자의 의사에 반하는 것으로 추정된다고 하더라도 주거침입죄의 보호법익인 사실상 주거의 평온을 깨뜨렸다고 볼 수는 없다(대판 2021. 9. 9, 2020도12630 전합)"고 판시한 것은 추정적 의사에 반하더라도 사실상 평온이라는 보호법익을 침해하지 않는 한 주거침입죄를 부정하겠다는 입장으로 볼 수 있다.

그 연장선상에서 이 사건 사례와 유사하게 일반인이 출입이 허용되는 식당에 도청목적으로 들어간 경우 주거침입죄가 인정될 수 없다는 2022년 전원합의체 판결이 선고되었다. "음식점의 영업주로부터 승낙을 받아 통상적인 출입방법에 따라 위 각 음식점의 방실에 들어간 이상 사실상의 평온상태를 해치는 행위 태양으로 음식점의 방실에 들어갔다고 볼 수 없으므로 주거침입죄에서 규정하는 침입행위에 해당하지 않는다. 설령 피고인들이 다른 손님인 공소외인과의 대화 내용과 장면을 녹음·녹화하기 위한 장치를 설치하거나 장치의 작동 여부 확인 및 이를 제거할 목적으로 위 각 음식점의 방실에 들어간 것이어서 음식점의 영업주가 이러한 사정을 알았더라면 피고인들의 출입을 승낙하지 않았을 것이라는 사정이 인정되더라도, 그러한 사정만으로는 사실상의 평온상태를 해치는 행위 태양으로 위 각 음식점의 방실에 출입하였다고 평가할 수 없다. 따라서 피고인들에 대하여는 주거침입죄가 성립하지 않는다."라고 판시하면서 기존의 초원복집 판례를 25년만에 변경하기에 이르렀다(대판 2022. 3. 24, 2017도18272). 즉, 일반인의 출입이 허용되는 곳 역시 사실상의 평온상태를 해치는 행위태양으로 들어가는 경우가 아니라면 범죄목적만으로 주거침입죄를 인정할 수 없다고 보아야 한다. 주거침입죄는 목적범이 아니기 때문이며, 구성요건의 명확성 확보를 위한 죄형법정주의의 관점에서도 타당한 판결이다.

이에 반하여 피해자가 피고인과의 만남을 거부하는 상황에서 교제시 알고 있던 피해자

거주의 공동주택 공동출입문의 비밀번호를 입력하여 들어갔다면 피해자뿐만 아니라 공동주거자의 현실적 및 추정적 의사에 반할 것이고 입주자의 사실상의 평온 상태를 해치는 행위이므로 주거침입죄가 성립한다(대판 2022. 1. 27, 2021도15507).

3. 총학생회실에 출입한 행위

사안에서 乙을 제지하던 학생회 간부는 총학생회실에 출입하려는 외부인에 대해 출입을 허락할 수 있는 주거권자에 해당한다. 乙이 자신의 목적을 숨기고 받은 학생회 간부의 허락의 의사표시는 진정한 의사와 일치하지 않을 것이 경험칙에 부합한다. 이 경우 허락의 의사표시의 유효성이 부정된다고 볼 것인지, 아니면 乙이 전혀 피해자 모르게 총학생회실에 들어온 것이 아니라, 주거권자의 현실적이고도 명시적인 허락을 받았기 때문에 사후의 추정적·가정적 의사가 이와 반대되더라도 유효한 허락의 의사표시로 보아야 할 것인지가 문제된다.

(1) 주거권자의 착오에 기한 허락의 의사표시의 효력 여부

1) 유 효 설

외부인의 출입에 대한 주거권자의 동의는 주거침입죄의 구성요건해당성을 배제하는 '양해'에 해당한다. 양해는 순수하게 사실적인 성격을 갖고 있어 자연적 의사능력만 있으면 족하므로 기망에 의한 양해의 경우에도 양해는 유효하여 주거침입죄가 부정된다는 입장(사실성질설)과, 양해가 항상 사실적 성격을 갖는 것은 아니어서 자연적 통찰력과 판단능력을 고려하는 경우도 존재하지만 주거침입의 경우는 사실상의 지배관계의 침해에 관련된 경우이므로 역시 착오에 기한 양해도 유효하다고 보는 입장(개별검토설)이 있다.

법익침해의 측면에서 살펴볼 때에도 범죄목적이라도 일단 주거자의 승낙이 있으므로 사실상의 평온이 침해된 것은 아니어서 침입이 아니라고 본다. 형사정책적으로도 목적한 범죄에 대해서만 처벌하면 되지 굳이 주거침입죄까지 인정할 필요는 없다고 본다.

2) 무 효 설

주거권자의 허락은 위법성 조각사유인 피해자의 승낙에 해당하므로 기망에 의한 승낙은 자유로운 의사에 기한 진지한 승낙이 아니므로 그 유효성이 부정된다고 하거나, 구성요건해당성 배제사유인 양해로 보면서도 형식적으로 동의가 있는 경우에도 그것이 강제 또는 기망에 의하여 얻어진 경우에는 양해로서의 효력이 없다고 보는 견해가 있다.

3) 판 례

대법원은 과거에는 "대리응시자들의 시험장 입장은 시험 관리자의 승낙 또는 추정적 의사에 반한 불법침입"이라고 하여 주거침입죄를 인정하였고(대판 1967. 12. 19, 67도1281), 이른바 '초원복집 사건'에서도 "피고인이 도청용 송신기를 설치할 목적으로 손님을 가장하여 음식점에 들어간다는 사정을 영업자가 알았더라면 출입을 허용하지 않았을 것으로 보는 것이 경험칙에 부합한다"라고 하여 주거침입죄의 성립을 인정하였다(대판 1997. 3. 28, 95도2674; 대판 1978. 10. 10, 75도2665). 그러나 앞서 살펴본 바와 같이, 음식점의 영업주가 이러한 사정을 알았더라면 피고인들의 출입을 승낙하지 않았을 것이라는 사정이 인정되더라도, 그러한 사정만으로는 사실상의 평온상태를 해치는 행위 태양으로 위 각 음식점의 방실에 출입하였다고 평가할 수 없다고 전원합의체를 통해 판례를 변경하였다(대판 2022. 3. 24, 2017도18272). 나아가 대법원은 전원합의체를 통해 "거주자가 출입을 승낙한 사안에서 행위자의 출입 목적 등과 같은 승낙의 동기에 착오가 있다는 이유로 주거침입죄로 처벌해서는 안 된다. 단순히 승낙의 동기에 착오가 있다고 해서 승낙의 유효성에 영향을 미치지 않는다. 거주자가 승낙했는데도 그 동기에 착오가 있는 경우까지 승낙의 유효성을 부정하여 주거침입죄가 성립한다고 인정한다면 주거침입죄로 처벌되는 범위가 지나치게 넓어져 부당한 결과를 가져온다. 나아가 주거침입죄는 목적범이 아니므로, 주거침입죄의 성립 여부를 판단할 때 출입목적은 고려사항이 아니다. 범죄를 목적으로 주거에 출입한 경우, 출입 목적이 범죄에 해당하는지는 주거침입죄의 성립 여부와 상관이 없다. 주거침입죄는 출입 목적에 해당하는 범죄를 처벌하지 못하는 공백을 메우기 위한 수단이 아니다. 출입 목적의 불법성 여부에 따라 주거침입죄가 성립하는지를 판단하게 되면, 출입 이후에 범죄 목적이 생긴 경우와 구분이 명확하지 않고 주거침입죄의 성립 여부가 목적이라는 주관적 요소에 좌우되어 실질적으로 형법의 보충성 원칙에 반하여 죄형법정주의를 위반할 우려가 있고 법적 안정성을 침해하게 된다."고 판시하면서 승낙의 동기나 목적에 착오가 있다고 하더라도 승낙의 유효성에 영향이 없음을 명백히 판시하였다.

(2) 검토 및 사안에의 적용

주거침입이란 주거권자의 자유로운 의사에 반하여 출입하는 것을 의미하므로, 행위자가 비록 기망에 의하여 착오에 빠져 의사표시에 하자가 있는 허락을 하였더라도 자유로운 의사에 기한 이상 구성요건해당성을 배제하는 양해로서의 효력에는 영향이 없다. 보호법익의 측면에서 살펴보아도 사실상의 평온이라는 보호법익을 침해한 바 없다. 전원합의체 판례의 취지에 의할 때에도 추정적 의사에 반하는 사실만으로 곧바로 사실상 평온이라는 보호법익을 침해하였다고 인정하기 어렵다는 점에서 사안의 총학생회실과 같이 공개되지 않은 장소에 기망수단에 의하여 주거자의 착오에 기한 허락을 받아 들어간 경우에도 허락의 의사표시는 여전히 유효하며 보호법익의 침해도 없어 주거침입죄는 성립하지 않는다고 봄이 타당하다.

IV. 수배자를 체포하지 않고 몸을 피한 행위

1. (특수)직무유기죄의 성부

(1) 구성요건해당성(형법 제122조, 국가보안법 제11조)

공무원이 정당한 사유 없이 그 직무수행을 거부하거나 직무를 유기한 때에는 형법상 직무유기죄가 성립한다. 직무의 '유기'란 직무를 의식적으로 방임 내지 포기하고 정당한 사유 없이 직무를 수행하지 않는 것으로서(대판 2002. 5. 17, 2001도6170), 당장에 직무를 수행할 수 없는 상황이라면 유기에 해당한다고 볼 수 없다. 또한 공무원이 태만, 분망, 착각 등으로 인하여 직무를 성실히 수행하지 않았거나 형식적 또는 소홀히 직무를 수행하여 성실한 직무수행을 못한 것에 불과한 경우에는 직무유기가 아니다(대판 1994. 2. 8, 93도3568; 대판 1997. 4. 11, 96도2753). 경찰공무원의 경우 어떠한 상황에서라도 반드시 수배자를 체포해야 할 의무가 있는 것은 아니다.

사안의 경우는 경찰관임이 탄로 나면 도청장치를 설치한 것이 발각될 수 있고, 학생회관 내라는 특수한 환경이라는 점을 고려할 때 체포가 현실적으로 용이하지 않으므로 체포를 하지 않은 것이 정당하다고 생각할 수도 있다. 그러나 당장에 체포는 불가능하더라도 미행을 하거나 최소한 경찰서에 연락하여 지원을 받는 등의 필요한 조치는 취할 수 있었다. 그러나 乙은 만연히 신분노출을 두려워하여 몸을 피해 경찰서로 돌아왔을 뿐, 수배자를 체포하기 위한 어떠한 성의 있는 행동도 하지 않았다. 따라서 이는 직무를 의식적으로 방임 내지 포기한 것으로서 '유기'에 해당한다고 평가할 수 있다.

범죄 수사 또는 정보의 직무에 종사하는 공무원이 국가보안법의 죄를 범한 자라는 정을 알면서 그 직무를 유기한 때에는 국가보안법상 '특수직무유기죄'가 성립한다(국가보안법 제11조). 사안에서 乙은 경찰관이고 학생회 조직국장이 국가보안법 위반으로 수배를 받고 있었다고 설시되어 있으므로 乙에게는 특수직무유기죄의 구성요건해당성이 인정된다.

(2) 위법성조각사유(긴급피난)의 인정 여부

사안에서 乙이 수배자를 체포하지 않고 몸을 피한 것이 자신의 법익에 대한 현재의 위난을 피하기 위한 행위로서 긴급피난에 해당하지는 않는지 문제된다.

乙은 경찰관으로서 형법 제22조 제2항에 의해 위난을 피하지 못할 책임이 있는 특별의무자로서 긴급피난이 제한되어야 한다. 그러나 특별의무자라고 항상 긴급피난이 부정되는 것은 아니며, 사망이나 중대한 신체상해의 위험이 확실시될 때에는 위험을 제거하지 않고 단순히 회피했어도 긴급피난으로 정당화된다. 경찰관임이 발각될 경우 다수의 학생에 의해 생명 및 신체에 중대한 위험이 발생할 가능성이 있다고 보면 제22조 제2항의 특칙은 배제될 수 있어, 긴급피난의 요건 일반에 대해 검토해야 할 것이다.

1) 위난의 현재성

우선 위난의 현재성을 인정할 수 있는지가 문제된다. 현재의 위난이란 이미 발생한 위난 상태에 있거나 곧 위난이 발생할 것으로 거의 확실히 예상되는 경우를 말한다. 사안의 경우는 위난이 발생하려면 자신의 체포행위가 전제되어야 한다는 점에서 현재성을 인정할 것인지 의문이 제기된다. 긴급피난의 현재성은 정당방위보다 넓게 파악하여 급박하지는 않더라도, 침해가 예견되는 경우라면 현재성을 인정할 수 있다. 그러나 乙은 체포행위를 할 것인지 결정하여 위난의 발생 여부를 스스로 결정할 수 있다. 乙이 체포행위를 개시하지 않은 상황에서 침해가 합리적으로 예견될 수도 없을뿐더러 어떠한 위난도 발생할 수 없으므로 위난의 현재성은 부정함이 타당하다.

2) 자초위난의 문제

乙이 체포행위를 개시하여 위난이 현실적으로 발생할 경우에도 이는 자초위난으로서 긴급피난이 부정되는 경우가 아닌지 문제된다. 자초위난의 상황일지라도 긴급피난이 항상 부정되는 것은 아니지만, 도청장치를 설치하라는 지시가 있을 정도라면 수배학생이 학생회관 내에 있을 것이라는 점은 쉽게 예상할 수 있을 것이고, 자신이 학생회관에 들어가면 수배학생을 만나서 체포해야 할 상황이 올 것이라는 점에 대해 충분히 예견가능하다. 즉 예상하지 못한 위난이 현실화될 경우도 아니어서 긴급피난이 부정된다 할 것이다.

결론적으로 사안에서는 위난의 현재성을 인정할 수 없고, 위난이 현실화될 경우에도 충분히 예상 가능한 자초위난으로서 긴급피난을 인정할 수 없다.

(3) 책임조각사유(기대불가능성)의 인정 여부

사안에서 도청장치를 설치하고 나오는 乙에게 수배자의 체포를 요구하는 것이 기대불가능한 경우로서 면책사유에 해당하지는 않는지 문제된다. 乙에게 체포의 기대가능성이 부정되는 사유로서는 체포행위에 착수하여 경찰관의 신분이 드러나면 '도청장치를 설치한 것이 발각될 경우'와 '학생들에 의해 생명 및 신체에 중대한 위험이 발생할 경우'로 나누어서 생각할 수 있다.

1) 우선 '도청장치 설치가 발각될 수 있다'는 것은 기대가능성을 부정할 사유로 볼 수 없다. 감청허가를 받지 않은 도청장치 설치가 불법임은 앞에서 확인하였고, 乙은 이를 잘 알고 있었으므로 불법이 드러날 것을 이유로 기대가능성을 부정함은 옳지 않다. 기대불가능성은 행위자에게 책임비난을 할 수 없다는 의미로서, 스스로 불법을 행한 자가 그 불법이 드러날 것을 막기 위해 또 다른 불법을 행한 경우에 이를 원용하게 할 수는 없다. 법정에서 선서한 증인이 자신의 범죄 발각을 막기 위해 위증한 경우에 적법행위의 기대가능성

이 없다고 할 수 없으므로 위증죄의 처벌을 면할 수 없다는 판례(대판 1987. 7. 7, 86도1724 전합)의 논리는 이 경우에도 적용되어야 한다.

2) 다음으로 '체포에 착수하여 경찰관임이 발각되면 乙 자신의 생명 및 신체에 중대한 위험이 발생할 수도 있다'는 사실을 들어 체포행위에의 기대가능성을 부정할 것인지가 문제된다. 학생회관 내에서 경찰관임이 발각될 경우 격앙된 학생들에 의해 생명 및 신체에 위해가 발생할 가능성을 전혀 부정할 수는 없으므로, 乙이 이러한 이유로 체포를 포기한 것이라면 기대가능성을 부정함이 타당하다.

(4) 소 결

결국 乙이 학생회 조직국장을 체포하지 않고 몸을 피한 행위는 경찰관의 직무를 유기한 것으로 평가되고 위법성도 인정되나, 자신의 생명 및 신체에의 위험을 피하기 위한 행위였다는 점에서 책임이 조각되어 특수직무유기죄로는 처벌되지 않는다.

2. 범인도피죄(형법 제151조 제1항)의 성부

범인을 체포해야 할 보증인지위에 있는 자가 범인임을 알고 방임한 경우에는 부작위에 의한 본 죄가 성립한다(대판 1996. 5. 10, 96도51). 체포 등 적절한 조치를 취하지 않고 오히려 범인을 도피하게 했다면 범인도피죄가 성립하고 부작위범인 직무유기죄는 따로 성립하지 않는다(대판 2017. 3. 15, 2015도1456; 대판 1996. 5. 10, 96도51).

乙은 경찰수사관으로서 범인을 체포해야 할 보증인지위가 인정되고, 국가보안법 위반 수배자를 목격하고서도 체포하지 않았으므로 부작위에 의한 범인도피죄의 구성요건에 해당한다. 다만 앞서 논의한 직무유기죄에 있어서와 마찬가지로 위법성은 인정되나 적법행위에 대한 기대가능성이 없어 책임이 조각된다.

Ⅴ. 사안의 해결

(1) 乙이 '도청장치 설치를 목적으로 학생회관 내 총학생회실에 들어간 행위'는 주거침입죄를 구성하지 않는다. 학생회관은 일반적 출입이 허용된 장소로서 특별한 개인적 출입금지에 위반하거나 부당한 행위태양으로 출입한 것이 아닌 이상 그 출입을 '침입'이라 판단할 수 없다. 총학생회실에의 출입에 있어 학생회 간부의 동의는 주거침입죄의 구성요건해당성을 배제하는 양해라 할 수 있고, 현실적인 양해의 의사표시가 있는 한 가정적이거나 추정적인 동의거부의사는 고려될 수 없다. 양해에 있어 의사표시의 착오 여부는 그 유효성에 영향을 주지 않으므로 총학생회실에의 출입 역시 본 죄를 구성하지 않는다.

(2) 乙이 '총학생회실에 도청장치를 설치한 행위'는 통신비밀보호법 제3조 위반죄의 실행의 착수가 인정되나 아직 감청행위에는 나아가지 않아 미수범으로 평가된다. 상관의 위법한 명령에 복종한 경우에 그 위법이 경미하다면 정당행위로 평가할 수 있으나, 통신의 비밀·사생활의 자유를 침해하는 명령은 결코 위법이 경미하다고 볼 수 없다. 또한 법원의 허가 없이 도청장치를 설치해야 할 만큼 긴급한 사정이 있다고도 보이지 않아 통신비밀보호법상 감청이 예외적으로 허용되는 경우에도 해당하지 않는다. 승진에 지장을 줄 것이라는 사실은 명령을 이행하지 아니할 것을 기대할 수 없는 사정으로 볼 수도 없다. 결국 乙은 통신비밀보호법위반죄(제3조)의 미수범으로 처벌된다.

(3) '국가보안법 위반으로 수배를 받고 있던 학생회 조직국장을 체포하지 않은 행위'는 직무유기죄의 구성요건에 해당하고 위법성도 인정된다. 그러나 체포에 착수할 경우 乙의 신체 내지 생명에 위험이 발생할 수도 있었다는 점을 생각할 때 적법행위에의 기대가능성이 부정되어 면책되어야 한다. 마찬가지로 범인도피죄에 있어서도 구성요건해당성 및 위법성은 인정되나 책임이 조각되어 처벌할 수 없다.

결국 乙에게는 통신비밀보호법위반죄(제3조) 미수범의 죄책만이 인정된다.

위법성조각사유의 객관적 전제사실에 관한 착오

○ 사례 8

회사원 甲은 오랜만에 만난 초등학교 동창생과 소주 몇 병을 마셨다. 甲은 술을 더 마시면서 이야기를 나누고 싶고, 또 갓 결혼한 예쁜 부인도 보여 줄 겸 동창생과 자신의 집으로 왔다. 甲은 술기운 때문에 다가구 주택 현관문의 열쇠구멍에 열쇠를 잘 끼울 수가 없었고, 몇 번이나 실패한 후에야 겨우 집안으로 들어설 수 있었다. 잠귀가 밝은 甲의 부인 乙은 이미 남편으로부터 일이 밀려 밤샘작업을 해야 한다는 전화연락을 받은 터이고, 밖을 내다볼 수 있는 장치가 설치되지 않아 누구인지 확인할 수 없었고 문을 잘 열지 못하는 것으로 미루어 남편이 아니라 도둑임을 직감하였다. 이에 문 뒤에서 남편의 테니스라켓을 들고 서 있다가 들어오는 자를 힘껏 내리쳐 쓰러뜨렸다. 그러나 뜻밖에도 피를 흘리며 쓰러진 이는 도둑이 아니라 사랑스런 남편이었다.

1. 乙의 죄책은?
2. 만일 乙의 친구 丙이 乙과 함께 있다가 집에 들어오려고 하는 사람이 도둑이 아니라 乙의 남편 甲임을 알면서도 평소 악감정이 있던 甲을 혼내주려는 마음으로 乙에게 "도둑이 확실하다. 도둑을 때려잡아야 한다"고 말하여 이를 그대로 믿은 乙이 위와 같이 행위한 것이라면, 丙의 죄책은?

해 설

Ⅰ. 논점의 정리

사안에서 乙은 야간에 귀가하는 남편 甲을 도둑으로 오인하고 테니스라켓을 휘둘러 남편에게 상해를 가하였다. 귀가하기 전 甲은 乙에게 당일 집에 갈 수 없다는 전화연락을 하였고, 남편이었으면 그러지 않았을 텐데 몇 번이고 문을 열려고 시도하였다는 점을 고려한다면 乙은 착오할 수밖에 없었던 것으로 보인다.

이러한 정황 하에서 발생한 상해의 결과에 대해서 乙에게 어떠한 책임을 지울 것인지가 문제된다. 우선 상해죄의 성립 여부를 구성요건해당성·위법성·책임의 순서로 검토하겠다. 구성요건해당성에서는 乙이 남편을 도둑으로 오인하였다는 점이 문제되고, 위법성의 측면에서는 乙이 정당방위상황인 현재의 부당한 침해가 없는데도 있다고 오신하고 방위의사로 행동한 경우에 위법성을 조각할 것인지가 문제된다. 이는 오상방위, 즉 위법성조각사유의 객관적 전제사실에 관한 착오로서 책임 판단과도 관련되어 있다. 고의범인 상해죄의 죄책이 부정되는 경우에도 과실치상죄는 여전히 문제될 수 있는바, 乙이 남편을 도둑으로 오인한 데에 과실을 인정할 수 있는지를 중심으로 살펴보겠다.

나아가 丙은 위법성조각사유 전제사실의 착오를 이용한 자로써 丙에게 공범이 성립할수 있는지, 그렇다면 어떠한 공범이 성립한다고 볼 수 있을지 논의하여야 한다.

Ⅱ. 상해죄(형법 제257조 제1항)의 성부

1. 구성요건해당성 판단

(1) 객관적 구성요건

상해죄의 객관적 구성요건은 사람의 신체를 상해하는 행위이다. 상해의 의미에 대해서는 견해가 대립하나, 다수설과 판례의 입장인 생리적 기능훼손설에 의하면 건강침해로서 육체적·정신적 병적 상태의 야기와 증가를 의미한다. 사안의 경우 남편은 피를 흘리며 쓰러졌기 때문에 상해의 결과를 인정함에 문제가 없다.

(2) 주관적 구성요건

상해죄의 주관적 구성요건으로는 고의로서 사람의 생리적 기능을 훼손한다는 인식과 의사를 요한다. 사안에서 乙은 남편 甲을 도둑으로 오인하고 상해를 가하였으므로 남편 甲에 대한 상해의 고의를 인정할 것인지가 문제된다. 행위의 객체에 대한 고의는 남편이 아닌 도둑에 관한 것이었으므로 사실의 착오로 볼 수 있기 때문이다.

구성요건착오의 경우, 인식한 사실과 발생한 사실이 어느 정도로 부합되어야 구성요건 고의를 인정할 수 있는지에 대해서는 구체적 부합설, 추상적 부합설, 그리고 법정적 부합설이 대립하고 있다. 그러나 어느 견해에 의하여도 사안과 같이 행위객체의 동일성에 관하여 착오를 일으킨 동 가치적 객체 간의 착오의 경우에는 발생사실에 대한 고의를 조각하지 않는다. 동 가치적 객체 간의 착오는 객관적으로 발생한 결과가 행위자의 행위 시의 인식과 부합하고, 단순한 동기의 착오에 지나지 아니하므로, 발생사실에 대한 고의를 인정함이 타당하다.

乙은 남편을 도둑으로 오인하고 상해를 가하였는바, 객체가 사람이라는 점에서는 동일하여 남편에 대한 상해의 고의를 인정할 수 있다.

2. 위법성 판단

정당방위가 성립하기 위해서는 ① 자기 또는 타인의 법익에 대한 현재의 부당한 침해가 있어야 하고, ② 자기 또는 타인의 법익을 방위하기 위한 방위의사로 행동하였어야 하며, ③ 방위행위는 객관적으로 상당한 행위라야 한다는 요건을 모두 충족해야 한다.

문을 열고 집에 들어온 사람이 乙이 생각한대로 도둑이었다면 乙의 재산에 대한 도둑의 공격이라는 정당방위상황이 존재하므로 乙의 행위는 정당방위에 해당하여 위법성이 조각될 것이다. 그러나 집에 들어온 이는 乙의 사랑스러운 남편이었다.

乙의 행위는 주관적 정당화요소로서 방위의사와 방위행위의 상당성은 인정이 되나(야간에 침입한 도둑을 잡기 위해 테니스라켓을 휘둘러 상해를 입히는 정도는 정당방위의 상당성 인정에 무리가 없다), 객관적 정당화요소인 정당방위상황을 결하고 있다. 즉 침입한 사람은 도둑이 아니라 정당한 주거권자인 남편이었으므로, 자기 또는 타인의 법익에 대한 현재의 부당한 침해가 존재하지 않는다. 따라서 乙의 행위는 정당방위에 해당하지 아니하여 위법성이 조각될 수 없다.

다만 정당방위의 객관적 전제사실이 존재하지 않음에도 불구하고 행위자는 그것이 존재하는 것으로 오신하고 방위행위로 나아간 경우로서 오상방위에 해당한다. 이러한 경우 어떠한 법적 책임을 물을 수 있는지가 문제되는바, 이는 책임 판단의 부분에서 논하겠다.

3. 책임 판단

(1) 문제의 소재

오상방위는 주관적 정당화요소인 방위의사는 존재하지만 객관적 정당화요소인 정당방위

상황을 결한 경우이다. 오상방위에 있어서 행위자의 착오는 존재하지 않는 정당방위상황이 존재한다고 믿은 경우로서, '위법성조각사유의 객관적 전제사실에 관한 착오'에 해당한다. 이러한 착오는 법규의 객관적 구성요건요소에 관한 것이므로 구성요건착오와 구조적으로 유사하나, 구성요건요소를 인식했지만 행위자가 금지규범이 예외적으로 허용규범에 의해 후퇴한다고 오인한 것이라는 점에서 결과면에서는 금지착오에 접근한다. 그러나 다른 한편 으로는 구성요건요소를 실현시킨다는 사실을 인식했다는 점에서 구성요건요소를 알지 못하 는 구성요건착오와 다르고 또 그런 행위가 근본적으로 금지된 행위라는 사실을 알았다는 점에서 금지 자체를 인식하지 못한 금지착오와는 구별된다. 따라서 이를 독자적인 착오의 한 형태로 보는 것이 학설의 지배적인 견해이나, 이의 형법적 취급에 있어서는 견해가 대 립한다.

(2) 오상방위의 형법적 취급

1) 현행법 및 판례의 태도

위법성조각사유의 객관적 전제사실에 관한 착오에 대하여 명시적으로 규정한 입법례도 있다. 예컨대 오스트리아 형법 제8조는 "착오로 정당화사유가 존재한다고 오신하고 행위한 자는 고의범으로 벌하지 않고, 단지 그 착오가 과실에 기인하고 과실범 처벌규정이 있는 경우에는 과실범으로 처벌한다"고 명시하고 있다. 반면 현행 형법은 독일 형법과 마찬가지 로 이에 관해 아무런 규정을 두고 있지 않아 그 형법적 취급을 학설과 판례에 맡겨 놓고 있다. 이러한 형태의 착오는 실제 중요한 문제이고 이론적으로 논란이 되고 있지만, 이의 형법적 취급에 관한 판례 역시 없다. 다만 "착오로 인하여 현재의 부당한 공격이 있다고 오 인하고 방위한 행위는 오상방위로서 위법성이 조각되지 않는다(朝高判 11.3.31)"는 오래된 판례가 있을 뿐이다[9].

---

9) 소속 중대장의 당번병이 근무시간 중은 물론 근무시간 후에도 밤늦게 까지 수시로 영외에 있는 중대장 의 관사에 머물면서 집안일을 도와주고 그 자녀들을 보살피며 중대장 또는 그 처의 심부름을 관사를 떠 나서까지 시키는 일을 해오던 중 사건당일 중대장의 지시에 따라 관사를 지키고 있던 중 중대장과 함께 외출나간 그 처로부터 24:00경 비가 오고 밤이 늦어 혼자 귀가할 수 없으니 관사로부터 1.5킬로미터 가 량 떨어진 지점까지 우산을 들고 마중을 나오라는 연락을 받고 당번병으로서 당연히 해야 할 일로 생각 하고 그 지점까지 나가 동인을 마중하여 그 다음날 01:00경 귀가하였다면 위와 같은 당번병의 관사이탈 행위는 중대장의 직접적인 허가를 받지 아니 하였다 하더라도 당번병으로서의 그 임무범위내에 속하는 일로 오인하고 한 행위로서 그 오인에 정당한 이유가 있어 위법성이 없다고 볼 것이다(대판 1986. 10. 28, 86도1406). 이 판시 내용을 위법성조각사유 전제사실의 착오와 관련된 판시로 오해하여 소개하는 경우가 있으나, 이는 판례의 표현을 오해한 것에서 비롯된 것이다. 우리 형법 체계에서 '인식'이 존재하 는 것은 구성요건으로서의 고의와 위법성의 인식을 내용으로 하는 책임이 전부이다. 따라서 고의를 조각 하거나 책임을 조각하는 착오는 있을 수 있어도 위법성을 조각하는 착오는 있을 수 없다. 판례는 오인에 정당한 이유가 있으므로 형법상 정당행위로 인정하고 그 행위의 위법성을 조각한 것으로 평가함이 타당 하다.

2) 엄격책임설

엄격책임설은 주로 목적적 범죄체계론에 의해서 지지되는 견해인데, 고의는 정당방위상황과 같은 객관적 정당화사정이 아니라 구성요건에만 미친다고 보면서, 행위의 위법성에 관한 모든 착오, 즉 위법성조각사유의 존재 및 그 한계에 관한 착오뿐만 아니라, 위법성조각사유의 전제사실에 관한 착오(허용구성요건착오)를 고의를 조각하는 구성요건착오가 아니라, 책임이 문제되는 금지착오로 본다. 위법성조각사유의 객관적 전제사실을 착오로 오인한 자는 모든 구성요건적 상황을 인식하였으므로 행위자의 잘못된 표상에 관계 없이 고의로 행위한 것이다. 다만 착오가 회피불가능한 경우(즉 정당한 이유 있는 착오의 경우)에는 책임이 조각되고, 회피가능한 경우에는 고의범으로 처벌되지만 형이 감경될 수 있다.

이 사안에서 乙은 남편을 도둑으로 오인하였으므로 구성요건착오 중 동가치 간 객체의 착오에 해당하고 이는 객체의 동일성에 관한 착오로서 단순한 동기의 착오에 불과하다. 따라서 乙은 남편에 대하여 상해죄의 구성요건을 고의로 실현시킨 것이다. 또한 남편에 대한 상해행위는 제21조 정당방위의 객관적 요건인 현재의 부당한 침해가 없었기 때문에 정당화될 수 없다. 그러나 乙에게는 자기의 재산에 대한 도둑의 공격이라는 정당방위상황이 존재한다는 오인으로 인하여 자신이 구성요건적 불법을 행하고 있다는 의식, 즉 위법성의 인식이 결여되어 있다. 즉, 금지착오에 해당하는 것이다. 따라서 제16조에 따라 乙의 착오에 정당한 이유가 있는지, 즉 착오가 회피불가능하였는지를 검토하여야 한다.

사례에서 현관문의 열쇠를 갖고 있는 남편이 귀가할 수 없다는 전화연락을 한 사실과 몇 번이고 문을 열려고 시도하였다는 점을 고려한다면 도둑의 소행으로 판단한 乙의 착오는 정당한 이유 있는 착오로서 과실치상(제266조)으로 처벌될 수 없다. 엄격책임설에 의하면 乙의 행위는 구성요건에 해당하고 위법하지만 책임이 탈락된다. 그렇다면 남편 甲은 부인 乙에 대한 정당방위가 가능하다.

3) 제한적 책임설

이 견해는 위법성 조각사유의 객관적 전제사실에 관한 착오를 위법성조각사유의 존재와 한계에 관한 착오와는 달리 구성요건적 착오와 동등하게 취급한다. 행위자는 단지 위법하다는 법적 평가의 사실적인 요건에 관해 착오한 것이지, 법 배반적인 의사가 없기 때문이다. 따라서 고의책임은 부정되고 착오의 회피가능성 여부에 따라 과실범으로 처벌될 가능성이 남아 있다. 그러나 법 효과에 있어서 과실형벌의 적용이라는 원칙적인 결론에 도달하는 방법이 다양하여 구성요건착오규정을 직접 적용하는 해결책과 유추적용하는 방안 등으로 구분된다. 여기서는 고의의 존재 여부가 결정적인 차이점이다. 이로 인해서 구체적으로는 착오행위에 공범이 성립하는가, 미수가 가능한가 또한 위법한 고의행위가 존재하지 않는다면 이에 대한 법 효과가 탈락되는가 아니면 단순히 고의책임이 탈락되는가가 문제된다.

① 구성요건착오규정 유추적용설　위 착오에서의 행위자의 오신은 위법성조각사유의 객관적 전제사실인 정당방위상황에 관련되어 있다는 점에서 법규범의 객관적 구성요건요소에 대한 착오인 구성요건착오와 구조적으로 유사하다. 그러나 행위자가 구성요건의 객관적 요소를 인식하고 있었다는 점에서 구성요건착오와 구별되기 때문에 구성요건착오에 관한 규정을 직접 적용하여 구성요건적 고의를 탈락시키는 것이 아니라, 유추적용하여 고의를 탈락시킨다는 견해이다. 고의 처벌에 필요한 불법고의는 구성요건요소를 인식하고, 더 나아가 위법성조각사유 중 어느 하나에도 해당하지 않는다는 사정을 인식해야 성립하는데, 위법성조각사유의 객관적 전제사실인 정당방위상황에 대한 착오는 후자에 대한 인식이 결여된 착오로서 불법고의가 성립되지 않고 또 고의범으로 처벌되지 않는다. 착오의 회피가능성 여부에 따라 과실범으로의 처벌가능성이 남는다.

② 법효과제한적 책임설　위 착오는 구성요건착오가 아니므로 불법고의는 인정이 된다. 그러나 행위자가 행위반가치 실현을 원한 것이 아니기 때문에 고의책임과 동등한 비난을 가할 수 없다. 즉 정당화상황을 인식했으므로 그로 인해 행위반가치가 감소하고 행위동기가 행위상황의 부주의한 검토에 기인함으로써 초래된 책임이 감소하기 때문에 고의책임과 동등한 책임비난을 가할 수 없다는 것이다. 다만 착오가 회피가능했다면 책임과실을 인정할 수 있다. 따라서 착오가 회피가능한 경우에는 불법은 고의이고 책임은 과실이라는 형태가 되기 때문에, 법효과 면에서 고의행위가 과실범으로 처벌되는 결과가 된다고 한다. 물론 착오가 회피불가능한 경우에는 책임이 조각된다.

이 견해에 의하면 행위자가 정당방위상황이 존재한다고 오신하고 방위행위를 한 경우에도 원칙적으로 구성요건고의는 배제되지 않기 때문에 정범의 오상방위행위에 대한 악의(＝정당방위상황의 부존재를 알고 있는)의 공범이 성립될 수 있다는 점이 특징이다. 공범종속성설에 의하면 교사범 또는 방조범이 성립하기 위하여는 정범이 고의범으로 처벌될 것이 요구되는 것이 아니라 정범의 고의가 필요하기 때문이다. 이 점이 고의가 배제된다고 보는 유추적용설과의 차이점이다.

사례에서 乙의 상해죄의 가벌성은 착오의 회피가능성 여부와는 관계 없이 탈락된다. 그러나 고의책임을 물을 수 없다고 하더라도 과실책임의 인정 여부가 검토될 수 있는데, 엄격책임설에서 언급한 바와 같이 착오의 회피가능성을 인정할 수 없으므로 과실상해의 책임을 물을 수는 없다.

4) 소극적 구성요건표지이론

이 견해는 불법구성요건을 적극적 구성요건요소와 소극적 구성요건요소로 구분하여, 전자를 구성요건해당성으로, 후자를 위법성조각사유로 파악한다. 따라서 위법성조각사유가 존재하지 아니하여 구성요건에 해당하는 행위가 위법할 때 불법구성요건이 충족된다는 것이다. 이 견해에 의하면 위법성조각사유의 객관적 전제사실에 관한 착오는 당연히 구성요건적 착오가 되기 때문에 정당방위상황에 관한 착오인 오상방위에는 구성요건착오 규정이 직접 적용되어 고의가 탈락한다. 그러나 회피가능한 착오의 경우에는 과실범처벌규정에 따라 과실범으로 처벌될 수 있다. 고의가 배제된다는 점에서는 구성요건착오규정 유추적용설과 결론적으로 동일하다.

5) 각 학설에 대한 평가

① 엄격책임설은 위법성조각사유의 객관적 전제사실에 관한 착오를 금지착오의 일반원칙에 따라, 즉 감경가능성이 있는 고의불법으로 취급한다. 따라서 해석학적으로 근거가 논리적이고 공범의 성립이라는 관점에서 가벌성의 흠결이 회피될 수 있다는 장점이 있다. 그러나 이 이론은 위법성조각사유의 객관적 전제사실에 관한 착오는 평가에 관한 착오가 아니라, 행위자가 자신이 무엇을 행하고 있는지를 착오로 알지 못한 상태에서 결과를 발생시킨 상황에 관한 착오라는 점을 간과하였다. 엄격책임설에 의하면 군인이 주의의무위반적인 착오로 동료 병사를 적군으로 오인하고 사살한 행위를 살인죄로 처벌하게 되는 결과에 이르기 때문에 법감정에 반하고 형사정책적으로도 바람직하지 않은 결론에 도달한다는 점이 문제점으로 지적된다.

② 유추적용설이 위법성조각사유의 객관적 전제사실에 관한 착오에 대해 과실불법의 책임을 지우는 것은 과실구성요건이 결여된 때에는 불가벌이라는 결론에 이르게 된다는 점에서는 정당하지 못하다. 이에 대해서는 입법론적으로 특별한 과실범규정을 두는 방안, 감경된 고의구성요건을 적용하려는 방안과 민법상의 손해배상으로 해결하려는 방안 등이 제시되고 있다. 또한 위법성조각사유 객관적 전제사실에 관한 착오는 고의를 조각한다고 보는 이 견해에 의하면 공범과 미수범의 성립이 불가능하기 때문에 가벌성의 흠결이 초래된다.

③ 법효과제한적 책임설은 위법성조각사유의 객관적 전제사실에 관한 착오의 경우 원칙적으로 구성요건고의를 인정하면서도 과실범으로 처벌한다는 점에서 논리일관성이 결여되어 있다. 고의행위를 인정하면서도 법적 효과만 과실범처럼 취급할 아무런 근거가 없으며, 이는 고의범과 과실범을 명백히 구분하고 있는 우리 형법의 기본체계에 정면으로 배치된다.

④ 소극적 구성요건표지이론의 2단계 범죄체계론(불법과 책임)을 취하였다는 점에 근본적인 문제점이 있다. 2단계 범죄체계론은 위법성의 독자성을 부정하고, 구성요건에도 해당하지 않는 행위와 구성요건에는 해당하지만 위법성이 조각되는 행위의 가치 차이를 무시한다는 결정적인 문제점이 있다. 고의의 성질상 존재하지도 않는 것에 대한 인식, 즉 위법성

조각사유의 부존재에 대한 인식까지 요구하는 것은 부당하다. 또한 이 경우의 착오는 고의를 배제하기 때문에 공범성립이 불가능하여 가벌성의 흠결상태가 초래된다는 문제점도 지적된다.

(3) 검토 및 사안에의 적용

오상방위와 같은 위법성조각사유의 객관적 전제사실에 관한 착오를 형법적으로 어떻게 취급할 것인가에 관해서는 착오이론에 관하여 착오를 일으킬 정도로 다양한 해결방안이 제시되었다. 이와 같은 복잡하고 혼란스러운 논란을 불식시키기 위해서는 오스트리아의 입법례처럼 독자적인 처벌규정을 두는 것이 바람직하다. 다만 입법적으로 해결될 때까지는 제한적 책임설 중 구성요건착오규정을 유추적용하여 해결함이 타당하다.

무엇보다도 위법성조각사유의 객관적 전제사실에 관한 착오는 금지착오에서와 같이 대상에 대한 잘못된 평가가 아니라 평가의 대상에 관한 것인 점에서 구성요건착오와 구조적으로 아주 유사하다. 이는 착오의 대상이 불법구성요건은 아니지만 허용구성요건을 충족시키는 상황 내지 사정이라는 점에서도 알 수 있다. 따라서 정당화 상황에 관하여 착오에 빠진 행위자는 구성요건착오에서와 같이 자신이 무엇을 행하는지를 인식하지 못한 것이다. 그러나 행위자가 구성요건의 객관적 요소를 인식하고 있었다는 점에서 구성요건착오와는 구별되기 때문에 구성요건착오에 관한 규정을 직접 적용하여 구성요건적 고의를 탈락시키는 것이 아니라 유추적용하여 고의불법배제의 결론에 이르게 된다. 따라서 고의책임이 부정된다.

그러나 착오의 회피가능성 여부에 따라 과실범으로 처벌될 가능성은 남아 있다. 착오자의 행위동기는 법 위반적 심정에 기인하는 것이 아니라, 단지 행위사정을 검토하지 않은 조심성의 결여에 있다. 따라서 고의책임과 동등한 책임비난을 가하는 것은 정당하지 않다. 원래 과실범 처벌은 예외적으로 명문규정이 있어야 한다. 이는 형법의 보충성 내지 최후수단성을 고려한다면 타당한 것이다. 따라서 회피가능한 착오의 과실범 성립과 관련하여 유추적용설이 갖는 가벌성의 흠결은 비판의 대상이 될 수 없다.

구성요건착오규정 유추적용설에 의하면 착오의 회피가능성 여부와는 관계없이 불법고의가 배제되므로 이 사안의 경우에 상해죄의 고의범은 성립할 수 없고 과실치상죄의 처벌가능성만이 문제된다.

III. 과실치상죄(형법 제266조)의 성부

1. 성립요건

과실치상죄가 성립하려면 과실행위로 인하여 사람을 상해에 이르게 하여야 한다. 과실행위는 작위와 부작위를 불문하며, 과실행위와 상해의 결과 사이에는 인과관계 및 객관적 귀속이 인정되어야 한다.

과실이란 객관적 주의의무 위반을 의미하는바, 결과발생이 예견가능하고 회피 가능해야 한다.

2. 사안의 경우

과실범으로서의 과실치상죄가 성립하려면 乙이 남편을 도둑으로 오인한 사실에 대하여 회피가 가능해야 할 것이다. 현관문의 열쇠를 가지고 있는 남편이 사건 당일 밤 귀가할 수 없다는 전화연락을 한 사실과 몇 번이고 문을 열려고 시도를 하였다는 점을 고려하면 乙의 착오는 정당한 이유 있는 착오로서 회피가 불가능하였다고 판단된다. 따라서 과실치상죄도 성립할 여지가 없다.

IV. 丙의 죄책

법효과제한적 책임설에 따를 때에는 구성요건착오가 아니므로 불법고의는 인정하면서 행위자가 행위반가치 실현을 원한 것이 아니기 때문에 고의책임과 동등한 비난을 가할 수 없다는 점에서 책임고의를 부정하므로 결과적으로 법효과 면에서 고의행위가 과실범으로 처벌되는 결과가 된다. 따라서 이 경우 丙은 제한적 종속형식에 따라 乙의 불법에 종속하여 상해죄의 교사범이 성립하게 된다.

그러나 구성요건착오유추적용설에 의하면, 위법성조각사유 전제사실의 착오는 구성요건착오와 구별되기 때문에 구성요건착오에 관한 규정을 직접 적용하여 구성요건적 고의를 탈락시키는 것이 아니라, 유추적용을 통해서 고의를 탈락시킨다는 견해로 결국 불법고의가 부정된다. 따라서 제한적 종속형식에 의할 때 공범의 성립을 부정하게 된다. 그러나 丙은 乙에 대한 의사지배가 인정되므로 교사범은 성립할 수 없더라도 상해죄의 간접정범이 성립하게 된다.

나아가 정범개념의 우위성에 따라 의사지배가 존재하는 경우는 법효과제한적 책임설에 의하더라도 교사범이 아닌 간접정범의 성립을 인정함이 타당하다.

V. 사안의 해결

乙은 상해죄의 위법성조각사유의 객관적 전제사실에 관하여 착오하였다. 이를 구성요건착오규정 유추적용설에 의해 판단할 경우 불법고의가 배제되어 상해죄의 죄책은 인정할 수가 없고 과실범으로서의 책임만이 문제된다. 乙의 착오는 객관적으로 회피 불가능하였다고 보여지므로 과실치상죄로도 처벌할 수 없다. 결국 乙은 무죄이다.

丙은 자신의 의도대로 사태를 지배한 의사지배가 인정되므로 정범으로써 정범성의 표지를 갖추고 있는 바, 구성요건착오유추적용설과 법효과제한적 책임설 그 어느 학설을 취하더라도 상해죄의 간접정범이 성립한다고 봄이 타당하다.

9. 원인에 있어 자유로운 행위 / 교사의 효과

○ 사례 9

일정한 직업이 없는 甲은 가족의 생계를 위해 무슨 일이라도 해야겠다고 생각했다. 한동안 미장원 강도가 극성이었지만 범인이 잡히지 않고 있다는 TV 뉴스를 보고 자신도 강도라도 해서 가족의 생계를 책임져야겠다는 마음을 먹었다. 그러나 막상 실행에 옮기려 하니 겁이 많은 甲은 엄두가 나지 않았다. 복면 등을 준비한 甲은 범행 장소인 미장원이 들어 있는 건물의 식당에서 맥주를 몇 병 마시면 용기가 나서 일을 벌일 수 있을 것이라고 생각하고 술을 마시다가 그만 술에 취해 잠이 들고 말았다.

이런 일이 있었음을 안 아내 乙은 화가 나서 술이 깬 甲에게 남자가 그렇게 간이 작아서 무슨 큰 일을 하겠냐며, 이번에는 실행하리라고 굳게 결심하고 있는 남편 甲에게 기왕이면 칼을 들고 하라고 조언하였다. 이에 용기를 얻은 甲은 (칼은 휴대하지 않고) 비디오방에 손님으로 가장하고 들어가서 손님을 위협하여 지갑과 핸드백을 열게 하고 값나가는 물건을 찾았으나 모두 교통카드와 천원짜리 몇 장만 갖고 있어 그냥 나와 버렸다.

甲과 乙의 형사책임은?

해 설

Ⅰ. 논점의 정리

본 사안에서 강도 등의 실행행위를 직접 한 자는 甲이므로 먼저 甲의 죄책을 논한 다음 이에 가담한 乙의 공범으로서의 책임을 검토하겠다.

(1) 甲의 죄책

죄책이 문제되는 甲의 행위는 크게 두 부분으로 나눌 수 있다. 먼저 범행을 위해 복면 등을 준비하였으나 술을 마시고 그대로 잠들어버린 부분이다. '복면 등을 준비한 행위'가 강도예비에 해당한다는 점은 의문의 여지가 없으나 더 나아가 강도의 실행에 착수하였다고 볼 것인지가 문제된다. 이는 '원인에 있어 자유로운 행위'에서 실행의 착수시기를 언제로 볼 것이냐의 문제이다. 다음으로 아내의 조언을 받고 실제로 비디오방에 들어가 강도를 실행한 부분이다. 강도를 목적으로 비디오방에 들어갔다는 점에서 우선 주거침입죄가 문제될 것이고, 값나가는 물건이 없어 그대로 나왔다는 점에서 강도죄의 중지미수를 인정할 수 있는지 판단하여야 한다.

(2) 乙의 죄책

乙은 단순강도를 결의하고 있는 甲에게 흉기를 휴대하는 특수강도를 교사하였다. 乙이 甲의 조언대로 흉기를 휴대하고 강도를 행하였다면 乙을 특수강도의 교사범으로 볼 것이지만, 甲은 乙의 조언에 따라 흉기를 휴대한 것이 아니라 단지 강도범행에 대한 용기를 얻었다는 점에 문제가 있다. 이 경우 특수강도의 교사가 실패한 것으로 보아 乙을 특수강도의 예비·음모죄로 처벌할 것인지, 아니면 단순강도에 대해 용기를 주었다는 점에서 정신적 방조로서 단순강도의 방조범으로 처벌할 것인지를 판단해야 한다.

Ⅱ. 甲의 죄책

1. 범행을 위해 복면 등을 준비하였으나 술에 취해 잠들어버린 행위 - 원인에 있어 자유로운 행위(형법 제10조 제3항)

(1) 문제의 소재

甲이 복면 등을 준비한 행위는 형법 제343조에서 규정한 강도의 예비행위에 해당한다. 다만 甲은 술을 마시면 용기가 나서 일을 벌일 수 있을 것이라 생각하고 술을 마시다가 그만 취해 잠이 들고 말았다. 범행을 위해 술을 마신 행위를 강도의 실행의 착수로 볼 수 있다면 甲은 강도예비가 아니라 강도미수범으로 처벌된다. 이는 원인에 있어 자유로운 행위의 경우 실행의 착수를 언제로 볼 것인가의 문제이다.

원인에 있어 자유로운 행위란 "책임능력이 있는 자가 고의 또는 과실로 자신을 심신장애상태에 빠지게 한 후 이러한 상태에서 범죄를 실현하는 것"을 말한다. 원인에 있어 자유로운 행위의 처벌 근거를 살펴본 후, 그 실행의 착수시기를 판단하여 사안을 해결하기로 한다.

(2) 원인에 있어 자유로운 행위의 '처벌 근거'

우리 형법 제10조 제3항은 명문으로 이의 가벌성을 인정하고 있다. 따라서 가벌성 자체를 부정하는 입장은 없으나 처벌의 근거가 무엇인지에 대해서는 견해가 대립하고 있다. 이는 결국 원인에 있어 자유로운 행위가 책임능력이 있는 상태에서 행해진 행위에 대해서만 책임을 물을 수 있다는 행위와 책임능력의 동시존재원칙과 '일치'하는 범주 내의 것인지, 아니면 그 '예외'에 해당하는 것인지의 문제라 할 수 있다.

1) 원인설정행위에 실행행위성을 인정하는 견해

원인에 있어 자유로운 행위에서는 자신의 책임능력을 자의로 배제하거나 약화시키는 원인행위 자체를 실행행위로 보아 이에 가벌성의 근거를 인정하는 입장이다. 행위자가 완전히 책임 있는 자유로운 상태에서 구성요건적 결과야기에 결정적인 원인을 제공했기 때문에 이 자유로운 원인설정행위에 책임이 인정되어야 하고(확장 모델), 책임능력 없는 자신을 도구로 이용하는 것이 간접정범과 유사하므로(간접정범 모델) 도구를 이용하는 원인행위 시에 실행의 착수를 인정할 수 있다고 한다. 책임능력이 있는 원인설정행위 자체에 범죄의 실행행위성을 인정하기 때문에(구성요건 모델) 행위와 책임능력이 동시에 존재한다는 점에서 '일치설'이라고도 한다.

2) 심신장애상태 하의 행위에 실행행위성을 인정하는 견해

범죄의 실행행위는 객관적인 구성요건의 정형성 내에서 논의하여야 한다. 따라서 원인에 있어 자유로운 행위에서도 실행행위는 어디까지나 심신장애상태 하의 행위라고 본다. 다만 책임비난의 근거는 책임무능력 상태에서 실행된 구성요건적 결과의 실현에서 찾는 것이 아니라, 행위자가 스스로 자유롭지 못한 상태를 야기한 원인설정행위에서 찾고 있다. 책임능력 흠결상태에서의 구성요건 실행행위가 유책한 원인행위와 '불가분의 관련'을 맺고 있기 때문에 형사책임을 인정하는 것이 타당하다는 입장이다(책임 모델). 행위와 책임능력의 동시존재원칙에 대한 예외를 인정하므로 '예외설'이라 한다.

3) 검 토

이 문제는 결국 '행위와 책임능력의 동시존재원칙'과 '구성요건적 행위의 정형성을 요청하는 죄형법정주의'와의 갈등문제라 할 수 있다. 일치설은 책임능력 없는 부자유한 상태 하의 행위가 아니라 자신을 책임능력 흠결상태에 빠뜨려 범행의 도구로 이용하는 자유로운 원인행위를 범죄의 실행행위로 보아 이에서 가벌성의 근거를 찾아야 책임원칙의 요청에 합치한다고 한다. 책임원칙은 행위자에게 범죄 이외의 다른 적법한 행위를 할 수 있는 능력이 존재하는 경우에만 위법한 행위에 대한 책임을 묻는다. 따라서 책임 없는 형벌은 배제하므로 개인의 자유와 권리를 보호하는 보장적 기능을 수행한다. 그런데 일치설의 논리에 따르게 되면 고의의 원인에 있어 자유로운 행위의 경우, 술을 마시거나 본드를 흡입하는 등의 원인설정행위를 실행행위로 보므로 원인설정행위만에 그치고 심신장애상태 하의 행위로 나아가지 않은 경우에도 미수범의 성립을 인정하여 오히려 책임주의가 추구하는 형법의 보장적 기능을 침해할 가능성이 크다.

따라서 원인설정행위를 가벌성의 근거로 보더라도 실행의 착수시기에 대한 수정이 불가피하다. 이하에서 원인에 있어서 자유로운 행위의 실행의 착수시기에 관해서 살펴보겠다.

(3) 원인에 있어 자유로운 행위의 '실행의 착수시기'

과실범의 미수는 인정되지 않기 때문에 이 논의는 '고의'에 의한 원인에 있어서 자유로운 행위에서만 문제된다. 원인에 있어서 자유로운 행위의 실행의 착수시기를 원인행위시로 볼 것인지 실행행위시로 볼 것인지는 앞에서 논한 가벌성의 근거에 관한 논의의 연장선상에 있다.

가벌성의 근거에 있어서 원인설정행위를 실행행위로 보는 견해(일치설)를 일관할 경우에는 원인행위시에 실행의 착수를 인정한다. 그러나 실행의 착수시기를 책임무능력상태를 야기하는 행위, 예컨대 술 마시는 행위나 본드를 흡입하여 환각상태에 빠지게 한 행위 등으로 앞당기는 것은 타당치 않다. 왜냐하면 이러한 행위는 실행의 착수시기에 관한 어떠한 견해에 따르더라도 구성요건에 해당하는 행위도 아니고 구성요건적 행위의 직접적인 전단계 행위도 아니며, 보호법익을 위태화한 직접적인 행위나 밀접한 행위가 아니기 때문이다. 원인행위시설(일치설)에 의하면 실행행위의 정형성을 무시하여 가벌성을 확대할 위험이 있다.

따라서 가벌성의 근거에 있어서 일치설에 의하면서도 실행의 착수시기를 원인행위에서 찾지 않고 책임능력 흠결상태에 빠진 행위자가 예비적이고 형법상 의미 없는 원인설정행위를 끝내고 책임능력 결함상태에서 실행행위를 향해 "행위진행을 결정적으로 개시한 바로 그 시점"에 착수를 인정하여 가벌성 확대의 문제를 해결하여야 한다. 나아가 실행행위시설(예외설)에 의할 경우에도 구성요건적 실행행위에 나아갈 때 실행의 착수를 인정하므로 가벌성의 확대문제를 해소할 수 있다.

그렇다면 이 사례에서 甲은 원인설정행위는 끝냈지만 구성요건적 실행행위를 향해 행위

진행을 결정적으로 개시하지 않았거나 구성요건적 실행행위인 폭행·협박에 나아가지 않았으므로 강도예비죄(형법 제333조, 제343조)에 불과하다. 마찬가지로 예외설의 입장에서는 강도죄의 경우 폭행·협박시에 실행의 착수를 인정하므로 복면 등을 준비했을 뿐 아직 폭행·협박에 나아가지 않은 甲의 행위는 강도예비죄에 불과하다.

2. 비디오방에 들어가 강도의 실행에 착수하였으나 재물취거를 포기하고 나온 행위

(1) 주거침입죄(형법 제319조 제1항)의 성부

甲이 강도를 실행할 목적으로 비디오방에 손님으로 가장하고 들어간 행위가 주거침입죄를 구성하는지 문제되나, 범죄를 목적으로 들어간 경우라도 공개된 장소로서 주거권자의 일반적 허가가 있다면 주거침입에 해당하지 않는다고 봄이 타당하다.

설문에서 범행장소는 비디오방의 '내실'(구획된 공간)로 보이는데, 이러한 공간도 보통의 객장과 같이 모든 사람에게 일반적으로 출입이 허가된 곳으로 볼 수 있을지의 문제가 있다. 만약 호텔방이나 여관의 객실과 같은 경우라면 투숙객에게 고유한 주거의 이익이 인정되므로 주거침입죄의 성립이 가능하다. 그러나 음식점의 내실, 룸싸롱·노래방·비디오방의 구획된 공간은 해당 고객이 점유하는 방실에 해당하지 않는다. 이러한 공간은 단지 일시적인 휴식이나 오락에 공하는 장소로서 손님에게 독자적인 주거의 이익을 인정하기 어렵기 때문이다. 따라서 당해 방실에 들어가 있는 손님을 피해자로 하는 주거침입죄 역시 성립하지 않는다. 그러나 판례에 의할 때에는 내실 역시 손님의 독자적으로 지배하는 공간으로 볼 수 있으므로 이곳에서 이루어진 범행으로 인해 사실상의 평온을 해한 경우에 해당하여 주거침입죄가 인정될 수 있다.

(2) 강도미수죄(형법 제342조, 제333조)의 성부

사안에서 甲은 비디오방에서 손님을 위협하여 지갑과 핸드백을 열게 하였는바, 이는 강도죄의 실행의 착수인 폭행 내지 협박에 해당한다. 따라서 강도미수에 해당함은 분명하나, '값나가는 물건이 없어서 그냥 나왔다'는 점에서 중지미수의 주관적 성립요건인 '자의성'이 인정될 것인지 판단할 필요가 있다.

자의성의 판단기준에 관해서는 객관설, 주관설, 프랑크의 공식, 규범설 등 다양한 견해가 대립한다. 다수설인 절충설에 의할 때, 값나가는 물건을 찾았으나 교통카드와 천원짜리 몇 장만 있다는 사실은 '일반 사회통념상 범죄를 완수함에 장애가 되는 사정'으로 판단된다. 독일 판례에서도 재물의 양이나 가치가 예상했던 것보다 근소하여 절취를 그만둔 경우에 자의성을 부정한 바 있다(BGHSt. 4, 56). 따라서 甲에게는 단순강도의 장애미수범이 인정된다.

III. 乙의 죄책

1. 문제의 소재

사안에서 乙은 단순강도를 결의한 남편에게 가중적 구성요건인 특수강도를 실행하도록 조언하였다. 乙의 조언은 특수강도의 범죄를 범할 의사가 없는 甲에게 동 범죄를 실행하도록 하려는 교사행위로 평가된다. 만일 피교사자인 남편이 아내의 설득대로 특수강도를 실행하였다면 乙은 특수강도의 교사범으로 처벌될 수 있다. 그러나 甲은 아내의 조언에 따라 특수강도를 하기로 마음먹은 것이 아니라 이미 결심한 단순강도의 실행에 용기를 얻었을 뿐이다. 이와 같이 결심한 범행보다 더 큰 범행을 결의하도록 한 경우에 있어서 乙의 교사가 실패한 것으로 보아 형법 제31조 제3항에 의해 특수강도의 예비·음모로 처벌할 것인지, 아니면 단순강도에 대한 정신적 방조가 인정되므로 동 죄의 방조범으로 처벌할 것인지의 문제가 발생한다. 甲이 특수강도의 실행을 결의하지 않은 이상 교사자가 교사한 범죄와 정범이 실행한 범죄가 일치하지 않았더라도 교사의 착오 문제는 발생하지 않는다.

2. 논의 가능한 해결방안

(1) 특수강도의 예비·음모로 해결하는 견해(형법 제31조 제3항)

乙은 특수강도를 교사하였는데 甲이 이를 결의하여 실행하지 않았으므로 乙의 교사는 실패하였음이 분명하다. 형법 제31조 제3항에서는 이러한 경우까지 포함하여 교사가 실패한 경우의 처벌문제에 대해 명문으로 규정하고 있다. 따라서 乙은 특수강도의 예비·음모에 준하여 처벌된다.

(2) 단순강도의 방조범으로 해결하는 견해(형법 제32조)

형법 제31조 제3항은 교사행위가 피교사자의 범행실행 여부에 아무런 영향을 미치지 못한 경우에 적용되어야 한다. 甲은 특수강도에는 나아가지 않았으나 乙의 조언에 용기를 얻어 기본적 구성요건인 단순강도를 실행하였고, 이처럼 乙의 조언이 甲의 범행에 현실적으로 영향을 준 이상 교사행위가 피교사자에 아무런 영향을 미치지 못한 경우와 동일하게 판단할 수는 없다. 따라서 乙의 조언을 정신적 방조로 평가하여 乙은 단순강도(미수)의 방조범으로 처벌되어야 한다.

(3) 양 죄의 상상적 경합을 인정하는 견해

乙의 교사에도 불구하고 甲이 특수강도의 실행을 결의하지 않았으므로 乙의 교사는 실패한 것이고, 한편으로 이 교사에 의해 甲의 단순강도 실행의 의지가 강화되었으므로 단순강도의 방조 역시 인정된다. 따라서 乙은 양 죄의 구성요건해당성이 모두 인정되므로 상상적 경합범이 성립하고, 다만 보다 중한 죄인 단순강도(미수)의 방조범의 예에 따라 처벌되어야 한다.

3. 검토 및 사안에의 적용

교사자가 범죄를 교사하였으나 피교사자가 이를 승낙하지 않아 교사행위 자체가 실패한 경우와, 교사된 범죄실행을 결의하지는 않았으나 교사행위로 인해 이미 결의한 동종의 범죄에 대한 의지가 강화된 경우를 동일하게 판단할 수는 없다. 이런 의미에서 乙을 실패한 교사범으로서 특수강도의 예비·음모죄로 처벌할 수는 없다. 예비·음모죄는 범죄의 실행에 착수하지 않은 경우에만 인정되는 것으로 甲이 乙의 조언에 용기를 얻어 단순강도의 실행에 착수한 이상 乙은 단순강도 미수의 방조범으로만 평가함이 타당하다. 그러나 만일 특수강도의 범행에 나아갔다면 乙은 특수강도의 교사범으로 의율함이 타당하다.

IV. 사안의 해결

(1) 甲의 죄책

甲이 강도를 실행하겠다고 작정하고 복면 등을 준비하였으나 술에 취해 잠이 든 것만으로는 강도의 실행의 착수를 인정할 수 없다. 따라서 강도예비죄만이 성립한다.

甲이 강도범행을 위해 비디오방에 손님으로 가장하고 들어간 행위는 주거침입죄를 구성하지 않는다. 우선 범죄 목적으로 일반에게 공개된 장소에 들어간 경우 주거침입이 아님이 분명하고, 비디오방 내실의 경우 손님에게 독자적인 주거의 이익을 인정할 수도 없다.

甲이 비디오방의 손님을 위협하여 지갑 등을 열게 했으나 재물가치가 근소하였다는 사실은 일반 사회통념상 범죄를 완수함에 장애가 되는 사정으로 판단된다. 따라서 甲에게는 강도죄의 중지미수가 아니라 장애미수범이 성립한다. 제1행위의 강도예비죄와 제2행위의 강도미수죄는 경합범의 관계에 있다.

(2) 乙의 죄책

칼을 들고 강도를 하라는 乙의 조언은 특수강도의 교사로 판단된다. 그러나 甲은 특수강도를 결의한 것이 아니라 이미 결의한 단순강도의 실행에 용기를 얻었을 뿐이므로 단순강도에 대한 정신적 방조를 인정할 수 있다. 따라서 乙은 단순강도미수의 방조범으로 처벌되어야 한다.

금지착오 / 판례변경과 소급효금지원칙 / 자구행위 / 컴퓨터사용사기죄와 불가벌적 사후행위

○ 사례 10

인형공장을 경영하는 甲은 乙로부터 甲의 생산품이 자신의 디자인권을 침해한다는 이유로 생산중지의 요청을 받았다. 이에 甲은 평소 알고 지내던 변리사 丙에게 문의하였는데 양자가 동일하거나 유사한 것이 아니어서 乙의 디자인권을 침해하는 것이 아니라는 답변을 받았다. 그래도 안심이 되지 않은 甲은 다른 변리사 丁에게 문의하여 이와 유사한 사건에 대하여 의장권(현 디자인권) 침해가 아니라는 대법원 판결이 있음을 확인하고 자신의 행위가 죄가 되지 않는다고 확신하고 공장을 가동하여 인형 생산을 계속하였다. 그러나 乙의 고소로 검찰이 수사에 착수하여 수사한 결과 양자가 동일하거나 유사하다는 판단을 내린 검찰은 甲을 디자인보호법 위반으로 기소하였고 제1심 법원은 유죄판결을 내렸다. 이 사건은 대법원에 상고되었는데 대법원 전원합의체 판결에서 기존의 의장권 침해(현 디자인권 침해)에 관한 대법원 판례를 변경하여 유죄판단을 내린 원심과 제1심 판결을 그대로 인정하였다.

甲은 乙의 중지요청 전에 생산한 제품을 이미 A에게 납품하였으나 결제일이 지나도록 여러 번의 대금요구에도 불구하고 대금을 주지 않아 공장운영이 어렵게 되었다. 甲은 대금을 받기 위해 A의 가게에 들렀다가 A가 없는 틈을 이용하여 납품대금에 해당하는 물품을 들고 나왔다. 甲은 이 물품을 이 사실을 모르는 업자 B에게 팔아 공장가동비에 충당하였다.

소송 등으로 경영상태가 악화되자 甲은 우연히 알게 된 주식회사 바다기획의 아이디와 패스워드를 권한 없이 입력하여 인터넷뱅킹에 접속한 다음 위 회사의 예금계좌로부터 자신의 예금계좌로 8천만원을 이체하는 내용의 정보를 입력하여 자신의 예금계좌로 이체한 다음 자신의 현금카드를 이용하여 현금자동지급기에서 그 중 400만원을 인출하였다.

그 후 甲은 심란한 마음을 달래기 위해 포장마차에서 소주를 몇 잔 마시고(원인에 있어서 자유로운 행위 아님) 자신의 승용차를 운전하여 집으로 가던 중 경찰의 음주단속을 발견하고 이를 피하기 위하여 정지신호를 보내는 단속 경찰관을 들이받고 그대로 달아나려다 단속경찰관에게 3주의 치료를 요하는 상해를 입혔다.

甲의 형사책임은?(단, 디자인의 동일성 내지 유사성은 논하지 않음)

해 설

Ⅰ. 논점의 정리

(1) 甲의 인형 생산 행위가 乙의 디자인보호법상 디자인권을 침해하여 디자인보호법 위반죄의 죄책을 지는지가 문제된다. 특히 甲은 변리사에게 문의하고 대법원의 판례도 확인하여 자신의 행위가 죄가 되지 않는다고 확신한바, 금지착오에 해당하여 책임이 조각될 여지가 있는지 논해야 한다. 나아가 대법원 전원합의체에서 의장권침해(현 디자인권 침해)에 관한 대법원 판례를 변경하여 甲을 유죄로 판단한 것이 소급효금지의 원칙에 위배되는 것은 아닌지도 검토해야 한다.

(2) A의 가게에서 대금 상당의 물품을 들고 나온 행위가 절도죄의 구성요건에 해당하지만 자구행위나 정당행위로 인정되어 위법성이 조각될 수 있는지를 검토하여야 한다. 또한, A의 가게에 절취 목적으로 들어간바, 가게와 같은 일반인의 출입이 자유로운 장소에 범죄 목적으로 들어간 경우 주거침입죄가 성립하는지도 논한다.

(3) 이후 훔친 물품을 B에게 판 것이 B에 대한 절도죄와 별도로 사기죄, 장물죄 등에 해당하는지 문제된다.

(4) 권한 없이 타인의 계좌에서 자신의 계좌로 8천만원을 이체한 것이 컴퓨터사용사기죄 구성요건에 해당하는지, 또한 자신의 카드로 그 일부를 인출한 것이 별도의 죄를 구성하는지 여부가 문제된다.

(5) 음주단속을 피하기 위해 경찰을 차로 치어 상해를 입힌 행위는 자동차를 운전한 것을 ① 위험한 물건을 휴대한 것으로 볼 수 있는지에 따라 특수공무집행방해죄 혹은 공무집행방해죄가 성립할 것이며, ② 상해의 고의 여부에 따라 부진정 결과적 가중범인 특수공무집행방해치상죄, 상해죄 혹은 업무상 과실치상죄가 성립할 것인바 이를 논한다.

Ⅱ. 인형을 계속 생산한 행위 – 디자인보호법 위반죄 성부

1. 구성요건해당성

(1) 디자인보호법 제92조 및 제113조, 제220조 제1항(디자인권 침해죄)

디자인보호법 제92조는 "디자인권자는 업으로서 등록디자인 또는 이와 유사한 디자인을 실시할 권리를 독점한다"고 하여 디자인권을 규정하고 있으며, 동법 제113조는 "디자인권자 또는 전용실시권자는 자기의 권리를 침해한 자 또는 침해할 우려가 있는 자에 대하여 그 침해의 금지 또는 예방을 청구할 수 있다."고 하여 권리침해에 대한 금지청구권 등을 보장하고 있다. 제220조 제1항은 "디자인권 또는 전용실시권을 침해한 자는 7년 이하의 징역 또는 1억원 이하의 벌금에 처한다."고 하여 디자인권 침해행위를 처벌하고 있다.

(2) 설문의 경우

설문에서 乙은 甲에게 자신의 디자인권을 근거로 생산중지 요청을 한 것으로 보아 디자인보호법상 디자인권을 등록한 디자인권자이다. 그런데 甲의 생산품이 실제로 乙의 생산품과 동일하거나 유사한 것인지는 법원의 판단을 받아보아야 하나, 검찰의 기소는 甲의 생산품이 실제로는 乙의 것과 동일하거나 유사하다고 보고 디자인보호법 위반죄의 구성요건해당성이 인정된다고 기소하였으며, 별다른 위법성조각사유는 찾아볼 수 없으므로 책임조각사유의 논의를 전개한다.

2. 책임조각사유 존부 – 금지착오(형법 제16조)의 문제

(1) 문제의 소재

설문에서 甲은 자신의 행위가 타인의 디자인권을 침해하는 행위가 아니어서 죄가 되지 않는다고 확신하였으므로 자신의 행위에 대한 위법성을 인식하지 못하고 행위를 했음이 분명하다. 위법성의 인식(내지 불법의식)이 결여되어 책임비난이 불가능하다는 것이다. 문제는 甲의 행위가 실제로 타인의 디자인권을 침해하는 행위일 수 있음에도 甲이 착오로 죄가 되지 않는다고 생각했다는 점이다.

형법 제16조에서는 "자기의 행위가 법령에 의하여 죄가 되지 아니하는 것으로 오인한 행위는 그 오인에 정당한 이유가 있는 때에 한하여 벌하지 아니한다."고 규정하고 있다. 이는 위법성을 인식하지 못한 금지착오를 일으킨 경우에 착오에 정당한 이유가 있으면 책임을 인정할 수 없다는 의미이다.

따라서 甲이 자신의 행위가 타인의 디자인권을 침해하는 행위일 수 있다는 의문이 들어 변리사 丙에 문의하고 또 확신이 서지 않아 다른 변리사 丁에게 다시 문의하여 유사한 대법원 판례가 있음을 확인하고 생산행위를 계속한 것이 자신의 행위가 죄가 되지 않는다고 착오한 것에 '정당한 이유'가 있는 것으로 인정할 수 있는지가 문제된다. 즉 금지착오의 회피가능성 여부에 따라 책임비난 여부가 결정되는 것이다.

이를 검토하기 위해서 선결적으로 '정당한 이유'의 의미 및 그 판단 기준을 알아본다.

(2) '정당한 이유'의 의미 및 판단 기준

1) 회피가능성

다수설은 정당한 이유를 구체적 인식가능성을 토대로 한 회피가능성으로 해석한다. 금지착오의 회피가능성의 본질은 행위자가 자신의 행위의 구체적인 위법성을 인식할 수 있었다는 위법성의 인식가능성이라고 한다.

2) 판단의 기준 – 지적인식능력기준설

위법성에 대한 인식가능성 판단은 행위자의 지적 인식능력에 따라 그 개인이 처한 구체적 상황, 나이, 학력, 직업의 경험 등을 토대로 행위자가 인식에 필요한 주의를 다하였는가를 기준으로 결정한다. 만약 행위자가 필요한 주의의무를 다하지 않아 자기 행위의 위법성을 인식하지 못하였다면 그 착오는 회피 가능한 것으로 인정된다.

판례도 "정당한 이유가 있는지 여부는 행위자에게 자기 행위의 위법의 가능성에 대해 심사숙고하거나 조회할 수 있는 계기가 있어 **자신의** 지적능력을 다하여 이를 회피하기 위한 진지한 노력을 다하였더라면 스스로의 행위에 대하여 위법성을 인식할 수 있는 가능성이 있었음에도 이를 다하지 못한 결과 자기 행위의 위법성을 인식하지 못한 것인지 여부에 따라 판단하여야 할 것이고, 이러한 위법성의 인식에 필요한 노력의 정도는 구체적인 행위 정황과 행위자 개인의 인식능력 그리고 행위자가 속한 사회집단에 따라 달리 평가되어야 한다(대판 2006. 3. 24, 2005도3717; 대판 2017. 11. 29, 2015도18253)."고 하여 동일한 태도이다.

(3) 변리사에게 문의한 경우

권한 있는 전문가에게 조회하여 그 조언이나 지시를 신뢰한 경우에는 법률의 착오에 정당한 이유가 있는 때에 해당한다고 볼 여지가 많다. 판례는 전문가인 변호사 또는 변리사에게 문의하여 이를 신뢰한 경우에 금지착오에 정당한 이유가 있는 것으로 본 경우(대판 1976. 1. 13, 74도3680; 대판 1982. 1. 19, 81도646)도 있고, 반대로 정당한 이유를 부정한 경우(대판 1990. 10. 16, 90도1604; 대판 1992. 5. 26, 91도894; 대판 1995. 7. 28, 95도702)도 있어 일관되지 못하다.

생각건대, 변리사 등 전문가에게 문의했다고 하여 획일적으로 정당한 이유를 인정하는 것은 타당하지 않다. 획일적으로 정당한 이유를 긍정하면 전문가와 공모하여 책임 회피의 수단으로 악용될 여지가 있고, 전문가의 말이 잘못된 것임을 쉽게 알 수 있었는데도 경솔하게 신뢰한 경우에는 정당한 이유를 부정해야 할 것이기 때문이다. 따라서 위에서 언급한 지적인식능력기준설에 따라 구체적 사안에서 개별적으로 판단해야 할 것이다. 판례도 이러한 입장에서 구체적 사안에서 개별적으로 판단하다보니 판결의 일관성이 없는 것처럼 보이는 것이다.

(4) 변리사를 통해 대법원의 판례를 확인한 경우

대법원의 일관된 판례를 제대로 알고 신뢰한 경우 역시 정당한 이유를 인정할 여지가 많을 것이다. 그러나 이 역시 획일적으로 결정할 수 없고 지적인식능력기준설에 따라 개별적으로 판단해야 할 것이다. 일례로 대법원 판례를 잘못 해석하여 자신에게 유리하게 해석한 경우에는 정당한 이유를 인정할지 논란의 여지가 있고, 행위자가 상이한 판결이 있음을 알면서도 자신에게 유리한 판결을 신뢰하였다면 정당한 이유를 인정하기 어려울 것이다.

판례는 유사한 판례들을 잘못 이해하여 자신들의 행위가 상표권 침해가 아니라고 확신한 사안(대판 1998. 10. 13, 97도3337)이나 사안이 다른 사건에 대한 판례의 취지를 오해하여 자신의 행위가 죄가 되지 않는다고 오인한 사안(대판 1995. 7. 28, 95도1081)에서 정당한 이유를 부정한 바 있다.

(5) 설문의 경우

설문에서 甲은 자신의 행위가 타인의 디자인권을 침해하는 행위일 가능성을 인식하고 이에 관해서 변리사 丙에게 문의했을 뿐 아니라, 다른 변리사에게도 문의하여 유사사건에 대한 대법원의 판례까지 확인하였다. 한 명의 변리사만을 신뢰하였다면 논란의 여지가 있을 수 있으나, **다른 변리사에게 재차 문의하여 판례까지 확인한 것은** 일반인인 甲으로서는 정보를 제공할 수 있는 전문가가 자신에 의해서 침해될 법규범의 존재, 범위 또는 효력, 행위의 위법성을 더 잘 판단할 위치에 있다고 인식하고 **필요한 조회의무를 다한 것**이다.

따라서 甲의 착오에는 정당한 이유가 있으므로 형법 제16조에 의하여 책임이 조각된다.

3. 소급효금지의 원칙 적용 여부

(1) 문제의 소재

甲은 변리사에게 문의하여 과거 대법원 판례를 확인한 후 자신의 행위가 디자인보호법 위반이 아니라고 확신하였으므로, 정황상 과거 대법원 판례가 유사사건에 대해 무죄로 판시한 바 있었다고 볼 수 있다.

따라서 설문에서 대법원 전원합의체가 판례를 변경하여 甲을 유죄로 판단한 것이 소급효금지의 원칙에 위배되는 것은 아닌지도 논의해야 한다. 이는 곧 죄형법정주의원칙의 하나인 소급효금지의 원칙이 판례변경에도 적용되는지의 문제이다.

(2) 학설과 판례

① 소급효 부정설에 의하면 법적 안정성이나 일반인의 신뢰의 보호를 위하여 변경된 판례의 입장은 장래의 사건에만 적용해야 한다고 한다. ② 소급효 인정설에 의하면 헌법이나 형법은 제정법에 의한 소급효만 금지하는 것이므로 판례의 변경에는 소급효금지 원칙이 적

제1편 형법 사례문제 109

용되지 않는다고 한다. 다만 행위자가 기존의 판례에 따라 자신의 행위가 금지된 것이 아님을 알았다면 금지착오에 정당한 이유가 있는 경우에 해당할 수 있을 뿐이라고 한다.

판례는 "**형사처벌의 근거가 되는 것은** 법률이지 판례가 아니고, 형법 조항에 관한 판례의 변경은 그 법률조항의 내용을 확인하는 것에 지나지 아니하여 이로써 그 법률조항 자체가 변경된 것이라고 볼 수는 없으므로, 행위 당시의 판례에 의하면 처벌대상이 되지 아니하는 것으로 해석되었던 행위를 판례의 변경에 따라 확인된 내용의 형법 조항에 근거하여 처벌한다고 하여 그것이 헌법상 평등의 원칙과 형벌불소급의 원칙에 반한다고 할 수는 없다(대판 1999. 9. 17, 97도3349)."고 하여 소급효 인정설의 입장이다.

소급효 인정설은 죄형법정주의에서 의미하는 법률이 형식적으로는 성문법을 의미한다는 점에서는 타당하지만, 이미 확립되어 적용된 판례를 피고인에게 불리하게 변경하여 행위시로 소급하여 적용하는 것은 실질적으로는 그 효과에 있어서 사후입법에 의한 소급처벌과 동일하다. 따라서 소급효금지의 원칙의 취지를 고려하여 변경한 판례를 당해 사건에 적용할 것이 아니라 변경된 판례 이후의 사건에 적용시켜야 한다는 견해(소급효 부정설)가 타당하다. 법적 견해를 변경한 경우에는 법관이 법해석을 통하여 입법자의 임무인 법창조 활동을 대신한 것이므로 이것은 소급적용이 금지되어야 할 법률에 준하는 것으로 보아야 하기 때문이다.

(3) 설문의 경우

대법원이 판례를 변경하여 甲을 처벌하는 것은 소급효 부정설에 따라 죄형법정주의의 소급효금지 원칙에 반한다고 본다.

4. 소 결

甲의 행위는 디자인보호법 제92조를 위반한 디자인보호법 위반죄의 구성요건에 해당하며 위법성이 있으나, 정당한 이유 있는 금지착오(즉 회피 불가능한 금지착오)로서 책임비난의 전제인 위법성의 인식 내지 불법의식이 결여되어 책임이 조각된다. 따라서 甲은 디자인보호법 위반죄의 죄책을 지지 않는다.

또한, 유사 사건에 대해 무죄판결을 했다가 판례를 변경하여 甲에게 디자인보호법 위반임을 인정한 것은 소급효금지 원칙에 반한다.

III. A의 가게에서 물품대금 상당의 물품을 들고 나온 행위

1. 절도죄(형법 제329조)의 성부

(1) 구성요건해당성

甲은 A 몰래 A의 가게에 있는 물품(타인이 점유하는 타인의 재물)을 불법영득의사로 들고 나왔으므로 절도죄의 객관적 및 주관적 구성요건해당성은 충족된다. 甲에게 A에 대한 제품 대금 청구권이 있었다고 하더라도, 이는 별도의 금전채권일 뿐 A의 가게의 물품에 대한 청구권은 아니므로, 영득의 불법성이 인정된다. 나아가 만약 甲이 취거한 물건이 자신이 납품 했던 인형이었더라도, A가 이미 소유권을 취득하였기 때문에 절도죄의 객체가 됨은 논란의 여지가 없다.

(2) 위법성조각사유 존부

甲의 행위는 절도죄의 구성요건해당성은 인정되나 물품대금에 대한 청구권이 있었고, 이미 대금결제일이 경과한 상태에서 여러 차례 A에게 대금지급을 요청하였으나 A가 이를 이행하지 않은 상황이었으므로 위법성이 조각될 수 있는지를 검토하여야 한다. 甲은 자신이 가지고 나온 물건의 가액이 자신의 채권범위이고 또 이미 변제기일이 지났기 때문에 자신의 권리를 실현하기 위한 행위라서 위법하지 않다고 주장할 수 있기 때문이다.

1) 정당방위(형법 제21조)

정당방위란 자기 또는 타인의 법익에 대한 현재의 위법한 침해를 방위하기 위한 상당한 이유가 있는 행위이다. 정당방위로 인정되기 위해서는 ① 자기 또는 타인의 법익에 대한 현재의 부당한 침해, ② 방위의사, ③ 상당한 이유가 있어야 한다.

설문의 경우에 A가 甲에게 대금을 지급하지 않는 것을 甲의 재산에 대한 '현재'의 부당한 침해로 보기 어렵고, 설사 이를 인정한다 하더라도 사회상규에 비추어 채권추심을 위해 절도죄를 범하는 것에 상당한 이유를 인정할 수 없다. 따라서 정당방위는 성립되지 않는다.

2) 긴급피난(형법 제22조)

긴급피난이 인정되기 위해서는 ① 자기 또는 타인의 법익에 대한 현재의 위난, ② 피난의사, ③ 상당한 이유가 있어야 한다. 이때 상당한 이유는 정당방위의 그것보다 더욱 엄격하게 판단하여 법익균형성과 보충성이 요구된다. 보충성이란 피난행위에 의하지 않고는 달리 위난을 피할 수 없을 것, 즉 피난행위가 위난에 빠져있는 법익을 보호하기 위한 유일한 수단일 것을 의미한다. 또한 위난을 피할 수 있는 가능한 수단이 다양한 경우에는 피해자의 법익에 가장 최소한의 손해를 끼치는 가장 경미한 수단을 선택하여야 함을 의미한다.

설문의 경우에 이러한 의미의 보충성이 인정되지 않아 긴급피난이 성립하지 않는다.

3) 자구행위(형법 제23조)

자구행위란 권리자가 자신의 권리에 대하여 불법한 침해를 받았으나 법정절차에 의하여 청구권을 보전하기 불능한 경우에 자력에 의하여 자신의 권리를 구제·회복하는 행위를 말한다.

자구행위가 성립하기 위해서는 ① 청구권보전이 필요한 상황에서(즉, 법정절차에 의해서 청구권을 보전할 수 없는 경우), ② 이를 인식하고 자력구제의 의사로 자구행위(즉, 청구권의 실행불능 또는 현저한 실행곤란을 피하기 위한 행위)를 해야 하며, ③ 상당한 이유가 있어야 한다.

설문의 경우 甲은 A에게 채권적 청구권이 있으며, 이미 변제기일이 지났기 때문에 청구권에 대한 불법한 침해는 존재한다. 그러나 A가 가게를 폐쇄하고 도주했다는 등의 사정이 아닌 한 청구권의 실행이 불가능하거나 현저히 실행이 곤란한 상황이 아니어서 법정절차를 거쳐 청구권을 보전할 수 없는 상황이 아니다. 따라서 甲의 행위는 자구행위에 해당하지 않는다. 판례도 유사한 사안에서 피고인이 석고대금을 받지 못하던 중 피해자가 도주하자 피고인이 야간에 폐쇄된 화랑의 문을 뜯어내고 들어가 피해자의 물건을 가지고 나온 경우 이를 자구행위라고 할 수 없다고 판시한 바 있다(대판 1984. 12. 26, 84도2582).

4) 정당행위(형법 제20조)

정당행위로 위법성이 조각되려면 법령에 의한 행위 또는 업무로 인한 행위 기타 사회상규에 위배되지 않는 행위여야 한다.

甲의 행위가 법령에 의한 행위이거나 업무로 인한 행위가 아님은 명백하다. 기타 사회상규에 위배되지 않는 행위로 인정되기 위해서는 ① 행위의 동기와 목적의 상당성, ② 행위의 수단이나 방법의 상당성, ③ 보호이익과 침해이익의 법익균형성, ④ 긴급성, ⑤ 다른 수단이나 방법이 없다는 보충성 등이 인정되어야 한다. 甲의 행위는 사회상규의 판단기준 중 보충성이 인정되지 않아 사회상규에 위배되지 않는 행위에도 해당되지 않는다. 甲의 행위는 정당행위에 해당하지 않는다.

(3) 책임조각사유 존부

기대불가능성 등 별다른 책임조각사유를 찾아볼 수 없다.

(4) 소 결

甲의 행위는 절도죄의 구성요건해당성이 있고 위법성이나 책임도 조각되지 않아 절도죄가 성립한다.

2. 주거침입죄(형법 제319조)의 성부

甲은 A의 가게에 대금지급을 요구하기 위하여 들렀다가 A가 없는 틈을 이용하여 절도죄를 범했고 영업 중인 가게는 일반 손님의 출입이 자유로운 곳이므로 주거침입죄는 성립하지 않는다. 만일 甲이 A의 가게에 들렀을 때 절취 목적이 있었다면 영업 중인 가게가 일반 손님들의 출입이 허용된 상태라 하더라도 주거침입죄가 성립할 수 있다는 주장이 있을 수 있다. 즉, 공개된 장소에 범죄 목적으로 들어간 경우에 주거침입죄가 성립하는지를 검토하여야 한다.

범죄의 목적이 있었다고 하더라도 일반 손님처럼 가게에 출입하였다면 목적이 위법하다는 것만으로는 사실상의 평온을 해치는 행위태양이 있다고 볼 수 없고, 특별히 개인적 출입금지에 해당하는 사람이거나 복면한 무장 강도처럼 불법한 침입행위가 외부적으로 인식될 수 있는 경우가 아닌 한 주거침입을 인정해서는 안 된다. 甲의 행위는 주거침입행위가 아니다.

IV. 훔친 물건을 B에게 판 행위

1. 사기죄(형법 제347조)의 성부

(1) 사기죄의 성립요건

사기죄는 ① 기망행위가 있고, ② 그로 인해 피해자가 착오를 일으키고, ③ 착오에 기해 피해자가 처분행위를 하고, ④ 그로 인해 행위자가 재물이나 재산상의 이익을 취득하면 성립한다. ⑤ 피해자의 재산상 손해가 발생해야 하는지에 대해서는 논란이 있다.

(2) 설문의 경우

설문의 경우 ① 甲은 정을 모르는 B에게 A의 물건을 자신의 소유물로 기망하였고, ② B는 이를 신뢰하였으며, ③ 그에 기해 B가 甲에게 물품대금을 지급하였고, ④ 이에 따라 甲이 물품대금 상당의 이익을 취득하였고, ⑤ 반대로 B는 민법 제250조에 따라 2년간 무상반환의 부담이 있는 선의취득이 인정될 뿐이므로 재산상 손해가 발생했다. 이러한 사기행위로 B에 대한 새로운 법익의 침해가 발생하였으므로 절도죄의 불가벌적 사후행위가 되는 것이 아니라 별도의 사기죄가 성립한다.

2. 장물죄(형법 제362조)의 성부

甲이 절취한 물건은 그 자체가 장물이므로 甲의 장물행위가 장물죄를 구성하는지가 문제된다. 장물죄는 타인의 재산범죄에 관여한 경우에만 성립하므로 본범의 장물행위는 애당초 구성요건해당성(장물죄의 주체)이 인정되지 않아 불가벌이다.

반면 판례에 따르면 장물죄는 타인(본범)이 불법하게 영득한 재물의 처분에 관여하는 범죄이므로 자기의 범죄에 의하여 영득한 물건에 대하여는 성립하지 아니하고 이는 불가벌적 사후행위에 해당한다(대판 1986. 9. 9, 86도1273). 그러나 불가벌적 사후행위에 해당하려면 별도 범죄의 구성요건해당성이 인정되어야 하기 때문에 판례의 태도는 부당하다. 결국 甲은 재산범죄의 본범이므로 장물죄의 구성요건해당성이 없어 불가벌이다.

V. 권한 없이 타인의 계좌에서 자신의 계좌로 8천만원을 이체하고 이를 인출한 행위

1. 컴퓨터사용사기죄(형법 제347조의2)의 성부

(1) 컴퓨터사용사기죄 성립요건

컴퓨터사용사기죄는 ① 컴퓨터 등 정보처리장치에 ② 허위의 정보 또는 부정한 명령을 입력하거나 권한 없이 정보를 입력, 변경하여 정보처리를 하게 하여 ③ 재산상 이익을 취득함으로써 성립하는 범죄이다. 여기에서 권한 없이 정보를 입력·변경한다 함은 타인의 진정한 정보를 권한 없는 자가 본인의 승낙 없이 사용하는 것을 말한다.

예컨대 절취한 타인의 신용카드를 이용하여 현금지급기에서 계좌이체를 한 행위는 컴퓨터등사용 사기죄에서 컴퓨터 등 정보처리장치에 권한 없이 정보를 입력하여 정보처리를 하게 한 행위에 해당한다(대판 2008. 6. 12, 2008도2440). 타인의 명의를 모용하여 발급받은 신용카드의 번호와 그 비밀번호를 이용하여 ARS 전화서비스나 인터넷 등을 통하여 신용대출을 받는 방법으로 재산상 이익을 취득하는 행위 역시 **미리 포괄적으로 허용된 행위가 아닌 이상**, 컴퓨터 등 정보처리장치에 권한 없이 정보를 입력하여 정보처리를 하게 함으로써 재산상 이익을 취득하는 행위로서 컴퓨터등사용사기죄에 해당한다(대판 2006. 7. 27, 2006도3126). 금융기관 직원이 범죄의 목적으로 전산단말기를 이용하여 다른 공범들이 지정한 특정계좌에 무자원 송금의 방식으로 거액을 입금한 것은 컴퓨터등사용사기죄에서의 '권한 없이 정보를 입력하여 정보처리를 하게 한 경우'에 해당한다(대판 2006. 1. 26, 2005도8507).

(2) 설문의 경우

설문에서 ① 컴퓨터는 정보처리장치에 해당하고, ② 甲은 권한 없이 진실한 정보를 입력하여 정보처리를 하게 하였고, ③ 예금채권이라는 재산상 이익을 취득하였다. 별도의 위법성조각사유나 책임조각사유도 없다. 따라서 甲은 컴퓨터사용사기죄가 성립한다.

2. 현금인출행위가 불가벌적 사후행위인지 여부

(1) 문제의 소재

甲이 자신의 카드로 자신의 계좌에서 현금을 인출한 것이 별도의 범죄의 구성요건에 해당하여 컴퓨터사용사기죄의 불가벌적 사후행위가 되는 것은 아닌지가 문제된다.

(2) 불가벌적 사후행위의 의의 및 요건

불가벌적 사후행위는 범죄로 획득한 위법한 이익을 확보·사용·처분하는 행위가 별개의 구성요건에 해당하지만 그 불법은 이미 주된 범죄에서 완전히 평가되었기 때문에 별도의 범죄를 구성하지 않는 경우를 말한다.

불가벌적 사후행위의 요건은 ① 주체가 동일하고 ② 사후행위가 별개의 범죄의 구성요건에 해당해야 하며 ③ 침해법익과 피해자가 동일하고 ④ 주된 범죄의 침해의 양을 초과하지 않아야 한다는 것이다.

(3) 설문의 경우

자기의 카드를 사용하여 현금자동지급기에서 현금을 인출한 경우, 이는 카드 사용권자의 정당한 사용에 의한 것으로서 현금자동지급기 관리자의 의사에 반하거나 기망행위도 없으므로, 별도의 사기죄나 절도죄의 구성요건에 해당하지 않는다. 따라서 불가벌적 사후행위가 될 수 없다.

판례도 "컴퓨터등사용사기죄의 범행으로 예금 채권을 취득한 다음 자기의 현금카드를 사용하여 현금자동지급기에서 현금을 인출한 경우, 현금카드 사용권한 있는 자의 정당한 사용에 의한 것으로서 현금자동지급기 관리자의 의사에 반하거나 기망행위 및 그에 따른 처분행위도 없었으므로, 별도로 절도죄나 사기죄의 구성요건에 해당하지 않는다."고 본다 (대판 2004. 4. 16, 2004도353; 대판 2008. 6. 12, 2008도2440). 따라서 **그 인출된 현금은 재산범죄에 의하여 취득한 재물이 아니므로 장물이 될 수 없다**(대판 2004. 4. 16, 2004도353).

VI. 음주단속을 피하기 위하여 경찰관을 들이받아 상해를 입힌 행위

1. (특수)공무집행방해죄(형법 제136조, 제144조)의 성부

(1) 문제의 소재

공무집행방해죄는 ① 공무를 집행하는 공무원에 대하여 ② 폭행 또는 협박을 하여야 하고, 특수공무집행방해죄는 ① 위험한 물건을 ② 휴대하여 ③ 공무집행방해행위를 하여야 한다. 설문에서 甲은 적법하게 음주단속 업무 중인 경찰관을 자동차로 들이받아 폭행했으므로 공무집행방해죄에 해당함은 명백하다. 나아가 특수공무집행방해죄가 성립하기 위해서는 ① 자동차가 '위험한 물건'에 해당되는지 여부 및 ② 자동차를 운전한 것을 '휴대'라고 볼 수 있는지가 검토되어야 한다.

(2) 자동차가 '위험한 물건'인지 여부

위험한 물건이란 그 물건의 객관적 성질이나 사용방법에 따라 사람의 생명·신체에 해를 가할 수 있는 물건을 말한다. 이는 물건의 성질과 그 사용방법을 종합하여 구체적인 경우에 사회통념에 의해 그 물건을 사용하면 상대방이나 제3자가 생명 또는 신체에 위험을 느낄 수 있는지 여부에 따라 판단해야 한다. 판례도 동일한 입장이다(대판 1999. 11. 9, 99도4146; 대판 2003. 1. 24, 2002도5783; 대판 2008. 2. 28, 2008도3; 대판 2009. 3. 26, 2007도3520; 대판 2010. 11. 11, 2010도10256).

자동차는 원래 교통수단으로 제작되었지만, 용법에 따라 사람의 생명 또는 신체에 살상의 위험을 줄 수 있는 물건으로서 위험한 물건에 해당한다고 보는 것이 타당하다(대판 2008. 2. 28, 2008도3; 대판 2010. 11. 11, 2010도10256).

(3) 자동차를 '휴대'하였는지 여부

자동차를 위험한 물건으로 보더라도 자동차를 운전하여 들이받은 것이 위험한 물건을 '휴대'하였다고 말할 수 있는지는 논란의 여지가 있다. 이는 '휴대하여'의 의미의 해석 문제이다. **판례는** '휴대하여'라는 말은 소지뿐만 아니라 널리 이용한다는 뜻도 포함하고 있다고 본다(대판 1997. 5. 30, 97도597; 대판 2002. 9. 6, 2002도2812). 그러나 '휴대'라는 법문언의 가능한 의미와 법규정의 취지를 고려한다면 휴대의 사전적 의미처럼 반드시 몸에 지닐 것을 요하지는 않지만, 동산으로서 몸에 지닐 수 있는 정도의 크기로 제한하는 것이 타당하다고 본다.

(4) 소 결

甲은 자동차를 이용하여 경찰관에게 상해를 입혔으나, 위험한 물건을 휴대하여 폭행한 것은 아니다. 따라서 특수공무집행방해죄가 아닌 단순한 공무집행방해죄가 성립한다. 그러나 판례의 입장에 따르면 특수공무집행방해죄가 성립한다.

2. 경찰관이 입은 상해에 대한 죄책

(1) 상해죄(형법 제257조) 혹은 업무상 과실치상죄(형법 제268조)의 성부

甲은 음주단속을 피하기 위하여 경찰관을 들이받았는데, 단순한 공무집행방해행위인 이상 특수공무집행방해치상죄는 성립할 수 없고, 甲에게 상해에 대한 고의가 있었는지 여부에 따라 상해죄 혹은 업무상 과실치상죄가 성립할 것이다. 일반인의 기준에서 자동차로 들이받으면 경찰관이 상해를 입을 수도 있다는 인식은 있었을 것이므로, 상해를 입힐 의사가 있었는지에 따라 미필적 고의가 있었는지 인식 있는 과실에 불과한지가 결정된다. 미필적 고의의 인정 기준에 대한 용인설 또는 감수설은 결과에 대한 용인 혹은 감수의사가 있으면 미필적 고의를 인정한다.

설문의 경우 甲이 승용차로 경찰관에게 돌진하여 들이받은 것은 그로 인해 사람이 다치거나 사망할 수 있음을 인식하고 그로 인한 결과를 용인 또는 감수하겠다는 의사가 있다고 보는 것이 경험칙상 타당하다. 따라서 甲은 고의로 경찰관을 들이받으면서 상해에 대한 미필적 고의가 있었다고 본다. 甲에게는 상해죄가 성립한다.

(2) 판례에 따를 경우

판례는 특수공무집행방해죄에서 규정한 '위험한 물건'이란 제조의 목적을 불문하고 그 물건의 객관적 성질 및 사용방법에 따라서는 사람을 살상할 수 있는 것을 말한다고 판시한다. 이때 위험한 물건인지 여부는 구체적인 경우에 물건의 성질과 용법을 종합하여 사회통념에 비추어 제3자가 살상의 위험을 느낄 수 있는지에 따라 판단한다(대판 1999. 11. 9, 99도 4146). 사안의 경우 살상의 목적으로 만들어진 물건은 아니지만 사안에서와 같이 자동차를 이용하는 경우 역시 객관적으로 위험성이 증대된다고 볼 수 있으므로 이를 특수공무집행방해죄의 '위험한 물건'을 휴대한 경우에 해당한다고 보는 것이 판례의 입장이다(대판 1990. 1. 23, 89도2273).

형법 제144조 제2항 특수공무집행방해치상죄는 특수공무집행방해죄의 결과적 가중범인바, 甲이 상해의 고의로 경찰관을 들이받아 상해를 입혔으므로 특수공무집행방해 행위와 상해 사이에는 인과관계와 직접성의 원칙이 인정된다. 판례에 의하면 형법 제144조 제2항의 특수공무집행방해치상죄는 상해의 결과에 대하여 과실(예견가능성)이 있는 경우뿐만 아니라 고의가 있는 경우에도 성립하는 부진정 결과적 가중범에 해당한다(대판 1995. 1. 20, 94도2842). 또한 위험한 물건인 자동차를 이용하여 경찰관에게 상해를 가하였으므로 형법 제258조의2 특수상해의 죄책[10]을 진다.

3. 죄 수

(1) 甲은 하나의 행위로 공무집행방해죄와 상해죄를 범했으므로, 양 죄는 상상적 경합관

---

10) 형법 제258조의2(특수상해) ① 단체 또는 다중의 위력을 보이거나 위험한 물건을 휴대하여 제257조 제1항 또는 제2항의 죄를 범한 때에는 1년 이상 10년 이하의 징역에 처한다.
   ② 단체 또는 다중의 위력을 보이거나 위험한 물건을 휴대하여 제258조의 죄를 범한 때에는 2년 이상 20년 이하의 징역에 처한다.
   ③ 제1항의 미수범은 처벌한다.

계에 있다.

(2) 판례에 따를 때는 특수공무집행방해치상죄와 특수상해죄의 죄수관계가 문제되는데, 특수공무집행방해치상죄의 법정형은 3년 이상의 유기징역이고(형법 제144조 제2항), 특수상해죄의 법정형은 1년 이상 10년 이하의 징역이다(형법 제258조의2 제1항). 이와 같이 부진정 결과적 가중범의 법정형이 고의범의 법정형보다 중한 경우 그 죄수관계가 문제된다. 부진정 결과적 가중범의 죄수관계에 관하여 판례는 중한 결과의 고의범이 결과적 가중범에 비하여 법정형이 중한 경우에는 양 죄가 상상적 경합관계에 있다고 이해하는 반면, 중한 결과의 고의범이 결과적 가중범에 비하여 법정형이 경하거나 동일한 경우 결과적 가중범이 고의범에 대한 특별관계에 있다고 해석하여 결과적 가중범만 성립하고 이와 법조경합 관계에 있는 고의범에 대하여는 별도의 죄를 구성하지 않는다는 입장이다(대판 2008. 11. 27, 2008도7311). 사안의 경우 甲이 범한 특수공무집행방해치상죄의 법정형이 특수상해죄의 법정형 보다 중하므로, 판례의 태도에 따르면 甲에게는 결과적 가중범인 특수공무집행방해치상죄만 성립하고 별도로 특수상해죄는 성립하지 않는다.

VII. 사안의 해결

(1) 甲이 인형을 계속 제작하여 乙의 디자인권을 침해한 행위에 대해서는 디자인보호법위반죄의 성부가 문제되나, 甲이 자신의 행위가 죄가 되지 않는다고 믿은 데 정당한 이유가 있으므로 형법 제16조에 의해서 책임이 조각되고, 甲에 대한 유죄판결은 판례를 소급적으로 변경하여 소급효금지원칙에 반한다. 甲은 무죄이다.

(2) 甲이 채권추심 명목으로 A의 가게에 들어가 물건을 취거한 행위와 관련하여 甲은 절도죄의 죄책만 지고, 주거침입죄는 성립하지 않는다.

(3) 절취한 물건을 정을 모르는 B에게 판매한 행위에 대해서는 B에 대한 사기죄의 죄책을 지며, 장물죄는 구성요건해당성이 부정된다.

(4) 타인의 계좌에서 자신의 계좌로 예금을 이체한 행위는 컴퓨터사용사기죄에 해당하나, 이체한 금액 중 일부를 자신의 카드로 인출한 것은 절도죄의 구성요건해당성이 인정되지 않아 불가벌적 사후행위가 아니라 애당초 불가벌인 행위에 해당한다.

(5) 음주단속을 하는 경찰관을 자동차로 들이받은 행위는 상해죄와 공무집행방해죄의 상상적 경합이 된다. 그러나 판례에 의할 때에는 특수공무집행방해치상죄가 성립한다.

11. 결과방지의 실패와 중지미수 / 死者의 점유 / 死者 명의의 문서

○ 사례 11

甲은 변심한 애인 乙의 자취방에 찾아가 맥주를 마시다가 乙에게 요즈음 자신을 멀리하는 이유가 무엇이냐며 따져 물었다. 이에 乙이 甲보다 훨씬 능력 있고 잘생긴 애인이 생겼다고 거짓말을 하고 관계를 정리할 것을 요구하였다. 乙의 말에 모욕감을 느끼고 격분한 甲은 乙을 죽일 생각으로 부엌에서 칼을 찾다가 乙이 자살할 생각으로 준비해 놓은 독약을 발견하고 이를 乙의 술잔에 몰래 타 놓았다. 사정을 모르고 술을 마신 乙이 몸부림을 치며 괴로워하자 甲은 이 모습을 보고 곧 후회하여 가까운 약국에서 급히 해독제를 사서 乙에게 자신의 잘못을 고백하고 용서를 구하면서 건네주었다. 그러자 乙은 애인이 생겼다는 얘기는 거짓말이며, 며칠 전에 불량배들에게 강간을 당해 더 이상 甲을 만날 면목도 없고 더럽혀진 몸으로 세상을 살아나갈 자신이 없어서 마침 자살할 생각이었는데 잘 됐다며 해독제 복용을 완강히 거부하였고, 해독제를 복용하였으면 생명에 지장이 없었을 것임에도 이를 복용하지 않은 탓에 乙은 2021년 4월 30일 23시 40분경에 사망하였다. 甲은 사망한 乙의 방에 앉아 있다가 벽에 걸려 있던 乙의 핸드백에서 현금·예금통장·인장 등을 꺼내어 날이 밝자 乙의 집에서 나왔다. 은행업무가 시작되자 甲은 예금주 乙명의의 예금지급청구서를 2021년 5월 1일자로 작성한 후 乙의 인장을 날인하여 창구에 제시하고 예금 50만원을 인출하였다.

甲의 형사책임은?

해 설

Ⅰ. 논점의 정리

사안에서 형사책임이 문제되는 甲의 행위는 크게 세 부분으로 나눌 수 있다.

(1) 甲이 술잔에 독약을 타 결국 乙을 사망에 이르게 한 행위에서는 살인죄의 성부가 문제된다. 甲이 乙에게 해독제를 건네주었음에도 乙이 복용을 거부하여 사망하였다는 점에서 사망의 결과를 甲에게 귀속시켜 기수 책임을 지울 것인지, 아니면 미수에 불과한지가 문제된다. 또한 사망의 결과를 甲에게 귀속시킬 수 없어 미수책임을 지울 경우에도, 중지미수 규정을 적용할 수 있는지 살펴보아야 한다.

(2) 사망한 乙의 핸드백에서 현금·예금통장·인장 등을 가지고 나온 행위에서는 절도죄의 성부가 문제된다. 다른 구성요건은 문제되지 않으나, '타인'의 점유와 관련하여 死者의 점유를 인정할 것인지 검토하여야 한다. '타인'의 점유가 부정된다면 점유이탈물횡령죄가 문제된다.

(3) 乙 명의의 예금지급청구서를 작성하여 현금을 인출한 행위에서는 사기죄, 사문서 위조죄, 위조사문서행사죄가 문제된다. 사기죄에 있어서 누구를 피기망자·피해자로 볼 것인지가, 사문서 위조죄에서는 死者 명의문서도 동 죄의 객체가 될 수 있는지가 각각 문제된다. 예금청구서를 제시하여 현금을 인출한 행위를 위조사문서행사죄로 볼 경우에 사기죄 및 사문서 위조죄와의 죄수관계는 어떠한지 살펴보겠다.

Ⅱ. 乙을 사망에 이르게 한 행위 - 살인죄(형법 제250조 제1항)의 성부

1. 문제의 소재

甲이 살인의 고의로 독약을 타서 乙을 사망에 이르게 한 행위에서는 살인죄의 성부가 문제된다. 살인죄의 구성요건해당성 중에서 문제되는 것은 '인과관계 내지 객관적 귀속'이다. 그 밖의 객관적 구성요건요소(행위, 주체, 결과 등)와 주관적 구성요건요소(살인고의)는 충족되었다. 乙이 만약 甲이 건네 준 해독제를 먹었다면 살아날 수 있었다는 점에서, 독약 투여와 사망의 결과 발생 사이에 인과관계 내지 객관적 귀속을 인정할 것인지에 따라 살인미수 또는 살인기수로 죄책이 달라진다.

인과관계 내지 객관적 귀속이 부정될 경우에는 중지미수로 평가할 것인지가 문제된다. 甲이 후회하여 해독제를 먹으려고 하였다는 점에서 자의성은 인정되지만, 그 결과방지행위가 실패하였다는 점에서 중지미수를 인정할 것인지 아니면 장애미수에 불과한지 살펴보겠다.

2. 사망의 결과 귀속 여부

(1) 인과관계(형법 제17조)

결과발생을 필요로 하는 범죄(결과범, 침해범)에서는 구성요건에 해당하는 행위 이외에 결과가 발생해야 기수가 된다. 구성요건에 해당하는 행위와 결과의 단순한 확인만으로는 부족하며, 행위와 발생한 결과 사이에 일정한 인과적 관련이 있어야 한다.

인과관계의 의미에 대해서는 ① 일정한 선행사실이 없었다면 결과도 발생하지 아니하였다는 논리적 조건관계만 있으면 인과관계를 인정하는 조건설, ② 조건설의 내용을 일상경험법칙에 의한 '합법칙성'으로 수정하려는 합법칙적 조건설, ③ 사회생활상 일반적인 생활경험칙에 비추어 어떠한 행위로부터 일정한 결과가 발생하는 것이 상당하다고 인정될 때, 즉 개연성이 있을 때 인과관계를 인정하는 상당인과관계설 등이 대립한다.

판례는 상당인과관계설에 따라 결과발생에 사회생활의 일반적인 경험칙상 전형적이고 상당한 조건만이 원인이 된다고 보아, 비유형적이고 우연한 사정을 인과관계의 고찰에서 배제시키고 있다.

사안의 경우 상당인과관계설에 의하면, 甲이 乙에게 독약을 먹인 행위보다 乙이 해독제 복용을 거부한 행위가 乙의 사망에 상당히 개연적인 조건이라고 보아 甲의 행위와 乙의 사망 사이에 인과관계 자체가 부정된다. 조건설 내지 합법칙적 조건설에 의할 경우, 甲의 행위와 乙의 사망 사이에 자연법칙적 의미의 인과관계는 인정되므로 법적·규범적 측면에서 객관적 귀속의 문제를 검토하여야 한다.

(2) 객관적 귀속

객관적 귀속이론이란 자연법칙적 인과관계가 인정되는 결과를 행위자의 행위에 객관적으로 귀속시킬 수 있는가를 확정하는 이론이다. 객관적 귀속이 인정되기 위해서는 ① 결과가 객관적으로 예견할 수 있고 지배할 수 있는 것이어야 하며, ② 행위자가 보호법익에 대해 허용되지 않는 위험을 창출하거나 증가시켰고, ③ 허용되지 않는 위험이 구성요건적 결과로 실현되었으며, ④ 결과가 침해된 규범의 보호범위 안에서 발생하였을 것을 요한다.

사안에서 甲은 구성요건적으로 상당한 위험을 창출하였지만, 이 위험이 구체적인 결과발생에서 실현되어진 것이 아니다. 즉, 甲의 독약투여로 나타난 피해자의 사망의 결과는 행위자에 의해서 창출된 위험의 객관적 실현이 아니라, 피해자의 해독제 복용거부라는 '고의적인 자손행위'의 개입으로 발생한 것이다. 고의적인 자손행위로 발생한 결과에 대한 책임이 살인죄를 처벌하는 규범의 보호목적은 아니므로 乙의 사망의 결과에 대해서는 객관적 귀속이 부정된다.

(3) 소 결

甲이 독약을 먹인 행위와 乙에게 발생한 사망의 결과 사이에 있어서, 상당인과관계 또는 객관적 귀속이 부정되므로 甲은 살인기수의 책임이 아니라 살인미수의 책임을 진다.

3. 중지미수(형법 제26조)의 성립 여부

(1) 의 의

중지미수는 범인이 자기의사(자의)로 실행에 착수한 행위를 중지하거나 그 행위로 인한 결과의 발생을 방지하는 경우로서 형법상 필요적 감면사유로 규정되어 있다. 중지미수가 성립하려면, ① 주관적 요건으로서 '자의성'이 있어야 하고, ② 객관적 요건으로서 착수미수에 있어서는 '실행행위의 중지'를, 실행미수에 있어서는 '결과발생의 방지'를 요구한다.

(2) 주관적 요건 – 자의성의 인정 여부

'자의성' 즉 범죄의 자발적 미완성의 유무는 중지미수와 장애미수의 구별기준이 된다. 자의성의 판단기준에 대하여는, ① 외부적 사정과 내부적 동기를 구별하는 객관설, ② 윤리적 동기에 의하여 중지한 경우만이 중지미수이고 그렇지 않은 때는 전부 장애미수라는 주관설, ③ 가능성의 유무에 따라 자의성을 판단하는 프랑크의 공식, ④ 합법성으로의 회귀가 있어야 자의성을 인정하는 규범설, ⑤ 사회일반의 경험칙상 중지의 이유가 외부적 장애 때문인지 자율적 동기인지에 따라 자의성을 판단하는 절충설 등이 대립한다.

자의성 판단에 관한 다수설과 판례의 입장인 절충설의 관점에서 보면, 甲이 후회하여 해독제를 구입하고 이를 피해자에게 복용시키려고 한 행위에서는 자의성이 인정된다. 후회하여 그만둔 경우는 사회일반의 경험칙상 외부적 장애로 보여지지 않기 때문이다. 중지미수의 주관적 요건이 충족되는 이상 그 객관적 요건에 대한 검토가 필요하다.

(3) 객관적 요건 – 실행중지 또는 결과방지의 인정 여부

1) 착수미수와 실행미수의 구별

중지미수의 객관적 요건을 판단하려면 우선 착수미수인지 실행미수인지를 구별하여야 한다. 착수미수의 경우는 실행행위의 중지만으로 족하지만, 실행미수의 경우에는 그 행위로 인한 결과의 발생을 방지하여야 하기 때문이다.

착수미수란 행위자가 실행에 착수하였으나 실행행위를 종료하지 못한 경우를 말하고, 실행미수란 행위자가 실행에 착수하여 실행행위를 이미 종료한 경우를 의미한다. 사안의 경우 甲은 이미 살인의 고의로 자신의 계획에 따라 乙에게 독약을 먹인 후이므로 실행행위는 종료한 것으로 평가된다.

2) 실행미수의 중지 여부

① **결과방지행위**   방지행위는 인과의 진행을 의식적·의욕적으로 중단시키는 적극적이고 진지한 행위로서 결과를 방지하는 데 객관적으로 적합한 행위여야 한다. 사안의 경우 독약을 먹은 사람에게 해독제를 건네주고 복용을 권한 행위는 결과를 방지하려는 진지하고도 적합한 행위라고 평가할 수 있다.

② **결과의 불발생**   방지행위로 인하여 현실적으로 결과발생이 방지되어야 한다. 결과방지를 위한 진지한 노력에도 불구하고 결과가 발생하면 이미 기수에 이른 것이므로 중지미수는 성립할 수 없다. 다만 사안에서는 발생한 사망의 결과에 대해서 甲에게 살인죄의 객관적 귀속이 부정되는 경우이다. 이처럼 발생한 결과에 대해서 **인과관계가 없거나 객관적 귀속이 부정되는 경우** 결과의 불발생으로 평가할 수 있는지가 문제된다.

이에 대해서는 ① 중지자의 중지행위에 의해서 결과발생이 방지된 것이 아니라 하더라도 중지자가 결과의 발생을 방지하기 위해 자의적이고 진지하게 노력했다면 '결과방지의 의제'로 보아 중지미수를 인정하자는 견해와, ② 형법 제26조의 문언에 의하면 결과발생 방지행위와 결과 불발생과의 인과관계가 중지미수의 성립요건이므로, 중지미수가 적용될 수 없어 장애미수에 해당하고 이와 관련하여 발생하는 형벌의 불균형은 '중지미수의 규정을 유추적용'하여 해결하자는 견해로 나뉘고 있다.

독일과 같이 "중지자의 중지행위에 의해서 결과발생이 방지된 것이 아니라 하더라도 중지자가 결과발생을 방지하기 위하여 자의적이고 진지하게 노력했다면 중지미수를 인정하여 처벌하지 않는다"는 규정(독일형법 제24조 제1항 제2문)이 있다면 甲에게 중지미수를 인정할 수 있다. 그러나 우리 형법은 결과발생 방지행위와 결과불발생과의 인과관계를 중지미수의 성립요건으로 규정하고 있으므로 이러한 해석은 인정될 수 없다. 따라서 甲은 살인죄의 중지미수가 아니라 장애미수로 평가된다.

다만 이 경우에도 행위자에게 발생한 결과에 대한 객관적 귀속이 부정되기 때문에 중지미수의 객관적 및 주관적 상황은 결과발생 방지행위가 성공적인 경우와 거의 동일하다. 따라서 행위자가 자의적이고 진지하게 결과발생을 저지하기 위하여 노력했지만 행위자가 예견할 수 없었던 사유로 인하여 그 노력이 성공적이지 못한 경우에 중지미수를 인정하지 않음으로써 초래하는 현격한 형벌의 불균형을 제거하기 위해서는 중지미수의 규정을 '유추적용'해야 한다. 이를 통해 甲의 자의적이고 진지한 노력은 보상받을 수 있다.

(4) 소 결

甲은 乙이 괴로워하는 모습을 보고 후회하여 乙에게 해독제를 복용시키려 했기 때문에 중지미수의 주관적 요건인 자의성은 인정된다. 그러나 사망이라는 결과가 발생한 이상 결과발생을 방지하지 못했으므로 살인죄의 중지미수가 아니라 '장애미수'에 해당한다. 다만 甲의 자의적이고 진지한 노력은 보상받아야 하므로 중지미수의 규정을 '유추적용'하여 형의 필요적 감면의 혜택을 받을 수 있다.

III. 사망한 乙의 현금·예금통장 등을 들고 나온 행위 – 절도죄(형법 제329조) 또는 점유이탈물횡령죄(제360조)의 성부

1. 문제의 소재

甲이 乙이 사망한 후에 乙의 핸드백에서 현금·예금통장·인장 등을 꺼내어 가지고 나온 행위를 절도죄로 평가할 수 있는지가 문제된다. 甲이 乙을 살해하려고 할 당시에는 재물취거의 의사가 없었으므로 강도살인죄는 문제되지 않는다. 절도죄에 있어서 다른 구성요건은 특별히 문제될 것이 없으나 '타인의 점유' 요건과 관련하여 사망한 乙에게 점유를 인정할 것인지를 살펴보아야 한다. 死者의 점유를 인정한다면 甲에게 절도죄가 성립하나 이를 부정한다면 점유이탈물횡령죄에 해당할 뿐이다.

2. 死者의 점유 인정 여부

(1) 부 정 설

사람은 사망과 동시에 물건에 대한 지배의사를 상실하므로 死者의 점유를 인정할 수 없고, 형법상 상속에 의한 점유의 이전도 부정되므로 상속인의 점유도 인정할 수 없어 결국 점유이탈물횡령죄만이 가능하다고 본다.

(2) 긍 정 설

死者의 점유를 정면으로 인정하여 절도죄의 성립을 긍정하는 견해도 있다. 그러나 일반적으로는 死者에게는 점유의사를 인정할 수 없어 死者 자신의 점유는 부정되지만, 死者가 사망한 직후 일정한 시간 동안에는 사회관념상 '생전의 점유'가 유지된다고 보아 절도죄의 성립을 긍정한다.

(3) 판 례

대법원은 "피고인이 피해자를 살해한 현장에서 피해자가 소지하는 물건을 영득의 의사로서 점유를 취득함은 피해자의 점유(이 경우에 피해자의 점유는 사망 후에도 계속되는 것으로 볼 것이다)를 침탈한 것"이라고 하여 사안과 유사한 경우에 피해자가 생전에 가진 점유는 사망 후에도 여전히 계속되는 것으로 보아 이를 보호함이 법의 목적에 맞는 것이라고 할 것라고 판시하면서 절도죄의 성립을 긍정한 바 있다(대판 1968. 6. 25, 68도590; 대판 1993. 9. 28, 93

도2143). 상속인에 대한 절도죄의 성립에 관해서도 "종전 점유자의 점유가 그의 사망으로 인한 상속에 의하여 당연히 그 상속인에게 이전된다는 민법 제193조는 절도죄의 요건으로서의 '타인의 점유'와 관련하여서는 적용의 여지가 없고, 재물을 점유하는 소유자로부터 이를 상속받아 그 소유권을 취득하였다고 하더라도 상속인이 그 재물에 관하여 사실상의 지배(현실적으로 어떠한 재물을 지배하는 순수한 사실상의 관계로서 절도죄에서의 '점유'의 의미)를 가지게 되어야만 이를 점유하는 것으로서 그때부터 비로소 상속인에 대한 절도죄가 성립할 수 있다(대판 2012. 4. 26, 2010도6334)"고 보았다.

그러나 대법원이 일반적으로 死者의 점유를 인정하는 것은 아니다. 문제가 된 판례사안들은 살해 행위와 재물취거 행위 사이에 시간적·장소적 밀접성이 인정되는 경우로서, 판례는 규범적으로 판단하여 법의 목적에 부합하는 경우에 예외적으로 死者의 생전점유의 계속성을 인정하는 것으로 본다.

3. 검토 및 사안에의 적용

死者의 점유는 수면 중인 사람의 점유가 인정되는 것과는 전혀 별개의 것으로서, 잠재적일지언정 지배의사가 존재하는 수면 중의 자의 경우와 달리 죽은 사람의 경우는 지배 '의사' 자체가 존재하지 않는다. 형법상의 점유는 상속에 의해 이전되지 않으므로, 상속인에게 점유의사가 있다고 볼 수도 없다. 따라서 死者의 점유를 부정하는 입장이 타당하다. 탈취의사로 사람을 살해한 경우가 아닌 한(이 경우는 강도살인죄가 성립한다), 사람을 살해한 후 그에 수반하여 재물을 탈취하는 행위가 허다하다 하더라도 死者의 점유를 인정할 수는 없다. 이러한 경우에도 절도죄를 인정한다면 형법의 가벌성을 지나치게 확대하는 결과를 가져와 부당하다. 그러나 재물취거행위의 시간과 장소를 고려하여 사망 직후에 사자의 생전의 배타적 지배범위 내에 있는 재물이라면 예외적으로 점유를 규범적으로 확장하여 사자의 점유가 여전히 계속된다고 보는 것이 타당하다.

따라서 甲이 乙의 현금·예금통장 및 인장 등을 절취한 행위는 절도죄의 구성요건에 해당한다. 별다른 위법성·책임조각사유도 찾아볼 수 없어 甲은 절도죄로 처벌된다.

IV. 乙 명의의 예금지급청구서를 작성하여 현금을 인출한 행위

1. 사기죄(형법 제347조)의 성부

(1) 문제의 소재

사기죄는 타인을 기망하여 착오에 빠뜨리게 하고 그 처분행위를 유발하여 재물 또는 재산상의 이득을 얻음으로써 성립한다. 사안에서 사기죄 성립 여부를 판단함에 있어서는, 과연 어떠한 기망행위가 있었다고 볼 것인지가 문제된다. 기망행위를 인정할 경우 사기죄의 다른 구성요건인 재물성·착오·인과관계·처분행위·재산상의 손해와 주관적 구성요건인 고의·불법영득의사를 인정하는 데에는 어려움이 없다. 사기죄의 구성요건에 해당할 경우에도 예금청구서를 작성하여 현금을 인출하는 것은 습득한 재물을 처분하는 행위로서 그 가벌성이 절도죄에서 이미 평가된 것은 아닌지 살펴볼 필요가 있다.

(2) 기망행위의 인정 여부

현재 통용되는 은행수신거래약관에 의하면, 은행은 예금 지급을 청구하는 자가 정당한 권리자인지를 확인할 의무가 없다. 예금청구자가 문서를 형식에 맞게 제출하고, 그와 더불어 예금을 인출하기 위한 일련의 요건을 갖추기만 하면 예금을 지급할 수 있다. 설사 예금청구자가 정당한 권리자가 아니더라도 은행이 예금을 지급할 때에 예금지급청구서에 압날된 인영과 예금통장에 찍힌 인영과의 동일성을 확인하지 않는 등의 중대한 과실을 저지른 바 없다면, 채권의 준점유자에 대한 변제(민법 제470조)로서 면책을 주장할 수 있다. 그러므로 사안에서 甲이 예금을 청구한 일련의 행위는 기망행위가 아니며 그에 기한 은행의 착오 자체를 인정할 수 없어 위조사문서행사죄는 별론으로 하고 사기죄는 성립하지 않는다.

반면에 다수의 견해는 이 경우에 예금청구행위는 자신이 정당한 권리자임을 표현하는 묵시적 기망행위로서 절도죄와는 별도의 법익을 침해하는 것이라고 보아 사기죄의 성립을 긍정한다. 판례 역시 은행 예금통장을 절취한 후 이를 사용하여 마치 진실한 예금명의인이 예금을 찾는 것처럼 은행원을 기망, 오신시켜 예금을 인출한 행위는 절도죄와는 별도로 사기죄를 구성한다고 판시하고 있다(대판 1974. 11. 26, 74도2817, 강도의 경우 대판 1990. 7. 10, 90도1176; 대판 1991. 9. 10, 91도1722).

(3) 불가벌적 사후행위의 해당 여부

甲이 예금지급청구서를 작성하여 예금을 인출한 행위가 기망행위에 해당하지 않는다고 볼 경우에는 불가벌적 사후행위에 해당하는지를 논의할 필요가 없다. 반면에 판례처럼 甲의 기망행위를 인정하여 사기죄가 성립한다고 하면 앞에서 검토한 절도죄와의 관계에서 불가벌적 사후행위에 해당하는지를 검토해야 한다.

일반적으로 불가벌적 사후행위가 되기 위해서는 ① 어느 구성요건에 해당하는 행위가, ② 주된 선행행위와 동일한 보호법익과 행위객체를 침해하되, ③ 그 침해의 양을 초과하지 않아야 한다. 따라서 사후행위가 '다른 사람의 새로운 법익'을 침해하는 경우라면 불가벌적 사후행위에 해당하지 않는다. 예컨대 절취한 전당표를 제시하여 전당물을 편취하는 경우(대판 1980. 10. 14, 80도2155)나 절취한 재물을 제3자에게 담보로 제공하여 금원을 편취한 경우

(대판 1980. 11. 25, 80도2310)등을 들 수 있다.

만일 당해 사안을 도품인 예금통장으로 은행을 기망하여 금원을 편취한 경우로 본다면, 은행에 대한 관계에서 새로운 재산적 법익을 침해하였기 때문에 불가벌적 사후행위에 해당하지 않고 별개의 사기죄를 구성한다. 판례 역시 "절도범인이 그 절취한 장물을 자기 것인 양 제3자를 기망하여 금원을 편취한 경우에는 장물에 관하여 소비 또는 손괴하는 경우와는 달리 제3자에 대한 관계에 있어서는 새로운 법익의 침해가 있다고 할 것이므로 절도죄 외에 사기죄가 성립한다"고 판시하였다(대판 1980. 11. 25, 80도2310).

2. 사문서위조죄(형법 제231조)의 성부

(1) 문제의 소재

본 죄의 행위로서 위조라 함은, 작성권한 없는 자가 타인 명의를 모용하여 문서를 작성하는 것을 의미한다. 이 사안에서 甲이 권한 없는 자인 것은 명백하나, 타인 명의의 모용에 해당하는지에 대해서는 문제가 있다. 타인 명의의 모용은 실질적인 명의인에 대한 착오를 야기·유지하기 위한 행위, 즉 동일성의 사칭을 의미한다. 이 경우 문서의 명의인이 실재하여야 하는가, 즉 死者나 허무인 명의의 문서를 문서에 관한 죄의 객체로 할 수 있는가에 관해서는 견해가 대립되고 있다.

(2) 명의인의 실재 요부

1) 판 례

종전의 판례는 문서작성시 명의인이 실재하여야 하는가에 관하여 공문서와 사문서를 구별하여 판단하였다. 이에 따르면 공문서의 경우에는 그 문서의 외형상 일반인의 신뢰를 유발할 수 있는 것이면 명의인의 실재 여부를 불문하고 위조죄가 성립한다(대판 1987. 9. 22, 87도1443). 이에 반하여 사문서의 경우에는 원칙적으로 허무인 또는 死者의 명의로 문서를 작성한 경우 위조죄가 성립하지 아니하나(대판 1991. 1. 29, 90도2542), 예외적으로 死者 명의의 사문서 가운데 작성일자가 명의인이 생존중일 때(대판 1994. 9. 30, 94도1787)이거나, 사문서의 작성일자가 동시에 명의인의 사망일자인 경우(대판 1993. 9. 28, 93도2143)에는 사문서위조죄가 성립하는 것으로 파악하였다.

그러나 대법원은 2005년도 전원합의체 판결을 통해 "문서위조죄는 문서의 진정에 대한 공공의 신용을 그 보호법익으로 하는 것이므로 행사할 목적으로 작성된 문서가 일반인으로 하여금 당해 명의인의 권한 내에서 작성된 문서라고 믿게 할 수 있는 정도의 형식과 외관을 갖추고 있으면 문서위조죄가 성립하는 것이고, 위와 같은 요건을 구비한 이상 그 명의인이 실재하지 않는 허무인이거나 또는 문서의 작성일자 전에 이미 사망하였다고 하더라도 그러한 문서 역시 공공의 신용을 해할 위험성이 있으므로 문서위조죄가 성립한다고 봄이 상당하며, 이는 공문서뿐만 아니라 사문서의 경우에도 마찬가지라고 보아야 한다(대판 2005. 2. 24, 2002도18 전합)"라고 하여 공공의 신용을 해할 위험성이 있는 이상 허무인·死者 명의의 사문서의 경우에도 위조죄가 성립하는 것으로 판례를 변경하였다.

2) 학 설

학설은 거의 일치하여 공문서와 사문서를 구별하지 않고 작성명의인이 실재하지 않아도 일반인에게 진정한 문서로 오신케 할 염려가 있는 경우에는 문서에 해당한다고 본다.

(3) 검토 및 사안에의 적용

문서에 관한 죄의 보호법익은 문서에 대한 거래의 안전과 신용이므로, 死者 또는 허무인 명의의 문서라고 하더라도 '사회일반인으로 하여금 그러한 명의인이 실재하는 문서로 오신케 할 정도'라면, 공문서·사문서 여부를 불문하고 문서위조죄의 객체에 해당한다고 보아야 한다.

사안의 경우 乙의 사망시각은 4월 30일 0시 40분이고 예금지급청구서도 피해자의 사망사실이 알려졌다고 보기 힘든 같은 날의 은행업무 시작시간에 작성된 것으로 乙의 생존 중에 작성한 것으로 은행이 오신할 가능성이 크다. 사문서위조죄의 다른 구성요건 역시 의심 없이 충족되므로 甲에게는 사문서위조죄가 성립한다.

3. 위조사문서행사죄(형법 제234조)의 성부

예금지급청구서를 위조한 甲이 이를 은행창구에 제시한 행위는 위조된 사문서를 진정한 문서인 양 사용하는 것으로서 동 죄에서 말하는 행사에 해당한다. 예금지급청구서를 작성·제시하여 현금을 인출한 행위를 기망행위로 볼 수 없어 사기죄가 성립하지 않기 때문에 위조죄와의 관계가 문제되지 않지만, 만일 판례처럼 사기죄가 성립한다고 보면 이 경우 위조죄·사기죄와의 죄수관계를 어떻게 평가할 것이냐가 문제된다.

판례는 "甲이 예금통장을 강취하고 예금자 명의의 예금청구서를 위조한 다음 이를 은행원에게 제출 행사하여 예금인출금 명목의 금원을 교부받았다면 강도, 사문서위조, 동 행사, 사기의 각 범죄가 성립하고 이들은 실체적 경합관계에 있다(대판 1991. 9. 10, 91도1722)"고 판시한 바 있다.

위조 등 행위와 행사 행위는 자연적 의미로 보면 행위의 다수성이 인정된다는 점에서 양 죄는 실체적 경합관계에 있다고 볼 수 있다. 그러나 '행사할 목적으로 문서를 위조 또는 변조한 자가 이를 의도한 대로 행사한 경우'에 행위자의 범행계획을 고려하여 전체적으로 평가하면 행위의 단일성이 인정되므로 상상적 경합으로 보아야 한다.

만일 사안에서 예금지급청구서를 위조하여 제시하는 일련의 행위를 기망행위로 본다면, 이는 동시에 위조사문서 행사에 해당한다. 즉 이들 죄의 중요한 행위가 부분적으로 일치하므로 행위 단일성을 인정하여 상상적 경합을 인정해야 한다.

4. 사인부정사용죄(형법 제239조 제1항)의 성부

甲이 예금지급청구서를 작성함에 있어 乙의 인장을 사용했다는 점에서 사인부정사용죄의 성부를 생각해볼 수 있다. 사문서위조죄가 성립하는 경우 인장의 위조 내지 부정사용은 일반적으로 수반되기 때문에 인장부정사용의 불법은 문서위조의 불법에 흡수되어 별죄가 성립하지 않는다는 견해(흡수관계설)가 일반적이다. 판례 역시 "행사의 목적으로 타인의 인장을 위조하고 그 위조한 인장을 사용하여 권리의무 또는 사실증명에 관한 타인의 사문서를 위조한 경우에는 인장위조죄는 사문서위조죄에 흡수되고 따로 인장위조죄가 성립하는 것은 아니다(대판 1978. 9. 26, 78도1787)"고 판시하고 있다.

다만 사문서위조죄와 사인위조·부정사용죄의 형을 비교해보면 이러한 흡수관계설에 대해서는 의문이 제기될 수 있다. 사문서위조의 경우 '5년 이하의 징역 또는 1천만원 이하의 벌금에 처한다'고 규정되어 있어 벌금형의 선택이 가능하나, 사인위조·부정행사죄의 경우 '3년 이하의 징역에 처한다'고 하여 징역형만이 규정되어 있다. 따라서 타인의 인장을 위조하거나 부정사용하여 문서를 위조한 경우에는 벌금형이 가능하나, 타인의 인장을 위조하는 행위 등에 그친 경우에는 반드시 징역형으로 처벌되어야 한다는 기이한 결과가 발생한다.

그러나 이에 대해서는 사인위조·부정행사죄의 형을 더 중하게 규정한 것은 입법의 오류라고 보는 것이 타당하다. 법조경합 여부는 죄수론에 기초하여 판단해야 하지 형의 경중을 비교함으로써 결정할 성질의 것이 아니다. 인장의 위조 내지 부정사용은 문서위조에 전형적으로 결합되어 있는 위법한 행위로서 '불가벌적 수반행위'의 개념을 정확히 충족하기 때문에 사문서위조의 불법에 포함되어 별개로 죄를 구성하지 않는다. 위와 같은 처벌의 불균형은 입법의 시정을 통해 해결되어야 할 것이다.[11]

---

11) 헌법재판소는 이 문제와 관련한 위헌법률심판사건에서, "사인 등의 위조죄가 사문서위조죄와 흡수관계에 놓일 경우, 기소 및 재판 단계에서 구체적 사안의 죄질과 정상에 상응하는 적정한 형사사법의 해석 및 운용에 의하여 타당한 형벌이 가능한 범위 내에 법정형이 규정되어 있는 이상, 흡수관계에 있는 사문서위조죄의 법정형에는 벌금형이 있으나 이 사건 법률조항의 법정형에는 벌금형이 없다는 점만을 이유로 형벌체계상 균형을 잃은 것으로서 헌법상 평등원칙에 반한다고 볼 수 없다"고 판시하였다(헌재결 2006. 6. 29, 2006헌가7). 그러나 이러한 판단은 타당하지 않다. 사인을 위조 내지 부정사용한 경우에 징역형만 가능하다고 해서, 사인을 위조하거나 부정사용한 후 사문서위조로 나아간 구체적인 사건에서 법원이 벌금형 선고를 꺼려할 리도 없다. 그렇다면 사인 등 위조죄로 징역형을 선고받은 자의 입장에서는, 한 발 더 나아가 사문서를 위조한 자가 벌금형을 선고받는 것에 대해 불평등하다고 느낄 것이다. 이러한 경우를 생각해볼 때, 사문서위조죄보다도 죄질이 가벼운 사인 등의 위조·부정사용죄에 선택형

5. 주거침입죄(형법 제319조 제1항)의 성부

사안의 경우 甲이 乙의 예금통장에서 돈을 인출하기 위하여 은행에 들어갔다는 점에서 甲에게 범죄의 의사가 있었다는 점은 인정된다. 그러나 은행은 일반인에게 공개된 장소로서 타인의 출입에 대한 주거권자의 개괄적 허가가 선재하는 장소라는 점과 甲이 일반공중에 대한 개괄적 출입허용에 부합하는 출입방법으로 은행에 들어갔다는 점에서 구성요건 해당성의 배제사유가 인정되기 때문에 甲에게 주거침입죄를 인정할 수 없다.

설사 주거침입죄의 성립이 가능하다 하더라도, 실질적으로 그 죄가 드러나 처벌받기 위해서는 주거침입 이후의 범죄사실(사안에서는 사문서 위조 및 동 행사죄, 사기죄)이 먼저 드러나야 한다는 점에도 문제가 있다. 다시 말하자면 범죄의 목적으로 은행에 들어갔는지 여부는 은행에서의 범행사실이 드러난 이후 사후적으로 판단할 수밖에 없다는 것이다. 이는 나중의 행위를 가지고 앞선 행위에까지 그 처벌의 범위를 넓히는 것이므로 무리가 있다고 보여진다.

V. 사안의 해결

(1) 甲이 乙을 사망에 이르게 한 행위에 있어서는 甲의 살해시도 행위와 乙의 사망이라는 결과 사이에 객관적 귀속이 부정되기 때문에 살인죄의 미수범으로 처벌된다. 甲의 미수가 장애미수와 중지미수 중 어느 것에 해당하느냐가 문제되는데, 우리 형법상 '방지행위로 인한 결과발생의 방지'가 중지미수의 성립요건이므로 방지행위에 실패한 甲에게 중지미수가 인정될 수는 없다. 결과 발생을 막기 위한 甲의 진지한 노력은 중지미수 규정의 '유추적용'을 통해 보상받을 수 있다.

(2) 甲이 乙의 사망 후 乙의 핸드백에서 현금, 예금통장, 인장 등을 꺼내어 나온 행위에 대하여는 死者의 점유를 인정하지 않지만 예외적으로 생전의 점유가 계속된다고 보는 입장에 따라 절도죄가 성립한다.

(3) 甲이 乙 명의의 예금지급청구서를 작성하여 현금을 인출한 행위에서는, 은행에 대한 어떠한 기망행위가 있다고 할 수 없어 사기죄는 성립하지 않는다. 반면에 판례의 태도에 따르면 사기죄가 성립하고 아울러 死者 명의에 대한 사문서 위조죄와 동 행사죄도 인정되고, 이들 세 죄 간에는 행위의 단일성이 인정되어 상상적 경합관계에 있다. 은행에 출입한

으로 벌금형이 규정되어 있지 않은 것은 형벌체계상 균형을 잃어 헌법상 평등원칙 내지는 과잉금지원칙에 반한다고 보아야 한다.

것이 별도로 주거침입죄에 해당하지는 않는다.

(4) 결과적으로 甲은 살인죄의 장애미수(그 처벌은 중지미수 규정에 따라), 절도죄, 사기죄, 사문서위조 및 동 행사죄(이들은 상상적 경합관계)의 실체적 경합범으로 처벌받는다.

12. 공모관계의 이탈 / 합동범의 공동정범 / 공범과 중지미수

○ 사례 12

교도소에서 만난 甲, 乙, 丙 세 사람은 출소 후 재회한 자리에서 甲이 근무한 적이 있는 A 산업 창고에 보관되어 있는 전자 부품을 절취하기로 결의하였다. 甲은 전자 제품에 대한 정보 및 침입 방법과 보안장치 해제 방법을 알려주는 등 주도적으로 구체적인 범행 계획을 수립하였다. 그런데 그 후 甲은 고향으로 돌아오라는 어머니의 전화를 받고서 마음의 동요를 일으키게 되어 스스로 범행을 포기하기로 하였다. 甲이 乙과 丙에게도 범행을 포기하도록 권유하였다면 그 권유 시점과 乙, 丙의 범행의 시간적 진행을 고려하여 판례에 따라 다음을 논하라(단, 甲과 상관없이 乙과 丙이 스스로 범행을 포기 하는 경우는 상정하지 않는다).

1. 甲이 무죄가 되는 경우 (10점)

2. 甲이 특수절도죄의 기수가 되는 경우 및 특수절도죄의 중지미수가 되는 경우[12] (20점)

3. 丙은 자신과 내연관계에 있는 유부녀 K의 불륜관계를 알게 되었고, K가 자꾸 자신에게 무리한 요구를 하자 알게 된 불륜관계를 이용하여 K를 공갈할 것을 친한 친구인 丁에게 교사하였다. 그런데 丁은 동네에서 별명이 '노브레이크'로 한 번 시작하면 끝을 보는 성격이었다. 소심한 丙은 친구 丁이 K를 미행하여 모텔에서 불륜을 범하고 나오는 동영상을 촬영한 후 그 촬영 결과를 알리자, 바로 친구 丁에게 전화를 걸어 돈을 줄 테니 동영상을 넘기고 피해자를 공갈하는 것을 단념하라고 만류하였으나 丁은 '내가 누구냐? 노브레이크다. 한 번 시작한 것은 난 꼭 마무리한다.'라고 하면서 丙의 제안을 거절하고 동영상을 이용하여 K를 찾아가 불륜관계를 남편에게 알리겠다고 협박하여 금 500만원을 받았다. 이때 丙은 어떤 책임을 지는가? (25점)

---

12) 제51회 사법시험 제2문 수정 변형.

해 설

제1문

1. 甲이 무죄가 되는 경우 (10점)

Ⅰ. 쟁점의 정리

사안의 경우 甲, 乙, 丙이 절도를 공모하였고 공모과정에서 甲이 주도적으로 구체적 범행 계획을 수립하는 주모자이다. 그럼에도 불구하고 고향으로 돌아오라는 어머니의 전화를 받고서 마음의 동요를 일으키게 되어 스스로 범행을 포기하기로 하였다.

이 경우 甲을 무죄로 할 수 있는 경우를 甲이 乙과 丙에게 범행을 포기하도록 권유한 시점과 乙과 丙의 범행의 시간적 진행을 고려하여 논의를 하라는 것이고 이는 실행의 착수 시기 그리고 공모관계의 이탈이 성립하기 위한 요건의 검토를 통하여 논의할 수 있다.

Ⅱ. 공모관계 이탈의 요건

1. 다른 공범의 실행의 착수가 있기 전의 경우(乙과 丙의 범행의 시간적 진행)

공모관계 이탈이 인정되기 위하여 우선 ① 공모가 있어야 하고 ② 이탈자가 다른 공범의 실행의 착수이전에 공모관계에서 이탈하여야 한다.13) 사안의 경우 甲, 乙, 丙이 절도를 공모하였으므로 甲이 공모관계 이탈이 되어 무죄가 되기 위하여 다른 공범인 乙과 丙의 실행의 착수 이전에 공모관계에서 이탈하여야 한다. 따라서 공동정범의 경우 통설은 모든 공동정범자의 전체행위를 기초로 판단하여 그 가운데 한 사람이 공동적인 범행계획에 따라 실행에 착수한 때에는 모든 공동정범에 대하여 실행의 착수를 인정하므로(전체적 판단설) 乙과 丙이 실행에 착수에 나아가기 전에 甲이 이탈행위를 하여야 할 것이므로 甲이 乙과 丙에게 범행을 포기하도록 권유하는 시점은 바로 乙과 丙이 실행의 착수에 나아가기 전이어야 한다.

---

13) 공모공동정범에 있어서 그 공모자 중의 1인이 다른 공모자가 실행행위에 이르기 전에 그 공모관계에서 이탈한 때에는 그 이후의 다른 공모자의 행위에 관하여 공동정범으로서의 책임을 지지 않는다고 할 것이고 그 이탈의 표시는 반드시 명시적임을 요하지 않는다(대판 1972. 4. 20, 71도2277).

2. 주모자에게 요구되는 이탈행위의 정도

(1) 공모공동정범의 인정여부와 관련하여 기능적 행위지배설을 취하면서도 제한적으로 긍정하는 입장이 있다. 공모공동정범이라는 개념을 인정할 필요가 없으나, 공모만 하였더라도 기능적 행위지배가 인정된다면 공동정범이 성립한다는 입장이다.

(2) 이 입장에서는 공모인 전체계획의 범위 안에서 중요한 기능과 역할을 할 때에는 이것도 공동가공의 사실로서 객관적 요건으로 될 수 있다고 본다. 이 학설은 단순가담자의 경우는 이 요건을 충족할 수 없어 공동정범을 부정하고, 주모자와 같은 핵심적 공모자는 기능적 행위지배를 인정하여 공동정범을 인정한다. 따라서 공모관계에서 이탈하기 위하여도 주모자의 경우 다른 공모자의 실행에 강한 영향을 끼친 때에는 실행에 미친 영향력을 제거하기 위한 진지한 노력을 필요로 한다고 한다.[14) 판례도 공모관계에서의 이탈은 공모자가 공모에 의하여 담당한 기능적 행위지배를 해소하는 것이 필요하므로 공모자가 공모에 주도적으로 참여하여 다른 공모자의 실행에 영향을 미친 때에는 범행을 저지하기 위하여 적극적으로 노력하는 등 실행에 미친 영향력을 제거하여야 한다는 입장이다.[15)

III. 결 론

결국 甲이 무죄가 될 수 있는 경우는 절도죄나 주거침입죄의 경우 예비죄의 규정이 없으므로 공모관계에서의 이탈이 있으면 가능할 것이다. 다만 판례에 따를 때, 이러한 이탈행위가 인정되기 위하여는 주모자인 甲이 乙과 丙에게 단순히 범행을 포기하도록 권유하는 것으로 족하지 아니하고 자신이 형성한 기능적 행위지배를 해소할 수 있을 정도로 범행을

---

14) 공모관계의 이탈문제에서 기존의 모든 논의는 공모관계의 이탈을 공모공동정범의 성부와 구별하지 않고 논의하고 있다. 이재상 교수의 견해를 보더라도, 공모공동정범의 성부는 문제시하지 않고, 다만, 이탈자가 공모자 중 평균적 일원에 불과한 경우와 주모자로서 강한 영향을 미친 경우를 나누어서 이탈이 되는가를 따질 뿐이다. 그러나 먼저 공모공동정범이 성립하여야 이를 이탈할 것의 평가가 문제되는 것이지 공모공동정범도 성립하지 않는 경우, 다시 이탈의 문제를 따질 필요는 없는 것이라 생각된다. 이재상 교수의 견해에 의하면 평균적 일원에 불과한 경우는 (공모)공동정범도 성립하지 않는 경우라고 보고 있으므로, 따라서 단순가담자의 경우는 이탈의 의사표시도 필요 없다고 보아야 논의의 일관성이 유지된다.

15) [관련판례] 공모공동정범에 있어서 공모자 중의 1인이 다른 공모자가 실행행위에 이르기 전에 그 공모관계에서 이탈한 때에는 그 이후의 다른 공모자의 행위에 관하여는 공동정범으로서의 책임은 지지 않는다 할 것이나, 공모관계에서의 이탈은 공모자가 공모에 의하여 담당한 기능적 행위지배를 해소하는 것이 필요하므로 공모자가 공모에 주도적으로 참여하여 다른 공모자의 실행에 영향을 미친 때에는 범행을 저지하기 위하여 적극적으로 노력하는 등 실행에 미친 영향력을 제거하지 아니하는 한 공모관계에서 이탈되었다고 할 수 없다(대판 2008. 4. 10, 2008도1274).

저지하기 위하여 적극적으로 노력하는 등 실행에 미친 영향력을 제거하여야 할 것이다.

제2문

2. 甲이 특수절도죄의 기수가 되는 경우 및 특수절도죄의 중지미수가 되는 경우 (20점)

I. 쟁점의 정리

문제는 甲이 특수절도의 기수가 되는 경우와 특수절도죄의 중지미수가 되는 경우를 논의하라는 것이므로 앞서 언급한 제1문의 무죄가 되는 경우와 관련하여 논의할 수 있겠다. 이는 공동정범의 실행의 착수시기와 공범에 있어 중지미수가 인정되기 위한 요건의 검토가 핵심적이라고 할 것이다.

II. 甲이 특수절도죄의 기수가 되는 경우

1. 문제점

(1) 공모관계의 이탈이 인정되지 아니하는 경우로서 공범이 실행의 착수에 나간 후 기수에 이른 경우라면 甲은 특수절도의 기수가 될 수 있다. 위 사안에서 공모관계의 이탈이 인정되기 위한 요건을 구비하지 못한다면 甲은 乙과 丙의 범죄실행행위에 대하여 공동정범이 인정되게 된다. 그렇다면 甲은 乙과 丙이 범행을 진행하여 발생한 결과에 대하여 공동정범으로서의 책임을 면할 수 없다. 따라서 乙과 丙이 甲의 범행포기 권유에도 불구하고 실행의 착수에 나아갔고 합동절도의 기수가 된다면 甲은 합동범의 공동정범으로 책임을 질 수 있게 된다.

(2) 다만, 합동범의 공동정범을 인정할 것인지 여부에 대하여는 학설의 대립이 있다. 합동의 의미를 '공동'과 본질을 같이 하는 것으로 보는 공모공동정범설, 가중적 공동정범설, 현장적 공동정범설에 의하면 공모자는 합동범 자체가 되거나 합동범의 공동정범을 인정할 수 있으므로 甲에게 특수절도의 기수책임을 묻는 것에 문제가 없다. 그러나 합동범에 있어서 합동을 공동과 본질을 달리하는 것으로 시간적, 장소적 협동을 의미한다는 현장설에 따를 때는 합동범에도 공동정범의 일반원칙이 그대로 적용될 수 있느냐가 문제된다.

2. 학설의 대립

(1) 긍정설

합동범의 공동정범을 인정하는 입장으로 현장적 공동정범설뿐 아니라 현장설을 취하는 입장에서도 기능적 행위지배라는 공동정범의 일반이론을 여기에서만 부정할 이유가 없으며 현장에서 절도의 실행행위를 직접 분담하지 아니한 다른 범인에 대하여도 그가 현장에서 절도범행을 실행한 위 2인 이상의 범인의 행위를 자기의 의사의 수단으로 하여 합동절도의 범행을 하였다고 평가할 수 있는 정범성의 표지가 존재하는 한 공동정범으로 처벌하여야 한다는 입장이다.

(2) 부정설

합동범의 공동정범은 인정될 수 없다는 입장으로 시간적, 장소적으로 합동한 자만이 합동범의 정범이 될 수 있다는 것이므로 합동범에 대하여는 공동정범의 규정이 적용될 수 없다고 보아야 한다고 한다. 합동범은 '합동'이 정범성의 표지라고 보아야 하고 합동이 아닌 공동만으로 정범성이 발생한다면 굳이 "합동하여"라고 규정하여 가중처벌할 이유가 없기 때문이다.

3. 판 례[16]

(1) 3인 이상의 범인이 합동절도의 범행을 공모한 후 적어도 2인 이상의 범인이 범행 현장에서 시간적, 장소적으로 협동관계를 이루어 절도의 실행행위를 분담하여 절도 범행을 한 경우에는 공동정범의 일반 이론에 비추어 그 공모에는 참여하였으나 현장에서 절도의 실행행위를 직접 분담하지 아니한 다른 범인에 대하여도 그가 현장에서 절도 범행을 실행한 위 **2인 이상의 범인의 행위를 자기 의사의 수단으로 하여 합동절도의 범행을 하였다고 평가할 수 있는** 정범성의 표지를 **갖추고 있다고 보여지는 한 그 다른 범인에 대하여 합동절도의 공동정범의 성립을 부정할 이유가 없다고** 할 것이다.

(2) 형법 제331조 제2항 후단의 규정이 위와 같이 3인 이상이 공모하고 적어도 2인 이

---

16) 판례가 전원합의체로 변경된 경우로서 행위자에게 결국 불리하게 합동범의 공동정범이 성립하게 되었으므로 판례변경과 소급효 논의가 발생한다. 판례는 전원합의체로 견해가 변경될 때, 판례의 소수견해(소급효금지 적용긍정설)로서 이로 인해 행위자에게 불리하게 됨을 이유로 항상 소급효금지와 판례변경의 논의를 하여 견해 변경에 반대하는 논거로 사용하고 있다. 또한 실제로 이 사안은 1인이 업소에서 피해자를 감시하고 다른 2인이 합동하여 현금인출기로 가 현금을 인출한 사례로서 통설에 따르면 공모만 있고 객관적 요건인 절도에 대한 공동가공의 사실이 없어 공동정범이 성립할 수 없고 단지 합동절도의 공범만이 문제되나 판례는 공모공동정범을 긍정하기 때문에 합동범의 공동정범을 인정한 것이다.

상이 합동절도의 범행을 실행한 경우에 대하여 공동정범의 성립을 부정하는 취지라고 해석할 이유가 없을 뿐만 아니라, 만일 공동정범의 성립가능성을 제한한다면 직접 실행행위에 참여하지 아니하면서 배후에서 합동절도의 범행을 조종하는 수괴는 그 행위의 기여도가 강력함에도 불구하고 공동정범으로 처벌받지 아니하는 불합리한 현상이 나타날 수 있다. 그러므로 합동절도에서도 공동정범과 교사범·종범의 구별기준은 일반원칙에 따라야 하고, 그 결과 범행현장에 존재하지 아니한 범인도 공동정범이 될 수 있으며, 반대로 상황에 따라서는 장소적으로 협동한 범인도 방조만 한 경우에는 종범으로 처벌될 수도 있다(대판 1998. 5. 21, 98도321 전합).

4. 검토 및 소결

따라서 甲이 특수절도죄의 기수가 인정되기 위하여는 乙과 丙의 합동절도죄에 공동정범이 성립되어야 할 것이다. 왜냐하면 합동범의 공동정범을 부정하는 입장에 의할 경우는 단순절도죄의 공동정범과 특수절도의 공범만이 성립하게 되어 甲이 특수절도의 기수가 되는 경우라고 볼 수 없기 때문이다. 합동범의 공동정범을 긍정하는 판례에 따를 때에는 甲은 특수절도의 기수책임을 지게 된다.

III. 특수절도죄의 중지미수가 되는 경우

1. 공동정범에 있어 실행의 착수시기

甲이 특수절도죄의 중지미수가 되는 경우는 바로 공범과 중지미수를 논의하는 것이다. 우선 중지미수의 문제가 발생하기 위하여 실행의 착수가 있어야 하므로 공동정범자의 전체 행위를 기초로 판단하여 그 가운데 한 사람이 공동적인 범행계획에 따라 실행에 착수한 때에는 모든 공동정범에 대하여 실행의 착수를 인정하여(전체적 판단설) 乙과 丙이 절도의 실행의 착수에 나감을 전제로 논의하여야 한다. 또한 실행의 착수에는 나아갔으되 기수에는 이르지 않아야 할 것이다.

2. 공범과 중지미수

(1) 문제점

중지미수는 단독정범을 예정한 것이므로 공범의 경우에 그대로 적용될 수 있는지에 대하여 문제가 있다. 다시 말해, 단독범의 중지미수 성립요건을 그대로 공범에게도 적용할 수 있을 것인가가 문제된다.

(2) 공범과 중지미수의 성립요건

1) 주관적 요건

공범(공동정범, 간접정범, 교사범·종범)이 중지미수가 되기 위해서는 결과가 발생하지 않아야 하며 중지미수의 효과는 자의로 중지한 자에게만 미치고 다른 범죄 참가인은 장애미수가 된다. 즉, 공범 각자에게 자의성이 있어야 하고 자의성이 없는 공범은 중지미수가 성립될 수 없다. 그러므로 甲이 스스로 범행을 포기하여 자의성을 인정할 수 있으므로 주관적 요건의 성립에는 문제가 없다.

2) 객관적 요건

① **실행의 착수요부:** 공범종속성설에서는 정범의 실행착수가 있을 것을 요하고 공동정범의 경우는 통설적 입장에서 다른 공범의 실행의 착수가 있을 것을 요하게 된다.

② **중지행위의 정도:** 단독범에 있어서는 실행미수와 착수미수에 따라 중지범의 객관적 요건이 달라졌으나 공범에 있어서는 실행미수이건 착수미수이건 모두 결과방지에 있어 진지한 노력이 필요하다. 왜냐하면 다수인이 가담한 행위는 일반적으로 단독범보다 위험하므로 개별적인 행위가담의 포기만으로는 그 위험성을 제거할 수 없으므로 다른 공범자 전원의 실행행위를 중지하게 하거나 모든 결과발생을 완전히 방지해야만 자의로 중지한 자에게 중지미수가 성립한다(그 이외의 자는 장애미수가 된다). 따라서 1인이 중지하였더라도 다른 자에 의해 결과가 발생하면 중지한 자에게도 중지미수범이 성립되지 않는다.

3. 소 결

(1) 그러므로 甲이 특수절도죄의 중지미수가 성립되기 위하여는 주관적 요건인 자의성을 가지고 스스로 범행을 포기하여야 할 뿐만 아니라 객관적 요건으로 자신의 범행을 중지하는 것으로 족하지 아니하고 다른 공범자 전원의 실행행위를 중지하게 하거나 모든 결과발생을 완전히 방지해야만 중지미수가 성립한다.

(2) 판례 역시 다른 공범의 범행을 중지하게 하지 아니한 이상 자기만의 범의를 철회, 포기하여도 중지미수로는 인정될 수 없다(대판 2005. 2. 25, 2004도8259)고 하고 있으므로 판례에 의할 때 甲은 일반사회통념상 장애가 될 만한 사유가 없음에도 불구하고 스스로 범행을 포기하고 다른 공범자의 범행을 중지하게 한다면 중지미수가 성립될 수 있다.

제 3 문

3. 丙은 자신과 내연관계에 있는 유부녀 K의 불륜관계를 알게 되었고, K가 자꾸 자신에게 무리한 요구를 하자 알게 된 불륜관계를 이용하여 K를 공갈할 것을 친한 친구인 丁에게 교사하였다. 그런데 丁은 동네에서 별명이 '노브레이크'로 한 번 시작하면 끝을 보는 성격이었다. 소심한 丙은 친구 丁이 K를 미행하여 모텔에서 불륜을 범하고 나오는 동영상을 촬영한 후 그 촬영 결과를 알리자, 바로 친구 丁에게 전화를 걸어 돈을 줄 테니 동영상을 넘기고 피해자를 공갈하는 것을 단념하라고 만류하였으나 丁은 '내가 누구냐? 노브레이크다. 한 번 시작한 것은 난 꼭 마무리한다.'라고 하면서 丙의 제안을 거절하고 동영상을 이용하여 K를 찾아가 불륜관계를 남편에게 알리겠다고 협박하여 금 500만원을 받았다. 이때 丙은 어떤 책임을 지는가? (25점)

Ⅰ. 문제의 소재

교사자인 丙이 피교사자 丁에게 피해자 K의 불륜관계를 이용하여 공갈할 것을 교사하였는데, 그 후 피교사자가 피해자를 미행하여 동영상을 촬영한 후 그 촬영 결과를 알리자, 피교사자에게 전화를 걸어 돈을 줄 테니 동영상을 넘기고 피해자를 공갈하는 것을 단념하라고 만류하였음에도 피교사자가 교사자인 丙의 제안을 거절하고 동영상을 이용하여 피해자 K를 공갈한 사안이다. 이 경우 과연 공범관계에서 丙이 이탈하여 교사범의 책임을 지지 않을 수 있는지 문제된다. 이를 위하여는 먼저 실행의 착수가 있은 후 만류를 한 것인지 그 이전에 만류한 것인지를 살펴보아야 한다.

Ⅱ. 교사범의 실행의 착수시기

교사범은 정범의 불법에 종속하여 성립하는 공범이다. 따라서 정범의 실행의 착수가 존재하는 경우 공범 역시 실행의 착수가 인정된다. 사안의 경우 丙이 丁에게 범행을 만류하는 행위를 한 시점은 동영상 촬영 사실을 안 직후이며, 공갈죄의 실행의 착수시기인 공포심을 일으킬만한 해악의 고지를 하기 전에 이루어진 것이다. 그러므로 정범이 실행의 착수에 나아가기 전이므로 공범인 교사범 丙 역시 실행의 착수에 나아가기 전이라고 할 것이고, 그 때 丙의 만류가 있었던 것이므로 공범과 중지미수의 문제가 아닌 공범관계 이탈이 문제된다.

III. 교사의 이탈 성부

사안의 경우 과연 丙이 교사행위를 철회하는 것을 넘어 범죄실행의 방지를 위한 진지한 노력을 다하였는지를 살펴보면 丙은 단지 전화를 걸어 단념하라고 만류를 하는데 그쳤을 뿐 자신의 교사행위로 형성된 丁의 범죄실행 결의가 더 이상 유지되지 않도록 어떠한 노력도 하지 않았다. 교사는 정범에게 범행의 결의를 일으켜 공범의 불법을 형성하는 것이므로 교사의 이탈로 그 교사범의 책임을 지지 않기 위해서는 그 형성된 결의를 해소하여야 한다고 봄이 타당하다. 판례도 교사범이란 정범인 피교사자로 하여금 범죄를 결의하게 하여 그 죄를 범하게 한 때에 성립하는 것이고, 교사범을 처벌하는 이유는 이와 같이 교사범이 피교사자로 하여금 범죄 실행을 결의하게 하였다는 데에 있다. 따라서 교사범이 그 공범 관계로부터 이탈하기 위해서는 피교사자가 범죄의 실행행위에 나아가기 전에 교사범에 의하여 형성된 피교사자의 범죄 실행의 결의를 해소하는 것이 필요하고, 이때 교사범이 피교사자에게 교사행위를 철회한다는 의사를 표시하고 이에 피교사자도 그 의사에 따르기로 하거나 또는 교사범이 명시적으로 교사행위를 철회함과 아울러 피교사자의 범죄 실행을 방지하기 위한 진지한 노력을 다하여 당초 피교사자가 범죄를 결의하게 된 사정을 제거하는 등 제반 사정에 비추어 객관적·실질적으로 보아 교사범에게 교사의 고의가 계속 존재한다고 보기 어렵고 당초의 교사행위에 의하여 형성된 피교사자의 범죄 실행의 결의가 더 이상 유지되지 않는 것으로 평가할 수 있다면, 설사 그 후 피교사자가 범죄를 저지르더라도 이는 당초의 교사행위에 의한 것이 아니라 새로운 범죄 실행의 결의에 따른 것이므로 교사자는 형법 제31조 제2항에 의한 죄책을 부담함은 별론으로 하고 형법 제31조 제1항에 의한 교사범으로서의 죄책을 부담하지는 않는다고 할 수 있다고 하여 같은 입장이다.[17] 따라서 丙은 교사에서 이탈하였다고 볼 수 없고, 공갈죄의 교사범으로서 책임을 져야 한다.

---

17) 판례는 교사자인 피고인이 피교사자에게 피해자의 불륜관계를 이용하여 공갈할 것을 교사하였는데, 그 후 피교사자가 피해자를 미행하여 동영상을 촬영한 후 그 촬영 결과를 알리자, 피교사자에게 전화를 걸어 돈을 줄 테니 동영상을 넘기고 피해자를 공갈하는 것을 단념하라고 만류하였으나 피교사자가 피고인의 제안을 거절하고 동영상을 이용하여 피해자를 공갈한 사안에서, 위 사실관계에 의하면 피교사자가 피고인의 교사 내용과 같은 범죄 실행의 결의를 그대로 유지하고 그 결의에 따라 실제로 피해자를 공갈하였음을 알 수 있다는 이유로 피고인은 공범관계에서 이탈하였다고 볼 수 없다고 판단하였다(대판 2012. 11. 15, 2012도7407).

작위와 부작위의 구별 / 정범과 공범의 구별 / 보증인지위의 발생
근거

○ 사례 13

사업에 실패한 후 무위도식하며 술을 마시고 가족에 대한 구타를 일삼아오던 A는
술에 취한 채 화장실에 가다가 넘어지면서 머리를 바닥에 부딪쳐 경막외출혈상을
입고 妻 甲에 의해 병원으로 응급 후송되었다. 전문의 乙과 레지던트 丙으로부터
수술을 받고 상태가 호전되어 계속적으로 치료를 받을 경우 회복될 가능성이 높았
으나, 아직 자가 호흡을 할 수 없는 상태여서 인공호흡장치를 부착한 채 계속 치
료를 받고 있었다. A의 처 甲은 乙과 丙으로부터 수술이 성공적이어서 수일 내에
A가 의식을 회복할 가능성이 많지만 현재 상태에서는 인공호흡장치 없이 집으로
퇴원하게 되면 호흡을 제대로 하지 못하여 사망하게 된다는 설명을 들었음에도,
평소 무위도식하던 A가 차라리 죽는 게 낫다고 생각한 나머지 도저히 더 이상 치
료비를 부담할 능력이 없다는 이유로 A의 퇴원을 요구하였다.

乙과 丙은 여러 차례의 만류에도 불구하고 甲이 계속 퇴원을 고집하자, 치료행위
를 중지하고 환자를 퇴원시키게 되면 환자가 곧 사망에 이르게 되는 경우에도 환
자나 보호자의 퇴원요구가 있으면 이에 따르는 것이 의료계의 관행상 허용된다고
생각하고, 또한 보호자의 퇴원요구를 거부할 경우 발생할 치료결과에 대한 책임과
향후치료비의 부담이라는 현실적 문제를 고려하여 1년 차 인턴인 丁에게 A의 퇴원
을 지시하였다. 이에 따라 丁은 A를 중환자실에서 구급차로 옮겨 싣고 A의 집까
지 데려간 다음, 인공호흡장치를 제거하게 될 경우 A가 사망하게 된다는 사실을
甲에게 고지한 후 A에게 부착된 인공호흡장치를 제거하고 병원으로 돌아간 후 A
는 5분도 안 되어 뇌간압박에 의한 호흡정지로 사망하였다.

甲, 乙, 丙, 丁 각각의 형사책임은?

[참고법령]

의료법

제15조(진료거부 금지 등) ① 의료인 또는 의료기관 개설자는 진료나 조산 요청을 받으면 정당한 사유 없이 거부하지 못한다.
② 의료인은 응급환자에게 「응급의료에 관한 법률」에서 정하는 바에 따라 최선의 처치를 하여야 한다.

응급의료에 관한 법률

제6조(응급의료의 거부금지 등) ① 응급의료기관등에서 근무하는 응급의료종사자는 응급환자를 항상 진료할 수 있도록 응급의료업무에 성실히 종사하여야 한다.
② 응급의료종사자는 업무 중에 응급의료를 요청받거나 응급환자를 발견하면 즉시 응급의료를 하여야 하며 정당한 사유 없이 이를 거부하거나 기피하지 못한다.
제10조(응급의료 중단의 금지) 응급의료종사자는 정당한 사유가 없으면 응급환자에 대한 응급의료를 중단하여서는 아니 된다.
제22조(미수금의 대지급) ① 의료기관과 구급차등을 운용하는 자는 응급환자에게 응급의료를 제공하고 그 비용을 받지 못하였을 때에는 그 비용 중 응급환자 본인이 부담하여야 하는 금액(이하 "미수금"이라 한다)에 대하여는 기금관리기관의 장(기금의 관리·운용에 관한 업무가 위탁되지 아니한 경우에는 보건복지부장관을 말한다. 이하 이 조 및 제22조의2에서 같다)에게 대신 지급하여 줄 것을 청구할 수 있다.
② 기금관리기관의 장은 제1항에 따라 의료기관 등이 미수금에 대한 대지급을 청구하면 보건복지부령으로 정하는 기준에 따라 심사하여 그 미수금을 기금에서 대신 지급하여야 한다.
③ 국가나 지방자치단체는 제2항에 따른 대지급에 필요한 비용을 기금관리기관의 장에게 보조할 수 있다.
④ 기금관리기관의 장은 제2항에 따라 미수금을 대신 지급한 경우에는 응급환자 본인과 그 배우자, 응급환자의 1촌의 직계혈족 및 그 배우자 또는 다른 법령에 따른 진료비 부담 의무자에게 그 대지급금(代支給金)을 구상(求償)할 수 있다.
⑤ 제4항에 따른 대지급금의 상환 청구를 받은 자가 해당 대지급금을 정하여진 기간 내에 상환하지 아니하면 기금관리기관의 장은 기한을 정하여 독촉할 수 있다.   <신설

2017. 10. 24.>

⑥ 제5항에 따른 독촉을 받은 자가 그 기한 내에 대지급금을 상환하지 아니하면 기금관리기관의 장은 보건복지부장관의 승인을 받아 국세 체납처분의 예에 따라 이를 징수할 수 있다. <신설 2017. 10. 24.>

⑦ 기금관리기관의 장은 제4항에 따라 대지급금을 구상하였으나 상환받기가 불가능하거나 제22조의3에 따른 소멸시효가 완성된 대지급금을 결손으로 처리할 수 있다. <개정 2017. 10. 24.>

⑧ 미수금 대지급의 대상·범위·절차 및 방법, 구상의 절차 및 방법, 상환이 불가능한 대지급금의 범위 및 결손처분 절차 등에 관하여 필요한 사항은 대통령령으로 정한다. <개정 2017. 10. 24.>

해 설

Ⅰ. 논점의 정리

본 사안은 환자 A의 사망이라는 결과에 대하여 아내인 甲과 병원 의사들인 乙·丙·丁에 대하여 어떠한 형사책임을 지울 것인지가 문제된다. 문제되는 죄책이 살인죄라는 점에 대해서는 별다른 의문이 없어 보이나, 甲·乙·丙·丁 각각의 퇴원요구, 퇴원결정 및 지시, 퇴원조치시행 등 살인죄와 관련된 실행행위의 태양이 작위인지 부작위인지, 가담형태에 있어서 누구를 정범으로 보아야 하고 누구를 공범으로 볼 것인지를 판단하는 것은 매우 어려운 문제이다.

우선 사건의 진행 상황을 시간적 순서대로 나누어보면, A의 사망이라는 결과를 발생케한 일련의 행위들은 ① 甲의 퇴원 요구 ② 乙과 丙의 치료중단결정 및 퇴원 지시 ③ 丁의 인공호흡장치 제거 ④ A의 호흡곤란 상태에서의 甲의 방치 등으로 나누어볼 수 있다. A의 사망이라는 결과발생을 야기한 위의 일련의 행위들 중에서 어떠한 행위가 결과발생에 있어 주된 행위인지, 그 실행태양을 작위로 볼 것인지 부작위로 볼 것인지에 따라서 앞으로의 논의가 달라진다.

행위자의 행위에 대한 구성요건해당성, 위법성, 책임을 단계별로 검토하는 일반적인 사례해결과는 달리, 먼저 甲·乙·丙·丁 각각의 행위를 작위로 볼 것인지 부작위로 볼 것인지를 판단하고(작위와 부작위의 구별이론), 그 판단을 기초로 하여 누가 사건진행을 장악한 정범에 해당하는지(정범과 공범의 구별이론)를 판단한 다음 甲·乙·丙·丁 각각의 구체적인 형사책임을 구성요건해당성, 위법성 내지 책임조각 가능성 등의 순서로 살펴보겠다.

Ⅱ. 범죄의 실행행위 태양-작위와 부작위의 구별

1. 문제제기

A의 사망이라는 결과를 발생케 한 甲·乙·丙·丁 각각의 행위에는 작위적 요소와 부작위적 요소가 결합되어 있다. 우선 甲의 경우 퇴원을 요구한 행위는 작위로, 법률상 배우자로서의 부양의무를 이행하지 아니하였다는 점은 부작위로 볼 수 있으며, 의사 乙과 丙의 경우 퇴원을 지시한 행위는 작위로, 치료의무의 불이행은 부작위로 평가할 수 있을 것이다. 丁은 인공호흡장치를 제거하였다는 점에서 당연히 작위의 형태로 범행에 가담한 것으로 보이지만, 역시 의사인 이상 치료의무를 불이행하였다는 점에서는 부작위로 평가할 수 있을

것이다. 먼저 작위와 부작위를 구별하는 필요성 내지 실익은 무엇인지를 살펴본 후, 그 구별기준으로 제시되는 다양한 견해들을 검토하겠다. 이와 같은 논의를 바탕으로 당해 사안에서 A의 사망에 대한 甲·乙·丙·丁 각각의 기여행위가 실제로 작위와 부작위 중 어느 것에 해당하는지 결론을 내리겠다.

2. 작위와 부작위의 구별

(1) 구별의 필요성 내지 실익

하나의 행위에 작위와 부작위의 요소가 모두 포함되어 있는 경우라야 양자의 구별 문제가 대두된다. 구별을 위한 기준을 검토하기에 앞서, 문제되는 행위가 작위인지 부작위인지 구별을 해야 할 필요성은 무엇인지부터 생각해보아야 할 것이다. 작위와 부작위의 구별이 형법적으로 유의미한 차이를 가져오지 않는다면 이를 구별할 이유가 없기 때문이다.

① 우선 형법이론적으로 부작위를 범죄로 처벌하려면 '보증인지위'라는 별개의 요건을 충족시켜야 한다는 점을 들 수 있다. 작위범의 구성요건을 부작위에 의하여 실현하는 '부진정 부작위범'의 경우 단순히 결과가 발생하였다는 인과관계의 존재만으로는 범죄가 성립하지 않는다. 이에 더하여 부작위범이 결과의 발생을 방지해야 할 의무가 있어야 하는바, 이러한 의무를 발생시키는 지위를 보증인지위라 한다. 보증인지위의 존재와 그에 따른 보증인의무의 불이행이라는 요건이 충족되어야만 범죄가 성립하므로 부작위범은 작위범보다 그 성립요건이 까다롭다.

② 다음으로 부작위범은 본질적으로 작위범에 비하여 불법비난의 정도가 낮다는 점이다. 부작위가 작위와 행위정형의 동가치성이 인정되는 경우에도 대부분의 경우에 그 불법내용은 작위범에 비하여 가볍다. 우리 형법의 경우 독일과 달리 부작위에 대한 법정형감경사유는 존재하지 아니하나(형법개정법률안 제15조는 독일형법 제13조 제2항과 같이 부진정 부작위범의 형을 임의적 감경사유로 규정하고 있다), 작위범이 아니라 부작위범으로 판단하게 되면 법관의 양형판단에 있어서 피고인에게 보다 유리할 것이기 때문이다.

이와 같은 이유로 어떠한 행위를 작위가 아닌 부작위로 평가할 경우에 행위자에게 보다 유리하기 때문에 작위와 부작위를 구별할 필요성이 대두된다. 뿐만 아니라 인과관계론, 실행의 착수시기, 정범과 공범의 구별 등에서 작위범에 관한 범죄론이 부작위범에 그대로 적용될 수 없기 때문에 양자의 구별은 형법이론상으로도 매우 중요하다.

(2) 구별의 기준

어떠한 행위를 작위로 볼 것인가 부작위로 볼 것인가가 명확하지 않은 경우 그 판단기준에 대해서는 다양한 견해가 제시된다. 대략적으로 소개하자면, ① 먼저 작위범으로 범죄가 성립하는지를 심사하고 부정되는 경우 보충적으로 부작위를 검토해야 한다는 "보충관계설," ② 보충관계설에 따라 먼저 작위측면에 대하여 살펴보되 의심스러울 때에는 적극적인 작위로 파악하자는 "작위추정설," ③ 에너지를 투입하여 인과적 경과를 일정한 방향으로 조종하면 작위이고 사태의 진정을 그대로 방치하면서 개입하지 아니하면 부작위라는 "에너지투입설," ④ 자연적인 관찰방법이 아니라 법익침해 및 위태화와 관련하여 작위와 부작위를 구별해야 한다는 "법익관련설," ⑤ 비난가능성의 중점이 어디에 있는지에 따라 결정해야 한다는 "비난중점설," ⑥ 사회적 행위개념에 따라 행위에 대한 사회적 의미의 중점이 어느 쪽에 있느냐에 의하여 판단하려는 "사회적 의미 중점설" 등이 대립된다.

언뜻 보기에는 각각의 학설들이 특유의 기준을 제시하고 있고 결과에 있어서도 유의미한 차이를 보일 것 같지만 반드시 그렇지는 않다. 실제적인 차이를 가져올 것인지에 따라 위 학설들을 구분하자면, 자연과학적 관찰에 초점을 두는 학설(보충관계설, 작위추정설, 에너지투입설)과 규범적 평가에 초점을 두는 학설(법익관련설, 비난중점설, 사회적 의미 중점설)로 나눌 수 있을 것이다. 이 외에도 ⑦ 작위와 부작위의 구별은 정책적 결정에 기인하며, 작위 혹은 부작위로 평가될 수 있는 이중적 의미의 행위는 이를 범죄화하려고 하는 정책의 정당성에 대해 회의가 강하게 들수록 그 행위를 부작위범으로 구성해야 한다는, 이른바 "정책적 판단설"도 주장되고 있다.

(3) 판례의 태도[18]

판례가 어떠한 학설을 취하고 있다고 판단하는 것은 쉽지 않다. 본 사안의 모델이 된 "보라매병원 사건" 이전에는 작위와 부작위의 구별기준에 대하여 뚜렷한 의견을 제시한 바 없다.

다만 묵시적 기망행위(작위)와 부작위에 의한 기망행위가 문제되는 사안에서, "거래의 상대방이 일정한 사정에 관한 고지를 받았더라면 당해 거래에 임하지 아니하였을 것이라는 관계가 인정되는 경우에는 그 거래로 인하여 재물을 수취하는 자에게는 신의성실의 원칙상 사전에 상대방에게 그와 같은 사정을 고지할 의무가 있다 할 것이고, 그럼에도 불구하고 이를 고지하지 아니한 것은 고지할 사실을 묵비함으로써 상대방을 기망한 것이 되어 (부작위에 의한) 사기죄를 구성한다(대판 1999. 3. 2, 98도3549 등)"고 판시하였는바, 이에 대해서는

---

18) 참고로 작위범인 범인도피죄와 부작위범인 직무유기죄의 죄수관계가 문제되는 경우에 판례가 작위범인 범인도피죄만을 인정(대판 1996. 5. 10, 96도51)한 것을 두고 작위와 부작위의 구별에 관한 판례의 태도라고 보는 견해도 있으나, 이는 판례를 잘못 이해한 것이다. 위 판례의 취지는 경찰관이 검사로부터 범인을 검거하라는 지시를 받고 오히려 범인에게 도피하라고 전화하여 도피시킨 경우에, 작위범인 범인도피죄의 불법에 부작위범인 직무유기죄의 불법이 '포함'되어 있기 때문에 작위범인 범인도피죄만 성립한다는 것이다. 그러므로 단일한 구성요건에 있어서 그 실현형태가 작위인지 부작위인지를 판단해야 하는 본 사안과 같은 경우와는 전혀 다른 문제이다.

거래 목적물이 아무런 하자가 없다는 사실을 계약의 체결을 통해서 행동으로 표현한 것이므로 부작위가 아니라 작위(묵시적 기망행위)로 보아야 한다는 비판이 제기되어 왔다. 그 이후 판례는 법적 비난가능성에 중점을 두면서 판단을 하면서도 "어떠한 범죄가 적극적 작위에 의하여 이루어질 수 있음은 물론 결과의 발생을 방지하지 아니하는 소극적 부작위에 의하여도 실현될 수 있는 경우에, 행위자가 자신의 신체적 활동이나 물리적·화학적 작용을 통하여 적극적으로 타인의 법익 상황을 악화시킴으로써 결국 그 타인의 법익을 침해하기에 이르렀다면, 이는 작위에 의한 범죄로 봄이 원칙이고, 작위에 의하여 악화된 법익 상황을 다시 되돌이키지 아니한 점에 주목하여 이를 부작위범으로 볼 것은 아니며, 나아가 악화되기 이전의 법익 상황이, 그 행위자가 과거에 행한 또 다른 작위의 결과에 의하여 유지되고 있었다 하여 이와 달리 볼 이유가 없다(대판 2004. 6. 24, 2002도995)"고 판시하여 작위와 부작위가 함께 존재하는 경우 적극적인 타인의 법익상황을 악화시킨 점에 주목하여 작위로 봄이 원칙적으로 타당하다는 입장을 취한 것으로 평가된다.

(4) 검 토

작위와 부작위의 구별은 단순한 자연과학적·인과적인 분류가 아니라 구성요건의 해석과 적용을 고려한 법적 평가의 문제이다. 단순하게 행위의 사실적 측면에서 접근하여 판단하는 견해는 작위와 부작위의 구별기준을 제시하고 있다고 볼 수도 없다. 작위와 부작위가 함께 결합되어 존재하는 경우에만 작위와 부작위의 구별이 필요한데, 이러한 견해라면 항상 작위가 인정되어야 하기 때문이다. 그렇다면 결국 구별기준이 불필요하다는 말이나 다름없다.

양자의 구별은 인식의 문제이기도 하지만 **규범적 가치평가의 문제**로 보는 것이 타당하다. 요구되는 행위가 무엇이고 그 행위를 할 의무 있는 자인지를 확인하여야 부작위여부를 정할 수 있다는 점에서 결국 구성요건의 해석과 적용에 관한 문제이기 때문이다. 요컨대 작위와 부작위의 구별은 구성요건의 해석과 적용을 고려한 법적 평가의 문제이기 때문에, 행위의 사회적인 의미를 고려하여 그 행위에 대한 **법적 비난의 중점**이 어디에 있는가에 따라야 한다.

3. 당해 사안에의 적용

(1) 甲의 경우

1) 판례의 태도

甲의 경우 보라매병원 사건의 1심 및 2심법원 모두 어떠한 행위에 비난가능성이 있는가라는 규범적 평가에 초점을 두고 甲의 행위를 '부작위'로 판단하였다. 특히 2심법원은 "규범적인 관점에서 볼 때 동 피고인의 행위의 의미 있는 중점은 피고인 甲이 피해자의 처로서 그에 대한 **계속적인 치료를 통하여 피해자의 생명을 보호해야 할 의무가 있음에도 불구하고 피해자를 퇴원시켜 치료중단할 경우 피해자가 사망할 위험을 예상하고도 그 위험발생을 방지하기 위한 조치를 취하지 않음으로 인하여 사망이라는 결과를 야기한 점에 있는 것**이고, 인공호흡장치 등의 제거는 치료중단이라고 하는 행위 수행의 한 내용을 이룰 뿐이며, 다른 피고인 乙·丙·丁과의 공모공동정범 관계도 인정되지 않아 피고인 甲의 퇴원을 요구한 행위 자체는 비난의 대상이 되는 치료중단사실의 전제로서의 의미를 갖는다는 점에 비추어볼 때, 동 피고인의 범행은 작위가 아니라 부작위에 의한 살인죄에 해당한다(서울고판 2002. 2. 7, 98노1310)"라고 하여 그 근거를 상세하게 제시하였다. 이후 피고인 甲이 상고하지 않아 위 판결은 그대로 확정되어, 대법원은 甲의 행위에 대해서는 별도로 판단한 바 없다.

2) 검 토

원심법원이 甲의 행위에 대하여 규범적 평가에 초점을 두고 판단한 것 자체는 타당하나, 그 행위가 '부작위'라는 결론은 타당하지 않다. 그 이유는 다음과 같은 경우를 상정해보면 보다 명확해진다. 피해자 A가 바닥에 머리를 부딪쳐 의식불명의 상태에 있었던 사건의 초기단계에서 처 甲이 병원에 응급후송을 하지 않고 방치하여 A가 사망한 경우와 甲이 피해자를 병원에 후송한 후 치료까지 받게 하여 상황이 호전되는 도중에 치료중단을 요구하여 피해자를 사망케 한 경우에 있어서, 두 경우를 모두 동일하게 부양의무의 불이행으로서 부작위라고 판단하는 것은 타당하지 않다. 환자를 병원에 후송조차 하지 않아 피해자가 사망한 경우에는 부작위로 보아야 하지만, 후송하여 이미 환자를 살려놓은 상태에서 치료중단을 요청하여 사망케 한 경우는 적극적인 태도로서의 작위로 보아야 법적 비난의 중점을 제대로 파악한 것이기 때문이다. 요컨대 담당의사의 만류에도 불구하고 집요하게 수차례 퇴원을 요구한 것에 초점을 두어 甲의 행위는 작위라고 보아야 한다.

퇴원결정 이후에 인공호흡장치를 제거하여 A가 호흡이 곤란하게 된 상태에서 甲이 그대로 방치한 부분의 부작위는 그 자체로서 독자적인 의미를 가지는 행위라고 볼 수 없다. 사망을 의욕하는 작위행위에 의해서 그 결과가 발생하는 과정에서, 마음을 바꾸어 범행에 따른 결과를 방지하지 않았다고 해서 별도의 법적 비난을 가할 수는 없는 것이다.

(2) 乙과 丙의 경우

1) 판례의 태도

이에 대해서 1심은 부작위로 판단한 반면, 2심과 대법원은 작위로 판단하고 있다. 1심법원은 "사망의 원인은 인공호흡장치의 뇌간압박에 의한 호흡곤란이고, 인공호흡장치의 제거라는 행위만이 아니라 이를 포함한 전체행위를 규범적으로 평가해야 한다(서울지판 1998. 5. 15, 98고합9)"고 하면서 퇴원요구에 응한 의사들의 행위를 '의료행위의 중지'로 보아 부작위에 의한 살인죄를 인정하였다.

2심법원은 "작위인 퇴원결정과 부작위인 치료중단은 한 개의 사실관계의 양면으로 상호 결합되어 있는 것이지만, 피해자의 보호자인 처의 퇴원요구에 응하여 퇴원결정을 하게 되어 치료가 중단된 것이므로 행위의 중심은 적극적으로 치료행위를 중단한 점에 있다기보다는 퇴원조치를 한 점에 집중되어 있다는 것이다"라고 하여 퇴원조치를 작위로 파악하고 있다. 대법원 또한 2심의 판단에 동의하며 의료진의 행위를 작위로 평가해야 하는 근거를 다음과 같이 제시한다. "어떠한 범죄가 적극적 작위에 의하여 이루어질 수 있음은 물론 결과의 발생을 방지하지 아니하는 소극적 부작위에 의하여도 실현될 수 있는 경우에, 행위자가 자신의 신체적 활동이나 물리적·화학적 작용을 통하여 적극적으로 타인의 법익상황을 악화시킴으로써 결국 그 타인의 법익을 침해하기에 이르렀다면, 이는 작위에 의함 범죄로 봄이 원칙이고, 작위에 의하여 악화된 법익상황을 다시 되돌이키지 아니한 점에 주목하여 이를 부작위범으로 볼 것은 아니며, 나아가 악화되기 이전의 법익상황이, 그 행위자가 과거에 행한 또 다른 작위의 결과에 의하여 유지되고 있었다 하여 이와 달리 볼 이유가 없다(대판 2004. 6. 24, 2002도995)."

2) 검 토

본 사안의 사실관계는 소극적인 치료중단과 적극적인 퇴원지시 및 퇴원조치를 별도로 구별할 성질의 것이 아니다. 퇴원지시 및 퇴원조치는 모두 치료중단이라는 하나의 의사결정 범위 내에서 이루어진 것으로서, 치료중단을 외부적으로 표출한 것에 불과하기 때문이다. 환자 가족의 퇴원요구에 따른 퇴원조치는 중립적인 사실이기 때문에 그 자체로는 어떠한 비난을 가할 수 없다. 환자가 완치된 경우나 다른 병원에서 치료받기를 원하는 경우에도 퇴원조치는 이루어질 수 있는 있는 것이므로, 퇴원조치에 대해서 비난을 가하려면 치료를 중단한 부작위와 반드시 연결되어야 한다. 요컨대 乙과 丙에 대한 비난의 중점은 환자의 생명을 보호하여야 할 의무가 있는 의사들이 A를 퇴원케 함으로써 치료행위를 중단하였다는 부작위에 있다.

(3) 丁의 경우

1) 판례의 태도

1심법원에서 丁에 대해서 무죄를 선고한 이래 2심 및 대법원 역시 이러한 결론을 유지하였으므로 丁의 행위태양에 대해서는 아무런 판단을 한 바 없다.

2) 검 토

丁의 경우 인공호흡장치 제거라는 구성요건적 실행행위를 통해 A의 사망이라는 결과를 직접 발생케 하였으므로 작위에 의한 범행에 해당한다. 丁 역시 의사인 이상 치료의 중단이라는 측면에서 볼 여지가 전혀 없는 것은 아니지만, 1년차 인턴은 치료행위에 대하여 독자적으로 결정할 권한이 없고 단지 지시받은 임무만 행하는 대체가능한 인물로서, 중단할 만한 '치료' 자체를 스스로 하고 있다고 보기 어렵다.

(4) 소 결

그렇다면 판례의 결론과 달리 甲의 사망에 따른 살인죄의 성립에 있어 甲은 퇴원요구라는 작위로, 乙과 丙은 치료의 중단이라는 부작위로, 丁은 인공호흡기제거라는 작위로 범행을 실현하였다고 봄이 타당하다.

III. 범행가담형태에 대한 판단

1. 문제의 소재

이 사안에서 문제된 甲·乙·丙·丁의 행위가 작위 내지 부작위라는 판단이 곧바로 정범과 공범이라는 결론으로 연결되는 것은 아니다. 甲이 퇴원을 요구하고 이에 따라 乙과 丙은 치료를 중단하였으며, 丁이 인공호흡기를 제거하는 행위를 통해 A의 사망이라는 결과가 발생하였다. 각각의 행위들이 모두 A의 사망에 기여한 것은 분명하나 사태를 지배하는 핵심형상이 되는 행위가 어떤 것인지는 아직 판단한 바 없다.

A의 사망에 따른 살인의 결과를 직접 발생시킨 행위는 丁의 인공호흡장치 제거행위로서 살인죄의 구성요건적 실행행위라고 할 것이다. 구성요건적 실행행위를 직접 행한 사람 이외에 당해 범죄의 배후에 가담자가 있는 경우에 누가 정범이고 누구를 공범이라고 볼 것인지 그 구별기준을 정하는 데 있어서는 견해가 대립한다. 우선 정범과 공범의 구별에 관한 견해들을 비판적으로 검토한 다음, 이를 기초로 당해 사안에서 甲·乙·丙·丁 중에 누가 정범이고 누가 공범인지를 판단하겠다.

2. 정범과 공범의 구별기준

(1) 객 관 설

구성요건에 해당하는 행위와 이를 원조하는 행위는 객관적으로 다르기 때문에 정범과 공범을 객관적 기준에 따라 구별해야 한다는 견해이다. 구성요건적 실행행위를 직접 행한 자가 정범이고, 그 이외의 행위를 통하여 조건을 제공한 자는 공범이 된다는 '형식적 객관설'과, 인과관계론의 원인설을 근거로 행위가담의 위험성의 정도에 따라 결과발생의 직접원인이 된 경우를 정범, 단순한 조건이 된 경우를 공범으로 보는 '실질적 객관설'이 있다.

(2) 주 관 설

정범과 공범은 모두 결과에 대한 조건을 제공한 점에서 같으므로 정범과 공범의 구별은 고의나 목적 등의 주관적 요소에 의하여만 가능하다는 견해이다. 자기의 범죄로 실현하고자 하는 의사(정범의사)를 가지고 행위한 자는 정범이고, 타인의 범죄에 가담할 의사(공범의사)를 가지고 행위한 자는 공범이 된다는 '의사설'과 자기의 이익을 위하여 범죄를 실행한 경우는 정범이고 타인의 이익을 위하여 실행한 경우는 공범이 된다는 '이익설'로 나누어진다.

(3) 범행지배설(행위지배설)

객관적 요소와 주관적 요소로 형성된 행위지배의 개념을 정범과 공범의 구별원리로 삼는 견해이다. 행위지배란 구성요건에 해당하는 사건의 진행을 조종 내지 장악하는 것, 또는 사태의 핵심형상을 지배하는 것을 의미한다. 직접정범은 스스로 구성요건에 해당하는 행위 자체를 실행해야 정범이 되며(실행지배), 간접정범은 이용자가 자신의 범행계획에 따라 우월한 의사를 가지고 피이용자를 도구처럼 지배·조종하여 구성요건을 실현해야 하며, 피이용자의 행위는 이용자의 행위의 인과적 과정에 지나지 않아야 하고(의사지배), 공동정범은 공동의 결의에 의한 역할분담에 따라 전체범행계획의 수행에 필수불가결한 행위를 분업적 협력하에 공동으로 수행하여야 한다(기능적 범행지배).

(4) 판례의 태도

판례는 "형법 제30조의 공동정범은 2인 이상이 공동하여 죄를 범하는 것으로서, 공동정범이 성립하기 위하여는 주관적 요건으로서 공동가공의 의사와 객관적 요건으로서 공동의 사에 기한 **기능적 행위지배**를 통한 범죄의 실행사실이 필요하고, 공동가공의 의사는 타인의 범행을 인식하면서도 이를 제지하지 아니하고 용인하는 것만으로는 부족하고 공동의 의사로 특정한 범죄행위를 하기 위하여 일체가 되어 서로 다른 사람의 행위를 이용하여 자기의 의사를 실행에 옮기는 것을 내용으로 하는 것이어야 한다(대판 2003. 3. 28, 2002도7477; 대판 2006. 3. 9, 2004도206 등)"라고 하여 범행지배설(행위지배설)을 취하고 있음을 명백히 하고 있다. 보라매병원 사건에서의 판례의 태도에 대해서는 후술하기로 한다.

3. 검토 및 사안에의 적용

정범과 공범은 행위지배설에 따라 구분하는 것이 타당하다는 점에 대해서는 별다른 이견이 없다. 행위지배설에 의할 때 정범과 공범은 구성요건적 실행행위를 누가 담당했느냐가 아니라, "구성요건에 해당하는 사건을 장악하거나 사태의 핵심현상을 지배한 자는 누구인가"라는 기준에 따라 구별된다. 기능적 행위지배설을 취하고 있는 판례가 甲·乙·丙·丁 각각의 가담형태를 실제로 어떻게 판단하였는지 살펴본 다음, 보다 타당한 결론은 무엇인 지를 검토하는 순서로 논의를 진행하겠다.

(1) 법원의 판단

1) 피고인 甲에 대한 판단

판결문 중 '범죄사실' 부분에서 범죄가담형태에 대한 구체적인 설시가 없더라도, '법령의 적용' 부분에서 적용법조를 보면 법원이 당해 피고인을 정범으로 보았는지 공범으로 보았 는지를 확인할 수 있다. 공동정범의 경우 형법 제30조를, 교사범은 제31조 제1항을, 방조 범은 제32조 제1항을 적용법조로 기재한다. 위와 같은 기재가 없는 경우에는 단독의 정범 으로 판단한 것이다.

보라매병원 사건에서 1심법원은 피해자의 처 甲에게 형법 제30조를 적용하여 의사 乙· 丙과의 (부작위에 의한) 살인죄의 공동정범을 인정하였고, 2심법원과 대법원은 甲에 대해서 만 살인죄의 정범을 인정하였다.

2) 피고인 乙·丙에 대한 판단

① 1심법원은 의사들에 대하여 피해자의 처와의 공동정범을 인정하였는바, 의사들에 대 해 의료법 및 응급의료에관한법률에 의하여 계속적인 치료를 함으로써 피해자의 생명을 보 호하여야 할 의무가 있음에도 불구하고 피해자를 퇴원하게 함으로써 치료행위를 중단한 것 이고, 피해자의 처의 퇴원요구가 있었더라도 의사들의 퇴원결정이 없으면 피해자는 퇴원할 수 없었다는 점에서 의사들에 대해서도 기능적 행위지배를 인정한 것이라고 평가된다. 피 해자의 처의 퇴원요구와 의사들의 설득포기 및 퇴원결정과정에서 기능적 역할분담과 실행 에 대한 암묵적인 공동가공의 의사가 암묵적으로 상통했다고 보았을 것이다.

② 2심법원은 치료를 중단한 의사들(乙·丙·丁)이 살인죄의 공모공동정범에 해당한다는 검사의 항소이유에 대하여, 의사들(乙·丙)의 정범성은 이들이 정범으로서의 살인의 고의를 갖고 있었는지에 따라 결정된다고 하면서, "의사들이 스스로 치료를 중단한 것이 아니라는 점"과 "피해자의 사망에 대한 의욕 또는 용인이 없었다는 점"을 들어 의사들에게 정범으로 서의 살인의 고의가 없었기 때문에 방조범으로밖에 처벌할 수 없다고 하고 있다. 이러한 결론은 정범으로서의 의사 유무에 따라 정범과 공범을 구별하는 주관설을 따른 것처럼 보 인다. 그러나 설사 주관설을 따르더라도 법논리적으로 의사들에게는 방조범이 성립할 수 없다. 방조범에게는 정범의 실행을 방조한다는 방조의 고의와 정범의 행위가 구성요건에 해당한다는 점에 대한 정범의 고의라는 **이중의 고의**가 요구되는데(대판 2003. 4. 8, 2003도 382. 같은 취지로 대판 2011. 12. 8, 2010도9500), 살인의 고의라는 정범의 고의가 부정된다면

방조범은 성립할 수 없고, 기껏해야 과실에 의한 방조로서 과실범의 정범만이 논의 가능할 뿐이다.

③ 대법원은 "피고인 乙과 丙이 甲의 요청에 의하여 마지못해 치료를 중단하였다고 하더라도 그 당시 피해자의 사망이라는 결과발생에 대한 미필적 인식 내지 예견마저 없었다고 보기는 어려우므로, 피고인들에게 정범의 고의가 없다고 본 원심의 판단은 잘못된 것"이라고 하면서, 다만 "환자의 사망이라는 결과나 그에 이르는 사태의 핵심적 경과를 계획적으로 조종하거나 저지·촉진하는 등으로 지배하고 있었다고 보기는 어려워 공동정범의 객관적 요건인 이른바 기능적 행위지배가 흠결되어 있어 작위에 의한 살인방조죄가 성립"한다고 하여 정범과 공범의 구별은 행위지배설에 따라야 함을 명백히 밝히고 있다.

그러나 대법원은 의사들의 기능적 행위지배를 부정하기 위해 하나의 사실관계에 대하여 서로 상반되는 두 가지의 판단을 하는 오류를 범하고 있다. 대법원은 "피고인들이 당시 인공호흡장치의 제거만으로 즉시 사망의 결과가 발생할 것으로 생각하지는 아니하였던 것으로 보이고(피해자가 실제로 인공호흡장치를 제거한 지 5분 정도 후에 사망하였다는 것만으로 그러한 결과가 사전에 당연히 예견되는 것이었다고 단정하기는 어렵다), 결국 피고인들의 이 사건 범행은 피해자의 담당의사로서 피해자의 퇴원을 허용하는 행위를 통하여 피해자의 생사를, 민법상 부양의무자요 제1차적 보증인의 지위에 있는 원심 공동피고인의 추후의무 이행여부에 맡긴 데 불과한 것"이어서 기능적 행위지배가 흠결되었다고 한다. 이 부분의 판단에 의하면, 의사들은 A에 대한 퇴원조치 당시에 사망의 결과를 예견하지 못했다는 것인데, 그렇다면 위에서 살인의 고의를 인정한 것과는 서로 모순된다. 대법원은 의사들을 살인죄의 정범으로 처벌하는 것에 부담을 느낀 나머지, 형이 경한 방조범으로 처벌하겠다는 정책적 판단 하에, 이처럼 사실관계를 모순되게 확정하고 있는 것이다.

3) 피고인 丁에 대한 판단

대법원은 피고인 丁에게는 살인죄의 정범으로서의 고의뿐만 아니라 방조범으로서의 고의도 인정할 수 없으므로 무죄라는 원심의 판결을 그대로 유지하고 있어, 丁에 대해서는 공범관계 자체가 성립하지 않는다는 입장이다.

(2) 검 토

1) 담당의사 乙과 丙의 경우

A의 처 甲이 아무리 강력하게 퇴원을 요구하더라도 그 퇴원요구가 의사에게 현실적이고 직접적인 위험을 가한 경우가 아닌 이상, 의사들이 스스로의 판단과 결정에 의해 A에 대한 치료를 중단하고 퇴원조치를 함으로 인해 A의 사망이라는 결과가 발생했다. 의사들이 퇴원요구에 응하지 않고 치료를 계속하는 이상, 甲이 의사들 몰래 인공호흡장치를 떼어내는 등

의 별개의 행위를 하지 않는 한 A의 사망이라는 결과는 당장에 발생하지 않기 때문이다. 따라서 처인 甲이 의사들에게 A의 퇴원을 요구하는 행위를 함으로써 곧바로 A의 사망이라는 사태의 진행을 장악하였거나 그 핵심형상을 지배하였다고 보기는 어려우며, A의 담당의사로서 치료를 담당한 乙과 丙이 바로 피해자의 사망이라는 사태의 핵심현상을 지배하는 자로서 기능적으로 행위를 지배하는 정범이라고 보아야 한다.

다만 이 경우 전문의 乙과 레지던트 丙 사이에 직무상 상하관계가 인정되는바, 乙과 丙의 관계를 공동정범 관계라고 할 것인지, 아니면 乙이 정범이고 丙은 이를 용이하게 하여 방조한 것에 불과하다고 볼 것인지가 문제된다. 전문의와 레지던트 사이에는 직무상 상하관계가 인정되어 전문의가 레지던트를 지휘·감독하는 관계에 있는 것은 사실이나, 레지던트가 독자적인 권한 없이 단순히 전문의의 치료행위를 보조하거나 지시에 따라서 움직이는 자에 불과하다고 할 수는 없다. 본 사안에서 丙은 乙과 함께 A의 수술을 실행하였고, 퇴원 결정 및 丁에 대한 퇴원 지시에 직접 관여하였기 때문에 전문의 乙과의 분업적 행위실행에 의해서 피해자의 사망이라는 전체결과를 지배하였다고 할 것이다. 따라서 乙과 丙은 공동정범의 관계에 있다.

2) 피해자의 처 甲의 경우

앞에서 본 바와 같이 처인 甲이 A의 퇴원을 요구한 것만으로는 A의 사망이라는 사태의 진행을 장악하였거나 그 핵심형상을 지배하였다고 볼 수는 없는 것이지만, 퇴원요구라는 행위를 통해서 피해자의 사망이라는 결과를 의욕 또는 용인할 의사를 갖고 있지 않은 의사 乙 및 丙으로 하여금 퇴원결정 및 퇴원조치를 취하게 하여 그러한 내심적 의사를 갖게 만들었으므로 교사범에 해당한다.

3) 1년차 인턴 丁의 경우

의사 丁은 1년차 인턴으로서 스스로 치료 여부를 결정할 권한이 없이 상관인 乙과 丙의 지시에 따라 인공호흡장치를 제거하였으므로 A의 사망이라는 구성요건에 해당하는 사건 진행을 장악하였다고 보기 어렵다. 다만 丁 역시 A의 사망이라는 결과발생은 분명히 인식하였으므로 인공호흡장치를 제거하는 행위를 통해 乙과 丙의 범행을 용이하게 한 것이므로 방조행위로는 평가할 수 있다. 요컨대 치료중단 및 퇴원지시를 한 乙과 丙이 정범이고, 퇴원요구를 한 甲은 교사범, 인공호흡장치를 직접 제거한 丁은 방조범에 해당한다.

IV. 행위자들의 형사책임

1. 乙과 丙의 죄책

(1) **구성요건해당성** – 부작위에 의한 살인죄의 공동정범(형법 제250조 제1항, 제18조, 제30조)

乙과 丙의 치료중단행위를 甲의 사망을 발생케 한 부작위행위로 평가하더라도, 형사책임을 인정하기 위해서는 乙과 丙에게 甲의 사망을 방지해야 할 보증인지위에서 발생하는 보증인의무가 인정되어야 한다. 사안의 경우 의사의 환자에 대한 보증인의무가 문제되는바 그 발생근거는 계약, 법령, 보호의무의 자의적 인수라는 세 가지 측면에서 접근할 수 있다.

1) 치료계약에 따른 보증인의무

의사 乙·丙 내지 그들이 고용된 병원은 응급후송된 A에 대하여 수술을 시행함으로써 A에 대한 치료계약을 명시적 내지 묵시적으로 체결하였다고 할 것이다. 이러한 치료계약은 민법상 위임 내지는 이에 유사한 계약으로서(대판 1988. 12. 13, 85다카1491), 위 계약에 따라 의사들은 적절한 치료조치를 통해 환자 A의 생명을 유지토록 노력해야 할 보증인의무를, 보호자 甲은 이에 상응한 치료비를 부담할 의무를 각각 부담한다(무의미한 연명치료장치 제거 등에 관한 대판 2009. 5. 21, 2009다17417 전합). 하지만 사안에서는 甲의 퇴원요구가 있었기 때문에 이러한 경우에도 의사 乙과 丙에게 보증인의무가 남아 있다고 볼 것인지가 문제된다.

이에 대해서는 甲이 의사들에게 퇴원을 요구하고 의사들이 이에 응하여 퇴원조치를 취함으로써 치료계약은 합의해지되었으므로 위 계약에 따른 보증인의무는 소멸하였다고 보아야 한다. 의료법 등의 해석상 의사 측에게는 치료계약을 해지할 자유가 상당 부분 제한되나, 환자 측에게는 이러한 제한이 인정될 수 없다. 치료계약의 체결당사자인 환자 보호자가 계약의 종료를 요구하고 상대방인 의사가 이에 응하여 계약이 유효하게 해지된 이상, 계약이 유효함을 전제로 인정되는 보증인의무는 더 이상 인정될 수 없기 때문이다.

2) 응급의료에 관한 법률 등에 의한 보증인의무

의사 乙과 丙이 응급의료종사자라는 사실, 경막외출혈상을 입은 甲이 응급환자라는 사실은 의문의 여지가 없다. A는 인공호흡장치 없이는 생명유지가 불가능한 상태였기에 인공호흡장치의 부착·작동은 A를 위하여 행해지는 응급처치 및 진료 등의 조치라고 볼 수 있다. 이러한 규정에 비추어 의사 乙과 丙은 피해자 甲에 대해서 응급의료에관한법률(이하 '응급의료법'이라 한다) 제10조에 따라서 응급의료의무라는 형태의 보증인의무를 지고 있다.

동법 제22조에 따라 응급의료를 시행한 자가 응급의료비를 받지 못한 경우, 일정한 요건에 해당하면 응급의료기금에 '미수금의 대지급'을 청구할 수 있다. 따라서 의사 혹은 병원은 피해자를 퇴원시키지 않아도 응급의료비용을 지급받을 수 있었다. 그리고 대지급을 받은 경우, 응급의료기금은 상환의무자에게 구상권을 행사할 수 있게 되어 있는데 상환할 재산이 없다고 판명된 경우 결손으로 처리할 수 있게 되어 있다. 국가가 위와 같은 규정들을 통해 환자의 가족이 치료비 부담을 이유로 환자를 퇴원시키거나 병원 측에서도 치료비를 받지 못할 것을 우려하여 치료를 거부하는 등의 치료행위의 중단문제가 발생하지 아니하도록 제도적 장치를 마련하고 있는 이상, 응급의료법 제10조의 응급환자에 대한 응급의료의무는 법률에 의한 보증의무임은 더욱 명백하다.

3) 보호의무의 자의적 인수에 따른 보증인의무

피해자의 법익에 대한 보호기능을 자의로 인수한 경우에는 구체적인 계약관계가 존재하지 아니하거나 이미 종료하였더라도 사실상 보호기능을 맡고 있는 데 따른 보증인의무가 유지된다고 할 것이다. 그러나 보호기능의 자의적 인수에 따른 보증인의무는 피해자의 법익에 대한 보호기능을 자의로 인수하여 '다른 구조의 가능성이 배제되었거나 새로운 위험이 발생하였음'을 이유로 한다. 그러나 A는 병원에 응급후송되어 의사 乙과 丙으로부터 응급수술을 받고 생명에 대한 급박한 위험은 제거되어 회복상태에 있었던바, 의사 乙과 丙의 치료행위를 통해 다른 구조의 가능성이 배제되었거나 새로운 위험이 발생한 사실은 인정할 수 없다. 환자 가족의 퇴원요구에 응하여 치료를 중단하고 퇴원조치를 취한 이상 자의적 인수는 이미 끝났다고 보아야 한다. 일부 학설은 보증인의무를 인정해야 하는 근거로 응급실 당직의사에게 치료행위의 자의적 인수에 따른 보증인의무를 인정한 독일판례(BGHSt. 7, 211)를 제시하고 있으나, 위 판례는 응급실 당직의사가 전화로 도움을 요청한 응급환자의 요구에 적절히 대처하지 못하고 방치하여 피해자를 죽게 한 사건으로서, 사실관계가 전혀 다른 본 사안에 적용할 것은 아니라고 본다.

요컨대 의사 乙과 丙에게는 치료계약 내지 보호의무의 자의적 인수에 따른 보증인의무는 인정되지 않으나, 응급의료법 제10조에 따른 법령상 보증인의무는 인정된다.

(2) 위법성조각사유의 존부

1) 의무의 충돌

환자에 대한 생명과 신체를 보호하여야 할 지위와 의무를 가지게 된 의사가 환자를 위하여 의료행위를 계속하여야 한다고 판단됨에도 불구하고 환자가 자기결정권에 기하여 의료행위의 계속을 원하지 아니하는 경우, 원칙적으로는 의사가 환자를 보호하여야 할 지위나 의무가 종료 내지 배제되어 더 이상 의료행위를 계속할 필요가 없게 된다고 할 것이다.

그러나 의료행위의 중지가 곧바로 환자의 사망이라는 중대한 결과를 초래하는 경우에 있어서는 의료행위의 중지, 즉 퇴원요구를 받은 의사로서는 환자의 생명을 보호하기 위하여 의료행위를 계속하여야 할 의무와 환자의 요구에 따라 환자를 퇴원시킬 의무(환자의 퇴원요구에 불응할 경우 감금죄가 문제될 수 있다)와의 충돌이 일어나게 된다. 그러한 의무의 충돌이 있는 경우 의사로서는 더 높은 가치인 환자의 생명을 보호할 의무가 우선하여 환자의 퇴원요구에도 불구하고 환자를 보호하여야 할 의무가 종료되지는 아니한다. 보라매병원 사건의 1심법원은 환자보호의무가 우선하는 근거로서, "의료행위의 중지가 곧바로 환자의 사망이라는 결과를 초래하는 경우 부작위에 의한 살인이라는 결과에 이를 수 있고, 우리 형법이 일반적으로 살인행위뿐만 아니라 촉탁, 승낙에 의한 살인행위와 자살을 방조하는 행위에 대하여도 처벌을 하고 있는 점"을 들고 있다.

  2) 피해자의 (추정적) 승낙(형법 제24조)

  환자 본인의 자기결정권에 기한 의료행위 중지의 의사표시는 원칙적으로 그 중지 당시에 명시적으로 표시되어야 할 것이나, 그러한 명시적인 의사표시가 없는 경우에는 추정적 의사표시에 의하여도 가능하다 할 것이고, 사전에 환자 본인의 명시적인 의사표시가 없는 경우에는 가족이 환자 본인의 입장에 서서 의료행위를 계속할 것인지 여부에 관하여 진지하게 고려한 후 그에 기하여 한 가족의 의사표시로부터 환자 본인의 의사를 추정하는 것도 일정한 경우 허용된다(연명치료중단의 허용기준으로서 환자의사의 추정에 관해서는 대판 2009. 5. 21, 2009다17417 전합). 하지만, 환자에게 의료행위의 중지를 요구하는 추정적 의사가 있는지 여부가 의심스러울 경우에는 환자의 생명을 보호·유지하여야 할 의무를 우선시켜야 한다.

  본 사안에 있어서 의료행위의 중지에 관한 환자 A의 명시적인 의사표시는 없었고 그 처인 甲의 의료행위 중지, 즉 퇴원의 요구가 있었을 뿐인데, 사건 당시까지 A가 비록 무위도식하고는 있었지만 삶을 포기할 정도는 아니었다고 보여지므로 A 스스로 치료를 중단할 의사를 갖고 있었을 것이라 추정할 수는 없는 것이다. 또한 처 甲은 퇴원요구 당시에 A에 대한 치료비와 그동안 A가 가족에 대하여 짐이 되었다는 점을 우선적으로 고려하였기 때문에 환자 본인인 A의 의사를 정확하게 추정할 수 있는 입장에 있었다고 보기 어렵다. 甲이 퇴원을 요구하는 이유는 치료비가 부담스럽다는 점과 무위도식하던 A가 차라리 죽는 것이 좋겠다는 증오감에서 비롯된 것임에도 이를 받아들여 그대로 퇴원을 결정한 점에서 乙과 丙의 치료행위 중지는 환자의 자기결정권에 해당하지 아니하는 것으로 피해자의 추정적 승낙에 따른 의료행위의 중지에는 해당하지 아니한다.

  3) 소극적 안락사

  소위 죽음에 직면한 환자에 대한 치료를 중지하거나 생명유지장치를 제거함으로써 환자가 자연적인 경과를 거쳐 죽게 내버려두는 소극적 안락사는 ① 환자가 불치의 병에 걸려 있고 죽음을 피할 수 없는 말기상태에서 단지 생명을 연장하는 의미밖에 없는 치료행위를

② 환자의 자기결정권에 기한 환자 내지 그 대리인의 진지한 치료중지 요구에 응하여 ③ 의사의 양심적 결단에 따라 이루어질 경우에만 제한적으로 허용될 수 있다.

그러나 본 사안의 경우는 이러한 소극적 안락사의 요건에 해당하지 않는다. ① 설문에 나타나듯이 A는 그 상태가 호전되어 계속적으로 치료를 받을 경우 회복할 가능성이 높은 상태였고, ② A의 처인 甲의 퇴원요구는 환자 본인을 위한 것이 아니라 치료비 부담이라는 경제적 문제 및 가족들을 학대한 A에 대한 증오감에서 비롯되었다. ③ 또한 乙과 丙은 동료 및 선후배의사와 의논하거나 병원윤리위원회에 회부하는 등의 절차도 취한 바 없기 때문에 치료행위 중단이 양심적 결단에 의한 것이라고 볼 수도 없다.

4) 정당행위(형법 제20조, 응급의료법 제10조)

경제능력이 없는 환자의 진료비에 대한 제도적 뒷받침이 없는 현실에서 이에 따른 부담을 의료계에만 지우는 것은 부당하기 때문에, 치료를 중단할 경우 환자가 곧 사망에 이르는 경우에도 환자나 보호자의 퇴원요구가 있으면 따라야 한다는 견해도 있다. 이른바 의학적 충고에 반하는 퇴원은 의료계의 관행이기 때문에 형법 제20조의 정당행위 내지 응급의료법 제10조의 정당한 사유에 의한 응급의료중단에 해당하여 위법성이 조각된다는 것이다.

그러나 위와 같은 의료계의 관행이 설사 존재한다고 하더라도 치료중단이 생명에 직접적인 위험을 발생케 하지는 않는 경우나, 정반대로 생존가능성이 전혀 없어 더 이상의 치료가 무의미한 경우에만 이러한 관행이 인정될 수 있을 뿐이다. 본 사안처럼 생존가능성이 많은 상황에서 치료행위의 중단이 곧바로 사망이라는 결과를 초래하는 경우에는 부작위에 의한 살인에 해당함은 앞에서 본 바와 같고, 우리 형법은 일반적인 살인행위뿐만 아니라 촉탁·승탁에 의한 살인행위와 자살을 방조하는 행위도 처벌하고 있는 이상 위와 같은 관행은 정당성을 인정받을 수 없다. 또한 응급의료법 제22조를 통해 응급환자의 미지급치료비의 대지급을 청구할 수 있는 응급의료기금이 마련되어 있기 때문에 더욱 그러하다.

(3) 책임조각사유의 존부

1) 금지착오(형법 제16조)

乙과 丙이 '의학적 충고에 반하는 퇴원'이 의료계의 관행으로 허용되어 죄가 되지 아니하는 것으로 오인하였고 그 오인에 정당한 이유가 있다면 형법 제16조의 금지착오에 해당하여 책임이 조각되어야 하는 것은 아닌지가 문제된다.

그러나 앞서 본 바와 같이 계속적으로 치료를 받을 경우 회복될 가능성과 가까운 시일 내에 의식이 회복될 가능성이 많았던 상황에서 환자 본인이 아닌 보호자 甲이 치료비 부담을 이유로 퇴원을 요구하였고, 이를 받아들여 퇴원 결정을 한 乙과 丙은 A를 사망에 이르게 한 치료중단행위가 자신들의 양심에 반하는 것임을 알았을 것이다. 설사 몰랐다고 하더라도 진지하게 자신의 양심에 비추어 보았더라면 도의감정이나 윤리관념에 어긋난다는 것을 알 수 있었을 것이므로 위와 같은 오인을 회피할 가능성은 충분히 있었다.

보라매병원 사건의 1심법원 역시 "위 피고인들로서는 위와 같은 상황 하에서의 치료행위의 중지가 허용되는 것인지, 규범에 반하는 것인지 여부에 대하여 스스로 심사숙고하고, 나아가 전문가나 관계기관에의 조회 등을 통하여 충분한 검토를 하였어야 함에도 불구하고, 너무나 경솔하게 독자적인 판단에 따라 의료행위의 중지를 의미하는 퇴원결정을 한 이상, 위 피고인들이 자신들의 행위가 죄가 되지 아니하는 것으로 오인하였다 하더라도 이는 정당한 이유가 있는 경우라고는 할 수 없다"고 판시하였다.

2) 적법행위에 대한 기대불가능성

환자 A의 처인 甲이 매우 강력하게 퇴원을 요구하고 있는 상황에서, 그 퇴원요구를 거절하고 치료를 계속하였으나 만약 예후가 좋지 아니하여 A가 사망하였을 경우에 문제되는 가족들의 소란행위와 치료비의 부담 등을 생각할 때, 적법행위에 대한 기대가능성이 없다고 보아야 하는 것은 아닌지 문제된다.

환자나 보호자의 치료종결 요구와 의사의 환자에 대한 치료 계속의 의사가 서로 상치되어 의사가 환자를 계속 치료하고자 하는 것에 대하여 환자나 보호자의 현실적이고도 직접적인 위해나 진료의 방해 행위가 있는 경우 등에는 의사에게 그 치료를 계속하도록 하는 것을 기대하기 어려운 경우도 있을 수 있을 것이다. 그러나 본 사안에 있어서는 甲의 퇴원요구가 거부할 수 없는 협박의 정도에 이른다고는 보이지 않기 때문에 의사 乙·丙이 퇴원요구에 현실적이고 직접적인 위협을 느꼈다고 볼 수 없다.

보라매병원 사건에서 1심법원은 "퇴원요구를 거절하고 치료를 계속하였으나 예후가 좋지 아니하여 환자가 사망할 경우 가족들의 소란행위와 치료비의 부담이 문제될 수 있다고 하더라도, 이러한 문제는 법적인 조치를 통하여 대응할 수 있는 것으로서 위와 같은 특수한 상황에 한정된 문제는 아니며, 환자가 계속적으로 치료를 받을 경우 회복될 가능성이 많았던 반면 치료를 중지하면 곧바로 사망할 것이 예견되는 경우에는 그 치료의 계속에 대한 현실적이고도 직접적인 위해나 치료방해 행위가 아니라 위와 같은 향후의 가정적인 상황들을 이유로 환자에 대한 치료를 포기하여 사망에 이르게 하는 행위는 인간의 생명을 다른 모든 가치에 앞서 우선적으로 고려되어야 한다는 점에서 쉽사리 용인되어서는 아니 되므로, 위 피고인들에게 적법행위의 기대가능성이 없었다고 할 수도 없다"고 밝히고 있다.

2. 甲의 죄책

(1) 구성요건해당성 – 작위에 의한 살인교사(형법 제250조 제1항, 제31조 제1항)

甲의 적극적인 퇴원요구는 피해자의 사망이라는 결과발생을 향한 외부적인 행위로서, 부양의무의 불이행이라는 부작위가 아니라 위와 같은 작위에 비난의 중점이 있음은 앞에서 본 바와 같다. 甲은 퇴원요구를 통해 의사들이 치료를 중단하게 하여 부작위에 의한 살인죄를 범하게 하였으므로 살인죄의 교사범의 구성요건에 해당한다.

(2) 위법성조각사유의 존부 – 사회상규에 위배되지 아니하는 행위(형법 제20조)

甲은 A에 대한 치료비가 자신과 가족의 경제적 치료비를 부담할 능력이 없음을 이유로 A를 퇴원시킨 것이므로, 사회통념상 용인될 수 있는 사회상규에 위배되지 아니하는 행위라는 주장도 가능하다.

환자에 대한 치료비가 경제적 능력에 비추어 지나치게 과다하여 더 이상 부담할 수 없어 치료를 중지할 수밖에 없는 경우, 그 치료중지행위가 사회상규에 위배되지 아니하는 정당한 행위라고 인정되려면 ① 동기나 목적의 정당성, ② 행위의 수단이나 방법의 상당성, ③ 보호이익과 침해이익과의 법익균형성, ④ 긴급성, ⑤ 그 행위 외에 다른 수단이나 방법이 없다는 보충성의 요건을 모두 갖추어야 한다(대판 2001. 9. 4, 2001도3167).

본 사안의 경우 甲은 경제적 이유 이외에도 피해자에 대한 증오심이 퇴원요구의 원인이 되었으므로 목적의 정당성이 인정되지 않고, 치료비 문제를 해결할 다른 방안도 검토해 본 바 없이 만연히 퇴원만을 요구한 것이어서 긴급성과 보충성도 인정되지 않는다.

(3) 책임조각사유의 존부

보라매 병원 사건에서 피고인의 변호인은 "피고인 甲으로서는 과도한 병원비 부담 때문에 퇴원을 요청하였고, 의사들이 위 피해자를 퇴원시켜 사망하면 살인죄로 처벌받는다는 말을 하지도 않았으며, 의사들이 자신의 요청을 받아들여 퇴원을 시켜 주었으므로 자신의 행위가 위법하다고 인식하거나 인식할 가능성이 전혀 없었고, 가사 그렇지 않다고 하더라도 위 피고인은 위 피해자를 퇴원시킬 당시 위 피해자가 치료를 계속 받으면 회복된다는 사실은 모르고, 그 병원에서 의식불명의 상태로 있을 것이라는 생각에 병원비를 감당할 능력이 없어 위 피해자를 퇴원시키게 되었으므로 '위법성조각사유의 객관적 전제사실에 관한 착오'가 있었다"고 주장하였다.

본 사안에서도 위와 같은 주장이 가능한지에 대해서 살펴본다면, 甲은 환자의 상태, 예상되는 치료경과, 향후 치료비 등에 대하여 제대로 알아보지도 아니하거나 의사의 설명을 무시하고 막연한 자신의 판단에 따라 퇴원을 요구한 점, 솔직한 심정은 그동안 남편으로부터 당한 것을 생각하면 살리고 싶은 마음도 없었고, 오히려 이번 기회에 차라리 죽는 편이 낫겠다고 생각을 하고 그대로 퇴원을 요구하였다는 점, 퇴원요구를 받은 의사들이 위 피해자의 상태와 예후에 관하여 수술이 성공적으로 이루어져 수일 내에 위 피해자가 의식을 회복할 가능성이 많다는 취지로 낙관적으로 설명하였음에도 이를 무시한 점 등에 비추어보면 甲에게 위와 같은 착오가 있었다고 보기 어렵다. 설사 위와 같은 착오가 실제로 존재하였더라도, 의사의 설명을 무시한 채 스스로의 판단에 따라 위 피해자가 생존가능성이 없거나 생존한다고 하더라도 계속하여 의식불명의 상태에 있을 것이라고 생각한 것이므로, 그 착오에 정당한 이유가 있다고 할 수도 없다.

3. 丁의 죄책

(1) **구성요건해당성 – 작위에 의한 살인의 방조(형법 제250조 제1항, 제32조 제1항)**

1년차 인턴 丁은 A로부터 인공호흡장치를 직접 제거하여 A를 호흡정지로 사망하게 하였으므로 살인죄의 구성요건적 실행행위를 직접 담당하였다. 그러나 스스로 치료 여부를 결정할 권한이 없이 상관인 乙과 丙의 지시에 따라 인공호흡장치를 제거한 것으로서 A의 사망이라는 구성요건에 해당하는 사건 진행을 장악하였다고는 보기 어렵기 때문에 살인죄의 방조범에 해당한다.

(2) **위법성 내지 책임조각사유의 존부 – 상관의 위법한 명령에 복종한 경우**

1) 丙의 상관인 乙과 丙의 퇴원지시가 위법한 명령임은 앞에서 본 바와 같으므로 그 명령에 법적 구속력은 인정될 수 없다. 다만 '사실상' 구속력만이 인정될 경우에도 위법이 경미한 경우에 위법성이 조각될 것이나, 이 사안은 침해되는 법익이 인간의 생명이라는 가장 중요한 법익인 이상 책임조각은 별론으로 하고 어떠한 경우에도 위법성은 조각되지 않는다.

2) 상관의 명령에 사실상의 구속력이 인정된다면 강요된 행위(형법 제12조)나 초법규적 책임조각사유에 해당할 여지는 있을 것이다. 그러나 의사 乙과 丙의 인턴 丁에 대한 퇴원지시는 저항할 수 없는 폭력이나 자기 또는 친족의 생명·신체에 대한 위해를 방어할 방법이 없는 협박에 의한 강요된 행위에 해당하지 않는다. 또한 인공호흡장치를 제거하게 되면 甲이 사망할 것이라는 점을 丁이 분명하게 인식하고 있는 상황에서 乙·丙의 퇴원지시가 절대적인 구속력이 있다고 볼 수도 없어 기대불가능성을 이유로 한 책임조각도 인정되지 않는다.

V. 사안의 해결

(1) 전문의 乙과 레지던트 丙은 응급의료에관한법률에 따라 환자 A에 대하여 치료를 계속하여야 할 보증인지위에 있다. 그럼에도 A의 처 甲의 요구를 받아들여 치료행위를 중단하였고 이러한 치료행위의 중단은 A의 사망이라는 사태의 핵심적 경과를 지배하는 행위로 파악된다. 따라서 乙과 丙은 부작위에 의한 살인죄의 공동정범으로 처벌되어야 한다. 치료를 중단하게 되면 A가 사망할 것이라는 사실을 분명히 인식한 상태에서 퇴원을 결정하고 지시한 이상 위법성 내지 책임조각사유는 인정되지 않는다.

(2) A의 처 甲은 퇴원요구를 통해 乙과 丙으로 하여금 치료행위를 중단하게 하였고 이로 인해 A는 사망하였다. 따라서 甲은 乙과 丙의 살인죄에 대한 교사범의 죄책을 진다. 치료비를 부담할 능력이 없다는 경제적 이유뿐만 아니라 남편에 대한 증오심이 퇴원을 요구하게 된 주된 원인이었으므로 위법성 내지 책임은 조각되지 않는다.

(3) 1년차 인턴 丁은 스스로 치료 여부를 결정할 권한이 없이 상관의 지시에 따라 인공호흡장치를 제거하였으나, 丁의 행위를 통해 A의 사망이라는 구성요건적 결과가 발생하였고, 이러한 결과를 분명히 인식하고 있었다. 따라서 작위에 의한 살인죄의 방조범으로 처벌되어야 한다. 피해자의 인공호흡장치를 제거하라는 상관의 명령은 위법한 명령이고 이에 구속력이 있다고 볼 수도 없으므로 위법성 내지 책임조각은 인정될 수 없다.

14. 정범과 공범의 구별기준 / 승계적 공동정범의 책임범위

○ 사례 14

실직되어 생활이 어렵게 된 甲은 밤늦게 귀가하는 미성년인 피해자를 유인하여 자신의 승합차에 태워 손발을 묶고 눈을 가렸다. 甲은 애당초 강도를 계획했다가 피해자를 보는 순간 범행계획을 바꾼 터였다. 피해자로부터 집에 달러와 금이 많다는 사실을 알아낸 甲은 함께 일할 사람이 필요하여 휴대폰으로 부인 乙에게 전화하여 자초지종을 말하였다. 의외로 부인은 어려울 때일수록 부부가 합심해야 한다며 자기가 피해자의 부모에게 전화하겠다고 하였다. 乙은 피해자의 부모에게 전화하여 딸의 안전을 원한다면 장롱 속에 쌓여 있는(장물처분에 별 어려움이 없을) 달러와 금을 전부 신문지에 싸서 새벽 5시에 피해자의 아파트 근처 공원입구의 쓰레기통에 버릴 것을 요구하였다. 상당한 양과 액수여야 딸의 무사귀가가 보장될 것이라는 말도 덧붙였다. 부인 乙은 조깅하는 척하고 기다리다가 약속된 물건을 가져왔고, 그중 금 0.1kg은 자신이 가지려고 따로 빼두었다. 피해자의 아버지가 언론에 오르내리는 것이 싫어서 경찰에 신고를 하지 않았기 때문에 범행은 성공적이었다.

甲과 乙의 형사책임은?

해 설

Ⅰ. 논점의 정리

본 사안은 甲의 행위 도중에 乙이 가담한 형태이므로 甲의 죄책을 먼저 검토한 후 乙의 죄책을 논하기로 한다.

(1) 甲이 범행의 실행착수 이전에 강도를 계획했던 행위에 대하여 별도의 범행 준비행위로서 강도예비죄를 구성할 것인지가 문제된다.

(2) 이후 甲이 피해자를 유인, 감금한 후 부인 乙과 공모하여 乙로 하여금 피해자의 부모를 협박하여 금품을 갈취한 행위가 인질강도죄를 구성할 것인지가 문제된다. 부모를 협박하여 금품을 갈취한 당사자는 乙이므로, 이 경우에도 甲에게 본 죄의 정범으로서의 죄책을 물을 수 있겠는지 문제된다. 인질강도죄가 성립할 경우 유인죄·감금죄·공갈죄 등과의 죄수관계는 어떠한지 살펴보겠다.

(3) 乙의 경우 중도에 범행에 가담하여 피해자의 부모를 협박하고 이들에게 금품을 요구한 행위가 甲의 인질강도죄에 대한 공동정범으로 평가될 수 있는지 살펴보겠다. 인질강도죄의 실행의 착수시기에 대해서 견해가 대립되는데 그 시기를 체포·감금시로 보면 승계적 공동정범이 문제되나, 재물 요구시를 실행의 착수시기로 보면 단순 공동정범이 문제될 뿐이다.

인질강도죄가 부정될 경우 공갈죄의 성부가 문제되며, 乙이 정범이냐 공범이냐에 따라서 장물죄의 성부에 있어 차이가 발생한다.

(4) 사안에서 피해자가 미성년자일 경우 특정범죄 가중처벌 등에 관한 법률(이하 '특가법'이라 한다)이 적용되므로, 이 경우의 죄수관계를 간략히 검토하겠다.

Ⅱ. 甲의 죄책

1. 강도예비죄(형법 제343조, 제333조)의 성부

사안에서 甲은 애당초 강도를 계획하였다가 범행을 변경한 것이어서 강도예비죄를 별도로 인정할 것인지가 문제된다.

일반적으로 예비죄가 성립하기 위해서는 주관적 요건으로서 '예비의 고의'와 '기본범죄를 범할 목적'이 있어야 하며, 객관적 요건으로서 '외부적 준비행위가 있을 것', '실행착수 이전의 행위일 것', '처벌규정이 있을 것' 등을 요한다.

　사안에서 甲은 강도를 계획하고 범행을 위해 승합차를 미리 준비하여 범행기회를 엿보고 있었다. 범행도구인 승합차를 준비하였으므로 강도를 위한 외부적 준비행위를 마친 상태라 할 것이고, 피해자를 물색하고 있었으므로 기본범죄인 강도에 대한 고의와 목적 역시 인정할 수 있다. 따라서 일응 강도예비죄가 성립한다고 할 것인바, 향후 논의할 인질강도죄와의 관계에서 법조경합 여부가 문제된다.

2. 인질강도죄(형법 제336조)의 성부

(1) 문제의 소재

　인질강도죄는 사람을 체포·감금·약취 또는 유인하여 그 석방대가로 재물 또는 재산상의 이익을 취득함으로써 성립하는 범죄이다. 이 죄는 체포·감금죄나 약취·유인죄와 공갈죄의 결합범의 형태를 띤다.

　사안에서 甲은 피해자를 유인·감금하여 乙과 함께 그 부모에게 석방을 대가로 금품을 요구하여 이를 취득하였으며, 고의 및 불법영득의사도 인정된다. 그러나 금품을 요구하고 취득하는 행위는 부인 乙이 하였으므로, 이 경우에 甲에게 인질강도죄 전체에 대해서 정범성을 인정할 수 있겠는가가 문제된다.

(2) 甲의 정범성 여부

　정범과 공범은 구성요건해당성의 영역에서 이루어지는 구성요건적 평가의 문제이다. 구성요건해당성은 주관적 요소와 객관적 요소의 결합으로 파악할 수 있기 때문에 어느 한 요소만을 기준으로 내세우는 이론은 문제해결에서 난점을 발생하게 한다. 정범과 공범도 구성요건해당성의 판단에서 구별되는 것이기 때문에 양 요소를 모두 고려한 범행지배설이 타당하다. 범행지배설이 오늘날 정범과 공범의 구별에 관한 지배적인 견해이다.

　범행지배설에 따라 사안을 살펴보면 甲은 피해자를 유인하여 감금함으로써 인질강도죄의 구성요건 중 일부를 충족시켰다. 나머지 구성요건인 금품요구행위와 그에 대한 취득행위에 있어서는 乙이 이를 실행하였다. 하지만 나중의 乙의 행위인 공갈행위는 甲이 乙에게 피해자를 유인·감금하고 있다는 사실, 피해자의 집에 달려와 금이 많다는 사실 그리고 함께 일할 사람이 필요하다는 사실 등을 말하고, 乙은 그 범행계획에 대해 승낙하고 도울 것을 약속한 후 이루어졌다. 따라서 甲과 乙 사이의 '의사연락'이 이루어졌다고 보여진다. 또한 乙이 공갈행위를 하는 동안 甲은 피해자를 감금하여 감시하고 있었으므로, 이는 공갈행위에 대한 '기능적 역할분담'으로 보기에 충분하다. 즉 공갈행위에 대해서 甲과 乙의 기능적 범행지배가 인정되어 甲에게 인질강도죄의 정범성을 인정할 수 있다.

(3) 소 결

甲에게는 인질강도의 고의가 인정될 수 있으며, 피해자를 약취하여 감금한 상태에서 乙의 행위를 통해 피해자의 생명·신체에 대한 피해자 부모의 우려를 이용하여 피해자의 석방이나 생명·신체에 대한 안전을 보상하는 대상으로 재물 또는 재산상의 이익을 취득하였으므로 인질강도죄의 구성요건해당성이 인정된다. 기타 위법성 및 책임조각사유도 찾아볼 수 없어 동 죄가 성립한다.

이 경우 甲에게는 유인죄·감금죄·공갈죄의 구성요건해당성도 인정되므로 인질강도죄와 이들 죄 간의 죄수관계가 문제된다. 인질강도죄는 체포·감금죄 또는 약취·유인죄와 공갈죄의 결합범으로서 이들 죄에 대하여 법조경합 중 특별관계에 해당한다. 따라서 인질강도죄가 성립하는 이상 이들 죄들은 별도로 성립하지 않는다.

또한 인질강도죄와 앞에서 논의한 강도예비죄와의 죄수관계 역시 문제된다. 강도예비죄는 강도죄에 대하여 법조경합 중 보충관계에 있으므로 강도죄가 성립할 경우 강도예비죄는 별도로 성립하지 않는다. 사안의 인질강도죄는 유인죄와 공갈죄의 결합범이므로 강도예비죄가 인질강도죄에 대하여 보충관계에 있지는 않다. 그러나 피해자가 특정되지 않은 상태에서의 강도예비죄의 불법은 특정된 피해자에 대한 인질강도죄의 불법에 포함되었다고 볼 수 있다. 따라서 강도예비죄는 인질강도죄에 대하여 법조경합 중 흡수관계에 해당하여 인질강도죄가 성립하는 이상 강도예비죄는 별도로 성립하지 않는다.

(4) 피해자가 미성년자인 경우 특별법 가중

피해자가 미성년자라면 甲의 범행은 특가법 제5조의2 제2항 제1호의 소정의 '약취 또는 유인한 미성년자의 부모 기타 그 미성년자의 안전을 염려하는 자의 우려를 이용하여 재물이나 재산상의 이익을 취득하거나 요구'한 행위에 해당한다. 인질강도죄가 3년 이상의 징역으로 처벌됨에 반해 특가법상으로는 무기 또는 10년 이상의 징역으로 처벌되므로, 피해자가 미성년자인 경우 특가법상 동 조항이 인질강도죄에 대해 특별법의 관계에 있어 특가법만이 적용된다.

III. 乙의 형사책임

1. 인질강도죄(형법 제336조)의 성부

(1) 문제의 소재

사안에서 乙은 甲과의 의사연락 하에 인질강도죄의 구성요건 중 일부분인 금품요구와 취득을 자신이 직접 하였으므로, 이 부분 공갈행위에 대해서는 공동정범의 책임을 져야 할 것으로 보인다. 하지만 인질강도죄의 행위태양 중 일부분인 약취와 감금행위는 자신이 가담하기 이전에 甲에 의해서 이미 이루어졌으므로 이 경우에도 乙에게 인질강도죄의 공동정범을 인정할 수 있는지 여부가 문제된다.

인질강도죄의 실행의 착수시기에 대해서 체포·감금·약취·유인시설과 재물 요구시설이 대립한다. '재물 요구시설'에 따르면 乙은 당연히 인질강도죄의 공동정범으로 평가되나, '체포·감금·약취·유인시설'에 따를 경우에는 승계적 공동정범의 책임범위를 논의해야 한다.

(2) 인질강도죄의 실행의 착수시기

1) 체포·감금·약취·유인시설

인질강도죄는 체포·감금·약취·유인 등 죄와 공갈죄의 결합범으로서, 구성요건으로 규정되어 있는 체포·감금 등 행위를 개시한 때에 본 죄의 실행의 착수가 인정된다고 본다.

2) 재물 요구시설

착수시기를 체포·감금 등을 시작한 때로 보면 체포·감금·약취·유인죄와의 구별이 곤란한 경우가 발생하므로, 석방이나 안전보장의 대가로 재물 또는 재산상의 이익을 요구한 때 실행의 착수가 있다는 견해이다.

3) 검 토

인질강도죄는 개별적으로 독립한 범죄의 구성요건에 해당하는 체포·감금·약취·유인 행위와 공갈행위가 결합하여 일죄를 구성하는 경우이다. 결합범의 경우에는 그 일부를 이루는 행위가 개시된 때에 실행의 착수가 있다고 보아야 한다. 사안에서 甲이 피해자를 유인하여 감금한 때에 인질강도죄의 실행의 착수가 인정된다. 따라서 후행행위인 공갈행위에 가담한 乙에게 인질강도죄의 공동정범을 인정할 것인지가 승계적 공동정범의 책임범위와 관련하여 논의되어야 한다.

(3) 인질강도죄의 공동정범의 인정 여부 – 승계적 공동정범의 책임범위

1) 승계적 공동정범의 의의

승계적 공동정범이란 실행행위의 도중에 뒤늦게 타인의 범죄행위에 가담한 자를 말한다. 이 경우 선행자가 이전에 행한 행위를 포함한 전체 범행에 대해서 후행자에게 형사책임을 물을 수 있는지 여부가 승계적 공동정범에서 후행자의 책임귀속 범위에 관한 문제이다.

2) 승계적 공동정범의 책임범위

① 적 극 설   승계적 공동정범자의 책임이 가담시에 이미 실현된 행위를 포함한 전체 불법에까지 미친다고 본다. 그 근거로 선행자에 의한 일부 실행행위를 인식하고 이를 승계하여 나머지 부분에 참여하는 한, 주관적 요건인 공동실행의 상호이해가 성립하고, 또 객관적 요건으로서 공동실행의 사실이 존재하므로 후행자는 전체 행위에 대하여 선행자와 공동

정범의 관계에 놓인다는 점을 든다. 특히 승계적이라는 말을 선행자의 실행부분을 계승하고 이것과 후에 참가한 자의 실행행위와의 사이에 공동정범의 관계를 인정하는 의미로부터 출발하여, 기능적 범행지배의 관점에서 선행자와의 상호이해 하에서 이미 성립된 사정을 이용하여 범죄를 실현하였다면 공동실행의 의사도 존재하고 기능적 역할분담에 의한 공동작업이 행위 전체에 대한 기능적 범행지배로 인정될 수 있다는 근거를 제시하기도 한다.

② 소 극 설 소극설은 기능적 범행지배의 관점에서 근거를 제시한다. 나머지 행위를 공동으로 수행하는 것만으로는 후행자의 가담 전에 이미 실현된 선행행위에 대해서 기능적 역할분담의 관점에서 범행지배가 존재한다고 볼 수 없다는 점이다. 후행자가 선행자에 의해서 실현된 범행의 일부를 인식·인용하고 이용했다는 사실만으로 소급적으로 전체 행위에 대한 공동의 범행결의가 있다고 볼 수 없다는 점, 이미 실현된 행위부분과 후행자의 범행 기여 사이에는 인과관계가 없다는 점을 들어 승계적 공동정범의 전체 불법에 대한 공동정범책임을 부정하고 있다. 더 나아가 적극설은 공동정범의 범위가 확대되는 형사정책적 부당성을 초래하고 형법의 자기책임의 원칙에 반하는 결론에 도달하게 되기 때문에 받아들일 수 없다고 한다. 현재 승계적 공동정범의 책임귀속 범위에 관해서는 소극설이 다수설이다.

③ 판 례 대법원은 '히로뽕 제조에 관한 포괄일죄 사안'(대판 1982. 6. 8, 82도884)의 경우 "**연속된 히로뽕 제조행위 도중에 공동정범으로 범행에 가담한 자는 비록 그 범행에 가담할 때에 이미 이루어진 종전의 범행을 알았다고 하더라도** 그 가담 이후의 범행에 대해서만 공동정범으로 책임을 지는 것"이라고 판시하였다(증권거래법위반사건에서 같은 취지로 대판 2007. 11. 15, 2007도6336). 또한 '농협의 외상공급한도를 어기고 이를 초과하여 양곡을 판매한 사안'(대판 1997. 6. 27, 97도163)에서도 "계속된 거래행위 도중에 공동정범으로 범행에 가담한 자는 비록 그 범행에 가담할 때 이미 이루어진 종전의 범행을 알았다고 하더라도 그 가담 이후의 범행에 대하여만 공동정범의 책임을 지는 것"이라고 판시하여 학설의 소극설과 동일하게 판단하고 있다. 반면 '선행자가 미성년자를 약취·유인하고, 그 사정을 안 후행자가 미성년자의 부모에게 재물을 요구한 사안'에서 대법원(대판 1982. 11. 23, 82도2024)은 특가법 제5조의2 제2항 제1호 위반죄를 단순일죄로 판단하면서 "단순히 재물 등의 요구행위의 종범이 되는 데 그치는 것이 아니라, 후행자에게 전체범행(특가법 제5조의2 제2항 제1호)의 방조범에 해당한다"고 판시하였다.

대법원은 연속범의 경우와 결합범의 경우를 구별하여 판단하는 것으로 평가된다. 히로뽕 제조 등의 연속범의 경우에는 동종의 범죄에 해당하는 수 개의 행위가 반복하여 행해진다. 이 경우 이미 이루어진 히로뽕 제조 등에 대해서는 후행자가 어떠한 영향도 미칠 수 없기 때문에 가담 이후의 범행행위에 대하여만 공동정범을 인정하는 것이 당연하다. 반면에 특가법 제5조의2 제2항 제1호 위반죄는 미성년자 약취·유인죄와 공갈죄가 결합된 결합범 이다. 판례는 결합범임에도 단순일죄로 판단함으로써 후행행위에만 가담하여도, 후행행위 와 결합된 선행행위를 포함한 전체 범행의 실현에 기여하게 된다는 점에서 소극설의 관점 에서 부득이 전체 범죄의 방조범을 인정한 것으로 판단된다.

3) 검토 및 사안에의 적용

승계적 공동정범자에게 귀속시킬 수 있는 불법은 그의 가담 이전에 이미 타인에 의해서 실현된 불법을 포함한 전체 불법이 아니라 그의 범행기여에 의한 공동작용으로 실현된 불 법뿐이다. 이는 구성요건적 불법귀속의 최소한의 요건으로 인과관계가 요구된다는 점에서 당연하다. 또한 후행자가 선행자에 의해서 실현된 불법을 인식·인용하고 이를 이용한다는 사실만으로는 전체 불법에 대한 기능적 범행지배라는 공동정범표지를 인정할 수 없다. 공 동정범의 정범성을 나타내는 기능적 범행지배는 객관적 요건으로서 범행의 공동실현과 주 관적 요건으로서 범행의 공동실행의 의사가 구비되어야 인정된다. 그러나 승계적 공동정범 에서는 이미 실현된 범죄의 일부분을 인식하고 이용한다는 상호 이해가 소급적으로 범죄 전체에 대한 공동범행의 결의가 될 수 없으며, 기능적 역할분담을 통해서 모든 구성요건요 소가 공동으로 실현되었다고 볼 수 없기 때문에 전체 불법에 대한 공동정범의 책임귀속이 인정될 수 없다.

이 사안에서 甲에게 인정되는 인질강도죄는 유인·감금죄와 공갈죄의 결합범이다. 결합 범은 실체상 일죄이기 때문에 전체불법을 구성하는 개개의 불법이 서로 분리될 수 없다고 볼 수도 있다. 그러나 결합범의 경우에 전체 불법을 구성하는 개개의 행위는 단독으로도 구성요건을 충족하기 때문에, 공범과의 관계에 있어서는 분리할 수 있는 독자적인 구성요 건적 불법으로 보아야 한다. 따라서 乙에게는 피해자가 이미 유인·감금된 상태에서 공갈 행위만을 선행자와 공동으로 했기 때문에 인질강도죄의 공동정범이 아니라 공갈죄의 공동 정범을 논해야 한다. 이에 반해서 계속범(예컨대 체포·감금죄)이나 사기죄처럼 구성요건행위 가 서로 인과적 과정으로 연결되어(예컨대 기망, 착오와 처분행위) 하나의 형벌구성요건을 이 루는 범죄유형의 경우에는 후행자는 전체구성요건적 불법에 대한 공동정범의 책임을 진다.

2. 공갈죄(형법 제350조)의 성부

공갈죄는 사람을 공갈하여 타인이 점유하는 재물 또는 재산상의 이익을 취득함으로써 성립한다. 사안에서 乙은 피해자의 부모에게 전화하여 딸의 안전에 대한 위협을 가할 수 있음을 고지하였으므로 이는 공갈죄에 있어서의 협박에 해당하고, 그에 대한 대가로 금품을 요구·취득하였으므로 공갈죄는 기수에 이르렀다. 그리고 乙이 공갈하는 동안 甲은 피해자를 감금·감시하였으므로 공갈행위는 甲과 공동하여 이루어졌다고 보여진다. 따라서 乙은 공갈죄의 공동정범의 죄책을 진다.

3. 장물취득죄(형법 제362조 제1항)의 성부

쓰레기통에 들어있던 달러와 금은 공갈죄에 의해서 발생한 재물로서 장물에 해당한다. 그러나 乙은 공갈죄의 본범이므로 乙이 달러와 금을 가져온 행위는 장물죄의 구성요건해당성이 부정되어 불가벌이다.

그러나 판례는 이와 유사한 사안에서 전체 범죄의 방조범을 인정하였으므로, 乙을 인질강도죄의 방조범으로 볼 경우에는 금 0.1kg을 영득의사로 따로 빼두는 행위는 장물취득죄가 성립한다. 다만 이 경우에도 甲과 乙은 부부로서 형법 제328조 제1항의 신분관계에 해당한다. 따라서 乙이 장물취득죄의 죄책을 지더라도 형법 제365조 제2항의 적용을 받아 그 형이 감경 또는 면제될 것이다.

4. 관련문제 – 피해자가 미성년자인 경우

승계적 공동정범의 책임범위에 관한 학설 중 적극설에 따른다면 피해자가 미성년자인 경우 乙에게는 특가법 제5조의2 제2항 제1호 위반죄의 공동정범이 성립할 것이다. 판례의 태도를 따른다면 동조 위반죄의 방조범이 된다.

그러나 앞서 살펴보았듯이 후행자에게는 가담 이후의 범행에 대해서만 책임을 지우는 것이 타당하고, 乙의 경우 공갈죄의 공동정범에 해당한다. 공갈죄는 피해자가 미성년자인지에 따라 죄책이 달라지지 않으므로 결론에는 차이가 없다.

IV. 사안의 해결

(1) 甲이 강도를 계획하여 범행을 준비한 행위는 강도예비죄의 구성요건에 해당하나, 이후의 인질강도죄와의 관계에서 그 불법이 흡수되어 별도의 죄가 성립하지 않는다.

甲이 피해자를 유인하여 감금하고 乙로 하여금 피해자의 부모를 협박하여 재물을 취득케 한 행위는 인질강도죄의 실행행위로 평가되어 동 죄의 기수범의 죄책을 진다. 피해자가 미성년자인 경우에는 특가법 제5조의2 제2항 제1호의 죄책을 지게 된다.

(2) 乙은 甲의 범행에 대한 승계적 공동정범으로서, 그 귀책범위는 자기책임의 원칙에 따라 후행행위에 한정되므로 공갈죄의 공동정범으로서의 죄책을 진다. 피해자가 미성년자일 경우에도 마찬가지이다.

장물죄에 대해서는 乙은 공갈죄의 본범인 바 구성요건해당성이 부정된다.

15. 공모관계의 이탈 / 死者 상대 소송과 소송사기죄 / 死者 명의의 문서

○ 사례 15

동업관계에 있는 甲과 乙은 2019. 3. 15. A로부터 대지 50평을 매수하였다. 그 후 2020. 10.경 甲과 乙이 위 대지에 업무용 빌딩을 신축하려면 위 대지와 인접한 대지 20평(이하 본건 부동산이라 함)도 매수하여야만 가능하다는 것을 알게 되었다. 그래서 소유자를 확인해 보니 등기부상 소유명의자로 되어 있는 B는 2020. 5. 20. 이미 사망하였으며, 상속인이 있지만 소재를 전혀 알 수 없고, 본건 부동산에 대해서 아무런 관리도 하고 있지 아니하였다. 이에 甲과 乙은 B 명의의 부동산매매계약서를 임의로 작성, B를 상대로 소유권이전등기청구의 소를 제기하여 본건 부동산을 甲 명의로 이전하기로 공모하였다. 그리하여 甲과 乙은 甲의 주도하에 부동산중개사무소에서 부동산매매계약서를 얻어, 필체가 좋은 乙이 계약서의 매도인란에 B, 매수인란에 甲, 계약일자란에 2020. 2. 10.이라고 기재하여 B 명의의 매매계약서를 작성하였다. 그런데 乙은 뒤늦게 불법적 방식으로 주도하는 甲의 사업추진 방식에 불안을 느끼고 訴 제기를 만류하였지만, 甲이 말을 듣지 아니하자 구두로 동업을 해지하고 자신은 앞으로 더 이상 관여하지 않겠다고 선언하였다. 그러자 甲은 위 부동산매매계약서를 소장에 첨부하여 단독으로 법원에 B를 상대로 소유권이전등기청구의 訴를 제기하였다. 그러나 소송 중간에 이러한 사실이 밝혀져 등기를 이전받지는 못하였다.
甲과 乙의 죄책은?

해 설

Ⅰ. 논점의 정리

사안에서 甲과 乙의 형사책임이 문제되는 행위는 두 부분으로 나눌 수 있다.

(1) 우선 B 명의의 매매계약서를 작성한 부분이다. 이를 '제1행위'라 한다. 이 부분에서는 B 명의의 문서를 임의로 작성하였기 때문에 사문서위조죄의 성부가 문제된다. 사안에서 부동산매매계약서의 명의자인 B는 이미 사망하였기 때문에 死者 명의의 문서를 작성한 경우에도 사문서위조죄를 인정할 것인지가 문제된다. 당해 매매계약서를 직접 작성한 자는 乙이기 때문에 우선 乙의 죄책을 검토한 다음 이에 대한 甲의 가담형태를 판단하는 순서로 서술하겠다.

(2) 다음으로 위조한 매매계약서를 가지고 B를 상대로 소유권이전등기청구의 소를 제기한 부분이다. 이를 '제2행위'라 한다. 제1행위에서 사문서위조죄가 인정될 경우에 당해 문서를 가지고 소를 제기한 행위가 위조사문서행사죄에 해당하는지가 우선 문제된다. 당해 부동산의 소유권을 취득하기 위해 소를 제기한 행위를 법원을 기망한 소송사기죄로 볼 것인지도 살펴보겠다. 甲과 乙 각각의 죄책을 판단함에 있어서 乙은 제1행위 이후에 甲의 소 제기를 만류하고 더 이상 가담하지 않았다는 점에 특색이 있다. 직접 소를 제기한 甲의 죄책을 우선 검토하고 이에 가담하지 않은 乙이 어느 정도까지 책임을 지는지, 즉 공모관계의 이탈의 문제를 검토하겠다.

Ⅱ. B 명의로 매매계약서를 작성한 행위

1. 乙의 죄책 – 사문서위조죄(형법 제231조)의 성부

(1) 문제의 소재

문서는 문서의 작성자 또는 보증인을 의미하는 명의인이 표시되어야 한다. 이를 문서의 개념요소인 보장적 기능이라고 한다. 문제는 문서의 명의인이 실재하여야 하는가, 즉 死者와 허무인 명의의 문서를 문서에 관한 죄의 객체로 할 수 있는가에 관해서는 견해가 대립되고 있다.

(2) 명의인의 실재 요부

1) 판 례

공문서의 경우에는 그 문서의 외형상 일반인으로 하여금 공무원 또는 공무소의 권한 내

에서 작성된 것이라고 믿을 수 있는 정도의 형식과 외관을 구비하면 위조죄가 성립하는 것
이고(대판 1987. 9. 22, 87도1443), 이러한 요건이 구비되었다면 당해 공무소에서 발부할 수
가 없다거나 그 공무소의 관인이나 발부인이 찍혀 있지 않고 또 당해 공무소가 실질적으로
그 문서를 발부할 권한이 없으며, 그 작성명의인이 실존하지 않는 허무인이라고 하더라도
공문서위조죄가 성립한다(대판 1969. 1. 21, 68도1570).

이에 반하여 사문서의 경우 종전의 판례는 원칙적으로 허무인·死者의 명의로 문서를
작성한 경우 위조죄가 성립하지 아니하나(대판 1991. 1. 29, 90도2542), 예외적으로 死者 명
의의 사문서 가운데 작성일자가 명의인이 생존중일 때(대판 1994. 9. 30, 94도1787)이거나,
사문서의 작성일자가 동시에 명의인의 사망일자인 경우(대판 1993. 9. 28, 93도2143)에만 사
문서위조죄가 성립한다고 판시하였다. 그러나 2005년도 전원합의체 판결을 통해 "그 명의
인이 실재하지 않는 허무인이거나 또는 문서의 작성일자 전에 이미 사망하였다고 하더라도
그러한 문서 역시 공공의 신용을 해할 위험성이 있으므로 문서위조죄가 성립한다고 봄이
상당하며, 이는 공문서뿐만 아니라 사문서의 경우에도 마찬가지라고 보아야 한다(대판 2005.
2. 24, 2002도18 전합)"라고 하여 공공의 신용을 해할 위험성이 있는 이상 허무인·死者 명의
의 사문서의 경우에도 위조죄가 성립하는 것으로 판례를 변경하였다.

2) 학 설

학설은 거의 일치하여 공문서와 사문서를 구별하지 않고, 작성명의인이 실재하지 않아
도 일반인에게 진정한 문서로 오신케 할 염려가 있는 경우에는 사자 또는 허무인 명의의
문서도 문서에 해당한다고 본다.

3) 검토 및 사안에의 적용

문서위조죄는 문서에 대한 거래의 안전과 신용을 보호법익으로 하는 추상적 위험범이므
로 일반인에게 진정한 문서라고 오신케 할 만한 염려가 있으면 성립한다고 해야 하고, 이
러한 점에 비추어 공문서와 사문서를 구별해야 할 이유가 없다. 판례도 이러한 입장을 받
아들여 견해를 변경하였다.

사안에서 매매계약서는 이미 사망한 B 명의로 작성되어 사자 명의의 문서라고 하겠으나
부동산중개사무소에서 얻은 매매계약서로 작성한 것이다. 따라서 일반인에게 진정한 문서
로 오인케 할 염려가 인정되므로 사문서위조죄의 객체인 문서에 해당하므로, 사문서위조죄
가 성립한다.

2. 甲의 죄책 – 공동정범 인정 여부

사안에서 설시된 바에 따르면 B 명의의 매매계약서를 작성하는 행위, 즉 사문서위조의

실행행위는 乙이 행하였다. 그러나 오늘날 정범과 공범을 구별하는 데 있어서는 실행행위를 누가 직접 행하였느냐가 아니라 당해 범행에서 필수적인 기능적 역할분담을 인정할 수 있느냐를 기준으로 한다. 사안에서 甲은 乙과 사문서위조를 공모하고(공동가공의 의사), 부동산중개사무소에 함께 가서 매매계약서를 얻는 등의 행위(공동가공의 사실)를 하였기 때문에 계약서 작성에 대한 기능적 범행지배가 인정된다. 따라서 甲은 사문서위조죄의 공동정범의 죄책을 부담한다.

III. B를 상대로 소를 제기한 행위

1. 甲의 죄책

(1) 위조사문서행사죄(형법 제234조)의 성부

1) 구성요건해당성

행사란 위조된 문서를 진정한 문서로 사용하는 것으로서 권리의무 또는 사실증명을 위해 위조문서를 진정문서 또는 내용이 진실한 문서로 사용하는 것을 말한다. 사안에서 甲은 위조된 매매계약서를 진정한 매매계약서인 양 법원에 제출하여 소유권이전등기의 소를 제기하였으므로 위조사문서행사죄에 해당함에는 의문이 없다.

2) 사문서위조죄와의 죄수관계

사문서를 위조한 범인이 위조문서를 행사까지 한 경우에 사문서위조죄와 동행사죄 간의 죄수관계가 문제된다. 이에 대해서는 ① 실체적 경합관계라는 견해, ② 상상적 경합관계라는 견해, ③ 행사가 행위자의 위조행위 당시에 의도했던 범행계획대로의 행사인 한 법조경합의 흡수관계라는 견해 등이 대립하고 있다. 판례는 실체적 경합관계로 본다(대판 1983. 7. 26, 83도1378 등).

그러나 행사할 목적으로 문서를 위조 또는 변조한 자가 이를 의도한 대로 행사한 경우에는 행위자의 범행계획을 고려하여 행위를 전체적으로 평가하면 행위의 단일성을 인정할 수 있다. 따라서 이러한 경우에는 양 죄는 상상적 경합으로 보는 것이 타당하다.[19)]

甲과 乙은 처음부터 위조된 매매계약서로 소를 제기하여 B의 토지를 편취할 계획으로

---

19) 다만 이에 대해서는 다음과 같은 비판이 제기된다. 문서위조죄는 행사할 목적을 구성요건으로 하는 목적범이므로 행사할 목적으로 문서를 위조한 경우라야 위조죄가 성립하는바, 위 견해에 의하면 위조죄와 행사죄는 언제나 상상적 경합관계이지 실체적 경합이 인정될 여지는 전혀 없다. 문서를 위조한 후 비로소 행사할 목적이 생겨 위조문서를 행사한 경우라면 실체적 경합관계가 인정될 수 있다고 하나, 문서위조 당시에 행사할 목적이 없는 경우라면 애초부터 위조죄 자체가 성립하지 않기 때문에 위조와 행사 간의 경합문제는 처음부터 발생하지 않는다는 것이다.

B 명의의 매매계약서를 위조하였고 실제로 이를 가지고 소를 제기하였다. 따라서 행위자가 애당초의 범행계획대로 문서를 행사한 경우이므로 사문서위조죄와 동 행사죄는 상상적 경합의 관계에 놓이게 된다.

(2) 사기죄(형법 제347조 제1항)의 성부

1) 문제의 소재

소송사기란 행위자가 법원에 허위의 사실을 주장하거나 허위의 증거를 제출하는 방법으로 법원을 기망하여 유리한 판결을 얻어내고, 이에 터잡아 상대방으로부터 재물이나 재산상 이익을 취득하는 행위를 말한다(대판 1995. 4. 21, 95도357). 피기망자 및 처분자(법원)와 피해자(패소자)가 일치하지 않고 기망자 내지 행위자인 원고 등 3주체가 사기죄의 성립에 관여하였다는 의미에서 삼각사기의 한 형태이다.

甲은 법원에 허위의 매매계약서를 첨부하여 본건 부동산의 소유명의를 취득하기 위해 死者인 B를 상대로 소유권이전등기청구의 소를 제기하였다. 이는 일응 법원을 피기망자로 한 소송사기의 실행의 착수로 평가할 수 있다.

다만 판결은 효력발생을 전제로 하기 때문에 사망한 자에 따른 판결은 그 내용에 따른 효력이 생기지 아니하므로 상속인에게도 그 효력이 미치지 않는다. 이러한 경우에도 사기죄를 인정할 것인가에 대해서 다양한 견해가 제시되고 있다.

2) 死者相對訴訟에서의 소송사기죄 인정 여부

① 부 정 설 소송사기에 있어서 피기망자인 법원의 재판은 피해자의 처분행위에 갈음하는 내용과 같은 효력이 있는 것이라야 하므로, **피고인의 제소가 사망한 자를 상대로 한 것이라면 이와 같은 판결은 그 내용에 따른 효력이 생기지 아니하여 상속인에게 그 효력이 미치지 아니하고 따라서** 일종의 불능범으로 **사기죄를 구성한다고 할 수 없다.** 판례의 일관된 입장이기도 하다(대판 1986. 10. 28, 84도2386; 대판 1987. 12. 22, 87도852; 대판 1997. 7. 8, 97도632; 대판 2002. 1. 11, 2000도1881).

② 긍 정 설 이러한 경우에도 행위자에게는 사기의 고의를 충분히 인정할 수 있고, 또한 법원에 제소함으로써 사기죄의 실행의 착수가 인정되며, 확정판결에 의해서 누구의 재산상 손해가 발생하였고, 이로 인하여 피고인에게 재산상 이익의 취득이 인정되는 이상 사기죄의 성립을 부정할 이유가 없다.

③ 불능미수범설 비록 사망한 자를 상대로 제소했지만 법원을 기망해 부동산을 편취하려는 전체 계획을 직접적으로 개시한 것이므로 사기죄의 실행에 착수하였고, 비록 확정판결에 이르러도 효력이 발생할 수는 없지만 소의 제기만으로도 행위반가치와 법익평온상태의 교란 정도의 결과반가치는 충분히 인정되므로 사기죄의 불능미수로 보아야 한다.

3) 검토 및 사안에의 적용

소송사기의 경우 피기망자가 국가기관인 법원이라는 점에 특색이 있으나 본 죄는 국가의 사법기능을 보호하기 위한 것이 아니라 개인의 재산보호를 목적으로 하는 것임에는 변함이 없다. 따라서 사기죄의 모든 요건, 특히 기망에 의한 판결이 피해자의 처분행위와 동일한 효력이 있는지를 기준으로 사기죄의 성부를 판단해야 한다.

死者를 상대로 한 제소는 판결내용에 따른 효력이 생기지 않는다는 것이 민사판례에서의 일관된 입장이다(대판 1982. 4. 13, 81다1350 등). 따라서 승소판결을 받아 확정되더라도 사망자는 물론 그 상속인에게도 기판력이 미치지 않기 때문에 법원의 어떠한 처분행위가 있다고 볼 수 없어 甲의 행위는 불능범으로 사기죄에 해당하지 않는다.

이 경우 '수단의 착오'로서 결과발생이 불가능한 경우이므로 사기죄의 불능미수범에 해당하는지 의문을 가질 수 있으나, 판결이 당연무효로서 어떠한 효력도 인정되지 않는 이상 결과발생의 위험성을 인정할 여지가 없어 사기죄의 불능미수범도 성립하지 않는다. 따라서 법익침해의 위험발생을 전제로 하는 (장애)미수범 역시 성립할 수 없다.

(3) 위계에 의한 공무집행방해죄(형법 제137조)의 성부

위계에 의한 공무집행방해죄는 위계로서 공무원의 직무집행을 방해함으로써 성립하는 범죄이다. 여기서 위계란 타인의 오인, 不知나 착오를 이용하는 행위이기 때문에 업무의 성격상 사실조사가 업무처리의 전제가 되는 경우에는 비록 행위자가 허위의 사실을 주장했다고 하더라도 위계에 의하여 공무집행이 방해된 것이 아니다.

다만 공무원의 심사의무가 인정되는 경우에도, 공무원이 나름대로 충분한 심사 내지 조사를 하여도 허위사실을 발견할 수 없는 경우라면 동 죄의 성립을 인정할 수 있을 것이다. 판례는 이러한 취지에서 "피고인이 개인택시 운송사업면허를 받은 지 5년이 경과되지 아니하여 원칙적으로 개인택시 운송사업을 양도할 수 없는 사람 등과 사이에 마치 그들이 1년 이상의 치료를 요하는 질병으로 인하여 직접 운전할 수 없는 것처럼 가장하여 개인택시 운송사업의 양도·양수인가를 받기로 공모한 후, 질병이 있는 노숙자들로 하여금 그들이 개인택시 운송사업을 양도하려고 하는 사람인 것처럼 위장하여 의사의 진료를 받게 한 다음, 그 정을 모르는 의사로부터 환자가 개인택시 운송사업의 양도인으로 된 허위의 진단서를 발급받아 행정관청에 개인택시 운송사업의 양도·양수 인가신청을 하면서 이를 소명자료로 제출하여 진단서의 기재 내용을 신뢰한 행정관청으로부터 인가처분을 받은 경우, 위계에 의한 공무집행방해죄가 성립한다(대판 2002. 9. 4, 2002도2064. 같은 취지로 대판 2009. 3. 12, 2008도1321; 대판 2011. 4. 28, 2010도14696; 대판 2016. 1. 28, 2015도17297; 대판 2020. 9. 24, 2017도19283, 담당공무원의 충분한 심사가 이뤄지지 않은 사안으로 대판 2010. 10. 28, 2008도9590)"

고 판시한 바 있다.

당해 사안은 공무원이 나름대로 충분한 심사를 하여도 허위사실을 발견할 수 없는 경우에는 해당하지 않는다. 당사자주의 소송구조를 취하는 민사소송에서 법원이 제3자의 지위에서 당사자의 주장과 입증에 구속되어 판단해야 하는 것은 사실이지만, 법관의 심증형성은 당사자의 주장 이외에도 수많은 정보에 의해 결정된다. 당사자가 허위의 증거를 제출하더라도 그 사실 여부를 판단하여 타당한 결론을 내리는 것이 법원의 임무라 할 것이므로 소송사기의 의사로 소를 제기했더라도 위계에 의한 공무집행방해죄는 성립하지 않는다.

2. 乙의 죄책 – 위조사문서행사죄(형법 제229조)의 성부

(1) 문제의 소재

乙은 행사할 목적으로 B 명의의 허위의 매매계약서를 작성하였으므로 사문서위조죄가 성립함은 앞에서 본 바와 같다. 다만 乙은 甲의 사업추진 방식에 불안을 느끼고 자신은 앞으로의 행위에 더 이상 관여하지 않겠다고 선언한 후 甲과의 공모관계에서 이탈하였다. 그럼에도 甲은 乙이 작성한 허위의 매매계약서를 법원에 제출하여 소를 제기하였으므로 이때 甲에게 인정되는 위조사문서행사죄에 대해서 乙에게도 같은 책임을 지울 수 있는지가 문제된다. 공모관계에서 이탈한 자에 대해서 공동정범의 죄책을 지울 것인지에 대해서는 공모공동정범과 관련하여 다양한 견해가 제시되고 있다.

死者를 상대로 한 甲의 소제기가 사기죄는 물론 사기죄의 불능미수조차 성립하지 않으므로 사기죄에 대한 乙의 죄책은 전혀 문제되지 않는다.

(2) 위조사문서행사죄의 공동정범(형법 제30조)의 성부

1) 공모공동정범과 공모관계의 이탈

공모관계 이탈이 인정되기 위하여 우선 ① 공모가 있어야 하고 ② 이탈자가 다른 공범의 실행의 착수이전에 공모관계에서 이탈하여야 한다(대판 1972. 4. 20, 71도2277). 공동정범의 경우 통설은 모든 공동정범자의 전체행위를 기초로 판단하여 그 가운데 한 사람이 공동적인 범행계획에 따라 실행에 착수한 때에는 모든 공동정범에 대하여 실행의 착수를 인정하므로 (전체적 판단설) 정범이 실행에 착수에 나아가기 전에 乙이 이탈행위를 하여야 하므로 甲이 실행의 착수에 나아가기 전 이탈의 의사표시를 하여야 한다. 공모공동정범을 부정하는 입장에서는 형법 제30조의 해석상 실행행위를 분담한 때에만 공동정범의 객관적 요건이 충족되므로 공모공동정범은 인정할 수 없고, 공모자는 그 가공의 정도에 따라 교사나 방조의 책임을 질 뿐이라는 입장이다. 이에 따르면 공모관계에서의 이탈의 경우에도 공동정범이 성립될 여지는 없고, 교사나 방조 또는 공모한 범죄에 대한 예비·음모죄만이 문제될 뿐이다.

2) 주모자에게 요구되는 이탈행위의 정도

① 종래 판례는 2인 이상이 일정한 범죄를 실현하려는 공동목적 하에 일심동체가 되면 그 중 일부가 범죄를 실행해도 실행행위를 분담하지 아니한 단순공모자도 실행자에 종속하여 공동정범이 된다는 '공동의사주체설'(대판 1983. 3. 8, 82도3248. 같은 취지로 대판 2006. 3. 9, 2004도206; 대판 2012. 1. 27, 2011도626), 또는 단순공모자라 하더라도 타인과 공동하여 타인의 행위를 자신의 범죄의사의 수단으로 하여 범죄를 실행한 점에서 간접정범에 유사한 정범성을 가진 공동정범의 한 형태가 된다는 '간접정범 유사설'(대판 1988. 4. 12, 87도2368; 대판 1988. 8. 9, 88도839; 대판 1988. 9. 13, 88도1114)의 입장에서 직접 실행행위를 담당하지 않은 공모자에 대해서도 공모공동정범의 성립을 긍정하고 있다. 이 입장에서는 실행의 착수 전 공모관계에서 이탈한 경우에는 일관하여 "공모자의 1인이 다른 공모자가 실행행위에 이르기 전에 공모관계에서 이탈한 때에는 다른 공모자의 행위에 관하여 공동정범으로서의 책임을 지지 않는다(대판 1995. 7. 11, 95도955; 대판 2008. 4. 10, 2008도1274)."고 판시하고 있다.

② 공모공동정범의 인정여부와 관련하여 기능적 행위지배설을 취하면서도 제한적으로 긍정하는 입장이 있다. 공모공동정범이라는 개념을 인정할 필요가 없으나, 공모만 하였더라도 기능적 행위지배가 인정된다면 공동정범이 성립한다는 입장이다. 이 입장에서는 공모인 전체계획의 범위 안에서 중요한 기능과 역할을 할 때에는 이것도 공동가공의 사실로서 객관적 요건으로 될 수 있다고 본다. 이 학설은 단순가담자의 경우는 이 요건을 충족할 수 없어 공동정범을 부정하고, 주모자와 같은 핵심적 공모자는 기능적 행위지배를 인정하여 공동정범을 인정한다. 따라서 공모관계에서 이탈하기 위하여도 주모자의 경우 다른 공모자의 실행에 강한 영향을 끼친 때에는 실행에 미친 영향력을 제거하기 위한 진지한 노력을 필요로 한다고 한다.

판례도 "공모공동정범에 있어서 공모자 중의 1인이 다른 공모자가 실행행위에 이르기 전에 그 공모관계에서 이탈한 때에는 그 이후의 다른 공모자의 행위에 관하여는 공동정범으로서의 책임은 지지 않는다 할 것이나, 공모관계에서의 이탈은 공모자가 공모에 의하여 담당한 기능적 행위지배를 해소하는 것이 필요하므로 **공모자가 공모에 주도적으로 참여하여 다른 공모자의 실행에 영향을 미친 때에는 범행을 저지하기 위하여 적극적으로 노력하는 등 실행에 미친 영향력을 제거하지 아니하는 한 공모관계에서 이탈되었다고 할 수 없다**(대판 2008. 4. 10, 2008도1274)."고 판시하면서 이러한 입장에 의하여 이탈사안을 판단하고 있다.

3) 검토 및 사안에의 적용

공모공동정범 이론에 대한 인정 여부와는 별개로 공모관계의 이탈과 공모공동정범은 구별하여야 한다. 공모공동정범은 집단의 배후에서 범행을 지휘하거나 중요한 역할을 수행하는 두목 또는 간부 등을 처벌하기 위해 인정된 개념이기 때문이다. 한편 준비행위에 가담한 이탈자의 행위기여도에 따라 주모자와 평균적 일원으로 나누어 기능적 범행지배 여부를 판단하는 견해는 기능적 범행지배의 개념을 오해하고 있다. 공동의사에 기해 분담된 역할을 '수행'해야만 공동정범의 정범성인 기능적 범행지배를 인정할 수 있기 때문이다.

사안에서 乙은 본건 부동산을 甲 명의로 이전하기로 甲과 공모하고 소 제기에 앞서서 B 명의의 매매계약서를 위조하였다. 그러나 B를 상대로 소를 제기하기 전에 공모관계에서 이탈하여 위조사문서행사에는 직접 나아가지 않았다. 따라서 위조사문서행사죄에 있어서 사전의 공모는 인정되나 소제기라는 실행행위에는 가담한 바 없어 공동정범으로 처벌할 수 없다. 다만 매매계약서를 위조한 행위에 의하여 방조범으로의 처벌가능성만이 문제된다. 판례에 따르더라도 주도자인 甲과 달리 단순가담자에 불과한 乙의 경우는 행사죄에 대한 공동정범의 책임을 질 수 없다는 결론에 이른다.

(3) 위조사문서행사죄의 종범(형법 제32조)의 성부

방조는 예비단계에서도 가능하다. 정범의 예비행위를 방조한 때에도 그 후 정범의 실행의 착수가 있는 한 종범이 성립한다.

사안에서 乙은 B 명의의 매매계약서를 위조하여 甲과 사문서위조죄의 공동정범이 성립함은 이미 살펴본 바와 같다. 甲은 乙이 작성한 허위의 매매계약서를 가지고 소를 제기하여 위조사문서행사죄를 범하였으므로 乙의 사문서위조는 甲의 범행을 용이하게 하였다. 乙의 이탈선언만으로는 그의 기여분이 제거되지 않았기 때문에 乙은 위조사문서행사죄의 종범으로서의 죄책을 진다.

IV. 사안의 해결

(1) 甲의 죄책

甲은 死者인 B의 명의를 모용하여 허위의 매매계약서를 작성하고 이를 법원에 제출하였으므로 사문서위조죄와 동행사죄의 죄책을 진다. 甲의 위조사문서 행사는 매매계약서 위조 당시부터 애초부터 계획된 범행이었으므로 문서의 위조와 행사는 전체로서 하나의 행위로서 상상적 경합관계에 있다. 사자를 상대로 제소한 경우 그 판결은 당연무효이므로 법원의 처분행위를 인정할 수 없어 사기죄는 성립하지 않는다.

(2) 乙의 죄책

乙은 甲과 공모하여 부동산매매계약서를 작성하였으므로 사문서위조죄의 정범으로서의 죄책을 진다. 위 문서의 행사 이전에 甲과의 공모관계에서 이탈하였으나 乙이 작성한 허위의 매매계약서는 그대로 남아 있고, 甲이 이를 행사하였으므로 위조사문서행사죄의 방조범으로서의 책임을 진다. 양 죄 역시 상상적 경합관계에 있다.

16. 합동범의 본질 / 합동범의 공동정범 / 준강도의 공동정범

○ 사례 16

단란주점 마담인 甲은 혼자 술을 마시러 온 손님 A에게 폭탄주를 권하고 취하면 A의 현금카드를 몰래 꺼내 현금자동인출기에서 현금을 인출하여 나누어 갖기로 종업원 乙·丙과 공모하였다. 甲이 수면제의 일종인 졸피템을 넣은 폭탄주를 몇 잔 마시고 취해 소파에 실신하여 쓰러진 A를 편하게 누이는 척 하면서 지갑을 몰래 꺼낸 甲은 공모한 대로 룸 문 앞에서 기다리고 있던 乙과 丙에게 주민등록증에서 알아낸 생년월일과 함께 현금카드를 건네주었다. 甲이 술에 취해 쓰러진 A가 깨어날 때를 대비하면서 감시하고 있는 사이에 乙과 丙은 편의점으로 가서 乙은 편의점 문 앞에서 기다리고, 丙은 현금자동인출기에 피해자의 현금카드를 주입하고 예상되는 비밀번호로 생년월일을 입력하여 피해자의 예금계좌에서 400만원을 인출하는 데 성공하였다. 丙은 인출한 현금을 문 앞에서 기다리고 있던 乙과 나누어 들고, 돌아오는 길에 계획한 대로 편의점에서 200m 떨어진 길 옆 화단에 현금카드를 버렸다. 그러나 밤에 현금을 많이 인출한 乙과 丙의 행동을 수상히 여긴 편의점 아르바이트 대학생의 신고로 출동한 경찰관은 이들을 은밀히 따라가다가 무엇인가를 버리는 乙과 丙을 검문해야겠다고 판단하였다. 경찰관이 적법절차에 따라 불심검문을 하려 하자 丙이 경찰관의 복부를 일 회 가격하고 "튀자!"라고 외치며 乙과 함께 도망쳤다. 무사히 도망친 乙과 丙은 공모한대로 현금을 甲과 나누어 가졌다.

甲, 乙, 丙의 형사책임은?

해 설

Ⅰ. 논점의 정리

본 사안은 행위마다 별도의 형법적 평가가 필요한 여러 개의 행위로 구성되어 있다. 따라서 우선 시간적 순서에 따라 행위를 나눈 후, 甲·乙·丙의 형사책임을 각각 검토하겠다.

(1) 甲·乙·丙은 손님을 취하게 한 후 현금카드를 꺼내어 현금을 인출하고 나누어 갖기로 공모하였다. 이를 공동정범과 합동범의 주관적 성립요건으로서 '공동의 범행결의'로 판단할 수 있을 것인지, 부수적으로 공모 자체가 별죄로서 강도의 예비·음모가 문제되지는 않는지 살펴보겠다.

(2) 甲이 A를 취하게 한 후 지갑에서 현금카드를 꺼낸 행위에 대해서는 절도죄 혹은 강도죄(강도치상·상해죄)의 성부가 문제된다. 이 경우 현금카드에 대한 불법영득의사를 인정할 수 있는지, 수면제를 탄 폭탄주를 마셔 취하게 한 행위가 폭행에 해당하는지, 술에 취해 쓰러진 것을 상해로 볼 수 있는지를 살펴보겠다.

다음으로 乙과 丙에 대하여 甲의 강도행위에 대해 과연 실행행위의 분담과 현장성이 있는지가 문제된다. 이를 인정하느냐에 따라 乙과 丙에게는 강도의 합동범, 공모공동정범, 방조범으로 그 죄책이 달라진다.

(3) 丙이 편의점에 들어가서 현금을 인출한 행위와 관련하여서는 절도죄, 사기죄, 컴퓨터등사용사기죄, 편의시설부정이용죄, 주거침입죄 등의 다양한 죄책이 문제된다. 乙은 丙이 현금을 인출할 때 편의점 문 앞에서 기다리고 있었는바, 이에 대해 합동절도의 요건인 실행행위의 분담과 현장성을 인정할 수 있는지 살펴보아야 한다. 이를 인정하면 乙과 丙에게 합동절도로서 특수절도가 성립될 수 있다.

乙과 丙에게 합동절도가 인정된다면, 피해자를 감시한 甲에게는 합동절도의 공동정범을 인정할 수 있는지도 논의해야 한다. 이와 아울러 피해자를 감시한 것이 별죄로서 감금죄에 해당하지 않는지도 검토하겠다.

(4) 乙과 丙이 현금카드를 버린 행위와 관련하여서는 현금카드에 대한 손괴죄, 증거인멸죄의 성립 여부를 살펴보겠다.

(5) 丙이 검문하려는 경찰관을 폭행한 행위에 대해서는 준강도, 공무집행방해죄의 성부가 문제된다. 이 경우 직접 폭행행위가 없었던 乙에게 동 죄의 공동정범이 성립하는지, 합동절도를 방조한 甲에게도 책임을 물을 수 있는지를 살펴보겠다.

(6) 甲·乙·丙이 인출한 현금을 나누어 가진 행위에 대해서는 장물취득죄의 성립 여부

를 검토하겠다.

II. 당해 범행을 공모한 행위

甲·乙·丙은 손님을 취하게 한 후 현금카드를 꺼내어 이 현금카드로 현금을 인출하여 나누어 갖기로 '공모'하였다. 이 공모는 향후 이들이 실행한 범죄에 대한 공동의 범행결의로서 공동정범의 주관적 요건을 충족한 것으로 보여진다. 향후 범죄에 대한 공동정범의 주관적 성립요건을 충족한 것으로 볼 수 있다면, 뒤에서 논의하는 '현금카드를 꺼낸 행위', '현금을 인출한 행위'의 죄책과 관련하여 합동범·공동정범·공모공동정범의 성부를 논의할 수 있는 실익이 있다.

甲·乙·丙의 공모가 별죄로서 강도의 예비·음모가 성립하는지 문제될 수 있으나, 이는 경과범죄로서 법조경합 중 보충관계에 해당하여 범죄가 기수에 이른 이상 별죄가 성립하지는 않는다.

III. A를 폭탄주에 취해 쓰러지게 한 후 지갑에서 현금카드를 꺼낸 행위

1. 甲의 죄책

(1) 강도죄(형법 제333조)의 성부

1) 수면제를 탄 폭탄주에 취해 쓰러지게 한 행위의 폭행 해당 여부

피해자 A에게 수면제를 탄 폭탄주를 먹여 취해 쓰러지게 한 행위를 폭행으로 볼 수 있다면 강도죄의 성립이 가능하나, 그렇지 않을 경우에는 강도죄가 아닌 절도죄가 문제될 뿐이다.

우선 수면제와 술에 취해 쓰러지게 한 것을 폭행으로 볼 수 있는지, 그 정도에 있어서 강도죄에서 말하는 최협의의 폭행에 해당하는지가 문제된다. 이를 폭행으로 볼 수 있더라도 '강제로 혹은 몰래' 폭탄주를 먹인 것이 아니라 피해자에게 수면제를 탄 술을 권하여 실신하게 한 것이므로 폭행에 대한 피해자의 동의가 있었다고 볼 여지가 있다. 즉 폭행의 구성요건해당성이 부정되는 '양해' 또는 위법성조각사유인 '피해자의 승낙' 여부가 문제되는 것이다.

① 강도죄에서의 폭행에의 해당 여부 강도죄가 성립하려면 상대방의 반항을 억압하거나 항거불능케 할 수 있을 정도의 폭행 또는 협박으로 타인의 재물을 강취해야 한다. 폭행은 구타 등과 같은 신체에 대한 역학적인 작용만이 아니라 **화학적·생리적인 작용도 포함**

한다. **약물이나 수면제를 먹여 항거불능상태에 빠지게 하는 행위도 폭행에 해당**한다(대판 1979. 9. 25, 79도1735; 대판 1984. 12. 11, 84도2324).

피해자에게 수면제를 탄 폭탄주를 먹여 취하게 한 것은 화학적·생리적 작용으로서의 폭행에 해당한다. 또한 술에 취한 피해자는 일시적으로 인사불성 상태에 빠져 甲 등이 현금카드를 빼내는 것에 대해 전혀 항거할 수 없었으므로, 상대방의 반항을 억압한 최협의의 폭행이라 평가된다.

② **폭행에 대한 피해자의 동의 여부** 우선 폭행을 행위태양으로 하는 '폭행죄' 내지 '강도죄'는 이러한 유형에 해당되지 않아 사안에서 **A가 스스로 술을 마신 행위를 양해로 평가할 수는 없다.** 다만, 피해자의 승낙이 인정될 수 있는지 문제되는데 피해자의 승낙이란 법익의 주체가 타인에게 자기의 법익을 침해할 것을 허용한 경우 일정한 요건 하에서 구성요건에 해당하는 행위의 위법성만 조각시키는 경우를 말한다.

甲이 술을 권한 것에 대해 A가 이에 동의하여 술을 마신 행위 자체는 폭행에 대한 피해자의 승낙으로 볼 수 있다고 하더라도 **수면제를 탄 사실을 알았다면 동의하였을 리 없다.** 피해자 승낙은 자유로운 의사에 의하여 이루어져야 하며 따라서 피해자의 양해와는 달리 기망·착오·강제 등 하자 있는 의사 또는 의사의 결함상태에서 이루어진 승낙은 승낙이라고 할 수 없다. 범죄를 목적으로 한 기망에 의한 승낙으로서 위법성이 조각되지 않는다.

2) 현금카드에 대한 불법영득의사의 인정 여부

강도죄는 재산범죄로서 주관적 구성요건요소인 불법영득의사가 요구된다. 본 사안에서 甲이 궁극적으로 목적한 바는 현금의 취득이지 현금카드의 취득이 아니므로 현금카드는 현금을 취득하기 위한 도구에 불과하다고 생각할 수 있다. 이 경우 현금카드에 대한 불법영득의사의 존재가 문제된다. 그러나 도구범죄의 경우에도, 목적범죄와의 관계에서 그 불법이 흡수되어 법조경합 중 흡수관계로 평가되는 경우가 아닌 한, 독자적인 구성요건에 해당한다면 당해 범죄의 성립을 부정할 이유는 없다.

만약 甲이 현금카드를 사용하여 현금을 인출한 후 반환할 의사로 강취하였다면 불법영득의사를 부정할 수도 있다. 판례는 타인의 신용카드를 임의로 가지고 가 현금자동지급기에서 현금을 인출한 후 곧바로 반환한 경우, 신용카드에 대한 절도죄의 성립을 부정한 바 있다(대판 1999. 7. 9, 99도857; 직불카드의 경우에도 대판 2006. 3. 9, 2005도7819). 그러나 사안에서는 '계획한 대로 현금카드를 버렸다'고 나와 있으므로 현금카드 자체에 대한 불법영득의사를 인정하는 데 무리가 없다.

3) 소 결

甲이 A에게 수면제 탄 폭탄주를 먹여 쓰러지게 한 행위는 강도죄에서 말하는 최협의의 폭행에 해당한다. 피해자가 스스로 폭탄주를 마셔 취한 것을 폭행에 대한 승낙으로 볼 수 있으나, 범죄를 목적으로 한 기망에 의한 승낙으로서 위법성이 조각되지 않는다. **현금카드에 대한 불법영득의사도 인정**할 수 있다. 그 밖에 별다른 위법성이나 책임조각사유도 보이지 아니하므로 甲에게는 강도죄가 성립한다.

(2) 강도상해죄(형법 제337조)의 인정 여부

사안에서 A가 폭탄주에 취해 쓰러진 것을 상해로 인정할 수 있다면 강도상해죄의 성립도 가능하다.

상해의 개념에 대해서는 ① 신체의 완전성에 대한 침해를 의미한다는 '**신체의 완전성 침해설**', ② 생리적 기능의 훼손, 즉 건강침해로서 육체적·정신적·병적 상태의 야기와 증가를 의미한다는 '**생리적 기능 훼손설**', ③ 상해란 생리적 기능의 훼손 이외에 신체외관의 중대한 변경을 가하는 경우를 포함한다는 '절충설'이 있다.

판례는 "수면제와 같은 약물을 투약하여 피해자를 일시적으로 수면 또는 의식불명 상태에 이르게 한 경우에도 약물로 인하여 피해자의 건강상태가 불량하게 변경되고 생활기능에 장애가 초래되었다면 자연적으로 의식을 회복하거나 외부적으로 드러난 상처가 없더라도 이는 강간치상죄나 강제추행치상죄에서 말하는 상해에 해당한다. 그리고 피해자에게 이러한 상해가 발생하였는지는 객관적, 일률적으로 판단할 것이 아니라 피해자의 연령, 성별, 체격 등 신체·정신상의 구체적인 상태, 약물의 종류와 용량, 투약방법, 음주 여부 등 약물의 작용에 미칠 수 있는 여러 요소를 기초로 하여 약물 투약으로 인하여 피해자에게 발생한 의식장애나 기억장애 등 신체, 정신상의 변화와 내용 및 정도를 종합적으로 고려하여 판단하여야 한다."고 판시한 바 있다(대판 2017. 6. 29, 2017도3196).

'생리적 기능 훼손설'에 의할 경우 상당시간 지속되는 인사불성·기절은 상해이지만 일시적 인사불성은 폭행의 정도에 지나지 않는다고 볼 수 있다. 그러나 수면제를 탄 폭탄주를 먹여 실신하게 한 것은 생리적 기능장애 내지 건강침해로 보아야 한다. 따라서 강도상해죄가 인정된다.

2. 乙·丙의 죄책

(1) 문제의 소재

甲의 강도행위에 대해서 乙과 丙에게 합동범의 죄책을 물을 수 있는지 문제된다. 만약 乙과 丙에게 '실행행위의 분담'을 인정할 수 있다면 강도죄의 공동정범이 인정되고, '현장성'마저 인정된다면 합동범으로서의 특수강도가 성립할 것이다. 반대로 乙과 丙에게 실행행위의 분담을 인정할 수 없다면 강도죄의 공모공동정범 또는 방조범의 성부만이 문제된다.

(2) 합동강도죄(형법 제334조 제2항)의 성부

1) 합동범의 본질

합동범이란 2인 이상이 합동하여 일정한 죄를 범한 경우, 집단성으로 인한 현실적 위험성의 증대를 고려하여 단독정범이나 공동정범보다 가중하여 처벌되는 범죄를 말한다. '합동'과 '공동'의 개념 범위를 어떻게 볼 것인가를 둘러싸고 견해가 나뉘는데, 그 실익은 합동범의 성립요건으로서 공동실행의 의사, 실행행위의 분담, 현장성 즉 다수인의 시간적·장소적 협동 가운데 어느 요건까지를 요하는가에 있다.

① 공모공동정범설 합동은 공동보다 넓은 개념으로서, 합동범이 성립하기 위해서는 공동실행의 의사만이 필요하다는 견해이다. 이 견해에 대해서는 합동에 공모공동의 개념이 포함된다는 것은 유추해석이 될 위험이 있고 합동범의 범위가 지나치게 확대된다는 비판이 있다.

② 가중적 공동정범설 합동과 공동은 동일한 개념으로서, 합동범이 성립하기 위해서는 공동실행의 의사와 실행행위의 분담이 필요하다는 견해이다. 이 견해에 대해서도 합동과 공동을 동일하게 보아야 할 실정법적 근거가 없고, 절도·강도·도주의 경우에만 합동범을 규정한 형사정책적 근거가 빈약하다는 비판이 있다.

③ 현 장 설 합동은 공동보다 좁은 개념으로서, 공동실행의 의사와 실행행위의 분담뿐만 아니라 가담자 전원의 현장집행이 필요하다는 견해이다. 일본의 도범등의방지및처분에관한법률 제2조의 "2인 이상이 현장에서 공동하여"를 형법에 도입하면서, 현행법에서는 "합동하여"로 대체되었으므로 입법 유래상 현장설이 타당하다는 것이다.

④ 판 례 판례 역시 "형법 제331조 제2항 후단에 정한 합동범으로서의 특수절도가 성립되기 위해서는 주관적 요건으로서의 공모와 객관적 요건으로서의 실행행위에 있어서는 시간적으로나 장소적으로 협동관계가 있음을 요한다(대판 1996. 3. 22, 96도313; 대판 1989. 3. 14, 88도837; 대판 1976. 7. 27, 75도2720; 대판 1969. 7. 22, 67도1117)"라고 하여 일관되게 현장설을 취하고 있다.

2) 검토 및 사안에의 적용

합동범의 형벌이 가중된 이유가 법익침해의 현실적인 위험성이 현저하게 증가한다는 데 있다고 보면 현실적인 위험성은 바로 시간적 및 장소적 협동에 의하여 현저하게 증가한다. 법률 문언상 합동과 공동은 명백히 구별되어 있을 뿐만 아니라, 합동범의 입법유래와 합동범을 특별 취급하는 근거 등을 고려한다면 현장설이 타당하다.

합동은 시간적 및 장소적 협동을 의미한다는 '현장설'에 따를 경우, 그 성립요건으로서 ① 공동실행의 의사와 ② 실행행위의 분담에 더하여 ③ 현장성까지 요구한다.

① **공동 실행의 의사** 제1행위 부분에서 살펴본 대로 甲·乙·丙 간에 강도를 공모하였는바, 주관적 요건으로서 '공동실행의 의사'는 인정된다.

② **실행행위의 분담** 객관적 요건으로서 '실행행위의 분담'이 있었는지는 의문의 여지가 있다. 본 사안에서는 甲이 꺼낸 현금카드를 乙·丙이 건네받았는데, 이는 범죄과정의 일련의 행위로서 공동의 실행행위로 볼 수 있다. 乙과 丙은 이미 강도를 공모한 상태이고 술집의 종업원이라는 점을 고려할 때, A에 대한 강도행위에 있어서의 본질적 범행기여로 평가하여 실행행위의 분담을 인정할 수 있다.

③ **현 장 성** 사안에서 甲이 A에게 폭탄주를 먹여 취하게 한 후 현금카드를 꺼낼 당시 乙과 丙이 룸 문 앞에서 대기하고 있었으므로 현장성을 인정하는 데 어려움이 없다. 판례도 절도범행을 모의하고 절도장소인 집안의 가까운 곳에 대기하고 있다가 절취품을 같이 가지고 나온 경우도 **시간적·장소적 협동관계**를 인정한다(대판 1996. 3. 22, 96도313). 乙과 丙이 술집 룸 문 앞에서 대기하고 있는 이상 甲의 범행 장소에서 약간 떨어져 있다고 하더라도, 현장성을 인정할 수 있다.

(3) 소 결

결론적으로 乙과 丙에게는 '실행행위의 분담'과 '현장성'이 인정되어 합동범으로서의 특수강도죄가 성립한다.

IV. 편의점에 들어가 현금자동인출기에서 현금을 인출한 행위(甲의 경우 A 를 감시한 행위)

1. 丙의 죄책

(1) 절도죄(형법 제329조)의 성부

절도죄에서의 절취 행위는 점유자의 의사에 반하는 점유취득을 의미한다. 타인의 카드와 비밀번호의 소지자가 현금을 인출하는 행위가 관리자의 의사에 반하는가에 대하여 견해가 대립되고 있다.

현금자동인출기를 사실적으로 관리하는 자의 의사는, 카드를 소지하고 또 그 정확한 비밀번호를 입력하였을 경우 유보 없이 현금에 대한 점유이전에 동의한 것이라고 볼 수 있어 이는 양해에 해당하여 절도죄의 구성요건해당성 자체가 부정된다고 본다. 따라서 丙에게 절도죄의 성립은 부정된다.

반면에 대법원은 "신용카드를 사용하여 현금자동인출기에서 현금을 인출하고 그 현금을 취득하는 행위는 현금자동인출기 관리자의 의사에 반하여 그의 지배를 배제하고 그 현금을 자기 지배하에 옮겨 놓은 것이 되므로 절도죄를 구성한다(대판 1995. 7. 28, 95도997; 대판 2002. 7. 12, 2002도2134; 대판 2007. 5. 10, 2007도1375. 직불카드의 경우도 마찬가지로 대판 2007. 4. 13, 2007도1377)"고 판시하였다. 판례에 의할 경우에는 丙에게 절도죄가 성립한다. 다만, 예금계좌에서 400만원을 인출한 부분을 별도로 신용카드부정사용죄의 성부를 논할 수 있으나, 현금카드는 여신전문금융업법의 대상이 아니므로 본죄는 성립할 여지가 없다.

(2) 컴퓨터등사용사기죄(형법 제347조의2)의 성부

2001년 형법 개정시 컴퓨터등사용사기죄의 구성요건에 '권한 없는 정보의 입력·변경'을 추가하였다. 따라서 타인의 현금카드를 이용하여 현금을 취득한 사안의 경우 본 죄의 성립이 문제되나, 본 죄는 여전히 '재산상의 이익취득'만 규정하고 있고 현금을 재산상의 이익으로 보게 되면 유추적용금지 원칙에 반한다.

따라서 丙이 현금자동인출기에서 400만원을 인출한 행위는 '권한 없는 정보의 입력'에는 해당하나 '재산상의 이익을 취득'한 것으로 볼 수 없어 동 죄는 성립하지 않는다. 판례 역시 동일한 입장이다(대판 2002. 7. 12, 2002도2134; 대판 2003. 5. 13, 2003도1178).

(3) 사기죄(형법 제347조)의 성부

사기죄가 성립되기 위해서는 그 행위자가 타인을 기망하여 착오에 빠뜨린 후 피기망자의 처분행위에 의하여 재산상 이득을 취득하는 내용의 사기죄의 구성요건을 충족시켜야 한다. 그러나 컴퓨터 조작은 인간의 의사형성에는 영향을 미칠 수 없기 때문에 사람을 기망한 행위가 될 수 없어 사기죄가 성립하지 않는다.

(4) 편의시설부정이용죄(형법 제348조의2)의 성부

편의시설부정이용죄는 부정한 방법으로 대가를 지급하지 아니하고 자동판매기, 공중전화 기타 유료자동설비를 이용하여 재물 또는 재산상의 이익을 취득함으로써 성립하는 죄이다.

현금지급기를 이용한 현금 인출시에 수수료가 부과되는 경우를 생각할 때, 수수료 부과를 대가의 지급으로 보아 현금지급기를 유료자동설비로 보아야 하는 것은 아닌지 생각해볼 수 있다. 그러나 현금지급기는 당해 현금카드의 예금계좌가 있는 해당은행의 영업시간 내에는 수수료가 부과되지 않기 때문에, 이러한 경우에는 대가를 지급하여야 작동하는 유료자동설비에 해당하지 않는다. 따라서 현금을 인출한 곳이 해당은행의 영업소이냐 아니냐, 이용한 시간이 영업시간 내이냐 아니냐라는 우연한 사정에 의해 동 죄의 성립 여부가 달라지는 것은 부당하기 때문에 일관되게 동 죄의 성립을 부정함이 타당하다.

(5) 주거침입죄(형법 제319조 제1항)의 성부

일반적 출입이 허용된 장소에 범죄 목적으로 들어간 경우에는 주거침입죄의 성립 여부가 항상 문제되며, 이에 대해 긍정설과 부정설이 대립하고 있다. 본 사안에서 편의점 역시 일반적 출입이 허용된 장소이므로 그 성립 여부를 논할 수 있다.

그러나 목적이 위법하다는 것만으로는 주거의 평온을 해하는 부당한 행위태양이 있다고 할 수 없다. 따라서 부정설이 타당하며 최근 사실상 평온을 실제로 해하였는지 여부를 기준으로 판단하는 판례의 입장과도 부합한다. 따라서 乙과 丙이 절도의 목적으로 편의점에 들어갔다고 하더라도 이를 침입으로 볼 수 없어 주거침입죄는 성립하지 않는다.

(6) 소 결

편의점에 들어가 타인의 현금카드로 현금을 인출한 丙에게는 다양한 죄책이 논의되나 결론적으로 아무런 죄도 성립하지 않는다.

그러나 무권한자가 타인의 현금카드로 현금을 인출한 경우 절도죄를 인정하는 것이 판례의 확고한 입장이므로, 丙의 범행에 가담한 乙과 甲의 죄책에 대한 논의를 전개하기 위해 판례의 태도에 따라 丙에게 절도죄가 성립함을 전제로 살펴보겠다.

2. 乙의 죄책 – 합동절도죄(형법 제331조 제2항)의 성부

(1) 문제의 소재

본 사안에서 乙은 丙이 현금을 인출할 당시 편의점 밖에서 기다리고 있었다. 이 행위를 형법적으로 어떻게 판단하느냐에 따라 乙의 죄책이 달라질 수 있다. 乙이 '편의점 밖에서 기다린 행위'를 절도의 실행행위의 분담으로 볼 수 있다면 절도의 공동정범이 성립하고, 나아가 현장성마저 인정된다면 乙과 丙에게는 합동절도가 성립한다. 반면에 이를 인정하지 않는다면 절도의 방조범만이 문제된다.

(2) 실행행위의 분담 인정 여부

위에서 살펴 본 바와 같이 공동정범의 성립에 있어서 구성요건의 범위 외의 행위일지라도 범죄수행에 불가결한 행위라면 공동의 실행행위로 인정될 수 있다.

본 사안에서 현금을 직접 인출한 것은 丙이지만 乙은 현금자동인출기가 있는 편의점의 바로 앞에서 이를 지켜보고 있었고, 돌발적인 상황이 발생한다면 즉시 丙에 조력할 것을 '준비'하고 있었다고 판단된다. 따라서 乙이 편의점 문 앞에서 기다린 행위는 현금인출이라는 절도행위에 필요한 실행행위의 분담으로서 乙에게는 절도죄의 공동정범의 성립이 인정된다.

(3) 현장성의 인정 여부

합동범의 성립에 관한 '현장설'에 따를 경우, 그 성립요건으로서 공동실행의사와 공동실행행위에 더하여 현장성까지 요구한다.

乙이 丙을 기다린 곳은 현금자동인출기가 있는 편의점 안이 아닌 편의점 밖의 문 앞이기는 하나 이 정도로 현장성을 부정할 수는 없다고 본다. 현장성을 부정하려면 공범자의 범행을 직접 볼 수 없거나 돌발적인 상황이 발생했을 때 즉시 조력할 수 없을 정도로 장소적으로 격리되어 있을 정도여야 한다.

결국 丙에게는 공동정범의 성립요건에 더하여 현장성까지 인정되어, 乙과 丙에게는 합동절도죄가 성립한다.

3. 甲의 죄책

(1) 문제의 소재

乙과 丙의 절도범행 당시 甲은 현장에 없었고 단란주점 안에서 피해자가 깨지 않도록 감시하고 있었다.

단란주점에서 A를 감시한 행위를 절도에 대한 실행행위의 분담으로 인정할 수 있는바, 乙과 丙의 합동절도 당시 현장에 없었던 甲에 대해서 합동범의 공동정범을 인정할 수 있는지가 문제이다. 만약 합동범의 공동정범 이론을 부정한다면 甲에게는 어떤 죄책 물을 수 있는지 검토해야 한다. 이와 아울러 피해자를 감시한 행위가 별죄로서 감금죄에 해당하는지도 문제된다.

(2) 합동범의 공동정범 인정 여부

1) 긍 정 설

합동범은 본질상 공동정범의 일종이므로 공동정범의 일반이론이 적용되어 현장에서 가담하지 않은 자도 기능적 행위지배라는 정범성의 표지가 인정되는 한 합동범의 공동정범이 될 수 있다는 견해이다.

2) 부 정 설

합동범은 공동정범에 대한 특별규정이므로 현장에서 시간적·장소적으로 협동한 자만이 합동범의 정범이 될 수 있고, "합동성"이 정범성의 표지이므로 합동범에 대해서는 공동정범의 규정이 적용될 수 없다는 견해이다.

3) 판 례

과거 대법원은 합동범의 공동정범을 부정하여 단순절도의 공동정범 또는 특수절도의 방조범이 성립한다고 판시하였다(대판 1976. 7. 27, 75도2720). 그러나 후에 판례를 변경하여 이른바 '삐끼주점 사건'에서 3인 이상이 절도를 공모한 후 2명이 절도현장에 가고 나머지 1명은 현장에 가지 않았더라도 나머지 1인에게 기능적 행위지배라는 정범성의 표지가 인정되는 한 특수절도의 공동정범이 성립한다고 판시하였다(대판 1998. 5. 21, 98도321 전합. 같은 취지로 대판 2011. 5. 13, 2011도2021).

(3) 검토 및 사안에의 적용

합동범은 형법 각칙상의 필요적 공범 내지 최소한 공동정범의 특수한 형태의 하나이다. 합동범의 요건은 실행행위의 분담에 관하여 '현장성'이라는 제약이 없는 공동정범보다 엄격하므로, 합동범 규정에 대해서는 형법총칙상의 공동정범 규정이나 공동정범의 일반이론이 적용되어서는 안 된다. 그렇지 않으면, 사실상 합동의 개념에 시간적·장소적 협동관계를 요건으로 한다는 것은 무의미하게 되고 부당하게 합동범의 처벌범위가 확장될 뿐만 아니라, 합동이라는 개념해석이 문언의 가능한 의미를 넘어서는 유추가 된다.

따라서 합동범의 공동정범을 부정하는 것이 타당하므로 본 사안에서 甲은 乙·丙의 합동절도에 대한 공동정범의 죄책을 지지 않는다.

(4) 타 죄의 성립 여부

1) 단순절도의 공동정범 혹은 합동절도의 방조

甲에게 합동절도의 공동정범은 성립하지는 않지만, 甲은 단란주점에서 피해자가 깨지 않도록 감시하였으므로, '단순절도의 공동정범 또는 합동절도의 방조'가 성립한다.

다만 이 경우 단순절도의 공동정범과 합동절도의 방조 간에 법조경합관계인지 상상적 경합관계인지는 논란이 있다. 학설의 경우 ① 단순절도의 공동정범과 합동절도의 방조범 간에 상상적 경합관계에 있다는 견해, ② 단순절도의 공동정범만이 성립한다는 견해, ③ 합동절도의 방조이지만 경우에 따라서 단순절도의 공동정범이 될 수도 있다는 견해 등으로 견해가 나뉘고 있다.

생각건대 합동절도의 방조만을 인정하는 것이 타당하다고 본다. 합동절도는 절도의 기본적 구성요건이 가중된 것이며, 가중되는 요건은 책임요소가 아니라 위법요소이다. 그러므로 책임요소가 가중되는 경우(예컨대 존속살인)와는 달리 본 죄에 가담한 공범자는 공범의 종속에 관한 제한적 종속형식에 따라 정범의 불법에 종속되어 단순절도가 아닌 특수절도죄의 적용을 받는다.

甲에게 정범을 인정하느냐 방조범을 인정하느냐에 따라서 뒤에서 논의되는 장물죄의 성부가 달라진다.

2) 감금죄(형법 제276조)의 성부

피해자가 깨지 않도록 감시한 甲의 행위를 감금행위로 보아 감금죄가 성립하는지를 살펴볼 수 있다. 다만 본 사안에서 피해자 A는 술에 취해 정신을 잃은 상태라 자신의 자유가 박탈되었다는 사실을 인식하지 못한바, 감금죄의 기수시기와 관련하여 피해자의 자유박탈 인식이 필요한지 문제된다.

① 인식필요설에서는 자유침해에 대한 인식이 결여된 자에 대하여 그 자유를 침해한다는 것은 있을 수 없으므로 피해자가 자유박탈을 인식해야만 감금죄가 기수에 이른다고 주장한다.

② 인식불요설은 본 죄의 보호법익인 신체활동의 자유는 잠재적 자유를 의미하므로 자유침해에 대한 피해자의 인식 여부에 관계없이 객관적으로 이를 침해한 사실이 있으면 본 죄가 성립한다는 견해이다.

생각건대 본 죄의 보호법익을 잠재적 활동의 자유로 이해하는 한 인식불요설이 타당하며, 이에 따르면 자유박탈을 피해자가 인식하였는지 여부에 상관없이 甲에게는 감금죄가 성립한다.

4. 소 결

乙과 丙은 2인 이상이 현장에서 합동하여 절도죄를 범하였으므로 합동범으로서의 특수절도가 성립한다. 한편 甲이 단란주점에서 피해자를 감시한 행위는 乙과 丙의 합동절도에 대한 방조로 평가되고 이는 피해자에 대한 감금죄와 상상적 경합관계에 있다.

V. 현금카드를 길 옆 화단에 버린 행위

1. 乙과 丙의 죄책

(1) 손괴죄(형법 제366조)의 성부

길 옆 화단에 현금카드를 버린 행위는, 불법영득의사의 적극적 요소가 결여되어 재물 등의 소재를 불명하게 하여 그 발견을 곤란 불가능하게 하는 손괴죄에 해당한다. 그러나 행위자가 도품을 손괴 처분한 행위는 불가벌적 사후행위 중 흡수행위로서, 특수강도죄가 성립한 이상 별도로 손괴죄가 성립하지는 않는다.

(2) 증거인멸죄(형법 제155조)의 성부

증거인멸죄의 객체는 '타인'의 형사사건·징계사건에 관한 증거이며, 자기사건에 대한 증거인멸행위는 이 죄의 구성요건적 행위가 아니다.

본 사안에서 현금카드는 乙·丙 모두에게 공통되는 증거로서, 자신과 공범자에 공통되는 증거가 타인의 형사사건에 대한 증거인가에 대해서는 견해의 대립이 있다.

그러나 본 사안에서 현금카드를 버린 것은 공범자의 이익만이 아니라 동시에 자신의 이익을 위해서 한 행위이므로 이는 자신의 형사사건에 대한 증거로 봄이 타당하다. 판례 역시 "자기의 이익을 위하여 그 증거가 될 자료를 인멸하였다면, 그 행위가 동시에 다른 공범자의 형사사건이나 징계사건에 관한 증거를 인멸한 결과가 된다고 하더라도 이를 증거인멸죄로 다스릴 수 없다(대판 1976. 6. 22, 75도1446; 대판 1995. 9. 29, 94도2608; 대판 2003. 3. 14, 2002도6134)"라고 하여 동일한 취지로 판시하고 있다. 즉 증거인멸이 타 공범자의 이익을 위한 것일 때에는 타인의 형사사건에 대한 증거를 인멸한 것으로 볼 수 있지만, 자기 또는 동시에 타 공범자를 위한 것일 때에는 자기 사건에 대한 증거가 되므로 증거인멸죄가 성립하지 않는다.

따라서 자신의 형사사건에 대한 증거는 본 죄의 구성요건 해당성이 부정되므로 乙과 丙에게 증거인멸죄는 성립하지 아니한다.

2. 甲의 죄책

乙과 丙에게 아무 죄가 되지 않는 이상 甲에게는 전혀 문제되지 아니한다.

VI. 불심검문하려는 경찰관을 폭행한 행위

1. 丙의 죄책

(1) 문제의 소재

丙이 경찰관을 폭행한 행위에 대해서는 우선 준강도죄의 성부가 문제된다. 이 경우 당해 경찰관이 준강도죄에서의 '폭행·협박의 상대방'인지를 검토해 보아야 한다. 다음으로 그 상대방으로 볼 수 있다면 폭행이 '절도의 기회'에 행해진 것인지 문제된다. 또한 적법한 공무집행중인 경찰관을 폭행하였으므로 공무집행방해죄의 성부가 문제되고, 양 죄가 모두 성립한다면 그 죄수관계를 따져볼 필요가 있다.

(2) 준강도죄(형법 제335조)의 성부

1) 폭행·협박의 상대방

준강도에서의 폭행·협박의 상대방은 절도의 피해자에 한정되지는 않으나, 재물의 탈환을 항거하거나 체포를 면탈하거나 또는 죄적을 인멸할 목적의 달성을 위하여 필요한 공격대상이 되는 사람이어야 한다. 즉 본 죄는 절도의 기회에 '누구에게든지' 폭행·협박만 하면 성립하는 것이 아니라, 피해자 또는 '절도에 장애가 될 만한 사람'에 대하여 폭행·협박을 가함으로써 성립되므로 위와 같은 사람이 그 행위의 객체가 된다.

일반적인 준강도 사안에서 경찰관에 대한 폭행은 경찰관이 절도 범행을 발각하고 행위자를 체포하려 할 때 이를 면탈할 목적으로 이루어진다. 그러나 본 사안에서 경찰관은 乙과 丙의 절도 범행을 발각하고 체포하려 한 바 없다. 단지 한밤중에 돈을 많이 인출하는 것을 이상하게 생각한 편의점 직원의 신고를 받고, 乙과 丙을 따라오다가 현금카드를 버리는 것을 보고 무언가 수상하다고 생각하여 '불심검문'만을 하였을 뿐이다.

이러한 점을 생각할 때 과연 본 사안에서의 경찰관을 준강도에서 말하는 폭행·협박의 상대방으로 볼 수 있는지 의문의 여지는 있다. 그러나 범행이 발각되어 신고를 받고 출동한 경찰관을 폭행·협박한 경우에만 준강도죄의 폭행·협박의 상대방으로 볼 필요는 없다. 범행 직후 당시 절도범행을 모르고 순찰 중인 경관에게 불심검문을 당하였으나 휴대 중이던 흉기, 장물 등으로 쉽게 죄적을 발견당하여 체포될 상황이었던 경우 등에 있어서도 이를 인정함이 타당하다.

2) 폭행·협박의 시기

준강도죄가 성립하기 위해서는 폭행 또는 협박은 '절도의 기회'에 이루어져야 한다. 따라서 폭행·협박은 절도의 실행에 착수한 이후 기수 직후 사이에(시간적 근접성), 절도현장 또는 그 부근에서 행해져야 한다(장소적 근접성). 다만 절도현장에서 발각되어 추적을 받는 경우라면 상당한 거리를 도망가면서 많은 시간이 지난 경우라도 시간적·장소적 근접성은 인정될 수 있다(대판 2009. 7. 23, 2009도5022). 절도행위가 발각되어 도주하다가 곧바로 뒤쫓아 온 보안요원에게 잡혀 보안사무실에 인도되어 경위를 확인받던 중에 체포상태를 벗어나기 위해 폭행한 경우도 절도의 기회로 볼 수 있다(대판 2001. 10. 23, 2001도4142).

사안을 살펴볼 때 절도 범행 즉시 발각된 일반적인 경우와는 달리, 절도 범행 후 폭행시까지는 이미 상당시간이 경과한 것으로 보여져 시간적 근접성을 인정하기가 어렵다. 또한 폭행이 절도 현장으로부터 200미터나 떨어진 곳에서 이루어져 장소적 근접성 역시 인정하기 어렵다. 다만 이 경우 乙과 丙이 절도현장에서 발각되어 '추적'을 받는 중이라면 그럼에도 불구하고 시간적·장소적 근접성을 인정할 수 있다. 예컨대 2km를 추적한 경우(대판 1982. 7. 13, 82도1352)나 담을 넘어 들어가 절도하려다가 발각되어 200m 떨어진 곳에서 체포된 경우(대판 1984. 9. 11, 84도1398)에도 절도의 기회로 볼 수 있다.

본 사안에서 경찰관은 절도 범행을 발각하고 이들을 체포하려고 뒤쫓은 것이 아니라, 단지 수상하게 생각한 편의점 직원의 신고로 은밀히 따라 온 것으로 이를 추적 중이라고 볼 수 있는지 의문이 있다. 그러나 본 사안에서 경찰관이 절도범인을 체포하려고 뒤쫓은 것은 아니라도, 수상하다고 생각하여 '범죄'를 확인하기 위해 따라 온 이상 이를 추적으로 볼 수 있고 범인을 체포할 수 있는 상황이다. 따라서 丙은 '절도의 기회'에 경찰관을 폭행한 것으로 판단된다.

3) 소 결

위에서 살펴 본 바대로 丙이 경찰관의 복부를 1회 가격한 것은 준강도죄에서의 폭행으로 볼 수 있고, 준강도죄의 다른 구성요건 역시 충족된다. 별다른 위법성·책임 조각사유도 문제되지 않아 丙에게는 준강도죄가 성립한다.

(3) 공무집행방해죄(형법 제136조)의 성부

직무를 집행하는 공무원에 대하여 폭행·협박한 경우 공무집행방해죄가 성립한다.

본 사안에서 공무원의 불심검문은 적법절차에 따라 이루어진 적법한 직무이고 달리 丙에게 위법성, 책임조각사유도 보이지 않는다. 따라서 丙에게는 공무집행방해죄가 성립한다.

(4) 죄수관계

丙에게는 준강도죄와 공무집행방해죄가 성립하고, 두 죄는 하나의 폭행행위로 인한 것이므로 상상적 경합관계에 있다. 이에 반해서 강도가 체포를 면탈할 목적으로 경찰관을 폭행하면 강도죄와 공무집행방해죄가 실체적 경합관계에 있게 된다(대판 1992. 7. 28, 92도917). 한편 준강도죄와 절도 등의 죄 간에는 법조경합의 관계에 있어 준강도죄가 성립하는 이상 합동절도는 따로 성립하지 않는다. 丙의 경우 (특수)절도가 폭행 시에 특수폭행에 해당하는 행위를 하였다면 특수준강도로서 특수강도(형법 제334조)의 예에 의하여 처벌될 것이지만, 이 사안에서는 단순폭행에 그쳤으므로 단순강도의 준강도가 성립한다.

2. 乙의 죄책

(1) 문제의 소재

경찰관에 대해서 직접 폭행을 한 것은 丙이므로 직접 폭행을 하지 않은 乙에게도 준강도죄(공무집행방해죄)의 공동정범이 성립하는지가 문제된다.

(2) 준강도죄의 공동정범(형법 제30조)의 성부

1) 긍 정 설

다른 공범자에게 폭행·협박에 대한 '예견가능성'이 있으면 본 죄의 공동정범이 성립한다는 견해이다. 대법원은 "2인 이상이 합동하여 절도를 한 경우, 범인 중의 1인이 체포를 면할 목적으로 폭행을 하여 상해를 가한 때에는 나머지 범인도 이를 예기하지 못한 것으로 볼 수 없으면 강도상해죄의 죄책을 면할 수 없다(대판 1984. 12. 26, 84도2552; 대판 1988. 2. 9, 87도2460)"고 판시하였다.

2) 부 정 설

공동정범은 공동의사의 범위 안에서만 성립하므로, 공동정범 중 1인이 공동의사의 범위를 초과한 경우에는 그 부분은 단독정범이 될 뿐이고 다른 공범자에게 본 죄의 성립을 인정할 수 없다는 견해이다.

(3) 검토 및 사안에의 적용

절도의 공모자들이 사전에 폭행·협박에 대한 공동의사가 있는 경우가 아니라면 단순히 폭행·협박에 대한 예견가능성만으로는 준강도죄의 공동정범을 인정해서는 안 될 것이다. 그러나 만일의 사태에 대비하기 위하여 흉기를 함께 소지하기로 했다면 폭행·협박에 대한 사전양해 내지 묵시적 동의가 있는 경우로 보아 준강도죄의 공동정범을 인정해야 한다.

사안에서는 丙이 갑자기 경찰관의 복부를 일회 가격하고 "튀자"라고 외친 후 함께 도망쳤다. 따라서 폭행에 대한 乙의 예견가능성조차도 없어 보인다. 어떤 견해를 따르더라도 乙에게는 준강도죄의 공동정범이 부정될 것이다.

3. 甲의 죄책

甲은 합동절도를 방조하였으나 정범인 丙은 경찰관을 폭행하여 준강도와 공무집행방해로 나아갔다. 이는 '정범의 실행행위에 대한 종범의 착오'로서 준강도와 공무집행방해의 경우를 나누어서 판단할 필요가 있다.

(1) 준강도의 경우

본 사안에서 甲은 합동절도를 방조하였으나 丙은 준강도로 나아갔다. 이는 실행한 범죄와 방조한 범죄가 동질이지만 그 정도를 초과한 경우로서 양적 초과에 해당한다.

양적 초과의 경우 방조자는 초과 부분에 대해서 책임을 지지 않고 방조한 범죄의 종범으로 처벌된다. 단 정범이 결과적 가중범을 실현한 경우에는 방조자에게 중한 결과에 대한 과실이 있는 때에 한하여 결과적 가중범의 종범이 성립한다.

준강도는 합동절도의 결과적 가중범이라 볼 수 없으므로 甲은 준강도에 대해서는 책임을 지지 않는다.

(2) 공무집행방해의 경우

공무집행방해죄는 甲이 방조한 합동절도와는 이질적인 범죄로서 질적 초과에 해당한다. 질적 초과의 경우에는 실행한 범죄에 대해서 종범은 언제나 처벌받지 않는다.

4. 소 결

丙이 불심검문을 하려던 경찰관을 폭행한 행위는 준강도죄와 공무집행방해죄가 성립한다. 乙에게는 이에 대한 공동정범의 성립이 부정되어 이는 丙의 단독범행일 뿐, 乙은 책임을 지지 않는다. 甲 역시 방조의 범위를 초과한 행위에 대해서는 책임을 지지 않는다.

VII. 甲·乙·丙 간에 현금을 분배한 행위

1. 乙·丙의 죄책

乙과 丙은 현금에 대한 특수절도죄의 본범이므로 현금을 처분한 행위는 장물죄의 구성요건에 해당하지 않아 불가벌이다.

2. 甲의 죄책 – 장물취득죄(형법 제362조)의 성부

현금에 대한 乙과 丙의 특수절도죄에 대해, 甲에게는 어떤 죄가 성립하느냐에 따라 장물취득죄의 성부가 문제된다.

본 사안에서는 甲에게 합동절도의 방조만이 성립한다고 보았으므로 본범의 정범이 아닌 甲에게는 장물취득죄가 성립한다.

그러나 甲에게 정범성을 인정하는 ① 합동범의 공동정범을 인정하는 견해, ② 합동절도의 방조범과 단순절도의 공동정범 간의 상상적 경합을 인정하는 견해, ③ 단순절도의 공동정범만 성립한다는 견해에 의한다면 장물취득죄는 성립하지 않을 것이다.

VIII. 사안의 해결

타인의 카드로 현금자동인출기에서 현금을 인출한 경우 정확한 비밀번호를 입력하였다면 현금자동인출기의 관리자가 점유이전에 동의했기 때문에 절도죄의 구성요건해당성 자체가 부정됨은 앞에서 살펴본 바와 같다. 그러나 절도죄가 성립한다는 것이 판례의 확고한 입장이므로, 이에 의할 경우 甲·乙·丙 각각의 죄책은 다음과 같다.

(1) 丙에게는 현금카드에 대한 특수강도죄가 성립하고, 준강도죄(현금에 대한 특수절도죄는 이에 대해 법조경합관계), 경찰관에 대한 공무집행방해죄(준강도죄와 상상적 경합관계)가 성립한다. 이들 죄는 실체적 경합관계에 있다.

(2) 乙에게는 현금카드에 대한 특수강도죄, 현금에 대한 특수절도죄가 성립한다. 이들 죄 간에는 실체적 경합 관계에 있다.

(3) 甲에게는 현금카드에 대한 특수강도죄, 피해자를 감시한 행위에 대해서는 현금에 대한 특수절도의 방조와 감금죄가 성립하고(양자는 상상적 경합관계), 현금에 대한 장물취득죄도 아울러 성립한다. 이들 죄는 실체적 경합관계에 있다.

○ 사례 17

넘버3파 폭력조직의 행동대장인 A의 부인 B는 조직의 두목인 甲과 A 몰래 불륜의 관계를 맺고 있었다. 甲은 비록 자신의 행동대장으로 오랜 시간 함께 했지만 절세미인인 A의 부인이 탐나 A를 제거하기로 결심하고, 자신의 조직원 중에 가장 믿을 만한 일명 재떨이 乙과 일명 도끼 丙을 불러서, A를 죽이라고 지시하였다. 마침 A가 두목 몰래 마약을 밀매한 후 그 대금을 금고에 보관하고 있음을 안 乙은 A를 살해하고 그 돈을 가로챌 마음을 가지고 있었고 丙은 평소에 A로부터 무식한 깡패새끼라며 온갖 수모를 당해 왔던 것에 대한 복수를 하고 싶은 마음으로 A를 살해할 마음을 먹은 것이었다.

그 후 乙과 丙은 술을 좋아하는 A가 포장마차에서 만취해서 집에 들어가는 기회에 A를 뒤따라가서 해치우기로 모의하였다. 며칠 후, A는 포장마차에서 술에 취한 상태에서 옆 테이블의 사람들이 떠들자 "어린애들이 시끄럽구나"라고 말하였고 최근 조폭이 되기 위하여 합숙을 하며 온갖 고생을 하고 술을 한잔 하며 마음을 달래고 있던 송강호파 훈련생들은 "이 아저씨가 우는 아이 뺨을 때리는구만"이라고 하며 A를 구타하였고 이 광경을 다른 조직원 丁이 모두 지켜보았다. 이에 흠씬 두들겨 맞은 A는 처량하게 집으로 돌아가는 중이었다. 이에 A가 집으로 오고 있다는 정보를 입수한 乙과 丙은 A의 집 앞에 모여 乙은 집안으로 들어가 A를 살해하고, 丙은 집 앞에서 대기하고 있다가 만약 A가 눈치채고 도주하는 경우 A를 살해하기로 하였다. 그런데 집안으로 들어간 乙이 어두운 방에서 이불을 덮어쓰고 잠자고 있는 A를 살해한다는 것이 그만 그의 아내 B를 살해하였다. 자신이 살해한 사람이 A가 아니고 두목의 내연녀인 B라는 사실에 놀란 乙은 계획대로 돈이라도 챙겨 도망가려고 금고를 열었으나, 금고는 이미 텅 비어 있어서 결국 범죄를 포기하고 도주할 수밖에 없었다. 그때 밖에서 기다리던 丙은 때마침 얻어맞은 상처에 바를 약을 사기 위하여 약국에 들러오던 A를 보고, 살해하려고 하는 순간 乙이 도주하는 모습을 보고, 뭔가 일이 잘못되었다고 생각하고 다음 기회로 범죄를 미루고 도주하였다. 한편 丁은 행동대장인 A가 어린애들에게 맞았다는 것이 너무나 통쾌하였고 이를 조직 내에서 가장 수다를 잘 떠는 일명 확성기 戊와 인터넷 비공개방에서 채팅을 하면서 "A는 술을 마시다가 어린아이들한테도 흠씬 두들겨 맞고 다닌다. 행동대장이 맞고 다니니 쪽팔린다"고 말하였다.

이 경우 甲, 乙, 丙, 丁의 죄책은? (甲, 乙 - 45점, 丙, 丁 - 30점)

해 설

Ⅰ. 문제의 소재

(1) 위의 사안에서 甲의 죄책과 관련하여 A를 제거할 목적으로 乙과 丙에게 A를 살해하라고 지시한 것이 어떤 의미를 가지는지 먼저 살펴보아야 한다. 만일 공모를 인정한다면 공동정범의 성립도 가능하기 때문이다. 하지만 사안의 경우는 자신은 아무런 객관적 공동가공의 사실을 하지 않은 채 말로 지시만 하였으므로 공모공동정범을 인정하지 않는 통설적 입장에서 바라 볼 때는 이를 교사로 평가하는 것이 타당하다고 본다. 문제는 ① 甲이 살해를 교사한 대상은 A인데, 乙의 착오로 인하여 B를 살해한 경우, 그 착오가 甲에게는 어떠한 영향이 있다고 볼 것인지, ② 또 丙은 甲의 살인교사로 살인의 실행에 나아갔지만, 乙은 甲의 교사내용과 달리 강도살해를 결의하였으므로 이 경우 甲에게 강도살인의 교사를 인정할 수 있을 것인지가 문제된다.

(2) 乙의 죄책과 관련하여서는 甲으로부터 살인의 교사를 받았지만, A를 살해하고 A가 가지고 있던 돈을 강취하고자 한 점에서 강도살인죄가 성립할 수 있다. 문제는 ① 범행의 실행과정에서 A인줄 알고 살해에 나아갔으나, B를 살해함으로써 그 대상을 착오한 문제가 발생한다. 더 나아가 ② 강취하려고 한 돈이 이미 없고 금고가 비어 있었다는 점에서 강도살인의 불능미수가 성립할 것인지가 문제된다.

(3) 丙의 죄책과 관련하여서는 ① 집 밖에서 기다리고 있다가 만약 A가 도주하는 경우 살해하기로 모의한 상태에서 마침 약국에 들러오는 A를 보고 A를 살해하려고 하다가 乙이 도주하는 것을 보고 다음 기회로 범죄를 미루고 도주한 경우, 스스로 범죄를 중지한 것으로 보아 중지미수가 성립할 것인지 아니면 외부적 장애에 의한 장애미수가 성립할 것인지가 문제된다. 또한 ② 공범인 乙이 A인줄 알고 살해한 B에 대한 살인의 결과, 즉 착오에 의한 결과를 공동정범인 丙에게도 귀속시킬 수 있을 것인지가 문제된다. ③ 강도 부분은 丙은 공모하지 않았다는 점에서 강도와 관련된 乙의 불법은 丙에게 어떤 영향을 미칠 것인지도 검토대상이라고 할 것이다.

(4) 丁의 죄책과 관련하여서는 丁이 戊와 비공개 대화방에서 채팅을 하면서 A의 외부적 평가를 해할만한 내용인 사실을 적시하였으나 공연성을 충족할 수 있는지가 문제된다. 이는 공연성의 판단기준에 대한 논의를 통하여 포섭을 하여 볼 필요가 있다고 보인다.

Ⅱ. 甲의 죄책

1. 문제점

甲의 죄책과 관련하여 우선 甲은 A를 살해하기로 결의하고, 이를 자신의 조직원 중 믿을 만한 乙과 丙에게 교사하였다. 문제는 甲이 A를 살해할 것을 교사하였으나, 乙이 실행하는 과정에서 B를 A로 잘못 알고 엉뚱하게도 교사자의 내연녀인 B를 살해함으로써 객체의 착오를 일으킨 경우, 교사자에게도 객체의 착오를 인정할 것인지 아니면 방법의 착오로 보는 것이 타당한 것인가의 문제가 발생한다. 또한 甲이 乙에게 살인을 교사하였으나, 乙은 한 걸음 더 나아가 강도살인을 결심함으로써 甲의 교사의 내용과 乙의 실행내용이 불일치하는 경우, 교사자에게 그 책임을 인정할 수 있을 것인가의 문제가 발생한다.

2. 교사의 착오

(1) 피교사자에게 객체의 착오가 있는 경우

1) 이 사안에서 법정적 부합설은 교사자에게 객체의 착오를 인정한다. 이러한 결론의 근거로서 ① 교사자는 행위자가 착오를 일으킬 수 있다는 가능성을 일반적 경험칙상 예견할 수 있다는 점, ② 교사자는 정범과 동일하게 처벌되므로 정범에게 무의미한 착오는 교사자에게도 마찬가지이어야 한다는 공범의 종속성, ③ 이 경우는 구체적인 행위실현 과정상의 착오에 불과하여 행위자의 고의를 인정할 수 없는 방법의 착오와는 다르다는 점을 든다. 법정적 부합설에 의하면 동일한 구성요건 간의 착오가 문제되는 경우는 객체의 착오이건 방법의 착오이건 모두 고의 기수범을 인정하기 때문에 甲에게 발생한 결과, 즉 B에 대한 살인죄의 교사가 인정된다.

2) 구체적 부합설의 경우 교사범에게 객체의 착오를 인정하는 견해와 방법의 착오를 인정하는 견해로 나누어진다.

객체의 착오를 인정하는 입장은 법정적 부합설의 근거와 함께 교사자가 교사방법에서 착오를 한다는 것은 있을 수 없고, 방법의 착오는 오직 실행행위자만이 할 수 있는 것이라고 주장한다. 따라서 A에 대한 살인의 고의가 B에게 실현되어 甲에게 B에 대한 살인죄의 교사가 인정된다.

방법의 착오를 인정하는 입장에서는 ① 교사자의 입장에서는 정범(피교사자)의 객체착오가 행위수단 또는 행위방법의 잘못으로 엉뚱한 객체에 결과가 발생한 방법의 착오와 구조적으로 같고, ② 정범의 객체의 착오에 의해 공격의 대상이 된 피해자는 교사자의 교사 고의 내용에 전혀 포함되어 있지 않으며, ③ 공범의 종속성을 인정한다고 하여 공범의 가벌성과 범죄성이 정범의행위에 의하여 결정되는 것은 아니라는 점을 논거로 한다. 이에 의하면 교사자인 甲에게는 B에 대한 과실치사죄와 A에 대한 살인미수죄의 교사가 성립한다.

(2) 실행행위가 교사내용을 초과하는 경우

1) 이 사안에서 또 다른 문제는 甲이 乙에 대하여 살인을 교사하였지만, 乙은 A를 살해하고 A가 가지고 있는 마약밀매 대금인 돈을 강취하고자 하는 강도살인을 결의하고 행위에 나아감으로써 甲의 교사내용과 乙의 범죄실행 내용이 불일치하는 모습을 보이고 있다. 이처럼 살인의 교사와 강도살인의 실행이라는 교사의 착오 부분에 대하여 甲에게도 그 죄책을 인정할 수 있을 것인지 문제이다.

2) 이 사안에서 甲의 교사내용에 대한 乙의 실행행위를 살해행위를 거쳐 물건의 강취로 나아간 것으로 파악한다면 양적 초과로 파악할 수 있는 반면 '살인죄의 장'과 '절도와 강도의 죄의 장'이라는 구성요건의 질적 차이로 파악한다면 질적 초과의 모습도 가지고 있는 것으로 볼 수도 있다. 일반적으로 강도살인죄의 경우 판례는 강취행위가 아닌 살해행위에 보다 초점을 맞추고 있다는 점에서 이 사안은 양적 초과로 파악할 필요가 있고, 따라서 실행행위가 교사행위를 초과했다고 하더라도 원칙적으로 교사행위의 범위 내에서만 교사자에게 책임을 물을 수 있다. 다만 통설과 판례는 결과적 가중범의 경우 교사자에게 중한 결과에 대한 예견가능성이 있었다면 교사자에게도 결과적 가중범의 교사범의 죄책을 물을 수 있다고 한다(대판 1997. 6. 24, 97도1075).

3) 이 사안의 경우, 甲은 A의 금고에 돈이 있다는 사실을 전혀 알지 못했으므로 乙이 A를 살해하고 돈을 강취할 것을 예견하기는 불가능하다고 볼 수 있다. 따라서 이 경우 甲에게 원래의 교사내용을 초과하는 강도살인의 죄책을 물을 수는 없을 것이다.

3. 소 결

이처럼 甲의 죄책과 관련하여 교사내용인 살인죄의 범위에서만 그 죄책을 물을 수 있을 것인데, 피교사자인 乙의 착오가 객체의 착오이든 방법의 착오이든 교사자인 甲의 입장에서는 모두 방법의 착오 문제로 다루어야 할 것이다. 이는 교사자인 甲에게 의도하지 않은 고의까지 인정하기는 어렵다고 보기 때문이다. 따라서 구체적 부합설에 의할 경우 교사범의 성립요건인 교사자의 고의와 피교사자의 실행결과가 일치하여야 한다는 요건을 충족시키지 못한 이 사안에서는 교사자 甲에게 방법의 착오를 인정하여 B에 대한 과실치사와 A에 대한 살인미수죄의 상상적 경합범으로 처벌할 수 있을 것이고, 법정적 부합설에 의하면 방법의 착오라 하더라도 B에 대한 살인죄의 교사가 인정된다.

그러나 乙이 초과한 강도살인의 교사를 인정할 수는 없다.

III. 乙의 죄책

1. 문제점

乙은 甲으로부터 A를 살해하라는 교사를 받고, 마침 A가 甲 몰래 홍콩에서 마약을 밀매한 대금을 자신의 금고에 가지고 있다는 사실을 알고 A를 살해하고 이를 취득할 것을 결의하였으므로 강도살인죄의 고의가 성립된다. 다만, 그 실행과정에서 A인줄 알고 살해한 것이 그만 B를 살해하였고, 취득하려고 했던 돈이 이미 금고에 없는 상태에서도 강도살인죄를 인정할 수 있을 것인지가 문제된다.

2. 객체의 착오에 관한 부분

(1) 형법 제338조 강도살인죄는 강도가 사람을 고의로 살해하는 범죄이다. 강도살인죄는 강도가 살해한 경우뿐만 아니라 재물이나 재산상의 이익을 취득할 목적으로 사람을 살해하는 경우와 사람을 살해하고 재물 또는 재산상의 이익을 취득하는 경우 모두를 포함한다. 따라서 이 사안에서처럼 乙이 A의 돈을 취득할 목적으로 A를 살해했다면 강도살인죄가 성립한다.

(2) 문제는 乙이 이불을 덮어쓰고 잠자고 있는 A를 살해한다고 한 것이 그만 그의 아내 B를 살해함으로써 객체의 착오를 유발한 경우 乙에게 어떤 법적효과를 부과할 것인가 문제가 될 것이다.

객체의 착오와 관련하여서는 현재 구체적 부합설에 의하든, 법정적 부합설에 의하든 발생된 결과에 대한 고의기수를 인정할 수 있다는 입장을 취하고 있다. 따라서 이 경우 乙에게 비록 B를 A로 오인한 착오가 있다고 하더라도 살인행위 자체에 대하여 책임을 묻는 데 문제는 없을 것으로 본다.

3. 불능미수의 인정 여부

(1) 문제점

다만 이 사안의 경우 乙이 A를 살해하고 돈을 취득할 목적으로 살인행위에 나아갔으나, 금고가 이미 비어 있는 상태에서 돈을 취득할 목적의 달성이 불가능한 경우에 어떻게 처리할 것인가가 문제이다. 일반적으로 행위자가 범죄의사로 실행에 나아갔으나, 처음부터 결과발생이 불가능하더라도 위험성이 인정되면 형법 제27조에 의해 불능미수범으로 처벌된다. 그렇다면 이 사안에서 乙에게도 위험성에 근거하여 불능미수가 인정될 것인지가 문제된다.

(2) 위험성의 판단기준

1) 불능미수의 위험성 판단기준에 대해서는, ① 일체의 구체적 사정을 고려하지 않고 결과발생이 개념적으로 언제나 불가능한 경우를 절대적 불능으로 보고, 일반적으로는 가능하지만 구체적·특수한 경우를 상대적 불능으로 보고 상대적 불능만이 위험성이 있다고 하여 불능미수로 보는 구객관설, ② 행위 당시에 행위자가 인식한 사실과 일반인이 인식할 수 있었던 사정을 기초로 일반적 경험법칙에 따라 사후판단을 하여 구체적 위험성이 있다고 인정되면 불능미수가 된다는 구체적 위험설(신객관설), ③ 행위시에 행위자가 인식한 사실을 기초로 하여 행위자가 생각한 대로의 사정이 존재하였으면 일반인의 판단에서 결과발생의 위험성이 인정되는 경우를 추상적 위험이라 하여 이러한 위험성의 유무에 의해 미수범과 불능범을 구별하는 추상적 위험설, ④ 행위자의 주관적 표상을 기준으로 주관적으로 범죄의사가 확실하게 표현된 이상 그것이 객관적으로 절대불능인 때에도 미수범으로 처벌해야 한다는 주관설, ⑤ 행위자에 의한 법적대적 의사의 실행이 일반인의 법질서의 효력과 법적 안정성에 대한 신뢰를 저해시키는 법동요적 인상을 줄 경우에 위험성이 인정되어 불능미수가 된다는 인상설 등 다양한 견해가 대립한다.

2) 과거 판례는 피해자를 살해할 생각으로 악취가 나는 농약을 치사량에 못 미치는 정도를 우물에 혼입한 경우(대판 1973. 4. 30, 73도354), 치사량 미달의 농약을 섞은 요구르트로 살해하려고 한 경우(대판 1984. 2. 28, 83도3331), 히로뽕 제조를 시도했으나 제조기술과 경험부족으로 완제품을 제조하지 못한 경우(대판 1985. 3. 26, 85도206) 등에서 결과 발생이 절대적으로 불가능하지 않다고 보아 불능미수의 성립을 인정하여, 구객관설을 취한 것으로 평가되고 있다. 최근에는 피고인이 행위 당시에 인식한 사정을 놓고 일반인이 객관적으로 판단하여 보았을 때 준강간의 결과가 발생할 위험성이 있었으므로 준강간죄의 불능미수가 성립한다고 하여 준강간 사건에서 추상적 위험설의 입장에 가까운 입장을 취하였다(대판 2019. 3. 28, 2018도16002 전합) 다만 이러한 판례의 입장은 위험성을 쉽게 인정할 수 있게 되어 가벌성의 확장을 지나치게 가져오는 문제점이 있다는 비판이 가능하다.

4. 소 결

이 사안은 마치 乙이 재물을 취득할 목적으로 사람을 살해하였으나 취득하려고 했던 재물이 없었음에도 위험성이 있다고 판단되어 불능미수에 해당하는 듯한 모습을 취하고 있다. 만일 법익침해의 위험성이 존재하지 않는다는 판단을 할 경우는 강도 부분에 대하여는 처벌을 할 수 없고 단순 살인죄의 죄책만 논의될 것이다. 하지만 일반인의 입장에서도 충분히 금고 안에 돈이 있었을 것으로 인식가능한 상황이었다는 점에서 강도의 법익침해의 위험성도 존재한다고 봄이 타당하다. 최근 판례에 의할 때에도 피고인이 행위당시에 인식한 사정은 분명 금고안에 돈이 있었다는 것이므로 위험성을 인정할 수 있다. 그렇다면 강도살인죄의 기수와 미수는 강도의 기수와 미수가 아닌, 살인의 기수와 미수에 따라 결정된다. 즉 강도의 미수라도 살인이 기수가 된 경우에는 강도살인죄의 미수범이 아니라 기수범으로 인정하고 있는 것이 우리 법원의 입장이다(대판 1986. 9. 23, 86도1526; 대판 1987. 1. 20, 86도2308). 따라서 이 사안에서 비록 乙이 취득하고자 하는 재물을 취득하지는 못했지만, 강도살인죄로 처벌할 수는 있다고 본다.

5. 주거침입죄와의 관계

乙이 A의 집에 들어간 행위는 주거침입죄에 해당한다. 하지만 형법 제334조의 특수강도죄는 기본적으로 주거침입을 구성요건요소로 포함하고 있어 그 불법을 포함하고 있기에 주거침입죄는 법조경합 중 특별관계로서 별도로 성립하지 않는다고 해석할 수 있고 나아가 형법 제338조의 강도살인죄의 '강도'에는 특수강도죄의 불법을 모두 포함하고 있으므로 주거침입죄는 별도로 성립하지 않는다고 봄이 타당하다고 본다.

IV. 丙의 죄책

1. 문제점

(1) 丙은 甲으로부터 살인의 교사를 받고 乙과 함께 모의하여 乙이 집안으로 들어가 A를 살해하기로 하면서 만약 A가 눈치채고 도주하는 경우 丙이 집 밖에서 기다리고 있다가 A를 살해하기로 하였다. 그러나 집 밖에서 기다리고 있던 丙은 마침 약국에 다녀오던 A를 보고 살해하려고 하는 순간 乙이 도주하는 것을 보고 뭔가 일이 잘못되었다고 생각하면서 살해행위를 중지하고 다음 기회로 범죄를 미루고 도주하였다. 이 경우 丙에게 스스로 범죄를 중지한 것으로 보아 중지미수를 인정할 수 있을 것인지가 문제된다.

(2) 또한 공범인 乙이 강도살인을 결의하고 실행에 나간 부분에 대하여 丙이 공동정범으로서 책임을 부담해야할 것인지가 문제된다.

2. 중지미수의 성립요건

(1) 주관적 요건 – 자의성의 인정 여부

1) 중지미수가 성립하기 위하여는 행위자가 스스로 범죄를 중지하는 자의성이 인정되어야 한다. 자의성의 판단기준에 대하여는 ① 외부적 사실과 내부적 동기를 구별하여 외부적

사정에 의하여 범죄가 완성되지 않은 경우는 장애미수이고 그렇지 않은 때가 중지미수라는 객관설, ② 후회, 동정, 기타 윤리적 동기에 의하여 중지한 경우만이 중지미수이고 그렇지 않은 때는 전부 장애미수라는 주관설, ③ 할 수 있었음에도 불구하고 하기를 원하지 않아서 중지한 때가 중지미수이고, 하려고 하였지만 할 수가 없어서 중지한 때가 장애미수라는 프랑크의 공식, ④ 일반 사회 관념상 범죄수행에 장애가 될 사유가 있어 그만둔 경우는 장애미수이지만, 그러한 사유가 없음에도 불구하고 자기의사에 의하여 중지한 경우에는 중지미수를 인정하는 절충설, ⑤ 범인의 범행중지의 동기가 형의 필요적 감면을 받을 만한 가치가 있다고 평가되는 경우에는 중지미수이고, 그렇지 않은 경우에는 장애미수라는 규범설 등이 대립한다.

2) 판례는 사회통념상 범죄를 완성하는 데 외부적 장애사유가 있었는지 여부에 따라 판단하는 입장을 취함으로써, 자율적 중지의 경우에는 자의성을 인정하지만, 발각·처벌의 두려움(대판 2011. 11. 10, 2011도10539), 공포심(대판 1997. 6. 13, 97도957; 대판 1999. 4. 13, 99도640)이나 여성의 생리 같은 외부적 영향이 있는 경우에는 자의성을 부정하는 절충설의 입장을 취하고 있다(대판 1993. 4. 13, 93도347; 대판 1985. 11. 12, 85도2002).

3) 자의성 판단에 관한 판례의 입장인 절충설의 관점에서 보면, 丙은 때마침 약국을 다녀오는 A를 보고 살해하려고 하였으나, 乙이 도주하는 것을 보고 원래의 범죄계획에 차질이 있다고 판단하여 범행을 다음 기회로 미루고 도주하였다. 이 사안에서 丙은 비록 乙이 도주하는 것을 보고 일이 잘못되었다고 생각은 하였지만, 스스로 범죄를 완성할 수 있었음에도 다음 기회로 범죄를 미루고 중지한 경우 사회일반의 경험칙상 범죄수행에 장애가 될 외부적 장애가 있다고 보여지지 않기 때문에 중지미수의 자의성을 인정할 수 있을 것으로 본다. 물론 이 경우 중지미수를 인정하기 위하여 범죄의 종국적인 포기를 요하는가에 대하여, 또 다시 종국적인 포기가 있어야 중지미수가 성립한다는 견해와 반드시 종국적인 포기를 전제하지 않는다는 견해로 대립된다. 우리 형법은 중지미수를 처벌하지 않는 독일 형법과 달리, 필요적 감경·면제를 하도록 하고 있으므로 중지미수의 성립에 종국적인 범죄 포기까지 요구할 필요는 없을 것으로 본다. 이처럼 중지미수의 주관적 요건이 충족된다면 다음으로 객관적 요건에 대한 검토가 필요하다.

(2) 객관적 요건 – 실행중지 또는 결과방지의 인정 여부

1) 중지미수의 객관적 요건을 판단하려면 우선 착수미수인지 실행미수인지를 구별하여야 한다. 중지미수의 객관적 요건으로서 착수미수의 경우는 실행의 중지를, 실행미수의 경우는 결과의 방지를 필요로 하기 때문이다.

2) 이 사안의 경우 丙은 약국을 다녀오는 A를 보고 살해하려고 함으로써 실행의 착수에

들어갔으나 乙이 도주하는 모습을 보고 살해행위의 중지함으로써 실행을 완료하지는 못하였다. 따라서 丙의 행위는 착수미수에 해당하고 실행의 중지로 중지미수의 객관적 요건은 성립한다고 할 수 있다. 그렇다고 하더라도 미수가 성립하기 위해서는 결과가 발생하지 않아야 한다. 따라서 이 사안에서 乙이 A인줄 알고 살해한 B에 대한 살해행위를 丙에게 어떻게 적용할 것인지가 문제이다.

3. 공동정범의 착오

乙과 丙은 A를 살해하기로 모의하였다. 그러나 공동정범 중 1인인 乙이 B를 A로 오인하고 살해하는 객체의 착오가 발생하였다. 즉 공동정범의 착오가 발생하였다. 공동정범의 착오란 공동정범 간의 의사연락의 내용과 다른 범죄의 결과가 발생한 경우를 말한다. 이에 대하여 공동정범 1인의 착오는 다른 공동정범에게는 방법의 착오[20]로 보아야 한다는 입장이 있을 수 있다. 그러나 이 사안처럼 공동정범의 의사연락과 같은 내용의 죄를 범하려다가 공동정범 1인이 사실의 착오를 일으킨 경우에는 단독정범에서의 착오와 같은 방식으로 해결함이 공동정범의 본질상 타당하다고 할 것이다. 따라서 이 사안에서 비록 丙이 살해행위를 스스로 중지한 중지미수가 성립한다고 하더라도 乙이 B를 A로 오인하고 살해한 결과에 대하여 丙에게도 동일한 책임을 인정할 수 있을 것이다.

4. 乙의 강도 부분에 대하여도 책임을 지는지 여부

乙이 丙과 공모한 내용과 달리 강도살인으로 나아간 경우, 즉 의사연락의 내용과 공동정범의 일부가 실행한 범죄 사이에 양적 차이가 있는 경우, 나머지 공동정범에게 책임을 물을 수 있을 것인가와 관련하여, 이 경우 책임을 지지 않는 것으로 봄이 타당하다. 왜냐하면 공동정범이 성립하기 위하여는 주관적 요건으로 공동가공의 의사가 존재하여야 하고 객관적 요건으로 공동가공의 사실이 존재하여야 하는데 丙은 강도 부분에 대하여는 전혀 알지도 못하였고 범행시에도 이를 인식하지 못하였다. 따라서 丙은 乙이 초과실행한 강도 부분에 대하여는 책임을 지지 않는다고 볼 것이고 결국 강도살인의 책임을 지지 않는다.

---

20) 판례는 방법의 착오의 경우도 고의를 부정하지 않으므로 법정적 부합설의 입장이라고 할 것이므로 판례에 의하면 방법의 착오로 본다고 하더라도 결론에 영향을 미치지 못한다. "사람을 살해할 목적으로 총을 발사한 이상 그것이 목적하지 아니한 다른 사람에게 명중되어 사망의 결과가 발생하였다 하더라도 살의를 저각하지 않는 것이라 할 것이니 원심인정과 같이 피고인이 하사 공소외 1을 살해할 목적으로 발사한 총탄이 이를 제지하려고 피고인 앞으로 뛰어들던 병장 공소외 2에게 명중되어 공소외 2가 사망한 본건의 경우에 있어서의 공소외 2에 대한 살인죄가 성립한다 할 것이다(대판 1975. 4. 22, 75도727)."

5. 소 결

이 사안에서 丙은 살인행위를 착수는 하였으나 다음 기회로 미룸으로써 자의적으로 범죄를 중지한 점에서 중지미수가 성립할 수도 있어 보이나, 궁극적으로 공동정범인 乙의 행위를 통해 살인의 결과가 발생하였으므로 丙에게 살인죄의 기수가 성립한다. 판례도 다른 공범자의 범행을 중지케 한 바 없으면 범의를 철회하여도 중지미수가 될 수 없다는 입장을 취하고 있다(대판 1969. 2. 25, 68도1676).

Ⅴ. 丁의 죄책

1. 문제점

丁의 경우 A에 대한 사실을 적시함으로써 명예훼손죄가 성립될 수 있을지 문제된다. 특히 비공개 대화방에서 일대일 대화를 한 것에 불과하다는 점에서 공연성이 인정될 수 있을지 검토해 보아야 한다.

2. 공연성 존재 여부

(1) 공연성이란 불특정 또는 다수가 인식할 수 있는 상태(판례·통설)를 말한다. 이러한 공연성을 판단하는 기준에 대하여는 ㉠ 전파가능성설(판례) ㉡ 직접인식가능성설(통설)이 대립되고 있으나 전파성이론은 공연성의 의미를 지나치게 확장시킴으로서 유추적용금지의 원칙에 저촉되고 표현의 자유를 지나치게 제한하는 문제점이 있다. 하지만 판례는 여전히 사실을 적시한 상대방이 특정개인이라 하더라도 상대방이 불특정 또는 다수인에게 전파할 가능성이 있으면 공연성이 있다고 하여 전파가능성설을 유지하고 있다.

(2) 사안의 경우 일대일 비공개 대화방이라고 하지만 판례의 전파가능성이론에 의하면 전파할 가능성이 높은 戊에게 사실을 적시하는 것만으로도 충분히 공연성을 인정할 수 있게 된다.

3. 판례의 입장

명예훼손죄의 구성요건인 공연성은 불특정 또는 다수인이 인식할 수 있는 상태를 의미하므로, 비록 개별적으로 한 사람에 대하여 사실을 유포하였다 하더라도 그로부터 불특정 또는 다수인에게 전파될 가능성이 있다면 공연성의 요건을 충족한다. 개인 블로그의 비공개 대화방에서 상대방으로부터 비밀을 지키겠다는 말을 듣고 일대일로 대화하였다고 하더라도, 그 사정만으로 대화 상대방이 대화내용을 불특정 또는 다수에게 전파할 가능성이 없다고 할 수 없으므로, 명예훼손죄의 요건인 공연성을 인정할 여지가 있다(대판 2008. 2. 14, 2007도8155).

그러나 예비역 병장 3명을 카카오톡 채팅방으로 초대하여 상관의 명예를 훼손하는 내용의 글을 올린 사건에서 항소심은 "전파가능성을 이유로 공연성을 인정하게 되면 상대방의 의사에 따라 범죄의 성립여부가 결정되고 표현의 자유가 지나치게 제한될 우려가 있으므로 전파가능성을 이유로 한 공연성의 인정에는 보다 신중을 기해야 한다"고 판시하였고 대법원(대판 2018. 4. 12, 2016도21662)도 항소심의 무죄판결을 확정한 바 있다. 이 사건에서 3명 중 1명은 휴대전화번호 변경으로 메시지를 수신하지 못했고 한명을 읽기는 했지만 관심이 없었다고 진술했다. 이후 대법원 전원합의체[21]를 통해 전파성 이론을 유지함을 확실히 하였다.

4. 소 결

(1) 전파성이론은 공연성의 의미를 지나치게 확장시킴으로서 유추적용금지의 원칙에 저촉될 위험이 있으며 사적·개인적인 정보의 교환도 전파가능성이 있다고 하게 되어 표현의 자유를 지나치게 제한할 뿐만 아니라, 범죄성립 여부가 상대방의 전달의사에 좌우된다는

---

21) (가) 공연성은 명예훼손죄의 구성요건으로서, 특정 소수에 대한 사실적시의 경우 공연성이 부정되는 유력한 사정이 될 수 있으므로, 전파될 가능성에 관하여는 검사의 엄격한 증명이 필요하다. 나아가 대법원은 '특정의 개인이나 소수인에게 개인적 또는 사적으로 정보를 전달하는 것과 같은 행위는 공연하다고 할 수 없고, 다만 특정의 개인 또는 소수인이라고 하더라도 불특정 또는 다수인에게 전파 또는 유포될 개연성이 있는 경우라면 공연하다고 할 수 있다'고 판시하여 전파될 가능성에 대한 증명의 정도로 **단순히 '가능성'이 아닌 '개연성'을 요구**하였다.

(나) 공연성의 존부는 발언자와 상대방 또는 피해자 사이의 관계나 지위, 대화를 하게 된 경위와 상황, 사실적시의 내용, 적시의 방법과 장소 등 행위 당시의 객관적 제반 사정에 관하여 심리한 다음, 그로부터 상대방이 불특정 또는 다수인에게 전파할 가능성이 있는지 여부를 검토하여 종합적으로 판단하여야 한다. 발언 이후 실제 전파되었는지 여부는 전파가능성 유무를 판단하는 고려요소가 될 수 있으나, **발언 후 실제 전파 여부라는 우연한 사정은 공연성 인정 여부를 판단함에 있어 소극적 사정으로만 고려**되어야 한다. 따라서 전파가능성 법리에 따르더라도 위와 같은 객관적 기준에 따라 전파가능성을 판단할 수 있고, 행위자도 발언 당시 공연성 여부를 충분히 예견할 수 있으며, 상대방의 전파의사만으로 전파가능성을 판단하거나 실제 전파되었다는 결과를 가지고 책임을 묻는 것이 아니다.

(다) 추상적 위험범으로서 명예훼손죄는 개인의 명예에 대한 사회적 평가를 진위에 관계없이 보호함을 목적으로 하고, 적시된 사실이 특정인의 사회적 평가를 침해할 가능성이 있을 정도로 구체성을 띠어야 하나, 위와 같이 침해할 위험이 발생한 것으로 족하고 침해의 결과를 요구하지 않으므로, 다수의 사람에게 사실을 적시한 경우뿐만 아니라 소수의 사람에게 발언하였다고 하더라도 그로 인해 불특정 또는 다수인이 인식할 수 있는 상태를 초래한 경우에도 공연히 발언한 것으로 해석할 수 있다(대판 2020. 11. 19, 2020도5813 전합).

불합리성이 있다는 점에서 직접인식가능성설이 타당하다고 볼 것이다.

(2) 전파가능성이란 판단기준이 명확하다고 볼 수 없는 이상 형법의 구성요건의 정형성 확보차원에서 불특정 또는 다수인이 현실적으로 인식할 필요는 없지만 불특정 또는 다수인이 직접 인식할 수 있는 상태에 이르러야 공연성을 인정할 수 있다고 봄이 타당하다(대판 2020. 11. 19, 2020도5813 전합 반대의견). 사안의 경우도 일대일 대화의 경우 불특정 또는 다수인이 직접 인식할 수 있는 상태에 있다고 볼 수 없으므로 공연성을 부정함이 타당하다고 본다. 다만, 상당한 다수가 참가한 대화방이라면 아무리 비밀유지를 약속했다고 하더라도 다수에 해당하여 공연성이 인정된다. 인터넷 포털사이트에 댓글을 다는 것은 불특정 다수가 인식할 수 있는 상태이므로 공연성이 인정된다(대판 2008. 7. 10, 2008도2422).

VI. 사안의 해결

(1) 甲은 乙과 丙으로 하여금 A를 살해하는 행위를 결의하고 이 결의에 의하여 살인범죄를 실행하도록 함으로써 기본적으로 살인죄의 교사가 성립한다. 다만, 乙이 범죄실행의 과정에서 객체를 착오한 부분에서는 교사자인 甲의 입장에서는 방법의 착오가 성립한다고 보아, 甲은 A에 대한 살인미수와 B에 대한 과실치사의 상상적 경합범으로 죄책을 진다. 다만 乙이 초과하여 실행한 강도살인에 대하여는 책임을 지지 않는다.

(2) 다음으로 乙은 A를 살해하고 돈을 취득하려는 강도살인을 결의하고 행위에 나아갔으나, B를 A로 오인하고 살해한 점과 취득하려는 돈이 금고에 없어 재물의 취득이 처음부터 불가능한 상황에서, 비록 객체의 착오가 있었다고 하나 살인의 결과에 대한 책임을 물을 수 있고, 강도살인의 경우 강도가 미수에 그치더라도 살인이 기수인 경우 강도살인의 기수을 인정할 수 있다고 보아, 乙은 강도살인죄에 해당한다.

(3) 丙은 A를 살해하려다 乙이 도주하는 것을 보고 범죄를 다음 기회로 미루고 스스로 중지하였지만, 공동정범인 乙에 의해 살인의 결과가 발생하였으므로 살인죄의 공동정범으로서 죄책을 면할 수 없다. 다만, 乙에 의해 초과된 강도살인의 죄책은 지지 않는다.

(4) 일대일 대화의 경우 불특정 또는 다수인이 직접 인식할 수 있는 상태에 있다고 볼 수 없으므로 공연성을 부정함이 타당하고 丁은 명예훼손죄가 성립하지 아니한다고 볼 것이다. 다만, 판례는 이러한 경우 전파가능성이론을 통하여 공연성을 긍정하므로 형법 제307조 제1항의 명예훼손죄가 성립할 수 있게 된다.

18. 연결효과에 의한 상상적 경합 / 뇌물죄의 제 문제

○ 사례 18

구청 건설국 도시과에서 지적 고시에 따른 도시계획도 지적선 정리 및 확인서 발급 등의 업무에 종사하는 甲은 건축사 사무실 직원이면서 재개발주택조합 조합장인 乙로부터 다세대주택부지 경계선이 도시계획도로선과 90cm 떨어져 평행으로 되어 있어서 위 다세대주택의 건축에 애로가 있으니 위 다세대주택 부지의 경계선과 도시계획도로선을 일치시켜달라는 부탁을 받았다. 甲이 난색을 표하자 乙은 자신이 조합장으로 있는 주택조합이 건축하여 분양하는 프리미엄이 최소 3,000만원 이상 예상되는 트라움팰리스 아파트 64평형 1세대를 분양해 주었다. 이 아파트는 당첨자의 분양포기로 조합에서 임의분양하기로 한 것으로서 甲은 분양대금을 전액 지급하고 분양권을 매수하였다. 그리고 나서 甲은 乙이 부탁한대로 지우개로 위 부지의 토지경계선과 90cm 떨어져 평행으로 그어져 있는 도시계획도로선을 지우고 붉은 색 먹으로 위 부지의 경계선과 일치하도록 도시계획도로선을 새로 그어 도시계획도를 고쳐 구청의 지적서고에 비치하였다. 甲이 분양받은 전후에 같은 층의 동일평형 아파트는 실제로 3,000만원의 프리미엄이 붙어 거래되고 있었다. 甲은 그 아파트에 입주하여 현재까지 거주하고 있다.

乙은 사업상 甲과 계속 관계를 유지해야 좋을 것으로 판단하고 甲에게 휴대폰으로 전화하여 감사의 뜻을 전하고 싶다고 하였다. 이에 甲은 다른 사람의 이목을 피하기 위하여 집이었으면 좋겠다고 말하고 부인 丙에게 전화하여 乙이 집으로 가져오는 것을 받으라고 하였다. 부인 丙은 뇌물인 것을 알면서 100만원권 수표 3장이 들어 있는 봉투를 받았다.

甲, 乙, 丙의 형사책임은?

해 설

Ⅰ. 논점의 정리

사안에서 甲은 乙로부터 일응 두 차례에 걸쳐 뇌물을 수수하였다고 보여진다. 따라서 각각의 뇌물수수행위에서 문제되는 죄책을 검토한 다음 그 죄수관계를 살펴보도록 한다.

(1) 甲은 乙로부터 도시계획도로선을 고쳐달라는 청탁을 받고 그 대가로 아파트를 분양받은 다음 부탁대로 도시계획도로선을 변경하였다. 이를 '첫 번째 뇌물수수행위'라 한다.

① 甲에게는 우선 뇌물을 받고 청탁의 내용에 따른 부정행위를 하였다는 점에서 수뢰후 부정처사죄가 문제되고, 수뢰액의 정도에 따라 특정범죄 가중처벌 등에 관한 법률(이하 '특가법'이라 한다)에 의해 가중처벌해야 할 것인지도 문제된다.

공도화인 도시계획도 상의 도로선을 변경한 행위는 공도화변조죄로, 변경된 도시계획도를 구청 서고에 비치한 행위는 변조공도화행사죄로 평가할 수 있다. 이 경우 공도화변조 및 동 행사죄와 수뢰후부정처사죄 간의 죄수관계에 있어 이른바 '연결효과에 의한 상상적 경합'의 문제를 검토하겠다.

② 乙의 경우 우선 증뢰죄가 문제되며, 甲에게 도시계획도를 고쳐 줄 것을 부탁하였다는 점에서 공도화변조 및 동 행사죄의 교사범이 성립하는지도 검토해야 한다. 乙이 甲에게 분양권을 매수할 수 있게 해 준 행위를 조합에 대한 신임관계에 위반한 것으로 평가하여 업무상 횡령 내지 배임죄로 처벌할 수 있는지도 문제된다.

(2) 乙은 甲과 좋은 관계를 유지하기 위해서 甲의 부인 丙을 통해 또다시 뇌물을 제공하였다. 이를 '두 번째 뇌물수수행위'라 한다.

① 甲의 죄책을 판단함에 있어서 직접 뇌물을 수뢰한 甲의 부인 丙을 공무원 甲과는 별개의 제3자로 본다면 제3자뇌물공여죄 등이 문제되겠지만, 丙이 뇌물을 수뢰한 행위를 공무원 甲이 직접 수뢰한 것과 마찬가지로 평가한다면 단순수뢰죄가 문제될 뿐이다. 甲에게 단순수뢰죄가 인정될 경우에도 甲이 丙을 이용한 행위를 공무원이 비신분자를 이용한 간접정범의 형태로 보아, 甲을 수뢰죄의 간접정범으로 평가할 것인지가 문제된다.

② 뇌물이라는 사실을 알면서도 乙이 주는 봉투를 받은 甲의 부인 丙에게는 증뢰물전달죄 또는 단순수뢰죄의 공범 여부가 문제된다.

③ 甲의 부인 丙을 남편에 대한 관계에서 제3자로 평가할 것인지 여부에 따라 乙에게도 제3자증뢰물교부죄 또는 단순증뢰죄로 그 죄책이 달라진다.

甲과 丙의 경우 두 번째 뇌물수수행위가 첫 번째 뇌물수수행위와의 관계에서 연속성이 있다고 보아 포괄일죄로서 뇌물죄의 연속범을 인정할 것인지도 살펴보겠다.

II. 첫 번째 뇌물수수행위에서의 형사책임

1. 甲의 죄책

(1) 수뢰후부정처사죄(형법 제131조 제1항)의 성부

1) 의 의

수뢰후부정처사죄는 공무원 또는 중재인이 수뢰했을 뿐만 아니라, 나아가 부정한 행위를 함으로써 성립하는 범죄이다. 본 죄는 단순수뢰죄에 대한 불법가중적 구성요건으로서 '수뢰행위'와 그 사후의 '부정행위'가 모두 행하여져야 한다.

2) 수뢰행위의 인정 여부

사안에서 甲은 분양대금을 '전액' 지급하고 분양권을 매수하였는데, 이처럼 대가를 지불한 경우에도 뇌물죄에서의 '부당한 이익'을 인정할 수 있는지가 문제된다.

판례는 "공무원이 뇌물로 투기적 사업에 참여할 기회를 제공받은 경우, 뇌물수수죄의 기수 시기는 투기적 사업에 참여하는 행위가 종료된 때로 보아야 하며(대판 2002. 5. 10, 2002도2251. 동일한 판시로 대판 2011. 7. 28, 2009도9122), 그 행위가 종료된 후 경제사정의 변동 등으로 인하여 당초의 예상과는 달리 그 사업 참여로 아무런 이득을 얻지 못한 경우라도 뇌물수수죄의 성립에는 영향이 없다"고 판시하고 있다(대판 2002. 11. 26, 2002도3539). 따라서 조합아파트 가입권에 붙은 프리미엄(대판 1992. 12. 22, 92도1762), 부동산 시세가 급등할 시점의 대토분양권(대판 1995. 9. 5, 95도1269), 향후 개발되면 가격이 많이 상승할 임야를 매입할 기회를 얻는 것(대판 2002. 5. 10, 2002도2251)처럼 투기적 사업에 참여할 기회를 얻는 것도 이익에 해당한다.

뇌물죄에 있어서의 뇌물의 내용인 이익은 수뢰 당시에 현존할 필요는 없고 그 가액이 확정되어 있지 않아도 뇌물죄가 성립하는 데에는 영향이 없다. 사안에서 甲은 프리미엄이 예상되는 아파트를 분양받았기 때문에 분양 당시에 프리미엄의 금액이 불확실하였더라도, 주택조합이 선택한 수분양자가 되어 분양계약을 체결한 것 자체가 경제적인 이익이라고 볼 수 있다. 나중에 3,000만원의 프리미엄이 발생하였으나 이는 수뢰 행위 이후에 뇌물죄의 이익이 보다 구체화·현실화된 것에 불과하다.

3) 부정행위의 인정 여부

본 죄가 성립하기 위해서는 수뢰행위 후 이와 인과관계가 인정되는 부정한 행위를 하여야 한다. 부정한 행위라 함은 직무에 위배되는 일체의 행위를 말하며, 직무행위 자체나 그

와 객관적으로 관련 있는 행위를 포함한다(대판 2003. 6. 13, 2003도1060). 甲은 아파트의 분양권을 매수한 후 도로선을 고쳐달라는 乙의 요구대로 이를 수정하여 비치하였다. 甲은 도시계획도 지적선 정리 등의 직무를 수행하고 있는 공무원으로서 법률상 근거가 있는 경우에만 도시계획도를 변경할 수 있다. 그러나 甲은 아무런 법률상 근거 없이 도시계획도를 임의로 변경하였으므로 수뢰행위에 따른 부정한 행위로 평가할 수 있다. 따라서 수뢰후부정처사죄의 죄책이 인정된다.

4) 특정범죄 가중처벌 등에 관한 법률(제2조)의 적용 여부[22]

동법 제2조에 의하면 수뢰액이 3천만원 이상 5천만원 미만인 경우에는 5년 이상의 유기징역, 5천만원 이상 1억원 미만인 경우에는 7년 이상의 유기징역, 1억원 이상인 경우에는 무기 또는 10년 이상의 징역에 처한다. 다만 특가법에서는 가중처벌되는 죄로서 형법 제129조(수뢰, 사전수뢰죄), 제130조(제3자뇌물제공죄), 제132조(알선수뢰죄)를 규정하고 있으나 제131조(수뢰후부정처사죄)는 제외하고 있다.

이에 대해서 동법의 취지로 보아 수뢰후부정처사죄도 특가법의 적용대상에 포함된다고 보는 견해가 있다. 판례 역시 "형법 제131조 제1항은 공무원 또는 중재인이 **형법 제129조**, 제130조의 죄를 범한 후에 부정한 행위를 한 때에 가중처벌한다는 규정이므로, 형법 제131조 제1항의 죄를 범한 자는 특정범죄가중처벌등에관한법률 제2조 제1항 소정의 형법 제129조, 제130조에 규정된 죄를 범한 자에 해당된다"라고 판시한 바 있다(대판 1969. 12. 9, 69도1288; 대판 2004. 3. 26, 2003도8077).

그러나 이러한 해석은 죄형법정주의에 반할뿐더러 형법상 이미 수뢰후부정처사죄의 경우 단순수뢰죄 등에 비해 가중처벌하고 있고 부정행위의 경우 별도로 형법상 죄책(사안의 경우 공문서변조 및 동 행사죄)이 인정되기 때문에 이를 특가법에 의해 해결하지 않으려는 것이 입법자의 의사라고 해석함이 타당한 측면이 있다. 이 견해에 의하면, 형법 제131조의 수뢰후부정처사죄로 처벌되어야 한다. 그러나 수뢰후부정처사죄의 구성요건은 형법 제129조의 단순수뢰죄를 포함하고 있으므로 특가법이 적용되는 것으로 해석하는 것이 법의 목적

---

22) 이 사안에서는 몰수의 범위와 관련하여 기 납입한 분양대금의 공제 여부가 함께 문제된다. 甲은 분양대금을 전액 지급하였다는 점에서 이를 공제할 것인지 검토할 필요가 있다. 공무원이 뇌물을 받음에 있어서 그 취득을 위하여 상대방에게 뇌물의 가액에 상당하는 금원의 일부를 비용의 명목으로 출연하거나 그 밖에 경제적 이익을 제공하였다 하더라도, 이는 뇌물을 받는 데 지출한 부수적 비용에 불과하다. 판례 역시 "공무원이 받은 뇌물이 그 뇌물의 가액에서 위와 같은 지출액을 공제한 나머지 가액에 상당한 이익에 한정되는 것이라고 볼 수는 없으므로, 그 공무원으로부터 뇌물죄로 얻은 이익을 몰수·추징함에 있어서는 받은 뇌물 자체를 몰수하여야 하고, 그 뇌물의 가액에서 위와 같은 지출을 공제한 나머지 가액에 상당한 이익만을 몰수·추징할 것은 아니다(대판 1999. 10. 8, 99도1638)"라고 판시하고 있다. 사안에서 甲이 트라움팰리스 아파트의 분양대금을 전액 지급하였더라도 이는 경제적 이익을 얻기 위해 甲이 지출한 부수적인 비용에 불과하므로 분양대금을 공제할 수 없다.

에 부합하는 해석이라고 생각한다. 따라서 사안의 경우 그 수뢰액이 수뢰 당시 3천만원 이상으로 볼 수 있으므로 특가법 제2조 제1항에 의해 가중처벌되는 것이 타당하다.

(2) 공도화변조 및 동 행사죄의 성부

1) 공도화변조죄(형법 제225조)의 성부

사안에서 甲은 乙이 요구한 대로 도로선이 경계선과 일치하도록 도시계획도를 임의로 변경하였다. 甲에게 도시계획도 도로선을 변경할 수 있는 권한이 있다면 허위공도화작성죄가 성립하겠지만, 그러한 권한이 없는 경우에는 공도화 위·변조죄가 성립한다.

사안에서 설시된 바에 따르면 甲은 지적고시에 따른 도시계획도 지적선 정리 등의 업무에 종사하는 자이다. 따라서 공무원 甲은 지적고시에 의해 법률상 근거가 있는 경우에만 도시계획도 도로선을 변경할 수 있다. 甲은 지적고시에 의해 도로선을 변경한 것이 아니라, 청탁을 받고 임의로 도로선을 변경한 것이므로 허위공도화작성죄가 아닌 공도화위·변조죄가 성립한다. 지적선을 90cm 정도 변경하는 행위는 지적도의 동일성을 해하지 않는 범위 내에서 변경을 가하는 정도로 평가할 수 있으므로 공도화변조죄에 해당한다. 판례도 이와 유사한 사안에서 공도화변조의 죄책을 인정한 바 있다(대판 2001. 2. 9, 2000도1216).

2) 변조공도화행사죄(형법 제229조)의 성부

본 죄는 위조·변조된 공도화를 행사함으로써 성립하는 범죄로서, '행사'란 변조된 도화를 진실한 내용의 것인 양 사용하여 상대방이 오해할 수 있는 상태에 두는 것을 말한다. 그 상대방은 공무원·일반인을 불문한다.

사안의 경우 甲은 도시계획도를 변조한 것에 그치지 아니하고 이를 지적서고에 비치하여 일반인이 열람할 수 있게 하였으므로 변조공도화행사죄 역시 성립한다.

3) 죄수관계

甲에게는 수뢰후부정처사죄, 공도화변조죄 및 동 행사죄가 성립한다. 수뢰 후의 부정행위는 공도화를 변조하고 행사한 행위와 단일성을 갖고, 1개의 행위가 보호법익을 달리하는 별개 범죄의 구성요건을 충족시키므로 수뢰후부정처사죄는 허위공문서작성죄·동 행사죄와 각각 상상적 경합관계에 있다.

목적을 달성하기까지의 수 개의 행위에 대해 실행행위의 부분적 동일성을 인정하여 상상적 경합관계로 평가한다면 공도화를 변조하고 행사한 행위는 상상적 경합관계로 평가되고, 그렇다면 사안에서는 세 가지 범죄가 '모두' 상상적 경합관계에 있으므로 형이 가장 중한 수뢰후부정처사죄로 처벌하면 족하다. 그러나 판례는 공도화를 변조한 행위와 이를 행사한 행위는 '별개'의 행위로서 실체적 경합범관계에 있다고 평가하고 있다. 이러한 태도에 의할 경우에는 제3의 행위인 수뢰후부정처사죄와의 관계에서 소위 연결효과에 의한 상상적 경합을 인정할 것인지가 문제된다.

(3) '연결효과에 의한 상상적 경합'의 인정 여부

1) 문제의 소재

연결효과에 의한 상상적 경합이란 실체적 경합관계에 있는 독자적인 2개의 범죄행위(A와 B)가 이들 범죄와 각각 상상적 경합의 관계에 있는 제3의 행위(C)에 의해서 서로 상상적 경합관계로 연결될 수 있다는 이론을 말한다.

연결이론의 입장에서는 만약 A와 B 사이에는 실체적 경합을 인정하면서 동시에 C는 A, B와 각각 상상적 경합관계에 있다고 한다면 두 개의 외부범죄(A, B)와 각각 실행행위의 부분적 동일성이 인정되는 C 범죄를 이중적으로 평가하는 문제점이 발생함을 지적한다. 동일한 실체행위가 수차례 양형과정에서 등장하게 되면 형벌의 책임상응성의 원칙이 무너지게 되므로 A, B는 서로 실체적 경합관계에 있는 범죄임에도 불구하고 상상적 경합관계에 있는 것으로 보아야 한다고 한다. 상상적 경합의 경우에는 중한 죄에 정한 형으로 처벌하면 족하나(형법 제40조), 실체적 경합의 경우에는 중한 죄에 정한 형의 장기의 1/2까지 가중하게 되므로(형법 제38조 제1항 제2호) 양형상 불균형이 발생할 수 있기 때문이다.

2) 견해의 대립

① 연결효과이론 제한적 긍정설   연결효과를 갖는 제3의 범행의 불법내용이 다른 2개의 범행보다 경하지 않아야 한다는 전제에서, 연결효과에 의한 상상적 경합을 인정한다. 수개의 범죄사실이 실체적 경합에 놓이면 그 범죄사실들은 소송법상으로도 별개의 사건이 되어야 한다는 것은 편의적 설정에 지나지 않으므로 이것에 매달릴 필요는 없고, 경합범 규정의 적용을 피하여 피고인에게 유리한 법효과를 부과하기 위해 일정한 예외로 연결효과에 의한 상상적 경합을 인정할 필요가 있다고 한다.

② 연결효과이론 부정설   두 개의 범죄 사이에 상상적 경합이 인정되려면 최소한 실행행위의 부분적 동일성이 인정되어야 하므로 서로 독립되어 실행행위의 부분적 동일성도 없는 2개의 행위가 제3의 행위에 의해서 1개의 행위가 될 수는 없다고 본다.

③ 판례의 태도   대법원은, "형법 제131조 제1항의 수뢰후부정처사죄에 있어서 공무원이 수뢰 후 행한 부정행위가 허위공문서작성 및 동 행사죄와 같이 보호법익을 달리하는 별개 범죄의 구성요건을 충족하는 경우에는 수뢰후부정처사죄 외에 별도로 허위공문서작성 및 동 행사죄가 성립하고 이들죄와 수뢰후부정처사죄는 각각 상상적 경합관계에 있다고 할 것인바, 이와 같이 허위공문서작성죄와 동 행사죄가 수뢰후부정처사죄와 각각 상상적 경합범관계에 있을 때에는 허위공문서작성죄와 동 행사죄 상호간은 실체적 경합범관계에 있다고 할지라도 상상적 경합범관계에 있는 수뢰후부정처사죄와 대비하여 가장 중한 죄에 정한

형으로 처단하면 족한 것이고 따로이 경합가중을 할 필요가 없다(대판 1983. 7. 26, 83도1378)"
라고 판시하였고, 이러한 입장은 공도화변조죄 및 동 행사죄와 수뢰후부정처사죄 간의 죄
수관계가 문제된 사안에서도 그대로 유지되고 있다(대판 2001. 2. 9, 2000도1216).

판례의 결론만을 중시하면 연결효과이론을 받아들인 것이라고 볼 수 있으나, 대법원은
이러한 결론에 이르게 된 이유를 전혀 언급하고 있지 아니하다. 따라서 이러한 판결에 대
하여 연결효과이론을 긍정하고 있다고 보는 견해와 부정하고 있다고 보는 견해로 평가가
나뉘고 있다.

3) 검토 및 사안의 해결

실체적 경합관계에 있는 두 개의 범죄(A, B)보다 제3의 연결범죄(C)가 중한 경우에 연결
효과에 의한 상상적 경합을 부정하게 되면, A와 C, B와 C 사이에서 각각 상상적 경합관계
가 발생하고, 또한 A와 B 두 개의 범죄는 실체적 경합관계에 있으므로, 결국 중한 C 범죄
가 두 번 성립하게 되어 결국 두 개의 C죄를 실체적 경합으로 가중해서 처벌해야 한다. 자
연적으로 C죄의 범행은 한 번뿐임에도 불구하고 이를 두 번 행한 경우처럼 실체적 경합으
로 처벌한다는 것은 명백히 부당하다.

반면에 연결효과에 의한 상상적 경합을 인정하게 되면, 행위자에게 실체적 경합범에 따
른 처단형을 부과하지 않으려는 양형상의 이유가 행위의 반복이라는 실체관계를 변경시키
는 것이 되어 논리적으로 문제가 있으며, A와 B 사이에는 분명 실체적 경합관계가 인정되
는데도 가장 중한 형의 1/2 가중이라는 경합범 가중이 이루어지지 않아 경우에 따라서는
행위자를 과형상 부당히 유리하게 취급하게 되므로 형사정책적으로 바람직하지 않다.

따라서 연결효과에 의한 상상적 경합을 부정하되, 이중평가를 피하면서 정당한 처벌을
가능하게 하기 위하여는 A와 B를 실체적 경합으로 가중한 후에 그것과 상상적 경합관계에
있는 C와 비교하여 중한 형으로 처벌하는 것이 타당하다.[23]

(4) 경계침범죄(형법 제370조)의 성부

본 죄는 경계표를 손괴·이동 또는 제거하거나 기타의 방법으로 토지의 경계를 인식불
능하게 한 경우에 성립하는 범죄이다. 甲은 지적선을 임의로 변경하여 도화상의 경계를 사
실과 상위하게 하였으나, 지적선을 변경하였다고 실제 토지의 경계가 불분명해지거나 인식

---

23) 다만 이러한 논의를 하기 위해서는 A와 B 두 개의 범죄가 실체적 경합관계에 있다는 것이 우선 전제
되어야 한다. 공도화변조 및 동 행사죄에 있어 공무원이 공도화를 변조한 후에 비로소 행사의 범의가
발생하여 이를 행사한 것이라면 실체적 경합의 관계에 있다고 볼 것이다. 그러나 사안은 '처음부터' 행
사의 목적으로 공도화를 변조한 것이므로 목적을 달성하기까지의 수 개의 행위로서 행위의 부분적 동
일성이 인정되므로 상상적 경합의 관계에 있다고 보아야 한다. 따라서 사안에서 공도화 변조 및 동 행
사죄와 수뢰후부정처사죄의 3개의 죄 간에는 처음부터 상상적 경합의 관계가 인정되는 것이지, 연결효
과에 의한 상상적 경합이 문제되는 경우에 해당하지 않는다.

불가능해지는 것은 아니므로 본 죄의 행위태양인 침범에는 해당하지 않는다.

(5) 소 결

甲에게는 수뢰후부정처사죄와 공도화변조죄 및 동 행사죄가 성립하고 이들 죄는 행위의 부분적 동일성이 인정되므로 상상적 경합관계에 있다. 따라서 가장 중한 죄인 수뢰후부정처사죄에 규정된 형으로 처벌된다. 뇌물죄에 있어 수뢰의 대상물은 필요적으로 몰수해야 하므로 甲이 분양받은 아파트는 몰수되어야 한다. 甲이 지불한 아파트의 분양대금은 뇌물을 받는 데 지출한 부수적 비용으로서 공제되지 않는다.

2. 乙의 죄책

(1) 증뢰죄(형법 제133조 제1항)의 성부

乙은 구청 건설국 도시과 공무원인 甲에게 도시계획도의 도로선을 고쳐달라는 부탁과 함께 시가앙등이 예상되는 아파트를 분양하여 주었으며, 이는 甲이 담당하는 지적 고시에 따른 도시계획도 지적선 정리 및 확인서 발급 등의 업무와 대가관계가 인정된다. 따라서 乙에게는 형법 제133조 제1항 증뢰죄의 죄책이 인정된다.

(2) 공도화변조(형법 제225조) 및 동 행사죄(제229조)의 교사범의 성부

乙이 甲에게 도시계획도의 도로선 변경을 부탁함으로써 甲이 공문서변조를 결의하여 실행하고 변조된 도시계획도를 구청의 지적서고에 비치하였으므로, 乙에게는 공문서변조 및 동 행사죄의 교사범이 성립한다.

(3) 업무상 횡령 내지 배임죄(형법 제356조)의 성부

乙은 자신이 조합장으로 있는 재개발주택조합 소유의 분양권을 甲에게 처분하는 방식으로 뇌물을 제공하였다. 시가앙등이 예상되는 아파트의 분양은 재산상의 이익에 대한 처분행위로서 일응 배임행위로 평가할 수 있다.

다만 사안의 경우 甲에게 매도한 분양권은 이미 조합이 임의처분하기로 한 분양권이므로 乙이 특별히 조합의 업무에 위배하여 직무를 집행했다고 보기도 어렵고, 甲이 그 분양가의 전액을 지급하고 분양권을 매수하였으므로 조합에 어떠한 손해도 발생한 바 없다. 따라서 乙은 업무상 배임의 죄책은 지지 아니한다.

III. 두 번째 뇌물수수행위에서의 형사책임

1. 甲의 죄책

(1) 제3자뇌물공여죄(형법 제130조) 내지 단순수뢰죄(형법 제129조 제1항)의 성부

1) 구성요건의 확정

두 번째의 뇌물수수행위에 있어서 공무원 甲은 직접 뇌물을 수수한 것이 아니라 자신의 부인 丙을 통해 수수하였으므로 제3자뇌물공여죄가 성립한다고 생각할 여지도 있다. 그러나 제3자뇌물공여죄에서의 '제3자'란 행위자와 공동정범자 이외의 사람을 말하며, 처자 기타 생활관계를 같이하는 동거가족은 제3자가 아니라 공무원의 使者 또는 대리인이다(대판 1998. 9. 22, 98도1234). 뿐만 아니라 제3자뇌물공여죄에서는 '부정한 청탁'을 요건으로 하기 때문에 설사 丙이 제3자에 해당한다고 하더라도 자기앞수표 300만원과 관련하여서는 아직 어떠한 부정한 청탁도 없어 본 죄의 구성요건해당성이 부정된다. 결국 甲의 수뢰행위는 단순수뢰죄의 구성요건에 해당한다.

2) (단순)수뢰죄의 간접정범(형법 제34조 제1항)의 성부

뇌물죄는 진정신분범으로서 신분은 구성요건요소이다. 甲의 부인 丙은 공무원이 아니기 때문에 단독으로는 뇌물죄의 주체가 될 수 없다. 이 경우 '신분 없는 고의 있는 도구를 이용한 경우'로 보아 甲에게 간접정범으로서의 죄책을 물을 수 있는지가 문제된다. 뇌물임을 안 丙에게 뇌물죄의 고의가 있다고 보면 丙을 단순한 도구로 보기는 어려우므로 과연 정을 아는 부인 丙을 사주한 甲에게 우월한 의사지배를 인정할 수 있는가가 의문시되는바, 甲에게 간접정범의 정범표지를 인정할 수 없다는 지적이 있다.

간접정범의 정범성 표지는 우월적인 의사로 피이용자를 지배하였다는 점에 있다. 범행지배의 의미를 사회적 범행지배 또는 규범적 및 심리적 범행지배로 이해할 경우에는 이 사례와 같은 경우에도 범행지배를 인정할 수 있다. 우월적 의사지배를 부정하여 간접정범의 성립을 인정하지 않으면 이용자 甲은 교사범이 될 수 있지만 공무원 신분이 없는 丙은 단독으로 수뢰죄의 정범이 될 수 없는 이상 정범 없는 교사범을 인정해야 하는 문제점이 발생하기 때문이다. 따라서 비신분자인 부인 丙을 이용하여 진정신분범인 뇌물죄를 행한 甲에게는 (단순)수뢰죄의 간접정범이 성립한다.

진정신분범을 의무적 신분범과 비의무적 신분범(지배범)으로 구분하여 간접정범의 정범성 표지인 우월한 의사지배는 비의무적 신분범에서만 타당하고, 의무적 신분범의 정범성 표지는 특별한 형법외적 특별의무의 위반에서 구하는 견해(의무범설)도 있다. 이에 따를 경우에도 甲은 의사지배와 관계없이 공무원으로서의 의무를 침해하여 구성요건적 결과를 실

현하였으므로 뇌물죄의 간접정범이 된다.

(2) 첫 번째의 뇌물수수행위와의 관계 – 연속범의 인정 여부

사안에서 공무원 甲은 乙로부터 두 차례에 걸쳐서 뇌물을 수수하였으므로 이를 포괄하여 뇌물죄의 연속범으로 평가할 것인지가 문제될 수 있다. 연속범이란 동일한 법익을 침해하는 행위가 연속하여 행하여진 경우로서, '법익의 동일성', '침해방법의 동종성', '시간·장소적 접착성', '범의의 단일성'이 인정될 경우에 포괄일죄로 평가하여 일죄로 처벌한다.

판례는 "여러 개의 뇌물수수행위가 있는 경우에 그것이 **단일하고 계속된 범의** 하에 동종의 범행을 일정 기간 반복하여 행한 것이고, 그 **피해법익도 동일**한 경우에는 각 범행을 통틀어 **포괄일죄**로 볼 것이지만, 그러한 **범의의 단일성과 계속성을 인정할 수 없을 때**에는 각 범행마다 별개의 죄가 성립하는 것으로서 **경합범**으로 처단해야 한다"고 판시한 바 있다 (대판 1998. 2. 10, 97도2836). 본 사안의 경우 제1의 뇌물수수행위는 도시계획도의 변조청탁에 따른 것으로서 수뢰후부정처사죄와 공도화변조죄 및 동 행사죄에 해당하나, 제2의 뇌물수수행위에서 증뢰자의 의도는 특별한 청탁 없이 사업상 좋은 관계를 유지하기 위한 것이므로 단순수뢰죄만이 성립한다. 따라서 각 행위에서 문제되는 죄책 간에 현격한 차이가 있어 연속성, 특히 범의의 단일성과 법익의 동일성을 인정할 수 없으므로 연속범에는 해당하지 않는다.

2. 丙의 죄책

앞에서 살펴본대로 공무원 甲의 부인 丙에게는 형법 제130조에서의 제3자성이 부정되므로 증뢰물전달죄(형법 제133조 제2항)에 해당하지 않고 다만 단순수뢰죄의 가담형태만이 문제된다. 신분 없는 고의 있는 도구의 경우에 단독으로 정범이 될 수는 없지만, 형법 제33조에 의해서 비신분자도 신분범의 공동정범 내지 방조범은 될 수 있다.

사안에서 丙은 그의 남편인 甲의 지시에 따라 乙이 건네준 100만원짜리 자기앞수표 3장을 받았는데 이러한 행위는 甲의 뇌물수수행위를 용이하게 한 것으로 평가할 수 있어 수뢰죄의 방조범을 인정함이 타당[24]하다. 뇌물수수행위에 적극 가담한 경우라면 공동정범을 인정할 여지도 있겠으나, 뇌물인 정을 알고 이를 받았다는 정도의 사실만으로는 뇌물수수에서 요구되는 기능적 범행지배에 해당한다고 평가하기는 어려울 것이다.

---

24) 丙이 방조범이 인정된다고 하여도 甲의 단순수뢰죄 간접정범이 성립하는 데 지장이 없다. 처벌되지 아니하는 자에는 뇌물죄의 정범으로 처벌되지 아니하는 자도 포함되는 것이기 때문이다.

3. 乙의 죄책

(1) 증뢰죄(형법 제133조 제1항)의 성부

앞에서 살펴본대로 丙은 남편 甲에 대한 관계에서 제3자로 평가할 수 없으므로 조합장 乙이 甲의 부인 丙에게 100만원권 수표 3장을 건넨 행위는 공무원 甲에게 직접 증뢰한 것과 다를 바 없다. 따라서 제133조 제2항의 증뢰죄가 아니라 제1항의 (단순)증뢰죄가 성립한다.

(2) 첫 번째의 증뢰행위와의 관계 – 연속범의 인정 여부

첫 번째 뇌물수수행위에서는 증뢰행위가 수뢰후부정처사의 교사의 형태로 이루어지고 공도화변조죄 및 동 행사죄의 교사범도 성립하는 데 반해, 두 번째의 뇌물수수행위에서는 단순증뢰죄만이 인정되므로 양 행위 간에는 침해법익이나 침해방법 등에서 많은 차이를 보이고 있다. 따라서 甲의 경우와 마찬가지로 두 차례의 뇌물수수행위를 연속범으로 평가할 수는 없어 경합범의 관계로 보아야 한다.

IV. 사안의 해결

1. 甲의 죄책

乙로부터 도시계획도로선을 고쳐달라는 청탁을 받고 그 대가로 아파트를 분양받은 후 부탁대로 도시계획도로선을 변경한 행위는 수뢰후부정처사죄에 해당하며, 이는 공도화변조 및 동 행사죄와 상상적 경합관계에 있다. 따라서 乙은 가장 중한 죄인 수뢰후부정처사죄에 정한 형으로 처벌된다.

甲이 부인 丙을 통해 乙로부터 또다시 뇌물을 수수한 행위는 신분 없는 고의 있는 도구를 이용하여 수뢰죄를 행한 것으로서 단순수뢰죄의 간접정범으로 평가된다. 본 죄는 첫 번째의 뇌물수수행위와 실체적 경합 관계에 있다.

2. 乙의 죄책

乙이 甲에게 도로선을 고쳐달라며 조합에서 건축한 프리미엄이 예상되는 아파트를 분양해 준 행위는 증뢰죄에 해당하고, 甲이 부탁대로 도로선을 변경하였으므로 공도화변조 및 동 행사죄의 교사범도 성립한다.

乙이 甲의 부인 丙을 통해 자기앞수표를 제공한 행위 역시 甲에 대한 증뢰죄에 해당하고 첫 번째 증뢰행위와 실체적 경합의 관계에 있다.

3. 丙의 죄책

丙은 남편 甲의 지시에 따라 뇌물을 건네받아 공무원인 甲의 수뢰행위를 용이하게 하였으므로 수뢰죄의 방조범의 죄책을 진다.

19. 뇌물죄의 제 문제 / 불법원인급여와 횡령죄

○ 사례 19

甲은 가스충전소 사업이 유망사업이라는 것을 알고 자신의 토지 위에 가스충전소 설치허가를 받기를 원하고 있다. 甲은 2019. 4. 중순경 가스충전소의 설계 및 인허가업무의 대행 경험이 있는 건축사 乙로부터 설치허가를 신속하게 받으려면 구청 담당공무원에게 청탁을 하여야 한다는 말을 듣고 평소 담당공무원과 잘 알고 지내는 乙에게 청탁을 부탁하였다. 이에 乙은 다음날 구청 담당공무원인 丙을 만나 甲이 추진하고 있는 가스충전소 설치허가를 받을 수 있도록 도와달라고 부탁하면서 충분한 사례를 하겠다고 하였다. 이에 丙은 그 대가로 1억원을 요구하면서 최소한 5,000만원을 주면 노력해보겠다고 하였다. 그러자 乙은 甲에게 담당공무원이 1억원을 요구하니 이를 준비하라고 하였고, 甲은 2019. 4. 20. 乙에게 1,000만원권 자기앞수표 10장을 제공하였다.

乙은 2019. 4. 21. 丙에게 술이나 한 잔 하자고 제의하였고, 이에 丙은 같은 구청의 다른 부서에 근무하는 동료인 A를 데리고 나와 乙과 함께 유흥주점에서 술을 마셨다. 이 자리에서 A가 일시 자리를 비운 사이에 乙은 丙에게 5,000만원을 제공하겠다고 말하였고, 丙은 乙에게 그 돈 중 2,000만원을 자신의 채권자인 B에게 대신 변제해 줄 것을 부탁하였다. 이에 乙은 甲으로부터 받은 1,000만원권 자기앞수표 10장 중 3장을 丙에게 제공하였고, 며칠 후에는 丙이 부탁한 대로 그 채권자인 B에게 1,000만원권 자기앞수표 2장을 제공하였으며 나머지 5장은 자신의 은행채무를 변제하는 데 우선 사용하였다. 한편, 2019. 4. 21. 세 사람이 마신 술값으로 乙은 150만원을 지급하였다.

甲, 乙, 丙의 죄책 및 몰수(추징)의 문제를 논하라.

단, 부정청탁 및 금품등 수수의 금지에 관한 법률 위반의 쟁점은 논하지 않음.

해 설

Ⅰ. 논점의 정리

본 사안에서 甲, 乙, 丙의 범죄행위는 각자에게 별개의 구성요건에 해당하는 범죄로 이루어져 있다. 따라서 행위자별로 그 죄책 및 몰수(추징)의 문제를 별도로 검토해야 한다.

(1) 甲이 건축사인 乙에게 교부한 수표는 공무원인 丙에게 청탁의 대가로 제공하기 위한 것인바, 공무원에게 뇌물을 직접 제공한 것이 아니라 비공무원인 제3자를 통해 제공하였다는 점에서 어떤 뇌물제공행위에 해당하는지 검토되어야 한다.

(2) 乙의 경우 형사상 책임이 문제되는 행위는 ① 甲으로부터 1억원을 교부받은 행위, ② 공무원 丙 및 그 채권자 B에게 5,000만원을 전달한 행위, ③ 나머지 5,000만원을 자신의 채무변제에 사용한 행위로 나눌 수 있다. ①과 ②는 뇌물취득과 뇌물공여에 해당하는지, ③의 경우에 5,000만원은 불법원인급여물인지 여부와 횡령죄의 성부를 살펴보도록 한다.

(3) 丙의 경우 乙로부터 3,000만원을 직접 교부받았으나 2,000만원은 자신의 채권자 B의 채무를 대신 변제토록 하였다. 이 경우 3,000만원의 뇌물수수부분과 2,000만원의 채무변제부분을 나누어 별도의 형사책임을 물을 것인지, 아니면 총 5,000만원의 뇌물을 교부받은 것으로 볼 것인지가 문제된다. 다음으로 동료공무원 A와 함께 유흥접대를 받은 부분에 있어서 죄책의 성부 및 丙의 수뢰액이 얼마인지도 문제된다.

(4) 위에서 살펴본 내용을 토대로, 몰수 및 추징의 문제를 판단함에 있어 누구로부터 얼마의 이익을 박탈해야 하는지에 대해서 검토하겠다.

Ⅱ. 형사상 죄책의 성부

1. 甲의 죄책 – 제3자뇌물교부죄(형법 제133조 제2항)의 성부

甲은 공무원인 丙에게 그 직무인 가스충전소 설치허가와 관련하여 뇌물을 제공하기 위해 丙을 잘 아는 건축사인 乙에게 1억원을 교부하였다. 이 경우 건축사 乙은 공무원인 丙과의 관계에서 '제3자'에 해당하므로 甲은 뇌물공여행위에 공할 목적으로 제3자에게 금품을 교부한 것으로 보아야 한다. 따라서 甲에게는 뇌물공여죄(형법 제133조 제1항)가 아니라 제3자뇌물교부죄(형법 제133조 제2항)가 성립한다.

2. 乙의 죄책

(1) 甲으로부터 1억원을 교부받은 행위－제3자뇌물취득죄(형법 제133조 제2항)의 성부

乙이 甲으로부터 교부받은 1억원은 공무원인 丙에게 뇌물로 제공하기 위한 것이고, 乙은 이러한 사정을 알면서 甲으로부터 위 금원을 교부받았다. 형법 제133조 제2항은 증뢰자가 뇌물에 공할 목적으로 금품을 제3자에게 '교부하거나' 또는 그 정을 알면서 '교부받는' 증뢰물전달행위를 독립된 구성요건으로 하여 이를 같은 조 제1항의 뇌물공여죄와 같은 형으로 처벌하는 규정으로서(대판 1997. 9. 5, 97도1572), 乙에게는 위 구성요건의 해당성이 인정된다. 그런데 乙은 교부받은 1억원 중 5,000만원은 자신의 채무변제에 사용하고 공무원인 丙에게 교부하지 아니하였는데, 이 경우 증뢰에 공할 목적인 금품의 범위를 乙이 교부받은 1억원 전부를 그 대상으로 할 것인지 아니면 乙이 실제로 증뢰에 사용한 5,000만원 부분만을 대상으로 할 것인지가 문제된다.

제3자뇌물취득죄는 제3자가 공무원에 대한 증뢰에 공할 목적으로 금품을 교부받았다는 데에 그 가벌성이 있는 것이기 때문에, 제3자가 증뢰자로부터 교부받은 금품을 수뢰할 사람에게 전달하였는지 여부에 관계없이 제3자가 그 정을 알면서 금품을 교부받음으로써 성립한다. 대법원 역시 "**제3자가 교부받은 금품을 수뢰할 사람에게 전달하지 아니하였다고 하여도 형법 제133조 제2항 후문에서 정한 죄의 성립에는 영향이 없다**"고 판시하고 있다(대판 1985. 1. 22, 84도1033). 이와 같은 점에 비추어볼 때 본 사안에서 乙에게는 실제 증뢰에 사용한 5,000만원이 아니라 교부받은 전체 금원 1억원에 대하여 제3자뇌물취득죄가 성립한다. 乙에게 甲의 제3자뇌물교부죄에 대한 필요적 공범의 관계에 있는 제3자뇌물취득죄가 성립하는 한, 甲의 죄책에 대한 총론상의 교사 내지 방조의 죄책은 문제되지 않는다.

(2) 공무원 丙 및 그 채권자 B에게 5,000만원을 전달한 행위－뇌물공여죄(형법 제133조 제1항)의 성부

乙은 甲으로부터 교부받은 1억원 중 5,000만원을 공무원인 丙(내지 丙의 채권자인 B)에게 뇌물로 전달하였는바, 이미 성립한 제3자뇌물취득죄와 별도로 뇌물공여죄(형법 제133조 제1항)를 인정할 것인지가 문제된다.

공무원에 대한 증뢰에 공할 목적으로 제3자가 금품을 교부받은 경우 제3자뇌물취득죄가 성립함은 앞에서 살펴본 바와 같다. 제3자뇌물취득죄의 불법에는 그 교부받은 금품으로 이루어질 공무원에 대한 증뢰행위의 불법도 모두 포함되어 있다고 할 것이므로, 제3자가 그 교부받은 금품을 수뢰할 사람에게 전달하였다고 하여 제3자뇌물취득죄 이외에 별도로 뇌물공여죄가 성립하는 것은 아니다. **대법원은 증뢰물을 교부받은 제3자가 수뢰자에게 이를 전달한 행위의 죄책이 문제되는 사안에서 "피고인의 위 행위는** 증뢰물전달죄만을 구성한다고 보아야 할 것임에도 불구하고, 뇌물공여죄와의 경합범으로 인정하여 처단한 원심판결에는 증뢰물전달죄에 관한 법리를 오해한 위법이 있다"라고 하여 동일한 취지로 판시한 바 있다 (대판 1997. 9. 5, 97도1572)[25].

(3) 공무원 丙과 A에게 술을 접대한 행위 – 뇌물공여죄(형법 제133조 제1항)의 성부

乙이 공무원 丙과 丙의 동료직원 A에게 술을 접대한 행위는 丙의 직무인 가스충전소 설치허가에 대한 청탁명목의 뇌물제공행위로 판단된다. 이 경우 공무원 A는 가스충전소 설치허가와의 직무관련성이 없이 단순히 丙이 데리고 나온 동료직원일 뿐이므로, 乙의 접대행위는 A에 대한 관계에서 '부정청탁 및 금품등 수수의 금지에 관한 법률'(청탁금지법) 위반의 문제는 별론으로 하고 丙에 대한 관계에서만 뇌물공여에 해당한다.

(4) 5,000만원을 자신의 채무변제에 사용한 행위 – 횡령죄(형법 제355조 제1항)의 성부

乙은 甲으로부터 뇌물제공목적으로 1억원을 교부받은 후 실제로는 5,000만원만을 뇌물로 교부하고 나머지 5,000만원은 자신의 채무변제에 사용하였는데, 이른바 '배달사고'라고 하여 현실로 많이 발생하는 문제이다. 이와 같은 배달사고의 경우에 금원을 임의로 소비한 자에게 횡령죄의 죄책을 인정할 것인지가 문제된다(乙이 처음부터 5,000만원을 뇌물로 제공할 것임에도 甲을 기망하여 1억원을 교부받은 경우가 아니므로 사기죄는 문제되지 않는다).

민법 제746조에서는 불법의 원인으로 인하여 재산을 급여하거나 노무를 제공한 때에는 그 이익의 반환을 청구하지 못한다고 규정하고 있는바, 급여를 한 사람은 그 원인행위가 법률상 무효임을 내세워 상대방에게 부당이득반환청구를 할 수 없고, 또 급여한 물건의 소유권이 자기에게 있다고 하여 소유권에 기한 반환청구도 할 수 없어서 결국 급여한 물건의 소유권은 급여를 받은 상대방에게 귀속된다는 의미이다(양자간 명의신탁사안에서 명의신탁약정에 따라 마친 명의수탁자명의의 소유권이전등기는 민법 제746조의 불법원인급여에 해당하여, 명의신탁자는 명의신탁 부동산의 반환을 청구할 수 없고 소유권을 주장하면서 명의수탁자 명의의 등기말소를 청구할 수 없다는 대법원 민사판결로는 대판 2019. 6. 20, 2013다218156 전합).

---

25) 판례는 형법 제133조 제2항에서 "증뢰자가 뇌물에 공할 목적으로 금품을 제3자에게 교부하거나 또는 그 정을 알면서 교부받는 증뢰물전달행위를 독립한 구성요건으로 하여 이를 같은 조 제1항의 뇌물공여죄와 같은 형으로 처벌하는 규정으로서, 제3자의 증뢰물전달죄는 제3자가 증뢰자로부터 교부받은 금품을 수뢰할 사람에게 전달하였는지 여부에 관계없이 제3자가 그 정을 알면서 금품을 교부받음으로써 성립하는 것이며, 나아가 **제3자가 그 교부받은 금품을 수뢰할 사람에게 전달하였다고 하여 증뢰물전달죄 외에 별도로 뇌물공여죄가 성립하는 것은 아니다**(대판 1997. 9. 5, 97도1572).

본 사안에서 乙이 甲으로부터 제3자에 대한 뇌물공여의 목적으로 전달하여 달라고 교부받은 1억원은 불법원인급여물에 해당하여 그 소유권은 乙에게 귀속되므로 乙이 그 중 일부를 丙에게 전달하지 않고 임의로 소비하였다고 하더라도 횡령죄는 성립하지 않는다. 대법원도 같은 취지에서 "뇌물공여 또는 배임증재의 목적으로 전달하여 달라고 교부받은 금전을 임의로 소비하고 해당 공무원에게 전달하지 않은 경우에도 당해 금원은 불법원인급여물이므로 그 소유권자인 피고인에게는 횡령죄가 성립하지 아니한다"고 판시한 바 있다(대판 1988. 9. 20, 86도628; 대판 1999. 6. 11, 99도275). 반면 민법상 보호받지 못하는 불법원인급여물이라도 위탁자의 소유권을 인정해야 한다는 견해에 의하면 수탁자에 대해서는 여전히 타인의 재물에 해당하고 신임관계를 인정할 위탁관계도 인정할 수 있으므로 횡령죄가 성립한다.

(5) 소 결

정리하자면 乙이 甲으로부터 1억원을 교부받은 행위는 제3자뇌물취득죄, 공무원인 丙에게 술을 접대한 행위는 뇌물공여죄에 해당하고 각 죄는 실체적 경합의 관계에 있다.

3. 丙의 죄책

(1) 乙로부터 3,000만원을 교부받은 행위 — 수뢰죄(형법 제129조 제1항)의 성부

공무원 丙은 乙로부터 甲이 가스충전소 설치허가를 받도록 해달라는 청탁을 받고 그 대가로 乙로부터 3,000만원을 교부받았다. 이는 공무원이 그 직무에 관하여 뇌물을 수수한 경우로서 일응 수뢰죄의 구성요건에 해당한다. 그러나 丙의 수뢰행위는 3,000만원을 수수한 것에 한하지 않고 아래에서 살펴보는 바와 같이 乙로 하여금 자신의 채무 2,000만원을 대신 변제하게 한 행위와 술접대를 받은 행위까지 이어지므로, 아래에서 논하는 2개의 행위에 대한 죄책과 함께 판단하여야 한다.

(2) 자신의 채무 2,000만원을 대신 변제하게 한 행위 — 제3자뇌물제공죄(형법 제130조) 내지 수뢰죄(형법 제129조 제1항)의 성부

2,000만원 부분에 대해서는 丙이 직접 뇌물을 수수한 것이 아니라 乙로 하여금 丙의 채권자인 B에게 대신 채무를 변제하게 하였다. 이 경우 B는 丙의 처자 기타 생활관계를 같이하는 동거가족이 아닌 '제3자'이므로 공무원인 丙에게 직접 뇌물을 제공한 경우와 달리 보아 제3자뇌물제공죄의 구성요건에 해당한다고 보아야 하는 것은 아닌지 문제된다.

그러나 평소 공무원이 제3자에 대하여 채무를 부담하고 있는 경우에 제3자가 뇌물을 받음으로써 공무원은 그만큼 지출을 면하게 되므로 이는 공무원이 직접 뇌물을 받은 경우와 달리 평가할 이유가 없다. 대법원 역시 "공무원이 직접 뇌물을 받지 아니하고 증뢰자로 하여금 다른 사람에게 뇌물을 공여하도록 한 경우, 그 다른 사람이 공무원의 사자 또는 대리인으로서 뇌물을 받은 경우나 그 밖에 예컨대, 평소 공무원이 그 다른 사람의 생활비 등을 부담하고 있었다거나 혹은 그 다른 사람에 대하여 채무를 부담하고 있었다는 등의 사정이 있어서 그 다른 사람이 뇌물을 받음으로써 공무원은 그만큼 지출을 면하게 되는 경우 등 사회통념상 그 다른 사람이 뇌물을 받은 것을 공무원이 직접 받은 것과 같이 평가할 수 있는 관계가 있는 경우에는 제3자 뇌물제공죄가 아니라, 뇌물수수죄가 성립한다"라고 하여 마찬가지로 판단하고 있다(대판 2004. 3. 26, 2003도8077). 따라서 공무원 丙이 乙로 하여금 丙의 채권자인 B에 대한 채무를 변제하게 한 행위는 제3자뇌물제공죄가 아니라 (단순)수뢰죄에 해당한다.

(3) 동료 A와 함께 술접대를 받은 행위 – 수뢰죄(형법 제129조 제1항)의 성부

丙이 같은 구청의 다른 부서에 근무하는 동료인 A와 함께 乙로부터 술대접을 받은 점역시 가스충전소 설치허가와 관련된 접대로 볼 것이므로 뇌물수수에 해당한다. 뇌물의 개념요소인 부당한 이익에는 재산적 이익뿐만 아니라 일체의 유무형의 이익이 포함되므로 향응의 제공(대판 1963. 2. 7, 62도270; 대판 1967. 10. 31, 67도1123. 성적 욕구의 충족도 대판 2014. 1. 29, 2013도13937)도 뇌물에 해당한다. 문제는 이 경우 수뢰액을 어떻게 평가할 것인가이다.

뇌물죄의 수뢰액을 판단함에 있어서는 '피고인의 접대에 요한 비용'과 '증뢰자가 소비한 비용'을 가려내어 전자의 수액을 피고인의 수뢰액으로 보아야 하고(대판 2001. 10. 12, 99도5294), 만일 각자에 요한 비용이 불명일 때에는 이를 평등하게 분할한 액을 가지고 피고인에 대한 수뢰액으로 인정하여야 하며(대판 1982. 8. 24, 82도1487; 대판 1995. 1. 12, 94도2687), 피고인이 향응을 제공받는 자리에 피고인 스스로 제3자를 초대하여 함께 접대를 받는 경우에는, 그 제3자가 피고인과는 별도의 지위에서 접대를 받는 공무원이라는 등의 특별한 사정이 없는 한 그 제3자의 접대에 요한 비용도 피고인의 접대에 요한 비용에 포함시켜 피고인의 수뢰액으로 보아야 한다(대판 2001. 10. 12, 99도5294).

본 사안의 경우 총 150만원의 술값 중에서 乙, 丙, A가 소비한 비용을 구별할 수는 없으므로 이들 각자가 50만원씩을 소비하였다고 보아야 한다. 또한 丙의 동료인 A가 丙과 같은 구청에 근무한다는 점에서 丙과 별도의 지위에서 접대를 받은 것이라고 볼 수는 없으므로 A의 접대에 요한 비용도 丙의 수뢰액에 포함시켜야 한다. 그렇다면 丙의 접대에 요한 비용, 즉 丙의 수뢰액은 100만원(150만원×2/3)이다.

(4) 소결 – 특정범죄 가중처벌 등에 관한 법률상 뇌물죄(제2조 제1항 제2호, 이하 '특가법'이라 한다)의 성부

丙이 乙로부터 3,000만원을 직접 수수한 행위, 乙로 하여금 B에 대한 채무 2,000만원을 대신 변제하게 한 행위, A와 함께 100만원 상당의 술접대를 받은 행위는 모두 수뢰죄의 구성요건에 해당한다. 이 경우 수수한 뇌물의 가액이 5,100만원으로 5,000만원 이상이므로 특가법이 적용된다. 따라 丙에게는 '포괄하여' 특가법 제2조 제1항 제2호의 뇌물수수죄 1죄 가 성립한다.

III. 몰수 내지 추징의 범위 및 산정근거

몰수 내지 추징은 범죄로 인한 이익을 박탈하는 목적의 재산형으로서(형법 제48조), 뇌물은 필요적 몰수 내지 추징의 대상에 해당하여 법관에게 자유재량이 인정되지 않는다(형법 제134조).

뇌물은 현재 보유하고 있는 자로부터 몰수 내지 추징해야 한다. 따라서 뇌물 1억원을 현실로 교부한 甲에게는 뇌물의 몰수 내지 추징이 문제되지 않는다. 乙의 경우 甲으로부터 받은 1억원 중 5,000만원은 실제로 뇌물로 제공하였으므로, 개인채무변제에 사용한 5,000만원 부분만이 몰수 내지 추징의 대상에 해당한다. 乙은 5,000만원을 자신의 채무변제에 사용하여 현실로 소비하였으므로 몰수가 아니라 그 가액을 추징하여야 한다. 丙의 경우 2회의 수뢰액 5,000만원은 몰수하여야 하고, 몰수할 수 없는 경우에는 그 가액을 추징하여야 한다. 술접대를 받은 2인분 합계 100만원은 몰수할 수 없는 경우이므로 추징하여야 한다.

IV. 결 론

(1) 甲은 뇌물공여행위에 공할 목적으로 제3자인 乙에게 금품을 교부하였으므로 제3자 뇌물교부죄가 성립한다.

(2) 乙이 공무원인 丙에게 뇌물을 제공하기 위해 甲으로부터 1억원을 교부받은 부분에 대해서는 제3자뇌물취득죄가 성립하고, 공무원 丙에게 술을 접대한 부분에 대해서는 뇌물공여죄가 성립한다. 위 양 죄는 실체적 경합의 관계에 있다. 乙이 甲으로부터 교부받은 금 1억원 중 5,000만원을 자신의 은행채무변제에 사용한 점에 대해 횡령죄는 성립하지 아니하나, 이는 뇌물에 공할 금품이므로 그 가액을 乙로부터 추징하여야 한다.

(3) 공무원 丙은 乙로부터 3회에 걸쳐 직간접적으로 5,100만원을 수뢰하였다고 평가할 수 있다. 따라서 특가법 위반(뇌물)죄로 처벌되며, 수뢰액 5,100만원 상당액은 몰수 내지 추징되어야 한다.

20. 상대적 상해개념 / 주거침입죄 / 명예훼손죄

○ 사례 20

甲(女, 15세)은 백화점 바겐세일 기간 동안에 물건을 훔칠 생각으로 A백화점에 들어갔다. 기회를 엿보다가 1층 액세서리 파는 매장에 손님이 북적대자 손님 틈에 끼어 물건을 고르는 척하다가 외제 헤어밴드를 가방에 몰래 집어넣었다. 그러나 이러한 장면을 보안요원 乙이 지켜보고 있었다. 甲이 백화점을 나서려 하자 乙은 甲에게 다가가 사람 많은 곳에서 얼굴을 붉히는 것보다 잠시 보안사무실로 가 조용히 일을 처리하자고 말하였다. 乙은 보안사무실에서 甲에게 가방을 열 것을 요구하였고, 甲의 가방에서 머리띠가 나오자 甲은 乙에게 잘못을 눈감아 달라고 애원하였다. 乙은 고소하지 않을 테니 퇴근 후에 만나자고 말하였다. 약속장소에 나오지 않으면 고소할 것이라는 乙의 말에 甲은 저녁에 약속장소인 한강둔치에 나왔다. 甲을 본 乙은 갑자기 甲을 뒤에서 껴안았다. 그리고 입을 맞추려 했으나 甲이 완강히 저항하면서 乙의 손을 뿌리치고 도망쳤다. 그러나 도망치던 甲은 어둠에 플라스틱 벤치에 무릎이 살짝 부딪쳐 동전 크기의 가벼운 멍이 들었다. 乙은 甲이 성숙하게 보여 20세는 넘는 것으로 알았다.

화가 난 甲은 乙을 골탕먹일 생각으로 "A백화점 보안요원 乙은 매장을 감시하거나 손님의 안전을 돌보는 임무는 등한시하면서 백화점 여자직원의 탈의실을 훔쳐보는 파렴치한이다"라는 허위의 내용을 A백화점 홈페이지 열린 게시판에 올려놓았다. 그러나 이 내용은 열린 게시판 관리자에 의하여 1시간 만에 삭제되어 관리자 이외에 조회한 사람이 한 명도 없었다.

甲과 乙의 형사책임은?

[참고법령]

정보통신망 이용촉진 및 정보보호 등에 관한 법률

제70조(벌칙) ① 사람을 비방할 목적으로 정보통신망을 통하여 공공연하게 사실을 드러내어 다른 사람의 명예를 훼손한 자는 3년 이하의 징역 또는 3천만원 이하의 벌금에 처한다.

② 사람을 비방할 목적으로 정보통신망을 통하여 공공연하게 거짓의 사실을 드러내어 다른 사람의 명예를 훼손한 자는 7년 이하의 징역, 10년 이하의 자격정지 또는 5천만원 이하의 벌금에 처한다.

③ 제1항과 제2항의 죄는 피해자가 구체적으로 밝힌 의사에 반하여 공소를 제기할 수 없다.

해 설

Ⅰ. 논점의 정리

사안에서 甲과 乙은 범행을 공동으로 한 바 없어 그 죄책을 별도로 논의해야 한다. 이들은 형법상 범죄로 평가할 만한 여러 개의 행위를 하였으므로, 각각의 행위에 따른 죄책을 검토하겠다.

(1) 우선 甲의 경우 범죄를 목적으로 백화점에 들어갔으므로 주거침입죄가 성립하는지가 문제된다. 甲이 백화점에 들어간 것을 '침입'으로 평가할 수 있는지에 대하여 ① 범죄목적을 알지 못한 상태에서의 주거권자의 동의가 유효한 것인지 ② 백화점이라는 공개된 장소의 특수성을 어떻게 평가할 것인지가 주된 논점이다.

다음으로 甲이 헤어밴드를 가방에 집어넣은 것에 대해 절취행위로 평가할 경우, 이를 절도의 기수로 볼 것인지 아니면 미수에 불과한지가 문제된다. 절도범의 행위가 어느 정도에 이르러야 기수로 파악할 수 있는지를 살펴보고, 보안요원이 甲의 절도행위를 이미 지켜보고 있었다는 사실이 기수 여부에 어떤 영향을 미치는지도 검토하겠다.

甲이 A 백화점의 인터넷 게시판에 乙에 대한 허위의 사실을 적시한 것에 대해서는 명예훼손죄가 문제된다. 백화점 관리자 외에 아무도 조회한 사람이 없다는 점에서 공연성을 인정할 수 있는지, 인터넷 게시판은 전파가능성이 매우 높으므로 이를 '기타 출판물'로 보아

출판물에 의한 명예훼손죄를 인정할 수 있는지 여부도 검토하겠다.

(2) 乙의 경우는 백화점 보안요원으로서 절도를 발각하면 즉시 이에 필요한 조치를 취해야 할 의무가 있는 자이다. 그럼에도 불구하고 甲의 절도행위를 내버려두었으므로 이를 부작위에 의한 절도죄, 업무상 배임죄, 범인도피죄로 평가할 수 있을지를 논의해야 한다. 고소를 목적으로 甲에게 퇴근 후 자신을 만날 것을 요구한 것에 대해서는 강요죄 성부가 문제된다.

甲을 만나 강제로 입을 맞추려다가 甲에게 상처를 입힌 행위에 대해서는 강제추행죄 또는 동 치상죄의 성부를 살펴보고, 미성년자간음죄와의 관계를 검토하겠다.

II. 甲의 죄책

1. 절도를 목적으로 백화점에 들어간 행위 – 주거침입죄(형법 제319조 제1항)의 성부

(1) 문제의 소재

주거침입죄는 타인의 주거 또는 관리하는 장소에 주거자 등의 의사에 반하여 들어가는 경우, 즉 '침입'하는 경우에 성립한다. 침입이 되려면 단지 들어가는 것만으로는 족하지 않고 의사에 반하여 들어간 경우라야 하고, 주거자 등의 의사에 따라 들어간 때에는 침입이라고 할 수 없을 것이다. 따라서 주거권자의 동의는 피해자의 승낙으로서 위법성이 조각된다는 견해도 있지만, '양해'가 되어 구성요건해당성 자체가 조각된다.

다만 사안의 경우 백화점 측은 甲의 범죄목적을 알지 못했는바, 이처럼 착오에 의한 동의의 경우에도 유효한 양해가 존재한다고 볼 것인지가 문제된다. 뿐만 아니라 백화점처럼 일반적 출입이 허용된 장소의 경우에는 주거권자의 동의를 '보다 넓게' 파악하여, 현실적인 동의가 없더라도 묵시적인 동의(소위 개괄적 동의형태)를 인정해야 하지 않는지가 문제된다.

(2) 착오에 의한 주거권자의 동의의 효력 유무

① 동의를 얻은 자에게 범죄 등 위법한 목적이 있는 경우에 그 동의의 효력을 부정하여 주거침입죄를 인정할 것인지에 대해서 주거권자의 동의는 양해에 해당하고 양해는 사실적 성격을 가지므로 주거권자가 자연적 의사능력만 있으면 양해는 유효하고 의사표시의 하자는 이에 아무런 영향을 미치지 않는다고 볼 수도 있다. 그러나 ② 대법원은 이른바 '초원복집 사건'에 대한 판결에서, 행위자가 자신의 목적을 숨기고 받아 낸 주거권자의 승낙의 의사표시가 주거권자의 진정한 의사와 일치하지 않을 경우에는 의사표시의 유효성이 부정된다고 보아 주거침입죄의 성립을 인정하였다(대판 1997. 3. 28, 95도2674). 그러나 전원합의체

로 판례를 변경하여 "주거침입죄의 구성요건적 행위인 침입은 주거침입죄의 보호법익과의 관계에서 해석하여야 한다. 따라서 침입이란 '거주자가 주거에서 누리는 사실상의 평온상태를 해치는 행위태양으로 주거에 들어가는 것'을 의미하고, 침입에 해당하는지 여부는 출입 당시 객관적·외형적으로 드러난 행위태양을 기준으로 판단함이 원칙이다. 사실상의 평온 상태를 해치는 행위태양으로 주거에 들어가는 것이라면 대체로 거주자의 의사에 반하는 것이겠지만, 단순히 주거에 들어가는 행위 자체가 거주자의 의사에 반한다는 거주자의 주관적 사정만으로 바로 침입에 해당한다고 볼 수는 없다(대판 2021. 9. 9, 2020도12630 전합)"고 판시하여 행위태양을 기준으로 사실상 평온을 해하였는지 판단하고 있다. 따라서 판례에 의하더라도 외형적으로 범죄목적이 드러나지 않은 이 사안에서는 주거침입죄가 인정되지 않는다고 볼 것이다.

위법성 조각사유로서의 '피해자의 승낙'은 이미 특정한 구성요건에 해당하는 행위의 위법성을 적법한 것으로 정당화시키는 사유이므로 승낙이 진지하고 자유로운 의사에서 나온 것인지를 판단해야 할 필요성이 있다. 그러나 '양해'는 특정의 구성요건 자체에 해당하는지를 판단하는 사실적인 성격이 강하므로 이런 주관적 기준을 적용하는 것은 문제가 있다. 따라서 양해의 경우에는 하자 있는 양해라 하더라도 자연적 의사능력만 있으면 유효하다고 보아야 한다. 사안에서 甲의 출입에 대한 백화점 측의 개괄적 동의가 있었다면 이는 양해에 해당하고, 주거권자의 동의에 있어 동기의 착오는 그 동의의 유효성을 해치지 않아 주거침입죄의 구성요건해당성이 조각된다.

(3) 공공장소에의 범죄목적 출입과 주거침입죄의 성립 여부

앞에서 논의한 것처럼 주거권자의 동의가 있으면 주거침입죄가 성립하지 않는다. 따라서 사안에서 논의의 초점은 공공장소의 특성과 관련하여 甲의 출입에 대한 백화점 측의 '동의'를 인정할 것인지 여부이다. 백화점은 그 특성상 사적인 공간이 아니라 많은 사람이 출입하는 공개된 장소이다. 즉 개별적인 자격을 문제로 하지 않고 일반인의 출입을 광범위하게 허용하고 있다. 따라서 사안에서 문제가 된 백화점이나 그 외에 슈퍼마켓, 관공서의 청사나 역, 은행, 식당 등 공공장소로서의 성격이 강한 경우에는 주거자 등의 불특정 다수인에 대한 개괄적이고 묵시적인 동의가 있다고 보는 것이 타당하다.[26]

물론 일반인의 출입이 광범위하게 허용되는 장소의 경우에도 출입의 외적 형태가 개괄적인 출입허용에 부합되는 행동과 다른 형태일 경우(예컨대 복면이나 흉기로 무장하고 은행에 들어간 경우), 동의하지 않은 시간의 출입이나 출입문이 아닌 다른 곳으로의 출입, 또는 실질적인 저지가 있는 상황에서의 출입 등 객관적으로 보았을 때 동의권자의 동의에 반하는

---

26) 판례는 대학교 강의실을 일반인에게 개방된 장소로 보지 않는다(대판 1992. 9. 25, 92도1520).

행동이 있는 경우에는 침입으로 평가된다. 따라서 대학교가 교내집회를 불허하고 집회관련 외부인의 출입을 금지하였는데 집회목적으로 출입한 것은 구체적으로 제지를 받지 않았더라도 건조물침입죄가 성립한다(대판 2003. 9. 23, 2001도4328). 그러나 최근 전원합의체 판결은 "음식점의 영업주가 이러한 사정을 알았더라면 피고인들의 출입을 승낙하지 않았을 것이라는 사정이 인정되더라도, 그러한 사정만으로는 사실상의 평온상태를 해치는 행위 태양으로 위 각 음식점의 방실에 출입하였다고 평가할 수 없다"고 판례를 변경하였다(대판 2022. 3. 24, 2017도18272). 사안에서 甲은 백화점의 영업시간 내에 정상적인 방법으로 출입하였으며 사실상의 평온 상태를 해하는 외부적인 행위가 존재하지 않는다. 따라서 절도 목적이라 하더라도 일반인의 출입이 허용되는 백화점의 경우는 백화점 측의 묵시적 동의가 인정되므로 주거침입죄는 성립하지 않는다.

2. 헤어밴드를 가방에 집어넣은 행위 - 절도죄(형법 제329조)의 성부

(1) 문제의 소재

甲이 백화점 매장에서 외제 헤어밴드를 가방에 몰래 집어넣은 행위는 절도로 평가된다. 다만 사안에서 甲은 백화점을 나서려다가 범행을 발각한 乙에 의해 보안사무실로 가게 되었으므로, 이때에도 재물에 대하여 사실상 지배를 하고 있다고 보아 절도의 기수로 평가할 수 있는지가 문제된다.

(2) 절도죄의 기수 여부

절취는 행위자 또는 제3자가 재물에 대하여 방해받지 않는 사실상의 지배를 가질 때 기수로 평가된다. 구체적으로 어느 정도에 이르러야 기수로 평가할 것인지에 대해서는 ① 재물에 접촉한 때 기수가 된다는 '접촉설', ② 재물을 취득해야 기수가 된다는 '취득설', ③ 재물이 피해자의 지배범위로부터 장소적으로 이전될 것을 요한다는 '이전설', ④ 재물을 안전한 장소에 감추었을 때 비로소 기수에 이른다는 '은닉설'이 대립한다.

판례는 "소유자의 '도둑이야' 하는 고함소리에 당황하여 라디오와 탁상시계를 가지고 나오다가 탁상시계는 그 집 방문 밖에 떨어뜨리고 라디오는 방에 던진 채 달아났다는 것이므로 피고인은 소유자의 물건에 대한 소지를 침해하고 피고인 자신의 지배 내로 옮겼다고 볼 수 있으니 이는 절도의 기수이고 미수가 아니라고 할 것이다(대판 1964. 4. 22, 64도112)"라고 하여 취득설로 평가된다.

접촉설은 절도죄의 기수시기를 너무 앞당긴다는 점에서, 은닉설과 이전설은 그 시기를 너무 늦게 잡는다는 점에서 형사정책적으로 문제점을 안고 있다. 따라서 취득설이 타당하며 이에 의할 경우 용이하게 휴대할 수 있는 물건의 경우에는 손에 잡거나 주머니에 넣은 때에 이미 재물을 취득했다고 볼 수 있다. 이에 따라 사안을 판단해 보면 헤어밴드를 집어 가방에 넣었을 때에 이미 기수에 이르렀다고 평가된다.

(3) 소 결

甲이 가방에 넣었던 헤어밴드는 백화점이 소유하고 있는 재물로서 재물의 타인성이 인정되고 절도의 고의와 불법영득의사 등 절도죄의 다른 구성요건 역시 충족된다. 甲은 헤어밴드를 자신의 가방에 집어넣는 행위를 마쳤으므로 이는 재물을 자신의 지배 하에 두는 것으로 재물에 대한 취득으로 평가되어 이미 절도죄의 기수에 이르렀다. 기타 위법성 및 책임조각사유를 찾아볼 수 없고, 甲은 15세로서 형사미성년자가 아닌 것도 분명하다. 따라서 甲에게는 헤어밴드에 대한 절도죄가 성립한다.

3. A 백화점 인터넷 게시판에 허위내용을 올린 행위

(1) 허위사실적시 명예훼손죄(형법 제307조 제2항)의 성부

1) 문제의 소재

甲은 "A 백화점 보안요원 乙은 매장을 감시하거나 손님의 안전을 돌보는 임무를 등한시하면서 백화점 여자 직원의 탈의실을 훔쳐보는 파렴치한이다"라는 내용의 허위사실을 A 백화점 홈페이지 열린 게시판에 올려 놓았다. 이는 객관적으로 형법 제307조 제2항의 구성요건에 해당하고, 乙을 골탕먹일 목적으로 그러한 행위를 하여 주관적 구성요건 요소로서의 고의 역시 인정된다.

다만 이 내용이 열린 게시판 관리자에 의하여 1시간 만에 삭제되어 관리자 이외에 조회한 사람이 아무도 없었다는 점에서 '공연성'을 인정할 수 있을지가 문제된다.

2) 공연성의 의미

공연성이란 **불특정 또는 다수인이 인식할 수 있는 상태**를 의미한다. 여기에서 불특정 또는 다수인이 인식할 수 있는 상태를 어떻게 이해할 것인가에 대하여 견해가 대립된다.

① 직접인식가능성설   불특정 또는 다수인이 현실적으로 인식할 필요는 없지만 적어도 불특정 또는 다수인이 직접 인식할 수 있는 상태에 이르러야 공연성을 인정할 수 있다고 보는 견해이다.

② 전파성이론   사실을 적시한 상대방이 특정된 1인인 경우에도 그 자가 불특정 또는 다수인에게 전파할 가능성이 있으면 공연성을 인정하자는 견해로서 판례(대판 2000. 5. 16, 99도5622. 같은 취지로 대판 2008. 2. 14, 2007도8155; 대판 2011. 9. 8, 2010도7497; 대판 2018. 6. 15, 2018도4200 등)가 이러한 태도를 취하고 있다. 최근 판례는 전원합의체로 "전파가능성 법리는 정보통신망 등 다양한 유형의 명예훼손 처벌규정에서의 공연성 개념에 부합한다고

볼 수 있다. 인터넷, 스마트폰과 같은 모바일 기술 등의 발달과 보편화로 SNS, 이메일, 포털사이트 등 정보통신망을 통해 대부분의 의사표현이나 의사전달이 이루어지고 있고, 그에 따라 정보통신망을 이용한 명예훼손도 급격히 증가해 가고 있다. 이러한 정보통신망과 정보유통과정은 비대면성, 접근성, 익명성 및 연결성 등을 그 본질적 속성으로 하고 있어서, 정보의 무한 저장, 재생산 및 전달이 용이하여 정보통신망을 이용한 명예훼손은 '행위 상대방' 범위와 경계가 불분명해지고, 명예훼손 내용을 소수에게만 보냈음에도 행위 자체로 불특정 또는 다수인이 인식할 수 있는 상태를 형성하는 경우가 다수 발생하게 된다. 특히 정보통신망에 의한 명예훼손의 경우 행위자가 적시한 정보에 대한 통제가능성을 쉽게 상실하게 되고, 빠른 전파성으로 인하여 피해자의 명예훼손의 침해 정도와 범위가 광범위하게 되어 표현에 대한 반론과 토론을 통한 자정작용이 사실상 무의미한 경우도 적지 아니하다. 따라서 현재의 명예훼손의 방식과 양상을 고려할 때 공연성을 해석함에 있어서도 위와 같은 정보통신망의 특성이 고려되어야 한다(대판 2020. 11. 19, 2020도5813 전합)"고 판시하면서 전파가능성 이론을 유지함을 명확히 하면서도 정보통신망의 특성을 고려하여 공연성 인정 여부를 판단해야 한다고 하였다.

3) 검토 및 사안에의 적용

형법이 명예훼손죄에 관하여 공연성을 요건으로 하는 것은 불특정 또는 다수인 앞에서 사실을 적시하여 사람의 사회적 명예를 침해하는 것만 벌하고, 공연성이 없는 개인적인 정보전달은 전파가능성이 있을지라도 방임한다는 취지라고 할 수 있다. 따라서 직접인식가능성설이 타당하며, 이에 의할 때 공연성은 불특정 또는 다수인이 직접 인식할 수 있는 상태를 의미한다.

사안의 경우 열린 게시판이라는 누구나 글을 읽을 수 있는 곳에 글을 올렸다는 사실 자체로 다수인이 직접 인식할 수 있는 상태에 이르렀다고 볼 수 있으므로 직접인식가능성성설에 의하더라도 공연성이 인정된다. 나아가 전파성이론에 의할 경우, 열린 게시판 관리자가 고객 및 다수인에게 이 글에 관한 사실을 전파할 가능성이 낮더라도 백화점 관계자 및 고용주에게는 이 사실을 전파할 가능성이 인정되며, 정보통신망의 특성상 1시간 후 삭제가 되었더라도 정보의 무한 저장, 재생산 및 전달이 용이하여 역시 공연성이 인정된다.

(2) 출판물에 의한 명예훼손죄(형법 제309조 제2항)의 성부

1) 문제의 소재

형법 제309조의 죄는 제307조에 비하여 '비방의 목적', '출판물'이라는 행위태양 때문에 불법이 가중된 가중적 구성요건이다. 사안에서 "甲이 乙을 골탕 먹일 목적으로"라는 사실관계로부터 甲에게는 비방의 목적이 있음을 알 수 있다. 다만 인터넷 열린 게시판이 높은

전파가능성을 가졌다는 점에서 이를 동 조항의 '기타 출판물'로 평가할 수 있을지에 대해서는 견해가 대립된다.

2) 인터넷 열린 게시판이 형법 제309조의 '기타 출판물'에 해당하는지 여부

① 제한적 열거로 보는 견해 형법 제309조는 신문, 잡지 또는 라디오 기타 출판물에 의할 때라고 그 대상을 명백히 국한하고 있으므로 TV, 인터넷, PC 통신에 의한 명예훼손은 해석상 본 죄에 포함될 수 없다. 비방의 목적을 가지고 이들을 통해 명예를 훼손하는 행위를 본 죄로 처벌하는 것은 제309조의 입법취지에 합치된다 하더라도 이는 피고인에 대해 불리한 유추적용으로서 금지되므로 제307조에 의해서 처벌할 수밖에 없다는 것이다.

② 예시적 열거로 보는 견해 형법 제309조는 형법 제307조에 대한 가중적 구성요건으로서 명예훼손의 위험성이 큰 출판물에 의해 타인의 명예가 훼손될 때 이를 가중처벌하기 위한 것이다. 출판물과 같은 정도의 기능과 효용을 가지고 있는 정도의 수단이라면 단순 명예훼손죄에 비해 가중처벌하기 위해 제309조를 둔 입법취지를 고려할 때 이에 열거된 수단들을 제한적으로 해석하지 말고 예시적으로 보자는 견해이다. 인터넷이라는 것은 과거와 같이 일부 계층에게만 이용되는 배타적 전용물이 아닌 상용화된 것으로 현재적 관점에서 보았을 때 이를 통한 명예훼손의 피해 정도가 미디어와 출판물에 비해 더 크다고 할 수 있기 때문이다.

③ 판 례 판례는 직장 전산망에 설치된 전자게시판에 타인의 명예를 훼손하는 글을 게시한 사안에서 제307조의 명예훼손죄를 구성한다고 판시한 바 있다(대판 2000. 5. 12, 99도5734).

3) 검토 및 사안에의 적용

제309조의 '기타 출판물'에 인터넷 열린 게시판을 포함시키는 것은 가벌성을 확장하는 유추적용에 해당한다. 인터넷의 파급력이 다른 어떤 매체보다 강한 오늘날, 인터넷을 이용한 명예훼손을 제307조로 처벌하는 것은 형평의 원칙에 비추어 부당하고 법감정에 반한다는 지적이 있을 수 있다. 그러나 이는 입법을 통해서 해결해야 할 문제이지 죄형법정주의에 반하는 유추적용으로 해결할 문제는 아니라고 본다. 따라서 甲은 출판물에 의한 명예훼손죄가 아니라 제307조 명예훼손죄로 처벌할 수 있을 뿐이다.

(3) 정보통신망 이용촉진 및 정보보호 등에 관한 법률(이하 '정보통신망법'이라 한다) 위반죄(제70조 제2항)의 성부

인터넷 보급이 활발해지고 이에 따라 심각한 사회문제로 대두되는 인터넷상 명예훼손을 형법 제309조만으로는 해결할 수 없다는 지적이 나오면서 정보통신망법은 사이버 명예훼손을 처벌할 수 있는 근거규정을 마련하였다.

정보통신망법은 사이버 명예훼손행위를 가중처벌하기 위한 특별규정이다. 사안의 경우

甲의 행위는 비방할 목적, 공연성, 허위의 사실 적시 등 정보통신망법 제70조 제2항의 모든 구성요건을 충족하므로 동 법률에 따라 가중처벌된다.

(4) 소 결

甲이 A 백화점 열린 게시판에 乙을 비방하는 허위내용의 글을 올린 것에 대해서는 관리자 이외에 아무도 조회한 사람이 없더라도 공연성의 의미에 관한 어떤 견해에 의하더라도 공연성이 인정된다.

그러나 인터넷을 형법 제309조상의 기타 출판물에 해당한다고는 볼 수 없어 형법 제307조 제2항의 허위사실적시 명예훼손죄에 해당한다. 정보통신망법은 형법에 대해 법조경합 중 특별관계에 있으므로 甲은 동법 제70조 제2항에 의해 처벌된다.

III. 乙의 죄책

1. 甲의 절도범행을 적발하고도 내버려둔 행위

(1) 문제의 소재

乙은 甲의 절도범행을 적발하여 백화점 보안요원으로서 적절한 조치를 취하여야 함에도 불구하고 甲을 그대로 돌려보냈다.

이에 대해서 우선 부작위에 의한 절도죄가 문제되는데, 乙에게 부진정 부작위범의 성립요건이 충족되는지, 충족된다면 그 가담형태는 공동정범인지 방조범인지를 살펴보겠다.

다음으로 백화점에 재산상 손해를 가한 것에 대해 업무상 배임죄의 성부를 검토할 수 있는데, 타인의 사무처리자에서 말하는 타인의 사무가 재산상 사무에 국한되는지와 관련하여 살펴보겠다.

마지막으로 乙이 甲을 체포하거나 신고하지 않고 그대로 내버려둔 것이 별도로 범인도피죄를 구성하는지도 살펴보겠다.

(2) 부작위에 의한 절도죄의 성부

1) 부진정 부작위범(형법 제18조)의 인정 여부

乙은 甲의 절도행위에 적극적인 작위로 가담하고 있지는 않다. 그러나 백화점 보안요원으로서 甲의 절도범행을 저지할 위치에 있는 자가 절도행위를 지켜보고만 있었으므로 절도죄의 부진정 부작위범이 성립할 것인지가 문제된다.

乙은 백화점의 보안요원이므로 백화점과의 고용계약에 따라 백화점 내의 고객의 안전과 상품을 보호하여야 할 의무를 부담하는 자로서 '보증인지위'가 인정된다. 뿐만 아니라 15세에 불과한 甲의 절도 범행을 쉽게 저지하거나 절도 범행 후 필요한 조치를 취할 수 있었던

점 등을 볼 때 '구성요건적 상황'과 '부작위' 및 '행위의 가능성'이라는 부작위범의 여타 요
건 역시 충족되어 乙은 절도죄의 부진정 부작위범에 해당한다.

2) 정범인지 공범인지 여부

乙이 절도죄의 부진정 부작위범이라면 범행가담형태가 정범인지 공범인지도 문제된다.
乙은 甲과 범행을 사전에 공모한 바도 없고 범행 당시에도 단순히 지켜보기만 했을 뿐이어
서 乙에게 甲의 절도범행에 대한 공동가공의 의사와 실행행위의 분담을 인정하기는 어렵
다. 따라서 공동정범의 성립은 부정되고 다만 보안사무실에서 乙이 甲의 가방에서 나온 헤
어밴드를 압수하는 등의 적절한 조치를 취하지 않고 그대로 돌려 보낸 것을 방조로 평가하
여 방조범만이 가능할 뿐이다.

다만 사안에서는 '방조의 시기'와 관련하여 문제가 있다. 방조의 시기는 정범의 실행행
위 이전일 수도 있고 실행행위 당시일 수도 있으나, 정범의 실행행위가 이미 종료된 다음
에는 불가능하다. 사안에서 甲이 절도한 물건을 가지고 백화점을 나왔다면 절도범행이 종
료하였다고 볼 수 있으나, 백화점을 나서기 전 현행범인 甲을 보안사무실로 데려 온 이상
정범의 실행행위의 기수와 종료 사이에 방조한 것으로 평가된다.

(3) 업무상 배임죄(형법 제356조)의 성부

(업무상)배임죄는 타인의 사무를 처리하는 자가 그 임무위배 행위로 재산상 이득을 취득
하여 사무의 주체인 타인에게 손해를 가함으로써 성립한다.

이 경우 타인의 사무의 성질에 관해서는 ① 타인의 재산보전 내지 관리에 관한 사무에
한한다는 견해, ② 형법에 아무런 제한이 없기 때문에 타인에게 재산상의 손해가 발생하기
만 하면 재산상의 사무에 한하지 않는다는 견해, ③ 직접적으로 재산상의 사무일 필요는
없으나 재산적 이해관계가 있으면 족하다는 견해 등이 대립한다. 판례는 "배임죄의 주체인
타인의 사무를 처리하는 자란 양자간의 신임관계에 기초를 두고 타인의 재산관리에 관한
사무를 대행하거나 타인 재산의 보전행위에 협력하는 자의 경우를 말한다(대판 1994. 9. 9,
94도902; 대판 2012. 9. 13, 2012도3840; 대판 2017. 4. 26, 2017도2181)"고 하여 배임죄의 사무
를 재산상의 사무로 제한하고 있는 것으로 평가된다.

형법은 보충성의 원칙에 따라 특정한 행위에 의해서 침해된 재산권만 보호한다. 재산상의
손해가 발생했다고 하여 언제든지 형법이 개입하는 것은 아니다. 타인의 사무를 재산상의 사
무로 제한하여 배임죄의 부당한 확대를 막음으로써 형법의 보충적 성격이 유지될 수 있다.

사안의 경우 백화점 보안요원의 절도 감시 의무는 간접적으로 재산적 이해관계는 인정
되나, 그 자체가 직접적으로 재산상의 사무라고 볼 수는 없다. 따라서 '타인의 사무 처리자'
라는 업무상 배임죄의 주체성이 부정되어 본 죄의 구성요건에 해당하지 않는다.

(4) 범인도피죄(형법 제151조 제1항)의 성부

일반인의 경우라면 절도범행을 목격했다고 하여 이를 신고할 의무는 없다. 그러나 백화점의 보안요원 乙은 백화점 내에서의 절도범인을 체포하거나 신고해야 할 보증인지위에 있다. 乙은 보증인의무를 다하지 않았기 때문에 부작위에 의한 범인도피죄가 성립한다.

(5) 소 결

甲의 절도행위를 발각하고도 체포 또는 도품회수 등의 적절한 조치를 취하지 않은 乙의 부작위는 절도의 방조로 평가된다. 이는 동시에 절도범을 체포하거나 신고할 보안요원으로서의 의무를 다하지 않은 것으로 평가되어 부작위에 의한 범인도피죄가 성립하고 양 죄는 상상적 경합관계에 있다.

백화점이 외제 헤어밴드 가격에 상당하는 재산상 손해를 입은 것에 대해 乙을 업무상 배임죄로 처벌할 수 있는지도 문제되나, 乙은 백화점의 재산상 사무를 처리하는 자가 아니므로 그 구성요건해당성이 부정된다.

2. 고소를 목적으로 퇴근 후 만날 것을 요구한 행위 – 강요죄(형법 제324조)의 성부

(1) 문제의 소재

폭행 또는 협박으로 사람의 권리행사를 방해하거나 의무 없는 일을 하게 하면 형법 제324조에 의해 강요죄로 처벌된다. 사안에서 乙이 甲에게 자신을 만나주지 않으면 고소하겠다고 하여 甲을 불러 낸 것이 협박에 의한 강요죄에 해당하는지가 문제된다.

(2) 구성요건해당성

1) 협박의 인정 여부

강요죄에 있어서의 협박이란 상대방의 반항을 불가능하게 하거나 곤란하게 할 것을 요하지 않지만, 적어도 상대방에게 공포심을 주어 그 의사결정과 활동에 영향을 미칠 정도에 이를 것을 요한다. 협박의 내용이 범죄가 되거나 불법할 것을 요하지는 않는다.

사안에서 乙이 적법한 고소권자인지는 별론으로 하더라도 형사고소를 하겠다고 말한 사실만으로 甲은 현실적인 공포심을 느꼈기 때문에 협박이 될 수 있다. 결국 乙은 甲의 절도를 목격한 것을 기화로 자신을 만나주지 않으면 고소하겠다고 하여 협박한 것으로 볼 수 있다.

2) 의무 없는 일의 강요 여부

의무 없는 일의 강요는 의무 없는 자에게 일정한 작위, 부작위 또는 수인을 강요하는 것을 말하며, 이는 법률행위 또는 사실행위를 불문한다. 사안에서 甲은 乙을 한강둔치에서 만나야 할 의무가 없으므로 甲에게 의무 없이 구체적인 사실행위를 요구한 것이 된다.

(3) 위법성 · 책임 및 소결

사안에서 乙이 甲에게 만나자고 요구한 것이 보안요원의 업무상 甲의 범행과 관련해 논의하기 위한 것이 아닌 이상 권리행사를 위한 수단이 아니므로 정당행위로 위법성이 조각될 여지는 없다. 乙은 진실한 고소 의사도 없었고 고소권 행사의 목적도 정당하지 않으므로 강요행위는 위법하다. 그 밖에 책임조각사유도 찾아볼 수 없어 乙에게는 강요죄가 성립한다.

협박죄는 본 죄에 대해서 보충관계에 있으므로 본 죄가 성립하는 경우 협박죄의 적용은 배제된다.

3. 강제로 입을 맞추려 한 행위

(1) 문제의 소재

사안에서 乙은 甲을 강제로 껴안고 입을 맞추려 하였는데, 이러한 행위를 폭행 · 협박에 의한 강제추행(형법 제298조)으로 볼 수 있는지가 문제된다. 만일 乙의 행위가 추행에 해당하지 않는다거나 폭행 · 협박에 이르지 못한 정도라면 이는 형법 제302조의 위력에 의한 미성년자추행죄에 해당할 뿐이다.

乙의 기본 범죄가 결정될 경우 甲에게 발생한 상처를 상해로 보아 가중처벌할 수 있는지도 검토하겠다.

(2) 강제추행죄(형법 제298조)의 성부

1) 폭행 또는 협박의 인정 여부

강제추행죄에서의 폭행 또는 협박의 개념은 강간죄의 그것과 같다. 다만 본 죄에 있어서 폭행 또는 협박의 정도에 있어서는 견해의 대립이 있다.

강제추행죄의 폭행 또는 협박의 정도를 ① 강간죄와 동일한 정도, 즉 상대방의 반항을 불가능하게 하거나 현저히 곤란하게 할 정도로 보는 견해와, ② 강간죄와 폭행죄 · 협박죄의 중간정도로서 일반인으로 하여금 항거에 곤란을 느끼게 할 정도 또는 상대방의 의사의 임의성을 잃게 할 정도로 보는 견해가 있다.

그러나 강제추행죄에서는 강간죄처럼 상대방의 반항을 억압한 후의 행위가 필요한 것이 아니며, 성적 수치심이나 혐오감을 불러일으킬 정도의 폭행 또는 협박으로 족하다고 보기 때문에 반드시 상대방의 의사를 억압할 정도의 것임을 요하지 않는다. 다만 폭행행위 자체가 추행행위라고 인정되는 경우에는 상대방의 의사에 반하는 유형력의 행사가 있는 이상 그 힘의 大小强弱을 불문한다고 보아야 한다(소위 '기습추행'의 경우 대판 2020. 3. 26, 2019도15994; 대판 2015. 9. 10, 2015도6980: 뒤따라가다가 가까이 접근하여 껴안으려 한 행위). 판례 역시

"피해자와 춤을 추면서 피해자의 유방을 만진 행위가 순간적인 행위에 불과하더라도 피해자의 의사에 반하여 행하여진 유형력의 행사에 해당하고 피해자의 성적 자유를 침해할 뿐만 아니라 일반인의 입장에서도 추행행위라고 평가될 수 있다"고 하여 강제추행죄의 성립을 인정하고 있다(대판 2002. 4. 26, 2001도2417).

사안에서 乙은 甲을 강제로 껴안고 입을 맞추려 하였고, 이 과정에서 甲의 의사에 반하는 유형력의 행사가 있는 이상 강제추행죄에서의 폭행으로 평가된다.

2) 추행의 인정 여부

일반적으로 추행행위는 성욕의 흥분, 자극 또는 만족을 목적으로 하는 행위로서 건전하고 상식 있는 일반인의 성적 수치심 또는 혐오감을 느끼게 하는 행위이다.

사안에서 乙이 甲을 강제로 껴안고 입을 맞추려 한 행위는 건전한 상식을 가진 일반인에게 성적 수치심을 느끼게 하기에 충분하므로 강제추행죄의 추행에 해당한다.

3) 기수 여부

乙은 甲에게 키스를 하려고 하였으나 甲이 완강히 저항하면서 乙의 손을 뿌리치고 도망치는 바람에 甲은 그 뜻을 이루지 못하였다. 따라서 이를 강제추행의 미수로 보아야 하는 것은 아닌지가 문제된다.

그러나 강제추행죄에 있어서의 추행은 상대방에 대하여 폭행 또는 협박을 가하여 항거를 곤란하게 한 뒤에 추행행위를 하는 경우뿐만 아니라 폭행행위 자체가 추행행위라고 인정되는 경우도 포함되는 것이므로, 사안에서 乙이 갑자기 甲을 뒤에서 껴안고 입을 맞추려 한 행위 자체가 추행행위로서 동 죄의 기수범으로 평가된다. 행위자의 행위로 대상자가 성적 수치심이나 혐오감을 반드시 실제로 느껴야 하는 것은 아니다(대판 2020. 6. 25, 2015도7102). 대상자가 추행 행위 당시에 이를 인식하지 못했다고 하더라도 강제추행죄가 성립한다(대판 2021. 10. 28, 2021도7538).

4) 미성년자간음죄(형법 제302조)와의 관계

형법 제302조의 미성년자 위력추행죄는 강간죄·강제추행죄에 이르지 않을 정도의 폭행·협박의 경우에만 문제된다. 사안에서 乙에게 강제추행죄가 인정되는 이상 보충관계인 본 죄에 대해서는 별도로 검토할 여지가 없다. 따라서 乙이 15세의 甲을 성년자로 착오한 것 역시 형법적으로 범죄성립에 영향이 없는 착오이다.

(3) 강제추행치상죄(형법 제301조)의 성부

사안에서 甲은 乙의 폭행을 피해 달아나다가 동전 크기만한 가벼운 멍이 들었는데, 이를 강제추행치상죄로 평가할 수 있는지가 문제된다.

1) 인과관계 및 객관적 귀속

상해의 결과는 간음·추행행위 그 자체에 의해 일어나거나, 그 수단인 폭행·협박에 의해 야기되거나, 간음·추행행위에 수반되어 발생해야 한다. 즉 널리 강제추행의 기회에 이루어진 것이면 족하다. 사안에서 피해자가 강제추행이라는 기본범죄를 피하려다가 결과가 발생한 이상 직접성이 인정된다.

2) 상해에의 해당 여부 – 상대적 상해개념의 문제

이 사안에서 甲이 입은 상처는 신체에 대한 유형력의 행사에 수반되는 정도로 보인다. 자연적으로 치유가 가능한 멍이 든 정도의 가벼운 상처도 상해의 개념에 포함시킨다면, 乙은 그 이외의 결과적 가중범의 구성요소를 모두 충족시키기 때문에 강제추행치상죄로 처벌된다.

판례는 **"일상생활**에서 얼마든지 생길 수 있는 극히 경미한 상처는 굳이 치료할 필요도 없고 그대로 두어도 자연적으로 원상회복될 수 있는 상처로서 이로 인해서 신체의 완전성이 침해되거나 건강상태가 불량하게 변경된 것이 아니기 때문에 상해에 해당되지 않는다"고 판시하고 있다(대판 2020. 3. 27, 2016도18713: 체포치상죄의 경우; 대판 2003. 9. 26, 2003도4606; 대판 1994. 11. 4, 94도1311; 강도상해죄의 경우 대판 2003. 7. 11, 2003도2313). 이와 같이 판례가 상해개념을 축소해석한 이유는(특히 강간치상죄의 경우) 결과적 가중범의 미수성립이 현행법상 일반적으로 부정되기 때문이다. 강간의 미수에 그친 자가 피해자에게 경미한 상해(예컨대 팔목에 2센티미터 정도 손톱에 긁힌 상처, 강간 도중 입으로 빨아 생긴 멍, 폭행으로 인한 동전 크기의 멍 등)를 입힌 경우에도 상해로 본다면, 상해를 부정했을 때의 강간미수와 법정형에서 엄청난 차이를 갖는 강간치상죄(무기 또는 5년 이상의 징역)로 처벌하여야 하기 때문이다. 구체적 타당성을 지닌 제한적 해석이다.

그러나 판례는 한편으로 미성년자에 대한 강간이나 강제추행의 경우, "피해자의 건강상태가 나쁘게 변경되고 생활기능에 장애가 초래된 것인지는 객관적, 일률적으로 판단될 것이 아니라 피해자의 연령, 성별, 체격 등 신체, 정신상의 구체적 상태를 기준으로 판단되어야 한다"라고 하여 강간 등 치상죄의 성립을 좀 더 폭넓게 인정하고 있다(대판 2005. 5. 26, 2005도1039). 위 판례 사안은 강간 과정에서 피해자의 무릎이 조금 까졌으나 상처의 정도가 심하지 않아 병원에는 단 1회 갔을 뿐이고, 그 이후로는 집에서 머큐롬을 바르는 정도의 치료로도 충분했던 경우이다. 만약 피해자가 일반적인 성인 여성이었다면 강간치상죄의 성립을 부정하였을 것으로 보이나, 피해자가 만 14세의 어리고 자그마한 여중생임을 들어 위 상처가 강간치상죄에서 정한 상해에 해당한다고 보았다.

본 사안에서 甲은 15세의 미성년자이므로 판례의 태도를 따른다면 어떠한 결론을 내려야 할지 논의의 여지가 있다. 그러나 판례 사안과 달리 본 사안은 자연적 치유가 가능하여 아무런 치료도 필요치 않은 경우이므로 판례의 태도에 의하더라도 상해의 성립은 부인될 것이다.

(4) 소 결

사안에서 乙이 甲을 강제로 껴안고 입을 맞추려 한 행위는 폭행에 의한 강제추행으로 평가된다. 乙에게 강제추행죄가 성립하는 이상 별도로 위력에 의한 미성년자 추행죄에 대한 검토는 불필요하고 甲의 나이에 대한 乙의 착오 역시 문제되지 않는다.

다만 강제추행죄의 결과적 가중범으로서 강제추행치상죄를 인정할 것인지가 문제되는데, 강제추행치상죄와 강제추행죄 간에는 형량의 차이가 매우 크다는 것을 생각할 때 사안처럼 경미한 상처의 경우는 동 죄의 상해의 개념에서 배제함이 타당하다.

따라서 乙에게는 강제추행죄만이 성립한다.

IV. 사안의 해결

(1) 甲이 절도를 목적으로 백화점에 출입한 것에 대해 백화점 측의 묵시적 동의가 인정되는 이상 의사표시의 하자가 있더라도 그 동의는 유효하여 주거침입죄는 성립하지 않는다.

甲이 백화점 매장에서 외제 헤어밴드를 가방에 집어넣은 것은 절도죄의 기수로 평가되고 보안요원이 이를 지켜보고 있었다는 사실은 기수 여부에 아무런 영향을 미치지 않는다.

甲이 A 백화점 게시판에 乙에 대한 허위의 사실을 올려 놓은 것은 불특정 또는 다수인이 직접 인식할 수 있는 상태로서 공연성이 인정된다. 이 경우 인터넷 게시판은 고도의 전파가능성에도 불구하고 출판물로 볼 수는 없어 형법 제307조 제2항의 명예훼손죄에 해당한다. 다만 정보통신망법은 형법에 대해 특별법의 관계에 있으므로 동 법 위반죄가 성립한다.

결국 甲은 절도죄와 정보통신망법위반죄의 실체적 경합범으로 처벌된다.

(2) 乙이 甲의 절도범행을 발각하고도 내버려 둔 행위에 대해서는 부작위에 의한 절도의 방조와 범인도피죄 간의 상상적 경합범이 성립한다.

乙이 고소하겠다고 협박하여 甲을 한강둔치로 불러 낸 행위는 강요죄가 성립하고 협박죄는 이에 흡수된다.

乙이 甲을 강제로 껴안고 입을 맞추려 한 행위에 대해서는 강제추행죄가 성립하는 이상 위력에 의한 미성년자 추행죄는 문제되지 않는다. 또한 甲이 乙에게서 도망가려다 입은 상처는 자연적 치유가 가능한 경미한 상처로서 강제추행치상죄에서 말하는 상해에 해당하지 않는다.

결국 乙은 절도방조죄와 범인도피죄(상상적 경합관계), 강요죄, 강제추행죄의 실체적 경합범으로 처벌된다.

21. 유실물의 점유 / 신용카드의 부정사용 / 컴퓨터등사용사기죄의 객체 / 대체장물의 장물성

○ 사례 21

강도용의자 甲은 대중사우나의 옷장에서 10만원권 자기앞수표 5장, 신용카드(현금카드 겸용) 1매와 주민등록증 등이 들어 있는 지갑을 발견하고 도피생활에 쓸 생각으로 사우나 주인 몰래 숨겨가지고 나왔다. 근처 안경점에서 수표 한 장으로 10만원짜리 변장용 안경을 사서 쓰고 즉석사진을 찍어 피해자의 주민등록증 사진을 떼어내고 자신의 안경 쓴 사진을 붙였다. 나머지 수표 4장으로 35만원짜리 무스탕 코트를 사서 애인 乙에게 거스름돈 5만원과 함께 선물하였다. 乙은 甲의 선물이 절취한 수표로 구입했다는 사실을 알았으나 애인의 선물이라서 그냥 받았다. 주민등록번호의 앞 네 자리 숫자가 비밀번호일 것이라는 예상이 맞아 떨어져 피해자의 예금계좌에서 100만원의 예금을 인출하였다. 시외버스로 지방으로 내려가던 甲은 경찰의 검문을 받자 자신의 안경 쓴 사진이 붙어 있는 주민등록증을 제시하였다가 甲이 주민등록증의 나이보다 훨씬 젊은 점을 수상히 여긴 경찰에 의해 체포되었다. 甲과 乙의 형법 및 여신전문금융업법상의 죄책은?

해 설

Ⅰ. 논점의 정리

사안에서 일련의 행위들은 주로 甲 단독으로 행한 것이기 때문에, 먼저 각각의 행위에 대한 甲의 죄책을 살펴본 후, 乙의 죄책을 논하기로 하겠다.

(1) 甲이 대중사우나 옷장에서 지갑을 숨겨가지고 나온 행위에서는 우선 절도죄의 성부가 문제된다. 그 지갑은 피해자의 것으로서 타인 소유물임은 분명하나, 누가 점유하고 있는지가 문제된다. 아울러 주거침입죄도 문제되는데, 이에 대해서는 처음부터 범죄목적이 있었던 경우와 그렇지 않은 경우로 나누어서 살펴보겠다.

(2) 절취한 수표로 물건을 구입하고 거스름돈을 받은 행위에 대해서는 사기죄가 성립하는지 살펴보겠다. 사안에서 甲은 '금융기관 발행의 자기앞 수표'를 제시하였다는 점에서 이를 기망행위로 볼 수 있는지가 특히 중요하다.

(3) 애인에게 무스탕코트와 거스름돈 5만원을 선물한 행위에 있어서는 장물양도죄에 해당하는지, 아니면 절도행위에 수반된 불가벌적 사후행위 내지는 불가벌인 행위인지 살펴보겠다.

(4) 훔친 신용카드로 현금을 인출한 행위에 있어서는 여신전문금융업법 위반죄, 개정 형법상 컴퓨터등사용사기죄, 절도죄, 편의시설부정이용죄 등 다양한 죄책이 문제된다.

(5) 乙에 대해서는 甲이 선물한 무스탕코트와 거스름돈에 대한 장물취득죄가 문제된다. 대체장물의 장물성 여부를 판단한 후, 현금 5만원에 대해서는 금전의 가치동일성 문제도 살펴보겠다.

Ⅱ. 甲의 죄책

1. 대중사우나 옷장에서 지갑을 숨겨 가지고 나온 행위

(1) 절도죄(형법 제329조)의 성부

절도죄의 객체는 타인소유·타인점유의 재물이다. 본 사안에서 대중사우나 옷장의 지갑은 지갑주인의 소유임에는 의심의 여지가 없다. 그런데 과연 옷장 안에 있던 지갑이 누구의 점유인지가 문제된다. 사안에서 甲이 피해자가 사우나 옷장 속에 보관중인 지갑을 가져나온 것인지, 아니면 잃어버린 지갑을 가져나온 것인지는 확실치 않다.

1) 지갑 주인이 옷장 속에 보관 중이었다면, 甲에게는 지갑 주인이 소유하고 점유하는

재물에 대한 절도죄가 성립한다.

2) 반면에 지갑주인이 잃어버린 지갑을 옷장 속에서 발견한 것이었다면, 지갑주인은 이미 점유를 상실하였는바, 누구의 점유를 인정할 것인지가 문제된다.

점유는 점유자가 재물에 대한 사실상의 지배를 포기하거나 잃어버린 경우에 상실되지만, 점유의 상실이 타인의 점유범위 내에서 행해진 경우에는 원점유자의 점유의 상실과 동시에, 일반적 점유의사가 미치는 범위인 그 장소적 지배영역의 점유자에게 새로운 점유가 개시된다. 점유자의 점유의사에는 현실적인 의사뿐만 아니라 잠재적 의사 및 일반적 점유의사도 포함되기 때문이다. 판례도 당구장에서 당구대 밑에 떨어져 있는 손님의 잃어버린 금반지를 종업원이 발견하여 전당잡힌 경우 당구장을 관리하는 주인이 현실적으로 발견하지 않았음에도 불구하고 주인의 점유를 인정하여 점유이탈물횡령죄가 아닌 절도죄에 해당한다고 보았다(대판 1988. 4. 25, 88도409). 마찬가지로 피시방에 두고 간 다른 사람의 핸드폰은 피시방 관리자의 점유하에 있으므로 제3자가 이를 취거하면 절도죄가 성립한다(대판 2007. 3. 15, 2006도9338).

대중사우나의 옷장은 사우나 관리인의 배타적 지배범위에 속하여 사우나 관리인이 분실된 지갑의 존재를 현실적으로 알았는지와 상관 없이 그의 점유가 인정된다. 따라서 사안의 경우 甲에게는 점유이탈물횡령죄가 아니라 지갑주인이 소유하고 사우나 관리인이 점유하는 지갑에 대한 절도죄가 성립한다.

(2) 주거침입죄(형법 제319조 제1항)의 성부

사안에서 甲이 대중사우나에 출입할 당시 절도를 계획하고 있었는지가 나와 있지 않아 역시 경우를 나누어 검토해야 한다.

1) 대중사우나에 들어갈 당시에 범죄목적이 없었던 경우라면, 사우나를 목적으로 출입한 이상 주거침입죄는 전혀 문제되지 않는다.

2) 대중사우나에 들어갈 때부터 이미 절도 등의 범죄를 계획한 경우라면, '공개된 장소에 범죄를 목적으로 출입한 경우 주거침입죄의 성부'에 관한 논의가 그대로 적용된다. 그러나 이 경우 주거권자의 동의는 양해에 해당하고 비록 착오에 의한 것일지라도 양해의 유효성에 영향을 미치지 않을 뿐 아니라 외형상 사실상 평온을 해하는 바도 없어 주거침입죄의 구성요건해당성이 조각된다.

2. 절취한 수표로 물건을 구입하고 거스름돈을 받은 행위 – 사기죄(형법 제347조)의 성부

사안에서 甲이 수표로 안경과 코트를 사고 거스름돈을 받은 행위가 점포 주인에 대한 기망행위로 평가되어 별도로 사기죄를 구성하는지 아니면 불가벌인 행위에 불과한 것인지가 문제된다.

판례는 금융기관 발행의 자기앞수표는 그 액면금을 즉시 지급받을 수 있어 현금에 대신하는 기능을 하고 있으므로, 절취한 수표를 현금 대신으로 교부한 행위는 절도행위에 대한 가벌적 평가에 당연히 포함되는 불가벌적 사후행위로서 사기죄가 되지 아니한다고 판시하였다(대판 1987. 1. 20, 86도1728; 장물취득의 불가벌적 사후행위로 본 판례는 대판 1993. 11. 23, 93도213).

판례처럼 절취한 자기앞수표를 교부하여 물건을 구입하고 거스름돈을 환불받은 행위가 불가벌적 사후행위가 되기 위해서는 일단 구성요건에 해당하는 행위여야 한다. 자기앞수표는 판례가 언급한 것처럼 그 액면금을 즉시 지급받을 수 있어 현금을 대신하는 기능을 하고 있다. 그렇다면 절취한 자기앞 수표를 물건대금으로 교부하는 행위는 기망행위가 아니며, 자기앞 수표를 교부받은 자도 기망에 의하여 착오에 빠져 재산상의 처분행위를 한 것이 아니기 때문에 사기죄의 구성요건에 해당하는 행위가 될 수 없다고 봄이 타당하다.

따라서 사안에서 甲의 행위는 판례처럼 불가벌적 사후행위가 아니라 불가벌인 행위가 되는 것이다. 만약 甲의 행위를 판례처럼 불가벌적 사후행위로 보게 되면 甲이 받은 무스탕코트와 거스름돈은 사기죄로 인한 새로운 장물로서 이를 받은 乙에게는 당연히 장물죄가 인정되어야 한다.

3. 애인에게 무스탕코트와 거스름돈을 선물한 행위 – 장물죄(형법 제362조)의 성부

장물죄의 주체는 본범 이외의 자여야 하므로 단독정범, 합동범, 공동정범, 간접정범 등은 주체가 될 수 없다. 따라서 절도죄의 정범인 甲에게는 본 죄의 구성요건해당성이 부정된다.

판례는 "장물죄는 본범이 불법하게 영득한 재물의 처분에 관여하는 범죄이므로, 자기의 범죄에 의하여 영득한 물건에 대하여는 성립되지 아니하고 이는 불가벌적 사후행위에 해당한다(대판 1986. 9. 9, 86도1273)"고 하나, 본범의 행위는 구성요건해당성이 없으므로 불가벌인 행위라고 해야 할 것이다.

4. 훔친 신용카드로 현금을 인출한 행위

(1) 신용카드부정사용죄(여신전문금융업법 제70조 제1항 제3호)의 성부
1) 문제의 소재
사안에서 甲은 피해자의 신용카드로 현금서비스를 받은 것이 아니라, 예금계좌의 현금

을 인출하였다. 현금서비스의 경우라면 본 죄가 성립할 것이 분명하나, '현금카드 기능을 사용하여 예금계좌의 현금을 인출한 경우'에도 신용카드의 부정사용으로 볼 것인지 견해가 대립한다.

2) 견해의 대립

① 긍 정 설   종래 대법원은 "신용카드의 부정사용이라 함은 위조·변조·도난·분실된 신용카드를 진정한 카드로서 신용카드 본래의 용법에 따라 사용하는 경우를 말하는 것이므로, 결국 신용카드를 사용하여 예금을 인출할 수 있는 현금카드 기능은 재정경제원 장관이 신용카드업을 건전하게 보호·육성하여 신용사회의 기반을 조성하고 소비자의 금융편의를 도모함으로써 국민경제의 발전에 이바지한다는 목적을 달성하기 위하여 허가한 부대업무로 볼 수 있으므로, 강취한 신용카드를 온라인 현금자동지급기에 주입하고 비밀번호 등을 조작하여 피해자의 예금을 인출한 행위는 신용카드 본래의 용도에 따라 사용하는 것으로 보아야 할 것이므로 구 신용카드업법 제25조 제1항 소정의 부정사용의 개념에 포함된다"라고 판시하였다(대판 1998. 2. 27, 97도2974).

② 부 정 설   신용카드업법이 여신전문금융업법으로 개정된 이후 신용카드업의 업무범위 및 신용카드업자의 부대업무에 관한 규정이 변경됨에 따라 판례는 다음과 같은 태도를 취하고 있다.

"하나의 카드에 직불카드 내지 신용카드 기능과 현금카드 기능이 겸용되어 있더라도, 이는 은행의 예금업무에 관한 전자적 정보와 신용카드업자의 업무에 관한 전자적 정보가 회원(예금주)의 편의를 위해 신용카드업자 등에 의해 하나의 자기띠에 입력되어 있을 뿐이지, 양 기능은 전혀 별개의 기능이라 할 것이어서, 이와 같은 겸용 카드를 이용하여 현금지급기에서 예금을 인출하는 행위를 두고 직불카드 내지 신용카드를 그 본래의 용법에 따라 사용하는 것이라 보기도 어려워 피고인이 피해자의 직불카드를 절취한 후 그 직불카드를 이용하여 현금자동지급기로부터 피해자의 예금을 인출한 행위가 직불카드부정행사죄에 해당하지 않는다"고 판시하였다(대판 2003. 11. 14, 2003도3977). 이 판결에서는 위 판결을 '구 신용카드업법상 신용카드부정사용죄'의 해석에 관한 것이라고 보았다.

3) 검토 및 사안에의 적용

구 신용카드업법과 달리 현행 여신전문금융업법은 신용카드업의 업무범위 중 부대업무를 포괄적으로 규정하지 않고, 위 법 제13조 제1항 각 호의 업무로 제한하여 규정하고 있다. 이러한 현행 여신전문금융업법상의 직불카드의 정의와 신용카드업의 업무범위 및 신용카드업자의 부대업무에 관한 규정의 취지·내용 등에 비추어 보면, 직불카드가 겸할 수 있는 현금카드의 기능은 법령에 규정된 신용카드의 기능에 포함되지 않는다. 따라서 甲이 피해자의 계좌에서 현금을 인출한 것은 신용카드부정사용죄에 해당하지 않는다.

(2) 절도죄(형법 제329조)의 성부

1) 문제의 소재

절도죄의 객체는 타인이 점유하는 타인 소유의 재물이고, 절취행위는 점유자의 의사에 반하는 점유취득을 말한다. 현금지급기 안의 금원의 소유와 점유가 기계의 관리자인 은행에 있다는 점은 의문이 없으나, 타인의 카드와 비밀번호의 소지자가 현금을 인출하는 행위가 관리자의 의사에 반하는가에 대하여 견해의 대립이 있다.

2) 견해의 대립

① 긍 정 설 카드의 정확한 비밀번호 입력시 현금인출기 관리자의 동의는 '조건부' 동의, 말하자면 현금카드를 투입하고 비밀번호를 입력하는 자가 '정당한 권한을 가진 자'일 것을 조건부로 하는 동의로 보아야 한다. 무권한자가 타인의 현금카드의 비밀번호를 입력하여 현금을 인출하는 것은 현금인출기 관리자의 조건부 동의의 '조건'을 충족하지 못한 것이므로 절도에 해당한다.

② 부 정 설 현금자동지급기를 관리하는 자의 의사는, 카드를 소지하고 또 그 정확한 비밀번호를 입력하였을 경우 유보 없이 현금에 대한 점유이전에 동의한 것이라고 볼 수 있어 재물의 점유권한자가 점유이전에 동의했기 때문에 절도죄의 구성요건해당성 자체가 부정된다.

③ 판 례 대법원은 "신용카드를 사용하여 현금자동지급기에서 현금을 인출하고 그 현금을 취득하는 행위는 현금자동지급기 관리자의 의사에 반하여 그의 지배를 배제하고 그 현금을 자기 지배하에 옮겨 놓은 것이 되므로 절도죄를 구성한다"고 판시하였고, 이러한 태도는 컴퓨터등사용사기죄에 '권한 없는 정보의 입력·변경'의 구성요건이 추가된 지금도 여전히 유지되고 있다(대판 2002. 7. 12, 2002도2134). 강취한 직불카드의 경우(대판 2007. 4. 13, 2007도1377)나 타인명의를 모용하여 발급받은 신용카드의 경우(대판 2006. 7. 27, 2006도3126)도 절도죄를 인정하고 있다. 강취한 현금카드를 사용하여 현금자동지급기에서 현금을 인출한 행위는 강도죄와 별도로 절도죄가 성립하지만 갈취한 경우는 갈취한 현금카드 사용에 대한 피해자의 승낙(하자있는 의사표시라도)이 있으므로 공갈죄만 성립한다(대판 2007. 5. 10, 2007도1375).

3) 검토 및 사안에의 적용

문제의 핵심은 관리자의 소유권이전 내지 점유이전의사를 어떻게 해석하느냐에 있다. 일반적으로 각 카드회사의 규약에는 카드회사가 비밀번호를 아는 카드의 점유자에게 금원을 지급한 경우에 그가 정당한 카드 권리자가 아니라 하더라도 책임을 지지 않는다는 면책

약정을 두고 있다. 이 점을 고려한다면 관리자의 의사는 정당한 사용권한 유무와 관계 없이 카드와 비밀번호의 소지자에게 현금을 지급하겠다는 의사로 해석해야 할 것이다. 관리자의 의사가 이러하다면 현금을 인출하는 행위는 상대방의 동의에 의한 행위가 되고, 이 경우 상대방의 동의는 절취라는 절도죄의 구성요건요소를 배제시키는 양해에 해당되어 사안의 경우 절도죄의 성립은 부정된다고 봄이 타당하다. 다만, 판례의 입장에 따르면 절도죄가 성립한다.

(3) 컴퓨터등사용사기죄(형법 제347조의2)의 성부

1) 문제의 소재

사기죄가 성립되기 위해서는 그 행위자가 타인을 기망하여 착오에 빠뜨린 후 피기망자의 처분행위에 의하여 재산상 이익을 취득하는 내용의 사기죄의 구성요건을 충족시켜야 한다. 그러나 컴퓨터조작은 인간의 의사형성에는 영향을 미칠 수 없기 때문에 사람을 기망한 행위가 될 수 없어 사기죄가 성립하지 않는다. 그렇다면 보충관계에 있는 컴퓨터사용사기죄를 검토해보아야 한다. 1995년에 컴퓨터등사용사기죄를 신설하였으나 불충분한 입법으로 타인의 신용카드로 현금을 인출하는 행위를 부정한 명령으로 볼 수 있는지에 대해 많은 논란이 있었다. 그리하여 2001년 형법개정시 '권한 없는 정보의 입력·변경'의 구성요건을 신설하였으나 사기죄와는 달리 '재산상의 이익' 취득만 규정하여 여전히 이 법조의 적용에 관하여 견해의 대립이 있다.

2) 견해의 대립

① **긍 정 설** 본 죄의 행위 객체는 재산상 이익으로 규정되어 있으나 사기죄가 재산상 이익 외에 재물을 객체로 한 것과 비교하여 보면 행위객체로서 유독 재물을 제외할 필요가 없으므로 본 죄의 재산상 이익에 재물을 포함시켜 해석하는 것이 타당하다.

② **부 정 설** 본 죄는 명문규정상 재물을 제외한 재산상의 이익을 객체로 하는 이득사기죄이다. 현금은 재산상 이익이 아니라 재물이기 때문에 현금인출행위는 컴퓨터사용사기죄에 해당하지 않고, 절도죄가 문제될 뿐이다.

③ **판 례** 대법원은 "형법 제347조의2에서 규정하는 **컴퓨터등사용사기죄의 객체는 재물이 아닌** 재산상의 이익에 한정되어 있으므로, 절취하거나 타인의 명의를 모용하여 발급받은 신용카드로 현금자동지급기에서 현금을 인출하는 행위를 이 법조항을 적용하여 처벌할 수는 없다"고 판시하였다(대판 2002. 7. 12, 2002도2134; 대판 2003. 5. 13, 2003도1178).

3) 검토 및 사안에의 적용

현행 형법은 재산범죄의 객체를 재물과 재산상의 이익으로 엄격히 구별하여 규정하고 있어 현금을 재산상의 이익으로 보는 것은 법문언상의 한계를 넘어서는 것이다. 동 조항에

'재물'을 규정하지 않은 것은 입법을 통해 해결해야 할 문제이지, 재산상의 이익에 재물을 포함하는 해석은 유추적용금지의 원칙에 반한다. 따라서 甲이 현금지급기에서 현금을 인출한 행위는 '권한 없는 정보의 입력'에는 해당하나 '재산상의 이익을 취득'한 것으로 볼 수 없어 본 죄는 성립하지 않는다.[27]

(4) 죄수관계

甲이 피해자의 신용카드로 현금을 인출한 행위에 대해서는 다양한 죄책이 논의되나 결론적으로 아무 죄도 성립하지 않는다. 다만 판례에 의한다면 절도죄가 성립한다.

만약, 甲이 '현금서비스'를 받은 경우라면 판례의 태도에 의할 경우 절도죄와 여신전문금융업법상 신용카드부정사용죄가 성립한다. 이 경우 '현금에 대한 절도죄와 신용카드부정사용죄 간', '신용카드에 대한 절도죄와 신용카드부정사용죄 간'의 죄수관계를 추가적으로 검토해보겠다.

1) 현금에 대한 절도죄와 신용카드 부정사용죄 간의 죄수관계

대법원은 피해자 명의의 신용카드를 부정사용하여 현금자동지급기에서 현금을 인출하고 그 현금을 취득한 행위는 신용카드업법상의 신용카드 부정사용죄와 형법상의 절도죄가 성립하고, 양 죄는 그 보호법익이나 행위태양이 전혀 달라 실체적 경합관계에 있다고 밝히고 있다(대판 1995. 7. 28, 95도997).

그러나 만일 별도의 절도죄와 신용카드부정사용죄가 성립한다 할지라도, 신용카드를 현금자동지급기에 넣어 비밀번호를 입력하고 원하는 금액을 입력하여 현금인출구에 교부된 현금을 인출하는 일련의 행위를 신용카드 부정사용죄로 보면, 1개의 행위로 신용카드 부정사용죄와 절도죄의 구성요건을 실현시킨 상상적 경합범으로 보는 것이 타당하다.

2) 신용카드에 대한 절도죄와 신용카드 부정사용죄 간의 죄수관계

대법원은 신용카드를 절취하는 행위와 그 신용카드를 부정사용하는 행위는 별개의 행위로 평가하여 양 죄를 실체적 경합관계로 판단한다.

통상 금고의 열쇠를 훔쳐 금고 안의 현금과 귀중품을 절취했다면 열쇠의 절도에 대해서

---

27) 보론으로 편의시설부정이용죄(형법 제348조의2)의 성부를 논할 수 있다. 편의시설부정이용죄는 부정한 방법으로 대가를 지급하지 아니하고 자동판매기, 공중전화 기타 유료자동설비를 이용하여 재물 또는 재산상의 이익을 취득함으로써 성립하는 범죄이다. 본 죄가 성립하려면 현금자동지급기를 유료자동설비로 볼 수 있어야 한다. 현금지급기를 이용한 현금 인출시에 수수료가 부과되는 경우를 생각할 때, 수수료 부과를 대가의 지급으로 보아 현금지급기를 유료자동설비로 보아야 하는 것은 아닌지 생각해볼 수 있다. 그러나 현금지급기는 당해 현금카드의 예금계좌가 있는 해당은행의 영업시간 내에는 수수료가 부과되지 않기 때문에, 이러한 경우에는 대가를 지급하여야 작동하는 유료자동설비에 해당하지 않는다. 따라서 현금을 인출한 곳이 해당은행의 영업소이냐 아니냐, 이용한 시간이 영업시간 내이냐 아니냐라는 우연한 사정에 의해 동 죄의 성립 여부가 달라지는 것은 부당하기 때문에 일관되게 동 죄의 성립을 부정함이 타당하다.

는 별로 관심을 기울이지 않는다. 이는 잠금장치가 되어 있는 용기 안의 재물을 절취하기 위하여는 열쇠가 필수적이기 때문에 열쇠의 절취는 불가벌적 사전행위 내지 수반행위로 볼 수 있기 때문이다. 또한 열쇠와 금고 안의 재물은 동일한 법익에 속하기 때문에 열쇠의 절취를 별도로 평가하지 않는다. 이와 같은 근거로 부정사용의 목적으로 신용카드를 절취하여 실제 사용한 경우에 절취와 부정사용행위는 각각 하나의 행위의 비독자적인 부분행위로 보아야 한다. 신용카드를 부정사용하기 위하여 신용카드를 절취하는 것이 선행되어야 하며, 신용카드 절취의 불법내용은 신용카드 부정사용의 불법내용에 비해 경미하기 때문이다. 따라서 이런 측면에서 신용카드 절취행위는 신용카드 부정사용죄에 흡수된다고 보는 것이 타당하다고 볼 수 있다. 다만, 신용카드부정사용죄는 반드시 절취한 카드만이 아닌 사용절도와 같이 도난된 카드를 이용하는 경우에도 성립한다는 측면에서 흡수된다고 보기 어려운 측면이 있다.

5. 주민등록증의 사진을 바꿔 붙이고 경찰에게 제시한 행위

(1) 공문서위조죄(형법 제225조)의 성부

1) 문제의 소재

주민등록증이 공문서라는 점과 甲이 정당한 작성권한 없는 자인 것은 분명하다. 사안에서는 타인의 주민등록증에 자신의 사진을 붙인 행위가 공문서위조죄가 되느냐와 관련해서 위조와 변조의 개념구별이 문제가 되고, 경찰관이 주민등록증상의 나이보다 甲이 실제로 훨씬 젊은 점을 수상히 여겨 체포한 부분에서 이것이 위조의 형식과 정도를 갖춘 것이냐가 문제된다.

2) 위조와 변조의 구별

위조란 작성권한 없는 자가 공무원, 공무소의 명의를 모용하여 문서를 작성하는 행위이고, 변조란 권한 없는 자가 이미 진정하게 성립된 공문서의 내용에 대하여 문서의 동일성이 상실되지 않을 정도로 변경을 가하여 새로운 증명력을 작출케 하는 행위이다(대판 2000. 11. 10, 2000도3033; 대판 2003. 12. 26, 2002도7339). 예컨대 최종 결재권자를 보조하여 문서의 기안업무를 담당하는 공무원이 이미 결재가 끝난 공문서의 내용을 변경한 경우(대판 2017. 6. 8, 2016도5218)나 계약서의 일자나 차용증서의 금액을 고치는 것은 변조에 해당한다.

즉, 기존 문서의 동일성을 해하지 않는 범위에서의 변경만 변조가 되고, 문서의 본질적 또는 중요 부분에 변경을 가하거나, 효력을 상실한 문서에 변경을 가하여 새로운 증명력을 가진 문서를 작성한 것은 위조에 해당한다.

사안의 경우 甲이 타인의 주민등록증에 붙어 있는 사진을 떼어내고 그 자리에 자신의 사진을 붙인 행위는 기존 공문서의 '본질적 또는 중요 부분'에 변경을 가하여 새로운 증명력을 가지는 별개의 공문서를 작성한 것으로서, 위조에 해당한다. 판례도 타인의 주민등록증사본의 사진란에 피고인의 사진을 붙여 복사하여 행사한 행위(대판 2000. 9. 5, 2000도2855)나 타인의 주민등록증에 붙어 있는 사진을 자기사진으로 바꾸어 붙인 행위(대판 1991. 9. 10, 91도1610)를 공문서위조행위로 보고 있다.

3) 위조의 정도

위조의 정도는 형식과 내용에 있어서 완전할 것을 요하지 않는다. 즉 '일반인'이 진정문서로 오인할 수 있을 정도의 외관과 형식을 갖추면 충분하다(대판 1997. 12. 26, 95도2221; 대판 1988. 3. 22, 88도3; 대판 2008. 3. 27, 2008도443; 대판 2009. 5. 14, 2009도5; 대판 2020. 12. 24, 2019도8443). 또한 이러한 문서작성행위가 있음으로써 본 죄는 기수가 된다. 문서위조죄는 추상적 위험범으로서 기수와 미수의 구별은 보호법익의 침해정도에 따라 구별할 수 없기 때문이다.

사안에서 경찰관이 주민등록증 상의 나이보다 훨씬 젊은 점을 수상히 여겨 검거하였는데 이는 일반인과는 다른 경찰관의 직무수행상의 특성에 기인한 것으로 보아야 한다. 따라서 甲이 타인의 주민등록증에 자신의 사진을 붙이는 순간 이미 일반인이 진정한 주민등록증으로 오인할 수 있는 형식과 외관을 갖춘 것이므로, 공문서위조죄는 이미 기수에 이른 것으로 평가된다.

4) 소 결

사안에서 甲이 주민등록증이라는 공문서의 사진을 떼어내고 자신의 사진을 붙인 행위는 위조로 평가된다. 이는 일반인이 진정한 주민등록증으로 오인할 정도의 형식과 외관을 갖추었고 진정하게 성립된 공문서의 동일성을 침해하는 변경에 해당하기 때문이다. 별다른 위법성 책임조각사유도 문제되지 않아 甲에게는 공문서위조죄가 성립한다.

(2) 위조공문서행사죄(형법 제229조)의 성부

본 죄의 실행행위는 행사이다. 행사란 본 죄의 객체인 공문서 등을 진정한 것 또는 그 내용이 진실한 것으로 사용하는 것을 의미한다.

사안에서 甲은 검문 중 경찰관에게 위조된 주민등록증을 진정한 것처럼 제시하였다. 소지자의 신분을 증명하기 위해 주민등록증을 제시한 것은 그 본래의 용법대로 사용한 것이라 할 것이고, 甲에게는 위조된 주민등록증을 진정한 것처럼 행사한다는 고의 역시 인정된다. 문서를 상대방에게 인식할 수 있는 상태에 둠으로써 기수가 성립하므로, 甲은 위조공문서행사죄의 기수책임을 진다.

(3) 양 죄의 죄수관계

문서를 '위조'한 범인이 문서 위조 후 위조문서를 '행사'까지 한 경우에, ① 문서위조죄와 동 행사죄의 실체적 경합범이 성립한다는 견해, ② 두 죄의 상상적 경합이라는 견해, ③ 행사가 행위자의 위조행위 당시에 의도했던 범행계획대로의 행사인 한 법조경합의 흡수관계라는 견해 등이 대립되고 있다.

판례는 "피고인이 예금자 명의의 예금청구서를 위조한 다음 이를 은행원에게 제출·행사하여 예금인출금 명목의 금원을 교부받았다면 사문서위조, 동 행사, 사기의 각 범죄가 성립하고 이들은 실체적 경합관계에 있다"고 판시하였다(대판 1991. 9. 10, 91도1722).

위조 등 행위와 행사 행위는 자연적 의미로 보면 행위의 다수성이 인정된다는 점에서 양 죄는 실체적 경합관계에 있다고 볼 수 있다. 그러나 행사할 목적으로 문서를 위조 또는 변조한 자가 이를 의도한 대로 행사한 경우에 행위자의 범행계획을 고려하여 전체적으로 평가하면 행위의 단일성을 인정할 수 있다. 따라서 양 죄는 상상적 경합으로 보는 것이 타당하다. 물론 행위자가 애당초의 범행계획과는 다른 방법으로 행사한 경우에는 행위의 다수성이 인정되어 양 죄는 실체적 경합관계에 놓이게 된다.

사안에서 강도용의자인 甲이 피해자의 주민등록증을 위조한 것은 검문 등의 경우에 검거를 피할 목적으로 한 것이므로 전체적으로 평가하여 행위의 단일성이 인정된다. 따라서 공문서위조와 동 행사죄의 상상적 경합으로 평가된다.

(4) 위계에 의한 공무집행방해죄(형법 제137조)의 성부

위계에 의한 공무집행방해죄는 위계로서 공무원의 직무집행을 방해함으로써 성립한다. 여기서 위계란 타인의 오인, 부지나 착오를 이용하는 행위이기 때문에 업무의 성격상 사실조사가 업무처리의 전제가 되는 경우에는 비록 행위자가 허위의 사실을 주장했다고 하더라도 위계에 의해서 공무집행이 방해된 것은 아니다. 공무에 지장이 발생하였더라도 이는 사실확인을 하지 않은 공무담당자의 불충분한 공무수행에 기인한 것이다.

수사기관이 범죄사건을 수사함에 있어서는 피의자나 참고인의 진술 여하에 불구하고 피의자를 확정하고 그 피의사실을 인정할 만한 객관적인 제반 증거를 수집·조사하여야 할 권리와 의무가 있으나, 다만 수사기관이 나름대로 충분한 수사를 하여도 허위사실을 발견할 수 없는 경우라면 동 죄의 성립을 인정할 수 있다(예컨대 압수수색에 대비하여 압수수색의 장소를 새롭게 조성하고 허위문건을 비치한 경우 대판 2019. 3. 14, 2018도18646). 판례는 "음주운전을 하다가 교통사고를 야기한 후 그 형사처벌을 면하기 위하여 타인의 혈액을 자신의 혈액인 것처럼 교통사고 조사 경찰관에게 제출하여 감정하도록 한 행위는, **단순히 피의자가 수사기관에 대하여 허위사실을 진술하거나 자신에게 불리한 증거를 은닉하는 데 그친 것이**

아니라 수사기관의 착오를 이용하여 적극적으로 피의사실에 관한 증거를 조작한 것으로서 **위계**에 의한 공무집행방해죄가 성립한다(대판 2003. 7. 25, 2003도1609)"고 판시한 바 있다. 또한 피의자나 참고인 등이 수사기관에서 허위의 진술을 하거나(대판 1995. 4. 7, 94도3412; 대판 2011. 7. 28, 2010도2244), 단순히 증거를 감추거나 없애버린 것만으로는 위계로써 수사 기관으로 하여금 오인, 착각, 부지를 일으킨 것은 아니라고 본다(대판 2009. 6. 11, 2008도9437).

위의 기준에 따라 이 사안을 검토해 보면, 타인 신분증의 무단사용이 비일비재한 현실 에서 경찰관은 검문행위시 제시된 주민등록증의 진정성을 조사할 의무가 있고, 단순히 주 민등록증의 사진을 바꿔 붙인 정도만으로는 경찰관이 나름대로 충분한 조사를 하여도 허위 사실을 발견할 수 없을 경우라고는 보여지지 않는다. 따라서 쉽게 나이만 확인해도 허위의 주민등록증이라는 것을 발견할 수 있었던 이 사안에서는 甲에 의한 허위의 주민등록증 제 출은 위계에 해당하지 않으므로 본 죄의 성립이 부정된다.

III. 乙의 죄책 – 장물취득죄(형법 제362조 제1항)의 성부

1. 문제의 소재

乙은 甲의 선물이 절취한 수표로 구입했다는 사실을 알았으나 애인의 선물이라서 그냥 받았다. 따라서 이 경우 乙에 대한 장물취득죄의 성부가 문제된다.

장물은 재산범죄로 영득한 그 재물이다. 사안에서 甲이 선물한 무스탕코트와 거스름돈 은 甲이 절도로 취득한 장물 그 자체가 아니라는 점에서 대체장물의 장물성 여부가 문제된 다. 특히 금전의 경우, 그 특성상 물리적인 동일성은 상실되었지만, 가치 동일성이 인정되 어 장물로서의 성질이 그대로 유지되는 것은 아닌지 살펴보겠다.

2. 대체장물의 장물성

(1) 절취한 수표로 구입한 무스탕코트의 장물성 여부

장물죄의 본질에 관한 추구권설의 입장에서는 본범이 영득한 재물에 대해서만 피해자의 추구권이 인정되므로 대체장물은 장물이 아니라고 본다. 또한 유지설의 입장에서도 위법한 재산상태의 유지 존속은 본범에 의해 영득한 재물에 한정되므로 역시 장물로 보지 않는다. 판례는 장물을 처분한 돈에 대해서는 회복추구권이 없어졌다는 이유로 장물성을 잃게 되었 다고 보고(대판 1972. 2. 22, 71도2296), 장물인 점을 알면서 계속 보관함으로써 피해자의 반 환청구권 행사를 어렵게 하고 위법한 재산상태를 유지시킬 때 장물보관죄가 성립하는 것으 로 보아(대판 1987. 10. 13, 87도1633) 결합설을 취한 것으로 보인다. 어느 입장에 의하든 대체장물, 즉 장물처분 대가는 장물성을 상실한다(대판 1972. 6. 13, 72도971; 대판 1972. 2. 22, 71도2296). 역시 장물을 전당잡힌 전당표는 장물 그 자체 및 동일성 있는 변형물도 아니므로 장물이 아니라고 판시하였다(대판 1973. 3. 13, 73도58).

사안에서 甲이 절취한 재물은 지갑 속의 자기앞 수표인 반면, 乙에게 선물한 것은 무스탕코트로서 재물의 물질적 동일성이 부정된다. 매장에서 무스탕코트를 산 행위를 사기죄로 평가한다면 새로운 재산범죄에 의한 장물성을 인정할 수 있겠으나, 甲에게 사기죄가 부정됨은 앞에서 살펴본 바와 같다. 따라서 乙에게 무스탕코트에 대한 장물취득죄는 성립하지 않는다.

(2) 거스름돈으로 받은 현금 5만원의 장물성 여부(대체금전의 장물성)

1) 견해의 대립

금전처럼 대체성이 있는 재물이 다른 금전으로 바뀐 경우, ① 금전의 경우에는 물체의 영득이라는 점보다는 가치의 영득이라는 측면이 강하므로 장물성을 인정해야 한다는 '긍정설'과 ② 물리적 동일성에 중점을 두고 대체성 있는 다른 물건으로 바꾼 경우에는 위법한 재산상태는 단절되고, 긍정설은 장물의 범위를 너무 넓히는 문제점이 있기 때문에 장물성을 상실한다는 '부정설'이 대립한다.

판례는 "장물은 재산범죄에 의하여 영득한 물건 그 자체를 말하고, 피해자의 회복청구권도 장물 자체의 회복청구를 위한 것이어서 원칙적으로 장물의 처분대가나 그 교환물은 장물성을 상실하게 되는 것이지만, 재산범죄에 의하여 취득한 물건이 금전인 경우에는 원래 금전이 그 개성에 특별한 가치가 있는 경우가 아닌 한 그 가액에 의한 유통에 본질적 기능이 있는 점에 비추어 볼 때, 그 보관 내지 소지형태가 수표나 예금 혹은 현금 등으로 바뀌더라도 그 보관이나 소지 또는 관리에 있어 가액이 명확히 구분되는 한도 내에서는 장물로서의 성질을 잃지 않는다(대판 1999. 9. 17, 98도2269)"고 하여 긍정설의 입장이다.

2) 검토 및 사안에의 적용

금전처럼 대체성이 있는 장물에 있어서는, 금전을 단순히 교환한 경우와 물건을 사고 거스름돈을 받은 경우를 나누어서 살펴보아야 할 것이다.

① **금전 교환시 장물성 여부**   금전의 영득에서는 그 물건 자체보다는 그 물체가 갖는 가치를 취득하는 것이기 때문에 본범이 취득한 금전의 가치는 이를 교환하는 경우에도 그 동일성이 인정된다고 본다. 따라서 금전을 다른 단위의 화폐나 외환으로 교환한 경우나 자기앞수표를 현금으로 교환한 경우(대판 1999. 9. 17, 98도2269), 또는 장물인 현금이나 수표를 금융기관에 예금의 형태로 보관하였다가 동일한 액수의 현금 또는 수표를 인출한 경우(대판 2000. 3. 10, 98도2579; 대판 2004. 4. 16, 2004도353)도 **물리적 동일성은 상실되지만 금전**

적 가치의 동일성은 유지되므로 장물성을 인정해야 한다.

② **거스름돈의 장물성 여부** 자기앞 수표를 현금으로 교환한 경우의 현금과 구별해야 할 것은 자기앞 수표를 사용하여 물품을 구매하고 남은 거스름돈의 경우이다. 교환행위에 의한 현금은 가치총액이 그대로 유지되었기 때문에 재물의 동일성이 인정되지만, 자기앞 수표로 구입하고 남은 잔돈은 가치총액이 유지되는 교환행위에 의한 것이 아니라 가치총액의 변동을 가져온 구매행위에 의한 것이다. 따라서 재물의 동일성이 상실되기 때문에 장물성을 부정하여야 한다.

사안의 경우 단순한 환전과는 달리 구매한 물품과 남은 거스름돈은 절취하여 지불한 자기앞 수표 4장과 가치적 동일성이 유지·인정된다고 보기 어렵다. 따라서 거스름돈 역시 장물성이 부정되어 乙에게는 장물죄가 인정되지 않는다.

IV. 사안의 해결

1. 甲의 죄책

(1) 대중사우나 옷장에서 지갑을 숨겨 나온 행위는 절도죄에 해당한다.

(2) 절취한 수표로 물건을 구입하고 거스름돈 5만원을 받은 행위는 사기죄에 해당하지 아니한다.

(3) 애인에게 코트와 거스름돈을 선물한 행위는 절도죄의 본범의 행위로서 장물죄의 구성요건해당성이 부정된다.

(4) 피해자의 예금계좌에서 현금 100만원을 인출한 행위는 현행법상 처벌할 수 없다. 반면 판례에 따른다면 여신전문금융업법상의 신용카드부정사용죄와 절도죄의 실체적 경합범에 해당한다.

(5) 타인의 주민등록증의 사진을 바꿔 붙이고 이를 경찰에게 제시한 행위는 공문서위조죄와 동 행사죄의 상상적 경합범에 해당한다.

2. 乙의 죄책

甲에게서 받은 무스탕코트와 거스름돈 5만원은 장물성이 부정되어 장물취득죄가 성립되지 아니한다.

22. 절도죄의 객체 / 업무상 배임죄의 기수시기 / 공모공동정범 / 형법 제33조의 해석

○ 사례 22

甲은 A회사 연구개발실에 근무하는 乙에게 A회사가 상당한 노력을 기울여 독자적으로 개발하여 비밀로 관리하는 생산시스템 설계도면과 공정도를 빼내어 중국의 경쟁업체에 팔아 나누어 갖자고 적극적으로 제의하였다. 이에 乙은 고생해도 승진이 쉽지 않은 회사 사정을 아는 터라 그 제의에 응하기로 하였다. 乙은 회사 연구개발실에서 회사 노트북 컴퓨터에 저장되어 있는 위 시스템의 설계도면을 회사 프린터로 A2용지에 2장을 출력하여 가지고 나와 甲에게 건네주었다. 甲은 아직 중국의 경쟁업체에 넘기지 않고 보관하고 있었다.

회사에 해가 되는 행위를 한 乙은 양심상 더 이상 회사에 몸담고 있기가 어려워지자 사표를 제출하였다. 하지만 퇴사 시에 이러한 영업비밀 등을 회사에 반환하거나 폐기할 의무가 있었지만 나중에 쓸 일이 있을 수 있다고 생각하여 이를 반환하지 않고 가지고 있기로 했다. 그러나 퇴사하고 1년쯤 지나 甲은 乙에게 연락을 하여 생산시스템 설계도면과 공정도를 가지고 있냐고 물으면서 그 도면을 6억에 팔 때가 생겼다고 하면서 같이 팔아서 돈을 나누어 갖자고 하였다. 이에 乙은 그 도면 등을 중국업체에 넘기고 6억을 받아 둘이 3억씩 나누어 가졌다.

甲과 乙의 형사책임은?

해 설

Ⅰ. 논점의 정리

이 사안에서 설계도면 출력 등의 행위를 직접 한 자는 乙이므로 먼저 乙의 죄책을 논한 다음 이에 가담한 甲의 공범으로서의 책임을 검토한다. 본 사안은 乙의 행위를 1) 재직 중 행위 2) 퇴사 시 행위 3) 퇴직 후 행위로 나누어 살펴본 뒤, 이에 가담한 甲의 죄책을 논하 도록 하겠다.

乙이 회사 컴퓨터에 저장되어 있던 영업비밀을 회사용지에 출력하여 외부로 반출한 행 위와 관련하여 재물(컴퓨터상의 정보, 설계도면, 회사의 A2용지)을 절취하거나 횡령한 것으로 볼 수 있는지, 타인의 재산상의 사무를 처리하는 자로 보아 업무상 배임죄가 성립한다고 볼 것인지, 영업비밀 유출과 관련하여 별도로 부정경쟁방지 및 영업비밀보호에 관한 법률 (이하 '부정경쟁방지법'이라 한다) 등 특별법이 적용되는지가 문제된다.

甲은 설계도면을 유출하여 팔 것을 제의하였으나 실행행위는 乙이 하였는바, 甲이 乙의 범행에 어떤 형태로 가담한 것으로 볼 수 있는지 문제된다.

Ⅱ. 乙의 죄책

1. 회사 컴퓨터에 저장된 설계도를 A2용지에 출력하여 설계도면을 반출한 행위

(1) 절도죄(형법 제329조)의 성부

우선 절도죄의 객체는 타인의 재물이므로 이 사안에서 회사 노트북 컴퓨터에 저장되어 있는 시스템의 설계도, 즉 '정보'가 재물에 해당하는지가 문제된다.

형법상의 재물은 일반적으로 민법상의 물건과 같은 의미로서 유체물 및 전기 기타 관리 할 수 있는 자연력(민법 제98조)을 말한다. 다만 형법 제346조에는 관리할 수 있는 동력은 재물로 간주한다고 규정하고 있다. 유체물은 고체에 한하지 않고 액체 또는 기체도 유체물 이며 관리할 수 있는 한 절도죄의 객체가 된다. 공기나 바닷물 또는 수로의 물은 유체물이 지만 관리가 불가능하기 때문에 절도죄의 객체가 될 수 없다(대판 1964. 6. 23, 64도209). 무 체물도 관리가 가능한 경우에는 재물로 볼 수 있다. 다만 타인의 전화기를 무단으로 사용 하여 전화통화를 하는 행위는 전기통신사업자의 역무를 이용하는 것이고 이는 무형적인 이 익에 불과하고 물리적 관리의 대상이 될 수 없어 재물이 아니어서 절도죄의 객체가 될 수 없다(대판 1998. 6. 23, 98도700).

이 사안의 경우 컴퓨터에 입력된 정보는 유체물이 아니고 물질적으로 관리가능하지도 않다. 따라서 정보는 재물성이 부정되어 절도죄의 객체가 될 수 없다. 판례도 유사한 사안에서 "컴퓨터에 저장되어 있는 '정보' 그 자체는 유체물이라고 볼 수도 없고, 물질성을 가진 동력도 아니므로 재물이 될 수 없다 할 것이며, 이를 복사하거나 출력하였다 할지라도 그 정보 자체가 감소하거나 피해자의 점유 및 이용가능성을 감소시키는 것이 아니므로 그 복사나 출력 행위를 가지고 절도죄를 구성한다고 볼 수도 없다(대판 2002. 7. 12, 2002도745)."고 하여 동일한 입장이다. 따라서 사안에서 乙은 정보 자체에 대한 절도죄의 죄책은 지지 않는다.

나아가 '출력물'이 회사소유인지를 살펴보면, 컴퓨터에서 회사 프린터로 출력한 설계도면은 유체물임이 분명하다. 그러나 설계도면은 乙이 회사의 업무와 관계없이 무단으로 반출할 목적으로 출력한 것이기 때문에 회사 소유의 재물이라고 할 수 없다. 즉 이는 회사의 업무를 위하여 생성되어 회사에 의하여 보관되고 있던 문서가 아니라 乙이 생성한 문서여서 처음부터 乙의 소유라고 보아야 한다. 판례도 동일한 태도이다(대판 2002. 7. 12, 2002도745). 따라서 乙은 출력된 설계도면에 대한 절도죄의 죄책도 지지 않는다.

(2) A2용지에 대한 절도죄 또는 횡령죄(형법 제355조 제1항)의 성부

乙이 출력에 사용한 A2 용지 자체는 재물에 해당하고 회사 소유이다. 또한 용지 자체에 대해서는 회사가 관리하고 있다고 봄이 타당하므로 타인점유로 보아 자기점유를 전제로 한 횡령죄가 아니라 절도죄로 의율함이 타당하다.

그러나 A2 용지 2장 자체는 경제적 가치나 주관적 가치가 매우 경미하므로, 회사가 직원에게 필요한 경우 소량의 용지를 사적으로 사용하거나 가져갈 수 있게 묵시적 동의를 했다고 보는 것이 타당하므로 양해에 해당하여 乙의 용지사용은 구성요건해당성이 없다고 보아야 한다. 그러나 대법원은 위 컴퓨터에 저장된 정보를 A2용지 2장에 출력해 가져간 사건에서 A2용지를 회사 소유로 보고 회사의 추정적 승낙이 있었다거나 A2용지 2장을 절취한 행위가 사회상규에 반하지 않는 정당행위에 해당한다고 볼 수 없다고 판단하였다(대판 2003. 9. 23, 2003도1560).

(3) 업무상 배임죄(형법 제356조)의 성부

설계도 자체는 정보여서 재물은 아니나 재산상의 이익에 해당한다. 따라서 재산상의 이익을 객체로 하는 범죄인 업무상 배임죄의 성부가 문제된다. 업무상 배임죄는 ① 타인의 사무를 처리하는 자가 ② 임무에 위배하는 행위로써 ③ 재산상의 이익을 취득하여 ④ 본인에게 손해를 가하는 경우에 성립한다. 여기에서 재산상 손해는 현실적인 손해를 가한 경우뿐만 아니라 재산상 손해 발생의 위험을 초래한 경우도 포함한다(대판 2005. 9. 29, 2003도4890).

업무상 배임죄는 1) 재직 중 행위 2) 퇴사 시 행위 3) 퇴직 후 행위로 나누어 살펴보아야 한다.

이 사안에서 乙은 회사의 피용자로서 회사 연구개발실에 근무하므로 연구의 결과물인 생산시스템 설계도를 관리할 임무를 진다. 따라서 乙은 회사의 사무를 처리하는 자에 해당하고, 그 임무에 위배하여 재산상 가치가 있는 설계도면 정보를 취득하였다. 따라서 재직 중과 퇴사 시는 甲이 아직 중국의 경쟁업체에 영업비밀을 넘기지 않았다고 하더라도, 회사에게 재산상 손해 발생의 위험은 乙이 정보를 반출했을 때 이미 발생하여 배임죄는 기수에 이르렀다고 보아야 한다.

1) 업무상배임죄의 주체는 타인의 사무를 처리하는 지위에 있어야 한다. 따라서 회사직원이 재직 중에 영업비밀 또는 영업상 주요한 자산을 경쟁업체에 유출하거나 스스로의 이익을 위하여 이용할 목적으로 무단으로 반출하였다면 타인의 사무를 처리하는 자로서 그 업무상의 임무에 위배하여 유출 또는 반출한 것이어서 유출 또는 반출 시에 업무상배임죄의 기수가 된다.

2) 회사직원이 영업비밀 등을 적법하게 반출하여 그 반출행위가 업무상배임죄에 해당하지 않는 경우라도, 퇴사 시에 그 영업비밀 등을 회사에 반환하거나 폐기할 의무가 있음에도 경쟁업체에 유출하거나 스스로의 이익을 위하여 이용할 목적으로 이를 반환하거나 폐기하지 아니하였다면, 이러한 행위 역시 퇴사 시에 업무상배임죄의 기수가 된다(대판 2008. 4. 24, 2006도9089 등 참조).

3) 그러나 회사직원이 퇴사한 후에는 특별한 사정이 없는 한 그 퇴사한 회사직원은 더 이상 업무상배임죄에서 타인의 사무를 처리하는 자의 지위에 있다고 볼 수 없고, 위와 같이 반환하거나 폐기하지 아니한 영업비밀 등을 경쟁업체에 유출하거나 스스로의 이익을 위하여 이용하더라도 이는 이미 성립한 업무상배임 행위의 실행행위에 지나지 아니하므로, 그 유출 내지 이용행위가 부정경쟁방지법 위반(영업비밀누설등)죄에 해당하는지 여부는 별론으로 하더라도, 따로 업무상배임죄를 구성할 여지는 없다(대판 2017. 6. 29, 2017도3808)는 것이 판례의 입장이다. 따라서 퇴사 후 행위는 업무상배임죄가 성립할 수 없다. 따라서 비록 5억원이 넘는 이득액이나, 특가법 제3조 제1항에 따른 가중처벌 역시 이루어질 수 없다.

(4) 부정경쟁방지법 위반죄(제18조 제1항) 성부

동법 제18조 제1항과 제2항에 따르면, 부정한 이익을 얻거나 영업비밀 보유자에게 손해를 입힐 목적으로 그 영업비밀을 외국에서 사용하거나 외국에서 사용될 것임을 알면서 취득·사용 또는 제3자에게 누설한 자는 10년 이하의 징역 또는 1억원 이하의 벌금에 처한다. 다만 벌금형에 처하는 경우 위반행위로 인한 재산상 이득액의 10배에 해당하는 금액이

5억원을 초과하면 그 재산상 이득액의 2배 이상 10배 이하의 벌금에 처한다.

회사가 독자적으로 개발한 설계도면은 기업에 유용한 영업비밀에 해당하고, 중국의 경쟁업체에 팔기로 모의하였으므로 외국에서 사용될 것임을 알고 취득한 경우에 해당한다. 영업비밀을 팔아서 대금을 나누기로 하였으므로 부정한 이득을 얻을 목적도 있으며 실제로 나누어 갖기도 하였다. 따라서 본죄의 기수를 인정할 수 있다. 이는 업무상 배임죄와는 달리 퇴사 후라고 하여도 본 죄 성립에 영향이 없다.

(5) 죄 수

정보 자체는 절도죄의 객체가 될 수 없고, 설계도면을 출력한 종이문서는 乙의 소유여서 역시 절도죄의 객체가 되지 않는다. 다만 乙은 재직 시 회사의 영업비밀을 유출하였고, 퇴직 시에는 반환을 하지 않았으므로 업무상 배임죄의 죄책을 지며, 이는 부정경쟁방지법위반죄와 상상적 경합관계에 있다.

III. 甲의 죄책

1. 문제의 소재

甲은 乙에게 범죄를 제의하였고, 乙은 이에 응하여 업무상 배임죄 및 부정경쟁방지법위반죄를 범하였다. 甲은 乙과 범죄의 공모만 했을 뿐이고 乙만이 구성요건에 해당하는 실행행위를 하였는데, 이러한 경우에도 甲을 공동정범으로 볼 수 있는지가 문제된다. 이는 소위 공모공동정범 인정 여부 문제이다. 나아가 이중적 신분범인 업무상 배임죄에 가담한 甲이 어떠한 죄책을 지는지를 형법 제33조의 해석과 관련하여 논한다.

2. 공모공동정범 인정 여부

공모공동정범이란 2인 이상의 자가 공모하여 그 공모자 가운데 일부가 범죄의 실행에 나아갔을 때 실행행위를 담당하지 않는 공모자를 일컫는 용어로서 이러한 공모자도 공동정범의 죄책을 지는지의 문제이다.

공동의 실행행위는 반드시 구성요건에 해당하는 행위일 것을 요하는 것이 아니라 각 가담자가 분업적으로 기능적 역할을 분담하여 공동으로 작용함으로써 범죄의 전체적 계획의 실현에 중요한 기여를 하는 행위이면 공동정범의 정범성표지인 기능적 범행지배를 인정할 수 있기 때문이다. 따라서 단순공모자도 범죄의 전체적인 과정상 성공을 위한 본질적인 기여를 했다면 기능적 범행지배가 인정되어 공동정범이 된다.

사안의 경우, 甲이 범죄의 성공에 본질적 기여를 한 것으로 인정된다면 기능적 범행지배설에 따라 공동정범이 된다. 甲은 설계도면을 반출하자고 먼저 제안하였으며, 비록 乙이 영업비밀을 반출한 때에 업무상 배임죄는 기수에 이르렀지만 甲은 乙이 반출한 영업비밀을 보관하였을 뿐만 아니라 이것을 향후에 또 다시 경쟁업체에 제의를 하는 등 역할을 맡음으로써 전체 범행계획의 중요한 기능을 담당하였다. 즉 甲은 구성요건적 실행행위는 하지 않았으나 전체 범행을 계획하고 영업비밀을 보관하였으며 이를 파는 역할을 담당함으로써 범죄 실행의사의 공동을 넘어서 기능적 범행지배 정도에 이르는 분업적 행위실행을 하였다. 따라서 甲과 乙은 영업비밀 반출과 관련한 범죄의 공동정범이다.

3. 공범과 신분의 문제 – 형법 제33조의 해석론

乙에게는 업무상 배임죄가 성립하나, 甲은 업무자라는 신분 및 사무 처리자라는 신분이 없기 때문에 甲에게도 업무상 배임죄의 공동정범을 인정할 수 있는지가 문제된다. 배임죄는 신분이 있어야만 성립하는 진정신분범이므로 형법 제33조 본문이 적용되어 甲에게도 배임죄의 공동정범이 인정된다. 그런데 업무상 배임죄는 신분으로 인해 형이 가중되는 부진정신분범인바, 이러한 경우 업무자라는 신분이 인정되지 않는 甲에게 업무상 배임죄의 성립을 인정할 것인지 아니면 단순배임죄의 성립을 인정할 것인지에 대해서 형법 제33조의 해석과 관련하여 견해가 대립한다.

이에 대해 다수설은 제33조 본문은 진정신분범에 대해서만 적용되고, 부진정신분범의 성립과 과형은 동조 단서가 규정하고 있다고 하나, 판례는 제33조 본문은 진정신분범이나 부진정신분범을 불문하고 공범의 성립에 관한 규정이고, 단서는 부진정신분범의 과형에 관한 규정이라고 본다.

생각건대 제33조 본문은 '신분관계로 인하여 성립될 범죄'라고 규정하여 진정신분범에만 적용됨을 명백히 하고 있으므로 부진정신분범의 성립에는 동조 단서가 적용된다고 보는 다수설이 타당하다. 다수설에 따르면, 甲은 단순배임죄의 공동정범이 된다. 아울러 이는 부정경쟁방지법 위반죄와 상상적 경합관계에 있다. 그러나 판례에 따르면 업무상 배임죄의 공동정범이 성립하고 단순배임죄로 처단된다고 본다.

다만, 이는 재직 중과 퇴사 시의 乙의 행위에 가담한 부분은 위와 같이 공범이 성립할 것이나, 퇴사 후의 乙의 행위에 가담한 부분 관련하여서는 판례가 "회사직원이 퇴사한 후에는 특별한 사정이 없는 한 그 퇴사한 회사직원은 더 이상 업무상배임죄에서 타인의 사무를 처리하는 자의 지위에 있다고 볼 수 없고, 위와 같이 반환하거나 폐기하지 아니한 영업비밀 등을 경쟁업체에 유출하거나 스스로의 이익을 위하여 이용하더라도 이는 이미 성립한 업무상배임 행위의 실행행위에 지나지 아니하므로, 그 유출 내지 이용행위가 부정경쟁방지법 위반(영업비밀누설등)죄에 해당하는지 여부는 별론으로 하더라도, 따로 업무상배임죄를 구성할 여지는 없다고 보아야 한다. 그리고 위와 같이 퇴사한 회사직원에 대하여 타인의 사무를 처리하는 자의 지위를 인정할 수 없는 이상 제3자가 위와 같은 유출 내지 이용행위에 공모·가담하였다 하더라도 그 타인의 사무를 처리하는 자의 지위에 있다는 등의 사정이 없는 한 업무상배임죄의 공범 역시 성립할 수 없다(대판 2017. 6. 29, 2017도3808)"고 판시하고 있는 바와 같이, 부정경쟁방지법 위반죄의 공동정범은 성립할 수 있으나 진정신분범인 업무상 배임죄의 공동정범이 성립할 수는 없다고 할 것이다.

Ⅳ. 사안의 해결

1) 乙의 설계도면 유출 행위에 대해서는 재직 중, 퇴사 시 행위는 업무상 배임죄와 부정경쟁방지법 위반죄의 상상적 경합이 성립하고, 퇴사 후에는 부정경쟁방지법 위반죄만 성립한다.

2) 甲은 재직 중, 퇴사 시 乙의 행위에 대하여는 다수설에 의하면 단순 배임죄와 부정경쟁방지법 위반죄의 공동정범이며 양 죄는 상상적 경합 관계에 있다. 판례에 의하면 업무상 배임죄와 부정경쟁방지법 위반죄의 공동정범이며 양 죄는 상상적 경합 관계에 있고, 퇴사 후 행위에 대하여는 부정경쟁방지법 위반죄의 공동정범이 성립한다.

○ 사례 23

신용카드 대금연체 때문에 고민하던 甲은 친구 乙에게 돈을 빌려줄 것을 부탁하였다. 마침 乙도 실직한 상태라 돈이 필요하다며 자신은 밤늦게 귀가하는 부녀자의 핸드백이라도 날치기해서 살아야겠다고 말하였다. 그러면서 乙은 친구 甲이 그럴 용기가 없을 것이라고 생각하였다. 그러나 乙의 예상과는 달리 甲은 계를 마치고 밤늦게 귀가하던 부녀를 미행하다가 부녀가 빨리 귀가할 생각으로 으슥하지만 지름길인 공원입구에 다다르자 핸드백을 날치기하였다. 甲은 피해자를 다치게 할 생각까지는 없었으나 피해자는 누가 뒤에서 따라오고 있음을 감지하고 핸드백을 꽉 잡고 빨리 걷던 터라 핸드백을 빼앗기면서 앞으로 넘어져 전치 2주의 상해를 입게 되었다. 핸드백에 들어 있던 계원들의 계금(자기앞수표 포함)을 발견한 甲은 다음 날 신용카드 연체대금 일부를 갚았다. 경찰의 수표추적으로 甲에게 혐의가 쏠리게 되자 甲은 친구 乙에게 경찰조사를 받게 되면 범행 당일날 밤에 甲과 함께 동네극장에서 르윈스키 감독의 "부적절한 관계"라는 영화 한 편을 보고 나서 한강변에서 소주를 마셨다고 진술할 것을 부탁하였다. 乙은 경찰조사에서 甲의 부탁대로 진술하였다.

甲과 乙의 형사책임은?

해 설

I. 논점의 정리

사안에서 주된 범죄행위를 한 자는 甲이다. 따라서 甲의 행위를 시간적 순서에 따라 구분하여 죄책을 살펴본 다음, 乙이 허위 진술한 행위를 별도로 검토하겠다.

(1) 甲이 피해자의 핸드백을 날치기한 행위에 대해서는 날치기를 강도죄의 폭행으로 볼 것이냐에 따라 강도죄 혹은 절도죄로 그 죄책이 달라진다. 甲을 강도죄로 평가할 경우에도 乙에게 발생한 상해의 결과에 대해 甲에게 고의가 인정되느냐에 따라 강도상해죄 혹은 동치상죄가 성립한다.

乙이 "나는 부녀자의 핸드백을 날치기라도 해서 살아야겠다"라고 말한 것을 듣고 甲은 용기를 얻어 날치기를 하였는바, 乙의 이 발언을 날치기에 대한 교사 내지 방조로 볼 것인지가 문제된다.

(2) 甲이 핸드백 속 계금으로 신용카드 대금을 변제한 행위에 대해서는 신용카드 회사에 대한 사기죄의 성부가 문제된다. 현금과 자기앞수표의 경우를 나누어 사기죄의 구성요건에의 해당 여부를 검토하고, 특히 자기앞수표의 경우 현금에 가까운 고도의 유통성을 갖는다는 점을 어떻게 평가할 것인지를 살펴보겠다.

(3) 乙이 甲의 부탁을 받고 甲에 대한 허위의 알리바이를 진술한 행위에 대해서는 위계에 의한 공무집행방해죄, 위증죄, 범인도피죄가 문제된다. 이때 각 죄에 대하여 위계의 의미, 위증죄의 주체, 도피의 개념에 대한 검토가 필요하다. 甲의 경우 동 범죄들에 대한 교사범의 성부가 문제되는데, 특히 범인도피죄에 있어 자기도피 교사가 자기비호권의 한계를 일탈한 것인지 여부를 살펴보겠다.

II. 甲이 피해자의 핸드백을 날치기한 행위

1. 甲의 죄책

(1) 강도죄(형법 제333조) 혹은 절도죄(제329조)의 성부

1) 문제의 소재

강도죄와 절도죄는 타인의 의사에 반하여 타인소유·점유의 물건을 탈취한다는 점에서는 동일하다. 그러나 강도죄는 탈취의 수단으로서 '폭행·협박'을 요한다는 점에서 차이가 있다.

사안에서 甲이 피해자의 핸드백을 날치기한 것을 강도죄에서의 '폭행'으로 볼 수 있다면 강도죄가, 볼 수 없다면 절도죄가 문제된다. 우선 날치기 행위에 대한 일반적인 논의를 살펴본 후, 사안을 이에 적용하겠다.

2) 날치기 행위에 대한 형법적 평가

사회통념상 날치기 행위라는 것은 피해자가 충분한 주의를 기울이지 아니하면서 자신의 재물에 대한 사실적 지배를 유지하고 있는 것을 기화로, 행위자가 그 재물을 그에 대한 다소의 유형력 행사를 통해 피해자의 지배영역으로부터 자신의 지배영역으로 이동시키는 것을 의미한다.

강도죄에서의 폭행은 상대방의 반항을 억압할 정도로 유형력을 행사하는 것이다. 피해자의 신체에 대해 물리적 힘을 행사해야 하므로, 단순히 물건에 대해 유형력을 행사하는 것은 강도죄에서의 폭행에 해당할 수 없다. 다만 직접적으로는 물체에 가해진 유형력이라도, 간접적으로 그 유형력이 사람에게 미친 경우에는 강도죄의 폭행이 될 수 있다.

일반적으로 들고 가는 핸드백을 날치기하는 것은 '물건'에 대한 유형력의 행사로 보여지므로 절도가 될 뿐이다. 그러나 행위자의 날치기 행위 자체가 피해자의 신체에 대한 폭행을 수반하는 경우나, 피해자가 날치기를 예상하여 핸드백을 꼭 붙잡고 있었는데 행위자가 강제로 빼앗아 간 경우에는 피해자에 대한 폭행으로 평가되어 강도죄가 성립한다.

대법원은 자동차를 타고 가면서 피해자의 핸드백을 날치기한 후 그대로 자동차를 운전하여 피해자에게 상해를 입힌 사건에서, "날치기와 같이 강력적으로 재물을 절취하는 행위는 때로는 피해자를 전도시키거나 부상케 하는 경우가 있고, 구체적인 상황에 따라서는 이를 강도로 인정하여야 할 때가 있다 할 것이나, 그와 같은 결과가 피해자의 반항 억압을 목적으로 함이 없이 점유탈취의 과정에서 우연히 가해진 경우라면 이는 절도에 불과하다"고 판시하고 있다(대판 2003. 7. 25, 2003도2316). 그러나 가방을 놓지 않고 버티는 피해자를 5m 가량 끌고 가면서 상해를 입혔다면 반항을 억압할 목적으로 가해진 강제력의 행사로 보아 강도치상죄를 인정하였다(대판 2007. 12. 13, 2007도7601).

3) 사안에의 적용

순간적으로 이루어지는 절취행위에 대하여 피해자가 미처 반항을 보일 틈도 없는 경우에는 이를 제압하기 위한 폭행 또한 있을 수 없으므로 일반적으로 절도죄에 해당한다고 보아야 할 것이다. 그러나 본 사안에서 피해자는 甲이 핸드백을 빼앗기 전에 이미 재물탈취에 대한 위협을 감지하여 핸드백을 꽉 잡고 있는 상황이었고, 이는 재물탈취에 대한 항거로 볼 수 있으며, 이를 제압하는 甲의 행위는 핸드백에 대한 유형력의 행사 정도를 벗어나 피해자에게 저항불가의 폭행이 행사된 것으로 볼 수 있다.

강도죄의 다른 구성요건을 살펴보면, 우선 피해자가 계원들로부터 징수한 계금은 일단 그 소유권이 계주에게 귀속되며, 계주는 이를 지정된 계원에게 지급할 의무를 부담할 뿐이므로 당해 계금은 피해자가 소유하고 점유하는 재물로 평가된다. 甲의 폭행은 재물 강취에 대한 수단성이 인정되고 폭행과 재물강취 사이에 인과관계도 인정된다. 이로 인하여 甲은 재산상 이익을 취득하였으므로 강도죄의 객관적 구성요건을 충족한다. 또한 甲에게 강도의 고의와 불법영득의사가 있었던 것도 명백하여 주관적 구성요건을 충족하고 위법성·책임도 문제될 바 없으므로 甲은 강도죄의 죄책을 진다.

(2) 강도상해 혹은 강도치상죄의 성부(형법 제337조)

1) 문제의 소재

강도상해죄는 강도죄와 상해죄의 결합범으로서 상해의 고의가 있는 경우임에 반하여, 강도치상죄는 강도죄와 과실치상죄의 결합범으로서 고의 없이 상해의 결과를 발생케 한 결과적 가중범이다.

甲의 강도행위로 인해 피해자는 앞으로 넘어져 전치 2주의 상해를 입게 되었다. 강도행위시 발생한 상해결과에 대해 甲에게 강도상해죄를 인정할 것인지, 아니면 강도치상죄에 불과하다고 볼 것인지가 문제된다.

2) 강도상해죄의 성부 – 상해의 고의 인정 여부

본 사안에서 甲에게 상해의 고의가 있었는지는 명백하지 않다. 상해에 대한 확정적 고의가 없었다 할지라도 미필적 고의라도 있는 경우에는 강도상해죄가 성립한다.

미필적 고의는 고의의 지적·의지적 요소가 위축된 가장 약화된 형태의 고의라는 점에서 인식 있는 과실과의 구별이 문제된다. 이에 대해 ① 용인설 ② 가능성설 ③ 개연성설 ④ 감수설 등이 그 해결방법을 제시하고 있는데, 다수설과 판례는 용인설을 취하고 있는 것으로 보인다.

사안에서 날치기를 하면 피해자가 넘어질 수도 있다는 점에 대해서는 甲이 예견하였거나 최소한 예견할 수는 있었다고 할 것이다. 그러나 여기서 더 나아가 상해의 결과가 발생할 것까지 용인 내지 감수하였다고는 보기 어렵다. 따라서 고의범인 강도상해죄는 인정될 수 없다.

3) 강도치상죄의 성부

결과적 가중범이 성립하기 위해서는 ① 고의의 기본범죄, ② 중한 결과의 발생, ③ 양자 간의 인과관계와 객관적 귀속, ④ 중한 결과에 대한 예견가능성이 인정될 것을 요건으로 한다.

甲은 날치기 행위를 통해 강도라는 기본범죄를 범하였고, 피해자에게 전치 2주의 상해라는 중한 결과가 발생하였다. 甲은 피해자를 자신의 범죄표적으로 삼고 계속해서 주시하고 있었으므로 자신이 핸드백을 탈취하고자 강한 유형력을 행사하면 빨리 걷고 있던 피해자가 넘어져 상해를 입을 수 있다는 사실을 충분히 예견할 수 있었다고 보여진다. 甲의 날치기 행위와 피해자의 상해 간에는 조건적인 인과관계도 인정된다. 다만 피해자가 핸드백을 꽉 붙잡고 빨리 걸었다는 사실이 피해자의 상해를 甲의 행위에 귀속시킴에 장애가 되는지가 문제될 수 있겠는데, 甲의 행위로 인해 위험이 증가되었을 뿐만 아니라 실현되었고, 피해자가 핸드백을 붙잡고 빨리 걸은 사실이 상해의 귀속에 대한 평가를 부정할 정도의 강력한 요인은 되지 않는다고 평가된다.

별다른 위법성조각사유와 책임조각사유가 발견되지 아니하므로 甲은 강도치상죄의 형사책임을 진다. 甲이 연체대금으로 인해 겪고 있는 경제적 곤란만으로는 기대불가능성을 인정할 수 없다.

2. 乙의 죄책

(1) 문제의 소재

사안에서 乙은 자신이 "실직한 상태라 돈이 필요하여 밤늦게 피해자의 핸드백이라도 날치기해서 살아야겠다"고 말하였고, 甲은 이에 자극을 받아 범행을 한 것으로 평가된다. 따라서 甲의 범행의 원인이 된 乙의 발언을 날치기 행위의 교사로 볼 수는 없는지, 교사가 아니더라도 최소한 정신적 방조는 인정할 수 없는지가 문제된다(일반적으로 날치기는 절도죄에 해당한다는 점을 생각할 때, 甲이 실제로 범한 강도죄가 아니라 절도죄의 교사 또는 방조 여부를 논의하는 것이 타당하다).

(2) 절도의 교사범(형법 제31조 제1항)의 성부

1) 교사범의 성립요건

교사범이 성립하기 위해서는 ① 범죄를 범할 의사가 없는 타인에게 범죄실행의 결의를 가지게 하는 '교사행위', ② 피교사자에게 범죄 실행의 결의를 갖게 한다는 사실에 대한 '교사의 고의'와, 정범을 통하여 구성요건적 결과를 실현한다는 사실에 대한 '정범의 고의'라는 '이중의 고의', ③ 교사행위와 범행결의·실행 사이의 '인과관계'라는 요건을 충족해야 한다.

2) 사안에의 적용

사안에서 교사범이 성립하는지에 대해 각각의 요건을 검토해 보면,

① 비록 교사행위의 수단이 광범위하게 인정된다고 하더라도 형법이 교사범을 정범과 동일한 법정형으로 처벌하고 있기 때문에 불법내용에 있어서 교사자의 교사행위가 정범의 실행행위와 어느 정도 균형을 이루어야 한다. 즉 교사범이 성립하기 위해서는 정범의 실행

행위가 특정되어야 한다. 이런 점을 생각할 때 아무리 교사의 수단을 광범위하게 인정한다 해도, 날치기의 범행방법을 상세히 알려 준 것도 아닌 단순한 발언에 불과한 정도를 교사 행위의 특정성 요구가 충족되었다고 평가할 수는 없다.

대법원이 "밥값을 구하여 오라"고 말한 정도로는 절도범행을 교사한 것이라고 볼 수 없 다고 판시한 것도 이러한 취지에서 이해할 수 있다(대판 1984. 5. 15, 84도418). 마찬가지로 돈을 갚지 않는 채무자에게 뭔가 보여 주어야 한다고 말한 행위는 폭행죄의 교사가 아니 다. 이에 반해서 이미 수차례 A, B, C의 도품을 매수한 자가 B와 C에게 일제 드라이버를 주면서 "A가 구속되어 돈이 필요할터인데 열심히 일을 하라"고 격려했다면 이는 절도를 계 속하면 장물을 매수해 주겠다는 의미로서 (특수)절도에 대한 교사로 볼 수 있다(대판 1991. 5. 14, 91도542).

② 乙은 '甲이' 날치기를 하면 어떠냐고 말한 것이 아니라, '乙 자신이' 날치기라도 해야 겠다고 말한 것이다. 만약 甲이 범죄습벽자라면 이 정도의 발언으로도 교사범의 고의를 인 정할 가능성이 있다. 그러나 사안에서 甲은 단순히 乙에게 돈을 꾸러 온 친구에 불과하고 범죄의 습벽이 있는지에 관한 구체적인 설시는 없다. 오히려 사안에 나타나듯이 乙은 친구 甲이 날치기할 용기가 없을 것이라고 생각하였다는 점에서 교사의 고의와 정범의 고의 모 두 부정함이 타당하다.

③ 乙의 발언이 甲의 범행을 촉발하였다는 점에서 인과관계를 인정할 여지는 있으나, 앞의 두 가지 요건이 모두 부정되는 이상 논할 실익이 없다.

따라서 乙에게는 甲의 날치기 범행에 대한 교사범의 성립이 부정된다.

(3) 절도의 방조범(형법 제32조)의 성부

방조행위는 정범의 범죄실행의 결의를 강화시키거나 그 실행행위를 가능 또는 용이하게 해 주는 실행행위 이외의 원조행위를 말한다. 방조행위의 수단·방법에는 제한이 없어 정 범의 범행결의를 더욱 강화시켜 주는 조언이나 격려 등도 정신적 방조로서 가능하다.

하지만 방조는 타인의 결의를 전제로 한다. 사안에서 甲은 乙에게 돈을 빌리러 온 것일 뿐 아직 어떤 범행에 대한 결의를 한 바 없어 방조죄는 성립하지 않는다. 설사 甲이 이미 범행 결의를 한 상태라 하더라도, 교사에서 살펴본 것처럼 방조의 고의 역시 정범의 고의 를 전제로 하므로 乙에게는 방조의 고의가 부정되어 역시 본 죄가 성립하지 않는다.

III. 핸드백에 들어 있던 계금으로 신용카드 대금을 변제한 행위 – 사기죄 (형법 제347조)의 성부

1. 문제의 소재

사기죄는 사람을 기망하여 상대방을 착오에 빠지게 하고, 이를 토대로 상대방의 재산상의 처분행위를 통하여 재물이나 재산상의 이익을 취하는 경우에 성립한다. 사안의 경우 현금과 수표의 경우를 나누어 각각의 특수성을 고려하여 본 죄의 성부를 판단해야 한다.

2. 현금에 의한 변제의 경우

금전은 재화의 교환을 매개하고 그 가치를 측정하는 일반적인 기준이다. 금전은 가치의 상징으로서 유통되므로 일반 동산과는 달리 물건으로서의 개성은 문제가 되지 않는다. 따라서 금전은 그 점유가 있는 곳에 소유권도 있게 된다.

사안에서 甲은 피해자의 핸드백을 절취함으로써 그 속에 들어 있던 현금에 대한 점유를 취득하였고, 동시에 소유권 역시 甲에게 이전되었다. 甲은 자신이 소유하고 점유하는 금전을 처분한 것이므로, 타인의 재산권을 보호법익으로 하는 사기죄는 전혀 문제되지 않는다.

3. 수표에 의한 변제의 경우 – 불가벌적 사후행위의 인정 여부

대법원은 "금융기관 발행의 자기앞수표는 그 액면금을 지급받을 수 있어 현금에 대신하는 기능을 하고 있으므로 절취한 자기앞 수표를 현금 대신으로 교부한 행위는 절도행위에 대한 가벌적 평가에 당연히 포함되는 것으로 봄이 상당하다 할 것이므로 절취한 자기앞 수표를 음식대금으로 교부하고 거스름돈을 환불받은 행위는 절도의 불가벌적 사후처분행위로서 사기죄가 되지 아니한다"고 판시한 바 있다(대판 1987. 1. 20, 86도1728).

이러한 논리에 의한다면 사안에서 甲이 절취한 자기앞 수표로 카드대금을 변제하는 행위 역시 절도죄의 불가벌적 사후행위에 해당한다. 그러나 불가벌적 사후행위가 되기 위해서는 어느 구성요건에 해당하는 행위이어야 한다. 금융기관 발행의 자기앞수표는 즉시 액면금을 지급받을 수 있어, 甲이 절취한 수표로 카드대금을 변제하는 행위는 허위의 의사표시로 타인을 착오에 빠뜨리는 기망행위에 해당하지 않는다. 연체대금을 결제한 신용카드회사 역시 기망에 의하여 착오에 빠져 처분행위를 한 것으로 볼 수 없다. 즉 사기죄의 구성요건해당성조차 인정되지 않아 판례의 태도처럼 불가벌적 사후행위인 것이 아니라 처음부터 불가벌인 행위가 된다고 봄이 타당하다.

IV. 乙이 甲에 대해 허위의 알리바이를 진술한 행위

1. 乙의 죄책

(1) 위계에 의한 공무집행방해죄(형법 제137조)의 성부

위계에 의한 공무집행방해죄는 위계로서 공무원의 직무집행을 방해함으로써 성립한다. 여기서 위계란 타인의 오인, 부지나 착오를 이용하는 행위이기 때문에 업무의 성격상 사실조사가 업무처리의 전제가 되는 경우에는 비록 행위자가 허위의 사실을 주장했다고 하더라도 위계에 의하여 공무집행이 방해된 것이 아니다. 공무집행방해의 결과가 발생한 경우에도 이는 사실확인을 하지 않은 공무담당자의 불충분한 공무수행에 기인한 것이다.

대법원은 "수사기관이 범죄사건을 수사함에 있어서는 피의자나 피의자로 자처하는 자 또는 참고인의 진술 여하에 불구하고 피의자를 확정하고 그 피의사실을 인정할 만한 객관적인 제반 증거를 수집·조사하여야 할 권리와 의무가 있는 것이라고 할 것이므로 피의자나 참고인이 아닌 자가 자발적이고 계획적으로 피의자를 가장하여 수사기관에 대하여 허위사실을 진술하였다 하여 바로 이를 위계에 의한 공무집행방해죄가 성립된다고 할 수 없다"고 판시한 바 있다(대판 1977. 2. 8, 76도3685).

수사 및 재판절차에서 허위진술이나 위증이 비일비재한 현실에서 참고인 등의 진술을 그대로 신뢰할 수는 없다. 수사기관은 책임 있고 엄격하게 증거들을 심사·판단하여 자료들의 진실성을 밝혀야 할 의무가 있는 것이므로, 단순히 참고인에 불과한 乙이 甲에 대해 허위진술을 했다는 것만으로 위계로서 공무집행을 방해했다고 평가할 수는 없다.

(2) 위증죄(형법 제152조 제1항)의 성부

乙은 경찰 조사에서 甲의 부탁대로 허위로 진술하였다. 따라서 乙이 위증죄의 주체가 될 수 있는지를 판단하여야 하는데, 위증죄의 주체는 법률에 의하여 선서한 증인이어야 한다. 그러므로 선서하지 않고 증언한 자는 본 죄의 주체가 아니다. 사안에서 乙은 단순히 경찰에 출두한 참고인일 뿐 법률에 의해 선서한 증인은 아니므로, 여타의 구성요건은 검토할 필요 없이 乙의 행위가 위증죄의 구성요건에 해당하지 않음이 명백하다.

(3) 범인도피죄(형법 제151조 제1항)의 성부

범인을 도피시킨다는 것은 장소제공 이외의 방법으로 관헌의 체포·발견을 곤란 또는 불가능하게 하는 일체의 행위를 말한다. 범인은 공소제기된 자나 유죄의 판결을 받은 자 뿐만 아니라, 범죄의 혐의를 받아 수사대상이 되어 있는 자를 포함한다(대판 2003. 12. 12, 2003도4533). 사안에서 수표추적으로 혐의를 받고 있는 甲을 비호할 목적으로 乙이 허위진술을 한 것에 대해 본 죄가 성립하는지 문제된다.

대법원은 범인 아닌 자가 수사기관에서 범인임을 자처하고 허위사실을 진술한 경우(대판 1996. 6. 14, 96도1016), 범인 아닌 다른 자로 하여금 범인으로 가장케 하여 수사를 받도록 함으로써 범인체포에 지장을 초래케 하는 행위(대판 1967. 5. 23, 67도366)나 기소중지자임을 알고도 범인의 부탁으로 다른 사람의 명의로 대신 임대차계약을 체결해 준 행위(대판 2004. 3. 26, 2003도8226)에 대해 범인도피죄로 평가하고 있다. 반면에 단지 공범의 이름을 묵비한 경우(대판 1984. 4. 10, 83도3288; 대판 2008. 12. 24, 2007도11137), 증언거부권자에게 증언을 거부하게 하는 경우 또는 자신이 목격한 범인이 동일함에도 불구하고 동일인이 아니라고 허위진술한 경우(대판 1987. 2. 10, 85도897)나 참고인이 출동한 경찰관에게 범인의 이름 대신 허무인의 이름을 대면서 구체적인 인적사항에 관한 언급을 피한 경우(대판 2008. 6. 26, 2008도1059) 등 적극적으로 수사기관을 기만하여 착오에 빠지게 함으로써 범인의 발견 또는 체포를 곤란 내지 불가능하게 할 정도가 아니라면(대판 2003. 2. 14, 2002도5374) 본 죄의 성립을 부정하였다.

판례의 태도는 범인 아닌 다른 자를 진범이라고 내세우는 적극적 진술은 도피행위로 인정한 반면 범인과의 동일성을 부정하는 정도의 소극적 진술은 도피행위로 인정하지 않는 것으로 평가된다. 사안의 경우 乙의 진술은 "범행 당일날 밤에 甲과 영화를 보고 소주를 마셨다"는 것을 내용으로 하는바, 이는 甲에게 범인발각을 면하게 해 줄 수 있는 유용한 수단으로서의 알리바이를 제공해 준다는 점에서 적극적인 진술이라고 할 수 있다. 본 죄의 도피를 위계와 동일한 개념이라고 볼 필요는 없는 것이어서 위계에 의한 공무집행방해죄가 성립하지 않지만, 범인도피죄는 성립한다고 하여 모순되는 것도 아니다. 따라서 乙에 대해 범인도피죄를 인정할 수 있다.

2. 甲의 죄책 – 범인도피죄의 교사범(형법 제31조 제1항)의 성부

(1) 문제의 소재

사안에서 乙은 범인도피죄의 정범이다. 그런데 乙의 행위는 甲의 부탁에 의한 것이므로 甲이 범인도피죄의 공범으로 처벌받을 가능성이 있다. 범인이 자기 스스로 은닉 또는 도피하는 경우 죄가 되지 않는데, 자기도피를 교사한 경우에 범인도피죄를 인정할 것인지가 문제된다.

(2) 견해의 대립

① 부 정 설 타인을 교사하여 자신을 은닉·도피하게 하는 행위도 처벌되지 않는 자기비호행위의 연장으로 볼 수 있고, 또 범인은닉·도피죄의 주체가 될 수 없는 자가 교사범으로 처벌됨은 균형이 맞지 않는다는 이유로 교사범의 성립을 부정한다.

② 긍 정 설   범인이 타인을 교사하여 본 죄를 범한 것은 범인이 자기비호권의 한계를 일탈한 것으로 기대가능성이 인정되기 때문에 교사범 성립을 인정하는 견해이다.

③ 판 례[28]   대법원은 "범인이 자신을 위하여 타인으로 하여금 허위의 자백을 하게 하여 범인도피죄를 범하는 행위는 기대가능성이 없다고 할 수 없어 방어권의 남용으로 범인도피교사죄에 해당한다"고 판시하였다(대판 2000. 3. 24, 2000도20; 대판 2006. 12. 7, 2005도3707. 범인도피방조죄를 인정한 판례로는 대판 2008. 11. 13, 2008도7647). 반면, 평소 가깝게 지내던 후배를 통해 자신의 휴대폰을 사용할 경우 소재가 드러날 것을 염려하여 후배에게 요청하여 대포폰을 개설하여 받고, 그 후배에게 전화를 걸어 자신이 있는 곳으로 오도록 한 다음 후배가 운전하는 자동차를 타고 청주시 일대를 이동하여 다닌 행위는 **형사사법에 중대한 장애를 초래한다고 보기 어려운 통상적 도피의 한 유형**으로 볼 여지가 충분하다고 판시(대판 2014. 4. 10, 2013도12079)하면서 범인도피 교사를 부정한 사례도 존재한다.

(3) 검토 및 사안에의 적용

자기도피를 벌하지 않는 것은 기대가능성의 문제가 아니라 구성요건해당성의 문제이다. 즉, 타인을 교사하여 자신을 은닉·도피하게 하는 행위도 자기비호행위의 연장으로 볼 수 있고, 본 죄의 주체가 될 수 없는 甲이 본 죄의 교사범으로 된다는 것은 부당하므로 교사범의 성립을 부정함이 타당하다. 따라서 甲은 범인도피죄의 교사범의 형사책임을 부담하지 않는다고 봄이 타당하나, 판례에 따르면 통상적인 도피의 한 유형으로 보기 어려워 범인도피죄의 교사범이 성립한다.

V. 사안의 해결

(1) 甲이 피해자가 핸드백을 꽉 쥐고 빨리 걸었음에도 불구하고 날치기에 성공한 것은 강도로 평가된다. 그리고 甲의 유형력 행사로 피해자가 넘어져 상해를 입은 것에 대해 甲에게 미필적 고의를 인정하기는 어려우나 충분히 예상은 할 수 있었고, 그 상해는 甲의 행

---

28) [공범자를 위한 자기도피교사] 형법 제151조가 정한 범인도피죄에서 '도피하게 하는 행위'란 은닉 이외의 방법으로 범인에 대한 수사, 재판, 형의 집행 등 형사사법의 작용을 곤란하게 하거나 불가능하게 하는 일체의 행위를 말한다. 범인도피죄는 타인을 도피하게 하는 경우에 성립할 수 있는데, 여기에서 타인에는 공범도 포함되나 범인 스스로 도피하는 행위는 처벌되지 않는다. 또한 공범 중 1인이 그 범행에 관한 수사절차에서 참고인 또는 피의자로 조사받으면서 자기의 범행을 구성하는 사실관계에 관하여 허위로 진술하고 허위 자료를 제출하는 것은 자신의 범행에 대한 방어권 행사의 범위를 벗어난 것으로 볼 수 없다. 이러한 행위가 다른 공범을 도피하게 하는 결과가 된다고 하더라도 범인도피죄로 처벌할 수 없다. 이때 공범이 이러한 행위를 교사하였더라도 범죄가 될 수 없는 행위를 교사한 것에 불과하여 범인도피교사죄가 성립하지 않는다(대판 2018. 8. 1, 2015도20396).

위와 인과관계 및 객관적 귀속이 인정된다고 할 것이어서 甲에게는 강도치상죄의 죄책이 인정된다.

乙이 날치기에 대해 언급한 것은 甲에게 날치기의 범의를 야기함에 있어 적절한 것이라 할 수 없고, 정범 및 교사에 대한 고의도 인정되지 않으므로 乙은 절도의 교사범의 죄책을 지지 않는다. 방조에 있어서도 이는 타인의 범행결의를 전제하는 것이므로 방조범도 성립하지 않는다.

(2) 甲이 신용카드 연체대금을 현금으로 갚았다면 자신이 소유하고 점유하는 금전의 처분행위로서 범죄로 평가되지 않는다. 甲이 자기앞수표를 제시하여 연체대금을 갚았다고 하더라도 자기앞수표의 고도의 유통성을 감안하면 甲이 자기앞수표를 제시한 것은 기망행위라고 할 수 없어 사기죄에 해당하지 않아 역시 불가벌이다.

(3) 乙이 허위진술을 한 것은 수사기관의 증거조사의무를 생각할 때 위계라고 할 수 없어 위계에 의한 공무집행방해죄는 성립하지 않는다. 乙의 진술은 법원에서 이루어진 것도 아니므로 위증죄도 성립하지 않는다. 다만 이는 범인의 발견을 곤란하게 하는 도피행위라고 평가할 수 있으므로 乙은 범인도피죄의 형사책임을 진다.

甲은 범인도피죄의 주체가 될 수 없으므로 그 교사범도 될 수 없다고 함이 타당하나, 판례에 의하면 방어권의 남용에 해당되어 범인도피죄의 교사범이 성립한다.

(4) 결국 甲에게는 강도치상죄가, 乙에게는 범인도피죄가 성립한다.

24. 삼각사기 / 문서에 관한 죄 일반

○ 사례 24

신용협동조합 전무 甲은 주식투자로 1억원을 빚지게 되자 이를 갚기 위해 자신이 근무하는 신용협동조합에서 대출을 받기로 결심하였다. 자신이 근무하는 신용협동조합에서는 더 이상 대출이 되지 않음에도 불구하고 甲은 조합의 담당직원에게 지불의사가 없음을 알리지 않고 3천만원을 대출받아 채무를 일부 변제하였다. 나머지 7천만원을 갚을 길이 없자 甲은 자신과 임야를 공유하는 丁으로부터 위 임야를 편취하기로 마음먹었다. 甲은 丁으로부터 당해 임야를 매수한 사실이 없음에도 불구하고 丁이 사망했고 자신의 명의로 위 임야에 대한 종합토지세가 부과되는 점을 기화로 "원고 甲은 피고 丁으로부터 위 임야를 금 5천만원에 매수하였으니 매매를 원인으로 한 소유권이전등기절차를 이행하라"는 취지의 소유권이전등기청구의 소를 제기하였다. 甲은 피고의 주소를 허위로 기재한 후 변론기일 소환장과 선고기일 소환장 등을 피고 본인을 사칭하여 수령하는 방법으로 법원 담당재판부를 기망하고 이에 속은 담당재판부로부터 원고승소판결을 받았다. 甲은 법원 등기과에 승소한 판결문과 임의로 작성한 임야에 대한 소유권이전등기신청서류를 제출하여 위 임야에 대한 매매를 원인으로 한 소유권이전등기를 경료받고 이를 부동산등기부에 기재하게 하였다.

甲의 형사책임은?

해 설

Ⅰ. 논점의 정리

사안에 대해서는 甲이 3천만원을 부정하게 대출받은 부분, 허위의 주소로 소환장을 송달하는 등 법원을 기망하여 승소판결을 받은 부분, 사위 판결문 등을 제출하여 자신의 명의로 부동산등기를 이전받은 부분의 세 부분으로 나누어 검토해야 한다.

(1) 甲이 자신이 전무로 근무하는 조합에서 지불의사 없이 부정대출을 받은 행위는 전무로서 조합에 대한 신임관계에 위배한 행위로 평가할 수 있다. 이 경우 문제된 3천만원의 소유와 점유를 누구에게 인정할 것인지에 따라 甲의 죄책이 업무상횡령죄 내지 배임죄로 달라질 수 있으므로 이에 대해 검토해야 한다.

뿐만 아니라 甲은 대출금에 대해서 지불의사가 없었으므로 사기죄의 성부 역시 문제된다. 지불의사가 없었음을 밝히지 않은 것을 어떠한 기망행위로 볼 수 있는지, 피해자와 피기망자가 다른 삼각사기의 경우 대출담당직원에게 처분행위자로서의 지위를 인정할 수 있는지 등 사기죄의 제 요건 충족 여부를 살펴보겠다.

나아가 甲에게 업무상 횡령 내지 배임죄와 사기죄가 동시에 성립한다고 할 때, 변경된 전원합의체 판결과 관련하여 양 죄의 죄수관계를 판단해야 한다.

(2) 甲이 허위주장을 통해 승소판결을 받은 부분에서는 우선 사기죄의 성부가 문제된다. 법원을 기망하여 타인에게 손해를 입히는 이른바 소송사기의 경우에 일률적으로 사기죄를 인정하는 것이 타당한지를 논의한 후, 본 사안의 경우 사기죄의 요건 중 '법원의 착오' 및 이에 따른 '처분행위'를 인정할 수 있는지 살펴보겠다.

다음으로 소장에 피고의 주소를 허위로 기재하여 이를 행사한 행위가 사문서 위조 및 동 행사죄에 해당하는지, 허위의 사실을 주장하여 승소판결문을 작성하게 한 행위가 허위공문서작성죄의 간접정범 또는 공정증서원본불실기재죄에 해당하는지, 이러한 행위들을 허위사실을 주장하여 법원의 업무를 방해한 것으로 평가하여 위계에 의한 공무집행방해죄로 처벌할 것인지의 문제도 아울러 검토해야 한다.

(3) 甲이 사위판결문 등을 제출하여 이전등기를 받은 부분에서는 문서에 관한 다양한 죄책들이 문제된다. 판결문을 부정행사한 것으로 보아 공문서부정행사죄를 인정할 것인지, 판결문과 함께 임의로 작성한 임야에 대한 소유권이전등기 신청서류를 제출하였으므로 이를 사문서 위조 및 동 행사죄로 볼 것인지에 대해서 검토해야 한다. 사위판결에 따라 법원 등기부에 허위의 이전등기를 경료하였으므로 허위공문서작성죄 내지 공정증서원본불실기

재죄가 문제되며, 이러한 행위들을 전체적으로 보아 위계에 의한 공무집행방해죄를 인정할 것인지도 살펴보아야 한다.

II. 자신이 전무로 있는 조합에서 지불의사 없이 부정대출을 받은 행위

1. 업무상 횡령죄 내지 배임죄의 성부(형법 제356조)

(1) 업무상 횡령죄의 성부

사안에서 甲의 부정대출행위는 전무로서 신용협동조합에 대한 신임관계에 위배한 행위로 평가할 수 있다. 이때 배임죄에 대한 특별규정인 횡령죄의 성부를 판단함에 있어서 甲을 '타인의 재물을 관리하는 자'로 볼 수 있는지의 여부는 결국 대출된 3천만원을 '타인소유·자기점유의 재물'로 볼 것인지의 문제로 귀결된다.

신용협동조합은 그 명칭은 '조합'이지만 실제에 있어서는 신용협동조합법에 따라 설립되는 비영리 '법인'이다(신용협동조합법 제2조). 따라서 대출금의 기초가 된 재원은 법인인 신용협동조합의 단독소유라고 볼 수 있다. 그러나 법인의 경우 점유의 주관적 요소인 사실상의 지배의사를 가질 수 없으므로 대출금의 점유는 법인의 대표자에게 있다고 하겠다. 甲은 전무이지 신용협동조합의 대표자는 아니므로 대출금 3천만원은 甲에게 타인소유·타인점유의 재물이어서 횡령죄의 객체에 해당하지 않는다.

(2) 업무상 배임죄의 성부

배임죄는 타인의 사무처리자가 그 임무에 위배하는 행위로써 재산상의 이익을 취득한 때에 성립한다. 이때 사무처리자에게는 일정범위 내의 판단의 자유 내지는 활동의 자유와 독립성 및 책임이 있어야 한다. 甲의 경우 신용협동조합의 전무라는 지위에 비추어 볼 때 대출 여부의 판단에 대해 어느 정도의 권한이 있는 것으로 판단되므로 '사무처리자'의 지위를 인정할 수 있다.

타인의 사무를 처리하는 것이 '업무'로 되어 있는 경우에는 가중적 구성요건인 업무상 배임죄가 성립한다. 일반적인 은행 업무에 있어서 거액의 대출 시에는 구체적인 대출업무를 담당하는 직원이 고객과 대면을 한 후 과장과 부장 및 전무 등 임원의 순차적인 결재를 통하여 대출 여부를 결정하는 것이 통상적이므로, 사안에서의 대출은 전무인 甲의 업무내용으로 파악할 수 있다. 다만 甲은 자신이 고객의 입장에서 대출을 '받은' 것이므로 업무상 행위로 볼 수 없다고 생각할 수도 있으나, 甲은 대출을 받는 동시에 대출을 결정하는 이중적인 지위에 있으므로 업무자로서의 지위 역시 인정된다. 기타 위법성 및 책임조각사유는 보이지 않으므로, 甲에게는 업무상 배임죄가 성립한다.

2. 사기죄(형법 제347조)의 성부

(1) 사기죄의 성립요건

사기죄가 성립하려면 그 행위자가 타인을 기망하여 착오에 빠뜨린 후 피기망자의 처분행위에 의하여 재산상 이득을 취득하고 피해자에게 재산상 손해를 발생시키는 사기죄의 모든 구성요건을 충족시켜야 한다.

사안에서는 甲이 대출금에 대한 변제의사의 부존재를 알리지 않은 것을 어떠한 기망행위로 볼 수 있는지, 피기망자인 대출담당직원이 피해자인 신용협동조합의 재산에 대해서 처분행위자의 지위에 있다고 볼 수 있는지, 아직 변제기가 도래하지 않은 경우에도 재산상의 손해가 발생하였다고 볼 수 있는지 등이 문제된다.

(2) 기망행위의 인정 여부

기망행위의 대상은 객관적으로 확정될 수 있는 현상인 '사실'에 관한 것에 한한다. 금전차용의 경우에는 대금지불능력과 같은 외적 사실뿐만 아니라 대금지불의사와 같은 심리적 및 내적 사실 역시 기망행위의 대상이 된다(대판 1983. 8. 23, 83도1048).

甲이 지불의사의 부존재에 대하여 알리지 않은 행위는 내적 사실에 해당하여 기망행위의 대상이 되고, 이는 체결된 계약(금전소비대차)대로 이행할 의사가 있음을 묵시적으로 설명한다는 작위에 비난의 중점을 두어야 한다. 즉, 甲의 행위는 대출거래관계에 있어서 신의칙에 반하는 정도에 이른 묵시적 기망행위에 해당한다고 하겠다.

이에 대하여 대법원은 거래의 상대방이 일정한 사정에 대한 고지를 받았다면 당해 거래에 임하지 않았을 것임이 경험칙상 명백한 경우 그 거래로 인하여 재물을 수취하는 자에게는 신의성실의 원칙상 사전에 상대방에게 그와 같은 사정을 고지할 의무가 있다는 전제에서, "수표나 어음이 지급기일에 결제되지 아니할 것을 예견하면서 이를 고지하지 않고 할인을 받는 경우에 부작위에 의한 기망행위가 된다"고 판시하였다(대판 1998. 12. 9, 98도3263. 같은 취지로 대판 2010. 2. 25, 2009도1950, 부정된 사안으로 대판 2011. 1. 27, 2010도5124).

판례의 태도에 따른다면 甲의 행위는 지불의사가 없음을 알리지 않은 것에 초점을 두어 부작위에 의한 기망행위에 해당한다고 평가해야 할 것이다. 그러나 기망행위에 있어서는 '작위'에 의한 기망행위를 우선 살펴본 후, 고지의무의 유무와 '부작위'에 의한 고지의무의 침해가 있는지를 살펴보는 순서로 기망행위의 존부를 확인해야 한다. 甲의 전체 행동을 판단대상으로 할 때 甲은 체결된 계약대로 변제를 할 것임을 묵시적으로 설명하고 있다고 판단되므로, 법률상 고지의무가 있는지를 살펴볼 필요도 없이 곧바로 작위에 의한 묵시적 기망행위를 인정해야 한다.

(3) 삼각사기에 있어서 처분행위자의 지위

사안에서 피기망자 및 처분행위자는 대출담당직원이고 피해자는 신용협동조합이므로 처분행위자와 피해자가 일치하지 않는 이른바 '삼각사기'의 문제가 대두된다. 사기죄에 있어서 피기망자와 처분행위자는 일치해야 하지만 반드시 피해자와 일치할 것을 요하지는 않는다. 다만 처분행위자와 피해자가 일치하지 않는 경우에는 양자 사이에 '밀접한 관계'가 있어야 한다.

여기서 밀접한 관계의 의미에 대해서는 처분행위자에게 피해자의 재물을 처분할 수 있는 법적 권한이 있어야 한다고 보는 '법적 권한설'과, 당해 재산과의 밀접한 관계를 토대로 사실상 타인의 재산을 처분할 수 있는 지위에 있으면 족하다고 보는 '사실상의 지위설'이 대립한다. 대법원은 종래에는 처분에 대한 법적 권한을 요한 바 있으나(대판 1981. 7. 28, 81도529; 대판 1982. 2. 9, 81도944; 대판 1982. 3. 9, 81도1732), 최근에는 그 재산을 처분할 수 있는 권능을 갖거나 처분할 수 있는 지위에 있으면 족하다고 판시하고 있다(대판 1991. 1. 15, 90도2180; 대판 1994. 10. 11, 94도1575).

기망자가 피기망자에게 제3자의 소유에 속하는 재물의 점유를 이전하도록 한 경우에 이를 재산상의 처분으로 볼 것인가, 아니면 처벌되지 않는 자를 이용하여 타인의 점유를 침해한 간접정범에 의한 절도죄로 볼 것인가는 피기망자인 처분자가 피해자인 제3자의 재산을 법적으로 또는 사실상 처분할 수 있는 자인가에 달려 있다. 법적 권한설에 따라 사법상의 위임이나 대리권이 있는 경우에만 사기죄를 인정한다면 이는 경제적 재산개념이나 사실상의 처분개념과 조화되지 않는다. 타인의 재산을 처분할 법적 권한이 없는 경우에도 피기망자가 처분행위 이전에 이미 피해자의 재물에 대한 보호관계 내지 감시자 지위에 놓여 있어서 재물소유자의 지배 영역 내에서 행위하는 경우라면 처분할 수 있는 지위를 인정해야 할 것이다.

조합의 대출담당직원은 대출업무와 관련하여 조합의 재산을 처분할 수 있는 사실상의 지위에 있을 뿐만 아니라 법적인 권한도 부여받은 자이므로, 어느 견해에 의하더라도 처분행위자의 지위를 인정할 수 있다.

(4) 재산상의 손해발생 여부

사기죄의 성립에 있어서 피해자에게 재산상의 손해가 발생할 것을 요건으로 하는가에 대해서는 견해의 대립이 있으나, 사기죄가 재산상의 범죄임을 고려할 때 비록 명문규정은 없더라도 재산상의 손해발생을 그 요건으로 한다고 볼 것이다. 다만 사안에서는 아직 대출금의 변제기가 도래하지 않았으므로 甲이 대출금의 변제를 거부하여 현실적으로 손해가 발생하지 않은 상태에서도 신용협동조합에 대하여 곧바로 재산상의 손해를 인정할 수 있는지가 문제된다.

재산상의 손해는 경제적 관점에서 재산상태가 악화되었다고 볼 수 있는 재산 가치에 대한 구체적 위험, 즉 현재적 재산상태의 감소에 준할 정도의 위험이 있으면 손해가 발생했다고 보아야 한다. 사안에서 甲은 이미 주식투자로 1억원을 빚지고 있고 이를 정상적으로 갚을 능력도 없는 상태에서 지불의사 없이 3천만원을 대출받았으므로, 대여자인 신용협동조합의 입장에서 보면 재산가치에 대한 구체적 위험이 있다고 하겠다. 즉 지불능력 없는 자와 금전대여계약을 체결한 것만으로도 재산상의 손해는 발생했다고 보아야 한다.

(5) 소 결

甲의 행위는 사기죄의 여타의 객관적 구성요건과 고의 및 위법(불법)영득의 의사를 모두 구비하고 있으며, 위법성 및 책임조각사유에 해당할 만한 사정을 찾을 수 없으므로 甲에게 사기죄가 성립한다.

3. 업무상 배임죄와 사기죄 간의 죄수관계

타인의 사무를 처리하는 甲이 대출담당직원을 기망하여 재물을 취득한 경우 외관상으로만 업무상 배임죄와 사기죄를 성립시키는 것인지(즉 법조경합의 관계인지), 아니면 실제로 양 죄를 모두 성립시켜 상상적 경합관계로 파악할 것인지가 문제된다.

종래 판례는 "타인의 위탁에 의하여 사무를 처리하는 자가 그 사무처리상 임무에 위배하여 본인을 기망하고 착오에 빠진 본인으로부터 재물을 교부받은 경우에는 사기죄가 성립하며, 설사 배임죄의 구성요건이 충족되어도 별도로 배임죄를 구성하는 것이 아니다"라고 판시하였다(대판 1983. 7. 12, 82도1910).

그러나 2002년도 전원합의체 판결을 통해 양 죄의 상상적 경합을 인정하는 것으로 태도를 변경하여, "업무상 배임행위에 사기행위가 수반된 때의 죄수관계에 관하여 보면, 사기죄는 사람을 기망하여 재물의 교부를 받거나 재산상의 이익을 취득하는 것을 구성요건으로 하는 범죄로서 임무위배를 그 구성요소로 하지 아니하고 사기죄의 관념에 임무위배가 당연히 포함된다고 할 수도 없으며, 업무상 배임죄는 업무상 타인의 사무를 처리하는 자가 그 업무상의 임무에 위배하는 행위로써 재산상의 이익을 취득하거나 제3자로 하여금 이를 취득하게 하여 본인에게 손해를 가하는 것을 구성요건으로 하는 범죄로서 기망적 요소를 구성요건의 일부로 하는 것이 아니어서 양 죄는 그 구성요건을 달리하는 별개의 범죄이고 형법상으로도 각각 별개의 장에 규정되어 있어, 1개의 행위에 관하여 사기죄와 업무상 배임죄의 각 구성요건이 모두 구비된 때에는 양 죄를 법조경합관계로 볼 것이 아니라 상상적 경합관계로 봄이 상당하다 할 것이고, 나아가 업무상 배임죄가 아닌 단순배임죄라고 하여 양 죄의 관계를 달리 보아야 할 이유도 없다"고 판시하였다(대판 2002. 7. 18, 2002도669).

사기죄와 배임죄는 서로 다른 구성요건이고 양 죄는 각각 고유한 불법내용을 가지며, 양 죄의 불법성이 흡수관계를 인정할 수 있을 정도의 차이를 나타내고 있지도 않기 때문에 별개의 죄로 봄이 타당하다. 사안의 경우 甲에게 성립하는 업무상 배임죄와 사기죄는 부정대출행위라는 1개의 행위로 인한 것이므로 양 죄는 상상적 경합관계에 놓이게 된다.

III. 허위주장을 통해 승소판결을 받은 행위

1. 사기죄(형법 제347조)의 성부

(1) 소송사기의 인정 여부

소송사기란 법원에 대해 허위사실을 주장하거나 거짓증거를 제출함으로써 법원을 기망하여 자기에게 유리한 판결을 받아내고, 이것을 토대로 상대방으로부터 재물 또는 재산상의 이익을 얻는 것을 말한다(대판 2004. 3. 12, 2003도333). 소송사기에 있어서는 허위주장과 거짓증거의 기망행위와 법관의 착오 사이에 인과관계를 인정할 수 있느냐에 대해서 의문이 있다.

통설과 판례는 소송사기는 피기망자(법원)와 피해자(패소자)가 다른 경우로서 이른바 삼각사기의 대표적인 예이며, 법원의 판결을 통한 강제집행이 가능하다는 점에서 사기죄가 성립한다고 한다. 이에 대해 사기죄의 정형성에 관해서 의문이 없지 않은 점을 고려할 때 이러한 점에 대한 구체적인 판단 없이 일률적으로 안이하게 사기죄를 인정하려는 대법원의 태도는 지양되어야 한다는 비판이 있다.

주로 직권주의적 소송구조를 가지며 법원이 직권에 의한 실체진실발견의무를 지는 형사소송과는 달리, 당사자주의 소송구조를 취하는 민사소송에서는 법원이 제3자의 지위에서 당사자의 주장과 입증에 구속되어 판단해야 하기 때문에 당사자가 법원을 우월한 의사에 의하여 지배할 수 있다. 따라서 민사소송을 제기하고 법원을 이용하여 승소판결을 받고, 이를 통해서 재산을 취득한 자는 사기죄의 간접정범이 될 수 있으며, 이른바 삼각사기의 형태가 된다는 점에서 통설과 판례의 태도가 타당하다고 본다.

다만 소송사기를 인정하는 것은 사법체계기능을 적극적으로 보호하기 위한 방편으로 이용되는 면이 없지 아니하여 사기죄가 위험범으로 전환될 우려가 있고, 민사소송에서 법관의 심증형성은 수많은 정보에 의해 결정되므로 허위주장과 거짓증거의 기망행위와 법관의 착오 사이에 인과관계를 인정하는 데에는 조심스러워야 할 필요가 있다. 대법원도 "소송사기는 법원을 기망하여 제3자의 재물을 편취할 것을 기도하는 것을 내용으로 하는 범죄로서, 그 이면에는 필연적으로 누구든지 자기에게 유리한 법률상의 주장을 하고 민사재판을 통하여 권리구제를 받을 수 있다는 이념과의 상치가 문제되므로 양자의 조정을 위하여서도 그 적용은 엄격함을 요한다 할 것이니, 피고인이 범행을 인정한 경우 외에는 그 소송상의 주장이 사실과 다른 것임이 객관적으로 명백하거나 증거를 조작하려고 한 흔적이 있는 등의 경우 외에는 이를 유죄로 인정하기 위하여는 각별한 주의가 필요하다"고 판시하고 있다(대판 1998. 9. 8, 98도1949; 대판 2002. 6. 28, 2001도1610; 대판 2003. 5. 16, 2003도373; 대판 2007. 9. 6, 2006도3591).

(2) 사기죄의 성립요건 충족 여부

1) 법원의 착오 인정 여부

소송사기에 있어서 착오는 법관의 자유심증 영역에서는 인정되지 않으나, 법관이 거증책임원칙에 따라 판결을 내리는 경우 그 증거가 진실을 속이는 수단이 되었으면 인정할 수 있다.

甲은 허위주소로 소환장을 송달케 하고 이를 자신이 수령하여 피고인 丁 측에서는 법원에 출석하지 못하였으므로, "기일해태에 의한 자백간주의 법리"에 의하여(민사소송법 제150조 제3항) 甲이 丁으로부터 임야를 매수하였다는 사실은 不要證事實이 된다. 따라서 변론주의 원칙상 법원의 사실인정권이 배제되므로 법원은 甲의 허위주장에 구속되어 판결할 수밖에 없다(민사소송법 제288조). 설사 판결을 내리는 법관 개인은 甲의 주장이 허위라는 점을 알고 있다고 하더라도, 변론주의 원칙의 지배 아래 원고승소판결을 내려야 하는 국가기관으로서의 법원은 착오에 빠졌다고 해야 한다.

2) 처분행위의 인정 여부

소송사기는 이른바 삼각사기의 전형적인 경우이므로 피기망자인 법원과 피해자인 패소자 사이에는 밀접한 관계가 있어야 한다. 이 관계의 의미에 대해서는 앞에서 살펴 본 것처럼 '법적 권한설'과 '사실상의 지위설'이 대립하고 있으나, 법원은 집행권원을 부여하는 국가기관이므로 어느 견해에 의하든지 피해자를 위하여 그 재산을 처분할 수 있는 법적 권한 또는 사실상의 지위를 인정할 수 있다.

그런데 사안의 경우 甲은 死者인 丁을 상대로 임야에 대한 소유권이전등기청구의 소를 제기하였는바, 사망한 자를 상대로 소를 제기하여 승소판결을 받은 경우에도 그 판결에 대해 처분행위로서의 효력을 인정할 수 있는지가 문제된다.

대법원은 "피고인의 제소가 사망한 자를 상대로 한 것이라면 이와 같은 사망한 자에 대한 판결은 그 내용에 따른 효력이 생기지 아니하여 상속인에게 그 효력이 미치지 아니하고, 따라서 사기죄를 구성한다고 할 수 없다"고 판시하였다(대판 1987. 12. 22, 87도852; 대판

1997. 7. 8, 97도632; 대판 2002. 1. 11, 2000도1881).

　　민사소송법상 판례는 死者相對訴訟(제소 전 일방이 사망한 경우)에 있어서는 피고의 상속인이 사실상 응소한 경우 등 예외적인 경우를 제외하고는 '실질적 표시설'에 따라 死者를 당사자로 보고 있다. 따라서 사안에서는 사망한 丁이 당사자가 되고, 甲의 제소는 당사자능력이 없는 자에 대한 소제기로서 그에 대한 확정판결이 있더라도 당연무효인 판결에 불과하다. 당연무효인 판결은 누구에게도 효력이 미치지 아니하므로 당해 판결을 사기죄에 있어서의 법원의 처분행위로 평가할 수는 없다.

　　(3) 소 결

　　당사자주의 소송구조를 가지는 민사소송의 영역에서는 원칙적으로 소송사기죄를 인정해야 할 것이다. 허위주소송달로 피고가 불출석한 경우 법원은 변론주의 원칙에 따라 甲의 허위주장에 구속되어 판결할 수밖에 없으므로 법원의 착오를 인정할 수 있고, 법원은 집행권원을 부여하는 국가기관으로서 丁의 재산을 처분할 수 있는 지위에 있다. 하지만 사안은 死者를 상대로 한 소송의 경우로서 당해 판결은 당연무효이므로 누구에게도 효력이 미치지 않는다. 따라서 피해자의 재산에 대한 법원의 처분행위를 인정할 수 없으며, 일종의 불능범으로서 사기죄는 성립하지 않는다.

2. 기타의 죄의 성립 여부

(1) 사문서위조 및 동 행사죄(형법 제231조, 제234조)의 성부

　　甲은 허위의 내용을 담은 "소장(訴狀)"을 작성하여 법원에 제출하였다. 소장도 문자에 의하여 일정한 권리 또는 법률관계의 존재를 원고 명의로 주장하는 것이므로 문서에 해당하며, 소장은 공무원 또는 공무소가 자신의 명의로 직무상 작성한 문서가 아니므로 사문서에 해당한다.

　　사문서의 경우 무형위조는 처벌하지 않기 때문에 비록 甲이 소장에 피고의 주소를 허위로 기재하였다 할지라도 사문서위조 및 동 행사죄에 해당할 여지는 없다. 다만 승소판결을 받기 위해 소장과 함께 위조된 부동산매매계약서도 제출하였다면 본 죄가 성립할 여지가 있다(대판 1997. 7. 8, 97도632).

(2) 허위공문서작성죄(형법 제227조)의 성부

　　甲은 판결문의 작성권한이 있는 공무원이 아니므로 허위의 사실을 주장하여 승소판결문을 얻었다 하더라도 신분범인 허위공문서작성죄는 성립하지 않는다. 다만 비신분자인 일반사인이 공문서작성권자인 공무원을 이용하여 간접정범의 형식으로 본 죄를 범할 수 있는지가 문제된다.

간접정범도 정범이기 때문에 정범이 갖추어야 할 구성요건요소를 모두 충족시켜야 한다. (단독)정범이 될 수 없는 자는 간접정범도 될 수 없다. 또한 형법은 제228조에 공정증서원본부실기재죄를 규정하여 비공무원이 간접정범의 형태로 허위공문서작성죄를 범한 경우를 처벌하고 있다. 따라서 형법 제228조에 해당하는 경우를 제외하고는 비공무원은 작성권자를 이용한 허위공문서작성죄의 간접정범이 될 수 없다. 판례 역시 "공무원 아닌 자가 공무원을 기망하여 허위내용의 증명서를 작성케 한 후 행사하였다고 하더라도 허위공문서 작성 및 동 행사죄는 성립하지 않는다"고 하여 본 죄의 성립을 부정하고 있다(대판 1976. 8. 24, 76도151).

(3) 공정증서원본부실기재죄(형법 제228조)의 성부

'공정증서원본'이란 공무원이 직무상 작성한 공문서로서 권리의무에 관한 사실을 증명하는 효력을 갖는 것을 말한다. 본 죄의 행위객체는 권리의무관계의 증명을 직접적인 목적으로 하는 공문서에 제한되므로, 사실관계를 증명하는 공문서(예컨대 주민등록부, 토지대장, 인감대장, 가옥대장, 임야대장, 주민등록증)나 증명하고자 하는 법률적 행위가 그 문서 자체에 의해서 이루어지는 처분문서(법원의 재판서, 행정처분서) 등은 이에서 제외된다.

사안에서 문제되는 법원의 승소판결문 역시 일종의 공정증서에 해당하지만 그 성격은 처분문서이기 때문에 권리의무관계의 증명은 부수적인 효과에 불과하다. 따라서 공정증서원본부실기재죄의 행위객체에 해당하지 않으므로 판결문에 허위의 사실이 기재되었다 하더라도 본 죄는 성립하지 않는다.

(4) 위계에 의한 공무집행방해죄(형법 제137조)의 성부

甲은 소송상대방의 주소를 허위로 기재하여 그 주소로 재판관계서류를 송달케 하고 자신이 丁을 사칭하여 소환장 등을 수령하여 이에 속은 법원으로부터 승소판결을 받았다. 이러한 甲의 행위는 재판업무 및 송달업무의 '적정성'을 침해하였다고 평가할 수 있으나, 송달업무 또는 재판업무 그 '자체'를 방해한 것은 아니기 때문에 본 죄 역시 성립하지 않는다.

판례도 "민사소송을 제기함에 있어 피고의 주소를 허위로 기재하여 법원공무원으로 하여금 변론기일소환장 등을 허위주소로 송달케 하였다는 사실만으로는 이로 인하여 법원공무원의 구체적이고 현실적인 어떤 직무집행이 방해되었다고 할 수는 없으므로, 이로써 바로 위계에 의한 공무집행방해죄가 성립한다고 볼 수는 없다"고 하여 동일한 취지로 판시하고 있다(대판 1996. 10. 11, 96도312).

IV. 사위판결문 등을 제출하여 소유권이전등기를 받은 행위

1. 공문서부정행사죄(형법 제230조)의 성부

甲은 허위주장을 통해 받은 승소판결문을 법원 등기과에 제출하여 자신의 명의로 소유권이전등기를 경료하였다. 본 죄의 성립 여부를 살펴보면, 판결문이 공문서이기는 하나 공문서부정행사죄의 객체는 진정하게 성립한 '내용 진실'의 공문서 또는 공도화에 한하므로, 甲이 허위의 내용이 담긴 판결문을 가지고 등기신청을 한 행위가 공문서부정행사죄에 해당할 수는 없다. 또한 '사용권한 없는 자의 용도에 따른 사용'을 의미하는 부정행사의 개념에도 해당하지 않는다. 비록 甲이 사위판결을 얻은 것이기는 하나 판결문에 원고로 기재되어 이를 가지고 등기를 신청할 수 있는 권한이 있다고 보아야 하기 때문이다.

2. 사문서위조 및 동 행사죄(형법 제231조, 제234조)의 성부

甲이 판결문과 함께 법원 등기과에 제출한 "임야에 대한 소유권이전등기신청서류"는 사문서에 해당한다. 사문서의 경우 무형위조는 처벌하지 않으므로 당해 서류의 내용이 허위이더라도 사문서위조 및 동 행사죄에 해당할 여지는 없다.

3. 허위공문서작성죄(형법 제227조)의 성부

앞에서 살펴본 대로 일반사인은 공문서 작성권자인 공무원을 이용하는 간접정범의 형식으로 진정신분범인 본 죄를 범할 수 없다. 따라서 甲이 법원 등기과에 승소한 판결문과 임의로 작성한 임야에 대한 소유권이전등기신청서류를 제출함으로써 허위사실임을 모르는 등기공무원으로 하여금 원인무효의 등기를 경료케 하였더라도 허위공문서작성죄는 성립하지 않는다.

4. 공정증서원본부실기재죄(형법 제228조)및 동 행사죄(제229조)의 성부

甲이 법원 등기과에 승소한 판결문과 임의로 작성한 임야에 대한 소유권이전등기신청서류를 제출하여 위 임야에 대한 매매를 원인으로 한 소유권이전등기를 경료하고 부동산등기부에 기재한 후 이를 등기소에 비치케 한 것은 공정증서원본부실기재 및 동 행사죄에 해당한다. 공정증서원본인 부동산등기부에 그 증명하는 사항인 부동산 소유권에 관하여 그 정을 모르는 등기담당 공무원으로 하여금 실체관계에 부합하지 아니하는 부실의 사실을 기재하고 이를 비치하도록 하였기 때문이다.

판례 역시 법원을 기망하여 승소판결을 받고 그 확정판결에 의하여 소유권이전등기를 경료한 경우에는 사기죄와는 별도로 공정증서원본부실기재죄 및 동 행사죄가 성립한다고 판시하고 있다(대판 1967. 5. 30, 67도512; 대판 1983. 4. 26, 83도188). 공정증서원본부실기재죄는 추상적 위험범이므로 설사 당연무효인 판결에 기해 등기가 이루어졌다고 하여도 허위의 등기외관이 작출된 이상 본 죄의 성립에는 영향이 없다.

5. 위계에 의한 공무집행방해죄(형법 제137조)의 성부

본 죄에 있어서의 '위계'란 공무원의 부지 또는 착오를 이용하여 그 직무집행을 방해하는 일체의 행위를 말한다. 사안에서 甲은 법원이 작성한 진정한 판결문을 법원 등기과에 제출하였고 담당직원은 이에 따라 甲 명의로 이전등기를 경료하였다. 甲이 제출한 판결문의 내용이 허위일지라도 판결문 자체는 진정한 것이고, 담당직원은 판결문의 내용에 따라 이전등기를 경료한 것이므로 어떠한 위계도 있은 바 없다. 따라서 위계에 의한 공무집행방해죄는 성립하지 않는다.

V. 사안의 해결

(1) 지불의사 없이 3천만원을 부정하게 대출받은 행위

甲이 대출받은 3천만원은 신용협동조합이 소유하고 그 대표자가 점유하는 재물이라고 판단된다. 신용협동조합의 전무인 甲이 신임관계에 위배하여 부정대출을 받은 행위는 배임죄의 구성요건에 해당하고, 이는 전무인 甲의 업무내용에 포함된다고 볼 수 있으므로 업무상 배임죄로 가중처벌된다. 甲은 대출받을 당시에 지불의사가 없었으므로 사기죄도 동시에 성립하며 양 죄는 상상적 경합관계에 있다.

(2) 허위주장을 통해 승소판결을 받은 행위

甲은 死者인 丁을 상대로 소송을 제기하였는바, 일관된 판례의 입장에 따라 당해 판결은 당연무효인 것이다. 따라서 피해자의 재산에 대한 법원의 처분행위가 부정되므로 사기죄는 성립하지 않는다.

甲이 제출한 소장은 사문서로서, 사문서의 경우 무형위조는 처벌하지 않으므로 甲이 소장에 피고의 주소를 허위로 기재하였다고 할지라도 사문서위조 및 동 행사죄에 해당할 여지는 없다. 甲은 판결문의 작성권한이 있는 공무원이 아니므로 허위의 사실을 주장하여 승소판결문을 얻었다 하더라도 신분범인 허위공문서작성죄는 성립하지 않는다. 甲이 허위주소 송달 및 수령으로 승소판결을 받은 행위가 재판업무 및 송달업무 그 자체를 방해하였다고는 볼 수 없어 위계에 의한 공무집행방해죄에도 해당하지 않는다.

(3) 사위판결문 등을 작성·제출하여 이전등기를 받은 행위

甲은 법원을 기망하여 승소판결을 받고 그 확정판결에 의하여 소유권이전등기를 경료하였으므로 공정증서원본부실기재죄가 성립한다. 앞에서 살펴본대로 그 밖의 죄(공문서부정행사죄 사문서위조 및 동 행사죄, 허위공문서작성죄, 위계에 의한 공무집행방해죄)에는 해당하지 않는다.

25. 공문서와 사문서의 구별 / 공정증서의 증명력 범위 / 채무이행의 유예와 사기죄

○ 사례 25

택배사업을 운영하는 甲은 A로부터 빌린 5,000만원 차용금채무의 상환을 독촉받고 있다. 2022. 3. 1. 현재 A가 甲의 재산을 대상으로 가압류 등의 강제집행절차를 진행하려고 하자, 甲은 궁리 끝에 자신과 택배사업을 동업하였던 B법인(경영악화로 파산한 이후 2020. 7. 1. 해산등기를 마치고 현재 법인격도 소멸된 상태이다)에 대하여 아무런 채권이 없음에도 B법인에 대한 2,500만원 상당의 채권을 A에게 양도해 주겠다고 약속하였다. 2022. 3. 5. 甲은 "2022. 5. 31.까지 B는 甲에게 택배용 오토바이 구입비용 2,500만원을 지급할 것을 각서함. 2020. 11. 1. 각서인 B"라는 내용의 허위의 지불각서를 작성한 후 그 위에 甲이 동업을 위해 보관하고 있던 B법인의 직인을 날인하였다. 한편 A에게 B법인에 대한 채권의 증빙서류를 보여주기 위해 예전에 법무법인에서 공증받은 B법인과의 동업계약서 중 제5항의 "택배용 오토바이의 구입비용은 甲이 부담한다"는 부분 중 "甲"글자 위에 "B"글자를 복사하여 오려 붙이는 방식으로 인증부분이 아닌 계약서 내용을 고쳤다. 다음날인 2022. 3. 6. 甲은 A에게 위와 같이 허위로 작성한 B법인 명의의 지불각서와 고친 동업계약서를 일괄하여 제시하고 A의 요구대로 A와 함께 법무법인에 가서 위 2,500만원 각서금채권을 A에게 양도한다는 내용의 공정증서를 작성한 후 이를 비치하게 하였다. 이로 인해 A는 甲에 대한 채권행사를 2022. 5. 31.까지 연기하였다.

甲의 형사책임은?

해 설

Ⅰ. 논점의 정리

이 사안은 甲이 행한 일련의 문서위·변조행위로 이루어져 있다. 이는 시간적 순서에 따라 ① 소멸한 법인인 B 명의의 지불각서를 작성한 행위, ② 이와 같이 작성한 지불각서에 B 명의의 인장을 임의로 날인한 행위, ③ 공증받은 동업계약서 제5항의 내용을 고친 행위, ④ 지불각서와 공증받은 동업계약서를 A에게 일괄하여 제시한 행위, ⑤ B에 대한 채권을 양도한다는 내용의 공정증서를 작성, 비치하게 한 행위로 나누어볼 수 있다.

이 경우 문제되는 죄책을 살펴보면 다음과 같다. ① B 명의의 지불각서를 작성한 행위에 있어서는 소멸한 법인 명의의 지불각서의 경우에도 문서위조죄의 객체가 되는지 문제된다. ② 이와 같이 작성한 지불각서에 피위조자 명의의 인장을 임의로 날인한 행위에 있어서는 문서위조 등의 죄와 인장부정사용의 죄 간의 죄수관계가 문제된다. ③ 공증받은 동업계약서의 내용을 고친 행위에 있어서는 당해 문서를 공문서로 평가할 것인지 사문서로 평가할 것인지에 따라 그 죄명이 달라질 것이고, ④ 위·변조한 문서를 A에게 일괄하여 제시한 행위에 있어서는 위조문서 등의 행사죄가, ⑤ 허위내용의 공정증서를 작성하여 비치한 행위에 있어서는 공정증서원본부실기재 및 동 행사죄가 문제된다. ⑥ 한편 이러한 일련의 문서위조 범죄행위는 채권자인 A에 대한 기망행위로 평가할 수 있으므로 포괄하여 사기죄의 성립 여부 역시 검토해야 한다.

Ⅱ. 소멸한 법인인 B 명의의 지불각서를 작성한 행위 – 사문서위조죄(형법 제231조)의 성부

1. 소멸한 법인 명의의 문서와 문서위조죄의 성부

본 사안에서 甲이 B 명의의 지불각서를 임의로 작성한 2022. 3. 5. 당시, B 법인은 이미 해산등기를 마치고 법인격까지 소멸한 상태였다. 이처럼 이미 소멸되어 존재하지 아니하는 법인 명의의 문서에 대해서도 문서에 관한 죄의 객체로 볼 것인지가 문제된다.

문서위조죄는 문서의 진정에 대한 공공의 신용을 그 보호법익으로 하는 것이므로 행사할 목적으로 작성된 문서가 일반인으로 하여금 당해 명의인의 권한 내에서 작성된 문서라고 믿게 할 정도의 형식과 외관을 갖추고 있으면 공문서와 사문서를 불문하고 문서위조죄는 성립한다. 위와 같은 요건을 구비한 이상 그 명의인이 실재하지 않는 허무인이거나 또는 문서의 작성일자 전에 이미 사망하였다고 하더라도 그러한 문서 역시 공공의 신용을 해할 위험성이 있으므로 문서위조죄가 성립한다고 할 것이다(대판 2005. 2. 24, 2002도18 전합 등).

이러한 법리가 자연인에 대해서 적용된다면, 재산관계에 관하여 자연인과 동일한 정도의 권리의무가 인정되고, 따라서 구성원 내지 출연자로부터 독립한 권리주체로서 법적 거래에 참여할 수 있는 법인에 대해서도 문서위조죄의 성립을 인정하여야 할 것이다. 대법원 역시 문서위조죄에 관한 법리는 법률적·사회적으로 자연인과 같이 활동하는 법인 또는 단체에도 그대로 적용되어야 할 것이라고 보아, "피고인이 위조행사한 ○○종합건설 명의의 아파트공급계약서와 입금표가 비록 ○○종합건설이 이미 해산등기를 마쳐 그 법인격이 소멸한 이후에 작성되었거나 그 법인격이 소멸한 이후의 일자로 작성되었다고 하더라도, 일반인으로 하여금 그 명의인인 ○○종합건설의 권한 내에서 작성된 문서라고 믿게 할 수 있는 정도의 형식과 외관을 갖추고 있다고 보기에 충분하므로 피고인의 판시 행위는 사문서위조 및 동 행사죄에 해당된다"라고 판시한 바 있다(대판 2005. 3. 25, 2003도4943).

2. 검토 및 사안에의 적용

이 사안에서 문제되는 허위의 지불각서는 그 성격상 사인의 채권채무관계에 관한 문서로서 '사문서'에 해당하고, 甲이 권한 없이 B의 명의를 모용하여 채권채무관계에 관한 문서를 작성한 행위는 문서의 '**위조**'로 **평가**된다. 당해 문서위조 당시 B법인의 법인격이 소멸하였더라도 일반인으로 하여금 그 명의인인 B의 권한 내에서 작성된 문서라고 믿게 할 수 있는 정도의 형식과 외관을 갖추고 있다고 판단되는 한, 甲은 사문서위조죄의 죄책을 부담한다.

III. 지불각서에 B 명의의 인장을 날인한 행위 – 사인부정사용죄(형법 제239조 제1항)의 성부

甲은 B 명의의 지불각서를 위조하기 위해 새로이 B 명의의 인장을 위조한 것이 아니라, 자신이 기존에 보관하던 B 명의의 인장을 임의로 날인하였다. 그렇다면 이는 사인위조죄가 아닌 사인부정사용죄의 구성요건에 해당한다. 하지만 인장의 부정사용은 문서위조에 전형적으로 결합되어 있는 위법한 행위로서 이른바 '불가벌적 수반행위'에 해당하기 때문에, 문서위조죄가 인정될 경우 인장부정사용의 불법은 문서위조의 불법에 포함되어 별개의 죄를 구성하지 않는다. 판례 역시 "인장부정사용의 불법은 문서위조의 불법에 흡수된다"는 취지로 판시하고 있다(대판 1978. 9. 26, 78도1787).

IV. 동업계약서 제5항의 내용을 고친 행위 – 사문서변조죄(형법 제231조) 의 성부

1. 문제의 소재

동업계약서는 당해 사업에 공동으로 참여하기로 한 당사자 간에 작성된 문서로서 사인 간의 권리의무관계를 규정하는 사문서에 해당한다. 다만 당해 사문서는 공증인법에 따라 공적인 증명권한을 부여받은 법무법인에서 인증되었는바, 이러한 측면에서는 공문서로서의 성격 역시 겸유하고 있다. 다시 말하면 동업계약서에 대한 인증서는 사서증서(私署證書)인 동업계약서 부분과 공문서인 인증부분이 병존하는 '공사병존문서'로서, 당해 계약서의 어느 부분을 수정하였는가에 따라 공문서위·변조죄 혹은 사문서위·변조죄로 그 죄책이 달라진다.

2. 사서증서의 인증부분을 고친 행위의 죄책

사서증서의 인증은 사문서의 내용인 법률행위 또는 사권에 관한 사실이 있었다는 점을 증명하는 것이 아니라, 명의인에 의하여 그 사서증서가 작성되었다는 점을 증명하는 것이다. 인증된 사문서가 위·변조된 경우의 죄책은 인증부분이 위·변조된 경우와 당해 사문서의 기재 내용이 위·변조된 경우로 나누어볼 수 있다.

(1) 인증부분이 위·변조된 경우

사서증서의 인증은 촉탁인으로 하여금 공증인 앞에서 사서증서에 서명 또는 날인하게 하거나 사서증서의 서명 또는 날인을 본인이나 그 대리인으로 하여금 확인하게 한 후 그 사실을 증서에 적는 것(공증인법 제57조)이므로 그 사실의 기재권한은 공증인의 권한이다. 이 인증부분은 공문서에 해당하므로 이 부분에 대한 위·변조는 공문서위조·변조에 해당한다. 대법원 역시 "공증인가 합동법률사무소 작성의 사서증서인증서는 공문서"라고 판시한 바 있다(대판 1992. 10. 13, 92도1064).

(2) 사서증서가 위·변조된 경우

공증인이 공증인법에 따라 사서증서에 대하여 하는 인증은 당해 사서증서에 나타난 서명 또는 날인이 작성명의인에 의하여 정당하게 성립하였음을 인증하는 것일 뿐 그 사서증서의 기재 내용을 인증하는 것은 아니다. 사서증서 인증서 중 인증기재 부분은 공문서에 해당하지만, 위와 같은 내용의 인증이 있었다고 하여 사서증서의 기재 내용까지 공문서인 인증기재 부분의 내용을 구성하는 것은 아니라고 할 것이므로, 사서증서의 기재 내용 일부를 변조한 행위는 공문서변조죄가 아니라 사문서변조죄에 해당한다. 대법원은 "피고인이 피해자와 사이에 온천의 시공에 필요한 비용을 포함한 일체의 비용을 자신이 부담하기로 약정하였음에도 피해자를 상대로 공사대금청구의 소를 제기하면서 시공 외의 비용은 모두 피해자가 부담한다는 내용으로 변조한 인증합의서를 소장에 첨부하여 제출한 경우, 사서증서의 기재 내용을 일부 변조한 행위는 공문서변조죄가 아니라 **사문서변조죄**에 해당한다"고 판시한 바 있다(대판 2005. 3. 24, 2003도2144).

3. 검토 및 사안에의 적용

甲이 동업계약서 제5항의 기재내용을 고친 행위는 기존문서와의 동일성을 해하지 않을 정도로 문서의 내용에 변경을 가하는 것으로서 변조에 해당한다. 당해 계약서가 甲과 B법인의 공동명의로 작성되었더라도 B법인에 대한 관계에서 당해 문서는 타인 명의의 문서에 해당한다. 이 경우 甲이 변조한 부분은 법무법인에서 인증받은 당해 동업계약서의 인증부분 자체가 아닌 사서증서 부분이므로 사문서변조죄에 해당한다.

V. 지불각서와 동업계약서의 사서증서 인증서를 A에게 일괄하여 제시한 행위 - 위조사문서 등의 행사죄의 성부(형법 제234조)

甲은 자신의 채권자인 A의 변제독촉을 무마할 목적으로 위·변조한 동업계약서와 지불각서를 A에게 일괄하여 제시하였다. 앞에서 살펴본 바와 같이 지불각서는 위조된 사문서에, 동업계약서의 사서증서 부분은 변조된 사문서에 해당한다. 따라서 甲에게는 위조사문서행사죄와 변조사문서행사죄의 범죄사실이 각각 인정되고 양 범죄사실은 상상적 경합관계에 있다. 한편 위 각 행사죄는 앞에서 살펴본 위조 등 죄와의 사이에서도 상상적 경합관계에 해당한다. 다만 판례는 문서위조죄와 행사죄 간의 죄수관계를 실체적 경합으로 일관되게 판시하고 있다(대판 1991. 9. 10, 91도1722 등).

VI. B에 대한 채권을 양도한다는 내용의 공정증서를 작성, 비치하게 한 행위 - 공정증서원본부실기재 및 동 행사죄(형법 제228조 제1항, 제229조)의 성부

1. 문제의 소재

공정증서란 공무원이 직무상 작성하는 공문서로서 권리·의무에 관한 내용을 증명하는 효력을 갖는 것으로 사실증명에 관한 것은 이에 포함되지 않는다(대판 1988. 5. 24, 87도2696). 이 사안에서 甲의 요구에 따라 공정증서를 작성한 법무법인의 변호사는 공정증서의 작성,

사서증서에 대한 인증 등의 직무에 관하여 '공무원'의 지위를 가지는 것으로 본다(공증인법 제2조, 제12조). 또한 채권양도에 관한 당해 공정증서는 공증인이 법률행위인 채권양도계약을 내용으로 당사자들의 채권양도 의사를 확인하여 작성한 공정증서로서 '권리의무'에 관한 내용을 증명하는 것임이 분명하다. 다만 당해 채권양도의 대상이 되는 B에 대한 채권은 실제로 존재하지 아니하는바, 허위의 채권을 양도하는 내용의 공정증서의 작성이 공정증서의 부실기재에 해당하는지가 문제된다. 이는 결국 공정증서가 증명하는 증명력의 범위가 어디까지인가의 문제로 귀결된다.

2. 공정증서의 증명력 범위와 부실기재의 관계

채권양도에 관한 공정증서는 공증인이 당사자 사이에 채권양도의 법률행위가 있었음을 공증하는 것이고 양도되는 채권의 실제 존재 여부는 그 증명대상이 아니다. 공증인이 채권양도·양수인의 촉탁에 따라 그들의 진술을 청취하여 채권의 양도·양수가 진정으로 이루어짐을 확인하고 채권양도의 법률행위에 관한 공정증서를 작성한 경우 그 공정증서가 증명하는 사항은 채권양도의 법률행위가 진정으로 이루어졌다는 것일 뿐 그 공정증서가 나아가 양도되는 채권이 진정하게 존재한다는 사실까지 증명하는 것으로 볼 수는 없다. 대법원 역시 "양도인이 허위의 채권에 관하여 그 정을 모르는 양수인과 실제로 채권양도의 법률행위를 한 이상, 공증인에게 그러한 채권양도의 법률행위에 관한 공정증서를 작성하게 하였다고 하더라도 그 공정증서가 증명하는 사항에 관하여 부실의 사실을 기재하게 하였다고 볼 수 없다"라고 판시한 바 있다(대판 2004. 1. 27, 2001도5414).

3. 검토 및 사안에의 적용

이 사안에서 채권양도가 무효가 되는 것은 B에 대한 채권이 존재하지 아니하여 급부의 실현이 불가능하다는 사유 때문일 뿐이고, 이 사건 공정증서가 증명하는 부분인 채권양도계약 의사표시 자체의 하자로 인한 것이 아니다. 즉, 이 사건 공정증서가 甲과 A의 사이의 채권양도행위만을 공증하고 甲의 채권의 실제 존부까지는 증명하지 않는다고 볼 때, 甲과 A 사이의 채권양도 의사표시가 진정으로 이루어진 이상 甲의 채권이 존재하지 않는다거나 甲이 이를 양도할 의사가 전혀 없었다 하더라도 이 사건 공정증서가 증명하는 사항에 관하여 불실의 기재를 담고 있다고 볼 수 없다. 따라서 甲이 허위의 채권을 양도한다는 취지의 공정증서를 작성 및 비치하게 한 행위는 공정증서원본부실기재 및 동 행사죄에 해당하지 않는다.

VII. 채무이행을 유예받는 데 따른 사기죄(형법 제347조 제1항)의 성부

1. 문제의 소재

甲은 실제로는 B에 대한 아무런 채권이 없음에도 불구하고 마치 2,500만원 상당의 채권이 있는 것처럼 관련서류를 꾸며 A에게 제시하고 당해 채권을 A에게 양도한다는 내용의 공정증서까지 작성하였다. 이러한 행위는 일응 A에 대한 기망행위로 평가될 수 있기 때문에 사기죄의 성부를 검토할 수 있다. 다만 사기죄가 성립하기 위해서는 피기망자가 착오에 빠져 처분행위를 하였고 이로 인하여 기망자가 재산상 이익을 취득하였어야 하는데, 본 사안의 경우 ① A가 甲에 대하여 갖고 있는 자신의 채권에 대한 처분행위를 하였다고 볼 수 있는지, ② 甲이 A의 처분행위로 인해 새로운 재산상 이익을 취득하였다고 볼 수 있는지가 문제된다.

2. 처분행위의 인정 여부

사기죄는 타인을 기망하여 착오에 빠뜨리게 하고 그 처분행위를 유발하여 재물이나 재산상의 이득을 얻음으로써 성립하는 것이므로 여기서 처분행위라고 하는 것은 재산적 처분행위를 의미한다(대판 2002. 11. 22, 2000도4419). 이 사안에서 A는 甲이 B에 대하여 가지고 있는 2,500만원의 채권을 양도받겠다는 의사를 표시했을 뿐이고, 2,500만원에 상당하는 자신의 채권을 면제한 바 없다. 하지만 A는 자신이 양도받았다고 생각한 B에 대한 채권의 이행기인 2022. 5. 31.까지 자신의 채권행사를 연기하였다. 사기죄에서의 처분행위는 반드시 작위에 의한 것임을 요구하지 아니하므로, A의 이와 같이 채무의 변제를 유예해 준 것은 부작위에 의한 처분행위에 해당한다고 볼 수 있다.

3. 재산상 이익의 취득 여부

이 사안에서 A는 자신이 양도받은 2,500만원의 채권이 실제로 존재한다고 믿고, 자신의 甲에 대한 채권 5,000만원의 행사를 위와 같이 양도받은 채권의 변제기까지 유예해 주었다. 만약 甲이 A에 대한 채무의 이행유예 없이 강제집행 등의 절차에 나아갔다면 甲은 자신의 택배사업을 정상적으로 운영하기 어려웠을 것이다. 그렇다면 甲이 2022. 3.부터 같은 해 5. 31.까지 약 3달 가량 채무의 이행을 유예받은 것은 재산상 이익을 얻은 것으로 평가할 수 있다. 대법원은 '채권자가 채무자로부터 정상적으로 결제될 가능성이 없는 어음(딱지어음)을 진성어음인 것처럼 교부받고 어음상의 지급기일까지 그 채권의 행사를 늦추어 준 사안'에서, "채무의 이행유예 없이 즉시 채권행사가 이루어졌다면 적어도 피고인이 '(상호

생략)주류'를 정상적으로 계속 운영하기 어려웠을 것으로 보이므로 그와 같이 채무이행을
유예받은 것을 두고 재산상 이익을 얻은 것이 아니라고 할 수는 없다. 또한 공소 외 1 주식
회사가 피고인으로부터 이 사건 각 딱지어음을 교부받고 어음상의 지급기일까지 그 채권의
행사를 늦추어 준 것이 처분행위에 해당하지 않는다고 할 수 없을 뿐만 아니라 그 처분행
위가 피고인의 기망행위로 인한 것이 아니라고 할 수도 없다"라고 보아 사기죄의 성립을
인정한 바 있다.

4. 소 결

甲은 일련의 문서위조행위를 통해 실제로 존재하지도 않는 B에 대한 채권을 A에게 양
도한다고 기망하였다. 이로 인해 착오에 빠진 A는 甲에 대한 채권의 행사를 유예하였고,
甲은 채권행사가 유예됨에 따른 재산적 이익을 얻고 이에 상응하는 손해를 A에게 입혔다
고 볼 것이다. 따라서 甲에게는 사기죄가 성립하며, 이러한 사기죄는 甲이 행한 일련의 문
서위조 등의 죄와 상상적 경합의 관계에 있다. 다만, 판례에 따르면 실체적 경합관계에 해
당한다.

VIII. 사안의 해결

(1) 소멸한 법인인 B 명의의 지불각서를 위조한 행위의 경우, 소멸한 법인 명의의 문서
역시 사자 내지 허무인 명의의 문서와 마찬가지로 일반인이 진정한 문서로 오신할 수 있는
이상 사문서위조죄가 성립한다.

(2) 위조한 지불각서에 B 명의의 인장을 임의로 날인한 행위의 경우, 사인부정사용죄의
구성요건에 해당하지만 사문서위조죄에 전형적으로 결합되는 '불가벌적 수반행위'에 해당
하기 때문에 별개의 죄를 구성하지 않는다.

(3) 공증받은 동업계약서의 내용을 변조한 행위의 경우, 사서증서의 인증부분은 여전히
사문서로 평가되는 이상 공문서변조죄가 아닌 사문서변조죄가 성립한다.

(4) 위조한 지불각서와 변조한 지불각서를 A에게 일괄하여 제시한 행위의 경우, 각각
위조사문서행사죄와 변조사문서행사죄에 해당하고 양 범죄사실은 상상적 경합관계에 있다.
한편 이들 범죄사실은 이미 살펴본 사문서위조죄 및 사문서변조죄에 대해서도 상상적 경합
관계(판례에 의한다면 실체적 경합관계)에 있다.

(5) B에 대한 채권을 양도한다는 내용의 공정증서를 작성하여 비치하게 한 행위의 경
우, 당해 공정증서의 증명대상은 채권의 양도사실일 뿐 채권의 실제존부가 아니므로 공정

증서원본을 부실하게 기재하였다고 볼 수 없다. 따라서 공정증서원본부실기재죄 및 동 행사죄는 성립하지 않는다.

(6) 앞에서 살펴본 일련의 문서위조행위는 A에 대한 기망행위로 평가되며, 이로 인해 A가 자신의 채권의 변제기를 2022. 5. 31.까지 일정기간 유예해 주는 처분행위를 함에 따라 甲은 채무유예의 재산상 이익을 얻었다. 따라서 甲에게는 사기죄 역시 성립하며 이는 앞에서 살펴본 사문서위·변조 및 동 행사죄에 대하여 상상적 경합관계(판례는 실체적 경합)에 있다.

○ 사례 26

甲은 고향에 갔다가 서울로 돌아오던 중 고속버스 안에서 고속버스 선반위에 놓여진 A 명의의 주민등록증과 신용카드 1장, 교통카드(충전식 선불카드인 T-money 카드) 1장, 휴대전화가 들어있는 가방을 발견하고 이를 그대로 가져나왔다(버스 운전기사는 선반 위에 승객이 두고 간 이 가방을 이미 발견하였고, 유실물처리를 할 생각이었다). 그리고 버스터미널 근처 피시방에 가서 한국신용정보주식회사 홈페이지에 A 명의로 접속하여 A의 신용정보를 알아낸 후, 위 신용카드로 정보사용료 2,000원을 결제하였다. 이어 인터넷 쇼핑몰에 접속하여 A 명의의 신용카드 번호 및 신용정보를 입력하는 방식으로 노트북 1대를 주문하고 며칠 후 노트북 1대를 자신의 집으로 배달받았다. 또한 근처 대형 할인점에서 100만원 상당의 디지털카메라를, 백화점에서 100만원 상당의 고급 의류를 각 구입하고 그 대금을 위 신용카드로 결제하면서 마치 자신이 A인 양 매출전표에 A 명의로 서명하여 교부하였다. 이렇게 물건을 구매하러 다니면서 A의 교통카드로 전철과 버스 등을 타고 교통비를 결제하였다. 또한 A의 휴대전화로 자신의 여자친구와 10분간 전화통화를 하였다.

甲의 죄책은?

[참고법령]

정보통신망 이용촉진 및 정보보호 등에 관한 법률

제49조(비밀 등의 보호) 누구든지 정보통신망에 의하여 처리·보관 또는 전송되는 타인의 정보를 훼손하거나 타인의 비밀을 침해·도용 또는 누설하여서는 아니된다.

제71조(벌칙) 다음 각 호의 어느 하나에 해당하는 자는 5년 이하의 징역 또는 5천만원 이하의 벌금에 처한다.

11. 제49조를 위반하여 타인의 정보를 훼손하거나 타인의 비밀을 침해·도용 또는 누설한 자

여신전문금융업법

제70조(벌칙) ① 다음 각 호의 어느 하나에 해당하는 자는 7년 이하의 징역 또는 5천만원 이하의 벌금에 처한다.

1. 신용카드 등을 위조하거나 변조한 자
2. 위조되거나 변조된 신용카드 등을 판매하거나 사용한 자
3. 분실하거나 도난당한 신용카드나 직불카드를 판매하거나 사용한 자
4. 강취·횡령하거나, 사람을 기망하거나 공갈하여 취득한 신용카드나 직불카드를 판매하거나 사용한 자
5. 행사할 목적으로 위조되거나 변조된 신용카드 등을 취득한 자
6. 거짓이나 그 밖의 부정한 방법으로 알아낸 타인의 신용카드 정보를 보유하거나 이를 이용하여 신용카드로 거래한 자
7. 제3조 제1항에 따른 허가를 받지 아니하거나 등록을 하지 아니하고 신용카드업을 한 자
8. 거짓이나 그 밖의 부정한 방법으로 제3조 제1항에 따른 허가를 받거나 등록을 한 자

___

해 설

I. 논점의 정리

본 사안은 甲이 고속버스에서 A가 두고 내린 가방을 주운 후, 가방 안에 들어있던 신용카드 등을 이용하여 행한 일련의 범죄행위로 구성되어 있다. 따라서 甲의 행위를 시간적 순서에 따라 나눈 후, 각각의 행위에 따른 형사책임을 검토하겠다.

(1) 먼저 A가 놓고 내린 가방을 발견하고 가져나온 행위(이하 제1행위)에 대해서는, 위 가방에 대하여 고속버스 운전사의 점유를 인정할 수 있느냐에 따라 절도죄 내지 점유이탈물횡령죄가 문제된다.

(2) 신용정보회사 홈페이지에 접속하여 A의 신용정보를 조회하고 신용카드로 정보이용료를 결제한 행위(이하 제2행위)에 대해서는 컴퓨터등사용사기죄, 여신전문금융업법위반죄, 정보통신망이용촉진및정보보호등에관한법률(이하 '정보통신망법'이라 한다)위반죄를 검토하여야 한다.

(3) 인터넷 쇼핑몰에서 노트북을 구입한 행위(이하 제3행위)의 경우 사기죄 내지는 컴퓨터등사용사기죄, 여신전문금융업법위반죄가 문제된다. 여신전문금융업법위반죄의 경우 제2행위에서의 동 죄와의 관계에서 포괄일죄로 판단할 것인지가 문제된다.

(4) 할인점과 백화점에서 물품을 구입하고 매출전표에 서명한 후 대금을 결제한 행위(제4행위)에서는 사기죄, 여신전문금융업법위반죄, 사문서위조 및 동 행사죄의 성부를 살펴보겠다. 역시 각각의 죄 사이의 죄수관계가 문제되고, 사문서위조 및 동 행사죄의 경우 여신전문금융업법위반죄에 그 불법이 흡수되는지를 검토해야 한다.

(5) A의 교통카드를 사용하여 전철 및 버스 등을 이용한 행위(제5행위)의 경우 사기죄, 사문서부정행사죄, 여신전문금융업법위반죄가 문제되는바, 이는 교통카드의 법적 성격을 어떻게 볼 것인가와 관련되어 있다.

(6) A의 휴대전화로 통화한 행위(제6행위)에 있어서는, 전화통화서비스를 재물로 보아 절도죄를 인정할 것인지, 통신회사가 착오에 빠져 처분행위를 한 것으로 보아 사기죄를 인정할 것인지에 대해서 살펴보겠다.

II. 고속버스 안에서 A의 가방을 들고 나온 행위 - 절도죄(형법 제329조) 내지 점유이탈물횡령죄(형법 제360조)의 성부

1. 점유 개념

형법상 점유는 기본적으로 주관적 요소인 점유의사와 객관적 요소인 사실상 지배를 통해 이루어지는데, 어떤 물건이 타인의 점유하에 있는지 여부는, 객관적인 요소로서의 관리범위 내지 사실적 관리가능성 외에 주관적 요소로서의 지배의사를 참작하여 결정하되 궁극적으로는 당해 물건의 형상과 그 밖의 구체적인 사정에 따라 사회통념에 비추어 규범적 관점에서 판단하여야 한다.

어떤 물건을 잃어버린 장소가 타인의 관리 아래 있을 때에는 그 물건은 그 관리자의 점유에 속한다 할 것이어서, 그 관리자 아닌 제3자가 취거하면 절도죄에 해당한다. 점유자의 점유의사에는 현실적인 의사뿐만 아니라 잠재적 의사 및 일반적 점유의사도 포함되기 때문이다. 이 사안의 경우 고속버스를 고속버스 운전사가 점유하는 공간으로 볼 수 있다면, A의 가방을 임의로 취거한 甲에게는 점유이탈물횡령죄가 아닌 절도죄가 성립한다.

2. 판례의 입장: 점유와 점유이탈물

판례는 당구장에서 당구대 밑에 떨어져 있는 손님의 잃어버린 금반지를 종업원이 발견하여 전당잡힌 경우, 당구장을 관리하는 주인이 현실적으로 발견하지 않았음에도 불구하고 주인의 점유를 인정하여 점유이탈물횡령죄가 아닌 절도죄에 해당한다고 보았다(대판 1988. 4. 25, 88도409. 동일한 근거로 피시방 관리자의 점유를 인정한 판례로는 대판 2007. 3. 15, 2006도9338). 반면에 지하철의 전동차 바닥이나 선반 위에 승객이 놓고 내린 물건을 제3자가 가지고 간 경우 절도죄가 아니라 점유이탈물횡령죄를 인정하였고(대판 1999. 11. 26, 99도3963), 고속버스의 경우에도 "고속버스 운전사는 고속버스의 관수자로서 차내에 있는 승객의 물건을 점유하는 것이 아니고 승객이 잊고 내린 유실물을 교부받을 권능을 가질 뿐이므로 유실물을 현실적으로 발견하지 않는 한 이에 대한 점유를 개시하였다고 할 수 없다"고 하여 절도가 아닌 점유이탈물횡령에 해당한다고 판시하였다(대판 1993. 3. 16, 92도3170).

3. 검토 및 사안의 해결

그러나 대법원이 고속버스의 경우를 전동차와 동일하게 판단한 것은 타당하다고 볼 수 없다. 지하철의 전동차와는 달리 고속버스는 그 내부가 상당히 협소하고, 승객 역시 전동차에 비하면 소수에 불과하다. 또한 중간경유지 없이 출발지와 목적지가 하나씩만 정해져 있는 경우가 대부분이기 때문에, 승객들은 출발지에서 승차한 후 목적지에서 하차할 때까지 고속버스 운전사의 통제 하에 놓이게 된다. 따라서 승객의 승하차가 빈번하고 승객의 유동성이 큰 전동차와 고속버스를 동일하게 판단할 수는 없다.

판례가 '당구장 사례'에서 적절하게 지적하였듯이 '공간적으로 제한된 영역'은 그 장소의 점유자의 지배범위에 속하고, 통상 그 공간에 존재하는 모든 물건에 대해 사실적으로 지배하려는 의사가 있다고 보아야 할 것이다. 따라서 공간적으로 제한된 영역 내인 고속버스 안에서 승객이 잃어버린 물건은 운전사가 발견하였는지를 불문하고 운전사의 점유가 인정된다.

결국 甲에게는 A가 소유하고 고속버스 운전사가 점유하는 가방에 대한 절도죄가 성립한다. 사안의 경우는 판례에 따르더라도 버스 운전기사는 선반 위에 승객이 두고 간 이 가방을 현실적으로 발견하고 유실물처리를 할 생각이었으므로 운전사의 점유의사를 통해 점유를 확장하여 절도죄로 의율할 수 있다.

III. 신용정보회사 홈페이지에 들어가 A의 신용정보를 알아내고 이용료를 결제한 행위

1. 정보통신망법위반죄(동법 제49조, 제71조 제11호)의 성부

甲은 인터넷을 통해 신용정보회사에 접속하여 A의 신용정보를 알아내었으므로, 정보통신망에 의하여 보관되는 타인의 비밀을 침해한 경우에 해당하여 동법 제71조 제11호에 의해 처벌된다.

2. 컴퓨터등사용사기죄(형법 제347조의2)의 성부

컴퓨터등사용사기죄는 컴퓨터 등을 조작하여 재산상 이익을 취득한 경우 사람에 대한 기망행위가 없고 재물의 점유이전을 수반하지 않기 때문에 사기죄 혹은 절도죄로 처벌할 수 없는 처벌의 공백을 막기 위해 신설되었다.

이 사안에서 甲은 인터넷을 통해 한국신용정보주식회사에 접속한 다음 A의 신용정보를 조회하고 그 정보이용료를 A의 신용카드로 결제하였다. A의 신용정보에 대한 아무런 권한 없는 甲이 컴퓨터를 이용하여 A의 신용카드 정보를 입력함으로써 정보이용료 상당의 재산상 이익을 취득하였으므로 컴퓨터등사용사기죄에 해당한다.

3. 여신전문금융업법위반죄(동법 제70조 제1항 제6호)의 성부

인터넷 등을 통한 전자상거래의 경우, 신용카드의 제시나 매출전표의 작성 여부에 관계 없이 사위 그 밖의 방법으로 알아낸 타인의 신용카드 정보를 보유하거나 이를 이용하여 신용카드에 의한 거래를 하는 행위는 동법 제6호에서 규정하는 신용카드의 부정사용에 해당한다.

甲이 신용정보주식회사의 홈페이지에 접속하여 'A의 신용정보를 알아낸 행위'는 6호 전단의 '타인의 신용카드 정보 보유'에, '그 신용정보를 이용하여 A의 신용카드로 정보이용료를 결제한 행위'는 동조 후단의 '신용카드에 의한 거래'에 해당하는바, 이는 연속된 하나의 행위에 의한 것이기 때문에 동법 제70조 제1항 제6호 위반의 일죄로 처벌된다.

4. 죄수관계

정보통신망법위반죄, 컴퓨터등사용사기죄, 여신전문금융업법위반죄는 신용정보회사 홈페이지에 들어가 A의 신용정보를 알아내고 이용료를 결제하는 일련의 행위에 의한 것인바, 행위의 단일성을 인정하여 상상적 경합범으로 처벌할 것인지 아니면 수 개의 행위로 보아 실체적 경합범으로 처벌할 것인지가 문제된다.

다수의 학설은 실행행위의 부분적 동일성이 인정되므로 행위의 단일성이 있다고 보아 상상적 경합을 인정한다. 이에 반해 판례는 "신용카드를 부정사용한 결과가 사기죄의 구성요건에 해당하고 그 각 사기죄가 실체적 경합관계에 해당한다고 하여도 신용카드부정사용죄와 사기죄는 그 보호법익이나 행위의 태양이 전혀 달라 실체적 경합관계에 있다고 보아야 할 것"이라고 판시한 바 있다(대판 1996. 7. 12, 96도1181).

그러나 판례의 이러한 논거는 타당하지 않다. 보호법익이나 행위의 태양이 다르다는 것은 실제상 수죄인지 일죄인지를 판단하는 기준일 뿐이다. 여신전문금융업법위반죄(구 신용카드부정사용죄)와 사기죄가 수죄라는 사실에 대해서는 이의가 없다. 문제는 수죄 중에서도 실체적 경합인지, 아니면 실제상으로는 수죄이지만 처분상으로는 일죄로 취급하는 상상적 경합인지 하는 점인바, 위 논거는 이에 대해서 아무런 대답을 주지 못한다. 타인의 신용카드를 부정하게 사용하는 행위 중에는 자신이 신용카드의 정당한 권리자라는 점에 대한 묵시적인 기망행위가 포함되어 있다고 할 것이어서 행위의 단일성이 인정되므로 상상적 경합관계로 보아야 한다.

Ⅳ. 인터넷 쇼핑몰에서 노트북을 구입한 행위

1. 사기죄(형법 제347조 제1항) 내지 컴퓨터등사용사기죄(제347조의2)의 성부

(1) 사기죄는 사람을 기망하여 재물의 교부를 받거나 재산상의 이익을 취득한 경우에 성립한다. 이 사안에서 甲은 인터넷쇼핑몰에서 노트북을 주문하여 취득하였기 때문에 재물을 편취한 경우로 평가할 수 있다. 다만 제2행위에서 신용정보 조회이용료를 결제한 것과 마찬가지로 사람에 대한 직접적인 기망행위는 없었기 때문에, 사기죄의 구성요건해당성을 부정하고 컴퓨터등사용사기죄를 논의해야 할 것이 아닌지 하는 의문이 들 수 있다.

그러나 쇼핑몰에서 노트북을 구입하는 행위는 단순히 컴퓨터를 이용하여 권한 없이 정보를 입력한 것이라고 할 수는 없다. 쇼핑몰에서 물품구입을 위해 개인정보를 입력하고 신용카드로 결제를 하게 되면, 해당 쇼핑몰에서는 주문을 확인하고 해당 물품에 대한 배송절차에 들어가게 되어 실제로 배달이 이루어져야 물품을 취득하게 되는 것이다. 따라서 이 과정에서 쇼핑몰 업체 담당자 및 배달직원에 대하여(비록 직접 대면하지는 않았다 하더라도) 주문자 자신이 정당한 권한 있는 자라는 기망행위가 이루어진다. 그러므로 보충관계에 있는 컴퓨터등사용사기죄가 아니라 사람을 기망한 것으로 사기죄로 의율해야 한다.

(2) 컴퓨터등사용사기죄는 사기죄에 대해서 보충적으로 적용되는 관계에 있다. 따라서 사기죄의 구성요건에 해당한다면 컴퓨터등사용사기죄를 논할 여지는 없다. 또한 현재 컴퓨터등사용사기죄는 '재산상의 이익'만을 객체로 할 뿐 '재물'은 그 객체로 하지 않는다는 점에서도 구성요건해당성은 부정된다(대판 2002. 7. 12, 2002도2134; 대판 2003. 5. 13, 2003도1178).

2. 여신전문금융업법위반죄(동법 제70조 제1항 제6호)

甲은 신용정보회사에 접속하여 알아낸 A의 신용정보를 이용하여 인터넷쇼핑몰에서 물품을 구입하였다. 이는 여신전문금융업법 제70조 제1항 제6호 후단의 '부정한 방법으로 알아낸 타인의 신용정보를 이용하여 거래를 한 경우'에 해당한다. 그러나 앞에서 A의 신용정보를 알아낸 후 정보이용료를 결제한 행위를 동 조항으로 의율하였는바, 쇼핑몰에서 물품을 구입한 행위를 이와 별도로 또다시 동 조항을 적용할 것인지가 문제된다.

甲이 A의 신용정보를 조회한 후 정보이용료를 결제한 행위와 쇼핑몰에서 물품을 구입한 행위는 자연적으로 별개의 행위임이 분명하다. 그러나 외적으로 독립적인 수 개의 행위의 연속이라 하더라도, 단일한 범행의사로 행해지고 침해방법 및 침해법익이 동일하며 수 개의 연속행위가 시간적 및 장소적으로 밀접한 상호연관 속에 있다면 단일성을 인정하여야 한다. 이 사안에서 甲은 신용정보회사에서 알아낸 A의 신용정보를 이용하여 즉시 인터넷 쇼핑몰에서 노트북을 구입하였으므로, 각각의 행위는 동일한 기회에 동일한 법익을 침해한 것으로서 시간적·장소적으로 연결되어 있다. 따라서 접속범의 요건을 충족하기 때문에 포괄하여 하나의 여신전문금융업법위반죄가 성립한다.

V. 각 가맹점에서 물품을 구입하고 A의 신용카드로 대금을 결제한 행위

1. 서 설

甲이 대형 할인점에서 100만원 상당의 디지털카메라를, 백화점에서 100만원 상당의 고급 의류를 구입한 각 행위는 그 행위태양이 동일하기 때문에 형법적 평가 역시 동일하다. 따라서 문제되는 죄책들을 함께 살펴보겠다.

2. 사기죄(형법 제347조 제1항)의 성부

(1) 서 설

타인 명의 신용카드의 부정사용은 회원의 자격을 사칭하는 묵시적 기망행위에 의한 사기죄에 해당한다. 이 경우 신용카드 가맹점이 피기망자라는 점에 대해서는 대체로 견해가 일치하나, 피해자가 누구인지에 대해서는 견해가 대립한다. 가맹점이 피해자라는 견해에 따르면 물품이나 서비스의 제공 자체가 손해가 되고 가맹점별로 각각의 별죄가 성립한다. 반면에 카드회사가 피해자라는 견해에 따르면 카드회사의 대금 지급이 손해가 되고 각각의 신용카드 사용행위는 포괄하여 연속범 내지 접속범으로 평가될 것이다.

(2) 견해의 대립

1) 가맹점이 피해자라는 견해

가맹점의 상품 또는 서비스의 제공 자체를 손해로 보는 입장에서, 가맹점이 매출전표의 송부로 그 이후 신용카드회사로부터 대금을 지급받아도 가맹점에는 손해발생이 있다고 보는 견해이다. 이 견해에서는 후에 신용카드회사로부터 매출전표상의 대금을 지급받지만 이는 일종의 손해전보에 불과하기 때문에 이 손해가 가맹점의 손해를 정산할 수 없다는 점을 논거로 든다.

2) 카드회사가 피해자라는 견해

가맹점과 카드회사 사이의 '제3자를 위한 계약'에 의하여 가맹점이 카드소지인을 위하여 카드회사의 재산을 처분할 수 있는 지위를 갖고 있고, 물품 또는 용역 대금은 결국 카드회사가 결제하므로 카드회사가 피해자라는 견해이다. 이 견해에 따르면 신용카드사기는 이른바 '삼각사기'의 형태를 띠게 된다.

3) 카드회사와 카드회원이 피해자라는 견해

가맹점은 사용자의 형식적 요건에 대한 심사의무를 다하면 카드회사로부터 대금지급을 보장받으므로 피해자가 될 수 없지만, 카드회원은 분실신고기간을 초과한 경우에는 그 부분의 사용에 대해 본인이 책임을 부담해야 하고, 회원이 신고의무를 다한 경우에는 카드회사가 부정사용에 대한 사후책임을 부담하게 되어 있으므로 피해자는 카드회사와 카드회원이라는 견해이다.

4) 카드회사 또는 가맹점 또는 카드명의인이 피해자라는 견해

통상적으로 가맹점에 대금지급의 의무를 지고 있는 카드회사가 피해자가 될 것이나, 가맹점에 귀책사유가 있어서 물품대금의 지급이 거절될 경우에는 가맹점이, 카드명의인에게 귀책사유가 있어서 카드대금의 결제의무가 있는 경우에는 카드명의인도 피해자가 될 수 있다고 한다.

5) 판 례

판례는 신용카드를 절취하여 같은 날짜에 2시간 20분 동안 같은 동에 있는 카드가맹점 7곳에서 합계 금 2,008,000원 상당의 물품을 구입한 후 그 대금을 절취한 위 신용카드로 결제한 사안에서, **신용카드부정사용죄는 포괄일죄가 되지만** 각 사기죄는 실체적 경합관계에 있다고 판시하고 있다(대판 1996. 7. 12, 96도1181). 피해자를 가맹점이라고 해야만 가맹점 수만큼의 실체적 경합이 가능하므로, 위 판례는 피해자가 가맹점이라는 점을 명백히 한 것이다.

(3) 검토 및 사안의 해결

가맹점주는 잃어버리거나 도난당한 신용카드를 사용한 거래, 위조되거나 변조된 신용카드를 사용한 거래, 해킹, 전산장애, 내부자정보유출 등 부정한 방법으로 얻은 신용카드 등의 정보를 이용하여 신용카드 등을 사용한 거래, 다른 사람의 명의를 도용하여 발급받은 신용카드 등을 사용한 거래에 따른 손실을 원칙적으로 부담하지 않고, 예외적으로 신용카드업자가 그 거래에 대한 그 신용카드가맹점의 고의 또는 중대한 과실을 증명하면 그 손실의 전부 또는 일부를 신용카드가맹점이 부담하도록 할 수 있다는 취지의 계약을 신용카드가맹점과 서면으로 체결한 경우에 한하여, 그 서면에 적혀 있는 중대한 과실사항에 대하여만 손실을 부담한다(여신전문금융업법 제17조). 결국 서면으로 계약을 체결하지 않거나, 계약을 체결해도 그 서면에 적혀 있지 않은 중대한 과실이거나, 거래상 중대한 과실이 없는 경우에는 가맹점은 손실을 부담하지 않으므로 가맹점이 피해자가 되는 경우는 극히 예외적이

다. 따라서 가맹점은 타인의 신용카드의 부정사용에 있어서 피해자에 해당할 수 없다고 보는 것이 타당하다.

"신용카드업자는 신용카드회원이나 직불카드회원으로부터 그 카드의 분실·도난 등의 통지를 받은 때부터 그 회원에 대하여 그 카드의 사용에 따른 책임을 진다(여신전문금융업법 제16조 제1항)." 즉 회원의 통지 전에 카드가 사용된 경우에는 회원이, 통지 후에 카드가 사용된 경우에는 카드회사가 책임을 지기 때문에 카드회원의 통지 여부에 따라서 카드회원 또는 카드회사가 피해자가 된다고 보아야 한다. 이러한 형태는 피기망자(가맹점)와 피해자 (카드회원 또는 카드회사)가 다른 경우로서, 이른바 '삼각사기'의 형태가 된다.

삼각사기의 경우 피기망자는 피해자의 재산을 처분할 수 있는 '사실상의 지위'에 있어야 하는데, 사실상의 지위를 인정하기 위해서는 처분자와 피해자 사이에 처분행위 이전에 이미 피해자의 재산영역에 대한 밀접한 관계가 인정되어야 한다. 이 사안의 경우 甲의 물품 구입 당시까지 A가 분실신고를 하였는지 나타나 있지 않다. ① A가 분실신고를 하였다면, 카드 사용에 따른 책임은 카드회사가 부담해야 하기 때문에 카드회사를 피해자라고 보아야 한다. 카드회사와 가맹점 사이에서는 신용카드가맹점 특약이 맺어져 있기 때문에 가맹점은 신용카드회사의 재산을 처분할 수 있는 사실상의 지위에 있다고 판단할 수 있다. ② 반면에 A가 아직 분실신고를 하지 않았다면 카드사용에 따른 책임은 A가 부담해야 하는데, 가맹점에게 A의 재산을 처분할 만한 사실상의 지위를 인정할 수 있는지는 논란의 여지가 있다.

3. 여신전문금융업법위반죄(동법 제70조 제1항 제3호)

타인의 신용카드를 절취, 강취, 횡령, 갈취 및 편취한 후 이를 사용한 것은 절도죄나 공갈죄 등의 불가벌적 사후행위가 아니라 별도로 신용카드부정사용죄를 구성한다(대판 1996. 7. 12, 96도1181). 신용카드를 절취한 후 이를 사용한 경우 신용카드의 부정사용행위는 새로운 법익의 침해로 보아야 하고 그 법익침해가 절도범행보다 큰 것이 대부분이기 때문이다. 이 사안에서 甲은 고속버스 운전사의 점유 하에 있는 A 소유 신용카드를 절취한 후 사용하였는바, '도난된 신용카드를 사용한 경우'로서 여신전문금융업법 제70조 제1항 제3호에 따라 처벌된다.

4. 사문서위조죄(형법 제231조) 및 동 행사죄(제234조)의 성부

신용카드를 부정사용하여 물품을 구입하는 경우 매출전표에 서명하여 이를 교부하는 행위는 필수적으로 수반된다. 이 경우 타인인 카드회원의 매출전표를 작성하여 교부하는 것은 사문서위조죄 및 동 행사죄의 구성요건에 해당함은 분명하다. 여신전문금융업법 제70조

제1항 제3호에서 규정하는 '도난된 신용카드의 사용'이라 함은 카드의 소지인이 신용카드의 본래 용도인 대금결제를 위하여 가맹점에 신용카드를 제시하고 매출표에 서명하여 이를 교부하는 일련의 행위를 가리키고, 단순히 신용카드를 제시하는 행위만을 가리키는 것은 아니라고 할 것이다(대판 1992. 6. 9, 92도77).

나아가 신용카드의 부정사용에 있어서 매출전표의 서명 및 교부가 별도로 사문서위조 및 동 행사죄의 구성요건을 충족한다 하여도, 여신전문금융업법상 신용카드부정사용죄의 불법에 포함되어 있기 때문에 법조경합 중 흡수관계에 해당하여 별도로 사문서위조 및 동 행사의 죄는 성립하지 않는다.

5. 사문서부정행사죄(형법 제236조)의 성부

타인 명의의 신용카드는 사문서에 해당하므로 신용카드의 제시행위는 사문서부정행사죄의 구성요건에 해당하나, 사문서위조죄에서의 법리와 마찬가지로 동 죄 역시 흡수되어 따로 성립하지 않는다. 그러나 불법영득한 신용카드의 사용이 신용카드부정사용죄를 구성하지 않는 경우라면, 타인의 신용카드를 자신의 카드인 양 행사한 것으로 사문서부정행사죄가 성립할 것이다.

판례는 "사용자에 관한 각종 정보가 전자기록되어 있는 자기띠가 카드번호와 카드발행자 등이 문자로 인쇄된 플라스틱 카드에 부착되어 있는 전화카드의 경우 그 자기띠 부분은 카드의 나머지 부분과 불가분적으로 결합되어 전체가 하나의 문서를 구성하므로, 전화카드를 공중전화기에 넣어 사용하는 경우 비록 전화기가 전화카드로부터 판독할 수 있는 부분은 자기띠 부분에 수록된 전자기록에 한정된다고 할지라도, 전화카드 전체가 하나의 문서로서 사용된 것으로 보아야 하고 그 자기띠 부분만 사용된 것으로 볼 수는 없으므로 절취한 전화카드를 공중전화기에 넣어 사용한 것은 권리의무에 관한 타인의 사문서를 부정행사한 경우에 해당한다(대판 2002. 6. 25, 2002도461)"고 판시하였다. 이는 KT 후불식 전화카드의 문서성을 인정한 것으로서, 이러한 법리는 신용카드에도 마찬가지로 적용되어야 하기 때문이다.

6. 죄수관계

(1) 甲은 대형 할인점에서 100만원 상당의 디지털카메라를, 백화점에서 100만원 상당의 고급 의류를 각 구입하였는바, 각 행위마다 사기죄 및 여신전문금융업법위반죄가 성립한다.

(2) 각각의 사기죄 상호간에는 실체적 경합관계가 인정되나, 여신전문금융업법위반죄 상호간에는 포괄하여 하나의 죄만을 인정함이 타당하다. 甲은 부정취득한 신용카드를 사용

하여 가맹점들로부터 물품을 구입하겠다는 단일한 범의를 가지고 부정사용행위를 반복하여 행하였고, 그 피해법익이 모두 신용카드를 이용한 거래의 안전 및 이에 대한 공중의 신뢰인 것으로 동일하여 연속범의 요건을 구비하고 있기 때문이다. 판례는 약 2시간 20분 동안에 걸쳐 카드가맹점 7곳에서 도합 2,008,000원 상당의 물품을 구입하면서 그 각 구입대금을 절취한 신용카드로 결제한 행위를 신용카드부정사용죄의 포괄일죄로 보았다(대판 1995. 7. 12, 96도1181).

(3) 사기죄와 여신전문금융업법위반죄 상호간의 관계에 대하여는 '실체적 경합범설'과 '상상적 경합범설'이 대립한다. 판례는 양 죄는 보호법익과 행위의 태양이 서로 달라 경합범관계가 성립한다고 보고 있다(대판 1996. 7. 12, 96도1181). 그러나 타인의 신용카드를 부정사용하는 행위와 사기죄의 묵시적 기망행위는 행위의 본질적 부분이 동일하므로 행위단일성을 인정하여 상상적 경합관계로 보아야 한다.

VI. A의 교통카드를 사용한 행위

1. 사기죄(형법 제347조 제1항)의 성부

선불식 교통카드는 경제적 효용이 무기명증권과 거의 동일하다. 타인의 교통카드를 무단으로 사용한 경우에도 당해 카드의 잔액 내에서는 즉시 교통비가 결제되기 때문에 운송사업자에 대한 기망행위를 인정할 수 없고 어떠한 재산상의 손해도 발생한 바 없다. 따라서 사기죄 역시 성립하지 않는다.

2. 여신전문금융업법위반죄(동법 제70조 제1항 제3호)의 성부

선불식 교통카드를 여신전문금융업법의 적용대상인 카드로 볼 것인지가 문제된다. 여신전문금융업법은 제2조에서 그 적용대상으로 '신용카드(3호)', '직불카드(6호)', '선불카드(8호)'의 세 가지를 규정하고 있다. 선불식 교통카드는 선금을 지급하고 구입한 다음 그 선금의 범위 내에서 운송서비스를 제공받으므로 그 실질이 일응 '선불카드'와 유사하다. 그러나 발행주체가 '버스조합' 내지 '지하철공사'로서 신용카드업자가 아니므로 여신전문금융업법의 적용대상인 선불카드로 보기 어렵다. 설사 선불카드에 해당한다고 하더라도 여신전문금융업법 제70조 제1항 제3호에서는 '분실하거나 도난당한 신용카드나 직불카드를 판매하거나 사용한 자'라고 규정하여 선불카드는 적용대상에서 제외하고 있다. 따라서 본 죄는 성립하지 않는다.

3. 사문서부정행사죄(형법 제236조)의 성부

당해 카드에 사용자에 관한 각종 정보가 전자기록되어 있는 자기띠가 카드번호와 카드 발행자 등이 문자로 인쇄된 플라스틱 카드에 부착되어 있는 경우라면, 그 자기띠 부분은 카드의 나머지 부분과 불가분적으로 결합되어 전체가 하나의 문서를 구성하기 때문에 이러한 카드를 무단으로 사용하게 되면 권리의무에 관한 타인의 사문서를 부정행사한 경우로서 사문서부정행사죄가 성립한다(대판 2002. 6. 25, 2002도461). 그러나 교통카드에는 금액의 충전 내역 내지 기껏해야 학생이라는 사실이 기록되어 있을 뿐, KT 후불식 전화카드와 같이 사용자 권한이 있는 회원의 성명이나 비밀번호 등 중요한 사용자 정보는 수록되어 있지 않다. 앞에서 살펴본 것처럼 교통카드는 무기명증권에 유사하여 문서의 보장적 기능을 인정할 수 없기 때문에 사문서부정행사죄는 성립하지 않는다.

VII. A의 휴대전화로 통화한 행위

1. 절도죄(형법 제329조)의 성부

절도죄의 객체는 타인이 점유하는 타인의 재물로서 관리할 수 있는 유체물과 동력을 말한다. 타인의 전화기를 무단으로 사용하여 전화통화를 하는 행위는 전기통신사업자에 의하여 가능하게 된 전화기의 음향송수신기능을 부당하게 이용하는 것으로, 이러한 내용의 역무는 무형적인 이익에 불과하고 물리적 관리의 대상이 될 수 없어 재물이 아니라고 할 것이므로 절도죄의 객체가 되지 아니한다(대판 1998. 6. 23, 98도700).

2. 사기죄(형법 제347조 제1항)의 성부

절도죄가 성립하지 않는다면, 甲이 이동통신회사를 기망하여 전화요금 상당의 재산상의 이익을 취득한 것으로 보아 사기죄로 의율할 것은 아닌지 생각해볼 수 있다.

판례는 "타인의 전화를 무단으로 사용하는 행위는 전기통신사업자가 전화 가입자인 타인에게 통신을 매개하여 주는 역무를 부당하게 이용하는 것에 불과하여 통신회사에 대한 기망행위에 해당한다고 볼 수 없을 뿐만 아니라, 이에 따라 제공되는 역무도 전화 가입자와 통신회사 사이에 체결된 서비스이용계약에 따라 제공되는 것으로 통신회사가 착오에 빠져 처분행위를 한 것이라고 볼 수 없으므로, 결국 사기죄 역시 성립하지 아니한다(대판 1999. 6. 25, 98도3891)"고 판시하였다.

기망행위는 '사람'으로 하여금 착오를 일으키게 하는 행위인바, 타인의 전화를 무단으로 사용하는 행위에서는 '사람에 대한 기망행위'가 있다고 볼 수 없으므로 사기죄 역시 성립하지 않는다.

VIII. 사안의 해결

(1) 고속버스 안에서 A가 두고 내린 가방에 대해서는 고속버스 운전사의 점유를 인정할 수 있으므로, 위 가방을 가지고 나온 甲에게는 절도죄가 인정된다.

(2) 신용정보회사 홈페이지에 접속하여 A의 신용정보를 조회하고 신용카드로 정보이용료를 결제한 행위에 대해서는 정보통신망법위반죄, 컴퓨터등사용사기죄, 여신전문금융업법위반죄가 성립하고 각각의 죄는 행위의 단일성이 인정되어 상상적 경합의 관계에 있다.

(3) 인터넷 쇼핑몰에서 노트북을 구입한 행위의 경우 사기죄와 여신전문금융업법위반죄가 성립한다. 다만 여신전문금융업법위반죄의 경우 '부정한 방법으로 알아낸 타인의 신용정보를 이용하여 거래를 한 행위(제6호)'에 의한 것으로서 제2행위와 함께 동일한 구성요건을 반복하여 충족하고 있는바, 접속범으로서 포괄하여 일죄로 처벌된다.

(4) 할인점과 백화점에서 물품을 구입하고 매출전표에 서명한 후 대금을 결제한 행위에서는 각각 사기죄, 여신전문금융업법위반죄의 구성요건에 해당한다. 다만 여신전문금융업법위반죄의 경우 '도난당한 신용카드를 부정하게 사용(3호)'한 경우로서, 연속범으로서 포괄일죄로 평가된다. 여신전문금융업법위반죄와 각각의 사기죄 간에는 실체적 경합의 관계가 인정된다.

(5) A의 교통카드를 사용하여 전철 및 버스 등을 이용한 행위의 경우 사기죄, 사문서부정행사죄, 여신전문금융업법위반죄가 문제된다. 사람에 대한 기망행위가 없으므로 사기죄는 성립하지 않고, 교통카드는 소유자의 신상정보를 기록하고 있지 않으므로 문서성이 부정되어 사문서부정행사죄 역시 불성립하며, 교통카드는 여신전문금융업법 제70조 제1항 제3호의 적용대상이 아니므로 동법위반죄 역시 성립하지 않는다.

(6) A의 휴대전화로 통화한 행위에 있어서는, 전화통화서비스를 재물로 볼 수 없으므로 절도죄는 부정되고, 통신회사가 착오에 빠져 처분행위를 한 것으로 볼 수도 없기 때문에 사기죄도 부정된다.

(7) (1)부터 (4)의 각 죄들은 실체적 경합의 관계에 있다.

27. 자기명의 신용카드 사용과 사기죄 / 갈취한 신용카드의 사용과 절도죄 / 친족상도례의 적용범위

○ 사례 27

甲은 A신용카드사로부터 신용카드를 발급받아 현재까지 8년간 사용하여 오고 있다. 그런데 甲은 2022. 1.경 다니고 있던 회사의 경영난으로 정리해고를 당한 이후 월수입은 평균 50만원을 넘지 못하고 퇴사 당시 자산상태는 이미 채무가 5,000만원을 초과하였다. 그럼에도 甲은 A신용카드를 이용하여 2022. 2.경부터 같은 해 4.경까지 백화점 등에서 2,000만원 상당의 물건을 구입하고 인터넷과 현금지급기를 이용하여 현금 500만원을 현금서비스 방식으로 인출한 후 위 대금을 모두 연체하였다. 또한 甲은 퇴사 무렵 생계곤란이 예상되자 퇴사 직전인 2022. 1. 15. 신용카드를 새로이 추가 발급받기로 마음먹고 처음부터 신용카드를 사용하고 그 대금을 정상적으로 결제할 의사 없이 B신용카드사로부터 자신 명의의 신용카드를 발급받아 같은 해 7.경까지 대형할인점 등에서 전자제품을 구입하면서 그 대금을 신용카드로 결제한 것을 비롯하여 10회에 걸쳐 합계 500만원 상당의 물품을 구입하였다. 한편 甲은 자신의 친구 乙과 함께 2022. 3. 25. 자신과 함께 사는 동생 C에게 "돈이 필요하니 카드를 빌려 달라. 그렇지 않으면 가만두지 않을 것이다"라고 협박하여 이에 겁을 먹은 C로부터 D신용카드사 신용카드 1장을 교부받은 후, 다음날 甲과 乙은 현금지급기에 위 신용카드를 집어넣고 C가 알려준 비밀번호를 눌러 현금서비스를 받는 방법으로 150만원을 인출하였다.

甲과 乙의 형사책임은?

해 설

I. 논점의 정리

본 사안에서 신용카드를 이용한 甲과 乙의 범죄행위는 각각의 신용카드별로 나누어 판단할 수 있다. ① 먼저 甲이 자신 명의로 기존에 발급받아 사용하던 A사의 신용카드로 2,000만원 상당의 물건을 구입한 행위와 500만원의 현금서비스를 받은 행위에 있어서는 카드사에 대한 사기죄가 성립할 것인지를 검토하여야 한다. 甲은 퇴사 이전에 기존의 신용카드를 정상적으로 사용하여 오고 있었던바, 이러한 경우에도 카드회사에 대한 기망행위를 인정할 수 있을 것인지가 논란이 된다. 한편 변제의사 없이 신용카드를 발급받은 경우에 여신전문금융업법 위반의 범죄사실을 인정할 것인지도 문제된다. ② 변제의 의사 없이 B신용카드사로부터 자신 명의의 신용카드를 새로이 발급받아 현금지급기에서 현금을 인출하고 10회에 걸쳐 물품대금을 신용카드로 결제한 행위에 있어서도 역시 사기죄의 성부가 검토되어야 한다. 마찬가지로 여신전문금융업법위반죄 역시 문제된다. ③ 甲과 乙이 공동으로 C를 협박하여 신용카드를 갈취한 행위에 있어서는 폭력행위 등 처벌에 관한 법률 위반 여부, 현금서비스를 받은 행위에 있어서는 절도죄 및 여신전문금융업법위반죄의 성부가 문제된다. 한편 甲은 C와 동거하는 형이라는 점에서 친족상도례의 적용 여부도 아울러 검토하여야 한다.

II. A사의 신용카드를 사용한 일련의 행위

1. 사기죄의 성부(형법 제347조 제1항)

(1) 문제의 소재

자기의 신용카드를 발급받은 경우에 사기죄가 문제되는 경우는 두 가지로 나누어 볼 수 있다. 처음부터 변제할 의사 없이 자기 명의로 신용카드를 발급받은 후 이를 사용한 경우와 정상적으로 자기 명의의 신용카드를 발급받고 사용하여 왔으나 이후 지불능력이 없는 상태에 이르렀음에도 당해 카드를 계속 사용한 경우이다. 甲이 A사의 신용카드를 사용한 행위는 위 두 번째 경우에 해당하는바, 과연 어느 시점에 이르러야 지불능력을 상실했다고 볼 것인지, 지불능력을 상실한 상태에서의 카드 사용행위를 기망행위로 평가할 것인지가 문제된다.

(2) 자기의 신용카드의 정상취득 후 대금결제의사 없이 사용한 행위

카드회원이 신용카드 사용대금을 변제하지 못한 이유가 '일시적인 자금난' 등의 사유에 의한 것이었다면 사후에 발생한 채무불이행의 결과만 가지고 카드 사용 당시 변제의 의사가 결여되었다고 보기 어려울 것이다. 반면 이미 과다한 부채의 누적 등으로 신용카드 사용대금을 변제한다는 것이 객관적으로 불가능하게 되었다면 변제할 능력과 의사 없이 신용카드를 사용한 것으로 보아 기망행위를 인정해야 할 것이다(대판 2005. 8. 19, 2004도6859; 대판 2006. 3. 24, 2006도282).

이 경우 기망행위의 대상 및 그 피해자는 누구인지가 문제된다. 카드회원이 자기 명의의 신용카드를 정상적인 방법으로 사용하여 물품을 구입하고 현금서비스를 받은 경우에 해당 가맹점주나 현금지급기 관리자에 대한 기망행위는 인정될 수 없다. 이러한 경우 카드회사는 가맹점주 등에게 카드회원이 구입한 물품대금이나 현금서비스 대금을 정상적으로 지급하여야 하기 때문에 가맹점주는 피해를 입은 사실도 없다. 카드회원이 지불능력을 상실한 이후에도 정상적으로 카드대금을 변제할 수 있는 것처럼 당해 카드를 사용한 행위는 당해 카드회사에 대한 기망행위로 보아야 하고, 기망당한 카드회사는 당해 회원에게 신용을 공여하고 이로 인해 신용카드 사용대금 및 그 수수료 등에 상당하는 손해를 입었다고 보아야 한다.

(3) 검토 및 사안에의 적용

본 사안에서 甲은 2022. 1.경 다니던 회사의 경영난으로 정리해고를 당한 이후 월수입은 평균 50만원을 넘지 못하고 퇴사 당시 자산상태는 이미 채무가 5,000만원을 초과한 상태였다. 다른 사정이 인정되지 않는 한 이러한 경우에는 신용카드를 사용하더라도 그 대금을 정상적으로 변제하기 어렵다고 보아야 할 것이다. 즉 甲이 객관적으로 지불능력을 상실한 상태에서 2,000만원의 물건을 구입하고 500만원의 현금서비스를 받아 합계 2,500만원 상당의 카드대금을 발생케 한 행위는 카드회사에 대한 기망행위로 보아 사기죄를 구성한다.

한편 카드사용으로 인한 甲의 일련의 편취행위는 그것이 가맹점을 통한 물품의 구입행위이든 현금지급기에 의한 인출행위이든 불문하고 모두가 피해자인 카드회사의 기망당한 신용공여에 터 잡아 포괄적으로 이루어지는 것이므로 '포괄하여' 하나의 사기죄가 성립한다. 판례 역시 마찬가지 입장이다(대판 2005. 8. 19, 2004도6859).

2. 여신전문금융업법위반죄(동법 제70조 제1항)의 성부

甲은 정상적으로 발급받은 자신의 신용카드를 사용하였기 때문에 카드 자체의 취득은 사기죄가 성립될 여지가 없다. 여신전문금융업법 제70조 제1항에서 규정하고 있는 신용카드 부정사용의 어떠한 태양에도 해당하지 아니한다. 따라서 여신전문금융업법상 신용카드 부정사용죄는 성립하지 않는다.

III. B사의 신용카드를 발급받은 후 사용한 일련의 행위

1. 사기죄(형법 제347조 제1항)의 성부

甲은 '처음부터 변제할 의사나 능력 없이' 자기 명의로 B사의 신용카드를 발급받은 후 10회에 걸쳐 물품을 구입하였다. 즉 甲은 카드사용으로 인한 대금결제의 의사와 능력이 없으면서도 있는 것 같이 가장하여 B신용카드회사를 기망하고, 카드회사는 이에 착오를 일으켜 일정 한도 내에서 카드사용을 허용해 줌으로써 甲은 기망당한 카드회사의 신용공여라는 하자 있는 의사표시에 편승하여 가맹점을 통한 물품구입대금 대출도 받았다. 그렇다면 甲은 위와 같은 일련의 편취행위를 통해 B신용카드회사로 하여금 500만원 상당의 피해를 입게 하였다고 할 것이므로 포괄하여 사기죄가 성립한다(대판 1996. 4. 9, 95도2466; 대판 2005. 9. 30, 2005도5869).

2. 여신전문금융업법위반죄(동법 제70조 제1항)의 성부

사기로 취득한 카드에 해당한다고 볼 수 있으나 여신전문금융업법 제70조 제1항 제4호에 의하면, "강취·횡령하거나 사람을 기망·공갈하여 취득한 신용카드 또는 직불카드를 판매하거나 사용한 자"에 대하여 "7년 이하의 징역 또는 5천만원 이하의 벌금에 처한다"고 규정하고 있는데 여기서 강취, 횡령, 기망 또는 공갈로 취득한 신용카드는 소유자 또는 점유자의 의사에 기하지 않고, 그의 점유를 이탈하거나 그의 의사에 반하여 점유가 배제된 신용카드를 가리킨다(대판 2006. 7. 6, 2006도654)고 보는 것이 판례의 입장이므로 판례에 따를 때, A사의 카드를 사용한 경우와 마찬가지로 이 경우 역시 여신전문금융업법상 신용카드부정사용죄는 성립하지 않는다.

IV. C를 협박하여 D사의 신용카드를 교부받은 후 임의로 사용한 행위

1. C를 공동으로 협박하여 신용카드를 교부받은 행위 – 공동공갈죄(폭력행위 등 처벌에 관한 법률 제2조 제2항 제3호, 형법 제350조 제1항)의 성부

甲은 乙과 함께 자신의 동생 C를 협박하여 이에 겁을 먹은 C로부터 신용카드를 교부받았다. 이는 2인 이상이 '공동으로' 공갈한 경우이므로 폭력행위등처벌에관한법률(이하 '폭처법')에 따라 가중 처벌된다.

2. 신용카드를 이용하여 현금서비스를 받은 행위

(1) 절도죄의 성부

대법원은 타인 명의의 신용카드를 '절취'한 후 이를 사용하여 현금지급기에서 현금을 지급한 경우 현금지급기 관리자의 의사에 반하는 행위로서 절도죄가 성립한다고 일관되게 판시하고 있다(대판 1995. 7. 28, 95도997 외 다수). 그러나 타인 명의의 신용카드를 절취한 경우와는 달리 '갈취(또는 편취)'한 경우에는 하자 있는 의사표시이기는 하지만 피해자의 승낙에 의하여 카드를 사용할 권한을 부여받은 것이고 피해자가 그 승낙의 의사표시를 취소하기까지는 카드사용을 적법, 유효하게 사용할 수 있기 때문에 절도죄의 구성요건에 해당하지 아니한다. 대법원은 현금카드 소유자를 협박하여 카드를 갈취하여 현금지급기에서 은행예금을 인출한 경우에 있어서 별도의 절도죄를 구성하지 아니한다고 판시한 바 있으며(대판 1996. 9. 20, 95도 1728; 대판 2005. 9. 30, 2005도5869; 대판 2007. 5. 10, 2007도1375), 이러한 법리는 신용카드를 이용한 현금서비스의 경우에도 마찬가지로 적용된다고 할 것이다.

본 사안에서 甲과 乙이 신용카드로 현금지급기에서 현금을 인출한 행위는 절도죄는 문제되지 않으나 C로부터 신용카드를 갈취할 때부터 단일하고 계속된 범의 아래에서 이루어진 일련의 행위로 평가되어야 하기 때문에 신용카드를 갈취한 행위와 '포괄하여' 1개의 폭처법상 공동공갈죄를 구성한다.

(2) 여신전문금융업법위반죄의 성부

신용카드업법(여신전문금융업법으로 개정되기 전의 법률) 제25조 제1항 소정의 부정사용이라 함은 도난·분실 또는 위조·변조된 신용카드를 진정한 카드로서 신용카드의 **본래의 용법에 따라 사용하는 경우**를 말하는 것이므로, 절취한 신용카드를 현금인출기에 주입하고 비밀번호를 조작하여 현금서비스를 제공받으려는 일련의 행위는 그 부정사용의 개념에 포함된다. 그러므로 일응 甲과 乙이 위와 같이 갈취한 C 명의의 신용카드로 현금지급기에서 현금서비스를 받은 행위는 여신전문금융업법 제70조 제1항 제4호에서 규정하는 '공갈하여 취득한 신용카드를 사용'한 경우에 해당하는 것처럼 보인다. 그러나 공갈로 취득한 신용카드는 소유자 또는 점유자의 의사에 기하지 않고, 그의 점유를 이탈하거나 그의 의사에 반하여 점유가 배제된 신용카드를 말한다는 것이 판례의 입장으로 판례는 사실상 공갈이나 사기로 취득한 카드의 경우 여신전문금융업법위반을 부정한다. 왜냐하면 사기나 공갈은 처분행위가 존재하므로 점유자의 의사에 반하여 점유가 이탈되거나 배제된 경우가 없기 때문이다.

3. 친족상도례의 문제

본 사안에서 甲은 당해 신용카드의 소유자인 C와 동거하는 형으로서 '동거친족'의 관계에 있다. 동거하는 친족에 대한 공갈죄의 범행에 대해서는 그 형이 면제되는바(형법 제354조, 제328조), 공갈죄에 대한 친족상도례 규정이 폭처법상 공동공갈죄에 대해서도 그대로 적용되는지가 문제된다. 생각건대 2인 이상이 공동으로 범한 공갈죄를 폭처법에 따라 가중처벌한다고 하더라도 형법상 공갈죄의 성질은 그대로 유지되는 것이고, 위 법에서 명시적으로 친족상도례에 관한 형법 제354조, 제328조의 적용을 배제한다는 규정을 두고 있지 않은 이상 형법 제354조는 폭처법 제2조 제2항의 공동공갈죄에도 그대로 적용된다고 보아야 한다.

판례는 야간에 행하여진 공갈죄를 가중 처벌한 구 폭처법상 사안에서 "공갈죄가 야간에 범하여져 폭력행위등처벌에관한법률 제2조 제2항에 의해 가중 처벌되는 경우 친족상도례가 적용된다"고 판시한 바 있다(대판 1994. 5. 27, 94도617. 흉기 기타 위험한 물건을 휴대하고 공갈죄를 범하여 폭력행위 등 처벌에 관한 법률 제3조 제1항, 제2조 제1항 제3호에 의하여 가중처벌되는 경우에도 친족상도례가 적용된다는 판시로 대판 2010. 7. 29, 2010도5795).

V. 사안의 해결

(1) 甲이 신용카드대금을 지불할 능력을 상실한 상태에서 기존에 발급받아 사용하던 자신 명의의 A사 신용카드를 사용한 행위에 있어서는 A사를 피기망자 및 피해자로 하는 사기죄의 포괄일죄가 성립하고 여신전문금융업법위반죄는 인정되지 않는다.

(2) 甲이 처음부터 변제의 의사 없이 자신 명의의 B사 신용카드를 발급받아 사용한 행위에 있어서 역시 B사를 피기망자 및 피해자로 하는 사기죄의 포괄일죄가 성립하고 여신전문금융업법위반죄는 인정되지 않는다.

(3) 甲과 乙이 공동으로 C를 협박하여 D사 신용카드를 교부받아 현금서비스를 받은 행위에 있어서는 폭처법상 공동공갈죄가 성립하고 여신전문금융업법위반죄는 역시 성립하지 않는다. 현금서비스를 받은 행위가 별도로 절도죄를 구성하지는 않는다. 한편 甲은 당해 카드의 소유자인 C와 동거하는 친족으로서 형법상 친족상도례 규정이 적용되므로 폭처법상 공동공갈죄의 형은 면제된다.

28. 불법원인급여와 횡령죄 / 금전 등 대체물의 위탁과 횡령죄

○ 사례 28

포주인 甲은 남편이 알콜 중독자이어서 생활능력이 없고 자식이 둘이나 달려 있는 다방종업원 乙에게 접근하여 가족의 생계를 위하여 성매매에 종사하도록 적극 권유하여, 乙이 손님을 상대로 성매매행위를 할 수 있도록 장소를 제공하고 乙이 손님으로부터 받은 성매매 대금을 甲에게 보관하도록 하였다가 이를 절반씩 분배하기로 약정하였다. 약정에 따라 甲은 乙이 수차례에 걸쳐 손님으로부터 받은 성매매 대금 200만원을 乙로부터 건네받아 보관하다가 서울에서 대학에 다니는 외아들이 자동차사고를 일으켜 합의금이 많이 필요할 것 같다는 연락을 받았다. 예금이나 송금 등 은행 일에 어두운 甲은 평소에 시켜 왔던 것처럼 성매매 여성 丙에게 200만원(자기앞수표 10만원권 2장 포함)을 주어 은행에서 무통장 입금을 하도록 시켜 200만원을 임의로 소비하였다. 은행에 송금 심부름을 가던 丙은 평소 자주 드나들던 옷가게 '라스퐁사' 앞을 지나다가 마음에 드는 옷이 걸려있자 자기앞수표 2장으로 옷을 사서 옷가게에 맡겨놓고 180만원만 송금하였다. 丙은 잘 확인하지 않는 포주 甲에게는 180만원 송금영수증을 주면서 은행컴퓨터 고장으로 자기앞수표 송금내역이 찍히지 않았다고 설명하였다. 이에 甲은 더 이상 확인하지 않았고 예상했던 것보다 많이 송금받은 아들도 금액을 확인하지 않아 20만원의 행방은 드러나지 않았다.

甲과 丙의 형사책임은?(성매매행위와 관련한 죄책은 논외로 한다)

해 설

I. 논점의 정리

(1) 우선 포주인 甲의 경우 보관하던 성매매 대금을 임의로 소비한 것이 횡령죄 또는 배임죄에 해당하는지가 문제된다. 성매매행위는 법률상 금지되므로(성매매알선 등 행위의 처벌에 관한 법률, 이하 '성매매처벌법') 성매매 대금에 관한 약정은 선량한 풍속 및 사회상규에 반하는 약정이라는 점에서 불법원인급여물인 성매매 대금에 대해 乙의 반환청구가 부정되는지를 살펴보아야 한다. 또한 위탁물이 금전인 경우에는 소유권이 수탁자에게 귀속되어 이를 임의로 소비한 경우에 횡령죄가 아니라 배임죄를 문제삼아야 하는 것은 아닌지 살펴보겠다.

(2) 丙에게 형사책임이 문제되는 행위는 모두 세 가지이다. 우선 甲의 지시에 따라 송금한 행위가 甲의 횡령죄 혹은 배임죄에 가담한 행위로서 이에 대한 방조범이나 장물운반죄에 해당하지 않는지 살펴보겠다. 자기앞수표 20만원을 송금하지 않고 옷을 산 행위는 甲에 대해서는 횡령죄, 라스퐁사에 대해서는 사기죄의 성부가 문제된다. 송금을 마치고 돌아온 다음 甲에게 영수증 내역을 속인 행위가 별도의 사기죄에 해당하는지도 검토하겠다.

II. 甲의 죄책 - 성매매 대금을 임의로 소비한 행위

1. 횡령죄(형법 제355조 제1항)의 성부

(1) 불법원인급여물에 대한 횡령죄의 성부

1) 문제의 소재

불법원인급여란 불법한 원인으로 재물을 급여하였기 때문에 급여자가 민법 제746조에 의해 그 재물의 반환을 청구할 수 없는 경우를 말한다. 이는 급여를 한 사람은 그 원인행위가 법률상 무효임을 내세워 상대방에게 부당이득반환청구를 할 수 없고, 또 급여한 물건의 소유권이 자기에게 있다고 하여 소유권에 기한 반환청구도 할 수 없어서 결국 급여한 물건의 소유권은 급여를 받은 상대방에게 귀속된다는 의미이다(대판 1999. 6. 11, 99도275; 대판 2002. 4. 12, 2002도53; 대판 2008. 10. 9, 2007도2511). 성매매행위는 현행법상 금지된 행위이고(성매매처벌법 제20조), 성매매행위로 받은 대가인 성매매 대금에 관한 약정 역시 민법 제103조에 반하는 반사회질서적인 약정으로서 무효이다. 따라서 수탁자인 甲이 성매매 대금을 임의처분하였더라도 乙이 甲에게 이를 반환청구할 수 없게 되어 횡령죄를 부정해야 하지 않는지 생각할 필요가 있다. 이 문제는 불법원인급여에 대해 일률적으로 논의할 것이 아니라, '불법원인급여 일반에 대한 횡령죄의 성부'와 '수익자에게 불법원인이 현저히 큰 경우'를 나누어서 판단해야 한다.

2) 일반적인 불법원인급여의 경우

① 횡령죄 부정설   불법원인급여의 경우에는 횡령죄가 성립하지 않는다는 견해이다. 근거로써 불법원인급여의 경우에 위탁자는 그 반환청구권을 상실하기 때문에 수탁자는 위탁자에 대하여 그 재물을 반환할 법률상의 의무가 없으므로 이를 자유롭게 처분할 수 있는 것이 되어 횡령죄가 성립할 여지가 없고, 민법상 반환의무가 없는 자에게 형법이 제재를 가하여 그 반환을 강제하는 것은 법질서 전체의 통일을 깨뜨리는 결과를 가져오기 때문이다. 또한 불법원인급여의 경우에는 종국적으로 수탁자에게 소유권이 귀속되는 결과가 되므로 타인의 재물이라고 할 수 없다는 점도 근거로 제시된다.

다만 횡령죄를 부정하는 견해에 의할 때에도, 위탁물이 '장물'인 경우에는 수탁자에게 소유권이 귀속된다는 논거는 적용될 수 없음을 알아야 한다. 재물죄의 본범이 장물인 정을 아는 자에게 장물의 보관을 맡겼는데 보관자가 이를 임의로 처분한 경우, 도품의 소유권은 여전히 피해자에게 있기 때문이다. 이 경우 수탁자에게 횡령죄가 성립하지 않는 이유는 피해자인 원소유자에 대해서는 아무런 위탁관계도 인정되지 않고, 위탁자인 본범에 대해서는 반환청구권을 인정할 수 없기 때문이다. 그러나 종래의 학설들은 이러한 차이점을 간과하고 장물 위탁의 경우에도 여전히 동일한 국면에서 논의하는 오류를 범하고 있다.

② 횡령죄 긍정설   불법원인급여의 경우에도 횡령죄의 성립을 긍정하는 견해이다. 범죄의 성부는 형법의 독자적 목적에 비추어 판단해야 하고, 민법상 불법원인급여가 보호받지 못한다고 하여 위탁자가 소유권을 상실하는 것은 아니고 단지 반환청구가 불가능할 뿐이므로 점유자에 대해서는 여전히 타인의 재물이 되기 때문에 이를 영득하는 것은 횡령죄가 성립한다고 해야 하며, 불법원인급여에 있어서도 여전히 급여자와 수탁자 사이에 신임관계가 존재하므로 수탁자의 임의처분은 횡령죄의 본질인 본인과의 신임관계에 대한 위배행위이다.

③ 절 충 설   절충설은 소유권 이전의 의사가 있는 불법원인 '급여'와 소유권 이전의 의사가 없는 불법원인 '위탁'으로 나누어 판단한다. 급여의 경우에는 소유권이 이전하므로 '타인의 재물을 보관한다'는 횡령죄의 성립요건을 충족하지 않아 횡령죄가 부정된다.

다만 '위탁'의 경우에는 견해가 나뉘고 있다. (i) 단순한 위탁에서는 소유권이 이전되지 않아 위탁관계가 긍정되는 이상 횡령죄가 성립한다는 견해와, (ii) 위탁이 보호가치 있는 신뢰관계에 기초하지 않기 때문에 횡령죄의 기수범은 될 수 없고, 보호가치 없는 신뢰관계의 배반도 행위반가치와 법익평온상태의 교란 정도의 결과반가치는 인정되므로 횡령죄의 불능미수로 다루어야 한다는 견해가 대립된다.

④ 판 례　판례는 불법원인급여의 경우에 횡령죄의 성립을 부정한다. 민법 제746조가 불법의 원인으로 인하여 재산을 급여한 때에는 그 이익의 반환을 청구하지 못한다고 규정한 뜻은, 그러한 급여를 한 사람은 그 원인행위가 법률상 무효임을 내세워 상대방에게 부당이득반환청구를 할 수 없음은 물론 급여한 물건의 소유권이 자기에게 있다고 하여 소유권에 기한 반환청구도 할 수 없다는 데 있으므로, 결국 그 물건의 소유권은 급여를 받은 상대방에게 귀속된다. 한편 민법 제746조에서 말하는 '불법'이 있다고 하려면, 급여의 원인된 행위가 내용이나 성격 또는 목적이나 연유 등으로 볼 때 선량한 풍속 기타 사회질서에 위반될 뿐만 아니라 **반사회성·반윤리성·반도덕성이 현저**하거나, 급여가 강행법규를 위반하여 이루어졌지만 이를 반환하게 하는 것이 오히려 규범 목적에 부합하지 아니하는 경우 등에 해당하여야 한다(대판 2017. 10. 26, 2017도9254)"고 판시하고 있으며, 절도범인으로부터 장물보관의뢰를 받은 자가 그 정을 알면서 이를 인도받아 보관하고 있다가 임의처분한 경우에도 "장물보관죄가 성립되는 때에는 이미 그 소유자의 소유물추구권을 침해하였으므로 그 후의 횡령행위는 불가벌적 사후행위에 불과하여 별도로 횡령죄가 성립하지 않는다"고 판시하였다.

3) 수익자에게 불법성이 현저히 큰 경우

① 학 설　불법원인급여에 대해 횡령죄의 성립을 긍정하는 견해에서는 이러한 경우를 달리 판단할 필요가 없다. 그러나 불법원인급여 일반에 대해 횡령죄의 성립을 부정하는 견해에서도 수익자에게 불법성이 현저히 큰 경우라면 횡령죄를 인정해야 한다고 본다.

횡령행위의 범죄성이 원인행위의 범죄성을 넘어서는 경우로서 피해자에 대한 횡령죄의 성립을 인정하는 것이 법의 취지에 부합한다고 하거나, 이러한 경우라면 민법 제746조 단서가 적용되어 '불법원인이 수익자에게만 있는 경우'에 준해서 판단해야 한다고 한다.

② 판 례　판례는 본 사안과 유사한 사건에서 "수익자의 불법성이 급여자의 그것보다 현저히 큰 데 반하여 급여자의 불법성은 미약한 경우에도 급여자의 반환청구가 허용되지 않는다면 공평에 반하고 신의성실의 원칙에도 어긋나므로, 이러한 경우에는 민법 제746조 본문의 적용이 배제되어 급여자의 반환청구는 허용된다(대판 1997. 10. 24, 95다 49530·49547 참조).

"포주가 윤락녀와 사이에 윤락녀가 받은 화대를 포주가 보관하였다가 절반씩 분배하기로 약정하고도 보관중인 화대를 임의로 소비한 경우, 포주와 윤락녀의 사회적 지위, 약정에 이르게 된 경위와 약정의 구체적 내용, 급여의 성격 등을 종합해 볼 때 포주의 불법성이 윤락녀의 불법성보다 현저히 크므로 횡령죄를 구성한다"고 판시하였다(대판 1999. 9. 17, 98도2036).

이러한 태도는 민사판례에서 채택하고 있는 불법성 비교론을 형사판례에서도 받아들인 것으로 평가된다.

4) 검토 및 사안에의 적용

① 일반적인 불법원인급여의 경우에는 횡령죄의 성립을 부정하여야 한다. 민법상 반환 청구권이 없는 재물이 형법적 보호가치 있는 재산에 해당한다고 보기 어렵고, 형법은 재산 권 침해의 모든 형태를 규율하고 있는 것이 아니기 때문이다. 횡령죄를 긍정하는 견해는 형법의 보충성의 원칙에 위반되는 문제점을 갖고 있다. 불법원인급여의 경우 민법상으로 그 반환을 청구하지 못하여 종국적으로 수탁자에게 재물의 처분의 자유가 주어지게 된다. 그럼에도 형법이 횡령죄의 성립을 인정한다면, 민법이 보호하지 않는 영역에 형법이 관여 하는 것이 되기 때문이다.

절충설 중 (i)의 견해는 민법 제746조의 급여가 반드시 소유권 이전을 전제로 하는 것이 아님을 무시한 것이고, (ii)의 견해는 불능미수의 결과반가치가 일반 미수범과 차이가 있는 것이 아니므로 타당하지 않다.

② 본 사안의 경우는 수익자에게 불법성이 현저히 큰 경우에 해당한다. 물론 급여자인 乙과 수익자인 甲 모두에게 불법원인이 있는 것은 사실이다. 그러나 일반적으로 포주와 성 매매여성 사이에는 지배·종속관계가 존재하고 일방적인 착취가 이루어지는 현실에서, 성 매매여성에게 존재하는 작은 불법과 포주에게 존재하는 현저한 불법을 비교하지 아니하고 일방적으로 민법 제746조 본문의 규정을 적용한다면 이는 공평에 반하고 신의성실의 원칙 에도 어긋난다.

실제 수익자에게만 불법이 있는 경우는 사실상 드물 것이고, 급여자의 다소간의 불법에 의 관여가 없어서는 사안과 같은 관계가 형성되지는 않을 것이다. 따라서 급여자에게 다소 의 불법성이 있더라도 수익자의 불법성이 현저히 큰 경우에는 반환청구를 인정하는 것이 타당하다. 이때 법적 근거는 '불법원인이 수익자에게만 있는 경우'를 규정하는 민법 제746 조 단서가 아니다. 제746조 본문의 적용이 배제되는 이상, 원칙으로 돌아가 제741조의 부 당이득반환청구 또는 제213조의 소유물반환청구권을 행사할 수 있다.

따라서 성매매여성 乙에게 반환청구를 인정할 수 있어, 횡령죄의 다른 구성요건이 모두 충족된다면 포주 甲에게 횡령죄의 죄책을 지울 수 있다.

(2) 금전 등 대체물의 위탁과 횡령죄의 성부

1) 문제의 소재

금전 기타 대체물도 재물임에는 의문이 없다. 다만 금전 등을 위탁한 경우에는 그 소유권이 수탁자에게 이전되어 횡령죄의 객체인 타인의 재물로 볼 수 없지 않는지가 문제된다. 특정물로 위탁된 경우에는 소유권이 여전히 위탁자에게 귀속되어 횡령죄가 성립하고, 소비임치의 경우에는 소유권이 이전되므로 횡령죄의 문제가 생기지 않는다. 다만 사안의 화대처럼 '용도·목적이 특정된 위탁의 경우'에 수탁자가 위탁금을 임의로 소비하였다면 어떻게 평가할 것인지가 문제된다.

2) 용도·목적이 특정된 금전의 소비와 횡령죄의 성부

① 횡령죄 부정설   금전의 위탁은 수탁자가 소유권을 취득하는 소비임치가 원칙으로서 재물의 개성보다는 가치 또는 그 금액이 문제된다. 따라서 금전의 위탁이 보관을 목적으로 하거나 또는 그 용도에 제한이 있다고 하더라도 수탁자가 위탁의 취지에 따라야 할 의무를 부담함에 그치고, 이로 인하여 금전이 타인의 재물로 되는 것은 아니다. 재물의 개성이 문제되지 않는 금전은 횡령죄가 성립할 수는 없고 배임죄가 문제될 뿐이라고 본다.

② 횡령죄 긍정설   금전 등 대체물의 경우에도 일정한 목적·용도를 정하여 위탁된 금전은 정해진 목적·용도에 사용될 때까지는 이에 대한 소유권이 위탁자에게 유보되어 있는 것이므로 수탁자가 그 취지에 반하여 다른 용도에 소비한 때는 횡령죄를 구성한다고 본다.

③ **판 례**   대법원은 "위탁자로부터 특정 용도에 사용하도록 위탁받은 금원은 정해진 목적이나 용도에 사용할 때까지는 이에 대한 소유권이 위탁자에게 유보되어 있는 것으로서, 수탁자가 임의로 소비한 행위는 **횡령죄**를 구성한다"고 하여 일관되게 횡령죄의 성립을 인정하고 있다(대판 2011. 6. 10, 2010도17202 등).

3) 검토 및 사안에의 적용

횡령죄의 객체는 재물의 소유권이 타인에게 속하는 재물이다. 재물의 소유권은 민사법에 따라야 하며 형사법에서 그 이론을 달리 할 수 있는 것이 아니다. 민법 이론에 의하면 금전은 특정물로 위탁된 경우나 봉함된 경우와 같이 특정성을 가진 경우를 제외하고는 그 점유가 있는 곳에 소유권이 있다. 또한 금전은 교환수단으로서의 기능을 가지고 유통되기 때문에 재물 자체의 개성이 문제되는 것이 아니라 그 가치로서 고찰되어야 한다. 따라서 금전 기타의 대체물이 특정물로서 위탁된 경우가 아니라면 위탁과 동시에 그 목적물의 소유권은 이를 보관해야 할 수탁자에게 귀속된다고 보는 것이 타당하다.

사안의 경우 乙이 성매매행위로 받은 화대는 특정성이 없는 금전으로서 위탁과 동시에 甲에게 소유권이 귀속하였으므로 횡령죄는 성립하지 않는다. 다만 甲이 乙의 사무를 처리하는 자로서 신임관계를 위배하였는지를 검토하여 배임죄로 처벌될 수 있을 뿐이다.

2. 배임죄(형법 제355조 제2항)의 성부

(1) 문제의 소재

배임죄는 타인의 사무를 처리하는 자가 그 임무에 위배하는 행위로서 재산상의 이익을 취득하거나 제3자로 하여금 이를 취득하게 하여 본인에게 손해를 가함으로써 성립하는 범죄이다.

사안의 경우 甲이 처리하는 乙의 사무가 형법상 보호할 만한 가치 있는 사무로서 신임관계가 유효한 것인지, 또 그 사무의 범위는 화대 200만원 전부인지 아니면 약정대로 그 절반인 100만원인지를 살펴보겠다.

(2) 보호가치 있는 신임관계의 인정 여부[29]

배임죄에서의 타인의 사무는 형법상 보호할 만한 가치가 있는 신임관계에 근거할 것을 요한다. 사무처리의 근거가 된 계약 등이 반드시 적법하여야 하는 것은 아니지만, 명백한 법적 금지를 이유로 해서 무효인 경우에는 처음부터 신임관계를 인정할 수 없다. 신임관계의 근거가 된 계약이 선량한 풍속 기타 사회질서에 반하기 때문에 무효라면, 보호할 만한 가치 있는 신임관계로 평가할 수 없기 때문이다.

판례 역시 "내연의 처와 불륜관계를 지속하는 대가로서 부동산에 관한 소유권이전등기를 경료해 주기로 계약한 경우, 위 부동산 증여계약은 선량한 풍속과 사회질서에 반하는

---

29) [중간생략형 명의신탁과 횡령죄] 부동산을 매수한 명의신탁자가 자신의 명의로 소유권이전등기를 하지 아니하고 명의수탁자와 맺은 명의신탁약정에 따라 매도인에게서 바로 명의수탁자에게 중간생략의 소유권이전등기를 마친 경우, 명의신탁자가 매매계약의 당사자로서 매도인을 대위하여 신탁부동산을 이전받아 취득할 수 있는 권리 기타 법적 가능성을 가지고 있기는 하지만, 명의신탁자가 이러한 권리 등을 보유하였음을 이유로 명의신탁자를 사실상 또는 실질적 소유권자로 보아 민사상 소유권이론과 달리 횡령죄가 보호하는 신탁부동산의 소유자라고 평가할 수는 없다. 명의수탁자에 대한 관계에서 명의신탁자를 사실상 또는 실질적 소유권자라고 형법적으로 평가하는 것은 부동산실명법이 명의신탁약정을 무효로 하고 있음에도 불구하고 무효인 명의신탁약정에 따른 소유권의 상대적 귀속을 인정하는 것과 다름이 없어서 부동산실명법의 규정과 취지에 명백히 반하여 허용될 수 없다. 그리고 명의신탁자와 명의수탁자 사이에 위탁신임관계를 근거 지우는 계약인 명의신탁약정 또는 이에 부수한 위임약정이 무효임에도 불구하고 횡령죄 성립을 위한 사무관리·관습·조리·신의칙에 기초한 위탁신임관계가 있다고 할 수는 없다. 또한 명의신탁자와 명의수탁자 사이에 존재한다고 주장될 수 있는 사실상의 위탁관계라는 것도 부동산실명법에 반하여 범죄를 구성하는 불법적인 관계에 지나지 아니할 뿐 **이를 형법상 보호할 만한 가치 있는 신임에 의한 것이라고 할 수 없다**(대판 2016. 5. 19, 2014도6992 전합).
[양자간 명의신탁과 횡령죄] 명의신탁자와 명의수탁자 사이에 무효인 명의신탁약정 등에 기초하여 존재한다고 주장될 수 있는 사실상의 위탁관계라는 것은 부동산실명법에 반하여 범죄를 구성하는 불법적인 관계에 지나지 아니할 뿐 이를 형법상 보호할 만한 가치 있는 신임에 의한 것이라고 할 수 없다. 그러므로 부동산실명법을 위반한 양자간 명의신탁의 경우 명의수탁자가 신탁받은 부동산을 임의로 처분하여도 명의신탁자에 대한 관계에서 횡령죄가 성립하지 아니한다(대판 2021. 2. 18, 2016도18761 전합).

것으로 무효이어서 위 증여로 인한 소유권이전등기의무가 인정되지 아니하는 이상 동인이 타인의 사무를 처리하는 자에 해당한다고 볼 수 없어 비록 위 등기의무를 이행하지 않는다 하더라도 배임죄를 구성하지 않는다"고 판시하였다(대판 1986. 9. 9, 86도1382). 횡령죄의 경우도 마찬가지로 판례는 "계좌명의인이 개설한 예금계좌가 전기통신금융사기 범행에 이용되어 그 계좌에 피해자가 사기피해금을 송금·이체한 경우에 만약 계좌명의인이 그 돈을 영득할 의사로 인출하면 피해자에 대한 횡령죄가 성립한다. 이때 계좌명의인이 사기의 공범이라면 자신이 가담한 범행의 결과 피해금을 보관하게 된 것일 뿐이어서 피해자와 사이에 위탁관계가 없고, 그가 송금·이체된 돈을 인출하더라도 이는 자신이 저지른 사기범행의 실행행위에 지나지 아니하여 **새로운 법익을 침해한다고 볼 수 없으므로** 사기죄 외에 별도로 횡령죄를 구성하지 않는다(대판 2018. 7. 19, 2017도17494 전합)[30]"고 판시하고 있다.

이 사건 배임죄에 있어서도 이러한 논리가 그대로 적용된다. 일반적으로 성매매행위로 받은 성매매 대금을 분배하는 약정은 반사회질서적인 계약으로서 무효이므로, 성매매 대금을 보관하는 사무에 대해서 신임관계를 부정해야 한다. 그러나 사안처럼 수익자 측에게 불법성이 현저히 큰 경우라면 사무를 위임한 자의 신뢰를 보호해야 할 필요가 있어 예외적으로 신임관계를 인정할 수 있다. 따라서 성매매 대금보관 약정에 따른 포주 甲의 사무는 보호가치 있는 신임관계에 근거하고 있다.

(3) 타인의 사무의 범위

약정에 따른 甲의 성매매 대금보관 사무에 신임관계를 인정할 경우, 그 사무의 범위는 성매매 대금 200만원 전부에 관한 것인지 아니면 甲의 배분액을 제외한 절반인지가 문제된다.

판례는 포주가 성매매 대금을 임의로 소비하여 문제가 된 위의 사건에서, "피해자가 피고인에게 보관한 화대의 소유권은 여전히 피해자에게 속하는 것이어서, 피해자는 그 전부의 반환을 청구할 수 있고, 피고인이 이를 임의로 소비한 행위는 화대에 대한 횡령죄를 구성한다"고 판시하였다(대판 1999. 9. 17, 98도2036).

포주 甲은 자신이 장소를 제공하고 乙이 성매매행위를 하여 성매매 대금을 절반씩 나누기로 약정하였으므로, 그 약정에 따라 실제로 절반씩 분배하기까지는 자신의 분배액에 대해서도 임의로 소비해서는 안 된다. 甲은 약정에 따라 보관하는 200만원을 모두 임의로 소비하였으므로, 甲과 乙 사이에 정산 등의 과정이 없었던 이상 200만원 전액에 대한 배임죄가 성립한다.

---

30) 계좌명의인의 인출행위는 전기통신금융사기의 범인에 대한 관계에서는 횡령죄가 되지 않는다(대판 2018. 7. 19, 2017도17494 전합).

3. 소 결

(1) 불법원인급여의 경우에도 수익자에게 불법성이 현저히 큰 경우라면 횡령죄의 성립이 가능하다. 그러나 사안의 경우는 그 위탁물이 금전으로서 수탁자에게 소유권이 귀속하므로 타인 소유물일 것을 구성요건으로 하는 횡령죄는 성립하지 않는다.

(2) 배임죄에 있어서 甲과 乙 간에는 형법상 보호가치 있는 신임관계가 인정되고, 이 경우 타인 사무의 범위는 100만원이 아니라 성매매 대금 200만원 전액이다. 배임죄의 다른 구성요건도 의심 없이 충족되고, 위법성 및 책임 조각사유도 찾아볼 수 없어 甲에게는 배임죄가 성립한다.

(3) 보충적으로 사기죄의 성부도 논의할 수 있겠으나, 애초부터 돌려 줄 마음도 없으면서 보관한 경우라면 모르되, 사안상 그러한 사실관계를 확인할 수 없으므로 문제되지 않는다.

III. 丙의 죄책

1. 甲의 지시에 따라 송금한 행위

(1) 배임죄(형법 제355조 제2항)의 방조범의 성부

방조범은 정범의 실행을 방조한다는 인식, 즉 방조의 고의와 정범의 행위가 구성요건에 해당하는 행위라는 인식, 즉 정범의 고의가 있어야 한다. 하지만 사안에서는 甲이 '평소에 시켜왔던 것처럼' 丙에게 송금을 시켰다고 나와 있어, 丙이 甲의 배임행위에 대해서 알고 있었다고 보기 어렵다. 따라서 배임죄의 방조범은 부정된다.

(2) 장물운반죄(형법 제362조 제1항)의 성부

장물죄의 객체인 장물은 재산죄에 의해서 영득한 재물 그 자체를 의미한다. 甲은 乙이 성매매로 받은 금전 자체를 횡령한 것이 아니라, 성매매 대금 상당의 재산상 이익을 취득하여 배임죄가 성립하였음은 앞에서 본 바와 같다. 따라서 丙이 甲으로부터 받은 200만원은 배임죄로 취득한 재산상 이익일 뿐 재물이 아니어서, 장물죄의 객체에 해당하지 않아 장물운반죄도 성립하지 않는다.

판례 역시 "형법상 장물죄의 객체인 장물이라 함은 재산권상의 침해를 가져올 위법행위로 인하여 영득한 물건으로서 피해자가 반환청구권을 가지는 것을 말하고, 배임행위로 인하여 취득한 것이 재산상의 이익인 경우에는 범죄로 인하여 영득한 것 자체는 아니므로 그 취득자 또는 전득자에 대하여 배임죄의 가공 여부를 논함은 별문제로 하고 장물취득죄로 처단할 수 없다(대판 1975. 12. 9, 74도2804)"고 하여 동일하게 판단하고 있다.

2. 자기앞수표 20만원으로 옷을 산 행위

(1) 甲에 대한 죄책

1) 횡령죄(형법 제355조 제1항)의 성부

앞서 살펴본 바대로 금전 기타의 대체물을 목적·용도를 정하여 위탁한 경우 위탁과 동시에 그 목적물의 소유권은 이를 보관해야 할 수탁자에게 귀속된다. 이러한 논의는 甲이 丙에게 송금하라며 맡긴 돈 200만원에 대하여도 그대로 적용된다. 甲이 丙에게 송금하라는 용도로 위탁한 금전 200만원은 수탁자인 丙에게 소유권이 귀속되므로, 자기앞수표로 옷을 산 행위는 타인 소유물을 객체로 하는 횡령죄의 구성요건해당성이 부정된다.

2) 배임죄(형법 제355조 제2항)의 성부

횡령죄의 성립은 부정될지라도 丙은 甲의 송금 사무를 처리하는 자로서 신임관계에 위배하여 20만원을 임의로 소비하였으므로 이는 배임행위로 평가된다. 甲과 丙 사이에 불법원인급여는 전혀 문제되지 않는다. 甲이 丙에게 200만원을 맡긴 것은 그 자체가 어떠한 불법행위가 아니고 단순한 송금심부름에 불과하기 때문이다. 배임죄의 다른 구성요건 역시 충족되는 이상 丙은 송금하여야 할 금액 중 20만원 부분에 대해 甲을 피해자로 하는 배임죄의 죄책을 진다.

(2) 라스퐁사에 대한 죄책 – 사기죄(형법 제347조)의 성부

丙이 甲으로부터 받은 자기앞수표로 물건을 구매한 행위가 라스퐁사에 대한 관계에서 기망행위로 평가되어 사기죄가 성립할 것인지가 문제된다. 甲이 丙에게 송금하라며 맡긴 금전의 소유권은 丙에게 귀속되어, 丙이 이를 임의로 처분하여도 횡령죄가 아니라 배임죄가 성립함은 앞에서 본 바와 같다.

따라서 丙이 이미 자신에게 소유권이 귀속된 자기앞수표로 물건을 구매한 행위는 라스퐁사에 대한 관계에서 어떠한 기망행위에도 해당하지 않으므로 사기죄의 구성요건해당성이 부정된다.

3. 영수증 내역을 속인 행위 – 사기죄(형법 제347조)의 성부

앞서 성립한 배임죄와는 별도로 丙이 甲에게 자기앞수표의 송금내역이 찍히지 않았다고 거짓말을 한 것이 새롭게 사기죄에 해당하지 않는지 문제된다.

사기죄는 ① 기망행위, ② 피기망자의 착오, ③ 착오자의 처분행위, ④ 재물의 교부 또는 재산상 이익의 취득, ⑤ 피해자의 재산상 손해발생을 객관적 구성요건요소로 하고, 이들 사이에는 인과관계가 인정되어야 한다. 사안에서 丙이 거짓말을 하여 이를 믿은 甲이 20만원을 반환청구하지 않아 ③ 요건까지는 일응 충족된다고 볼 수 있다. 그러나 丙이 얻은 20만원의 재산상 이익은 배임행위를 통해 이미 취득된 것이지 새롭게 재산상 이익을 취득하였다고 볼 수 없다. 마찬가지로 甲에게 또다시 재산상 손해가 발생한 것도 아니다. 따라서 사기죄의 구성요건해당성 자체가 부정된다.

IV. 사안의 해결

1. 甲의 죄책

불법원인급여의 경우 원칙적으로 급여자의 반환청구권이 부정되나 수익자에게 불법성이 현저히 큰 경우라면 그 반환청구를 인정할 수 있다. 甲이 乙로부터 건네받은 성매매 대금은 금전으로서 그 소유권이 甲에게 귀속되는 이상, 甲이 이를 임의로 소비하였더라도 타인 소유물을 객체로 하는 횡령죄는 성립하지 않는다. 그러나 甲은 乙로부터 받은 성매매 대금을 정산할 때까지 200만원 전부를 보관하여야 할 사무를 처리하는 자로서 이를 임의로 소비한 것은 신임관계를 위배한 행위로 평가되어 배임죄로 처벌된다.

2. 丙의 죄책

丙이 甲의 심부름으로 은행에 송금을 한 행위에 있어 丙이 甲의 배임행위를 알고 있었다고 보기는 어려우므로 배임죄의 방조범 또는 장물운반죄는 부정된다.

그러나 丙이 송금하여야 할 금액 중 자기앞수표 20만원으로 옷을 산 행위는 甲에 대한 신임관계에 위배한 행위로 평가되어 배임죄가 성립한다. 丙은 자신에게 소유권이 귀속된 금전으로 물품을 구입한 것이므로 라스퐁사에 대한 어떠한 기망행위도 인정할 수 없어 사기죄는 성립하지 않는다.

일을 마치고 돌아온 丙이 甲에게 송금내역을 속인 행위는 기망행위로 평가되고 착오를 일으킨 甲이 처분행위를 하였다고 평가되나, 丙이 새롭게 재산상 이익을 취득한 바 없고 甲에게도 새로운 손해가 발생하지 않은 이상 별도의 사기죄는 성립하지 않는다.

29. 부동산 이중매매 / 부작위범 / 불능범

○ 사례 29

중소생산업체인 甲 주식회사의 대표이사 乙은 최근 임금인상의 여파로 회사의 경영상황이 악화되자 회사 자금사정의 안정화를 위하여 甲 주식회사 소유의 A부동산을 매각하기로 결정하였다. 乙은 丙과 A부동산에 관하여 매매대금을 4억원으로 하는 매매계약을 체결하고 丙으로부터 계약금 1억원과 중도금 1억원을 각 지급받았다. 그런데 乙은 丙이 甲 주식회사와 A부동산에 관하여 매매계약을 체결하고 계약금과 중도금을 이미 지급하였다는 사실을 알고 있는 乙의 절친한 친구 丁이 지속적으로 A부동산이 꼭 필요한데 시세보다 저렴하게 매수하고 싶다는 부탁을 하여 丁에게 A부동산을 시세보다 낮은 가격인 3억원에 재차 매도하기로 마음먹었다. 이에 계약을 해제할 사유를 찾아 결국 乙은 위 부동산의 중도금 지급기일이 약정된 기일보다 일주일 가량 지연되어 입금된 사실을 확인하고, 적법하게 계약해제통보를 하여 해지되었다. 이에 乙은 丁 앞으로 A부동산에 관한 소유권이전등기를 해주었다. 뒤늦게 위와 같은 사정을 알게 된 丙은 속상한 마음에 술을 먹다가 시비가 붙은 B를 폭행의 고의로 주먹과 발로 수차례 가격하여 B에게 부상을 입히고 자리를 떠났는데 평소 여자문제로 B에게 원한이 있던 戊가 부상당해 누워있는 B를 상해의 고의로 각목으로 수차례 구타하여 상해를 입혔다. B은 며칠 후 사망하였으나 치명상이 된 타격이 누구에 의한 것인지는 판명되지 않았다.

1. 甲, 乙, 丙, 丁, 戊의 죄책은? (50점)

2. 만약 B가 술을 마시던 술집주인 C가 丙과 戊의 폭행과 상해로 인하여 B가 상당한 부상을 입고 술집 구석자리 바닥에 쓰러져 있는 상황에서 손님이 너무 많아 B를 병원에 데리고 가거나 신고를 하지 않고 영업을 계속하였고 결국 B가 과다출혈로 사망하였다면, 술집주인 C가 B가 죽어도 어쩔 수 없다고 생각했던 경우와 B가 어쩌면 죽을 수도 있다고 예견할 수 있었던 경우를 나누어 C의 죄책을 논하시오. (20점)

3. 甲은 2017. 5. 7. 친구 A의 여자친구인 B가 술에 취해 잠들어 있었고, 갑자기 B에게 욕정을 느끼고 B의 몸을 만지기 시작하였는데도 B가 잠에 취한 목소리로 "응 자기 왔어?"라고 말한 이외에 아무런 반응을 보이지 않자, B가 술에 만취하여 항거불능상태에 있어 깨어나지 않을 것이라고 생각하고 B를 간음하였다. 그러나 B는 사실 항거불능의 정도에 이르지 아니하였고, 단지 술기운에 甲을 자신의 남자친구인 A일 것이라 단순히 생각하며 귀찮은 마음에 가만히 있었

을 뿐이었다. 다음날 B는 술이 깨고 난 뒤에 곰곰이 생각해보니 자신의 남자친구는 해외여행 중인 것을 기억하고 자신과 성관계를 가진 사람이 A가 아님을 알게 되었으나 B는 지난밤의 일을 A가 알게 되는 것이 두려워 A에게 더 이상 이야기하지 않았다.

이때 갑은 B를 준강간 하였다는 사실로 기소가 되었는데,

가. 변호인 L이 주장할 수 있는 甲을 위한 가장 유리한 주장과 논거를 제시하라. (20점)

나. 대법원에 따른 법원의 예상되는 판단에 대하여 서술하시오. (10점)

해 설

제1문

1. 甲, 乙, 丙, 丁, 戊의 죄책은? (50점)

Ⅰ. 쟁점의 정리

1. 甲주식회사의 죄책과 관련하여 법인의 범죄능력을 인정할 수 있는지 여부가 문제된다.

2. 乙의 죄책과 관련하여 우선 乙이 丙에게 매도한 A부동산을 다시 절친한 친구인 丁의 부탁으로 丙에게 매도한 A부동산을 丁에게 재차 매도하고 丁앞으로 소유권이전등기를 해 준 점과 관련하여 배임죄의 성부가 문제되고, 甲주식회사의 대표이사인 乙이 甲주식회사 소유의 A부동산을 이중매매 하였음에도 제1매수인인 丙에게 A부동산의 소유권이전등기를 해주어야 할 의무주체는 A부동산의 소유자인 甲주식회사이므로, A부동산의 소유자가 아닌 乙에게 부동산 이중매매에 대한 배임죄의 죄책을 인정할 수 있는지 여부가 제1매수인과의 계약해제여부와 관련하여 문제된다.

또한 甲주식회사의 대표이사인 乙이 甲주식회사 소유의 A부동산을 절친한 친구인 丁의 부탁을 받고 시세보다 저렴한 가격에 매도한 행위가 업무상 배임죄에 해당하는지 여부와 위 丙에 대한 단순배임죄와 죄수관계가 문제된다.

3. 丁의 죄책과 관련하여 절친한 친구인 乙이 甲주식회사의 대표이사인 점을 이용하여 가격으로 甲주식회사 소유의 A부동산을 시세보다 저렴한 가격으로 매수한 행위는 乙과 함께 이중적 신분범인 업무상 배임죄의 공동정범에 해당하는바 특히 공범과 신분에 관한 형법 제33조의 해석과 관련하여 문제된다.

4. 丙과 戊가 B를 구타하여 사망에 이르게 한 점과 관련하여 B의 사망이 丙과 戊 중 누구의 행위에 의한 것인지 판명되지 아니하였음에도 불구하고 丙과 戊가 각각 B의 사망에 대하여 폭행치사죄 및 상해치사죄의 죄책을 지는지 형법 제263조의 적용여부가 문제된다.

II. 甲의 죄책: 법인의 범죄능력 인정 여부

1. 판례의 태도

대법원은 상가이중분양사건에서 형법 제355조 제2항의 배임죄에 있어서 타인의 사무를 처리할 의무의 주체가 법인이 되는 경우라도 법인은 다만 사법상의 의무주체가 될 뿐 범죄능력이 없는 것이며 그 타인의 사무는 법인을 대표하는 자연인인 대표기관의 의사결정에 따른 대표행위에 의하여 실현될 수밖에 없어 그 대표기관은 마땅히 법인이 타인에 대하여 부담하고 있는 의무내용 대로 사무를 처리할 임무가 있다 할 것이므로 법인이 처리할 의무를 지는 타인의 사무에 관하여는 법인이 배임죄의 주체가 될 수 없다(대판 1984. 10. 10, 82도2595).

2. 사안의 경우

판례의 태도에 따라 법인에게는 정신적 활동의 산물인 의사를 인정할 수 없으므로 행위능력이 인정될 수 없으므로 법인은 범죄능력이 없다고 이해하는 부정설이 타당하고, 이에 의하면 甲주식회사는 이 사건 부동산 이중매매와 관련하여 丙에 대하여 배임죄의 죄책을 지지 아니한다.

III. 乙의 죄책

1. 부동산 이중매매 행위와 관련하여

(1) 배임죄의 '타인의 사무'를 처리하는 자에 해당하는지 여부

1) 판례의 태도[31]

최근 대법원 판례에 의하면, 부동산 매매계약에서 중도금이 지급되는 등 계약이 본격적으로 이행되는 단계에 이른 때에는 계약이 취소되거나 해제되지 않는 한 매도인은 매수인에게 부동산의 소유권을 이전해_줄 의무에서 벗어날 수 없다. 따라서 이러한 단계에 이른 때에 **매도인은 매수인에 대하여** 매수인의 재산보전에 협력하여 재산적 이익을 보호·관리

---

31) 부동산 이중매매에 있어서 중도금을 수령하면 채무불이행 기타 사유가 부존재하는 한 계약금에 의한 해제가 불가능하므로 선매수인으로부터 중도금을 교부받았을 때 매도인에게는 타인의 사무로서의 등기협력의무가 발생한다(대판 1986. 7. 8, 85도1873). 매도인이 선매수인으로부터 중도금을 지급받은 이후에 후매수인과 매매계약을 체결하고 중도금까지 받은 때에는 선매수인에 대한 배임죄의 실행의 착수가 인정되고(대판 1983. 10. 11, 83도2057), 후매수인에게 해당 부동산의 소유권이전등기를 경료해 준 때 기수에 이른다(대판 1984. 11. 27, 83도1946).

할 신임관계에 있게 된다. 그때부터 매도인은 배임죄에서 말하는 '타인의 사무를 처리하는 자'에 해당한다고 보아야 한다. 그러한 지위에 있는 매도인이 매수인에게 계약 내용에 따라 부동산의 소유권을 이전해 주기 전에 그 부동산을 제3자에게 처분하고 제3자 앞으로 그 처분에 따른 등기를 마쳐 준 행위는 매수인의 부동산 취득 또는 보전에 지장을 초래하는 행위이다. 이는 매수인과의 신임관계를 저버리는 행위로서 배임죄가 성립한다(대판 2018. 5. 17, 2017도4027 전합; 대판 2020. 5. 14, 2019도16228). 부동산 이중저당권 설정행위도 마찬가지의 근거로 배임죄가 부정된다(대판 2020. 6. 18, 2019도14340 전합).

2) 사안의 경우

사안에서 乙은 이미 丙에게 A부동산을 매도하고 계약금과 중도금까지 지급 받았으므로 丙에 대하여 타인의 사무로서의 등기협력의무를 부담하고, 丁에게 A부동산을 재차 매도하고 소유권이전등기까지 경료해 주었으므로 만일 적법한 해제가 없었다면 乙의 행위는 배임죄에 해당한다. 그러나 설문에서 계약이 적법하게 해제되었으므로 배임죄에서 말하는 타인의 사무를 처리하는 자로 볼 수 없어 배임죄가 성립될 수 없다.

2. 甲주식회사 소유의 A부동산을 시세보다 저렴한 가격에 丁에게 매도한 행위에 대한 죄책

(1) 시세보다 저렴하게 매각한 것은 업무상 배임죄에 해당

시세보다 저렴하게 부동산을 매각한 것은 업무상 배임죄에 해당함에는 의문의 여지가 없다(형법 제356조 제2항)[32]. 즉, 업무상 타인의 사무처리자인 甲주식회사의 대표이사인 乙이 丙과의 A부동산 1차 매매와는 무관하게 절친한 친구인 丁의 부탁을 받고 甲주식회사 소유의 A부동산을 시세보다 저렴한 가격에 丁에게 매도한 행위는 그 업무상의 임무에 위배하는 행위에 해당하고 제3자인 丁으로 하여금 재산상의 이익을 취득하게 하여 甲주식회사에 손해를 가하였으므로 이는 업무상 배임죄에 해당한다.

(2) 법인의 범죄능력이 부정될 경우 대표기관의 처벌 가부

형법 제355조 제2항의 배임죄에 있어서 타인의 사무는 법인을 대표하는 자연인인 대표기관의 의사결정에 따른 대표행위에 의하여 실현될 수밖에 없어 그 대표기관은 마땅히 법인이 타인에 대하여 부담하고 있는 의무내용대로 사무를 처리할 임무가 있다 할 것이므로 자연인인 대표기관이 바로 타인의 사무를 처리하는 자, 즉 배임죄의 주체가 된다(대판 1984. 10. 10, 82도2595).

---

32) 저가매각 사안은 실무상 저가매각으로 인한 차액을 재산상 손해로 하여 공소를 제기하고 있으므로 이 사안의 경우 차액에 해당하는 1억원이 재산상 손해액수가 된다.

(3) 사안의 경우

판례의 태도에 따르면 甲주식회사에 대하여 대표기관인 乙이 부담하는 임무에 위배하여 저가매각을 하였으므로 甲주식회사에 대하여 업무상 배임죄의 죄책을 진다.

Ⅳ. 丁의 죄책

1. 저가매각에 가담한 업무상 배임죄의 공동정범의 성립

丁은 甲주식회사의 대표이사인 乙이 절친한 친구인 점을 이용하여 甲주식회사 소유의 A부동산을 시세보다 저렴한 가격에 본인에게 매도해 줄 것을 부탁하여 시세보다 저렴한 가격으로 A부동산을 매수하여 甲주식회사로 하여금 해당 시세차익 상당의 손해를 가하였으므로 형법 제356조 및 형법 제30조에 의하여 업무상 배임죄의 공동정범의 죄책을 진다.

2. 신분범과 공범의 성부(형법 제33조)

(1) 형법 제33조의 해석

통설은 형법 제33조 본문은 진정신분범의 공범성립과 과형의 문제를, 단서는 부진정신분범의 공범성립과 과형이 문제를 규정한 것으로 이해한다. 그러나 판례(대판 1961. 8. 2, 4294형상284)는 본문은 진정신분범과 부진정신분범에 대한 공범의 성립문제를, 단서는 부진정신분범에 한하여 과형의 문제를 각각 규정한 것으로 해석한다.

(2) 사안의 경우

업무상 배임죄는 '타인의 사무처리자'라는 진정신분과 '업무자'라는 부진정 신분까지 요하는 이중적 신분범에 해당하는데 판례의 입장에 따르면 丁은 형법 제33조 본문에 따라 乙의 업무상 배임죄의 공동정범이 성립하나 그 처벌은 형법 제33조 단서에 따라 단순배임죄에 정한 형에 따르게 된다.

Ⅴ. 丙과 戊의 죄책

1. 형법 제263조 동시범 특례가 폭행치사죄 및 상해치사죄에도 적용될 수 있는지 여부

(1) 판례의 태도

대법원은 "피고인이 의자에 누워있는 피해자를 밀어 땅바닥에 떨어지게 함으로써 이미

부상하여 있던 그 피해자로 하여금 사망에 이르게 한 사건에서 시간적 차이가 있는 독립된 상해행위나 폭행행위가 경합하여 사망의 결과가 일어나고 그 사망의 원인된 행위가 판명되지 않은 경우에는 공동정범의 예에 의하여 처벌할 것이다."라고 판시하여 폭행치사죄와 상해치사죄의 경우에도 형법 제263조의 적용을 인정한다.

(2) 사안의 경우

판례에 태도에 따라 상해의 결과가 아닌 사망의 결과가 발생하였을 경우에도 형법 제263조 동시범 특례의 적용이 가능하므로, 丙은 형법 제262조 폭행치사죄의 죄책을 지고, 戊는 형법 제259조 제1항 상해치사죄의 죄책을 진다.

제2문

2. 만약 B가 술을 마시던 술집주인 C가 丙과 戊의 폭행과 상해로 인하여 B가 상당한 부상을 입고 술집 구석자리 바닥에 쓰러져 있는 상황에서 손님이 너무 많아 B를 병원에 데리고 가거나 신고를 하지 않고 영업을 계속하였고 결국 B가 과다출혈로 사망하였다면, 술집주인 C가 B가 죽어도 어쩔 수 없다고 생각했던 경우와 B가 어쩌면 죽을 수도 있다고 예견할 수 있었던 경우를 나누어 C의 죄책을 논하시오. (20점)

Ⅰ. 쟁점의 정리

술집 주인 C가 丙과 戊로부터 폭행을 당하여 상당한 부상을 입고 술집 구석자리 바닥에 쓰러져 있던 B를 병원에 옮기거나 신고를 하지 않고 방치하여 결국 과다출혈로 사망에 이르게 한 경우, B가 죽어도 어쩔 수 없어도 생각했다면 이는 살인의 미필적 고의가 있었던 경우로 부작위에 의한 살인죄가 문제되고, B가 어쩌면 죽을 수도 있다고 예견만 한 경우 유기의 고의가 있었던 경우로 부작위에 의한 유기치사죄가 문제되는데 양 죄의 성립과 관련하여 부진정 부작위범의 성립요건인 보증인 지위의 인정 여부가 문제된다.

Ⅱ. 부작위에 의한 살인죄(형법 제250조) 또는 유기치사죄(형법 제275조 제1항)의 성부

1. 부진정 부작위범의 성립요건

부진정 부작위범이 성립하기 위해서는 객관적 요건으로 ① 구성요건적 상황의 존재, ② 요구되는 행위의 부작위, ③ 개별적 행위가능성 및 부작위의 동가치성과 관련하여 ① 보증인 지위, ② 행위정형의 동가치성이 요구된다. 또한 고의범이 성립되기 위해서는 최소한 미필적 고의가 필요하다.

2. B가 죽어도 어쩔 수 없다고 생각한 경우

(1) 부작위에 의한 살인죄의 구성요건 해당성

1) 살인의 미필적 고의의 인정 여부

판례는 미필적 고의가 있었다고 하려면 범죄사실의 발생 가능성에 대한 인식이 있음은 물론 나아가 범죄사실이 발생할 위험을 용인하는 내심의 의사가 있어야 한다는 입장이다(대판 2002. 10. 22, 2002도4203). 술집 주인 C는 B가 丙과 戊로부터 폭행을 당하여 상당한 부상을 입고 술집 바닥에 쓰러져 있었음에도 불구하고 B가 죽어도 어쩔 수 없다고 생각하였다면 이는 B의 사망을 용인하는 미필적 고의가 있었다고 볼 수 있다.

2) 사안의 경우

사안에서 B는 C가 운영하는 술집에서 丙과 戊로부터 폭행을 당하여 상당한 부상을 입고 쓰러져 있다가 과다출혈로 사망하였는데 ① B가 아무런 도움을 받지 아니하면 사망할 수 있는 상황에서 ② C는 B를 병원에 데리고 가거나 구급차를 부르는 등 B가 사망에 이르지 않도록 하기 위한 아무런 조치도 취하지 아니하였고, ③ 당시 C가 B를 구조할 개별적 행위가능성도 충분히 인정된다. 또한 ④ 살인죄와 같은 순수한 결과범의 경우 행위정형의 동가치성이 특별히 문제되지 않는다. 다만, C가 B를 구조하여야 할 보증인 지위에 있었는지 여부가 문제된다.

(2) B를 구조하여야할 보증인 지위의 인정 여부

1) 보증인 지위의 발생근거

대법원은 "작위의무는 법적인 의무이어야 하므로 단순한 도덕상 또는 종교상의 의무는 포함되지 않으나, 법령, 법률행위, 선행행위로 인한 경우는 물론이고 기타 신의성실의 원칙이나 사회상규 혹은 조리상 작위의무가 기대되는 경우에도 법적인 작위의무를 인정할 수 있다."고 판시하였다(대판 1996. 9. 6, 95도2551). 또한 대법원은 "피고인은 주점의 운영자로서 피해자의 생명 또는 신체에 대한 위해가 발생하지 아니하도록 … 여관에 데려다 주어 쉬게 하거나 피해자의 지인 또는 경찰에 연락하는 등 필요한 조치를 강구하여야 할 계약상의 부조의무를 부담한다."고 판시하여 계약상 보호의무를 인정하였다(대판 2011. 11. 24, 2011도12302).

2) 사안의 경우

술집주인 C가 상당한 부상을 입고 술집 바닥에 쓰러져 있던 B를 방치하고 영업을 계속하면서 B가 죽어도 어쩔 수 없다고 생각하였다면 계약상 B를 구조하여야할 보증인 지위에 있는 C가 자신에게 주어진 구조의무를 이행하지 아니하는 부작위로 B를 살인한 경우에 해당하여 결국 부작위에 의한 살인죄의 죄책을 부담하게 된다.

3. B가 사망할 수도 있다고 예견할 수 있었던 경우

(1) 부작위에 의한 유기치사죄의 구성요건 해당성

C가 B를 방치하여 B의 죽음을 용인한 것이 아니라 단순히 B가 사망할 수도 있다고 예견만 한 경우, 유기의 고의로 B를 사망에 이르게 한 경우로서 사망의 결과에 대하여 과실만 인정되어 유기치사죄의 성부가 문제된다. C는 B가 술을 마신 술집 주인으로서 앞서 살펴본 바와 같이 B의 신체 또는 생명에 대하여 주의와 배려를 하여야할 계약상 부조의무를 부담하고 있음에도 ① 상당한 부상을 입고 부조를 요하는 B에 대하여 ② 사망에 이르지 않도록 하기 위한 아무런 조치도 취하지 아니하였고 ③ B를 구조할 수 있는 개별적 행위가능성도 충분히 인정되며 ④ 유기행위 당시, 즉 B를 방치하고 영업을 계속할 당시 B의 사망을 충분히 예견하였다고 볼 수 있다.

(2) 사안의 경우

상당한 부상을 입고 쓰러져 있던 요부조자인 B가 사망에 이를 수도 있다는 점을 예견하였음에도 아무런 조치를 취하지 아니하여 B를 사망에 이르게 한 C는 부작위에 의한 유기치사죄의 죄책을 부담한다.

제3문

3. 甲은 2017. 5. 7. 친구 A의 여자친구인 B가 술에 취해 잠들어 있었고, 갑자기 B에게 욕정을 느끼고 B의 몸을 만지기 시작하였는데도 B가 잠에 취한 목소리로 "응 자기 왔어?"라고 말한 이외에 아무런 반응을 보이지 않자, B가 술에 만취하여 항거불

능상태에 있어 깨어나지 않을 것이라고 생각하고 B를 간음하였다. 그러나 B는 사실 항거불능의 정도에 이르지 아니하였고, 단지 술기운에 甲을 자신의 남자친구인 A일 것이라 단순히 생각하며 귀찮은 마음에 가만히 있었을 뿐이었다. 다음날 B는 술이 깨고 난 뒤에 곰곰이 생각해보니 자신의 남자친구는 해외여행중인 것을 기억하고 자신과 성관계를 가진 사람이 A가 아님을 알게 되었으나 B는 지난밤의 일을 A가 알게 되는 것이 두려워 A에게 더 이상 이야기하지 않았다.

이때 갑은 B를 준강간 하였다는 사실로 기소가 되었는데,

가. 변호인 L이 주장 할 수 있는 甲을 위한 가장 유리한 주장과 논거를 제시하라. (20점)

나. 대법원에 따른 법원의 예상되는 판단에 대하여 서술하시오. (10점)

Ⅰ. 사안의 쟁점

피해자가 심신상실 또는 항거불능 상태에 있다고 행위자가 인식하고 피해자를 간음하였으나, 실제로 심신상실 또는 항거불능 상태에 있지 않은 경우, 불가벌적 불능범과 불능미수에 해당 하는지 여부가 문제된다.

Ⅱ. 변호인이 할 수 있는 주장 - 설문 가

1. 변호인 L의 주장 방향

변호인 L은 甲의 준강간죄의 성립과 관련하여, 구성요건 해당성을 부정하거나 불가벌적 불능범에 해당하므로 무죄라는 주장을 하는 것이 가장 유리한 주장이 된다.

2. 준강간죄의 구성요건 해당성 부정

(1) 의 의

준강간죄는 사람의 심신상실 또는 항거불능의 상태를 이용하여 간음한 경우에 성립하는 범죄로, 심신상실 또는 항거불능의 상태를 이용하여 간음한다는 구성요건요소를 갖추어야 한다(형법 제299조).

(2) 행위양태의 부정

준강간의 행위의 객체를 '심신상실 또는 항거불능의 상태에 있는 사람'이 아니라 '사람'으로 보고, '심신상실 또는 항거불능의 상태를 이용'하는 것은 범행 방법으로서 구성요건의

특별한 행위양태로 보고 이를 강간죄에서 '폭행 또는 협박'에 대응하는 부분으로 볼 수 있다고 주장할 수 있다(대판 2019. 3. 28, 2018도16002 전합 소수의견).

이러한 주장에 따르면, '심신상실 또는 항거불능의 상태'에 있지 아니한 사람을 준강간의 고의로 간음하더라도, 이는 마치 강간죄에서 '폭행 또는 협박'이 없는 것과 같이 구성요건요소를 갖추지 못하고 있는 것이므로 무죄에 해당하게 된다.

3. 불능범 해당 주장

(1) 불능범과 불능미수의 구별

1) 의 의

불능미수란 행위자가 의도한 결과의 발생은 사실상 불가능하지만 위험성이 인정되어 미수범으로 처벌되는 경우를 의미하며(형법 제27조), 불가벌적 불능범이란 객관적으로 결과발생이 불가능할 뿐만 아니라 위험성이 없기 때문에 가벌성이 인정되지 않는 경우를 말한다(대판 2007. 7. 26, 2007도3687).

2) 구별기준

불능미수의 위험성 판단의 기준에 대하여는 ① 행위당시에 객관적으로 존재하였던 수단과 대상을 놓고 판단하는 구객관설, ② 행위당시 행위자가 인식한 사정과 일반인이 인식할 수 있었던 사정을 기초로 일반적 경험법칙에 따라 객관적, 사후적으로 판단하는 신객관설(구체적 위험설), ③ 행위당시에 행위자가 인식한 사정을 기초로 하여, 행위자가 생각한 대로의 사정이 존재하였을 때 일반인의 판단을 기준으로 하는 추상적 위험설, ④ 주관설, ⑤ 인상설 등의 견해가 있다.

판례는 개별사안에 따라 위험성 판단의 기준을 달리하고 있었으나, 최근 "불능범과 구별되는 불능미수의 성립요건인 '위험성'은 피고인이 행위 당시에 인식한 사정을 놓고 일반인이 객관적으로 판단하여 결과 발생의 가능성이 있는지 여부를 따져야 한다."고 판시하여 추상적 위험설과 가깝게 판단하였다(대판 2019. 3. 28, 2018도16002 전합).

(2) 불능범으로 볼 수 있는 판단기준의 제시

불능범과 불능미수의 구별기준에 대한 견해 중 구객관설 또는 구체적 위험설에 따르게 되면 불가벌적 불능범으로 판단 할 수 있는 여지가 생길 수 있다. 구객관설에 따라서 판단한다면 B가 행위당시 객관적으로 심신상실 또는 항거불능 상태에 있지 아니하였기 때문에 결과발생의 위험성이 인정되지 아니한다고 주장할 수 있고, 구체적 위험설에 따라서 판단하면서 당시 상황을 보면 일반인의 기준에서 항거불능 상태가 아님을 인식할 수 있는 상황이라고 주장할 수 있다.

III. 법원의 예상되는 판단 - 설문 나

1. 준강간죄의 구성요건 해당성에 대한 판단

판례의 다수의견은 "피고인이 피해자가 심신상실 또는 항거불능의 상태에 있다고 인식하고 그러한 상태를 이용하여 간음할 의사로 피해자를 간음하였으나 피해자가 실제로는 심신상실 또는 항거불능의 상태에 있지 않은 경우에는, 실행의 수단 또는 대상의 착오로 인하여 준강간죄에서 규정하고 있는 구성요건적 결과의 발생이 처음부터 불가능하였고 실제로 그러한 결과가 발생하였다고 할 수 없다. 피고인이 준강간의 실행에 착수하였으나 범죄가 기수에 이르지 못하였으므로 준강간죄의 미수범이 성립한다."고 하여, 심신상실 또는 항거불능 상태에 있었는가의 여부는 착오의 문제일 뿐이라고 판시하여 구성요건해당성을 인정하였다.

2. 불능미수 해당 여부에 대한 판단

판례의 다수의견은 "피고인이 행위 당시에 인식한 사정을 놓고 일반인이 객관적으로 판단하여 보았을 때 정신적·신체적 사정으로 인하여 성적인 자기방어를 할 수 없는 사람의 성적 자기결정권을 침해하여 준강간의 결과가 발생할 위험성이 있었다면 불능미수가 성립한다."고 하여 불능미수의 성립을 인정하였다.

3. 결 론

법원은 형법 제299조 준강간죄의 불능미수를 인정할 것이다(대판 2019. 3. 28, 2018도16002 전합).

○ 사례 30

1. 甲은 자신의 소유인 인쇄기를 乙에게 135,000,000원에 양도하기로 하여 그로부터 1, 2차 계약금 및 중도금 명목으로 합계 43,610,082원 상당의 원단을 제공받아 이를 수령하였다. 그런데 甲의 기존 채권자인 丙이 계속 변제를 독촉하여 그 인쇄기를 丙에게 기존 채무 84,000,000원의 변제에 갈음하여 양도하였다.
   이때 甲의 죄책은 어떻게 되며 판례의 결론은 어떠한가? (25점)

2. 甲은 자신의 소유인 인쇄기를 乙에게 135,000,000원을 빌리면서 담보조로 이 인쇄기를 양도하여 주었다. 다만 양도의 방식은 점유개정으로 인도청구권을 양도하는 방식을 취하였다. 그런데 다른 채권자들로부터 변제독촉을 받고 있어 돈이 더 필요하게 되자 丙으로부터도 100,000,000원을 빌리면서 점유개정의 방식으로 양도하여 주었다. 하지만 자신이 여전히 점유를 하고 있음을 기화로 하여 인쇄기를 丁에게 100,000,000원에 매각을 하였다.
   이때 甲의 죄책은 어떻게 되며 판례의 결론은 어떠한가? 또한 乙과 丙에 대하여 모두 공소가 제기되었을 때, 판례에 따르면 어떠한 판결을 내리게 되는가? (예 乙에 대한 주문 유(무)죄 / 이유 유(무)죄, 丙에 대한 주문 유(무)죄 / 이유 유(무)죄로 언급하라) (25점)

3. 甲은 자신의 소유인 인쇄기를 乙에게 135,000,000원을 빌리면서 담보조로 이 인쇄기를 인도하여 주었다. 그런데 乙은 이를 인도받은 것을 기화로 甲의 친구인 丙에게 빌려준 돈도 받을 생각으로 그 인쇄기는 丙의 채무 5,000만원도 담보하는 것이라며 자신이 양도담보로 받은 인쇄기를 반환하지 않으려고 하고 있다. 甲은 乙에게 채무를 135,000,000원을 변제하면서 반환을 요구하였으나 乙은 丙의 채무를 변제받기 전까지는 절대로 돌려줄 수 없다는 의사를 명시적으로 전달하였다. 이때 乙의 죄책은 어떻게 되며 판례의 결론은 어떠한가? (25점)

해 설

제 1 문

1. 甲은 자신의 소유인 인쇄기를 乙에게 135,000,000원에 양도하기로 하여 그로부터 1, 2차 계약금 및 중도금 명목으로 합계 43,610,082원 상당의 원단을 제공받아 이를 수령하였다. 그런데 甲의 기존 채권자인 丙이 계속 변제를 독촉하여 그 인쇄기를 丙에게 기존 채무 84,000,000원의 변제에 갈음하여 양도하였다.
이때 甲의 죄책은 어떻게 되며 판례의 결론은 어떠한가? (25점)

Ⅰ. 문제점

(1) 사안의 경우는 甲은 인쇄기의 소유자로서 이를 이중으로 양도한 자이다. 아직 소유권이 乙에게 이전된 것이 아니므로 이를 다시 丙에게 매각하는 행위를 하였다고 하더라도 형법 제355조 제1항의 타인의 재물을 보관하는 자로 볼 수는 없다.

(2) 그렇다면 일반규정인 동법 제2항의 배임죄가 문제되는바 과연 甲이 乙의 사무를 처리하는 자로서 형법상 보호할 만한 신뢰가 존재하는지가 문제된다. 이에 대하여는 후에 전원합의체 판례를 통하여 배임죄 성부가 논의되었는바, 이하에서 이를 살펴보도록 한다.

Ⅱ. 배임죄의 주체

(1) 배임죄는 타인의 사무를 처리하는 자가 그 임무에 위배하는 행위로 재산상 이익을 취득하여 사무의 주체인 타인에게 손해를 가함으로써 성립하는 것이므로 그 범죄의 주체는 타인의 사무를 처리하는 지위에 있어야 한다.

(2) 여기에서 '타인의 사무를 처리하는 자'라고 하려면 당사자 관계의 본질적 내용이 단순한 채권관계상의 의무를 넘어서 그들 간의 신임관계에 기초하여 타인의 재산을 보호 내지 관리하는 데 있어야 하고, 그 사무가 타인의 사무가 아니고 자기의 사무라면 그 사무의 처리가 타인에게 이익이 되어 타인에 대하여 이를 처리할 의무를 부담하는 경우라도 그는 타인의 사무를 처리하는 자에 해당하지 아니한다(대판 1976. 5. 11, 75도2245; 대판 1987. 4. 28, 86도2490; 대판 2009. 2. 26, 2008도11722 등).

III. 동산이중매매에 있어 매도인이 '타인의 사무를 처리하는 자'에 해당하는지 여부

1. '타인의 사무를 처리하는 자에 해당한다'는 입장 – 전원합의체의 반대의견(대판 2011. 1. 20, 2008도10479 전합)

(1) 배임죄의 본질은 신임관계에 기한 타인의 신뢰를 저해하는 임무위배행위를 통하여 그 타인으로 하여금 재산상 손해를 입게 하는 데에 있고, 이러한 임무위배행위에는 사무의 내용, 성질 등 구체적 상황에 비추어 법률의 규정, 계약의 내용 혹은 신의칙상 당연히 할 것으로 기대되는 행위를 하지 않거나 당연히 하지 않아야 할 것으로 기대되는 행위를 함으로써 본인과 사이의 신임관계를 저버리는 일체의 행위가 포함된다(대판 1987. 4. 28, 83도1568; 대판 2008. 5. 29, 2005도4640 등).

(2) 이러한 배임죄의 본질에 비추어 보면, 매매계약의 당사자 사이에 중도금을 수수하는 등으로 계약의 이행이 진행되어 다른 특별한 사정이 없는 한 임의로 계약을 해제할 수 없는 단계에 이른 때에는 그 계약의 내용에 좇은 채무의 이행은 채무자로서의 자기 사무의 처리라는 측면과 아울러 상대방의 재산보전에 협력하는 타인 사무의 처리라는 성격을 동시에 가지게 되므로, 이러한 경우 그 채무자는 배임죄의 주체인 '타인의 사무를 처리하는 자'의 지위에 있고(대판 1975. 12. 23, 74도2215; 대판 1983. 2. 8, 81도3137 등 참조), 이러한 지위에 있는 자가 그 의무의 이행을 통하여 상대방으로 하여금 그 재산에 관한 완전한 권리를 취득하게 하기 전에 이를 다시 제3자에게 처분하는 등 상대방의 재산 취득 혹은 보전에 지장을 초래하는 행위는 상대방의 정당한 신뢰를 저버리는 것으로 비난가능성이 매우 높은 전형적인 임무위배행위에 해당한다고 보아야 한다.

2. '자기의 사무'에 불과하다는 입장 – 전원합의체 다수의견(대판 2011. 1. 20, 2008도10479 전합)

(1) 매매와 같이 당사자 일방이 재산권을 상대방에게 이전할 것을 약정하고 상대방이 그 대금을 지급할 것을 약정함으로써 그 효력이 생기는 계약의 경우(민법 제563조), 쌍방이 그 계약의 내용에 좇은 이행을 하여야 할 채무는 특별한 사정이 없는 한 '자기의 사무'에 해당하는 것이 원칙이다.

(2) 매매의 목적물이 동산일 경우, 매도인은 매수인에게 계약에 정한 바에 따라 그 목적물인 동산을 인도함으로써 계약의 이행을 완료하게 되고 그때 매수인은 매매목적물에 대한 권리를 취득하게 되는 것이므로, 매도인에게 자기의 사무인 동산인도채무 외에 별도로 매

수인의 재산의 보호 내지 관리 행위에 협력할 의무가 있다고 할 수 없다. 자동차처럼 권리이전에 등기·등록을 요하는 동산의 경우도 마찬가지이다(대판 2020. 10. 22, 2020도6258 전합).

(3) 동산매매계약에서의 매도인은 매수인에 대하여 그의 사무를 처리하는 지위에 있지 아니하므로, 매도인이 목적물을 매수인에게 인도하지 아니하고 이를 타에 처분하였다 하더라도 형법상 배임죄가 성립하는 것은 아니다.

3. 판례의 입장 및 결론

(1) 사안의 문제는 과연 계약금과 중도금까지 받은 甲이 매수인인 乙에 대하여 乙의 재산의 보호 내지 관리행위에 협력할 의무가 있는가에 있다. 특히, 배임죄에서는 그 신뢰관계를 보호하고자 하고 있으므로 그 의무가 형법상 보호할 만한 신뢰에 기초한 것인가가 이 사안의 핵심이라 할 것이다.

(2) 종래 대법원은 부동산의 매매에서 매도인이 중도금을 수령한 이후에 매매목적물을 제3자에게 처분하는 행위는 매수인을 위한 등기협력의무에 위배하는 것으로 배임죄에 해당한다는 판례를 확립하여 왔으므로(대판 1986. 7. 8, 85도1873; 대판 1988. 12. 13, 88도750; 대판 2008. 7. 10, 2008도3766 등 참조), 매매계약에서 매매목적물이 부동산이든 동산이든 매매목적물에 대한 권리의 변동은 당사자 간의 합의와 공시방법의 구비에 의하여 발생한다는 점에서 그 법적 구조가 동일하다는 점에서 동산 이중매매를 부동산 이중매매와 달리 볼 이유는 없다고 볼 수 있다.

하지만 대법원은 전원합의체를 통하여 종래의 견해를 변경하면서 동산 이중양도의 경우는 계약에 좇은 이행을 할 의무는 자신의 의무로서 배임죄의 주체가 되지 못한다고 하였다. 판례에 따른다면 甲은 무죄가 될 것이다.

제 2 문

2. 甲은 자신의 소유인 인쇄기를 乙에게 135,000,000원을 빌리면서 담보조로 이 인쇄기를 양도하여 주었다. 다만 양도의 방식은 점유개정으로 인도청구권을 양도하는 방식을 취하였다. 그런데 다른 채권자들로부터 변제독촉을 받고 있어 돈이 더 필요하게 되자 丙으로부터도 100,000,000원을 빌리면서 점유개정의 방식으로 양도하여 주었다. 하지만 자신이 여전히 점유를 하고 있음을 기화로 하여 인쇄기를 丁에게 100,000,000원에 매각을 하였다.

이때 甲의 죄책은 어떻게 되며 판례의 결론은 어떠한가? 또한 乙과 丙에 대하여 모두 공소가 제기되었을 때, 판례에 따르면 어떠한 판결을 내리게 되는가? (예) 乙에 대한 주문 유(무)죄 / 이유 유(무)죄, 丙에 대한 주문 유(무)죄 / 이유 유(무)죄로 언급하라) (25점)

Ⅰ. 문제점

甲은 乙에게 양도담보를 설정해 준 후 다시 이를 丙에게 같은 방식으로 양도담보를 설정해 주었다. 그 후 이를 丁에게 처분하였는 바, 과연 동산의 양도담보의 법적 성격은 어떻게 되는지, 그리고 형법상의 보호할 신뢰관계를 판단함에 있어 소유권을 양도담보권자에게 있다고 볼 것인지, 아니면 양도담보설정자에게 있다고 볼 것인지가 문제된다. 나아가 丁에게 처분한 행위가 乙에 대한 관계에서 어떤 불법을 형성하는지를 판단함과 동시에 丙에 대한 관계에서 어떤 불법이 형성되는지를 살펴보아야 할 것이다.

Ⅱ. 동산이중양도담보의 법적 성격

판례는 금전채무를 담보하기 위하여 채무자가 그 소유의 동산을 채권자에게 양도하되 점유개정에 의하여 채무자가 이를 계속 점유하기로 한 경우 특별한 사정이 없는 한 동산의 소유권은 신탁적으로 이전된다고 판시하여 신탁적 양도설에 입장에 따르고 있다. 그렇다면 신탁적 양도설에 따를 때에는 대외적으로 그 소유권이 乙에게 이전된다고 볼 수 있다.

Ⅲ. 횡령죄와 배임죄의 주체

(1) 횡령죄와 배임죄는 모두 신뢰관계를 전제로 하는 범죄로서 특별·일반의 관계에 있다고 보는 것이 통설과 판례의 입장이다. 따라서 횡령죄가 먼저 성립되는지를 살펴본 후 재물의 타인성이 인정되지 않는다면 배임죄의 성부를 살펴보아야 한다.

(2) 사안의 경우는 동산이중양도담보로서 위에서 살펴본 바와 같이 대외적으로는 이미 소유권이 乙에게 이전되었다고 볼 수 있다. 하지만 횡령죄와 배임죄는 대내적 신뢰관계를 침해하는 것을 그 본질로 하고 있는 바, 대외적인 소유관계가 횡령과 배임죄를 판단하는 기초가 될 수는 없다. 따라서 대내적 소유관계를 파악하여 보아야 할 것인데, 판례는 금전채무를 담보하기 위하여 채무자가 그 소유의 동산을 채권자에게 양도하되 점유개정에 의하

여 채무자가 이를 계속 점유하기로 한 경우 특별한 사정이 없는 한 동산의 소유권은 신탁적으로 이전됨에 불과하여 채권자와 채무자 사이의 대내적 관계에서 채무자는 의연히 소유권을 보유한다고 판시하고 있다.

(3) 결국 판례에 의하면 대내적 소유권을 보유한 채무자 甲이 소유자로 평가되므로 甲은 타인의 재물을 보관하는 자가 될 수 없어 배임죄의 주체가 될 수 있는지를 검토해보아야 할 것이다.

IV. 이중양도담보에 있어서 양도담보권자에 대한 신뢰관계 유무

(1) 배임죄의 타인의 사무를 처리하는 자가 되기 위하여는 당사자 관계의 본질적 내용이 단순한 채권관계상의 의무를 넘어서 그들 간의 신임관계에 기초하여 타인의 재산을 보호 내지 관리하는 데 있어야 한다. 사안의 경우 甲은 乙에게 양도담보를 설정해준 자로서 자신의 채무를 변제하기 전까지는 그 재산을 보전해주어야 할 신임관계가 존재한다고 보아야 한다면, 甲은 乙에 대한 사무를 처리하는 자라는 점은 인정된다. 종래 판례의 입장이다.

(2) 그런데 최근 대법원은 "양도담보설정계약에 따라 채무자가 부담하는 의무는 담보목적의 달성, 즉 채무불이행 시 담보권 실행을 통한 채권의 실현을 위한 것이므로 담보설정계약의 체결이나 담보권 설정 전후를 불문하고 당사자 관계의 전형적·본질적 내용은 여전히 금전채권의 실현 내지 피담보채무의 변제에 있다"며 "채무자가 위와 같은 급부의무를 이행하는 것은 채무자 자신의 사무에 해당할 뿐"이라고 판시(대판 2020. 2. 20, 2019도9756 전합)하면서, 판례의 견해를 변경하여 자기 사무에 불과하여 배임죄가 성립할 수 없다는 입장을 취하였다. 채무자가 통상의 계약에서의 이익대립관계를 넘어서 채권자와의 신임관계에 기초하여 채권자의 사무를 맡아 처리한다고 볼 수 없다는 것이다(대판 2020. 4. 9, 2013도 13138; 대판 2020. 3. 27, 2018도14596; 대판 2020. 3. 26, 2015도8332). 이는 본질적으로 그들 간의 신임관계를 형법이 보호할 문제가 아니라 민사적으로 해결하여야 하는 것으로 판단한 것이다. 채권자에게 동산담보로 제공한 담보물을 채무자가 처분하여도 같은 이유로 배임죄가 성립하지 않는다(대판 2020. 8. 27, 2019도14770 전합).

(3) 종래 판례(대판 2004. 6. 25, 2004도1751)는 동산의 소유권은 신탁적으로 이전됨에 불과하여 채권자와 채무자 사이의 대내적 관계에서 채무자는 의연히 소유권을 보유하나 대외적인 관계에 있어서 채무자는 동산의 소유권을 이미 채권자에게 양도한 무권리자가 되는 것이어서 다시 다른 채권자와 사이에 양도담보 설정계약을 체결하고 점유개정의 방법으로 인도를 하더라도 선의취득이 인정되지 않는 한 나중에 설정계약을 체결한 채권자는 양도담

보권을 취득할 수 없는데, 현실의 인도가 아닌 점유개정으로는 선의취득이 인정되지 아니하므로, 결국 뒤의 채권자는 양도담보권을 취득할 수 없고, 따라서 이와 같이 채무자가 그 소유의 동산에 대하여 점유개정의 방식으로 채권자들에게 이중의 양도담보 설정계약을 체결한 후 양도담보 설정자가 목적물을 임의로 제3자에게 처분하였다면 양도담보권자라 할 수 없는 뒤의 채권자에 대한 관계에서는, 설정자인 채무자가 타인의 사무를 처리하는 자에 해당한다고 할 수 없어 배임죄가 성립하지 않는다고 판시하였고, 제1양도담보권자에 대하여는 배임죄를 인정하고, 제2양도담보권자에 대하여서는 배임죄의 성립을 부정하였다.[33]

V. 결 론

(1) 그러므로 종래 판례에 의하면, 甲은 乙에 대하여는 타인의 사무를 처리하는 자로 평가할 수 있지만 丙에 대하여는 타인의 사무를 처리하는 자로 평가할 수 없다. 그러므로 甲이 비록 丁에게 인쇄기를 매각하였다고 하더라도 乙에 대하여 배임죄가 성립할 뿐 丙에 대하여는 배임죄가 성립하지 않는다고 할 것이다. 乙은 이 동산의 양도담보권자임은 분명하고 다만, 丙은 점유개정으로 선의취득을 할 수 없으므로 양도담보권자가 아니므로, 甲이 丁에게 팔아넘긴 행위는 乙에 대한 관계에서는 배임죄가 성립하나 丙에 대한 관계에서는 배임죄가 성립하지 아니한다고 보게 된다.

(2) 그러나 변경된 전원합의체 판결에 의하면, 배임죄는 '타인의 사무를 처리하는 자'라는 신분을 요하는 진정신분범으로 채무자가 계약을 위반했고 그로 인한 채권자의 재산상 피해가 적지 않아 비난가능성이 높다거나 처벌의 필요성이 크다는 이유만으로 배임의 죄책을 묻는 것은 죄형법정주의 원칙에 반하기 때문에 본질이 금전채무인 본 사안과 같은 경우 乙에 대한 관계이건, 丙에 대한 관계이건 배임죄로 처벌할 수 없다는 입장이다.

채무자가 금전채무를 담보하기 위하여 그 소유의 동산을 채권자에게 동산·채권 등의 담보에 관한 법률(이하 '동산채권담보법'이라 한다)에 따른 동산담보로 제공함으로써 채권자인 동산담보권자에 대하여 담보물의 담보가치를 유지·보전할 의무 또는 담보물을 타에 처분하거나 멸실, 훼손하는 등으로 담보권 실행에 지장을 초래하는 행위를 하지 않을 의무를 부담하게 되었더라도, 이를 들어 채무자가 통상의 계약에서의 이익대립관계를 넘어서 채권자와의 신임관계에 기초하여 채권자의 사무를 맡아 처리하는 것으로 볼 수 없다.

따라서 이러한 경우 채무자를 배임죄의 주체인 '타인의 사무를 처리하는 자'에 해당한다

---

33) 丙은 제2양도담보권자이지만 점유개정의 방식을 취하였다는 점에서 선의취득을 할 수 없어 민사상 양도담보권을 취득하였다고 볼 수 없기 때문이다.

고 할 수 없고, 그가 담보물을 제3자에게 처분하는 등으로 담보가치를 감소 또는 상실시켜 채권자의 담보권 실행이나 이를 통한 채권실현에 위험을 초래하더라도 배임죄가 성립하지 아니한다(대판 2020. 8. 27, 2019도14770 전합).

VI. 판결형식

1. [종래 판례에 의할 때]

(1) 주문 유죄(乙에 대한 배임죄에 대하여), 이유 무죄(丙에 대한 배임죄에 대하여)

(2) 甲의 위 乙과 丙에 대한 죄책은 하나의 행위로 이루어 진 것이므로 상상적 경합관계이다. 1죄 1주문주의에 의하여 주문은 하나만 설시되어야 하는바, 사안의 경우는 乙에 대한 배임죄가 유죄이고 丙에 대한 배임죄는 무죄가 된다. 그렇다면 주문에 유죄를 설시하고 丙에 배임죄가 무죄라는 점은 이유에만 설시하게 될 것이다.

2. [변경된 판례에 의할 때]

甲은 무죄

제 3 문

3. 甲은 자신의 소유인 인쇄기를 乙에게 135,000,000원을 빌리면서 담보조로 이 인쇄기를 인도하여 주었다. 그런데 乙은 이를 인도받은 것을 기화로 甲의 친구인 丙에게 빌려준 돈도 받을 생각으로 그 인쇄기는 丙의 채무 5,000만원도 담보하는 것이라며 자신이 양도담보로 받은 인쇄기를 반환하지 않으려고 하고 있다. 甲은 乙에게 채무를 135,000,000원을 변제하면서 반환을 요구하였으나 乙은 丙의 채무를 변제받기 전까지는 절대로 돌려줄 수 없다는 의사를 명시적으로 전달하였다. 이때 乙의 죄책은 어떻게 되며 판례의 결론은 어떠한가? (25점)

I. 문제점

이 사안의 경우는 위 제2문과 달리 양도담보설정자가 아닌 양도담보권자가 임의로 처분하는 경우의 죄책을 묻고 있다. 그렇다면 위 제2문에서 살펴본 바와 같이 대내적 소유관계에 비추어 보았을 때 소유권은 여전히 甲이 보유하고 있다는 점에서 乙은 양도담보권자로서 재물의 타인성이 인정된다. 그렇다면 횡령죄의 성부가 문제될 것인 바, 과연 양도담보권자에게도 양도담보설정자에 대한 형법상 보호할 만한 신뢰관계가 존재하는지 문제된다.

II. 횡령죄에 있어 '보관'의 의미

(1) 횡령죄가 되기 위해서는 자기가 보관하는 재물이어야 한다. 타인이 점유하는 재물에 대하여는 절도죄가 성립할 수 있을 뿐이기 때문이다. 사안의 경우는 동산에 대하여 인도를 받아 점유하고 있으므로 사실상의 처분권을 획득한 상황이라고 볼 것이다.

(2) 횡령죄의 점유는 신분요소가 되는데 점유가 행위대상이 될 때에는 사실상의 재물지배라는 엄격하게 점유개념을 적용하여야 하나, 횡령죄의 보관은 신분요소로서의 성격 때문에 횡령죄가 기초하고 있는 신임관계를 전제하고 타인의 재물을 영득할 수 있는 관계에 있을 것을 요한다고 볼 것이다.

(3) 특히 사안의 경우는 乙이 135,000,000원을 甲에게 빌려주면서 담보조로 인쇄기를 인도받았다는 점에서 점유를 하고 있는 상황이고 동산의 경우 점유를 통하여 사실상의 처분권을 획득하였다고 볼 수 있다는 점에서 보관자의 지위를 인정할 수 있다.

III. 횡령죄의 '반환거부'와 불법영득의사

1. '정당한 이유' 없는 반환거부

(1) 형법 제355조 제1항에서 정하는 '반환의 거부'란 보관물에 대하여 소유자의 권리를 배제하는 의사표시를 하는 행위를 뜻하므로, '반환의 거부'가 횡령죄를 구성하려면 타인의 재물을 보관하는 자가 단순히 그 반환을 거부한 사실만으로는 부족하고 그 반환거부의 이유와 주관적인 의사들을 종합하여 반환거부행위가 횡령행위와 같다고 볼 수 있을 정도이어야 하고, 횡령죄에 있어서 이른바 불법영득의 의사는 타인의 재물을 보관하는 자가 그 취지에 반하여 정당한 권원 없이 스스로 소유권자와 같이 이를 처분하는 의사를 말하는 것이므로 비록 그 반환을 거부하였다고 하더라도 그 반환거부에 정당한 이유가 있어 이를 반환하지 아니하였다면 불법영득의 의사가 있다 할 수 없다(대판 1998. 7. 10, 98도126 등 참조). 따라서 사안의 경우 보관자인 乙이 반환을 거부하였다는 사실만으로 횡령죄가 성립하는 것이 아니라 정당한 권원 없이 반환을 거부하여 불법영득의사가 존재함이 입증되어야 한다.

(2) 사안의 경우는 乙은 담보권자로서 담보목적물을 보관하고 있음을 기화로 실제의 피담보채권 이외에 자신의 제3자인 丙에 대한 기존의 채권까지 변제받을 의도로, 그것까지

포함하여 변제가 이루어지지 아니할 경우 반환하지 않을 것임을 명시적으로 표명하였으므로 정당한 이유가 없는 거부로서 불법영득의사가 존재한다고 할 것이다.

2. 판례의 입장(대판 2007. 6. 14, 2005도7880)[34]

금전을 대여하면서 채무자로부터 그 담보로 동산을 교부받은 담보권자는 그 담보권의 범위 내에서 담보권을 행사할 수 있을 것인데, 담보권자가 담보목적물을 보관하고 있음을 기화로 실제의 피담보채권 이외에 자신의 제3자에 대한 기존의 채권까지 변제받을 의도로, 채무자인 담보제공자와의 소비대차 및 담보설정관계를 부정하고 그 담보목적물이 자신과 제3자 사이의 소비대차 및 담보설정계약에 따라 제공된 것으로서 실제의 피담보채권 외에 제3자에 대한 기존의 채권까지도 피담보채권에 포함되는 것이라고 주장하면서 그것까지 포함하여 변제가 이루어지지 아니할 경우 반환하지 않을 것임을 표명하다가 타인에게 담보목적물을 매각하거나 담보로 제공하여 피담보채무 이외의 채권까지도 변제충당한 경우에는 정당한 담보권의 행사라고 볼 수 없고, 위탁의 취지에 반하여 자기 또는 제3자의 이익을 위하여 권한 없이 그 재물을 자기의 소유인 것 같이 처분하는 것으로서 불법영득의 의사가 인정된다.

IV. 횡령죄의 기수시기

(1) 횡령죄가 성립되기 위하여는 타인의 재물을 보관하는 자가 불법영득의 의사로써 그 재물을 횡령하거나 반환을 거부하여야 하고, 여기서 불법영득의 의사란 타인의 재물을 보관하는 자가 위탁의 취지에 반하여 자기 또는 제3자의 이익을 위하여 권한 없이 그 재물을 자기의 소유인 것 같이 처분하는 의사를 의미한다. 이러한 횡령죄는 침해범이 아니라 위험범이라고 보는 견해가 통설적인바, 불법영득의 의사가 실현되었을 때를 기수시기로 볼 것이 아니라 확정적으로 외부에 표현되었을 때 횡령죄가 성립한다고 볼 것이다.

(2) 판례(대판 1982. 4. 13, 80도537; 대판 1989. 9. 12, 89도382; 대판 2002. 2. 5, 2001도5439; 대판 2007. 6. 14, 2005도7880 등 참조) 역시 불법영득의사가 확정적으로 외부에 표현되었을 때를 기준으로 횡령죄의 기수시기를 파악하고 있는 바, 사안의 경우 甲은 乙에게 채무를 135,000,000원을 변제하면서 반환을 요구하였음에도 乙이 이를 명시적으로 거부하였다는 점에서 그 불법영득의사는 확정적으로 표현되었다고 볼 것이다.

---

34) 앞서 2문에서 언급한 전원합의체 판결은 담보설정자인 채무에 대한 판시이다. 본 사안은 채권자인 담보권자에 대한 내용으로 전원합의체 판결과 그 사실관계가 다름을 유의한다.

Ⅴ. 판례에 따른 결론

판례에 따르면 동산양도담보에 있어 담보권자이면서 인도를 받은 乙은 횡령죄에서의 보관자의 지위를 갖는다고 볼 것이며 담보권의 범위를 넘어 반환을 거부하는 것은 정당한 이유가 없는 것으로 불법영득의사가 표현되었다고 볼 것이다. 따라서 乙은 횡령죄의 기수가 성립하게 된다.

31. 채권의 이중양도 / 채권양도인에 의한 변제수령 후 임의소비 / 금전 등 대체물의 보관과 횡령 내지 배임죄의 성부

○ 사례 31

건설업자 甲은 입지가 좋은 역세권에 주상복합빌딩을 짓기로 계획하고 토지매입대금만 준비된 상태에서 공사를 시작하였다. 그러나 공사를 하는 과정에서 자금조달 능력이 한계에 이르러 자금 부족으로 공사가 중단될 위기에 처하자, 甲은 자신이 A에 대하여 갖고 있는(아직 변제기가 도래하지 않은) 4억짜리 공사대금채권을 양도하여 자금을 마련하기로 마음먹었다. 그리하여 지역유지로 소문난 乙을 찾아가 위 4억짜리 채권을 乙에게 3억원에 양도하고 즉시 3억원을 지급받았으나, 아직 A에게 채권양도통지는 하지 않았다. 이러한 상태에서 A가 채권 중 2억원을 변제하자 甲은 이를 수령한 후 공사비로 임의소비하였다. 그러나 이후에도 자금부족은 계속되어 하도급업자 B가 대금 미지급을 이유로 공사를 중단하자, 甲은 A에 대한 잔존채권 2억원을 B에게 양도하고 A에게 양도 통지하였다. 이러한 사정을 알게 된 乙이 격분하여 甲을 형사고소하려 하자, 甲은 용서를 빌면서 甲이 짓고 있는 주상복합빌딩을 담보로 하여 신용이 좋은 乙 명의로 10억원을 대출받아주면 공사비로 투입하여 공사를 완료한 후 분양대금이 들어오는 대로 4억원을 지급하겠다고 약속하고 乙은 이를 승낙하였다. 그러나 은행에서는 이들의 기대와는 달리 10억원이 아닌 5억원만 대출하여 주었는바, 乙은 1억원만을 甲에게 지급하고 나머지 4억원은 자기 채권의 변제에 충당하겠다면서 그 지급을 거절하였다. 이에 甲은 1억원의 수령을 거부하였다.

甲과 乙의 죄책은?

해 설

I. 논점의 정리

사안에서는 여러 명의 행위자가 등장하는데, 그 중에서 甲과 乙 두 사람이 행한 행위들의 죄책들이 문제된다. 甲과 乙은 공동정범 내지 공범으로서 행위한 것이 아니라 서로 상대방을 피해자로 하는 범행을 하였으므로, 甲과 乙의 죄책을 각각 별도로 검토하는 것이 논리적이다. 우선 甲의 죄책을 논한 후 이어서 乙의 죄책을 논하도록 하겠다.

(1) 甲이 A에 대한 공사대금채권 중 일부인 2억원을 A로부터 수령하였다면 甲은 이를 乙에게 지급하여야 함에도 乙에게는 아무런 허락도 받지 않고 이를 임의로 소비하였다. 이 경우 지명채권양도인이 채권양도통지를 하지 않고 있는 동안에 채무자로부터 채무의 변제로서 수령한 금전의 경우, 그 소유권을 누구에게 있다고 볼 것인지, 채권양도인에게 위 금전에 관련된 사무를 처리하여야 할 의무가 있다고 볼 것인지에 따라서 횡령 내지 배임죄의 성부가 문제된다.

(2) 또한 甲은 A에 대한 공사대금채권을 이미 乙에게 양도한 상태에서, 위 채권 중 남아 있는 2억원의 채권을 하도급업자 B에게 양도한 후 A에게 채권양도의 통지까지 하였다. 이 경우 乙은 채무자 A나 제2의 채권양수인인 B에게 자신의 채권을 주장할 수 없게 된다. 지명채권을 이중양도한 후 채무자에게 양도통지까지 한 경우에 이를 제1양수인에 대한 신임관계의 위배로 보아 횡령 내지 배임죄의 죄책을 물을 것인지가 문제된다. 양도사실을 고지하지 않고 B에게 양도한 행위가 B에 대한 기망행위로서 사기죄가 성립하는지도 살펴보아야 한다.

(3) 乙의 경우 甲 소유의 부동산을 담보로 은행에서 대출받은 5억원 중 4억원을 자신의 채권변제에 충당하고, 1억원만 甲에게 주겠다고 제의하였다. 乙이 甲에 대하여 4억원의 채권을 갖고 있는 것은 분명하나, 은행 대출금을 자기 채권의 변제에 우선 충당하기로 甲과 합의한 바는 없다. 은행 대출이라는 사무처리를 위임받아 처리하는 과정에서 금전을 수수한 경우에 그 수수한 금전의 소유권을 누구에게 인정할 것인지, 乙의 변제충당을 정당하다고 볼 것인지에 따라 乙의 죄책 여하가 결정된다.

II. 甲의 죄책

1. A에 대한 채권 중 일부를 수령하여 임의로 소비한 행위 - 횡령 내지 배임죄(형법 제355조 제1항 · 제2항)의 성부

(1) 문제의 소재

지명채권을 양도한 경우에 양도인이 이미 채무자에게 양도통지까지 한 경우라면, 설사 양도인이 그 후 채무자로부터 채권을 변제받아 임의로 소비하였더라도 그 채권양도는 여전히 유효한 것이고 양수인의 채권이 양도인의 변제수령에 따라 소멸하는 것이라고 할 수는 없다. 따라서 채권양도인은 양수인의 사무를 처리하는 자의 지위에 있다 할 수 없으므로 양도인에게는 배임죄가 성립되지 아니한다(대판 1984. 11. 13, 84도698).

그러나 본 사안에서는 지명채권양도인이 채권양도통지를 하지 않고 있는 동안에 채무자로부터 채무의 변제로서 수령한 금전을 임의로 소비한 경우로서 채무자에 대한 양수인의 채권은 이미 소멸하여 채권양수인은 채무자에게 대항할 수 없다(민법 제450조 제1항). 따라서 이 경우에 甲이 채무의 변제로서 수령한 금전은 종국적으로는 乙에게 귀속되어야 할 것인데, 이 경우 甲의 죄책은 ① 위 금전의 소유권을 채권양도인 甲과 양수인 乙 중 누구에게 인정할 것인지, ② 양도인 甲이 양수인 乙에 대하여 위 금전 수수 사무를 처리하여야 하는 타인사무 처리자의 관계에 있다고 볼 것인지의 문제로 귀결된다.

종래는 채무자가 채권자에 대하여 부담하고 있는 채무를 변제하기 위하여 채무자가 거주하는 주택의 임차보증금반환채권을 채권자에게 양도하고서도 주택소유자에게 양도통지를 하지 않고 있다가 주택소유자로부터 임차보증금을 반환받아 이를 임의로 소비한 사안에서 이러한 문제가 본격적으로 논의되었는바, 위 사안의 1심 및 2심은 횡령 내지 배임죄의 성립을 부정하였으나, 대법원 다수의견은 횡령죄가 성립한다고 판시하였다(대판 1999. 4. 15, 97도666 전합). 그러나 최근 대법원은 아래와 같이 횡령죄의 성립을 부정하고 있다.

(2) 채무변제로서 수령한 금전의 소유권 귀속관계

1) 견해의 대립

① **양도인 소유설** 채권양도의 통지를 하지 않고 채권양도인이 채무자로부터 채권의 변제로서 금전을 수령한 경우에 그 변제는 유효하므로 그 금전의 소유권은 양도인에게 귀속하는 것으로 보는 것이 타당하고, 따라서 양도인이 그 금전을 자기를 위하여 소비한 경우는 양수인에 대한 관계에서 배임죄의 성부는 별론으로 하고 타인 소유의 재물을 그 객체로 하는 횡령죄는 성립하지 않는다. 위 97도666 전원합의체 판결의 반대의견이 이 입장을 취하고 있다.

② **양수인 소유설**　채권을 양도하고 아직 채권양도의 통지를 하지 않았다고 하더라도 그 통지는 채무자에 대한 대항요건에 지나지 않고 양도인과 양수인 간에는 채권은 완전히 양도되어 양도인은 이미 권리를 상실하고 채무자로부터 지급받은 금전은 양수인의 소유에 속한다고 보아야 한다. 따라서 양도인이 채무자로부터 수령한 금원을 보관하던 중에 자기를 위하여 사용하였다면 이는 자신이 보관하는 타인의 소유물을 처분한 경우로서 횡령죄를 구성하게 된다.

③ **판례의 태도**　판례는 금전이라 하더라도 목적과 용도가 특정 제한된 이상 목적물의 소유권은 위탁자에게 남아있으므로 이를 임의 소비하면 횡령죄를 구성한다고 일관되게 판시(대판 1995. 10. 12, 94도2076; 대판 1997. 4. 22, 96도8; 대판 1997. 9. 26, 97도1520; 대판 1999. 7. 9, 98도4088 등)하면서 위 97도666 전원합의체 판결의 다수의견은 "이미 채권을 양도하여 그 채권에 관한 한 아무런 권한도 가지지 아니하는 양도인이 양수인에게 귀속된 채권에 대한 변제로서 수령한 것이므로, 채권양도의 당연한 귀결로서 그 금전을 자신에게 귀속시키기 위하여 수령할 수는 없는 것이고, 오로지 양수인에게 전달해 주기 위하여서만 수령할 수 있을 뿐이어서, 양도인이 수령한 금전은 양도인과 양수인 사이에서 양수인의 소유에 속한다"고 판시하였다.

2) 검토 및 사안의 해결

금전의 소유권이 누구에게 귀속하는가는 형법 고유의 개념이라고 볼 수는 없고 결국 민법의 원칙에 따라 판단하여야 한다. 민법 이론에 의하면 금전은 봉함된 경우와 같이 특정성을 가진 경우를 제외하고는 그 점유가 있는 곳에 소유권이 있다. 따라서 물권적 반환청구권은 인정되지 않으며 부당이득반환청구권의 문제만이 남을 뿐이다. 금전은 교환수단으로서의 기능을 가지고 유통되기 때문에 재물 자체의 개성은 문제되지 않으며 항상 대체성이 있기 때문이다.

따라서 본 사안에서 채권양도인이 채권양도통지 전에 채무자로부터 변제받은 금전의 소유권은 채권자에게 귀속된다고 보아야 하는바, 타인 소유물의 보관자를 그 주체로 하는 횡령죄는 성립할 수 없다. 다만 채권양도인이 위 채권수령액을 채권양수인에게 이전해야 할 의무가 형법상 보호할 만한 신임관계에서 비롯된 것이라면, 이러한 신임관계의 위배에 대하여는 배임죄가 문제될 뿐이다.

(3) **형법상 보호할 만한 신임관계의 인정 여부**

채권양도계약에 의하여 채권양도인은 채무자에게 채권양도통지를 하여 양수인이 채무자에 대한 대항요건을 갖추도록 해 줄 민법상의 의무를 부담한다. 그렇다면 채권양도통지 이전에 채무자가 양도인에게 이미 변제를 한 경우에는 변제받은 당해 금원은 양수인에게 반환하여야 한다. 그런데 채권양도인의 양수인에 대한 이와 같은 의무는 단순한 채무에 불과한지, 아니면 형법상 보호할 만한 신임관계에 포함되는지가 문제된다.

1) 견해의 대립

① 형법상 보호할 만한 신임관계를 긍정하는 견해 채권양도의 당사자 사이에는 양도인의 사무처리를 통하여 양수인은 유효하게 채무자에게 채권을 추심할 수 있다는 신임관계가 전제되어 있다고 보아야 할 것이다. 나아가 양도인이 채권양도 통지를 하기 전에 채무자로부터 채권을 추심하여 금전을 수령한 경우, 아직 대항요건을 갖추지 아니한 이상 채무자가 양도인에 대하여 한 변제는 유효하고 그 결과 양수인에게 귀속되었던 채권은 소멸하지만, 이는 이미 채권을 양도하여 그 채권에 관한 한 아무런 권한도 가지지 아니하는 양도인이 양수인에게 귀속된 채권에 대한 변제로서 수령한 것이므로, 채권양도의 당연한 귀결로서 그 금전을 자신에게 귀속시키기 위하여 수령할 수는 없는 것이고, 오로지 양수인에게 전달해 주기 위하여서만 수령할 수 있을 뿐이다. 따라서 양도인이 양수인을 위하여 채권보전에 관한 사무를 처리하는 지위에 있다는 것을 고려하면, 양도인은 이를 양수인을 위하여 보관하는 관계에 있다(위 97도666 전원합의체 판결의 다수의견).

② 형법상 보호할 만한 신임관계를 부정하는 견해 채무자는 그의 채권자(채권양도인)에게 변제할 의사로 금전을 교부하였다고 할 것이고, 채권자는 이를 자신이 취득할 의사로 교부받았다고 할 것이므로(채권자가 채권양도의 통지를 하지 아니한 채 이를 수령한 것이 신의에 반한다고 하더라도), 채권양도인과 채권양수인과의 사이에 채무자가 채권양도인에게 채무의 변제로서 금전을 교부하는 경우, 이를 채권양수인에게 귀속하는 것으로 하기로 특약을 하는 것과 같은 특별한 사정이 없는 한, 채권양도인이 채무자로부터 교부받은 금전을 그대로 채권양수인에게 넘겨야 하거나 채권양수인의 지시에 따라 처리하여야 할 의무가 있다고 볼 근거가 없으므로, 채권양도인이 위 금전을 채권양수인을 위하여 보관하는 지위에 있다고 볼 수도 없다(위 97도666 전원합의체 판결의 소수의견).

2) 판례의 태도

대법원은 주류제조면허의 양도인은 면허취소신청을 하여 양수인이 면허를 얻는 데 필요한 모든 협력을 하여야 할 의무가 있고, 그 협력의무의 이행은 양수인이 면허를 얻는 데 반드시 필요로 하는 것이어서 양수인의 면허획득이 양도인의 의무이행에 걸려 있으므로, 이는 자기의 사무임과 동시에 양수인이 면허신청을 하여 면허를 얻는 사무의 일부를 이룩하고 있는 양도인의 사무라고 할 것이므로 그 의무불이행은 배임죄를 구성한다고 판시(대판 1979. 11. 27, 76도3962 전합)하였고, 토석채취권을 매도한 자는 그 매수인에게 그들이 토석을 채취할 수 있도록 그에 필요한 서류를 넘겨주어 허가를 받는 데 협력할 의무가 있으므로 그 임무에 위배하여 이중으로 매도하면 배임죄가 성립한다고 판시(대판 1979. 7. 10, 79도961)하였다.

그러나 이에 반해 채권양도가 아닌 채권 양도담보의 경우에는 채무자가 기존 금전채무를 담보하기 위하여 다른 금전채권을 채권자에게 양도하는 경우, 채무자가 채권자에 대하여 부담하는 '담보 목적 채권의 담보가치를 유지·보전할 의무'는 채권 양도담보계약에 따라 부담하게 된 채무의 한 내용에 불과하다. 또한 통상의 채권양도계약은 그 자체가 채권자 지위의 이전을 내용으로 하는 주된 계약이고, 그 당사자 사이의 본질적 관계는 양수인이 채권자 지위를 온전히 확보하여 채무자로부터 유효하게 채권의 변제를 받는 것이다. 그런데 채권 양도담보계약은 피담보채권의 발생을 위한 계약(예컨대 금전소비대차계약 등)의 종된 계약으로, 채권 양도담보계약에 따라 채무자가 부담하는 위와 같은 의무는 담보 목적을 달성하기 위한 것에 불과하고, 그 당사자 사이의 본질적이고 주된 관계는 피담보채권의 실현이다. 이처럼 채권 양도담보계약의 목적이나 본질적 내용을 통상의 채권양도계약과 같이 볼 수는 없다.

따라서 채무자가 채권 양도담보계약에 따라 담보 목적 채권의 담보가치를 유지·보전할 의무는 계약에 따른 자신의 채무에 불과하고, 채권자와 채무자 사이에 채무자가 채권자를 위하여 담보가치의 유지·보전사무를 처리함으로써 채무자의 사무처리를 통해 채권자가 담보 목적을 달성한다는 신임관계가 존재한다고 볼 수 없다.

그러므로 채무자가 제3채무자에게 채권양도 통지를 하지 않은 채 자신이 사용할 의도로 제3채무자로부터 변제를 받아 변제금을 수령한 경우, 이는 단순한 민사상 채무불이행에 해당할 뿐, 채무자가 채권자와의 위탁신임관계에 의하여 채권자를 위해 위 변제금을 보관하는 지위에 있다고 볼 수 없고, 채무자가 이를 임의로 소비하더라도 횡령죄는 성립하지 않는다(대판 2021. 2. 25, 2020도12927).

3) 검토 및 사안의 해결

본 사안은 채권 양도인이 채무자로부터 채권의 변제를 받은 경우인바, 채권양도의 대항요건을 갖추지 아니한 이상 채무자가 양도인에 대하여 한 변제는 유효하고, 그 결과 양수인에게 귀속되었던 채권은 소멸한다. 그러나 양도인은 그 채권에 관한 한 아무런 권한도 가지지 아니하므로 이는 양수인에게 귀속된 '타인의 채권에 대한 변제'로서 수령한 것으로 볼 수밖에 없다. 채권양도계약에서 특별한 사정이 없는 한 양도인이 채권을 추심하여 이를 양수인에게 교부할 의무는 부담하지 아니한다. 따라서 양도인은 추심한 금전에 관하여 계약상의 신임관계에 있는 것은 아니다.

그러나 횡령 내지 배임죄에서 신임관계는 단지 계약에서만 발생하는 것이 아니라 널리 조리 또는 신의칙에 근거하여도 발생할 수 있다(대판 1987. 10. 13, 87도1778). 채권양도인은 채무자에게 채권양도통지를 하거나 채무자로부터 채권양도 승낙을 받음으로써 양수인으로 하여금 채무자에 대한 대항요건을 갖출 수 있도록 해 줄 의무를 부담한다. 한편 양도인이 채권양도통지를 하기 전에 타에 채권을 이중으로 양도하지 말아야 할 의무도 당연히 부담한다. 이들 의무는 모두 양수인으로 하여금 원만하게 채권을 추심할 수 있도록 하여야 할 의무로서 단순한 민사상의 채권채무관계가 아니고, 양도인은 채무자로부터 수령한 채권을 양수인에게 교부하는 방법에 의하여 양수인으로 하여금 채권추심의 목적을 달성하게 할 조리 내지 신의칙상의 의무가 있다고 보아야 한다.

결국 甲은 자신이 수령한 채권액 2억원을 乙에게 지급하여야 할 의무가 있는 타인의 사무를 처리하는 자로서, 그 임무에 위배하여 이를 임의로 소비함으로서 재산상의 이득을 취득하여 乙에게 손해를 가하였으므로 배임의 죄책을 면치 못한다.

2. A에 대한 잔존채권을 B에게 이중으로 양도한 행위

(1) 문제의 소재

지명채권양도 후 아직 채권양도통지를 하지 않은 상태에서 이를 이중으로 양도하고 양도통지를 한 경우의 죄책에 관한 판례사안은 아직 존재하지 않는다. 다만 위 '97도666 판례사안'에서 지명채권양도인은 양도통지 전에 그 채권을 이중으로 타인에게 양도하는 등의 행위를 하지 않음으로써 양수인으로 하여금 원만하게 채권을 추심할 수 있도록 하여야 할 의무가 있다는 법리를 설시한 바 있다.

그렇다면 甲은 乙에게 채권양도통지를 하기 전에 B에게 채권을 이중으로 양도한 후 그 대항요건을 갖추어 줌으로써 乙이 A에게 2억원의 잔존채권을 주장할 수 없게 하여 위 의무를 위배하였으므로 횡령 내지 배임죄의 성부를 검토해야 한다. 덧붙여 甲이 A에 대한 채권양도사실을 알리지 않은 채 B에게 이를 양도한 것을 B에 대한 기망행위로 보아 사기죄로 의율할 것은 아닌지도 살펴보겠다.

(2) 乙에 대한 횡령 내지 배임죄(형법 제355조 제1항·제2항)의 성부

1) 횡령죄의 성부

횡령죄의 객체는 자신이 보관하는 타인의 재물로서, 재물이란 관리가능한 유체물 또는 동력을 말한다. 지명채권이 이에 해당하지 않는다는 점에 대해서는 이론이 없으므로 甲의 이중의 채권양도행위는 배임죄는 별론으로 하고 횡령죄는 성립하지 않는다. 판례 역시 "횡령죄에 있어서의 재물은 동산, 부동산의 유체물에 한정되지 아니하고 관리할 수 있는 동력도 재물로 간주되지만, 여기에서 말하는 관리란 물리적 또는 물질적 관리를 가리킨다고 볼 것이고, 재물과 재산상 이익을 구별하고 횡령과 배임을 별개의 죄로 규정한 현행 형법의 규정에 비추어볼 때 사무적으로 관리가 가능한 채권이나 그 밖의 권리 등은 재물에 포함되지 아니한다(대판 1994. 3. 8, 93도2272)"고 판시하였다.

2) 배임죄의 성부

채권양도는 채권을 하나의 재화로 다루어 이를 처분하는 계약으로서, 채권 자체가 그 동일성을 잃지 아니한 채 양도인으로부터 양수인에게로 바로 이전하고, 이 경우 양수인으로서는 채권자의 지위를 확보하여 채무자로부터 유효하게 채권의 변제를 받는 것이 그 목적이다. 우리 민법은 채무자와 제3자에 대한 대항요건으로서 채무자에 대한 양도의 통지 또는 채무자의 양도에 대한 승낙을 요구하고, 채무자에 대한 통지의 권능을 양도인에게만 부여하고 있으므로(민법 제450조 제1항), 양도인은 채무자에게 채권양도 통지를 하거나 채무자로부터 채권양도 승낙을 받음으로써 양수인으로 하여금 채무자에 대한 대항요건을 갖출 수 있도록 해 줄 의무를 부담한다.

양도인이 채권양도 통지를 하기 전에 타에 채권을 이중으로 양도하여 채무자에게 그 양도통지를 하는 등 대항요건을 갖추어 줌으로써 양수인이 채무자에게 대항할 수 없게 되면 양수인은 그 목적을 달성할 수 없게 되므로, 양도인이 이와 같은 행위를 하지 않음으로써 양수인으로 하여금 원만하게 채권을 추심할 수 있도록 하여야 할 의무도 당연히 포함된다. 양도인의 이와 같은 적극적·소극적 의무는 이미 양수인에게 귀속된 채권을 보전하기 위한 것이고, 그 채권의 보전 여부는 오로지 양도인의 의사에 매여 있는 것이므로, 채권양도의 당사자 사이에서는 양도인은 양수인을 위하여 양수채권 보전에 관한 사무를 처리하는 자라고 할 수 있다.

甲은 乙에 대한 이러한 사무처리 의무에 위배하여 잔존채권 2억원을 B에게 양도함으로써 재산상 이익을 취득하고, 乙에게 동액 상당의 재산상 손해를 가하였으므로 배임죄로 처벌해야 한다.

(3) B에 대한 사기죄(형법 제347조 제1항)의 성부

본 사안에서 아직 A에 대한 채권양도통지가 이루어지지 않은 乙은 A 내지 B에게 자기의 채권의 유효성을 주장할 수 없는 반면, 甲이 B에 대한 채권양도 사실은 A에게 통지하였으므로 B는 유효하게 위 채권을 취득한다. 따라서 甲이 B에 대한 제2의 채권양도 당시 이러한 사실을 묵비하였더라도 B에 대한 기망행위에 해당한다고 할 수 없고, B에게 어떤 손해가 발생한 바도 없다. 따라서 사기죄는 성립하지 않는다.

판례는 부동산 이중매매 사안에서, "매도인이 제1의 매매계약을 일방적으로 해제할 수 없는 처지에 있었다는 사정만으로는, 바로 제2의 매매계약의 효력이나 그 매매계약에 따르

는 채무이행, 또는 제2의 매수인의 매매목적물에 대한 권리의 실현에 장애가 된다고도 볼 수 없는 것이므로 매도인이 제2의 매수인에게 그와 같은 사정을 고지하지 아니하였다고 하여 제2의 매수인을 기망한 것이라고 할 수 없다(대판 1991. 12. 24, 91도2698)"고 판시하였는 바, 이러한 논리는 채권의 이중양도의 경우에도 다를 것이 없다.

(4) 소 결

결국 甲이 A에 대한 채권을 乙에게 양도한 후 채권양도통지를 하지 않은 상태에서 2억 원의 잔존채권을 B에게 이중으로 양도한 후 양도통지까지 한 행위에 있어서는, 채권양수인 인 乙이 위 채권을 원만하게 채권을 추심할 수 있도록 하여야 할 임무에 위배한 것으로 평가되어 배임죄로 처벌된다.

3. 죄수관계 - 제1의 배임죄와 제2의 배임죄의 관계

甲은 乙에게 양도한 채권 중 일부를 수령한 후 임의 소비하여 위 채권에 대한 불법이득 의사를 이미 외부에 표현하여 배임죄는 기수에 이르렀으므로(표현설), 기수 이후에 채권을 또다시 처분하였더라도 새로운 법익의 침해를 수반하지 않아 불가벌 내지 불가벌적 사후행위로서 별개의 배임죄를 구성하는 것은 아니라고 생각할 수 있다.

대법원은 "타인의 부동산을 보관 중인 자가 불법영득의사를 가지고 그 부동산에 근저당 권설정등기를 경료함으로써 일단 횡령행위가 기수에 이르렀다 하더라도 그 후 같은 부동산 에 별개의 근저당권을 설정하여 새로운 법익침해의 위험을 추가함으로써 법익침해의 위험 을 증가시키거나 해당 부동산을 매각함으로써 기존의 근저당권과 관계없이 법익침해의 결 과를 발생시켰다면, 이는 당초의 근저당권 실행을 위한 임의경매에 의한 매각 등 그 근저 당권으로 인해 당연히 예상될 수 있는 범위를 넘어 새로운 법익침해의 위험을 추가시키거 나 법익침해의 결과를 발생시킨 것이므로 특별한 사정이 없는 한 불가벌적 사후행위로 볼 수 없고, 별도로 횡령죄를 구성한다(대판 2013. 2. 21, 2010도10500 전합)"고 판시하였다.

결국 논의의 초점은 甲이 잔존채권 2억원을 이중으로 양도한 행위를 새로운 법익침해행 위로 볼 것이냐에 있다. 그러나 본 사안의 경우 甲의 제1행위(A에 대한 채권 중 일부를 수령하 여 임의로 소비한 행위)와 제2행위(A에 대한 잔존채권을 B에게 이중으로 양도한 행위)는 4억원짜 리 채권에 대하여 '가분적으로' 각 행위가 이루어졌다는 점에서 특색이 있다. 채권 중 일부 를 임의소비한 행위만으로 4억원의 채권액 전부에 대하여 배임의사가 표현되었다고 보기에 는 어렵다는 것이다. 따라서 4억원의 채권의 일부변제로 수령한 2억원을 임의소비할 당시에 는 위 금원에 대한 배임의사가 표현된 것이고, 이후 남아있는 2억원의 채권을 양도할 당시에 는 잔존채권에 대한 별도의 배임의사가 표현되었다고 보아야 한다. 그렇다면 양 죄는 흡수관계가 아니라 별개의 범죄행위로서 두 개의 배임죄의 실체적 경합의 관계에 있다.

III. 乙의 죄책

1. 구성요건해당성 – 횡령 내지 배임죄(형법 제355조 제1항·제2항)의 성부

(1) 문제의 소재

이 사안에서 乙이 처음부터 대출금을 모두 자기 채권의 변제에 충당할 의사로 대출금을 수령한 후 변제에 충당한 것이라면 사기죄가 성립할 것이지만, 설문상 乙은 처음에는 甲에게 약정대로 대출금을 지급할 의사가 있었으나 예상과 달리 대출금의 액수가 너무 적어서 마음을 바꾸어먹고 그 지급을 거부한 것으로 보인다. 그렇다면 乙이 대출받은 금원 중 4억원의 지급을 거부한 행위에 대해서는 甲에 대한 횡령 내지 배임죄가 문제된다. 위 금원은 乙이 자기 명의로 대출받은 금원이기는 하나 甲과의 약정 하에 甲의 부동산을 담보로 삼아 대출받은 금원이고, 위 대출금을 甲에게 지급하기로 약정까지 하였기 때문이다.

이 경우 역시 "금전 등 대체물 보관의 경우 누구에게 소유권이 귀속하는가"라는 점에서 甲의 제1행위의 죄책 판단과 동일한 법리가 적용되어야 한다. 다만 이 경우는 '금전의 수수를 수반하는 사무처리를 위임받은 자가 그 위임내용에 따라 제3자로부터 교부받은 금전'이라는 점에서 특색이 있는바, 위임의 취지상 교부받은 금전의 소유권은 처음부터 위임인에게 귀속시키기로 한 것은 아닌지가 문제된다.

(2) 견해의 대립

1) 수임인 소유설

금전의 경우에는 그것이 재물 그 자체로서의 의미보다는 가치의 표상으로 인식되고 있으므로 그 점유가 있는 곳에 소유가 있다고 보아야 한다. 따라서 수임인의 점유로 돌아간 금전의 소유권 자체는 항상 현실의 수령자인 수임인에게 돌아가고 동종의 금전을 위임인에게 지급할 의무가 있는 데 불과하다.

2) 위임인 소유설

수임인이 위임사무를 처리함에 있어 받은 물건으로 위임인에게 인도할 목적물은 그것이 대체물이더라도 당사자 간에 있어서는 특정한 물건과 같은 것으로 보아야 하고, 따라서 수령한 금전 역시 소유권은 당연히 위임인에게 귀속한다. 따라서 수임인이 이를 임의로 사용하면 횡령죄가 성립한다.

금전 등 대체물의 경우에 원칙적으로 수임인 소유설을 취하면서도, 타인을 위하여 그의 소유물을 담보로 하고 제3자로부터 차용한 금전의 경우에는 달리 보아야 하므로, 비록 수임자의 명의로 차용한 경우에도 이에 대한 소유권은 위임자에게 당연히 귀속하므로 이를 영득하면 횡령죄로 된다는 견해도 있다.

3) 판례의 태도

피해자가 피고인에게 토지를 담보로 7,000만원을 대출받아 달라고 부탁하자, 피고인은 자신의 신용으로 1억원을 대출받아 그 중 3,000만원을 피고인이 빌려 쓰겠다고 제의하여 피해자의 승낙을 받고, 신용협동조합으로부터 피해자의 토지를 담보로 피고인의 명의로 대출금을 받아 7,000만원을 피해자에게 주려 하자, 피해자가 1억원 전액을 요구하는 바람에 서로 다투다가 대출을 상환하여 없던 일로 하기로 하였으나 피고인이 이를 임의소비한 사안에서, "금전의 수수를 수반하는 사무처리를 위임받은 자가 그 행위에 기하여 위임자를 위해 제3자로부터 수령한 금전은, 목적이나 용도를 한정하여 위탁된 금전과 마찬가지로 다른 특별한 사정이 없는 한 그 수령과 동시에 위임자의 소유에 속하고, 수임자는 이를 위임자를 위하여 보관하는 관계에 있다고 보아야 한다(대판 1996. 6. 14, 96도106; 대판 2011. 6. 10, 2010도17202)"고 판시하여 횡령죄의 성립을 인정하였다.

(3) 검토 및 사안의 해결

금전수수 관련사무의 수임자가 제3자로부터 교부받은 금전의 경우에도, 결국에는 금전 등 대체물 보관의 문제이기 때문에 앞서의 결론과 달리 판단할 이유는 전혀 없다. 따라서 이 경우에도 대출사무의 처리를 위임받은 乙이 은행으로부터 수령한 대출금 5억원의 소유권은 즉시 乙에게 귀속되고 다만 乙은 甲에게 동액 상당의 금원을 지급해야 할 의무만이 인정될 뿐이다.

乙은 금원대출에 따른 위와 같은 임무에 위배하여 대출금의 지급을 거부하고 자신의 채권변제에 임의충당하였으므로 금전의 수수를 수반하는 사무처리를 위임받은 취지에 위배한 것으로서 배임행위로 평가된다. 다만 이 경우에 배임행위에 따른 피해액은 5억원이 아니라 4억원이 된다. 甲이 5억원 전부를 지급받지 못하였더라도 1억원은 스스로 거부한 것이기 때문이다. 따라서 배임행위로 인한 피해액이 5억원 이상일 경우에 가중처벌하는 '특정경제범죄가중처벌등에관한법률' 제3조는 적용되지 않는다.

2. 위법성 및 책임조각 여부 – 변제충당의 정당성 여부

(1) 위법성조각사유(형법 제20조)의 존부

乙은 甲에 대하여 4억원의 채권을 갖고 있는바, 乙이 위 대출금으로 자신의 채권변제에 충당하였기 때문에 정당한 권리의 실현으로 보아 위법성을 조각해야 하는 것은 아닌지 문제된다.

그러나 설사 청구권이 있는 경우라 하더라도 권리자가 권리실현의 수단으로 위법하게 청구권을 실현한 경우에는 권리남용으로서 위법성이 조각되지 않는다고 보아야 한다. 사기죄의 성립에 있어서 채권을 변제받기 위한 방편이었다 하더라도 기망수단에 의하여 약속어음을 교부받은 행위는 위법성을 조각할 만한 정당한 권리행사의 방법이라고 볼 수 없고(대판 1982. 9. 14, 82도1679), 공갈죄에 있어서도 정당한 권리가 있다고 하더라도 그 권리행사를 빙자하여 사회통념상 용인되기 어려운 정도를 넘는 협박을 수단으로 상대방을 외포케 하여 재물의 교부 또는 재산상의 이익을 받았다면 위법성을 조각할 수 없기 때문이다(대판 1996. 9. 24, 96도2151; 대판 2000. 2. 25, 99도4305 등). 판례는 "피고인이 피해자로부터 냉동오징어를 구입하더라도 그 잔대금을 지급할 의사 없이 계약금 명목으로 일부 금원을 지급하고 나머지 대금을 지급하지 않은 사안에서, 피고인이 위 잔대금채무를 이전에 피해자에 대하여 가지고 있었던 채권으로 상계할 의사를 가지고 있었다 하더라도 피해자가 위 채권의 존재 자체를 다투고 있는 상태에서 마치 현금으로 결제할 것처럼 기망하여 물품을 교부받은 것은 사회통념상 용인된다고 볼 수 없으므로, 사기죄가 성립한다(대판 1997. 11. 11, 97도2220)"고 판시하였다.

이 사안에서 甲은 자금부족으로 공사가 중단될 위기에 처해 있었는바, 乙은 이러한 상황을 모두 알고 있는 상황에서 자신 명의로 대출을 받는 것을 승낙하였다. 甲이 乙에 대하여 부담하고 있는 4억원의 채무는 甲이 건물의 공사를 완성하여 분양대금이 들어오면 그때 지급하기로 이미 약정한 상태에서 대출을 신청한 것이다. 그렇다면 설사 乙이 甲에 대하여 가지고 있는 채권의 변제에 충당하였다 하더라도 위와 같은 대출금 반환거부는 사회통념상 용인되는 행위라고 볼 수 없다. 따라서 위 배임행위의 위법성은 조각되지 않는다.

(2) 책임조각사유(형법 제16조)의 존부

설사 乙이 위 대출금을 자신의 채권의 변제에 충당한 행위가 위법하더라도 乙이 이를 적법하다고 믿었고 그 믿은 데 정당한 이유가 있다면 책임이 조각될 수도 있다. 그러나 사전에 이미 대출금의 사용용도에 대한 명시적 약정이 존재하였기 때문에, 설사 乙이 자신의 변제충당을 적법하다고 믿었더라도 이에 대해 정당한 이유가 있다고 볼 수 없다. 따라서 책임조각 역시 부정된다.

Ⅳ. 사안의 해결

(1) 甲이 A에 대한 4억원의 채권을 乙에게 양도하고 아직 채권양도 통지를 하지 않은 상태에서 수령한 2억원의 금전의 소유권은 甲에게 귀속된다. 그러나 甲은 위 금원을 乙에

게 지급하여 乙이 채권의 만족을 얻게 할 신의칙상 의무가 있다고 할 것인바, 위 금원을 임의로 소비한 행위는 乙에 대한 신임관계에 위배한 행위로서 배임죄가 성립한다.

(2) 甲이 A에 대한 잔존채권 2억원을 B에게 이중으로 양도한 후 A에게 그 양도통지까지 함에 따라 乙은 A 또는 B에 대하여 자신의 채권을 주장할 수 없게 되었다. 따라서 甲은 채권양수인 乙이 원만하게 채권을 추심할 수 있도록 하여야 할 의무에 위배하였으므로 배임죄로 처벌되어야 한다. 이 경우 제1행위에서의 배임행위의 대상물은 2억원의 금전인 반면, 제2행위에서의 그 대상물은 잔존채권으로서 서로 별개이므로 제2행위는 새로운 법익의 침해로 평가된다. 따라서 포괄하여 하나의 배임죄가 성립하는 것이 아니라, 두 개의 배임죄의 실체적 경합이 인정된다.

(3) 乙이 甲과의 약정에 따라 대출받은 금원 중 4억원을 반환하지 않은 행위는 금전의 수수를 수반하는 사무처리를 위임받은 자가 그 위임내용에 위배한 행위로 평가된다. 따라서 乙은 배임죄로 처벌되어야 한다. 설사 乙이 위 대출액을 자신의 채권 변제에 충당하였더라도 그 권리행사는 사회통념상 용인되는 정도를 넘은 것으로서 위법성이 조각되지 않고, 책임을 조각할 만한 정당한 이유도 찾을 수 없다.

친권자의 이해상반행위와 배임죄

○ 사례 32

甲은 망 A의 처이고 B는 A가 甲의 동의하에 입양한 양녀이다. A가 사망함에 따라 동인 소유의 대지(시가 20억원 상당)를 甲과 B(만 6세)가 공동 상속하였다. 甲은 남편의 사망 직후부터 유부남인 乙과 정을 통하고 양녀인 B를 자식으로 여기기 아니하고 방치하여 B는 고모의 집에서 기거하였고, 이로 인하여 시집 식구들과 갈등을 빚고 있었다. 한편 甲은 위 부동산을 독차지하기 위해 乙과 상의하였고 이에 乙은 甲의 동생 丙을 특별대리인으로 선임하여 그 명의로 B의 상속 포기서를 받아 위 부동산에 관하여 소유권 이전등기를 경료한 다음 돈을 융통하여 다른 곳에 투자하자고 제안하였다. 이후 이들은 계획대로 법원으로부터 위 부동산에 관한 상속재산 분할협의에 관하여 丙을 B의 특별대리인으로 선임하는 결정을 받았다. 그 후 丙은 특별대리인으로서 위 부동산에 관하여 B는 상속지분을 포기한다는 취지의 상속재산 분할협의서를 작성하여 乙에게 교부하였고, 乙은 이를 근거로 甲을 대신하여 위 부동산에 관하여 甲 앞으로 소유권이전등기절차를 경료한 다음 위 부동산에 채권최고액 1억원의 근저당권을 설정하고 신용협동조합으로부터 5,000만원을 대출받았다. 그런 다음 甲은 부동산에 관하여 시집 식구들의 소유권 회복주장을 봉쇄할 생각으로 매매를 가장하여 乙 앞으로 소유권 이전등기를 경료하였다.
甲, 乙, 丙의 죄책은?

해 설

Ⅰ. 논점의 정리

甲·乙·丙은 甲과 B가 공동으로 상속한 부동산을 甲 앞으로 이전등기하여 5,000만원을 대출받았다. 그 후에도 이들은 甲의 시집식구들의 소유권회복 주장을 봉쇄하기 위하여 위 부동산에 관하여 乙 앞으로 소유권 이전등기를 경료하였다. 이러한 행위는 당해 부동산에 대한 B의 상속지분을 침해하는 행위로서 형사책임이 문제될 수 있다.

우선 범행에 가담한 甲·乙·丙의 공범관계의 형태를 판단한 다음, 사안을 ① 상속부동산을 甲 앞으로 소유권 이전등기한 부분, ② 근저당권을 설정하여 5,000만원을 대출받은 부분, ③ 乙 앞으로 소유권 이전등기한 부분 등 세 부분으로 나누어 각각의 행위에서 문제되는 이들의 죄책을 검토하겠다.

사안의 경우 甲·乙·丙은 공범관계에 있다고 평가된다. 이 경우 어느 1인의 정범의 범행에 나머지가 교사 혹은 방조의 형태로 가담한 것인지, 아니면 3인간의 공동정범으로 평가할 것인지가 문제된다. 공동정범은 공동가공의 의사와 이에 따른 실행행위의 분담이 있을 것을 요한다. 사안의 경우는 어느 1인이 주도하고 나머지는 이에 가담하였다고 보기 어려울 정도로 실행행위의 분담이 이루어졌다. 구체적으로 보면, 당해 범행 전체를 계획하고 지시한 자는 비신분자인 乙이고, 친권자 甲은 丙을 특별대리인으로 선임 청구함으로써, 특별대리인 丙은 B의 상속포기서를 제출함으로써 범행에 본질적으로 필요한 역할을 담당하였다.

따라서 향후 논의하는 범죄에 있어서 甲·乙·丙은 공동의 범행계획에 따라 각자 본질적인 부분을 담당한 공동정범의 관계에 있다고 평가할 수 있다.

Ⅱ. 상속부동산을 甲 앞으로 이전등기한 부분

1. 배임죄(형법 제355조 제2항)의 성부

B의 상속재산을 관리할 직접적인 임무를 담당하는 자는 특별대리인 丙이므로 우선 丙의 죄책을 살펴본 후, 친권자인 甲, 비신분자인 乙의 죄책을 판단하는 순서로 서술하겠다.

(1) 丙의 죄책

1) 업무상 배임죄(형법 제356조)의 성부

丙은 B의 특별대리인으로서 B의 상속재산을 보존·관리하여야 할 임무가 있다. 그럼에도 丙은 甲이 B에 대한 양육을 포기한 점을 알고 있으면서도 상속재산을 독차지하려는 甲의 요구에 적극 응하여 특별대리인의 권한을 남용하여 B의 상속지분을 포기하였다. 이는 특별대리인의 임무에 위배한 행위로서 B의 상속지분에 관하여 제3자로 하여금 재산상의 이득을 취득하게 한 배임죄에 해당한다. 특별대리인은 상속재산을 보존·관리하여야 할 임무를 그 업무로 하고 있으므로 이 경우 업무상 배임죄의 규정이 적용된다.

2) 특정경제범죄 가중처벌 등에 관한 법률(제3조)의 적용 여부

(업무상)배임죄로 취득한 재산상 이득액이 5억원 이상일 경우에는 특정경제범죄 가중처벌 등에 관한 법률(이하 '특경가법'이라 한다) 제3조에 의해 가중 처벌된다. 사안에서 甲과 B가 상속받은 대지는 그 시가가 20억원이라고 설시되어 있다. 따라서 B의 상속지분은 20억원의 2/5 상당액(민법 제1009조 제1항, 제2항)이므로 피해액이 5억원 이상으로써 동법에 의해 가중 처벌된다.

3) 친족상도례(형법 제361조, 제328조 제2항)의 적용 여부

丙은 甲의 친동생이므로 피해자인 B와는 3촌의 관계로서 동거하지 않는 친족관계에 있다(민법 제777조 제1호, 제772조). 따라서 丙을 업무상배임죄를 범한 자로 처벌하려면 적법한 고소권자에 의한 고소가 있어야 한다. 범죄로 인한 피해자는 고소권이 있지만(형사소송법 제223조), 피해자 B는 6세의 어린이로 고소의 의미나 내용을 알지 못하는 고소무능력자이다. 이 경우 피해자의 법정대리인이 독립하여 고소할 수 있지만(동법 제225조 제1항), 법정대리인이 피의자이거나 법정대리인의 친족이 피의자인 때에는 법정대리인의 고소권행사를 기대할 수 없어 형사소송법은 피의자의 친족이 독립하여 고소할 수 있도록 하고 있다(동법 제226조). 따라서 B의 친가 쪽의 친족(예컨대 B를 양육하고 있는 고모)이 고소한 경우에 처벌이 가능하다.

이 경우 丙에게 성립하는 죄는 형법이 아니라 특경가법이라는 점에서 형법상 친족상도례 규정이 적용될 것인지도 문제된다. 특경가법은 형법상 재산범죄에 대하여 그 피해액이 클 경우 가중 처벌하는 규정일 뿐 재산죄로서의 성격이 그대로 유지된다. 따라서 이 경우도 형법상 친족상도례 규정이 적용된다고 보아야 할 것이다.

판례는 공갈죄가 야간에 범하여져 폭처법 제2조 제2항에 의해 가중처벌되는 경우에 있어서 "형법상 공갈죄의 성질은 그대로 유지되는 것이고, 특별법인 위 법률에 친족상도례에 관한 형법 제354조, 제328조의 적용을 배제한다는 명시적인 규정이 없으므로, 형법 제354조는 위 특별법 제2조 제2항 위반죄에도 그대로 적용된다고 보아야 할 것이다(대판 1994. 5. 27, 94도617. 흉기 기타 위험한 물건을 휴대하고 공갈죄를 범하여 폭력행위 등 처벌에 관한 법률 제3조 제1항, 제2조 제1항 제3호에 의하여 가중처벌되는 경우에도 친족상도례가 적용된다는 판시로 대판

2010. 7. 29, 2010도5795)"고 판시하였고, 사기죄가 특경법에 의해 가중처벌되는 경우에도 "특별법인 특정경제가중처벌등에관한법률에 친족상도례에 관한 형법 제354조, 제328조의 적용을 배제한다는 명시적인 규정이 없으므로, 형법 제354조는 특정경제가중처벌등에관한 법률 제3조 제1항 위반죄에도 그대로 적용된다(대판 2010. 2. 11, 2009도12627)"고 판시하였 는바, 이러한 입장은 본 사안과 같은 경우에도 마찬가지일 것이다.

(2) 甲의 죄책

1) 배임죄의 주체성 여부

배임죄는 타인의 사무를 처리하는 자가 그 임무위배행위로 재산상 이득을 취득하여 사무의 주체인 타인에게 손해를 가함으로써 성립한다. 따라서 그 범죄의 주체는 타인의 재산 보호와 관리에 관한 사무를 처리하는 신분이 있어야 한다.

B는 A가 甲의 동의하에 입양한 양녀이다. 따라서 甲은 남편이 사망한 후에는 양녀 B의 유일한 친권자이다(민법 제909조 제5항). 甲은 친권자인 법정대리인으로서 B가 상속받은 재산을 보호할 임무가 있는바, 자신의 동생을 특별대리인으로 선임하는 방법으로 B의 상속지분을 취득한 것은 친권을 남용한 행위임은 분명하다. 그러나 형사법적으로 배임죄의 성부를 판단함에 있어서 친권자가 자녀를 보호·양육할 의무가 재산상 사무인지, 그리고 이를 타인의 사무라고 볼 것인지가 문제된다.

친권자의 의무는 크게 자녀의 신분에 관한 권리의무(감독의무, 거소지정권, 징계권, 신분상 행위의 대리권과 동의권 등)와 자녀의 재산에 관한 권리의무(재산관리권, 재산상 행위의 대리권, 재산상 행위의 동의 및 허가권 등)로 나눌 수 있다. 친권자의 자녀의 재산에 관한 권리의무는 재산상의 사무이고, 자의 재산에 관한 관리 사무는 자의 신분에 관한 권리의무와는 달리 '타인'의 사무에 해당한다. 따라서 타인의 재산보호와 관리에 관한 사무를 처리하는 자라는 주체성이 인정될 수 있다.

판례는 미성년자와 친생자 관계는 없으나 호적상 친모로 등재되어 있는 자가 상속재산의 처분에 관여한 경우 호적상 친모에 대하여 '타인의 사무를 처리하는 자'라고 판시(대판 2002. 6. 14, 2001도3534)하여 배임죄의 성립을 인정한 바 있다.

2) 배임행위의 인정 여부

민법 제921조(친권자와 그 자 간 또는 수인의 자 간의 이해상반행위) ① 법정대리인인 친권자와 그 자 사이에 이해상반되는 행위를 함에는 친권자는 법원에 그 자의 특별대리인을 선임을 청구하여야 한다.
② 법정대리인인 친권자가 그 친권에 복종하는 수인의 자 사이에 이해상반되는 행위를 함에는 법원에 그 자 일방의 특별대리인을 선임하여야 한다.

상속재산 분할에 있어서 甲과 B는 공동상속권자이므로 상속재산을 분할하는 사무는 친권자와 그 자 간의 이해상반행위에 해당한다. 甲은 자신의 동생 丙을 특별대리인으로 선임할 것을 청구하여 형식적으로는 민법 제921조의 규정에 위배하지 않았다. 그러나 이는 B의 상속재산을 빼앗을 계획 하에 이루어진 행위이고, 실제로도 丙은 범행계획에 따라 B의 상속포기서를 제출하였다. 그러므로 친권을 남용하여 자신의 동생 丙을 특별대리인으로 선임하는 방법으로 B의 상속지분을 취득한 행위는 친권자인 법정대리인으로서 그 재산을 보호할 임무에 위배한 배임행위로 평가할 수 있다.

3) 친족상도례(형법 제361조, 제328조 제1항)의 적용 여부

위에서 살펴본 대로 甲이 B의 상속지분을 취득한 행위는 배임죄의 구성요건에 해당하고 별다른 위법성조각사유 및 책임조각사유가 존재하지 않는다. 丙의 경우에서 살펴본 것처럼 배임죄로 취득한 재산상 이득액이 5억원 이상이므로 특경법으로 가중 처벌되어야 한다. 그러나 甲은 B의 양모로서 민법 제768조가 정하는 직계혈족에 해당하므로 형법 제361조 및 제328조 제1항에 의하여 그 형이 면제된다.

(3) 乙의 죄책 – 특경가법위반죄의 공동정범

乙은 B의 특별대리인인 丙, 양모인 甲과 공모하여 B의 상속지분을 포기하는 방법으로 甲 앞으로 상속부동산을 이전 등기하는 데 적극 가담하였다. 이 경우 乙은 신분자인 丙(특별대리인)과 甲(친권자)의 배임행위에 가공한 신분 없는 자에 해당한다. 丙과 甲이 친족상도례 규정에 따라 처벌되지 않더라도 乙은 이러한 신분관계가 없는 공범으로서 적법한 고소 여부를 불문하고 특경가법위반죄의 공동정범으로 처벌된다(형법 제328조 제3항, 제33조).

2. 공정증서원본부실기재죄 및 동 행사죄(형법 제228조 제1항, 제229조)의 성부

공정증서원본부실기재죄는 공무원에게 허위의 신고를 하여 공정증서 원본에 불실의 사실을 기재하게 한 때에 성립한다. 형법 제228조 제1항이 규정하는 공정증서원본부실기재죄나 공전자기록등부실기재죄는 특별한 신빙성이 인정되는 권리의무에 관한 공문서에 대한 공공의 신용을 보장함을 보호법익으로 하는 범죄로서 공무원에 대하여 진실에 반하는 허위신고를 하여 공정증서원본 또는 이와 동일한 전자기록 등 특수매체기록에 그 증명하는 사항에 관하여 실체관계에 부합하지 아니하는 '부실의 사실'을 기재 또는 기록하게 함으로써 성립하므로, 여기서 '부실의 사실'이란 권리의무관계에 중요한 의미를 갖는 사항이 객관적인 진실에 반하는 것을 말한다(대판 2013. 1. 24, 2012도12363; 대판 2020. 11. 5, 2019도12042).

사안의 경우 丙의 배임행위가 개입되기는 하였으나 민법이 정한 절차에 따라서 특별대리인의 의사에 의하여 B의 상속지분에 관하여 甲에게 이전등기된 것이므로 등기절차상 허위 사실을 신고한 바가 없고 특별대리인의 권한 남용에 의한 이해상반행위의 결과로 이루어진 등기가 당연 무효라고 볼 수도 없으므로 부실의 등기라고는 할 수 없다. 따라서 공정증서원본부실기재죄 및 이를 전제로 하는 동 행사죄는 성립하지 않는다.

III. 근저당권을 설정하여 대출을 받은 부분

1. 배임죄(형법 제355조 제2항)의 성부

甲 명의로 소유권이전등기를 한 부동산에 또다시 근저당권을 설정한 행위는 배임죄로 취득한 B의 지분을 처분한 행위로서 이 경우 별도로 배임죄의 죄책을 물을 수 있는지가 문제된다.

甲·乙·丙은 위 부동산을 甲 앞으로 이전하여 B의 상속지분 상당의 재산상 이득을 취득하고 이로 인하여 동액 상당의 손해를 가하였다. 따라서 이미 B에 대한 배임행위는 기수에 이르렀다고 할 것이어서 배임죄로 취득한 부동산을 처분한 행위는 B에 대한 관계에서 별도로 배임죄를 구성하지는 않는다.

2. 사기죄(형법 제347조 제1항)의 성부

타인을 기망하여 재물의 교부를 받거나 재산상의 이익을 취득하면 사기죄가 성립한다. 현실적으로 재산상의 손해가 발생하지 않더라도 재산에 대한 구체적 위험만으로도 재산상의 손해가 인정된다.

甲·乙·丙은 甲이 당해 부동산의 적법한 소유권자인 것처럼 가장하여 신용협동조합을 상대로 근저당권을 설정하여 이에 따라 5,000만원을 대출받았다. 나중에 이들의 범죄사실이 발각될 경우 비록 신용협동조합이 선의일지라도 민법상 무능력자 보호의 취지에 따라 위 근저당권이 말소될 수 있다. 따라서 근저당권을 설정한 행위만으로도 은행에 재산상 위험은 발생하였다고 보여지므로 은행을 피기망자 및 피해자로 하는 사기죄가 성립한다.

IV. 乙 앞으로 소유권이전등기한 부분

1. 배임죄(형법 제355조 제2항)의 성부

앞에서 살펴본 것과 마찬가지로 당해 부동산을 乙 앞으로 이전등기하였더라도 이는 배임죄의 기수에 이른 후에 목적물의 처분행위에 불과하다. 따라서 이 부분 역시 별도로 배임죄를 구성하지는 않는다.

2. 장물취득죄(형법 제362조 제1항)의 성부 – 乙의 죄책

乙은 당해 부동산이 범죄행위로 생긴 물건이라는 점을 알면서도 이를 취득하였으므로 별도로 장물취득죄로 처벌할 것인지가 문제된다.

그러나 乙은 甲과 丙의 배임행위를 방조한 자에 지나지 않는 것이 아니라 범행을 적극 주도하여 배임죄로 처벌받는 자이다. 따라서 본범으로서 장물죄의 주체에 해당하지 않는다. 설사 乙을 배임죄의 방조범으로 평가하더라도 장물은 재산범죄에 의하여 영득한 재물이어야 하므로 이득죄인 배임죄는 장물죄의 본범이 될 수 없다.

판례도 "대지에 관하여 소유권이전등기를 하여 줄 임무가 있는 소유자가 그 임무에 위배하여 이를 타인에게 매도하고 소유권이전등기를 경료해 준 경우에는 위 소유자가 **배임행위로 인하여 영득한 것은 재산상 이익**이고 위 배임범죄에 제공된 대지는 범죄로 인하여 영득한 것 자체는 아니므로 그 취득자에게 대하여 배임죄의 가공 여부를 논함은 별론으로 하고 **장물취득죄로 처단할 수 없다**(대판 1975. 12. 9, 74도2804)"고 판시하였다.

사안의 경우는 乙이 취득하는 것은 B의 상속지분에 상당하는 이득이지 재물이 아니다. 결국 乙은 장물취득죄로 처벌할 수 없다.

V. 사안의 해결

(1) 상속부동산을 甲 앞으로 소유권 이전등기한 부분

甲은 B의 친권자로서 배임죄의 주체에 해당하고, 丙은 특별대리인으로서 업무상 배임죄의 주체에 해당한다. 乙은 B와 아무런 신분관계가 없으나 신분자의 범행에 가담한 경우로서 배임죄의 공동정범에 해당한다. 이 경우 이득액이 5억원 이상이므로 특경법의 구성요건에 해당한다. 다만 甲과 丙은 B와 친족관계에 있으므로, 직계존속인 甲은 그 형이 면제되고 삼촌인 丙은 적법한 고소권자의 고소가 있는 경우에만 처벌할 수 있다. 甲 단독명의로의 소유권이전등기가 불실의 등기라고는 할 수 없으므로 공정증서원본불실기재죄 및 동 행사죄는 성립하지 않는다.

(2) 근저당권을 설정하여 대출을 받은 부분

甲 명의로 소유권이전등기를 한 부동산에 또다시 근저당권을 설정한 행위는 배임죄가 기수에 이른 후의 처분행위이므로 B에 대한 관계에서 또다시 배임죄를 구성하지는 않는다. 다만 신용협동조합에 대한 관계에서 甲이 당해 부동산의 적법한 소유권자인 것처럼 기망하

여 대출을 받았고, 나중에 범행사실이 발각되면 신용협동조합 명의의 근저당권은 말소될 위험이 있으므로 동 조합에 대한 사기죄가 성립한다.

(3) 상속부동산을 乙 앞으로 소유권 이전등기한 부분

배임죄의 기수에 이른 후에 목적물을 처분한 행위로서 별도로 배임죄를 구성하지 않고, 乙의 경우 당해 부동산은 장물이 아니라는 점, 乙은 이미 성립한 배임죄의 본범이라는 점에서 장물취득죄가 성립하지 않는다.

○ 사례 33

난치병 치료를 위해서 인공장기를 개발하는 프로젝트를 진행중이던 벤처기업 '바이오 황'의 대표이사 甲은 연구개발비 조달을 위해 자신의 프로젝트를 홍보하기로 마음먹고, K-TV의 다큐멘터리 프로그램의 담당PD인 乙에게 접근하였다. 甲은 자신의 프로젝트가 성공할 가능성이 그다지 높지 않음에도, 乙에게 甲의 프로젝트가 조만간 완료될 것이고 그렇게 되면 난치병 환자를 완벽하게 치료할 수 있을 것이라는 내용의 방송을 해 주면 사례금 및 제작비 지원명목으로 현금 1억원을 지급하겠다고 제안하였다. 이에 乙이 위 제안을 흔쾌히 승낙하여 현금 1억원이 교부되었고, 乙은 이를 곧바로 자신의 은행계좌에 예금하였다. 乙은 인공장기 개발 프로젝트에 관한 프로그램 제작을 기획하고 K-TV의 재정 부서에 전 세계 각국의 연구상황에 관한 조사를 위한 해외출장을 신청하여 출장비 5,000만원을 지급받았으나, 이를 자신의 외제 고급승용차를 구입하는 데 사용하였다. 乙은 이후 제작팀과 함께 유럽으로 출장을 가서 甲으로부터 지급받은 금원 중 5,000만원으로 제작비를 충당하였다. 甲이 청탁한 대로 위 프로그램은 제작·방송되었으나 방송 이후에도 연구비 조달은 뜻대로 이루어지지 않았다. 그러자 甲은 연구개발비 마련을 위해 인공장기 개발에 필요한 고가의 급속냉동장치를 A투자회사에 양도담보로 제공하여 4억원을 대출받았고, 또다시 위 장비를 B은행에 3억원에 양도담보로 제공하였다. 이후에도 甲은 양도담보사실을 모르는 C에게 위 기계를 금 2억원에 매각하고 이를 현실인도하였다.

甲과 乙의 형사책임은(몰수 또는 추징 대상 여부도 함께 논하라)?

해 설

Ⅰ. 논점의 정리

이 사안의 복잡한 사실관계는 사건의 시간적 순서에 따라 ① 甲·乙 간의 금품수수행위, ② 乙의 제작비 전용행위, ③ 甲의 청탁에 따른 乙의 방송행위, ④ 甲의 이중양도담보설정 및 매각행위 등 네 부분으로 나눌 수 있다.

(1) 우선 인공장기 개발프로젝트의 홍보를 위해서 甲이 乙에게 방송을 청탁하고 금품을 수수한 행위는 일응 배임수증재죄의 구성요건에 해당하는 것으로 보여진다. 그러나 甲의 경우 자신의 회사의 연구개발비 확보를 목적으로 하였다는 점에서, 乙은 방송국에 대한 재산상의 사무처리자로는 볼 수 없다는 점에서, 과연 배임수증재죄의 구성요건인 '부정한 청탁'을 인정할 수 있을 것인지가 문제된다.

(2) 乙이 방송국으로부터 지급받은 제작비를 자신의 외제승용차를 구입하는 데 사용한 행위가 업무상 횡령죄에 해당하는지가 문제된다. 乙이 출장비로 받은 5,000만원을 임의로 사용한 것은 사실이지만, 이후에 甲으로부터 받은 금원으로 동일한 액수를 제작비에 사용하여 방송국에는 실제적인 손해가 발생하지 아니하였기 때문이다.

(3) 乙이 甲의 청탁에 따라 프로그램을 제작·방송한 행위에 대해서는 업무상 배임죄의 성부를 살펴보아야 한다. 방송국 PD가 업무상 배임죄의 구성요건인 '타인의 사무처리자'에 해당하여야 업무상 배임죄가 성립하는데, PD를 방송국의 '재산상'의 사무를 처리하는 자라고 볼 수 있는지를 검토하여야 한다.

(4) 마지막으로 甲이 급속냉동장치에 이중양도담보를 설정한 다음 이를 매각한 행위에 대해서는 A투자회사, B은행에 대한 횡령죄 내지 배임죄가, 매수인 C에 대해서는 사기죄가, 甲이 대표이사로 있는 벤처기업 "바이오 황"에 대한 관계에서 업무상 배임죄가 성립할 것인지가 문제된다. 각각의 피해자별로 나누어서 그 죄책을 살펴보아야 한다.

Ⅱ. 프로젝트 홍보를 위해서 방송을 청탁하고 금품을 수수한 행위

1. 甲의 죄책 – 배임증재죄(형법 제357조 제2항)의 성부

1) 문 제 점

배임증재죄는 타인의 사무를 처리하는 자에게 그 임무에 관하여 부정한 청탁을 하고 재물 또는 재산상의 이익을 공여함으로써 성립하는 범죄이다. 본 죄의 구성요건에 해당하기 위해서는 '부정한 청탁'이 인정되어야 하는데, 수재자에게는 부정한 청탁이 되어도 증재자에게 부정한 청탁이 될 수 없는 경우라면 본 죄는 성립하지 않는다. 부정한 청탁의 의미가 무엇인지, 어느 경우가 부정한 청탁에 해당할 것인지, 그 판단기준은 무엇인지에 대해서 살펴보도록 하겠다.

2) 배임증재죄에서의 '부정한 청탁'의 의미

① **구성요건해당성 판단**　만약 乙에 대한 甲의 방송 청탁이 부정한 것이 아니라면 배임증재죄의 구성요건해당성이 배제되므로 이 죄는 성립하지 않는다. 형법 제357조 제1항의 배임수재죄와 같은 조 제2항의 배임증재죄는 통상 필요적 공범의 관계에 있기는 하지만, 이는 반드시 수재자와 증재자가 모두 처벌받아야 하는 것을 의미하는 것은 아니다. 증재자에게는 정당한 업무에 속하는 청탁이라도 수재자에게는 부정한 청탁이 될 수도 있기 때문이다.[35]

판례에 의하면 부정한 청탁인지 여부는 사회상규 또는 신의성실의 원칙에 반하는 것인지에 따라서 판단하여야 한다(대판 1988. 3. 8, 87도1445; 대판 2011. 10. 27, 2010도7624). 회사가 기업활동을 하면서 형사상의 범죄를 수단으로 하여서는 안 되므로 뇌물공여를 금지하는 법률 규정은 회사가 기업활동을 할 때 준수하여야 하고, 따라서 회사의 이사 등이 업무상의 임무에 위배하여 보관 중인 회사의 자금으로 뇌물을 공여하였다면 이는 오로지 회사의 이익을 도모할 목적이라기보다는 뇌물공여 상대방의 이익을 도모할 목적이나 기타 다른 목적으로 행하여진 것이라고 보아야 하므로, 그 이사 등은 회사에 대하여 업무상횡령죄의 죄책을 면하지 못한다. 그리고 특별한 사정이 없는 한 이러한 법리는 회사의 이사 등이 회사의 자금으로 부정한 청탁을 하고 배임증재를 한 경우에도 마찬가지로 적용된다(대판 2013. 4. 25, 2011도9238).

기업의 대표이사가 자기 회사의 프로젝트를 홍보하는 행위는 대표이사의 당연한 업무수행이라고 할 것이어서 통상적인 경우라면 홍보를 위해 금품을 교부하였더라도 부정한 청탁이라고 보기는 어렵다. 그러나 그 청탁이 증재자의 업무라는 이유만으로 당연히 정당한 업

---

35) 판례는 농협 조합장이던 피고인이 예금유치를 위해 농지개량조합의 조합장에게 뇌물을 공여한 사안에서, "농협의 조합장이 예금유치를 한다는 것은 정당한 업무에 속하고 그를 위하여 청탁을 하는 것도 특단의 사정이 없는 한 부정한 것이라 할 수 없으므로, 형법 357조 2항에 규정한 재물 또는 이익을 공여하는 사람에게 부정한 것이 없는 한 배임증재죄는 성립되지 않는 것이라고 봄이 상당하다 할 것이고, 또 이는 그것을 받는 사람으로 보아 부정한 것인 여부에 구애되지 않으며 또 보통의 경우 뇌물을 주는 사람과 그것을 받는 사람은 상호 필요적 공범의 관계에 놓이는 것이기는 하나 그렇다고 해서 예외가 없는 것도 아니며 공범자 모두가 꼭 반드시 처벌되어야 하는 것도 아니다. 상피고인이던 농지개량조합 조합장이 뇌물을 받은 자로서 유죄가 되었다 하더라도 그것을 준 피고인으로서는 정당한 업무에 속하여 뇌물을 준 죄가 되지 않는다면 그를 배임증재죄로 처벌할 수는 없다(대판 1979. 6. 12, 79도708)"고 판시하였다.

무가 되는 것은 아니다. 이 사안에서 甲의 청탁은 단순히 자신의 회사가 독자적인 기술을 보유하고 있다거나 당해 프로젝트가 실현가능성이 높다는 등의 과장된 내용의 방송을 요구한 정도에 그친 것이 아니다. 더 나아가 당해 프로젝트는 조만간 현실화될 것이고 그렇게 되면 난치병 환자를 완벽하게 치료할 수 있을 것이라는 식으로 허위에 가까운 내용의 방송을 요구하였다. 방송의 대가로 지급하기로 한 금원 역시 1억원이라는 거액으로서 통상적인 사례의 범위를 벗어나는 것이어서 위 청탁이 사회적 상당성 있는 행위라고 보기는 어렵다. 따라서 배임증재죄의 구성요건인 부정한 청탁이 인정된다.

② **위법성 판단**   乙의 행위가 배임증재죄의 구성요건해당성에 해당하더라도, 위법성 단계에서 사회상규에 위배되지 아니하는 행위라면 형법 제20조의 정당행위로 평가되어 그 위법성이 조각될 가능성이 있다. 앞에서 살펴본 바와 같이 구성요건해당성배제사유로서의 사회적 상당성과 위법성조각사유인 사회상규는 구별해야 하기 때문이다.

논리적으로만 본다면 배임증재죄의 성부를 판단함에 있어 구성요건단계와 위법성 단계에서 두 번의 판단이 가능할 것이지만, 결론이 달라질 가능성은 없다고 보여진다. 구성요건해당성 단계에서 甲의 청탁이 사회적으로 상당하지 않은 행위라고 보고 나서, 위법성 단계에서 사회상규에 위배되지 않는다고 판단하는 것은 납득하기 어렵기 때문이다.

결국 사회적 상당성이 있는 행위와 사회상규에 위배되지 않는 행위의 구별은 구성요건해당성 자체가 부정되어야 하는 경우에만 실익이 있음을 알 수 있다. 판례는 지자체장 선거 입후보자가 택시기사들에게 설날에 선물을 하였다가 선거법 위반으로 기소된 사안에서, "기부행위가 정상적인 생활형태의 하나로서 역사적으로 생성된 사회질서의 범위 안에 있는 것이라고 볼 수 있는 경우에는 일종의 의례적 직무상의 행위로서 사회상규에 위배되지 아니하여 위법성이 조각된다"고 판시하였으나(대판 1996. 5. 10, 95도2820), 위 행위는 사회적 상당성이 있는 행위로서 애초부터 구성요건에 해당하지 않는다고 보아야 할 것이다.

3) 소 결

甲은 자신의 프로젝트가 성공하기만 하면 난치병이 완전히 해결될 수 있다는 식의 거짓된 내용의 방송을 청탁하였고, 그 대가로 1억원의 거액을 교부하였다. 신의성실의 원칙에 비추어볼 때 이러한 甲의 청탁은 사회적으로 상당성이 있는 행위라고 보기 어렵다. 사회상규에 반하지 않는 행위라고 볼 수 없는 것도 마찬가지이다. 따라서 甲에게는 배임증재죄가 성립한다.

2. 乙의 죄책 – 배임수재죄(형법 제357조 제1항)의 성부

(1) 배임수재죄에서의 '부정한 청탁'의 의미

배임수재죄는 타인의 사무를 처리하는 자가 그 임무에 관하여 부정한 청탁을 받고 재물 또는 재산상의 이익을 취득함으로써 성립한다. 이때의 '부정한 청탁'의 의미에 대해서는, ① 부정한 청탁은 배임죄에서의 배임행위의 내용, 즉 타인의 재산상의 사무처리를 부정하게 하는 경우에 국한되어야 한다는 견해와 ② 배임수재죄는 타인의 사무를 처리하는 자의 청렴성을 보호법익으로 하는 것으로서 동죄의 구성요건인 부정한 청탁이라 함은 업무상 배임에 이르는 정도는 아니나, 사회상규 또는 신의성실의 원칙에 반하는 것을 내용으로 하는 청탁을 의미한다는 견해가 있다.

판례[36)는 업무상 배임에 이르는 정도가 아니고 사회상규 또는 신의성실의 원칙에 반하는 것을 내용으로 하는 청탁이면 족하다(대판 1987. 11. 24, 87도1560)는 입장이다. 예컨대 언론사 소속 기자에게 소위 '유료기사' 게재를 청탁하는 행위는 사실상 '광고'를 '언론보도'인 것처럼 가장하여 달라는 것이어서, 이는 언론보도의 공정성 및 객관성에 대한 공공의 신뢰를 저버리는 것이므로 부정한 청탁에 해당한다(대판 2021. 9. 30, 2019도17102).

본 사안의 PD의 방송제작업무가 재산상의 사무에 해당하는지에 대해서는 의문의 여지가 있는바, 첫 번째 학설에 의할 경우에는 동죄의 성립이 부정될 수 있다.

그러나 배임죄에서의 배임의 의미와 배임수재죄의 배임의 의미는 결코 동일하지 않다. 법조문만 보더라도 배임죄에서는 타인의 사무처리자가 임무에 위배하는 행위로서 본인에게 '재산상의 손해를 가할 것'을 그 요건으로 하고 있으므로 사무처리의 내용이 재산상의 사무처리에 국한된다고 볼 수 있으나, 배임수재죄의 경우는 단지 '타인의 사무처리자가 그 임무에 관하여 부정한 청탁을 받고 재물 또는 재산상의 이익을 취득'할 것을 요구하고 있을 뿐 본인에게 재산상의 손해가 발생할 것은 그 요건으로 하고 있지 않기 때문이다.

이 사안에서 타인(방송국)의 사무(프로그램 제작업무)를 처리하는 자(PD)인 乙은 그 임무

---

36) [비교판례] 학교법인의 이사장 또는 **사립학교경영자가 학교법인 운영권을 양도하고 양수인으로부터 양수인 측을 학교법인의 임원으로 선임해 주는 대가로 양도대금을 받기로 하는 내용의 '청탁'을 받았다 하더라도**, 그 청탁의 내용이 당해 학교법인의 설립 목적과 다른 목적으로 기본재산을 매수하여 사용하려는 것으로서 학교법인의 존립에 중대한 위협을 초래할 것임이 명백하다는 등의 특별한 사정이 없는 한, 그 청탁이 사회상규 또는 신의성실의 원칙에 반하는 것을 내용으로 하는 것이라고 할 수 없으므로 **이를 배임수재죄의 구성요건인 '부정한 청탁'에 해당한다고 할 수 없고**, 나아가 학교법인의 이사장 또는 사립학교경영자가 자신들이 출연한 재산을 회수하기 위하여 양도대금을 받았다거나 당해 학교법인이 국가 또는 지방자치단체로부터 일정한 보조금을 지원받아 왔다는 등의 사정은 위와 같은 결론에 영향을 미칠 수 없다(대판 2014. 1. 23, 2013도11735).

에 관하여 부정한 청탁(甲의 프로젝트가 난치병 환자를 완벽하게 치료할 수 있다는 허위의 내용을 방송)을 받고 재물(현금 1억원)을 취득하였으므로 배임수재죄로 처벌되어야 한다. 위 금원을 은행에 예금한 행위에 대한 죄책도 생각해볼 수 있으나, 은행에 대한 관계에서 새로운 법익의 침해가 있다고 할 수 없으므로 별도의 죄가 성립하지 않아 불가벌이다.

(2) 몰수 및 추징의 대상

배임수재죄로 취득한 재물은 몰수하며 그 재물을 몰수하기 불능하거나 재산상의 이익을 취득한 때에는 그 가액을 추징한다(형법 제357조 제3항). 배임수재죄에서의 몰수와 추징은 필수적이므로 법관에게는 몰수 내지 추징 여부에 관한 재량이 인정되지 않는다.

乙은 甲으로부터 받은 현금 중 5,000만원을 프로그램 제작비로 사용하였기 때문에 위 금원은 특정성을 상실하여 몰수할 수는 없으므로 가액 5,000만원 상당을 추징해야 한다. 나머지 5,000만원의 경우 은행에 예금하였기 때문에 이를 몰수의 대상으로 볼 것인지 아니면 동액 상당을 추징하여야 할 것인지가 문제된다. 판례는 **뇌물로 받은 돈을 은행에 예금한 경우** 그 예금행위는 뇌물의 처분행위로 보아야 하므로, **몰수가 아니라 동액 상당을 추징**해야 한다는 입장이다(대판 1996. 10. 25, 96도2022). 반면에 장물죄의 성부를 판단함에 있어서는, 장물인 현금을 은행에 예금하였다가 인출한 경우 그 현금은 당초의 현금과 물리적인 동일성은 상실되었지만 액수에 의하여 표시되는 금전적 가치에는 아무런 변동이 없으므로 장물로서의 성질은 그대로 유지된다고 보고 있다(대판 2000. 3. 10, 98도2579).

언뜻 보기에는 금전의 특정성 내지 동일성을 판단함에 있어 판례의 태도가 일관되지 않은 것처럼 비춰질 수도 있다. 금전을 은행에 예금한 경우, 몰수 판단에 있어서는 특정성이 상실되었다고 한 반면 장물죄에 있어서는 가치동일성이 있으므로 장물성이 그대로 유지된다고 하기 때문이다. 그러나 몰수 판단과 장물성 유지는 애초부터 동일한 선상에서 논의할 수 있는 문제가 아니다. 형법상 몰수형의 개념 자체가 물건의 '가치'가 아닌 물건 '자체'를 박탈하는 것이기 때문에, 몰수의 대상물이 금전인 경우 금전 그 자체가 특정되어 현존하면 몰수하여야 하고, 그렇지 않으면 그 가액을 추징하여야 한다. 따라서 몰수에 있어서는 물리적 동일성만이 인정될 뿐(예컨대 밀수한 금괴를 가공하여 만든 금붙이) 가치동일성은 고려될 수 없어 나머지 5,000만원 역시 몰수가 아니라 추징해야 한다.

III. 乙이 제작비를 임의로 사용한 행위 - 업무상 배임죄(형법 제356조)의 성부

1. 문제점

乙이 방송국으로부터 교부받은 현금은 교부받는 즉시 乙에게 소유권이 귀속되기 때문에, 乙이 이를 임의로 사용하더라도 횡령죄가 아닌 배임죄의 성부가 문제됨은 이미 여러 번 살펴본 바와 같다. 乙은 방송국 PD로서 교부받은 금원을 출장비로 사용할 의무가 있기 때문에 타인의 사무처리를 업무로 하는 자로서 단순배임죄가 아니라 '업무상' 배임죄가 문제된다. 그런데 문제는 乙이 제작비로 교부받은 5,000만원으로 외제 승용차를 구입하여 임의로 소비한 것은 사실이나, 나중에 甲으로부터 교부받은 금원 중 동액으로 제작비를 사용하였기 때문에 방송국에 실제적인 손해는 발생한 바 없다는 점이다. 배임죄의 경우 본인에게 손해를 가할 것을 그 구성요건으로 하는바, 실제적인 금전상의 손해가 발생하지 않은 경우에도 재산상의 손해를 인정할 것인지가 문제된다.

2. 학설 및 판례의 태도

배임죄는 침해범이므로 손해발생의 위험에 의하여 '현실적으로 재산가치가 감소된 경우'에만 재산상의 손해가 있다고 하여 손해의 의미를 다소 엄격하게 해석하는 견해도 있다. 그러나 다수의 학설 및 판례(대판 2013. 4. 11, 2012도15890)는 현실적으로 손해를 가한 경우뿐만 아니라 실해 발생의 위험을 초래한 것**만으로도 배임죄에서의 손해를 인정**할 수 있다고 한다. 따라서 손해가 구체화된 바 없더라도 재산을 경제적 가치 내지 경제적 이익으로 파악하면 권리나 경제적 가치에 대한 위험이 있는 경우에도 경제적 평가에 따라 재산상의 손해를 인정할 수 있다.

다만 재산상의 손해발생의 위험조차 없는 경우라면 배임죄의 성립을 부정해야 할 것이다(대판 1990. 2. 13, 89도1931; 대판 2000. 2. 11, 99도2983; 대판 2010. 5. 27, 2010도1490; 대판 2010. 10. 28, 2009도1149; 대판 2011. 5. 13, 2010도16391; 대판 2011. 7. 14, 2011도3180; 대판 2011. 12. 13, 2011도10525; 대판 2012. 2. 9, 2010도176; 대판 2012. 2. 23, 2011도15857; 대판 2012. 5. 24, 2012도2142 등).

3. 검토 및 사안에의 적용

배임죄의 구성요건인 '재산상 손해의 발생'이란 현실적으로 손해가 발생한 경우뿐만 아니라 재산상 손해발생의 위험이 있는 경우도 포함한다. 이러한 기준에 따라 살피건대 본 사안과 같은 경우에는 재산상 손해발생의 위험조차 없는 경우라고 보아야 한다. 방송국에서 교부받은 금원을 당일 즉시 출장비로 사용해야 하는 것은 아니기 때문에 위 금원은 乙이 적절한 판단 하에 보관하고 있다가 출장을 가서 필요한 때에 제작비로 사용하면 되는 것이다. 乙은 이미 甲으로부터 현금 1억원을 교부받아 자신의 예금계좌에 입금한 상태에 있었기 때문에 언제든지 예금계좌에서 현금을 인출하여 출장비로 사용할 준비가 되어 있었고, 실제로도 방송국에서 지급받은 액수와 동일한 금원을 인출하여 출장비로 사용하였다. 따라서 처음부터 방송국에는 출장비에 상당하는 금액의 손해가 발생할 위험조차 없었다. 뿐만 아니라 乙이 이미 이러한 상황을 인식하고 자신의 예금계좌에서 금원을 인출하여 출장비로 사용하였기 때문에 배임행위에 대한 고의도 인정하기 어렵다. 따라서 업무상 배임죄는 성립하지 않는다.

판례는 업무상 횡령죄가 문제된 사안에서, "학교회계와 개인수입지출 및 학교법인의 수입지출을 같은 장부에 혼합하고 있는 경우 만일 타수입금의 잔액이 없거나 부족함에도 학교회계 속하는 금원을 사용 내지 학교법인의 용도에 지출하였다면 횡령 내지 유용이 될 것이나, 타수입금의 잔고 한도 내에서 사용 내지 학교법인의 용도에 지출하였다면 학교회계에 속하는 금원을 횡령 내지 유용하였다고 문죄할 수 없다"고 판시하였는바(대판 1982. 12. 14, 81도2093) 마찬가지의 논리라고 할 수 있다.

IV. 甲의 청탁에 따른 乙의 방송행위

1. 乙의 죄책 - (업무상) 배임죄(형법 제356조, 제355조 제2항)의 성부

(업무상) 배임죄는 그 본질이 재산죄인데, 배임죄의 보호객체인 타인의 사무가 '재산상의 사무'에 국한되는지에 대해서는 견해가 대립한다.

판례는 "배임죄에 있어서 타인의 사무라 함은 신임관계에 기초를 둔 타인의 재산의 보호 내지 관리의무가 있을 것을 그 본질적 내용으로 하는 것으로 타인의 재산관리에 관한 사무를 대행하는 경우, 예컨대 위임, 고용 등의 계약상 타인의 재산의 관리 보전의 임무를 부담하는데 본인을 위하여 일정한 권한을 행사하는 경우, 등기협력의무와 같이 매매, 담보권설정 등 자기의 거래를 완성하기 위한 자기의 사무인 동시에 상대방의 재산 보전에 협력할 의무가 있는 경우 따위를 말한다(대판 1983. 2. 8, 81도3137)"라고 하여 재산상의 사무일 것을 요하는 것으로 평가된다. 학설은 ① 재산상의 사무에 국한한다고 하는 설, ② 재산상의 사무임을 요하지 않는다는 설, ③ 재산상의 사무일 필요는 없고 재산적 이해관계가 있으면 충분하다고 하는 설 등이 있다.

생각건대 형법의 보충적 성격이라는 관점에서 타인의 사무를 재산상의 사무로 제한하는 견해가 타당하다고 보여진다. 그러나 실제 사례에서는 '재산상의 사무'와 '재산상의 사무는 아니지만 재산적 이해관계는 있는 사무'를 구별하는 것이 쉽지만은 않을 것이다.

사안의 경우 방송국 PD의 업무는 프로그램을 제작하는 것이기 때문에 PD라는 직업 자체는 '재산상의 사무처리자'에 해당하지 않는다. 당해 업무의 내용을 보더라도 방송국과의 대내적인 신임관계에 따라 신의성실하게 방송을 제작할 의무에 위배한 것으로 인해 방송국에게 (간접적으로는 몰라도) 직접적으로 재산상의 손해를 가하였다고 보기는 어렵다.

따라서 위와 같은 乙의 방송행위가 방송국 내부의 징계사유에는 해당할지언정 PD의 방송제작 업무가 재산상의 사무에 해당한다거나, 그릇된 내용의 방송이 곧바로 방송국에 재산상의 손해를 가하는 행위에 해당한다고 볼 수 없다. 따라서 (업무상) 배임죄의 구성요건 해당성이 부정된다.

2. 甲의 죄책 – 공범의 성부

甲은 乙에게 허위의 내용의 방송을 청탁하였고, 그 청탁의 취지에 따라 乙은 위 내용을 방송하였다. 업무상 배임죄와 배임증재죄는 별개의 범죄로서 배임증재죄를 범한 자 할지라도 그와 별도로 타인의 사무를 처리하는 지위에 있는 사람과 공범으로서는 업무상 배임죄를 범할 수도 있는 것이지만(대판 1999. 4. 27, 99도883), 乙에게 업무상 배임죄의 성립이 부정된 이상 甲 역시 위 죄책을 지울 수는 없다.

V. 甲의 양도담보설정 및 매각행위

1. 문제점

양도담보설정자가 목적물을 처분한 경우 설정자를 타인의 물건을 보관하는 자 내지 타인의 사무를 처리하는 자로 볼 수 있느냐에 따라 형사책임이 정해지는데, 이는 양도담보가 설정된 물건의 소유권이 누구에게 귀속하느냐와 관련되어 있다. 가등기담보등에관한법률(이하 '가등기담보법'이라 한다)의 시행으로 인해 부동산 양도담보 및 등기 · 등록을 요하는 양도담보의 경우 목적물의 소유권은 채무자에게 있고 채권자는 다만 양도담보권이라는 제한물권을 취득하는 데 불과하다(가등기담보법 제4조 제2항 전단).

그러나 동산 양도담보의 경우에는 가등기담보법이 적용되지 않는바, 목적물의 소유권 판단에 있어 동 법을 유추적용할 것인지 아니면 가등기담보법 시행 전의 판례에 따라 해결해야 할 것인지에 대해서 견해가 대립하고 있다. 이하에서는 동산양도담보 설정에 따른 소유권의 귀속문제를 살펴본 후, A투자회사 · B은행 · 매수인 C · 甲이 대표이사로 있는 벤처기업 '바이오 황'을 피해자로 하는 각각의 죄책의 성부를 검토하겠다.

2. 동산양도담보 설정에 따른 소유권의 귀속문제

(1) 신탁적 소유권이전설

동산에 대해서는 가등기담보법이 적용되지 않는다고 본다. 따라서 양도담보에 의하여 소유권은 대외적으로 채무자로부터 채권자에게 이전되나, 이때 채권자는 채무자에게 담보목적을 넘어 소유권을 행사하지 아니할 채권적 부담을 질뿐이다. 가등기담보법이 제정되기 이전 부동산 및 동산 양도담보에 대한 판례와 다수설의 태도이다. 부동산 양도담보의 경우 1984년 가등기담보법이 시행된 이후에 소수설화되었으나, 판례는 가등기담보법의 적용대상이 아닌 동산의 경우에는 신탁적 소유권이전설의 입장을 따라 "동산에 대하여 양도담보권설정계약이 이루어진 경우에 양도담보권자는 양도담보권설정자를 제외한 제3자에 대한 관계에 있어서는 자신이 그 동산의 소유자임을 주장하여 권리를 주장할 수 있다"고 판시하였다(대판 1999. 9. 7, 98다47283).

(2) 담보물권설

같은 양도담보이면서 목적물에 따라 이론구성이 달라지는 것은 불합리하다는 이유로 동산에 대하여도 가등기담보법을 유추적용하여야 한다는 견해이다. 이에 의하면 양도담보에 의하여 채권자는 진정한 의미의 소유권을 취득한 것이 아니라 소유권은 여전히 채무자에게 있고 채권자는 다만 양도담보권이라고 하는 제한물권을 취득하는 데 불과하다.

(3) 소 결

신탁적 소유권이전설을 취하는 종래 판례는 채권자와 채무자 간의 대내적 관계에서는 여전히 채무자가 소유권을 보유하며 채권자, 즉 양도담보권자는 제3자에 대한 관계에서만 자신이 소유자임을 주장할 수 있다는 입장이다. 담보물권설에 의하더라도 채권자는 담보권만을 취득할 뿐 여전히 채무자가 소유자이기 때문에 채무자가 목적물을 처분하게 되면 횡령죄가 아니라 배임죄가 문제된다. 요컨대 양도담보의 경우 대내관계에 있어서 채무자가 소유자라는 점에 대하여 신탁적 소유권이전설과 담보물권설 간에 차이가 없기 때문에 채권자가 처분하면 횡령죄가, 채무자가 처분하면 배임죄가 성립한다. 즉 그 논리구성만 달리할 뿐 적용되는 죄명에 대하여는 아무런 차이가 없는 것이다.

문제는 배임죄가 성립할 수 있는가의 문제로 과연 '타인의 사무를 처리하는 자'로 볼 수 있는지 여부이다. 종래 판례는 "채무자인 양도담보설정자는 채권자(양도담보권자)에 대하여 양도담보약정에 따른 그의 사무를 처리하는 자의 지위에 있게 된다 할 것이고, 위 채무자가 양도담보된 동산을 처분하는 등 부당히 그 담보가치를 감소시키는 행위를 한 경우에는 형법상 배임죄가 성립한다(대판 1983. 3. 8, 82도1829; 대판 2010. 11. 25, 2010도11293)"고 판시해왔었다.

그러나 이번에 전원합의체 판결을 통해 **"채무자가 금전채무를 담보하기 위해 그 소유의 동산을 채권자에게 양도담보로 제공했더라도 채무자를 '타인의 사무를 처리하는 자'에 해당한다고 할 수 없으므로** 채무자가 담보물을 제3자에게 처분하더라도 배임죄는 성립할 수 없다"(대판 2020. 2. 20, 2019도9756 전합)고 판시하였다. 이와 같이 대법원이 견해를 변경한 이유는 양도담보설정계약에 따라 채무자가 부담하는 의무는 담보목적의 달성, 즉 채무불이행시 담보권 실행을 통한 채권의 실현을 위한 것이므로 담보설정계약의 체결이나 담보권 설정 전후를 불문하고 당사자 관계의 전형적·본질적 내용은 여전히 금전채권의 실현 내지 피담보채무의 변제에 있다고 보았기 때문이다.

3. A투자회사를 피해자로 하는 죄책

(1) B은행에 이중양도담보를 설정한 행위 – 배임죄(형법 제355조 제1항)의 성부

甲은 A투자회사로부터 금 4억원을 받고 급속냉동장치에 대하여 양도담보권을 설정해 주었다. 그러나 채무자가 금전채무를 담보하기 위해 그 소유의 동산을 채권자에게 양도담보로 제공했더라도 채무자를 '타인의 사무를 처리하는 자'에 해당한다고 할 수 없다. 다만, 그 담보재산의 보전에 협력할 의무가 있으므로 A투자회사에 대하여 타인의 사무를 처리하는 자의 지위라는 배임죄의 주체성이 인정된다는 견해(종래 판례)에 의할 때에도 이중으로 양도담보를 설정하는 행위 자체만으로는 A투자회사에 담보권의 상실이나 담보가치의 감소 등 손해가 발생하거나 손해발생의 위험이 있다고 할 수 없어 배임죄를 구성하지 않는다. 현실의 인도가 아닌 점유개정으로는 선의취득이 인정되지 아니하므로 결국 뒤의 채권자인 B은행은 처음의 담보권자인 피해자에 대하여 배타적으로 자기의 담보권을 주장할 수 없기 때문이다(대판 1990. 2. 13, 89도1931).

(2) C에게 기계를 매각·인도한 행위 – 배임죄(형법 제355조 제2항)의 성부

甲은 양도담보사실을 모르는 C에게 급속냉동장치를 2억원에 임의로 처분하고 현실인도까지 하였다. 이 경우 선의의 C가 평온·공연하게 과실 없이 위 기계의 인도를 받은 것이라면 민법 제249조에 따라 목적물의 소유권을 취득한다. 따라서 이 경우 A투자회사는 C에게 자신의 담보권을 주장할 수 없으므로 담보설정액인 4억원 상당의 손해가 발생하게 된다. 따라서 A투자회사를 피해자로 하는 배임죄가 성립한다(대판 1983. 3. 8, 82도1829 등).

그러나 변경된 판례에 의하면, 채무자가 금전채무를 담보하기 위해 그 소유의 동산을 채권자에게 양도담보로 제공했더라도 채무자를 '타인의 사무를 처리하는 자'에 해당한다고 할 수 없다. 그렇다면 배임죄의 주체가 될 수 없으므로 이 역시 배임죄가 성립할 수 없다고 볼 것이다. 최근 판례의 추세는 민사상 채권채무관계가 본질인 사안에서 형법적 개입을 하지 않겠다는 것이다.

4. B은행을 피해자로 하는 죄책

(1) 이중양도담보를 설정한 행위 – 사기죄(형법 제347조 제1항)의 성부

甲은 목적물인 급속냉동장치를 A투자회사에 이미 양도담보로 제공한 사실을 숨기고 다시 B투자회사에 이를 양도담보로 제공하여 그 대가로 3억원을 교부받고 B회사에 동액상당의 재산상 손해를 입혔다. 이는 타인을 기망하여 착오에 빠뜨리게 하고 그 처분행위를 유발하여 재물 또는 재산상의 이득을 얻은 경우로서 사기죄로 처벌되어야 한다. 판례 역시 극장 영사기를 매도담보로 제공한 후 이를 또다시 제3자에게 매도담보로 제공한 사안에서, "매도담보계약이 체결되면 그 계약과 동시에 점유개정이 되어 채무자는 그 후 채권자를 위하여 그 물건을 대리점유하고 있는 것이 되므로 타인에게 매도담보로 넣은 동산을 그 사실을 은폐하고 다시 제3자에게 매도담보로 제공하는 경우에는 사기죄가 성립한다(대판 1960. 10. 26, 60도82)"고 판시하고 있다.

(2) C에게 기계를 매각 · 인도한 행위 – 배임죄(형법 제355조 제2항)의 성부

B은행은 양도담보목적물인 급속냉동장치에 대하여 甲과 양도담보설정계약을 체결하면서 현실의 인도가 아닌 점유개정으로 인도받았다. 이 경우 현실의 인도가 아닌 점유개정으로는 선의취득이 인정되지 아니하므로 설사 甲이 목적물을 C에게 임의로 처분하였더라도 양도담보권자라 할 수 없는 B에 대한 관계에서는 甲이 타인의 사무를 처리하는 자의 지위에 있지 않을 뿐만 아니라(대판 2004. 6. 25, 2004도1751) 금전채무를 담보하기 위한 경우는 자기사무에 불과하다는 입장이다. 따라서 배임죄의 주체성이 부정되므로 동 죄는 성립하지 않는다.

5. C에 대한 죄책 – 사기죄(형법 제347조 제1항)의 성부

甲은 C에게 급속냉동장치를 매도할 당시에 이미 위 기계를 A와 B에게 양도담보로 제공하였다는 사실을 숨기고 있었다. 그러나 C는 민법 제249조의 평온 · 공연 · 선의 · 무과실의 요건을 모두 충족한다고 보여지므로 위 목적물을 적법하게 선의취득한다. 동산에 대한 선의취득은 원시취득이기 때문에 공시된 바 없는 당해 목적물에 대한 다른 물권의 부담은 모두 사라지게 된다. 따라서 C에게는 어떠한 재산상의 손해도 발생하지 않으며, 甲이 C에게 양도담보사실을 알리지 않은 것이 기망행위에 해당한다고 할 수 없다. 따라서 사기죄는 성립하지 않는다.

6. 벤처기업 '바이오 황'에 대한 죄책 – 업무상 배임죄(형법 제356조, 제355조 제2항)의 성부

(업무상) 배임죄에서의 배임행위는 타인의 사무처리자로서 (업무상의) 임무에 위배하여 본인과의 신임관계를 파괴하는 일체의 행위를 말한다. 甲이 급속냉동장치를 A와 B에게 양도담보로 설정하고 C에게 매각한 행위는 프로젝트 개발에 필요한 연구개발비를 조달하기 위해서였다. 명백한 절차상의 위법이 있는 경우가 아닌 한, 기업 경영자의 경영상의 판단에 대해서 배임죄를 인정하는 데에는 매우 신중해야 한다(대판 2004. 7. 22, 2002도4229). 급속냉동장치가 인공장기 개발에 필수적인 것이고 고가의 재산이라 하더라도 甲이 회사의 대표로서 연구개발비 조달이 더 시급하다는 판단 하에 처분하는 행동을 한 이상, 이를 가지고 임무위배행위에 해당한다거나 배임의 고의가 있었다고 단정하기는 어려울 것이다.

VI. 사안의 해결

(1) 甲과 乙 간에 프로젝트 홍보를 위해서 방송을 청탁하고 금품을 수수한 행위에 대해서 甲에게는 배임증재죄가, 乙에게는 배임수재죄가 성립한다. 이 경우 乙로부터는 甲에게 교부받은 1억원에 상당하는 가액을 추징하여야 한다.

(2) 乙이 K-TV 방송국에서 지급받은 제작비를 임의로 사용한 행위에 대해서는 (업무상) 배임죄를 검토해볼 수 있으나, K-TV에는 재산상의 손해가 발생한 바 없고 손해발생의 위험도 없기 때문에 동 죄의 성립이 부정된다.

(3) 방송국 PD의 프로그램제작업무는 타인의 '재산상'의 사무에는 해당하지 않는다. 따라서 乙이 甲의 청탁에 따라 거짓된 내용의 프로그램을 제작하여 방송하였더라도 업무상 배임죄는 성립하지 않는다.

(4) 甲은 인공장기 개발에 필요한 급속냉동장치를 A투자회사에 양도담보를 설정한 다음 또다시 이를 B은행에 양도담보로 설정하고 나중에는 C에게 이를 매각하였다. 이 경우 B은행에 이중의 양도담보를 설정한 행위는 B은행에 대한 기망행위로 평가되고 재산상의 손해발생도 인정되므로 B은행에 대한 사기죄가 성립한다. C에게 위 기계를 매각하고 현실인도한 행위는 A투자회사에 대하여 담보가치를 감소시키는 행위는 최근 판례에 따르면 배임죄가 성립할 수 없다.

(5) 결국 甲에게는 배임증재죄, B은행을 피해자로 하는 사기죄가 성립하고 각 죄는 실체적 경합관계에 있으며, 乙에게는 배임수재죄만이 성립한다.

○ 사례 34

甲은 乙의 고등학생인 딸을 강간한 혐의로 乙로부터 고소당하여 유죄판결을 받아 2년의 징역을 복역한 후 출소하였다. 출소한 甲은 억울한 생각이 들어 乙에게 보복하기로 작정하였다. 甲은 마을에서 멀리 떨어진 乙의 집에 야간에 침입하여 안채에 붙어 있는 농기구 창고에 석유를 뿌리고 불을 질렀다. 甲은 乙의 가족이 안채의 안방에 잠들어 있어 불이 안방까지 옮겨 붙는다면 누군가는 죽을 수도 있다고 생각했지만 乙을 혼내주기 위해서는 어쩔 수 없다고 생각했다. 불은 순식간에 안방까지 옮겨 붙어 밭일을 끝내고 술을 마시고 잠자리에 든 乙은 연기에 질식되어 사망하였고, 乙의 처 丙은 뛰쳐나왔으나 낮에 은행에서 인출한 현금이 생각나서 다시 안방으로 들어가 현금을 찾으려다가 중화상을 입고 밖으로 나오자마자 실신하였다. 乙의 딸 丁은 뒷방에서 잠을 자다가 깨어나 밖으로 나오려고 했으나 甲이 문 앞에서 지켜 서서 못나오게 막는 바람에 전신에 화상을 입고 사망하였다. 甲은 丙이 실신해 마당에 쓰러져 있는 것을 보았지만 그대로 도망쳤다. 丙은 나중에 마을사람의 신고를 받고 출동한 119 구조대에 의해서 구조되었다.

甲의 형사책임은?

해 설

Ⅰ. 논점의 정리

사안에서 甲의 행위는 시간적 순서에 따라 ① 야간에 乙의 집에 침입한 행위, ② 불을 질러 乙을 사망케 한 행위, ③ 乙의 처 丙에게 중화상을 입히고 실신케 한 행위, ④ 乙의 딸 丁이 나오려는 것을 가로막아 사망케 한 행위, ⑤ 중화상을 입고 실신한 丙을 방치한 행위로 나눌 수 있다.

(1) 乙의 집에 침입한 행위에 있어서는 동 행위가 주거침입죄를 구성하는지, 주거침입이 다른 범죄의 수단인 경우에는 그 죄수관계는 어떠한지 살펴보겠다.

(2) 불을 질러 乙을 사망케 한 행위의 경우, 현주건조물방화치사죄의 성부를 살펴보고 본 죄와 (보복목적)살인죄와의 관계를 논하겠다.

(3) 乙의 처 丙에게 중화상을 입히고 실신케 한 행위에서는 현주건조물방화치상죄가 문제되는데, 특히 피해자가 자의로 화재현장에 뛰어든 행위와 중화상 사이의 인과관계 및 객관적 귀속 등을 살펴 甲의 죄책에 어떠한 영향을 미치는지가 중점적으로 검토되어야 한다. 한편 방화행위 당시에 살인의 고의가 인정되는 경우 살인미수죄와의 관계도 문제된다.

(4) 乙의 딸을 사망케 한 행위에서는 丁의 사망이라는 결과가 甲이 피해자를 가로막는 데서 비롯된바, 동 행위를 방화행위와는 별개의 행위로 평가하여 별도의 살인죄를 인정할 것인지가 문제된다.

(5) 중화상을 입고 실신한 丙을 방치한 행위의 경우, 이를 부작위에 의한 살인미수죄로 평가할 수 있는지 또는 선행행위로 인한 보호의무를 인정하여 유기죄를 인정할 수 있는지를 검토해야 한다.

Ⅱ. 乙의 집에 침입한 행위

1. 주거침입죄(형법 제319조 제1항)의 성부

甲은 방화하기 위하여 乙의 집안에 침입하였으므로 주거침입죄가 성립한다.

2. 타 죄와의 죄수관계

주거침입이 다른 범죄의 수단으로 범해진 경우 그 범죄와 주거침입죄 간의 죄수관계가 문제된다.

주거침입을 위한 수단으로 폭행·협박·손괴 등을 범한 때에는 폭행죄 등과 주거침입죄는 상상적 경합이 된다. 반면에 주거침입이 다른 범죄의 수단인 경우에 주거침입죄가 불가벌적 수반행위로서 다른 범죄에 흡수되는 것이 아니며, 양 죄는 실체적 경합관계에 놓이게 된다. 예컨대 절도나 강도의 목적으로 타인의 주거에 침입한 경우에 주거침입죄의 구성요건이 절도나 강도를 행함에 있어서 일반적 또는 전형적으로 충족되는 것도 아니고, 그 구성요건적 불법의 내용도 경미하지 않기 때문에 별도의 범죄가 성립한다.

따라서 본 사안에서 주된 논의대상인 현주건조물방화죄 등과 주거침입죄는 실체적 경합이 된다.

III. 乙을 사망케 한 행위

1. 현주건조물방화치사죄(형법 제164조 제2항)의 성부

(1) 문제의 소재

甲은 乙의 농기구 창고에 방화함으로써 乙을 질식사시켰는바, 형법 제164조 제2항의 현주건조물방화치사죄에 해당하는가가 문제된다.

① 우선 기본범죄인 현주건조물방화죄의 성부에 있어서는 (i) 농기구창고가 현주건조물에 해당하는지, (ii) 乙의 집이 마을에서 멀리 떨어져 있다는 점에서 동 범죄의 보호법익인 '공공의 위험'이 발생했는지 논하겠다.

② 결과적 가중범의 다른 요건들인 중한 결과의 발생, 인과관계와 객관적 귀속, 중한 결과에 대한 예견가능성의 충족 여부도 검토하겠다.

③ 본 죄가 부진정 결과적 가중범이라는 점에서 주관적 구성요소로서의 살인의 고의 여부를 살펴보고, 인정될 경우 살인죄와의 죄수관계를 논의하겠다.

(2) 현주건조물방화죄(형법 제164조 제1항)의 성부

1) '현주건조물'의 인정 여부

甲은 안채에 붙어 있는 농기구 창고에 석유를 뿌리고 불을 놓았다. 여기서 안채는 사람의 주거에 사용되고 또 행위 당시에 사람이 현존하는 가옥이므로 현주건조물방화죄의 행위객체에 해당한다. 문제는 안채에 붙어 있는 농기구 창고를 현주건조물로 볼 수 있는가이다.

이 사안에서 농기구 창고는 주거에 사용되는 가옥의 일부분으로서 파괴하지 않고는 뜯어낼 수 없을 정도로 **건조물과 일체를 이루어** 현주건조물에 해당한다고 평가된다. 판례 역시 "사람이 거주하는 가옥의 일부로 되어 있는 우사(牛舍)나 창고에 대한 방화는 현주건조물방화에 해당한다"고 판시한 바 있다(대판 1967. 8. 29, 67도925).

2) '공공의 위험' 발생 여부

방화죄는 공중의 생명·신체·재산 등에 대한 위험을 예방하기 위하여 공공의 안전을 그 보호법익으로 한다. 따라서 방화행위로 인해 공공에 대한 위험 발생이 인정되지 않는다면 방화죄가 아니라 손괴죄만이 문제될 뿐이다.

사안에서는 '마을에서 멀리 떨어진 乙의 집'이라고 하여 이러한 공공의 위험 발생 여부가 의문시될 수도 있다. 그러나 공공의 위험이란 반드시 일정 규모 이상의 집단에 대한 위험이 발생할 것을 의미하는 것이 아니라, 불특정 또는 다수인의 생명·신체·재산에 대한 침해가능성만으로도 족하다. 따라서 사안에서 乙과 그의 가족들에게 그러한 위험이 발생한 것만으로도 이미 동 요건은 충족된 것으로 평가된다.

3) 소 결

그 밖의 다른 구성요건 요소들은 의문 없이 충족되고 별다른 위법성·책임조각사유가 엿보이지 아니하는바, 甲에게는 현주건조물방화죄가 성립한다.

(3) 결과적 가중범의 다른 요건

1) 중한 결과의 발생

사안에서 甲의 방화로 인해 乙이 연기에 질식되어 사망한 이상 동 요건은 의문 없이 충족된다.

2) 인과관계와 객관적 귀속

사안에서 甲의 방화행위와 乙의 사망 사이에는 conditio공식에 따른 조건관계 내지 합법칙적 조건관계가 있고, 방화행위로 인해 창출된 위험이 사망을 직접적으로 야기하여 실현되었는바, 인과관계와 객관적 귀속이 모두 인정된다.

3) 중한 결과에 대한 예견가능성

일반적으로 중한 결과에 대한 예견가능성이란 중한 결과의 발생에 대한 과실을 의미한다. 문제는 사안의 경우 과실을 넘어선 살인에의 '고의'를 인정할 것인가인데, 이는 부진정 결과적 가중범에 대한 논의로서 항을 바꾸어 검토하겠다.

(4) 부진정 결과적 가중범의 문제

1) 살인의 고의 인정 여부

甲이 현주건조물방화의 고의로 불을 놓았다는 점은 분명하다. 문제는 甲이 불을 놓아 목적물을 소훼하면서 乙의 가족이 안방에 잠들어 있어 불이 안방까지 옮겨 붙는다면 누군가는 죽을 수도 있다고 생각했다는 점이다. 즉 중한 결과인 피해자의 사망에 대한 고의를 인정할 수 있을 것인지 아니면 과실만 인정하여 의문 없이 현주건조물방화치사죄를 적용할 것인가의 문제이다.

이 사안에서 甲은 중한 결과의 발생을 예견하고 그 가능성을 인식하고도 결과발생을 어쩔 수 없는 것으로 받아들였기 때문에 인식 있는 과실과 미필적 고의의 구별기준에 관한 어떤 견해—용인설, 가능성설, 개연성설, 감수설—에 의하더라도 중한 결과인 乙의 사망에 대한 고의를 인정할 수 있다. 특히 ① 법익침해의 구체적 위험을 인식하고, ② 이 위험발생을 진지하게 고려하였음에도 불구하고, ③ 구성요건 실현과 이 위험을 감수 또는 용인하겠다는 의사가 있었다고 볼 수 있으므로 감수설 내지 용인설에 따라 고의를 인정할 수 있겠다.

2) 부진정 결과적 가중범의 인정 여부

제164조 제2항이 방화하여 "사망에 이르게 한 때"로 규정하여 과실로 사망의 결과를 야기한 때를 의미하는 것으로 보이기 때문에 과연 사망의 결과를 (미필적)고의로 실현시킨 경우까지도 포함하는가가 문제된다.

이에 대해서는 ① 형법의 해석에 있어서는 결과적 가중범에 관하여 진정·부진정의 구별은 필요 없다고 하여 부진정 결과적 가중범을 인정하지 않으려는 견해도 있으나, ② 통설은 진정 결과적 가중범으로 해석하면 형의 불균형을 초래하는 경우 부진정 결과적 가중범을 인정해야 한다는 입장이다.

판례 역시 "현주건조물방화치사상죄는 그 전단이 규정하는 죄에 대한 일종의 가중처벌 규정으로서 과실이 있는 경우뿐만 아니라, 고의가 있는 경우에도 포함된다고 볼 것이므로 사람을 살해할 목적으로 현주건조물에 방화하여 사망에 이르게 한 경우에는 현주건조물방화치사죄로 의율하여야 한다(대판 1996. 4. 26, 96도485; 대판 1983. 1. 18, 82도2341)"고 하여 현주건조물방화치사상죄에 대하여 부진정 결과적 가중범을 인정하고 있다. 재물을 강취하고 피해자를 살해할 목적으로 현주건조물에 방화하여 사망에 이르게 한 경우도 강도살인죄와 현주건조물방화치사죄의 상상적 경합을 인정하고(대판 1998. 12. 8, 98도3416), 특수공무집행방해치상죄(대판 1995. 1. 20, 94도2842)도 부진정 결과적 가중범으로 본다.

현주건조물방화치사죄를 진정 결과적 가중범으로 해석한다면 살인죄와의 관계에서 형의 불균형이 초래된다. 이 사례처럼 사람을 살해할 생각으로(미필적 고의로라도) 사람이 현존하는 건물에 불을 놓아 사람을 살해한 경우, 한 개의 행위(불을 놓은 행위)로 현주건조물방화죄와 살인죄를 실현시켰으므로 양 죄의 상상적 경합이 되며 형법 제40조에 따라 중한 죄인 살인죄로 처벌된다. 그렇다면 사람을 살해할 고의로 불을 놓아 사람을 사망케 한 행위는 법정형의 하한선이 5년인 살인죄에 해당하게 되고, 고의로 불을 놓았지만 불로 인해 과실로 사람이 죽게 된 경우에는 법정형의 하한선이 7년인 현주건조물방화치사죄가 된다. 이는 불법의 정도와 내용으로 보아 현저한 불균형이 아닐 수 없다.

따라서 사안의 甲에게는 부진정 결과적 가중범으로서 현주건조물방화치사죄가 성립한다.

3) 보복목적살인죄(특가법 제5조의9)와의 죄수관계

① **문제의 소재**　앞서 살핀 바와 같이 甲에게는 乙에 대한 살인의 고의도 인정할 수 있고, 보복을 목적으로 범행을 하였기 때문에 특가법상의 보복목적살인죄의 구성요건에 해당한다. 이 경우 부진정 결과적 가중범으로서의 현주건조물방화치사죄 이외에 별도로 보복목적살인죄를 인정할 것인지가 문제된다.

② **학설의 태도**　부진정 결과적 가중범의 경우 살인죄와 현주건조물방화치사죄의 관계에 대해서는 견해가 대립되고 있다. (i) 소수설은 별개의 고의범의 성립을 부정하고 결과적 가중범의 단순일죄만을 인정하고 있다. 부진정 결과적 가중범은 고의범과 고의범이 결합된 형태이므로 중한 결과에 대한 고의범의 법적 평가가 포함되어 있음을 그 근거로 든다. (ii) 이에 대해서 통설은 결과적 가중범의 단순일죄로만 죄수판단을 한다면 이것이 고의에 기해서 중한 결과가 발생한 경우인지, 과실로 인해 중한 결과가 발생한 경우인지의 구별이 불분명하기 때문에 결과적 가중범과 중한 결과에 대한 고의범의 상상적 경합을 인정한다.

③ **판 례**　판례는 '집에 불을 질러 동생과 아버지를 살해한 사건'에서, "사람을 살해할 목적으로 현주건조물에 방화하여 사망에 이르게 한 경우에는 현주건조물방화치사죄로 의율하여야 하고, 이와 더불어 살인죄와의 상상적 경합범으로 의율할 것은 아니라고 할 것이고, 다만 존속살인죄와 현주건조물방화치사죄는 상상적 경합범관계에 있으므로, 법정형이 중한 존속살인죄로 의율함이 타당하다(대판 1996. 4. 26, 96도485)"고 하여, 동생에 대한 보통살인죄 부분에서는 현주건조물방화치사죄의 단순일죄를 인정하고, 아버지에 대한 존속살인죄 부분에서는 존속살인죄와 현주건조물방화치사죄의 상상적 경합을 인정하고 있다.

그러나 형법개정으로 현재 존속살해죄 역시 '사형, 무기징역 또는 7년 이상의 징역'으로 현주건조물방화치사죄와 그 형량이 동일하게 되어, 양죄의 상상적 경합을 인정해야 할 실익은 반감되었다고 본다. 판례는 현재 기본범죄를 통하여 고의로 중한 결과를 발생하게 한 경우에 가중 처벌하는 부진정 결과적 가중범에서, 고의로 중한 결과를 발생하게 한 행위가 별도의 구성요건에 해당하고 그 고의범에 대하여 결과적 가중범에 정한 형보다 더 무겁게 처벌하는 규정이 있는 경우에는 그 고의범과 결과적 가중범이 상상적 경합관계에 있지만, 위와 같이 고의범에 대하여 더 무겁게 처벌하는 규정이 없는 경우에는 결과적 가중범이 고의범에 대하여 특별관계에 있으므로 결과적 가중범만 성립하고 이와 법조경합의 관계에 있는 고의범에 대하여는 별도로 죄를 구성하지 않는다(대판 2008. 11. 27, 2008도7311)는 입장을 명확히 하고 있다.

④ **검토 및 사안에의 적용**　부진정 결과적 가중범이란 중한 결과를 '고의'에 의해 발생

케 한 경우를 의미한다. 현주건조물방화치사죄라면 방화의 고의뿐만 아니라 사망의 결과 발생에 대한 고의 즉 '살인의 고의'를 포함하여, 살인죄에 대한 법적 평가가 이미 반영되어 있다. 따라서 부진정 결과적 가중범으로서의 현주건조물방화치사죄는 살인죄에 대해서 법조경합(특수공무집행방해치상죄의 경우도 마찬가지로 대판 2008. 11. 27, 2008도7311) 중 특별관계에 있다.

부진정 결과적 가중범의 개념을 인정하지 않는다면 모르되, 이를 인정하는 이상 본 죄 이외에 별개의 살인죄가 성립한다고 하는 것은 죄수론의 기본원칙에 어긋난다. 살인죄가 아니라 존속살인죄의 경우는 행위객체가 '존속'이라는 별개의 구성요건표지가 존재하므로 그 불법이 현주건조물방화치사죄에 포함되지 않는다. 보복목적살인죄 역시 '보복목적'이라는 별개의 구성요건표지를 갖고 있기 때문에 마찬가지이다. 따라서 甲에게 인정되는 보복목적살인죄는 부진정 결과적 가중범으로서의 현주건조물방화치사죄와 상상적 경합관계에 있다.

IV. 乙의 처 丙을 중상해 입게 한 행위

1. 현주건조물방화치상죄(형법 제164조 제2항)의 성부

(1) 기본범죄의 성립
앞에서 살펴본 바대로 甲이 乙의 집에 불을 놓은 행위는 현주건조물방화죄에 해당한다.

(2) 중한 결과의 발생
乙의 처가 중화상을 입고 실신하여 상해라는 중한 결과가 발생하였다.

(3) 중한 결과에 대한 예견가능성
화재시에 가족 등의 구조를 위해서 또는 귀중품을 구하기 위해서 불 속으로 뛰어드는 것은 흔히 발생하는 일이고 따라서 이로 인해서 화상 등의 상해의 결과가 발생할 것도 예견할 수 있다고 본다.

(4) 인과관계와 객관적 귀속
화재시에 피해자가 위에서 언급한 것과 같은 이유로 불 속에 뛰어들어 상해의 결과가 발생하는 것은 조건설 내지 합법칙적 조건설에 따라 인과관계가 있다고 평가된다.

그러나 피해자가 위험상황을 인식했음에도 불구하고 자신의 자유롭고 고의적인 행위로 인하여, 즉 '고의적인 자손행위'가 개입되어 상해라는 구성요건적 결과가 실현된 경우에 객관적 귀속은 부정된다. 예컨대 강간을 당한 피해자가 집에 돌아와 수치심과 장래에 대한 절망감에 빠져 음독자살한 경우처럼 자유롭고 책임 있는 피해자의 고의적인 자손행위가 개입되어 구성요건적 결과로 실현된 위험은 피해자의 위험영역에 속하는 것이기 때문에 객관적 귀속이 부정되어야 한다.

고의적인 자손행위로 발생한 결과에 대해서까지 처벌하는 것이 상해죄 또는 살인죄의 규범의 보호목적은 아닌바, 사안에서 甲은 丙의 중상해의 결과에 대해서는 책임을 지지 않는다. 다만 판례에 따른다면 상당인과관계가 부정될 것이며 본 죄가 성립하지 않음은 같다.

2. 살인미수죄(형법 제250조, 제254조)의 성부

앞에서 살펴본 바와 같이 甲은 乙의 집에 불을 지를 당시, 누군가 죽어도 어쩔 수 없다는 살인에 대한 미필적 고의를 가지고 있었다. 그러나 丙은 사망에 이르지 않았으므로 甲에게는 丙에 대한 살인미수죄가 성립한다.

3. 소 결

丙의 상해의 결과는 자유롭고 책임 있는 피해자의 고의적인 자손행위에 의하여 발생한 것이다. 즉 방화행위와 상해 사이에 인과관계는 인정되지만 객관적 귀속이 부정되어 현주건조물방화치상죄의 구성요건해당성이 부정되고 현주건조물방화죄만 성립한다. 그러나 현주건조물방화죄는 사회적 법익에 대한 죄로서 乙의 사망에 대한 현주건조물방화치사죄에서 이미 평가되었는바 별도로 성립하는 것은 아니다.

丙에 대한 살인의 (미필적)고의가 있었기 때문에 살인미수죄가 인정된다. 이때 부진정 결과적 가중범인 현주건조물방화치사죄의 미수가 성립할 것인지도 문제되는데 이론상 가능하다고 볼 수도 있으나, 형법상 미수범 처벌규정이 없으므로 결과적 가중범의 미수는 부정된다.

V. 乙의 딸 丁이 나오는 것을 가로막아 죽게 한 행위

1. 살인죄(형법 제250조 제1항)의 성부

甲은 살인의 고의로 乙의 딸 丁을 문 밖으로 나오지 못하게 막아서 丁을 화상으로 사망케 하였으므로 丁에 대한 살인죄가 성립한다.

2. 현주건조물방화행위와의 죄수관계

甲이 丁의 탈출을 방해하여 살해한 행위는 현주건조물방화죄가 이미 기수(독립연소설)에 이른 후에 비로소 이루어진 별개의 행위이다. 불을 놓아 사망케 할 고의와 문을 막아 피해자를 죽게 할 고의는 전혀 다른 고의이며 자연적 의미의 행위도 별개이고 침해법익도 다르다. 따라서 丁에 대한 살인죄는 현주건조물방화죄와 실체적 경합관계에 있게 된다.

다만 현주건조물방화죄는 乙의 사망에 대한 현주건조물방화치사죄에서 이미 평가되어, 정확히 말하자면 丁에 대한 살인죄는 乙에 대한 현주건조물방화치사죄와 실체적 경합관계에 있다.

판례 역시 이와 유사한 사안에서 "불을 놓은 집에서 빠져나오려는 피해자들을 막아 소사케 한 행위는 1개의 행위가 수개의 죄명에 해당하는 경우라고 볼 수 없고, 위 방화행위와 살인행위는 법률상 별개의 범의에 의하여 별개의 법익을 해하는 별개의 행위라고 할 것이다"라고 판시한 바 있다(대판 1983. 1. 18, 82도2341).

VI. 중상해를 입은 乙의 처 丙을 방치한 행위

1. 부작위에 의한 살인미수죄(형법 제250조, 제254조)의 성부

(1) 문제의 소재

丙에 대한 살인미수죄가 이미 성립하는 경우에, 중화상을 입은 피해자를 방치한 행위를 형법상 유의미한 부작위로 평가하여 부작위에 의한 살인미수죄를 인정할 수 있는지 문제된다. 즉 ① 甲이 도망칠 당시 중화상을 입은 丙이 사망할 수도 있다는 사실을 용인 내지 감수하여 방화 당시와는 별개의 새로운 살인의 고의가 인정되는지, ② 甲에게 선행행위로 인한 보증인지위가 인정되는지 검토하겠다.

(2) 丙을 방치할 당시 살인의 고의 인정 여부

중화상을 입고 쓰러진 자가 응급조치를 받지 않는다면 사망할 수 있다는 사실은 경험칙상 쉽게 인정된다. 甲이 그러한 상태에 있는 丙을 보고서 그대로 도망칠 당시, 최소한 丙이 죽어도 어쩔 수 없다는 미필적 고의는 있었다고 판단된다.

(3) 부진정 부작위범의 성립요건 - 보증인지위

1) 보증인지위의 의의

보증인지위란 부진정 부작위범에 있어서 부작위가 작위와 같이 평가될 수 있기 위하여 부작위범이 결과의 발생을 방지해야 할 의무가 있어야 하는바, 이러한 의무를 발생시키는 지위를 말한다. 사안에서 甲에게는 선행행위로 인한 보증인지위를 인정할 수 있는지가 문제된다.

2) 선행행위로 인한 보증인지위 인정 여부

선행행위에 의한 보증인지위가 발생하려면 ① 선행행위가 결과발생에 대하여 직접적이고 상당한 위험을 야기할 수 있는 것이어야 하고 ② 선행행위는 객관적으로 의무에 위반했거나 위법한 것이어야 한다.

그러나 사안의 경우 丙의 실신은 甲의 선행행위인 방화에 의해서가 아니라, 甲에게 객관적으로 귀속되지 않는 丙 자신의 행위에 의한 것이므로, 이에 따른 결과에 대해서는 甲에게 보증인지위를 인정할 수 없다.

(4) 소 결

丙이 죽을 수 있다는 사실에 대해서 甲에게 살인의 미필적 고의가 인정되나 중화상의 결과는 甲의 선행행위에 의해 발생한 것이 아니어서 보증인지위가 인정되지 않아 일단 부작위에 의한 살인죄는 성립하지 않는다. 설사 선행행위로 인한 결과 야기가 인정되더라도 범죄자에게 자신의 범죄로 인한 결과를 방지해야 할 의무를 인정할 수는 없을 것이다.

2. 유기죄(형법 제271조 제1항)의 성부

(1) 문제의 소재

부작위에 의한 살인미수죄가 부정될 경우 보충적으로 유기죄의 성부를 검토할 수 있다.

형법은 제271조 제1항에서 유기죄의 주체로서 '법률상·계약상 의무 있는 자'를 규정하고 있다. 따라서 유기죄의 주체가 이에 한정되는지, 아니면 그 외에도 사무관리·관습·조리·선행행위에 의한 보호의무의 발생을 인정할 것인가가 문제된다.

(2) 유기죄의 보호의무의 발생근거

1) 한 정 설

제271조는 주체를 보호의무 있는 자로 제한하고 있기 때문에 법률·계약으로 한정해야하며, 또한 관습·조리의 경우에는 묵시적 계약에 의한 보호의무로 또는 법률상 보호의무에 해당할 수 있기 때문에 제한적 해석이 타당하다는 견해이다.

2) 확 대 설

형법 제271조 제1항에서 규정한 내용은 예시된 것에 불과하므로 널리 사무관리·관습·조리·선행행위에 의해서도 보호의무가 발생한다는 견해이다. 이에 따르면 보호의무의 발생근거는 부진정 부작위범의 보증인의무와 동일하게 된다.

3) 판 례

대법원은 현행 형법은 구법과는 달리 보호법익의 범위를 넓힌 반면에 보호책임 없는 자의 유기죄는 없애고 법률상 또는 계약상의 의무 있는 자만을 유기죄의 주체로 규정하고 있기 때문에 사회상규상의 보호책임을 관념할 수 없다고 보고, 법률상·계약상의 보호의무가 있는지를 밝혀야 한다고 본다. 이러한 입장에 따라 술에 취하여 우연히 동행하게 된 경우에 위험에 처한 상대방을 구조할 의무가 없다고 판시하였다(대판 1977. 1. 11, 76도3419).

(3) 검토 및 사안에의 적용

보호의무의 근거를 제한하고 있지 않은 독일·일본과는 달리 우리 형법은 유기죄의 주체를 법률상·계약상 의무 있는 자로 규정하고 있다. 그럼에도 관습·조리와 같은 불확정개념을 도입하여 보호의무의 근거를 확대하는 것은 죄형법정주의 원칙에 반하여 법적 안정성에 문제를 일으킨다. 따라서 한정설이 타당하며, 이에 의하면 甲에게는 법률상 또는 계약상 丙에 대한 보호의무가 인정되지 않아 유기죄는 성립하지 않는다.

한편 확대설에 따를 경우 선행행위로 인한 보호의무가 발생한 것으로 볼 것인지 문제되나, 앞에서 살펴본 바대로 丙의 상해의 결과는 피해자 자신의 고의적인 자손행위에 의한 것이기 때문에 甲의 위법한 선행행위에 의한 것으로 볼 수도 없다.

VII. 사안의 해결

(1) 甲이 방화를 목적으로 乙의 주거에 침입한 행위는 목적으로 한 범죄에 흡수되지 않고 별도로 주거침입죄를 구성한다.

(2) 甲이 살인의 미필적 고의를 가지고 방화로써 乙을 사망케 한 행위는 부진정 결과적 가중범인 현주건조물방화치사죄와 특가법상 보복목적살인죄의 상상적 경합에 해당한다. 이에 대한 판례의 태도는 단정할 수 없으나, 특가법상 죄책의 법정형이 높은 점을 고려할 때 상상적 경합을 인정할 것으로 본다.

(3) 丙이 중화상을 입고 실신한 것은, 피해자의 고의적인 자손행위에 의한 것으로서 그 결과를 甲에게 귀속시킬 수 없다. 이 경우 기본범죄인 현주건조물방화죄는 乙의 사망에 대한 현주건조물방화치사죄에서 이미 평가하였으므로 별도로 문제되지 않는다.

(4) 불을 피해 나오려는 丁을 가로막아 사망케 한 행위는 방화행위와는 별개의 행위로서 별도로 살인죄가 성립한다.

(5) 중화상을 입은 丙을 방치한 행위에 대해서는 선행행위로 인한 보증인 지위가 부정되어 부작위에 의한 살인미수죄가 성립하지 않는다. 또한 甲에게는 丙을 보호해야 할 법률상·계약상 보호의무도 없어 유기죄도 문제되지 않는다.

(6) 乙에 대한 현주건조물방화치사죄와 보복목적살인죄 및 丙에 대한 살인미수죄는 상상적 경합관계에 있고, 이들 죄책과 丁에 대한 살인죄 및 주거침입죄 간에는 실체적 경합관계에 있다.

甲은 2년의 징역형을 마치고 출소하여, 다시 3년 내에 금고 이상에 해당하는 현주건조물방화치사죄 및 살인죄 등을 범했으므로 '누범'으로서 형법 제35조에 의해 장기의 두 배까지 가중 처벌된다.

35.

유가증권위조 및 동행사죄 / 금제품의 재물성 / 책략절도(기망적 절도) / 점유의 개념 / 불법원인급여와 횡령죄·배임죄·사기죄 / 거스름돈 사기

○ 사례 35

교도소에서 알게 된 甲과 乙은 문화상품권(5,000원권) 100,000장을 위조하여 반으로 나누어 각자 처분하기로 하였다. 甲이 재료 등을 구입해 주고 乙이 기거하고 있는 창고에서 인쇄기로 문화상품권을 위조하였다. 그러나 乙은 甲에게 주기로 한 위조문화상품권 50,000장을 주지 않고 창고에 보관하고 있었다. 甲은 乙에게 수차례 요구하였지만 甲의 몫을 주지 않더라도 별 방법이 없어 甲이 포기할 것이라고 생각하고 묵살하였다.

이에 甲은 乙의 창고에 몰래 들어가 자기 몫을 갖고 나오기로 계획하였다. 乙이 외출 중이어서 창고에 아무도 없는 틈을 이용하여 甲은 乙의 창고에 몰래 들어가 위조문화상품권 50,000장을 가방에 넣어 가지고 나왔다. 甲은 乙의 창고에서 나와 버스정류장으로 가던 중 골목 어귀에서 마침 귀가하는 乙을 만났다. 乙은 이상한 생각이 들어 재빨리 창고로 달려가 문화상품권을 살펴보고 절반이 없어진 것을 발견하였다. 이에 乙은 甲의 소행으로 생각하고 버스정류장에서 버스를 기다리던 甲의 가방을 잡아당겼다. 그러자 甲은 이를 빼앗기지 않으려고 옥신각신하다가 乙의 복부에 일격을 가하고 도망쳤다.

며칠 후 乙은 정을 아는 丙에게 위조한 문화상품권 50,000장을 적당한 가격으로 팔아 줄 것을 부탁하였고 판매금액의 20%를 주기로 약속하였다. 丙은 평소 알고 지내던 성인오락실 사장에게 장당 1,000원에 매각하고 매각대금 5,000만원을 받았다. 그러나 丙은 乙에게 장당 800원에 매각했다고 말하고 매각대금이라며 4,000만원을 건네주었다. 乙은 丙에게 받은 4,000만원 중에서 20%에 해당하는 800만원을 丙에게 건네주었는데, 그 자리에서 자기앞수표를 세어본 丙은 100만원권 수표 9장임을 알았지만 고맙다는 인사만 하고 수표 1장을 돌려주지는 않았다.

한편 甲은 乙의 창고에서 가지고 나온 위조문화상품권을 지방의 성인오락실 사장에게 매각하기로 약속하고 승용차로 지방으로 내려가던 중 고속도로 휴게소 주유소에서 종업원에게 휘발유를 가득 채우라고 말하고(대금 75,000원) 주유가 끝난 후 종업원이 연료탱크의 마개를 닫자마자 그대로 줄행랑쳐버렸다.

甲, 乙, 丙의 형사책임은?

해 설

I. 논점의 정리

(1) 甲의 죄책과 관련하여 문화상품권이 유가증권인지, 이를 위조한 행위가 유가증권위조죄가 성립하는지를 검토하여야 하고, 위조문화상품권을 乙의 창고에서 가지고 나온 후 乙을 가격한 행위가 주거침입죄와 절도죄가 성립하고 절도의 기회에 폭행을 가한 것으로 보아 준강도죄가 성립하는지 문제된다. 특히 甲이 절도인지와 관련하여 위조유가증권의 재물성 및 불법영득의사 유무가 문제될 것이다. 재물성이 인정되더라도 누구의 점유로 볼 것인지에 따라 절도죄의 성립 여부가 결정된다. 또한 고속도로 휴게소 주유소에서 주유가 끝난 후 주유대금을 지불하지 않은 채 달아난 행위에 대해서는 절도죄 혹은 사기죄의 성부가 문제되며, 범죄목적으로 주유소에 들어간 것이 주거침입죄(건조물침입)가 성립하는지 문제된다.

(2) 乙의 죄책과 관련하여 문화상품권 위조행위는 甲과의 공동정범 또는 교사범으로 함께 논하여야 하나, 공동의 행위부분이 많지 않아 행위자별로 검토하기로 한다. 乙이 甲에게 교부하기로 한 위조 문화상품권을 교부하지 않고 창고에 보관하며 甲의 요구를 묵살한 행위에 대해서 문화상품권의 점유 및 소유관계에 따라 횡령죄 혹은 절도죄, 사기죄가 성립하는지 검토해야 한다. 또한, 丙을 통해 위조문화상품권을 매각하고 대금을 나눠가진 행위가 위조유가증권행사죄에 해당하는지 문제된다.

(3) 丙의 죄책과 관련하여 위조 문화상품권을 성인오락실 사장에게 매각한 행위는 위조유가증권행사죄 성부가 문제되며, 성인오락실 사장에게 받은 매각대금 5,000만원 중 4,000만원만을 乙에게 건네준 행위는 매각대금의 소유권과 점유 여부에 따라 횡령죄 혹은 배임죄 및 사기죄 성부가 문제되고, 乙이 수표를 초과하여 건네준 점을 알면서도 이를 돌려주지 않은 행위는 수표의 점유관계에 따라 점유이탈물횡령죄 또는 사기죄의 성부가 문제된다.

II. 甲의 죄책

1. 문화상품권을 위조한 행위 – 유가증권위조죄(형법 제214조)의 성부

유가증권이란 증권 상에 표시된 재산상의 권리의 행사와 처분에 그 증권의 점유를 필요로 하는 것을 총칭하는 것으로서 재산권이 증권에 화체된다는 것과 그 권리의 행사와 처분에 증권의 점유를 필요로 한다는 두 가지 요소를 갖추어야 하며 반드시 유통성을 가질 필요는 없고 일반인이 진정한 것으로 오신할 정도의 형식과 외관을 갖추고 있으면 된다(대판 1998. 11. 24, 98도2967; 대판 2001. 8. 24, 2001도2832; 대판 2007. 7. 13, 2007도3394).

이 사안에서 위조한 문화상품권은 증권상에 표시된 5,000원권을 행사 및 처분하는 데에 증권의 점유를 필요로 하는 유가증권에 해당한다. 甲과 乙은 유가증권인 문화상품권을 위조하기로 공모한 후 역할을 분담하여 이를 위조하였으므로 기능적 범행지배설에 따라 유가증권위조죄의 공동정범이 된다.

유가증권위조죄의 죄수는 유가증권의 수를 기준으로 결정하므로(대판 1983. 4. 12, 82도2938), 일시에 문화상품권 100,000장을 위조한 행위는 포괄일죄가 아니라 100,000장의 유가증권위조죄의 경합범으로 처벌된다.

다만, 甲과 乙이 위조 유가증권을 각자 처분하기로 한 점을 고려할 때 위조유가증권을 행사한 부분에 대해서는 공동정범이 아니라 각자 위조유가증권행사죄의 정범이 성립하는지 검토하여야 한다.

2. 위조문화상품권 50,000장을 乙의 창고에서 가지고 나온 후 乙을 가격한 행위

(1) 주거침입죄(형법 제319조 제1항)의 성부

甲은 乙의 의사에 반하여 몰래 乙이 기거하는 창고에 들어갔으므로 주거침입죄의 구성요건해당성을 충족하며, 이와 관련한 별다른 위법성 및 책임조각사유가 존재하지 않으므로 주거침입죄가 성립한다.

(2) 절도죄(형법 제329조)의 성부

1) 금제품의 재물성

위조유가증권은 금제품인데, 법률상 소유나 소지가 금지되어 있는 금제품에 대해서도 절도죄가 성립할 것인가에 대해 견해가 대립한다. 이는 금제품에 대해 타인의 소유를 인정할 수 있는지의 문제이다.

이에 대해 학설은 (i) 재물의 경제적 이용 가능성이 없는 금제품은 소유권의 객체가 될 수 없기 때문에 절도죄의 객체가 될 수 없다는 소극설, (ii) 금제품일지라도 법적 절차에 따라 몰수되기까지는 소유 또는 점유를 보호해야 하므로 절도죄가 성립한다는 적극설, (iii) 단순히 점유가 금지된 물건(예컨대 불법무기나 마약)은 재산죄의 객체가 되지만 소유권의 객체가 될 수 없는 물건(위조통화나 아편흡식기)은 절도죄의 객체가 될 수 없다는 절충설로 대립한다.

판례는 "유가증권도 그것이 정상적으로 발행된 것은 물론 비록 작성권한 없는 자에 의하여 위조된 것이라고 하더라도 절차에 따라 몰수되기까지는 그 소지자의 점유를 보호하여

야 한다는 점에서 형법상 재물로서 절도죄의 객체가 된다(대판 1998. 11. 24, 98도2967)"고
하여 적극설의 입장을 취하고 있다.

절도죄는 타인의 점유의 침해를 통하여 소유권을 침해하는 재산범죄 유형이므로, 소유
가 금지된 금제품은 절도죄의 객체가 될 수 없다고 보아야 한다. 절충설이 타당하다. 이에
따르면 사안에서 위조유가증권인 위조문화상품권은 절도죄의 객체가 될 수 없어 甲에게는
절도죄가 성립하지 않는다.

그러나 판례와 적극설에 따르면 절도죄가 성립할 것인바, 이하에서는 이를 전제로 논한다.

2) 위조문화상품권의 점유관계

절도죄의 객체는 타인의 재물이므로 50,000장의 문화상품권을 취거한 甲의 행위가 절도
죄가 되려면 문화상품권이 乙의 단독점유이거나 甲과 乙의 공동점유여야 한다.

일반적으로 점유는 재물에 대한 사실상의 지배(대판 1982. 3. 9, 81도3396)로 정의된다. 즉
점유자에게 재물에 대하여 사실적·물리적 작용을 가할 수 있는 가능성을 제공해주는 사실
적인 지배관계를 의미한다. 형법상 점유는 재물에 대한 사실상의 지배라는 점에서 민법의
점유와 구별된다(대판 1982. 3. 9, 81도3396).

재물에 대한 점유는 지배의사 없이는 불가능하다. 점유의 주관적 요소로서 지배의사는
점유가 사실적인 개념인 것과 마찬가지로 정신능력과 무관한 순전히 사실적인 지배의사이
다. 그러나 지배의사에 의한 재물에 대한 사실적인 작용가능성은 점유형태의 다양성과 작
용가능성의 정도 등에 비추어 개별적 사정과 거래상 경험칙에 따라 정해져야 한다. 따라서
점유개념에는 거래관행이 중요한 관점이 되는 규범적·사회적 요소가 포함되어져야 한다.

사안에서는 乙의 창고에서 문화상품권을 위조하여 이를 乙이 창고에 보관하였으므로,
객관적·물리적 요소만을 고려한다면 乙의 단독점유가 인정될 여지도 있다. 그러나 甲과
乙의 의사는 문화상품권 전부를 乙이 단독점유한 후 차후에 甲에게 절반을 점유 이전하겠
다는 것이라기보다 당초부터 甲과 乙이 공동점유를 취득할 의사였다. 甲과 乙이 공동정범
으로서 문화상품권을 위조했고, 그 장소가 단순히 乙의 창고였을 뿐이므로 사회적·규범적
요소를 고려한다면 사회통념상 위조행위가 완료된 때 甲과 乙이 공동점유를 취득한 것으로
보아야 한다. 따라서 물리적 지배는 乙이 하고 있을지라도, 규범적 요소를 고려하면 문화상
품권에 대해서는 甲과 乙의 공동점유가 인정된다.

3) 불법영득의사 인정 여부 – '불법'의 의미

절도죄의 주관적 구성요건으로는 불법영득의 의사가 요구된다. 불법영득의사는 소극적
요소인 배제와 적극적 요소인 취득으로 구성되어 있는데, 적극적 요소인 취득은 일반적 정
당화 사유에 의하여 불법성이 탈락될 수 있다. 그러나 문제는 일반적 위법성조각사유 이외

에 채권법상의 청구권으로 인해 불법성이 탈락되는가이다. 사안에서는 甲과 乙이 위조문화상품권을 나눠 갖기로 약속하였으므로, 일견 甲에게 위조문화상품권 50,000장에 대한 청구권이 있는 것처럼 보인다. 이와 같이 행위자가 피해자에 대하여 청구권을 가지고 있는 경우에도 영득행위의 위법성이 인정될 수 있는지가 문제된다.

이에 대하여 (i) 불법이란 영득이 실질적으로 소유권질서와 모순·충돌되는 상태를 의미한다고 하여 청구권이 있는 경우에는 절도죄가 성립하지 않는다는 영득의 불법설과, (ii) 불법이란 절취의 불법을 의미하므로 절취가 적법하지 않으면 불법영득의사를 인정해야 한다고 하여 행위자에게 청구권이 있는 경우에도 일반적 위법성조각사유가 없는 한 절도죄가 성립한다는 절취의 불법설이 대립한다.

판례는 "채무자의 책상 서랍을 승낙 없이 뜯어 돈을 꺼내 **자기의 채권의 변제에 충당한 것은** 자기 채권의 추심을 위하여 채무자의 점유하에 있는 채무자 소유의 금원을 불법하게 탈취한 것으로 **불법영득의 의사가 있다**고 볼 것이다"(대판 1983. 4. 12, 83도297)라고 판시하여 절취의 불법설의 입장을 취하고 있다.

불법은 위법을 의미하기 때문에 취득이 법질서 전체와 일치하는가에 따라 영득의 불법성이 결정된다. 따라서 예컨대 재물에 대한 만기의 항변할 수 없는 채권법상의 청구권이 있어서 그 물건을 가져온 경우에는 영득의 불법성은 없기 때문에 절도죄가 성립하지 않는다고 보아야 한다. 그러나 종류채권이 있는 자가 채무자에 의해서 특정되기 전에 그 종류의 재물을 취거한 경우에는 불법영득의사가 인정된다.

사안에서와 같이 위조된 유가증권을 나누기로 하는 합의는 민법 제103조의 선량한 풍속 기타 사회질서에 위반한 법률행위로서 무효이고, 이러한 청구권을 청구원인으로 하여 민사소송을 제기하여도 기각될 것이다. 따라서 불법의 의미에 대한 영득의 불법설에 따르더라도 甲에게는 청구권이 없어 불법영득의사가 인정된다.

4) 소 결

甲은 불법영득의사로 乙과 공동점유하고 있는 위조문화상품권을 취거하였으므로, 위조유가증권이 절도죄의 객체가 될 수 있다고 하는 대법원의 태도에 따른다면 甲에게는 절도죄가 성립한다. 그러나 금제품의 절도죄 객체 여부에 대한 절충설에 따라 절도죄의 객체가될 수 없어 절도죄가 성립하지 않는다고 보는 것이 타당하다.

(3) 준강도죄(형법 제335조)의 성부

준강도는 절도범인이 절도의 기회에 재물탈환·항거 등의 목적으로 폭행 또는 협박을 가함으로써 성립되는 것이므로 그 폭행 또는 협박은 절도의 실행에 착수하여 그 실행 중이거나 그 실행 직후 또는 실행의 범의를 포기한 직후로서 사회통념상 범죄행위가 완료되지 아니하였다고 인정될 만한 단계에서 행하여짐을 요한다(대판 1984. 9. 11, 84도1398; 대판 1987. 10. 26, 87도1662). 즉 준강도죄가 성립하기 위해서는 절취와 폭행 또는 협박 사이에 강도죄로 평가될 수 있을 정도의 시간적 및 장소적 근접성이 있어야 한다. 폭행 또는 협박은 절도의 실행에 착수한 이후부터 절도죄가 종료하기 전까지 행해져야 시간적 근접성을 인정할 수 있고, 폭행 또는 협박이 절도 현장이나 부근에서 행해져야 장소적 근접성이 인정된다.

절도의 기회라고 함은 절도범인과 피해자 측이 절도의 현장에 있는 경우와 절도에 잇달아 또는 절도의 시간·장소에 접착하여 피해자 측이 범인을 체포할 수 있는 상황, 범인이 죄적인멸에 나올 가능성이 높은 상황에 있는 경우를 말하고, 그러한 의미에서 피해자 측이 추적태세에 있는 경우나 범인이 일단 체포되어 아직 신병확보가 확실하다고 할 수 없는 경우에는 절도의 기회에 해당한다(대판 2001. 10. 23, 2001도4142; 대판 2009. 7. 23, 2009도5022). 절도현장에서부터 추격당하고 있는 경우에는 아직 절도죄가 종료했다고 볼 수 없고, 폭행 또는 협박장소가 범죄현장에서 멀리 떨어진 곳이라도 장소적 근접성이 인정될 수 있다(2km를 추격한 경우: 대판 1982. 7. 13, 82도1352). 절도범인이 일단 체포되었으나 아직 신병확보가 확실하지 않은 단계에서 체포 상태를 면하기 위해 폭행하여 상해를 가한 경우, 그 행위는 절도의 기회에 체포를 면탈할 목적으로 폭행하여 상해를 가한 것으로서 강도상해죄에 해당한다(대판 2001. 10. 23, 2001도4142).

사안의 경우 甲이 문화상품권을 가방에 넣어 가지고 창고에서 나와 버스정류장으로 향하는 순간 사회통념상 절도행위가 종료되었다고 볼 수 있으며, 버스정류장은 절도현장인 乙의 창고 부근도 아니어서 시간적 및 장소적 근접성을 인정할 수 없어 '절도의 기회'에 폭행을 가하였다고 보기 어렵다. 판례도 "피해자의 집에서 절도범행을 마친지 10분가량 지나 피해자의 집에서 200m 가량 떨어진 버스정류장이 있는 곳에서 피고인을 절도범인이라고 의심하고 뒤쫓아 온 피해자에게 붙잡혀 피해자의 집으로 돌아왔을 때 비로소 피해자를 폭행한 경우, 그 폭행은 사회통념상 절도범행이 이미 완료된 이후에 행하여졌다는 이유로 준강도죄가 성립하지 않는다"(대판 1999. 2. 26, 98도3321)고 본 바 있다.

따라서 甲은 준강도죄의 죄책을 지지 않는다.

(4) 폭행죄(형법 제260조)의 성부

甲은 자신의 가방을 빼앗으려는 乙의 복부를 강타하였으므로 폭행죄의 구성요건해당성이 인정된다. 다만 乙이 자신의 가방을 빼앗으려 하자 이를 저지하기 위해 폭행하였으므로 정당방위 또는 긴급피난 등 위법성이 조각될 수 있는지가 문제된다.

정당방위가 인정되려면 자기 또는 타인의 법익에 대한 현재의 부당한 침해가 있어야 한다. 이때 침해행위는 객관적으로 법질서와 모순되는 위법한 것이어야 하므로 적법한 침해에 대해서는 정당방위는 할 수 없고, 긴급피난만이 가능하다. 위법은 반드시 형법상의 불법을 의미하는 것이 아니므로 구성요건해당성이 없는 행위도 객관적으로 위법하면 이에 대한 정당방위가 가능하다.

사안의 경우 甲이 乙의 가방취거 행위에 대해서 일격을 가한 것이 정당방위에 해당하려면, 乙의 가방취거행위가 '현재의 부당한 침해'여야 한다.

우선 乙의 입장에서는 자기의 재물에 대한 현재의 부당한 침해로 보고 재물을 탈환하려 한 것이므로 정당방위를 주장할 수 있다. 乙의 정당방위가 인정되면 甲의 입장에서는 침해의 '부당성'이 인정되지 않으므로 폭행행위에 대한 정당방위를 주장할 수 없게 된다. 甲의 위조상품권 취거행위가 절도죄(주거침입죄도 마찬가지)에 해당한다고 하더라도 이미 절도범죄는 종료되었다고 볼 수 있으므로 '침해'의 '현재성'은 인정될 수 없다. 따라서 乙의 가방취거행위는 정당방위에 해당하지 않고 또한 긴급피난의 요건인 위난의 '현재성'도 인정할 수 없다.

甲이 취거한 위조유가증권에 대해서 절도죄가 인정된다면 乙의 행위는 자구행위에 해당한다고 볼 수 있다. 그러나 자구행위가 인정되려면 청구권보존을 위한 상당한 이유가 있어야 한다. 甲과 乙은 공범관계이고 乙이 甲에게 가방 안의 내용물에 대한 확인절차도 없었고, 더구나 甲이 취거한 위조유가증권은 甲의 몫에 해당하는 것이므로 乙의 소유물에 대한 탈환행위라고 보기 어려워 자구행위의 상당성을 인정할 수 없다.

그렇다면 甲의 행위는 乙의 '현재의 부당한 침해'에 대한 정당방위 또는 긴급피난으로 볼 수 있다. 그러나 甲과 乙이 공범관계라는 점, 다툼의 대상인 재물이 위조유가증권이라는 점, 甲의 행위가 절도죄를 구성한다는 점 등을 고려할 때 방위행위 또는 피난행위의 상당성을 인정하기 어렵다고 본다.

따라서 甲의 폭행행위는 폭행죄에 해당한다.

(5) 소 결

위조문화상품권 50,000장을 乙의 창고에서 가지고 나온 후 乙을 가격한 甲의 행위는 주거침입죄와 절도죄 및 폭행죄에 해당하고 실체적 경합관계에 놓이게 된다.

3. 주유소에서 주유가 끝난 후 주유대금을 지불하지 않고 줄행랑친 행위

(1) 절도죄(형법 제329조) 또는 사기죄(형법 제347조)의 성부

1) 절취와 사취의 구별

사기죄는 ① 기망행위 ② 재물의 교부 또는 재산상의 이익의 취득 ③ 피기망자의 착오

④ 처분행위[37] ⑤ 재산상의 손해가 발생하였을 것을 요건으로 한다. 다만, 처분행위로 인하여 **직접 재산상의 손해가 발생할 것을 요한다**(처분효과의 직접성). 처분행위가 직접 재물의 교부를 야기한 때에는 사기가 되나 행위자가 별도의 행위에 의하여 재물을 취거한 때에는 책략절도(소위 기망적 절도)가 성립한다.

판례는 "피고인이 피해자 경영의 금방에서 마치 귀금속을 구입할 것처럼 가장하여 피해자로부터 순금목걸이 등을 건네받은 다음 화장실에 갔다 오겠다는 핑계를 대고 도주한 것이라면 위 순금목걸이 등은 도주하기 전까지는 아직 피해자의 점유 하에 있었다고 할 것이므로 절도죄로 의율 처단한 것은 정당하다"(대판 1994. 8. 12, 94도1487)고 보았고, 피해자가 결혼예식장에서 신부 측 축의금 접수인인 것처럼 행세하는 피고인에게 축의금을 내어 놓자 이를 교부받아 가로챈 사안에서, "피해자의 교부행위의 취지는 신부 측에 전달하는 것일 뿐 피고인에게 그 처분권을 주는 것이 아니므로, 이를 피고인에게 교부한 것이라고 볼 수 없고 단지 신부 측 접수대에 교부하는 취지에 불과하므로 피고인이 그 돈을 가져간 것은 신부 측 접수처의 점유를 침탈하여 범한 절취행위라고 보는 것이 정당하다"고 하였다(대판 1996. 10. 15, 96도2227).

이 두 사례의 경우에 피해자가 재물을 교부한 것은 기망에 의하여 점유이전에 동의한 것이 아니다. 순금목걸이를 살펴보라고 건넨 것이며 신부 측에 축의금을 전달하라고 건네 준 것이어서 기망에 의한 점유이전이 이루어졌다고 볼 수 없다. 기망에 의해서 피해자에 의한 점유이전이 있었다면 굳이 점유를 취득하기 위해 도주하거나 다른 행위를 할 필요가 없다.

이에 반해서 대법원은 "자전거를 살 의사 없이 **시운전을 빙자하여** 피해자로부터 교부받은 자전거를 타고 시운전을 하는 척 하다가 그대로 도망간 경우에 **사기죄**가 성립한다"(대판 1968. 5. 21, 68도480)고 보았는데, 귀금속사례와 마찬가지로 자전거 교부행위가 아니라 도주

---

37) 처분행위가 인정되기 위해서 피기망자가 처분결과에 대한 인식이 필요한지에 관한 판결: "피고인 등이 토지의 소유자이자 매도인인 피해자 갑 등에게 토지거래허가 등에 필요한 서류라고 속여 근저당권설정계약서 등에 서명·날인하게 하고 인감증명서를 교부받은 다음, 이를 이용하여 갑 등의 소유 토지에 피고인을 채무자로 한 근저당권을 을 등에게 설정하여 주고 돈을 차용하는 방법으로 재산상 이익을 취득하였다고 하여 특정경제범죄 가중처벌 등에 관한 법률 위반(사기) 및 사기로 기소된 사안에서, 갑 등은 피고인 등의 기망행위로 착오에 빠진 결과 토지거래허가 등에 필요한 서류로 잘못 알고 처분문서인 근저당권설정계약서 등에 서명 또는 날인함으로써 재산상 손해를 초래하는 행위를 하였으므로 갑 등의 행위는 사기죄에서 말하는 처분행위에 해당하고, 갑 등이 비록 자신들이 서명 또는 날인하는 문서의 정확한 내용과 문서의 작성행위가 어떤 결과를 초래하는지를 미처 인식하지 못하였더라도 토지거래허가 등에 관한 서류로 알고 그와 다른 근저당권설정계약에 관한 내용이 기재되어 있는 문서에 스스로 서명 또는 날인함으로써 그 문서에 서명 또는 날인하는 행위에 관한 인식이 있었던 이상 처분의사도 인정된다"(대판 2017. 2. 16, 2016도13362 전합).

행위에 의해 비로소 손해가 발생했기 때문에 처분행위와 손해발생 간에 직접성이 인정되지 않으므로 절도죄가 성립한다고 보는 것이 타당하다.

2) 사안의 경우

통상 매매의 경우 매매대금과 재물의 교부가 동시에 이행되는 것이므로 주유소 종업원이 자동차에 휘발유를 주유하였다고 하더라도 대금을 받기 전까지는 휘발유의 점유가 자동차 운전자에게 이전되는 것은 아니다. 甲은 주유소에서 종업원에게 휘발유를 가득 채우라고 말하고 주유대금을 지불하지 않은 채 주유가 끝난 후 줄행랑 쳐버렸으므로, 종업원의 처분행위인 주유행위가 아닌 도주행위에 의해 주유소에 손해가 발생하였다. 따라서 종업원의 처분행위와 손해발생 간에 직접성이 인정되지 않아 사기죄가 아니라 기망적 절도로서 절도죄가 성립한다.

(2) 주거침입죄(제319조 제1항)의 성부

甲은 처음부터 돈을 지불하지 않을 생각으로 주유소(건조물)에 들어간 것으로 보이는바, 공개된 장소에 범죄 목적으로 들어간 경우 주거침입죄가 성립하는지 문제된다. 그런데 목적이 위법하다는 것만으로는 사실상의 평온을 해치는 행위태양이 있다고 볼 수 없고, 특별히 개인적 출입금지에 위반하거나 부당한 행위태양으로 침입하지 않았으므로 사안의 경우는 주거침입죄의 구성요건에 해당하지 않는다.

4. 소 결

甲에게는 100,000장의 유가증권위조죄의 경합범, 乙에 대한 주거침입죄, 절도죄 및 폭행죄, 휘발유에 대한 절도죄의 경합범이 성립한다.

III. 乙의 죄책

1. 문화상품권을 위조한 행위 – 유가증권위조죄(형법 제214조) 성부

乙은 甲과 유가증권위조죄의 공동정범으로서 100,000장의 유가증권위조는 포괄일죄가 아니라 경합관계에 있다.

2. 甲에게 교부하기로 한 위조문화상품권을 교부하지 않은 행위

(1) 사기죄(형법 제347조)의 성부

乙이 처음부터 甲에게 甲의 몫을 주지 않으려는 생각을 가지고 있었던 것으로는 보이지 않는바, 사기의 고의가 부정되어 사기죄는 성립하지 않는다.

(2) 횡령죄(형법 제355조 제1항)의 성부

甲과 乙이 문화상품권 위조를 공동정범으로서 함께 실행했고, 그 장소가 단순히 乙의 창고였을 뿐이므로 위에서 검토한 것처럼 사회적·규범적 요소를 고려한다면 사회통념상 위조행위가 완료된 때 甲과 乙이 공동점유를 취득한 것으로 보아야 한다. 따라서 물리적 지배는 乙이 하고 있을지라도, 규범적 요소를 고려하면 문화상품권에 대해서는 甲과 乙의 공동점유가 인정된다.

乙의 단독점유를 인정할 수 없으므로 乙에게는 횡령죄가 성립하지 않는다.

3. 丙을 통해 위조문화상품권을 매각한 행위

(1) 위조유가증권행사죄(형법 제217조)의 성부

행사란 위조·변조·작성 또는 허위기재된 유가증권을 진정하게 작성된 진실한 내용의 유가증권으로 사용하는 것을 말한다. 반드시 유가증권을 유통에 놓을 것을 요하지 않는다는 점에서 위조통화행사죄와 구별된다. 따라서 유가증권을 할인하기 위하여 제시하는 경우뿐만 아니라 신용을 얻기 위하여 타인에게 보이는 것도 행사에 해당한다. 행사할 의사가 분명한 타인에게 교부하는 것도 포함한다.

판례는 "교부자가 진정 또는 진실한 유가증권인 것처럼 위조유가증권을 행사하였을 때뿐만 아니라 위조유가증권임을 알고 있는 자에게 교부하였더라도 피교부자가 이를 유통시킬 것임을 인식하고 교부하였다면, 그 교부행위 그 자체가 유가증권의 유통질서를 해할 우려가 있어 처벌의 이유와 필요성이 충분히 있다고 할 것이므로 위조유가증권행사죄가 성립한다고 보아야 할 것이지만, **위조유가증권의 교부자와 피교부자가 서로 유가증권위조를 공모하였거나** 위조유가증권을 타에 행사하여 그 이익을 나누어 가질 것을 공모한 공범의 관계에 있다면, 그들 사이의 위조유가증권 교부행위는 그들 이외의 자에게 행사함으로써 범죄를 실현하기 위한 전 단계의 행위에 불과한 것으로서 위조유가증권은 아직 범인들의 수중에 있다고 볼 것이지 행사되었다고 볼 수는 없다고 할 것이다"라고 판시한 바 있다(대판 2007. 1. 11, 2006도7120).

따라서 사안의 경우 乙과 丙은 '위조유가증권을 타에 행사하여 그 이익을 나누어 가질 것을 공모한 공범의 관계', 즉 위조유가증권행사죄의 공범의 관계에 해당하므로 이들 간에 위조유가증권을 교부했다고 하더라도 아직 행사되었다고 보기 어렵고, 丙이 성인오락실 사장에게 매각한 때에 비로소 위조유가증권행사죄가 성립한다.

(2) 가담형태

1) 문제의 소재

사안에서 乙과 丙을 공동정범으로 볼 것인지 아니면 乙을 丙의 위조유가증권행사범행의 교사범으로 볼 것인지가 문제된다. 정범우위의 원칙에 따라 공동정범 성부를 우선 검토한 후, 공동정범의 성립이 부정될 경우에만 교사범 성부를 논한다. 그런데 乙은 범행을 모의만 했을 뿐 오락실 사장에게 매각하는 실행행위에는 가담하지 않았으므로, 이러한 경우에 공동의 실행행위를 인정할 수 있는지, 공모공동정범 인정 여부가 문제된다.

2) 공모공동정범 인정 여부

판례는 공동의사주체설 혹은 간접정범 유사설의 입장에서 직접 실행행위를 담당하지 않는 공모자에 대해서도 공모공동정범의 성립을 긍정하고 있으나, 단순공모자를 공동정범의 객관적 요건인 공동의 실행행위의 분담자로 해석하는 것은 죄형법정주의에 상치되며, 따라서 자기책임 및 개인책임이라는 책임원칙에 충실하게 공모공동정범개념을 부정하는 것이 타당하다.

다만 단순공모자도 범죄의 전체적인 과정상 성공을 위한 본질적인 기여를 했다면 기능적 범행지배가 인정되어 공동정범이 되는 것은 가능하다.

3) 사안의 경우

사안에서 乙은 위조유가증권을 丙에게 교부하여 행사죄를 실행할 수 있도록 한 점에서 전체 계획에 중요한 역할을 담당한 것으로 볼 수 있어 기능적 범행지배가 인정된다. 따라서 乙에게는 위조유가증권행사죄의 공동정범이 성립한다.

4. 소 결

乙은 100,000장의 유가증권위조죄의 경합범, 절도죄의 죄책을 지고 각 죄는 실체적 경합관계에 있다. 유가증권위조죄와 위조유가증권행사죄의 관계는 판례에 의하면 실체적 경합관계에 있으나, 행사할 목적으로 유가증권을 위조하여 이를 행사하였다면 이를 한 개의 행위로 보아 상상적 경합관계로 보는 것이 타당하다.

IV. 丙의 죄책

1. 위조문화상품권을 성인오락실 사장에게 매각한 행위 – 위조유가증권행사죄(형법 제217조)의 성부

상론한 바와 같이 위조유가증권행사죄의 공동정범이 성립한다.

2. 乙에게 매각대금 5,000만원 중 4,000만원만을 건네준 행위

(1) 횡령죄(형법 제355조 제1항)의 성부

1) 문제의 소재

위조문화상품권 매매(그리고 위탁매매)는 현행법상 금지된 행위이고, 이와 관련하여 위탁매매인이 매수인으로부터 받은 금전도 불법원인급여에 해당하므로 민법상 乙은 丙에게 매각대금의 반환을 청구할 권리가 없다(민법 제746조). 그럼에도 불구하고 丙이 이를 반환하지 않는다고 해서 횡령죄의 죄책을 지는지는 불법원인급여에 대해서 횡령죄가 성립하는지의 문제이다.

또한, 금전의 경우에는 소유권이 수탁자에게 이전되어 횡령죄의 객체인 타인의 재물로 볼 수 없는 것은 아닌지와 관련하여 금전위탁의 경우에도 횡령죄가 성립하는지가 문제된다.

2) 불법원인급여와 횡령죄의 성부

불법원인급여의 경우에 횡령죄가 성립하는지에 대해서 법질서의 통일성을 강조하는 부정설, 형법의 독자적 목적을 강조하는 긍정설, 소유권 이전 의사 유무에 따라 불법원인급여와 불법원인위탁으로 구별하여 판단하는 절충설이 대립하며, 판례는 불법원인급여의 경우에 횡령죄 성립을 부정한다(대판 1999. 6. 11, 99도275: "민법 제746조에 불법의 원인으로 인하여 재산을 급여하거나 노무를 제공한 때에는 그 이익의 반환을 청구하지 못한다고 규정한 뜻은 급여를 한 사람은 그 원인행위가 법률상 무효임을 내세워 상대방에게 부당이득반환청구를 할 수 없고, 또 급여한 물건의 소유권이 자기에게 있다고 하여 소유권에 기한 반환청구도 할 수 없어서 결국 급여한 물건의 소유권은 급여를 받은 상대방에게 귀속되는 것이므로, 甲이 乙로부터 제3자에 대한 뇌물공여 또는 배임증재의 목적으로 전달하여 달라고 교부받은 금전은 불법원인급여물에 해당하여 그 소유권은 甲에게 귀속되는 것으로서 甲이 위 금전을 제3자에게 전달하지 않고 임의로 소비하였다고 하더라도 횡령죄가 성립하지 않는다.").

민법상 보호가치 없는 재물이 형법상 보호가치 있는 재산에 해당한다고 보기 어려우므로 부정설과 판례의 태도가 타당하다. 따라서 丙은 횡령죄의 죄책을 지지 않는다.

3) 금전위탁과 횡령죄의 성부

용도·목적을 정하여 위탁한 금전은 정해진 목적·용도에 사용될 때까지는 이에 대한 소유권이 위탁자에게 유보되어 있는 것이므로 수탁자가 그 취지에 반해서 다른 용도에 소비한 때에는 횡령죄를 구성한다고 보는 긍정설이 있고 판례도 이러한 입장이며(대판 1987. 5. 26, 86도1946; 대판 2008. 10. 9, 2008도3787 등), 금전의 수수를 수반하는 사무를 위임받은 자가 그 행위에 기하여 위임자를 위하여 제3자로부터 수령한 금전도 이와 같이 보고 있으나

(대판 1996. 6. 14, 96도106), 재물의 소유권은 민사법에 따라야 하며 형사법에서 그 이론을 달리할 수 있는 것이 아니므로 용도와 목적이 특정된 금전위탁의 경우에도 금전은 수탁자에게 소유권이 귀속되므로 횡령죄가 성립할 수 없다는 부정설이 타당하다. 따라서 사안의 경우 횡령죄가 성립하지 않는다.

(2) 배임죄(형법 제355조 제2항)의 성부

배임죄는 타인의 사무를 처리하는 자가 그 임무에 위배되는 행위로서 재산상 이익을 취득하거나 제3자로 하여금 이를 취득하게 하여 본인에게 손해를 가함으로써 성립하는 범죄이다. 사안의 경우 丙이 처리하는 乙의 사무가 형법상 보호가치 있는 사무로서 신임관계가 유효한 것인지가 문제된다.

그런데 배임죄에 있어서도 불법원인급여와 횡령죄에 관한 논의가 그대로 적용되는바, 위조유가증권을 매각해 주고 대가를 받는 약정은 반사회질서적인 계약으로서 무효이므로 신임관계를 부정해야 한다. 따라서 배임죄도 성립하지 않는다.

(3) 사기죄(형법 제347조)의 성부

1) 문제의 소재

사안에서 丙은 乙에게 매각대금이 4,000만원인 것처럼 4,000만원을 교부하였으므로 묵시적 기망에 의하여 1,000만원의 이득을 취하였으며, 사기죄에서 재산처분행위는 부작위에 의해서도 이루어질 수 있으므로 乙이 착오에 빠져 채권의 존재를 알지 못하여 채권을 행사하지 않은 사안과 같은 경우에도 사기죄가 성립할 수 있다.

다만 위조유가증권 매매대금은 불법원인급여에 해당하는바, 불법원인급여를 편취한 경우에도 재산상 손해발생을 인정하여 사기죄의 성립을 인정할 수 있는지가 문제된다.

2) 학설과 판례

① 긍정설은 형법의 독자적인 견지에서 불법원인급여도 경제적 이익에만 해당한다면 형법상 보호의 대상인 재물개념에 속하는 것이고(경제적 재산개념), 사람을 기망하여 불법원인급여를 하게 한 때에는 불법원인이 수익자에게만 있는 경우에 해당하므로 민법 제746조 단서에 따라 급여자가 목적물의 반환을 청구할 수 있으므로 사기죄가 성립한다고 본다. ② 부정설은 민법상 반환청구권이 인정되지 않으면 보호가치 있는 재산상 손해도 없으므로 사기죄가 성립하지 않는다고 본다. 이는 불법한 이익은 형법상 재물개념에 속하지 않는다는 법률적·경제적 재산개념에 기초한다.

판례는 도박자금을 편취한 사건에서 "민법 제746조의 불법원인급여에 해당하여 급여자가 수익자에 대한 반환청구권을 행사할 수 없다고 하더라도, 수익자가 기망을 통하여 급여자로 하여금 불법원인급여에 해당하는 재물을 제공하도록 하였다면 사기죄가 성립한다고 할 것인바(대판 1995. 9. 15, 95도707), 피고인이 피해자로부터 도박자금으로 사용하기 위하여 금원을 차용했더라도 사기죄의 성립에는 영향이 없다."고 하여 긍정설의 입장이다(대판 2006. 11. 23, 2006도6795).

3) 검토 및 사안에의 적용

횡령죄 혹은 배임죄의 경우에는 보호가치 있는 위탁관계 혹은 신임관계가 없으므로 불법원인급여의 횡령 또는 배임죄가 성립하지 않는다고 보아야 하는 것과는 달리, 사기죄의 경우에는 교부된 재물 자체에는 불법성이 없다고 볼 수 있어 성립이 가능하다. 따라서 사안의 경우 丙에게는 사기죄가 성립한다.

3. 乙이 잘못 교부한 수표 1장을 돌려주지 않은 행위 – 사기죄(형법 제347조) 혹은 점유이탈물횡령죄(형법 제360조)의 성부

(1) 문제의 소재

乙이 착오를 일으켜 800만원이 아닌 900만원을 건네주었는데 丙이 이를 고지하지 않고 100만원을 돌려주지 않은 행위가 묵시적 기망 또는 부작위에 의한 기망으로서 사기죄가 성립할 것인지, 아니면 100만원이 점유이탈물로서 점유이탈물횡령죄가 성립할 것인지가 문제된다.

(2) 판례의 태도

대법원은 "사기죄의 요건으로서의 기망은 널리 재산상의 거래관계에 있어 서로 지켜야 할 신의와 성실의 의무를 저버리는 것으로 모든 적극적 또는 소극적 행위를 말하는 것이고, 그 중 소극적 행위로서의 부작위에 의한 기망은 법률상 고지의무 있는 자가 일정한 사실에 관하여 상대방이 착오에 빠져있음을 알면서도 그 사실을 고지하지 아니함을 말하는 것으로서, 일반거래의 경험칙상 상대방이 그 사실을 알았다면 당해 법률행위를 하지 않았을 것이 명백한 경우에는 신의칙에 비추어 그 사실을 고지할 법률상 의무가 인정된다 할 것인바, 피해자가 피고인에게 매매잔금을 지급함에 있어 착오에 빠져 지급해야 할 금액을 초과하여 돈을 교부하는 경우, 피고인이 사실대로 고지하였다면 피해자가 그와 같이 초과하여 교부하지 아니하였을 것임은 경험칙상 명백하므로, 피고인이 매매잔금을 교부받기 전 또는 교부받던 중에 그 사실을 알게 되었을 경우에는 특별한 사정이 없는 한 피고인으로서는 피해자에게 사실대로 고지하여 피해자의 그 착오를 제거하여야 할 신의칙상 의무를 지므로 그 의무를 이행하지 아니하고 피해자가 건네주는 돈을 그대로 수령한 경우에는 사기죄에 해당할 것이지만, 그 사실을 미리 알지 못하고 매매잔금을 건네주고 받는 행위를 끝마친 후에야 비로소 알게 되었을 경우에는 주고받는 행위는 이미 종료되어 버린 후이므로 피해자의 착오상태를 제거하기 위하여 그 사실을 고지하여야 할 법률상의 불이행은 더 이상 그 초과된 금액 편취의 수단으로서의 의미는 없으므로, 교부하는 돈을 그대로 받은 그 행위는 점유이탈물횡령죄가 될 수 있음은 별론으로 하고 사기죄를 구성할 수는 없다고 할 것이다(대판 2004. 5. 27, 2003도4531)"라고 판시하여, 잔금을 교부받기 전 또는 교부받던 중에 초과 교부사실을 안 경우에는 사기죄의 성립을, 잔금을 건네주고 받는 행위를 끝마친 후에 안 경우에는 점유이탈물횡령죄의 성립을 인정하고 있다.

(3) 검토 및 사안에의 적용

대법원은 신의칙상 고지의무를 인정하여 잔금을 건네주던 도중에 초과 지급을 안 경우에는 사기죄의 성립을 인정한다. 그러나 사법상의 신의성실의 원칙은 보증인적 지위 및 의무를 근거지울 정도로 명확성을 갖지 못하기 때문에 이를 보증인지위의 발생근거로 끌어들이는 것은 죄형법정주의의 명확성의 요구에 반한다. 또한, 보증인적 지위 및 의무의 확대는 사법적 계약위반을 포함한 모든 계약위반행위를 형사법적 제재 안으로 끌어들이는 위험을 갖게 된다.

더 나아가 고지의무의 확대는 사기죄의 배임죄와의 한계를 모호하게 한다. 왜냐하면 피기망자에게 진실을 설명해야 할 보증인적 의무는 결국 그의 재산을 보호해야 할 의무를 의미하는데, 형법은 이러한 재산보호의무를 아주 제한된 범위 내에서만 배임죄의 구성요건으로 규율하고 있기 때문이다.

마지막으로 통상의 일상적인 매매계약에 있어서는 구매자가 정보를 구하거나 판매자에 대한 질문을 통해서 자기의 이익극대화와 이익보호에 힘쓰는 것이 거래의 관행임에 비추어 일방당사자에게만 고지의무를 폭넓게 인정하는 것은 모순이다. 원칙적으로 자유시장경제체제에서 거래 참여자는 스스로 자신의 이익을 극대화해야 하고 거래관계에서 지게 될 위험은 거래당사자 각자가 감수해야 한다.

따라서 과다한 거스름돈이나 약정금액 이상의 매매대금을 받으면서 그 사실을 알았건, 아니면 사후에 알았건 관계없이 이를 고지해야 할 의무는 없다고 할 것이며, 사기죄는 성립하지 않는다. 또한 이미 교부행위로 점유는 이전되었으므로 점유이탈물횡령죄도 성립하지 않는다고 보아야 한다. 즉, 丙이 수표 1장을 돌려주지 않은 것은 무죄이다.

4. 소 결

丙에게는 위조유가증권행사죄가 성립하고, 이는 乙에 대한 사기죄와 실체적 경합관계에 있다.

V. 사안의 해결

(1) 甲에게는 100,000장의 유가증권위조죄의 경합범, 乙에 대한 주거침입죄, 절도죄 및 폭행죄, 휘발유에 대한 절도죄가 성립하고 각 범죄는 실체적 경합관계에 있다.

(2) 乙은 100,000장의 유가증권위조죄의 경합범, 유가증권위조죄와 위조유가증권행사죄는 상상적 경합관계에 있다.

(3) 丙에게는 위조유가증권행사죄와 乙에 대한 사기죄가 성립하고 양자는 실체적 경합관계에 있다.

제2편

형소법 사례문제

criminal procedure law

36. 제척사유의 주요쟁점

○ 사례 36

1. 제1심 재판에서 피고인 甲에 대한 유죄가 선고되자 피고인은 억울함을 호소하면서 항소하였다. 항소심 재판부가 구성이 되었는데 공교롭게도 제1심 재판을 담당하였던 판사 丙이 또 항소심 재판부를 구성하는 배석판사가 되어 있었다. 이를 확인한 피고인 甲의 변호인은 피고인을 위하여 제척사유에 해당한다고 주장하고자 한다. 제척사유에 해당하는가? (15점)

2. 위 사안에서 만일 항소심 진행 중에 인사이동으로 인하여 판사 丙이 다른 재판부로 가게 되어 판사의 경질로 인한 공판절차의 갱신이 이루어졌다면 이 경우에도 제척사유에 해당되는가? (15점)

해 설

Ⅰ. 문제점

(1) 형사소송법 제17조는 불공평한 재판을 할 우려가 있는 현저한 사유가 있는 경우를 법률에 규정하면서 그에 해당하는 법관이 존재할 경우에 당해 법관은 당연히 그 사건의 심판으로부터 배제되는 제척제도를 규정하고 있다. 사안의 경우는 제1심 재판에 관여한 판사 丙이 다시 항소심에 관여하는 것이 이러한 제척사유에 해당하는 것은 아닌지를 묻고 있다.

(2) 설문 2의 경우는 변호인이 제척사유를 주장한다고 하더라도 이미 판사가 경질되어 공판절차가 갱신된 상황에서 과연 제척사유에 해당한다는 주장이 받아들여질 수 있는지를 묻고 있다.

Ⅱ. 항소심에서의 판사 丙의 재판관여가 제척사유에 해당하는지 여부

형사소송법 제17조 제7호는 전심재판에 '관여한 때'[1]를 제척사유로 규정하고 있다. 이러한 제척사유는 바로 공평한 법원을 구성함으로서 공정한 재판의 원칙을 실현하고자 함이다. 사안의 경우는 제1심 재판에 관여한 판사 丙이 항소심 재판에도 관여한다면 이는 유죄의 판결을 내린 판사로부터 다시 항소심 재판을 받는다는 문제점이 있다고 할 것이다. 그러므로 아래에서 전심재판의 의미와 관여한 때의 의미를 파악하여 보고 사안이 여기에 해당되는지를 살펴볼 것이다.

---

1) 이에 반해 **"전심재판의 기초가 되는 조사, 심리에 관여한 때"**란, 그 결과가 전심재판의 내용 형성에 사용될 자료의 수집이나 사실인정 자료로 쓰여지는 경우를 말한다. 제1심 판결에서 수탁판사로서 피고인에 대한 유죄의 증거로 사용된 증거를 조사한 판사는 설사 공판진행 중 경질이 되었다고 하더라도 형사소송법 제17조 제7호 소정의 전심재판의 기초가 되는 조사, 심리에 관여하였다 할 것이고, 그와 같이 전심재판의 기초가 되는 조사, 심리에 관여한 판사는 직무집행에서 제척되어 항소심 재판에 관여할 수 없다(대판 1999. 10. 22, 99도3534). ① 형사소송법 제221조의2 증인신문절차에 관여한 판사가 **항소심에** 관여한 경우 나 ② 기소강제절차에서 공소제기결정을 한 법관이 당해사건의 항소심 재판에 관여하는 경우는 기초되는 조사심리에 관여한 경우에 해당한다. 그러나 판례는 **공소제기전의 검사의 증거보전청구에 의하여 증인신문을 한 법관**은 형사소송법 제17조 제7호에 이른바 전심재판 또는 기초되는 조사 심리에 관여한 법관이라고 할 수 없다(대판 1971. 7. 6, 71도974)고 판시하고 있다. 하지만 제184조에 의하여 이루어진 증거보전행위는 제311조에 의하여 절대적 증거능력을 갖추게 되는 바, 판결의 내부적 성립에 실질적으로 관여한 것으로 봄이 타당하다. 판사에 의한 증거보전절차(제184조)나 증인신문절차(제221조의2)에서 작성된 법관의 조서는 제311조에 의하여 절대적 증거능력이 있다는 점, 그리고 증거보전처분을 행하는 법관은 법원 또는 재판장과 동일한 권한이 있다는 점(제184조 제2항)에 비추어 제척사유로 봄이 타당하다.

1. 전심재판의 의미

전심이란 상소에 의해 소송계속이 이전된 재판을 의미한다. 따라서 파기환송 전 원심관여 법관이 환송 후의 재판에 관여한 경우, 재심청구의 대상인 확정판결에 관여한 법관, 제400조에 의한 판결정정신청사건의 상고심, 구속영장 발부 법관이 피고사건을 심판하는 경우는 상소에 의하여 소송계속이 이전된 것이 아니므로 전심이라고 할 수 없다. 사안의 경우는 제1심 판결이 선고된 후 항소를 통하여 소송계속이 이전된 것이므로 전심에 해당한다고 볼 것이다. 또한 여기서의 재판이란 종국재판을 의미하며 판결은 물론 결정도 포함되는데 사안의 경우 제1심 재판은 종국판결을 통하여 이루어진 것이므로 여기의 전심재판에 해당됨이 분명하다고 할 것이다.[2]

2. '관여한 때'의 의미

'관여한 때'란 전심재판의 내부적 성립에 실질적으로 관여한 경우를 의미한다. 따라서 재판의 선고(외부적 성립)에만 관여하였거나 공판기일을 연기하는 재판에만 관여한 경우, 분리 심리된 다른 공범자에 대한 사건에 관여한 경우는 관여했다고 볼 수 없다. 그러나 사안의 경우는 항소심의 배석판사로 되어 심리에 관여하게 됨이 명백하므로 관여한 때에 해당한다고 볼 것이다.

3. 소 결

결론적으로 형사소송법 제17조 제7호의 전심재판에 '관여한 때'에 해당하여 제척사유에 해당한다.

---

2) [관련판례] 약식명령을 한 판사가 정식재판에 관여한 경우 역시 전심재판에 관여한 경우와 같이 예단편견의 가능성이 있음을 이유로 적극설을 취하는 견해도 있다. 그러나 제척사유는 법률에 의하여 명확히 규정되어 있고 약식명령은 정식재판과 심급을 달리하는 것으로 볼 수 없다는 점에서 소극설이 타당하다고 본다. 뿐만 아니라 판사가 3인 이하의 작은 지원도 있음을 고려할 때 이를 제척사유로 볼 경우 규모가 작은 지원의 재판운영에 상당한 어려움이 예상된다는 점에서도 소극설이 타당하다. 판례(대판 2002. 4. 12, 2002도944)도 **약식절차와 제1심 공판절차는 동일한 심급 내에서 서로 절차만 달리할 뿐**이므로, 약식명령이 제1심 공판절차의 전심재판에 해당하는 것은 아니기 때문에 제척사유에 해당하지 않는다고 판시하고 있다. 다만 약식명령을 한 판사가 그 정식재판의 항소심에 관여한 경우에는 제척사유에 해당할 수 있다(대판 2011. 4. 28, 2011도17). 왜냐하면 약식명령을 한 판사는 항소심에 대하여 전심재판에 해당하기 때문이다.

III. 항소심에서 판사 丙이 경질되어 공판절차가 갱신된 경우

항소심에서 이미 판사 丙이 경질되어 공판절차가 갱신되었다면 판사 丙은 더 이상 항소심 재판에 관여하지 않게 된다. 제척은 당해 사건에 있어서 판사를 배제시키고자 하는 것이므로 이미 판사가 경질되었다면 제척을 인정할 이유가 없기 때문이다. 다만, 판사 丙이 이미 심리와 증거조사를 한 후 경질이 되었다면 제척은 인정할 필요가 없으나 판사 丙이 한 증거조사의 내용을 피고인에 대한 유죄의 증거로 사용하는 것은 부당하다고 판단된다. 통상 판사의 경질로 인한 공판절차 갱신 전의 공판조서는 형사소송법 제311조에 의하여 증거능력을 갖추고 있으므로 이를 증거로 사용하게 된다. 사안과 같이 제1심에 관여한 판사 丙이 다시 항소심에서 심리를 하고 그 심리에 따른 증거를 피고인의 유죄의 증거로 사용하게 된다면 제척제도의 취지와 정면으로 반할 뿐 아니라 공정한 재판에 따른 판결이라고 보기 어려우므로 이러한 경우는 새로운 재판부의 판사가 공판절차를 갱신하면서 다시 심리와 증거조사를 하여 이를 증거로 사용함이 타당하고, 공판절차 갱신 전 제척사유가 있던 판사 丙이 항소심에서 심리한 내용이 담긴 공판조서는 증거로 사용할 수 없다고 생각한다.[3]

---

3) [관련판례] 약식명령을 발부한 법관이 그 정식재판 절차의 항소심 판결에 관여함은 형사소송법 제17조 제7호, 제18조 제1항 제1호 소정의 법관이 사건에 관하여 전심재판 또는 그 기초되는 조사심리에 관여한 때에 해당하여 제척, 기피의 원인이 되나, 제척 또는 기피되는 재판은 불복이 신청된 당해 사건의 판결절차를 말하는 것이므로 약식명령을 발부한 법관이 그 정식재판 절차의 항소심 공판에 관여한 바 있어도 후에 경질되어 그 판결에는 관여하지 아니한 경우는 전심재판에 관여한 법관이 불복이 신청된 당해 사건의 재판에 관여하였다고 할 수 없다(대판 1985. 4. 23, 85도281).

37. 기피신청과 소송절차의 정지

○ 사례 37

1. 직권남용죄로 수사를 받은 사법경찰관 甲에 대하여 검사 乙은 불기소처분을 하였으나, 이후 피해자의 재정신청을 통하여 법원은 기소강제명령을 내렸다.
   이후 제1심 공판에서 甲은 자기의 사건을 심리하는 판사가 바로 기소강제명령을 내렸던 판사 丁임을 발견하고 그 판사에게 기피신청을 하였다. 하지만 소송지연의 목적은 없었다.
   이 경우 판사 丁이 甲의 기피신청을 무시하고 소송을 계속 진행하여 판결을 선고하였다면 이 판결의 위법여부를 논하라. (20점)

2. 피고인 甲은 소송지연의 목적이 없이 재판부가 불공평한 재판을 할 우려가 있다는 이유로 2022. 5. 15. 제1심법원에 기피신청서를 제출하였다. 그러나 제1심법원은 위와 같이 기피신청이 있었는데도 2022. 5. 19. 제6회 공판기일을 열어서 검사가 신청한 증거인 공소외인에 대한 진술조서, 통화내역, 계좌거래내역 등을 증거로 채택하는 증거결정을 하고, 종전에 채택한 증거들을 포함하여 검사가 신청한 모든 증거에 대하여 증거조사를 실시하였다. 그리고 그 후 위 기피신청은 2022. 6. 8. 기각되었고, 2022. 6. 16. 그 기각결정에 대한 항고 역시 기각되었다. 제1심법원은 위 조사한 증거들을 근거로 이 사건 공소사실이 유죄로 인정된다고 하면서 징역 2년의 실형을 선고하였다.
   피고인 甲의 변호인은 위 사안에서 항소를 하고자 한다. 어떠한 항소이유가 존재하는가? (기피신청의 사유는 존재하며 기피신청 절차의 하자는 없음을 전제한다) (30점)

해 설

제1문

1. 직권남용죄로 수사를 받은 사법경찰관 甲에 대하여 검사 乙은 불기소처분을 하였으나, 이후 피해자의 재정신청을 통하여 법원은 기소강제명령을 내렸다.

  이후 제1심 공판에서 甲은 자기의 사건을 심리하는 판사가 바로 기소강제명령을 내렸던 판사 丁임을 발견하고 그 판사에게 기피신청을 하였다. 하지만 소송지연의 목적은 없었다.

  이 경우 판사 丁이 甲의 기피신청을 무시하고 소송을 계속 진행하여 판결을 선고하였다면 이 판결의 위법여부를 논하라. (20점)

I. 문제의 제기

재정신청을 통하여 기소강제명령을 내린 판사가 제1심 담당법관인 경우 제척사유나 기피사유에 해당하는지 여부, 만약 이에 해당한다면 판사 丁이 甲의 기피신청을 무시하고 소송을 계속 진행한 것이 위법한지 여부를 살펴본다.

II. 제척·기피 원인의 존부

1. 제척사유의 존부

(1) 제척의 의의

제척이란 구체적인 사건의 심판에 있어서 법관이 불공평한 재판을 할 우려가 현저한 경우를 유형적으로 규정해 놓고, 그 사유에 해당하는 법관을 직무집행에서 당연히 배제시키는 제도이다. 제척은 기피나 회피와 그 취지를 같이 하지만, 제척의 효과가 법률의 규정에 의하여 당연히 발생한다는 점에서, 당사자 또는 법관 스스로의 신청이 있을 경우에 법원의 결정에 의하여 법관이 직무집행에서 배제되는 기피·회피와는 구별된다.

(2) 제척사유에의 해당여부

1) 제척사유는 제17조에 제한적으로 열거되어 있다. 사안에서 문제되는 제척사유는 제7호 "법관이 사건에 관하여 전심재판 또는 그 기초되는 조사, 심리에 관여한 때"이다. 이를 제척사유로 규정한 취지는 당해 사건에 대한 법관의 예단이나 편견을 방지하기 위함이다.

2) 여기서 '전심재판'이란 상소에 의하여 불복이 신청된 재판을 말한다. 즉 제2심에 대한 제1심, 제3심에 대한 제2심 또는 제1심이 이에 해당된다. 상소제기에 의한 소송계속의 이전, 즉 절차의 연결성이 인정되지 않는 절차는 제7호의 '전심재판'에 해당하지 않는다. 사안의 경우는 재정신청의 기소강제절차에 관여한 고등법원판사가 제1심 공판을 담당한 경우이다. 기소강제절차와 제1심 공판절차 사이에도 상소제기에 의한 소송계속의 이전이 발생하지 않으므로, 사안의 경우는 '전심재판에 관여한 때'에는 해당하지 않는다. 한편 '전심재판의 기초되는 조사·심리에 관여한 때'란 전심재판의 내용형성에 영향을 미친 경우를 말하며 공소제기 전후를 불문한다. 예를 들어 제1심 판결에서 수탁판사로서 증거조사를 한 판사나 증인신문절차에 관여한 법관은 항소심재판에서 배제된다.

3) 문제는 사안의 경우처럼 기소강제절차에 관여한 판사가 제1심 공판을 담당한 경우이다. 앞서 살펴본 바와 같이 기소강제절차와 제1심 공판 사이에는 상소제기에 의한 소송계속의 이전이 없으므로, 사안은 '전심재판의 기초되는 조사·심리에 관여한 때'에도 해당이 없을 것이다.4) 다만 사안이 제척사유에는 해당하지 않는다고 할지라도 여전히 기피사유에 해당할 가능성은 있다.

III. 기피사유의 존부 및 기피신청과 재판절차

1. 기피의 의의

기피란 제척사유에 해당하는 법관이 재판에 관여하는 경우나 불공평한 재판을 할 염려가 있는 경우에 당사자의 신청에 의하여 그 법관을 직무집행에서 탈퇴하게 하는 제도를 말한다(형사소송법 제18조).

2. 기피사유에 해당하는지 여부

기피사유로는 ① 법관이 제17조의 제척사유에 해당하는 경우와 ② 법관이 불공평한 재판을 할 염려가 있는 때(형사소송법 제18조 제1항) 두 가지가 있다. 여기서 '법관이 불공평한 재판을 할 염려가 있는 때'란 당사자가 불공평한 재판이 될지도 모른다고 추측할 만한 주관적인 사정이 있는 때를 말하는 것이 아니라, 통상인의 판단으로써 법관과 사건과의 관계상

---

4) 이 경우에도 법관의 예단이나 편견의 위험성은 여전히 존재한다는 점에서 법관을 직무집행에서 배제시킬 필요성은 있다. 이러한 난점을 해결하기 위해 제7호 후단을 '전심재판'이 아닌 '재판에 기초되는 조사·심리에 관여한 때'로 해석하여 사안과 같은 경우를 포섭할 수도 있겠으나, 이는 해석론상 무리라고 판단된다. 이는 입법론으로 해결할 문제이다. 참고로 일본에서는 준기소절차에서 부심판결정을 한 법관이 형사사건에 관여하는 경우를 '심급여하를 불문하고' 제척사유로 하는 명문의 규정을 두고 있다.

불공정한 재판을 할 것이라는 의혹을 갖는 것이 합리적이라고 인정할 만한 객관적인 사정이 있는 때를 의미한다. 불공정한 재판을 할 염려의 여부는 구체적인 사정을 종합하여 판단하여야 한다.

사안의 경우 판사 丙은 이미 기소강제절차에 관여하여 기소강제명령을 내린 바 있으므로 당해사건의 제1심 공판절차에서도 예단과 편견에 좌우되어 심판할 위험성이 있다. 따라서 사안은 '법관이 불공평한 재판을 할 염려가 있는 때'로서 기피사유에 충분히 해당한다.

3. 기피신청에 대한 재판

(1) 기피신청의 관할은 법 제19조에 의하여 사안과 같은 경우 그 해당 단독판사에게 신청을 하여야 한다. 따라서 신청관할의 위반은 존재하지 아니한다.

(2) 기피신청이 소송지연만을 목적으로 함이 명백하거나 기피신청이 부적법한 때에는 신청을 받은 법원 또는 법관은 결정으로 이를 기각하는데(제20조 제1항) 이를 간이기각결정이라고 한다. 기피당한 법관은 간이기각결정을 하는 경우를 제외하고는 지체 없이 소송진행을 정지해야 한다(제22조 본문). 다만 급속을 요하는 경우는 소송진행이 정지되지 않는다(제22조 단서). 기피신청사건에 대한 재판은 기피당한 법관의 소속 법원 합의부에서 하며(제21조 제1항), 기피당한 법관은 이에 관여하지 못한다(동조 제2항).

IV. 사안의 경우

기소강제절차는 제1심 재판에 대한 '전심재판'이 아니므로 사안의 경우는 제척사유에는 해당하지 않는다. 그러나 기피사유 중 '법관이 불공평한 재판을 할 염려가 있는 때'에는 해당한다. 하지만 기피사유에의 해당여부의 판단은 결국 丁이 소속된 법원의 합의부에서 결정으로 재판할 사항이므로, 丁은 간이기각결정을 하는 경우와 급속을 요하는 경우를 제외하고는 지체 없이 소송진행을 정지하고 합의부의 결정을 기다렸어야 할 것이다. 丁은 기피신청을 무시하고 소송을 계속 진행하였는바, 사안에서 소송지연의 목적이 없고 제19조의 기피신청관할의 위반이 존재하지 아니하므로 간이기각결정을 내릴만한 사정이 존재하지 아니할 뿐 아니라 사안이 급속을 요하는 경우라고 판단되지 않으므로, 결국 법원의 재판은 형사소송법 제22조 본문을 위반한 위법이 있다.

제2문

2. 피고인 甲은 소송지연의 목적이 없이 재판부가 불공평한 재판을 할 우려가 있다는 이유로 2022. 5. 15. 제1심법원에 기피신청서를 제출하였다. 그러나 제1심법원은 위와 같이 기피신청이 있었는데도 2022. 5. 19. 제6회 공판기일을 열어서 검사가 신청한 증거인 공소외인에 대한 진술조서, 통화내역, 계좌거래내역 등을 증거로 채택하는 증거결정을 하고, 종전에 채택한 증거들을 포함하여 검사가 신청한 모든 증거에 대하여 증거조사를 실시하였다. 그리고 그 후 위 기피신청은 2022. 6. 8. 기각되었고, 2022. 6. 16. 그 기각결정에 대한 항고 역시 기각되었다. 제1심법원은 위 조사한 증거들을 근거로 이 사건 공소사실이 유죄로 인정된다고 하면서 징역 2년의 실형을 선고하였다. 피고인 甲의 변호인은 위 사안에서 항소를 하고자 한다. 어떠한 항소이유가 존재하는가? (기피신청의 사유는 존재하며 기피신청 절차의 하자는 없음을 전제한다) (30점)

Ⅰ. 문제점

피고인 甲은 재판부가 불공평한 재판을 할 우려가 있다는 이유로 2022. 5. 15. 제1심법원에 기피신청서를 제출하였음에도 재판부는 2022. 5. 19. 제6회 공판기일을 열어서 검사가 신청한 증거인 공소외인에 대한 진술조서, 통화내역, 계좌거래내역 등을 증거로 채택하는 증거결정을 하고, 종전에 채택한 증거들을 포함하여 검사가 신청한 모든 증거에 대하여 증거조사를 실시하였다. 그렇다면 기피신청은 그 기피신청의 사유가 존재하고 기피신청 절차의 하자가 없으므로 공판절차를 정지하여야 함에도 위 증거조사 및 증거결정이 이루어졌다. 과연 그 효력은 어떠한지가 문제된다. 나아가 기피신청이 2022. 6. 8. 기각되었다고 하더라도 그 효력에는 영향이 없는지 검토해보아야 한다.

Ⅱ. 기피신청과 소송절차의 정지

형사소송법은 제22조에서 기피신청이 있는 때에는 제20조 제1항의 경우를 제한 외에는 소송진행을 정지하여야 한다고 하면서 단, 급속을 요하는 경우에는 예외로 하도록 하고 있다. 다만 제22조에 규정된 정지하여야 할 소송절차란 실체재판에의 도달을 직접 목적으로 하는 본안의 소송절차를 말하며, 구속기간의 갱신이나 판결의 선고는 정지해야 할 소송절차에 해당하지 않는다. 그런데 피고인 甲은 소송지연의 목적이 없으며, 절차상의 하자도 없었다. 따라서 제20조에서 말하는 소송의 지연을 목적으로 함이 명백하거나 제19조의 신청

관할의 위반의 문제도 없음이 설문상 명백하다. 그렇다면 급속을 요하는 경우를 제외하고는 피고인 甲의 소송절차는 정지하여야 한다. 그러나 사안의 경우 급속을 요한다는 특별한 사정이 보이지 아니하므로 피고인 甲의 소송절차는 정지되었어야 한다.

III. 소송절차가 정지되지 아니하고 진행된 소송절차의 효력

① 판례(대판 2012. 10. 11, 2012도8544)는 기피신청을 받은 법관이 형사소송법 제22조에 위반하여 본안의 소송절차를 정지하지 않은 채 그대로 소송을 진행한 소송행위는 그 효력이 없고, 이는 그 후 그 기피신청에 대한 기각결정이 확정되었다고 하더라도 마찬가지라고 판시하고 있다.

② 사안의 경우, 소송진행 정지의 예외로서 급속을 요하는 경우라고 볼 아무런 사정이 없는 이 사건에 있어서 제1심법원이 제6회 공판기일에 한 증거결정 및 증거조사는 기피신청을 받은 법관이 형사소송법 제22조에 위반하여 본안의 소송절차를 정지하지 않은 채 그대로 소송을 진행하여서 한 소송행위로서 모두 그 효력이 없고, 이는 그 후 위 기피신청에 대한 기각결정이 확정되었다고 하더라도 마찬가지라고 볼 것이다.5) 따라서 제1심법원은 적법한 증거조사를 거치지 않은 증거들을 이 사건 공소사실을 인정하는 증거로 삼아 유죄의 판단을 하였는바, 결국 제1심 판결에는 기피신청을 받은 법관이 소송진행의 정지 중에 한 소송행위의 효력에 관한 법리를 오해하여 증거결정 및 증거조사의 유효성에 관한 판단을 그르침으로써 그 판결에 영향을 미친 위법이 있다.

IV. 소 결

따라서 피고인 甲의 변호인은 형사소송법 제361조의5 제1호 '판결에 영향을 미친 헌법·법률·명령 또는 규칙의 위반이 있는 때'에 해당한다는 것을 항소이유로 삼아 상소할 수 있다.

---

5) 제1심법원이 공판기일에 한 증거결정 및 증거조사는 기피신청을 받은 법관이 형사소송법 제22조에 위반하여 본안의 소송절차를 정지하지 않은 채 그대로 소송을 진행하여서 한 소송행위로서 모두 그 효력이 없고, 이는 그 후 위 기피신청에 대한 기각결정이 확정되었다고 하더라도 마찬가지이다(대판 2012. 10. 11, 2012도8544).

38. 긴급체포의 요건

○ 사례 38

甲은 현재 물품대금 10억원을 변제하지 못하여 채권자로부터 사기죄로 고소를 당하였다. 이 사건을 수사하는 사법경찰관 B는 甲에게 혐의가 있다고 판단하고 甲을 자신이 근무하는 경찰서 경제팀 사무실로 소환하여 조사하였다. 甲은 소환에 응하여 조사를 받던 중 갑자기 억울한 생각이 들고 사법경찰관 B가 위압적으로 질문을 한다고 생각하여 다음에 조사를 받겠다고 하면서 나가려고 하였다. 이에 사법경찰관 B는 조사 중에 나가는 것은 수사방해라면서 甲을 긴급체포하였다.

사법경찰관 B가 甲을 긴급체포한 것은 적법한가? (10점)

해 설

(1) 사안의 경우, 甲은 수사기관의 출석요구에 스스로 응하여 자진출석하였다. 그런데 자진출석하여 임의수사를 받는 도중 甲이 조사받는 것을 중단하고 돌아가려고 하자 사법경찰관 B는 甲을 긴급체포하였다. 그런데 긴급체포는 중대한 범죄를 범하였다고 의심할만한 상당한 이유가 있는 피의자를 수사기관이 법관의 체포영장을 발부받지 않고 체포하는 것(헌법 제12조 제3항 단서, 제200조의3)으로 영장주의의 예외라는 점에서 그 요건을 엄격하게 해석하여야 한다.

(2) 긴급체포는 ① 범죄의 중대성, ② 체포의 필요성,[6] ③ 피의자를 우연히 발견한 경우 내지 영장을 받을 시간적 여유가 없을 때라는 체포의 긴급성을 요구한다. 사안의 경우는 甲이 스스로 자진출석 하였는바, 피의자를 우연히 발견한 경우 내지 영장을 받을 시간적 여유가 없다고 볼 수 없어 체포의 긴급성을 충족하지 못한다.

(3) 판례(대판 2006. 9. 8, 2006도148) 역시 형법 제136조가 규정하는 공무집행방해죄는 공무원의 직무집행이 적법한 경우에 한하여 성립하고, 여기서 적법한 공무집행은 그 행위가 공무원의 추상적 권한에 속할 뿐 아니라 구체적 직무집행에 관한 법률상 요건과 방식을 갖춘 경우를 가리키므로, 검사나 사법경찰관이 수사기관에 자진출석한 사람을 긴급체포의 요건을 갖추지 못하였음[7]에도 실력으로 체포하려고 하였다면 적법한 공무집행이라고 할 수 없고, 자진출석한 사람이 검사나 사법경찰관에 대하여 이를 거부하는 방법으로써 폭행을 하였다고 하여 공무집행방해죄가 성립하는 것은 아니라고 판시하여 긴급체포가 위법하다고 판시하였다.

(4) 그러므로 사법경찰관 B의 긴급체포는 위법하다.[8]

---

6) 형사소송법 제200조의3(긴급체포) ① 검사 또는 사법경찰관은 피의자가 사형·무기 또는 장기 3년이상의 징역이나 금고에 해당하는 죄를 범하였다고 의심할 만한 상당한 이유가 있고, 다음 각 호의 어느 하나에 해당하는 사유가 있는 경우에 긴급을 요하여 지방법원판사의 체포영장을 받을 수 없는 때에는 그 사유를 알리고 영장없이 피의자를 체포할 수 있다. 이 경우 긴급을 요한다 함은 피의자를 우연히 발견한 경우등과 같이 체포영장을 받을 시간적 여유가 없는 때를 말한다.
   1. 피의자가 증거를 인멸할 염려가 있는 때
   2. 피의자가 도망하거나 도망할 우려가 있는 때
7) 자진출석한 사람이 조사를 거부하면서 퇴거를 요구하였다는 사정만으로 도주 우려가 있다고 볼 수는 없어 체포의 필요성도 결여되었으며 피의자신분으로 소환하고 소환에 불응하면 통상의 체포영장을 발부받아 조사했어야 함에도 참고인조사의 형식을 빌려 영장주의의 요청을 회피하고 피의자신병을 확보하는 것은 허용되지 않는다는 점에서 긴급체포의 긴급성의 요건을 갖추었다고 보기도 어렵다(조국).
8) 긴급체포는 영장주의원칙에 대한 예외로서, 요건을 갖추지 못한 긴급체포는 법적근거에 의하지 아니한 영장없는 체포로서 위법한 체포에 해당하는 것이고, 여기서 긴급체포의 요건을 갖추었는지 여부는 사후에 밝혀진 사정을 기초로 판단하는 것이 아니라 체포당시의 상황을 기초로 판단하여야 하고, 이에 관한

검사나 사법경찰관 등 수사주체의 판단에는 상당한 재량의 여지가 있다고 할 것이나, 긴급체포 당시의 상황으로 보아서도 그 요건의 충족여부에 관한 검사나 사법경찰관의 판단이 경험칙에 비추어 현저히 합리성을 잃은 경우에는 그 체포는 위법한 체포라 할 것이고, 이러한 위법은 영장주의에 위배되는 중대한 것이니 그 체포에 의한 유치 중에 작성된 피의자신문조서는 위법하게 수집된 증거로서 특별한 사정이 없는 한 이를 유죄의 증거로 할 수 없다(대판 2002. 6. 11, 2000도5701).

39. 상상적 경합과 고소취소 / 친고죄의 고소 전 수사

○ 사례 39

2013. 6. 1. 피고인은 피해자를 간음하기 위하여 그 수단으로 자신의 자동차에 태워 문을 걸어 잠근 채 서울외곽 불상지로 데리고 가 자동차에 감금된 상태를 이용하여 1회 간음하려고 하였으나 미수에 그쳤다는 사실로 뒤늦게 수사가 되어 2020. 5. 6. 기소되어 재판을 받았다(피고인이 해외로 도피하여 기소중지 되었다가 2020. 8. 16. 입국하면서 체포되었다).

1. 위 사실관계에서 아래의 질문에 대하여 대법원 판례의 입장에 따라 답변하라. 만일 제1심 공판 중에 피해자가 강간미수부분(고소는 적법하게 이루어졌다)에 대하여 고소를 취소하는 경우, 법원은 어떠한 판결을 내리게 되는가? (15점)
2. 만일 검사가 고소를 받지 않고 수사를 진행한 후 공소를 제기하였다면 수사의 적법 여하와 공소제기의 적법성 여하를 판례 입장에 따라 간략히 논하라(단, 피해자는 고소능력을 갖추었으며 피해자는 가해자가 누구인지 알지 못하였다가 유전자 검사를 통해 가해자의 유전자정보와 일치하는 사람이 2019. 8. 16. 체포되었다는 수사기관의 통보를 듣고 비로소 가해자가 누구인지 알게 되었다). (25점)

해 설

제1문

1. 위 사실관계에서 아래의 질문에 대하여 대법원 판례의 입장에 따라 답변하라. 만일 제1심 공판 중에 피해자가 강간미수부분(고소는 적법하게 이루어졌다)에 대하여 고소를 취소하는 경우, 법원은 어떠한 판결을 내리게 되는가? (15점)

(1) 먼저 친고죄인지 여부를 살펴보면, 2012. 12. 18. 형법이 개정되어 강간, 강제추행 등의 성폭력범죄가 모두 비친고죄로 변경되었다. 그러나 그 법 시행은 2013. 6. 19.부터이며 부칙 제2조(친고죄 폐지에 관한 적용례)를 통해 제296조 및 제306조의 개정규정은 이 법 시행 후 최초로 저지른 범죄부터 적용한다고 규정하고 있다. 따라서 이 사건의 강간죄는 2013. 6. 1. 행위가 이루어졌는바, 위 개정된 법 시행 이전의 행위임이 명백하므로 고소권자의 고소가 있어야 공소제기 할 수 있는 친고죄이다.

(2) 판례(대판 1983. 4. 26, 83도323)는 "형법 제40조의 소위 상상적 경합은 1개의 행위가 수 개의 죄에 해당하는 경우에는 과형상 1죄로서 처벌한다는 것이고, 또 가장 중한 죄에 정한 형으로 처벌한다는 것은 경한 죄는 중한 죄에 정한 형으로 처단된다는 것이지, 경한 죄는 그 처벌을 면한다는 것은 아니므로, 이 사건에서 중한 강간미수죄가 친고죄로서 고소가 취소되었다 하더라도 경한 감금죄(폭력행위등처벌에관한법률 위반)에 대하여는 아무런 영향을 미치지 않는다"[9]고 판시하고 있다. 따라서 소송법상 1죄인 상상적 경합의 일부에 대하여 고소가 취소되어 형사소송법 제327조 제5호에 의한 공소기각판결이 이루어진다고 하더라도 유죄 부분인 감금죄 부분은 영향을 받지 않게 되고 결국, 1죄1주문주의에 따라 유죄부분만 주문에 설시되고 공소기각 부분은 이유에만 설시될 것이다.

---

9) 고소불가분의 원칙에 의하여 1죄의 일부에 대한 고소 또는 고소취소의 효력은 전부에 미친다. 하지만 사안과 같은 상상적 경합의 경우는 두 죄가 전부 친고죄이고 피해자가 같지 않은 한 고소불가분의 원칙이 적용되지 않는다. 만일 강간죄에서 그 일부인 폭행·협박 부분에 대하여 고소취소가 이루어졌다면 강간죄의 고소취소로 인정되어 강간죄에 대한 공소기각이 이루어질 것이며, 강간죄의 고소취소가 있는 한 경한 폭행·협박죄에 대하여는 별도로 기소하거나 처벌하는 것이 허용되지 않는다.

제 2 문

2. 만일 검사가 고소를 받지 않고 수사를 진행한 후 공소를 제기하였다면 수사의 적법 여하와 공소제기의 적법성 여하와 공소제기 후 고소를 제기한 경우는 어떻게 되는지를 판례 입장에 따라 간략히 논하라(단, 피해자는 고소능력을 갖추었으며 피해자는 가해자가 누구인지 알지 못하였다가 유전자 검사를 통해 가해자의 유전자정보와 일치하는 사람이 2019. 8. 16. 체포되었다는 수사기관의 통보를 듣고 비로소 가해자가 누구인지 알게 되었다). (25점)

Ⅰ. 친고죄의 고소 전 수사의 허용여부

1. 의 의

(1) 사안의 경우 법 개정 전의 범행으로서 구법에 의하여 친고죄에 해당한다.

(2) 그런데 친고죄는 소추조건으로 고소를 요하므로 고소가 없는 상태에서 소추를 위한 수사가 가능한지 여부에 대하여 논의가 존재한다. 이는 공소제기의 가능성이 없는 경우는 수사의 필요성이 없다는 수사의 필요성 논의에서 비롯된다.

2. 학 설

(1) 전면허용설

이 학설은 친고죄 및 반의사불벌죄에 있어서 처벌희망의사표시가 결여되는 경우에도 다른 소송조건들의 경우와 달리 수사가 전면적으로 허용된다고 보는 견해이다. 이러한 의사표시는 공소제기의 조건은 되어도 수사의 조건은 되지 않는다고 본다.

(2) 전면부정설

친고죄는 범죄피해자의 명예보호 등과 같은 사인의 이익을 보호하기 위하여 마련된 범죄유형이므로 그 입법취지를 존중하여 피해자의 명시적인 처벌희망의 의사표시가 없거나 철회되면 수사기관은 수사를 할 수 없다는 입장이다.

(3) 원칙적 허용설

구체적으로는 ① 범죄의 종류에 관계없이 임의수사와 강제수사가 모두 허용된다는 견해, ② 원칙적으로 임의수사와 강제수사를 허용하되, 피해자의 명예보호를 위하여 친고죄로 한 범죄에 있어서는 강제수사를 신중히 할 필요가 있다는 견해, ③ 원칙적으로 임의수사만 허용하되 강간죄와 같은 폭력범죄의 경우에 한하여 강제수사가 허용된다는 견해, ④

강간죄의 경우 피해자의 의사를 확인하여 이에 확답이 없는 경우에 한하여 강제수사가 허용된다는 견해 등이 있다.

3. 판 례

친고죄나 세무공무원 등의 고발이 있어야 논할 수 있는 죄에 있어서 고소 또는 고발은 이른바 소추조건에 불과하고 당해 범죄의 성립요건이나 수사의 조건은 아니므로, 위와 같은 범죄에 관하여 고소나 고발이 있기 전에 수사를 하였다 하더라도 그 수사가 장차 고소나 고발이 있을 가능성이 없는 상태하에서 행해졌다는 등의 특단의 사정이 없는 한, 고소나 고발이 있기 전에 수사를 하였다는 이유만으로 그 수사가 위법하다고 볼 수는 없다.

4. 고소기간 도과여부

사안의 경우 피해자의 고소능력이 갖추어졌고 범인을 안 때가 2019. 8.경이므로 그 때로부터 1년이라는 고소기간이 아직 도과하지 않았다고 볼 수 있다. 문제는 체포되어 수사를 받는 시점에는 이미 성폭력범죄의 처벌 등에 관한 특례법상의 고소기간의 특례가 폐지되었기 때문에 과연 이 경우에도 고소기간 1년을 적용할 수 있을지 문제된다. 왜냐하면 형사소송법상의 고소기간은 제230조에서 범인을 알게 된 날로부터 6개월이라고 규정하고 있기 때문에 이에 의하면 고소기간이 도과되었기 때문이다.

이에 대하여 판례는 "형사소송법 제230조 제1항 본문은 친고죄의 고소기간을 범인을 알게 된 날로부터 6월로 정하고 있다. 구 성폭력범죄의 처벌 등에 관한 특례법(2012. 12. 18. 법률 제11556호로 전부 개정되기 전의 것) 제2조 제1항 제3호는 형법 제298조(강제추행) 등을 성폭력범죄로 규정하고, 제18조 제1항 본문에서 성폭력범죄 중 친고죄의 고소기간을 '형사소송법 제230조 제1항의 규정에 불구하고 범인을 알게 된 날부터 1년'으로 규정하였다(이하 '특례조항'이라 한다). 특례조항은 제19조 제1항 본문으로 위치가 변경되었다가 2013. 4. 5. 법률 제11729호 개정으로 삭제되었다(2013. 6. 19. 시행, 이하 '개정 성폭력처벌법'이라 한다). 구 형법 제306조가 삭제됨에 따라 특례조항을 유지할 실익이 없게 되어 개정 성폭력처벌법에서 특례조항을 삭제한 개정 경위와 취지를 고려하면, 개정 성폭력처벌법 시행일 이전에 저지른 친고죄인 성폭력범죄의 고소기간은 특례조항에 따라서 '범인을 알게 된 날부터 1년'이라고 보는 것이 타당하다(대판 2018. 6. 28, 2014도13504).

5. 소 결

그렇다면 위 판례에 의할 때, 사안의 경우는 고소기간 내이므로 고소의 가능성이 존재

하는 상황이다. 친고죄에서 고소의 가능성이 존재한다면 이는 공소제기의 가능성을 의미하
는바 수사의 필요성이 인정된다고 할 것이다. 그러므로 위 판례의 입장에 따라 고소나 고
발이 있기 전에 수사를 하였다는 이유만으로 그 수사가 위법하다고 볼 수는 없으므로 검사
의 수사는 적법하다.

Ⅱ. 공소제기의 적법성 검토

하지만 이 사안의 경우 고소가 없는 상태에서 수사만 이루어진 것이 아니라 공소제기까
지 이루어졌다. 친고죄에서 고소는 소추조건이므로 고소 없는 공소제기는 공소제기절차가
법률의 규정에 위배된 경우로서 형사소송법 제327조 제2호에 의하여 공소기각판결을 받게
될 것이다. 또한 공소제기 후 고소가 있다고 하더라도 이는 고소의 추완에 해당한다. 그러
나 판례10)는 나아가 고소의 추완도 허용하지 않는다.

---

10) 대판 2006. 4. 28, 2005도8976: 고소인이 제출한 고소장 및 고소보충 진술조서에 처벌의사를 표시한
바 없는 간통행위에 대하여, 고소인이 원심 재판 진행 중 검찰 조사에서 원래의 고소 취지는 고소장 접
수 이전의 모든 간통행위를 처벌해 달라는 것이었다는 취지의 진술을 한 경우, 이는 친고죄에 있어서
공소제기 후의 고소 추완에 해당하여 허용되지 않는다.

○ 사례 40

사법경찰관 甲은 마약범죄의 전력이 있는 乙이 중국으로부터 마약을 밀수입한다는 첩보를 입수하였다. 이에 상당한 범죄혐의(마약류 관리에 관한 법률 위반)가 인정된다고 보아 乙의 소재를 파악하고 있던 중 乙이 내연녀인 丙의 집에 일시적으로 동거하고 있음을 알고 乙을 체포하기 위해 丙의 집을 덮쳤다. 동거녀인 丙이 잠시 인근에 외출한 상황에서 10세 된 丙의 아들 丁과 함께 집에서 컴퓨터 게임을 하고 있던 乙은 甲이 방안으로 들이닥치며 허리춤에서 수갑을 꺼내어 자신의 손목에 채우려 하는 순간 재빨리 도주하였다. 이에 甲 등은 곧장 丙의 집 방안을 수색하였고, 냉장고 냉동실 안쪽에서 乙이 丙 몰래 숨겨두었던 히로뽕 10g이 든 마약 봉지를 찾아 이를 압수하였다. 도망친 乙이 얼마 후 다른 지역에서 체포되자 甲은 체포된 다음날 압수수색영장을 청구하여 발부받았으며 甲은 丙의 집에서 찾아낸 압수물을 乙에게 들이대며 乙을 계속 추궁하여 범행을 자백 받았다. 甲은 이를 기회로 하여 乙을 신문하면서 그 마약을 매수하고 투약했던 전과가 있는 乙의 친구 X를 유인하여 마약을 매수하도록 하여 수사에 협조할 것을 요구하였다. 이에 자신의 형량이 감경될 것을 내심 기대한 乙은 친구 X에게 전화를 하여 "좋은 물건이 있으니 만나자"고 했으나 X는 "나는 이미 마약을 끊은 지(단약) 오래되었다. 현재 마약퇴치운동본부에서 생활하고 있으니 더 이상 나에게 그런 연락하지 마라"고 하면서 거부하였다. 이에 甲은 乙을 종용하여 X가 마약을 매수하도록 적극적으로 권유해보라고 하면서 乙로 하여금 포장마차에서 X를 만나보라고 하였다. 이에 乙은 X를 포장마차로 불러내어 술을 마시면서 X가 술에 취하자 "야 내가 약이 조금 있으니 우리 오랜만에 소주에 타서 한번 하자"고 하였고 X는 술김에 무심코 소주잔에 필로폰 0.05g을 타서 마시려고 하였다. 약속한대로 甲은 포장마차를 급습하여 X를 그 자리에서 마약류 관리에 관한 법률 위반으로 체포함과 동시에 남은 필로폰 0.1g과 소주잔을 압수하였고 압수물을 근거로 X를 추궁한 끝에 자백도 받아내었다.

위 설문을 토대로 아래의 질문에 답하라.
1. 수사기관이 丙의 집에 들어간 행위는 적법한가? (10점)
2. 사법경찰관 甲이 히로뽕 10g이 든 마약 봉지를 압수한 것은 적법한가? (20점)
3. X에 대한 수사는 적법한가? (15점)
4. 乙과 X의 자백의 증거능력은 어떠한가? (20점)
5. 판례에 따르면 X에 대한 수사결과를 토대로 공소제기가 가능한가? (10점)

해 설

해결도우미

이 사안이 묻고자 하는 것은 乙과 X에 대한 자백조서는 법정에서 증거로 사용할 수 있는가이다. 따라서 乙과 X에 대한 수사가 적법한지 여부를 먼저 검토하여야 할 것이다. 또한 乙과 X 모두 압수된 물건을 근거로 추궁당한 끝에 자백에 이르렀다는 점에서 그 자백의 증거능력은 압수물의 증거능력과 관련한 파생증거의 증거능력 논의가 이루어질 수 있다.

우선 甲이 乙을 체포하려다가 체포하지 못하고 놓쳤음에도 체포현장에서 영장 없는 압수수색을 한 것이 적법한지 여부이다. 다시 말해 위 甲 등의 압수수색에 영장주의의 예외를 규정하고 있는 형사소송법 제216조 제1항 제2호가 적용될 수 있는가 하는 것이다. 다음은 甲이 丙의 냉장고 안에서 압수한 마약봉지가 적법하게 수집된 증거인가 하는 점이다. 이점에 대한 판단은 甲의 압수수색의 적법성 여부에 달려있다. 만일 甲의 압수수색이 위법한 것이라면, 甲이 乙을 다그쳐 얻어낸 자백은 甲이 위법하게 수집한 증거에 기초한 것이므로 이 경우 乙의 자백 내지 자백조서는 위법수집증거에서 비롯된 파생증거(이른바 독수의 과실)로서 그 증거능력 인정 여부가 문제된다.

X의 경우는 수사기관의 요청을 받은 乙의 적극적인 유혹으로 인하여 마약을 투여하게 된 것이므로 이 부분이 함정수사로 볼 수 있는 것이 아닌지 수사의 상당성과 관련하여 검토해 보아야 한다. 만일 이러한 수사가 허용될 수 없는 것이라면 그러한 수사에 기하여 취득한 압수물의 증거능력은 있는 것인지 그리고 그러한 압수물에 기하여 이루어진 자백 내지 자백조서는 위법수집증거에서 비롯된 파생증거(이른바 독수의 과실)로서 그 증거능력 인정할 수 있을지가 乙의 경우와 공통되어 문제된다. 따라서 이하에서는 먼저 乙과 X에 대한 각 수사의 적법성을 먼저 검토한 후 그에 기한 자백의 증거능력을 검토하도록 한다.

마지막으로 판례의 입장에 따른 공소제기 가능성 여부를 함정수사의 가벌성의 문제로서 검토하여야 한다.

제1문

1. 수사기관이 丙의 집에 들어간 행위는 적법한가? (10점)

丙의 집에 들어간 행위의 적법성

이 사안에서 甲이 丙의 집에 들어간 것은 乙을 丙의 집에서 발견할 수 있는 가능성에 기인하여 甲을 찾기 위한 수색을 한 것이 아니라 이미 다른 정보를 통해 乙이 丙의 집에 숨어 있다는 사실을 확인한 후 체포를 위한 조치에 나아간 것이다. 따라서 타인의 주거 등에서의 피의자수색에 관한 규정인 형사소송법 제216조 제1항 제1호가 적용될 여지는 없다[11].

따라서 乙은 마약류 관리에 관한 법률 위반(같은 법 제58조 제1항 제5호, 제3조 제8호)의 상당한 혐의를 받고 있고, 같은 법 위반행위는 그 법정형이 무기 또는 5년 이상의 징역으로 되어 있으며(범죄의 중대성), 乙이 수사망을 피하기 위해 丙의 집에 일시 숨어 있어 이후 영장을 받아 집행을 할 경우 도주할 수 있는 상황이라는 점(긴급성)에서 甲의 체포행위는 긴급체포(형소법 제200조의3 제1항)의 요건을 충족한다고 하겠다. 이에 따라 甲이 丙의 집에 들어간 것은 수색이 아니라 체포행위 그 자체로서 긴급체포가 적법하다면 집에 들어간 행위도 적법하다고 볼 것이다.

- -

체포영장을 집행하는 경우, 필요한 때에는 타인의 주거 등 내에서 피의자 수색을 할 수 있도록 한 형사소송법 제216조 제1항 제1호에 대한 헌법재판소의 결정(헌재결 2018. 4. 26, 2015헌바370, 2016헌가7)

● 사건개요

전국철도노동조합(이하 '철도노조'라 한다)은 집행부의 주도로 2013. 12. 9.부터 '철도산업 발전방안 철회'를 요구하는 대정부 파업을 진행하였다. 이에 한국철도공사는 철도노조 집행부를 업무방해 혐의로 고소하였는데, 집행부 10여명이 경찰의 소환조사요구에 불응하자 2013. 12. 16. 이들에 대한 체포영장이 발부되었다.

경찰은 2013. 12. 22. 09 : 00경부터 11 : 00경까지 사이에 위 체포영장을 집행하기 위하여 경향신문사 건물 1층 로비 출입구와 민주노총 사무실 출입문을 부수고 수색하였으나, 이들을 발견하지 못하였다. 청구인은 위와 같은 체포영장 집행을 위한 피의자 수색 과정에서 철도노조 소속 조합원 등 수백 명과 공모공동하여 다중의 위력을 보이고 위험한 물

---

[11] 영장없이 '피의자'를 수색할 수 있는 경우(제216조 제1항 제1호)와 체포현장에서 영장없이 '압수할 물건'을 수색할 수 있는 경우(제216조 제1항 제2호)가 있다.

건을 휴대한 상태로 경찰관들을 폭행·협박하여 그들의 체포영장 집행에 관한 정당한 공무집행을 방해하였다는 혐의 등으로 기소되어 유죄 판결을 선고받았다.

● 심판대상

형사소송법(1995. 12. 29. 법률 제5054호로 개정된 것) 제216조(영장에 의하지 아니한 강제처분) ① 검사 또는 사법경찰관은 제200조의2·제200조의3·제201조 또는 제212조의 규정에 의하여 피의자를 체포 또는 구속하는 경우에 필요한 때에는 영장없이 다음 처분을 할 수 있다.

1. 타인의 주거나 타인이 간수하는 가옥, 건조물, 항공기, 선차 내에서의 피의자 수사

● 주 문

1. 형사소송법(1995. 12. 29. 법률 제5054호로 개정된 것) 제216조 제1항 제1호 중 제200조의2에 관한 부분은 헌법에 합치되지 아니한다.

2. 위 법률조항은 2020. 3. 31.을 시한으로 입법자가 개정할 때까지 계속 적용된다.

● 판 단

1. 명확성원칙 위반 여부 – 소극

헌법 제16조는 모든 국민이 주거의 자유를 침해받지 아니한다고 규정하면서 주거에 대한 압수나 수색을 할 때에는 영장을 제시하여야 한다고 특별히 강조하고 있으므로, 주거공간에 대한 압수·수색은 그 장소에 혐의사실 입증에 기여할 자료 등이 존재할 개연성이 충분히 소명되어야 그 필요성을 인정할 수 있다. 심판대상조항은 영장의 발부를 전제로 하고 있지는 않으나 위와 같은 해석은 심판대상조항에 따른 수사를 하는 경우에도 동일하게 적용되어야 한다. 따라서 심판대상조항의 피의자를 체포하는 경우에 "필요한 때"는 '피의자가 소재할 개연성'을 의미하는 것으로 해석할 수 있다.

심판대상조항은 수사기관이 피의자를 체포하기 위하여 필요한 때에는 영장 없이 타인의 주거 등에 들어가 피의자를 찾는 행위를 할 수 있다는 의미로서, 심판대상조항의 "피의자 수사"는 '피의자 수색'을 의미함을 어렵지 않게 해석할 수 있다.

2. 영장주의 위반 여부 – 적극

헌법 제12조 제3항과는 달리 헌법 제16조 후문은 "주거에 대한 압수나 수색을 할 때에는 검사의 신청에 의하여 법관이 발부한 영장을 제시하여야 한다."라고 규정하고 있을 뿐 영장주의에 대한 예외를 명문화하고 있지 않으나, 헌법 제12조 제3항과 헌법 제16조의 관계, 주거 공간에 대한 긴급한 압수·수색의 필요성, 주거의 자유와 관련하여 영장주의를 선언하고 있는 헌법 제16조의 취지 등에 비추어 ① 그 장소에 범죄혐의 등을 입증할 자료나 피의자가 존재할 개연성이 있고, ② 사전에 영장을 발부받기 어려운 긴급한 사정이 있는 경우에는 제한적으로 영장주의의 예외를 허용할 수 있다고 보는 것이 타당하다.

심판대상조항은 체포영장을 발부받아 피의자를 체포하는 경우에 '필요한 때'에는 영장 없

이 타인의 주거 등 내에서 피의자 수사를 할 수 있다고 규정함으로써, 별도로 영장을 발부받기 어려운 긴급한 사정이 있는지 여부를 구별하지 아니하고 피의자가 소재할 개연성이 있으면 영장 없이 타인의 주거 등을 수색할 수 있도록 허용하고 있다. 이는 체포영장이 발부된 피의자가 타인의 주거 등에 소재할 개연성은 인정되나, 수색에 앞서 영장을 발부받기 어려운 긴급한 사정이 인정되지 않는 경우에도 영장 없이 피의자 수색을 할 수 있다는 것이므로, 위에서 본 헌법 제16조의 영장주의 예외 요건을 벗어난다.

● 결론

심판대상조항의 위헌성은 체포영장이 발부된 피의자를 체포하기 위하여 타인의 주거 등을 수색하는 경우에 피의자가 그 장소에 소재할 개연성만 인정되면 수색영장을 발부받기 어려운 긴급한 사정이 있는지 여부와 무관하게 영장주의의 예외를 인정하고 있다는 점에 있으므로, 심판대상조항에 대하여 단순위헌결정을 하여 그 효력을 즉시 상실시킨다면, 수색영장 없이 타인의 주거 등을 수색하여 피의자를 체포할 긴급한 필요가 있는 경우에도 이를 허용할 법률적 근거가 사라져 법적 공백상태가 발생하게 된다. 따라서 심판대상조항에 대하여 단순위헌결정을 하는 대신 헌법불합치결정을 선고하되, 2020. 3. 31.을 시한으로 입법자가 심판대상조항의 위헌성을 제거하고 합헌적인 내용으로 법률을 개정할 때까지 심판대상조항이 계속 적용되도록 할 필요가 있다. 다만 심판대상조항은 체포영장이 발부된 피의자가 타인의 주거 등에 소재할 개연성이 소명되고, 그 장소를 수색하기에 앞서 별도로 수색영장을 발부받기 어려운 긴급한 사정이 있는 경우에 한하여 적용되어야 할 것이다.

제2문

2. 사법경찰관 甲이 히로뽕 10g이 든 마약 봉지를 압수한 것은 적법한가? (20점)

Ⅰ. 쟁점의 정리: 압수수색의 적법 여부

여기서는 甲 등의 압수수색이 체포현장에서의 영장 없는 압수수색(형소법 제216조 제1항 제2호)에 해당하는지 여부가 관건이다. 이를 위해 우선 같은 법조항의 법적 성격을 간략히 살펴본 다음, 중요한 쟁점부분인 '체포현장'의 의미를 비롯하여 관련문제로서 압수할 물건의 존재가능성 인정 여부(형소법 제109조) 및 요급처분에의 해당 여부(형소법 제220조) 등을 살펴보기로 한다.

II. 법적 성격

1. 견해의 대립

형사소송법 제216조 제1항 제2호의 법적 성격에 관해서는 부수처분설과 긴급행위설이 대립하고 있다. 부수처분설(대소포함명제설)은 체포에 의해 가장 중요한 기본권(자유권)이 침해된 때에는 이에 수반하는 경한 기본권침해인 압수수색 등에는 별도의 영장을 필요로 하지 않는다고 보는 입장이다. 반면 긴급행위설에 의하면 체포현장에서의 영장 없는 압수수색 등은 체포를 행하는 자의 안전을 위해 무기를 빼앗고 피의자의 증거 은닉·파괴를 예방하기 위한 긴급행위로서 허용된다고 한다.

2. 검 토

원칙적으로 설명하면 부수처분설에 의할 경우는 피체포자에 대한 몸수색 및 무기탈취(압수)를 넘어 증거물 등에 대한 압수수색도 허용되는 반면, 긴급행위설에 의하면 사실상 피체포자의 몸수색과 무기탈취(압수)에 국한된다. 전자에 의하면 증거물이나 무기가 있다는 개연성이 없더라도 위 규정이 적용되므로 영장 없는 대물적 강제수사가 부당하게 확대될 위험이 있다고 한다. 종래는 형사소송법 제216조 제3항과 제217조 제2항 단서가 사후 구속영장을 받을 것을 요구하고 있다는 점에서 부수처분설적 입장으로 해석할 수 있었으며 이에 피의자가 현실로 체포된 경우에 한하여 허용함이 타당하다고 봄이 실무의 입장이었다. 다만, 체포의 전후는 묻지 않는다고 봄이 본 규정의 취지에 부합한다고 보았다(개정 전 검찰실무상의 해석도 동일). 그러나 현행 형사소송법은 구속영장이 아닌 압수수색영장만을 사후에 받을 것을 요구하면서 동시에 긴급성이라는 요건을 명백히 추가하여 긴급행위설의 입장이라고 볼 수 있으며 이제는 체포현장에서의 압수수색을 위하여 체포에 성공하였을 것을 요구하지 않는 것으로 해석함이 긴급행위설적 입장에 따른 해석으로 타당하다고 본다.

III. 체포현장의 의미

1. 학설의 대립[12]

체포현장에서의 영장 없는 압수수색 등이 가능하기 위해서는 먼저 체포행위와 압수수색 등 사이에 일정한 시간적 접속이 있어야 함은 분명하다. 다만, 그 정도에 관하여 학설이 다음과 같이 대립하고 있다. ① 시간적·장소적 접착설은 압수수색 등이 체포행위에 시간적·장소적으로 접착해 있으면 족하고 체포의 전후 및 체포의 성공 여부를 불문한다고 보며, ② 체포착수설은 피의자가 압수수색의 장소에 있고 체포에 현실적으로 착수해야 한다고 본다. 그리고 ③ 체포설은 피의자가 현실적으로 체포되었을 것을 요한다고 보며, ④ 현장설은 압수수색 당시에 피의자가 현장에 있을 것을 요한다고 본다.

2. 검 토

형사소송법이 체포현장에서의 압수수색에 관하여 긴급행위설의 입장을 명확히 하였을 뿐 아니라 사후에 압수수색의 영장을 받도록 하면서도 그것도 48시간 이내에 영장을 청구하도록 하여 사후통제를 강화하였다는 점에서 피의자가 반드시 체포될 것을 전제할 필요는 없다고 보여진다. 다만, 시간적·장소적 접착설은 시간적으로나 장소적으로 근접하다면 적법하다고 볼 여지가 있게 된다. 영장주의의 예외는 엄격하게 제한적으로 해석함이 타당하다는 측면에서 시간적·장소적 근접성은 당연히 인정되어야 할 뿐 아니라 적어도 체포에는 착수하여야 한다고 봄이 타당하다.

IV. 사안에의 적용

1. 위 사안에서 乙은 甲이 방안으로 들이닥치며 체포하려고 하자 재빨리 도주하였다. 그렇다면 이 경우에는 甲이 乙의 체포에 착수했다고 보아야 할 것이다. 따라서 체포설이나

---

12) 위 학설 중 시간적·장소적 접착설과 체포착수설은 긴급행위설적인 입장에 기초한 학설인데, 체포현장이 문제되는 영역은 다음의 두 가지 경우가 대표적이다. **① 체포에 성공하지 못한 경우와 ② 먼저 압수한 후 체포에 착수하는 경우**이다. 부수처분설과 달리 긴급행위설은 구속의 적법을 전제하지 않으므로 체포의 성공을 반드시 요하지 않는다고 본다. 다만, 이 경우에도 적어도 체포에는 착수하여야 한다는 체포착수설과 체포에 착수를 요하지 않는다는 시간적·장소적 접착설이 대립한다. 판례는 현행범 체포에 착수하지 아니한 상태여서 형사소송법 제216조 제1항 제2호, 제212조가 정하는 '체포현장에서의 압수·수색' 요건을 갖추지 못하였으므로, 영장 없는 압수·수색업무로서의 적법한 직무집행으로 볼 수 없다(대판 2017. 11. 29, 2014도16080)고 판시한 바 있어, 체포착수설의 입장에 가깝다고 판단된다. 또한 압수를 먼저 한 후 체포에 나아간 경우는 체포착수설에 의하면 위법하다고 판단하게 된다. 그러나 시간적·장소적 접착설은 시간적으로나 장소적으로 근접하다면 적법하다고 볼 여지가 있게 된다.

현장설에 의하면 甲 등의 수색은 乙이 아직 체포되지 못한 상태에서 행해졌기 때문에 위법하다고 할 것이다. 반면 시간적·장소적 접착설이나 체포착수설에 의하면 甲의 압수수색은 적법하다는 결론에 이른다. 하지만 이 경우 甲의 압수수색이 적법하다는 결론에 이르렀더라도, 甲은 피의자 아닌 타인인 丙의 집 방안에서 압수수색을 하였으므로, 이와 관련하여 형사소송법 제219조(제109조)의 요건을 충족하고 있는지 여부 및 요급처분(제220조)에 해당하는지 여부 등을 검토한 뒤 최종적인 적법 여부를 판단해야 한다.

2. 형사소송법 제219조 위반 여부

위 甲의 압수수색에도 형사소송법 제109조[13]가 준용된다(형소법 제219조). 사안에서 甲의 압수수색은 피의자 아닌 丙의 집 방안에서 이루어졌으므로, 그러한 압수수색이 적법하려면 압수물(마약봉지)이 있음을 인정할 수 있어야 한다. 하지만 위 사안에서 乙의 내연녀인 丙은 乙과 내연관계로 인하여 동거를 한 것일 뿐 乙이 수사망을 피하기 위한 목적에서 그와 같이 했다는 것을 알지 못하였다는 점에서 별다른 사정이 없는 이상 마약봉지가 丙의 주거에 있음을 인정할 사정은 없다고 하겠다. 따라서 甲 등의 압수수색은 형사소송법 제219조의 규정에 반하는 위법한 수사에 해당한다.

3. 요급처분에 해당하는지 여부

형사소송법 제220조에 의하면 제216조의 규정에 의한 처분을 하는 경우에 급속을 요하는 때에는 제123조 제2항에 의함을 요하지 않으므로, 예외적으로 주거주나 간수자 또는 이에 준하는 자의 참여는 필요치 않다. 다시 말해 요급성이 인정되면 위 경우 주거주인 丙의 참여가 없는 상태에서 甲 등이 압수수색을 했더라도 문제될 것이 없다. 먼저 甲 등이 압수수색을 할 당시 10세 된 丙의 아들 丁이 집에 있기는 하였으나 丁은 같은 법조항 소정의 주거주나 간수자 또는 이에 준하는 자라고 볼 수 없다. 따라서 위 사안에서는 참여자 없이 甲 등이 압수수색을 한 셈이다. 그렇다면 주거주인 丙이 잠시 인근에 볼일을 보러 출타중인 상황이었고, 甲의 압수수색 역시 달리 증거물 등을 확보할 수 없는 긴급한 사정 하에서 이루어진 것이라 보기 어렵다. 따라서 甲 등의 압수수색은 요급성의 요건도 충족하지 못한 것으로 위법한 수사에 해당한다.

---

13) 형사소송법 제109조(수색) ① 법원은 필요한 때에는 피고사건과 관계가 있다고 인정할 수 있는 것에 한정하여 피고인의 신체, 물건 또는 주거, 그 밖의 장소를 수색할 수 있다. ② 피고인 아닌 자의 신체, 물건, 주거 기타 장소에 관하여는 압수할 물건이 있음을 인정할 수 있는 경우에 한하여 수색할 수 있다.

4. 소 결

요컨대 甲의 영장 없는 압수수색은 긴급행위설을 취하는 법의 취지를 종합하여 볼 때 형사소송법 제216조 제1항 제2호 소정의 '체포현장'의 요건을 충족한 것으로 볼 수 있다. 하지만 甲의 압수수색은 형사소송법 제219조에 반할 뿐만 아니라 주거주인 丙 등의 참여 없이 이루어진 것이어서 위법한 수사이다.

제3문

3. X에 대한 수사는 적법한가? (15점)

Ⅰ. 함정수사[14]의 허용여부 및 위법한 함정수사의 판단기준

(1) 현행법상 함정수사를 허용하는 규정은 없다. 따라서 함정수사의 범위와 그 허용한계는 이론에 맡겨져 있다고 볼 수 있다. 함정수사의 문제는 미국법에서는 함정의 항변이라는 문제로 다루어지고 있다. 미국은 피유발자의 주관 내지 내심을 기준으로 하여(주관설) 범의를 가지고 있는 자가 함정에 의하여 범죄를 행할 기회를 가진 것에 불과한 때에는 형사책임을 면할 수 없지만 범의를 유발한 때에는 형사책임으로부터 해방된다는 이론이 판례상 확립되었다. 국내의 통설 역시 이러한 기준에 기하여 함정수사를 기회제공형 함정수사와 범의유발형 함정수사로 나누어 전자는 적법함에 반하여 후자는 위법하다고 보는 점에 견해가 일치하고 있다. 다만 판례는 기회제공형의 경우는 함정수사라 할 수 없다고 하거나 위법한 함정수사라고 할 수 없다고 판시하고 있다.

(2) 이에 반하여 유혹의 방법자체를 기준으로 하여 객관설을 취하는 입장도 있다. 하지

---

14) 함정수사는 형법에서는 '미수의 교사'의 문제로 다루어진다. 미수의 고의로 교사하는 경우는 처벌할 수 없는 것인 바 과연 기수의 교사란 무엇인지에 대하여 '교사자의 고의'와 관련하여 다음과 같은 학설의 대립이 있다.
  ① 제1설: 교사자의 고의는 "피교사자가 범죄의 실행행위에 나아간다는 인식·인용만으로 충분하다고 보아 미수의 교사에 있어서 교사자의 고의를 인정하고 미수죄의 교사범으로 처벌할 수 있다"는 학설
  ② 제2설: 교사자의 고의는 "피교사자의 실행행위로 인하여 결과가 발생한다는 것에 대한 인식과 인용"까지 필요하다고 보아 미수의 교사는 교사자의 고의가 없으므로 불가벌이고 다만 교사자의 예상과 달리 피교사자가 기수에 이른 경우는 교사자를 발생한 결과의 과실범으로 처벌할 수 있다는 학설(다수설)
  ③ 제3설: 기수라고 하더라도 "종국적인 법익침해"가 있기 이전의 단계인 형식적 기수와 법익이 종국적으로 침해된 단계인 범행의 실질적 종료를 구별한 후, 교사자의 고의는 "피교사자의 실행행위가 실질적 종료 단계까지 이를 것을 인식·인용하여야 한다"는 입장

만 함정수사의 한계는 범죄를 방지할 국가기관이 범인에게 범죄를 유도하였다는 점과 수사기관의 사술로 수사의 신의칙을 위반한 것에 중점을 두고 종합적으로 판단을 하여야 할 것이다. 판례(대판 2008. 3. 13, 2007도10804) 역시 "본래 범의를 가지지 아니한 자에 대하여 수사기관이 사술이나 계략 등을 써서 범의를 유발케 하여 범죄인을 검거하는 함정수사는 위법하다 할 것인 바, 구체적인 사건에 있어서 위법한 함정수사에 해당하는지 여부는 해당 범죄의 종류와 성질, 유인자의 지위와 역할, 유인의 경위와 방법, 유인에 따른 피유인자의 반응, 피유인자의 처벌 전력 및 유인행위 자체의 위법성 등을 종합하여 판단하여야 하고, 따라서 유인자가 수사기관과 직접적인 관련을 맺지 아니한 상태에서 피유인자를 상대로 단순히 수차례 반복적으로 범행을 교사하였을 뿐, 수사기관이 사술이나 계략 등을 사용하였다고 볼 수 없는 경우는, 설령 그로 인하여 피유인자의 범의가 유발되었다 하더라도 위법한 함정수사에 해당하지 아니한다"고 판시하여 기회제공형 함정수사인지 아니면 위법한 범의유발형 함정수사인지를 종합적인 기준을 통하여 판단하여야 한다고 보고 있다. 특히 해당범죄가 마약범죄나 뇌물범죄 또는 조직범죄인 경우는 그 범죄의 종류와 성질상 함정수사의 필요성이 인정되므로 이 점을 참작하여 판단하여야 할 것이다.

II. 검 토

사안의 경우 마약범죄로서 일반적인 수사방법으로는 증거를 수집하거나 범인을 검거하기가 어렵다는 점에서 함정수사의 필요성은 어느 정도 인정된다고 볼 것이다. 하지만 이미 마약을 끊고 생활하고 있었으며 유인자인 乙의 권유에도 완강히 거부하였다는 점, 乙은 자신의 형량을 가볍게 하고자 하는 의도로 수사기관의 요구에 응하여 피유인자인 X의 범의를 유발하였다는 점, 포장마차로 불러내어 술에 취한 상황에서 유인을 하였다는 점을 종합하여 볼 때 수사의 신의칙에 반하는 위법한 함정수사에 해당한다고 할 것이다.

제4문

4. 乙과 X의 자백의 증거능력은 어떠한가? (20점)

I. 위법수사와 압수물의 증거능력(乙과 X의 자백조서의 증거능력)

사안에서 甲이 丙의 집 방안을 압수수색한 행위와 X에 대한 함정수사는 위법하다. 그렇다면 이 경우 이러한 위법수사에 기해 수집한 압수물(마약봉지, 필로폰 0.1g과 소주잔)이 과연 증거능력이 있는지 여부가 문제된다.

1. 학설의 태도

학설은 이 경우 증거수집절차의 위법을 이유로, 즉 위법수집증거로서 압수물의 증거능력을 부정하는 입장이다. 범인의 처벌만을 강조한 나머지 피의자의 인권보장 측면을 무시하거나 적법절차의 원리를 침해한다는 점, 영장주의에 반하는 등의 위법한 수사에 기한 압수물에 대해 그 증거능력을 인정하게 되면 위법수사에 의한 증거수집관행을 근절하기 어렵다는 점 등을 그 주된 논거로 한다.

2. 판례의 입장

종래 대법원은 영장주의에 반하는 위법한 압수절차에 기해 압수가 이루어진 경우에도 그 압수물 자체의 성질이나 형상에 변경을 가지오지 않는 한 그것의 증거가치에는 변함이 없기 때문에 증거능력이 인정된다는 태도를 취하고 있었다(대판 1987. 6. 23, 87도705; 대판 1994. 2. 8, 93도3318). 하지만 전원합의체로 판례를 변경(대판 2007. 11. 15, 2007도3061 전합)하여 수사기관의 절차 위반행위가 적법절차의 실질적인 내용을 침해하는 경우에 해당하지 아니하는 예외적인 경우를 제외하고는 압수물이라고 하더라도 증거로 사용할 수 없다고 판시하여 위법수집증거배제법칙은 비진술증거에도 적용됨을 명확히 하였다. 판례를 더 자세히 분석해보면, 비진술증거인 압수물에 대하여도 원칙적으로 헌법과 형사소송법이 형사소송에 관한 절차 조항을 마련한 적법한 절차에 따르지 않는 경우는 증거로 사용할 수 없음을 명백히 하였다. 다만, 판례는 위법수집증거라 할지라도 획일적으로 그 증거의 증거능력을 부정하는 것 역시 헌법과 형사소송법이 형사소송에 관한 절차 조항을 마련한 취지에 맞는다고 볼 수 없다고 하면서 ① 적법절차의 실질적 내용을 침해하는 경우에 해당하지 않으면서 ② 증거능력을 배제하는 것은 오히려 형사법적 정의를 실현하는 취지에 반하는 경우에는 예외적으로 증거능력을 인정하고자 하였다. 나아가 종래 이론상 인정되어온 독수독과의 원칙을 받아들여 적법한 절차에 따르지 아니하고 수집한 증거를 기초로 하여 획득한 2차적 증거의 경우에도 절차에 따르지 아니한 증거 수집과 2차적 증거 수집 사이 인과관계의 희석 또는 단절 여부를 중심으로 2차적 증거 수집과 관련된 모든 사정을 전체적·종합적으로 고려하여 예외적인 경우에는 유죄 인정의 증거로 사용할 수 있다고 판시하였다.

3. 소 결

절차적 정의가 핵심적인 지배원리로 작용하는 형사절차에서 위법한 절차에 기해 압수한 압수물에 대해 증거능력을 인정하는 것은 이해할 수 없다. 종래 대법원의 태도는 절차위법을 소홀히 다루거나, 압수물의 증거능력을 규범적 관점이 아닌 자연주의적 관점에서 다루고 있는 것으로서 받아들일 수 없다. 따라서 형사소송법 제308조의2를 명문화하였다는 점에서 위 사안에서 甲 등이 위법한 수사방법으로 압수한 마약캡슐은 증거능력이 없다고 보는 것이 옳으며 변경된 판례의 태도에 찬성한다.

Ⅱ. 乙과 X의 자백의 증거능력

1. 문제의 제기

위 사안에서 甲은 위법하게 압수한 마약봉지에 의해 乙을 다그치면서 결국 乙의 자백을 받아내었다. 이러한 함정수사를 통하여 필로폰 0.1g과 소주잔을 압수한 압수물을 근거로 X를 추궁한 끝에 받아낸 자백도 증거능력이 있는지 함께 문제된다. 이 경우 乙과 X의 자백의 증거능력에 대해 이를 위법수집증거의 파생증거(이른바 독수의 과실)의 증거능력문제로 다룰 것인가 아니면 자백배제법칙(형소법 제309조)의 적용문제로 다룰 것인가 하는 점이 문제될 수 있다.

(1) 견해의 대립

1) 이점에 관해서는 위법수집증거배제법칙과 자백배제법칙과의 관계를 살펴볼 필요가 있다. 양자의 관계에 관해서는 두 가지 견해, 즉 양자를 이원적으로 보는 견해와 자백배제법칙을 위법수집증거배제법칙의 특칙으로 보는 견해가 대립하고 있다.

2) 이원적 관점은 자백배제법칙의 근거를 허위배제설이나 절충설의 관점에서 파악하면서, 임의성이 없거나 의심되는 자백에 대해서는 자백배제법칙이 적용되는 반면, 임의성이 인정되지만 그 수집절차가 위법한 자백에 대해서는 위법수집증거배제법칙이 적용될 뿐이라고 한다. 이에 반해 후자의 견해는 자백배제법칙의 근거를 위법배제설의 관점에서 이해하면서 임의성여부를 불문하고 위법한 증거수집절차나 방법에 기해 이루어진 자백에 대해서는 모두 자백배제법칙이 적용된다고 한다.

(2) 소 결

1) 어느 견해에 따르더라도 위법한 수사절차나 방법에 의해 얻어진 자백에 대해서는 증거능력이 배제되거나 배제될 여지가 많다는 점에는 별반 차이가 없다.

2) 오늘날 위법수집증거배제법칙 역시 핵심적인 증거법상의 기본원리로 인정되고 있고 형사소송법이 이를 명문으로 규정하고 있기는 하나 자백배제법칙의 이론적 근거와 관련하여 위법배제설이 수사과정에서의 적정절차의 보장 및 위법수사의 억제를 가장 확실하게 담보할 수 있다는 점 등을 감안한다면, 자백배제법칙을 위법수집증거배제법칙이 자백에 대해 적용된 특칙으로 파악하는 후자의 견해가 이론상 타당하다고 본다.

2. 자백배제법칙을 적용할 경우

(1) 적용범위

형사소송법 제309조 후단은 고문, 폭행, 협박, 신체구속의 부당한 장기화나 기망 이외에 '기타의 방법'으로 이루어진 자백에 대해서도 그것이 임의로 진술한 것이 아니라고 의심할 만한 이유가 있는 때에는 그 증거능력을 배제하도록 규정하고 있다.

자백배제법칙의 근거에 관해 위법배제설을 따른다면, 여기서 '기타의 방법'은 자백수집과정에서 있었던 모든 형태의 위법수단을 의미한다.

(2) 사안의 경우

이 사안의 경우 위법한 수사에 기한 압수물을 근거로 자백을 추궁하는 경우로 자백 수집과정에 있어 위법한 수단에 기인한 것으로 제309조가 적용된다고 할 것이고, 이로써 乙과 X의 자백 내지 자백조서는 증거능력이 없다고 할 것이다.

3. 위법수집증거의 파생증거논의로 해결할 경우 – 독수의 과실이론

(1) 이론의 적용

독수의 과실이론이란 위법하게 수집된 제1차 증거에 의해 발견된 제2차 증거에 대해 그 증거능력을 배제하는 이론을 말한다. 이 이론은 수사기관의 위법한 증거수집을 막기 위해 나온 것으로서 우리 학계에서도 널리 이를 인정하고 있다. 위 사안에서 甲이 수집한 마약 캡슐은 위법한 수사방법에 의해 획득한 증거로서 위법수집증거(독수)에 해당하고, 이를 토대로 하여 얻어낸 乙과 X의 자백은 파생증거(독수의 과실)에 해당한다. 따라서 독수의 과실이론에 의하면 乙의 자백은 당연히 증거능력이 배제된다.

(2) 제한이론

독수의 과실이론에 대한 제한이론으로는 희석이론, 독립된 증거원이론, 불가피한 발견이론이 거론되고 있다(미국의 경우). 먼저 희석이론은 피의자·피고인의 자유의사에 의한 행위는 위법증거와 인과관계가 단절되기 때문에 제1차 증거의 오염성이 희석되어 파생증거의 증거능력에 영향을 미치지 않는다는 견해이다. 독립된 증거원이론은 위법수사가 있었더라도 이와 관계없는 독립된 근원에 의해 수집될 수 있었던 증거임이 증명될 수 있다면 파생 증거의 증거능력을 인정할 수 있다는 견해이다. 그리고 불가피한 발견이론은 위법수사에 의한 제1차 증거가 없었더라도 파생증거가 다른 경로를 통해 불가피하게 발견되었을 것이라고 볼 수 있는 때에는 그 증거능력을 인정할 수 있다는 견해이다.

(3) 판례의 입장

압수된 망치, 야전잠바 등은 피고인의 증거능력 없는 자백(고문 등에 의한)에 의해 획득된 것이므로 증거능력이 없다고 판시한 바 있으며 최근 전원합의체 판례(대판 2007. 11. 15, 2007도3061 전합)도 "위법수집 증거에 의하여 획득한 2차적 증거도 유죄 인정의 증거로 삼을 수 없다"고 판시하여 독수독과이론을 받아들이고 있다.

(4) 사안의 경우

위 사안의 경우 甲은 위법한 수사방법에 기해 수집한 압수물을 乙과 X에게 들이대면서 계속 추궁하여 乙과 X의 자백을 받아내었다. 따라서 이러한 자백은 그들 자신의 자유의사에 기한 것이라 볼 수 없다. 또한 그들의 자백은 위법한 압수물과 무관하게 독립된 근원에 의해 수집된 것도 아니다. 나아가 乙과 X의 자백이 다른 경로를 통해 불가피하게 발견되었을 개연성도 보이지 않는다. 따라서 제한이론이 적용될 여지는 없고, 이로써 파생증거인 乙과 X의 자백 내지 자백조서는 증거능력이 없다.

제 5 문

5. 판례에 따르면 X에 대한 수사결과를 토대로 공소제기가 가능한가? (10점)

함정수사에 이은 공소제기의 가능성

(1) 학설상은 함정수사의 가벌성과 관련하여 ① 불가벌설(㉠ 무죄판결설, ㉡ 공소기각설, ㉢ 면소판결설) / ② 가벌설이 크게 대립하고 있다. 하지만 판례(대판 2005. 10. 28, 2005도1247)는 범의를 가진 자에 대하여 단순히 범행의 기회를 제공하거나 범행을 용이하게 하는 것에 불과한 수사방법이 경우에 따라 허용될 수 있음은 별론으로 하고, 본래 범의를 가지지 아니한 자에 대하여 수사기관이 사술이나 계략 등을 써서 범의를 유발케 하여 범죄인을 검거하는 함정수사는 위법함을 면할 수 없고, 이러한 함정수사에 기한 공소제기는 그 절차가 법률의 규정에 위반하여 무효인 때에 해당한다고 판시함으로서 공소기각설의 입장[15]이다.

---

15) 기록형 문제에서도 수사기록에서 함정수사에 해당되는 내용이 있는지를 살펴보아야 한다. 특히, 마약관련 범죄와 절도범죄 등에서 문제로 출제될 가능성이 있다. 피의자신문조서상에서 피의자의 범의유발유무, 단속경위나 체포경위서 등에서 체포의 방법 등을 살펴보고 변호인은 함정수사를 주장하면서 공소

따라서 함정수사로서 X에 대한 위법한 수사에 기하여 수집한 증거의 증거능력이 부정되는 것은 당연할 뿐 아니라 나아가 그 수집된 증거를 토대로 공소를 제기하는 것 역시 위법하다는 것이 판례의 입장이므로 만일 공소가 제기된다면 판례에 의할 때 형사소송법 제327조 제2호에 의하여 공소가 기각될 것이다.

(2) 먼저, 위 사안에서 甲의 乙과 X에 대한 수사는 모두 위법한 수사이며 이에 기하여 압수한 물건은 증거능력을 갖출 수 없다. 나아가, 이와 같이 甲의 위법한 수사방법에 기해 얻어낸 乙과 X의 자백 내지 자백조서 역시 증거능력이 없다. 이 점은 자백배제법칙에 의하든, 위법수집증거배제법칙의 법리(독수의 과실이론)에 의하든 마찬가지라고 볼 것이다. 또한 함정수사에 이은 공소제기는 위법하다는 것이 판례의 입장이다.

기각을 구하는 변론요지서를 작성할 수 있다. 구속전피의자심문의 의견서나 구속적부심사청구서를 작성하는 사안에서도 함정수사가 존재하여 공소기각을 할 사안이라는 점을 주장하면서 석방을 구하는 의견개진이 가능하다.

○ 사례 41

서울의 모 대학병원의 산부인과 전문의 甲은 환자 乙을 진찰한 결과 난소낭종양으로 진단하였다. 이에 乙에 대하여 개복수술을 하기로 결정하였다. 甲은 乙의 수술 적합성 여부를 판단하는 검사로 시진, 문진, 촉진, 청진과 일반혈액검사, 소변검사, 흉부엑스레이검사 등을 실시하였지만 이러한 검사에서 별다른 이상소견이 없이 정상판정이 나오자 甲은 乙을 할로테인(Halothane)으로 전신마취시킨 후 낭종을 분리·적출하는 수술을 시행하였다.

그런데 수술 후 6일째부터 乙이 고열현상을 보이자 甲은 자신이 이 분야에는 전문이 아니므로 같은 대학병원 내에 있는 내과 전문의의 자문을 얻어 항생제를 투여하는 등 치료를 하였으나 乙의 병이 호전되지 않자 급기야 甲은 乙을 내과로 전과시켰다. 이후 수술 전에 시행하지 않았던 혈청의 생화학적 반응에 의한 간기능검사를 한 결과, 乙에게는 간기능장애가 있었음이 밝혀졌다. 乙의 간기능은 결국 계속 악화되어 결국 수술한 지 15일만에 乙은 사망하고 말았다(할로테인에 의한 전신마취는 간기능장애가 있는 사람의 경우 간기능의 급성악화를 가져올 위험이 높다).

1. 甲에 대하여 유죄의 확신을 가진 검사는 甲에 대하여 업무상과실치사를 범죄사실로 하여 체포영장을 발부받아 체포한 후 이어서 구속영장을 신청하였다. 그 절차는 아래와 같다.
   - 2022. 4. 1. 23:00 체포
   - 2022. 4. 2. 14:00 피의자 신문
   - 2022. 4. 2. 16:00 법원에 구속영장 청구서 및 수사기록 접수시킴
   - 2022. 4. 3. 10:00 판사의 구속 전 피의자 심문
   - 2022. 4. 3. 14:00 구속영장 발부
   - 2022. 4. 3. 16:00 검찰청에 구속영장 및 수사기록 반환
   - 2022. 4. 3. 18:00 구속영장 집행
   이때 적법하게 이루어진 위 절차에서 검사는 언제까지 甲에 대하여 기소를 해야 하는지 구체적 일자를 밝히고, 그 법적 근거를 설명하라. (20점)
이에 환자 乙의 가족은 甲을 고소하였고 이 사건은 검사인 당신에게 배당되어 수사를 진행되고 있다.

2. 위 사실로 甲을 고소한 후 甲에 대한 기소가 이루어졌다. 하지만 의사인 甲이 형사재판을 받으면 집안을 책임지는 의사 甲의 영업에 차질을 빚게 된다는 이유로 동생인 丙이 대신 甲인양 공판절차에 출석하였다.

   (1) 이때 피고인은 누구이며 피고인을 특정하는 기준은 무엇인가? (20점)

   (2) 이 경우 위장출석임을 알게 된 공판단계별로 법원의 조치에 대하여 간략히 논하시오. (20점)

3. 만일 위 2문에서 甲이 丙의 이름을 모용하여 수사를 받았고, 검사는 공소장에 丙이름을 기재하여 기소한 경우

   (1) 甲이 출석한 경우

   (2) 약식명령이 발령되어 약식기소가 이루어졌는데, 이를 송달받은 丙이 정식재판을 청구하고 출석한 경우

위 각 경우에 법원과 검사의 조치를 논하시오.

해 설

제1문

1. 甲에 대하여 유죄의 확신을 가진 검사는 甲에 대하여 업무상과실치사를 범죄사실로
하여 체포영장을 발부받아 체포한 후 이어서 구속영장을 신청하였다. 그 절차는 아래
와 같다.
   - 2022. 4. 1. 23 : 00 체포
   - 2022. 4. 2. 14 : 00 피의자 신문
   - 2022. 4. 2. 16 : 00 법원에 구속영장 청구서 및 수사기록 접수시킴
   - 2022. 4. 3. 10 : 00 판사의 구속 전 피의자 심문
   - 2022. 4. 3. 14 : 00 구속영장 발부
   - 2022. 4. 3. 16 : 00 검찰청에 구속영장 및 수사기록 반환
   - 2022. 4. 3. 18 : 00 구속영장 집행
   이때 적법하게 이루어진 위 절차에서 검사는 언제까지 甲에 대하여 기소를 해야 하
   는지 구체적 일자를 밝히고, 그 법적 근거를 설명하라. (20점)

Ⅰ. 검사의 구속기간(제203조)

1. 최장구속기간(20일)

검사가 피의자를 구속한 때 또는 사법경찰관으로부터 인치를 받은 때에는 10일 이내에
공소를 제기하지 아니하면 석방을 해야 하므로 원칙적으로는 구속기간이 10일이나(제203조)
검사는 수사를 계속함에 상당한 이유가 있으면 10일을 초과하지 않는 한도 내에서 1차에
한하여 연장이 가능하므로 최장 20일이다(제205조).

2. 기산점

구속전에 체포가 이루어진 경우에 구속기간은 피의자를 체포한 날로부터 기산한다(제
203조의2).

3. 초일불산입 원칙의 예외

초일불산입의 원칙이 지배하고 있지만, 현행법상 시효와 구속기간은 초일을 산입하는

예외를 인정하고 있다(제66조). 따라서 기간의 계산에 있어서 구속기간의 초일은 시간을 계산함이 없이 1일로 산정하므로 사안의 경우 2022년 4월 1일을 기산점으로 삼으면 된다.

Ⅱ. 영장실질심사기간의 산입배제

문제는 법원이 구속영장청구서, 수사관계서류 및 증거물을 접수한 날로부터 구속영장을 발부하여 검찰청에 반환한 날까지의 기간은 구속기간의 계산에 있어서 산입하지 아니한다(제201조의2 제7항). 이를 일(日)단위로 계산하고 있으므로 시간에 상관없이 일수로 계산하여 그 기간은 산입하지 아니한다.

따라서 사안에서 2022. 4. 2. 16 : 00 법원에 구속영장 청구서 및 수사기록 접수시키고, 2022. 4. 3. 16 : 00 검찰청에 구속영장 및 수사기록 반환되었으므로 시간단위에 상관없이 4월 2일과 3일(일수로 2일)은 위 구속기간에 산입되지 않는다.

Ⅲ. 사안의 경우

2022년 4월 1일을 기산점(제203조의2)으로 하여 20일인 4월 20일 24 : 00까지(제202조, 66조) 원칙적으로 구속할 수 있지만, 영장 서류 등이 접수된 날로부터 검찰청에 반환된 날까지는 구속기간에 산입되지 않으므로(제201조의2 제7항), 결국은 4월 20일 24 : 00에서 2일이 늘어나게 되어 검사는 2022년 4월 22일 24 : 00까지 구속할 수 있다. 따라서 이때까지 검사는 공소를 제기하여야 한다. (답이 틀릴 경우는 무조건 15점 감점)

제 2 문 - (1)

2. 위 사실로 甲을 고소한 후 甲에 대한 기소가 이루어졌다. 하지만 의사인 甲이 형사재판을 받으면 집안을 책임지는 의사 甲의 영업에 차질을 빚게 된다는 이유로 동생인 丙이 대신 甲인양 공판절차에 출석하였다.
   (1) 이때 피고인은 누구이며 피고인을 특정하는 기준은 무엇인가? (20점)

Ⅰ. 피고인 특정의 중요성

공소제기의 효력은 검사가 피고인으로 지정한 자 이외의 다른 사람에게 그 효력이 미치지 않고(형소법 제248조), 법원도 공소장의 피고인에 대해서만 심판한다. 그러므로 공소장에는 피고인을 특정하여 기재하여야 하며(형소법 제254조 제3항 제1호) 이러한 피고인은 소송절차의 참여 및 진술권, 공판절차 관여권 등의 권리가 있으므로 피고인의 특정은 소송효과에서 중요한 내용이라 할 수 있다.

II. 피고인 특정의 기준에 관한 학설

1. 의사설

검사가 실제로 공소를 제기하려고 의도한 사람에게 공소제기의 효과가 미친다는 견해이나 위장출석의 경우 위장출석한 자는 부진정피고인으로 인정할 수도 없다는 비판이 있다.

2. 행동설(행위설)

실제로 피고인으로 행동하거나 피고인으로 취급된 자를 기준으로 피고인을 결정해야 한다는 견해로서 이에 의하면 위장출석의 경우 진정피고인을 피고인으로 인정할 수 없다는 비판이 있다.

3. 표시설

공소장에 피고인으로 표시된 사람을 기준으로 피고인을 결정해야 한다는 견해로서 성명모용의 경우에 피모용자를 피고인으로 해야 한다는 비판이 있다.

4. 절충설

공소장에 피고인으로 표시된 자나 피고인으로 취급되거나 행위한 자 모두를 피고인으로 보는 견해이나 성명모용의 경우에 모용자가 피고인으로 행위하기 전에는 피고인이라 할 수 없어 부당하다.

5. 실질적 표준설

실질적 표준설은 첫째, 표시설을 기준으로 의사설과 행동설을 결합하여 정하는 견해, 둘째, 민사소송과 달리 형사소송에서는 검사의 의사가 중심이 되므로 의사설을 중심으로 표시설과 행동설을 결합하여 피고인을 결정하자는 견해와 이 입장에서 의사설과 표시설 그리고 행동설(행위설)을 결합한 견해를 실질적 표준설이라 하는 견해도 있다.

6. 판례의 입장(대판 1997. 11. 28, 97도2215)

형사소송법 제248조에 의하여 공소는 검사가 피고인으로 지정한 이외의 다른 사람에게 그 효력이 미치지 아니하는 것이므로 공소제기의 효력은 검사가 피고인으로 지정한 자에 대하여만 미치는 것이고, 따라서 피의자가 다른 사람의 성명을 모용한 탓으로 공소장에 피모용자가 피고인으로 표시되었다 하더라도 이는 당사자의 표시상의 착오일 뿐이고, 검사는 모용자에 대하여 공소를 제기한 것이므로 모용자가 피고인이 되고 피모용자에게 공소의 효력이 미친다고는 할 수 없다. 따라서 검사가 공소장의 피고인표시를 정정하여 바로 잡은 경우에는 처음부터 모용자에 대한 공소의 제기가 있었고, 피모용자에 대한 공소의 제기가 있었던 것은 아니므로 법원은 모용자에 대하여 심리하고 재판을 하면 될 것이지, 원칙적으로는 피모용자에 대하여 심판할 것은 아니다.

III. 결 론

실질적 표시설의 첫 번째 설과 두 번째 설은 제반요소를 고려한다는 점에서 큰 차이가 없으며 이에 의하면 성명모용의 경우 공판정에서 피고인으로 행동한 자만 피고인이며, 위장출석의 경우에는 공소장에 피고인으로 표시된 자는 진정피고인, 위장출석하여 피고인으로 행동한 자는 부진정 피고인이 된다. 그러므로 甲이 진정피고인으로 공소제기의 효력이 미치는 자이며 위장출석한 丙은 피고인이라고 볼 수 없고 절차에서 그를 배제하면서 그 외관을 제거하는 것이 문제가 될 것이다.

제2문 - (2)

(2) 이 경우 위장출석임을 알게 된 공판단계별로 법원의 조치에 대하여 간략히 논하시오. (20점)

I. 위장출석의 의의

공소장에 검사가 피고인으로 삼은 사람의 인적사항이 표시되어 있음에도 불구하고 타인이 출석하여 재판을 받은 경우에 공소장에 표시된 피고인은 실질적 피고인(또는 진정피고인)이며, 위장출석하여 소송에 관여한 자는 부진정피고인(또는 형식적 피고인)이 된다.

II. 위장출석의 소송관계

위장출석에서 공소제기의 효력은 형사소송절차의 진행정도에 따라 달라지는데 인정신문, 사실심리, 판결이 확정된 단계에 따라 달라진다.

(1) 인정신문단계에서는 부진정피고인을 퇴정시켜 소송절차에서 배제하고 진정피고인을 소환하여 공판심리절차를 진행하여야 한다. 특히 아직 심리가 진행되지 않았으므로 부진정피고인에 대하여 공소기각의 판결을 할 필요가 없다.

(2) 사실심이 진행된 단계에서는 부진정 피고인에 대해 사실상의 소송계속이 발생하였으므로 형소법 제327조 제2호에 의해 공소기각판결로 절차를 종결시켜야 하는데 형소법 제327조 적용에 있어 유추적용설과 직접적용설로 입장이 대립한다. 판례는 부진정 피고인에게 공소제기의 효력이 미치지 않는다는 점에서 유추적용설의 입장이다(대판 1993. 1. 19, 92도2554). 다만, 진정피고인에 대해서는 위장출석이 상소심의 심리 중에 판명된 경우에도 소환해서 공소제기 이후의 제1심 절차를 다시 진행하여야 한다.

(3) 판결이 선고되어 확정되기 전에는 항소이유가 되며(형소법 제361조의5 제1항) 선고 후 확정된 단계에서는 구제방법에 대하여 비상상고설과 재심설로 견해가 나뉜다.

비상상고설은 실체판단상의 잘못을 시정하는 것이 아니라 형식적 소송조건의 흠결을 간과한 위법을 구제하는 것이며 재심사유에 해당되지 않으므로 비상상고에 의해서만 형식적 피고인의 구제가 가능하다는 견해이다. 재심설은 형식적 피고인의 비상상고는 허용되지 않으나 그의 재심청구는 형소법 제420조 제5호에 해당된다는 견해이며, 피고인에게 유리한 판결이라는 점을 물어 재심의 이유로 포함시키고 있으며 이 견해가 다수의 입장이다. 비상상고는 검찰총장이 할 수 있으므로 부진정 피고인의 보호에 난점이 있다고 하겠으나 유죄판결에 대하여 공소기각을 구하는 것은 재심의 이유가 되지 않는다는 점, 확정된 범죄사실의 실체판결을 구하는 것은 아니고 형식적 소송조건의 흠결을 간과한 위법을 구제하려는 점 등을 고려할 때 비상상고설이 타당하다. 실질적 피고인에 대해서는 절차를 1심부터 다시 진행해야 한다.

제3문

3. 만일 위 2문에서 甲이 丙의 이름을 모용하여 수사를 받았고, 검사는 공소장에 丙이름을 기재하여 기소한 경우

(1) 甲이 출석한 경우

(2) 약식명령이 발령되어 약식기소가 이루어졌는데, 이를 송달받은 丙이 정식재판을 청구하고 출석한 경우

위 각 경우에 법원과 검사의 조치를 논하시오

1. 모용자인 甲이 출석한 경우

(1) 검사의 조치

① 공소장변경가부

피고인은 모용자이므로, 피고인에 실질적 변경이 없어 방어권 보호의 문제가 생기지 않고, 제298조는 공소사실과 적용법조만을 대상으로 하므로, 공소장변경의 대상이 아니다.

② 공소장 정정

피의자가 다른 사람의 성명을 모용한 탓으로 공소장에 피모용자가 피고인으로 표시되었다 하더라도 이는 당사자의 표시상의 착오일 뿐이고 **검사는 모용자에 대하여 공소를 제기한 것**이므로 모용자가 피고인이 되고 피모용자에게 **공소의 효력이 미친다고 할 수 없고**, 이와 같은 경우 검사는 공소장의 **인적사항의 기재를** 정정하여 피고인의 표시를 바로잡아야 하는 것인 바, 이는 피고인의 표시상의 착오를 정정하는 것이지 공소장을 변경하는 것이 아니므로 형사소송법 제298조에 따른 공소장변경의 절차를 밟을 필요가 없고 법원의 허가도 필요로 하지 아니한다(대판 1993. 1. 19, 92도2554).

(2) 법원의 조치

검사가 피고인 표시를 정정하여 모용관계를 바로잡지 않은 경우, 특정여부는 공소장에 기재된 인적사항을 기준으로 보아야 하므로 피고인이 특정되었기에 공소기각판결을 하면 안 되며 심리를 진행하여야 한다는 견해도 있으나 통설과 판례는 인적사항이 피모용자로 기재되어 있어 모용자에 대해 공소장 기재가 특정되었다고 할 수 없어 제327조 제2호에 의한 공소기각판결을 하여야 한다고 본다.

· ·

관련판례 **대판 1982. 10. 12, 82도2078**
이 사건 공소장기재에 의하면 피고인을 乙로 기재하고 있고 이 사건 공소사실은 그와 다른 사람인 甲에 대한 것인데 동 甲이 피고인 乙의 성명, 본적, 주소 등 인적 사항을 모용

하였기 때문에 검사가 피고인을 甲으로 오인하여 공소를 제기하였다는 것인 즉 甲에 대한 공소로서는 이 사건 공소장의 기재는 동 甲을 특정할 수 없는 것이어서 이 사건 공소는 결국 공소제기의 방식이 형사소송법 제254조의 규정에 위반하여 무효이므로 공소기각판결을 하여야 한다.

2. 피모용자 丙이 공판정에 출석한 경우

특히 피모용자에게 약식명령이 송달됨으로써 피모용자가 정식재판을 청구하고 공판정에 출석하여 피고인으로 행동한 경우에 **형식적 피고인**이 되는바 각각 어떤 소송절차를 진행하는가가 문제(피모용자는 외관제거의 문제/모용자는 절차보장의 문제 발생)된다.

(1) 피모용자에 대한 조치

피모용자가 약식명령에 대해서 정식재판을 청구하고, 공판기일에 출석하여 사실심리를 받았다면 피모용자는 형식상 또는 외관상 피고인의 지위를 갖게 되므로 이러한 불안한 지위를 어떻게 해소해줄 것인지가 문제된다.

① 정식재판청구기각결정(제455조 제1항)설과 ② 제327조 제2호 유추적용설이 대립한다. 피모용자 丙에게는 공소제기의 효력이 미치지 않는다. 그러므로 법원은 정식재판청구를 기각하면 된다는 입장이 있으나 피고인의 외관상 지위를 제거하여 불안정한 지위를 해소해주는 것을 명확히 해주는 입장에서 형사소송법 제327조 제2호에 의하여 공소기각 판결을 내려주는 것이 타당하다.

판례는 사실상의 소송계속이 발생하고 형식 또는 외관상 피고인의 지위를 갖게 된 경우 법원으로서는 **피모용자에게 적법한 공소제기가 없었음을 밝혀주는** 의미에서 제327조 제2호를 유추적용하여 공소기각의 판결을 함으로써 피모용자의 불안정한 지위를 해소해주어야 한다(대판 1993. 1. 19, 92도2554)고 판시하였다.

(2) 모용자에 대한 조치

그렇다면 실질적 피고인인 甲에게는 어떠한 조치를 하여야 하는지 문제된다. 모용자는 형사소송 절차를 보장해주는 것이 필요하므로 ① 정식재판절차설(소송경제상 정식재판부터 바로 시작하면 된다는 입장)이 있지만 ② 약식절차설(절차보장을 위하여 모용자에게 다시 약식명령을 송달하여야 한다는 입장)이 절차보장 측면에서 타당하다. 판례 역시 "피모용자가 정식 재판을 청구하였다 하여도 모용자에게는 아직 약식명령의 송달이 없었다 할 것이어서 검사는 공소장에 기재된 피고인의표시를 정정할 수 있으며, 법원은 이에 따라 약식명령의 피고인 표시를 경정할 수 있고, 본래의 **약식명령 정본과 함께 이 경정결정을** 모용자에게 송달하면 **이 때에 약식명령의 적법한 송달이 있다고 볼 것**이며, 이에 대하여 소정의 기간 내에 정식 재판의 청구가 없으면 약식 명령은 확정된다(대판 1993. 1. 19, 92도2554, 대판 1997. 11. 28, 97도2215)"고 판시하여 모용자에게 다시 약식명령 송달 절차부터 처음부터 다시 하여야 한다는 입장이다.

○ 사례 42

사법경찰관 A와 B는 태국에서 보석을 전문적으로 밀수하여 국내에 판매하고 있는 밀수입자 甲에 대하여 관세당국의 고발을 받았다. 이에 수사를 진행하여 오던 중에, 甲이 밀입국하여 내연의 처 乙의 집에 장기간 기거하고 있다는 정보를 정보원으로부터 입수하였다. 그리하여 甲을 긴급체포하기 위하여 밤 12시에 乙의 집에 기습적으로 들이닥쳤으나 집에 아무도 없었기 때문에 돌아가려는 그 순간 甲과 乙이 귀가하였고, 이를 기회로 A와 B는 급히 몸을 숨기고 있다가 집안에 들어서는 甲을 긴급체포하였다.

甲을 경찰서로 강제연행한 후, 피의자신문조서를 작성하는 과정에서 신문을 한 후 증거물을 찾아야겠다는 일념에서 A와 B는 다시 乙의 집에 찾아가 압수수색을 하려고 하였다. 이에 乙이 "야심한 시간에 여자만 혼자 있는 집에 영장제시도 없이 압수수색을 하는 것이 위법한 것이 아니냐"고 강하게 반발하였음에도 집안을 수색하여 몇 점의 보석들을 압수해갔다. 그러나 그 보석들이 甲의 소유라는 점은 밝혔으나 밀수품이라는 점에 대하여는 심증만 있을 뿐 이를 입증할만한 객관적 증거가 확보되지 못하였다. 결국 구속영장을 발부받기가 어렵다고 판단한 사법경찰관 A와 B는 甲에게 일단 석방시켜 줄 테니 그 압수물들에 대한 소유권을 포기한다는 각서를 쓰도록 하였다. 甲은 그 제안을 받아들여 각서를 쓰고 석방되어 나왔으나 사법경찰관 A와 B는 석방 후 아무런 조치를 취하지 않았다.

이 사안에서 甲과 乙은 변호인을 찾아와 사법경찰관 A와 B가 실시한 강제수사의 문제점에 대하여 다투어 줄 것을 요청하였다. 이에 변호인은 수사단계부터 제1심 공판까지 수임을 하기로 하고 이 사건 수사의 위법성을 주장하면서 다투고자 한다. 당신이 이 사건의 변호사라면 어떠한 위법을 주장하면서 어떠한 형사소송법상의 절차를 진행해 나갈 것인지 서술하시오. (50점)

해 설

Ⅰ. 사안의 논점

(1) 사안에서 사법경찰관 A와 B가 행한 강제수사는 형사소송법 제200조의3에 의한 긴급체포와 제217조에 의한 긴급압수·수색이다. 따라서 이 사안의 각 강제수사가 적법한지를 판단하기 위해서는 형사소송법 제200조의3 및 제217조의 요건과 절차를 충족하는지를 검토해야 한다.

(2) 또한 이 사안의 강제수사가 야간에 타인의 주거에서 이루어진 점에 주목하여 형사소송법 제123조(영장의 집행과 책임자의 참여) 및 제125조(야간집행의 제한)와의 관계에서 그 적법요건을 충족하는지도 함께 검토되어야 하고 긴급체포 후 임의석방시 통지제도에 대한 개정법상의 제도에 대하여도 언급할 필요가 있다.

Ⅱ. 긴급체포의 적법성 여부

1. 긴급체포의 요건 및 절차

(1) 형사소송법 제200조의3에 의한 긴급체포의 요건은 네 가지로 정리할 수 있다. ① 피의자가 사형·무기 또는 장기 3년 이상의 징역이나 금고에 해당하는 죄를 범하였다고 의심되는 경우일 것(범죄혐의 중죄성), ② 죄를 범하였다고 의심할 만한 상당한 이유가 있을 것(범죄혐의 상당성), ③ 형사소송법 제70조 제1항 제2호 및 제3호에 해당하는 사유가 있을 것(긴급체포사유인 증거인멸의 염려 또는 도망하거나 도망할 염려), ④ 피의자를 우연히 발견한 경우 등과 같이 체포영장을 받을 시간적 여유가 없는 경우일 것(긴급성) 등이 그것이다.

(2) 여기서 긴급체포의 요건을 구 형사소송법의 긴급구속의 요건과 비교할 때, 특히 긴급성 요건이 더욱 엄격하게 되어 있다는 점에 주목할 필요가 있다. 즉 구 형사소송법 제206조에서는 긴급구속의 긴급성 요건이 "긴급을 요하여 지방법원판사의 구속영장을 받을 수 없는 때"로 규정되어 있는 반면에, 현행 형사소송법 제200조의3에서는 긴급체포의 긴급성 요건을 "긴급을 요하여 지방법원판사의 체포영장을 받을 수 없는 때"로 규정한 후, 다시 "이 경우 긴급을 요한다 함은 피의자를 우연히 발견한 경우 등과 같이 체포영장을 받을 시간적 여유가 없는 때를 말한다"고 함으로써 긴급성 요건을 구체화함과 동시에 엄격하게 한정하고 있다.

(3) 그리고 영장 없이 긴급체포를 할 때에는 그 사유를 피의자에게 알려야 하고(형사소

송법 제200조의3 제1항), 또한 피의자를 긴급체포한 경우에는 즉시 긴급체포서를 작성하여야 할 뿐만 아니라(형사소송법 제200조의3 제3항), 특히 사법경찰관이 긴급체포한 경우에는 즉시 검사의 승인을 얻어야 한다(형사소송법 제200조의3 제2항).

(4) 한편 긴급체포한 피의자를 구속하고자 할 때에는 48시간 이내에 관할지방법원판사에게 구속영장을 청구하여야 하고(형사소송법 제200조의4 제1항), 만약 이 기간 내에 구속영장을 청구하지 아니하거나, 그 기간 내에 구속영장을 청구하였으나 발부받지 못한 때에는 피의자를 즉시 석방하여야 한다(형사소송법 제200조의4 제2항).

2. 사안의 검토 및 해결

(1) 이 사안의 수사대상은 관세법위반사건으로서 관세당국의 고발을 소송조건으로 하는 범죄유형에 해당한다(관세법 제269조 제2항). 이처럼 관계 당국의 고발이 소송조건화된 범죄의 경우에 고발이 수사, 특히 강제수사의 조건이 되는지에 대해서는 논란이 있으나, 이 사안에서는 관세당국의 고발조치에 따라서 수사가 개시되었으므로 논의의 여지가 없다.

(2) 이 사안에서 피의자의 혐의내용이 장기 5년의 징역형이 법정되어 있는 관세법 제269조 제2항의 위반에 해당하기 때문에 혐의범죄의 중죄성 요건을 충족하고 있으며, 또한 관세당국의 고발조치에 의거하여 진행하는 수사이므로 범죄혐의 상당성 요건도 충족하는 것으로 볼 수 있다. 그리고 전문밀수입자의 일반적인 행태로 미루어 볼 때, 증거인멸의 우려나 도주의 우려는 상존한다고 볼 것이므로 긴급체포의 사유 역시 존재한다고 본다.

(3) 긴급성 요건의 충족 여부에 대해서는 '피의자를 우연히 발견한 경우'에 해당하는지가 문제된다. 사안의 경우 긴급체포에 착수한 후 우연히 피의자가 집으로 돌아오는 것을 발견한 것이므로 긴급성이 인정된다고 볼 수도 있다.

(4) 생각건대 보석전문밀수입자의 일반적인 생활양식이나, 사안처럼 밀입국하여 내연관계에 있는 여자의 집에 일시 거주하고 있다는 사정 등을 감안하면, 피의자 甲은 또 다시 언제, 어디로 잠적할지 예측하기 어렵다할 것이므로 체포에 긴급을 요하는 경우에 해당한다고 볼 수 있으나 변호인의 입장에서는 '장기간' 기거하고 있었다는 사실을 알고 있는 수사기관은 영장을 발부받아 체포하거나 구속을 하는 것이 타당하다는 점에서 사안의 경우 영장을 발부받을 여유가 없는 경우에 해당하지 아니하므로 긴급성이 없다고 봄이 타당하다고 주장하여야 할 것이다.

3. 타인의 주거에 대한 수색의 적법성

(1) 그리고 사안에서 보면 사법경찰관 A와 B는 피의자 甲을 야간에 타인의 주거에서 수

색 후 체포하였다. 형사소송법은 수색이 타인의 주거에서 이루어지거나 야간에 이루어지는 경우에 일정한 제한을 가하고 있다. 즉 수색장소가 주거인 경우 주거주(住居主) 등을 참여하게 하거나(형사소송법 제123조 제2항, 제3항), 야간집행을 할 수 있다는 기재가 있는 압수·수색영장에 의해서만 그 영장집행을 위하여 타인의 주거에 들어갈 수 있도록 되어 있다(제125조).

(2) 그럼에도 불구하고 이 사안의 경우 사법경찰관 A와 B는 아무런 영장 없이 야간에 타인의 주거에 들어가서 피의자를 수색하고 체포하였기 때문에 그 적법성 여부가 문제될 수 있다. 그런데 형사소송법은 제216조(영장에 의하지 아니한 강제처분) 제1항 제1호에서 긴급체포 등의 경우 타인의 주거 내에서 피의자를 수색할 수 있다고(규정에는 '피의자 수사'로 표기되어 있으나 이를 '피의자 수색'을 의미하는 것으로 이해하는 데에 이론이 없다) 규정한 후, 다시 제220조는 제216조의 규정에 의한 처분을 하는 경우에는 제123조 제2항과 제125조의 규정을 적용하지 아니한다고 규정하고 있다. 따라서 사안의 경우 피의자를 찾기 위한 수색이라면 그 피의자의 수색 및 체포는 제123조 제2항 및 제125조에도 불구하고 경우에 따라 제220조의 요급처분으로 적법하다고 볼 여지가 있으나 甲이 장기간 거주하고 있다는 점에서 피의자를 찾기 위한 제216조 제1항 제1호의 피의자 수색이라고 보기 어렵다.

III. 긴급압수·수색의 적법성 여부

1. 긴급압수·수색의 요건

(1) 현행법상 무영장 긴급압수·수색을 허용하는 경우는 세 가지가 있다. 제216조 제1항 제2호에 의한 체포현장에서의 압수·수색과 제216조 제3항에 의한 범행 중 또는 범행 직후의 범죄장소에서 행하는 압수·수색, 그리고 제217조 제1항에 의한 긴급체포할 수 있는 자의 소유, 소지 또는 보관물에 대한 압수·수색이 그것이다. 이 중에서 위 사안의 압수·수색은 제217조 제1항에 의한 무영장 긴급압수·수색의 유형에 해당한다.

(2) 종래 제217조 제1항은 '긴급체포할 수 있는 자'라고 규정되어 있었으나 그 의미는 같은 조 제2항("…전항의 규정에 의하여 압수한 물건은 구속영장의 발부를 받지 못한 때에는 즉시 반환하여야 한다…")과의 체계적 해석에 의하여 일반적으로 '긴급체포된 자'로 제한 해석된다고 하였다. 현행 형사소송법은 이를 명확히 하여 '체포된 자'라고 규정하고 있다. 그리고 이 때의 긴급압수·수색은 체포한 때로부터 24시간 이내에 하도록 제한되어 있으며 긴급체포 후의 구속영장청구기간인 48시간 이내로 제한되고(형사소송법 제217조 제1항), 48시간 이상 압수를 계속하기 위해서는 구속영장의 발부를 받든지 별도의 압수·수색영장을 청구하여 발부받아야 한다(형사소송법 제217조 제2항).

따라서 구속영장이나 압수·수색영장을 발부받지 못하면 긴급압수한 물건을 즉시 환부하여야 한다. 제217조에 의한 무영장 긴급압수·수색은 긴급체포된 자의 소유, 소지 또는 보관물에 한하여 허용하는 영장주의의 예외에 해당하는 것이기 때문에 압수를 계속하기 위하여 긴급체포 자체의 적법성은 당연히 전제된다고 보아야 한다.

(3) 그런데 제216조 제1항 제2호에 의한 체포현장에서의 무영장 압수·수색이나 같은 조 제3항에 의한 범죄장소에서의 무영장 압수·수색은 야간에 타인의 주거에서도 행할 수 있는 반면에(형사소송법 제220조), 제217조 제1항에 의한 무영장 긴급압수·수색의 경우는 야간에 타인의 주거에서 행할 수 있다는 예외규정(형사소송법 제220조)이 적용되지 않으므로 제123조 제2항(영장의 집행과 책임자의 참여)과 제125조(야간집행의 제한)의 규정이 그대로 준용된다(형사소송법 제219조).

(4) 따라서 긴급체포된 자의 소유, 소지 또는 보관물을 영장 없이 긴급압수·수색하기 위하여 들어갈 수 있는 주거는 체포된 피의자의 주거에 한한다고 보아야 한다.

2. 사안의 검토 및 해결

(1) 이 사안에서 사법경찰관 A와 B는 甲을 긴급체포하여 경찰서로 연행한 후, 재차 乙의 집에 들어가서 압수물을 수색·압수하였다. 甲의 긴급체포가 위법하다고 전제한다면, 보석들의 압수·수색 자체는 제217조 제1항의 요건을 형식적으로 충족한다고 하더라도 적법한 압수·수색으로 볼 수 없다.

(2) 뿐만 아니라 그 보석들을 압수하기 위하여 乙의 의사에 반하여 야간에 그의 집에 들어가서 압수·수색한 점에 대해서는 위법의 요소가 존재한다. 제217조 제1항에 의한 긴급압수·수색에는 제125조의 규정이 준용되므로(제219조) 야간에 피의자 아닌 타인의 주거에 들어가서 압수·수색을 하는 것은 그 주거주(住居主)의 동의가 없는 한 허용되지 않는다고 보아야 하는데 사법경찰관 A와 B는 乙의 동의 없이 야간에 그의 집에 들어가 압수·수색을 하였기 때문이다.

(3) 결과적으로 이 사안의 긴급압수·수색은 설사 긴급체포가 적법하다고 전제하더라도 야간에 타인 주거 내에서 행하는 압수·수색에 대한 제한규정을 위반한 위법이 인정된다.

Ⅳ. 변호사가 해야 할 형사절차

1. 긴급체포 후 수사기관의 임의석방에 따른 조치 – 열람등사청구

(1) 수사기관의 긴급체포 후의 사후조치, 예컨대 긴급체포 후 검사에게 보고를 할 의무

가 있고(법 제200조의4 제6항), 긴급체포 후 구속영장을 청구하지 아니한 경우는 석방한 날로부터 30일 이내에 서면으로 다음 각 호의 사항을 법원에 통지하도록 규정되어 있다(법 제200조의4 제4항).

(2) 그러나 사안의 경우는 수사기관은 아무런 조치를 취하지 않았으므로 변호인은 긴급체포의 적법성 등을 다투기 위하여 형사소송법 제200조의4 제5항에 규정된 열람등사청구를 하여 그 기록을 확보하고 적법성을 다투기 위한 자료를 마련하여 이후 절차를 진행하여야 할 것이다.

2. 압수물의 환부청구(법 제133조) 및 제417조상의 준항고

(1) 위법수사라는 이유에 따른 압수물 환부청구

1) 사안의 경우 위법한 압수물이므로 이를 증거에 제공할 수 없다고 할 것이다. 종래 우리 대법원은 영장주의에 반하는 위법한 압수절차에 기해 압수가 이루어진 경우에도 그 압수물 자체의 성질이나 형상에 변경을 가져오지 않는 한 그것의 증거가치에는 변함이 없기 때문에 증거능력이 인정된다는 태도를 취하고 있었다(대판 1987. 6. 23, 87도705; 대판 1994. 2. 8, 93도3318). 하지만 전원합의체로 판례를 변경(대판 2007. 11. 15, 2007도3061 전합)하여 수사기관의 절차 위반행위가 적법절차의 실질적인 내용을 침해하는 경우에 해당하지 아니하는 예외적인 경우를 제외하고는 압수물이더라도 증거로 사용할 수 없다고 판시하여 위법수집증거배제법칙은 비진술증거에도 적용됨을 명확히 하였다는 점에서 증거로 사용할 수 없는 물건이 되고 그렇다면 압수를 계속할 필요가 없다고 볼 수 있다. 따라서 변호인은 피고사건 종결 전이라고 하더라도 이를 이유로 하여 압수물의 환부청구를 할 수 있을 것이다.

2) 그럼에도 불구하고 수사기관이 환부를 하지 아니하는 경우에는 형사소송법 제417조에 따라 검사 또는 사법경찰관의 구속, 압수 또는 압수물의 환부에 관한 처분에 대하여 불복이 있으면 그 직무집행지의 관할법원 또는 검사의 소속 검찰청에 대응한 법원에 그 처분의 취소 또는 변경을 청구할 수 있다.

(2) 소유권포기 각서가 환부청구에 어떠한 영향이 있는지 여부

1) 사안에서는 위법한 압수절차를 통하여 압수한 물건에 대하여 소유권자인 피의자가 소유권을 포기한다는 각서를 썼다는 특수한 사정이 개입되어 있다. 이는 결국 이 각서의 법적효력에 관한 문제이다. 즉 피의자의 압수물에 대한 소유권 포기라는 사적인 법률행위를 통하여 수사기관이 압수절차에서 범한 위법이 치유될 수 있는지, 또는 그러한 소유권 포기행위에 의하여 위법한 압수에 대한 불복수단인 준항고권이 소멸하는지의 문제로 연결된다.

2) 생각건대 이들의 가능성에 대해서는 모두 부정하는 것이 타당하다고 본다. 위법한

압수절차 후 피의자의 압수물에 대한 소유권 포기라는 사적 법률행위에 의하여 수사절차의 위법이 치유된다면 적법절차규정의 강행규범성에 반할 뿐만 아니라, 압수와 같은 강제수사에 대한 법정주의를 형해화하는 결과를 초래할 것이기 때문이다.

3) 더 나아가 준항고권 또한 소멸하지 않는다고 보아야 할 것이다. 준항고권은 위법한 압수절차에 대항하는 개인적 공권으로서 이것이 포기의 대상이 될 수 있는지부터 의문이며, 필시 포기의 대상이 될 수 있다 하더라도 압수물에 대한 소유권 포기의사를 준항고권의 포기의사로 보기도 어렵기 때문이다. 판례 역시 압수물에 대한 소유권 포기는 실체법상의 권리변동에만 의미가 있을 뿐이고, 압수물에 대한 수사기관의 환부의무에는 어떠한 영향도 미칠 수 없음을 명확히 판시하였다.

4) 결국 절차적 위법이 있는 압수는 법적 정당성을 결한 압수로서 어떠한 경우에도 압수를 계속할 수 없고, 수사기관은 위법사실이 확인되는 즉시압수물을 환부하여야 할 것이다. 변호사는 아무리 의뢰인이 소유권포기의 각서를 작성하여 주었다고 하더라도 이는 준항고권을 포기한 것도 아니며 환부청구권에 아무런 영향이 없음을 주장하여야 한다.

3. 위법한 수사에 기한 증거의 증거능력에 대한 증거의견 제시

(1) 압수물의 증거능력에 대한 증거의견

전원합의체로 판례를 변경(대판 2007. 11. 15, 2007도3061 전합)하여 수사기관의 절차 위반 행위가 적법절차의 실질적인 내용을 침해하는 경우에 해당하지 아니하는 예외적인 경우를 제외하고는 압수물이라고 하더라도 증거로 사용할 수 없다고 판시하여 위법수집증거배제법칙은 비진술증거에도 적용됨을 명확히 하였다. 절차적 정의가 핵심적인 지배원리로 작용하는 형사절차에서 위법한 절차에 기해 압수한 압수물에 대해 증거능력을 인정하는 것은 이해할 수 없다. 종래 대법원의 태도는 절차위법을 소홀히 다루거나, 압수물의 증거능력을 규범적 관점이 아닌 자연주의적 관점에서 다루고 있는 것으로써 받아들일 수 없고 현행 형사소송법 제308조의2를 명문화하였다는 점에서 변호사는 공판정에서 변경된 판례를 언급하면서 증거능력이 없다는 증거의견을 제시하여야 한다.

(2) 위법한 긴급체포에 기한 수사기관의 피의자 신문조서에 대한 증거의견

이 역시 판례(대판 2005. 11. 10, 2004도42)가 긴급체포는 영장주의원칙에 대한 예외인 만큼 형사소송법 제200조의3 제1항의 요건을 모두 갖춘 경우에 한하여 예외적으로 허용되어야 하고, 요건을 갖추지 못한 긴급체포는 법적 근거에 의하지 아니한 영장 없는 체포로서 위법한 체포에 해당하는 것이고, 여기서 긴급체포의 요건을 갖추었는지 여부는 사후에 밝혀진 사정을 기초로 판단하는 것이 아니라 체포 당시의 상황을 기초로 판단하여야 하다.

이에 관한 검사나 사법경찰관 등 수사주체의 판단에는 상당한 재량의 여지가 있다고 할 것이나, 긴급체포 당시의 상황으로 보아서도 그 요건의 충족여부에 관한 검사나 사법경찰관의 판단이 경험칙에 비추어 현저히 합리성을 잃은 경우에는 그 체포는 위법한 체포라 할 것이고, 이러한 위법은 영장주의에 위배되는 중대한 것이니 그 체포에 의한 유치 중에 작성된 피의자신문조서는 위법하게 수집된 증거로서 특별한 사정이 없는 한 이를 유죄의 증거로 할 수 없다고 하고 있으므로 사안의 경우도 변호인은 증거의견으로 위법한 긴급체포에 기한 피의자 신문조서로서 증거능력이 없음을 주장하여야 한다.

43. 사건의 이송과 공소장변경

○ 사례 43

시골에서 생활하는 무직의 노인 甲은 집에 가는 길에 피를 흘리며 쓰러져 있는 자신의 아들 V를 발견하였다. 그리하여 급히 가까운 병원 응급실로 보냈고, 응급실을 지키고 있던 외과전문의 乙은 급히 1차 수혈을 행하였다. 그런데 응급실 환자가 초만원을 이루게 되자, 乙은 두 번째 혈액봉지 교체를 이 방면에 경험이 15년인 수간호사 丙에게 맡겼다. 그런데 丙은 베테랑 간호사로서 수혈혈액봉지 교체쯤은 눈감고도 할 수 있음에도 불구하고, 환자의 폭주로 순간 착각하여 Rh−형인 V에게 Rh+형의 혈액을 주입하여 V는 쇼크로 사망하고 말았다.

1. 항소심인 서울중앙지방법원 합의부에서 위 사건이 심리 중이다. 그러던 중 검사는 수간호사 丙이 V와 원한관계가 있었다는 사실을 듣게 되었다. 그리하여 주변 참고인들을 수사한 결과 丙이 과실로 V를 사망케 한 것이 아니라 고의로 살인죄를 범한 것이라는 판단을 하였고 공소장을 살인죄로 변경하였다. 이때 서울중앙지방법원 합의부가 그대로 판단하면 되는지를 판례의 입장에 따라 논하라. (20점)

2. 만일 乙이 병원을 개업하면서 돈을 차용한 것과 관련하여 특경법위반(사기)으로 기소가 되어 서울중앙지방법원 제1형사 합의부에서 심리를 하고 있었던 중 검사가 이득금액이 5억원이 되지 않는 사실을 확인하여 공소장변경을 신청하였다. 이에 서울중앙지방법원 제1형사 합의부는 사물관할이 단독사건이라는 이유로 이를 단독판사에게 재배당을 하였다면 이는 적법한가? (15점)

해 설

제1문

1. 항소심인 서울중앙지방법원 합의부에서 위 사건이 심리 중이다. 그러던 중 검사는 수간호사 丙이 V와 원한관계가 있었다는 사실을 듣게 되었다. 그리하여 주변 참고인들을 수사한 결과 丙이 과실로 V를 사망케한 것이 아니라 고의로 살인죄를 범한 것이라는 판단을 하였고 공소장을 살인죄로 변경하였다. 이때 서울중앙지방법원 합의부가 그대로 판단하면 되는지를 판례의 입장에 따라 논하라. (20점)

Ⅰ. 문제의 제기: 항소심에서 공소장이 변경되어 합의부 사건이 된 경우의 처리

단독판사의 관할사건이 공판심리도중 공소장변경으로 인하여 합의부 관할사건으로 변경된 경우에 법원은 결정으로 합의부로 이송한다(형소법 제8조 제2항). 그러나 업무상과실치사죄로 기소되어 단독사건이었던 위 사건이 항소되어 지방법원 합의부에 계속 중에 법원조직법 제32조에 의하여 합의부사건인 살인죄로 공소장변경된 경우, 과연 변경된 합의부 관할사건에 대하여 어느 법원이 관할권을 가지는지 문제된다. 이는 피고인의 신속한 재판을 받을 권리와 절차적 권리로서의 정당한 재판을 받을 권리의 조화로운 해석이 문제되는 것으로 제8조 제2항의 규정이 항소심에서 어떻게 적용될 수 있을지 해석이 필요하다.

Ⅱ. 견해의 대립

(1) 지방법원 합의부 제1심 관할설: 지방법원 합의부에 의한 제1심의 재판을 받을 권리를 침해하게 된다는 점을 이유로 항소심의 지방법원합의부는 합의부로써 구성을 갖추고 있으므로 위 변경된 합의부관할사건에 대하여 직접 제1심으로 다시 심판하고, 그 판결에 대하여 불복이 있으면 고등법원에 항소할 수 있다는 입장이다.

(2) 지방법원 항소부 항소심 관할설: 소송경제적 측면에서 지방법원 항소부가 항소심으로서 변경된 합의부관할사건에 대하여도 관할권을 가지고 직접 항소심으로서 심판하는 것이 가능하다는 입장이다.

(3) 고등법원 항소심 관할설(이송설): 단독판사 관할사건이 항소심 계류중 공소장변경에

의하여 합의부 관할사건으로 변경된 경우에도, 형사소송법 제8조 제2항을 유추적용하여 지방법원 항소부는 결정으로 관할권이 있는 법원인 고등법원에 이송하여야 한다는 견해이다. 형사소송법 제8조 제2항 후단이 '지방법원합의부로 이송한다'고 규정하지 않고, '관할권 있는 법원에 이송한다'고 규정한 것은 항소심에서 사물관할이 변경될 경우도 예상하여 입법한 것이라고 보아야 한다는 점을 논거로 한다.

(4) 관할위반설: 법 제8조 제2항은 제1심에서만 적용되는 것으로 해석하여, 동법 제정되기 전과 같이 지방법원 항소부는 관할위반의 판결을 선고하여야 하고, 검사는 다시 지방법원 합의부에 재기소를 하여야 한다고 한다(제319조)는 입장이다.

III. 판례의 입장(대판 1997. 12. 12, 97도2463)

특정경제범죄 가중처벌 등에 관한 법률 제3조 제1항 제2호의 법정형은 3년 이상의 유기징역이고, 법원조직법 제32조 제1항 제3호에 의하면 사형, 무기 또는 단기 1년 이상의 징역 또는 금고에 해당하는 사건은 지방법원 또는 그 지원의 합의부가 제1심으로 심판권을 행사하는 것으로 규정되어 있다. 그리고 같은 법 제28조에는 고등법원은 지방법원 합의부의 제1심 판결에 대한 항소사건을 심판하도록 규정되어 있으며, 형사소송법 제8조 제2항에는 단독판사의 관할사건이 공소장변경에 의하여 합의부 관할사건으로 변경된 경우에 법원은 결정으로 관할권이 있는 법원에 이송한다고 규정되어 있다. 위 관련 규정을 종합하여 보면, 항소심에서 공소장변경에 의하여 단독 판사의 관할사건이 합의부 관할사건으로 된 경우에도 법원은 사건을 관할권이 있는 법원에 이송하여야 한다고 할 것이고, 항소심에서 변경된 위 합의부 관할사건에 대한 관할권이 있는 법원은 고등법원이라고 봄이 상당하다.

IV. 검 토

비록 고등법원 항소심 관할설이 합의부 사물관할 사건을 합의부에 의한 제1심을 받지 못하는 문제점이 있으나, 신속한 재판을 받을 권리와 헌법과 법률이 정한 재판을 받을 권리간의 조화로운 해석이 가능하다는 점에서 판례의 입장이 타당하다고 본다. 판례의 입장에 의하면 위 사건은 형법 제268조에 의하여 법정형이 5년 이하 금고였던 업무상과실치사죄가 법정형이 5년 이상의 징역인 살인죄로 공소장이 변경되었으므로 단기 1년 이상의 범죄에 해당하여 관할권이 있는 고등법원으로 이송하여야 한다.

제 2 문

2. 만일 乙이 병원을 개업하면서 돈을 차용한 것과 관련하여 특경법위반(사기)으로 기소가 되어 서울중앙지방법원 제1형사 합의부에서 심리를 하고 있었던 중 검사가 이득금액이 5억원이 되지 않는 사실을 확인하여 공소장변경을 신청하였다. 이에 서울중앙지방법원 제1형사 합의부는 사물관할이 단독사건이라는 이유로 이를 단독판사에게 재배당을 하였다면 이는 적법한가? (15점)

Ⅰ. 문제점

제1심에서 합의부 관할사건에 관하여 단독판사 관할사건으로 죄명, 적용법조를 변경하는 공소장변경허가신청서가 제출되자, 합의부가 사건을 단독판사에게 재배당한 경우 과연 합의부에서 계속 이 사건을 진행하여 실체심리 및 판단을 하는 것이 타당한지 아니면 설문과 같이 단독판사 관할이므로 단독판사에게 재배당하는 것이 타당한 것인지 문제된다. 특히 형사소송법은 제8조 제2항에서 단독판사의 관할사건이 공소장변경에 의하여 합의부 관할사건으로 변경된 경우 합의부로 이송하도록 규정하고 있을 뿐 그 반대의 경우에 관하여는 규정하고 있지 않기 때문에 그 해석이 문제된다.

Ⅱ. 합의부가 단독판사 사건의 실체심리 및 심판을 하여야 하는지 여부

(1) 형사소송법은 제8조 제2항에서 단독판사의 관할사건이 공소장변경에 의하여 합의부 관할사건으로 변경된 경우 합의부로 이송하도록 규정하고 있으나 이 사안과 같이 합의부 관할 사건으로 진행되던 중 단독판사 관할사건으로 변경되는 경우에 대한 규정은 없다. 또한 합의부 사건은 단독판사가 절대로 사물관할 상 절대로 실체심리 및 판단을 할 수 없지만, 반대로 합의부에서는 얼마든지 단독판사 사건에 대한 실체심리 및 판단을 할 수 있다.

(2) 따라서 사건을 배당받은 합의부는 공소장변경허가결정을 하였는지에 관계없이 사건의 실체에 들어가 심판하였어야 하며, 합의부에서는 이 사건 사기죄에 대하여 단독판사에게 재배당을 할 수 없다고 볼 것이다.

Ⅲ. 판례의 입장(대판 2013. 4. 25, 2013도1658)

제1심에서 합의부 관할사건에 관하여 단독판사 관할사건으로 죄명, 적용법조를 변경하는 공소장변경허가신청서가 제출되자, 합의부가 공소장변경을 허가하는 결정을 하지 않은 채 착오배당을 이유로 사건을 단독판사에게 재배당한 사안에서, 형사소송법은 제8조 제2항에서 단독판사의 관할사건이 공소장변경에 의하여 합의부 관할사건으로 변경된 경우 합의부로 이송하도록 규정하고 있을 뿐 그 반대의 경우에 관하여는 규정하고 있지 아니하며, '법관 등의 사무분담 및 사건배당에 관한 예규'에서도 이러한 경우를 재배당사유로 규정하고 있지 아니하므로, 사건을 배당받은 합의부는 공소장변경허가결정을 하였는지에 관계없이 사건의 실체에 들어가 심판하였어야 하고 사건을 단독판사에게 재배당할 수 없는데도, 사건을 재배당 받은 제1심 및 원심이 사건에 관한 실체 심리를 거쳐 심판한 조치는 관할권이 없는데도 이를 간과하고 실체판결을 한 것으로서 소송절차에 관한 법령을 위반한 잘못이 있고, 이러한 잘못은 판결에 영향을 미쳤다는 이유로, 원심판결 및 제1심 판결을 모두 파기하고 사건을 관할권이 있는 법원 제1심 합의부에 이송하였다.

IV. 소 결

　사건을 배당받은 합의부는 사건의 실체에 들어가 심판하였어야 하고 사건을 단독판사에게 재배당할 수 없으므로 제1심 합의부인 서울중앙지방법원 제1형사 합의부에서 단독판사에게 재배당을 한 것은 위법하다.

44. 영장실질심사 / 축소사실 인정 의무 / 진술거부권

○ 사례 44

A는 10억대 사기를 범한 사실로 입건되었다. 이에 검사 甲은 2022. 1.경 피해자 C의 고소에 따라 입건사실을 본격적으로 수사하였다. 수사과정에서 범죄사실을 충분히 입증할 정도의 증거를 수집하였다는 판단을 하게 되었고 A가 범한 범행이 분명하다고 판단하게 되었다. 이에 A의 소재를 파악하려고 하였으나 A가 도피를 하여 소재를 파악하지 못하자 사전구속영장을 발부받으면서 전국에 지명수배를 내리고자 하였다. 이에 A에 대해 관할지방법원 판사에게 구속영장을 청구하였던 바, 관할지방법원 판사는 범행이 명백하고 지금까지의 수사기록만으로도 영장을 발부할 만한 사유가 충분하다고 판단하여 A를 심문하지 않고 구속영장을 발부하였고, 그 후 A는 불심검문에 걸려 구속되었다. 이후 피의자신문 등 수사가 이루어진 후 결국 특정법위반(사기)으로 2022. 5. 16. 기소되었다.

그런데 법원은 심리결과 피해금액이 5억원에 미치지 못하다고 하면서 특정법위반(사기)에 대하여 무죄를 선고하면서 사기 부분에 대한 유죄판단을 하지 않았다. 피해자인 C는 A의 옆동네에 사는 사촌동생이었는데 A가 무죄로 석방되는 것을 보고 너무나 억울한 나머지 공판검사를 찾아가 반드시 항소해줄 것을 부탁하였다. 검사 역시 1심 재판과정에서 피해금액이 5억원이 인정되지 않는다고 하더라도 제출된 증거에 의하여 3억원의 피해금액은 충분히 인정될 수 있다고 판단하여 항소를 하였다.

1. A에 대한 구속영장 발부절차는 적법한가? 만일 영장실질심사를 하였다면 심문 시 변호인이 참여하지 않았던 경우도 적법한가? (15점)
2. 담당 검사가 제1심 법원의 조치는 부당하다고 항소하였으나 변호인은 이러한 제1심 법원의 판결은 타당한 것이라고 생각한다. 제1심법원의 조치는 타당한가? (20점)
3. 3억원에 대한 사기가 인정된다면 항소심법원이 취해야 할 조치는? (5점)
   항소심에서 C가 고소를 취소하였다면 항소심은 어떠한 조치를 취하여야 하는가? 만일, 비친고죄로 공소제기되었다가 항소심에 이르러 비로소 친고죄로 공소장이 변경되는 경우라면 어떠한가? (15점)
4. 만일 A의 사기범행에 대하여 검사가 피의자신문조서를 작성하면서 진술거부권을 고지하였으나 진술거부권 행사 여부에 대한 피의자의 답변이 피의자신문조서에 자필로 기재되어 있지 않다면, 이 경우 A에 대한 검사 작성의 피의자신문조서는 A의 유죄의 증거로 사용할 수 있는가? (10점) 만일 A가 증거동의를 할 경우 증거로 사용할 수 있는가? (10점)

해 설

제 1 문

1. A에 대한 구속영장 발부절차는 적법한가? 만일 영장실질심사를 하였다면 심문시 변호인이 참여하지 않았던 경우도 적법한가? (15점)

Ⅰ. 영장발부의 적법성

1. 필요적 심문

(1) 과거 형사소송법은 체포 피의자의 경우 피의자 또는 그 변호인 등의 신청이 있는 경우에만 구속 전 피의자심문이 가능하고, 미체포 피의자의 경우에는 법원이 심문여부를 결정할 수 있으며, 피의자심문 조서 작성에 관해서는 근거 규정이 없었다. 그러나 현행법은 종래부터 학계에서 주장해오던 필요적 영장실질심사제도를 입법화하였다. 즉, 구속영장이 청구된 모든 피의자에게 영장실질심문을 실시하도록 한 것이다. 형사소송법은 피의자의 의사 또는 법원의 재량과 무관하게 필요적으로 구속 전 피의자심문을 실시하도록 하고 특히 체포된 피의자에 대하여 구속영장이 청구된 경우 판사는 지체 없이 피의자를 심문하여야 하며 특별한 사정이 없는 한 영장이 청구된 날의 익일까지 심문해야 한다고 규정하였다.

(2) 종래 판례는 구속영장 발부를 위한 피의자심문의 성격에 대하여 체포된 피의자에 대하여 구속영장을 청구 받은 판사가 영장을 발부함에 있어 피의자를 심문할 것인지 여부가 판사의 재량사항이라는 이유로 피의자를 심문할 필요가 없다고 판단한 때에는 담당판사가 피의자를 심문함이 없이 영장을 발부하였더라도 위법하지 않다고 판시하였으나(대판 1999. 8. 20, 99도2029) 현재는 심문하여야 한다는 의무를 규정하고 있으므로 당연히 이를 위법하다고 보아야 할 것이다.

2. 사전 구속영장발부시에도 반드시 필요적 심문을 요하는지 여부

(1) 사전 구속영장이 청구된 때에는 구속 전 피의자심문 시한의 제한이 없게 된다. 뿐만 아니라 이 사안과 같이 피의자가 도망하는 등 심문이 불가능한 경우에는 예외적으로 심문을 생략할 수 있다고 보고 있다. 형사소송법 제201조의2 제2항에서 "제1항 외의 피의자에 대하여 구속영장을 청구받은 판사는 피의자가 죄를 범하였다고 의심할 만한 이유가 있는 경우에 구인을 위한 구속영장을 발부하여 피의자를 구인한 후 심문하여야 한다. 다만, 피의

자가 도망하는 등의 사유로 심문할 수 없는 경우에는 그러하지 아니하다."고 규정하여 이 사안과 같은 경우 심문할 수 없는 경우로 보아 예외적으로 심문없이 구속영장을 발부 할 수 있는 길을 열어 두었다. 따라서 현재 규정상으로는 사안의 경우와 같이 도주하거나 피의자가 출석하지 않겠다는 의사를 명백히 한 경우는 심문 없이 이루어진 구속영장발부라 할지라도 적법하다고 보아야 한다.

(2) 하지만 미체포피의자에 대하여 도망 등을 사유로 심문할 수 없는 경우라 할지라도 사전구속영장을 발부하기보다는 체포영장을 발부하여 지명수배를 하고 이후 구속영장을 발부하면서 필요적으로 심문을 하는 것이 바람직하다고 생각된다.

3. 영장실질심사시 변호인의 참여가 개정요건인지 여부

(1) 형사소송법[16]은 국선변호인 제도를 두고 있는 헌법 정신을 구체화하고 형사절차에서 침해될 수 있는 인신의 자유, 절차적 기본권 등 국민의 인권을 최대한 보장하기 위하여, 법원은 구속영장심문을 받는 피의자, 구속 피의자 또는 구속 피고인에 대하여도 사선변호인이 없는 경우 필요적으로 국선변호인을 선정하도록 하고, 피고인의 권리보호를 위하여 필요하다고 인정하는 때에는 피고인의 명시적 의사에 반하지 아니하는 한 국선변호인을 선정하도록 하고 있다. 이렇게 피의자에 대한 필요적 심문이 이루어지도록 규정됨과 함께 동조 제8항에 의하여 모든 구속 피의자에 대하여 국선변호인이 선정되는 효과를 가져오게 되었으며 피의자의 방어권보장도 신장되었다고 볼 수 있다.

(2) 문제는 선정은 필요적이나 국선변호인의 참여가 없으면 영장실질심사를 위한 개정이 될 수 없는 것인가 즉, 국선변호인의 참여가 영장실질심사 심문재판의 개정요건인가에 있다. 이에 대하여 우선 변호인의 참여권은 권리이지 의무가 아니며 형사소송법 제201조의2 제4항에서는 검사와 변호인은 제3항의 심문기일에 출석하여 의견을 진술할 수 있다[17]라고 규정하고 있고 따라서 변호인은 출석할 수 있는 권리가 있는 것이지 반드시 참여하여야 하는 것은 아니라고 해석할 수도 있다. 이에 의하면 선정된 국선변호인의 참여가 없이 진행된 영장실질심사도 적법, 유효하다고 볼 수 있으나 피의자의 인권보호차원에서 변호인이 참여를 하여 주는 것이 바람직하다고 본다. 따라서 현재 형사소송법의 취지가 국민의 인권보장을 위한 것에 있다는 점, 영장실질심사도 필요적으로 운용한다는 점, 국선변호인의 선

---

16) 형사소송법 제201조의2(구속영장 청구와 피의자 심문) ⑧ 심문할 피의자에게 변호인이 없는 때에는 지방법원판사는 직권으로 변호인을 선정하여야 한다. 이 경우 변호인의 선정은 피의자에 대한 구속영장 청구가 기각되어 효력이 소멸한 경우를 제외하고는 제1심까지 효력이 있다. ⑨ 법원은 변호인의 사정이나 그 밖의 사유로 변호인 선정결정이 취소되어 변호인이 없게 된 때에는 직권으로 변호인을 다시 선정할 수 있다.

17) 이는 여전히 국선변호인의 참여는 필요적이지 아니하다는 것이 문리해석상 가능하다.

정은 그 참여에 의의가 있다는 점에서 필요적으로 국선변호사를 선정해주어야 하는 경우에는 변호인의 출석을 실질심사 개정요건으로 보는 것이 타당하다고 본다. 법 제282조(필요적 변호) 또한 제33조 제1항 각 호의 어느 하나에 해당하는 사건 및 같은 조 제2항·제3항의 규정에 따라 변호인이 선정된 사건에 관하여는 변호인 없이 개정하지 못한다고 규정하고 있어, 필요적 변호로 규정하고 있는 바, 피의자의 방어권 보장을 위해 이를 준용하는 것이 가능하다고 본다.

II. 소 결

구속사유가 명백한 상황에서 미체포 피의자가 도망 등으로 인하여 심문할 수 없는 예외적인 경우에는 심문 없이 영장을 발부하였다고 하여 그 구속영장발부가 위법한 것이라고 할 수 없다. 다만 심문이 이루어지는 경우는 반드시 국선변호인을 선정하여 심문에 참여하도록 하여야 하고 이를 실질심사의 개정요건으로 봄이 타당하다.

제2문

2. 담당 검사가 제1심 법원의 조치는 부당하다고 항소하였으나 변호인은 이러한 제1심 법원의 판결은 타당한 것이라고 생각한다. 제1심법원의 조치는 타당한가? (20점)

I. 제1심 법원의 조치의 적법여부

1. 논 점

(1) 제1심 법원은 사기사실이 인정됨에도 불구하고 그 이득액이 5억이 넘는 부분에 대한 증명이 없다는 이유로 특경법위반(사기)에 대하여 무죄를 선고하면서 사기 부분에 대하여 판단하지 아니하고 전부무죄를 선고하였다. 먼저 사기사실이 인정되더라도 법원이 공소장변경절차를 거쳐야만 특경법위반이 아닌 사기사실을 인정할 수 있다면 검사의 공소장변경신청이 없는 이상 법원은 전부 무죄를 선고할 수밖에 없다. 따라서 법원의 무죄선고가 적법한지 여부는 일차적으로 법원이 공소장변경절차 없이 직권으로 사기사실을 인정할 수 있는지 여부에 좌우된다.

(2) 다음으로 직권으로 사기사실이 인정되는 경우라도 법원이 이 경우에 축소사실을 인

정해야 할 의무가 있는지 아니면 재량이 불과한 것인지에 따라 전부 무죄를 선고한 것이 적법한지 여부가 정해진다.

2. 공소장변경의 필요성

(1) 법원이 공소사실과 다른 사실을 인정해야 할 경우에는 공소장변경절차를 거쳐야 한다. 그러나 사실관계에 변화가 있다 하더라도 항상 공소장을 변경해야 하는 것은 아니고 소송의 구체적 경과에 비추어 피고인의 방어에 실질적 불이익을 주지 않는 경우에는 법원은 직권으로 공소사실과 다른 사실을 인정할 수 있다(사실기재설).

(2) 여기서 특경법위반의 사실을 형법상 사기죄로 변경하는 경우는 넓은 의미에서 '축소사실의 인정'으로서 법원은 공소장변경절차 없이 직권으로 사기사실을 인정할 수 있는지 여부가 문제된다.

판례는 "법원이 사건의 실체적 사실관계나 공소요건을 포함한 절차적 사실관계에 관하여 심리를 거쳐 판단한 이상 공소장변경절차를 거치지 아니하고 강제추행치상죄의 공소사실에 대하여 강제추행죄를 인정·처벌하였다고 하더라도, 그로 인하여 피고인에게 미처 예기하지 못한 불의의 타격을 가하여 강제추행죄에 관한 방어권 행사에 어떠한 불이익을 주었다고는 할 수 없으며, 이러한 이치는 공소제기된 강제추행치상죄는 친고죄가 아닌 반면 강제추행죄는 친고죄라 하여 달라질 것은 아니기 때문에, 공소제기된 강제추행치상죄가 입증되지 않고 강제추행죄만 입증되는 경우에 법원은 공소장변경절차를 거치지 아니하고 강제추행의 공소사실에 관하여 심리·판단할 수 있다"고 판시한 바 있다(대판 1999. 4. 15, 96도1922 전합). 다수설도 같은 입장인 듯하다.

(3) 이득액이 5억이 넘지 않아 특경법위반에 해당되지 않는다고 하더라도 형법상 사기죄가 성립되고, 그로 인하여 피고인에게 미처 예기하지 못한 불의의 타격을 가하여 사기죄에 관한 방어권 행사에 어떠한 불이익을 주었다고 할 수 없기 때문에 공소장변경이 필요하다고 볼 수 없다.

Ⅱ. 축소사실 인정의 의무 여부

(1) 축소사실에 해당하여 법원이 공소장변경이 없더라도 직권으로 공소사실과 다른 사실을 인정할 수 있는 경우에 그러한 사실을 인정하는 것이 법원의 재량인지 여부에 대해 논의가 있다.

(2) 판례는 종래 축소사실에 기한 유죄인정을 법원의 재량이라고 보았지만, "공소가 제

기된 범죄사실과 대비해볼 때 실제로 인정되는 범죄사실의 사안이 가볍지 아니하여 공소장이 변경되지 않았다는 이유로 이를 처벌하지 않는다면 적정절차에 의한 신속한 실체적 진실의 발견이라는 형사소송의 목적에 비추어 현저히 정의와 형평에 반하는 것으로 인정되는 경우라면 법원으로서는 직권으로 그 범죄사실을 인정하여야 한다"고 하여 예외적으로 정의와 형평에 반하는 경우에는 법원이 직권으로 축소사실을 인정할 의무가 있다는 취지로 판시하고 있다(대판 2003. 5. 13, 2003도1366). 학설도 같은 취지에 따르고 있다.

(3) 그러나 어떤 경우가 정의와 형평에 반하는 것인지에 대해서는 명확한 기준이 없는 듯하다. 판례는 강간의 점은 인정되지 않지만 상해의 점이 인정되는 경우에 공소장변경이 없는 이상 이를 상해의 죄로 처벌하지 않는 것이 현저히 정의와 형평에 반하는 것이라고 볼 수는 없다고 판시하여(대판 1997. 8. 26, 97도1452), 축소사실로 인정해야 할 죄질이 중요한 경우라도 피고인의 범행 후 태도, 피해에 대한 보상 유무 등을 고려하여 그 사실을 인정하지 않을 수 있다는 태도를 보이고 있다.

III. 소 결

제1심 법원이 사기사실이 인정됨에도 불구하고 전체 공소사실에 대하여 무죄를 선고한 것은 정의와 형평에 어긋나므로 판단유탈의 위법이 있다고 볼 것이다.

제 3 문

3. 3억원에 대한 사기가 인정된다면 항소심법원이 취해야 할 조치는? (5점)
   항소심에서 C가 고소를 취소하였다면 항소심은 어떠한 조치를 취하여야 하는가? 만일, 비친고죄로 공소제기되었다가 항소심에 이르러 비로소 친고죄로 공소장이 변경되는 경우라면 어떠한가? (15점)

I. 항소심이 취하여야 할 조치

(1) 이 사안의 경우는 피해액이 3억은 충분히 증명될 수 있었던 상황으로 이를 처벌하지 않는 것은 현저히 정의와 형평에 반하는 것이라 할 것이다. 따라서 항소심법원은 원심을 파기한 후 자판하여야 하고, 특경법위반의 점은 무죄로 하더라도 축소사실은 단순사기의 점에 대하여는 유죄로 선고하여야 한다. 다만, 1죄 1주문주의에 따라 단순사기의 점에

대하여 유죄주문을 선고하는 이상 따로 무죄주문을 선고하지 아니하며, 특경법 위반사실은 이유에서 그 무죄이유를 설시하면 족하다.

(2) 항소심에서 만일 C가 고소를 취소한 경우, 심리결과 이득액이 3억이 인정된다고 하더라도 현재 기소가 된 것은 특경법위반죄이다. 따라서 A와 C가 동거하지 아니하는 친족관계라고 하더라도 과연 특경법위반죄에도 친족상도례가 적용될 수 있을지 검토해 보아야 한다. 판례(대판 2013. 9. 13, 2013도7754)는 형법 제361조, 제328조의 규정에 의하면, 직계혈족, 배우자, 동거친족, 동거가족 또는 그 배우자 간의 횡령죄는 그 형을 면제하여야 하고 그 외의 친족 간에는 고소가 있어야 공소를 제기할 수 있는바, 형법상 횡령죄의 성질은 '특정경제범죄가중처벌등에관한법률'(이하 '특경법'이라고 한다) 제3조 제1항에 의해 가중 처벌되는 경우에도 그대로 유지되고, 특경법에 친족상도례에 관한 형법 제361조, 제328조의 적용을 배제한다는 명시적인 규정이 없으므로, 형법 제361조는 특경법 제3조 제1항 위반죄에도 그대로 적용된다고 판시하고 있다.

(3) 또한 항소심에서 공소장변경으로 비친고죄에서 친고죄로 변경된 경우, 항소심에서 고소취소가 가능한지 여부와 관련하여 원래 고소의 대상이 된 행위가 친고죄에 해당할 경우 소송요건인 그 친고죄의 고소를 취소할 수 있는 시기를 언제까지로 한정하는가는 형사소송절차운영에 관한 입법정책상의 문제이기에 형사소송법의 그 규정은 국가형벌권의 행사가 피해자의 의사에 의하여 좌우되는 현상을 장기간 방치하지 않으려는 목적에서 고소취소의 시한을 획일적으로 제1심 판결 선고시까지로 한정한 것이고, 따라서 그 규정을 현실적 심판의 대상이 된 공소사실이 친고죄로 된 당해 심급의 판결 선고시까지 고소인이 고소를 취소할 수 있다는 의미로 볼 수는 없다 할 것이어서, 항소심에서 공소장의 변경에 의하여 또는 공소장변경절차를 거치지 아니하고 법원 직권에 의하여 친고죄가 아닌 범죄를 친고죄로 인정하였더라도 항소심을 제1심이라 할 수는 없는 것이므로, 항소심에 이르러 비로소 고소인이 고소를 취소하였다면 이는 친고죄에 대한 고소취소로서의 효력은 없다(대판 1999. 4. 15, 96도1922 전합). 이에 대하여 제1심에서 친고죄의 범죄사실은 현실적 심판대상이 되지 아니하였으므로 그 판결을 친고죄에 대한 제1심 판결로 볼 수는 없고, 따라서 친고죄에 대한 제1심 판결은 없었다고 할 것이므로 그 사건의 항소심에서도 고소를 취소할 수 있는 것으로 보아야 한다는 반대견해가 있으나, 형사소송절차의 형식적 확실성과 친고죄에 있어 고소인에 의하여 국가형벌권이 좌우되는 것을 최소화하여야 한다는 점에서 대법원 다수의견이 타당하다.

(4) 위 판례에 따라 A의 특경법 위반사실이 친고죄가 된다고 하더라도 고소의 취소는 형사소송법 제232조에 의하면 고소는 제1심 판결 선고 전까지 취소할 수 있으므로 항소심

에서야 비로소 고소취소를 한 경우 그 고소취소사실은 단순한 양형자료에 불과하다. 따라서 고소취소가 있었다고 하더라도 항소심은 공소기각을 할 수 없고 피고인 A에 대한 유죄판결을 선고하면서 C의 고소취소사실을 A의 유리한 정상으로 참작하여 작량감경할 수 있을 뿐이다.

Ⅱ. 소 결

항소심에서 축소사실에 대한 유죄판결을 주문에서 선고하고, 특경법위반 사실은 이유에서 무죄이유를 설시한다. 또한 상대적 친고죄라고 하더라도 항소심에서 고소취소가 있는 경우 이는 양형사유에 불과하다.

제4문

4. 만일 A의 사기범행에 대하여 검사가 피의자신문조서를 작성하면서 진술거부권을 고지하였으나 진술거부권 행사 여부에 대한 피의자의 답변이 피의자신문조서에 자필로 기재되어 있지 않았다면, 이 경우 A에 대한 검사 작성의 피의자신문조서는 A의 유죄의 증거로 사용할 수 있는가? (10점) 만일 A가 증거동의를 할 경우 증거로 사용할 수 있는가? (10점)

Ⅰ. 진술거부권 고지 방식에 위배한 조서의 효력

(1) 사안의 경우 검사는 피의자에게 진술거부권을 구두로 고지하였다. 하지만 형사소송법 제244조의3 제2항은 검사 또는 사법경찰관은 제1항에 따라 알려 준 때에는 피의자가 진술을 거부할 권리와 변호인의 조력을 받을 권리를 행사할 것인지의 여부를 질문하고, 이에 대한 피의자의 답변을 조서에 기재하여야 한다고 규정하면서 이 경우 피의자의 답변은 피의자로 하여금 자필로 기재하게 하거나 검사 또는 사법경찰관이 피의자의 답변을 기재한 부분에 기명날인 또는 서명하게 하여야 한다고 진술거부권의 고지방식과 절차를 규정하고 있다.

(2) 따라서 헌법 제12조 제2항, 형사소송법 제244조의3 제1항, 제2항, 제312조 제3항에 비추어 보면, 비록 검사가 피의자에게 진술거부권을 행사할 수 있음을 알려 주고 그 행사 여부를 질문하였다 하더라도, 형사소송법 제244조의3 제2항에 규정한 방식에 위반하여 진

술거부권 행사 여부에 대한 피의자의 답변이 자필로 기재되어 있지 아니하거나 그 답변 부분에 피의자의 기명날인 또는 서명이 되어 있지 아니한 사법경찰관 작성의 피의자신문조서는 특별한 사정이 없는 한 형사소송법 제312조 제3항에서 정한 '적법한 절차와 방식'에 따라 작성된 조서라 할 수 없으므로 그 증거능력을 인정할 수 없다.[18]

(3) 다만, 위 증거는 형사소송법 제312조에 정한 '적법한 절차와 방식'에 위반된 증거일 뿐, 형사소송법 제308조의2에서 정한 '적법한 절차에 따르지 아니하고 수집한 증거'에도 해당하는 것은 아니므로 여전히 증거동의의 대상이 된다. 이에 반해 위법하게 수집된 증거는 형사소송법 제318조 제1항에 의한 증거동의의 대상이 될 수 없어 동의가 있다 하더라도 증거능력이 인정되지 않는다고 할 것이나(대판 1997. 9. 30, 97도1230; 서울지판 2006. 10. 31, 2006노2113), 본 사안과 같이 중대한 위법이 없이 전문법칙의 위배만 존재하는 경우는 증거동의의 대상이 되므로 A가 증거동의를 한다면 위 피의자신문조서는 유죄의 증거로 사용될 수 있다.

Ⅱ. 소 결

피의자의 기명날인 또는 서명이 되어 있지 아니한 검사 작성의 피의자신문조서는 특별한 사정이 없는 한 형사소송법 제312조 제3항에서 정한 '적법한 절차와 방식'에 따라 작성된 조서라 할 수 없으므로 그 증거능력을 인정할 수 없다. 다만, 증거동의가 있다면 유죄의 증거로 사용할 수 있다.

---

18) 대판 2013. 3. 28, 2010도3359.
  [1] 헌법 제12조 제2항, 형사소송법 제244조의3 제1항, 제2항, 제312조 제3항에 비추어 보면, 비록 사법경찰관이 피의자에게 진술거부권을 행사할 수 있음을 알려 주고 그 행사 여부를 질문하였다 하더라도, 형사소송법 제244조의3 제2항에 규정한 방식에 위반하여 진술거부권 행사 여부에 대한 피의자의 답변이 자필로 기재되어 있지 아니하거나 그 답변 부분에 피의자의 기명날인 또는 서명이 되어 있지 아니한 사법경찰관 작성의 피의자신문조서는 특별한 사정이 없는 한 형사소송법 제312조 제3항에서 정한 '적법한 절차와 방식'에 따라 작성된 조서라 할 수 없으므로 그 증거능력을 인정할 수 없다.
  [2] 헌법 제12조 제1항, 제4항 본문, 형사소송법 제243조의2 제1항 및 그 입법 목적 등에 비추어 보면, 피의자가 변호인의 참여를 원한다는 의사를 명백하게 표시하였음에도 수사기관이 정당한 사유 없이 변호인을 참여하게 하지 아니한 채 피의자를 신문하여 작성한 피의자신문조서는 형사소송법 **제312조**에 정한 '적법한 절차와 방식'에 위반된 증거일 뿐만 아니라, 형사소송법 **제308조의2**에서 정한 '적법한 절차에 따르지 아니하고 수집한 증거'에 해당하므로 이를 증거로 할 수 없다.

○ 사례 45

1. 甲은 자본시장법 위반(사기적 부정거래행위) 혐의로 수사를 받는 중이다. 최근 검찰에서 소환을 받았다. 甲은 변호인을 선임하였고 검찰에서 피의자신문과정에서 변호인의 참여를 요구하였다. 이에 변호인으로 선임된 당신이 참여를 하겠다고 하자 검사는 변호인에게 '수사에 방해가 되니 저리 멀리 떨어져 있어라'고 하면서 피의자의 옆자리에 앉지 못하게 하였다. 변호인은 이에 강력히 반발하였다. 이에 검사는 변호인이 수사방해를 한다는 이유로 참여권을 제한하고 제1회 피의자신문을 시작하였다. 피의자 甲은 범행일체를 자백하였다.

   (1) 이러한 참여권제한은 정당한가? (20점)

   (2) 제2문에서 제1회 피의자신문조서의 증거능력은 어떠한가? (10점)

   (3) 위와 같이 변호인의 참여를 제한하는 것에 불복하고자 한다면 변호인인 당신이 수사단계에서 취할 수 있는 방법은 무엇인가? (5점)

2. 甲은 자신의 집 앞을 지나가던 A의 차를 발로 걷어차서 시비가 붙은 과정에서 이를 구경하고 있던 주민 B와 C의 신고로 출동한 사법경찰리 P가 자신만을 제지하자 이에 불만을 품고 P를 다리를 걸어 넘어뜨리면서 폭행하였다. 이에 P는 甲을 공무집행방해죄의 현행범으로 체포하였다. 甲은 체포되어 지구대로 연행된 이후에도 P의 신분증 제시 요구에 응하지 아니하고 계속하여 인적사항을 밝히지 아니하다가 20여분이 지나서야 인적사항을 알려주었다. P는 이후 진술거부권의 고지를 하는 등 적법하게 신문하는 과정에서 甲이 지나치게 횡설수설하고 팔에 다수의 주사자국과 멍이 있는 것을 발견하고는 이를 추궁한 끝에 甲이 자신이 찾고 있던 마약사범이라는 확신을 갖게 되었다. P는 즉시 甲에 대하여 마약류 관리에 관한 법률 위반(향정)죄의 혐의를 기초로 압수수색검증영장을 발부받아 甲의 집에서 사용흔적이 있는 주사기를 증거물로 압수하고, 위 영장에 따라 甲에게 소변과 모발을 제출하도록 요구하였으나 甲은 계속해서 거부하였다.

   (1) 제1심 과정에서 甲의 변호인 L은 현행범 체포장소가 甲의 집 앞이고, B와 C가 목격자 진술을 할 수 있다고 말하기도 한 점에 비추어 체포의 필요성이 없어 P의 현행범 체포는 부적법하다고 주장하고 있다. L의 주장은 타당한가? (20점)

(2) P는 갑이 소변과 모발의 임의제출을 계속 거부하면서 자해하자, 강제로 인근 병원 응급실로 데리고 갔고, 병원의 응급의사는 도뇨관을 요도로 통하여 방광에 삽입한 뒤 채내에 있는 소변을 배출시키는 방법으로 강제채뇨하였다.

　가. 강제채뇨는 증거수집수단으로 허용되는가? (10점)

　나. 압수수색검증영장에 기해 저항하는 갑을 인근병원으로 데리고 갈 수 있는지와 강제채뇨를 집행할 수 있는 영장으로 적법한지 여부를 논하라. (20점)

해 설

제1문 - (1)

(1) 이러한 참여권제한은 정당한가? (20점)

I. 문제의 제기

현행 형사소송법은 종래 학설과 판례가 인정해 오던 변호인의 피의자신문 참여권을 규정하고, 수사기관의 부당한 신문방법에 대한 이의제기 및 의견진술권을 명문으로 인정하고 있다. 즉, 검사 또는 사법경찰관은 피의자 또는 그 변호인의 신청에 따라 변호인을 피의자와 접견하게 하거나 정당한 사유가 없는 한 피의자에 대한 신문에 참여하게 하여야 한다(제243조의2 제1항)고 하고, 또한 신청권자를 피의자의 법정대리인, 배우자, 직계친족, 형제자매까지 확대하고 있다. 사안의 경우 제1회 피의자신문을 하면서 변호인에게 멀리 떨어져 앉아 있으라고 한 것이 과연 변호인의 참여권을 배제한 것으로 볼 수 있을 것인지 그 적법여하를 논의할 필요가 있다.

II. 변호인참여권의 의의와 성질

1. 피의자신문참여권의 의의

(1) 피의자신문참여권은 피의자 또는 그 변호인 등이 수사기관의 피의자신문에 변호인의 참여를 신청할 수 있는 절차법상의 권리(법 제243조의2 제1항)를 말하고, 여기서 피의자신문은 범죄사실과 정상에 관한 필요사항을 신문하기 위하여 그 성명, 연령, 등록기준지, 주거와 직업을 물어 피의자임에 틀림없음을 확인한 후에 하는 수사를 말하고(법 제200조, 제241조, 제242조), 피내사자 단계의 조사는 포함하지 않지만(법 제199조) 임의동행 형식으로 연행된 피내사자는 포함된다.[19] 사안의 경우도 피내사자였던 乙과 丙에 대하여 검사가 수사를 개시하기로 하였으므로 명칭에 상관없이 乙과 丙은 피의자의 신분을 갖게 된 것이고

---

19) 대결 1996. 6. 3, 96모18: 변호인의 조력을 받을 권리를 실질적으로 보장하기 위하여는 변호인과의 접견교통권의 인정이 당연한 전제가 되므로, 임의동행의 형식으로 수사기관에 연행된 피의자에게도 변호인 또는 변호인이 되려는 자와의 접견교통권은 당연히 인정된다고 보아야 하고, 임의동행의 형식으로 연행된 피내사자의 경우에도 이는 마찬가지이다.

따라서 변호인참여권이 인정된다고 할 것이다.

(2) 종래 변호인의 피의자신문에 대한 참여권에 대하여 명문의 규정이 없고, 수사의 밀행성과 신속이라는 본질적인 요청과, 진술증거의 확보의 어려움 등을 이유로 부정하는 입장이 있었으나 헌법재판소와 대법원이 구속된 피의자[20]는 물론 불구속 피의자(헌재결 2004. 9. 23, 2000헌마138)에게도 보장된다고 한 이래 형사소송법상의 명문의 근거가 마련되었다.

2. 불구속 피의자에게도 변호인 참여권이 인정되는지 여부

(1) 헌법재판소는, "조언과 상담을 통하여 이루어지는 변호인의 조력자로서의 역할은 변호인선임권과 마찬가지로 변호인의 조력을 받을 권리의 내용 중 가장 핵심적인 권리이며, 변호인과 상담하고 조언을 구할 권리는 변호인의 조력을 받을 권리의 내용 중 구체적인 입법형성이 필요한 다른 절차적 권리의 필수적인 전제요건으로서 변호인의 조력을 받을 헌법상 권리 그 자체에서 바로 도출된다"고 하여 "피의자신문시 변호인 참여권을 형사소송법상 명문의 근거가 없더라도 이러한 변호인의 조력을 받을 권리에서 인정할 수 있다"고 한다.

(2) 형사소송법은 체포, 구속된 피의자에 한하지 않고 불구속 피의자에게도 변호인 참여권을 보장하고 있다. 따라서 사안의 경우처럼 구속되기 전에 수사기관의 소환에 따른 피의자신문시에도 변호인 참여권은 보장된다.

Ⅲ. 변호인참여권의 내용과 제한

1. 변호인참여권의 내용

(1) 신문에 참여한 변호인의 활동범위에 대하여 진술의 임의성과 절차의 적법성의 확보를 위한 조치라고 이해하여 변호인은 신문과정에 입회하여 위법을 감시할 뿐이라는 의견도 있을 수 있지만, 변호인의 조력을 받을 권리에서 도출하는 절차적 권리라고 한다면 피의자신문이 적법하게 진행되는가를 감시하는 것은 물론이고, 피의자와 함께 하면서 실질적인 방어권을 확보할 수 있도록 법적인 조언 등 변호인의 조력이 허용된다고 해석된다.

(2) 현행 법률도 신문참여 변호인에게 이러한 실질적인 조력을 허용하면서도 피의자신문제도의 본질을 침해하지 않도록 일정한 제한을 가하고 있다. 즉, 이러한 조언은 원칙적으로 ① 신문 후 의견을 진술할 수 있도록 하면서 예외적으로 ② 신문 중이라도 부당한 신문방법에 대하여 이의를 제기할 수 있고, 검사 또는 사법경찰관의 승인을 얻어 의견을 진술

---

20) 대결 2003. 11. 11, 2003모402, 다만 동 결정은 구속된 피의자의 경우 피의자신문시 변호인 참여권의 근거를 형사소송법 제209조, 제89조, 제34조의 유추적용에서 찾고 있다.

할 수 있도록 하고 있다.

2. 변호인참여권의 제한

(1) 변호인참여권의 제한 가능성

변호인의 피의자신문참여권은 헌법상 변호인의 조력을 받을 권리에서 도출한다고 하더라도 무제한으로 인정되는 것이 아니며 변호인의 접견교통권과는 달리 피의자신문제도의 본질적 기능과의 조화라고 하는 내재적 한계[21]를 가지고 있다. 대법원이나 헌법재판소도 "구금된 피의자에 대한 신문시 무제한적으로 변호인의 참여를 허용하는 것 또한 헌법이 선언한 적법절차의 정신에 맞지 아니하므로 신문을 방해하거나 수사기밀을 누설하는 등의 염려가 있다고 의심할 만한 상당한 이유가 있는 특별한 사정이 있음이 객관적으로 명백하여 변호인의 참여를 제한하여야 할 필요가 있다고 인정되는 경우에는 변호인의 참여를 제한할 수 있음은 당연하다"고 하여 일정한 경우 변호인의 참여를 제한할 수 있음을 인정하였다.

(2) 정당한 사유가 존재하는지 여부

1) 형사소송법 제243조의2는 ① '정당한 사유'가 있는 경우 변호인참여권의 제한이 가능하고(제1항), ② 신문에 참여할 변호인이 수 명인 경우 1인으로 지정하고(제2항), 2) 의견의 진술은 원칙적으로 신문이 끝난 다음에 하는 것으로 제한하고 있다(제1항). 여기서 ① '정당한 사유'이라 함은 ㉠ 신문을 방해하거나 수사기밀을 누설하는 등의 염려가 있다고 의심할 만한 상당한 이유가 존재하고, ㉡ 이러한 특별한 사정이 있음이 객관적으로 명백한 경우를 말한다. 판례(대결 2008. 9. 12, 2008모793) 역시 변호인의 피의자신문 참여권을 규정한 형사소송법 제243조의2 제1항에서 '정당한 사유'란 변호인이 피의자신문을 방해하거나 수사기밀을 누설할 염려가 있음이 객관적으로 명백한 경우 등을 말하는 것이라고 판시하였다.

3) 현행법상 피의자신문제도를 인정하고 있는 이상 피의자의 답변이 아니라 변호인의 답변이 되는 결과를 초래하는 경우와 같이 피의자신문제도의 본질을 침해하는 경우에까지 인정되는 것은 아니므로 신문에 참여한 변호인이 신문을 부당하게 제지 또는 중단시키는 행위, 피의자의 특정한 답변이나 진술의 번복을 유도하는 행위 등으로 신문을 방해하는 경우는 '정당한 사유'에 해당하므로 참여권을 제한할 수 있다고 봄이 타당하다.

IV. 문제의 해결

(1) 본 사안에서, 검찰은 변호인참여를 허용하면서도 변호인으로 하여금 멀리 떨어져 앉

---

21) 이완규, "변호인의 신문참여권의 법적 성질", 형사법의 신동향 제5호(2006. 12.), 74면 참조.

도록 하였으며, 변호인이 강력히 반발하자 수사방해를 이유로 참여권을 제한하였다. 이는 정당한 사유가 없는 제한이다. 따라서 변호인의 피의자신문참여권이 피의자의 인권보장과 실질적인 방어권의 보장에서의 헌법상 요청되는 적정절차라고 한다면 설문과 같이 정당한 근거가 없이 피의자 신문시 변호인의 참여권을 제한한 것은 위법하다고 평가된다.

(2) 판례(대결 2008. 9. 12, 2008모793)도 수사기관이 피의자신문을 하면서 위와 같은 정당한 사유가 없는데도 변호인에 대하여 피의자로부터 떨어진 곳으로 옮겨 앉으라고 지시를 한 다음 이러한 지시에 따르지 않았음을 이유로 변호인의 피의자신문 참여권을 제한하는 것은 허용될 수 없다고 판시하였다.

제1문 - (2)

(2) 제2문에서 제1회 피의자신문조서의 증거능력은 어떠한가? (10점)

Ⅰ. 문제의 제기

형사소송법은 "적법한 절차에 따르지 아니하고 수집한 증거는 증거로 할 수 없다"고 규정하고 있다(제308조의2). 헌법이 보장하는 적법절차의 원칙을 준수하고, 종래부터 학설상 인정하여 오던 위법수집증거 배제법칙을 명문화한 것이다.

Ⅱ. 증거능력의 배제 기준

증거수집과정에서의 모든 절차 위법을 이유로 증거능력을 자동적, 의무적으로 배제할 수는 없다. 위법의 내용과 정도, 위법한 행위에 의하여 침해되는 권리의 성질, 실체적 진실발견과 수사관의 태도 등 여러 요소를 종합적으로 판단하여 결정할 수밖에 없는 바, 일반적으로 중대한 절차위법이 있다고 하는 유형으로서 ① 영장제도나 적정절차를 규정하고 있는 헌법이나 헌법정신을 규정한 형사소송법의 규정에 위반한 경우, ② 수사기관의 활동이 형벌법규에 위반하는 경우, ③ 형사소송법의 효력규정에 위반하여 압수·수색 등이 무효인 경우에는 중대한 위법에 해당한다고 한다.[22]

---

22) 이재상, 신형사소송법, 531면.

III. 사안의 해결

(1) 변호인의 피의자신문참여권은 위에서 살펴본 바와 같이 변호인의 조력을 받을 권리의 중요한 내용을 이루고 피의자의 인권보장과 실질적 방어권을 확보하기 위해 인정된 절차적 참여권으로서 헌법적 권리로부터 도출된다. 따라서 이러한 변호인의 피의자신문참여권의 침해는 헌법의 적정절차 조항에 위반한 중대한 위법에 해당하므로 변호인의 참여권이 제한된 상태 하에서 작성된 검사작성의 피의자신문조서의 증거능력은 배제된다.

(2) 판례 역시 "헌법 제12조 제1항, 제4항 본문, 형사소송법 제243조의2 제1항 및 그 입법 목적 등에 비추어 보면, 피의자가 변호인의 참여를 원한다는 의사를 명백하게 표시하였음에도 수사기관이 정당한 사유 없이 변호인을 참여하게 하지 아니한 채 피의자를 신문하여 작성한 피의자신문조서는 형사소송법 제312조에 정한 '적법한 절차와 방식'에 위반된 증거일 뿐만 아니라, 형사소송법 제308조의2에서 정한 '적법한 절차에 따르지 아니하고 수집한 증거'에 해당하므로 이를 증거로 할 수 없다"라고 판시(대판 2013. 3. 28, 2010도3359)하는 것도 같은 이유이다.

제 1 문 - (3)

(3) 위와 같이 변호인의 참여를 제한하는 것에 불복하고자 한다면 변호인인 당신이 수사 단계에서 취할 수 있는 방법은 무엇인가? (5점)

검사 또는 사법경찰관이 변호인의 참여를 제한하거나 위와 같이 퇴거시킨 처분에 대하여 불복이 있으면 그 직무집행지의 관할법원 또는 검사의 소속검찰청에 대응한 법원에 그 처분의 취소 또는 변경을 청구하는 준항고를 제기할 수 있다(법 제417조). 준항고는 집행을 정지하는 효력이 없다. 다만, 준항고법원은 결정으로 준항고에 대한 결정이 있을 때까지 변호인의 참여제한 행위를 정지할 수 있다(제419조, 제409조).

제 2 문 - (1)

(1) 제1심 과정에서 甲의 변호인 L은 현행범 체포장소가 甲의 집 앞이고, B와 C가 목격
   자 진술을 할 수 있다고 말하기도 한 점에 비추어 체포의 필요성이 없어 P의 현행
   범 체포는 부적법하다고 주장하고 있다. L의 주장은 타당한가? (20점)

Ⅰ. 사안의 쟁점

현행범인체포의 요건으로 도망 또는 증거인멸의 염려와 같은 체포의 필요성 내지 구속
사유가 필요한가와 관련하여 문제된다.

Ⅱ. 현행범 체포의 요건

1. 현행범 체포

범죄의 실행 중이거나 실행 직후에 있는 자를 현행범이라 하며(형사소송법 제211조 제1
항), 현행범인은 누구든지 영장없이 체포할 수 있다(형사소송법 제212조).

2. 체포의 필요성 내지 구속사유의 필요성

(1) 학 설

현행범인의 체포에 있어서도 체포의 필요성 내지 구속사유가 필요한 가에 대하여, ①
현행범인체포에 영장주의의 예외를 인정하는 것은 사안의 긴급성 때문이기에 긴급체포와
같이 구속사유가 필요하다는 적극설, ② 명문규정이 없으므로 통상체포와 같이 해석하여
구속사유가 적극적으로 요구되지 않는다는 소극설, ③ 현행범인체포는 범죄혐의가 명백함
에도 신원이 불분명하고 도망의 염려가 있을 때 수사확보를 위해 혐의자의 행동자유를 일
시적으로 박탈하는 제도이기에 도망의 염려는 필요하고 증거인멸의 위험은 필요하지 않는
다는 절충설이 있다.

(2) 판 례

판례는 "현행범인으로 체포하려면 행위의 가벌성, 범죄의 현행성·시간적 접착성, 범인·
범죄의 명백성 외에 체포의 필요성, 즉 도망 또는 증거인멸의 염려가 있어야"라고 판시하
면서 현행범체포의 경우에도 체포의 필요성으로 구속사유를 요한다는 입장이다(대판 2018.
3. 29, 2017도21537).

(3) 판 단

도망 및 증거인멸의 염려가 없는 때라면 사전영장에 의하여 체포하는 것이 타당하므로 현행범체포의 요건에도 구속사유가 필요하다고 보는 판례 및 적극설의 태도가 타당하다.

3. 사안의 해결

비록 甲의 집 앞에서 체포되었긴 하나, P는 이웃 주민인 B와 C의 신고로 출동하여 甲의 신원을 확인할 수 없는 상황이었고, 이후에도 인적사항을 밝히지 아니하는 등의 사정에 비추어 도망 또는 증거인멸의 염려가 인정되므로, 목격자가 있다는 사실만으로 체포의 필요성이 없다고 할 수 없다. 따라서 L의 주장은 타당하지 않다.[23]

제 2 문 - (2) 가.

(2) P는 갑이 소변과 모발의 임의제출을 계속 거부하면서 자해하자, 강제로 인근 병원 응급실로 데리고 갔고, 병원의 응급의사는 도뇨관을 요도로 통하여 방광에 삽입한 뒤 채내에 있는 소변을 배출시키는 방법으로 강제채뇨하였다.
　　가. 강제채뇨는 증거수집수단으로 허용되는가? (10점)

Ⅰ. 강제채뇨의 성격

채뇨는 체내검사에 해당하고 전문가의 감정이 동반되는 수사방식으로, 강제채뇨는 피의자의 신체에 직접적인 작용을 수반할 뿐만 아니라 피의자에게 신체적 고통이나 장애를 초래하거나 수치심이나 굴욕감을 줄 수 있으므로 엄격한 요건 하에서만 허용된다고 보아야 한다.

---

23) [비교판례] [음주 다음날 아침 2m 가량 운전하여 이동·주차한 자를 음주운전 현행범으로 체포한 경우 ⇨ 위법] 전날 밤 술을 마신 뒤 식당 건너편 빌라 주차장에 차량을 그대로 둔 채 귀가하였다가 다음날 아침 차량을 이동시켜 달라는 경찰관의 전화를 받고 현장에 도착하여 차량을 약 2m 가량 운전하여 이동·주차하였고, 차량을 완전히 뺄 것을 요구하던 공사장 인부들과 시비가 된 상태에서 누군가 피고인이 음주운전을 하였다고 신고를 하여 출동한 **경찰관이 음주감지기에 의한 확인을 요구하였으나 응하지 아니하고 임의동행도 거부하자 피고인을 도로교통법위반(음주운전)죄의 현행범으로 체포하여 지구대로 데리고 가 음주측정을 요구한 경우, 경찰관이 피고인을 현행범으로 체포한 것은 그 요건을 갖추지 못한 것이어서 위법**하고, 그와 같이 위법한 체포상태에서 이루어진 경찰관의 음주측정요구 또한 위법하므로 피고인에 대한 도로교통법위반(음주측정거부)죄의 공소사실은 무죄이다(대판 2017. 4. 7, 2016도19907).

Ⅱ. 강제채뇨의 허용 요건

피의자에게 범죄혐의가 있고 그 범죄가 중대한지, 소변성분 분석을 통해서 범죄혐의를 밝힐 수 있는지, 범죄 증거를 수집하기 위하여 피의자의 신체에서 소변을 확보하는 것이 필요한 것인지, 채뇨가 아닌 다른 수단으로는 증명이 곤란한지 등을 고려하여 범죄수사를 위해서 강제채뇨가 부득이하다고 인정되는 경우에 최후의 수단으로 적법한 절차에 따라 허용된다. 이때 의사, 간호사, 그 밖의 숙련된 의료인 등으로 하여금 소변채취에 적합한 의료장비와 시설을 갖춘 곳에서 피의자의 신체와 건강을 해칠 위험이 적고 피의자의 굴욕감 등을 최소화하는 방법으로 소변을 채취하여야 한다(대판 2018. 7. 12, 2018도6219).

제2문 - (2) 나.

나. 압수수색검증영장에 기해 저항하는 갑을 인근병원으로 데리고 갈 수 있는지와 강제채뇨를 집행할 수 있는 영장으로 적법한지 여부를 논하라. (20점)

Ⅰ. 사안의 쟁점

강제채뇨는 전문의료인에 의한 감정에 해당하지만 체내수색과 소변에 대한 압수의 성격을 함께 갖는 것이므로, 어떠한 종류의 영장에 의하여야 하는지 문제된다.

Ⅱ. 학 설

이에 대하여 ① 체내에 있는 범죄 증거물을 강제적으로 채취하는 행위이므로 압수·수색에 해당된다는 압수수색설 ② 채혈 등이 신체검사의 일종인 체내검사에 해당되고 형사소송법상 신체검사는 검증이므로 채혈 등도 검증에 해당된다는 검증설 ③ 체내에 있는 혈액 등을 채취하는 것이므로 압수수색에 해당되나 신체의 손상을 수반하는 내부검사이기에 의사 등에 의하여 정당한 방법으로 실시되어야 한다는 점에서 감정처분의 성격도 가진다는 압수수색·감정처분설 ④ 체내검사이어서 기본적으로는 검증에 해당되지만 의사 등 전문가에 의하여 실시되어야 한다는 점에서 감정처분의 성격도 가진다는 검증·감정처분설 등이 있다.

III. 판 례

판례는 강제채혈에 대하여는 수사기관이 피의자의 동의없이 피의자의 혈액을 취득·보관하는 행위는 법원으로부터 감정처분허가장을 받아 '감정에 필요한 처분'으로도 할 수 있지만 압수의 방법으로 할 수 있고, **압수의 방법**에 의하는 경우 혈액의 취득을 위하여 피의자의 신체로부터 혈액을 채취하는 행위는 그 혈액의 압수를 위한 것으로서 '**압수영장의 집행에 있어 필요한 처분**'에 해당한다고 하여 ① 감정처분허가장만으로도 가능하고 또는 ② 압수영장만으로도 가능하다고 보았다.

이 사건 강제채뇨에 대하여도 수사기관이 범죄 증거를 수집할 목적으로 피의자의 동의 없이 피의자의 소변을 채취하는 것은 법원으로부터 감정허가장을 받아 형사소송법 제221조의4 제1항, 제173조 제1항에서 정한 '감정에 필요한 처분'으로 할 수 있지만(피의자를 병원 등에 유치할 필요가 있는 경우에는 형사소송법 제221조의3에 따라 법원으로부터 감정유치장을 받아야 한다), 형사소송법 제219조, 제106조 제1항, 제109조에 따른 압수·수색의 방법으로도 할 수 있다. 이러한 압수·수색의 경우에도 수사기관은 원칙적으로 형사소송법 제215조에 따라 판사로부터 압수·수색영장을 적법하게 발부받아 집행해야 한다(대판 2018. 7. 12, 2018도6219).

IV. 저항하는 갑을 인근 병원으로 데려가기 위한 강제력 행사의 적법여부

압수·수색의 방법으로 소변을 채취하는 경우 압수대상물인 피의자의 소변을 확보하기 위한 수사기관의 노력에도 불구하고, 피의자가 인근 병원 응급실 등 소변 채취에 적합한 장소로 이동하는 것에 동의하지 않거나 저항하는 등 임의동행을 기대할 수 없는 사정이 있는 때에는 수사기관으로서는 소변 채취에 적합한 장소로 피의자를 데려가기 위해서 필요 최소한의 유형력을 행사하는 것이 허용된다. 이는 형사소송법 제219조, 제120조 제1항에서 정한 '압수·수색영장의 집행에 필요한 처분'에 해당한다고 보아야 한다. 그렇지 않으면 피의자의 신체와 건강을 해칠 위험이 적고 피의자의 굴욕감을 최소화하기 위하여 마련된 절차에 따른 강제 채뇨가 불가능하여 압수영장의 목적을 달성할 방법이 없기 때문이다(대판 2018. 7. 12, 2018도6219).

V. 결 론

감정처분허가장 또는 압수수색영장 모두 법원에 의하여 강제수사를 허용하는 영장이라는 점에 비추어 강제채뇨 집행을 위한 영장에 해당한다. 이 사건 압수수색검증영장 역시 강제채뇨를 집행할 수 있는 적법한 영장에 해당하고, 압수수색영장의 집행에 필요한 처분으로 갑을 인근 병원으로 데리고 갈 수 있다고 볼 것이다. 다만, 피의자를 채혈 내지 채뇨를 위한 병원으로 데리고 하는 것은 압수수색영장의 집행에 필요한 처분으로 할 수 있다고 볼 것이다. 그러나 감정처분허가장에 의한 법제173조 제1항은 기타 처분이 허용되지 않으므로 감정에 필요한 처분으로는 허용되지 않는다.

46. 항소이유서 제출기한 / 상습특수상해죄의 사물관할

○ 사례 46

1. 제1심에서 법원은 甲에 대하여 징역 6월의 유죄 판결을 하였고, 甲은 실형 선고에 충격을 받아 항소 여부에 대하여 생각도 하지 못하고 있자 甲의 아버지인 F는 甲을 위하여 항소하였다. 항소법원은 F에게 적법하게 소송기록접수를 통지하였지만, 甲에 대하여는 따로 통지하지 아니하였다. F가 甲의 건강에 신경을 쓰다가 미쳐 항소이유서를 제출하지 못하고 있는 사이에, 항소심 법원은 항소이유서 제출기간이 지났다는 이유로 항소기각결정을 하였다. 항소심 법원의 결정은 적법한가? (25점)

2. 甲은 위 사건과 별개로 형법상 특수상해죄로 2021. 5. 기소되어 광주지방법원 순천지원 단독판사가 제1심으로 심판하였으며, 그 항소사건을 현재 광주지방법원 합의부가 실체에 들어가 심판하고 있다. 그러나 항소심 심리도중 甲에게 상습성이 인정된다는 증거자료를 추가하여 검사는 형법 제264조에 의하여 상습특수상해죄로 공소장을 변경하고자 한다. 광주지방법원 합의부는 어떤 조치를 하여야 하는가? (20점)

해 설

제 1 문

1. 제1심에서 법원은 甲에 대하여 징역 6월의 유죄 판결을 하였고, 甲은 실형 선고에 충격을 받아 항소 여부에 대하여 생각도 하지 못하고 있자 甲의 아버지인 F는 甲을 위하여 항소하였다. 항소법원은 F에게 적법하게 소송기록접수를 통지하였지만, 甲에 대하여는 따로 통지하지 아니하였다. F가 甲의 건강에 신경을 쓰다가 미쳐 항소이유서를 제출하지 못하고 있는 사이에, 항소심 법원은 항소이유서 제출기간이 지났다는 이유로 항소기각결정을 하였다. 항소심 법원의 결정은 적법한가? (25점)

Ⅰ. 사안의 쟁점

피고인 甲이 아닌 F가 피고인을 위하여 항소한 경우, 소송기록접수통지를 피고인에게 하지 아니하였음에도 항소이유서의 제출기간이 진행할 수 있는지가 문제된다.

Ⅱ. 직계친족의 상소권의 성격

F는 아버지로 직계친족에 해당하므로 형사소송법 제341조 제1항에 따라 적법하게 상소할 수 있다. 동항에서 피고인의 배우자, 직계친족, 형제자매 등의 상소 할 수 있다고 규정한 것에 대하여 견해가 나뉜다. 이를 고유권으로 보는 견해도 있으나(배종대, 홍영기 형사소송법 426페이지), 판례는 '항소대리권'자라고 하여 대리권으로 파악하고 있다.

Ⅲ. 항소이유서 제출기간 도과여부

1. 항소이유서 제출기간

항소법원이 기록의 송부를 받은 때에는 즉시 항소인과 그 상대방에게 그 사유를 통지하여야 하며(형사소송법 제361조의2 제1항), 항소인은 이 통지를 받은 날로부터 20일 이내에 항소이유서를 항소법원에 제출하여야 하며(형사소송법 제361조의3 제1항), 이 기간 내에 항소이유서를 제출하지 아니한 때에는 결정으로 항소를 기각하여야 한다(형사소송법 제361조의4 제1항).

2. 소송기록접수 통지의 상대방

형사소송법은 소송기록접수통지를 '항소인'에게 하여야 한다고 규정하고 있다. 따라서, 항소대리인에게 소송기록접수통지를 한 것만으로는 적법한 소송기록접수통지로 볼 수 없다. 판례는 피고인의 항소대리권자인 배우자가 피고인을 위하여 항소한 경우에도 소송기록접수통지는 항소인인 피고인에게 하여야 한다고 판시하였다(대결 2018. 3. 29, 2018모642). 따라서 사안에서는 적법한 소송기록접수통지가 없었으므로 항소이유서의 제출기간은 도과하지 아니하였다.

3. 소 결

甲에게 소송기록접수통지가 없었음에도 항소이유서 제출기간 도과를 이유로 항소기각결정을 한 항소심 법원의 결정은 위법하며 다시 소송기록접수통지를 피고인에게 한 후 그 후로부터 항소이유서 제출기한을 기산하여야 할 것이다.

제 2 문

2. 甲은 위 사건과 별개로 형법상 특수상해죄로 2021. 5. 기소되어 광주지방법원 순천지원 단독판사가 제1심으로 심판하였으며, 그 항소사건을 현재 광주지방법원 합의부가 실체에 들어가 심판하고 있다. 그러나 항소심 심리도중 甲에게 상습성이 인정된다는 증거자료를 추가하여 검사는 형법 제264조에 의하여 상습특수상해죄로 공소장을 변경하고자 한다. 광주지방법원 합의부는 어떤 조치를 하여야 하는가? (20점)

Ⅰ. 쟁 점

갑의 특수상해죄는 단독사건으로 합의부에서 항소심을 진행하여 실체심리를 하고 있다. 그런데 상습특수상해죄로 공소장이 변경되는 경우 과연 상습특수상해죄의 사물관할은 특수상해죄와 마찬가지로 단독사건인지 합의부사건인지 문제되고, 합의부사건이라고 할 경우 항소심에서 관할권이 있는 법원은 어디라고 볼 것인지 형사소송법 제8조 2항의 해석과 관련하여 문제된다.

II. 상습특수상해죄의 사물관할

특수상해죄는 법원조직법 제32조에 의하여 단독관할 사건으로 명시되어 있으나 상습특수상해죄에 대하여는 별다른 명시적 규정이 없다. 따라서 그 사물관할이 문제되는데, 형법 제264조, 제258조의2 제1항에 의하면 상습특수상해죄는 법정형의 단기가 1년 이상의 유기징역에 해당하는 범죄이고, 법원조직법 제32조 제1항 제3호 본문에 의하면 단기 1년 이상의 징역에 해당하는 사건에 대한 제1심 관할법원은 지방법원과 그 지원의 합의부이다. 형법은 제264조에서 상습으로 제258조의2의 죄를 범한 때에는 그 죄에 정한 형의 2분의 1까지 가중한다고 규정하고, 제258조의2 제1항에서 위험한 물건을 휴대하여 상해죄를 범한 때에는 1년 이상 10년 이하의 징역에 처한다고 규정하고 있다. 위와 같은 형법 각 규정의 문언, 형의 장기만을 가중하는 형법 규정에서 그 죄에 정한 형의 장기를 가중한다고 명시하고 있는 점, 형법 제264조에서 상습범을 가중처벌하는 입법 취지 등을 종합하면, 형법 제264조는 상습특수상해죄를 범한 때에 형법 제258조의2 제1항에서 정한 법정형의 단기와 장기를 모두 가중하여 1년 6개월 이상 15년 이하의 징역에 처한다는 의미로 새겨야 한다(대판 2017. 6. 29, 2016도18194).

III. 사건의 이송

이에 대하여는 ① 관할위반설 ② 지방법원 합의부 항소심 관할설 ③ 지방법원 합의부 제1심 관할설 ④ 고등법원 항소심 관할설이 대립하나, 판례는 관할권이 있는 법원은 고등법원이라고 봄이 타당하다고 판시하면서 고등법원 이송설을 취하고 있다.

판례 "법원조직법 제32조 제1항 제3호에 의하면 사형·무기 또는 단기 1년 이상의 징역 또는 금고에 해당하는 사건은 지방법원 또는 그 지원의 합의부가 제1심으로 심판권을 행사하는 것으로 규정되어 있다. 그리고 같은 법 제28조에는 고등법원은 지방법원 합의부의 제1심 판결에 대한 항소사건을 심판하도록 규정되어 있으며, 형사소송법 제8조 제2항에는 단독판사의 관할사건이 공소장변경에 의하여 합의부 관할사건으로 변경된 경우에 법원은 결정으로 관할권이 있는 법원에 이송한다고 규정되어 있다. 위 관련 규정을 종합하여 보면, 항소심에서 공소장변경에 의하여 단독판사의 관할사건이 합의부 관할사건으로 된 경우에도 법원은 사건을 관할권이 있는 법원에 이송하여야 한다고 할 것이고, 항소심에서 변경된 위 합의부 관할사건에 대한 관할권이 있는 법원은 고등법원이라고 봄이 상당하다"고 할 것이다(대판 1997. 12. 12, 97도2463).

IV. 결 론

소송절차의 신속성과 심급에 따른 재판을 받을 권리를 보장하는 측면에서 이를 조화하는 방법은 판례와 같이 관할권이 있는 법원인 고등법원으로 이용하여야 한다는 입장이 타당하다고 본다. 따라서 이 사건 상습특수상해죄는 사물관할상 합의부관할이므로 광주지방법원 합의부는 법원조직법 제28조에 따라 관할권이 있는 광주고등법원으로 사건을 이송하여야 한다.

47. 공범과 공소시효 정지

○ 사례 47

공무원인 乙은 2014. 5. 4. 甲으로부터 일식집에서 뇌물로 500만원을 수수하였다는 이유로 수사를 받게 되자 돌연 사표를 내고 잠적하여 지명수배가 되었다. 그런데 위 甲은 2015. 3. 2. 乙에게 뇌물을 공여한 사실로 수사를 받기 시작하여 2015. 4. 14. 공소가 제기되었다. 결국 1심에서 징역 1년, 집행유예 2년의 형을 선고받았고, 2015. 10. 5. 그 판결이 확정되었다. 2021. 9. 4. 공무원 乙이 체포되었는데, 2021. 9. 7. 현재 乙의 변호인인 당신이 공소시효 완성을 주장한다면 받아들여질 수 있는지를 판례의 입장에 따라 검토하시오. (30점)

해 설

Ⅰ. 문제점

공무원인 乙은 2014. 5. 4. 甲으로부터 일식집에서 뇌물로 500만원을 수수하였다는 것이므로 범행일시는 2014. 5. 4.이며 이때가 공소시효의 기산점이 된다. 그런데 공범인 甲은 2013. 3. 2. 乙에게 뇌물을 공여한 사실로 수사를 받기 시작하여 2015. 4. 14. 공소가 제기되었고 결국 1심에서 징역 1년, 집행유예 2년의 형을 선고받았고, 2015. 10. 5. 그 판결이 확정되었는바, 과연 이 사안에서 공범 1인에 대한 시효정지가 다른 공범자인 乙에게 대하여 효력이 미칠 것인지 문제된다.

Ⅱ. 乙의 뇌물수뢰죄의 공소시효

(1) 형사소송법 제249조(공소시효의 기간)가 2007. 12. 21. 개정되면서 부칙에서 그 시행 이후에 범하여진 행위에 대하여만 공소시효가 연장된 개정법이 적용되도록 하였는데, 제4호에서 '장기 10년 미만의 징역 또는 금고에 해당하는 범죄'인 경우 구법하에서는 5년이었으나 이를 7년으로 연장하였다.

(2) 이 사안의 경우 수뢰액이 3000만원 미만인 500만원이므로 특정범죄 가중처벌 등에 관한 법률이 적용되지 아니하고 형법상 단순수뢰죄가 성립되는데, 형법 제129조 제1항은 5년 이하의 징역 또는 10년 이하의 자격정지에 처한다고 규정하고 있으므로 공소시효가 연장된 개정법이 시행된 이후인 2014. 5. 4. 범하여진 이 사건 뇌물공여죄의 공소시효는 7년이다.

Ⅲ. 공범에 대한 공소시효의 정지

(1) 공소제기의 효력은 공소제기된 피고인에 대하여만 미친다. 따라서 범인이 아닌 자에 대해 공소제기한 경우 진범인에 대한 공소시효는 계속 진행된다. 그러나 공범의 1인에 대한 공소시효의 정지는 다른 공범자에 대하여도 미친다(형사소송법 제253조 제2항)는 공소시효 정지의 특례를 규정하고 있다. 다만, 당해 사건의 재판이 확정된 때로부터 진행한다.

(2) 그렇다면 乙의 경우 공범인 甲이 2015. 4. 14. 공소가 제기되었고 결국 1심에서 징역 1년, 집행유예 2년의 형을 선고받아 2015. 10. 5. 그 판결이 확정되었다면 2015. 4. 14.

~ 2015. 10. 5.까지의 기간 동안 乙의 공소시효도 정지되는 것이 아닌지 문제된다. 만일 공소시효가 정지된다면 乙은 약 4개월 20여일 가량의 기간이 정지되므로 2014. 5. 4.부터 공소시효는 7년 4개월 20여 일이 지나야 공소시효가 완성될 수 있으므로 현재 2019. 9. 7. 공소제기가 된다면 공소시효가 완성되지 않았음이 역수상 명백하다.

(3) 그러나 만일 위 공범에는 뇌물공여죄와 뇌물수수죄와 같은 필요적 공범이 포함되지 않는다고 본다면, 공소시효의 정지가 이루어질 수 없다. 특히 위 조항이 공소제기 효력의 인적 범위를 확장하는 예외를 마련하여 놓은 것이므로 원칙적으로 **엄격하게 해석하여야** 한다는 점에서 **필요적 공범도 형사소송법 제253조 제2항의 공범에 해당된다고 볼 수 있는지** 문제된다.

(4) 형사소송법 규정이라고 하더라도 피고인의 처벌과 관련된 경우 피고인에게 불리한 방향으로 확장하여 해석해서는 아니 된다. 따라서 뇌물공여죄와 뇌물수수죄 사이와 같은 이른바 대향범 관계에 있는 자는 필요적 공범이기는 하나 서로 대향된 행위의 존재를 필요로 할 뿐 각자 자신의 구성요건을 실현하고 별도의 형벌규정에 따라 처벌되는 것이어서, 형법상의 공동정범, 교사, 방조 등의 총칙상의 공범 규정이 적용되는 것이 아니다. 따라서 필요적 공범은 형사소송법 제253조 제2항의 공범에 해당되지 않는다고 볼 것이다.

Ⅳ. 판례의 입장

(1) 형사소송법 제248조 제1항, 제253조 제1항, 제2항에서 규정하는 바와 같이, 형사소송법은 공범 사이의 처벌에 형평을 기하기 위하여 공범 중 1인에 대한 공소의 제기로 다른 공범자에 대하여도 공소시효가 정지되도록 규정하고 있는데, 위 공범의 개념이나 유형에 관하여는 아무런 규정을 두고 있지 아니하다. 따라서 형사소송법 제253조 제2항의 공범을 해석할 때에는 공범 사이의 처벌의 형평이라는 위 조항의 입법 취지, 국가형벌권의 적정한 실현이라는 형사소송법의 기본이념, 국가형벌권 행사의 대상을 규정한 형법 등 실체법과의 체계적 조화 등의 관점을 종합적으로 고려하여야 하고, 특히 위 조항이 공소제기 효력의 인적 범위를 확장하는 예외를 마련하여 놓은 것이므로 원칙적으로 엄격하게 해석하여야 하고 피고인에게 불리한 방향으로 확장하여 해석해서는 아니 된다.

(2) 뇌물공여죄와 뇌물수수죄 사이와 같은 이른바 대향범 관계에 있는 자는 강학상으로는 필요적 공범이라고 불리고 있으나, 서로 대향된 행위의 존재를 필요로 할 뿐 각자 자신의 구성요건을 실현하고 별도의 형벌규정에 따라 처벌되는 것이어서, 2인 이상이 가공하여 공동의 구성요건을 실현하는 공범관계에 있는 자와는 본질적으로 다르며, 대향범 관계에

있는 자 사이에서는 각자 상대방의 범행에 대하여 형법 총칙의 공범규정이 적용되지 아니한다. 이러한 점들에 비추어 보면, 형사소송법 제253조 제2항[24])에서 말하는 '공범'에는 뇌물공여죄와 뇌물수수죄 사이와 같은 대향범 관계에 있는 자는 포함되지 않는다(대판 2015. 2. 12, 2012도4842).

V. 결 론

乙의 경우 필요적 공범인 甲이 2015. 4. 14. 공소가 제기되었고 결국 1심에서 징역 1년, 집행유예 2년의 형을 선고받아 2015. 10. 5. 그 판결이 확정되었다고 하더라도 甲의 공소시효는 정지되지 않는다. 따라서 2014. 5. 4.부터 공소시효는 7년이 지났음이 명백한 현재 2021. 9. 4. 이후에 공소제기가 된다면 乙의 변호인은 공소시효가 완성되어 검찰에서는 공소권 없음을 주장할 수 있고 설사 기소가 된다고 하더라도 형사소송법 제326조 제3호의 면소판결의 대상이 된다.

---

24) 공범의 1인에 대한 전항의 시효정지는 다른 공범자에게 대하여 효력이 미치고 당해 사건의 재판이 확정된 때로부터 진행한다.

48. 공동피고인의 증인적격

○ 사례 48

교도소에서 만난 甲, 乙, 丙 세 사람은 출소 후 재회한 자리에서 甲이 근무한 적이 있는 A 산업 창고에 보관되어 있는 전자 부품을 절취하기로 결의한 후 2019. 1. 14. 실제로 전자부품을 절취하는데 성공하였다. 甲이 "2019. 1. 14. 전자 부품을 절취한 다음 부품유통업자 丁에게 그 부품을 주면서 절취한 부품이라는 사실을 말했다"고 진술하여 결국, 甲, 乙, 丙 과 함께 丁도 장물취득죄로 병합 기소되었다. 丁은 법정에서 장물인 사실을 몰랐다고 범의를 부인하였고, 다음과 같은 피고인 신문이 이루어졌다.

검사 (피고인 甲에 대하여)
문 피고인이 절취한 전자부품을 丁에게 넘겨주었을 때, 丁도 그 물건이 피고인이 훔쳐온 것임을 분명히 알았지요?
답 제가 부품을 넘겨 주기 전에 창고에서 빼돌린 절취물인 사실을 말해주자 丁이 말하기를 '반의 반값도 되지 않는 헐값에 구입할 수 있어 아주 좋다'고 말했습니다.
문 피고인은 丙과 함께 창고에 들어가 전자부품을 훔친 것인가요.
답 예, 그렇습니다. 丙이 창고문을 만능열쇠로 열고 같이 들어갔습니다.

---

1. 위와 같은 피고인신문절차가 끝난 후 甲과 丁에 대한 변론이 종결되었다. 이때 丁의 변호인이 甲의 위 법정 진술의 증거능력 대하여 법률상 주장할 수 있는 논점에 대하여 간단히 써라. (15점)
2. 또한 丙에 대한 특수절도 사건에서 위 甲의 진술은 유죄의 증거로 쓸 수 있는가? (10점)

해 설

제 1 문

1. 위와 같은 피고인신문절차가 끝난 후 甲과 丁에 대한 변론이 종결되었다. 이때 丁의
   변호인이 甲의 위 법정 진술의 증거능력 대하여 법률상 주장할 수 있는 논점에 대하
   여 간단히 써라. (15점)

(1) 丁의 장물죄 범죄사실에 대하여 甲은 공동피고인으로 피고인신문절차에서 진술을
한 것이다. 그렇다면 병합이 되어 공동피고인의 지위에 있기는 하나 절도죄와 장물죄는 별
개의 범죄사실이므로 공범이 아닌 공동피고인에 해당[25]한다.

(2) 공동피고인의 증인적격에 대하여 ① 부정설(공범여부를 불문하고 변론을 분리하지 않는
한 증인적격 없다), ② 긍정설(공동피고인은 다른 피고인에 대한 관계에서 제3자이므로 증인적용이
인정된다), ③ 절충설(공범인 경우는 진술거부권과의 충돌이 발생하므로 증인적격을 부인하고, 진술
거부권과의 충돌이 없는 공범이 아닌 경우에만 증언의무를 부과하여 증인적격을 인정한다 – 자기 피
고사건과 실질적 관련성을 통한 제3자성 판단)이 대립하나 진술거부권과의 관계상 증언의무를
부과할 수 없는 공범인 경우는 증인적격을 부정하되, 공범이 아닌 공동피고인은 자신의 범
행과 별개의 사건으로 진술거부권이 없으므로 증언의무를 부과하고 증인적격을 인정하는
절충설이 타당하다고 본다.

(3) 판례[26]도 피고인과 별개의 범죄사실로 기소되어 병합심리 중인 공동피고인은 피고
인의 범죄사실에 관하여는 증인의 지위에 있다 할 것이므로 선서 없이 한 공동피고인의 법
정진술이나 피고인이 증거로 함에 동의한 바 없는 공동피고인에 대한 피의자신문조서는 피
고인에 대한 공소범죄사실을 인정하는 증거로 쓸 수 없다(대판 1979. 3. 27, 78도1031)고 판
시하여 절충설의 입장에 있다.

(4) 그렇다면 설문에서 공동피고인인 甲은 공범이 아니므로 피고인신문과정에서 진술한

---

25) 공동피고인인 절도범과 그 장물범은 서로 다른 공동피고인의 범죄사실에 관하여는 증인의 지위에 있다
    할 것이므로, 피고인이 증거로 함에 동의한 바 없는 공동피고인에 대한 피의자신문조서는 공동피고인
    의 증언에 의하여 그 성립의 진정이 인정되지 아니하는 한 피고인의 공소 범죄사실을 인정하는 증거로
    할 수 없다(대판 2006. 1. 12, 2005도7601).

26) 다만 판례(대판 2008. 6. 26, 2008도3300)는 공범인 공동피고인은 당해 소송절차에서는 피고인의 지위
    에 있으므로 다른 공동피고인에 대한 공소사실에 관하여 증인이 될 수 없으나, 소송절차가 분리되어 피
    고인의 지위에서 벗어나게 되면 다른 공동피고인에 대한 공소사실에 관하여 증인이 될 수 있다고 판시
    하여 변론의 분리를 통한 공범에 대한 증인적격 부여를 인정하고 있다.

법정진술은 선서 없이 이루어진 진술로서 증거로 쓸 수 없다는 법률상 주장이 가능하다. 이미 증거조사가 끝나고 변론이 종결된 상황이므로 변호인은 최후변론에서 공동피고인 甲은 증인적격을 가진 자임을 지적하면서 판례에 의할 때 증인의 선서 없는 법정진술은 증거로 할 수 없다고 변론할 수 있다.

제 2 문

2. 또한 丙에 대한 특수절도 사건에서 위 甲의 진술은 유죄의 증거로 쓸 수 있는가? (10점)

丙에 대한 특수절도 사건에서 설문상 甲의 진술은 공범인 공동피고인으로서 한 진술이다. 이는 앞서 살펴본 바와 같이 증인적격이 없으므로 피고인의 지위에서 진술을 하는 것이 원칙이고, 이에 따라 피고인신문과정에서 이루어진 甲의 법정진술은 丙에 대한 공소사실을 유죄로 인정하기 위한 증거로서 피고인의 진술을 증거로 할 수 있다. 판례 역시 공동피고인의 진술에 대하여는 당해 피고인의 반대신문권이 보장되어 있어 독립한 증거능력이 있다(대판 1992. 7. 28, 92도917).

──────────────────────────────────────

관련판례 형사소송법 제297조의 규정에 따라 재판장은 증인이 피고인의 면전에서 충분한 진술을 할 수 없다고 인정한 때에는 피고인을 퇴정하게 하고 증인신문을 진행함으로써 피고인의 직접적인 증인 대면을 제한할 수 있지만, 이러한 경우에도 피고인의 반대신문권을 배제하는 것은 허용될 수 없다. 형사소송법 제297조에 따라 변호인이 없는 피고인을 일시 퇴정하게 하고 증인신문을 한 다음 피고인에게 실질적인 반대신문의 기회를 부여하지 아니한 채 이루어진 증인의 법정진술은 위법한 증거로서 증거능력이 없다고 볼 여지가 있으나, 그 다음 공판기일에서 재판장이 증인신문 결과 등을 공판조서(증인신문조서)에 의하여 고지하였는데 피고인이 '변경할 점과 이의할 점이 없다'고 진술하여 책문권 포기 의사를 명시함으로써 실질적인 반대신문의 기회를 부여받지 못한 하자가 치유되었다고 할 수 있다(대판 2010. 1. 14, 2009도9344).

──────────────────────────────────────

○ 사례 49

戊는 평소 B에게 원한이 많았는데, 우연히 집으로 들어가는 길에 술에 취해 비틀거리는 B를 발견하고 주변에 있던 각목을 들어 B의 등과 다리 등을 구타하였다. 戊는 증거를 숨기기 위해 자신의 집 앞마당에 그 각목을 숨겨두었다. 신고를 받고 출동한 경찰관 D는 戊 의 집 초인종을 눌러 수사에 협조해달라고 하였고, 戊는 집에 들어오도록 한 후 확인요청에 응하였다. 사법경찰관 D가 戊가 B를 구타하는데 사용한 戊 소유의 각목을 戊의 집 앞 마당에서 발견하였음에도 그 각목을 발견 당시 戊의 집 앞을 지나가던 행인으로부터 임의로 제출받은 형식으로 압수하였고, 각목의 사진을 찍었다.

(1) 위 경우 각목과 그 사진이 戊에 대한 범죄사실을 유죄로 인정하는 증거로 사용할 수 있는지 검토하시오. (8점)

(2) 만일 戊가 각목과 각목을 찍은 사진에 대하여 증거동의를 한 경우 해당 증거들의 증거능력에 영향이 있는지 검토하시오. (12점)

(3) 만일 D가 戊를 현행범 또는 긴급체포를 하면서 압수를 할 수 있었음에도 불구하고 임의제출물로 戊로부터 제출받아 압수하였고, D가 사후에 영장을 받지 않았다면 어떠한가? (7점)

(4) 2021. 12. 11. B가 자기 집에서 K의 의사에 반해 성기를 촬영한 범행(이하 '2021년 범행'이라 한다)을 저질렀다. 피해자 K는 즉시 피해 사실을 경찰에 신고하면서, B의 집에서 가지고 나온 피고인 소유의 휴대전화 1대(삼성휴대폰)에 B가 촬영한 동영상과 사진이 저장되어 있다는 취지로 말하고 이를 범행의 증거물로 임의제출하였다. 이때 K는 휴대전화를 증거물로 제출할 당시 그 안에 수록된 전자정보의 제출 범위를 명확히 밝히지 않았다. 경찰관 P는 이 휴대폰을 포렌식하면서 2019년 다른 피해자에 대한 유사한 동영상촬영 범행을 인지하고 이를 증거로 하여 B를 2021년 범행과 함께 기소하였다. 이 경우 2019년 범행에 대한 유죄의 증거로 할 수 있는가? (15점)

해 설

Ⅰ. 쟁점의 정리

사법경찰관이 증거물인 각목을 戊의 집 마당에서 발견하여 그 당시 戊의 집 앞을 지나가던 행인으로부터 임의로 제출받은 것이 형사소송법 제218조에 의하여 적법한 영장에 의하지 아니한 압수에 해당하는지 여부가 문제된다.

Ⅱ. 임의제출물의 압수 – (1)문과 (2)문

대법원은 "형사소송법 제218조는 '사법경찰관은 소유자, 소지자 또는 보관자가 임의로 제출한 물건을 영장없이 압수할 수 있다'고 규정하고 있는바, 위 규정을 위반하여 소유자, 소지자 또는 보관자가 아닌 자로부터 제출받은 물건을 영장없이 압수한 경우 그 압수물 및 압수물을 찍은 사진은 이를 유죄 인정의 증거로 사용할 수 없는 것이고, 헌법과 형사소송법이 선언한 영장주의의 중요성에 비추어 볼 때 피고인이나 변호인이 이를 증거로 함에 동의하였다고 하더라도 달리 볼 것은 아니다."라고 판시하였다(대판 2010. 1. 28, 2009도10092).

위 판례는 사법경찰관이 피고인 소유의 쇠파이프를 피고인의 주거지 앞마당에서 발견하였으면서도 그 소유자, 소지자, 또는 보관자가 아닌 피해자로부터 임의로 제출받는 형식으로 위 쇠파이프를 압수한 사안으로 대법원은 이 사건 압수물과 그 사진은 형사소송법상 영장주의 원칙을 위반하여 수집하거나 그에 기초한 증거로서 그 절차 위반행위가 적법절차의 실질적인 내용을 침해하는 정도에 해당한다고 하여 피고인의 증거동의에도 불구하고 쇠파이프와 그 사진을 피고인에 대한 유죄 인정의 증거로 사용할 수 없다고 하였다.

Ⅲ. 임의제출물 압수가 적법한 경우 사후 영장을 받아야 하는지 여부 – (3)문

범죄를 실행 중이거나 실행 직후의 현행범인은 누구든지 영장 없이 체포할 수 있고(형사소송법 제212조), 검사 또는 사법경찰관은 피의자 등이 유류한 물건이나 소유자·소지자 또는 보관자가 임의로 제출한 물건은 영장 없이 압수할 수 있으므로(제218조), 현행범 체포현장이나 범죄현장에서도 소지자 등이 임의로 제출하는 물건은 형사소송법 제218조에 의하여 영장 없이 압수하는 것이 허용되고, 이 경우 검사나 사법경찰관은 별도로 사후에 영장을 받을 필요가 없다(대판 2019. 11. 14, 2019도13290).

이 사안의 경우, 현행범인으로 체포하거나 긴급체포를 한 후 체포현장에서 압수수색이 가능하다. 그러나 그렇다고 하더라도 임의제출물로 제출받아 압수하는 것이 허용되지 않는 것은 아니다. 따라서 戊로부터 임의제출물로 압수한 각목은 적법한 압수에 해당한다.

또한 형사소송법 제216조 제1항 제2호 또는 제217조 제1항에 의한 압수와 달리 임의제출물 압수는 사후에 영장을 받을 필요가 없다. 따라서 사후에 영장을 받지 않았다고 하더라도 영장주의 위배의 중대한 위법은 존재하지 않는다.

IV. 임의제출물 압수와 별건압수 - (4)문

임의제출물 압수에 있어서도 별건압수는 허용될 수 없다고 보아야 한다. 종래 판례는 임의제출의 경우 영장에 의한 압수와는 달리 임의제출물 중 사건과 관련성이 있는 범위에서만 압수를 할 수 있는 것이 아니라 사건과의 관련성을 불문하고 임의제출물 전체를 적법하게 압수할 수 있다고 판시하였다. 이에 대한 비판이 꾸준히 제기되어 왔고, 최근 대법원은 '수사기관이 제출자의 의사를 쉽게 확인할 수 있음에도 이를 확인하지 않은 채 특정 범죄혐의사실과 관련된 전자정보와 그렇지 않은 전자정보가 혼재된 정보저장매체를 임의제출받은 경우, 그 정보저장매체에 저장된 전자정보 전부가 임의제출되어 압수된 것으로 취급할 수는 없다.'고 하면서 '임의제출자의 의사에 따른 전자정보 압수의 대상과 범위가 명확하지 않거나 이를 알 수 없는 경우에는 임의제출에 따른 압수의 동기가 된 범죄혐의사실과 관련되고 이를 증명할 수 있는 최소한의 가치가 있는 전자정보에 한하여 압수의 대상이 된다.' 고 판시하면서 범죄혐의사실과의 관련성[27]이 존재하는 경우에 한하여 임의제출물 압수가 적법하다고 판례를 변경하였다. 특히, 휴대폰과 같은 전자정보저장장치에 대한 임의제출물 압수로 인한 기본권 침해의 문제가 크다는 점에서 이러한 대법원 판결은 극히 타당한 판결이다. 특히, 위 대법원 전원합의체 판결은 '피의자가 소유·관리하는 정보저장매체를 피의자 아닌 피해자 등 제3자가 임의제출하는 경우에는, 그 임의제출 및 그에 따른 수사기관의 압수가 적법하더라도 임의제출의 동기가 된 범죄혐의사실과 구체적·개별적 연관

---

27) 이때 범죄혐의사실과 관련된 전자정보에는 범죄혐의사실 그 자체 또는 그와 기본적 사실관계가 동일한 범행과 직접 관련되어 있는 것은 물론 범행 동기와 경위, 범행 수단과 방법, 범행 시간과 장소 등을 증명하기 위한 간접증거나 정황증거 등으로 사용될 수 있는 것도 포함될 수 있다. 다만 그 관련성은 임의제출에 따른 압수의 동기가 된 범죄혐의사실의 내용과 수사의 대상, 수사의 경위, 임의제출의 과정 등을 종합하여 구체적·개별적 연관관계가 있는 경우에만 인정되고, 범죄혐의사실과 단순히 동종 또는 유사 범행이라는 사유만으로 관련성이 있다고 할 것은 아니다.

관계가 있는 전자정보에 한하여 압수의 대상이 되는 것으로 더욱 제한적으로 해석하여야 한다. 피의자 개인이 소유·관리하는 정보저장매체에는 그의 사생활의 비밀과 자유, 정보에 대한 자기결정권 등 인격적 법익에 관한 모든 것이 저장되어 있어 제한 없이 압수·수색이 허용될 경우 피의자의 인격적 법익이 현저히 침해될 우려가 있기 때문이다.'(대판 2021. 11. 18, 2016도348 전합)라고 판시하여 임의제출물 압수에 있어서 압수대상의 범위를 제한적으로 해석해야 함을 명백히 하였다는 점에서 의미가 있다.

피해자 K는 경찰에 피고인의 휴대전화를 증거물로 제출할 당시 그 안에 수록된 전자정보의 제출 범위를 명확히 밝히지 않은 이상 위 휴대전화에 담긴 전자정보의 제출 범위에 관한 제출자의 의사가 명확하지 않거나 이를 알 수 없는 경우에 해당한다. 따라서 위 휴대전화에 담긴 전자정보 중 임의제출을 통해 적법하게 압수된 범위는 임의제출 및 압수의 동기가 된 피고인의 2021년 범행 자체와 구체적·개별적 연관관계가 있는 전자정보로 제한적으로 해석하는 것이 타당하다. 이에 비추어 볼 때 범죄발생 시점 사이에 상당한 간격이 있고 피해자가 전혀 다른 B의 2019년 범행에 관한 동영상은 임의제출에 따른 압수의 동기가 된 범죄혐의사실(2021년 범행)과 구체적·개별적 연관관계 있는 전자정보로 보기 어려우므로 수사기관이 사전영장 없이 이를 취득한 이상 증거능력이 없고, 사후에 압수·수색영장을 받아 압수절차가 진행되었더라도 달리 볼 수 없다(대판 2021. 11. 18, 2016도348 전합).

V. 사안의 경우

(1) 사안의 경우 사법경찰관 D는 증거물인 戊 소유의 각목을 戊의 집 앞마당에서 발견하였음에도 불구하고 그 소유자, 소지자 또는 보관자가 아닌 행인으로부터 임의로 제출받는 형식으로 위 각목을 압수하였다. 이는 형사소송법 제218조에 의한 적법한 압수로 판단할 수 없으므로, 영장에 의하지 않고 압수한 각목과 그 사진은 戊의 범죄사실에 대한 유죄인정의 증거로 사용할 수 없다.

(2) 또한 영장없이 압수된 위 각목과 그 사진은 헌법과 형사소송법이 선언한 영장주의의 중요성에 비추어 볼 때 피고인인 戊가 이를 증거로 함에 동의하였다고 하더라도 유죄인정의 증거로 사용될 수 없다.

(3) 체포현장에서 압수수색이 가능함에도 임의제출물로 압수한 것은 적법하다. 나아가 이 경우는 사후에 영장을 받지 않아도 영장주의 위반의 위법은 존재하지 않는다.

(4) 휴대전화에 담긴 전자정보 중 임의제출을 통해 적법하게 압수된 범위는 임의제출 및 압수의 동기가 된 피고인의 2021년 범행과 관련된 것에 한정된다. 따라서 범죄혐의사

실과의 관련성이 없는 임의제출물 압수물은 2019년 범행에 대한 유죄의 증거로 사용할 수 없다.

50. 압수물의 증거능력, 공소장변경 절차 및 공소장변경의 필요성

○ 사례 50

1. 甲은 2021. 12. 2. 강제추행죄로 서울중앙지방법원에 불구속 기소되었고, 형사1단독 재판부에 배당되어 제1회 공판기일이 2022. 1. 3.로 지정되었다. 수사검사는 2021. 12. 26. 서울중앙지방법원 영장전담판사로부터 압수수색영장을 발부받아 甲의 집에서 甲의 추행을 간접적으로 증명할 수 있는 일기장을 압수한 후, 그 일기장과 압수조서를 공판기일에 증거로 제출하였다. 이후 1심 공판이 진행되어 증거가 부족하다는 이유로 강제추행죄가 무죄가 선고되었는데, 피고인의 항소로 진행된 항소심에서 심리가 종결될 즈음에 검사는 예비적으로 공연음란죄로 공소장변경신청을 하였다. 법원은 이를 허가하고 변론을 바로 종결한 후 공연음란죄에 대하여 유죄를 선고하였다.

    (1) 위 일기장과 압수조서는 증거능력이 인정되는가? (20점)

    (2) 위 사안에서 항소심법원이 공소장변경허가신청서 부본을 피고인 또는 변호인에게 송달하거나 교부하지 않은 채 판결을 선고한 것이라면 상고이유가 될 수 있는지 여부와 상고심 법원의 조치는? (25점)

2. 乙은 2019. 12. 4. 16:56경 (차량번호 생략) 쏘나타 승용차를 운전하여 서울 광진구 자양로13길 28 앞 편도 1차로의 도로를 진행 중 하던 중 앞에서 자전거를 타고 가던 피해자 공소외인 김피해(15세)가 경적을 울려도 길을 비켜주지 않고 욕을 하였다는 이유로 시비하여 중앙선을 좌측으로 넘어 피해자의 자전거를 추월한 후 다시 중앙선을 우측으로 넘어 자전거 앞으로 승용차의 진로를 변경한 후 급하게 정차하여 충돌을 피하려는 피해자의 자전거를 땅바닥에 넘어지게 하였다. 이로써 을은 피해자를 폭행하여 약 2주간의 치료가 필요한 우측 족관절부 염좌 등 상해에 이르게 하였다. 검사는 특수폭행치상죄로 乙을 기소하였고, 검사는 의견서를 통해 "2016. 1. 6. 형법 개정으로 특수상해죄가 형법 제258조의2로 신설됨에 따라 문언상으로 형법 제262조의 "제257조 내지 제259조의 예에 의한다"는 규정에 형법 제258조의2가 포함되어 특수폭행치상의 경우 특수상해인 형법 제258조의2 제1항의 예에 의하여 처벌함이 타당하다고 하면서 공소장에 적용법조를 "형법 제262조, 제258조의 2 제1항"을 적시하여 공소제기하였다.

    (1) 검사의 이러한 주장이 타당한지 논하시오. (20점)

(2) 검사가 이 사건 공소사실에 대하여 형법 제257조 제1항이 아닌 제258조의2 제1항의 예에 의하여 처벌해 달라고 기소한 이상, 법원은 검사의 공소장 변경 없이는 형법 제257조 제1항을 적용하여 처벌할 수 없는 것인지 논하시오. (15점)

3. 사법경찰관 A는 상습적으로 절도사건이 자주 발생하는 지역에서 잠복을 하던 중 상습절도로 수배 중인 丙을 우연히 발견하여 피의사실의 요지 등 미란다 원칙을 고지하고 상습절도죄로 긴급체포한 후, 23시경 丙을 50m 정도 떨어진 丙의 원룸으로 데리고 간 뒤 丙의 원룸 안에서 C의 핸드백과 그 안에 들어 있는 현금, 신용카드 등을 압수하고 사후에 적법하게 압수수색영장을 발부받았다. 이와 같이 압수한 핸드백 등을 丙에 대한 유죄의 증거로 인정할 수 있는지 검토하시오. (20점)

해 설

(1) 위 일기장과 압수조서는 증거능력이 인정되는가? (20점)

Ⅰ. 쟁점의 정리

사안에서 증거로 제출된 일기장과 압수조서의 증거능력과 관련해서는 먼저 공소제기 후에 검사가 수소법원이 아닌 영장전담판사로부터 발부받은 압수·수색영장에 기하여 甲의 영업장부 등을 압수한 것이 적법한 것인지가 문제된다. 다음으로 만약 甲의 일기장에 대한 압수가 위법하다면 이러한 위법한 절차에 따라 수집된 일기장뿐만 아니라 압수조서 또한 위법하게 수집된 증거가 되는 것은 아닌지가 검토되어야 한다.

Ⅱ. 공소제기 후 수사기관에 의한 피고인에 대한 압수·수색의 허용여부

1. 견해의 대립

(1) 학설의 태도

① 형사소송법(이하 '동법') 제215조에서 압수·수색·검증 영장에 대하여 그 청구의 시기를 제한하지 않고 있으므로 공소제기 후 제1회 공판기일 전까지는 허용된다는 적극설과 ② 공소가 제기되면 사건이 수소법원에 계속되므로 압수·수색·검증도 수소법원의 권한에 속하므로 허용되지 않는다는 소극설의 대립이 있다.

(2) 판례의 태도

대법원은 검사가 공소제기 후 형사소송법 제215조에 따라 수소법원 이외의 지방법원판사에게 청구하여 발부받은 영장에 의하여 압수수색을 하였다면, 그와 같이 수집된 증거는 기본적 인권 보장을 위해 마련된 적법한 절차에 따르지 않은 것으로서 원칙적으로 유죄의 증거로 삼을 수 없다(대판 2011. 4. 28, 2009도10412)고 판시하여 소극설의 입장을 따르고 있다.

(3) 검 토

동법 제215조는 '피의자'라고 규정하고 있고, 공소제기 후 제1회 공판기일 전에 압수·

수색 등의 필요성이 있는 경우에는 동법 제184조에 따른 증거보전청구가 가능하다는 점을 고려할 때, 소극설의 입장이 타당하다.

2. 사안의 경우

수사검사가 수소법원이 아닌 영장전담판사로부터 압수·수색영장을 발부받아 피고인 甲의 일기장을 압수한 행위는 위법하다고 평가된다.

III. 甲의 일기장과 압수조서의 증거능력

1. 문제점

일기장의 증거능력과 관련하여서는 위법수집증거배제법칙(동법 제308조의2)에 의하여 증거능력이 부정되는지가 문제되고, 압수조서의 증거능력과 관련해서는 위법수집증거를 기초로 한 2차적 증거도 증거능력이 부정되는지가 문제된다.

2. 영업장부가 위법하게 수집된 증거에 해당하는지 여부

앞서 살펴본 바와 같이 사안에서 압수된 甲의 일기장은 기본적 인권 보장을 위해 마련된 적법한 절차에 따르지 않은 것으로서 위법수집증거에 해당하여 그 증거능력은 부정된다고 보아야 한다.

3. 압수조서의 증거능력

(1) 독수독과 이론의 적용 여부

독수독과 이론이란 위법하게 수집된 증거(독수)에 의하여 발견된 제2차 증거(과실)의 증거능력을 부정하는 이론을 말한다. 대법원은 전원합의체판결을 통하여 "수사기관의 위법한 압수수색을 억제하고 재발을 방지하는 가장 효과적이고 확실한 대응책은 이를 통하여 수집한 증거는 물론 이를 기초로 하여 획득한 2차적 증거를 유죄 인정의 증거로 삼을 수 없도록 하는 것이다."라고 판시하여(대판 2007. 11. 15, 2007도3061 전합), 독수독과 이론을 명백히 수용하고 있다.

(2) 사안의 경우

위법하게 수집된 甲의 일기장을 기초로 작성된 압수조서 또한 위법하게 수집된 증거를 기초로 한 2차적 증거에 불과하므로 독수독과의 이론에 따라 역시 유죄의 증거로 삼을 수 없다고 봄이 타당하다.

IV. 사안의 해결

수사검사가 공소제기 후 수소법원이 아닌 영장전담판사로부터 발부받은 영장에 기하여 甲의 일기장을 압수한 것은 위법하게 수집된 증거로서 그 증거능력이 인정되지 아니하며, 그를 기초로 작성된 압수조서 또한 독수독과에 해당하여 역시 유죄의 증거로 삼을 수 없다.

제1문

(2) 위 사안에서 항소심법원이 공소장변경허가신청서 부본을 피고인 또는 변호인에게 송달하거나 교부하지 않은 채 판결을 선고한 것이라면 상고이유가 될 수 있는지 여부와 상고심 법원의 조치는? (25점)

I. 쟁점의 정리

상고심은 사후심으로 상고이유가 제한되어 있는데, 검사의 서면에 의한 공소장변경허가신청이 있는데도 법원이 피고인 또는 변호인에게 공소장변경허가신청서 부본을 송달·교부하지 않은 채 공소장변경을 허가하고 공소장변경허가신청서에 기재된 공소사실에 관하여 유죄판결을 하였다면, 공소장변경허가신청서 부본을 송달·교부하지 않은 것을 상고이유로 삼을 수 있는지 문제된다. 형사소송법 제383조 제1호 '판결에 영향을 미친 헌법·법률·명령 또는 규칙의 위반이 있는 때'에 해당하는지 검토한다.

II. 공소장변경 부본 송달 교부의무 위반 여부

법원은 공소사실 또는 적용법조의 추가, 철회 또는 변경이 있을 때에는 그 사유를 신속히 피고인 또는 변호인에게 고지하여야 한다(형사소송법 제298조 제3항). 형사소송규칙 제142조 제1항은 '검사가 형사소송법 제298조 제1항에 따라 공소장에 기재한 공소사실 또는 적용법조의 추가, 철회 또는 변경을 하고자 하는 때에는 그 취지를 기재한 공소장변경허가신청서를 법원에 제출하여야 한다.'고 정하고, 제5항은 '법원은 제1항의 규정에도 불구하고 피고인이 재정하는 공판정에서는 피고인에게 이익이 되거나 피고인이 동의하는 경우 구술에 의한 공소장변경을 허가할 수 있다.'고 정하고 있다. 이와 같이 검사가 공소장변경신청을 하고자 할 때에는 서면으로 하는 것이 원칙이고, 예외적으로 피고인이 재정하는 공판정에서 피고인에게 이익이 되거나 피고인이 동의하는 경우에는 구술에 의한 공소장변경신청을 할 수 있다. 이는 심판의 대상을 명확히 한정하고 절차를 분명히 하여 피고인의 방어권 행사를 가능하게 하기 위한 것이다. 형사소송규칙 제142조 제2항, 제3항에 따르면, 검사가 서면으로 공소장변경신청을 하는 경우 피고인의 수에 상응한 부본을 첨부하여야 하고, 법원은 그 부본을 피고인 또는 변호인에게 즉시 송달하여야 한다. 따라서 사안의 경우 공소장부본을 송달, 교부하지 않은 것은 위 형사소송 규칙을 위반한 위법이 존재한다.

III. 판결에 영향을 미친 때에 해당하는지 여부

위와 같은 공소장변경 절차에 관한 법규의 내용과 취지에 비추어 보면, 검사의 서면에 의한 공소장변경허가신청이 있는데도 법원이 피고인 또는 변호인에게 공소장변경허가신청서 부본을 송달·교부하지 않은 채 공소장변경을 허가하고 공소장변경허가신청서에 기재된 공소사실에 관하여 유죄판결을 하였다면, 공소장변경허가신청서 부본을 송달·교부하지 않은 법원의 잘못은 판결에 영향을 미친 법령 위반에 해당한다고 볼 것이다.

다만 공소장변경 내용이 피고인의 방어권과 변호인의 변호권 행사에 지장이 없는 것이거나 피고인과 변호인이 공판기일에서 변경된 공소사실에 대하여 충분히 변론할 기회를 부여받는 등 피고인의 방어권이나 변호인의 변호권이 본질적으로 침해되지 않았다고 볼 만한 특별한 사정이 있다면 판결에 영향을 미친 법령 위반이라고 할 수 없다.

대법원은 이와 유사한 사안에서 "피고인이 강제추행죄로 기소되어 제1심에서 무죄가 선고되자 검사가 항소심에서 공연음란죄를 예비적으로 추가하는 공소장변경허가신청서를 제출하였는데 원심이 공소장변경허가신청서 부본을 피고인 또는 변호인에게 송달하거나 교부하지 않은 채 공판절차를 진행하여 기존 공소사실에 대하여 무죄로 판단한 제1심 판결을 파기하고 예비적 공소사실을 유죄로 판단한 사안에서, 공연음란죄는 강제추행죄와 비교하여 행위 양태, 보호법익, 죄질과 법정형 등에서 차이가 있어, 기존 공소사실과 예비적 공소사실은 심판대상과 피고인의 방어대상이 서로 달라 피고인의 방어권이나 변호인의 변호권을 본질적으로 침해한 것으로 볼 수 있으므로, 원심판결에는 공소장변경절차에 관한 법령을 위반하여 판결에 영향을 미친 잘못이 있다(대판 2021. 6. 30, 2019도7217)"고 판시한 바 있다.

IV. 상고심 법원의 조치

공연음란죄는 강제추행죄와 비교하여 행위 양태, 보호법익, 죄질과 법정형 등에서 차이가 있음에도 불구하고, 항소심은 공소장변경을 허가한 후 바로 변론을 종결하여 피고인에게 방어권을 보장하였다고 볼 수 없다. 이는 판결에 영향을 미친 위법이 존재하는 것이므로 예비적 공소사실 부분은 파기되어야 하는데, 예비적 공소사실 부분을 파기하는 이상 주위적 공소사실을 포함한 원심판결 전부가 파기되어야 한다(전부파기). 결국, 상고는 이유 있으므로 원심판결을 파기하고 사건을 전부 다시 심리·판단하도록 원심법원에 환송할 것이다.

제2문

(1) 검사의 이러한 주장이 타당한지 논하시오. (20점)

I. 쟁점의 정리

검사는 특수폭행치상죄로 을을 기소하였는데, 특수폭행치상죄로 의율하면서 형법 제262조는 형법 제258조의2의 적용을 배제하고 있지 않고, 특수폭행치상죄를 특수상해죄의 예에 따라 처벌하더라도 형벌체계상의 부당함이나 불균형이 있어 보이지 않는다는 취지로 특수상해죄의 법정형인 "1년 이상 10년 이하의 징역"을 적용해달라고 하였다. 특수상해죄는 종전 특수폭행치상죄와 달리 벌금형을 규정하고 있지 않다. 과연 이러한 적용이 타당한지에 대하여 검토해보아야 한다.

II. 죄형법정주의에 위반되는 것은 아닌지 여부

죄형법정주의는 국가형벌권의 자의적인 행사로부터 개인의 자유와 권리를 보호하기 위하여 범죄와 형벌을 법률로 정할 것을 요구한다. 그러한 취지에 비추어 보면 형벌법규의 해석은 엄격하여야 하고, 명문의 형벌법규의 의미를 피고인에게 불리한 방향으로 지나치게 확장해석하거나 유추해석하는 것은 죄형법정주의의 원칙에 어긋나는 것으로서 허용되지 아니하나(대판 2017. 9. 21, 2017도7687 등), 형벌법규의 해석에서도 법률문언의 통상적인 의미를 벗어나지 않는 한 그 법률의 입법 취지와 목적, 입법연혁 등을 고려한 목적론적 해석이 배제되는 것은 아니다(대판 2003. 1. 10, 2002도2363).

특수폭행치상죄의 해당규정인 형법 제262조, 제261조는 형법 제정 당시부터 존재하였는데, 형법 제258조의2 특수상해죄의 신설 이전에는 형법 제262조의 "전 2조의 죄를 범하여 사람을 사상에 이르게 한 때에는 제257조 내지 제259조의 예에 의한다."라는 규정 중 "제257조 내지 제259조의 예에 의한다"의 의미는 형법 제260조(폭행, 존속폭행) 또는 제261조(특수폭행)의 죄를 범하여 상해, 중상해, 사망의 결과가 발생한 경우, 그 결과에 따라 상해의 경우에는 형법 제257조, 중상해의 경우에는 형법 제258조, 사망의 경우에는 형법 제259조의 예에 준하여 처벌하는 것으로 해석·적용되어 왔고, 따라서 특수폭행치상죄의 경우 법정형은 형법 제257조 제1항에 의하여 "7년 이하의 징역, 10년 이하의 자격정지 또는 1천만 원 이하의 벌금"이었다.

그런데 2016. 1. 6. 형법 개정으로 특수상해죄가 형법 제258조의2로 신설됨에 따라 문언상으로 형법 제262조의 "제257조 내지 제259조의 예에 의한다"는 규정에 형법 제258조의2가 포함되어 특수폭행치상의 경우 특수상해인 형법 제258조의2 제1항의 예에 의하여 처벌하여야 하는 것으로 해석될 여지가 생기게 되었다. 이러한 해석을 따를 경우 특수폭행치상죄의 법정형이 형법 제258조의2 제1항이 정한 "1년 이상 10년 이하의 징역"이 되어 종래와 같이 형법 제257조 제1항의 예에 의하는 것보다 상향되는 결과가 발생하게 된다.

그러나 앞서 본 형벌규정 해석에 관한 법리와 다음과 같은 폭력행위 등 처벌에 관한 법률의 개정 경과 및 형법 제258조의2의 신설 경위와 내용, 그 목적, 형법 제262조의 연혁, 문언과 체계 등을 고려할 때, 특수폭행치상의 경우 형법 제258조의2의 신설에도 불구하고 종전과 같이 형법 제257조 제1항의 예에 의하여 처벌하는 것으로 해석함이 타당하다. 2016. 1. 6. 형법 개정 과정에서 특수폭행치상죄의 법정형을 상향시켜야 할 만한 사회적 상황의 변경이 있었다고 보기 힘들다.

III. 결 론

이러한 상황에서, 형법 제258조의2 특수상해죄의 신설로 형법 제262조, 제261조의 특수폭행치상죄에 대하여 그 문언상 특수상해죄의 예에 의하여 처벌하는 것이 가능하게 되었다는 이유만으로 형법 제258조의2 제1항의 예에 따라 처벌할 수 있다고 한다면, 그 법정형의 차이로 인하여 종래에 벌금형을 선택할 수 있었던 경미한 사안에 대하여도 일률적으로 징역형을 선고해야 하므로 형벌체계상의 정당성과 균형을 갖추기 위함이라는 위 법 개정의 취지와 목적에 맞지 않는다. 또한 형의 경중과 행위자의 책임, 즉 형벌 사이에 비례성을 갖추어야 한다는 형사법상의 책임원칙에 반할 우려도 있으며, 법원이 해석으로 특수폭행치상에 대한 가중규정을 신설한 것과 같은 결과가 되어 죄형법정주의원칙에도 반하는 결과가 된다(대판 2018. 7. 24, 2018도3443).

제 2 문

(2) 검사가 이 사건 공소사실에 대하여 형법 제257조 제1항이 아닌 제258조의2 제1항의 예에 의하여 처벌해 달라고 기소한 이상, 법원은 검사의 공소장 변경 없이는 형법 제257조 제1항을 적용하여 처벌할 수 없는 것인지 논하시오. (15점)

Ⅰ. 쟁점의 정리

검사는 특수폭행치상죄로 乙을 기소하였다고 하여 과연 법원이 그 적용법조에 대하여 공소장변경없이는 판단이 불가능한 것인지 공소장변경 요부와 관련하여 문제된다. 그러나 사안의 경우는 공소사실 자체의 변경이 있는 것이 아니라 적용법조의 변경이 있는 것으로 공소장 변경이 필요한지 검토하여야 한다.

Ⅱ. 공소장 변경의 필요성

공소장변경이 반드시 필요한지 여부와 관련하여 동일벌조설, 법률구성설, 사실기재설이 대립하나, 통설과 판례는 실질적으로 피고인의 방어권행사에 불이익을 초래하는가를 기준으로 공소장변경이 필요한 사실인지 여부를 판단(공소장변경제도가 방어권보장에 그 취지가 있으므로 이 견해가 타당)하는 사실기재설을 따르고 있다.

그러나 사실기재설에 의하더라도 방어권행사에 불이익이 없는 축소사실의 인정이나 법률구성만을 달리하는 경우는 공소장변경이 굳이 필요하지 아니하다고 볼 것이다. 판례 역시 법원은 공소사실의 동일성이 인정되는 범위 내에서 공소가 제기된 범죄사실에 포함된 보다 가벼운 범죄사실이 인정되는 경우에 심리의 경과에 비추어 피고인의 방어권 행사에 실질적 불이익을 초래할 염려가 없다고 인정되는 때에는 공소장이 변경되지 않았더라도 직권으로 공소장에 기재된 공소사실과 다른 공소사실을 인정할 수 있는 것이라고 판시하고 있다(대판 2007. 4. 12, 2007도828).

III. 공소사실이 아닌 어느 처벌조항을 준용할지에 관한 해석 및 판단에서 법원이 검사의 공소장 기재 적용법조에 구속되는지 여부

공소장에는 죄명·공소사실과 함께 적용법조를 기재하여야 하지만(형사소송법 제254조) 공소장에 적용법조를 기재하는 이유는 공소사실의 법률적 평가를 명확히 하여 공소의 범위를 확정하는 데 보조기능을 하도록 하고, 피고인의 방어권을 보장하고자 함에 있을 뿐이고, 법률의 해석 및 적용 문제는 법원의 전권이므로, 공소사실이 아닌 어느 처벌조항을 준용할지에 관한 해석 및 판단에 있어서는 법원은 검사의 공소장 기재 적용법조에 구속되지 않는다(대판 2018. 7. 24, 2018도3443).

IV. 결 론

검사가 이 사건 공소사실에 대하여 형법 제257조 제1항이 아닌 제258조의2 제1항의 예에 의하여 처벌해 달라고 기소하였더라도 법원은 검사의 공소장 변경 없이 형법 제257조 제1항을 적용하여 처벌할 수 있으며, 벌금형을 선고할 수도 있다.

제3문

3. 사법경찰관 A는 상습적으로 절도사건이 자주 발생하는 지역에서 잠복을 하던 중 상습절도로 수배 중인 丙을 우연히 발견하여 피의사실의 요지 등 미란다 원칙을 고지하고 상습절도죄로 긴급체포한 후, 23시경 丙을 50m 정도 떨어진 丙의 원룸으로 데리고 간 뒤 丙의 원룸 안에서 C의 핸드백과 그 안에 들어 있는 현금, 신용카드 등을 압수하고 사후에 적법하게 압수수색영장을 발부받았다. 이와 같이 압수한 핸드백 등을 丙에 대한 유죄의 증거로 인정할 수 있는지 검토하시오. (20점)

I. 쟁점의 정리

사법경찰관이 압수한 핸드백 등의 증거능력과 관련하여 사법경찰관의 丙에 대한 긴급체포의 적법성과 긴급체포시 압수·수색과 관련하여 영장주의의 예외 요건인 형사소송법 제217조의 요건이 준수되었는지가 문제된다.

II. 丙에 대한 긴급체포가 적법하였는지 여부 – 형사소송법 제200조의3 내지 6

1. 긴급체포의 적법요건

(1) 긴급체포의 실체적 요건

① 범죄의 중대성과 관련하여 사형 무기 또는 장기 3년 이상의 징역이나 금고에 해당하는 죄를 범하였다고 의심할 만한 상당한 이유가 있어야 한다. 범죄혐의는 무죄추정을 깨뜨릴 정도의 유죄판결의 고도의 개연성을 의미한다. ② 체포의 필요성과 관련하여 증거인멸의 염려 또는 도망할 우려 등이 필요하다. ③ 체포의 긴급성과 관련하여 긴급을 요하여 지방법원판사의 체포영장을 받을 수 없어야 한다. ④ 긴급체포의 요건은 체포당시의 상황을 기초로 판단하여야 하고, 수사주체의 상당한 재량의 여지가 있으나 경험칙에 비추어 현저히 합리성을 잃은 경우에는 위법하게 된다(대판 2002. 6. 11, 2000도5701).

(2) 긴급체포의 절차적 요건

긴급체포권자는 검사와 사법경찰관이고, 피의자를 체포하는 경우에는 피의사실의 요지, 체포의 이유와 변호인을 선임할 수 있음을 고지하고 변명할 기회를 주어야 한다(형사소송법 제200조의5). 그리고 긴급체포 후에는 긴급체포서 작성(형사소송법 제200조의3 제3항) 및 통지의무(형사소송법 제200조의6, 제87조)를 준수하여야 한다.

2. 사안의 경우

丙은 상습절도범으로 사법경찰관이 잠복 중에 우연히 발견하였으므로 긴급체포의 긴급성, 필요성, 중대성의 실체적 요건은 구비되었고, 피의사실의 요지 등 미란다 원칙을 고지하였으므로 긴급체포의 절차적 요건 역시 충족되었으므로, 사법경찰관의 丙에 대한 긴급체포는 적법하다.

III. C의 핸드백, 현금, 신용카드 등의 증거능력 인정 여부

1. 긴급체포시 영장주의의 예외 요건(형사소송법 제217조) 해당 여부

피의자를 긴급체포한 경우 형사소송법 제217조 제1항에 따라 피의자가 보관하고 있는 물건에 대하여 증거를 인멸하거나 은닉 내지 손괴할 위험이 있는바 긴급히 압수할 필요가 있어 24시간 이내에 한하여 영장 없이 압수할 수 있고, 동조 제2항에 따라 압수한 물건을 계속 압수할 필요가 있는 경우에는 지체 없이 압수수색영장을 청구하여야 하고 이는 48시간 이내에 이루어져야 한다.

2. 사안의 경우

사법경찰관 A는 丙의 집에서 50미터 가량 떨어진 곳에서 丙을 적법하게 긴급체포하였고, 丙이 보관하고 있는 C의 핸드백, 현금, 신용카드 등을 丙이 인멸, 은닉 내지 손괴할 위험성이 충분히 있어 丙의 집으로 데려가 영장 없이 압수할 수 있고, 이에 대하여 계속 압수할 필요가 있어 적법하게 해당 압수물에 대한 압수수색영장을 발부 받았으므로 형사소송법 제217조 제1항 및 제2항의 요건을 모두 충족하였으므로 사법경찰관 A가 丙을 긴급체포하면서 압수한 C의 핸드백, 현금, 신용카드 등은 丙의 범행에 대한 유죄의 증거로 사용할 수 있다.

그러나 사안과 같이 23시로 야간이라면, 형사소송법 제125조에 의하여 야간집행이 제한되며 영장주의의 예외인 법 제217조의 긴급압수는 제220조에 의하여 요급처분으로 야간집행의 예외가 인정될 수 없으므로, 이는 위법한 압수가 된다. 따라서 이는 형사소송법상 효력규정을 위배한 중대한 위법이므로 형사소송법 제308조의2에 의한 위법수집증거에 해당하여 증거로 사용할 수 없다.

○ 사례 51

甲은 A女를 상습적으로 폭행한 사실에 대하여 A녀로부터 고소를 당하여 경찰에 소환을 받았다. 그런데 이 사실을 알게 된 A女의 남자친구인 B가 甲을 찾아와 칼을 들이대며 "다음부터 한 번만 더 A女를 폭행한다면 평생 불구로 살 생각을 해라"는 협박을 받았다.

협박을 받았다는 말을 전해 들은 甲의 동성애인 戊는 A를 찾아가 쇠파이프로 "니 애인이 감히 우리 허니를 협박해?"라고 하면서 A의 엉덩이를 가격하였다.

다음 각 증거의 증거능력을 검토하시오.

1. 사법경찰관P가 甲을 피의자로 조사하는 과정에서 B의 甲에 대한 범행을 알게 되었고, 그 내용을 조사하여 B를 기소하였다. 甲은 사법경찰관P로부터 피의자신문을 받는 과정에서 B가 칼을 들고 甲을 협박하였다는 내용을 진술하였다. 이러한 甲의 진술이 담긴 사법경찰관P가 작성한 甲에 대한 피의자신문조서가 B의 해당 범죄에 대한 유죄 인정의 증거로 사용될 수 있는 요건은? (20점)

2. 戊가 A를 쇠파이프로 가격하는 범행장면은 현장 인근에 주차되어 있던 차량 블랙박스에 녹화되었다. 해당 사건을 수사하던 검사R은 차량 주인이 블랙박스에 戊의 범행장면이 녹화된 동영상 파일이 복사된 USB를 건네주자 이를 영장 없이 압수한 후 戊를 기소하면서 USB에 저장되어 있는 동영상 파일을 증거로 제출하였다. 동영상 파일의 증거능력에 관하여 검토하시오. (15점)

3. 이후 위 사건에 대하여 甲은 상습폭행 혐의로 기소가 되어 재판을 받게 되었는데, 이때 증거로 甲의 옛 애인인 乙에 대한 검사 작성 참고인진술조서('갑이 A녀를 상습적으로 폭행하였고, 저도 그 옆에 있다가 약식기소 되어서 벌금형이 확정되었다'는 내용이며, 실제로 乙은 위 폭행죄로 벌금 500만원을 선고받고 확정되었다)가 제출되었고, 甲은 한번 폭행한 적은 인정하지만 상습적으로 그런 사실이 없다고 다투면서 위 참고인진술조서를 부동의하였다. 검사는 乙을 증인으로 신청하였고, 乙은 출석하여 일체의 진술을 거부하면서 그 이유를 묻자 "일체의 진술과 선서를 거부하기로 판단하였다."고 진술하였다. 이 경우 참고인진술조서는 증거능력이 있는가? (15점)

해 설

제1문

1. 사법경찰관P가 甲을 피의자로 조사하는 과정에서 B의 甲에 대한 범행을 알게 되었고, 그 내용을 조사하여 B를 기소하였다. 甲은 사법경찰관P로부터 피의자신문을 받는 과정에서 B가 칼을 들고 甲을 협박하였다는 내용을 진술하였다. 이러한 甲의 진술이 담긴 사법경찰관P가 작성한 甲에 대한 피의자신문조서가 B의 해당 범죄에 대한 유죄 인정의 증거로 사용될 수 있는 요건은? (20점)

Ⅰ. 쟁점의 정리

甲이 본인의 혐의사실에 관하여 사법경찰관P로부터 신문을 받으면서 작성된 피의자신문조서에 B의 甲에 대한 협박행위에 대해서는 피해자로서 진술을 한 甲의 진술이 기재되어 있는 경우, 이러한 진술이 B의 범죄에 대하여 증거능력을 인정받기 위해서는 어떠한 요건이 필요한지 문제된다.

Ⅱ. 피해자로서의 진술이 기재된 사경 작성 피의자신문조서의 증거능력

1. 사경이 작성한 甲에 대한 피의자신문조서의 성격

甲은 B의 특수협박행위에 대해서는 피해자의 지위에 있으므로 피해자인 甲의 진술이 사경이 작성한 피의자신문조서에 기재되었더라도 이는 형사소송법 제312조 제4항의 '피고인 아닌 자'의 진술을 기재한 조서에 해당한다.

2. 사경 작성 甲에 대한 피의자신문조서의 B의 특수협박 혐의에 대한 증거능력 인정 요건

(1) 형사소송법 제318조 제1항 피고인의 동의

이에 대해서는 피고인 B가 사경 작성 甲자에 대한 피의자신문조서를 자신의 특수협박 범죄에 대한 증거로 사용됨에 동의하면 그 증거능력을 인정할 수 있다(형사소송법 제318조 제1항).

(2) 형사소송법 제312조 제4항

전문법칙의 예외로서 형사소송법 제312조 제4항에 따라 조서가 적법한 절차와 방식에 따라 작성된 것이고, 甲이 B에 대한 특수협박죄 사건의 증인으로 나와 선서한 후 조서에 대하여 진정성립을 인정하고, B에게 甲에 대한 반대신문의 기회가 부여되어야 하며 마지막 으로 甲의 진술이 특신상태 하에서 이루어진 것임이 인정되어야 한다.

III. 결 론

甲에 대한 사경 작성 피의자신문조서의 내용 중 甲이 B의 특수협박행위에 대한 피해자 로서의 진술은 형사소송법 제312조 제4항의 참고인진술조서로서의 성격을 가지며, 해당 조 서는 형사소송법 제318조 제1항의 피고인인 B의 증거동의가 있거나, 전문법칙의 예외요건 으로서 형사소송법 제312조 제4항에서 규정한 요건을 충족하는 경우에 한하여 B에 대한 유죄의 증거로 사용할 수 있다.

제2문

2. 戊가 A를 쇠파이프로 가격하는 범행장면은 현장 인근에 주차되어 있던 차량 블랙박 스에 녹화되었다. 해당 사건을 수사하던 검사R은 차량 주인이 블랙박스에 戊의 범행 장면이 녹화된 동영상 파일이 복사된 USB를 건네주자 이를 영장 없이 압수한 후 戊 를 기소하면서 USB에 저장되어 있는 동영상 파일을 증거로 제출하였다. 동영상 파일 의 증거능력에 관하여 검토하시오. (15점)

I. 쟁점의 정리

검사R이 영장 없이 차량 주인으로부터 戊의 범행장면이 녹화된 동영상 파일이 복사된 USB를 건네받아 압수한 것이 적법한 압수에 해당하는지 여부가 문제된다. 또한 USB에 저 장되어 있는 동영상 파일을 진술증거로 볼 것인지 비진술증거로 볼 것인지 여부와 복사된 파일의 증거능력 인정 여부가 문제된다.

II. USB를 영장 없이 압수한 것이 적법한지 여부

1. 형사소송법 제218조 임의제출물의 압수

형사소송법 제218조는 검사, 사법경찰관은 피의자 기타인의 유류한 물건이나 소유자, 소지자 또는 보관자가 임의로 제출한 물건을 영장없이 압수할 수 있다고 규정하고 있다.

2. 사안의 경우

사안에서 이 사건 USB는 차량 블랙박스 주인인 USB 소유자가 검사R에게 임의로 건넨 것이므로 형사소송법 제218조의 임의제출물에 해당한다. 따라서 검사R이 USB를 영장 없이 압수한 것은 적법한 압수에 해당한다.

III. USB에 복사된 동영상 파일의 증거로서의 성격

블랙박스는 진술을 기재한 것이 아니라 현장의 모습을 그대로 담은 현장사진이며, 이를 복사한 것은 사본의 증거능력이 문제된다.

1. 현장사진의 증거능력

현장사진의 증거능력에 대하여는 사람의 지각에 의한 진술이 아니므로 전문법칙 적용 안 된다는 비진술증거설과 사실보고기능과 인위적 수정의 위험이 존재하므로 진술증거로서 전문법칙 적용하며 촬영주체에 따라 제311조 내지 제313조가 적용된다는 입장이 있다. 이에 대해 비진술증거이지만 조작가능성 있으므로 예외적으로 검증조서에 준해 증거능력 인정하자는 검증조서유추적용설이 다수설의 입장이다.

대법원은 피고인의 동의하에 촬영된 나체사진의 존재만으로 피고인의 인격권과 초상권을 침해하는 것으로 볼 수 없고, 가사 사진을 촬영한 제3자가 그 사진을 이용하여 피고인을 공갈할 의도였다고 하더라도 사진의 촬영이 임의성이 배제된 상태에서 이루어진 것이라고 할 수는 없으며, 그 사진은 범죄현장의 사진으로서 피고인에 대한 형사소추를 위하여 반드시 필요한 증거로 보인다고 판시하여 현장사진 자체는 비진술증거로 판단한 것으로 평가되기도 한다(대판 1997. 9. 30, 97도1230 참조).

2. 사안의 경우

따라서 사안에서 戊의 범행장면이 복사·저장된 USB 파일은 비진술증거로 보아 요증사실과의 관련성, 즉 그 사진이 현장의 정확한 영상이라는 사실이 입증되면 증거능력이 인정될 수 있다. 하지만 조작이나 편집의 위험이 존재한다는 점에서 검증조서에 준하여 촬영자가 현장모습 그대로 작성된 것임을 진술하도록 함이 타당하다고 본다.

IV. 블랙박스 영상의 사본인 USB 동영상 파일의 증거능력 인정요건

USB에 저장된 동영상 파일은 복사본이므로, 이를 증거로 사용하기 위한 요건이 구비되어야 한다.

1. 복사본 증거의 증거능력 인정요건

판례는 "휴대전화기의 화면을 촬영한 사진을 증거로 제출하여 증거로 사용하려면 문자정보가 저장된 휴대전화기를 법정에 제출할 수 없거나 그 제출이 곤란한 사정이 있고, 그 사진의 영상이 휴대전화기의 화면에 표시된 문자정보와 정확하게 같다는 사실이 증명되어야 한다."고 판시하여 최량증거 법칙에 따라 복사된 파일이 증거로 제출된 경우에는 녹화원본과 동일성이 인정되어야 그 증거능력을 인정할 수 있다는 입장이다(대판 2008. 11. 13, 2006도2556).

2. 사안의 경우

사안에서 차량 블랙박스 영상 원본이 아닌 원본 영상을 복사하여 저장한 USB 동영상 파일이 증거로 제출되었는데 이 경우 블랙박스 원본 영상을 법정에 제출할 수 없거나 제출하기 곤란한 사정이 있고 블랙박스에서 녹화된 원본 영상이 USB에 복사된 영상과 동일하다는 점이 입증되면 그 증거능력을 인정할 수 있다.

V. 결 론

검사R이 영장 없이 USB를 압수한 행위는 임의제출물의 압수로 적법하며, USB 동영상 파일은 비진술증거로서 차량 블랙박스에 녹화된 원본 파일과의 동일성이 인정되면 戊의 유죄 입증을 위한 증거로 사용될 수 있다.

제3문

3. 이후 위 사건에 대하여 甲은 상습폭행 혐의로 기소가 되어 재판을 받게 되었는데, 이 때 증거로 甲의 옛 애인인 乙에 대한 검사 작성 참고인진술조서('갑이 A녀를 상습적으로 폭행하였고, 저도 그 옆에 있다가 약식기소 되어서 벌금형이 확정되었다'는 내용이며, 실제로 乙은 위 폭행죄로 벌금 500만원을 선고받고 확정되었다)가 제출되었고, 甲은 한번 폭행한 적은 인정하지만 상습적으로 그런 사실이 없다고 다투면서 위 참고인진술조서를 부동의하였다. 검사는 乙을 증인으로 신청하였고, 乙은 출석하여 일체의 진술을 거부하면서 그 이유를 묻자 "일체의 진술과 선서를 거부하기로 판단하였다."고 진술하였다. 이 경우 참고인진술조서는 증거능력이 있는가? (15점)

Ⅰ. 쟁점의 정리

증언거부는 자신의 관련사건이 확정된 후이므로 형사소송법 제148조에 따른 증언거부권은 인정되지 않고, 형사소송법 제150조에 의하면 증언을 거부하는 자는 거부사유를 소명하여야 하는데 乙은 "일체의 진술 및 선서를 거부하기로 판단하였다."라고만 하였다. 따라서 乙의 이러한 증언거부는 정당하게 증언거부권을 행사한 것인지 여부 및 이러한 경우 형사소송법 제314조의 '그 밖에 이에 준하는 사유로 인하여 진술할 수 없는 때'에 해당할 수 있는지가 문제된다.

Ⅱ. 을에게 증언거부권이 존재하는지 여부

증언거부권이란 증언의무의 존재를 전제로 하여 증언의무의 이행을 거절할 수 있는 권리로서 증인거부권(법 147조)과는 구별되는 권리이다. 증인거부권이 인정되는 경우는 증인신문 자체를 거부할 수 있지만, 증언거부권을 이유로 증인이 출석을 거부할 수는 없다. 법 제148조(근친자의 형사책임과 증언거부)는 누구든지 자기나 친족 또는 친족관계가 있었던 자 또는 법정대리인, 후견감독인에 해당한 관계있는 자가 형사소추 또는 공소제기를 당하거나 유죄판결을 받을 사실이 발로될 염려있는 증언을 거부할 수 있다.

그러나 乙은 이미 이 사건과 관련된 내용으로 약식명령을 발령받아 확정되어 벌금 500만원이 선고된 상황이므로 乙에게는 형사소추 또는 공소제기를 당하거나 유죄판결을 받을 사실이 발로될 염려가 없다. 판례 역시 형사소송법 제148조의 증언거부권은 헌법 제12조 제2항에 정한 불이익 진술의 강요금지 원칙을 구체화한 자기부죄거부특권에 관한 것인데,

이미 유죄의 확정판결을 받은 경우에는 헌법 제13조 제1항에 정한 일사부재리의 원칙에 의해 다시 처벌받지 아니하므로 자신에 대한 유죄판결이 확정된 증인은 공범에 대한 사건에서 증언을 거부할 수 없다(대판 2011. 11. 24, 2011도11994)고 판시하고 있다.

따라서 乙은 정당한 이유없이 증언을 거부하는 것으로 판단된다.

III. 정당한 이유없이 증언을 거부하는 경우가 제314조에 따른 필요성 요건을 충족하는지 여부

법원은 이러한 실질적 직접심리주의와 전문법칙이 형사소송절차 진행 및 심리 과정에서 원칙적이고 실질적인 지배원리로서 충실히 기능할 수 있도록 하여야 하고, 그 예외는 직접심리주의와 공판중심주의에 의한 공정한 공개재판을 받을 권리와 무죄추정을 받을 권리를 본질적으로 침해하거나 형해화하는 결과가 초래되지 않도록 형사소송법이 정한 필요한 최소한도에 그쳐야 한다(대판 2011. 11. 10, 2010도12 등 참조). 형사소송법은 제310조의2에서 "제311조 내지 제316조에 규정한 것 이외에는 공판준비 또는 공판기일에서의 진술에 대신하여 진술을 기재한 서류나 공판준비 또는 공판기일 외에서의 타인의 진술을 내용으로 하는 진술은 이를 증거로 할 수 없다."라고 정하고 있다. 이로써 사실을 직접 경험한 사람의 진술이 법정에 직접 제출되어야 하고 이에 갈음하는 대체물인 진술 또는 서류가 제출되어서는 안 된다는 이른바 전문법칙을 선언하고, 전문법칙의 예외로 증거능력이 인정되는 경우를 제311조 내지 제316조로 제한하고 있다. 또한 제312조와 제313조는 참고인 진술조서 등 서면증거에 대하여 반대신문권이 보장되는 등 엄격한 요건이 충족될 경우에 한하여 증거능력을 인정하는 예외를 규정하고 있고, 제314조는 제312조 또는 제313조의 경우에 진술을 요하는 자가 진술할 수 없는 때 다시 예외적으로 그 진술 없이 증거능력을 인정할 수 있는 요건을 규정하고 있다. 따라서 예외의 예외를 규정하고 있는 제314조는 공판중심주의와 직접심리주의원칙을 강조하는 현행 형사소송법하에서 그 요건을 엄격히 판단하여야 한다.

증언거부권을 행사하는 것은 제314조의 '그 밖에 이에 준하는 사유로 인하여 진술할 수 없는 때'에 해당하지 않는다는 점은 이미 기존의 대법원 판례를 통해 확인된 바 있다. 문제는 정당한 이유 없이 증언거부권을 행사하는 경우까지도 위 사유에 해당한다고 볼 것인지에 있다. 이에 대하여 대법원은 최근 전원합의체를 통해 다음과 같이 다수의견과 반대의견이 대립되었다(대판 2019. 11. 21, 2018도13945 전합).

(1) [다수의견] 수사기관에서 진술한 참고인이 법정에서 증언을 거부하여 피고인이 반대신문을 하지 못한 경우에는 **정당하게 증언거부권을 행사한 것이 아니라도**, 피고인이 증

인의 증언거부 상황을 초래하였다는 등의 특별한 사정이 없는 한 형사소송법 제314조의 '그 밖에 이에 준하는 사유로 인하여 진술할 수 없는 때'에 해당하지 않는다고 보아야 한다. 따라서 증인이 정당하게 증언거부권을 행사하여 증언을 거부한 경우와 마찬가지로 수사기관에서 그 증인의 진술을 기재한 서류는 증거능력이 없다. 다만 피고인이 증인의 증언거부 상황을 초래하였다는 등의 특별한 사정이 있는 경우에는 형사소송법 제314조의 적용을 배제할 이유가 없다. 이러한 경우까지 형사소송법 제314조의 '그 밖에 이에 준하는 사유로 인하여 진술할 수 없는 때'에 해당하지 않는다고 보면 사건의 실체에 대한 심증 형성은 법관의 면전에서 본래증거에 대한 반대신문이 보장된 증거조사를 통하여 이루어져야 한다는 실질적 직접심리주의와 전문법칙에 대하여 예외를 정한 형사소송법 제314조의 취지에 반하고 정의의 관념에도 맞지 않기 때문이다.

(2) [대법관 박상옥의 별개의견] 증인이 정당하게 증언거부권을 행사한 것으로 볼 수 없는 경우에는 형사소송법 제314조의 '그 밖에 이에 준하는 사유로 인하여 진술할 수 없는 때'에 해당한다고 보아야 한다.

IV. 결 론

증인이 정당하게 증언거부권을 행사한 경우와 증언거부권의 정당한 행사가 아닌 경우를 비교하면, 피고인의 반대신문권이 보장되지 않는다는 점에서 아무런 차이가 없다. 증인의 증언거부가 정당하게 증언거부권을 행사한 것인지 여부는 피고인과는 상관없는 증인의 영역에서 일어나는 문제이고, 피고인으로서는 증언거부권이 인정되는 증인이건 증언거부권이 인정되지 않는 증인이건 상관없이 형사소송법이 정한 반대신문권이 보장되어야 한다. 증인의 증언거부권의 존부라는 우연한 사정에 따라 전문법칙의 예외규정인 형사소송법 제314조의 '그 밖에 이에 준하는 사유로 인하여 진술할 수 없는 때'의 해당 여부가 달라지는 것은 피고인의 형사소송절차상 지위에 심각한 불안정을 초래한다. 또한 만일 위 사안처럼 불리한 진술을 조서에 기재한 후 정당한 이유 없이 증언을 거부하는 경우에 제314조를 적용하여 그 조서의 증거능력을 인정하게 된다면, 공판중심주의를 강화하고자 하는 형사소송법의 취지는 몰각되고 피고인의 반대신문의 기회는 무력화된다. 어차피 정당한 이유없이 무조건 증언을 거부하면 乙은 위증죄의 죄책도 지지 않으면서, 검사는 피고인에게 불리한 진술이 담긴 乙에 대한 조서를 증거로 쓸 수 있기 때문에 오로지 피고인에게만 불이익한 상황이 도출된다. 따라서 대법원의 다수의견이 타당하며, 乙에 대한 참고인진술조서는 증거능력이 없다고 볼 것이다.

○ 사례 52

공통된 사실관계

甲과 乙은 보이스피싱으로 인한 사기혐의(피해자가 다수)를 받고 수사를 받았다. 수사를 담당한 검사 丙은 이 사건을 주도한 甲과 계좌명의를 빌려준 乙을 사기죄의 공동정범으로 공소를 제기하면서 피해액수를 모두 합산하여 포괄일죄로 공소제기하였다. 제1심 공판절차가 진행되면서 판사 丁은 甲이 이 범행을 주도하고 이익을 얻은 것이 맞지만 乙의 경우는 단지 계좌명의를 빌려주고 소정의 아르바이트 비용을 받은 것에 불과하므로 공동정범으로서 기능적 행위지배를 인정하기 어렵다는 판단을 하고 있다.

1. 판사 丁은 이 사건은 피해자별로 범죄가 성립한다고 판단되므로 포괄일죄가 아니라 실체적 경합을 할 사안이라 판단하였는 바, 공소장변경 없이 실체적 경합을 인정하여 유죄판단이 가능한가? (10점)

2. 나아가 공소장변경 없이 乙을 공동정범이 아니라 방조범이라고 인정할 수 있는가? (15점)

추가된 사실관계

위 사안에 대하여 제1심 공판절차가 진행되어 증거조사와 심리가 이루어졌고 甲과 乙에 대한 제1심이 변론이 종결되고 판결이 선고되었으나 甲과 乙은 이에 불복하여 항소를 제기하였다.

3. 항소심이 제1심의 증인에 대한 신빙성 판단을 번복하고자 한다면 어떠한 경우에 가능한지 판례의 입장을 서술하라. (10점)

4. 항소심 공판절차에서 피고인 甲과 乙의 변호인은 제1심 당시 제2회 공판기일에 이루어진 피해자에 대한 증인신문이 기재된 공판조서를 열람신청하였으나 법원이 아무런 조치를 취하지 않았다. 이 경우에도 항소심에서 제1심 당시 피해자의 법정 진술내용을 증거로 사용하는 것은 가능한가? (15점)

해 설

해결도우미

제1문의 경우는 우선 공소장변경의 필요성 논의가 전제되어야 한다. 죄수판단이 피고인에게 불리하게 변경되는 경우 공소장변경이 필요한 것인지 여부와 공동정범으로 기소된 경우 공소장변경없이 종범으로 인정할 수 있는지가 각 논의되어야 한다.

제3문의 경우는 공판중심주의와 직접심리주의를 강조하고 있는 현행 형사소송법 하에서 제1심의 증인의 신빙성 판단을 항소심이 어떤 상황하에서 번복할 수 있는지를 판례의 입장으로 묻고 있다. 그러므로 판례가 제시하는 번복 조건을 서술하여야 한다. 또한 제4문의 경우는 부작위에 의해 열람등사권을 침해한 공판조서를 항소심이 그대로 받아들여 판단할 수 있는지에 관한 공판조서의 증거능력을 논의하여야 한다.

제1문, 제2 문

1. 판사 丁은 이 사건은 피해자별로 범죄가 성립한다고 판단되므로 포괄일죄가 아니라 실체적 경합을 할 사안이라 판단하였는 바, 공소장변경 없이 실체적 경합을 인정하여 유죄판단이 가능한가? (10점)
2. 나아가 공소장변경 없이 乙을 공동정범이 아니라 방조범이라고 인정할 수 있는가? (15점)

Ⅰ. 문제점

공소장변경의 필요성 여부에 대한 판단기준에 대하여는 학설이 대립하고 있다. 아래의 학설과 판례의 입장을 정리한 후 과연 사안과 같이 죄수의 변경과 공동정범에서 종범을 인정하는 것이 공소장변경이 필요한 것인지, 아니면 공소장변경 없이도 이를 인정하는 것이 가능한지 검토해보아야 한다.

Ⅱ. 공소사실의 동일성 및 공소제기의 효력

(1) 공소사실의 동일성의 기준에 대해 기본적 사실동일설, 죄질동일성, 구성요건공통설, 소인공통설이 대립하고 있다. 판례(대판 2006. 3. 23, 2005도9678)는 공소가 제기되면 피의사건이 피고사건으로 변하여 법원의 소송사건화함으로써 법원은 그 사건에 관하여 심리재판

을 할 권한과 의무를 갖게 되고, 검사와 피고인의 양 당사자는 그 사건에 관하여 소송을 수행하며 법원의 심판을 받아야 할 권리·의무를 갖게 되는 법률관계가 발생한다.

(2) 공소는 검사가 지정한 피고인 이외의 사람에게는 그 효력이 미치지 않으므로(형사소송법 제248조 제1항), 법원은 검사가 공소장에 특정하여 기재한 피고인만 심판하여야 하며 그 이외의 자를 심판할 수 없다. 범죄사실의 일부에 대한 공소는 그 효력이 전부에 미친다(같은 조 제2항). 즉 단일성과 동일성이 인정되는 사실의 전체에 대하여 공소제기의 효력이 미치는 것이고, 그것은 법원의 잠재적 심판의 대상이 된다. 그러나 공소사실과 동일성이 인정되더라도 공소장에 기재되지 않은 사실은 공소장변경에 의하여 비로소 현실적 심판의 대상이 된다. 공소사실이나 범죄사실의 동일성 여부는 사실의 동일성이 갖는 법률적 기능을 염두에 두고 피고인의 행위와 그 사회적인 사실관계를 기본으로 하되 그 규범적 요소도 고려해 판단하여야 한다고 판시하고 있다.

III. 공소장변경의 필요성

1. 견해대립

공소장변경이 필요한지 여부와 관련해 동일벌조설, 법률구성설, 사실기재설이 대립하고 있다. 그러나 공소사실의 사실적 측면을 강조하는 입장으로 피고인의 방어권을 보장하기 위한 제도인 공소장변경제도의 취지에 부합하는 사실기재설이 타당하다. 판례 역시 같은 입장이다.

2. 판 례[28]

대법원은 피고인의 방어권행사에 실질적인 불이익을 초래할 염려가 없는 경우에는 공소사실과 기본적 사실이 동일한 범위 내에서 법원이 공소장변경절차를 거치지 않고 다르게 인정하였다 할지라도 불고불리의 원칙에 위반되지 않는다고 판시한다.

---

28) 법원은 공소사실의 동일성이 인정되는 범위 내에서 공소가 제기된 범죄사실보다 가벼운 범죄사실이 인정되는 경우에 있어서, 그 심리의 경과 등에 비추어 볼 때 피고인의 방어에 실질적인 불이익을 주는 것이 아니라면 공소장변경없이 직권으로 가벼운 범죄사실을 인정할 수 있다고 할 것이므로 공동정범으로 기소된 범죄사실을 방조사실로 인정할 수 있다(대판 2004. 6. 24, 2002도995).

IV. 유형적 고찰

1. 구성요건이 같은 경우

(1) 범죄의 일시·장소

> 관련판례 범죄의 일시는 공소사실의 특정을 위한 요건이지 범죄사실의 기본적 요소는 아니므로 동일 범죄사실에 대하여 약간 다르게 인정하는 경우에도 반드시 공소장변경을 요하지 아니하나, 그 범행일시의 차이가 단순한 착오기재가 아니고 그 변경 인정이 피고인의 방어에 실질적 불이익을 가져다 줄 염려가 있는 경우에는 공소장의 변경을 요한다 (대판 1980. 2. 12, 79도1032).

(2) 범죄의 수단과 방법

범죄의 수단과 방법을 달리 하는 경우도 공소사실을 특정하기 위한 요소이기 때문에 원칙적으로 공소장변경이 필요하다고 볼 것이다.

(3) 범죄의 객체

범죄의 객체 역시 피고인의 방어권행사에 영향을 미치는 사실이기 때문에 범죄의 일시·장소·수단에 준하여 원칙적으로 공소장변경이 필요하다고 본다.

2. 구성요건이 다른 경우

사실이 변경되어 피고인의 방어에 영향을 미치므로 원칙적으로 공소장변경을 요하나 다음 두 가지는 예외이다. 축소사실의 인정과 법률구성만을 달리하는 경우이다.

V. 소 결

1. 제1문의 해설

(1) 사안의 경우 죄수판단의 경우는 구성요건을 달리하는 것이 아니다. 뿐만 아니라 죄수판단은 순수하게 법률적 판단의 문제로서 법원의 전권사항이라 보아야 할 것이므로 검사의 공소내용에 구속된다고 볼 수 없다. 따라서 포괄일죄로 기소된 내용을 실체적 경합으로 판단한다고 하더라도 이는 사실을 달리 인정하는 것이 아니므로 피고인의 방어권에 실질적 불이익을 미치는 사항이라고 볼 수 없다.

(2) 판례(대판 1982. 6. 22, 82도938) 역시 동일한 범죄사실을 가지고 포괄일죄로 보지 않고 실체적 경합관계에 있는 수죄로 인정하였다고 하여도 이는 다만 죄수에 대한 법률적 평가를 달리한 것에 지나지 않을 뿐이지 소추대상이 공소사실과 다른 사실을 인정한 것이라고 보기 어렵고, 또 피고인의 방어권행사에 실질적으로 불이익을 초래할 우려도 없다고 하겠으므로 불고불리의 원칙에 위반한 처사라고 볼 수 없다고 판시하고 있다.

(3) 하지만 경우에 따라서는 실체적 경합으로 보는가 아니면 포괄일죄로 보는가에 따라 피해액수의 합산여부가 달라지며, 적용법조도 달라지는 경우가 있을 수 있으므로[29] 되도록 법원은 공소장변경을 통해 죄수판단을 해주는 것이 타당하다고 생각한다.

2. 제2문의 해설

(1) 공동정범에서 방조범을 인정하는 경우 역시 사실인정에는 변화가 없지만 법적 평가를 달리하는 경우로 보거나 축소사실로 보아 공소장변경절차가 없이도 판단이 가능하다고 볼 수 있다. 다만, 그 반대로 방조범으로 기소된 자를 공동정범으로 인정하는 것은 불고불리의 원칙에 반한다고 판단된다. 사안과 같이 공동정범에서 방조를 인정하는 경우도 무조건 공소장변경이 필요하지 않는다고 단정할 수 없다고 본다.

(2) 판례(대판 2001. 11. 9, 2001도4792) 역시 피고인의 행위가 보건범죄단속에관한특별조치법위반(부정의료업자)의 방조에 해당된다고 하더라도, 보건범죄단속에관한특별조치법위반(부정의료업자)의 공동정범으로 공소가 제기된 이 사건의 심리과정에서 단 한 번도 언급된 바 없는 보건범죄단속에관한특별조치법위반(부정의료업자)의 방조사실을 법원이 공소장의 변경도 없이 그대로 유죄로 인정하는 것이 피고인의 방어권행사에 실질적인 불이익을 초래할 염려가 없다고 보기 어려울 뿐만 아니라 보건범죄단속에관한특별조치법위반(부정의료업자)의 방조사실을 유죄로 인정하지 아니하는 것이 현저히 정의와 형평에 반하는 것이라고 보여지지도 아니한다고 판시하는 것도 이런 입장에서 이해해 볼 수 있다.

---

[29] 예를 들어, 사기죄 재산상 이득액이 5억을 넘는 경우는 특정경제범죄 가중처벌 등에 관한 법률 위반으로 가중처벌되므로 방어권에 실질적 영향을 주는 경우도 생길 수 있다고 본다.

제3문

3. 항소심이 제1심의 증인에 대한 신빙성 판단을 번복하고자 한다면 어떠한 경우에 가능한지 판례의 입장을 서술하라. (10점)

Ⅰ. 문제점

우리 형사소송법은 공판중심주의를 대폭 강화하여 당사자주의와 직접주의에 기한 제1심 공판에 심리를 집중하고 있다. 따라서 이미 제1심에서 충분히 증거조사를 하고 직접심리를 한 것에 대하여 항소심에서 이를 번복하는 것은 위 흐름에 역행하는 것이라 할 수 있다. 그리하여 제1심에서 인정한 증인의 신빙성 판단을 항소심이 이를 번복하는 것은 특별히 예외적인 상황에서만 가능할 것이라는 점에서 본 논의의 실익이 있다.

Ⅱ. 공판중심주의와 직접심리주의

(1) 직접주의란 법원은 스스로 면전에서 조사한 직접적인 증거에 의하여 사실을 인정하여야 한다는 원칙을 의미한다.

(2) 직접주의에는 법원이 스스로 조사한 증거에 의하여 재판하여야 한다는 직접심리주의가 포함되어 있는데 이에 의하여 법원은 공판정에서 직접 진술한 것을 증거조사하고 그 태도증거에 의하여 정확한 심증을 얻을 수 있는 것이다.

(3) 판례도 공판준비 또는 공판기일에서 이미 증언을 마친 증인을 검사가 소환한 후 피고인에게 유리한 그 증언 내용을 추궁하여 이를 일방적으로 번복시키는 방식으로 작성한 진술조서를 유죄의 증거로 삼는 것은 당사자주의·공판중심주의·직접주의를 지향하는 현행 형사소송법의 소송구조에 어긋나는 것일 뿐만 아니라, 헌법 제27조가 보장하는 기본권, 즉 법관의 면전에서 모든 증거자료가 조사·진술되고 이에 대하여 피고인이 공격·방어할 수 있는 기회가 실질적으로 부여되는 재판을 받을 권리를 침해하는 것이므로, 이러한 진술조서는 피고인이 증거로 할 수 있음에 동의하지 아니하는 한 그 증거능력이 없다고 판시(대판 2004. 3. 26, 2003도7482)함으로써 공판중심주의 및 직접주의를 강조하고 있다.

III. 판례의 입장[30]

형사소송법이 채택하고 있는 실질적 직접심리주의의 정신에 비추어, 항소심으로서는 제1심 증인이 한 진술의 신빙성 유무에 대한 제1심의 판단이 항소심의 판단과 다르다는 이유만으로 이에 대한 제1심의 판단을 함부로 뒤집어서는 아니 되나, 제1심 증인이 한 진술의 신빙성 유무에 대한 제1심의 판단이 명백하게 잘못되었다고 볼 특별한 사정이 있거나, 제1심의 증거조사 결과와 항소심 변론종결시까지 추가로 이루어진 증거조사 결과를 종합하면 제1심 증인이 한 진술의 신빙성 유무에 대한 제1심의 판단을 그대로 유지하는 것이 현저히 부당하다고 인정되는 예외적인 경우에는 그러하지 아니하다.

IV. 소 결

따라서 판례의 입장에 의하면, 증인의 신빙성에 대한 제1심 판단이 명백히 잘못되었다는 사정 또는 현저히 부당하다는 예외적 사정이 존재하는 경우만 그 신빙성 판단을 번복할 수 있다.

제 4 문

4. 항소심 공판절차에서 피고인 甲과 乙의 변호인은 제1심 당시 제2회 공판기일에 이루어진 피해자에 대한 증인신문이 기재된 공판조서를 열람신청하였으나 법원이 아무런 조치를 취하지 않았다. 이 경우에도 항소심에서 제1심 당시 피해자의 법정 진술내용을 증거로 사용하는 것은 가능한가? (15점)

I. 문제점

현행법에서 공판조서의 정확성을 담보하기 위한 규정은 형사소송법 제53조, 제54조, 제55조에 규정되어 있다. 실체심리가 기재된 공판조서의 증거능력은 형사소송법 제311조에

---

30) 대판 2010. 11. 11, 2010도9106: 피해자가 평소 피고인으로부터 수시로 폭행·협박을 당하여 피고인과 대면하는 것 자체에 대하여 상당한 두려움을 갖고 있었던 점, 피해자가 제1심 법정에 증인으로 출석하여 진술하던 도중 피고인의 면전에서 충분한 진술을 할 수 없음이 인정되어 피고인에 대한 퇴정이 명하여진 점, 그 퇴정을 전후하여 피해자의 진술 태도 및 내용에 변화가 있었던 점 등에 비추어 피해자의 제1심 법정진술 중 공소사실에 배치되는 부분의 신빙성을 제1심의 판단과 달리 배척하고 공소사실을 유죄로 인정한 원심의 판단을 수긍한 사례.

기하여 인정되고 있으며 소송절차에 관한 기재 공판조서는 그 절대적 증명력이 형사소송법 제56조에 기하여 인정되고 있다. 사안의 경우는 공판조서에 대한 열람등사권이 침해된 경우 이러한 강력한 증거능력을 배제할 수 있는지가 문제된다.

II. 공판조서의 증거능력·증명력 일반

1. 공판조서의 증거능력(형사소송법 제311조)

(1) 형사소송법은 전문법칙의 예외로서 형사소송법 제311조를 규정하고 있다. 이에 의하면 공판준비 또는 공판기일에 피고인이나 피고인 아닌 자의 진술을 기재한 조서는 증거로 당연히 사용할 수 있다고 되어 무조건 증거능력을 인정하고 있다.

(2) 그러나 여기서의 공판조서는 공판정에서 직접 심리한 법정 진술이 존재하는 경우 증거로 사용될 수 없다. 그리하여 여기서의 공판조서는 공판절차 갱신 전의 공판조서, 상소심에 의한 파기환송 전의 공판조서, 이송된 사건의 이송 전 공판조서 등에 한정되는 것이다.

2. 공판조서의 증명력(형사소송법 제56조)

이는 소송절차에 관한 증명에 대하여만 다른 증거에 의한 증명을 허용하지 아니하는 것이므로 이 사안과 같은 실체심리인 증인의 진술에 대한 것에는 본 조가 적용되지 않는다.

III. 피고인의 공판조서 열람등사권(형사소송법 제55조)

1. 구체적 내용

피고인은 공판조서의 열람 또는 등사를 청구할 수 있다. 피고인이 공판조서를 읽지 못하는 때에는 공판조서의 낭독을 청구할 수 있다.

2. 침해의 효과

만일 위 열람등사 청구에 응하지 아니한 때에는 그 공판조서를 유죄의 증거로 할 수 없다(동조 제3항).

IV. 열람등사권침해와 증거능력

1. 법원의 부작위의 위법성

법원은 열람신청에 대해 소극적으로 부작위에 그치고 있으나 법원에 대해 열람등사를 허용할 법적 작위의무가 있는 이상 신청에 대해 부작위한 것도 위법성이 인정된다.

2. 판 례(대판 2003. 10. 10, 2003도3282)

형사소송법 제55조 제1항이 피고인에게 공판조서의 열람 또는 등사청구권을 부여한 이유는 공판조서의 열람 또는 등사를 통하여 피고인으로 하여금 진술자의 진술내용과 그 기재된 조서의 기재내용의 일치 여부를 확인할 수 있도록 기회를 줌으로써 그 조서의 정확성을 담보함과 아울러 피고인의 방어권을 충실하게 보장하려는 데 있으므로 피고인의 공판조서에 대한 열람 또는 등사청구에 법원이 불응하여 피고인의 열람 또는 등사청구권이 침해된 경우에는 그 공판조서를 유죄의 증거로 할 수 없을 뿐만 아니라, 공판조서에 기재된 당해 피고인이나 증인의 진술도 증거로 할 수 없다.

현행범체포의 요건 / 범칙금 납부와 일사부재리 / 특수매체기록의 증거능력

○ 사례 53

甲은 丙과 술을 먹고서 지하철을 타기 위해 역으로 함께 갔다. 그런데 甲은 지하철 개찰구 앞에서 술에 취해서 지나가는 승객들과 출동한 역무원들에게 소리를 지르며 행패를 부리고 있었다. 이에 유명 유투버인 丙은 신기한 장면이라고 생각하여 자신의 유투브 채널에 올릴 생각으로 마침 가지고 있던 휴대폰카메라로 이 장면을 멀리서 동영상 촬영하고 있었다. 甲이 전철역 개찰구와 역무원의 매표소를 발로 차고, 지나가는 행인에게 행패를 부리는 등 난동을 부리자, 신고를 받고 찾아온 경찰관 A는 甲을 폭행죄의 현행범이라고 판단하여 현행범체포서의 범죄사실에 난동행위를 구체적으로 기재한 후 죄명은 폭력행위 등 처벌에 관한 법률 위반죄라고 기재하였다. 그러나 甲의 범행은 폭행죄에 해당되기 보다는 업무방해죄에 해당되는 것이었다. 체포되는 과정에서 甲은 별다른 저항 없이 순순히 따라 갔다.

1. 이러한 경우 현행범체포는 적법한가? (25점)

2. 甲에게 도주의 우려 등이 없다고 판단되어 甲은 조사를 받은 후 귀가하게 되었다. 甲은 자신의 부인인 乙이 운전하는 차량을 타고 집으로 돌아오고 있었는데, 그 과정에서 乙은 정지신호를 무시하고 진행하다 사거리에 진입한 오토바이를 미처 발견하지 못하고 충돌하고 말았다. 이러한 과정 중 신호를 위반하여 진행한 부분은 사거리에 설치된 CCTV에 기록되었고, 그 후 경찰서는 도로교통법위반으로 범칙금납부통고서를 발급하였고 乙은 이를 납부하였다(도로교통법 제164조 참조). 그러나 그 후 피해자의 신고로 인해 검사는 乙을 교통사고처리특례법위반죄로 기소하였다. 법원은 어떠한 판결을 선고할 것인가? (20점)

3. 이후 甲은 업무방해죄로 기소되었고, 공판이 진행되면서 증거로 친구인 丙이 촬영한 동영상 파일이 제출되었는데, 디지털카메라의 메모리카드 자체가 아니라 그 파일을 丙이 직접 복사한 CD가 제출되었다. 제출된 CD의 증거능력은 인정되는가? 인정된다면 그 요건은 무엇인가? (25점)

4. 또한 甲은 자신을 신고한 피해자의 전화번호를 알게 되었으나 이를 이용하여 피해자에게 지속적으로 "너 합의 안 보면 땅에 묻힐 줄 알아라" 등의 문자를 보냈다. 그리하여 구 정보통신망이용촉진및정보보호등에관한법률(2005. 12. 30. 법률 제7812호로 개정되기 전의 것) 제65조 제1항 제3호[31])에 의하여 기소가 된 상황이다. 이때 증거로 제출된 휴대전화기의 문자화면을 촬영한 사진은 어떠한 요건하에서 증거로 사용될 수 있는가? (20점)

---

31) 구 정보통신망이용촉진및정보보호등에관한법률(2005. 12. 30. 법률 제7812호로 개정되기 전의 것) 제65조 제1항 제3호는 정보통신망을 통하여 공포심이나 불안감을 유발하는 글을 반복적으로 상대방에게 도달하게 하는 행위를 처벌하고 있다.

해 설

해결도우미

① 甲의 현행범체포과정과 관련하여 체포의 필요성 요건이 필요한지 문제되고 현행범체포서의 기재 범죄가 체포 자체의 적법성 판단의 기준인지 문제된다.

② 乙에 대한 범칙금부과와 납부행위로 기판력 또는 일사부재리효력이 생기는지 문제되며, 일사부재리효력이 있는 경우 어떠한 판결을 해야 하는지 문제된다. 이와 관련하여 범칙행위와 형사범죄행위의 동일성 인정여부가 문제된다.

③ 丙이 촬영한 동영상 파일을 복사한 CD가 제출된 경우 특수매체기록의 증거능력의 인정요건이 문제되며, 복사과정을 또 하나의 전문과정으로 보아 재전문증거의 법리를 적용할 것인지 문제된다.

④ 문자화면을 촬영한 사진이 전문증거로서 의미를 가지는지 아니면 직접증거에 대한 대체물로서만 의미를 가지는 것인지를 검토하여 증거능력 요건을 검토해보아야 한다.

제 1 문

1. 이러한 경우 현행범체포는 적법한가? (25점)

Ⅰ. 문제점

(1) 현행범체포와 관련하여 체포의 필요성이 별도로 필요한지 문제된다. 현행범에 해당되는 경우에도 도망염려나 증거인멸의 우려가 있어야 하는지와 관련된다.

(2) 현행범체포의 적법성 판단과 관련하여 현행범체포서에 기재된 범죄사실에 국한하여 이를 판단하여야 할지 아니면 범죄사실을 기준으로 판단할지 문제된다.

Ⅱ. 현행범체포 일반론

현행범인의 체포란 범죄의 실행 중이거나 실행의 직후인 자는 누구든지 영장 없이 체포할 수 있도록 하는 제도이다(형사소송법 제212조). 이는 영장주의의 예외에 해당한다(헌법 제12조 제3항 단서).

III. 현행범체포의 실체적 요건

1. 현행범인의 의의

(1) 고유한 의미의 현행범인

현행범인에는 먼저 범죄의 실행 중이거나 실행의 직후인 자를 말하는 고유한 의미의 현행범인이 있다. 여기서 범죄의 실행직후란 범죄의 실행행위를 종료한 직후로 실행행위의 종료와 시간적 접착성이 있어야 한다.[32]

(2) 준현행범인

다음으로 현행범은 아니지만 현행범인으로 간주되는 자로 준현행범이 있다. 추적중이거나, 장물·흉기 등의 소지, 현저한 증적이 있는 때, 누구임을 물음에 대하여 도망하는 때 현행범으로 간주된다(형사소송법 제211조 제2항).

2. 체포의 필요성 요부

(1) 견해대립

현행범체포의 경우에도 구속사유가 필요한지에 대해 견해가 대립한다. 현행범의 경우에도 체포의 필요성이 없는 경우가 있으므로 구속사유가 필요 없다는 적극설, 현행범인의 경우 언제나 체포의 필요성이 있으므로 별도 요건이 불필요하다는 소극설, 증거인멸의 위험은 체포사유가 될 수 없다는 절충설이 대립한다.

(2) 판 례

대법원은 현행범인의 체포의 요건으로 도망 또는 증거인멸의 염려가 있을 것이 필요하다는 입장이다.[33]

---

32) 형사소송법 제211조가 현행범인으로 규정한 '범죄의 실행의 직후인 자'라고 함은, 범죄의 실행행위를 종료한 직후의 범인이라는 것이 체포하는 자의 입장에서 볼 때 명백한 경우를 일컫는 것으로서, '범죄의 실행행위를 종료한 직후'라고 함은, 범죄행위를 실행하여 끝마친 순간 또는 이에 아주 접착된 시간적 단계를 의미하는 것으로 해석되므로, 시간적으로나 장소적으로 보아 체포를 당하는 자가 방금 범죄를 실행한 범인이라는 점에 관한 죄증이 명백히 존재하는 것으로 인정되는 경우에만 현행범인으로 볼 수 있는 것이다(대판 1991. 9. 24, 91도1314).

33) 현행범인은 누구든지 영장 없이 체포할 수 있으므로 사인의 현행범인 체포는 법령에 의한 행위로서 위법성이 조각된다고 할 것인데, 현행범인 체포의 요건으로서는 행위의 가벌성, 범죄의 현행성·시간적 접착성, 범인·범죄의 명백성 외에 체포의 필요성 즉, 도망 또는 증거인멸의 염려가 있을 것을 요한다(대판 1999. 1. 26, 98도3029).

IV. 현행범체포의 형식적 요건

1. 현행범체포서의 기재

수사기관이 현행범인을 체포하였을 때에는 체포의 경위를 상세히 기재한 현행범인체포서를 작성하여야 한다(검찰사건사무규칙 제32조, 사법경찰관리집무규칙 제31조). 현행범인체포서에는 피의자, 변호인, 체포일시·장소, 범죄사실 및 체포사유를 기재한다. 또한 피의사건을 대표할 수 있는 죄명을 별도로 기재하도록 하고 있다(검찰사건사무규칙 서식 0051호 참조).

2. 현행범체포 후 절차

사인이 현행범인을 체포한 경우 즉시 검사나 사법경찰관에게 인도하여야 하며 임의로 석방하는 것은 허용되지 않는다. 검사 또는 사법경찰관이 체포한 현행범인을 구속하고자 할 때에는 체포한 때로부터 48시간 이내에 구속영장을 청구하여야 한다(형사소송법 제213조의2, 제200조의2 제5항).

3. 현행범체포서 기재의 효력

(1) 견해대립

현행범체포서에 기재되는 죄명이 실제 범죄행위에 해당하는 죄명으로 정확히 기재되어야 하는가와 관련하여, 피의자의 인권보장 측면에서 현행범체포 당시 기재된 범죄행위에 한하여 현행범 체포의 효력이 미치는 것으로 보아야 한다는 입장이 있을 수 있다. 이는 마치 구속영장의 효력이 사건단위설에 의하여 영장기재 범죄사실에 한정하여 미친다는 것과 유사한 논리구성이라 볼 수 있다. 그러나 현행범체포의 주체에 제한이 없다는 점과 현행범체포의 긴급성에 비추어 현행범체포서에 기재된 죄명에 반드시 제한되는 것이 아니고, 죄명이 아닌 기재된 범죄사실 등을 고려하여 적법성을 판단해야 한다는 입장이 타당하다.

(2) 판 례

'범죄행위의 동일성이 유지되는 범위 안에서 죄명은 체포 후에 얼마든지 변경할 수 있는 것이므로 현행범인체포서에 기재된 죄명에 의해 체포 사유가 한정되는 것은 아니다(대판 2006. 9. 28, 2005도6461)'라고 판시하여 대법원은 현행범인의 체포에 있어서 현행범인체포서에 기재된 죄명에 의해 체포 사유가 한정되는 것은 아니라는 입장이다.

V. 소 결

(1) 현행범체포는 현행범이면 그 요건만으로 체포가 가능하므로 현행범이면서 체포의 필요성이 부정되는 경우는 많지 않다. 사인이 현행범체포를 한 경우는 수사기관에 인계하여야 하므로 현행범체포 후 임의 석방이 불가능하다는 점에서 체포 필요성을 판단할 여지가 더욱 줄어든다.

(2) 일정한 중범죄에 국한되는 긴급체포와 달리 널리 인정되는 현행범체포의 특성에 비추어 기재된 범죄사실과 동일성이 인정되는 범위 내에서는 죄명의 기재는 위법성의 판단대상을 제한하는 것을 타당하지 않다. 형사소송은 동적, 발전적 성격을 가지고 있으므로 얼마든지 수사과정에서 죄명이 변경될 여지가 존재한다.

(3) 결국 사안에서 비록 폭행죄에 대한 피의사실로 현행범체포를 실행하였으나 범죄사실과 사회적 동일성이 인정되므로 업무방해죄에 대한 현행범체포로서 적법하다고 할 것이다.

제2문

2. 甲에게 도주의 우려 등이 없다고 판단되어 甲은 조사를 받은 후 귀가하게 되었다. 甲은 자신의 부인인 乙이 운전하는 차량을 타고 집으로 돌아오고 있었는데, 그 과정에서 乙은 정지신호를 무시하고 진행하다 사거리에 진입한 오토바이를 미처 발견하지 못하고 충돌하고 말았다. 이러한 과정 중 신호를 위반하여 진행한 부분은 사거리에 설치된 CCTV에 기록되었고, 그 후 경찰서는 도로교통법 위반으로 범칙금납부통고서를 발급하였고 乙은 이를 납부하였다(도로교통법 제164조 참조). 그러나 그 후 피해자의 신고로 인해 검사는 乙을 교통사고처리특례법위반죄로 기소하였다. 법원은 어떠한 판결을 선고할 것인가? (20점)

I. 문제점

도로교통법에서 범칙금을 납부한 경우 다시 처벌하지 못한다고 규정하고 있는데, 일사부재리의 효력을 인정한 것인지 문제되며, 사실적 동일성이 인정되는 범위의 형사범죄행위와 범칙행위가 규범적으로도 동일하다고 판단할 수 있는지 문제된다. 동일성이 인정되는 경우 면소판결을 할 것인지 문제된다.

Ⅱ. 면소판결 일반론

1. 면소판결의 의의

면소판결이란 피고사건에 대하여 면소판결사유가 있는 경우 내리는 종국결정을 말한다 (형사소송법 제326조). 면소판결이 확정되면 확정력과 일사부재리의 효력이 발생한다.

2. 면소판결의 사유

면소판결의 사유는 확정판결이 있는 때, 사면이 있는 때, 공소의 시효가 완성되었을 때, 범죄 후 법령의 개폐로 형이 폐지되었을 때가 해당된다. 확정판결이 있는 경우는 그로 인해 기판력 또는 일사부재리의 효력이 인정되는 경우를 말한다.

Ⅲ. 범칙금 납부행위와 기판력

1. 기판력 일반론

기판력은 유무죄의 실체재판이 확정된 때에 동일사건에 대해 다시 심리·판단하는 것이 금지되는 효력을 말하는데, 일사부재리의 효력과 동일한 것이라는 일치설, 양자는 별도의 개념이라는 구별설이 대립하고 있다.

2. 범칙금납부의 효력

(1) 견해대립

1) 도로교통법 제164조 제3항에 의하면 범칙금을 납부한 경우 그 범칙금 납부자는 그 범칙행위에 대하여 다시 처벌받지 않는다고 규정되어 있다.

2) 이에 대해 입법론상 의문이 있지만 명시적으로 일사부재리의 효력을 인정하고 있다고 보는 견해, 일사부재리의 효력은 형사재판의 경우에만 인정되는 것으로 범칙금의 경우 명문규정에도 불구하고 이를 일사부재리의 효력으로 보는 것은 부당하다는 견해가 대립하고 있다.

(2) 판 례

대법원은 범칙행위와 같은 때, 같은 곳에서 이루어진 행위라 하더라도 범칙행위와 별개의 형사범죄행위에 대하여는 범칙금의 납부로 인한 불처벌의 효력이 미치지 아니한다고 판시하고 있다.[34]

IV. 소 결

(1) 범칙행위의 경우 범칙금을 납부한 경우 다시 처벌할 수 없도록 규정되어있으나 형사범죄행위에 대해서 인정되는 일사부재리의 효과와는 구별되는 것으로 범칙금 부과에 국한하여 이중으로 범칙금이 부과되어서는 안 된다는 것으로 해석하면 충분할 것이다. 만약 일사부재리를 규정한 것으로 보더라도 범칙금 납부의 대상인 신호위반과 형사범죄인 교통사고처리특례법위반은 보호법익과 죄질 등 규범적으로도 그 본질이 다른 것으로 사회 사실적 동일성이 인정된다고 하더라도 규범적으로 별개의 행위로 판단되므로 동일성이 부정되므로 결국 기판력이 미치지 않는다고 보아야 할 것이다.

(2) 사안에서 乙에 대해서는 면소판결이 아니라 유·무죄의 실체판결을 해야 할 것이다.

제3문

3. 이후 甲은 업무방해죄로 기소되었고, 공판이 진행되면서 증거로 친구인 丙이 촬영한 동영상 파일이 제출되었는데, 디지털카메라의 메모리카드 자체가 아니라 그 파일을 丙이 직접 복사한 CD가 제출되었다. 제출된 CD의 증거능력은 인정되는가? 인정된다면 그 요건은 무엇인가? (25점)

I. 문제점

현장을 촬영한 동영상파일의 증거능력과 관련하여 전문법칙의 예외규정이 적용될 수 있는지 문제되고, 이를 복사한 파일이 제출된 경우 촬영한 파일을 다시 복사한 측면에 비추어 재전문증거로 보아 증거능력을 판단해야 할지 문제된다. 재전문증거에 해당되지 않는다고 볼 경우 복사과정이 개입된 측면에서 어떠한 다른 요건이 필요한지 문제된다.

---

34) 도로교통법(2005. 5. 31. 법률 제7545호로 전문 개정되기 전의 것) 제119조 제3항에 의하면, 범칙금 납부 통고를 받고 범칙금을 납부한 사람은 그 범칙행위에 대하여 다시 벌 받지 아니한다고 규정하고 있는 바, 범칙금의 통고 및 납부 등에 관한 같은 법의 규정들의 내용과 취지에 비추어 볼 때 범칙자가 경찰서장으로부터 범칙행위를 하였음을 이유로 범칙금 통고를 받고 그 범칙금을 납부한 경우 다시 벌 받지 아니하게 되는 행위는 범칙금 통고의 이유에 기재된 당해 범칙행위 자체 및 그 범칙행위와 동일성이 인정되는 범칙행위에 한정된다고 해석함이 상당하므로, **범칙행위와 같은 때, 같은 곳에서 이루어진 행위라 하더라도 범칙행위와 별개의 형사범죄행위에 대하여는 범칙금의 납부로 인한 불처벌의 효력이 미치지 아니한다**(대판 2007. 4. 12, 2006도4322).

Ⅱ. 전문법칙과 예외 일반론

1. 전문법칙의 의의

사실인정의 기초가 되는 경험적 사실을 경험자 자신이 직접 법원에 진술하지 않고 다른 형태에 의하여 간접적으로 보고하는 간접증거의 경우는 원칙적으로 증거능력이 없다는 법칙을 말한다(형사소송법 제310조의2).

2. 전문법칙의 예외

전문법칙을 지나치게 엄격하게 적용하면 재판의 지연을 초래하고 재판에 필요한 증거를 잃어버리게 됨으로써 진실발견을 저해할 염려가 있으므로 일정한 경우 예외규정을 두어 전문증거의 경우도 일정한 요건이 충족되는 경우 증거능력을 인정하고 있다(형사소송법 제311조 내지 제316조).

Ⅲ. 특수매체기록의 증거능력

1. 전자기록 등 특수매체기록의 의의

전자기록이란 일정한 매체에 전기적·자기적 방식으로 저장된 기록을 말한다. 일정한 매체란 집적회로, 자기디스크, 자기테이프 등을 의미하고, 특수매체기록에는 전자기록 이외에 광기술이나 레이저기술을 이용한 기록을 포함한다.

2. 증거능력의 인정요건

친구 丙이 촬영한 영상은 범행현장을 촬영한 것으로 진술영상이 아닌 현장영상에 해당한다. 이러한 현장영상 내지 현장사진의 증거능력에 대하여는 아래와 같은 견해의 대립이 있다.

(1) 견해대립

사람의 지각에 의한 진술이 아니므로 전문법칙의 적용이 없는 것으로 검증의 목적이 된다는 비진술증거설, 사실을 보고하는 기능이 있고 인위적인 수정의 위험이 있으므로 진술증거로서 전문법칙이 적용된다고 보는 진술증거설, 비진술성을 띠지만 조작가능성 때문에 예외적으로 검증조서에 준하여 제한적으로 증거능력을 인정해야 한다는 검증조서유추설이 있다.

(2) 판 례

사진의 촬영일자 부분에 대하여 조작된 것이라고 다툰다고 하더라도 이 부분은 전문증거에 해당되어 별도로 증거능력이 있는지를 살펴보면 족한 것이라고 하면서 촬영일자 부분이 아닌 "영상부분"과 관련하여서는 이 사건 사진이 진정한 것으로 인정되는 한 이로써 이 사건 사진은 증거능력을 취득한 것이라고 판시(대판 1997. 9. 30, 97도1230)하였다.

(3) 검 토

판례와 실무는 현장사진을 비진술증거로 취급하는 것으로 보인다. 그러나 촬영자를 증인으로 신문하여 인위적 조작 가능성과 편집의 가능성을 신문할 필요성이 존재하는 경우가 있으므로 무조건 비진술증거로 봄은 타당하지 않다고 생각한다. 검증조서를 유추하여 제312조 제6항에 따라 촬영자를 증인으로 소환하여 반대신문할 기회를 부여함이 타당하다.

Ⅳ. 특수매체기록 복사본의 증거능력

1. 재전문증거의 해당여부

(1) 법원에 대한 간접적 보고라는 측면에서 특수매체에 대한 기록 자체는 전문의 과정과 유사하다고 할 수 있으므로 재전문증거로 볼 가능성도 있다. 즉, 녹화하는 과정과 복사하는 과정이 결국 법원에 대한 전문과정이 2단계로 중복된 측면이 있다고 볼 수 있기 때문이다.

(2) 그러나 복사본의 생성과정은 기계적으로 이루어지며 원본증거의 전문과정을 병렬적으로 확대한 것에 불과하다고 보는 것이 타당하다. 왜냐하면 복사를 통해 녹화하는 과정이 다음 단계로서 중첩되는 것이 아니라 단순히 또 다른(동등한) 녹화과정이 생성된 것으로 보는 것이 타당하기 때문이다.

2. 특수매체기록의 복사와 증거능력 인정요건

(1) 구체적인 내용

특수매체기록의 복사본의 경우 진술을 내용으로 하는 특수매체기록의 증거능력을 인정하기 위한 요건을 충족해야 하며, 복사본의 경우 원본의 내용이 그대로 조작 없이 복사되었다는 점에 대한 입증이 별도로 필요하다. 즉 특수매체기록의 작성(녹화 또는 녹음)과정에서 주체에 따른 전문법칙의 예외규정의 요건을 충족해야 하고, 나아가 복사과정에 인위적 조작이 없음이 입증되어야 한다.

(2) 판 례

대법원도 피해자가 피고인의 대화를 녹음한 사안에서 형사소송법 제313조 제1항 단서

의 요건을 충족함은 물론 복사과정에 인위적 조작이 없음이 입증되어야 증거능력이 인정된다고 판시한다.[35]

V. 소 결

특수매체기록의 경우 법원에 대한 간접적인 보고이므로 일반적 전문증거와 유사하다고 볼 것이며 검증조서를 유추하여 주체에 따라 전문법칙의 예외규정을 각각 적용해야 할 것이다. 사안에서 현장을 촬영한 丙의 동영상파일의 경우 검증조서를 유추적용하여, 형사소송법 제312조 제6항을 적용하여 작성자인 촬영자가 성립의 진정을 하면 될 것이다.[36] 나아가 복사된 파일을 담은 CD가 제출되었는데, 위에서 살펴본 바와 같이 복사과정은 기계적으로 이루어지고, 그 본질이 병렬적인 과정의 반복에 불과하므로 복사과정 자체의 인위적 조작이 없음이 입증되면 충분할 것이다.

제4문

4. 또한 甲은 자신을 신고한 피해자의 전화번호를 알게 되었으나 이를 이용하여 피해자에게 지속적으로 "너 합의 안 보면 땅에 묻힐 줄 알아라" 등의 문자를 보냈다. 그리하여 구 정보통신망이용촉진및정보보호등에관한법률(2005. 12. 30. 법률 제7812호로 개정되기 전의 것) 제65조 제1항 제3호에 의하여 기소가 된 상황이다. 이때 증거로

---

35) 피고인과 피해자 사이의 대화내용에 관한 녹취서가 공소사실의 증거로 제출되어 그 녹취서의 기재내용과 녹음테이프의 녹음내용이 동일한지 여부에 관하여 법원이 검증을 실시한 경우에 증거자료가 되는 것은 녹음테이프에 녹음된 대화내용 그 자체이고, 그 중 피고인의 진술내용은 실질적으로 형사소송법 제311조, 제312조의 규정 이외에 피고인의 진술을 기재한 서류와 다름없어 피고인이 그 녹음테이프를 증거로 할 수 있음에 동의하지 않은 이상 그 녹음테이프 검증조서의 기재 중 피고인의 진술내용을 증거로 사용하기 위해서는 형사소송법 제313조 제1항 단서에 따라 공판준비 또는 공판기일에서 그 작성자인 피해자의 진술에 의하여 녹음테이프에 녹음된 피고인의 진술내용이 피고인이 진술한 대로 녹음된 것임이 증명되고 나아가 그 진술이 특히 신빙할 수 있는 상태하에서 행하여진 것임이 인정되어야 할 것이고, 녹음테이프는 그 성질상 작성자나 진술자의 서명 혹은 날인이 없을 뿐만 아니라, 녹음자의 의도나 특정한 기술에 의하여 그 내용이 편집, 조작될 위험성이 있음을 고려하여, 그 대화내용을 녹음한 원본이거나 혹은 원본으로부터 복사한 사본일 경우에는 복사과정에서 편집되는 등의 인위적 개작 없이 원본의 내용 그대로 복사된 사본임이 입증되어야만 하고, 그러한 입증이 없는 경우에는 쉽게 그 증거능력을 인정할 수 없다(대판 2005. 12. 23, 2005도2945).

36) 진술증거설과 검증조서유사설의 견론의 차이가 없다는 입장이 있고 두 설은 현장사진의 진정성립을 인정함에 차이가 있어 분명하게 구분된다(신동운)는 입장이 있다. 차이가 있다는 전제에서는 진술증거설이 촬영주체가 법원이나 수사기관 이외의 자인 경우는 형사소송법 제312조 제6항을 유추하는 것이 아니라 제313조 제1항을 적용한다고 보고 있다.

제출된 휴대전화기의 문자화면을 촬영한 사진은 어떠한 요건하에서 증거로 사용될 수 있는가? (20점)

Ⅰ. 휴대전화기의 문자정보가 전문증거에 해당하는지 여부

(1) 앞서 본 바와 같이 전문법칙은 사실인정의 기초가 되는 경험적 사실을 경험자 자신이 직접 법원에 진술하지 않고 다른 형태에 의하여 간접적으로 보고하는 간접증거의 경우는 원칙적으로 증거능력이 없다는 법칙을 말한다(형사소송법 제310조의2).

(2) 사안의 경우 정보통신망을 통하여 공포심이나 불안감을 유발하는 글을 반복적으로 상대방에게 도달하게 하는 행위를 하였다는 공소사실에 대하여 휴대전화기에 저장된 문자정보가 그 증거가 되는 경우이므로 증거로 제출된 그 문자정보는 범행의 직접적인 수단이고 경험자의 진술에 갈음하는 대체물에 해당하지 않는다. 다시 말해서 휴대전화기를 법정에 제출하는 경우, 휴대전화기에 저장된 문자정보 그 자체가 범행의 직접적인 수단으로서 원본증거로 사용될 수 있는 것이지 이를 형사소송법 제310조의2에서 정한 전문법칙을 적용할 것이 아니다.

Ⅱ. 휴대전화기를 촬영한 사진의 증거능력

(1) 사안의 경우 직접증거로 사용되는 문자정보에 대하여 이를 촬영한 것이므로 이는 사본으로서의 사진으로서 의미를 가지게 된다. 이렇게 사진이 본래 증거로 제출되어야 할 자료의 대용물로 제출되는 경우, (제1설) 최량증거법칙에 따라 원본증거를 공판정에 제출할 수 없고, 사건과의 관련성이 증명된 때에 한해 증거능력이 인정된다는 입장과 (제2설) 원본의 존재 및 진정성립을 인정할 자료가 구비되고, 특히 신용할 만한 정황에 의해 작성되었다고 인정될 때 형사소송법 제315조 제3호에 의해 증거능력 인정된다는 입장이 대립된다. 일종의 대용물이라면 원본을 공판정에 제출할 수 없거나 곤란한 사정이 있고 사건과의 관련성이 증명된다면 원본과의 동일성을 판단함으로써 이를 증거로 사용할 수 있다고 봄이 타당하다.

(2) 따라서 휴대전화기 이용자가 그 문자정보를 읽을 수 있도록 한 휴대전화기의 화면을 촬영한 사진을 증거로 제출할 수도 있는데, 이를 증거로 사용하려면 문자정보가 저장된 휴대전화기를 법정에 제출할 수 없거나 그 제출이 곤란한 사정이 있고, 그 사진의 영상이 휴대전화기의 화면에 표시된 문자정보와 정확하게 같다는 사실이 증명된다면 이를 증거로

사용할 수 있다고 볼 것이다.

III. 판례의 입장(대판 2008. 11. 13, 2006도2556)

(1) 구 정보통신망이용촉진및정보보호등에관한법률(2005. 12. 30. 법률 제7812호로 개정되기 전의 것) 제65조 제1항 제3호는 정보통신망을 통하여 공포심이나 불안감을 유발하는 글을 반복적으로 상대방에게 도달하게 하는 행위를 처벌하고 있다. 검사가 위 죄에 대한 유죄의 증거로 문자정보가 저장되어 있는 휴대전화기를 법정에 제출하는 경우, 휴대전화기에 저장된 문자정보 그 자체가 범행의 직접적인 수단으로써 증거로 사용될 수 있다. 또한, 검사는 휴대전화기 이용자가 그 문자정보를 읽을 수 있도록 한 휴대전화기의 화면을 촬영한 사진을 증거로 제출할 수도 있는데, 이를 증거로 사용하려면 문자정보가 저장된 휴대전화기를 법정에 제출할 수 없거나 그 제출이 곤란한 사정이 있고, 그 사진의 영상이 휴대전화기의 화면에 표시된 문자정보와 정확하게 같다는 사실이 증명되어야 한다.

(2) 형사소송법 제310조의2는 사실을 직접 경험한 사람의 진술이 법정에 직접 제출되어야 하고 이에 갈음하는 대체물인 진술 또는 서류가 제출되어서는 안 된다는 이른바 전문법칙을 선언한 것이다. 그런데 정보통신망을 통하여 공포심이나 불안감을 유발하는 글을 반복적으로 상대방에게 도달하게 하는 행위를 하였다는 공소사실에 대하여 휴대전화기에 저장된 문자정보가 그 증거가 되는 경우, 그 문자정보는 범행의 직접적인 수단이고 경험자의 진술에 갈음하는 대체물에 해당하지 않으므로, 형사소송법 제310조의2에서 정한 전문법칙이 적용되지 않는다.

IV. 사안의 해결

정보통신망을 통하여 공포심이나 불안감을 유발하는 글을 반복적으로 상대방에게 도달하게 하는 행위를 하였다는 공소사실에 대하여 휴대전화기에 저장된 문자정보가 그 증거가 되는 경우, 그 문자정보는 범행의 직접적인 수단이고 경험자의 진술에 갈음하는 대체물에 해당하지 않으므로, 형사소송법 제310조의2에서 정한 전문법칙이 적용되지 않으며 이를 촬영한 사진은 사본으로서의 사진이므로 문자정보가 저장된 휴대전화기를 법정에 제출할 수 없거나 그 제출이 곤란한 사정이 있고, 그 사진의 영상이 휴대전화기의 화면에 표시된 문자정보와 정확하게 같다는 사실이 증명된다면 이를 증거로 사용할 수 있다고 볼 것이다.

○ 사례 54

甲은 피해자 X로부터 고소(고소기간 준수)를 당하여 수사를 받은 후 기소가 되어 제1심에서 형법상 명예훼손죄로 재판을 받고 유죄판결을 받은 후 항소하였다. 항소심에서 甲의 변호인이 치열하게 다투면서 공소사실내용을 그대로 인정한다고 해도 사실을 적시하는 것으로 보기 어렵다는 주장을 하였고, 재판부가 공소사실에 대한 의문을 품으며 검사에게 추가로 입증할 증거는 없는지를 묻자 검사는 스스로 모욕죄로 공소장변경을 하였다. 이에 변호인은 모욕죄로 될 경우는 무죄판결을 받기 어렵다는 판단하에 서둘러 고소인과 합의를 하였고 이를 법원에 제출하였다. 법원은 어떠한 판결을 하여야 하는가? (25점)

해 설

Ⅰ. 문제점

명예훼손죄는 반의사불벌죄인 반면, 모욕죄는 친고죄이다. 이 사안은 항소심에 이르러 비친고죄에서 친고죄로 공소장이 변경된 경우이다.

(1) 친고죄의 경우 고소취소의 시한은 제1심 판결선고시로 제한되어 있다(형사소송법 제232조 제1항). 하지만 제1심에서는 비친고죄로 공소가 제기되어 재판을 받아왔다면 비친고죄에 있어서 고소취소는 양형사유에 불과하므로 언제라도 판결이 선고되기 전에 제출이 가능하다는 점에서 항소심에서야 비로소 비친고죄에서 친고죄로 공소장변경이 이루어진 경우 고소취소를 제1심 판결선고시까지로 제한한다면 피고인의 방어권 보장 측면에서 문제가 있다고 보인다.

(2) 반면 국가 형벌권 행사를 고소권자의 의사에 의하여 좌우되도록 할 수 없다는 측면에서 정책적으로 정하여진 것이 고소취소의 시한이라는 점에서 더 이상 고소취소가 불가능하다고 봄이 타당할 수도 있다.

Ⅱ. 학설의 대립

1. 긍정설

제232조 제1항을 현실적 심판의 대상이 된 친고죄에 대한 제1심 판결 선고 전까지 취소할 수 있다는 의미로 해석하여 친고죄의 범죄사실은 제1심에서 현실적 심판대상이 되지 아니하였으므로 친고죄에 대한 제1심 판결은 없었다고 보아(친고죄에 대해 사실상 1심인) 항소심에서도 고소취소가 가능하다.

2. 부정설

고소취소시기를 제1심 판결 선고 전까지로 제한하는 명문규정이 있고, 공소장변경에 의해 제2심에서 비로소 현실적 심판의 대상이 된 범죄사실도 제1심부터 잠재적인 심판의 대상이 된 것이므로 항소심에서 고소취소는 불가능하다.

3. 절충설

제232조는 친고죄에 관한 규정이므로 비친고죄의 경우에는 제1심 판결 선고 후에도 친

고죄로 공소장변경이 되기까지는 고소취소가 가능하지만, 제2심에서 친고죄로의 공소장변경이 된 후의 고소취소는 제232조의 적용을 받아 효력이 없다.

4. 고소취소 및 공소장변경 불허설

항소심에서의 고소취소는 제232조 제1항에 의해 부정하고, 피고인에게 불리한 친고죄로의 공소장변경도 허용하지 아니함으로써, 처음의 비친고죄 공소사실에 대해 무죄판결을 해야 한다.

III. 판례의 입장(대판 1999. 4. 15, 96도1922 전합)

1. 다수의견

친고죄의 고소를 취소할 수 있는 시기를 언제까지로 한정하는가는 입법정책상의 문제이기에 형사소송법의 그 규정은 국가형벌권의 행사가 피해자의 의사에 의하여 좌우되는 현상을 장기간 방치하지 않으려는 목적에서 고소취소의 기간을 획일적으로 제1심 판결 선고 전까지로 한정한 것이고, 따라서 그 규정을 현실적 심판의 대상이 된 공소사실이 친고죄로 된 당해 1심의 판결선고시까지 고소인이 고소를 취소할 수 있다는 의미로 볼 수는 없다 할 것이어서, 항소심에서 공소장의 변경에 의하여 또는 공소장변경절차를 거치지 아니하고 법원의 직권에 의하여 친고죄가 아닌 범죄를 친고죄로 인정하였더라도 항소심을 제1심이라 할 수는 없는 것이므로, 항소심에 이르러 비로소 고소인이 고소를 취소하였다면 이는 친고죄에 대한 고소취소로써의 효력은 없다.

2. 반대의견

형사소송법 제232조 제1항 소정의 고소는 친고죄의 고소를 의미하고, 친고죄에 있어서 고소나 고소취소와 같은 소송조건의 구비 여부는 현실적 심판대상이 된 공소사실을 기준으로 판단하여야 하므로, 위 조항은 친고죄에 있어 고소는 현실적 심판대상이 된 친고죄에 대한 제1심 판결의 선고 전까지 취소할 수 있다는 의미로 해석하여야 할 것이고, 따라서 친고죄가 아닌 죄로 공소가 제기되어 제1심에서 친고죄가 아닌 죄의 유죄판결을 선고받은 경우, 제1심에서 친고죄의 범죄사실은 현실적 심판대상이 되지 아니하였으므로 그 판결을 친고죄에 대한 제1심 판결로 볼 수는 없어 친고죄에 대한 제1심 판결은 없었다고 할 것이므로 그 사건의 항소심에서도 고소를 취소할 수 있는 것으로 보아야 한다.

IV. 결 론

(1) 고소를 취소할 수 있는 시기를 언제까지로 한정하는가는 입법정책상의 문제이기에 형사소송법의 그 규정은 국가형벌권의 행사가 피해자의 의사에 의하여 좌우되는 현상을 장기간 방치하지 않으려는 목적에서 고소취소의 기간을 획일적으로 제1심 판결 선고 전까지로 한정한 것이고, 피고인이나 변호인의 입장에서도 항소심에서 친고죄로 변경될 가능성은 충분히 예상할 수 있다는 측면에서 방어권 보장을 위하여 항소심까지 고소취소가 가능하도록 할 필요성은 없다고 본다. 따라서 항소심을 제1심이라 할 수는 없는 것이므로, 항소심에 이르러 비로소 고소인이 고소를 취소하였다면 이는 친고죄에 대한 고소취소로서의 효력은 없다.

(2) 법원은 공소기각판결을 선고할 수 없고 유죄의 종국판결을 선고함이 타당하다. 다만, 고소취소의 사실을 양형의 사유로 삼아 작량감경을 할 수 있다.

55. 증명력을 다투는 방법

상해사건에 관하여 피고인 甲은 기소되었다. 이때 목격자인 증인 X가 공판정에 증인으로 출석하여 甲이 乙을 폭행하는 것을 확실히 보았다고 증언하고 있으나, 사법경찰관 작성의 X에 대한 참고인진술조서에서는 사실 자신은 범인을 확실히 본 것은 아니고 현장에 가보니 이미 乙이 피를 흘리고 쓰러져 있었다고 기재되어 있었다.

이때 당신이 변호인의 입장에서 어떻게 증언의 증명력을 다툴 것이며 그 다투는 방법의 차이는 무엇인가? (20점)

해 설

Ⅰ. 증명력을 다투는 방법

1. 증인 X에 대한 반대신문

(1) 현행법상 증인신문은 교호신문제(형사소송법 제161조의2)를 채택하고 있다. 즉 증인신문신청자가 주신문을 행하면 반대당사자는 반대신문을 행하고 그리고 다시 증인신문신청자가 재주신문을 행한다.

(2) 주신문은 입증취지에 관해 이루어지고, 반대신문과 재주신문은 이전 신문에 대해 증인이 행한 진술의 내용 및 그와 관련한 사항에 대해서만 할 수 있다.

(3) 甲은 공판정에서 증인 X에 대한 반대신문을 통해서 그 증언의 신빙성을 감쇄시킬 수 있다. 乙이 피를 흘리고 쓰러져 있었다고 경찰 진술시 진술했던 사실이 밝혀진 이상 검찰이 출석한 증인에 대한 신문이 끝난 후 변호인은 증인에 대한 반대신문에 의하여 그 진술의 모순을 지적하면서 재판부에 증인의 신뢰성을 떨어뜨리는 방법을 사용할 수 있다.

2. 반증의 제출

상대방 증거에 의하여 증명되는 사실과 모순되는 사실을 증명하는 증거, 즉 반증을 제출하는 방법이 있다. 반증으로 사건이 발생한 시각과 乙이 목격한 시간의 차이를 드러내는 객관적인 증거자료가 있다면 변호인은 이를 증거자료제출서와 함께 증거를 첨부하여 제출하여야 한다.

3. 탄핵증거의 제출

상대방 증거 그 자체의 신빙성을 감쇄하기 위한 증거를 제출하는 방법이 있다. 즉 증인 X가 법정에서 행한 증언과 모순되는 경찰단계에서 참고인 진술을 법정외에서 하였다는 것을 탄핵증거로써 제출하는 것이다. 즉, 설사 증인 X가 참고인진술조서의 성립의 진정을 부인하여 증거능력을 갖추지 못한다고 하더라도 탄핵증거로는 사용할 수 있으므로 이를 제시하고 증인의 신빙성을 탄핵하는 것이 가능하다. 이러한 탄핵증거의 범위에 대하여 자기모순진술로 한정할 것인가에 대하여 논란이 있으나, 사안에서는 증인의 자기모순의 진술이라는 점에서 어느 견해에 따르더라도 허용된다고 할 것이다.

II. 증명력을 다투는 위 방법들의 차이점

(1) 위에서 살펴본 증명력을 다투는 방법의 차이점은 무엇일까? 그것은 바로 탄핵증거는 법관 앞에서 구두로 이루어지는 반대신문과 달리 증인의 증언뿐만 아니라 피고인의 진술, 증인 이외의 자의 진술에 대하여 구두 및 서면에 의해서도 탄핵증거로써의 증거조사가 가능하다는 점이다.

(2) 나아가 탄핵증거로써의 증거조사는 엄격한 증명의 경우에 준한 법정절차에 의한 증거조사가 필요하다는 견해와 공판정에서의 조사는 필요하여도 정규의 증거조사의 절차와 방식을 요하는 것은 아니라고 해석하는 견해가 대립하나 판례(대판 1998. 2. 27, 97도1770)는 탄핵증거에 관하여는 엄격한 증거조사를 거칠 필요가 없으나, 법정에서 이에 대한 탄핵증거로써의 증거조사는 필요하다고 하여 후설의 입장을 따르고 있다.

관련판례 **범인의 동일성 식별절차**

① 야간에 짧은 시간 동안 강도의 범행을 당한 피해자가 어떤 용의자의 인상착의 등에 의하여 그를 범인으로 진술하는 경우에, 그 용의자가 종전에 피해자와 안면이 있는 사람이라든가 피해자의 진술 외에도 그 용의자를 범인으로 의심할 만한 다른 정황이 존재한다든가, 아니면 피해자가 아무런 선입견이 없는 상태에서 그 용의자를 포함하여 인상착의가 비슷한 여러 사람을 동시에 대면하고 그 중에서 범인을 식별하였다던가 하는 부가적인 사정이 있다면, 직접 목격자인 피해자의 진술은 특별히 허위진술을 할 동기나 이유가 없는 한 그 증명력이 상당히 높은 것이라 하겠으나, 피해자가 범행 전에 용의자를 한번도 본 일이 없고 피해자의 진술 외에는 그 용의자를 범인으로 의심할 만한 객관적인 사정이 존재하지 않는 상태에서, 수사기관이 잘못된 단서에 의하여 범인으로 지목하고 신병을 확보한 용의자를 일대일로 대면하고 그가 범인임을 확인하였을 뿐이라면, 사람의 기억력의 한계 및 부정확성과 위와 같은 상황에서 피해자에게 주어질 수 있는 무의식적인 암시의 가능성에 비추어 그 피해자의 진술에 높은 정도의 신빙성을 부여하기는 곤란하다(대판 2001. 2. 9, 2000도4946).

② 증거로 제출된 성추행 피해 아동이 검찰에서 한 진술의 신빙성을 판단함에 있어서는, 아동의 경우 질문자에 의한 피암시성이 강하고, 상상과 현실을 혼동하거나 기억내용의 출처를 제대로 인식하지 못할 가능성이 있는 점 등을 고려하여, 아동의 나이가 얼마나 어린지, 그 진술이 사건 발생시로부터 얼마나 지난 후에 이루어진 것인지, 사건 발생 후 그러한 진술이 이루어지기까지의 과정에서 최초로 아동의 피해 사실을 청취한 보호자나 수사관들이 편파적인 예단을 가지고 아동에게 사실이 아닌 정보를 주거나 반복적인 신문 등을 통하여 특정한 답변을 유도하는 등으로 아동 기억에 변형을 가져올 여지는 없었는

지, 그 진술 당시 질문자에 의하여 오도될 수 있는 암시적인 질문이 반복된 것은 아닌지, 같이 신문을 받은 또래 아동의 진술에 영향을 받은 것은 아닌지, 면담자로부터 영향을 받지 않은 아동 자신의 진술이 이루어진 것인지, 법정에서는 피해사실에 대하여 어떠한 진술을 하고 있는지 등을 살펴보아야 하며, 또한 검찰에서의 진술내용에 있어서도 일관성이 있고 명확한지, 세부내용의 묘사가 풍부한지, 사건·사물·가해자에 대한 특징적인 부분에 관한 묘사가 있는지, 정형화된 사건 이상의 정보를 포함하고 있는지 등도 종합적으로 검토하여야 한다. 범인식별절차에서 피해자 진술의 신빙성을 높게 평가할 수 있게 하려면, 범인의 인상착의 등에 관한 목격자의 진술 내지 묘사를 사전에 상세히 기록화한 다음, 용의자를 포함하여 그와 인상착의가 비슷한 여러 사람을 동시에 목격자와 대면시켜 범인을 지목하도록 하여야 하고, 용의자와 목격자 및 비교대상자들이 상호 사전에 접촉하지 못하도록 하여야 하며, 사후에 증거가치를 평가할 수 있도록 대질 과정과 결과를 문자와 사진 등으로 서면화하는 등의 조치를 취하여야 하고, 사진제시에 의한 범인식별절차에 있어서도 기본적으로 이러한 원칙에 따라야 한다(대판 2008. 7. 10, 2006도2520).

○ 사례 56

다음 설문을 읽고 판례의 입장에 따라 답하라.

회사 직원인 甲은 사망한 전무이사 乙의 책상 서랍을 정리하던 중 메모 형식으로 작성된 회사 중역들에 대한 특별상여금 지급내역서 및 퇴직금 지급내역서를 발견하고 총무과 사무실에 가지고 가서 복사기를 이용하여 복사를 한 후 원본은 제자리에 갖다놓고 그 사본만을 가지고 갔다. 만일 제1심 법원이 본위적 공소사실인 '정보' 절도에 대하여 유죄판단을 내렸다면 검사는 예비적 공소사실인 문서절도 부분에 대하여 항소할 수 있는가? (10점)

해 설

Ⅰ. 예비적 기재와 택일적 기재의 의의

공소장에는 수 개의 범죄사실과 적용법조를 예비적 또는 택일적으로 기재할 수 있다(제254조 제5항) ① 예비적 기재란 수 개의 사실 또는 법조에 대하여 심판의 순서를 정하여 선순위의 사실이나 법조의 존재가 인정되지 않는 경우에 후순위의 사실 또는 법조의 존재의 인정을 구하는 취지로 기재하는 것을 말하고, 택일적 기재란 수 개의 사실에 관하여 심판의 순서를 정하지 않고 어느 것을 심판해도 좋다는 취지의 기재를 말한다.

Ⅱ. 예비적 기재의 판단방법과 예비적 공소사실에 대한 항소가부

예비적 기재의 경우는 판단의 순서를 정하여 검사가 기소를 한 것이므로 법원은 검사의 판단순서에 기속된다. 따라서 본위적 공소제기를 받아들여 유죄판단을 한 경우는 예비적 공소제기를 판단할 필요가 없으며, 본위적 공소제기를 받아들이지 않는 경우에만 예비적 공소사실에 대하여 판단을 하게 된다.[37] 따라서 사안과 같이 본위적 공소사실인 정보 절도에 대하여 유죄판결을 한 이상 예비적 공소사실에 대한 판단을 하지 아니하고 이를 판결이유에도 기재하지 않으므로, 검사는 판결이유의 설시가 없는 예비적 공소사실에 대하여 항소할 수 없다. 이는 택일적으로 기재한 경우에 있어서도 마찬가지이다.[38]

---

[37] 대판 1976. 5. 26, 76도1126: 예비적 기재의 경우에는 판결이유에서 본위적 공소사실을 판단해야 한다.
[38] 대판 1981. 6. 9, 81도1269: 본래의 강도살인죄에 택일적으로 살인 및 절도죄를 추가하는 공소장변경을 하여 법원이 택일적으로 공소제기된 살인 및 절도죄에 대하여 유죄로 인정한 이상 검사는 중한 강도살인죄를 유죄로 인정하지 아니한 것이 위법이라는 이유로 상소할 수 없다.

57. 상해진단서의 증명력 / 영장주의의 예외

○ 사례 57

일정한 직업이 없이 경제적 어려움을 겪고 있던 甲은 밤 11시경 술에 취해 폭행의 고의로 A의 얼굴을 주먹으로 가격하여 전치 3주의 상해를 입혔다. 그때 길을 지나가던 乙이 A가 甲을 뒤쫓는 것을 목격하고 A의 다리를 걸어 넘어뜨렸고, 그 과정에서 A는 전치 2주의 상해를 입었다. 丙은 밤늦게 골목길을 걷다가 혼자 걸어가는 C(여, 25세)를 발견하고 C를 강간할 목적으로 C의 뒤를 쫓아갔다. C는 본인이 사는 아파트 입구에서 비밀번호를 누르고 아파트 안으로 들어갔고 丙은 C의 뒤에 바짝 붙어 C와 함께 아파트 안으로 들어갔다. 丙은 C를 강간하였다.

1. A가 112에 신고를 하자 현장 근처에서 순찰을 돌던 사법경찰관D가 현장으로 출동하였는데, A는 경찰관 D에게 乙의 행위에 대해 처벌을 원하지 않는다는 의사를 표시하였고 이를 경찰관 D는 출동보고서에 기재하였다. 그런데 A는 7개월이 지난 시점에서 乙을 고소하였다.

   (1) A가 乙의 폭행이 있었던 때로부터 6개월이 지난 시점에 상해진단서를 발급받았다. 그런데 A는 乙의 폭행으로 인하여 상해를 입고 진료를 받기는 하였으나, A가 호소하는 통증에 대하여 별다른 치료를 받은 바가 없고, 처방받은 약품도 구입하지 않았던 경우 위 상해진단서의 증명력에 관하여 검토하시오. (10점)

   (2) 위 (1)과 같은 사실이 밝혀진 경우 법원은 어떠한 판결을 하여야 하는지 검토하시오. (10점)

2. 사법경찰관B의 동료인 사법경찰관E는 丙의 주거지 근처에서 3일간 잠복을 하고 있었다. 그럼에도 불구하고 丙을 긴급체포하지 못하자 丙의 내연녀 K가 살고 있는 K의 주거지에 丙이 있을 것이라 생각하고 얼마 뒤 丙을 긴급체포하기 위해 K의 주거지를 수색하였다. 결국 丙을 발견하지는 못하였다. 이때 丙을 발견하기 위하여 수색을 한 것이 적법한지 검토하시오. (15점)

해 설

제1문

1. A가 112에 신고를 하자 현장 근처에서 순찰을 돌던 사법경찰관D가 현장으로 출동하였는데, A는 경찰관 D에게 乙의 행위에 대해 처벌을 원하지 않는다는 의사를 표시하였고 이를 경찰관 D는 출동보고서에 기재하였다. 그런데 A는 7개월이 지난 시점에서 乙을 고소하였다.

   (1) A가 乙의 폭행이 있었던 때로부터 6개월이 지난 시점에 상해진단서를 발급받았다. 그런데 A는 乙의 폭행으로 인하여 상해를 입고 진료를 받기는 하였으나, A가 호소하는 통증에 대하여 별다른 치료를 받은 바가 없고, 처방받은 약품도 구입하지 않았던 경우 위 상해진단서의 증명력에 관하여 검토하시오. (10점)

   (2) 위 (1)과 같은 사실이 밝혀진 경우 법원은 어떠한 판결을 하여야 하는지 검토하시오. (10점)

I. 쟁점의 정리

A는 乙로부터 폭행을 당한 이후에 사법경찰관D에게 乙에 대한 처벌을 원하지 않는다는 의사표시를 한 상황에서 6개월이 지난 후 상해진단서를 발급받아 乙을 고소한 경우 상해진단서의 증명력의 정도 및 법원의 판단이 문제된다.

II. 판례의 태도

형사사건에서 상해진단서는 피해자의 진술과 함께 피고인의 범죄사실을 증명하는 유력한 증거가 될 수 있다. 그러나 상해 사실의 존재 및 인과관계 역시 합리적인 의심이 없는 정도의 증명에 이르러야 인정할 수 있으므로, 상해진단서의 객관성과 신빙성을 의심할 만한 사정이 있는 때에는 증명력을 판단하는 데 매우 신중하여야 한다. 특히 상해진단서가 주로 통증이 있다는 피해자의 주관적인 호소 등에 의존하여 의학적인 가능성만으로 발급된 때에는 진단 일자 및 진단서 작성일자가 상해 발생 시점과 시간상으로 근접하고 상해진단서 발급 경위에 특별히 신빙성을 의심할 만한 사정은 없는지, 상해진단서에 기재된 상해 부위 및 정도가 피해자가 주장하는 상해의 원인 내지 경위와 일치하는지, 피해자가 호소하

는 불편이 기왕에 존재하던 신체 이상과 무관한 새로운 원인으로 생겼다고 단정할 수 있는
지, 의사가 상해진단서를 발급한 근거 등을 두루 살피는 외에도 피해자가 상해 사건 이후
진료를 받은 시점, 진료를 받게 된 동기와 경위, 그 이후의 진료 경과 등을 면밀히 살펴 논
리와 경험법칙에 따라 증명력을 판단하여야 한다(대판 2016. 11. 25, 2016도15018).

또한 피해자의 처벌불원의사가 명백하고 믿을 수 있는 방법으로 표현되었다고 평가되는
경우라면(대판 2001. 6. 15, 2001도1809 등 참조), 반의사불벌죄에서 처벌을 희망하지 아니하
는 의사를 명시적으로 표시한 이후에는 다시 처벌을 희망하는 의사를 표시할 수 없는 것이
다(대판 1994. 2. 25, 93도3221 등 참조).

III. 사안의 경우

(1) 사안의 경우 A가 발급받은 상해진단서의 발급 일시는 乙로부터 폭행을 당한 날로부
터 6개월이 지난 시점이고, 甲이 병원 진료를 받기는 하였으나 호소하는 통증에 대한 치료
를 받은 사실이 없고, 처방받은 약도 구입하여 복용하지 않은 점 등을 종합적으로 고려해
보았을 때, 이 사건 상해진단서로 A의 상해를 인정할 수는 없다.

(2) 위와 같이 발급받은 상해진단서에 의하여 상해의 결과가 인정되지 않을 경우 乙의
A에 대한 행위는 형법 제260조 제1항의 단순폭행죄에 해당하고, 폭행죄는 반의사불벌죄에
해당한다. A는 이미 현장을 순찰하던 사법경찰관D에게 乙의 행위에 대하여 처벌을 원하지
않는다는 의사표시를 하였고 이는 명백하고 믿을 수 있는 방법으로 이루어졌으며 폭행죄는
반의사불벌죄에 해당하므로 乙에 대한 이 사건 공소제기는 형사소송법 제327조 제2호 공
소제기의 절차가 법률의 규정에 위반하여 무효인 때에 해당하므로 법원은 공소기각 판결을
하여야 한다.

제2문

2. 사법경찰관B의 동료인 사법경찰관E는 丙의 주거지 근처에서 3일간 잠복을 하고 있었
다. 그럼에도 불구하고 丙을 긴급체포하지 못하자 丙의 내연녀 K가 살고 있는 K의
주거지에 丙이 있을 것이라 생각하고 얼마 뒤 수색영장을 발부받을 시도도 하지 않은
채 丙을 긴급체포하기 위해 K의 주거지를 수색하였다. 결국 丙을 발견하지는 못하였
다. 이때 丙을 발견하기 위하여 수색을 한 것이 적법한지 검토하시오. (15점)

Ⅰ. 쟁점의 정리

사법경찰관E가 긴급체포를 위하여 K의 주거지를 영장없이 수색한 부분이 영장주의의 예외 요건인 형사소송법 제216조 제1항 제1호의 요건과 관련하여 그 요건 충족여부가 문제된다.

Ⅱ. K의 주거지 수색의 적법성 여부

제216조(영장에 의하지 아니한 강제처분) ① 검사 또는 사법경찰관은 제200조의2·제200조의3·제201조 또는 제212조의 규정에 의하여 피의자를 체포 또는 구속하는 경우에 필요한 때에는 영장없이 다음 처분을 할 수 있다.

1. 타인의 주거나 타인이 간수하는 가옥, 건조물, 항공기, 선차 내에서의 피의자 수색. **다만, 제200조의2 또는 제201조에 따라 피의자를 체포 또는 구속하는 경우의 피의자 수색은 미리 수색영장을 발부받기 어려운 긴급한 사정이 있는 때에 한정**한다.[2019. 12. 31. 개정]

---

1. 문제점

K의 주거지를 영장없이 수색한 것은 丙을 발견하기 위한 것이므로 형사소송법 제216조 제1항 제1호에 의한 수색으로 판단된다.

그러나 사안의 경우 이미 3일에 걸쳐 丙의 주거지 근처에서 3일간 잠복을 하고 있었다. 그럼에도 불구하고 丙을 긴급체포하지 못하자 丙의 내연녀 K가 살고 있는 K의 주거지를 수색한 것이므로 충분히 압수수색 영장을 발부받을 시간적 여유가 존재하였다고 보여지므로 영장주의 위반이 있는지 문제된다.

2. 헌법재판소 결정례

체포영장이 발부된 경우에도 영장 없이 그 장소에 대한 압수·수색을 하여야 할 긴급한 상황은 충분히 발생 할 수 있는 점, 헌법 제16조가 주거의 자유와 관련하여 영장주의를 선언하고 있는 이상, 그 예외는 매우 엄격한 요건 하에서만 인정되어야 하는 점 등을 종합하면, 헌법 제16조의 영장주의에 대해서도 그 예외를 인정하되, 이는 ① 그 장소에 범죄혐의 등을 입증할 자료나 피의자가 존재할 개연성이 소명되고, ② 사전에 영장을 발부받기 어려운 긴급한 사정이 있는 경우에만 제한적으로 허용될 수 있다고 보는 것이 타당하다. 체포영장이 발부된 피의자가 타인의 주거 등에 소재할 개연성은 소명되나, 수색에 앞서 영장을 발부받기 어려운 긴급한 사정이 인정되지 않는 경우에도 영장 없이 피의자 수색을 할 수 있다는 것이므로, 위에서 본 헌법 제16조의 영장주의 예외 요건을 벗어나는 것으로서 영장주의에 위반된다(헌재결 2018. 4. 26, 2015헌바370, 2016헌가7).

3. 소 결

위와 같은 취지로 현재 헌법재판소는 헌법불합치결정을 내린 바 있고, 위 법률조항은 2020. 3. 31.을 시한으로 입법자가 개정할 때까지 계속 적용된다고 하였으나 이러한 잠정적 적용시에도 체포영장이 발부된 피의자가 타인의 주거 등에 소재할 개연성이 소명되고, 그 장소를 수색하기에 앞서 별도로 수색영장을 발부받기 어려운 긴급한 사정이 있는 경우에 한하여 적용되어야 할 것이라 판시하여 긴급성을 요건으로 하지 않을 경우 영장주의에 위배되어 위법한 것임을 명백히 하였다. 이에 따라 현재는 형사소송법이 개정되었고 **제200조의2 또는 제201조에 따라 피의자를 체포 또는 구속하는 경우의** 피의자 수색은 미리 수색영장을 발부받기 어려운 긴급한 사정이 있는 때**에 한정하도록 하였다.**

따라서 사안의 경우는 긴급성이 갖추어지지 않은 위법한 수색으로 영장주의의 중대한 위법이 존재한다고 할 것이다.

58. 공범자의 전문증거와 전문법칙 / 비밀녹음의 증거능력

○ 사례 58

甲과 乙은 아래 공소사실과 같은 공소가 제기되었다. 아래의 물음에 대하여 판례의 입장을 언급하며 주된 쟁점에 대하여 간명하게 답하라. (50점)

[공소사실]

2022. 1. 20. 20:00경 서울 강남구 도곡동 00 피해자 최정동 경영의 시계점포에 피고인 甲은 마치 시계를 살 듯 한 태도로 값을 흥정하면서 바람을 잡으면서 주위를 혼란스럽게 하고, 피고인 乙은 그 틈을 이용하여 그곳에 있는 피해자 소유의 로렌스 시계 시가 10,000,000원 상당을 가지고 달아나 이를 합동하여 절취한 것이다.

이에 동종전과가 많았던 甲에 대하여는 구속영장이 청구되어 영장실질심사를 받으면서 자신의 범죄사실을 시인하는 자백을 하였다. 이후 구속영장이 발부되어 수사가 계속되면서 甲과 乙에 대한 사법경찰관의 피의자신문조서가 작성되었다. 이후 甲과 乙에 대한 공판이 함께 진행되었는바, 乙은 공판정에서 일관되게 모든 범행사실을 자백하였으나 甲은 계속 범행을 부인하고 있으며 자신의 범행에 대한 유죄의 증거로 제출된 영장실질심사조서와 乙에 대한 사법경찰관 작성의 피의자신문조서 대한 증거 부동의를 하며 범행을 부인하고 있다. 하지만 乙은 자신의 모든 증거에 대하여 동의를 한다고 진술하였다.

(1) 甲에 대한 유죄의 증거로 乙에 대한 사법경찰관 작성의 피의자신문조서를 증거로 사용할 수 있는가? 또한 甲에게 위 설문의 증거만으로 유죄를 선고할 수 있는가? (18점)

(2) 만일 검사가 乙을 소환하였다가 소환불능이 되자 乙의 소재를 수사할 것을 지휘하여 소재수사를 하였으나 발견하지 못한 경우, 乙에 대한 사법경찰관 작성의 피의자신문조서를 형사소송법 제314조를 적용하여 甲에 대한 증거로 사용할 수 있는가? (10점)

(3) 만일 수사기관에서부터 이 사건 공판에 이르기까지 乙이 일관되게 부인을 하고 있다고 가정할 경우 설문 이외의 다른 증거가 없다면 乙에게 유죄를 선고할 수 있는가? (12점)

(4) 공범인 乙이 이미 구속되어 수사를 받고 있던 甲에게 전화를 하였다. 이에 수사기관이 甲의 동의를 받아 전화선에 특수장치를 설치하여 비밀 녹음한 경우 그 녹음자료는 증거로 사용할 수 있는가? (10점) 만일 수사기관이 갑에게 전화기를 주면서 범행사실과 관련된 녹음을 하도록 지시한 경우는 어떠한가? (5점)

해 설

Ⅰ. 문제점

1. (1)의 경우는 1) 甲에 대한 영장실질심사조서의 증거능력 2) 乙이 증거동의한 乙에 대한 사법경찰관 작성의 피의자신문조서를 공범인 공동피고인 甲에 대한 유죄의 증거로 사용할 수 있는지 여부와 3) 자백보강법칙에 따라 공범자의 자백을 독립된 증거로 사용할 수 있는지 여부가 문제된다.

2. (2)의 경우는 만일 수사기관에서부터 이 사건 공판에 이르기까지 乙이 일관되게 부인을 하고 있는 경우, 乙을 유죄로 하기 위하여 공범자인 甲의 자백에도 보강증거를 요하는지 여부가 문제되며,

3. (3)의 경우는 공범인 공동피고인에 대한 사법경찰관 작성의 피의자신문조서에도 제314조에 의한 증거능력의 예외를 인정할 수 있는지 여부가,

4. (4)의 경우는 일방의 동의를 받고 전화통화를 비밀녹음한 것이 감청에 해당하여 위법한지 여부와 그 증거능력이 문제된다.

Ⅱ. 甲의 영장실질심사조서의 증거능력과 乙에 대한 사법경찰관 작성의 피의자신문조서의 증거능력

1. 영장실질심사조서의 증거능력 인정여부

영장실질심사조서에 기재된 피고인의 자백도 유죄의 증거로 사용될 수 있기 위해서는 임의성 있는 자백이라는 요건이 갖추어져야 한다(형사소송법 제309조). 사안에서 피고인의 영장실질심사단계에서의 자백은 법 제309조에 따른 임의성이 의심되는 자백으로 볼 수 없으므로 자백 자체의 임의성에는 문제가 없다고 볼 것이다.

(1) 제311조의 해당여부

영장실질심사절차는 형사소송법 제311조에서 규정하고 있는 공판준비 또는 공판기일의 조서 내지는 법원 또는 법관의 검증조서로 볼 수 없고, 나아가 증거보전절차나 증인신문절차에 의해 작성한 조서로도 볼 수 없으므로 동 조항에 의한 증거능력을 인정할 수는 없다.

(2) 제315조의 해당여부

1) 하지만 구속적부심사조서는 법원 또는 합의부원, 검사, 변호인 및 청구인이 구속된 피의자를 심문하고 그에 대한 피의자의 진술 등을 기재한 조서로서 형사소송법 제315조 제

3호에서 규정하고 있는 "기타 특히 신용할 만한 정황에 의하여 작성된 문서"로 볼 수 있다는 것이 판례의 입장(대판 2004. 1. 16, 2003도5693)라는 점에서 영장실질심사조서 역시 이에 준하여 평가할 수 있을 것이다. 형사소송법도 제315조 제3호를 적용하여 증거능력을 인정할 수 있다는 점에서 별도의 조문을 규정하지 않기로 하였다.

2) 따라서 피고인 甲이 영장실질심사조서의 증거사용에 부동의하더라도, 동 조항에 따라 당연히 증거능력 있는 서류로 보아야 한다.

2. 乙에 대한 사법경찰관 작성의 피의자신문조서의 증거능력

이에 대하여는 현행 형사소송법 제312조 제4항에서 '피고인이 아닌 자의 진술'을 규정하고 있으므로 여기에 해당되는 것이 아닌지 논의가 있다. 하지만 사법경찰관 작성의 피의자신문조서는 인권보호적 측면에서 당해 피고인이 내용을 인정하여야만 이를 증거로 사용할 수 있도록 규정한 제312조 제3항의 취지상 원진술자가 아닌 당해 피고인의 내용인정을 요구한다고 봄이 타당하다고 보아야 한다. 왜냐하면 제312조 제3항에서 말하는 내용을 인정할 때라 함은 위 피의자신문조서의 기재 내용이 진술내용대로 기재되어 있다는 의미가 아니고(그것은 문서의 진정성립에 속하는 사항임), 그와 같이 진술한 내용이 실제사실과 부합한다는 것을 의미하므로(대판 2001. 9. 28, 2001도3997) 당해 피고인만이 그와 같이 실제사실과 부합한다는 내용인정을 할 수 있다고 볼 것이기 때문이다.

(1) 학설의 대립

1) 제1설

피고인의 인권보장을 위해 검사작성의 피신조서와 증거능력에 있어서 차별을 둔 형사소송법 제312조 제3항의 취지상 당해 피고인이 내용을 부인하면 증거능력이 없다는 견해이다.

2) 제2설

공범인 공동피고인이 법정에서 내용을 인정하면 증거능력이 있다는 견해이다.

3) 제3설

공동피고인이 내용을 인정하고 당해피고인이 법정에서 사실상 반대신문권을 충분히 행사하였거나 반대신문의 기회가 부여된 경우에만 증거능력이 인정된다는 견해이다.

4) 제4설

형사소송법 제312조 제4항의 '피고인이 아닌 자의 진술'에 해당된다고 보는 입장이다.

(2) 판례의 입장(대판 2009. 7. 9, 2009도2865)

1) 형사소송법 제312조 제3항은 검사 이외의 수사기관이 작성한 당해 피고인에 대한 피의자신문조서를 유죄의 증거로 하는 경우뿐만 아니라 검사 이외의 수사기관이 작성한 당해

피고인과 공범관계에 있는 다른 피고인이나 피의자에 대한 피의자신문조서를 당해 피고인에 대한 유죄의 증거로 채택할 경우에도 적용된다.

2) 따라서 당해 피고인과 공범관계가 있는 다른 피의자에 대하여 검사 이외의 수사기관이 작성한 피의자신문조서는, 그 피의자의 법정진술에 의하여 그 성립의 진정이 인정되는 등 형사소송법 제312조 제4항의 요건을 갖춘 경우라고 하더라도 당해 피고인이 공판기일에서 그 조서의 내용을 부인한 이상 이를 유죄 인정의 증거로 사용할 수 없다.

(3) 검 토

1) 공범인 공동피고인은 그의 '공동피의자였던 성격'에 비추어 형사소송법 제312조 제3항을 적용함이 타당하고, 2설이나 3설에 의할 경우 자신이 자백한 피의자신문조서도 공판정에서 내용을 부인하면 증거능력이 없는데, '타인의 자백'에 대해서 피고인이 내용을 부인하여도 증거능력이 인정된다는 불합리한 결과가 발생하므로 1설이 타당하다.

2) 형사소송법도 제312조 제3항에서 그 피의자였던 피고인 또는 변호인이 그 내용을 인정할 때에 한하여 증거로 할 수 있다고 규정하였다는 점과 내용의 인정은 그 사실이 진실이라는 취지의 진술을 의미한다는 점에서 제1설이 타당하다고 본다.[39] 따라서 甲에 대한 유죄의 증거로 본 피의자신문조서를 증거로 사용할 수 없다.

III. 甲에 대한 유죄선고의 가능성

1. 乙이 공판정에서 한 자백진술의 증거능력

(1) 이에 대하여 다른 공동피고인에 대한 반대신문의 보장이 미흡하다는 점에서 변론을 분리(형사소송법 제300조)하여 증인으로 신문해야 한다는 견해와 실제로 충분히 반대신문을 하였거나 반대신문의 기회가 부여된 경우에만 증거능력이 인정된다는 견해도 존재하지만, 판례는 공범인 공동피고인의 법정진술은 공동피고인에 의한 반대신문권이 보장되어 있음을 이유로 증거능력을 인정하고 있으나 공범이 아닌 자의 법정진술에 대하여는 피고인과 별개의 범죄사실로 기소되어 병합심리 중인 공동피고인은 피고인의 범죄사실에 관하여는 증인의 지위에 있다 할 것이므로 선서없이 한 공동피고인의 법정진술이나 피고인이 증거로 함에 동의한 바 없는 공동피고인에 대한 피의자신문조서는 피고인의 공소범죄사실을 인정하는 증거로 할 수 없다고 판시한 바 있다.

---

39) 법 제312조 제4항에 '피고인이 아닌 자의 진술을 기재한 조서'에 해당한다고 볼 수 있는가가 문제될 수 있지만 검사작성의 경우와 사경작성의 경우를 구별하고 사경작성의 경우는 '내용의 인정'을 요건으로 하였으며 이러한 구분을 전제로 한 위 판례의 취지상 제312조 제3항을 적용하여야 한다고 봄이 타당하다.

(2) 공동피고인은 피고인신문시 충분히 다른 피고인이 반대신문할 기회가 보장된다는 점, 공범인 경우는 진술거부권이 존재한다는 점에서 증인으로 신문하기 부적절하다는 점에서 판례의 입장이 타당하여 위 사안에서 공범인 乙이 공판정에서 한 자백진술은 증거로 사용할 수 있다고 볼 것이다.

2. 자백보강법칙

(1) 위와 같이 증거능력이 인정되는 영장실질심사조서에 기재된 자백은 증거능력이 있는 임의의 자백이라고 하더라도, 헌법 제12조 제7항, 형소법 제310조의 규정과 같이, 피고인의 자백이 그 피고인에게 불이익한 유일의 증거인 때에는 이를 유죄의 증거로 하지 못한다는 자백의 보강법칙의 제한을 받게 된다. 따라서 甲을 처벌하기 위하여는 자백이외의 독립된 보강증거가 필요하다. 판례(대판 1983. 6. 28, 83도1111; 대판 1984. 2. 28, 83도3343)는 공범자의 자백이나 공동피고인의 자백은 보강증거가 될 수 있으며, 공범자 전원이 자백한 경우뿐만 아니라 공동피고인의 일부가 부인한 경우에도 자백한 공동피고인의 자백은 피고인의 자백에 대하여 보강증거가 될 수 있다고 판시하고 있다.

(2) 공범자의 자백을 피고인의 자백이라고 볼 수는 없다는 점에서 공범자의 자백진술은 당해 피고인에 대한 유죄의 독립된 증거로 봄이 타당하다고 본다. 따라서 甲의 자백진술에 대하여 乙의 공판정 자백진술은 앞서 본 바와 같이 증거능력이 존재하는 바, 독립된 증거로 보강증거가 될 수 있고 甲에 대하여 법원은 유죄의 선고를 할 수 있다.

IV. 공범인 공동피고인에 대한 사법경찰관 작성의 피의자신문조서에도 형사소송법 제314조에 의한 증거능력의 예외를 인정할 수 있는지 여부

1. 문제점

사법경찰관작성의 피의자신문조서에 대하여 제314조를 근거로 증거능력을 인정할 수 있는지 여부가 문제된다.

2. 乙에 대한 사법경찰관작성의 피의자신문조서를 공범인 甲에 대한 증거로 사용하기 위한 요건

(1) 이 사안의 경우 누가 내용인정을 할 것인지가 문제된다. 제1설은 피고인의 인권보장을 위해 검사작성의 피신조서와 증거능력에 있어서 차별을 둔 법 제312조 제3항의 취지상 당해 피고인이 내용을 부인하면 증거능력이 없다는 견해, 제2설은 공범인 공동피고인이 법

정에서 내용을 인정하면 증거능력이 있다는 견해, 제3설은 공동피고인이 내용을 인정하고 당해피고인이 법정에서 사실상 반대신문권을 충분히 행사하였거나 반대신문의 기회가 부여된 경우에만 증거능력이 인정된다는 견해, 제4설은 법 제312조 제4항의 '피고인이 아닌 자의 진술'에 해당된다고 보는 입장이 있다.

(2) 판례는 "(구)제312조 제2항의 규정은 당해 피의자였던 피고인에 대해서 뿐만 아니라 공동피의자였던 다른 피고인의 관계에서도 적용된다(대판 1992. 4. 14, 92도442)"고 판시하면서 (구)형사소송법 제312조 제2항의 취지상 당해 피고인이 내용을 인정할 것으로 요구한다고 판시하였고 형사소송법이 개정된 이후에도 판례(대판 2009. 7. 9, 2009도2865)는 "형사소송법 제312조 제3항은 검사 이외의 수사기관이 작성한 당해 피고인에 대한 피의자신문조서를 유죄의 증거로 하는 경우뿐만 아니라 검사 이외의 수사기관이 작성한 당해 피고인과 공범관계에 있는 다른 피고인이나 피의자에 대한 피의자신문조서를 당해 피고인에 대한 유죄의 증거로 채택할 경우에도 적용된다. 따라서 당해 피고인과 공범관계가 있는 다른 피의자에 대하여 검사 이외의 수사기관이 작성한 피의자신문조서는, 그 피의자의 법정진술에 의하여 그 성립의 진정이 인정되는 등 형사소송법 제312조 제4항의 요건을 갖춘 경우라고 하더라도 당해 피고인이 공판기일에서 그 조서의 내용을 부인한 이상 이를 유죄 인정의 증거로 사용할 수 없다."고 하여 제312조 제3항을 적용함을 분명히 하였다.

(3) 결론적으로 법 제312조 제3항의 입법취지가 자백편중의 수사관행을 타파하고 강압수사를 방지하기 위한 위법수사의 예방장치라는 점에서 당해 피고인과 공범관계가 있는 다른 피의자에 대한 검사 이외의 수사기관 작성의 피의자신문조서는 그 피의자의 법정진술에 의하여 그 성립의 진정이 인정되더라도 당해 피고인인 甲이 공판기일에서 그 조서의 내용을 부인하면 증거능력이 부정된다고 해석하는 것이 타당하다고 본다.

3. 제314조의 적용가능성

(1) 긍정설
사경작성 피의자신문조서의 경우에만 제314조의 적용을 부정할 이유는 없다.

(2) 부정설
제312조 제3항의 입법취지가 자백편중의 수사관행을 타파하고 강압수사를 방지하기 위한 위법수사의 예방장치라는 점에서 사경작성 피의자신문조서의 경우 제312조 제3항에 의해서만 증거능력의 유무를 판단해야 한다.

(3) 절충설
피고인과 공범관계에 있는 자에 대해서는 제314조의 적용이 없고, 공범 아닌 자에 대한 것은 제314조가 적용된다(타당 - 판례의 전반적 입장과 일치함).

(4) 판례의 입장

형사소송법 제312조 제2항은 검사 이외의 수사기관이 작성한 당해 피고인에 대한 피의자신문조서를 유죄의 증거로 하는 경우뿐만 아니라 검사 이외의 수사기관이 작성한 당해 피고인과 공범관계에 있는 다른 피고인이나 피의자에 대한 피의자신문조서를 당해 피고인에 대한 유죄의 증거로 채택할 경우에도 적용되는 바, 당해 피고인과 공범관계가 있는 다른 피의자에 대한 검사 이외의 수사기관 작성의 피의자신문조서는 그 피의자의 법정진술에 의하여 그 성립의 진정이 인정되더라도 당해 피고인이 공판기일에서 그 조서의 내용을 부인하면 증거능력이 부정되므로 그 당연한 결과로 그 피의자신문조서에 대하여는 사망 등 사유로 인하여 법정에서 진술할 수 없는 때에 예외적으로 증거능력을 인정하는 규정인 형사소송법 제314조가 적용되지 아니한다(대판 2004. 7. 15, 2003도7185 전합).

4. 사안의 경우

(1) 앞서 살펴본 바와 같이 乙에 대한 사법경찰관 작성의 피의자신문조서는 당해 피고인인 甲이 그 내용을 부인하는 이상 증거로 사용할 수 없다. 사안에서 甲은 공판정에서 범행을 부인하고 있으므로 乙에 대한 피의자신문조서의 내용을 인정한다고 볼 수 없다.

(2) 그렇다면 제314조를 적용하여 증거능력을 인정할 수 있을지 생각해 볼 수 있으나 어차피 내용인정은 甲이 하여야 하므로 설사 乙의 소재불명으로 제314조의 필요성 요건을 충족한다고 하여도 제314조가 적용될 여지가 없어 증거능력을 부여할 수 없다.

V. 乙이 일관되게 부인을 하고 있다고 가정할 경우 乙의 유죄인정 여부 검토

1. 乙에 대한 사법경찰관 작성의 피의자신문조서의 증거능력

乙은 수사기관부터 공판정에 이르기까지 범행을 부인하고 있으므로 그 피의자신문조서의 내용을 인정한다고 볼 수 없다. 따라서 제312조 제3항에 의하여 乙에 대한 사법경찰관 작성의 피의자신문조서는 증거능력이 없다.

2. 공범자인 甲의 자백에도 보강증거를 요하는지 여부

공판정 외에서의 자백인 수사단계에서의 자백에 보강법칙이 적용됨은 의문의 여지가 없다. 따라서 구속적부심사나 영장실질심사단계에서 자백을 하여 그 조서에 자백의 내용이

기재된 경우에도 공판정에서의 부인진술에도 불구하고, 자백보강법칙이 적용될 수 있다. 판례 역시 형사소송법 제310조의 자백은 공판정의 자백과 공판정 이외의 자백을 불문한다 (대판 1966. 7. 26, 66도634)는 입장이다. 사안의 경우 피고인의 자백에 공범자인 甲의 자백이 포함되어 공범자의 자백이 있는 때에도 보강증거가 있어야 부인하는 공범인 乙을 유죄로 인정할 수 있는가가 문제된다.

(1) 학설의 대립

1) 긍정설(보강증거필요설)

공범자는 다른 공범에게 책임을 전가시키려는 경향과 오판의 위험을 근거로 공범자의 자백을 피고인의 자백에 포함시켜 공범자의 자백에도 보강증거를 요한다고 하는 견해이다.

2) 부정설(보강증거불요설)

공범자의 자백은 당해 피고인에 대하여 증언에 지나지 아니하므로 공범자의 자백을 피고인의 자백이라고 볼 수 없다고 하여 보강증거를 요하지 않는다고 한다.

3) 절충설

공동피고인인 공범자(보강증거 불요)와 공동피고인이 아닌 공범자(보강증거필요)를 나누어 판단하는 견해이다.

(2) 판례의 입장

형사소송법 제310조의 피고인의 자백에는 공범인 공동피고인의 진술은 포함되지 않으며, 이러한 공동피고인의 진술에 대하여는 피고인의 반대신문권이 보장되어 있어 독립한 증거능력이 있으므로 보강증거를 요하지 않는다(대판 1992. 7. 28, 92도917).

(3) 검 토

공범자는 피고인에 대한 관계에서는 제3자에 불과하므로 피고인 자신이라고 할 수 없고, 사안과 같은 경우 甲에 대한 영장실질심사조서는 甲의 동의여하에 상관없이 제315조 제3호에 의해 독립하여 증거능력이 있는 것이므로 공범자인 甲의 자백은 그것이 공동피고인의 지위에서 이루어졌는가 아니면 변론분리 후 공판정에서 증인의 증언으로 이루어졌는가를 불문하고 독립된 증거가치를 가진다. 따라서 보강증거를 요하지 아니하며 결국, 乙은 유죄로 처벌될 수 있다.

VI. 甲의 동의를 얻어 甲과 乙 간의 전화통화를 비밀녹음한 행위의 적법성 여부

1. 제3자가 전화통화 시 일방당사자의 동의를 얻어 녹음한 행위가 통비법상의 감청인지 여부

(1) 감청 인정설

이 견해에 따르면, 제3자가 당사자 일방동의에 따라 전화통화를 녹음하거나 청취·공독한 경우에는 자신의 대화가 녹음되거나 누군가가 엿듣고 있다는 것을 알지 못한다는 점, 자신의 발언이 재생가능한 형태로 남아 언제든지 누구에게라도 공개될 수 있다는 점 등에 비추어 보면 제3자 일방동의 감청은 통화상대방의 자기 말에 대한 권리와 자기가 행한 발언의 수신자의 범위를 결정할 수 있는 권리 등이 침해된다고 보아야 한다.

(2) 감청 부정설

이에 따르면, 일방당사자의 동의가 있는 이상 통화비밀이 침해되는 것은 아니라는 이유로,[40] 또는 당사자 일방의 동의하에 행하는 감청을 정당화시키려는 본래의 취지는 잠입수사관을 투입하여 마약범죄 등의 조직범죄나 테러범죄를 효과적으로 퇴치하려는 데 있으므로 현행법의 해석도 당사자일방의 동의만으로도 도청을 정당화시킨다고 할 것이다.

(3) 판 례

대법원은 "제3자의 경우는 설령 전화통화 당사자 일방의 동의를 받고 그 통화내용을 녹음하였다 하더라도 그 상대방의 동의가 없었던 이상, 사생활 및 통신의 불가침을 국민의 기본권의 하나로 선언하고 있는 헌법규정과 통신비밀의 보호와 통신의 자유신장을 목적으로 제정된 통신비밀보호법의 취지에 비추어 이는 동법 제3조 제1항 위반이 된다고 해석하여야 할 것이다."라고 하여 당사자 일방의 동의하에서 행한 제3자의 감청을 통비법상의 감청에 포함하고 있다(대판 2002. 10. 8, 2002도123).

2. 수사기관이 일방의 동의를 얻어 녹음한 경우 그 증거능력 인정 여부

(1) 감청 인정설에 의하면, 수사기관의 녹음은 감청에 해당하므로 통비법상의 절차에 의한 경우에만 그 감청은 적법하게 되고, 증거로 사용할 수 있으므로 사안의 경우 그러한 절차를 거치지 않은 이상 통비법 제4조에 의하여 증거로 사용할 수 없다고 볼 것이다.

---

40) 하태훈, 통화자일방의 동의를 받은 제3자 전화녹음과 통비법위반, 안암법학 제17호, 안암법학회, 2003, 88면.

(2) 그러나 감청 부정설에 의하면, 수사기관의 녹음은 감청이 아니므로 통비법 제4조에 의하여 증거사용이 금지되는 것은 아니다. 그러나 설사 통비법상의 감청에 해당하지 않는 다고 하더라도 그것이 형사소송법 제308조의2의 위법수집증거배제법칙에 위배될 것인가의 여부는 별도로 판단이 가능하다. 특히 사안과 같이 수사기관이 개입하여 이루어진 수사기 관의 비밀녹음은 비록 일방당사자의 동의를 얻었다고 하더라도 사생활 및 통신의 불가침을 국민의 기본권의 하나로 선언하고 있는 헌법규정과 통신비밀의 보호와 통신의 자유를 침해 하는 것이 분명한 이상 통비법상의 감청에 해당하지는 않는다고 하더라도 이는 위법수집증 거에 해당한다고 봄이 타당하다고 본다.

3. 수사기관이 일방당사자에게 전화를 하도록 지시한 후 그 대화의 비밀녹음을 지시한 경우 그 증거능력

사안과 같은 경우 판례는 수사기관이 일방당사자인 갑으로부터 피고인의 마약류관리에 관한 법률 위반(향정) 범행에 대한 진술을 듣고 추가적인 증거를 확보할 목적으로, 구속수 감되어 있던 일방당사자인 갑에게 그의 압수된 휴대전화를 제공하여 피고인과 통화하고 위 범행에 관한 통화 내용을 녹음하게 한 행위는 불법감청에 해당하므로, 그 녹음 자체는 물 론 이를 근거로 작성된 녹취록 첨부 수사보고는 피고인의 증거동의에 상관없이 그 증거능 력이 없다(대판 2010. 10. 14, 2010도9016)고 판시하고 있다. 일방당사자의 녹음은 특별한 사 정이 없는 한 감청이나 금지되는 타인간의 대화녹음에 해당하지 않는다고 보는 것이 일반 적이나, 수사기관이 일방 당사자에게 지시하여 녹음이 이루어진 경우는 사생활 및 통신의 불가침을 국민의 기본권의 하나로 선언하고 있는 헌법규정과 통신비밀의 보호와 통신의 자 유 신장을 목적으로 제정된 통신비밀보호법의 취지에 비추어 볼 때, 적법절차 원리에 위반 되는 위법한 감청으로 볼 것이다.

○ 사례 59

A는 동네에서 일명 '바둑이'라는 도박을 하다가 가진 돈을 탕진하였다. 그리하여 도박판 옆에서 구경을 하며 용돈이나 타 쓰고 있던 고교동창인 친구 甲에게 자신의 현금카드를 건네주면서 200만원을 인출해 가지고 와 달라고 부탁을 하였다. 하지만 甲은 이를 기회로, 근처 현금자동지급기에서 위 현금카드를 넣고 인출금액을 500만원으로 입력하여 그 금액을 인출한 후 그 중 200만원만 A에게 건네주고 나머지 300만원은 자신이 취득하였다.

며칠 후 A는 자신의 은행 잔고에 300만원이 부족함을 알고 친구 甲에게 전화를 걸어 추궁을 하였지만 돈을 돌려주지 않았다. 이에 A는 동네 건달인 乙에게 돈을 받아 달라고 부탁을 하였다. 이에 乙은 甲에게 전화를 걸어 "너 A에게 돈을 돌려주지 않으면 대가리만 남기고 확 땅에 묻어버린다."라고 말하였다.

1. A는 협박 교사 및 도박죄로 乙의 협박죄와 병합기소가 되었다. A는 범죄를 부인하면서 증거를 부동의하였는데, 甲은 법정에 나와 증인으로 선서한 후 "A가 판돈이 수백만원에 이르는 도박판에서 '바둑이'라는 도박을 하는 것을 옆에서 보았다. 또한 동네사람 K가 말하기를 "A가 乙에게 甲에게 겁을 좀 주라고 말하는 것을 들었다."라고 증언하였다. 다만 K는 동네에서 살고 있지만 집에 잘 들어가지 않아 소환이 되지 않았다. 이때 위 甲의 증언은 A의 공소사실에 대한 증거능력이 있는지를 간략히 논하라. (20점)

2. 당신은 수사단계에서 A의 변호인으로 선임이 되었다. A가 법적 조언을 구하자 "당신은 진술거부권이 있으니 수사기관이 질문에 응할 필요도 없고 거짓말을 해도 상관없다."라고 조언을 하였다. 이러한 조언은 허용되는 것인지를 판례의 입장과 더불어 간략히 서술하라. (15점)

해 설

제 1 문

1. A는 협박 교사 및 도박죄로 乙의 협박죄와 병합기소가 되었다. A는 범죄를 부인하면
서 증거를 부동의하였는데, 甲은 법정에 나와 증인으로 선서한 후 "A가 판돈이 수백
만원에 이르는 도박판에서 '바둑이'라는 도박을 하는 것을 옆에서 보았다. 또한 동네
사람 K가 말하기를 "A가 乙에게 甲에게 겁을 좀 주라고 말하는 것을 들었다."라고
증언하였다. 다만 K는 동네에서 살고 있지만 집에 잘 들어가지 않아 소환이 되지 않
았다. 이때 위 甲의 증언은 A의 공소사실에 대한 증거능력이 있는지를 간략히 논하
라. (20점)

I. A의 도박죄 사실에 대한 증언의 증거능력

(1) 이는 甲이 직접 옆에서 목격한 경험진술로서 증인으로 선서한 후 "A가 판돈이 수
백만원에 이르는 도박판에서 바둑이라는 도박을 하는 것을 옆에서 보았다"는 내용을 증언
하였다면 이는 직접 증거이고 전문증거가 아니다.

(2) 따라서 이 경우는 피고인인 A가 그 증언에 대하여 반대신문의 기회를 보장받았다면
증언의 증거능력을 인정할 수 있다. 판례 역시 형사소송법 제297조의 규정에 따라 재판장
은 증인이 피고인의 면전에서 충분한 진술을 할 수 없다고 인정한 때에는 피고인을 퇴정하
게 하고 증인신문을 진행함으로써 피고인의 직접적인 증인 대면을 제한할 수 있지만, 이러
한 경우에도 피고인의 반대신문권을 배제하는 것은 허용될 수 없다고 판시함으로서 증거능
력을 인정하기 위한 전제로서 반대신문권이 보장되어야 함을 판시하고 있다.

II. A의 협박교사 사실에 대한 증언의 증거능력

(1) 甲이 "동네사람 K가 말하기를 A가 乙에게 甲에게 겁을 좀 주라고 말하는 것을 들었
다"고 증언한 내용은 협박교사에 대한 직접적인 경험진술이 아니라 K로부터 들은 전문진
술에 해당한다.

(2) 이러한 전문진술에 대하여는 형사소송법 제316조 제2항에서 피고인 아닌 자의 공판
준비 또는 공판기일에서의 진술이 피고인 아닌 타인의 진술을 그 내용으로 하는 것인 때에

는 원진술자가 사망, 질병 기타 사유로 인하여 진술할 수 없고 그 진술이 특히 신빙할 수 있는 상태하에서 행하여진 때에 한하여 이를 증거로 할 수 있다고 규정하고 있다. 즉, 원진술자의 진술불능과 특신상태를 증거능력의 요건으로 하고 있다.

(3) 그러므로 사안의 경우 원진술자인 K가 진술불능의 상태로서 필요성 요건을 충족했는지 검토하여야 하는데 판례(대판 1996. 5. 14, 96도575)는 형사소송법 제314조 소정의 '공판준비 또는 공판기일에 진술을 요하는 자가 사망·질병·외국거주·소재불명 그 밖에 이에 준하는 사유로 인하여 진술할 수 없는 때'라고 함은 소환장이 주소불명 등으로 송달불능이 되어 소재탐지촉탁까지 하여 소재수사를 하였는데도 그 소재를 확인할 수 없는 경우는 이에 해당하나, 단지 소환장이 주소불명 등으로 송달불능되었다거나 소재탐지촉탁을 하였으나 그 회보가 오지 않은 상태인 것만으로는 이에 해당한다고 보기에 부족하다고 판시하고 있다.

(4) 따라서 소재탐지수사를 하는 등 소재를 확인하는 노력이 없는 상태에서 이 증언은 증거로 사용할 수 없다.

제 2 문

2. 당신은 수사단계에서 A의 변호인으로 선임이 되었다. A가 법적 조언을 구하자 "당신은 진술거부권이 있으니 수사기관이 질문에 응할 필요도 없고 거짓말을 해도 상관없다."라고 조언을 하였다. 이러한 조언은 허용되는 것인지를 판례의 입장과 더불어 간략히 서술하라. (15점)

Ⅰ. 변호인의 진실의무와 공익적 지위

(1) 변호인의 기능은 기본적으로 피고인의 보호자로서 보호의무가 발생하지만, 피고인의 이익에 대해서는 정당한 이익에 제한되며, 직무를 수행함에 있어서 진실을 은폐하거나 허위의 진술을 하여서는 안 된다(변호사법 제1조 제1항, 제24조 제2항). 이를 변호인의 공익적 지위에 의한 진실의무라고 한다.

(2) 위와 같이 변호인은 실체적 진실발견 의무와 공정한 판결을 확보할 의무가 있다고 하지만 이러한 진실의무는 법관이나 검사에게 요구되는 객관의무와 달리 소극적 의무에 불과하다. 따라서 변호인은 법률상 허용되지 않는 수단이나 국가의 법질서에 반하는 변호활동을 할 수 없다는 의미이다. 묵비권의 행사를 권하는 것은 도의적으로 바람직하지 않은

경우도 있을 수 있지만 묵비권은 헌법상의 권리인 만큼 법률전문가로서 묵비권을 권하는 취지의 법적 조언은 상당하다고 판단된다.

Ⅱ. 판례의 입장과 결론

판례 역시 변호사인 변호인에게는 변호사법이 정하는 바에 따라서 이른바 진실의무가 인정되는 것이지만, 변호인이 신체구속을 당한 사람에게 법률적 조언을 하는 것은 그 권리이자 의무이므로 변호인이 적극적으로 피고인 또는 피의자로 하여금 허위진술을 하도록 하는 것이 아니라 단순히 헌법상 권리인 진술거부권이 있음을 알려 주고 그 행사를 권고하는 것을 가리켜 변호사로서의 진실의무에 위배되는 것이라고는 할 수 없다(대결 2007. 1. 31, 2006모657)고 판시하고 있다. 그러므로 변호인이 진술거부권의 행사를 권유하는 것을 넘어 피의자가 허위진술을 해도 상관이 없다고 조언하는 것은 진실의무에 위배되는 것이다.

60. 진술거부권 불고지의 효과 / 공소사실의 재추가 / 변호인의 증거동의 / 별건압수

○ 사례 60

피고인 甲은 乙로부터 뇌물을 수수한 혐의로 특정범죄 가중처벌 등에 관한 법률 위반(뇌물)으로 기소되어 현재 공판이 진행 중이다.

공소사실의 내용은 甲이 서울시 건설국장을 지내면서 시행사업자인 乙로부터 서울 시건축심의에 영향력을 행사하여 공사가 잘 진행되게 해달라는 청탁을 받고, 2021. 1.경 乙의 서초동 사무실에서 3,000만원, 2021. 2.경 서울시청 甲의 사무실에서 2,000만원, 2021. 4.경 서초동 소재 한정식집에서 4,000만원, 2021. 5.경 甲의 집 에서 3,000만원을 받아, 총 1억 2,000만원의 뇌물을 수수하였다는 것이다. 위 설 문을 기초로 아래의 질문에 답하라.

1. 검사는 甲에 대하여는 2021. 12. 28. 공소를 제기하였으나 乙은 다른 여죄를 밝히기 위하여 기소하지 않고 있었으며 乙에 대하여는 피의자가 아닌 참고인조 사의 절차를 진행하여 "甲에게 뇌물을 제공하였다는 내용"의 참고인진술조서를 받아두었다(참고인이므로 진술거부권은 고지하지 않음). 피고인 甲의 변호인은 검사가 제출한 공소외 乙에 대한 참고인진술조서에 대하여 증거부동의를 하였 으며 결국 乙은 법정에서 증인으로 출석하여 선서를 한 후 성립의 진정을 하였 다(甲의 변호인은 충분한 반대신문의 기회가 보장되었다). 이때 乙에 대한 참고 인진술조서는 甲에 대한 유죄의 증거로 사용될 수 있는가? 만일 변호인이 증거 동의를 하였다면 유죄의 증거로 할 수 있는가? (35점)

2. 위 공소사실 중 2022. 2.경 2,000만원 부분은 유죄의 증거가 없고 공여자의 진 술도 명확하지 않아 검사는 공소사실에서 철회한다고 하였다. 그런데 철회가 있 은 후 乙이 법정에서 증언하면서 사실은 2022. 2.경에 2,000만원을 서울시청 부근 일식집에서 전달한 것이 사실이라는 증언을 하였다. 이에 검사는 다시 2022. 2.경 2,000만원을 수수하였다는 내용을 추가하려고 한다. 검사의 이러한 공소사실의 재추가가 가능한지와 별도로 추가기소할 경우 법원은 어떻게 판단 하여야 하는지를 논하되 판례의 입장에 따라 결론을 도출하라. (30점)

3. 만일 피고인 甲이 공판기일에서 출석하여 검사 작성 피의자신문조서에 대하여 증 거로 하는 데 부동의한다는 의견이 진술된 후 甲이 출석하지 아니한 공판기일에 甲의 변호인만이 출석하여 피의자신문조서이므로 당연히 피고인이 인정하는 것으

로 생각하고 증거로 하는 데 동의하였다면 그 증거동의는 효력이 있는가? (10점)

4. 수사기관이 甲의 특정범죄 가중처벌 등에 관한 법률 위반(뇌물)을 영장 범죄사실로 하여 발부받은 압수·수색 영장의 집행과정에서 乙, 국회의원 후보자인 丙 사이의 대화가 녹음된 녹음파일(이하 '녹음파일'이라 한다)을 입수하여 乙, 丙의 공직선거법 위반 혐의사실을 발견한 경우 위 녹음파일을 乙, 丙에 대한 유죄의 증거로 할 수 있는가?

乙, 丙이 법정에서 위 녹음파일을 제시받거나 녹음된 대화내용을 전제로 한 신문에 답변한 경우, 乙, 丙의 법정진술을 乙, 丙에 대한 유죄의 증거로 할 수 있는가? (25점)

해 설

제1문

1. 검사는 2021. 12. 28. 甲에 대하여는 공소를 제기하였으나 乙은 다른 여죄를 밝히기 위하여 기소하지 않고 있었으며 乙에 대하여는 피의자가 아닌 참고인조사의 절차를 진행하여 "甲에게 뇌물을 제공하였다는 내용"의 참고인진술조서를 받아두었다(참고인이므로 진술거부권은 고지하지 않음). 피고인 甲의 변호인은 검사가 제출한 공소외 乙에 대한 참고인진술조서에 대하여 증거부동의를 하였으며 결국 乙은 법정에서 증인으로 출석하여 선서를 한 후 성립의 진정을 하였다(甲의 변호인은 충분한 반대신문의 기회가 보장되었다). 이때 乙에 대한 참고인진술조서는 甲에 대한 유죄의 증거로 사용될 수 있는가? 만일 변호인이 증거동의를 하였다면 유죄의 증거로 할 수 있는가? (35점)

I. 문제점

乙은 뇌물공여자로서 甲과 공범관계에 있는 자이다. 따라서 자신이 甲에게 뇌물을 제공하였다는 진술은 자신의 범죄사실을 말하는 것과 같다.

이런 점에서 ① 공소외 乙에 대한 진술조서를 작성함에 있어 진술거부권을 고지하여야 하는지 여부 ② 공소외 乙에 대한 진술조서는 진술조서인지 피의자신문조서인지 그 전문법칙이 문제되고 ③ 진술거부권을 고지하지 않은 조서의 증거능력이 위법수집증거에 해당하는지 여부와 ④ 특히 제3자인 乙에 대한 신문조서가 피고인인 甲에 대한 유죄의 증거로 제출될 경우도 당해 피고인이 진술거부권의 불고지를 이유로 증거능력 배제를 주장할 수 있을 것인지 여부 ⑤ 피고인의 변호인이 동의를 한 경우에 증거능력을 인정할 수 있는지가 문제된다.

II. 공소외 乙에 대한 진술조서를 작성함에 있어 진술거부권을 고지하여야 하는지 여부

(1) 실질적으로 공소외 乙은 뇌물공여자로서 甲과 공범관계에 있는 자이다. 그러므로 乙이 甲에게 뇌물을 제공하였다는 내용은 실질적으로 자신의 범행사실을 진술하는 것이므로

비록 참고인으로 조사를 하는 형식을 취했다고 하더라도 실질적으로 피의자신문을 한 것으로 보아야 한다.

(2) 따라서 공소외 乙은 피의자이므로 형사소송법 제244조의3에 의한 진술거부권을 신문에 앞서 반드시 고지하여야 한다.

III. 공소외 乙에 대한 진술조서와 전문법칙

(1) 앞서 본 바와 같이 공소외 乙에 대한 참고인조사의 형식을 취하였다고 하더라도 이는 피의자신문을 한 것이므로 그 조서는 진술조서가 아니라 피의자신문조서로 보아야 한다.

(2) 판례도 피의자의 진술을 녹취 내지 기재한 서류 또는 문서가 수사기관에서의 조사과정에서 작성된 것이라면, 그것이 '진술조서, 진술서, 자술서'라는 형식을 취하였다고 하더라도 피의자신문조서와 달리 볼 수 없다(대판 2004. 9. 3, 2004도3588 등 참조)고 판시하였다. 따라서 본 진술조서는 공소외 乙에 대하여 유죄의 증거로 쓸 경우에는 형사소송법 제312조 제4항이 아니라 제312조 제1항이 적용되어야 하나, 사안은 기소가 2022. 1. 1. 이전에 이루어졌으므로 당해 피고인 甲에 대하여 유죄의 증거로서 제출된 공범관계에 있는 자의 피의자신문조서라는 점에서 형사소송법 제312조 제4항이 적용되게 된다.[41] 2022. 1. 1. 이후 기소된 경우는 개정법에 따라 검사 작성 피의자신문조서 역시 '내용인정'을 요건으로 증거능력이 인정되므로 공범자에 대한 검사 작성 피의자신문조서의 경우에도 제312조 제1항이 적용된다고 볼 것이다.

(3) 사안의 경우, 乙은 공범이기는 하나 공동피고인은 아니므로 증인적격이 있다. 따라서 공판정에서 乙이 증인으로 선서한 후 성립의 진정을 하였으며 피고인의 변호인의 반대신문권도 충분히 보장되었으므로 전문법칙에 따른 증거능력을 갖추는 것에는 문제가 없다. 하지만 이러한 전문법칙은 형사소송법 제308조의2에 의한 위법수집증거에 해당할 경우는 그 예외요건을 갖추더라도 아무런 의미가 없게 된다. 따라서 아래의 위법수집증거에 해당하는지가 甲에 대한 유죄의 증거로 사용할 수 있는지 여부의 핵심적 쟁점이 될 것이다.

---

[41] 2022. 1. 1. 이전에 기소된 사건의 경우는 종래 검사 작성 공범자 피의자신문조서의 증거능력의 쟁점이 된다.

IV. 진술거부권을 고지하지 않은 조서의 증거능력

1. 진술거부권을 고지하지 않은 조서의 증거능력 – 위법수집증거 해당여부

(1) 판례는 형사소송법 제200조 제2항은 검사 또는 사법경찰관이 출석한 피의자의 진술을 들을 때에는 미리 피의자에 대하여 진술을 거부할 수 있음을 알려야 한다[42]고 규정하고 있는 바, 이러한 피의자의 진술거부권은 헌법이 보장하는 형사상 자기에게 불리한 진술을 강요당하지 않는 자기부죄거부의 권리에 터잡은 것이므로 수사기관이 피의자를 신문함에 있어 피의자에게 미리 진술거부권을 고지하지 않은 때에는 그 피의자의 진술은 ① 위법하게 수집된 증거로서 ② 진술의 임의성이 인정되는 경우라도 증거능력이 부정되어야 한다(대판 1992. 6. 23, 92도682)고 판시하였다.

(2) 형사소송법 제308조의2에서 말하는 '위법'이란 경미한 절차상의 위법을 말하는 것이 아니라 '중대한 위법'을 의미하며 헌법규정에 위배하거나 영장주의 위배 또는 형사소송법상의 효력규정에 위배하는 것을 의미하는 바 진술거부권의 보장은 헌법이 보장하는 형사상 자기에게 불리한 진술을 강요당하지 않는 자기부죄거부의 권리에 터잡은 것이므로 중대한 위법에 해당함에는 의문의 여지가 없다.

2. 제3자에 대한 신문조서가 피고인의 유죄의 증거로 제출될 경우도 당해 피고인이 진술거부권의 불고지를 이유로 증거능력 배제를 주장할 수 있을 것인지 여부

(1) 미국의 경우 미란다 원칙을 위반한 경우에는 증거로 할 수 없으나, 이때에도 위법수집증거 배제원칙의 예외이론이 적용된다. 따라서 피고인은 당사자적격이 있어야 배제를 주장할 수 있다[Couch v U.S., 409 U.S. 322 (1973)]. 즉 피고인은 피고인 자신이 아닌 다른 피의자나 다른 피고인에 대해 미란다 원칙 위반이 있다는 이유로 진술의 증거능력 배제를 주장할 수 없다고 한다(안상수 검사, 법률신문 2008. 4. 7. 판례논단).

(2) 하지만 제3자인 공범에 대한 피의자신문조서를 작성함에 있어서 진술거부권을 고지하지 않았다고 하더라도 진술거부권은 헌법이 보장하는 형사상 자기에게 불리한 진술을 강요당하지 않는 자기부죄거부의 권리에 터잡은 것이므로 그 위법은 헌법상의 위법으로 중대

---

42) 대판 2011. 11. 10, 2011도8125: 피의자에 대한 진술거부권 고지는 피의자의 진술거부권을 실효적으로 보장하여 진술이 강요되는 것을 막기 위해 인정되는 것인데, 이러한 진술거부권 고지에 관한 형사소송법 규정내용 및 진술거부권 고지가 갖는 실질적인 의미를 고려하면 수사기관에 의한 진술거부권 고지 대상이 되는 피의자 지위는 수사기관이 조사대상자에 대한 범죄혐의를 인정하여 수사를 개시하는 행위를 한 때 인정되는 것으로 보아야 한다. 따라서 이러한 피의자 지위에 있지 아니한 자에 대하여는 진술거부권이 고지되지 아니하였더라도 진술의 증거능력을 부정할 것은 아니다.

한 위법이라 할 것이라 할 것이다. 그러므로 증거의 세계에서 영원히 배제하는 것이 타당하다. 형사소송법이 위법수집증거를 배제하고자 하는 의지를 명확히 표현하였다는 점에서도 당해 피고인에 대한 유죄의 증거로서 사용할 수 없다고 보아야 한다. 판례[43] 역시 공소외 참고인에 대한 진술조서가 진술조서의 형식을 취하였다고 하더라도 그 내용은 피의자의 진술을 기재한 피의자신문조서와 실질적으로 같고, 그런데도 기록상 검사가 공소외 참고인의 진술을 들음에 있어 공소외 참고인에게 미리 진술거부권이 있음을 고지한 사실을 인정할 만한 아무런 자료가 없으므로, 진술의 임의성이 인정되는 경우라도 위법하게 수집된 증거로서 증거능력이 없어 피고인에 대한 유죄의 증거로 쓸 수 없다고 판시[44]하였다.

V. 증거동의를 한 경우 증거사용가부

(1) 형사소송법 제318조에 규정한 증거동의의 법적 성격에 대하여 당사자에게 증거에 대한 처분권을 부여한 것이라는 학설과 전문법칙의 예외로서 반대신문권을 포기하겠다는

---

43) 종래 판례(대판 1992. 6. 23, 92도682)도 공범으로서 별도로 공소제기된 다른 사건의 피고인 甲에 대한 수사과정에서 담당 검사가 피의자인 甲과 그 사건에 관하여 대화하는 내용과 장면을 녹화한 비디오테이프에 대한 법원의 검증조서는 이러한 비디오테이프의 녹화내용이 피의자의 진술을 기재한 피의자신문조서와 실질적으로 같다고 볼 것이므로 피의자신문조서에 준하여 그 증거능력을 가려야 한다고 하면서 검사가 위의 녹화 당시 위 甲의 진술을 들음에 있어 동인에게 미리 진술거부권이 있음을 고지한 사실을 인정할 자료가 없으므로 위 녹화내용은 위법하게 수집된 증거로서 증거능력이 없는 것으로 볼 수밖에 없고, 따라서 이러한 녹화내용에 대한 법원의 검증조서 기재는 공범인 乙에 대한 유죄증거로 삼을 수 없다고 판시하였는 바 이번 판례는 이를 명확히 하였다는 점에 의미가 있다고 볼 것이다.

44) 대판 2009. 8. 20, 2008도8213: 피의자의 진술을 녹취 내지 기재한 서류 또는 문서가 수사기관에서의 조사과정에서 작성된 것이라면, 그것이 '진술조서, 진술서, 자술서'라는 형식을 취하였다고 하더라도 피의자신문조서와 달리 볼 수 없고(대판 2004. 9. 3, 2004도3588 등 참조), 한편 형사소송법이 보장하는 피의자의 진술거부권은 헌법이 보장하는 형사상 자기에 불리한 진술을 강요당하지 않는 자기부죄거부의 권리에 터잡은 것이므로 수사기관이 피의자를 신문함에 있어서 피의자에게 미리 진술거부권을 고지하지 않은 때에는 그 피의자의 진술은 위법하게 수집된 증거로서 진술의 임의성이 인정되는 경우라도 증거능력이 부인되어야 한다(대판 1992. 6. 23, 92도682 등 참조). 원심은, 검사가 2006. 8. 16. 공소외 1에 대하여 국가보안법위반죄로 구속영장을 청구하여 2006. 8. 18. 서울중앙지방법원으로부터 구속영장을 발부받았는데, 그 구속영장의 범죄사실에는 공소외 1이 연계된 공범들과 공모하여 국가보안법을 위반하였다는 등의 내용이 포함되어 있었던 사실, 그 후 검사는 공소외 1에 대한 피의자신문을 하면서 공범들과의 조직구성 및 활동 등에 관하여 신문을 하였으나, 공소외 1이 진술을 거부한 사실, 검사는 2006. 9. 12. 공소외 1을 국가보안법위반죄 등으로 구속 기소한 이후, 2006. 9. 19. 공소외 1을 재차 소환하여 피고인 등 공범들과의 조직구성 및 활동 등에 관한 신문을 하면서 피의자신문조서의 형식이 아니라 일반적인 진술조서의 형식으로 위 진술조서를 작성한 사실을 인정한 다음, 위 공소외 1에 대한 진술조서가 진술조서의 형식을 취하였다고 하더라도 그 내용은 피의자의 진술을 기재한 피의자신문조서와 실질적으로 같고, 그런데도 기록상 검사가 공소외 1의 진술을 들음에 있어 공소외 1에게 미리 진술거부권이 있음을 고지한 사실을 인정할 만한 아무런 자료가 없으므로, 진술의 임의성이 인정되는 경우라도 위법하게 수집된 증거로서 증거능력이 없어 피고인에 대한 유죄의 증거로 쓸 수 없다.

의사표시로 증거능력을 부여하는 것이라고 보는 학설이 대립하고 있다.

(2) 판례(대판 1983. 3. 8, 82도2873)는 형사소송법 제318조 제1항의 전문증거금지의 원칙에 대한 예외로서 반대신문권을 포기하겠다는 피고인의 의사표시에 의하여 증거능력을 부여하려는 규정이라고 함으로써 반대신문권포기설의 입장임을 명확히 하였다. 이러한 통설과 판례의 입장에 의하면 위법하게 수집된 증거는 반대신문권포기와 무관하게 증거의 세계에서 영원히 배제되어야 하는 것이므로 당사자의 증거동의의 의사표시만으로 증거능력을 부여받을 수 없게 된다.

(3) 판례(대판 1997. 9. 30, 97도1230)도 이러한 관점에서 형사소송법상 증거동의는 소송경제와 신속한 재판의 관점에서 인정되는 것이지 소송관계인에게 증거에 대한 처분권을 부여하는 것이 아니고, 위법수집증거는 처음부터 증거동의의 대상에서 배제되는 것이므로, 증거동의의 대상이 될 수도 없다고 판시하였다.

VI. 결 론

사안의 경우 비록 乙에 대한 참고인조사의 형식을 취하였다고 하더라도 이는 실질적으로 피의자신문에 해당한다. 따라서 乙은 피의자로서 헌법상 보장된 진술거부권을 고지받았어야 한다. 그럼에도 이를 고지하지 않고 작성한 참고인진술조서는 위법수집증거로서 증거능력이 배제되며 이는 乙에 대한 유죄의 증거로 사용되는 경우 뿐 아니라 甲에 대한 유죄의 증거로 사용되는 경우에도 마찬가지이다. 甲의 변호인이 증거동의를 한다고 하여 그 증거능력의 유무가 달라지는 것은 아니다.

제 2 문

2. 위 공소사실 중 2021. 2.경 2,000만원 부분은 유죄의 증거가 없고 공여자의 진술도 명확하지 않아 검사는 공소사실에서 철회한다고 하였다. 그런데 철회가 있은 후 乙이 법정에서 증언하면서 사실은 2021. 2.경에 2,000만원을 서울시청 부근 일식집에서 전달한 것이 사실이라는 증언을 하였다. 이에 검사는 다시 2021. 2.경 2,000만원을 수수하였다는 내용을 추가하려고 한다. 검사의 이러한 공소사실의 재추가가 가능한지와 별도로 추가기소할 경우 법원은 어떻게 판단하여야 하는지를 논하되 판례의 입장에 따라 결론을 도출하라. (30점)

I. 특정범죄 가중처벌 등에 관한 법률 위반(뇌물)죄의 죄수 및 공소사실의 특정

(1) 판례(대판 1982. 10. 26, 81도1409)는 피고인이 공동피고인으로부터 아파트보존등기신청사건을 접수처리함에 있어서 신속히 처리해 달라는 부탁조로 금원을 교부받은 것을 비롯하여 6개월간 전후 7회에 걸쳐 각종 등기사건을 접수처리하면서 같은 공동피고인으로부터 같은 명목으로 금원을 각 교부받아 그 직무에 관하여 뇌물을 수수한 것이라면, 이는 피고인이 뇌물수수의 단일한 범의의 계속하에 일정기간 동종행위를 같은 장소에서 반복한 것이 분명하므로 피고인의 수회에 걸친 뇌물수수행위는 포괄일죄를 구성한다고 해석함이 상당하다고 판시하여 포괄일죄임을 명확히 하였다.

② 사안과 같은 특정범죄 가중처벌 등에 관한 법률 위반(뇌물)죄는 포괄일죄로서 그 수뢰액수를 모두 합산하게 된다. 또한 포괄일죄에 있어서는 일죄의 일부를 구성하는 개개의 행위에 대하여 구체적으로 사실을 특정하지 아니하더라도 이 사건 공소장의 기재와 같이 범행의 시기와 종기, 범행장소, 범행방법 등을 기재하면 공소사실은 특정된다 할 것이라고 하여, 사안과 같은 경우 위 설문과 같은 공소사실은 특정되었다고 할 것이므로 공소제기 불특정으로 인한 공소기각(형사소송법 제327조 제2호)은 되지 않을 것이다.

II. 2019. 2.경 공소사실의 철회 및 추가의 의미

1. 공소제기의 효력과 기본적 사실의 동일성 유무

(1) 공소가 제기되면 피의사건이 피고사건으로 변하여 법원이 소송사건화 함으로써 법원은 그 사건에 관하여 심리재판을 할 권한과 의무를 갖게 되고, 검사와 피고인의 양 당사자는 그 사건에 관하여 소송을 수행하며 법원의 심판을 받아야 할 권리·의무를 갖게 되는 법률관계가 발생한다.

(2) 공소는 검사가 지정한 피고인 이외의 사람에게는 그 효력이 미치지 않으므로(형사소송법 제248조 제1항), 법원은 검사가 공소장에 특정하여 기재한 피고인만 심판하여야 하며 그 이외의 자를 심판할 수 없다. 범죄사실의 일부에 대한 공소는 그 효력이 전부에 미친다(같은 조 제2항). 즉 단일성과 동일성이 인정되는 사실의 전체에 대하여 공소제기의 효력이 미치는 것이고, 그것은 법원의 잠재적 심판의 대상이 된다.

(3) 그러나 공소사실과 동일성이 인정되더라도 공소장에 기재되지 않은 사실은 공소장 변경에 의하여 비로소 현실적 심판의 대상이 된다. 공소사실이나 범죄사실의 동일성 여부는 사실의 동일성이 갖는 법률적 기능을 염두에 두고 피고인의 행위와 그 사회적인 사실관

계를 기본으로 하되 그 규범적 요소도 고려하여야 한다(대판 2006. 3. 23, 2005도9678). 사안의 경우 포괄일죄로서 공소제기의 효력은 포괄일죄에 해당하는 모든 범죄사실에 미치게 된다.

2. 공소사실의 철회인지 공소취소인지 여부

(1) 이렇게 공소사실의 동일성이 인정되는 경우는 공소사실을 추가하는 경우도 별도로 공소를 제기할 것이 아니라 공소장변경절차에 의하여야 하며 이를 철회하는 경우도 공소장변경절차에 의할 것이지 공소취소절차에 의할 것이 아니다(형사소송법 제298조).

(2) 일단 제기한 공소의 취소(법 제255조)를 인정하는 기소변경주의는 기소편의주의의 논리적 귀결이며 이는 공소사실의 철회(동일성이 인정되는 공소사실의 일부를 철회하는 것)와 구별된다. 이 사안의 경우는 바로 공소사실의 동일성이 인정되는 포괄일죄 사안으로서 공소사실의 일부를 철회하는 것이다. 그러므로 검사는 2019. 2.경 2,000만원을 수수한 사실에 대하여는 공소장변경절차로 철회하여야 하며 법원은 이를 허가하여야 한다.

III. 공소사실을 다시 추가하는 것이 가능한지 여부

(1) 공소취소의 경우는 재기소의 제한(제329조, 제327조 제4호)이 존재한다. 그리하여 검사는 자신이 취소한 공소를 다시 재기소할 수 없다. 하지만 이 사안의 경우는 공소취소가 아니라 공소사실의 철회에 해당하는 사안이다. 이에 대하여는 별도의 명문 규정이 존재하지 않는다.

(2) 판례(대판 2004. 9. 23, 2004도3203)는 공소사실의 동일성이 인정되지 아니하고 실체적 경합관계에 있는 수개의 공소사실의 전부 또는 일부를 철회하는 공소취소의 경우 그에 따라 공소기각의 결정이 확정된 때에는 그 범죄사실에 대하여는 형사소송법 제329조의 규정에 의하여 다른 중요한 증거가 발견되지 않는 한 재기소가 허용되지 아니하지만, 이와 달리 포괄일죄로 기소된 공소사실 중 일부에 대하여 형사소송법 제298조 소정의 공소장변경의 방식으로 이루어지는 공소사실의 일부 철회의 경우에는 그러한 제한이 적용되지 아니한다고 판시하여 공소사실의 재추가를 금지하고 있지 아니하다.

IV. 만일 검사가 공소장변경의 절차로 재추가하지 아니하고 별도로 추가기소한 경우 법원의 조치

1. 추가기소의 적법성

(1) 사안의 경우는 포괄일죄로서 2021. 2.경의 2,000만원 수수사실을 별도로 추가기소한다면 그 적법성이 문제된다. 학설상으로는 포괄일죄는 실질적으로 수죄이므로 실질적 의미에서 이중기소에 해당되지 않는다는 견해와 포괄일죄의 일부를 이루는 범죄사실이 공소제기 이후에 행해졌다면 그 부분에 대해서는 검사가 동시처리의무를 이행할 수 없는 경우이므로 예외적으로 이중기소에 해당하지 않고 별도의 기소가 가능하다는 견해도 있으나 공소불가분원칙상 포괄일죄의 추가기소는 이중기소금지원칙에 해당하여 부적법하다는 견해가 다수의 견해를 차지하고 있다.

(2) 판례(대판 1996. 10. 11, 96도1698) 역시 검사가 단순일죄라고 하여 특수절도범행을 먼저 기소하고 포괄일죄인 상습특수절도 범행을 추가기소하였으나, 심리과정에서 전후에 기소된 범죄사실이 모두 포괄하여 상습특수절도죄를 구성하는 것으로 밝혀진 경우에는, 검사로서는 원칙적으로 먼저 기소한 사건의 범죄사실에 추가기소의 공소장에 기재된 범죄사실을 추가하여 전체를 상습범행으로 변경하고 그 죄명과 적용법조도 이에 맞추어 변경하는 공소장변경신청을 하고, 추가기소한 사건에 대해서는 공소취소를 하여야 한다고 판시하여 다수의 견해와 같은 취지의 판시를 하고 있다.

(3) 따라서 판례에 따르면 원칙적으로 추가기소는 부적법하며 검사는 공소를 취소하여야 하고 법원은 먼저 기소된 특가법 뇌물사건의 공소사실에 2019. 2.경 2,000만원을 수수한 사실을 추가하는 공소장변경을 요구하여야 한다.

2. 검사가 공소장변경을 하지 않고 추가기소시 법원의 조치

(1) 원칙적으로는 추가기소에 대해서는 이중기소라는 이유로 형사소송법 제327조 제3호의 공소기각판결을 하고 검사에게 먼저 기소한 사건에 대해 공소사실을 추가하는 공소장변경을 요구함이 타당하다.

(2) 그런데, 사안과 같이 포괄일죄의 이중기소의 경우 검사와 법원이 위와 같은 적정한 조치를 취하지 아니한 경우, 법원이 추가기소의 실질적 의미를 고려하여 공소장변경이 있는 것으로 보아 전체 범죄사실에 대하여 심판할 수 있는지가 문제가 된다. 이에 대하여 원칙대로 공소기각을 하여야 한다는 입장도 있으나 추가기소는 실질적으로 공소장변경에 해당한다고 하여 공소장변경 의제설(실체판결설)을 취하거나 소송경제나 절차유지원칙이 절대

적인 것은 아니므로 추가기소를 공소장변경으로 파악하는 것은 허용되지 않으나, 법정에서 검사의 석명이 있는 때에는 공소장변경으로 인정하는 것이 가능하다는 석명후판단설이 존재한다.

(3) 판례(대판 1993. 10. 22, 93도2178)는 영업범에 대하여는 "포괄적 일죄를 구성하는 행위의 일부에 관하여 추가기소하는 것은 일죄를 구성하는 행위 중 누락된 부분을 보충하는 취지라고 볼 것이어서 이중기소의 위법이 있다고 할 수 없다."고 하여 공소장변경의제설을 따랐으나, 상습범 사안에서(대판 1999. 12. 26, 99도3929)는 "포괄일죄의 추가기소와 공소사실을 추가하는 공소장변경과는 절차상 차이가 있을 뿐, 그 실질에 있어서 별 차이가 없으므로, 검사의 석명에 의하여 1개의 죄에 대해 중복하여 공소를 제기한 것이 아님이 분명하여진 경우에는, 그 추가기소에 의하여 공소장변경이 이루어진 것으로 보아 전후에 기소된 범죄사실 전부에 대하여 실체판단을 하여야 하고 추가기소에 대하여 공소기각판결을 할 필요가 없다."고 하여 석명후판단설을 취하고 있다.

V. 결 론

(1) 특정범죄 가중처벌 등에 관한 법률 위반(뇌물)죄는 포괄일죄라는 것이 판례의 입장이다. 그리하여 그 수뢰액을 모두 합산하여 특가법의 기준이 되는 수뢰액수를 파악하고 있다. 이러한 포괄일죄의 경우는 판례가 공소사실의 동일성을 인정하여 포괄일죄의 일부에 대한 공소제기도 공소불가분의 원칙에 의하여 그 잠재적 심판대상에 모두 그 효력이 미치며 동일성의 한도내에서는 공소장변경을 통한 공소사실의 추가와 철회가 인정된다.

(2) 사안의 경우 2021. 2.경 2,000만원을 수수하였다는 사실은 포괄일죄의 일부를 이루는 사실로서 추가기소나 공소취소의 대상이 아니라 공소사실의 추가나 철회에 해당하므로 공소장변경절차에 의하여야 한다. 만일 검사가 공소를 별도로 제기한다면 기존의 공소제기 효력이 미치게 되어 이중기소가 되나 판례에 따르면 법원은 검사의 추가기소 내용이 기존 공소사실의 추가인지를 석명하여 이를 공소장변경으로 보고 판단을 하는 것이 가능하다.

제3문

3. 만일 피고인 甲이 공판기일에서 출석하여 검사 작성 피의자신문조서에 대하여 증거로 하는 데 부동의한다는 의견이 진술된 후 甲이 출석하지 아니한 공판기일에 甲의 변호

제2편 형소법 사례문제 591

인만이 출석하여 피의자신문조서이므로 당연히 피고인이 인정하는 것으로 생각하고 증거로 하는 데 동의하였다면 그 증거동의는 효력이 있는가? (10점)

(1) 형사소송법 제318조에 규정된 증거동의의 주체는 소송 주체인 검사와 피고인이다.

(2) 증거동의는 반대신문권의 포기와 신속한 재판의 촉진이라는 의미를 가지고 있으므로 신청된 증거에 의하여 불이익을 받을 우려가 있는 상대방이 증거동의권을 행사하게 된다.[45] 그런데 증거동의의 주체로 변호인은 규정하고 있지 아니하다. 그러나 변호인에게 포괄대리권이 인정되므로 피고인의 명시적인 의사에 반하지 않는다면 피고인을 대리하여 증거동의의 의사표시를 할 수 있다고 보아야 할 것이다.

(3) 문제는 변호인이 피고인의 명시적 의사에 반하여 동의의 의사표시를 할 수 있는지 여부인데, 판례(대판 2013. 3. 28, 2013도3)는 변호인은 피고인을 대리하여 증거동의에 관한 의견을 낼 수 있을 뿐이므로 피고인의 명시한 의사에 반하여 증거로 함에 동의할 수는 없다고 하면서 피고인이 출석한 공판기일에서 증거로 함에 부동의한다는 의견이 진술된 경우에는 그 후 피고인이 출석하지 아니한 공판기일에 변호인만이 출석하여 종전 의견을 번복하여 증거로 함에 동의하였다 하더라도 이는 특별한 사정이 없는 한 효력이 없다고 보아야 한다고 판시하였다. 마찬가지로 변호인의 증거동의에 대하여 피고인이 즉시 이의를 제기하거나 취소한 경우도 증거동의의 효력이 없다고 볼 것이다(대판 1988. 11. 8. 88도1628).

(4) 사안의 경우 피고인이 명시적으로 공판정에 출석하여 부동의하였고, 다음기일에 피고인 없이 변호인만 출석하여 증거동의를 하였으므로 그 증거동의의 효력이 없다고 봄이 타당하다.

제 4 문

4. 수사기관이 甲의 특정범죄 가중처벌 등에 관한 법률 위반(뇌물)을 영장 범죄사실로 하여 발부받은 압수·수색 영장의 집행과정에서 乙, 국회의원 후보자인 丙 사이의 대화가 녹음된 녹음파일(이하 '녹음파일'이라 한다)을 입수하여 乙, 丙의 공직선거법 위반 혐의사실을 발견한 경우 위 녹음파일을 乙, 丙에 대한 유죄의 증거로 할 수 있는가?
  乙, 丙이 법정에서 위 녹음파일을 제시받거나 녹음된 대화내용을 전제로 한 신문에 답

---

45) 신동운, 신형사소송법, 법문사, 2008년, 1004면.

변한 경우, 乙, 丙의 법정진술을 乙, 丙에 대한 유죄의 증거로 할 수 있는가? (25점)

Ⅰ. 문제점

(1) 수사기관이 압수한 녹음파일은 법원이 발부한 영장의 범죄사실과 무관한 乙, 丙의 공직선거법 위반 혐의사실에 관한 것으로, 영장 범죄사실과 다른 혐의사실에 관하여 압수한 증거가 영장주의와 적법절차에 위배하여 증거능력을 인정할 수 있는지 문제된다.

(2) 위와 같이 압수한 녹음파일의 증거능력을 인정할 수 없다면, 법정에서 乙, 丙이 위 녹음파일을 제시받거나 녹음된 대화내용을 전제로 한 신문에 응한 피고인 법정진술의 증거능력을 인정할 수 있는지 여부가 문제된다.

Ⅱ. 영장 범죄사실과 다른 혐의사실에 관하여 압수한 녹음파일의 증거능력을 인정할 수 있는지 여부

1. 수사기관이 압수한 녹음파일이 적법한 절차에 따르지 아니하고 수집한 증거인지 여부

(1) 형사소송법 제308조의2에서 '적법한 절차에 따르지 아니하고 수집한 증거는 증거로 할 수 없다'고 규정하여 위법수집증거배제법칙을 명문으로 인정하고 있다. 위법수집증거의 유형은 헌법정신에 반하여 수집한 증거와 형사소송법의 효력규정에 위반하여 수집한 증거로 나누어진다.

(2) 형사소송법 제219조에서 준용하고 있는 동법 제106조 제1항은 '법원은 필요한 때에는 피고사건과 관계가 있다고 인정할 수 있는 것에 한정하여 증거물 또는 몰수할 것으로 사료하는 물건을 압수할 수 있다'고 규정하고 있고, 동법 제215조 제1항은 '검사는 범죄수사에 필요한 때에는 피의자가 죄를 범하였다고 의심할 만한 정황이 있고 해당 사건과 관계가 있다고 인정할 수 있는 것에 한정하여 지방법원판사에게 청구하여 발부받은 영장에 의하여 압수, 수색 또는 검증을 할 수 있다'고 규정하고 있다.

(3) 위 사안에서 수사기관이 압수한 녹음파일은 형사소송법 제106조 제1항의 '피고사건과 관계가 있다고 인정할 수 있는 것', 형사소송법 제215조 제1항의 '해당 사건과 관계가 있다고 인정할 수 있는 것'에 해당하지 않는 乙, 丙의 공직선거법위반 혐의사실에 관한 것으로 이는 헌법 제12조 제1항 후문, 제3항 본문이 규정하는 영장주의에 위반하는 중대한

절차적 위법이 있다. 따라서 위 녹음파일은 헌법정신에 반하여 수집한 증거로 형사소송법 제308조의2의 위법수집증거에 해당한다.

2. 판 례

판례는 압수·수색영장에 기재된 '피의자'인 甲이 녹음파일에 의하여 의심되는 혐의사실과 무관한 이상, 수사기관이 별도의 압수·수색영장을 발부받지 아니한 채 압수한 녹음파일은 형사소송법 제219조에 의하여 수사기관의 압수에 준용되는 형사소송법 제106조 제1항이 규정하는 '피고사건' 내지 같은 법 제215조 제1항이 규정하는 '해당 사건'과 '관계가 있다고 인정할 수 있는 것'에 해당하지 않으며, 이와 같은 압수에는 헌법 제12조 제1항 후문, 제3항 본문이 규정하는 영장주의를 위반한 절차적 위법이 있으므로, 녹음파일은 형사소송법 제308조의2에서 정한 '적법한 절차에 따르지 아니하고 수집한 증거'로서 증거로 쓸 수 없고, 그 절차적 위법은 헌법상 영장주의 내지 적법절차의 실질적 내용을 침해하는 중대한 위법에 해당하여 예외적으로 증거능력을 인정할 수도 없다고 판시하였다(대판 2014. 1. 16, 2013도7101).

3. 소 결

따라서 수사기관이 압수한 녹음파일은 헌법정신(영장주의)에 반하여 수집한 것으로서 형사소송법 제308조의2에서 정한 적법한 절차에 따르지 아니하고 수집한 증거로 위법수집증거에 해당하여 증거능력을 인정할 수 없다.

III. 乙, 丙이 법정에서 위법하게 수집된 녹음파일을 전제로 한 신문에 응한 피고인 법정진술의 증거능력을 인정할 수 있는지 여부

1. 乙, 丙의 법정진술이 위법하게 수집된 녹음파일에 기초한 2차적 증거에 해당하여 증거능력이 부정되는지 여부 – 독수독과의 원칙과 예외

(1) 형사소송법 제308조의2는 '적법한 절차에 따르지 아니하고 수집한 증거는 증거로 할 수 없다'고 규정하고 있는 바, 수사기관이 헌법과 형사소송법이 정한 절차에 따르지 아니하고 수집한 증거는 물론, 이를 기초로 하여 획득한 2차적 증거 역시 유죄 인정의 증거로 삼을 수 없는 것이 원칙이다.

(2) 다만, 수사기관의 절차 위반 행위가 적법절차의 실질적인 내용을 침해하는 경우에 해당하지 아니하고, 오히려 그 증거의 증거능력을 배제하는 것이 헌법과 형사소송법이 형

사소송에 관한 절차 조항을 마련하여 적법절차의 원칙과 실체적 진실규명의 조화를 도모하고 이를 통하여 형사 사법 정의를 실현하려 한 취지에 반하는 결과를 초래하는 것으로 평가되는 예외적인 경우라면, 법원은 그 증거를 유죄 인정의 증거로 사용할 수 있다.

(3) 따라서 법원이 2차적 증거의 증거능력 인정 여부를 최종적으로 판단할 때에는 먼저 절차에 따르지 아니한 1차적 증거 수집과 관련된 모든 사정들, 즉 절차 조항의 취지와 그 위반의 내용 및 정도, 구체적인 위반 경위와 회피가능성, 절차 조항이 보호하고자 하는 권리 또는 법익의 성질과 침해 정도 및 피고인과의 관련성, 절차 위반행위와 증거수집 사이의 인과관계 등 관련성의 정도, 수사기관의 인식과 의도 등을 살펴야 한다. 나아가 1차적 증거를 기초로 하여 다시 2차적 증거를 수집하는 과정에서 추가로 발생한 모든 사정들까지 구체적인 사안에 따라 주로 인과관계 희석 또는 단절 여부를 중심으로 전체적·종합적으로 고려하여야 한다(대판 2013. 3. 28, 2012도13607 등 참조).

(4) 사안의 경우 수사기관이 압수한 녹음파일은 헌법상 영장주의 원칙에 반하여 적법절차의 실질적인 내용을 침해한 것이고, 녹음파일을 근거로 신문을 진행한 이상 녹음파일과 피고인 법정진술 사이의 인과관계를 단절할 만한 사정이 없고, 절차조항의 취지 및 그 위반의 정도를 고려해보더라도 예외적인 경우에 해당하지 않아 乙, 丙의 법정진술은 위법하게 수집한 녹음파일에 기초한 2차 증거에 해당하여 乙, 丙에 대한 유죄의 증거로 사용할 수 없다.

2. 판 례

판례는 피고인들의 제1심 법정진술의 경우에는 그 증거능력이 부정되어야 할 이 사건 녹음파일을 제시받거나 그 대화 내용을 전제로 한 신문에 답변한 내용이 일부 포함되어 있으므로, 그와 같은 진술과 이 사건 녹음파일 수집 과정에서의 절차적 위법과의 사이에는 여전히 직접적 인과관계가 있다고 볼 여지가 있어, 원심이 이 부분 진술까지 그 증거능력이 있다고 단정한 데에는 부적절한 점이 없지 아니하다고 판시하였다(대판 2014. 1. 16, 2013도7101).

Ⅳ. 결 론

위와 같이 수사기관이 압수한 영장 범죄사실과 무관한 乙, 丙의 공직선거법위반 혐의사실에 관련된 녹음파일은 헌법상 영장주의 원칙에 반하여 수집된 증거로 형사소송법 제308조의2에서 정한 위법수집증거에 해당하여 증거능력을 인정할 수 없다. 또한 적법한 절차에 따르지 아니하고 수집한 녹음파일에 기초한 2차 증거인 乙, 丙의 법정진술 역시 1차 증거와의 인과관계가 단절되었다는 등 예외적인 경우에 해당하지 아니하여 乙, 丙에 대한 유죄의 증거로 사용할 수 없다.

61. 영장주의 / 위법수집증거배제법칙

○ 사례 61

사법경찰관 K는 甲이 비자금 구권화폐 사기범들과 함께 다닌다는 첩보를 입수하고 甲의 은신처에서 급습하여 상습사기를 범죄사실로 하여 긴급체포하면서 그 장소를 수색하여 피의범죄사실에 관련되었다고 판단되는 통장사본, 잔고증명서 등의 자료들을 압수했다.

甲을 체포한 K는 즉시 검사에게 구속영장 청구를 신청했으나, 검사의 영장청구는 범죄의 소명이 부족하다는 이유로 법원에 의해 기각되었다. K는 어쩔 수 없이 甲을 즉시 석방했지만, 압수물은 유죄입증에 결정적인 증거가 될 것이 분명하므로 그대로 보관하고 있다.

1. K는 위와 같이 영장없이도 압수할 수 있는가? (20점)
2. 위 압수물을 증거능력이 있는가? (30점)

해 설

제 1 문

1. K는 위와 같이 영장없이도 압수할 수 있는가? (20점)

Ⅰ. 의 의

(1) 압수는 증거물 또는 몰수할 것으로 사료되는 물건의 점유를 강제적으로 취득하는 처분이다(형소법 제219조, 제106조 제1항), 수색은 위와 같은 물건이나 사람을 발견하기 위하여 사람의 신체, 물건, 주거 기타 장소에 강제력을 행사하는 처분을 말한다(형소법 제219조, 제109조).

(2) 압수·수색 및 검증은 대물적 강제처분으로서 주로 증거의 수집 확보를 목적으로 한다. 압수와 수색은 성질상 별개의 처분이지만 실제로는 같은 기회에 같은 장소에서 행해지는 것이 보통이다. 영장도 압수·수색영장이라는 1통의 영장을 사용한다(형소법 제113조, 제144조).

Ⅱ. 영장주의

(1) 압수 또는 수색을 할 때에는 적법한 절차에 따라 검사의 신청에 의하여 법관이 발부한 영장을 제시해야 한다(헌법 제12조 제3항, 제16조, 형소법 제113조). 검사는 관할 지방법원판사에게 청구하여 발부받은 영장에 의하여 압수·수색할 수 있고(형소법 제215조 제1항) 사법경찰관은 검사에게 압수·수색영장의 청구를 신청하여 발부받은 영장에 의하여 압수·수색할 수 있다(형소법 제215조 제2항). 검사가 압수·수색영장을 청구할 때는 피의자에게 범죄의 혐의가 있다고 인정되는 자료와 압수, 수색 또는 검증의 필요를 인정할 수 있는 자료를 제출해야 한다(형소규칙 제108조 제1항).

(2) 일반영장은 금지된다. 압수·수색영장에는 피의자의 성명, 죄명, 압수할 물건, 수색할 장소·신체·물건, 발부년월일, 영장의 유효기간과 그 기간을 경과하면 집행에 착수하지 못하며 영장을 반환해야 한다는 취지, 압수·수색의 사유 등을 기재해야 한다(형소법 제114조, 제219조). 압수수색대상의 예비적 기재는 허용되지 않으며, 영장의 유효기간 중에도 동일한 영장으로 수회 같은 장소에서 압수·수색하는 것은 허용되지 않는다.[46]

---

46) 대결 1999. 12. 1, 99모161: 이재상, 형소법(6판), 277면; 배종대·이상돈, 형소법(5판), 297면.

III. 영장주의의 예외

1. 체포 · 구속을 위한 피의자수색

검사 또는 사법경찰관은 구속영장에 의한 구속, 체포영장에 의한 체포, 긴급체포, 현행범인 체포를 하는 경우에 필요한 때에는 영장 없이 타인의 주거나 타인이 간수하는 가옥, 건조물, 항공기, 선차 내에서 피의자 수사를 할 수 있다(형소법 제216조 제1항 제1호). 즉 수사기관은 피의자를 구속, 체포하기 위하여 필요한 때 수색영장 없이 타인의 주거에 들어갈 수 있다.

2. 체포현장에서의 압수 · 수색

(1) 내 용

1) 검사 또는 사법경찰관은 구속영장에 의한 구속, 체포영장에 의한 체포, 긴급체포, 현행범인체포를 하는 경우에 필요한 때에는 영장 없이 체포현장에서 압수 · 수색 또는 검증할 수 있다(형소법 제216조 제1항 제2호).

2) 피의자를 체포 또는 구속하는 경우에 체포현장에서 증거수집을 위하여 행하는 압수 · 수색 · 검증에 대하여 영장주의의 예외를 인정한 것이다. 체포현장이라 함은 체포의 장소와 동일성이 인정되는 범위 내의 장소를 말한다.

(2) 제도의 취지

이 제도의 취지에 관하여는 부수처분설과 긴급행위설이 대립하고 있다.

① 부수처분설은 체포영장 또는 구속영장이 발부되어 있거나 사후영장의 발부가 보장되는 경우에 대는 소를 겸할 수 있으므로 체포 또는 구속이 적법하게 이루어진 때에는 그보다 경미한 권리를 침해하는 압수 · 수색은 영장 없이도 할 수 있도록 한 것이라고 한다.[47] 이에 반해 ② 긴급행위설은 체포 또는 구속영장을 집행하는 사람의 안전을 도모하기 위해 흉기를 빼앗거나 피의자가 증거를 파괴 · 은닉하는 하는 것을 예방하기 위한 긴급행위로서 영장 없는 압수 · 수색이 허용된다고 한다.[48]

(3) 체포와 압수의 관계 – 체포현장의 의미

1) 구속 또는 체포의 현장에서 행한 압수와 체포 사이에 어느 정도의 시간적 근접성이 요구되는지에 관해서도 견해 대립이 있다.

2) 체포현장에서의 영장 없는 압수수색 등이 가능하기 위해서는 먼저 체포행위와 압수수색 등 사이에 일정한 시간적 접속이 있어야 함은 분명하다. 다만, 그 정도에 관하여 학설

---

47) 서일교, 형소법(1977), 262면; 신동운, 형소법 I (2판), 244면; 배종대 · 이상돈, 형소법(5판), 304면.
48) 신양균, 형소법, 215면; 이재상, 형소법(6판), 280면; 차용석, 형소법, 305면.

이 다음과 같이 대립하고 있다. ① 시간적·장소적 접착설은 압수수색 등이 체포행위에 시간적·장소적으로 접착해 있으면 족하고 체포의 전후 및 체포의 성공 여부를 불문한다고 보며, ② 체포착수설은 피의자가 압수수색의 장소에 있고 체포에 현실적으로 착수해야 한다고 본다. 그리고 ③ 체포설은 피의자가 현실적으로 체포되었을 것을 요한다고 보며, ④ 현장설은 압수수색 당시에 피의자가 현장에 있을 것을 요한다고 본다.

3) 형사소송법이 체포현장에서의 압수수색에 관하여 긴급행위설의 입장을 명확히 하였을 뿐 아니라 사후에 압수수색의 영장을 받도록 하면서도 그것도 48시간 이내에 영장을 청구하도록 하여 사후통제를 강화하였다는 점에서 피의자가 반드시 체포될 것을 전제할 필요는 없다고 보여진다. 결론적으로 영장주의 예외는 엄격하게 판단하여야 하는 바, 시간적·장소적 접착을 전제로 체포에 착수할 것을 요구함이 타당하다고 본다.

IV. 설문의 경우

설문은 제216조 제1항 제2호의 경우에 속한다. 따라서 K가 甲을 긴급체포하면서 그 현장에서 관련 증거물을 압수한 것[설문(1)]은 가능하다.

제2문

2. 위 압수물을 증거능력이 있는가? (30점)

I. 형사소송법 제217조 제1항의 사후압수영장의 의의

甲이 A를 긴급체포하는 현장에서 체포의 원인이 된 물건을 압수하는 것은 영장주의의 예외로서 가능하다는 것은 위에서 본 바와 같다. 하지만 제217조 제1항은 압수계속의 필요성이 있는 경우 압수영장을 사후에 받도록 하면서 만일 압수영장을 발부받지 않으면 압수물을 즉시 환부하도록 하고 있다.

II. 압수계속의 필요성 판단

(1) 압수는 증거물과 몰수할 물건에 대하여 이루어지는 강제처분이다. 그러므로 압수계속의 필요성이란 증거에 공할 필요가 있는 물건이거나 몰수할 대상인 경우를 의미하게 되

며 증거에도 공하지 않고 몰수할 것도 아닌 경우 압수수색의 필요성이 존재하지 않는다.

(2) 하지만 이 사건의 경우 설문에서 유죄입증에 결정적인 증거가 될 것으로 확신하고 그대로 보관하기로 하였다고 하고 있으므로 증거에 사용할 것임이 분명하다. 따라서 이는 압수계속의 필요성이 존재하는 것이다.

III. 압수수색영장을 발부받지 못한 경우 압수물의 증거능력

(1) 이렇게 압수계속의 필요성이 있다면 사후 압수영장을 발부받아야 한다. 결국 긴급체포된 피의자에 대해 사후 압수영장을 발부받지 못하면 압수물도 즉시 환부해야 하므로, 甲이 A에 대한 압수영장 청구가 기각된 후 압수물을 환부하지 아니한 채 보관한 행위[설문 (2)]는 위법하다.

(2) 판례는 형사소송법 제216조 제1항 제2호, 제217조 제2항, 제3항은 사법경찰관은 형사소송법 제200조의3(긴급체포)의 규정에 의하여 피의자를 체포하는 경우에 필요한 때에는 영장 없이 체포현장에서 압수·수색을 할 수 있고, 압수한 물건을 계속 압수할 필요가 있는 경우에는 지체 없이 압수수색영장을 청구하여야 하며, 청구한 압수수색영장을 발부받지 못한 때에는 압수한 물건을 즉시 반환하여야 한다고 규정하고 있는 바, 형사소송법 제217조 제2항, 제3항에 위반하여 압수수색영장을 청구하여 이를 발부받지 아니하고도 즉시 반환하지 아니한 압수물은 이를 유죄 인정의 증거로 사용할 수 없는 것이고, 헌법과 형사소송법이 선언한 영장주의의 중요성에 비추어 볼 때 피고인이나 변호인이 이를 증거로 함에 동의하였다고 하더라도 달리 볼 것은 아니다(대판 2009. 12. 24, 2009도11401)라고 판시하였다.

IV. 형사소송법 제308조의 위법수집증거배제법칙의 '중대한 위법'인지 여부와 압수물의 증거능력

(1) 위 판례가 판시한 바와 같이 위 규정은 헌법과 형사소송법이 선언한 영장주의를 위반한 것이므로 중대한 위법에 해당한다. 따라서 형사소송법 제308조의2에 의하여 증거능력이 배제되며 증거동의가 있다고 하더라도 그 증거능력에 영향이 없다.

(2) 또한 대법원은 전원합의체로 판례를 변경(대판 2007. 11. 15, 2007도3061 전합)하여 수사기관의 절차 위반행위가 적법절차의 실질적인 내용을 침해하는 경우에 해당하지 아니하는 예외적인 경우를 제외하고는 압수물이라고 하더라도 증거로 사용할 수 없다고 판시하여 위법수집증거배제법칙은 비진술증거에도 적용됨을 명확히 하였다.

62. 피고인의 구속기간 / 전문진술기재 조서의 증거능력 / 조사자 증언의 증거능력

○ 사례 62

동네 떠돌아다니는 풍문에 의하면 A가 사기를 전문으로 하고 다녀 피해자가 발생하고 있다고 하므로 검사는 A를 2022. 1. 3. 긴급체포하여 A의 사기피의사건을 조사하던 검사 甲은 A가 수사과정에서 계속 범행사실을 부인하자 피해자의 행방불명으로 별다른 증거를 확보하지 못하였다. 이에 검사는 공판에 대비하여 A에 대한 피의자신문절차에 보조자로 참여했던 사법경찰리 C를 참고인으로 조사하여 "A가 경찰에서 신문받는 과정에서 사기를 친 것에 대하여 깊이 반성하고 있으니 좀 봐달라"는 말을 들었다는 참고인진술조서를 작성하였다. 그 후 검사 甲은 A에 대하여 2022. 1. 22. 사기죄로 공소를 제기하였고 예상대로 공판정에서 A는 범행을 부인하였다. A는 공판정에서 당해 참고인진술조서를 증거로 함에 동의하지 않는다고 하였고 이에 C가 증인으로 출석하여 당해 조서의 진정성립을 인정하는 한편 피의자신문과정에서 자신이 들은 내용을 공판정에서 조사자로서 진술하였다. 피고인인 A가 부인을 하여 공판심리를 위해 구속기간을 갱신되었고 여러 증인을 소환하는 과정에서 결국 2022. 7. 10.에야 비로소 판결을 선고할 수 있었다. 이에 피고인 A는 구속기간이 만료되었으므로 자신을 석방하여야 한다고 주장하고 있다.

위 사안에서

1. 피고인 A의 구속기간에 관한 주장이 타당한지 여부를 간략히 논하라. (20점)
2. 검사작성의 C에 대한 참고인진술조서는 피고인 A의 유죄를 인정하기 위한 증거로 사용할 수 있는가? (20점)
3. C의 공판정 진술을 피고인 A의 유죄를 인정하기 위한 증거로 사용할 수 있는가? (20점)
4. 위 설문 이외에 별다른 증거가 없다면 법원이 유죄판결이 가능한지 여부를 간략히 서술하라. (10점)

해 설

• 문제점

① 형사소송법은 공판중심주의를 실현하고자 많은 규정을 도입하였다. 과거 우리 형사 재판의 모습은 법정에서의 심리보다는 수사기관의 조서에 의존하여 판단을 하였고 법정에서의 심리에서도 수사기관이 작성한 각종 조서와 수사보고서 등이 아무런 여과없이 일체로 법원에 제출되어 증거조사절차는 그 수사기록의 증거능력을 부여하는 형식적인 절차처럼 활용된 것은 부인할 수 없는 사실이다. 이에 우리 형사소송법은 법이 정한 절차에 따라 증거를 공개된 법정에서 조사한 후 이를 바탕으로 피고인의 유·무죄 및 양형에 관한 심증을 형성하도록 하는 공판중심주의라고 실현하고자 노력하고 있다.

② 공판중심주의는 직접심리주의와 구두변론주의를 전제로 하고 있으며 우리 형사소송 법은 비록 명문의 규정은 없다고 하더라도 이를 채택하고 있다는 점에는 학계나 실무계 모두 아무런 이견이 없다. 이 사안은 이러한 관점에서 논의를 할 필요가 있다. 개정 전 구속 기간은 공판중심주의를 실현을 위한 심리기간의 제한을 가져오게 되었고 피의자의 수사를 담당한 조사자 증언을 통한 참고인진술조서의 증거능력 역시 전문증거의 공판정에서의 증거능력 부여절차와 관련하여 공판중심주의의 관점에서 검토가 필요한 부분이다.

③ 이 사안에서는 ㉠ 구속기간의 기산점을 체포된 때부터 기산할 것인가 아니면 공소가 제기된 시점부터 기산할 것인지, ㉡ 제1심에서 구속기간의 갱신은 얼마나 가능한 것인지가 문제되고, ㉢ 참고인진술조서의 증거능력을 부여하기 위한 증거조사절차는 어떤 것이 필요한지, ㉣ 피고인의 자백진술을 내용으로 조사자인 사법경찰관리의 증언의 증거능력을 인정할 수 있는지 여부, ㉤ 법원은 별다른 독립증거가 없이 피고인이 부인하는 상황에서 조사자의 증언만으로 피고인을 유죄로 할 수 있는지를 형사소송법의 내용을 통하여 검토하여야할 것이다.

제1문

1. 피고인 A의 구속기간에 관한 주장이 타당한지 여부를 간략히 논하라. (20점)

Ⅰ. 개정 전 구속기간과 갱신

(1) 구속기간은 체포·구속된 때로부터 2개월이므로 재판은 이 기간 내에 이루어지는 것이 원칙이나, 재판에 소요되는 현실적인 시간을 감안하여 각 심급(1심·2심·상고심)마다 2차에 한하여 구속기간 갱신(갱신 기간은 2개월임)이 가능하고(형사소송법 제92조), 상소기간 또는 상소 중에 있는 사건의 소송기록이 원심 법원에 있을 때에는 원심 법원이 구속 갱신 등의 결정을 하여야 했다(형사소송법 제105조). 이에 따라 1심은 최장 6개월, 2심은 1심 잔여 구속기간을 제외한 최장 4개월, 상고심은 2심 잔여 구속기간을 제외한 최장 4개월까지 피고인 구속이 가능하였고 구속기간은 수사기관에서 최초 체포·구속한 때부터 기산하므로 최초 체포 구속된 때로부터 최장 1년 2개월간 구속이 이루어 질 수 있었다. 이때 1심 구속기간은 6개월이지만 실제로는 최초 체포 구속된 때부터 기산하여 실제로 공판에서 심리하는 기간은 줄어들 수밖에 없었다.

(2) 이 사안의 경우 체포된 때로부터 기산하게 될 경우는 2022. 1. 3. 긴급체포된 때부터 6개월이 지난 2022. 7. 10.에야 비로소 판결을 선고하게 된다면 구속기간 6개월의 도과로 피고인을 석방할 수밖에 없는 상황이 되며 만일 계속 구속을 하게 된다면 위법한 구속이 된다. 따라서 피고인을 유죄라고 판단하여 실형을 선고할 경우라도 우선 구속기간 만료로 인하여 석방을 한 후 다시 형을 집행하여야 하는 결과가 된다.

Ⅱ. 체포시가 아닌 공소제기시점을 기준으로 하게 된 이유

2심·상고심의 구속기간은 각 4개월이지만 항소·상고 기간, 항소·상고 기록의 송부기간, 항소·상고이유서 제출기간 등을 감안하면 실제 심리를 할 수 있는 기간은 3개월이 채되지 않으며, 항소심은 사실심으로서는 최종심이지만 지나치게 짧은 구속기간으로 인하여 실체적 진실발견에 장애가 될 수 있고, 특히 전원합의가 필요한 상고심의 경우 대법관 전원이 기록을 검토하는 데 시간이 많이 소요되어 구속기간이 촉박하다는 문제점이 계속 지적되어 왔다. 특히, 수사기관의 구속기간이 장기화되는 복잡한 사건의 경우 수사단계에서 많은 기간 구속되어 정작 공판단계에서 심리를 하는데 있어서는 많은 시간을 할애하지 못하여 실체심리의 한계가 발생하여 심리기간이 더욱 많이 필요한 중범죄나 복잡한 사건의 경우 1심 재판의 구속기간이 오히려 짧아지는 문제가 있어 체포시가 아닌 공소제기시를 기준으로 구속기간을 기산하도록 한 것이다.

III. 구속기간과 갱신

(1) 현행법은 종전과 같이 구속기간은 2개월이고 그 갱신은 원칙적으로 2차로 제한되지만, 2심과 상고심에서 "피고인 또는 변호인이 신청한 증거의 조사, 상소이유를 보충하는 서면 제출 등으로 추가 심리가 필요한 부득이한 경우"에는 3차에 한하여 구속기간을 갱신할 수 있다. 다만, 법 제294조 제2항은 '법원은 검사·피고인 또는 변호인이 고의로 증거를 뒤늦게 신청함으로써 공판의 완결을 지연하는 것으로 인정할 때에는 직권 또는 상대방의 신청에 따라 결정으로 이를 각하할 수 있다'고 하여 소송지연을 초래하는 증거신청을 제한하고 있다.

(2) 한편, 공소제기 전의 체포·구속기간을 법원의 구속기간에 산입하지 아니하고 공소제기일을 기준으로 1심 구속기간을 계산하게 하므로 1심 구속기간도 종래 체포시를 기준으로 하던 때와 달리 더 늘어나게 되었다. 따라서 이 사안의 경우 공소가 제기된 2022. 1. 22.로부터 2개월씩 3차에 한하여 구속기간을 갱신하게 되면 법원은 2022. 7. 10.은 구속기간 내이므로 형을 선고함에 있어 피고인을 석방하지 않아도 된다.

제 2 문

2. 검사작성의 C에 대한 참고인진술조서는 피고인 A의 유죄를 인정하기 위한 증거로 사용할 수 있는가? (20점)

I. 문제점 - 검사작성의 C에 대한 참고인진술조서의 증거능력

C에 대한 참고인진술조서와 관련하여 이것이 형태상으로 보면 전문진술을 기재한 조서로서 재전문증거에 해당한다. 따라서 우선 재전문증거로서 증거능력을 부여할 수 있는지 여부를 검토하여야 하고 다음으로는 경찰조사시 범행을 자백하였고 그에 따라 범행사실을 확인하였다는 조사경찰관의 진술내용을 증거로 하는 것이 제312조 제3항과 관련하여 타당한지 여부를 검토할 필요가 있다.

Ⅱ. 전문진술을 기재한 조서의 증거능력

전문법칙이 예외의 법리에 따라 증거능력이 인정되는 전문증거가 그 내용에서 다시 전문증거를 포함하는 경우 즉, 이중의 전문이 되는 경우를 재전문이라고 한다. 이 사안과 같이 전문진술을 기재한 조서 역시 재전문에 해당한다고 할 것이다.

1. 학설의 대립

(1) 부정설
이중의 예외, 증거능력을 인정하는 명문규정이 없음, 전문법칙을 무의미하게 함.

(2) 긍정설
법정외의 진술 하나하나가(전언의 각 과정이) 전문법칙의 예외요건을 충족한다면 증거능력 있음.

(3) 제한적 긍정설
최초의 진술자가 공판정에서 그러한 진술을 한 사실을 인정하면 증거로 할 수 있다(일반적인 진술조서는 진정성립 인정절차 통해 원진술자의 확인이 있음과 달리 전문진술 기재조서는 최초진술자의 확인이 결여되어 있으므로).

2. 판례의 입장

전문진술이 기재된 조서는 형사소송법 제312조 또는 제314조의 규정에 의하여 각 그 증거능력이 인정될 수 있는 경우에 해당하여야 함은 물론 나아가 형사소송법 제316조 제2항의 규정에 따른 요건을 갖추어야 예외적으로 증거능력이 있다.

3. 검 토

전문진술이 기재된 조서도 재전문진술과 같이 이중의 전문이라는 점에서 차이가 없고 이는 이중의 예외라는 점에서 명문의 근거가 없이 이에 대한 증거능력을 인정하는 것은 전문법칙을 형해화할 수 있다고 본다. 따라서 전문진술이 기재된 조서 역시 증거능력을 부정함이 타당하다고 보지만 판례에 따르면 전문진술이 기재된 조서는 각각 전문법칙의 요건을 갖춘다면 증거능력을 긍정하고 있다.

III. 참고인진술조서가 피의자의 자백진술 내용으로 하는 경우의 증거능력

(1) 앞서 본 바와 같이 이 사안의 경우는, 판례에 따르면 전문진술이 기재된 조서라도 형사소송법 제312조 또는 제314조의 규정에 의하여 각 그 증거능력이 인정될 수 있는 경우에 해당하여야 함은 물론 나아가 형사소송법 제316조 제1항의 규정에 따른 요건을 갖추어야 예외적으로 증거능력이 인정될 수 있다고 본다.

(2) 그러나 판례에 의하여 이러한 요건을 갖춘다고 하더라도 참고인 진술조서의 내용이 피의자의 자백진술을 그 내용으로 할 경우는 사법경찰관이 작성한 피의자신문조서에 대하여 제312조 제3항이 내용의 인정이라는 엄격한 요건을 둔 취지가 위협받게 된다는 점에서 문제가 있다. 종래 판례도 "피고인이 당해 공소사실에 대하여 법정에서 부인한 경우 … 피고인을 조사하였던 경찰관이 법정에 나와 '피고인의 진술대로 조서가 작성되었고, 작성 후 피고인이 조서를 읽어보고 내용을 확인한 후 서명·무인하였으며, 피고인이 내용의 정정을 요구한 일은 없었다'고 증언하더라도 그 피의자신문조서가 증거능력을 가지게 되는 것은 아니다(대판 1997. 10. 28, 97도2211)"고 판시하거나 "피고인이 경찰조서시 범행을 자백하였고 그에 따라 범행사실을 확인하였다는 조사경찰관의 증언이나 같은 내용의 동인에 대한 검사 작성의 참고인 진술조서는, 피고인이 경찰에서의 진술을 부인하는 이상, 증거능력이 없다(대판 1979. 5. 8, 79도493)"고 판시하고 있다. 다만, 위 판례 이후 조사자증언의 증거능력을 인정하는 제316조 제1항의 명문규정이 도입되었으므로 제316조 제1항의 요건을 갖춘 경우 증거능력을 인정할 수 있다.

(3) 결론적으로 조사자증언의 증거능력을 인정하는 규정이 존재한다고 하더라도 피고인이 부동의하는 상황에서 피의자의 자백진술을 내용으로 하는 조사경찰의 참고인진술조서의 증거능력을 인정함은 제312조 제3항의 취지를 몰각시킬 수 있으므로 증거능력을 부정함이 타당하다고 할 것이다.

제3문

3. C의 공판정 진술을 피고인 A의 유죄를 인정하기 위한 증거로 사용할 수 있는가? (20점)

I. 문제점 - 조사자 C의 법정증언의 증거능력

(1) 형사소송법은 공판중심주의를 대폭 강화하여, 피고인이 공격·방어할 수 있는 기회

가 보장되는 재판을 위해 조서를 중심으로 하는 재판보다는 공판정에서 공격과 방어의 기회를 당사자에게 부여하는 공판중심주의와 당사자주의, 그리고 직접주의의 요청은 피해갈 수 없는 시대의 흐름이며 이러한 시대적 요청을 형사소송법이 받아들였다고 생각된다. 이러한 점에서 형사소송법상의 증거법 역시 어느 정도의 수정이 불가피하였으리라는 점은 충분히 이해할 수 있는 부분이며 제316조(전문진술) 조사자 증언제도를 도입한 것도 그러한 맥락에서 파악할 수 있다. 도입된 조사자 증언제도에 의하면 피고인의 자백을 청취한 자가 그 내용을 증언하는 경우는 물론, 피고인을 신문한 사법경찰관이나 제3자가 경찰에서 조사받을 때 범행을 자백한 피고인의 진술내용을 증언하는 경우에도 전문진술로서 전문법칙의 요건을 갖추면 증거로 사용할 수 있도록 하였다.

(2) 사안과 같이 조사자인 C가 법정에서 선서를 하고 증언을 하는 경우 그 증언의 증거능력을 부여할 수 있을지를 형사소송법에 따라 검토해 볼 필요가 있다.

Ⅱ. 조사자 증언에 관한 개정 전 판례의 입장(조사 당시 피고인이 범행사실을 순순히 자백하였다는 취지의 법정증언의 증거능력(대판 2005. 11. 25, 2005도5831))

사실관계 기록에 의하면, 공소외 3은 이 사건 발생 당시 근무책임 간부인 경찰관으로서 살인사건이 발생하였다는 신고를 받고, 먼저 출동한 경찰관들에 이어서 이 사건 현장에 도착하였는데, 먼저 도착한 경찰관들로부터 피고인이 유력한 용의자인데 횡설수설한다는 보고를 받고, 순찰차에 타고 있던 피고인의 옆자리로 다가가 피고인에게 범인과 범행 이유에 관하여 물어 피고인으로부터 자신이 범행을 하였다는 진술을 받아 낸 다음, 이러한 과정과 피고인의 진술 내용을 적은 검거경위서를 작성하였고 제1심 법정에서 같은 내용의 진술을 한 사실을 알 수 있다.

판시내용 피고인을 검거한 경찰관의, 검거 당시 또는 조사 당시 피고인이 범행사실을 순순히 자백하였다는 취지의 법정증언이나 위 경찰관의 진술을 기재한 서류는, 피고인이 그 경찰관 앞에서의 진술과는 달리 범행을 부인하는 이상 형사소송법 제312조 제2항의 취지에 비추어 증거능력이 없다고 보아야 한다.

Ⅲ. 검 토

형사소송법은 위 판례와 달리 조사자의 증언의 증거능력을 부여할 수 있도록 하였다. 공판중심주의적 법정절차를 확립하기 위해서는 조서의 증거사용을 제한하고, 법정에서의 구두변론·신문의 활성화가 필요하고 나아가, 사법경찰관 작성 피의자신문조서에 대하여 피고인이 내용을 부인하면 조서를 증거로 사용하지 못하는 현행법하에서 경찰에서 자백한 피의자에 대하여 검찰의 이중조사로 인한 피의자의 불편함을 조사자 증언을 통해 해소시킬 수 있고 수사기관 조사의 적법성과 투명성이 제고되어 인권보호에 기여할 것이라는 것이 개정이유이다. 따라서 법 제316조 제1항에서 '피고인이 아닌 자'에 공소제기 전에 피고인을 피의자로 조사하였거나 그 조사에 참여하였던 자를 포함한다고 하였으므로 피의자 신문의 방식으로 조사를 하거나 조사에 참여하였던 수사기관이 법정에서 증언을 할 경우 증거능력을 인정받을 수 있게 되었다. 하지만 여전히 현행법하에서도 형사소송법 제312조 제3항은 사법경찰관 작성의 피의자신문조서의 증거능력을 인정하기 위한 요건으로 "내용인정"을 규정하고 있으므로 피고인이 공판정에서 내용을 부인하는 피의자신문조서를 작성한 사법경찰관이 증언을 한다고 하여 피의자의 진술내용을 진술한 법정증언의 증거능력을 인정하는 것은 부당하다고 생각된다.

제 4 문

4. 위 설문 이외에 별다른 증거가 없다면 법원이 유죄판결이 가능한지 여부를 간략히 서술하라. (10점)

• 피고인에게 유죄판결을 선고할 수 있는지 여부

(1) 별다른 증거가 없는 상황에서 조사자의 증언의 증거능력을 인정하고 있는 개정 형사소송법상 이를 독립된 증거로 보아 유죄로 선고할 수 있을지 문제된다. 개정 전의 판례처럼 증거능력을 부정하는 경우는 당연히 범죄사실의 증명이 없는 때에 해당하여 무죄를 선고하여야 하지만(법 제325조) 조사자 증언의 증거능력을 인정하고 있는 현행법하에서는 조사자의 증언이 독립된 증거로서 피고인의 유죄를 인정할 증거가치를 가지고 있는지 논의해보아야 한다. 피고인이 자백을 한 경우에도 자백 이외에 독립된 증거를 보강증거로 요구하는 바(자백보강법칙) 이 사안처럼 다른 증거가 없는 상황에서 피고인이 부인을 하고 있는 경우 유일한 증거인 조사자의 증언 역시 독립된 증거일 것을 요구한다고 볼 것이다. 이 사안에서 사법경찰관 C의 법정증언은 피고인이 수사단계에서 자백을 한 사실이 있다는 것만을 입증할 뿐 피고인의 공소사실을 입증할 자백 이외의 독립된 증거라고 볼 수 없으므로 법원은 유죄판결을 내릴 수 없고 범죄의 증명이 없어 무죄판결을 내려야 할 것이다.

(2) 판례(대판 2008. 2. 14, 2007도10937) 역시 피고인이 범행을 자인하는 것을 들었다는 피고인 아닌 자의 진술내용은 형사소송법 제310조의 피고인의 자백에는 포함되지 아니하나 이는 피고인의 자백의 보강증거로 될 수 없다고 판시하여 피고인의 자백을 내용으로 하는 전문진술은 독립증거로서 자백의 보강증거가 될 수 없음을 명확히 하였다.

○ 사례 63

[문1]

乙은 사법경찰관 A에 의하여 긴급체포되어 수사를 받으면서 상습절도와 丙과 공모한 사기 부분에 대하여 모두 자백을 하였다. 이후 검찰에 송치되었으며 검사는 乙에 대하여 상습절도와 사기 피의사실로 수사하였고 검찰 수사관인 B는 丙이 한 사기행위 수법에 대하여 동종사기 수법자들에 대한 통계를 통한 조사를 별도로 하여 수사보고서를 작성한 후 이를 검사에게 보고하였다. 이를 토대로 하여 검사는 乙이 상습적으로 절취를 한 사실과, 이어 乙이 丙과 공모하여 2019. 3. 1. 피해자 甲으로부터 5,000만원의 재산상 이득을 취한 사기를 하였다는 점을 공소사실로 공소장에 기재하여 乙을 특가법상의 상습절도죄와 사기죄로, 丙을 사기죄로 공소를 제기하였다. 이에 피고인들은 범죄사실을 부인하였고 이에 정식의 증거조사가 이루어졌다. 공판이 계속되던 중 검사는 甲을 증인으로 신청하여 증인으로 신문하였는데 사기피해액수에 대하여 주신문을 한 후 乙이 甲에게 반대신문을 하면서 공소장에 기재된 사기피해액수보다 훨씬 적게 말하도록 하기 위하여 "증인은 실제로 피해를 입은 액수는 1,000여만원에 불과하고 수사기관에서 피해액수를 5,000만원이라고 말한 것은 피고인에게 좀 더 강한 처벌이 이루어지길 바라는 마음에서 그렇게 진술한 것이지요"라는 식으로 증인이 예와 아니오라는 식의 답변만 하도록 유도하였다. 결국 이러한 반대신문을 통하여 甲은 乙에게 유리한 증언을 하였다. 공소유지를 맡은 검사는 다음 날 甲을 자신의 검사실로 불러 참고인조사를 하고 피해액수에 대한 甲의 법정증언을 번복하는 진술을 받아 내어 진술조서에 기재하였다. 나아가 제2회 공판에서 피고인신문시 丙은 자신은 사기범행을 한 바 없으며 다만, 乙이 절취한 물건들을 자신에게 보여주며 자랑한 적이 있었노라고 진술하였다. 이에 질새라 제3회 공판에서 乙은 피고인신문절차에서 丙이 사기를 하자고 자신에게 적극 권유하게 되어 이런 범행을 함께 저지르게 된 것이라고 진술하였다.

다음 물음에 답하라. (75점)

1. 乙이 긴급체포 된 직후 사법경찰관 A로부터 조사 받을 때 자백한 적이 있으나 이를 번복하고 그 이후 공판정에서 범행사실을 전면 부인하였다면 검사는 乙의 자백사실을 입증하기 위하여 A를 증인으로 신문할 것을 수소법원에 신청하고 그 증언을 증거로 사용할 수 있는가? (10점)

2. 乙이 증인 甲에 대한 반대신문시 자신에게 유리하게 진술하도록 하기 위하여 한 위 신문방식은 허용되는 것인가? (5점)

3. 검사가 작성한 甲의 진술조서는 증거능력이 있는가? (7점) 만일 검사가 참고인 진술조서가 아닌 위증으로 입건한 후 甲에 대한 피의자신문조서를 작성하여 제출한 경우는 어떠한가? (5점)

4. 검사가 증거로 위 수사보고서를 제출하였다면 그 수사보고서는 증거로 사용할 수 있는가? (8점)

5. 검사는 丙의 유죄입증을 위하여 수사보고서를 작성한 B를 증인으로 신청하여 그 조사 내용을 신문하고 증거로 사용할 수 있는가? (15점)

6. 제2회 공판에서 한 丙의 진술을 乙에 대한 절도범죄사실에 증거로 쓸 수 있는 가? (10점)

7. 제3회 공판에서 한 乙의 진술을 丙에 대한 범죄사실에 증거로 쓸 수 있는가? (8점)

8. 또한 乙에 대한 사법경찰관 A 작성의 피의자신문조서를 丙에 대한 사기죄에 대한 범죄사실의 증거로 제출한 경우 그 피의자신문조서는 어떤 조건하에서 증거 능력을 갖추게 되는가? (12점)

[문2]
피고인 甲은 강도죄로 기소가 되어 현재 제1심 제1회 공판이 진행 중이다. 1회 공판기일에서는 검사의 기소요지 진술에 이어 피고인 甲의 변호인의 사건에 대한 의견진술로 재판이 마쳐졌으며 증거조사를 위하여 다음 제2회 공판기일이 정하여 졌다. 이에 피고인의 변호인은 증거조사에 앞서 어떠한 증거를 동의하고 부동의 할지를 결정하기 위하여 2회 공판기일 전까지 수사기록을 등사하고자 한다.
이 경우 변호인은 ① 누구에게 열람등사를 신청하여야 하며, ② 이러한 열람등사를 인정하는 제도의 형사소송법상 그 취지는 무엇인지, 그리고 ③ 만일 이를 거부 당한 경우 변호인은 어떠한 조치를 취할 수 있는지를 논하라. (25점)

해 설

[문1] – 제1문

1. 乙이 긴급체포 된 직후 사법경찰관 A로부터 조사 받을 때 자백한 적이 있으나 이를 번복하고 그 이후 공판정에서 범행사실을 전면 부인하였다면 검사는 乙의 자백사실을 입증하기 위하여 A를 증인으로 신문할 것을 수소법원에 신청하고 그 증언을 증거로 사용할 수 있는가? (10점)

Ⅰ. 문제점

(1) 피고인의 자백진술을 내용으로 하는 사법경찰관 A의 증언은 피고인 아닌 자의 법정진술이 피고인의 진술을 내용으로 하는 것이므로 형사소송법 제316조 제1항의 적용이 가능한 것인지 문제가 된다.

(2) 그러나 이는 형사소송법 제312조 제2항의 규정과 그 취지에 비추어 그 타당성 여부를 검토해보아야 한다. 왜냐하면 피고인의 자백을 내용으로 하는 피의자신문조서는 당해 피고인인 乙이 내용을 부인하면 증거능력을 갖추지 않음에도 그 조사자의 증언을 증거로 사용할 수 있다면 이를 회피하는 결과가 되기 때문이다.

Ⅱ. 조사경찰관의 증언의 증거능력

1. 법 제316조 제1항의 적용 여부

(1) 사법경찰관 A가 초동수사 때 乙로부터 청취한 자백진술은 법 제316조 제1항의 "피고인이 아닌 자의 공판준비 또는 공판기일에서의 진술이 피고인의 진술을 그 내용으로 하는 것"에 해당하므로 일견 원진술 당시 '특히 신빙할 수 있는 상태'가 있었음이 입증되면 증거로 할 수 있는 것처럼 보인다.

(2) 특히 형사소송법은 제316조의 피고인 아닌 자에 공소제기 전에 피고인을 피의자로 조사하였거나 그 조사에 참여하였던 자를 포함하였다. 이는 사경작성의 피신조서의 경우 피고인이 공판정에서 내용을 부인하기만 하면 증거능력이 부인되어 실체진실발견에 저해가 될 뿐 아니라 이중수사의 폐해가 크기 때문에 변호인의 참여권보장(제243의2), 진술거부권의 고지(제244의3), 수사과정기록제도(제244의4), 위법수집증거배제의 법칙(제308의2) 등을

통하여 수사절차의 적법절차성과 투명성을 보장하면서 조사자 증언제도를 도입하였다.[49]

2. 종래의 판례

(1) 그러나 종래 대법원은 "피고인이 법정에서 범행을 부인하고 경찰에서의 진술도 부인하여 피고인의 경찰에서의 자백이 형사소송법 제312조 제2항에 의하여 증거로 할 수 없는 경우에 피고인이 경찰에서 본건 범행을 자백하였다는 조사경찰관의 증언을 범죄사실을 인정하는 증거로 할 수 없다[대판 1975. 5. 27, 75도1089(특수절도 공1975, 8468)]."

(2) "피고인이 경찰조사시 범행을 자백하였고 그에 따라 범행사실을 확인하였다는 조사경찰관의 증언이나 같은 내용의 피고인에 대한 검사 작성의 참고인 진술조서는, 피고인이 경찰에서의 진술을 부인하는 이상, 증거능력이 없다[대판 1979. 5. 8, 79도493(상습절도, 공1979, 11994)]."고 판시하여 왔다.

3. 검 토

(1) 형사소송법이 명문으로 조사자의 증언을 증거로 사용할 수 있음을 규정한 이상 사법경찰관 A의 증언을 증거로 사용하는 것이 가능하다고 할 것이다. 하지만 법 제316조 제1항이 사법경찰관을 포함한 조사자의 증언을 전문진술에 명시적으로 포함시키는 것은 문제가 있다고 본다. 이 규정이 조사자의 증언을 통해 조서에 기재된 진술의 증거능력을 인정해주자는 취지이나 이는 법 제312조 제3항이 사법경찰관 작성 피의자신문조서에 대해 내용의 인정을 요건으로 하는 것을 회피하는 결과가 된다는 것이다.

(2) 지금까지 대법원판례(대판 1995. 3. 24, 94도2287)가 피고인이 사법경찰관 앞에서의 진술의 내용을 부인하고 있는 이상 피고인을 수사한 경찰이 증인으로 나와서 수사과정에서 피고인이 범행을 자백하게 된 경위를 진술한 증언은 형사소송법 제312조 제3항의 규정과 그 취지에 비추어 증거능력이 없다고 판시한 것과 상반되는 취지라고 보여지며, 이 부분은 공판중심주의와 피고인의 인권보호적 측면에서 문제가 있다고 본다.

[문1] – 제2문

2. 乙이 증인 甲에 대한 반대신문시 자신에게 유리하게 진술하도록 하기 위하여 한 위신문방식은 허용되는 것인가? (5점)

---

49) 신동운, 판례분석 423면.

Ⅰ. 문제점

증인 신문에서의 유도신문의 허용여부가 문제되는데 유도신문이 무엇인지 그리고 증인 신문에 있어서 주신문뿐만 아니라 반대신문을 하는 경우에까지 유도신문을 할 수 없는지 문제된다.

Ⅱ. 유도신문의 개념

먼저 피고인 乙은 신문과정에서 증인 甲에 대하여 자신에게 유리한 증언을 하도록 유도하는 방식으로 유리한 법정증언을 이끌어 내었는데, 이런 신문을 유도신문이라고 한다. 유도신문은 신문자가 기대하는 답변을 암시하거나 지시하는 형식으로 이루어지는 신문방법이다.

Ⅲ. 반대신문에서 허용되는지 여부

이러한 유도신문의 허용여부는 신문자와 신문의 내용에 따라 달라진다.

1. 증인신문의 방법

(1) 현행법상 증인신문은 교호신문제(제161조의2)를 채택하고 있다. 즉 증인신문신청자가 주신문을 행하면 반대당사자는 반대신문을 행하고 그리고 다시 증인신문신청자가 재주신문을 행한다.

(2) 주신문은 입증취지에 관해 이루어지고, 반대신문과 재주신문은 이전 신문에 대해 증인이 행한 진술의 내용 및 그와 관련한 사항에 대해서만 할 수 있다.

2. 유도신문이 금지되는 경우

(1) 이러한 교호신문의 과정에서 유도신문은 주신문에서는 원칙적으로 금지되고(규칙 제75조 제2항 본문), 반대신문에서는 필요한 경우에 허용된다(규칙 제76조 제2항). 주신문에서 신문자와 증인은 긴밀한 관계가 있고, 이런 관계에서 유도신문을 허용하면 증인이 경험한 바를 있는 그대로 증언하기 어렵게 만들기 때문에 주신문에서 유도신문은 원칙적으로 금지된다(규칙 제75조 제2항 본문).

(2) 다만 이러한 위험성이 없는 경우, 즉 ① 증인과 피고인의 관계, 증인의 경력, 교우관계 등 실질적인 내용에 앞서 미리 밝혀두는 준비적인 사항에 관한 신문, ② 당사자 사이에

다툼이 없는 명백한 사항에 관한 신문, ③ 증인이 주신문을 하는 자에게 적의나 반감을 보이는 경우, ④ 증인이 종전의 진술과 다른 내용의 진술을 하는 경우 그 종전진술에 관한 신문, ⑤ 기타 증인이 내용을 적절히 표현하지 못하는 경우와 같이 유도신문이 필요한 경우 등에는 예외적으로 유도신문이 허용된다(규칙 제75조 제2항 단서). 이에 비해 반대신문에서는 증인과 당사자 사이에 긴밀한 관계가 없는 경우가 보통이고 반대신문은 주신문의 모순을 드러내고 증언의 의미를 반전시키는 새로운 증언을 얻어내기 위한 신문이기 때문에 유도신문이 허용된다(규칙 제76조 제2항).

(2) 다만 이때에도 재판장은 유도신문의 방법이 상당하지 아니하다고 인정할 때에는 이를 제한할 수 있다(규칙 제76조 제3항). 그러나 만일 반대신문이 주신문에 나타나지 아니한 새로운 사항에 관하여 재판장의 허가를 얻어 신문하는 것인 때에는 주신문의 성격을 갖게 되고(규칙 제76조 제5항), 따라서 반대신문일지라도 유도신문이 허용되지 않는다.

IV. 사안의 적용

(1) 피고인 乙이 유도신문을 한 것은 반대신문에서였으므로 원칙적으로 유도신문이 허용된다. 또한 피고인 乙의 유도신문이 새로운 주신문의 성격을 띤 것이었는지는 명확히 나타나 있지 않다.

(2) 따라서 피고인 乙이 증인 甲으로 하여금 자신에게 유리하도록 증언을 유도한 신문방식은 적법하며, 그 결과로 행해진 증인 甲의 법정증언은 증거로 사용할 수 있다.

[문1] – 제3문

3. 검사가 작성한 甲의 진술조서는 증거능력이 있는가? (7점) 만일 검사가 참고인진술조서가 아닌 위증으로 입건한 후 甲에 대한 피의자신문조서를 작성하여 제출한 경우는 어떠한가? (5점)

Ⅰ. 문제점

이 사안에서 검사는 수사 시 작성된 참고인조서에 기재된 내용과 모순되게 피고인에게 유리한 법정증언을 한 증인을 다시 참고인으로 소환하여 조사하면서 법정에서의 증언을 다시 번복케 하는 진술을 받아내었다. 여기에서는 ① 이러한 검사의 참고인조사가 적법한 수사인지, 그리고 ② 법정증언을 번복한 진술을 내용으로 하여 작성된 참고인 진술조서에 대해 증거능력을 인정할 수 있는지가 문제된다.

II. 법정증언한 증인에 대한 참고인조사의 위법성

(1) 검사 또는 사법경찰관은 수사에 필요하면 피의자 아닌 자도 출석시켜 진술을 들을 수 있는데 이를 참고인조사라 하며(형사소송법 제221조 전단), 출석에 응하지 않아도 구인되지 않는다는 점에서 임의수사에 해당하고 따라서 참고인조사는 공소제기 후에도 다시금 공소유지 및 그 여부의 판단을 위해 참고인을 조사해야 할 필요가 있어 일반적으로 허용된다고 볼 것이다.

(2) 그런데 위 사안과 같이 피고인에게 유리한 법정증언을 한 증인을 검사가 다시 참고인으로 소환하여 조사하면서 법정에서의 증언을 번복케하는 진술을 받아내는 것은 공판중심주의에 위반될 뿐만 아니라 적법절차에 위배되는 수사로서 허용되지 않는다고 보아야 한다. 학설도 같은 입장이다. 판례도 피고인에게 유리한 증언을 한 증인을 법정 외에서 추궁하여 법정에서의 증언을 번복하게 하는 증거수집은 공정한 수사권의 행사라 할 수 없다고 보고 있다.

> **관련판례** 피고인에게 유리한 증언을 한 증인을 법정 외에서 추궁하여 법정에서의 증언을 번복하게 하는 따위의 증거수집은 공정한 수사권의 행사라 할 수 없다(대판 1993. 4. 27, 92도2171).

III. 甲에 대한 검사 작성의 참고인진술조서의 증거능력

(1) 검사작성의 참고인진술조서는 공판준비 또는 공판기일에 원진술자에 의하여 그 성립의 진정이 인정되는 경우에 증거로 사용할 수 있다(형사소송법 제312조 제4항).

(2) 그런데 본 사안에서는 전문법칙예외요건을 충족했는지는 제시되어 있지 않으므로 이를 전제하고, 위법한 수사로 볼 수 있는 증언 후의 참고인조사로 인해 참고인진술조서의 증거능력이 인정될 수 있는지를 살펴야 한다. 이에 대하여 증인이 증언 이후 검사 앞에서 진술조서를 작성하는 과정에서 위법함이 개재되지 아니한 진술조서는 형사소송법 제312조 제4항에 의하여 원진술자에 의한 성립의 진정함이 인정되고 반대신문권이 보장되면 진술조서의 증거능력을 인정하되 다만 증거가치에 관하여는 재판부의 자유심증에 따라 판단하면 된다는 입장도 있으나(대법원 소수견해) 법정에서 이미 피고인에게 유리한 증언을 한 증인을 다시 검사가 소환해서 증언을 번복케 하는 진술을 받아내는 것은 공판중심주의에 어긋날 뿐만 아니라 적법절차에 위배되는 위법한 수사이며 이때 증언한 증인에 대한 검사작성의

진술조서는 그 증거능력이 부정된다고 봄이 타당하다.

(3) 판례는 "공판준비 또는 공판기일에서 이미 증언을 마친 증인을 검사가 소환한 후 피고인에게 유리한 그 증언 내용을 추궁하여 이를 일방적으로 번복시키는 방식으로 작성한 진술조서를 유죄의 증거로 삼는 것은 당사자주의, 공판중심주의, 직접주의를 지향하는 현행 형사소송법의 소송구조에 어긋나는 것일 뿐만 아니라 헌법 제27조가 보장하는 기본권을 침해하는 것으로, 그 증인이 다시 법정에 출석하여 증언을 하면서 그 진술조서의 성립의 진정함을 인정하고 피고인측에 반대신문의 기회가 부여되었다고 하더라도 증거능력이 없다"고 판시하였다(대판 2000. 6. 15, 99도1108 전합).

IV. 甲에 대한 위증죄 사건의 피의자신문조서를 증거로 제출한 경우

참고인진술조서로 제출하는 것이 위와 같이 전원합의체 판결에 의하여 위법하다고 인정되자, 검사는 이를 피하기 위해 위증죄로 입건하여 피의자신문조서를 작성하고 이를 증거로 제출하는 경우가 많았다. 이는 번복진술을 참고인진술조서 형식으로 받는 것과 다를 바 없으므로 이를 유죄의 증거로 삼는 것은 당사자주의·공판중심주의·직접주의를 지향하는 현행 형사소송법의 소송구조에 어긋나는 것일 뿐만 아니라, 헌법 제27조가 보장하는 기본권, 즉 법관의 면전에서 모든 증거자료가 조사·진술되고 이에 대하여 피고인이 공격·방어할 수 있는 기회가 실질적으로 부여되는 재판을 받을 권리를 침해하는 것이다. 따라서 검사가 공판준비 또는 공판기일에서 이미 증언을 마친 증인에게 수사기관에 출석할 것을 요구하여 그 증인을 상대로 위증의 혐의를 조사한 내용을 담은 피의자신문조서의 경우도 마찬가지로 그 증거능력은 부정된다고 보아야 하며 판례의 입장 또한 같다(대판 2013. 8. 14, 2012도13665).

[문1] – 제4문, 제5문

4. 검사가 증거로 위 수사보고서를 제출하였다면 그 수사보고서는 증거로 사용할 수 있는가? (8점)

5. 검사는 丙의 유죄입증을 위하여 수사보고서를 작성한 B를 증인으로 신청하여 그 조사 내용을 신문하고 증거로 사용할 수 있는가? (15점)

Ⅰ. 문제점

이 사안의 경우는 검찰수사관이 검사에게 내부적으로 보고하기 위하여 작성한 수사보고서의 증거능력과 그 수사보고서를 작성한 조사자를 증인으로 신문하여 그 증언을 증거로 사용할 수 있는지가 문제된다.

Ⅱ. 수사보고서의 증거능력

(1) 판례는 수사보고서에 검증의 결과에 해당하는 기재가 있는 경우, 그 기재 부분은 검찰사건사무규칙 제17조에 의하여 검사가 범죄의 현장 기타 장소에서 실황조사를 한 후 작성하는 실황조서 또는 사법경찰관리집무규칙 제49조 제1항, 제2항에 의하여 사법경찰관이 수사상 필요하다고 인정하여 범죄현장 또는 기타 장소에 임하여 실황을 조사할 때 작성하는 실황조사서에 해당하지 아니하며, 단지 수사의 경위 및 결과를 내부적으로 보고하기 위하여 작성된 서류에 불과하므로 그 안에 검증의 결과에 해당하는 기재가 있다고 하여 이를 형사소송법 제312조 제1항의 "검사 또는 사법경찰관이 검증의 결과를 기재한 조서"라고 할 수 없을 뿐만 아니라 이를 같은 법 제313조 제1항의 "피고인 또는 피고인이 아닌 자가 작성한 진술서나 그 진술을 기재한 서류"라고 할 수도 없고, 같은 법 제311조, 제315조, 제316조의 적용대상이 되지 아니함이 분명하므로 그 기재 부분은 증거로 할 수 없다고 판시하고 있다.

(2) 사안의 경우는 검증의 결과를 기재한 것도 아니고 단지 丙의 사기수법을 동종 수법통계 등을 통하여 조사한 내용을 기재한 것에 불과하므로 더욱 증거로 사용할 수 없다. 수사보고서는 수사의 경위와 결과를 기재하여 검사에게 보고하기 위한 내부적 문서로서 이를 조서로 볼 수 없기 때문이다.

(3) 설사 다른 진술인들의 진술이 기재되었다고 하더라도 수사보고서에는 그들이 서명날인을 한 바 없으므로 성립의 진정을 인정할 방법도 존재하지 않는다는 점에서 수사보고서 자체는 증거로 사용할 수 없다.

Ⅲ. 수사보고서를 작성한 수사관 B의 법정증언의 증거능력

(1) 수사관 역시 사법경찰관에 해당한다. 그러므로 조사자인 B의 증언이 피고인의 진술을 내용으로 하는 것이라면 이는 제1문과 같이 형사소송법 제316조 제1항의 적용여부가 문제된다.

(2) 그러나 사안의 경우는 피고인의 진술을 내용으로 하는 것이 아니라 동종수법에 대한 통계조사의 내용을 증언하는 것이 문제되므로 피고인이나 피고인이 아닌 자의 진술을 내용으로 하는 전문진술의 문제가 아니라고 할 것이다. 이러한 증언은 형사소송법 개정 전 판례에 의하여도 인정되어 왔던 것이고 제312조 제3항과의 충돌문제가 발생하지 않으므로 제146조에 의하여 증언하는 것에 대하여 증거능력을 부여함에 아무런 문제가 없으며 그 조사의 내용인 피고인이나 피고인 아닌 자의 진술을 내용으로 하는 경우만 제316조 제1항이 적용되어 그 요건 충족 여부가 문제될 것이다.

(3) 판례도 형사소송법 제146조는 "법원은 법률에 다른 규정이 없으면 누구든지 증인으로 신문할 수 있다."라고 규정하고 있으므로, 원심이 당해 사건의 수사경찰관을 증인으로 신문한 것이 증거재판주의나 증인의 자격에 관한 법리를 오해하였다거나 헌법위반의 위법이 있다고 할 수 없다고 하여 조사자 증언을 도입하기 전부터 피고인의 진술이나 피고인 아닌 자의 진술을 내용으로 하지 않는 그 외의 조사사항에 대한 조사자의 증언은 허용하여 왔다. 따라서 선서 후 공판정에서 이루어진 B의 법정증언은 증거로 사용할 수 있다.

[문1] – 제6문, 제7문

6. 제2회 공판에서 한 丙의 진술을 乙에 대한 절도범죄사실에 증거로 쓸 수 있는가? (10점)

7. 제3회 공판에서 한 乙의 진술을 丙에 대한 범죄사실에 증거로 쓸 수 있는가? (8점)

Ⅰ. 문제점

(1) 제6문의 경우는 제2회 공판에서 한 丙의 진술을 乙에 대한 절도범죄사실에 증거로 쓸 수 있는지를 묻는 것으로서 丙은 乙의 절도사실에 대하여는 공범이 아니지만 현재 공동피고인으로 공소가 제기되어 있는 자이다. 따라서 이러한 경우 공범자 아닌 공동피고인의 법정진술을 증거로 할 수 있는지와 관련하여 증인적격이 문제된다.

(2) 또한 설문 7의 경우의 제3회 공판에서 한 乙의 진술을 丙에 대한 범죄사실에 증거로 쓸 수 있는지의 문제는 공범인 공동피고인의 진술을 증거로 할 수 있는가의 문제이다. 모두 본질적으로 공동피고인의 증인적격과 공판정의 진술을 증거로 할 수 있는가의 논의이다.

II. 공동피고인의 증인적격

1. 증인적격의 의의

증인적격이란 누가 증인될 자격이 있는가, 즉 법원이 누구를 증인으로 신문할 수 있는 가의 문제를 말하는데 우리 형사소송법 제146조는 '누구든지' 증인으로 신문할 수 있다고 되어 있어 증인거부권이 인정되는 제147조를 제외하고는 모두 해석에 맡겨져 있다. 이론상 증인적격이 없는 자란 증인이 당해 소송에 있어 제3자라는 점을 전제해 보면 '소송의 주체' 인 자라고 할 것이다.

2. 학설의 대립

부정설은 변론을 분리하지 않는 한은 공범이건 아니건 증인으로 신문할 수 없다고 하고 긍정설은 공동피고인은 당해 피고인에 대하여 제3자이므로 증인으로 신문이 가능하다고 하나 공범자인 공동피고인은 다른 공동피고인을 공소사실에 대하여도 증거능력이 있고 공범자인 공동피고인에게 증언의무를 과하는 것은 진술거부권을 무의미하게 하는 결과를 초래하므로 공동피고인을 증인으로 신문할 필요가 없고, 다만 공범자 아닌 공동피고인은 단순히 병합심리를 받을 뿐이므로 증인으로 신문하자는 절충설이 타당하다고 할 것이다. 아래 판례의 입장도 같다.

관련판례 피고인과 별개의 범죄사실로 기소되어 병합심리 중인 공동피고인은 피고인의 범죄사실에 관하여는 증인의 지위에 있다 할 것이므로 선서 없이 한 공동피고인의 법정 진술이나 피고인이 증거로 함에 동의한 바 없는 공동피고인에 대한 피의자신문조서는 피고인에 대한 공소범죄사실을 인정하는 증거로 쓸 수 없다(대판 1979. 3. 27, 78도1031).

III. 공동피고인의 법정진술의 증거능력

1. 문제점

공동피고인의 법정진술이 증거로 될 수 있는가는 앞의 공동피고인의 증인적격과 관련하여 논의되는 문제이다. 공범자 아닌 공동피고인은 증인적격을 가진다고 봄이 타당하다고 보았으므로 여기서는 공범자인 공동피고인의 진술이 증거능력을 가지는 가에 논의의 초점이 있다 하겠다.

2. 학설의 대립

(1) 적극설은 공동피고인의 공판정에서의 진술은 다른 피고인에 대한 유죄의 증거로 사용할 수 있다는 견해인데 이는 다른 피고인의 반대신문권도 어느 정도 확보되어 있다는 것

을 이유로 한다.

(2) 소극설은 공동피고인에게는 진술거부권이 인정되어 변론을 분리하여 별도로 증인으로 신문하지 아니하는 한 진술을 증거로 할 수 없다는 견해이고 절충설은 공판정에서 자백한 피고인에 대하여 피고인이 실제로 충분히 반대신문을 하였거나 또는 반대신문의 기회가 보장되어 있을 때에 한하여 증거능력이 인정된다는 견해인데 소극설은 변론만 분리하면 증거로 쓸 수 있다고 보는 것은 증인적격이나 피고인의 진술거부권 보장을 기교적으로 판단한 것이므로 타당하지 아니하고 절충설 또한 피고인신문에서의 반대신문의 기회가 보장될 수 있다는 점을 간과한 점에서 타당하지 아니하다. 따라서 적극설이 타당하다고 본다.

3. 판례의 입장

공범인 공동피고인의 법정에서의 진술은 피고인의 반대신문권이 보장되어 있어 증인으로 신문한 바와 다를 바 없으므로 다른 공동피고인에 대한 범죄사실을 인정하는 증거로 할 수 있다.

IV. 사안의 적용

(1) 따라서 제2회 공판에서 한 丙의 진술을 乙에 대한 절도범죄사실에 증거로 쓸 수 없다. 丙은 乙의 절도사실에 대하여는 공범 아닌 공동피고인으로서 피고인신문시 한 진술은 증거로 쓸 수 없고 증거로 하기 위하여 증인으로 선서하게 한 후 증인신문을 하여야 증거로 쓸 수 있다.

(2) 또한 제3회 공판에서 한 乙의 진술을 丙에 대한 사기죄의 범죄사실과 관련하여 공범인 공동피고인의 진술로서 증거로 할 수 있다. 왜냐하면 피고인신문시에도 자신의 범죄와도 관련된 진술이어서 진술거부권을 보장할 필요가 있다는 점에서 증인적격은 부정되지만 피고인 신문시에도 공판정에서 피고인의 공범자에 대한 반대신문의 기회는 보장된다는 점에서 법정진술을 증거로 함이 타당하다.

[문1] - 제8문

8. 또한 乙에 대한 사법경찰관 A 작성의 피의자신문조서를 丙에 대한 사기죄에 대한 범죄사실의 증거로 제출한 경우 그 피의자신문조서는 어떤 조건하에서 증거능력을 갖추게 되는가? (12점)

Ⅰ. 문제점

(1) 乙에 대한 사법경찰관 A 작성의 피의자신문조서를 丙에 대한 범죄사실의 증거로 제출한 경우 이에 대하여는 제312조 제4항을 적용할 것인지에 대하여 검토할 수 있으나 제312조 제3항의 취지가 인권보장에 그 근거를 두고 있다는 점을 고려할 때 사법경찰관 A 작성의 피의자신문조서에 대하여도 제312조 제3항을 적용함이 타당하다고 본다.

(2) 다만 여기서는 그 피의자신문조서의 증거능력을 검토함에 있어 공범자인 공동피고인인 경우 형사소송법 제312조 제3항 상의 내용의 인정을 할 피의자였던 피고인이 누구인지를 판단하여 보는 것이 문제이다.

Ⅱ. 학설의 대립

1. 제1설

피고인의 인권보장을 위해 검사작성의 피신조서와 증거능력에 있어서 차별을 둔 형사소송법 제312조 제3항의 취지상 당해 피고인이 내용을 부인하면 증거능력이 없다는 견해이다.

2. 제2설

공범인 공동피고인이 법정에서 내용을 인정하면 증거능력이 있다는 견해이다.

3. 제3설

공동피고인이 내용을 인정하고 당해피고인이 법정에서 사실상 반대신문권을 충분히 행사하였거나 반대신문의 기회가 부여된 경우에만 증거능력이 인정된다는 견해이다.

Ⅲ. 판례의 입장

(1) "형사소송법 제312조 제2항의 규정은 당해 피의자였던 피고인에 대해서 뿐만 아니라 공동피의자였던 다른 피고인의 관계에서도 적용된다(대판 1992. 4. 14, 92도442)"고 판시하면서 과거 형사소송법 규정인 제312조 제2항의 취지상 당해 피고인이 내용을 인정할 것으로 요구한다.

(2) 형사소송법이 개정된 후에도 판례는 형사소송법 제312조 제3항은 검사 이외의 수사기관이 작성한 당해 피고인에 대한 피의자신문조서를 유죄의 증거로 하는 경우뿐만 아니라, 검사 이외의 수사기관이 작성한 당해 피고인과 공범관계에 있는 다른 피고인이나 피의자에 대한 피의자신문조서를 당해 피고인에 대한 유죄의 증거로 채택할 경우에도 적용된다고 판시하여 제312조 제4항이 적용되는 것이 아님을 분명히 하였다(대판 2009. 10. 15, 2009도1889).

IV. 검 토

(1) 공범인 공동피고인은 그의 '공동피의자였던 성격'에 비추어 제312조 제3항을 적용함이 타당하고, 2설이나 3설에 의할 경우 자신이 자백한 피의자신문조서도 공판정에서 내용을 부인하면 증거능력이 없는데, 자신의 범죄사실과 관련된 '타인의 자백'에 대해서는 피고인이 내용을 부인하여도 증거능력이 인정된다는 불합리한 결과가 발생하므로 1설이 타당하다.

(2) 형사소송법도 제312조 제3항에서 그 피의자였던 피고인 또는 변호인이 그 내용을 인정할 때에 한하여 증거로 할 수 있다고 규정하였다는 점에서 당해 조서의 진술대상인 피의자였던 피고인이 내용을 인정하여야 한다고 해석함이 타당하므로 제1설이 타당하다고 본다.[50] 따라서 적법한 절차와 방식에 의하여 작성되고 공판준비 또는 공판기일에 당해 피고인인 丙이 내용을 인정하여야 증거능력을 갖출 수 있다.

[문2]

피고인 甲은 강도죄로 기소가 되어 현재 제1심 제1회 공판이 진행 중이다. 1회 공판기일에서는 검사의 기소요지 진술에 이어 피고인 甲의 변호인의 사건에 대한 의견진술로 재판이 마쳐졌으며 증거조사를 위하여 다음 제2회 공판기일이 정하여 졌다. 이에 피고인의 변호인은 증거조사에 앞서 어떠한 증거를 동의하고 부동의 할지를 결정하기 위하여 2회 공판기일 전까지 수사기록을 등사하고자 한다.

이 경우 변호인은 ① 누구에게 열람등사를 신청하여야 하며, ② 이러한 열람등사를 인정하는 제도의 형사소송법상 그 취지는 무엇인지, 그리고 ③ 만일 이를 거부당한 경우 변호인은 어떠한 조치를 취할 수 있는지를 논하라. (25점)

Ⅰ. 문제점

(1) 형사소송법은 공판중심주의를 강화하고 공판중심주의를 충실히 실현하기 위한 방안으로 각 법원은 공소장일본주의(규칙 제118조 제2항)의 시행을 하고 있다. 따라서 사안의 경

---

[50] 형사소송법 제312조 제4항에 "피고인 아닌 자의 진술을 기재한 조서"에 해당한다고 볼 수 있는가가 문제될 수 있지만, 과거와 같이 검사작성의 경우와 사법경찰관작성의 경우를 구별하고 사경작성의 경우는 '내용의 인정'을 요건으로 하였으며 이러한 구분을 전제로 한 위 판례의 취지상 제312조 제3항을 적용하여야 한다고 봄이 타당하다.

우처럼 증거조사가 이루어진다고 하더라도 증거가 동의되거나 증거조사를 통하여 증거로 사용할 수 있음이 인정된 증거가 아니라면 이를 법원이 볼 수 없으며 반대로 검사는 이를 증거로 제출할 수 없다.

(2) 이처럼 검사가 여전히 보관하고 있는 증거서류를 변호인이 열람, 등사하여 피고인을 위한 방어준비를 하기 위하여 어떻게 하여야 하는지 문제된다. 이는 증거개시제도를 묻고 있다고 볼 수 있다.

II. 변호인이 누구를 상대로 열람등사를 청구할 수 있는지 여부

(1) 사안에서 변호인은 검사가 피고인에 대하여 공소를 제기한 후 증거조사가 되기 전에 증거동의여부를 결정하기 위하여 사건 관련 서류를 열람등사 하고자 하는 것이다. 공소장일본주의(형소규칙 제118조 제2항)에 의하여 검사는 공소를 제기한 후 증거조사가 이루어지기 전까지는 수사기록이나 관련 증거 자료를 법원에 송부하거나 제출할 수 없으므로 모든 사건 기록은 검사가 보관하고 있게 된다. 따라서 법원에 이를 청구하는 것은 사실상 절차를 복잡하게 하는 것이므로 검사를 상대로 청구하는 것이 타당하다고 볼 것이다.

(2) 예전에는 법 제35조에 의하여 공소가 제기된 후 법정에서 증거로 제출하기 전에 검사가 보관하고 있는 수사기록의 열람·등사가 가능한지에 대해서는 논란이 있었으며, 다만, 검찰은 대검 예규인 '사건기록 열람·등사에 관한 업무처리'(대검예규 기획 제296호, 1999. 8. 23.)에 의하여 제한적으로 열람·등사를 허용하고 있었다. 그러나 현행 형사소송법[51]은 피고인 또는 변호인이 공소제기된 사건과 관련된 서류나 물건을 열람·등사할 수 있도록 공소제기 후 증거조사기일 전에 검사가 보관하고 있는 사건 관련 서류나 물건을 열람·등사할 수 있도록 하였다. 따라서 피고인 甲의 변호인은 관련 서류를 보관하고 있는 검사에게 열람 등사를 청구할 수 있다.

III. 형사소송법상 증거개시제도의 취지

공판중심주의를 실현하며 당사자 주의 하에서 피고인의 방어권을 충실히 보장함과 동시에 신속한 재판이 가능하도록 하기 위하여는 증거개시(Discovery) 제도를 형사소송법에 폭

---

51) **제266조의3(공소제기 후 검사가 보관하고 있는 서류 등의 열람·등사)** ① 피고인 또는 변호인은 검사에게 공소제기된 사건에 관한 서류 또는 물건(이하 "서류등"이라 한다)의 목록과 공소사실의 인정 또는 양형에 영향을 미칠 수 있는 다음 서류등의 열람·등사 또는 서면의 교부를 신청할 수 있다. 다만, 피고인에게 변호인이 있는 경우에는 피고인은 열람만을 신청할 수 있다.

넓게 도입할 필요성이 제기되었고 형사소송법은 이러한 이유에서 증거개시제도를 신설하였다. 검사의 입장에서도 증거개시제도의 도입에 따라 검사는 공소사실의 입증에 필요한 증거는 물론 피고인에게 유리한 자료까지 개시할 의무를 지게 되므로, 피고인도 방어권행사와 관련된 법률상·사실상의 주장을 한 때에는 그와 관련된 서류 등과 증인의 인적사항 등은 공개하는 것이 합리적이라고 할 것이므로 피고인측에게도 증거개시의무를 인정하였다.

IV. 만일 이를 거부당한 경우 변호인은 어떠한 조치를 취할 수 있는지 여부

(1) 검사는 국가안보, 증인보호의 필요성, 증거인멸의 염려, 관련사건의 수사에 장애를 가져올 것으로 예상되는 등 열람·등사 등을 허용하지 아니할 상당한 이유가 있다고 인정하는 때에는 열람·등사 등을 거부할 수 있다. 필요한 경우 서류 등의 일부에 대한 열람·등사 등을 거부하거나 그 범위를 제한하는 것도 가능할 것이다. 그러나 증거개시 제도의 실효성 확보를 위해, 서류 등의 목록에 대하여는 열람·등사를 거부할 수 없도록 하였다.

(2) 형사소송법[52]은 피고인 또는 변호인은 검사가 서류 등의 열람·등사 또는 서면의 교부를 거부하거나 그 범위를 제한한 때에는 법원에 그 서류 등의 열람·등사 또는 서면의 교부를 허용하도록 할 것을 신청할 수 있도록 하였다. 또한 검사가 열람·등사 등을 거부하거나 그 범위를 제한하는 때에는 지체 없이 그 이유를 서면으로 신청인에게 통지하도록 하였는데, 만일 검사가 48시간 이내에 위 통지를 하지 아니하는 때에는 피고인 또는 변호인은 열람·등사 등이 거부된 경우와 같이 법원에 열람·등사 등의 허용 신청을 할 수 있다. 그러므로 피고인 갑의 변호인은 법원에 열람등사의 허용을 신청할 수 있다.

(3) 또한 검사가 열람·등사 등에 관한 법원의 결정을 지체 없이 이행하지 아니하는 때에는 해당 증인 및 서류 등에 대한 증거신청을 할 수 없다(제266조의4 제5항).[53] 따라서 변호인은 검사가 열람을 거부한 증거에 대하여 증거신청이 있을 경우 이를 기각하여 줄 것을 법원에 주장할 수 있을 것이다.

---

52) **제266조의4(법원의 열람·등사에 관한 결정)** ① 피고인 또는 변호인은 검사가 서류등의 열람·등사 또는 서면의 교부를 거부하거나 그 범위를 제한한 때에는 법원에 그 서류등의 열람·등사 또는 서면의 교부를 허용하도록 할 것을 신청할 수 있다.

53) ⑤ 검사는 제2항의 열람·등사 또는 서면의 교부에 관한 법원의 결정을 지체 없이 이행하지 아니하는 때에는 해당 증인 및 서류등에 대한 증거신청을 할 수 없다.

64. 증언거부권과 위증죄 성부

○ 사례 64

증언거부권을 가진 증인인 甲은 선서를 하고 허위사실을 그것이 허위임을 알면서 증언하였다. 하지만 증언거부권을 법원이 고지하지 아니하였다. 이에 검사는 위 증인을 위증죄로 기소하여 처벌하고자 하고 있으며 변호인인 당신은 위증죄가 성립할 수 없다고 법리적 주장을 펴고자 한다.

판례의 입장변화와 더불어 학설상의 논리를 언급하라. (20점)

해 설

Ⅰ. 판례의 입장 변화

(1) [하급심 판례] 법률상 증언거부권이 있는 자의 허위 증언에 대해 적법행위의 기대가능성이 없지 않다는 이유로 위증죄로 처벌하기 위해서는(필자 중략) 신문에 앞서 법률상 증언거부권이 보장되어 있음을 그 증인에게 고지해서 증인으로 하여금 관련 범죄 혹은 위증죄의 형사처벌의 위험을 감수하고서라도 선서 후 증언을 하거나 그렇지 아니하면 증언거부권을 행사해서 그와 같은 형사처벌의 위험을 모면할 수 있도록 선택할 수 있는 기회를 제공해야만 할 것이고, 이러한 증언거부권의 고지가 이루어지지 않은 경우로서 그 신문의 경위, 내용, 신문에 대한 진실한 증언에 따라 증인이 입게 될 형사처벌의 우려의 정도 및 내용, 당해 재판의 경과 등에 비추어 이러한 절차위반의 신문으로 말미암아 증언거부권을 고지받지 못한 증인에게 자기부죄의 우려 때문에 허위진술을 하지 아니할 것을 기대하기 어렵다고 인정되는 경우에는 그 처벌의 근거가 되는 적법행위에의 기대가능성이 없어 위증죄로 처벌할 수 없다고 보아야 할 것이다(부산지법 2008. 1. 16, 2007노3669).

(2) 위의 하급심 판례에 기초하여 대법원은 전원합의체로 아래와 같은 판시를 하였다.

관련판례 증언거부권 제도는 증인에게 증언의무의 이행을 거절할 수 있는 권리를 부여한 것이고, 형사소송법상 증언거부권의 고지 제도는 증인에게 그러한 권리의 존재를 확인시켜 침묵할 것인지 아니면 진술할 것인지에 관하여 심사숙고할 기회를 충분히 부여함으로써 침묵할 수 있는 권리를 보장하기 위한 것임을 감안할 때, 재판장이 신문 전에 증인에게 증언거부권을 고지하지 않은 경우에도 당해 사건에서 증언 당시 증인이 처한 구체적인 상황, 증언거부사유의 내용, 증인이 증언거부사유 또는 증언거부권의 존재를 이미 알고 있었는지 여부, 증언거부권을 고지받았더라도 허위 진술을 하였을 것이라고 볼 만한 정황이 있는지 등을 전체적·종합적으로 고려하여 증인이 침묵하지 아니하고 진술한 것이 자신의 진정한 의사에 의한 것인지 여부를 기준으로 위증죄의 성립 여부를 판단하여야 한다. 그러므로 헌법 제12조 제2항에 정한 불이익 진술의 강요금지 원칙을 구체화한 자기부죄거부특권에 관한 것이거나 기타 증언거부사유가 있음에도 증인이 증언거부권을 고지받지 못함으로 인하여 그 증언거부권을 행사하는 데 사실상 장애가 초래되었다고 볼 수 있는 경우에는 위증죄의 성립을 부정하여야 할 것이다(대판 2010. 1. 21, 2008도942 전합 참조).[54]

---

54) [비교판례] (대판 2011. 7. 28, 2009도14928) 형사소송법은 증언거부권에 관한 규정(제148조, 제149조)과 함께 재판장의 증언거부권 고지의무에 관하여도 규정하고 있는 반면(제160조), 민사소송법은 증언거부권 제도를 두면서도(제314조 내지 제316조) 증언거부권 고지에 관한 규정을 따로 두고 있지 않다.

(3) 학설상으로 증언거부권의 고지와 위증죄를 바라보는 관점에는 다음과 같은 차이가 존재한다.

Ⅱ. 학설상의 논리

1. 증거능력의 문제와 결부하여 논의하는 입장

증언거부권이 불고지된 상태에서 확보된 진술의 증거능력을 부정하는 입장에서는 증인이 허위진술을 한 경우, 위증죄 성립을 부정함이 자연스럽다는 것이다. 왜냐하면 위증죄의 보호법익을 국가의 사법적 기능으로 본다면 진술의 증거능력이 부정된 이상, 보호법익을 침해할 가능성을 고려할 수 없기 때문이다(하태훈, 위증죄의 주체, 고시연구 제276호, 1997. 2., 65-66면).

2. 증인신문의 적법절차 준수를 위증죄의 기본전제로 하는 입장 – 전원합의체 판결

법률에 의해 선서한 증인의 허위진술만을 위증죄로 포착하는 점에 착안, 단순히 선서절차만이 아니라, 전체 증인신문절차가 적법하게 진행된 상태에서의 허위진술만이 위증죄 성립가능하다고 보아, 증언거부권이 고지되지 않고 이루어진 허위진술에 대해 위증죄 성립을 부정할 수도 있다.

3. 기대가능성의 법리로 해결하는 입장

증언거부권 고지가 없더라도 진술의 증거능력이 영향을 주지 않는다는 기존 판례의 시각과 일치하며 전원합의체로 변경되기 이전의 판례가 취하였던 입장이다. 현실적으로 증언거부권의 행사가 불가능한 사례에서도 기대가능성을 긍정하여 위증죄 성립을 인정한 판례

우리 입법자는 1954. 9. 23. 제정 당시부터 증언거부권 및 그 고지 규정을 둔 형사소송법과는 달리 그 후인 1960. 4. 4. 민사소송법을 제정할 때 증언거부권 제도를 두면서도 그 고지 규정을 두지 아니하였고, 2002. 1. 26. 민사소송법을 전부 개정하면서도 같은 입장을 유지하였다. 이러한 입법 경위 및 규정 내용에 비추어 볼 때, 이는 양 절차에 존재하는 목적·적용원리 등의 차이를 염두에 둔 입법적 선택으로 보인다. 더구나 민사소송법은 형사소송법과 달리, '선서거부권 제도'(제324조), '선서면제 제도'(제323조) 등 증인으로 하여금 위증죄의 위험에서 벗어날 수 있도록 하는 이중의 장치를 마련하고 있어 증언거부권 고지 규정을 두지 아니한 것이 입법의 불비라거나 증언거부권 있는 증인의 침묵할 수 있는 권리를 부당하게 침해하는 입법이라고 볼 수도 없다. 그렇다면 민사소송절차에서 재판장이 증인에게 증언거부권을 고지하지 아니하였다 하여 절차위반의 위법이 있다고 할 수 없고, 따라서 적법한 선서절차를 마쳤는데도 허위진술을 한 증인에 대해서는 달리 특별한 사정이 없는 한 위증죄가 성립한다고 보아야 한다.

의 태도나(대판 1987. 7. 7, 86도1724 전합), 기대가능성 판단기준의 모호성, 구체적 사례에서 다양한 형태로 나타날 수 있는 증언거부사유를 고려한다면, 그 타당성에 의문이 있다는 비판이 있지만 탄력적 해결가능성을 열어둔다는 입장에서 이 입장을 지지하는 학설도 있다.

관련판례 누구든지 자기가 형사소추 또는 공소제기를 당하거나 유죄판결을 받을 사실이 발로될 염려 있는 증언을 거부할 수 있다'는 형사소송법 제148조의 증언거부권은 헌법 제12조 제2항에 정한 불이익 진술의 강요금지 원칙을 구체화한 자기부죄거부특권에 관한 것인바, 이미 유죄의 확정판결을 받은 경우에는 헌법 제13조 제1항에 정한 일사부재리의 원칙에 의해 다시 처벌받지 아니하므로 자신에 대한 유죄판결이 확정된 증인은 공범에 대한 피고사건에서 증언을 거부할 수 없고, 설령 증인이 자신에 대한 형사사건에서 시종일관 그 범행을 부인하였다 하더라도 그러한 사정만으로 증인이 진실대로 진술할 것을 기대할 수 있는 가능성이 없는 경우에 해당한다고 할 수 없으므로 허위의 진술에 대하여 위증죄의 성립을 부정할 수 없다. 한편 자신에 대한 유죄판결이 확정된 증인이 재심을 청구한다 하더라도, 이미 유죄의 확정판결이 있는 사실에 대해서는 일사부재리의 원칙에 의하여 거듭 처벌받지 않는다는 점에는 변함이 없고, 형사소송법상 피고인의 불이익을 위한 재심청구는 허용되지 아니하며(형사소송법 제420조), 재심사건에는 불이익변경의 금지 원칙이 적용되어 원판결의 형보다 중한 형을 선고하지 못하므로(형사소송법 제439조), 자신의 유죄 확정판결에 대하여 재심을 청구한 증인에게 증언의무를 부과하는 것이 형사소추 또는 공소제기를 당하거나 유죄판결을 받을 사실이 발로될 염려 있는 증언을 강제하는 것이라고 볼 수는 없다. 따라서 자신에 대한 유죄판결이 확정된 증인이 공범에 대한 피고사건에서 증언할 당시 앞으로 재심을 청구할 예정이라고 하여도, 이를 이유로 증인에게 형사소송법 제148조에 의한 증언거부권이 인정되지는 않는다(대판 2011. 11. 24, 2011도11994).

○ 사례 65

검사는 특수(합동)강도를 범한 甲과 乙에 대하여 공소제기를 하였다. 그러면서 甲이 단독으로 범한 절도에 대하여 실체적 경합으로 함께 기소하였다.

검사는 제1회 공판기일에 기소요지를 진술하면서 증거목록을 제출하였다.

증거목록에는

      1. 甲에 대한 사법경찰관 작성의 피의자신문조서

      2. 乙에 대한 사법경찰관 작성의 피의자신문조서

      3. 甲에 대한 검사 작성의 피의자신문조서

      4. 乙에 대한 검사 작성의 피의자신문조서

가 기재되어 있었다.

1. 甲의 특수강도사건에 대하여 乙에 대한 사법경찰관 작성의 피의자신문조서("甲과 함께 강도한 것이 사실입니다"라는 진술이 기재됨)가 증거로 사용되기 위한 조건은 무엇인지(15점), 형사소송법 제314조는 적용될 수 있는지(5점)를 판례의 입장에 따라 논하라.

2. 甲의 절도 사건에서 乙에 대한 사법경찰관 작성의 피의자신문조서("甲이 강도한 물건이 아닌 다른 물건을 가지고 있기에 그것이 뭐냐고 물었더니 혼자서 훔친 것이라고 말했다"라는 진술이 기재됨)가 증거로 사용되기 위한 조건은 무엇인지(10점), 형사소송법 제314조는 적용될 수 있는지(5점)를 판례의 입장에 따라 논하라.

3. 甲의 특수강도 사건에 대하여 乙에 대한 검사 작성의 피의자신문조서("함께 강도한 것이 사실입니다"라는 진술이 기재됨)가 제출되면 이를 유죄의 증거로 사용하기 위한 조건은 무엇이며(10점), 형사소송법 제314조는 적용되는가? (5점)

4. 만일 검사가 압수·수색영장을 발부받아 乙이 범행을 기획한 내용을 정리한 파일이 담긴 컴퓨터를 적법하게 검찰청으로 반출하였다. 반출 후 컴퓨터에서 정보저장매체로 내용을 복제하면서 범죄 혐의사실과 관련 있는 정보를 선별한 다음 이미지 파일을 제출받아 압수하였고('이미징'방법, 제1처분) 그 이미징 파일에서 乙의 범죄행위와 관련된 정보를 탐색하고자 한다. 을의 변호인이 검사의 탐색과정에 참여하겠다는 의사를 표시하였으나, 수사기관 사무실에서 위와 같이 압수된 이미지 파일을 탐색·복제·출력하는 과정(제2처분)에서는 참여의 기회를 제

공하지 않았다면 그 적법 여하를 논하시오. (15점)

5. 위 설문 3의 사안에서 乙은 별도로 기소되어 이미 특수강도죄로 유죄판결이 선고되고 확정되었다고 하자. 이때 검사가 乙을 증인으로 신청하였고, 乙은 출석하여 일체의 진술을 거부하면서 그 이유를 묻자 "일체의 진술과 선서를 거부하기로 판단하였다."고 진술하였다. 이 경우 검사 적성 乙에 대한 피의자신문조서는 甲의 특수강도 사건에서 증거능력이 있는가? (15점)

해 설

제1문 ────────────────────────────────

1. 甲의 특수강도사건에 대하여 乙에 대한 사법경찰관 작성의 피의자신문조서("甲과 함께 강도한 것이 사실입니다"라는 진술이 기재됨)가 증거로 사용되기 위한 조건은 무엇인지(15점), 형사소송법 제314조는 적용될 수 있는지(5점)를 판례의 입장에 따라 논하라.

Ⅰ. 문제점

(1) 사안의 경우 특수강도를 甲와 乙이 함께 범한 것이므로 공범이며 같이 기소가 되어 공동의 절차내에서 심리를 받고 있어 공동피고인인 상황이다. 피의자신문조서에 기재된 "甲과 함께 강도한 것이 사실입니다"라는 진술은 공범으로서 함께 범행을 한 사실에 대한 것이므로 이는 피의자신문조서에 해당한다.

(2) 다만 이 경우 형사소송법 제312조 제4항이 적용될 것인지 아니면 인권보호의 취지상 제312조 제3항을 적용할 것인지 문제된다. 나아가 제314조를 적용하여 원진술자의 진술불능시에 예외적으로 증거능력을 부여받을 수 있는지도 논의되어야 한다.

Ⅱ. 乙에 대한 사법경찰관작성의 피의자신문조서를 공범인 甲에 대한 증거로 사용하기 위한 요건

(1) 이 사안의 경우 누가 내용인정을 할 것인지가 문제된다.

(2) 제1설은 피고인의 인권보장을 위해 검사작성의 피신조서와 증거능력에 있어서 차별을 둔 형사소송법 제312조 제3항의 취지상 당해 피고인이 내용을 부인하면 증거능력이 없다는 견해, 제2설은 공범인 공동피고인이 법정에서 내용을 인정하면 증거능력이 있다는 견해, 제3설은 공동피고인이 내용을 인정하고 당해피고인이 법정에서 사실상 반대신문권을 충분히 행사하였거나 반대신문의 기회가 부여된 경우에만 증거능력이 인정된다는 견해, 제4설은 형사소송법 제312조 제4항의 "피고인이 아닌 자의 진술"에 해당된다고 보는 입장이 있다.

(3) 판례는 "제312조 제2항의 규정은 당해 피의자였던 피고인에 대해서 뿐만 아니라 공

동피의자였던 다른 피고인의 관계에서도 적용된다(대판 1992. 4. 14, 92도442)"고 판시하면서 구형사소송법 제312조 제2항의 취지상 당해 피고인이 내용을 인정할 것으로 요구한다고 판시하였고, 2007년 형사소송법이 개정된 이후에도 판례(대판 2009. 7. 9, 2009도2865)는 "형사소송법 제312조 제3항은 검사 이외의 수사기관이 작성한 당해 피고인에 대한 피의자신문조서를 유죄의 증거로 하는 경우뿐만 아니라 검사 이외의 수사기관이 작성한 당해 피고인과 공범관계에 있는 다른 피고인이나 피의자에 대한 피의자신문조서를 당해 피고인에 대한 유죄의 증거로 채택할 경우에도 적용된다. 따라서 당해 피고인과 공범관계가 있는 다른 피의자에 대하여 검사 이외의 수사기관이 작성한 피의자신문조서는, 그 피의자의 법정진술에 의하여 그 성립의 진정이 인정되는 등 형사소송법 제312조 제4항의 요건을 갖춘 경우라고 하더라도 당해 피고인이 공판기일에서 그 조서의 내용을 부인한 이상 이를 유죄 인정의 증거로 사용할 수 없다."고 하여 제312조 제3항을 적용함을 분명히 하였다.

(4) 결론적으로 제312조 제3항의 입법취지가 자백편중의 수사관행을 타파하고 강압수사를 방지하기 위한 위법수사의 예방장치라는 점에서 당해 피고인과 공범관계가 있는 다른 피의자에 대한 검사 이외의 수사기관 작성의 피의자신문조서는 그 피의자의 법정진술에 의하여 그 성립의 진정이 인정되더라도 당해 피고인인 甲이 공판기일에서 그 조서의 내용을 부인하면 증거능력이 부정된다고 해석하는 것이 타당하다고 본다.

III. 제314조의 적용가능성

1. 긍정설

사법경찰관작성 피신조서의 경우에만 제314조의 적용을 부정할 이유는 없다.

2. 부정설

제312조 제3항의 입법취지가 자백편중의 수사관행을 타파하고 강압수사를 방지하기 위한 위법수사의 예방장치라는 점에서 사경작성 피신조서의 경우 제312조 제3항에 의해서만 증거능력의 유무를 판단해야 한다.

3. 절충설

피고인과 공범관계에 있는 자에 대해서는 제314조의 적용이 없고, 공범 아닌 자에 대한 것은 제314조가 적용된다(타당 – 판례의 전반적 입장과 일치함).

> 관련판례 형사소송법 제312조 제2항은 검사 이외의 수사기관이 작성한 당해 피고인에 대한 피의자신문조서를 유죄의 증거로 하는 경우뿐만 아니라 검사 이외의 수사기관이 작성한 당해 피고인과 공범관계에 있는 다른 피고인이나 피의자에 대한 피의자신문조서를 당해 피고인에 대한 유죄의 증거로 채택할 경우에도 적용되는바, 당해 피고인과 공범관계가 있는 다른 피의자에 대한 검사 이외의 수사기관 작성의 피의자신문조서는 그 피의자의 법정진술에 의하여 그 성립의 진정이 인정되더라도 당해 피고인이 공판기일에서 그 조서의 내용을 부인하면 증거능력이 부정되므로 그 당연한 결과로 그 피의자신문조서에 대하여는 사망 등 사유로 인하여 법정에서 진술할 수 없는 때에 예외적으로 증거능력을 인정하는 규정인 형사소송법 제314조가 적용되지 아니한다(대판 2004. 7. 15, 2003도7185 전합).

4. 사안의 경우

(1) 앞서 살펴본 바와 같이 乙에 대한 사법경찰관 작성의 피의자신문조서는 당해 피고인인 甲이 그 내용을 부인하는 이상 증거로 사용할 수 없다.

(2) 사안에서 甲은 공판정에서 피고인의 지위에서 내용을 인정하여야 증거능력을 인정할 수 있다. 나아가 제314조를 적용하여 증거능력을 인정할 수 있을지 생각해 볼 수 있으나 어차피 내용인정은 甲이 하여야 하므로 설사 乙의 소재불명으로 제314조의 필요성요건을 충족한다고 하여도 제314조가 적용될 여지가 없어 증거능력을 부여할 수 없다.

제 2 문

2. 甲의 절도 사건에서 乙에 대한 사법경찰관 작성의 피의자신문조서("甲이 강도한 물건이 아닌 다른 물건을 가지고 있기에 그것이 뭐냐고 물었더니 혼자서 훔친 것이라고 말했다"라는 진술이 기재됨)가 증거로 사용되기 위한 조건은 무엇인지(10점), 형사소송법 제314조는 적용될 수 있는지(5점)를 판례의 입장에 따라 논하라.

Ⅰ. 문제점

(1) 사안의 경우 절도는 甲이 단독으로 범한 것이다. 다만 甲과 乙이 같이 기소가 되어 공동의 절차 내에서 심리를 받고 있어 공동피고인일 뿐 이므로 甲과 乙은 공범이 아닌 공동피고인이다.

(2) 피의자신문조서에 기재된 甲이 강도한 물건이 아닌 다른 물건을 가지고 있기에 그

것이 뭐냐고 물었더니 혼자서 훔친 것이라고 말했다라는 진술은 공범으로서 함께 범행을 한 사실에 대한 것이 아니라 제3자로서 진술한 것에 불과하므로 그 실질이 참고인진술조서에 해당한다.

(3) 또한 피고인인 甲의 진술을 들은 것이므로 이는 피고인의 진술을 내용으로 하는 전문진술에 해당한다. 그렇다면 결국 이는 전문진술이 기재된 조서로서 재전문이므로 그 증거능력을 인정할 수 있는지가 문제된다.

(4) 나아가 제314조를 적용하여 원진술자의 진술불능시에 예외적으로 증거능력을 부여받을 수 있는지도 논의되어야 한다.

II. 乙에 대한 피의자신문조서의 실질과 전문법칙의 예외

(1) 판례가 피의자의 진술을 녹취 내지 기재한 서류 또는 문서가 수사기관에서의 조사과정에서 작성된 것이라면, 그것이 '진술조서, 진술서, 자술서'라는 형식을 취하였다고 하더라도 피의자신문조서와 달리 볼 수 없다(대판 2004. 9. 3, 2004도3588 등 참조)고 판시한 것과 같은 취지로 설사 피의자신문조서의 형식을 취하였다고 하더라도 사안의 경우는 참고인으로 진술한 것에 불과하다는 점에서 참고인진술조서에 해당한다고 할 것이다.

(2) 그러므로 이는 제312조 제4항에 의하여 그 증거능력 인정여부를 파악해 보아야 한다.

III. 성립의 진정의 주체

제312조 제4항에 의하여 원진술자인 '乙'이 성립의 진정을 하여야 한다. 그런데 공동피고인의 증인적격과 관련하여 대법원은 상호격투로 맞고소한 사안에서 "별개 범죄로 기소되어(공범 아닌) 병합심리 중인 공동피고인은 증인의 지위에 있으므로 선서없이 한 공동피고인의 진술이나 피고인이 동의한 바 없는 공동피고인의 피의자신문조서는 상피고인에 대해 증거로 쓸 수 없다(대판 1982. 9. 14, 82도1000)"고 하여 이 사안과 같이 공범이 아닌 공동피고인의 경우는 증인적격을 인정하면서 선서를 하고 증인의 지위에서 성립의 진정을 하여야 함을 명백히 하고 있으므로 판례에 따라 증인적격을 취득하고자 한다면 乙은 증인으로 선서를 한 후 성립의 진정을 하여야 한다.

Ⅳ. 전문진술이 기재된 조서의 증거능력

(1) 사안의 경우 乙의 진술 내용은 甲이 절도를 하였다는 피고인의 진술을 내용으로 하는 것이다. 그러므로 이는 전문진술로서 형사소송법 제316조 제1항이 적용되므로 특히 신빙할 수 있는 상태하에 있다면 이를 증거로 할 수 있다. 문제는 이를 다시 조서에 기재한 것이므로 이는 재전문이다. 재전문의 경우 진술자를 반대신문하는 경우에도 원진술자의 존재나 진술정황을 확인할 수 없기 때문에 증거능력을 인정할 수 있는가가 문제된다.

(2) 이에 대하여 이중의 예외이며 증거능력을 인정하는 명문규정이 없으므로 전문법칙을 무의미한다는 점에서 증거능력을 부정하는 입장이 있으나 법정외의 진술 하나하나가(전언의 각 과정이) 전문법칙의 예외요건을 충족한다면 증거능력 있다는 반대입장이 있다.

(3) 판례는 재전문진술의 증거능력은 이중의 전문으로 부정하면서도 전문진술이 기재된 조서는 형사소송법 제312조 또는 제314조의 규정에 의하여 각 그 증거능력이 인정될 수 있는 경우에 해당하여야 함은 물론 나아가 형사소송법 제316조 제2항의 규정에 따른 요건을 갖추어야 예외적으로 증거능력이 있다는 입장이다.

(4) 판례에 따른다면 위 사안의 경우 제312조 제4항의 요건을 구비하고 제316조 제1항의 요건을 구비한다면 그 증거능력을 구비할 수 있다고 볼 것이다.

Ⅴ. 제314조 적용 여부

乙에 대한 참고인진술조서는 원진술자의 진술불능의 전형적인 경우로서 제314조가 당연히 적용될 수 있다. 다만, 사안에서 乙이 진술불능인 경우에 제314조가 적용되는 것이지, 甲의 경우는 형사소송법 제276조에 의하여 甲의 출석이 공판개정요건이므로 제314조가 적용될 여지가 없다.

제3문

3. 甲의 특수강도 사건에 대하여 乙에 대한 검사 작성의 피의자신문조서("함께 강도한 것이 사실입니다"라는 진술이 기재됨)가 제출되면 이를 유죄의 증거로 사용하기 위한 조건은 무엇이며(10점), 형사소송법 제314조는 적용되는가? (5점)

Ⅰ. 문제점

(1) 사안의 경우 특수강도를 甲과 乙이 함께 범한 것이므로 공범이며 같이 기소가 되어 공동의 절차 내에서 심리를 받고 있어 공동피고인인 상황이다. 피의자신문조서에 기재된 "甲과 함께 강도한 것이 사실입니다"라는 진술은 공범으로서 함께 범행을 한 사실에 대한 것이므로 이는 피의자신문조서에 해당한다.

(2) 다만 이 경우 제312조 제1항이 적용될지 아니면 제312조 제4항이 적용될 것인지와 그 성립의 진정은 증인의 지위에서 하여야 하는지 나아가 제314조를 적용하여 원진술자의 진술불능시에 예외적으로 증거능력을 부여받을 수 있는지도 논의되어야 한다.

Ⅱ. 공범자에 대한 검사 작성 피의자신문조서의 증거능력

(1) 현행 형사소송법은 제312조 제1항이 개정되어 검사가 작성한 피의자신문조서는 적법한 절차와 방식에 따라 작성된 것으로서 공판준비, 공판기일에 그 피의자였던 피고인 또는 변호인이 그 내용을 인정할 때에 한정하여 증거로 할 수 있다[개정 2020. 2. 4.]고 하면서 제2항은 삭제되었다. 따라서 개정된 내용에 따를 경우는 공범자에 대한 검사 작성 피의자신문조서의 증거능력은 본질적으로 사경 작성 피의자신문조서와 같이 판단할 수 밖에 없다. 그러나 그 시행일이 아직 미정인 상황으로 그 시행이 되기 전까지는 여전히 종래 규정이 적용되므로 공범자에 대한 검사 작성 피의자신문조서는 제312조 제4항에 따라 판단함이 타당하다. 제312조 제4항에 "검사 또는 사법경찰관이 피고인이 아닌 자의 진술을 기재한 조서"를 별도로 규정함으로서 공범인 공동피고인이건 공범이 아닌 공동피고인이건 간에 본 규정에 따라 원진술자의 성립의 진정이라는 요건을 구비하면 될 것이다.

(2) 판례 역시 공동피고인인 절도범과 그 장물범은 서로 다른 공동피고인의 범죄사실에 관하여는 증인의 지위에 있다 할 것이므로, 피고인이 증거로 함에 동의한 바 없는 공동피고인에 대한 피의자신문조서는 공동피고인의 증언에 의하여 그 성립의 진정이 인정되지 아니하는 한 피고인의 공소 범죄사실을 인정하는 증거로 할 수 없다(대판 2006. 1. 12, 2005도

7601)고 판시하고 있다.

(3) 공범인 공동피고인의 경우는 공판정에서 피고인의 지위에 따라 형사소송법 제312조 제4항에 의하여 ① 형식적 진정성립 ② 실질적 진정성립 ③ 반대신문권의 보장 ④ 특신정황이라는 4가지 요건을 구비하여야 함에 반하여, 공범이 아닌 공동피고인의 경우는 증인의 지위이므로 증인으로 선서한 후 위 요건을 구비하여야 한다.

(4) 그러나 2022. 1. 1. 이후 기소된 사건의 경우는 개정법[55]이 적용되어 사경 작성 피의자신문조서와 같이 적법한 절차와 방식에 따라 작성된 것으로서 공판준비, 공판기일에 그 피의자였던 피고인 또는 변호인이 그 내용을 인정할 때에 한정하여 증거로 할 수 있다. 내용 인정의 의미는 사경 작성 피의자신문조서와 같은 바, 당해 피고인만이 내용인정을 할 수 있는 이상 공범자에 대한 피의자신문조서 역시 제312조 제1항이 적용된다고 볼 것이다.

III. 공범자 乙의 증인적격

판례는 공동으로 뇌물을 받은 사건에서 "공범자인 공동피고인의 법정자백은 반대신문권이 보장되어 있어 증인으로 신문한 경우와 다를 바 없어 독립한 증거능력이 있다(대판 1985. 6. 25, 85도691)"고 판시하면서 공범인 공동피고인의 경우는 증인적격을 부정하고 피고인의 지위에서 진술하는 것에 독립적 증거능력을 부여하고 있다. 따라서 2022. 1. 1. 이전에 기소된 경우에는 乙은 공범인 공동피고인으로서 변론을 분리하지 않는 한, 피고인의 지위에서 그 조서에 대하여 성립의 진정을 하면 된다. 그러나 2022. 1. 1. 이후 기소된 경우는 당해 피고인인 甲이 내용인정을 하여야 하므로 乙이 피고인의 지위에서 그 조서에 대한 성립의 진정을 하더라도 증거능력을 갖출 수 없다.

IV. 제314조 적용 여부

2022. 1. 1. 이전에 기소된 경우는 제312조 제4항이 적용되고, 위 판례의 취지상 乙이 성립의 진정을 하여야 하므로 乙의 진술불능이라는 제314조의 필요성 요건을 갖춘다면 증거능력을 부여할 수 있게 된다. 그러나 2022. 1. 1. 이후에 기소된 경우에는 제312조 제1항

---

55) 제312조(검사 또는 사법경찰관의 조서 등)
　① 검사가 작성한 피의자신문조서는 적법한 절차와 방식에 따라 작성된 것으로서 공판준비, 공판기일에 그 피의자였던 피고인 또는 변호인이 그 내용을 인정할 때에 한정하여 증거로 할 수 있다. <개정 2020. 2. 4>

이 적용될 것이므로 乙의 진술불능은 조서의 증거능력과 무관하다. 어차피 당해 피고인인 甲이 내용을 부인하면 乙의 성립진정에도 불구하고 증거능력이 부인되는 바, 그 당연한 결과로 제314조는 적용될 수 없다.

제4문

4. 만일 검사가 압수·수색영장을 발부받아 乙이 범행을 기획한 내용을 정리한 파일이 담긴 컴퓨터를 적법하게 검찰청으로 반출하였다. 반출 후 컴퓨터에서 정보저장매체로 내용을 복제하면서 범죄 혐의사실과 관련 있는 정보를 선별한 다음 이미지 파일을 제출받아 압수하였고('이미징'방법, 제1처분) 그 이미징 파일에서 乙의 범죄행위와 관련된 정보를 탐색하고자 한다. 을의 변호인이 검사의 탐색과정에 참여하겠다는 의사를 표시하였으나, 수사기관 사무실에서 위와 같이 압수된 이미지 파일을 탐색·복제·출력하는 과정(제2처분)에서는 참여의 기회를 제공하지 않았다면 그 적법 여하를 논하시오. (15점)

Ⅰ. 쟁점의 정리

수사절차에 관한 형사소송법 제219조에 의하여 준용되는 제121조에 따르면 검사, 피고인 또는 변호인은 압수수색영장의 집행에 참여할 수 있고, 제122조에 따라서 압수수색영장을 집행함에는 미리 집행의 일시와 장소를 검사, 피고인 또는 변호인에게 통지해야 하나, 검사, 피고인 또는 변호인이 참여하지 아니한다는 의사를 명시한 때 또는 급속을 요하는 때에는 예외로 하도록 규정하고 있다. 사안과 같이 압수수색 현장에서의 정보저장매체를 통한 이미징 압수단계와 정보저장매체의 수사기관 반출 후 탐색단계라는 두 단계에 걸친 압수수색 방법에서 각 단계를 어떻게 이해하는가에 따라 당사자의 참여권 인정 여부가 달라지므로 이에 대해 살펴보도록 한다.

Ⅱ. 압수수색 과정에서 甲의 참여권이 인정되는지 여부(12점)

1. 원칙) 전자정보가 담긴 저장매체 또는 하드카피나 이미징 등 형태를 수사기관 사무실 등으로 옮겨 복제·탐색·출력하는 경우

대법원은 "전자정보가 담긴 저장매체 또는 복제본을 수사기관 사무실 등으로 옮겨 이를 복제·탐색·출력하는 경우에도 그와 같은 일련의 과정에서 피압수자나 변호인에게 참여의 기회를 보장하고 혐의사실과 무관한 전자정보의 임의적인 복제 등을 막기 위한 적절한 조치를 취하는 등 영장주의 원칙과 적법절차를 준수하여야 한다. 만약 그러한 조치를 취하지 않았다면 피압수자 측이 참여하지 아니한다는 의사를 명시적으로 표시하였거나 절차 위반 행위가 이루어진 과정의 성질과 내용 등에 비추어 피압수자 측에 절차 참여를 보장한 취지가 실질적으로 침해되었다고 볼 수 없을 정도에 해당한다는 등의 특별한 사정이 없는 이상 압수·수색이 적법하다고 평가할 수 없고, 비록 수사기관이 저장매체 또는 복제본에서 혐의 사실과 관련된 전자정보만을 복제·출력하였다고 하더라도 달리 볼 것은 아니다(대판 2015. 7. 16, 2011모1839 전합)"고 판시하여 이 경우에는 피의자 등의 참여권을 보장하도록 하고 있다.

2. 예외) 정보저장매체에 기억된 정보 중 범죄 혐의사실과 관련 있는 정보를 선별 한 다음 이미지 파일을 제출받아 압수한 경우

대법원은 "수사기관이 정보저장매체에 기억된 정보 중에서 키워드 또는 확장자 검색 등을 통해 범죄 혐의사실과 관련 있는 정보를 선별한 다음 정보저장매체와 동일하게 비트열 방식으로 복제하여 생성한 파일(이하 '이미지 파일'이라 한다)을 제출받아 압수하였다면 이로 써 압수의 목적물에 대한 압수·수색 절차는 종료된 것이므로, 수사기관이 수사기관 사무실에서 위와 같이 압수된 이미지 파일을 탐색·복제·출력하는 과정에서도 피의자 등에게 참여의 기회를 보장하여야 하는 것은 아니다(대판 2018. 2. 8, 2017도13263)"라고 판시하여 이미지 파일을 탐색하는 절차에 피의자 등의 참여권을 인정하지 않고 있다.

3. 사안의 경우

사안에서는 수사기관이 정보저장매체에 기억된 정보 중에서 키워드 또는 확장자 검색 등을 통해 범죄 혐의사실과 관련 있는 정보를 선별한 다음 정보저장매체와 동일하게 복제 하여 생성한 '이미지 파일'을 제출받아 압수하였고, 그 이미지 파일에서 범죄사실과 관련된 것을 탐색하는 과정에서까지 참여권이 보장되어야 하는 것은 아니다. 왜냐하면 선별이 이 루어진 것들만 이미지 파일화 된 것이기 때문에 이미 압수의 목적물에 대한 압수·수색 절 차는 종료되었기 때문이다. 따라서 수사기관이 수사기관 사무실에서 위와 같이 이미 압수 절차가 종료된 이미지 파일을 탐색·복제·출력하는 과정에서까지 乙의 변호인에게 참여의 기회를 보장하여야 하는 것은 아니며, 따라서 위법하지 않다.

제5문

5. 위 설문 3의 사안에서 乙은 별도로 기소되어 이미 특수강도죄로 유죄판결이 선고되고 확정되었다고 하자. 이때 검사가 乙을 증인으로 신청하였고, 乙은 출석하여 일체의 진술을 거부하면서 그 이유를 묻자 "일체의 진술과 선서를 거부하기로 판단하였다." 고 진술하였다. 이 경우 검사 적성 乙에 대한 피의자신문조서는 甲의 특수강도 사건에서 증거능력이 있는가? (15점)

Ⅰ. 쟁점의 정리

제3문에서 언급한 바와 같이 2022. 1. 1. 이후 기소된 경우는 당해 피고인이 내용부인하면 증거능력이 없으므로 乙의 진술불능으로 인한 제314조는 적용되지 않는다. 그러나 2022. 1. 1. 이전에 기소된 경우에는 여전히 제312조 제4항이 적용되므로 乙의 진술불능으로 인한 제314조가 적용될 수 있다. 따라서 증언거부를 한 것이 여기서 말하는 진술불능에 해당할 수 있는지 문제된다. 증언거부는 자신의 관련사건이 확정된 후이므로 형사소송법 제148조에 따른 증언거부권은 인정되지 않고, 형사소송법 제150조에 의하면 증언을 거부하는 자는 거부사유를 소명하여야 하는데 乙은 "일체의 진술 및 선서를 거부하기로 판단하였다."라고만 하였다. 따라서 乙의 이러한 증언거부는 정당하게 증언거부권을 행사한 것인지 여부 및 이러한 경우 형사소송법 제314조의 '그 밖에 이에 준하는 사유로 인하여 진술할 수 없는 때'에 해당할 수 있는지가 문제된다.

Ⅱ. 乙에게 증언거부권이 존재하는지 여부

증언거부권이란 증언의무의 존재를 전제로 하여 증언의무의 이행을 거절할 수 있는 권리로서 증인거부권(법 제147조)과는 구별되는 권리이다. 증인거부권이 인정되는 경우는 증인신문 자체를 거부할 수 있지만, 증언거부권을 이유로 증인이 출석을 거부할 수는 없다. 법 제148조(근친자의 형사책임과 증언거부)는 누구든지 자기나 친족 또는 친족관계가 있었던 자 또는 법정대리인, 후견감독인에 해당한 관계있는 자가 형사소추 또는 공소제기를 당하거나 유죄판결을 받을 사실이 발로될 염려있는 증언을 거부할 수 있다.

그러나 乙은 이미 이 사건과 관련된 내용으로 유죄판결을 선고받아 확정되었는 바, 乙에게는 형사소추 또는 공소제기를 당하거나 유죄판결을 받을 사실이 발로될 염려가 없다.

판례 역시 형사소송법 제148조의 증언거부권은 헌법 제12조 제2항에 정한 불이익 진술의 강요금지 원칙을 구체화한 자기부죄거부특권에 관한 것인데, 이미 유죄의 확정판결을 받은 경우에는 헌법 제13조 제1항에 정한 일사부재리의 원칙에 의해 다시 처벌받지 아니하므로 자신에 대한 유죄판결이 확정된 증인은 공범에 대한 사건에서 증언을 거부할 수 없다(대판 2011. 11. 24, 2011도11994)고 판시하고 있다.

따라서 乙은 정당한 이유없이 증언을 거부하는 것으로 판단된다.

III. 정당한 이유없이 증언을 거부하는 경우가 제314조에 따른 필요성 요건을 충족하는지 여부

법원은 이러한 실질적 직접심리주의와 전문법칙이 형사소송절차 진행 및 심리 과정에서 원칙적이고 실질적인 지배원리로서 충실히 기능할 수 있도록 하여야 하고, 그 예외는 직접심리주의와 공판중심주의에 의한 공정한 공개재판을 받을 권리와 무죄추정을 받을 권리를 본질적으로 침해하거나 형해화하는 결과가 초래되지 않도록 형사소송법이 정한 필요한 최소한도에 그쳐야 한다(대판 2011. 11. 10, 2010도12 등 참조). 형사소송법은 제310조의2에서 "제311조 내지 제316조에 규정한 것 이외에는 공판준비 또는 공판기일에서의 진술에 대신하여 진술을 기재한 서류나 공판준비 또는 공판기일 외에서의 타인의 진술을 내용으로 하는 진술은 이를 증거로 할 수 없다."라고 정하고 있다. 이로써 사실을 직접 경험한 사람의 진술이 법정에 직접 제출되어야 하고 이에 갈음하는 대체물인 진술 또는 서류가 제출되어서는 안 된다는 이른바 전문법칙을 선언하고, 전문법칙의 예외로 증거능력이 인정되는 경우를 제311조 내지 제316조로 제한하고 있다. 또한 제312조와 제313조는 참고인 진술조서 등 서면증거에 대하여 반대신문권이 보장되는 등 엄격한 요건이 충족될 경우에 한하여 증거능력을 인정하는 예외를 규정하고 있고, 제314조는 제312조 또는 제313조의 경우에 진술을 요하는 자가 진술할 수 없는 때 다시 예외적으로 그 진술 없이 증거능력을 인정할 수 있는 요건을 규정하고 있다. 따라서 예외의 예외를 규정하고 있는 제314조는 공판중심주의와 직접심리주의원칙을 강조하는 현행 형사소송법하에서 그 요건을 엄격히 판단하여야 한다.

증언거부권을 행사하는 것은 제314조의 '그 밖에 이에 준하는 사유로 인하여 진술할 수 없는 때'에 해당하지 않는다는 점은 이미 기존의 대법원 판례를 통해 확인된 바 있다. 문제는 정당한 이유 없이 증언거부권을 행사하는 경우까지도 위 사유에 해당한다고 볼 것인지에 있다. 이에 대하여 대법원은 최근 전원합의체를 통해 다음과 같이 다수의견과 반대의견이 대립되었다(대판 2019. 11. 21, 2018도13945 전합).

1. [다수의견]은 '수사기관에서 진술한 참고인이 법정에서 증언을 거부하여 피고인이 반대신문을 하지 못한 경우에는 정당하게 증언거부권을 행사한 것이 아니라도, 피고인이 증인의 증언거부 상황을 초래하였다는 등의 특별한 사정이 없는 한 형사소송법 제314조의 '그 밖에 이에 준하는 사유로 인하여 진술할 수 없는 때'에 해당하지 않는다고 보아야 한다. 따라서 증인이 정당하게 증언거부권을 행사하여 증언을 거부한 경우와 마찬가지로 수사기관에서 그 증인의 진술을 기재한 서류는 증거능력이 없다. 다만 피고인이 증인의 증언거부 상황을 초래하였다는 등의 특별한 사정이 있는 경우에는 형사소송법 제314조의 적용을 배제할 이유가 없다. 이러한 경우까지 형사소송법 제314조의 '그 밖에 이에 준하는 사유로 인하여 진술할 수 없는 때'에 해당하지 않는다고 보면 사건의 실체에 대한 심증 형성은 법관의 면전에서 본래증거에 대한 반대신문이 보장된 증거조사를 통하여 이루어져야 한다는 실질적 직접심리주의와 전문법칙에 대하여 예외를 정한 형사소송법 제314조의 취지에 반하고 정의의 관념에도 맞지 않기 때문이다.'라고 판시하면서 제314조의 진술불능에 해당하지 않는다고 판시하였다.

2. 이에 반하여 [대법관 박상옥의 별개의견]은 증인이 정당하게 증언거부권을 행사한 것으로 볼 수 없는 경우에는 형사소송법 제314조의 '그 밖에 이에 준하는 사유로 인하여 진술할 수 없는 때'에 해당한다고 보아야 한다고 판시하였다.

IV. 결 론

증인이 정당하게 증언거부권을 행사한 경우와 증언거부권의 정당한 행사가 아닌 경우를 비교하면, 피고인의 반대신문권이 보장되지 않는다는 점에서 아무런 차이가 없다. 증인의 증언거부가 정당하게 증언거부권을 행사한 것인지 여부는 피고인과는 상관없는 증인의 영역에서 일어나는 문제이고, 피고인으로서는 증언거부권이 인정되는 증인이건 증언거부권이 인정되지 않는 증인이건 상관없이 형사소송법이 정한 반대신문권이 보장되어야 한다. 증인의 증언거부권의 존부라는 우연한 사정에 따라 전문법칙의 예외규정인 형사소송법 제314조의 '그 밖에 이에 준하는 사유로 인하여 진술할 수 없는 때'의 해당 여부가 달라지는 것은 피고인의 형사소송절차상 지위에 심각한 불안정을 초래한다. 또한 만일 위 사안처럼 불리한 진술을 조서에 기재한 후 정당한 이유 없이 증언을 거부하는 경우에 제314조를 적용하여 그 조서의 증거능력을 인정하게 된다면, 공판중심주의를 강화하고자 하는 형사소송법의 취지는 몰각되고 피고인의 반대신문의 기회는 무력화된다. 어차피 정당한 이유없이 무조건 증언을 거부하면 乙은 위증죄의 죄책도 지지 않으면서, 검사는 피고인에게 불리한 진술이 담긴 乙에 대한 조서를 증거로 쓸 수 있기 때문에 오로지 피고인에게만 불이익한 상황이 도출된다. 따라서 대법원의 다수의견이 타당하며, 乙에 대한 검사 작성 피의자신문조서는 甲의 특수강도사건에서 그 증거능력이 없다고 볼 것이다.

66. 기판력과 추가기소 쟁점

○ 사례 66

갑은 2022. 3. 5. 23:00 상습으로 피해자 K의 집에 들어가 피해자가 장롱에 넣어 둔 현금 500만원과 골드바 1개(2000만원 상당)를 훔쳐 나왔다. 그런데 갑은 2021. 4. 5. 13:00 상습으로 피해자 P의 집에 들어가 P의 1,000만원 상당의 PXG 골프채를 훔쳐 나온 사실로 서울중앙지방법원에서 2022. 3. 6. 상습절도죄로 징역 2년 6월이 선고되어 법정구속되었다. 이후 항소를 하지 않아 그대로 확정되었고, 검사는 갑의 2022. 3. 5.자 사건을 수사하여 기소하고자 하였는데, 상습절도죄로 이미 기소를 한 상황이므로 갑을 주거침입죄만 추가기소하기로 결정하였다. 이 경우 이러한 검사의 판단이 타당한지와 함께 추가기소하였을 경우 법원은 어떤 판결을 내리게 되는지를 판례의 입장에 따라 논하시오. (20점)

해 설

Ⅰ. 문제점

2021. 4. 5. 자 상습절도는 주간에 이루어졌으므로 주거침입죄와 상습절도는 실체적 경합이 인정된다는 것이 판례의 입장이다. 그런데 4. 5.자 사건은 상습절도죄로 판결이 선고되어 확정되었는데, 2022. 3. 5. 야간주거침입절도를 상습으로 범한 경우에도 주거침입죄를 상습절도죄와 별개로 인정할지 여부를 논의하면서 2022. 3. 6. 선고되어 확정된 상습절도죄의 확정판결의 기판력이 주거침입죄에도 미치는지 여부를 논의하여야 한다.

Ⅱ. 검사의 판단이 타당한지 여부

1. 주거침입의 점은 야간주거침입절도죄의 내용 중 일부에 해당합니다.

본건 주거침입의 점에 대하여 살펴보면, 이 사건 공소사실은 야간주거침입절도죄의 내용 중 일부에 해당하는 주거침입에 대한 것이다. 즉, 야간주거침입절도죄는 재물을 절취하기 위하여 야간에 건조물에 침입하는 행위를 한 때에 실행의 착수가 인정되므로, 본건 추가기소하고자 하는 공소사실의 실제 내용은 야간주거침입절도죄에 해당하는데, 검사가 그 중 일부인 주거침입죄만 기소하고자 한 것이다.

2. 이 사건 공소사실은 2022. 3. 6. 선고된 서울중앙지방법원에서 선고되어 확정된 상습절도죄와 포괄일죄의 관계에 있다.

상습범인 포괄일죄의 일부가 상습범으로 기소되어 유죄로 확정된 경우 그 기판력은 사실심 판결 선고 전의 나머지 범죄에도 미친다고 볼 것이다(대판 2004. 9. 16, 2001도3206 참조). 그런데 피고인은 2022. 3. 6. 서울중앙지방법원에서 상습절도죄로 징역 2년 6월을 선고받아 얼마 후 그 판결이 확정되었고, 위 확정판결의 범죄사실과 이 사건 공소사실은 그 범행수단과 방법, 범행기간, 피고인의 종전 전과 등에 비추어 피고인의 야간주거침입절도 범행습벽의 발현에 의하여 저질러진 것으로써 실체법상 일죄인 상습 야간주거침입절도죄의 포괄일죄의 관계에 있다고 할 것이다.

특히, 낮에 이루어진 경우는 판례는 상습절도죄와 주거침입죄의 관계를 다음과 같이 판단하고 있다. "형법 제330조에 규정된 야간주거침입절도죄 및 형법 제331조 제1항에 규정된 특수절도(야간손괴침입절도)죄를 제외하고 일반적으로 주거침입은 절도죄의 구성요건이 아니므로 절도범인이 범행수단으로 주거침입을 한 경우에 주거침입행위는 절도죄에 흡수되지 아니하고 별개로 주거침입죄를 구성하여 절도죄와는 실체적 경합의 관계에 서는 것이 원칙이다. 그러므로 형법 제332조에 규정된 상습절도죄를 범한 범인이 범행의 수단으로 주간에 주거침입을 한 경우 주간 주거침입행위는 상습절도죄와 별개로 주거침입죄를 구성한다. 또 형법 제332조에 규정된 상습절도죄를 범한 범인이 그 범행 외에 상습적인 절도의 목적으로 주간에 주거침입을 하였다가 절도에 이르지 아니하고 주거침입에 그친 경우에도 주간 주거침입행위는 상습절도죄와 별개로 주거침입죄를 구성한다(대판 2015. 10. 15, 2015도8169).

그런데 야간에 주거에 침입하여 절도가 이루어진 경우는 단순절도가 아닌 야간주거침입절도죄라는 형법 제330조의 구성요건을 충족하는 것이고, 형법 제332조(상습범)는 상습으로 제329조 내지 제331조의2의 죄를 범한 자는 그 죄에 정한 형의 2분의 1까지 가중한다고 규정하고 있으므로 상습으로 야간주거침입절도죄를 범한 경우는 하나의 상습절도죄를 구성하는 것이지 별도로 주거침입죄가 성립되지 아니한다고 볼 것이다.

따라서 추가기소를 하는 것은 타당하지 않으며, 기존에 기소된 2019. 4. 5.자 상습절도의 공소사실에 대해 공소장변경을 할 수는 있다. 그러나 아래에서 살펴보는 바와 같이 이미 판결이 확정되었으므로 공소장변경은 불가능하고 다만 기판력이 미치는지 문제될 것이다.

III. 추가기소하였을 경우 법원의 판결

이 사건 공소사실은 기판력의 시적범위인 판결선고일 이전의 범죄로서 면소판결대상이다.

즉, 위 확정판결의 기판력은 위 확정판결의 선고일 이전에 범한 야간건조물침입절도죄의 일부인 이 사건 공소사실에도 미치게 되는데, 2022. 3. 6. 선고되어 항소기간 도과로 확정되었으므로 2022. 3. 5로 선고일 바로 전날 야간에 이루어진 이 사건 주거침입죄는 상습절도의 한 내용으로 포괄일죄의 관계에 있다고 볼 것이고, 따라서 검사가 주거침입죄를 별도로 추가기소한다고 하더라도 기판력이 미쳐 형소법 제326조 제1호에 따라 면소판결이 선고되어야 할 것이다.

○ 사례 67

가. 2022. 3. 5. 피고인 甲은 0.078%의 술에 취하여 운전하여 피해자 K에게 상해를 입혔다는 이유로 특정범죄 가중처벌 등에 관한 법률 제5조의11 위반 위험운전치상과 도로교통법(음주운전)으로 기소되어 재판을 받았다. 그런데 심리결과 음주운전은 맞지만, 피고인의 체격, 알콜분해능력, 사고 정황 등 제반상황을 살펴보았을 때 정상적인 운전이 곤란한 상태에서 운전한 것으로 볼 증거가 부족하다는 이유로 특가법 위반에 대하여는 무죄가 선고되었다. 이에 검사가 항소하였고, 항소심의 심리결과 피고인이 정상적으로 운전하였다고 보기 어렵다고 판단하여 항소심은 이를 파기하면서 유죄를 선고하였다.

나. 乙과 丙은 '매월 2.5%의 수익을 보장해주겠다. 그리고 원금도 보장된다'라고 속여 투자금을 편취한 사실로 사기죄 및 유사수신위반으로 기소되었다.

다. 丁은 영업신고를 하지 않고 2017. 10. 1.부터 2021. 4. 15.까지 서울 송파구에서 'A한식'이라는 상호를 사용하여 김치찌개, 된장찌개, 두루치기 등 음식을 조리·판매하였다는 범죄사실(제1범죄사실)로 식품위생법위반의 죄로 약식기소되어 2021. 5. 5. 벌금 100만원의 약식명령을 발령받았다. 丁은 2021. 2. 4. 서울 강남구에 있는 'B금은방'에 침입하여 금은방 주인이 자리를 잠시 비운 사이에 1,000만원 상당의 현금과 보석을 절취하였다(제2범죄사실). 丁은 2021. 5. 2. 서울 서초구에 있는 'C편의점'에 침입하여 종업원에게 흉기를 휘둘러 상해를 입히고 현금을 강취하였다(제3범죄사실).

1. 가.의 경우
   (1) 검사가 1심 판결 무죄부분에 대해서만 항소를 제기한 것이 가능한지 여부에 대하여 죄수관계와 관련하여 검토하시오. (10점)
   (2) 검사가 무죄부분에 대해서만 항소를 제기하여 항소심 법원이 유죄로 인정할 경우 1심 판결 파기의 범위에 관하여 검토하시오. (15점)

2. 검사는 乙과 丙을 공범으로 공소를 제기하였다. 1심 공판절차 진행 중 乙은 丙과의 공범관계를 부정하면서 무죄를 주장하고 있으나, 丙은 乙과의 공범관계 및 범죄사실을 모두 자백하고 있다. 丙의 자백 이외에 다른 증거가 없는 경우 법원은 乙과 丙에 대하여 유죄를 선고할 수 있는지 검토하시오. (15점)

3. 丁이 벌금형을 감당하기 힘들다며 제1범죄사실에 대한 약식명령에 대하여 징역형에 대한 집행유예를 선고하여 달라는 취지로 정식재판을 청구한 경우, 법원은 丁의 제1범죄사실에 대하여 징역형의 집행유예를 선고할 수 있는가? (10점)

4. 丁이 제2범죄사실에 대하여 X지방법원에서 징역 6월을, 제3범죄사실에 대하여 Y지방법원에서 징역 1년을 선고받은 이후, 이에 대하여 검사는 항소를 하지 않고 丁만이 항소를 제기한 경우 항소심에서 제2범죄사실과 제3범죄사실이 적법하게 병합되어 항소심 법원은 제2범죄사실과 제3범죄사실을 모두 유죄로 인정하여 경합범으로 처단하여 丁에게 징역 1년 6월을 선고한 경우 항소심 법원의 丁에 대한 선고는 적법한가? (20점)

5. 검사는 丁이 기소된 범행일시 이외에도 2022. 4. 1. 현재까지 계속하여 'A한식'이라는 상호를 사용하여 김치찌개, 된장찌개, 두루치기 등 음식을 조리·판매하였다는 사실을 확인하였다. 이에 2021. 4. 16.부터 2022. 4. 1.까지의 식품위생법 위반사실로 공소를 제기하려고 한다. 하지만 丁은 약식명령이 발령된 후 정식재판을 청구하지 않고 벌금을 납부하여 위 약식명령은 확정된 상태이다. 이 경우 위와 같은 검사의 공소제기는 어떠한 종국판결을 받게 되는가? 또한 검사의 올바른 공소제기는 어떻게 하였어야 하는가? (30점)

해 설

제1문

1. 가.의 경우

(1) 검사가 1심 판결 무죄부분에 대해서만 항소를 제기한 것이 가능한지 여부에 대하여 죄수관계와 관련하여 검토하시오. (10점)

(2) 검사가 무죄부분에 대해서만 항소를 제기하여 항소심 법원이 유죄로 인정할 경우 1심 판결 파기의 범위에 관하여 검토하시오. (15점)

Ⅰ. 특가법 위반과 도교법 위반의 죄수 관계 및 주문설시

판례는 음주로 인한 특정범죄 가중처벌 등에 관한 법률 위반(위험운전치사상)죄와 도로교통법 위반(음주운전)죄는 입법 취지와 보호법익 및 적용 영역을 달리하는 별개의 범죄로서 양 죄가 모두 성립하는 경우 두 죄는 실체적 경합관계에 있는 것으로 보아야 할 것이라고 판시하고 있다.

따라서 제1심 판결에서 실체적 경합인 두 죄 중 일부인 특가법 위반이 무죄가 선고된다면, 1죄 1주문주의에 따라 주문에서 무죄와 유죄를 모두 선고하게 된다.

Ⅱ. 일부상소의 가부

상소는 재판의 일부에 대하여 할 수 있다(형사소송법 제342조 제1항). 다만 일부상소는 과형상 수죄를 전제로 하는 개념이므로, 소송법적으로 하나인 사건에 대하여 그 일부만을 분리하여 상소하는 것은 허용되지 않는다. 이러한 이유에서 형사소송법은 하나의 사건의 일부에 대한 상소는 그 일부와 불가분의 관계에 있는 부분에 대하여도 효력이 미친다고 규정하고 있다(동조 제2항).

일부상소의 허용범위를 구체적으로 살펴보면 이 사안처럼 우선 소송법상 수죄를 이루는 경합범에 있어서 각각 다른 주문이 선고된 경우(예컨대 일부에 대해서는 유죄를 그리고 일부에 대해서는 무죄·면소·공소기각·관할위반의 재판을 선고하는 경우, 일부에 대해서는 형을 선고하고 다른 일부에 대해서는 형면제나 선고유예를 하는 경우, 일부에 대해서는 징역형을 그리고 다른 부분에 대해서는 벌금형을 선고하는 경우)에는 각 주문이 별개로 선고되므로 주문에 대한 불복인 상소제도의 본질상 일부상소가 허용된다[56].

따라서 주문이 두 개 선고된 이상 법 제342조 제1항에 의하여 일부상소가 허용된다.

III. 1개의 형이 선고될 가능성이 있었던 경합범의 일부에 대한 상소의 효력

이 사안은 항소심이 일부에 대해서는 유죄를 그리고 일부에 대해서는 무죄를 선고하였는데 피고인이 상고하지 않고 검사만 상고한 경우로서, 상고심이 검사의 상고가 이유 있다고 판단하여 원심판결을 파기할 경우 수개의 범죄사실 전부를 파기해야 하는가 또는 피고인이 상고하지 아니한 유죄부분은 확정된 것으로 보고 나머지 무죄부분만을 파기해야 하는가가 문제된다.

1. 일부파기설

이 견해는 형법 제37조 전단의 경합범으로 같은 법 제38조 제1항 제2호에 해당하는 경우 하나의 형을 선고해야 하지만 위 규정은 동시에 심판하는 경우에 관한 규정인 것이고, 경합범 중 일부에 대하여 무죄를 그리고 일부에 대하여 유죄를 선고한 항소심 판결에 대하여 검사만이 무죄 부분에 대하여 상고를 한 경우, 피고인과 검사가 상고하지 아니한 유죄부분은 상고기간이 지남으로써 확정되므로 상고심에 계속된 사건은 무죄부분뿐이라 할 것이고 상고심에서 이를 파기할 때에는 무죄 부분만을 파기할 수밖에 없다고 주장한다. 판례도 이 견해를 취하고 있다.

2. 전부파기설

이 견해는 형법 제37조 전단의 경합범으로 동시에 판결하여 1개의 형을 선고할 수 있었던 수개의 죄는 과형상 불가분의 관계에 있었다고 볼 수 있으므로 실제로 1개의 형이 선고되었는지의 여부와 관계없이 상소불가분의 원칙이 적용된다고 보고, 경합범 중 일부에 대하여는 유죄 그리고 다른 일부에 대하여는 무죄가 선고되고 무죄 부분에 대하여 상소가 제기되어 그 부분이 유죄로 변경될 가능성이 있는 경우, 상소심이 무죄 부분을 파기하는 때에는 직권으로 유죄 부분까지도 함께 파기하여 1개의 형을 선고하여야 한다고 주장한다.

---

56) 다만, 판결이 확정되지 아니한 수개의 범죄사실에 대하여 하나의 단일형이 선고되는 경우(형법 제37조, 제38조)에는 수개의 죄 사이에 불가분의 관계가 형성되므로, 단일형이 선고된 경합범의 일부에 대하여 상소가 있는 경우 그 효력은 다른 범죄사실에 대해서도 미친다(대판 2002. 6. 20, 2002도807).

3. 결 론

형사소송법 제342조 제2항이 규정한 상소불가분의 원칙은 원칙적으로 단순일죄 또는 과형상 일죄에 한하여 적용된다. 단순히 하나의 형이 선고될 가능성이 있었다는 사실만으로 상소불가분의 원칙을 적용할 수는 없다.

더구나 2005. 7. 29. 형법개정에 의하여 경합범관계에 있는 수개의 범죄사실의 일부에 대하여 확정판결이 있는 경우 나머지 죄에 대하여 판결을 선고할 경우에는 이들을 동시에 판결할 경우와 형평을 고려하여야 하고 또한 형을 감경 또는 면제할 수 있으므로, 상소된 부분만을 파기하더라도 반드시 피고인에게 불이익한 결과가 초래되는 것도 아니다. 따라서 일부파기설이 타당하며, 항소심은 특가법 위반 사실에 대하여만 파기한 후 자판하여야 한다.

제 2 문

2. 검사는 乙과 丙을 공범으로 공소를 제기하였다. 1심 공판절차 진행 중 乙은 丙과의 공범관계를 부정하면서 무죄를 주장하고 있으나, 丙은 乙과의 공범관계 및 범죄사실을 모두 자백하고 있다. 丙의 자백 이외에 다른 증거가 없는 경우 법원은 乙과 丙에 대하여 유죄를 선고할 수 있는지 검토하시오. (15점)

Ⅰ. 쟁점의 정리

공범인 공동피고인 중 1인만이 자백을 한 경우 이들에 대하여 각각 유죄판결이 가능한지 문제되는데 사안과 같이 공범관계를 부정하면서 무죄를 주장하는 乙에 대하여 유죄를 선고할 수 있는지 여부는 형사소송법 제310조가 규정하는 '피고인의 자백'에 공범자의 자백이 포함되는지가 문제되고, 공범관계 및 범죄사실을 모두 자백하고 있는 丙에 대하여 유죄판결이 가능한지 여부는 보강증거의 유무에 의하여 결정된다.

Ⅱ. 공범의 자백에도 보강증거가 필요한지 여부 - 乙에 대한 유죄판결 가부

1. 견해의 대립

(1) 보강증거 필요설

공범자의 자백만으로는 피고인을 처벌할 수 없고 형사소송법 제310조에 따라 보강증거가 있어야만 처벌할 수 있다는 견해로 공범자는 다른 공범자에게 책임을 전가하는 경향이 농후하다는 점을 논거로 든다. 피고인의 자백에는 공범자의 자백도 포함된다는 입장과 논리적으로 일치한다.

(2) 보강증거 불요설

공범자의 자백만 존재하면 보강증거가 없더라도 피고인을 처벌할 수 있다는 견해로 형사소송법 제310조의 해석상 피고인의 자백을 공동피고인의 자백으로 확장하는 것은 무리라는 점을 논거로 든다.

(3) 절충설

공범자가 당해피고인과 병합심리를 받는 경우에 한하여 즉, 공범인 공동피고인의 경우에 한하여 보강증거가 필요없다는 견해로 공범자가 공동피고인으로 심판받는 절차에서는 당해피고인에게 반대신문권이 보장된다는 점을 논거로 든다.

2. 판례의 태도

대법원은 "형사소송법 제310조의 피고인의 자백에는 공범인 공동피고인의 진술이 포함되지 아니하므로 공범인 공동피고인의 진술은 다른 공동피고인에 대한 범죄사실을 인정하는데 있어서 증거로 쓸 수 있다(대판 1985. 7. 9, 85도951)."고 판시하여 보강증거 불요설의 입장을 명백히 하고 있다.

3. 사안의 경우

판례의 태도에 의하면 법원은 공범인 丙의 자백만으로도 공범관계 및 범죄사실을 모두 부인하고 있는 피고인 乙에 대하여 유죄의 판결을 할 수 있다.

III. 자백의 보강법칙 - 丙에 대한 유죄판결 가부

1. 자백보강법칙의 의미

자백보강법칙이란 피고인이 임의로 진술한 증거능력과 신용성이 있는 자백에 의하여 법관이 유죄의 심증을 얻었다 하더라도 보강증거가 없으면 유죄로 인정할 수 없다는 원칙으로 허위자백으로 인한 오판의 위험성을 배제하고 자백획득을 위하여 인권이 침해되는 것을 방지하기 위하여 인정된 원칙으로 증거의 증명력과 관련된 문제이다.

2. 사안의 경우

丙은 공판정에서 자신의 범행에 대하여 자백을 하고 있으나 이는 丙의 범행에 대한 유일한 증거이고 사안에서 다른 보강증거를 찾을 수 없으므로, 결국 자백보강법칙에 따라 丙에게는 유죄판결을 할 수 없다.

제3문

3. 丁이 벌금형을 감당하기 힘들다며 제1범죄사실에 대한 약식명령에 대하여 징역형에 대한 집행유예를 선고하여 달라는 취지로 정식재판을 청구한 경우, 법원은 丁의 제1범죄사실에 대하여 징역형의 집행유예를 선고할 수 있는가? (10점)

I. 쟁점의 정리

사안의 경우 약식명령에 대하여 정식재판을 청구한 경우에도 불이익변경금지의 원칙이 적용되는지 여부가 문제된다. 또한 이러한 불이익변경금지의 원칙이 헌법에서 보장하고 있는 피고인의 공정한 재판을 받을 권리를 침해하는지 여부 및 법원의 양형결정권을 침해하는지 여부가 문제된다.

II. 불이익변경금지의 원칙

1. 의의 및 취지

불이익변경금지의 원칙이란 피고인만 상소한 사건과 피고인을 위하여 상소한 사건에 대하여는 상소심은 원심판결의 형보다 중한 형을 선고하지 못한다는 원칙이다(형사소송법 제368조, 제396조 제2항).

2. 약식명령에 대한 정식재판청구사건에도 불이익변경금지 원칙이 적용되는지 여부

종래 형사소송법 제457조의2에서는 "피고인이 정식재판을 청구한 사건에 대하여는 약식명령의 형보다 중한 형을 선고하지 못한다."고 규정하여 약식명령에 대한 정식재판의 청구에도 불이익변경금지의 원칙을 적용하고 있었다. 그러나 이로 인해 법원의 정식재판 업무가 지나치게 과중되고, 밑져봐야 본전이라는 식의 정식재판 남용이 문제로 대두되어 법이 개정되기에 이르렀다. 이에 현재는 형사소송법 제457조의2(형종 상향의 금지 등)에서는 피고인이 정식재판을 청구한 사건에 대하여는 약식명령의 형보다 중한 종류의 형을 선고하지 못한다고 규정하면서 피고인이 정식재판을 청구한 사건에 대하여 약식명령의 형보다 중한 형을 선고하는 경우에는 판결서에 양형의 이유를 적어야 한다고 개정하였다.

III. 결 론

피고인 丁의 제1범죄사실에 대한 100만원의 약식명령에 대한 정식재판청구사건에서 법원이 징역형의 집행유예를 선고하는 것은 형종을 변경한 것이므로 형사소송법 제457조의2에서 규정한 형종상향금지원칙에 위반되므로 허용될 수 없다. 다만, 법원이 벌금형을 상향하여 형을 선고할 수는 있으며 이 경우는 판결서에 그 양형이유를 적어야 한다.

제4문

4. 丁이 제2범죄사실에 대하여 X지방법원에서 징역 6월을, 제3범죄사실에 대하여 Y지방법원에서 징역 1년을 선고받은 이후, 이에 대하여 검사는 항소를 하지 않고 丁만이 항소를 제기한 경우 항소심에서 제2범죄사실과 제3범죄사실이 적법하게 병합되어 항소심 법원은 제2범죄사실과 제3범죄사실을 모두 유죄로 인정하여 경합범으로 처단하여 丁에게 징역 1년 6월을 선고한 경우 항소심 법원의 丁에 대한 선고는 적법한가? (20점)

I. 쟁점의 정리

사안과 경우 1심에서 각각 별개의 법원에서 별개로 심리가 진행된 사건들이 항소심에서

비로소 병합심리되는 경우에 있어서도 불이익변경금지원칙이 적용되는지 여부가 문제된다.

II. 항소심에서의 병합사건과 불이익변경금지원칙

1. 병합사건에 불이익변경금지원칙 적용 여부

판례는 항소심이 제1심에서 별개의 사건으로 따로 두 개의 형을 선고받고 항소한 피고인에 대하여 사건을 병합심리한 후 경합범으로 처단하면서 제1심의 각 형량보다 중한 형을 선고한 것은 불이익변경금지의 원칙에 어긋나지 아니한다(대판 2001. 9. 18, 2001도3448)고 판시하여 항소심에서 비로소 병합된 사건에 대하여는 원칙적으로 불이익변경금지 원칙을 적용하지 않는다는 입장이다.

2. 병합사건과 실질적 불이익변경금지

판례는 원칙적으로 항소심에서 병합된 사건에 대하여는 불이익변경금지 원칙이 적용되지 않는 것이라고 판시하면서도 약식명령에 대한 정식재판 청구사건과 다른 사건에 병합심리된 사건에서 "당해 사건에 대하여 받은 형과 병합된 다른 사건에 대한 형을 단순 비교할 것이 아니라 병합된 다른 사건에 대한 법정형, 선고형 등 피고인의 법률상 지위를 결정하는 객관적 사정을 전체적·실질적으로 고찰하여 병합·심판된 선고형이 불이익한 변경에 해당하는지를 판단하여야 한다(대판 2009. 12. 24, 2009도10754)."고 판시하였다.

III. 결 론

판례의 태도에 의하면 항소심에서 피고인이 상소한 사건과 다른 사건이 병합심리된 경우에도 실질적으로는 불이익변경금지원칙이 적용된다고 보아야 하므로 항소심으로서는 제1심에서 각각의 범죄에 대하여 선고된 형량을 합산한 것보다 중하게 선고한다면 불이익변경금지원칙에 위배된다고 보아야 한다.

따라서 사안의 경우 丁은 제2범죄사실로 징역 6월을 제3범죄사실로 징역 1년을 선고받았는바, 항소심에서 丁의 제2범죄사실과 제3범죄사실을 병합하여 경합범으로 처벌하면서 징역 1년 6월의 형을 선고한 것은 제2범죄사실과 제3범죄사실에 대한 형량의 합산을 초과하지 않은 것으로 평가할 수 있으므로 불이익변경금지 원칙에 반하지 않는 적법한 판결에 해당한다.

제 5 문

5. 검사는 丁이 기소된 범행일시 이외에도 2022. 4. 1. 현재까지 계속하여 'A한식'이라는 상호를 사용하여 김치찌개, 된장찌개, 두루치기 등 음식을 조리·판매하였다는 사실을 확인하였다. 이에 2021. 4. 16.부터 2022. 4. 1.까지의 식품위생법 위반사실로 공소를 제기하려고 한다. 하지만 丁은 약식명령이 발령된 후 정식재판을 청구하지 않고 벌금을 납부하여 위 약식명령은 확정된 상태이다. 이 경우 위와 같은 검사의 공소제기는 어떠한 종국판결을 받게 되는가? 또한 검사의 올바른 공소제기는 어떻게 하였어야 하는가? (30점)

Ⅰ. 쟁점의 정리

포괄일죄인 영업범에서 공소제기된 약식명령을 받아 확정된 범죄사실과 추가로 발견된 범죄사실 사이에 그 범죄사실들과 동일성이 인정되는지를 판단하고, 그에 따라 어떠한 종국판결이 이루어질지를 논하여야 한다.

Ⅱ. 검사는 어떻게 공소를 제기하였어야 하는가?

이에 대하여 판례의 태도는 다음과 같다. 공소제기된 범죄사실과 추가로 발견된 범죄사실 사이에 그 범죄사실들과 동일성이 인정되는 또 다른 범죄사실에 대한 유죄의 확정판결이 있는 때에는, 추가로 발견된 확정판결 후의 범죄사실은 공소제기된 범죄사실과 분단되어 동일성이 없는 별개의 범죄가 된다. 따라서 이때 검사는 공소장변경절차에 의하여 확정판결 후의 범죄사실을 공소사실로 추가할 수는 없고 별개의 독립된 범죄로 공소를 제기하여야 한다(대판 2017. 4. 28, 2016도21342). 따라서 검사는 사안에서 기판력이 미치지 아니하는 약식명령 발령시인 2017. 5. 5. 이후의 부분만을 따로 기소하였어야 한다. 즉, 2021. 5. 5.부터 2022. 4. 1.까지 식품위생법 위반사실로 별도로 공소제기를 하였어야 한다.

Ⅲ. 검사의 공소제기는 어떠한 종국판결을 받게 되는가?

검사가 만일 2021. 4. 16.부터 2022. 4. 1.까지의 식품위생법 위반사실로 공소를 제기하였다면, 이는 종래 확정된 약식명령의 기판력에 저촉된다. 따라서 영업범으로서 포괄일죄 관계에 있는 2021. 4. 16.부터 약식명령 발령일 전 2021. 5. 4.까지의 범죄사실은 약식명령의 기판력이 미치므로 형사소송법 제326조 제1호 '확정판결이 있은 때'에 해당하므로 이에 의하여 면소판결이 선고되며, 그 이후의 부분에 대하여는 유죄판결이 선고된다.

다만, 1죄 1주문주의에 의하여 유죄주문만 선고되고 면소부분은 판결이유에서만 설시된다. 결국 丁은 유죄의 종국판결을 받게 된다.

68. 재심판결의 기판력과 제37조 후단 경합

○ 사례 68

甲은 2015. 8. 5. 특가법위반(상습절도)로 징역 1년 6월을 선고받아 2015. 8. 13일 확정되었던 2015고단123 사건에 대하여 2019. 11. 5. 재심을 신청하여 재심이 개시되었고, 최근 2021. 6. 3. 재심판결이 확정되었다. 그 이유는 특가법위반(상습절도)가 위헌결정을 받았기 때문인데, 이에 따라 재심이 개시되었고 재심법원에서 재심대상판결인 2015고단123 사건을 파기하고 피고인에게 형법상 상습절도죄를 적용하면서 피고인에게 다시 징역 1년 6월을 선고하였다. 그리고 이 판결이 항소기간 도과로 2021. 6. 3. 확정된 것이었다. 그런데 甲은 2020. 3. 26.자 절도를 범한 사실로 현재 단순절도로 기소가 되어 변호사인 당신을 찾아왔다. 당신은 아래와 같은 쟁점에 대하여 법리적으로 검토하고 있다. 대표변호사에게 제출할 검토보고서의 검토내용을 서술하라.

1. 재심판결이 확정되었으므로 이 사건 2020. 3. 26.자 절도의 상습성을 주장하여 재심판결의 기판력이 미쳐 면소판결의 대상이 된다는 주장의 인용가능성[상습성은 인정되는 것을 전제로 한다](20점)
2. 재심판결이 확정되기 전에 범한 범죄로 2020. 3. 26.자 절도를 사후적 경합범으로 제37조 후단의 감경을 주장하는 것이 받아들여질 가능성(20점)

해 설

1. 재심판결이 확정되었으므로 이 사건 2020. 3. 26.자 절도의 상습성을 주장하여 재심 판결의 기판력이 미쳐 면소판결의 대상이 된다는 주장의 인용가능성[상습성은 인정되는 것을 전제로 한다](20점)

I. 쟁점의 정리

본 사안의 경우 상습성이 인정될 수 있다고 하므로 변호인의 입장에서는 상습성을 주장한 후 확정된 재심판결 선고 전에 이루어진 2020. 3. 26.자 절도 공소사실에 대하여 기판력이 미쳐 면소판결의 대상임을 주장하는 것이 가능한지 검토할 필요가 있다.

II. 재심대상판결의 효력 상실

형사소송법상 재심절차는 재심 개시 여부를 심리하는 절차와 재심개시결정이 확정된 후 재심대상사건에 대한 심판절차로 구별되며, 재심개시결정이 확정되어 법원이 그 사건에 대해 다시 심리를 한 후 재심의 판결을 선고하고 그 재심판결이 확정된 때에 종전의 확정판결이 효력을 상실하므로(대판 2019. 6. 20, 2018도20698 전합) 재심판결의 확정으로 재심대상판결은 효력이 없다.

III. 재신대상판결의 선행범죄와 이 사건 3. 26.자 절도 범행을 공소장변경을 통해 함께 심리할 수 있는 가능성이 존재하는지 여부

사안에서는 상습성에 기한 범행으로 포괄일죄를 구성할 수 있으므로 동일성을 충분히 인정할 수 있다고 볼 것이다. 그러나 문제는 재심심판절차에서 선행범죄, 즉 재심대상판결의 공소사실에 후행범죄를 추가하는 내용으로 공소장을 변경하는 것이 허용되지 않으므로 재심심판절차에서는 후행범죄에 대하여 사실심리를 할 가능성이 없기 때문에 선행범죄에 대한 공소제기의 효력은 후행범죄에 미치지 않고 선행범죄에 대한 재심판결의 기판력은 후행범죄에 미치지 않는다고 보아야 한다.

IV. 결 론

형사소송법은 재심청구의 시기에 관하여 제한을 두지 않고 있고(제427조 등 참조), 만약 재심판결의 기판력이 재심판결의 선고 전에 선행범죄와 동일한 습벽에 의해 저질러진 모든 범죄에 미친다고 하면, 선행범죄에 대한 재심대상판결의 선고 이후 재심판결 선고 시까지 저지른 범죄는 동시에 심리할 가능성이 없었음에도 모두 처벌할 수 없다는 결론에 이르게 되는데, 이는 처벌의 공백을 초래하고 형평에 반하게 되기 때문이다(대판 2019. 6. 20, 2018 도20698 전합). 따라서 판례에 따르면 변호인의 면소 주장은 받아들여지지 않을 것이다.

제2문

2. 재심판결이 확정되기 전에 범한 범죄로 2020. 3. 26.자 절도를 사후적 경합범으로 제37조 후단의 감경을 주장하는 것이 받아들여질 가능성(20점)

I. 쟁점의 정리

만일 이 사안에서 상습성을 주장하지 않고, 단순절도로 기소되었으므로 별개의 범죄로 실체적 경합관계에 있음을 전제로 재심판결 확정 전에 범한 범죄이므로 제37조 후단의 사후적 경합범에 해당한다는 주장을 통해 감면사유를 주장하는 것이 가능한지 논의할 필요가 있다.

II. 판결 확정 전에 범한 죄를 이미 판결이 확정된 죄와 동시에 판결할 수 있었던 경우인지 여부

형법 제37조 후단 및 제39조 제1항의 문언, 입법 취지 등에 비추어 보면, 아직 판결을 받지 아니한 죄가 이미 판결이 확정된 죄와 동시에 판결할 수 없었던 경우에는 후단 경합 범 관계가 성립할 수 없고, 형법 제39조 제1항에 따라 동시에 판결할 경우와 형평을 고려 하여 그 형을 감경 또는 면제할 수 없다. 따라서 아직 판결을 받지 아니한 수 개의 죄가 판 결 확정을 전후해 저질러진 경우에는 판결 확정 전에 범한 죄를 이미 판결이 확정된 죄와 동시에 판결할 수 없었던 경우라고 해서 마치 확정된 판결이 존재하지 않는 것처럼 그 수 개의 죄 사이에 형법 제37조 전단의 경합범 관계가 인정되어 형법 제38조가 적용된다고 볼 수도 없으므로, 판결 확정을 전후한 각각의 범죄에 대해 별도로 형을 정해 선고할 수밖에 없다(대판 2014. 3. 27, 2014도469 등 참조)고 볼 것이다.

사안과 같은 경우도 재심판결이 후행범죄 사건에 대한 판결보다 먼저 확정된 경우에 후행범죄에 대해 재심판결을 근거로 후단 경합범이 성립한다고 하려면 재심심판법원이 후행범죄를 동시에 판결할 수 있었어야 한다. 그러나 후행범죄에 대하여 공소를 제기한 후 이를 재심대상사건에 병합하여 심리하는 것이 허용되지 않는 이상 아직 판결을 받지 아니한 후행범죄는 재심심판절차에서 재심대상이 된 선행범죄와 함께 심리하여 동시에 판결할 수 없었으므로 후행범죄와 재심판결이 확정된 선행범죄 사이에는 후단 경합범이 성립하지 않고, 동시에 판결할 경우와 형평을 고려하여 그 형을 감경 또는 면제할 수도 없다고 봄이 타당하다. 즉, 재심대상판결의 범죄사실에 이 사건 공소사실을 추가기소하여 병합한 후 한꺼번에 심리하는 것 자체가 불가능하였기 때문에 사후적 경합범을 인정하는 취지에 비추어 제37조 후단 감면 주장은 받아들일 수 없다.

III. 결 론

유죄의 확정판결을 받은 사람이 그 후 별개의 후행범죄를 저질렀는데 유죄의 확정판결에 대하여 재심이 개시된 경우, 후행범죄가 그 재심대상판결에 대한 재심판결 확정 전에 범하여졌다 하더라도 아직 판결을 받지 아니한 후행범죄와 재심판결이 확정된 선행범죄 사이에는 후단 경합범이 성립하지 않는다고 보아야 한다. 판례 역시 같은 입장에서 선행범죄에 대한 재심판결과 후행범죄에 대한 판결 중 어떤 판결이 먼저 확정되느냐는 우연한 사정에 따라 후단 경합범 성립이 좌우되는 형평에 반하는 결과가 발생한다(대판 2019. 6. 20, 2018도20698 전합)고 판시하면서, 제37조 후단 감경 주장을 배척하였다.

○ 사례 69

甲은 피해자를 공갈하면서 그 수단으로 상해를 가하였다는 이유로 공갈죄 및 상해죄로 기소되었다. 제1심은 양 죄를 경합범으로 보고 공소사실에 대해 모두 유죄를 인정한 후 甲에게 징역 1년을 선고하자 甲은 무죄를 주장하며 항소하였다. 제2심도 양 죄를 경합범으로 보면서 공갈의 점은 유죄로 인정하였으나 상해의 점에 대해서는 진단서만으로 피해자가 입은 상해가 甲에 의한 것이라는 증거가 없어 무죄로 판시하고, 甲에게 징역 1년에 집행유예 2년을 선고하였다.

이에 검사 乙은 무죄가 선고된 상해의 점에 대하여 상고하였다.

이 경우(제1문 ~ 제3문)에 대하여 서술하시오.

1. 대법원이 채증법칙 위반을 이유로 피고인의 상해행위가 인정된다는 취지로 항소심 판결을 파기하는 경우,[57] 공갈죄에 대한 부분도 함께 파기할 수 있는가? (10점)

2. 대법원이 공갈죄와 상해죄를 경합범으로 보던 기존의 견해를 변경하여 상상적 경합 관계에 있다고 판단하면서, 상해죄의 점에 대한 항소심 판결을 파기하는 경우 공갈죄에 대한 부분도 함께 파기할 수 있는가? (10점)

3. 대법원이 공갈죄에 대한 부분도 함께 파기환송한 경우 항소심은 甲에 대하여 징역 2년에 집행유예 2년을 선고할 수 있는가? (10점)

관련문제 (제4문 ~ 제5문)

4. 丙은 마약류취급자가 아니면서 다른 사람들 사이의 향정신성의약품 매매를 중간에서 알선하였다는 공소사실로 마약류 관리에 관한 법률 위반으로 공소제기되었는데, 원심은 이를 유죄로 인정하여 징역형을 선고하면서도 매매 알선의 대상이 된 향정신성의약품을 몰수하거나 그 가액을 추징하는 조치는 전혀 취하지 아니하였다. 이에 검사는 원심판결 중 몰수나 추징을 하지 아니한 부분만을 불복대상으로 삼아 상고를 제기하고, 상고이유로 원심판결에는 필수적 몰수 또는 추징에 관한 법리를 오해한 위법이 있다고 주장하였다.

이 경우 이러한 검사의 상고에 대하여 어떠한 판단을 하게 되는가? (10점)

5. 만일 사기죄와 공갈죄가 유죄로 인정되고 두 죄의 죄수관계를 경합범으로 선고
한 판결이 확정되었고 사기죄 부분에 재심사유가 있다고 가정할 때, 재심법원이
심리결과 사기죄가 유죄가 인정되고 공갈죄는 무죄가 된다고 판단할 수 있는가?
(10점)

---

57) 대법원은 종래 일부 판결에서 '채증법칙 위반으로 인한 사실오인'이라는 표현을 사용하면서, 소송관계
인들에게 대법원이 사실오인 주장을 적법한 상고이유로 취급하는 듯한 오해를 종종 불러일으켰다. 또
상고이유에서 주장하는 '채증법칙 위반'이 실질적으로 형사소송법 제383조 제1호의 '법령 위반'에 해당
하는지 여부를 엄격하게 심사하지 않음으로써 대법원이 단순한 사실오인의 문제에까지 개입한다는 지
적을 받아 왔다. 그러나 개정 형사소송법 제308조는 "증거의 증명력은 법관의 자유판단에 의하도록 자
유심증주의를 규정하고 있다"며 "가사 원심의 증거의 증명력에 대한 판단과 증거취사 판단에 그와 달
리 볼 여지가 상당한 정도 있는 경우라고 하더라도 원심판단이 논리법칙이나 경험법칙에 따른 자유심
증주의의 한계를 벗어나지 않는 한 그것만으로 바로 형소법 제383조 제1호가 상고이유로 규정하고 있
는 '법령위반'에 해당한다고 단정할 수 없다"고 하여 이 사안과 같이 파기하는 경우는 앞으로 거의 없
을 것으로 보인다.

해 설

제1문

1. 대법원이 채증법칙 위반을 이유로 피고인의 상해행위가 인정된다는 취지로 항소심 판결을 파기하는 경우, 공갈죄에 대한 부분도 함께 파기할 수 있는가? (10점)

Ⅰ. 문제점

제1문과 관련해서는 항소심에서 경합범의 일부에 대하여는 유죄 그리고 일부에 대하여는 무죄를 선고하고 검사만이 무죄부분에 대해서만 상고를 제기하였는데 상고심에서 무죄부분을 파기하는 경우에 나머지 부분에 대해서도 파기를 해야 하는가의 여부가 문제된다.

Ⅱ. 일부상소

(1) 상소는 재판의 일부에 대하여 할 수 있다(형사소송법 제342조 제1항). 다만 일부상소는 과형상 수죄를 전제로 하는 개념이므로, 소송법적으로 하나인 사건에 대하여 그 일부만을 분리하여 상소하는 것은 허용되지 않는다. 이러한 이유에서 형사소송법은 하나의 사건의 일부에 대한 상소는 그 일부와 불가분의 관계에 있는 부분에 대하여도 효력이 미친다고 규정하고 있다(동조 제2항).

(2) 일부상소의 허용범위를 구체적으로 살펴보면 우선 소송법상 수죄를 이루는 경합범에 있어서 각각 다른 주문이 선고된 경우(예컨대, 일부에 대해서는 유죄를 그리고 일부에 대해서는 무죄·면소·공소기각·관할위반의 재판을 선고하는 경우, 일부에 대해서는 형을 선고하고 다른 일부에 대해서는 형면제나 선고유예를 하는 경우, 일부에 대해서는 징역형을 그리고 다른 부분에 대해서는 벌금형을 선고하는 경우)에는 일부상소가 허용된다. 그리고 경합범 관계에 있는 전부에 대하여 무죄를 선고한 경우에도 일부상소가 허용된다. 그러나 판결이 확정되지 아니한 수개의 범죄사실에 대하여 하나의 단일형이 선고되는 경우(형법 제37조, 제38조)에는 수개의 죄 사이에 불가분의 관계가 형성되므로, 단일형이 선고된 경합범의 일부에 대하여 상소가 있는 경우 그 효력은 다른 범죄사실에 대해서도 미친다(대판 2002. 6. 20, 2002도807).

(3) 다만 이 사안과 같이 수개의 주문이 선고되었으나 상소심에서 판단해 본 결과 하나의 단일형이 선고될 수 있었던 경우에도 일부상소의 효력이 미치는가에 대해서는 견해가

대립하고 있다.

III. 1개의 형이 선고될 가능성이 있었던 경합범의 일부에 대한 상소의 효력

이 사안은 항소심이 일부에 대해서는 유죄를 그리고 일부에 대해서는 무죄를 선고하였는데 피고인이 상고하지 않고 검사만 상고한 경우로서, 상고심이 검사의 상고가 이유 있다고 판단하여 원심판결을 파기할 경우 수개의 범죄사실 전부를 파기해야 하는가 또는 피고인이 상고하지 아니한 유죄부분은 확정된 것으로 보고 나머지 무죄부분만을 파기해야 하는가가 문제된다.

1. 일부파기설

이 견해는 형법 제37조 전단의 경합범으로 같은 법 제38조 제1항 제2호에 해당하는 경우 하나의 형을 선고해야 하지만 위 규정은 동시에 심판하는 경우에 관한 규정인 것이고, 경합범 중 일부에 대하여 무죄를 그리고 일부에 대하여 유죄를 선고한 항소심 판결에 대하여 검사만이 무죄 부분에 대하여 상고를 한 경우, 피고인과 검사가 상고하지 아니한 유죄부분은 상고기간이 지남으로써 확정되므로 상고심에 계속된 사건은 무죄부분뿐이라 할 것이고 상고심에서 이를 파기할 때에는 무죄 부분만을 파기할 수밖에 없다고 주장한다. 판례도 이 견해를 취하고 있다.

2. 전부파기설

이 견해는 형법 제37조 전단의 경합범으로 동시에 판결하여 1개의 형을 선고할 수 있었던 수개의 죄는 과형상 불가분의 관계에 있었다고 볼 수 있으므로 실제로 1개의 형이 선고되었는지의 여부와 관계없이 상소불가분의 원칙이 적용된다고 보고, 경합범 중 일부에 대하여는 유죄 그리고 다른 일부에 대하여는 무죄가 선고되고 무죄 부분에 대하여 상소가 제기되어 그 부분이 유죄로 변경될 가능성이 있는 경우, 상소심이 무죄 부분을 파기하는 때에는 직권으로 유죄 부분까지도 함께 파기하여 1개의 형을 선고하여야 한다고 주장한다.

3. 소 결

(1) 형사소송법 제342조 제2항이 규정한 상소불가분의 원칙은 원칙적으로 단순일죄 또는 과형상 일죄에 한하여 적용된다.

(2) 다만 형법 제37조 전단의 경합범으로서 하나의 형이 선고된 경우는 수개의 범죄사

실을 과형상 일죄로 구분하는 것이 사실상 불가능하기 때문에 예외적으로 불가분의 관계가 인정되어 수개의 범죄사실 전부가 파기될 따름이다. 따라서 단순히 하나의 형이 선고될 가능성이 있었다는 사실만으로 상소불가분의 원칙을 적용할 수는 없다고 본다.

(3) 더구나 형법개정에 의하여 경합범관계에 있는 수개의 범죄사실의 일부에 대하여 확정판결이 있는 경우 나머지 죄에 대하여 판결을 선고할 경우에는 이들을 동시에 판결할 경우와 형평을 고려하여야 하고 또한 형을 감경 또는 면제할 수 있으므로, 상소된 부분만을 파기하더라도 반드시 피고인에게 불이익한 결과가 초래되는 것도 아니다. 따라서 일부파기설이 타당하다고 본다.

Ⅳ. 문제의 해결

(1) 항소심에서 경합범의 일부에 대하여는 유죄가 그리고 일부에 대하여는 무죄가 선고되고 검사만이 무죄부분에 대해서만 상고를 제기된 경우 상고심에 의하여 파기의 대상이 되는 것은 상소제기된 부분에 한정되고 나머지 유죄부분은 확정된다.

(2) 다만 이 경우 확정된 부분과 파기되는 부분은 '판결이 확정된 죄와 그 판결확정 전에 범한 죄'의 관계에 있으므로(형법 제37조), 상소심 또는 파기환송을 받은 법원은 파기된 부분에 대하여 별도로 형을 선고하되 별개의 형을 선고함으로써 피고인에게 불이익이 발생하지 않도록 동시에 판결할 경우와 형평을 고려해야 하고, 이 경우 그 형을 감경 또는 면제할 수 있다(동법 제39조 제1항).

제 2 문

2. 대법원이 공갈죄와 상해죄를 경합범으로 보던 기존의 견해를 변경하여 상상적 경합 관계에 있다고 판단하면서, 상해죄의 점에 대한 항소심 판결을 파기하는 경우 공갈죄에 대한 부분도 함께 파기할 수 있는가? (10점)

Ⅰ. 문제점

또한 제2문과 관련해서는 항소심에서 수개의 범죄사실을 경합범 관계에 있다고 판단하여 일부에 대해서는 유죄 그리고 일부에 대해서는 무죄를 선고하였는데, 상고심에서 심리결과 수개의 범죄사실이 과형상 일죄를 이룬다고 판단한 경우 상고심의 심판범위는 어디까지인가가 문제된다.

II. 일부상소의 효력

(1) 일부상소가 있으면 상소가 제기된 부분만 상소심에 계속되고 상소가 제기되지 않는 부분에 대해서는 재판이 확정된다. 따라서 상소심과 상소심의 파기환송에 의하여 환송받은 법원은 상소가 제기된 부분만 심판할 수 있고 확정된 부분에 대해서는 심판할 수 없다.

(2) 다만 상소불가분의 원칙에 의하여 불가분의 관계에 있는 사실에 대한 부분은 확정되지 않는다.

(3) 그런데 이 사안과 같이 원심에서 두 개의 범죄사실이 경합범관계에 있다고 판단하여 일부에 대해서는 유죄 그리고 일부에 대해서는 무죄를 선고하였는데 상고심에서 심리결과 수개의 범죄사실이 과형상의 일죄를 이룬다고 판단한 경우, 무죄부분에 대해서만 검사가 상소를 하고 유죄부분은 확정된 경우 상소의 효력이 어디까지 미치는가가 문제된다.

III. 학 설

(1) 이에 대해서는 ① 확정된 사실에 대한 유죄판결에 중점을 두고 공소불가분의 원칙과 일사부재리의 원칙에 의하여 면소판결을 하여야 한다는 견해, ② 유죄부분이 확정됨으로써 무죄부분과 유죄부분은 소송법상 두 개의 사건으로 분할되어 무죄부분만 상소심의 심판의 대상이 된다는 견해(일부이심설), 그리고 ③ 상소제기된 무죄부분에 중점을 두고 상소불가분의 원칙에 의하여 유죄인 부분도 상소심에 계속된다는 견해(전부이심설)가 대립하고 있다.

(2) 판례는 검사가 무죄부분을 상소한 경우에 유죄부분도 상소심의 심판의 대상이 된다고 하여 전부이심설을 취하고 있다(대판 1995. 6. 13, 94도3250).

IV. 소 결

(1) 일부이심설은 경합범의 경우에 금고 이상의 형에 처한 확정판결이 있으면 경합범의 처리가 분리되는 것처럼 무죄의 확정에 의하여 하나의 범죄사실이 두 개의 범죄사실로 분리된다고 못 볼 바는 아니며, 피고인의 이익보호를 위한 상소제도의 취지, 상소심의 동적·발전적 성격 그리고 확정판결의 기판력에 의한 법적 안정성을 고려하여 무죄부분인 사실은 확정되고 일부상소된 사실만이 상소심이 심판대상이 된다고 본다.

(2) 그러나 공소불가분의 원칙상 법원의 심판대상은 일죄의 일부에 대해 공소가 제기된 경우라도 그 전부에 대해 미치고(형사소송법 제248조 제2항), 상소불가분의 원칙상 일죄의 일부에 대한 상소는 그와 불가분의 관계에 있는 부분에 대해서도 미친다(형사소송법 제342조 제2항).

(3) 따라서 소송법상 일죄로 취급되는 포괄일죄와 과형상의 일죄는 형사절차의 전 과정을 통하여 일관되게 유지되어야 할 것이고 설사 포괄일죄나 상상적 경합관계가 상소심에서 뒤늦게 확인된다고 하더라도 전체범죄사실이 상소심의 심판의 대상이 된다고 하는 것이 타당하다고 본다(전부이심설).

Ⅴ. 문제의 해결

항소심에서 두 개의 범죄사실이 경합범관계에 있다고 판단하여 일부에 대해서는 유죄 그리고 일부에 대해서는 무죄를 선고하였는데 무죄부분에 대해서만 검사가 상고를 하고 상고심에서는 양 죄가 상상적 경합관계에 있다고 판단하는 경우, 상소불가분의 원칙에 따라 전체의 범죄사실이 상소심의 심판대상이 되고 따라서 상소심은 전체 범죄사실을 파기할 수 있다.

제3문

3. 대법원이 공갈죄에 대한 부분도 함께 파기환송한 경우 항소심은 甲에 대하여 징역 2년에 집행유예 2년을 선고할 수 있는가? (10점)

Ⅰ. 문제점

제3문에 있어서는 불이익변경금지의 원칙과 관련하여 ① 피고인이 항소한 사건에 대하여 검사가 상고한 경우에도 적용되는지, ② 상소심이 원심판결을 파기하고 원심법원에 환송한 경우 환송을 받은 법원에 대해서도 적용이 되는지, ③ 징역형의 형기가 늘어나면서 집행유예를 붙이는 것이 불이익변경에 해당하는가가 문제된다.

II. 불이익변경금지의 원칙의 적용범위

(1) 피고인이 상소 또는 상고한 사건과 피고인을 위하여 항소 또는 상고한 사건에 있어서 상소심은 원심판결의 형보다 중한 형을 선고하지 못하며, 이를 불이익변경금지의 원칙이라고 한다. 불이익변경금지의 원칙은 피고인이 중형변경의 위험 때문에 상소제기를 단념하는 것을 방지함으로써 피고인의 상소권을 보장하는 데 그 근거가 있다.

(2) 불이익변경금지의 원칙은 피고인이 상소한 사건과 피고인을 위하여 상소한 사건에 적용되는데, 설문에서와 같이 피고인만이 항소한 제2심 판결에 대하여 검사가 상고한 때에도 이 원칙이 적용되는가가 문제된다.

(3) 이 경우 상소심의 잘못 때문에 항소한 피고인이 불이익을 받는다는 것은 피고인이 상소권을 보장한 취지에 반할 뿐 아니라 상고심이 스스로 판단하여 형을 선고하는 경우에 검사만 상고하였다는 이유로 불이익변경금지의 원칙을 적용하지 않는 것은 상고심이 환송[58]하느냐 자판하느냐의 우연한 사정에 의하여 피고인의 지위가 영향을 받게 되는 불이익이 있다. 따라서 피고인만이 항소하였으나 검사가 항소심판결에 불복하여 상고를 하였을 경우에도 불이익변경금지의 원칙이 적용된다고 보아야 할 것이다.

III. 일부상소의 효력

(1) 이 사안에서 상소심이 검사의 상소를 이유 있는 것으로 받아들여 원심판결을 파기하고 피고사건을 원심법원에 환송한 경우 환송을 받은 법원의 심판절차에 있어서도 불이익변경금지의 원칙이 적용되는가가 문제된다.

(2) 상소심이 파기자판하는 경우에만 이 원칙을 적용하고 파기환송을 하는 경우에는 이 원칙의 적용을 부인한다면 상소심의 판단형식에 따라서 이 원칙의 적용여부가 좌우되는 불합리한 결과가 발생한다. 또한 상소에 의하여 원심판결이 파기된 경우에 환송법원이 원심법원의 판결보다 더 중한 형을 선고하는 것은 피고인의 상소권을 보장하기 위한 불이익변경금지의 원칙의 취지에 반하는 것이라고 하지 않을 수 없다. 따라서 파기환송을 받은 항소심에 대해서도 이 원칙이 적용된다고 보아야 한다.

---

58) 파기환송하는 경우는 환송 후의 항소심은 불이익변경금지의 원칙을 당연히 적용받게 된다.

IV. 불이익변경금지 원칙의 위반 여부

1. 불이익변경의 판단기준

불이익변경에 해당하는가의 여부는 전후 판결의 형의 종류 및 경중에 관한 형법의 규정뿐만 아니라 전후 판결의 형을 전체적·종합적으로 고찰하여 어느 것이 실질적으로 피고인에게 불이익한가를 기준으로 판단하여야 한다(대판 1998. 3. 26, 97도1716). 따라서 우선 형의 경중의 판단기준을 규정하고 있는 형법 제50조에 따라서 형법 제41조 기재의 순서에 따라 판단하고, 이 기준으로 판단하기 불충분한 경우에는 원심법원이 선고한 형과 상소법원이 선고하는 형을 전체적·종합적으로 비교하여 피고인에게 가해지는 법익침해의 정도를 실질적으로 판단하여 결정하여야 할 것이다.

2. 징역형의 형기를 늘이면서 집행유예를 붙이는 경우

(1) 설문에서는 우선 1심은 검사의 공소사실에 대해 모두 유죄를 인정하면서 징역 1년을 선고하였는데, 상소심으로부터 파기환송을 받은 항소심이 징역형의 형기를 늘여 2년을 선고하면서 2년간의 집행유예를 붙이는 것이 불이익변경에 해당하는가가 문제된다.

(2) 이에 대해서는 집행유예가 피고인에게 실질적으로 유리하다는 점을 들어 불이익변경을 부인하는 견해와 형의 집행유예가 취소되거나 실효되는 경우의 불이익도 고려해야 하므로 불이익변경에 해당한다는 견해가 대립하고 있다. 판례도 불이익변경에 해당한다고 보고 있다(대판 1966. 12. 8, 66도1319).

(3) 집행유예는 집행유예의 선고를 받은 후 그 선고가 실효 또는 취소됨이 없이 유예기간을 경과한 때에는 형의 선고가 효력이 있고(형법 제65조), 수형인의 본적지 시·구·읍·면 사무소에서 관리하는 수형인명표가 폐기되며 검찰청 및 군검찰부에게 관리하는 수형인명부에서 해당란이 삭제되는 등 피고인에게 실질적으로 자유회복을 의미하는 커다란 이익이 부여된다. 다만 이러한 효과는 확정적인 것이 아니며, 집행유예가 취소 또는 실효되는 경우에는 2년간의 징역형이라는 더 큰 불이익이 부과되는 점을 고려해 볼 때 불이익변경에 해당한다고 본다.

V. 문제의 해결

(1) 불이익변경금지의 원칙은 피고인의 상소권보장이라는 취지상 피고인이 항소하고 검사가 상고한 사건에 대해서도 미치고 상소심이 자판하는 경우뿐만 아니라 파기환송을 받은

법원도 이 원칙에 구속된다. 그리고 불이익변경에 해당하는가의 여부는 전후의 판결을 전체적·실질적으로 고려하여 판단하여야 하므로 징역형의 형기를 늘이면서 집행유예를 붙인 경우에는 불이익변경에 해당한다고 할 수 있으나, 징역형에 집행유예를 붙이면서 벌금형을 병과한 경우는 불이익변경에 해당하지 않는다.

(2) 따라서 대법원이 공갈죄에 대한 부분도 함께 파기환송한 경우 항소심은 甲에 대하여 징역 2년에 집행유예 2년을 선고하는 것은 허용되지 않으나, 징역 1년에 집행유예 2년을 선고하면서 벌금 1천만원을 병과하는 것은 허용된다.

제 4 문

4. 丙은 마약류취급자가 아니면서 다른 사람들 사이의 향정신성의약품 매매를 중간에서 알선하였다는 공소사실로 마약류 관리에 관한 법률 위반으로 공소제기되었는데, 원심은 이를 유죄로 인정하여 징역형을 선고하면서도 매매 알선의 대상이 된 향정신성의 약품을 몰수하거나 그 가액을 추징하는 조치는 전혀 취하지 아니하였다. 이에 검사는 원심판결 중 몰수나 추징을 하지 아니한 부분만을 불복대상으로 삼아 상고를 제기하고, 상고이유로 원심판결에는 필수적 몰수 또는 추징에 관한 법리를 오해한 위법이 있다고 주장하였다.
이 경우 이러한 검사의 상고에 대하여 어떠한 판단을 하게 되는가? (10점)

I. 문제점

제4문의 경우는 필요적 몰수와 추징에 해당함에도 불구하고 이를 판단하지 아니한 원심판결에 대하여 검사는 그 전부에 대하여 상고하지 아니하고 몰수와 추징을 하지 아니한 부분에 대하여만 상고하였다. 과연 이러한 상고는 허용될 수 있는지 여부가 문제되며 이로써 상고의 효력이 전부에 미치는가가 논의된다.

II. 몰수 추징 부분에 대한 독립상소가 가능한지 여부

(1) 문제는 본안에 관하여는 상소하지 아니한 채 부가형인 몰수와 추징에 대하여만 상소하는 것이 가능할 것인지가 문제된다. 종래 판례는 몰수나 추징의 선고는 본안종국판결에 부수되는 처분에 불과한 것이니 만큼 종국판결에 대한 상고없이 위 선고부분에 한하여

독립상고는 할 수 없다고 판시하여 상소를 할 수 없다고 하였다(대판 1984. 12. 11, 84도1502).

(2) 그러나 형사소송법 제342조는 제1항에서 "상소는 재판의 일부에 대하여 할 수 있다"고 규정하여 일부 상소를 원칙적으로 허용하면서, 제2항에서 "일부에 대한 상소는 그 일부와 불가분의 관계에 있는 부분에 대하여도 효력이 미친다"고 규정하여 이른바 상소불가분의 원칙을 선언하고 있다. 따라서 불가분의 관계에 있는 재판의 일부만을 불복대상으로 삼은 경우 그 상소의 효력은 상소불가분의 원칙상 피고사건 전부에 미쳐 그 전부가 상소심에 이심되는 것이고, 이러한 경우로는 일부 상소가 피고사건의 주위적 주문과 불가분적 관계에 있는 주문에 대한 것, 일죄의 일부에 대한 것, 경합범에 대하여 1개의 형이 선고된 경우 경합범의 일부 죄에 대한 것 등에 해당하는 경우를 들 수 있다.

(3) 이 사안의 경우도 비록 몰수나 추징이 부수되는 처분이라고 하더라도 마약류 관리에 관한 법률상의 몰수와 추징은 징벌적인 성질을 가지고 있는 것으로서 주형과 일체성이 요구된다는 점에서 불가분의 관계를 통한 상소의 효력을 인정할 수 있으므로 종국판결에 대한 상소 없이 몰수 또는 추징에 대한 상소가 가능하다고 봄이 타당하다.

(4) 대법원도 이러한 취지로 종전판례를 변경하였다(대판 2008. 11. 20, 2008도5596 전합).

III. 일부상소와 상소불가분의 원칙

그런데, 이 사건에 적용되는 마약류 관리에 관한 법률 제67조는 "이 법에 규정된 죄에 제공한 마약류 및 시설·장비·자금 또는 운반수단과 그로 인한 수익금은 몰수한다. 다만, 이를 몰수할 수 없는 때에는 그 가액을 추징한다"고 정하고 있는바, 이는 이른바 필수적 몰수 또는 추징 조항으로서 그 요건에 해당하는 한 법원은 반드시 몰수를 선고하거나 추징을 명하여야 하고, 위와 같은 몰수 또는 추징은 범죄행위로 인한 이득의 박탈을 목적으로 하는 것이 아니라 징벌적인 성질을 가지는 처분으로 부가형으로서의 성격을 띠고 있어, 이는 피고사건 본안에 관한 판단에 따른 주형 등에 부가하여 한 번에 선고되고 이와 일체를 이루어 동시에 확정되어야 하고 본안에 관한 주형 등과 분리되어 이심되어서는 아니 되는 것이 원칙이므로, 피고사건의 주위적 주문과 몰수 또는 추징에 관한 주문은 상호 불가분적 관계에 있어 상소불가분의 원칙이 적용되는 경우에 해당한다.

IV. 문제의 해결

결론적으로 이 사건은 원심판결 중 몰수나 추징을 하지 아니한 부분을 불복대상으로 삼은 검사의 상고에 의하여 사건 전부가 상고심으로 이심되었고, 피고인의 향정신성의약품 매매 알선행위를 유죄로 인정하면서도 매매 알선의 대상이 된 향정신성의약품을 몰수하거나 그 가액을 추징하는 조치를 전혀 취하지 아니한 원심판결에는 마약류 관리에 관한 법률 제67조의 해석·적용에 관한 법리를 오해한 위법이 있어 그대로 유지될 수 없고 결국 파기환송될 것이다.

제5문

5. 만일 사기죄와 공갈죄가 유죄로 인정되고 두 죄의 죄수관계를 경합범으로 선고한 판결이 확정되었고 사기죄 부분에 재심사유가 있다고 가정할 때, 재심법원이 심리결과 사기죄가 유죄가 인정되고 공갈죄는 무죄가 된다고 판단할 수 있는가? (10점)

Ⅰ. 문제점

제5문의 경우는 경합범에 있어서 경합범 일부에 재심사유가 있을 때 재심개시결정의 범위와 판단범위를 묻고 있다. 경합범을 모두 유죄로 인정하는 경우는 주문이 1개로 선고되므로 경합범 일부에 재심사유가 있다고 하더라도 재심개시의 범위를 일부로 한정하는 것이 어렵다. 또한 설사 경합범 전부를 재심개시결정한다고 하더라도 재심사유 없는 부분까지 판단이 가능한 것인지도 문제된다.

Ⅱ. 재심개시결정의 범위

(1) 경합범의 일부에 대해 재심청구가 이유 있는 경우, 예컨대 위의 사기죄와 공갈죄가 경합범으로 1개의 형이 선고되고 판결이 확정된 후 사기죄 사실에 대하여만 재심사유가 인정되는 경우에 재심법원이 재심개시결정을 할 범위와 그 심판범위에 대하여는 별도의 규정이 없다.

(2) 여기서 재심개시결정은 재심사유 있는 사건에 대하여만 하여야 하는가, 아니면 전체 사건에 대하여하여는지, 또 재심사유 있는 사실에 관하여만 심리할 수 있는가, 아니면 경합범인 1사건 전부에 관하여 심리할 수 있는지 그리고 만약 후자의 경우라면 재심사유 없는 죄에 관하여도 양형조건 이외에 사실인정에 관하여도 심리할 수 있는가 등을 둘러싸고 견해가 대립하고 있다.

III. 학 설

1. 일부재심설

(1) 재심사유가 있고 재심청구된 부분에 대해서만 재심개시결정을 하고 재판심리(재심심판)의 대상도 역시 그 부분에 한한다는 견해이다.[59] 따라서 이 견해에 따르면 형의 분리절차를 별도로 진행하여야 하며, 양형 고려사유도 원판결시를 기준으로 하며 원판결 이후의 사정은 고려하지 않는다.

(2) 그 근거로 재심의 본질상 경합범관계에 있는 일부사실에 대하여 재심사유가 인정된다고 하여 하등의 재심사유가 없는 다른 사실까지도 조사하여 원판결의 인정을 움직일 필요는 없고, 또 그렇게 하는 것은 재심제도의 본질과 입법취지에도 반하는 것이므로 재심사유가 인정되는 사실만 재심의 대상으로 하여야 한다는 점 등을 들고 있다.

2. 전부재심설

(1) 경합범의 경우에 1개의 형이 선고되면 재심청구가 없는 부분도 양형에서 재심사유가 인정된 부분과 불가분의 관계를 이루게 되므로 경합범 전체에 대해 재심개시결정을 하여야 하고 재심이 개시된 이상 전체 범죄사실(재심심판의 대상)에 관하여 다시 심리해야 한다는 견해이다.[60]

(2) 그 근거로 상소불가분의 원칙(제342조 제2항)을 유추적용해야 하며, 현행 형사소송법 체계는 범죄사실의 인정절차와 양형절차를 구분하고 있지 아니하므로 재심사유 없는 사실에 관하여 사실심리는 할 수 없고 양형만을 조사한다는 것은 부적절하다는 점을 들고 있다.

3. 절충설

(1) 재심개시결정은 심판대상의 전부에 대하여 해야 하지만, 재심사유가 없는 사실에 대하여는 재심개시결정으로 형식적으로 재판심리(재심심판)의 대상에 포함되는 것에 불과하므로 재심법원은 재심사유가 없는 사실에 대하여 유죄인정을 파기할 수는 없고 다만 그 양형에 관하여 필요한 조사를 할 수 있다는 견해이다.

(2) 이처럼 양형조건에 관하여 확정판결후의 정상도 참작하여 양형을 정하므로 재심사유 있는 사실이 유죄로 인정되는 경우에는 재심사유 없는 사실과 경합범으로 처리하여 1개

---

59) 이재상, 전게서, 706면.
60) 배종대·이상돈, 전게서, 847면; 백형구, 전게서, 882면; 신동운, 전게서, 1181면; 김희옥, 형사소송법의 쟁점, 566면.

의 형을 선고해야 한다고 본다.

IV. 판 례

대법원은 "경합범의 관계에 있는 수개의 범죄사실을 유죄로 인정하여 한 개의 형을 선고한 확정판결에서 그 중 일부의 범죄사실에 대하여만 재심청구의 이유가 있는 것으로 인정되는 경우에는 형식적으로 1개의 형이 선고된 판결에 대한 것이어서 그 판결 전부에 대하여 재심개시결정을 할 수밖에 없지만, 비상구제수단인 재심제도의 본질상 재심사유가 없는 범죄사실에 대하여는 재심개시결정의 효력이 그 부분을 형식적으로 심판의 대상에 포함시키는데 그치므로 재심법원은 그 부분에 대하여는 이를 다시 심리하여 유죄인정을 파기할 수 없고, 다만 그 부분에 관하여 새로이 양형을 하여야 하므로 양형을 위하여 필요한 범위에 한하여만 심리를 할 수 있을 뿐이다."(대판 2001. 7. 13, 2001도1239)라고 판시하면서, 양형시점에 관해서도 "재심사유가 없는 범죄사실에 관한 법령이 재심대상 판결 후 개정 폐지된 경우에는 그 범죄사실에 관하여도 재심판결당시의 법률을 적용하여야 하고 양형조건에 관하여도 재심대상 판결 후 재심판결까지의 새로운 정상도 참작하여야 하며, 재심사유 있는 사실에 관하여 심리 결과 만일 다시 유죄로 인정되는 경우에는 재심사유 없는 범죄사실과 경합범으로 처리하여 한 개의 형을 선고하여야 한다"(대판 1996. 6. 14, 96도477)고 판시하여 재심판결시점을 기준으로 삼고 있다(절충설).

V. 검 토

(1) 경합범으로 한 개의 주문으로 판결이 확정된 이상 일부에 재심사유가 있어 새롭게 판결을 내려야 한다면 결국 재심사유가 없는 부분에 대하여도 경합범처리를 위하여 새로 형을 정하는 것이 불가피하다. 그렇다면 재심판결선고 당시의 양형조건을 따르는 것이 오히려 법감정에 맞을 뿐만 아니라 피고인에게도 유리하므로 재심제도의 본질에 부합한다고 본다.

(2) 따라서 절충설과 같이 형식적으로는 전부에 대하여 재심개시결정을 하되 재심사유 없는 부분에 대하여는 심리를 할 수 없고 단지 새롭게 양형을 정하기 위하여 양형조사만 가능하다고 볼 것이다. 그러므로 사안에서 사기죄에 재심사유가 존재한다고 하더라도 법원이 공갈죄 부분까지 전부 재심개시의 대상으로 삼은 것은 타당하다. 하지만 재심사유 없는 공갈죄 부분에 대한 실체심리를 하는 것은 심판범위를 벗어난 것으로 위법하다고 볼 것이다.

VI. 문제의 해결

위에서 검토한 바와 같이 절충설이 타당하다. 그러므로 사기죄에 재심사유가 존재한다고 하더라도 법원이 공갈죄 부분까지 전부 재심개시의 대상으로 삼은 것은 타당하지만 재심사유 없는 공갈죄 부분에 대한 무죄라는 실체심리와 판단을 하는 것은 심판범위를 벗어난 것으로 위법하다고 볼 것이다.

대법원 결정의 확정시점

사실관계

공갈미수죄로 2010년 1월 29일 징역 10월에 집행유예 2년이 확정된 A씨는 집행유예기간(2010년 1월 29일~2012년 1월 28일) 중이던 2010년 8월부터 8개월간 11차례에 걸쳐 남의 물건을 훔친 혐의(절도)로 지난해 3월 구속기소돼 1심에서 징역 8월의 실형을 선고받았다. A씨는 1심 판결에 불복해 항소했고 기각당하자 대법원에 상고했다. 대법원은 지난 1월 17일 적법한 상고이유서가 제출되지 않았다며 A씨의 상고를 기각하는 결정을 하고 상고기각결정문을 A씨에게 우편 발송했다. 하지만 결정문은 폐문부재(주소지의 문이 잠겨있고 온 가족이 집에 없는 경우)로 A씨에게 전달되지 않았다. A씨는 상고심 계류 중이던 지난해 11월 미결구금일수가 1,2심 선고형량인 징역 8월에 달해 석방된 후 불구속 상태에서 재판을 받고 있었다. 그러자 대법원은 지난 2월 공시송달을 통해 결정문을 송달했다.

상고기각 결정은 공갈미수죄에 대한 집행유예기간 만료 11일 전에 있었지만 결정문은 집행유예기간 만료 후에 A씨에게 전달되었다.

쟁 점

상고기각결정의 확정시기가 결정시인지 아니면 결정문이 송달된 때인지에 따라 A씨가 기존에 선고받은 집행유예의 실효여부가 달라진다. 형법 제63조(집행유예의 실효)는 "집행유예의 선고를 받은 자가 유예기간 중 고의로 범한 죄로 금고 이상의 실형을 선고받아 그 판결이 확정된 때에는 집행유예의 선고는 효력을 잃는다."고 규정하고 있으므로 집행유예기간이 도과한 후 결정이 확정된다면 실효가 되지 않지만 결정시라고 보아 집행유예기간이 도과되기 전에 확정된 것으로 본다면 그 집행유예는 실효되게 된다.

판 단

대법원(대결 2012. 4. 27, 2012모576)은 "형사소송법 제37조, 제42조, 제65조, 민사소송법 제221조 규정을 종합해 보면 상고기각결정은 그 결정이 고지되었을 때 효력을 가지고 확정된다"며 "상고기각 결정이 A씨에게 (공시송달을 통해) 고지된 것으로 보이는 2월 17일에 형이 확정됐다"고 판단하였다. 형사소송법 제42조(재판의 선고, 고지의 방식) "재판의 선고 또는 고지는 공판정에서는 재판서에 의하여야 하고 기타의 경우에는 재판서등본의 송달 또는 다른 적당한 방법으로 하여야 한다. 단, 법률에 다른 규정이 있는 때에는 예외로 한다."고 규정하고 있을 뿐 아니라 제63조에서 "피고인의 주거, 사무소와 현재지를 알 수 없는 때에는 공시송달을 할 수 있다"고 규정함과 동시에 제64조 제4항에서 "최초의 공시송달은 제2항의 공시를 한 날로부터 2주일을 경과하면 그 효력이 생긴다. 단, 제2회 이후의 공시송달은 5일을 경과하면 그 효력이 생긴다."고 규정하고 있다. 따라서 고지시설이 타당하다. 그러나 검찰은 고지시로 할 경우 형을 집행하는 데 있어 기준이 불분명해지고 법적 안정성이 깨진다는 것을 이유로 결정시로 보아야 한다고 주장하고 있다.

○ 사례 70

1. 甲은 여자친구 乙의 집에 머물던 중 우연히 여자친구 乙명의의 예금계좌 아이
   디와 비밀번호를 알게 되었다. 甲은 인터넷 뱅킹으로 乙의 예금계좌에서 자신의
   예금계좌로 2020. 8. 17. 5백만 원(제1사건), 2020. 8. 18. 3백만 원(제2사건),
   2020. 10. 12. 2백만 원(제3사건)을 각각 이체시켜 컴퓨터 등 사용사기죄를 저
   질렀다.

   이에 대하여 검사가 甲의 제1사건, 제2사건 및 제3사건을 모두 밝혀냈고 증거
   도 충분하다는 것을 전제로 하여, 위 사건 전부를 기소하자 제1심 법원은 제1
   사건은 무죄, 나머지 사건들은 유죄를 선고하였고

   (1) 이에 검사가 무죄부분에 대하여 항소한 경우 항소심법원의 심판범위를 검토
       하시오. (20점)

   (2) 만일 피고인이 유죄부분에 대하여만 항소한 경우는 그 심판범위가 어떠하며,
       만일, 항소심에서 나머지 유죄 부분도 무죄라고 판단되는 경우 그 파기범위
       는 어떠한가? (25점)

2. 丙은 2015. 8. 17. 친구들과 호프집에서 술을 마시던 중 뒷자리 사람 丁과 말
   싸움을 하게 되어 그곳에 있던 식칼(13cm)를 들고 丁의 허벅다리를 찔러 상해
   를 입혔다. 이에 검사는 상처부위 등을 종합하여 적용법조를 폭력행위등처벌에
   관한법률 제3조 제1항, 형법 제257조 제1항으로 기재하여 2017. 3. 1. 기소하
   였다. 그런데 2016. 1. 6. 법률 제13718호로 개정·시행된 폭력행위등처벌에관
   한법률에는 제3조 제1항이 삭제되고, 같은 날 법률 제13719호로 개정·시행된
   형법에는 제258조의2(특수상해)가 신설되어 그 제1항에서 "단체 또는 다중의
   위력을 보이거나 위험한 물건을 휴대하여 제257조 제1항 또는 제2항의 죄를
   범한 때에는 1년 이상 10년 이하의 징역에 처한다."라고 규정하였다.

   (1) 丙의 위 丁에 대한 상해사건과 관련하여 2017. 6. 25. 변론이 종결되었다고
       할 때, 丙의 변호인의 입장에서 변론하시오.(피고인은 모두 자백하였음을 전
       제로 함) (20점)

   (2) 만일 丙이 A에 대한 단순상해죄와 위 丁에 대한 폭처법위반(흉기휴대상해)로
       경합범 가중이 되어 1심에서 2015. 11. 11. 징역 1년, 집행유예 2년의 형이
       확정되었다고 할 때, 丙의 변호인이 丁에 대한 위 폭처법위반 사건에 대하여

재심을 청구하는 것이 가능한지 여부 및 A에 대한 단순상해죄에 대하여 재심개시 후 A와 합의가 되었을 때, 그 합의서를 제출하며 재심법원에서 양형사유를 주장하는 것이 가능한지 검토하시오. (35점)

(3) 만일 재심법원에서 丙에 대하여 형을 선고하면서 집행유예를 빼고, 징역 8월의 실형이 선고하였다면, 어떤 법적 문제가 발생하는가? (20점)

해 설

제1문

(1) 이에 검사가 무죄부분에 대하여 항소한 경우 항소심법원의 심판범위를 검토하시오.
(20점)

Ⅰ. 사안의 쟁점

甲에 대한 포괄일죄 사건에서 일부 무죄, 일부 유죄가 선고된 경우 피고인 甲만이 유죄부분에 항소한 경우로서 이는 일죄의 일부상소에 해당하는데 우리 형사소송법(이하 '동법')은 제342조 제2항에서 상소불가분의 원칙을 규정하고 있어 그 허용 여부 및 허용시 항소심법원의 심판대상에 대하여 우리 대법원의 태도를 중심으로 살펴보도록 한다.

Ⅱ. 일부상소의 허부

1. 일부상소의 요건

상소불가분의 원칙상 일부상소가 허용되기 위해서는 ① 재판의 내용이 가분이고, ② 독립된 재판이 가능할 것을 요한다.

2. 일부상소가 허용되는 경우

경합범 관계에 있는 수 개의 공소사실에 대해 일부 유죄, 일부 다른 재판이 선고된 경우, 경합범에 대하여 하나의 주문에서 다른 형이 선고된 경우 등에서는 허용되지만 경합범 관계라도 하나의 판결로 하나의 형이 선고될 경우에는 허용되지 않는다.

3. 일부상소가 제한되는 경우

원칙적으로 단순일죄와 포괄일죄 그리고 상상적 경합범 관계에 있는 범죄의 일부에 대해서는 상소불가분의 원칙 및 재판의 내용이 불가분이기 때문에 허용되지 않는다. 그러나 예외적으로 우리 대법원은 피고인에게 유리한 방향으로 이를 해석하는 경우가 있다.

III. 포괄일죄의 일부상소

1. 판례의 태도

대법원은 ① 포괄일죄의 일부에 대하여 무죄가 선고된 경우 검사만이 무죄부분에 대하여 상소한 경우에는 유죄부분은 상고심에 이심될 뿐만 아니라 상고심의 심판대상도 된다(대판 1989. 4. 11, 86도1629)고 보아 일부상소를 허용하지 않는 입장이다.

그러나 ② 포괄일죄의 일부에 대하여 유죄가 선고된 경우 피고인만 유죄부분에 대하여 상소한 경우 '상소불가분의 원칙에 의해 무죄부분도 상소심에 이심되기는 하나, 그 부분은 사실상 심판대상에서 제외되어 이미 당사자 간의 공격방어의 대상으로부터 벗어나 사실상 심판대상에서도 벗어나게 되어 상소심으로서는 그 무죄부분에까지 나아가 판단할 수 없다(대판 1991. 3. 12, 90도2820)'고 판시하여 피고인에게 유리한 해석을 펼치고 있다.

2. 검 토

이러한 판례의 태도는 피고인의 방어권 보장을 고양시키기 위한 방편으로 형사법의 원칙 중 하나인 '의심스러울 때는 피고인의 이익'으로 라는 원칙에 부합한 해석으로 타당하다고 평가된다.

IV. 사안의 해결

(1) 포괄일죄의 일부에 대하여 무죄가 선고된 경우 검사만이 무죄부분에 대하여 상소한 경우에는 유죄부분은 상고심에 이심될 뿐만 아니라 상고심의 심판대상도 된다. 이 경우 무죄부분이 파기되면 유죄부분까지 전부 파기된다.

(2) 사안에서는 판례의 입장에 따라 甲이 무죄부분인 제1사건 외에 유죄가 선고된 나머지 사건 부분에 대하여만 항소한 경우 항소심법원은 상소불가분의 원칙에 따라 제1, 2, 3사건 모두가 항소심에 이심은 되나 당사자 간의 공격방어의 대상으로부터 벗어난 제1사건 무죄부분에 대하여는 심판할 수 없다고 봄이 타당하다. 이 경우 유죄부분이 무죄취지로 파기되는 경우는 일부파기 되는데, 항소심은 무죄취지로 그 유죄부분만을 일부 파기한 후 자판하게 될 것이다.

제2문

(1) 丙의 위 丁에 대한 상해사건과 관련하여 2017. 6. 25. 변론이 종결되었다고 할 때, 丙의 변호인의 입장에서 변론하시오. (피고인은 모두 자백하였음을 전제로 함) (20점)

I. 사안의 쟁점

행위시점은 2015. 8. 17. 이나 2016. 1. 6. 구 폭력행위등처벌에관한법률 제3조 제1항이 삭제되었다. 같은 날 법률 제13719호로 개정·시행된 형법에는 제258조의2(특수상해)가 신설되었는 바, 공소가 제기된 2017. 3. 1. 이후 현재 재판을 받는 중이므로 행위시 법률이 아닌 재판시 법률인 위 신법의 적용을 주장할 수 있는지 문제된다.

II. 부칙의 존재 여부

위 특수상해죄가 신설되면서 별도의 부칙이 마련되지 않았다. 따라서 경과규정이 별도로 존재하지 않으므로 신법이 재판시법이 적용되는지 아니면 구법인 행위시법이 적용되는지는 결국 '범죄 후 법률의 변경에 의하여 형이 구법보다 경한 때'에 해당하는지에 따라 판단될 것이다.

III. 제1조 제2항의 적용 여부

1. 구 폭력행위처벌법은 제3조 제1항에서 "단체나 다중의 위력으로써 또는 단체나 집단을 가장하여 위력을 보임으로써 제2조 제1항 각 호에 규정된 죄를 범한 사람 또는 흉기나 그 밖의 위험한 물건을 휴대하여 그 죄를 범한 사람은 제2조 제1항 각 호의 예에 따라 처벌한다."라고 규정하고, 제2조 제1항에서 "상습적으로 다음 각 호의 죄를 범한 사람은 다음의 구분에 따라 처벌한다."라고 규정하면서 그 제3호에서 형법 제257조 제1항(상해), 형법 제257조 제2항(존속상해)에 대하여 3년 이상의 유기징역에 처하도록 규정하였다.

2. 그런데 2016. 1. 6. 법률 제13718호로 개정·시행된 폭력행위 등 처벌에 관한 법률에는 제3조 제1항이 삭제되고, 같은 날 법률 제13719호로 개정·시행된 형법에는 제258조의2(특수상해)가 신설되어 그 제1항에서 "단체 또는 다중의 위력을 보이거나 위험한 물건을 휴대하여 제257조 제1항 또는 제2항의 죄를 범한 때에는 1년 이상 10년 이하의 징역에 처한다."라고 규정하였다.

3. 이와 같이 형법 제257조 제1항의 가중적 구성요건을 규정하고 있던 구 폭력행위처벌법 제3조 제1항을 삭제하는 대신에 위와 같은 구성요건을 형법 제258조의2 제1항에 신설하면서 그 법정형을 구 폭력행위처벌법 제3조 제1항보다 낮게 규정한 것은, 위 가중적 구성요건의 표지가 가지는 일반적인 위험성을 고려하더라도 개별 범죄의 범행경위, 구체적인 행위태양과 법익침해의 정도 등이 매우 다양함에도 불구하고 일률적으로 3년 이상의 유기징역으로 가중 처벌하도록 한 종전의 형벌규정이 과중하다는 데에서 나온 반성적 조치라고 보아야 할 것이므로, 이는 형법 제1조 제2항의 '범죄 후 법률의 변경에 의하여 형이 구법보다 경한 때'에 해당한다고 봄이 타당하다. 판례 역시 위와 같은 입장에서 제1조 제2항을 적용한 바 있다(대판 2016. 1. 28, 2015도17907 등).

IV. 결 론

丙의 변호인은 형법 제1조 제2항에 해당함을 이유로 재판시 법률인 법정형이 낮은 형법 제258조의2(특수상해)를 적용해줄 것을 주장할 수 있다.

제2문

(2) 만일 丙이 A에 대한 단순상해죄와 위 丁에 대한 폭처법위반(흉기휴대상해)로 경합범 가중이 되어 1심에서 2015. 11. 11. 징역 1년, 집행유예 2년의 형이 확정되었다고 할 때, 丙의 변호인이 丁에 대한 위 폭처법위반 사건에 대하여 재심을 청구하는 것이 가능한지 여부 및 A에 대한 단순상해죄에 대하여 재심개시 후 A와 합의가 되었을 때, 그 합의서를 제출하며 재심법원에서 양형사유를 주장하는 것이 가능한지 검토하시오. (35점)

I. 사안의 쟁점

丙이 A에 대한 단순상해죄와 위 丁에 대한 폭처법위반(흉기휴대상해)로 경합범 가중이 되어 1심에서 2015. 11. 11. 징역 1년, 집행유예 2년의 형이 확정되었고, 丙의 변호인이 丁에 대한 폭처법위반에 대하여만 재심을 청구하였다면, 그 재심사유가 존재하는지 여부 및 과연 A에 대한 위 단순상해죄 위반 사건의 유리한 양형요소에 대하여도 재심법원은 심리가 가능한지 문제된다. 이는 경한 죄를 인정할 명백한 증거가 새로 발견된 때에 해당하는지 여부 및 재심개시결정의 범위와 관련된 문제이다.

Ⅱ. 재심사유에 해당하는지 여부

1. 형사소송법 제420조 제5호는 '원판결이 인정한 죄보다 경한 죄를 인정할 명백한 증거가 새로 발견된 때'를 재심사유로 규정하고 있다.

2. 판례는 형사소송법 제383조 제3호에 의하여 "재심청구의 사유가 있을 때"는 상고이유로 할 수 있고, 같은 법 제420조 제5호는 재심사유의 하나로 "유죄의 선고를 받은 자에 대하여 무죄 또는 면소를, 형의 선고를 받은 자에 대하여 형의 면제 또는 원판결이 인정한 죄보다 경한 죄를 인정할 명백한 증거가 새로 발견된 때"를 규정하고 있는바, 여기서 '원판결이 인정한 죄보다 경한 죄'라 함은 원판결이 인정한 죄와는 별개의 죄로서 그 법정형이 가벼운 죄를 말하므로, 필요적이건 임의적이건 형의 감경사유를 주장하는 것은 포함하지 않는다(대판 2007. 7. 12, 2007도3496)고 판시하고 있다.

3. 따라서 죄가 변경되지 않은 채, 법정형만 가볍게 된 경우는 재심사유에 해당하지 않는다.

4. 그러나 피고인에게 적용된 구 폭처법 제3조 제1항은 형벌체계상의 정당성과 균형을 잃은 것이 명백하므로, 인간의 존엄성과 가치를 보장하는 헌법의 기본원리에 위배될 뿐만 아니라 그 내용에 있어서도 평등원칙에 위배된다는 이유로 위헌결정을 받았으며,[61] 헌법재판소법 제47조 제3항은 위헌으로 결정된 법률 또한 법률의 조항에 근거한 유죄의 확정판결에 대하여는 재심을 청구할 수 있다고 규정하고 있으므로 사안의 경우, 피고인에게는 재심사유가 존재한다고 볼 것이다.

Ⅲ. 재심개시결정의 범위

1. 사안의 쟁점

사안에서와 같이 경합범임에도 불구하고 1개의 징역형을 선고하였는데 경합범 중 일부의 범죄사실에만 재심청구가 이유있다고 인정되는 경우 그에 대한 재심개시결정의 범위가 문제된다. 즉, 재심개시결정은 재심사유 있는 사건에 대하여만 하여야 하는가, 아니면 전체 사건에 대하여하는지, 또 재심사유 있는 사실에 관하여만 심리할 수 있는가, 아니면 경합범

---

61) 헌재결 2015. 9. 24, 2014헌바154.

인 사건 전부에 관하여 심리할 수 있는지 그리고 만약 후자의 경우라면 재심사유 없는 죄에 관하여도 양형조건 이외에 사실인정에 관하여도 심리할 수 있는가 등을 둘러싸고 견해가 대립하고 있다.

2. 학 설

(1) 일부재심설

재심사유가 있고 재심청구된 부분에 대해서만 재심개시결정을 하고 재판심리(재심심판)의 대상도 역시 그 부분에 한한다는 견해이다.[62) 따라서 이 견해에 따르면 형의 분리절차를 별도로 진행하여야 하며, 양형 고려사유도 원판결시를 기준으로 하며 원판결 이후의 사정은 고려하지 않는다.

(2) 전부재심설

경합범의 경우에 1개의 형이 선고되면 재심청구가 없는 부분도 양형에서 재심사유가 인정된 부분과 불가분의 관계를 이루게 되므로 경합범 전체에 대해 재심개시결정을 하여야 하고 재심이 개시된 이상 전체 범죄사실(재심심판의 대상)에 관하여 다시 심리해야 한다는 견해이다.[63)

(3) 절충설

재심개시결정은 심판대상의 전부에 대하여 해야 하지만, 재심사유가 없는 사실에 대하여는 재심개시결정으로 형식적으로 재판심리(재심심판)의 대상에 포함되는 것에 불과하므로 재심법원은 재심사유가 없는 사실에 대하여 유죄인정을 파기할 수는 없고 다만 그 양형에 관하여 필요한 조사를 할 수 있다는 견해이다.

3. 판 례

대법원은 '경합범의 관계에 있는 수개의 범죄사실을 유죄로 인정하여 한 개의 형을 선고한 확정판결에서 그 중 일부의 범죄사실에 대하여만 재심청구의 이유가 있는 것으로 인정되는 경우에는 형식적으로 1개의 형이 선고된 판결에 대한 것이어서 그 판결 전부에 대하여 재심개시결정을 할 수밖에 없지만, 비상구제수단인 재심제도의 본질상 재심사유가 없는 범죄사실에 대하여는 재심개시결정의 효력이 그 부분을 형식적으로 심판의 대상에 포함시키는데 그치므로 재심법원은 그 부분에 대하여는 이를 다시 심리하여 유죄인정을 파기할 수 없다. 다만 그 부분에 관하여 새로이 양형을 하여야 하므로 양형을 위하여 필요한 범위

---

62) 이재상, 전게서, 706면.
63) 배종대 / 이상돈, 전게서, 847면; 백형구, 전게서, 882면; 신동운, 전게서, 1181면; 김희옥, 형사소송법의 쟁점, 566면.

에 한하여만 심리를 할 수 있을 뿐이다[64]'라고 판시하면서, 양형시점에 관해서도 '재심사유가 없는 범죄사실에 관한 법령이 재심대상 판결 후 개정 폐지된 경우에는 그 범죄사실에 관하여도 재심판결당시의 법률을 적용하여야 하고 양형조건에 관하여도 재심대상 판결 후 재심판결까지의 새로운 정상도 참작하여야 하며, 재심사유 있는 사실에 관하여 심리 결과 만일 다시 유죄로 인정되는 경우에는 재심사유 없는 범죄사실과 경합범으로 처리하여 한 개의 형을 선고하여야 한다[65]고 판시하여 재심판결시점을 기준으로 삼고 있다(절충설).

4. 결 론

(1) 경합범으로 한 개의 주문으로 판결이 확정된 이상 일부에 재심사유가 있어 새롭게 판결을 내려야 한다면 결국 재심사유가 없는 부분에 대하여도 경합범처리를 위하여 새로 형을 정하는 것이 불가피하다.

(2) 그렇다면 재심판결선고 당시의 양형조건을 따르는 것이 오히려 법감정에 맞을 뿐만 아니라 피고인에게도 유리하므로 재심제도의 본질에 부합한다고 본다. 따라서 절충설과 같이 형식적으로는 전부에 대하여 재심개시결정을 하되 재심사유 없는 부분에 대하여는 심리를 할 수 없고 단지 새롭게 양형을 정하기 위하여 양형조사만 가능하다고 볼 것이다. 그러므로 사안에서 피고인의 변호인이 재심판결당시의 A에 대한 단순상해죄의 합의서를 제출하면 그 양형사유를 재심법원은 판단할 수 있다.

제2문

(3) 만일 재심법원에서 丙에 대하여 형을 선고하면서 집행유예를 빼고, 징역 8월의 실형이 선고하였다면, 어떤 법적 문제가 발생하는가? (20점)

Ⅰ. 문제의 소재

재심에 있어도 상소심에서 인정되는 불이익변경금지의 원칙이 적용된다. 형사소송법 제439조(불이익변경의 금지)에서 '재심에는 원판결의 형보다 중한 형을 선고하지 못한다.'고 명시적으로 규정하고 있는 바, 과연 재심에서 실형을 선고하는 것이 불이익변경금지원칙에 위배되는 것은 아닌지 문제된다.

---

64) 대판 2001. 7. 13, 2001도1239.
65) 대판 1996. 6. 14, 96도477.

II. 불이익변경의 판단기준

(1) 불이익변경에 해당하는가의 여부는 전후 판결의 형의 종류 및 경중에 관한 형법의 규정뿐만 아니라 전후 판결의 형을 전체적·종합적으로 고찰하여 어느 것이 실질적으로 피고인에게 불이익한가를 기준으로 판단하여야 한다(대판 1998. 3. 26, 97도1716).

(2) 따라서 우선 형의 경중의 판단기준을 규정하고 있는 형법 제50조에 따라서 형법 제41조 기재의 순서에 따라 판단하고, 이 기준으로 판단하기 불충분한 경우에는 원심법원이 선고한 형과 상소법원이 선고하는 형을 전체적·종합적으로 비교하여 피고인에게 가해지는 법익침해의 정도를 실질적으로 판단하여 결정하여야 할 것이다.

III. 징역형의 형기를 줄이면서 1심의 집행유예를 떼고 실형을 선고하는 경우

(1) 제1심에서 징역형의 집행유예를 선고한 데 대하여 제2심이 그 징역형의 형기를 단축하여 실형을 선고하는 것도 불이익변경금지원칙에 위배된다(대결 1986. 3. 25, 86모2).

(2) 마찬가지로 재심대상사건에서 징역형의 집행유예를 선고하였음에도 재심사건에서 원판결보다 주형을 경하게 하고, 집행유예를 없앤 경우는 형사소송법 제439조에 의한 불이익변경금지원칙에 위배된다(대판 2016. 3. 24, 2016도1131).

제3편

종합문제

criminal procedure law

종합사례 1. 문서위조 / 소송사기 / 공소장변경 / 포괄일죄 / 일부상소

아래의 설문에 대하여 판례의 입장에 근거하여 서술하시오.

(1) 甲은 A에 대한 대여금 채권이 없음에도, A의 명의로 된 2,000만원의 차용증을 허위로 작성하고 이를 근거로 제출하여 A 소유의 X토지에 대하여 甲 앞으로 근저당권설정등기를 마친 다음, 법원에 위 근저당권설정등기에 기하여 임의경매를 신청하였다. B는 임의경매에 참가하여 X토지를 낙찰받아 매수대금을 납부하였고, 이에 따른 배당절차에서 甲은 1,200만원의 배당금을 교부받았다.

검사는 이에 대하여 A와 B 모두에 대한 수사를 마친 후 이들에 대한 진술조서를 작성하여 증거로 제출하면서 다음과 같은 요지로 甲을 사기죄로 공소를 제기하였다. "피고인 甲은 피해자 A에 대한 20,000,000원의 대여금 채권이 없었음에도 불구하고, 피해자 A명의의 차용증을 허위로 작성하고, 피해자 A소유의 토지에 관하여 피고인 甲 앞으로 근저당권설정등기를 마친 다음, 그에 기하여 이 사건 토지에 관한 부동산임의경매를 신청하였는데, B가 임의경매에 참가하여 X토지를 낙찰받아 매수대금을 납부하자 배당금 12,000,000원을 교부받아 이를 편취하였다."

(2) 평소 폭행의 습벽이 있는 甲은 어머니 M과 계부 S와 함께 살고 있었는데, 경찰조사를 받고 밤에 집에 돌아온 甲에게 S가 "너는 평소에 그렇게 사람을 때리고 다녀서 전과가 그리 많은데, 이번에는 남의 돈까지 등쳐먹고 다니냐. 정말 구제불능이다."라는 질책을 받고 화가 나서는 S의 뺨을 때리고 엉덩이를 수차례 걷어찼고, 이를 저지하는 M에게 빨래건조대를 집어던져 오른쪽 허벅지 부분을 맞춰 폭행하였다. 다만 甲이 어머니를 폭행한 것은 이번이 처음이었다.

1. 제1심법원은 경매절차는 무효에 해당하므로 A의 처분행위에 갈음하는 내용과 효력이 없다고 판단하여 甲에 대한 검사의 공소사실에 대하여 무죄를 선고하였다. 갑은 공판과정에서 경매절차 무효로 실질적으로 피해를 입은 B에게 미안하다는 진술을 한 바 있다. 甲의 죄책과 함께 법원의 판단이 적법한가의 여부를 논하시오. (50점)

2. (2)부분에 대하여
   (1) 甲의 죄책은? (20점)
   (2) 제1심 법원 계속 중 M은 처벌불원의 의사를 내용으로 한 합의서를 제출하였다. 이를 간과하고 M과 S에 대한 폭행 부분 전부에 대하여 유죄판결을 내리자 항소를 하였는데, 항소심 법원은 M에 대한 폭행부분의 공소사실에 대하여 공소를 기

각하고, S에 대한 폭행부분만 유죄로 인정하였다. 항소심 법원의 판단은 타당한 가? (15점)

(3) 항소심 판결에 대하여 검사만이 상고하였다. 이 경우 상고심의 심판범위와 상고를 받아들여 원심판결을 파기하는 경우 그 파기범위는? (15점)

해 설

제 1 문

1. 제1심법원은 경매절차는 무효에 해당하므로 A의 처분행위에 갈음하는 내용과 효력이 없다고 판단하여 甲에 대한 김사의 공소사실에 대하여 무죄를 선고하였다. 갑은 공판 과정에서 경매절차 무효로 실질적으로 피해를 입은 B에게 미안하다는 진술을 한 바 있다. 甲의 죄책과 함께 법원의 판단이 적법한가의 여부를 논하시오. (50점)

Ⅰ. 사안의 쟁점

허위의 근저당권자가 집행법원을 기망하여 원인무효의 근저당권에 기해 타인 소유의 부동산에 대하여 임의경매신청을 하여 부동산 매각대금에 대한 배당절차에서 배당금을 지급받은 경우에, 이에 따른 집행법원의 배당표 작성과 배당금 교부행위가 피해자의 처분행위에 갈음하는 내용과 효력을 가지는지 여부가 문제되며, 사기죄의 피해자가 다른 것이 판명된 경우 공소장변경 없이도 유죄판결을 할 수 있는지 여부와 이 경우 법원은 유죄판결을 하여야 할 의무가 있는지 문제된다.

Ⅱ. 甲의 죄책

1. 차용증을 허위로 작성하여 제출한 죄책

甲은 행사할 목적으로 작성권한 없이 A명의를 모용하여 차용증을 작성하고 이를 행사하였으므로 형법 제231조의 사문서위조죄 및 제234조의 동행사죄가 성립한다.

2. 허위 사실의 등기와 관련한 죄책

또한, 이를 법원에 제출하여 허위신고를 통해 공정증서 원본에 해당하는 부동산등기부에 불실의 사실[1]인 허위의 근저당권이 기재되게 한바 형법 제228조의 공정증서원본불실기

---

1) 대판 2020. 11. 5, 2019도12042: 형법 제228조 제1항이 규정하는 공정증서원본 불실기재죄나 공전자기록 등 불실기재죄는 특별한 신빙성이 인정되는 권리의무에 관한 공문서에 대한 공공의 신용을 보장함을 보호법익으로 하는 범죄로서 공무원에 대하여 진실에 반하는 허위신고를 하여 공정증서원본 또는 이와 동일한 전자기록 등 특수매체기록에 그 증명하는 사항에 관하여 실체관계에 부합하지 아니하는 '불실의 사실'을 기재 또는 기록하게 함으로써 성립하고, 여기서 '불실의 사실'이라 함은 권리의무관계에 중요한

재죄가 성립한다.

3. 배당금을 받은 것에 대한 죄책

(1) 소송사기

형법 제347조의 사기죄는 사람을 기망하여 재물의 교부를 받거나 재산상의 이익을 취득함으로써 성립하는 범죄이다. 따라서 타인을 기망하여 그로 인한 착오를 야기하여 재산상의 손해를 초래하는 처분행위를 할 것을 필요로 한다. 법원을 기망하여 자기에게 유리한 판결을 얻음으로써 상대방의 재물 또는 재산상 이득을 취득하는 소송사기의 경우에는, 피기망자가 법원이 되며, 피해자의 처분행위에 갈음하는 내용과 효력이 있는 판결이 있어야 한다.

설문의 경우 허위의 근저당권을 기초로 한 경매신청을 통하여 법원을 기망한 것은 명백하므로, 처분행위에 갈음하는 내용과 효력이 있는 판결 해당 여부를 살펴보아야 한다.

(2) A에 대한 사기죄의 성부

근저당권자가 집행법원을 기망하여 원인무효이거나 피담보채권이 존재하지 않는 근저당권에 기해 채무자 또는 물상보증인 소유의 부동산에 대하여 임의경매신청을 함으로써 경매절차가 진행된 결과 그 부동산이 매각되었다 하더라도 그 경매절차는 무효로서 채무자나 물상보증인은 부동산의 소유권을 잃지 않고, 매수인은 그 부동산의 소유권을 취득할 수 없다(대판 2017. 6. 19, 2013도564). 따라서 법원의 판결은 A의 부동산에 대한 처분행위에 갈음하는 내용과 효력을 갖는 판결에 해당하지 아니하므로, A를 피해자로 하는 사기죄는 성립할 수 없다.

(3) B에 대한 사기죄의 성부

B는 경매절차를 신뢰하고 그에 따라 경매에 따른 매각대금을 납부하였으며, 법원은 배당절차에서 B에게 배당금을 지급하였다. 판례는 "허위의 근저당권자가 매각대금에 대한 배당절차에서 배당금을 지급받기에 이르렀다면 집행법원의 배당표 작성과 이에 따른 배당금 교부행위는 매수인에 대한 관계에서 그의 재산을 처분하여 직접 재산상 손해를 야기하는 행위로서 매수인의 처분행위에 갈음하는 내용과 효력을 가진다(대판 2017. 6. 19, 2013도564)." 고 하여, 경매에 따른 매수인을 피해자로 하는 사기죄의 성립을 긍정하고 있다.

의미를 갖는 사항이 객관적인 진실에 반하는 것을 말한다(대판 2013. 1. 24, 2012도12363 참조). 따라서 피고인 소유의 자동차를 타인에게 명의신탁 하기 위한 것이거나 이른바 권리 이전 과정이 생략된 중간생략의 소유권 이전등록이라도 그러한 소유권 이전등록이 실체적 권리관계에 부합하는 유효한 등록이라면 이를 불실의 사실을 기록하게 하였다고 할 수 없다.

(4) 소 결

판례에 따르면, 甲에게는 A에 대하여는 사기죄가 성립될 수 없고, B에 대한 사기죄가 성립한다.

III. 제1심법원의 판단이 적법한지 여부

1. 피해자의 기재가 다른 경우 공소장변경을 요하는지 여부

(1) 공소장변경의 필요성의 판단기준

이에 대하여는 과거에는 ① 동일벌조설, ② 법률구성설 등이 있었으나, 현재 통설과 판례는 ③ 구체적인 '사실'에 차이가 있어 피고인의 방어권에 실질적 영향이 있는 경우 공소장변경을 요구하는 사실기재설의 입장이다.

(2) 사안의 경우

甲이 허위의 근저당권에 기초하여 경매를 신청하고 배당금을 받은 것에 대한 것이라는 점에서 공소사실의 동일성을 해하지 아니하며, 이미 수사단계에서 A와 B에 대한 진술조서가 작성되어 증거로 제출되었고 이미 공소장에 A와 B가 모두 적시된 이상 피해자가 A와 B 중에 누구인가의 여부는 법률적인 판단부분으로 甲의 방어권 행사에 실질적인 불이익을 주는 경우라고 볼 수 없으므로 공소장변경을 요하는 경우가 아니다.[2][3]

2. 법원의 유죄판결 의무

이와 같이 공소장변경절차 없이 직권으로 공소장기재의 사기피해자와 다른 피해자를 적시하여 이를 유죄로 인정할 의무가 있는가에 대하여, 판례는 "공소사실과 동일성이 인정되고 피고인의 방어권 행사에 불이익을 주지 않는 이상 그 피해자가 공소장에 기재된 소외인이 아니라고 하여 곧바로 피고인에 대하여 무죄를 선고할 것이 아니라 진정한 피해자를 가려내어 그 피해자에 대한 사기죄로 처벌하여야 할 것"이라고 판시하여 의무성을 인정하고 있다(대판 2002. 8. 23, 2001도6876).[4]

---

2) 만일 피해자 B가 공소장에 적시되지 않고 B에 대한 내용이 증거기록에서 확인되지 않은 상태에서 임의로 피해자를 B로 인정한다면 공소사실의 동일성이 없다고 볼 수 있다. 또한 사기죄는 피해자별로 사기죄가 성립하고 실체적으로 경합하는 바, 공소사실의 동일성이 원칙적으로 인정되지 않는다. 이 판례 사안과 구분하도록 한다.

3) 공소가 제기된 당초의 사기 범죄사실과 검사가 공소장변경신청을 하여 사기죄의 피해자 및 피해 금액을 추가한 범죄사실은 그 기본적인 사실관계가 동일하다고 할 수 없음에도, 공소장변경을 허가하여 유죄를 선고한 원심판단에 법리오해의 위법이 있다(대판 2010. 4. 29, 2010도3092).

4) 이 판례 사안에서도 마찬가지로 "기소된 공소사실의 재산상 피해자와 공소장에 기재된 피해자가 다른

3. 소 결

甲에 대해 무죄를 선고한 법원의 판단은 진정한 피해자가 누구인지를 가려내지 않은 채 이 사건 공소사실을 무죄로 판단한 원심판결에는 사기죄의 처분행위, 공소사실의 동일성과 심판의 범위에 관한 법리를 오해하여 판결에 영향을 미친 잘못이 있다.

제2문

2. (2)부분에 대하여

(1) 甲의 죄책은? (20점)

(2) 제1심 법원 계속 중 M은 처벌불원의 의사를 내용으로 한 합의서를 제출하였다. 항소심 법원은 M에 대한 폭행부분의 공소사실에 대하여 공소를 기각하고, S에 대한 폭행부분만 유죄로 인정하였다. 항소심 법원의 판단은 타당한가? (15점)

(3) 항소심 판결의 유죄부분이 아닌 공소기각 부분에 대하여 검사만이 상고하였다. 이 경우 상고심의 심판범위와 상고를 받아들여 원심판결을 파기하는 경우 그 파기범위는? (15점)

Ⅰ. 사안의 쟁점

단순폭행과 존속폭행의 범행이 동일한 폭행 습벽의 발현에 의한 것으로 인정되는 경우, 단순폭행과 존속폭행이 포괄하여 하나의 죄만이 성립하는가의 여부와 존속폭행에 대한 처벌불원의 의사표시의 효력 범위, 포괄일죄의 일부가 문제된다.

Ⅱ. 상습폭행죄의 성립 범위 - 설문(1)

1. S에 대한 범죄사실

甲이 S를 폭행한 것은 존속이 아니므로 형법 제260조 제1항의 단순폭행에 해당하나, 폭행 습벽의 발현에 의한 것이므로 형법 제264조의 상습폭행죄가 성립한다.

것이 판명된 경우에는 공소사실의 동일성을 해하지 않고 피고인의 방어권 행사에 실질적 불이익을 주지 않는 한 공소장변경절차 없이 직권으로 공소장 기재의 피해자와 다른 실제의 피해자를 적시하여 이를 유죄로 인정하여야 한다(대판 2017. 6. 19, 2013도564)"고 판시하였다.

2. M에 대한 범죄사실

M은 甲의 어머니로 직계존속이므로, 甲이 M을 폭행한 것은 형법 제260조 제2항의 존속폭행죄에 해당한다. 이때, 甲의 과거 폭행 습벽이 단순폭행에 대한 습벽이라고 하여도, M에 대한 폭행이 그러한 폭행 습벽의 발현에 의한 것인 경우에는 형법 제264조의 상습존속폭행죄가 성립한다고 보는 것이 타당하다. 판례 역시 폭행죄의 상습성은 폭행 범행을 반복하여 저지르는 습벽을 말하는 것으로서, 동종 전과의 유무와 그 사건 범행의 횟수, 기간, 동기 및 수단과 방법 등을 종합적으로 고려하여 상습성 유무를 결정하여야 하고, 단순폭행, 존속폭행의 범행이 동일한 폭행 습벽의 발현에 의한 것으로 인정되는 경우, 그중 법정형이 더 중한 상습존속폭행죄에 나머지 행위를 포괄하여 하나의 죄만이 성립한다(대판 2018. 4. 24, 2017도10956)고 판시하였다.

3. 상습단순폭행죄와 상습존속폭행죄의 죄수

(1) 포괄일죄

수개의 행위가 포괄적으로 한 개의 구성요건에 해당하여 일죄를 구성하는 경우는 포괄일죄가 성립한다. 포괄일죄는 실체법상 일죄이므로 하나의 죄로 처벌된다.

(2) 구성요건을 달리하는 행위간의 포괄일죄의 성립 가능성

판례는 특수절도사실, 특수절도미수사실, 절도사실 등의 사실이 상습적으로 반복한 것으로 볼 수 있다면 가장 중한 상습특수절도죄의 포괄일죄가 성립한다고 하여, 구성요건을 달리하는 행위가 포괄일죄인 경우에 가장 중한 죄의 일죄로 처벌하고 있다.

(3) 사안의 해결

甲이 M과 S를 폭행한 것은 상습존속폭행죄의 포괄일죄에 해당한다.

Ⅲ. 상습폭행죄와 처벌불원의 의사 - 설문(2)

1. 상습존속폭행죄의 반의사불벌죄 여부

형법 제260조 제3항은 폭행죄와 존속폭행죄에 대하여만 반의사불벌죄로 규정하고 있으나, 형법 제264조의 상습폭행죄에 대하여는 반의사불벌죄로 규정하고 있지 아니하므로 상습존속폭행죄는 반의사불벌죄에 해당하지 않는다. 그러므로 사안의 경우 갑은 S에 대한 상습폭행죄와 M에 대한 존속폭행죄가 별도로 성립하지 않고, 앞서 살핀 바와 같이 하나의 상습존속폭행죄가 성립하는 이상 M과 S에 대한 부분 모두 반의사불벌죄가 될 수 없다.

2. 공소기각 판결의 적법 여부

따라서 상습존속폭행죄는 피해자의 명시한 의사에 반하여 죄를 논할 수 없는 사건에 해당하지 아니하므로, 법원은 피해자의 처벌불원의사가 있어도 형사소송법 제327조 6호에 따라 공소기각 판결을 할 수 없다.

3. 소 결

항소심의 M에 대한 폭행 부분의 공소기각 판결은 법리를 오해하여 판결에 영향을 미친 위법이 존재한다.

IV. 포괄일죄와 일부상소 – 설문(3)

사안의 경우, 포괄일죄이므로 1죄 1주문주의에 의하여 유죄만 주문에 설시하고, 공소기각은 이유에만 설시하게 된다. 이런 상황에서 공소기각 부분만을 검사가 상고한 경우 그 상고심의 심판범위와 파기범위가 문제된다.

1. 일부상소의 허용 여부

재판의 일부에 대하여도 상소 할 수 있다(형사소송법 제342조 제1항). 그러나 이는 원심의 재판이 분할되는 것을 전제하므로, 실체법상 단순일죄나 과형상 일죄 등의 경우에는 일부상소가 허용되지 아니한다. 따라서 검사가 포괄일죄의 공소기각 부분만을 독립하여 상소하는 것은 허용되지 아니하며, 형사소송법 제342조 제2항에 따라 전체에 대하여 상소의 효력이 미친다. 결국 유죄부분도 상고심에 이심되어 함께 상고심의 심판대상이 된다(대판 1985. 11. 12, 85도1998).

2. 파기의 범위

일부상소가 허용되지 않는 포괄일죄의 일부에 대한 공소기각 부분이 파기되는 경우, 이 부분과 포괄일죄 관계에 있는 부분도 함께 파기되어야 하므로(대판 2018. 4. 24, 2017도10956), 상고심은 원심판결 전부를 파기하여야 한다.

3. 결 론

검사가 상고하지 아니한 유죄부분도 상고심에 이심되어 심판대상이 되며, 원심판결이 파기되는 경우 판결 전부를 파기하여야 한다.

종합사례 2. 합동절도·승계적 공동정범 / 사기죄의 공동정범 / 일부상소 / 공소사실의 동일성 / 불이익 변경 금지의 원칙

아래의 설문을 읽고 학설의 대립이 있는 경우 이를 서술하되, 판례의 입장에 따라 결론을 논하라.

제1문

甲은 개업 준비 중인 슈퍼마켓의 경비와 보안이 허술한 것을 발견하고 밤에 슈퍼마켓에 침입하여 슈퍼마켓에 있는 물건들을 절취하기로 계획하였다. 甲은 혹시 야간에 슈퍼마켓 내에서 잠을 자는 직원이 있을지도 몰라 만일의 사태에 대비하여 흉기를 휴대하였다. 23:00경 슈퍼마켓의 직원이 실내 작업을 마치고 창문을 닫고 가는 것을 깜빡해 甲은 창문을 통해 쉽게 안으로 침입할 수 있었고, 내부를 조심스럽게 살핀 甲은 아무도 없어 발각의 염려가 전혀 없음을 알고 친구와 같이 다시 와야겠다고 생각하고 일단 담배를 한 박스(시가 100만원 상당) 들고 나와 근처 친구 乙의 집으로 갔다. 마침 乙의 친구 丙이 놀러와 있어 甲은 乙과 丙에게 자초지종을 말하고 슈퍼마켓에 값비싼 위스키도 있다고 말하였다. 乙과 丙은 함께 하기로 하고 다만 슈퍼에 아무도 없으니 흉기는 휴대하지 않기로 하였다. 계획한 대로 丙은 슈퍼마켓 근처를 승용차로 운전하여 돌아다니다가 경찰 순찰차가 오면 길을 묻거나 차가 고장 난 것처럼 하여 순찰차의 접근을 막기로 하였고, 甲과 乙은 전과 동일하게 열린 창문으로 침입하여 위스키 2박스(박스당 시가 100만원)와 담배 3박스를 들고 나왔다. 계획한대로 丙은 승용차로 주위를 돌아다니다가 甲의 연락을 받고 슈퍼마켓에 도착하여 훔친 물건을 싣고 甲, 乙과 함께 귀가하였다. 셋이 함께 계획한대로 丙은 장물인 정을 모르는 A에게 담배 4박스와 위스키 2박스를 시가의 75%에 매도하였는데, 甲, 乙은 사실 매각과 관련하여서는 아무런 역할을 하지 않았다. 그러나 매매대금은 약속한대로 세 명이 균분하였다. 관련 판례가 있으면 참고하고 검사의 입장에서 甲, 乙, 丙의 형사책임을 논하시오. (100점)

제2문

가. 2019. 3. 5. 피고인 甲은 0.078%의 술에 취하여 운전하여 피해자 K에게 상해를 입혔다는 이유로 특정범죄 가중처벌 등에 관한 법률 제5조의11 위반 위험운전치상과 도로교통법(음주운전)으로 기소되어 재판을 받았다. 그런데 심리결과 음주운전은 맞지만, 피고인의 체격, 알콜분해능력, 사고 정황 등 제반상황을 살펴보았을 때 정상적인 운전이 곤란한 상태에서 운전한 것으로 볼 증거가 부족하다는 이유로 특가법 위반에 대하여는 무죄가 선고되었다. 이에 검사가 항소하였고, 항소심의 심리결과 피

고인이 정상적으로 운전하였다고 보기 어렵다고 판단하여 항소심은 이를 파기하면서 유죄를 선고하였다.

나. 乙은 살인죄를 범하였으나 검찰은 현장의 담배꽁초에서 나온 DNA가 일치한다는 이유로 丙을 용의자로 보고 수사를 진행하였는데, 친구인 乙은 사건 현장에서 있던 칼을 치워 증거를 인멸하였다는 이유로 징역 1년을 선고받고 M 판결이 확정되었다. 이후 피해자의 옷에서 나온 DNA가 뒤늦게 발전된 기술로 인해 판별이 가능하게 되었고, 그것이 乙의 DNA로 밝혀지자 검찰은 乙을 살인죄로 공소제기하였다.

다. 丁은 영업신고를 하지 않고 2015. 10. 1.부터 2016. 4. 15.까지 서울 송파구에서 'A 한식'이라는 상호를 사용하여 김치찌개, 된장찌개, 두루치기 등 음식을 조리·판매하였다는 범죄사실(제1범죄사실)로 식품위생법위반의 죄로 약식기소되어 2019. 6. 5. 벌금 100만원의 약식명령을 선고받았다.

라. 丁은 폭처법(공동폭행)위반죄로 징역 1년, 집행유예 2년이 2017. 9. 5. 확정되었다. 그런데 2017. 5. 4. 범한 사기죄(제2범죄사실)와 2018. 9. 4. 범한 도로교통법 위반(음주운전)죄(제3범죄사실)가 기소되어 1심법원은 두 죄 모두에 대하여 유죄를 선고하였다. 이에 피고인만 2017. 5. 4. 사기죄 부분에 대하여 항소하였다.

(1) 가.의 경우

  1) 검사가 1심 판결 무죄부분에 대해서만 항소를 제기한 것이 가능한지 여부에 대하여 죄수관계와 관련하여 검토하시오. (15점)

  2) 검사가 무죄부분에 대해서만 항소를 제기하여 항소심 법원이 유죄로 인정할 경우 1심 판결 파기의 범위에 관하여 검토하시오. (20점)

(2) 나.에서 乙의 변호인은 일사부재리를 주장하고 있는데, 이는 받아들여질 수 있는가? (15점)

(3) 丁이 벌금형을 감당하기 힘들다며 제1범죄사실에 대한 약식명령에 대하여 징역형에 대한 집행유예를 선고하여 달라는 취지로 정식재판을 청구한 경우, 법원은 丁의 제1범죄사실에 대하여 징역형의 집행유예를 선고할 수 있는가? (15점)

(4) 위 다.에서 정식재판을 진행하는 법원이 丁의 제1범죄사실에 대하여 벌금 500만원을 선고하였다. 적법한가? (10점)

(5) 위 라. 사안에서 피고인 丁의 변호인은 항소심에서 제출기한내에 항소이유서를 제출하면서 사기죄에 대하여는 법리오해와 양형부당을, 도로교통법위반죄는 양형이 부당하다는 취지의 내용을 기재하였고, 항소심은 피고인이 제1심 판결 전부에 대하여 항소한 것으로 보고 심리하여 제1심 판결 중 사기 부분에 대한 피고인의 항소를 받아

들여 위 부분을 파기하고 무죄를 선고하였으며, 도로교통법위반죄 부분에 대하여는 피고인의 양형부당 항소를 배척하고 판결로 위 부분에 대한 피고인의 항소를 기각하였다면, 심판범위와 관련하여 항소심판결의 당부를 논하시오. 또한 이러한 항소심 판결에 대하여 피고인과 검사 모두 상고한 경우 상고심은 제3범죄사실인 도로교통법 위반죄 부분과 관련하여 파기환송을 할 수 있는지 여부를 논하시오. (25점)

해 설
....

제1문 ──

관련 판례가 있으면 참고하고 검사의 입장에서 甲, 乙, 丙의 형사책임을 논하시오. (100점)

──

Ⅰ. 논점의 정리

(1) 제1행위로서 甲이 흉기를 휴대하고 슈퍼마켓 창문으로 들어가 담배 100만원을 절취한 행위가 형법 제331조 제2항 전단의 특수절도죄를 구성할 것인지가 문제된다.

(2) 제2행위로서 乙과 丙이 甲의 범행에 가담하여 흉기를 휴대하지 않고 위스키와 담배를 절취한 행위가 특수절도(제331조 제2항의 합동절도)를 구성하는지 합동범의 성립 여부가 문제된다. 甲의 제1행위와 제2행위가 포괄일죄나 연속범에 해당하는 것으로 볼 수 있는지 문제된다. 또한, 甲으로부터 자초지종을 듣고 제2행위에 가담한 乙에게 범행기여 이전에 이미 甲에 의해서 수행된 행위를 포함한 전체불법에 대해서도 형사책임을 물을 수 있는지, 즉 승계적 공동정범의 인정 여부논의를 통한 책임범위가 문제된다.

(3) 甲, 乙과 공모한대로 丙이 단독으로 위스키를 장물인 정을 모르는 A에게 싸게 판 행위가 사기죄를 구성하는지 검토하고, 이를 나누어 가진 것이 장물죄를 구성하는지 논의한다. 한편, 甲과 乙의 형사책임을 판단함에 있어서 甲, 乙, 丙이 공모하였지만 오로지 丙만이 매각의 실행행위에 옮긴 경우로서 실행행위를 하지 않은 甲, 乙에게 공모공동정범을 인정할 수 있는지 문제된다.

Ⅱ. 甲의 제1, 2행위에 대한 형사책임

1. 제1행위에 대한 甲의 형사책임 ─ 특수절도죄(형법 제331조)의 성부

특수절도죄는 단순절도죄에 불법이 가중된 가중적 구성요건으로서 야간에 주거를 손괴하고 침입하여 절도한 행위(제1항)와 흉기를 휴대하거나 2인 이상이 합동하여 절도한 행위(제2항)를 규율하고 있다. 제1행위에서 甲은 흉기를 휴대하고 타인의 재물인 담배 1박스를 절취하였으므로 형법 제331조 제2항 전단의 흉기휴대절도의 구성요건에 해당하고, 위법성이나 책임 또한 인정되므로 특수절도죄의 죄책이 인정된다.

2. 제2행위에 대한 甲의 형사책임 – 특수절도죄(제331조 제2항의 합동절도)의 성부

(1) 합동범의 본질

합동범이란 2인 이상이 합동하여 일정한 죄를 범한 경우, 집단성으로 인한 현실적 위험성의 증대를 고려하여 단독정범이나 공동정범보다 가중하여 처벌되는 범죄를 말한다. 우리 형법에서는 특수강도, 특수절도, 특수도주 이 세 가지 범죄에서만 합동의 개념을 사용하고 있다. 이에 '합동'과 '공동'의 개념 차이를 통해 합동의 본질을 파악할 필요가 있다.

(2) 학 설

1) 공모공동정범설

합동범은 집단범을 가중처벌하는 데 목적이 있으므로 공동의사주체설을 공동정범에는 인정할 수 없지만 합동범에는 적용될 수 있다고 하여 공모공동정범을 합동범의 경우에 한하여 인정하여야 한다는 견해이다.

2) 가중적 공동정범설

공동정범, 공모공동정범 및 합동범은 그 본질이 같은 것이므로 합동범은 그 본질에 있어서는 공동정범이지만 집단범죄에 대한 대책상 특별히 형을 가중한 것이라고 한다.

3) 현장설

합동이란 시간적, 장소적 협동을 의미한다고 해석하는 견해이다. 이에 따르면, 합동범은 모두 때와 장소를 같이하여 상호 협력할 것을 요건으로 하므로, 공모공동정범은 물론 현장에서 공동하지 아니한 공동정범도 합동범이 될 수는 없다.

4) 현장적 공동정범설

합동범은 현장에 의하여 제한된 공동정범이라는 의미에서 현장적 공동정범이라고 하는 견해이다. 이 설의 입장에서는 합동범에 기능적 행위지배를 하는 배후거물이나, 범죄집단의 수괴는 기능적 행위지배의 기준에 따라 합동범의 공동정범이 될 수 있다는 것이다.

(3) 판 례

판례 역시 "형법 제331조 제2항 후단의 2인 이상이 합동하여 타인의 재물을 절취한 경우의 특수절도죄가 성립하기 위하여는 주관적 요건으로서의 공모와 객관적 요건으로서의 실행행위의 분담이 있어야 하고 그 실행행위에 있어서는 시간적으로나 장소적으로 협동관계에 있음을 요한다"(대판 1996. 3. 22, 96도313)라고 하여 일관되게 현장설을 취하고 있다.

(4) 검토 및 사안에의 적용

법률 문언상 합동과 공동은 명백히 구별되어 있을 뿐만 아니라, 합동범을 특별 취급하는 근거 등을 고려한다면 합동범의 정범성의 표지를 명확히 하는 현장설이 타당하다. 합동은 시간적 및 장소적 협동을 의미한다는 '현장설'에 따를 경우, 그 성립요건으로서 ① 공동실행의 의사와 ② 실행행위의 분담에 더하여 ③ 현장성을 요구하게 되므로 사안의 경우 甲과 乙은 함께 열린 창문으로 들어가 위스키 2박스와 담배 3박스를 절취하였으므로 현장성이 인정되고 특수절도죄가 성립한다고 볼 것이다.

(5) 소 결

제2행위에 있어서 甲은 제331조 제2항 후단의 합동범으로서의 특수절도죄가 성립한다.

3. 甲의 제1행위와 제2행위의 포괄일죄 성립 여부

(1) 연속범의 경우 포괄일죄의 성립요건

甲의 2회에 걸친 절도행위가 연속범에 해당하여 포괄일죄가 되기 위해서는 자연적으로 보아 별개의 행위라도 단일한 범행의사로 행해지고 침해방법 및 침해법익이 동일하며 수개의 연속행위가 시간적 및 장소적으로 밀접한 상호연관 속에 있어야 한다(대판 1997. 6. 27, 97도508).

(2) 사안의 검토

제1행위와 제2행위에 의해 침해된 법익은 동일하고, 시간적·장소적으로도 단일한 의사에 의하여 제1행위와 제2행위가 연속적으로 범하여 진 것으로 평가할 수 있다. 처음부터 슈퍼마켓의 물건들을 훔치기로 마음먹은 이상 범의의 계속성이 인정된다고 볼 것이지 범의가 단절되었다고 볼만한 사정은 존재하지 아니한다. 따라서 제1행위와 제2행위 사이에 연속범으로서 포괄일죄의 관계가 성립한다고 볼 것이다5).

(3) 소 결

甲은 제331조 제2항 전단의 특수절도(흉기휴대절도)와 제331조 제2항 후단의 특수절도(합동절도)의 포괄일죄의 죄책을 진다.

---

5) 과거 구 폭처법(흉기휴대, 폐지됨)사안에서 흉기휴대 폭력행위와 흉기를 휴대하지 않은 폭력행위 간의 상습성을 부정한 사례와 이 사례는 다르다. 이 사안은 절도와 관련된 사례일 뿐 아니라 상습범이 아닌 연속범과 관련되어 범의의 단일성 판단 사안임을 구분하여야 한다[상습적으로 흉기 또는 위험한 물건을 휴대하여 폭력행위등처벌에관한법률 제2조 제1항에 열거된 죄를 범한 자에 대하여는 같은 법 제3조 제3항에서 무기 또는 7년 이상의 징역에 처하도록 별도로 규정하고 있으므로, 흉기를 휴대하여 저지른 원심 판시 폭력행위의 각 범행이 흉기 등을 휴대하지 않은 범행들로서 원심에서 면소가 선고된 원심 판시 각 공소사실과 사이에 같은 법 제2조 제1항 소정의 상습폭력죄의 포괄일죄의 관계에 있는 것으로 볼 수는 없다(대판 2001. 11. 30, 2001도5657)].

III. 乙과 丙의 제1, 2행위에 대한 형사책임

1. 제1행위에서 乙과 丙의 형사책임 – 특수절도죄의 승계적 공동정범 성부

(1) 문제의 소재

甲의 제1행위가 실행의 종료된 후, 乙과 丙은 甲의 자초지종을 듣고 甲의 제2차 절도에 가담하기로 하였는바, 범죄의 일부가 실행된 상황에서 구성요건을 실현시키기 위한 나머지 행위에 가담한 자로서 甲의 특수절도죄의 승계적 공동정범의 죄책을 지울 수 있는지 문제된다. 즉, 乙과 丙에게 범행기여 이전에 이미 甲에 의해서 수행된 행위를 포함한 전체 범행에 대해서도 형사책임을 물을 수 있는 것인지 문제된다.

(2) 승계적 공동정범의 책임범위에 관한 학설

1) 적극설

승계적 공동정범자의 책임이 가담 시에 이미 실현된 행위를 포함한 전체 불법에까지 미친다고 본다. 특히 기능적 범행지배의 관점에서 선행자와의 상호이해 하에서 이미 성립된 사정을 이용하여 범죄를 실현하였다면 공동실행의 의사도 존재하고 기능적 역할분담에 의한 공동작업이 행위 전체에 대한 기능적 범행지배로 인정될 수 있다는 근거를 제시하기도 한다. 독일의 연방법원의 판례(BGHSt. 2, 344)에서 제시된 적극설의 근거는 이미 실현된 행위사정을 인식, 인용하면서 공동정범으로 참여하는 때에는 이들의 상호이해는 전체 범죄계획에 미치는 것이고, 또 이러한 상호이해는 후행자에게 범죄 전체를 형법적으로 귀속시킬 힘을 갖는다는 점이다.

2) 소극설

소극설은 기능적 범행지배의 관점에서 근거를 제시한다. 나머지 행위를 공동으로 수행하는 것만으로는 이미 실현된 선행행위에 대해서 기능적 역할분담의 관점에서 범행지배가 존재한다고 볼 수 없다는 것이다. 후행자가 선행자에 의해서 실현된 범행의 일부를 인식, 인용하고 이용했다는 사실만으로 소급적으로 전체 행위에 대한 공동의 범행결의가 있다고 볼 수 없는 점을 들어 승계적 공동정범의 전체 불법에 대한 공동정범책임을 부정하고 있다.

(3) 판례의 태도

대법원은 '히로뽕 제조에 관한 사안'(대판 1982. 6. 8, 82도884)에서 "연속된 제조행위 도중에 공동정범으로 범행에 가담한 자는 비록 그가 그 범행에 가담할 때에 이미 이루어진 종전의 범행을 알았다 하더라도 그 가담 이후의 범행에 대하여만 공동정범으로 책임을 지는 것"이라고 판시하는 등 소극설과 동일하게 판단하고 있다.

(4) 검토 및 사안에의 적용

승계적 공동정범자에게 귀속시킬 수 있는 불법은 그의 가담 이전에 이미 타인에 의해서 실현된 불법을 포함한 전체 불법이 아니라 그의 범행기여에 의한 공동작용으로 실현된 불법뿐이다. 또한 공동정범의 정범성 표지인 기능적 범행지배인 범행의 공동실현과 공동실행의 의사에 비추어 보더라도 전체 불법에 대한 공동정범의 책임귀속이 인정될 수 없다. 사안의 경우 甲의 제1차 절도 이후 가담한 乙과 丙에게는 선행행위인 제1행위에서의 제331조 제2항 전단의 특수절도(흉기휴대절도)의 공동정범이 성립하지 않고 가담 이후의 범행에 대하여만 공동정범으로 책임을 질 것이다. 乙과 丙은 제1행위에 대한 공동정범의 죄책은 인정되지 않는다.

(5) 주거침입죄와의 관계

판례는 형법 제331조 제2항의 특수절도에 있어서 주거침입은 그 구성요건이 아니므로, 절도범인이 그 범행수단으로 주거침입을 한 경우에 그 주거침입행위는 절도죄에 흡수되지 아니하고 별개로 주거침입죄를 구성하여 절도죄와는 실체적 경합의 관계에 있게 되고, 2인 이상이 합동하여 야간이 아닌 주간에 절도의 목적으로 타인의 주거에 침입하였다 하여도 아직 절취할 물건의 물색행위를 시작하기 전이라면 특수절도죄의 실행에는 착수한 것으로 볼 수 없는 것이어서 그 미수죄가 성립하지 않는다(대판 2009. 12. 24, 2009도9667)고 판시하였다. 이는 야간이라고 하더라도 마찬가지로 봄이 타당하다. 따라서 형법 제331조 제2항의 특수절도와 주거침입죄는 실체적 경합한다고 볼 것이다.

2. 제2행위에 대한 乙과 丙의 형사책임 – 특수절도죄(제331조 2항 후단 합동절도) 성립 여부

(1) 쟁점의 정리

앞서 甲과 乙은 현장성이 인정되어 합동범이 성립하였으므로, 현장 근처에서 주위를 돌아다니다가 함께 귀가한 丙에게 현장성이 인정될 지가 문제된다.

(2) 丙에게 합동범이 인정되는지 여부

사안의 경우 丙은 돌발적인 상황이 발생하면 즉시 조력하겠다고 준비를 하고 있었다고 보이며, 소위 망을 보는 행위와 같다. 丙은 실행행위의 분담과 현장성이 인정된다. 따라서 丙은 합동절도죄의 죄책을 진다.[6]

---

6) 만일 현장성이 부정되는 경우는 합동범의 공동정범의 쟁점을 언급하여야 한다.

IV. 절취한 위스키와 담배를 A에게 매각한 행위

1. 丙의 형사책임 – 사기죄(제347조)의 성부

(1) 문제의 소재

사기죄는 타인을 기망하여 착오에 빠뜨리게 하고 그 처분행위를 유발하여 재물 또는 재산상의 이득을 얻음으로써 성립한다. 사안에서 丙은 장물의 정을 모르는 A에게 장물인 것을 속이고 위스키를 팔았으므로 기망행위와 인과관계, 처분행위 등 사기죄의 구성요건은 인정된다. 이때 사기죄가 선행행위인 절도죄의 불가벌적 사후행위에 해당하는지 문제된다.

(2) 불가벌적 사후행위의 의의 및 요건

불가벌적 사후행위는 범죄로 획득한 위법한 이익을 확보, 사용, 처분하는 행위가 별개의 구성요건에 해당하지만 그 불법은 이미 주된 범죄에서 완전히 평가되었기 때문에 별도의 범죄를 구성하지 않는 경우를 말한다. 불가벌적 사후행위의 요건은 ① 주체가 동일하고 ② 사후행위가 별개의 범죄의 구성요건에 해당해야 하며 ③ 침해법익과 피해자가 동일하고 ④ 주된 범죄의 침해의 양을 초과하지 않아야 한다는 것이다.

(3) 사안에의 적용

사안과 같이 절취한 재물을 제3자인 A에게 판 행위는 새로운 법익을 침해하였으므로 위 요건을 충족시키지 못하여 불가벌적 사후행위에 해당하지 않는다. 이와 유사하게 절취한 재물을 제3자에게 담보제공하여 금원을 편취한 경우, 판례(대판 1980. 11. 25, 80도2310)도 "절도범인이 절취한 장물을 자기 것인양 제3자에게 담보로 제공하고 금원을 편취한 경우에는 별도의 사기죄가 성립된다"고 판시한바 있다. 이중평가금지의 원칙으로 인해 불가벌적 사후행위를 인정하는 것인 만큼 새로운 법익을 침해하는 경우는 법조경합으로 볼 수 없다.

(4) 소 결

따라서 丙은 특수절도죄와 별도로 A에 대한 사기죄의 죄책을 진다.

2. 甲과 乙의 형사책임

(1) 사기죄의 공동정범(제30조) 성부

장물을 장물인 정을 모르는 사람에게 매각하는 것은 기본적으로 사기죄의 구성요건에 해당한다. 다만, 甲, 乙, 丙은 장물을 매각하기로 공모하였으나 丙만이 실현한 경우에 해당하므로 공동공동정범을 인정할 수 있는지 검토하여야 한다. 공모공동정범이란 2인 이상의 자가 공모하여 그 공모자 가운데 일부가 범죄를 실현하였을 때 실행행위를 담당하지 않는 공모자를 일컫는 용어로서, 이러한 공모자에게 공동정범의 죄책을 지울 수 있는지를 논의하도록 한다.

1) 공모공동정범 인정 여부 논의

① **긍정설**

㉠ 공동의사주체설

2인 이상의 이심별체의 개인이 일정한 범죄를 범하려고 하는 공동목적을 실현하기 위하여 동심일체가 되고, 따라서 그 가운데 일부의 행위는 공동의사주체의 행위가 되어 직접 실행행위를 분담하지 않은 다른 공모자도 공동정범으로 처벌되어야 한다고 본다. 그러나 실행행위를 분담하지 않은 공모자에게 공동정범으로서의 책임을 인정하는 것은 개인책임의 원리에 반한다는 점, 정범인 공동정범이 다른 정범에 종속한다는 것은 정범의 본질에 반한다는 점에서 이론상의 난점이 있다.

㉡ 간접정범유사설

개별적으로 보아 실행을 하지 아니한 공모자도 타인과 공동하여 타인의 행위를 이용하여 실행한 점에서 공동정범을 인정할 가능성이 있다고 본다. 즉 공동의사에 의하여 심리적 구속을 실행자에게 미친 자는 실행자를 이용하여 자기의 범죄의사를 실현한 것이므로 실행자는 다른 공모자의 도구로서의 구실을 한다는 것이다. 그러나 단순히 공모하였다는 것만으로 간접정범과 유사하다고는 할 수 없다는 점, 공동정범이 간접정범과 같은 실질을 가질수는 없다는 점에서 비판을 받게 된다.

㉢ 기능적 행위지배설을 취하면서도 제한적으로 긍정하는 입장

공모공동정범이라는 개념을 인정할 필요가 없으나, 공모만 하였더라도 기능적 행위지배가 인정된다면 공동정범이 성립한다는 입장이다. 이 입장에서는 공모인 전체계획의 범위안에서 중요한 기능과 역할을 할 때에는 이것도 공동가공의 사실로서 객관적 요건으로 될 수 있다고 본다. 이 학설은 단순가담자의 경우는 이 요건을 충족할 수 없어 공동정범을 부정하고, 주모자와 같은 핵심적 공모자는 기능적 행위지배를 인정하여 공동정범을 인정한다. 최근 판례도 형법 제30조의 공동정범은 공동가공의 의사와 그 공동의사에 기한 기능적 행위지배를 통한 범죄 실행이라는 주관적 · 객관적 요건을 충족함으로써 성립하는바, 공모자 중 구성요건 행위 일부를 직접 분담하여 실행하지 않은 자라도 경우에 따라 이른바 공모공동정범으로서의 죄책을 질 수도 있는 것이기는 하나, 이를 위해서는 전체 범죄에서 그가 차지하는 지위, 역할이나 범죄 경과에 대한 지배 내지 장악력 등을 종합해 볼 때, **단순한 공모자에 그치는 것이 아니라 범죄에 대한 본질적 기여를 통한 기능적 행위지배가 존재하는 것으로 인정되는 경우여야 한다**고 판시하여 이 입장과 기본적 입장을 같이한다고 볼 수 있다.

② 부정설

형법의 해석상으로는 실행행위를 분담한 때에만 공동정범이 성립하므로 공모공동정범의 개념은 인정할 수 없으며, 전혀 실행행위를 분담하였다고 볼 수 없는 공모자는 그 가공의 정도에 따라 교사나 방조의 책임을 질 따름이라고 본다. 그러나 배후조종세력을 정범으로 처벌할 수 없게 되는 점에서 처벌의 흠결을 가지고 오는 문제점이 있다.

③ 판례의 태도

종래 대법원은 "공모공동정범은 공동범행의 인식으로 범죄를 실행하는 것으로 공동의사 주체로서의 집단 전체의 하나의 범죄행위의 실행이 있음으로써 성립하고 공모자 모두가 그 실행행위를 분담하여 이를 실행할 필요가 없고 실행행위를 분담하지 않아도 공모에 의하여 수인간에 공동의사주체가 형성되어 범죄의 실행행위가 있으면 실행행위를 분담하지 않았다 고 하더라도 공동의 사주체로서 정범의 죄책을 면할 수 없다"(대판 1983. 3. 8, 82도3248)고 판시하는 등 공동의사주체설에 입각해 공모공동정범을 인정하는 것으로 보인다.

그러나 최근에는 형법 제30조의 공동정범은 공동가공의 의사와 그 공동의사에 의한 기 능적 행위지배를 통한 범죄 실행이라는 주관적·객관적 요건을 충족함으로써 성립하므로, 공모자 중 구성요건행위를 직접 분담하여 실행하지 않은 사람도 위 요건의 충족 여부에 따 라 이른바 공모공동정범으로서의 죄책을 질 수 있다. 구성요건행위를 직접 분담하여 실행 하지 않은 공모자가 공모공동정범으로 인정되기 위해서는 전체 범죄에서 그가 차지하는 지 위·역할, 범죄 경과에 대한 지배나 장악력 등을 종합하여 그가 단순한 공모자에 그치는 것 이 아니라 범죄에 대한 본질적 기여를 통한 기능적 행위지배가 존재한다고 인정되어야 한 다고 판시하고 있다(대판 2018. 4. 19, 2017도14322 전합).

④ 검토 및 사안에의 적용

공모만으로 공동정범을 인정하는 것은 타당하지 않으므로 공모공동정범개념을 부정하는 것이 원칙적으로 타당하다. 그러나 본질적 기여를 통해서 범행을 계획하고, 주도한 사람은 기능적 행위지배를 인정하여 공동정범을 인정함이 타당하다. 사안의 경우 판례와 같이 기 능적 행위지배설에 따르더라도 甲, 乙과 丙이 분업적으로 기능적 역할을 분담하여 공동으 로 작용함으로써 범죄의 전체적 계획의 실현에 중요한 기여를 하는 행위를 하는 등의 기능 적 범행지배를 인정할 수 없으므로 甲, 乙에게 사기죄의 공동정범의 책임을 물을 수 없다. 결론적으로 甲과 乙은 매각에 아무런 관련을 하지 않았다고 하므로 기능적 행위지배라는 공동정범의 정범성의 표지를 갖추지 못한다고 봄이 타당하다. 따라서 사기죄의 공동정범이 되지 않는다. 다만, 丙의 사기행위에 방조범은 성립이 가능하다.

(2) 장물죄의 성부

공동정범 간접정범은 장물죄의 주체가 아니나, 교사·방조범은 장물죄의 주체가 될 수 있다. 그러나 사안의 경우는 丙은 본범이므로 장물죄의 주체가 될 수 없으나 甲과 乙은 공동정범이 아니므로 장물죄의 주체가 될 수 있으므로 장물취득죄가 성립한다.

V. 사안의 해결

1. 甲의 형사책임

甲은 형법 제331조 제2항 전단의 특수절도죄(흉기휴대절도)와 제331조 제2항 후단의 특수절도죄(합동절도)의 죄책을 지며, 이는 포괄일죄의 관계에 있다. 나아가 장물취득죄, 주거침입죄와 실체적 경합에 해당한다.

2. 乙의 형사책임

乙은 형법 제331조 제2항 특수절도죄(합동절도)의 죄책을 지며, 장물취득죄에 해당하고 두 죄는 실체적 경합관계이다.

3. 丙의 형사책임

丙은 현장성이 인정될 때 형법 제331조 제2항 특수절도죄의 죄책과 347조 사기죄의 죄책을 지며, 이는 실체적 경합(제37조)의 관계에 있다.

제2문-(1)

(1) 가.의 경우

1) 검사가 1심 판결 무죄부분에 대해서만 항소를 제기한 것이 가능한지 여부에 대하여 죄수관계와 관련하여 검토하시오. (15점)

2) 검사가 무죄부분에 대해서만 항소를 제기하여 항소심 법원이 유죄로 인정할 경우 1심 판결 파기의 범위에 관하여 검토하시오. (20점)

Ⅰ. 특가법 위반과 도교법 위반의 죄수 관계 및 주문설시

판례는 음주로 인한 특가법 위반(위험운전치사상)죄와 도로교통법 위반(음주운전)죄는 입법 취지와 보호법익 및 적용 영역을 달리하는 별개의 범죄로서 양 죄가 모두 성립하는 경우 두 죄는 **실체적 경합관계**에 있는 것으로 보아야 할 것이라고 판시하고 있다(대판 2008. 11. 13, 2008도7143). 따라서 제1심 판결에서 실체적 경합인 두 죄 중 일부인 특가법 위반이 무죄가 선고된다면, 1죄 1주문주의에 따라 주문에서 무죄와 유죄를 모두 선고하게 된다.

Ⅱ. 일부상소의 가부

상소는 재판의 일부에 대하여 할 수 있다(형사소송법 제342조 제1항). 다만 일부상소는 과형상 수죄를 전제로 하는 개념이므로, 소송법적으로 하나인 사건에 대하여 그 일부만을 분리하여 상소하는 것은 허용되지 않는다. 이러한 이유에서 형사소송법은 하나의 사건의 일부에 대한 상소는 그 일부와 불가분의 관계에 있는 부분에 대하여도 효력이 미친다고 규정하고 있다(동조 제2항).

일부상소의 허용범위를 구체적으로 살펴보면 이 사안처럼 우선 소송법상 수죄를 이루는 경합범에 있어서 각각 다른 주문이 선고된 경우(예컨대 일부에 대해서는 유죄를 그리고 일부에 대해서는 무죄·면소·공소기각·관할위반의 재판을 선고하는 경우, 일부에 대해서는 형을 선고하고 다른 일부에 대해서는 형면제나 선고유예를 하는 경우, 일부에 대해서는 징역형을 그리고 다른 부분에 대해서는 벌금형을 선고하는 경우)에는 각 주문이 별개로 선고되므로 주문에 대한 불복인 상소제도의 본질상 일부상소가 허용된다.

다만, 판결이 확정되지 아니한 수개의 범죄사실에 대하여 하나의 단일형이 선고되는 경우(형법 제37조, 제38조)에는 수개의 죄 사이에 불가분의 관계가 형성되므로, **단일형이 선고된 경합범의 일부에 대하여 상소가 있는 경우 그 효력은 다른 범죄사실에 대해서도 미친다**(대판 2002. 6. 20, 2002도807).

Ⅲ. 1개의 형이 선고될 가능성이 있었던 경합범의 일부에 대한 상소의 효력

이 사안은 항소심이 일부에 대해서는 유죄를 그리고 일부에 대해서는 무죄를 선고하였는데 피고인이 상고하지 않고 검사만 상고한 경우로서, 상고심이 검사의 상고가 이유 있다고 판단하여 원심판결을 파기할 경우 수개의 범죄사실 전부를 파기해야 하는가 또는 피고

인이 상고하지 아니한 유죄부분은 확정된 것으로 보고 나머지 무죄부분만을 파기해야 하는
가가 문제된다.

1. 일부파기설

이 견해는 형법 제37조 전단의 경합범으로 같은 법 제38조 제1항 제2호에 해당하는 경
우 하나의 형을 선고해야 하지만 위 규정은 동시에 심판하는 경우에 관한 규정인 것이고,
경합범 중 일부에 대하여 무죄를 그리고 일부에 대하여 유죄를 선고한 항소심 판결에 대하
여 검사만이 무죄 부분에 대하여 상고를 한 경우, 피고인과 검사가 상고하지 아니한 유죄
부분은 상고기간이 지남으로써 확정되므로 상고심에 계속된 사건은 무죄부분뿐이라 할 것
이고 상고심에서 이를 파기할 때에는 무죄부분만을 파기할 수밖에 없다고 주장한다. 판례
도 이 견해를 취하고 있다.

2. 전부파기설

이 견해는 형법 제37조 전단의 경합범으로 동시에 판결하여 1개의 형을 선고할 수 있었
던 수개의 죄는 과형상 불가분의 관계에 있었다고 볼 수 있으므로 실제로 1개의 형이 선고
되었는지의 여부와 관계없이 상소불가분의 원칙이 적용된다고 보고, 경합범 중 일부에 대
하여는 유죄 그리고 다른 일부에 대하여는 무죄가 선고되고 무죄부분에 대하여 상소가 제
기되어 그 부분이 유죄로 변경될 가능성이 있는 경우, 상소심이 무죄부분을 파기하는 때에
는 직권으로 유죄부분까지도 함께 파기하여 1개의 형을 선고하여야 한다고 주장한다.

3. 결 론

형사소송법 제342조 제2항이 규정한 상소불가분의 원칙은 원칙적으로 단순일죄 또는
과형상 일죄에 한하여 적용된다. 다만 형법 제37조 전단의 경합범으로서 하나의 형이 선고
된 경우는 수개의 범죄사실을 과형상 일죄로 구분하는 것이 사실상 불가능하기 때문에 예
외적으로 불가분의 관계가 인정되어 수개의 범죄사실 전부가 파기될 따름이다. 따라서 단
순히 하나의 형이 선고될 가능성이 있었다는 사실만으로 상소불가분의 원칙을 적용할 수는
없다고 본다.

더구나 2005. 7. 29. 형법개정에 의하여 경합범관계에 있는 수개의 범죄사실의 일부에
대하여 확정판결이 있는 경우 나머지 죄에 대하여 판결을 선고할 경우에는 이들을 동시에
판결할 경우와 형평을 고려하여야 하고 또한 형을 감경 또는 면제할 수 있으므로, 상소된
부분만을 파기하더라도 반드시 피고인에게 불이익한 결과가 초래되는 것도 아니다. **따라서**

일부파기설이 타당하며, 항소심은 특가법 위반 사실에 대하여만 파기한 후 자판하여야 한다.

제2문-(2)

(2) 나.에서 乙의 변호인은 일사부재리를 주장하고 있는데, 이는 받아들여질 수 있는가?
(15점)

Ⅰ. 사안의 쟁점

형사소송법 제248조 제2항에 따라, 범죄사실의 일부에 대한 공소는 그 효력이 전부에 미치며, 그에 따른 확정판결의 기판력 역시 그 전부에 미치게 된다. 따라서 甲이 증거인멸죄로 이미 확정판결을 받은 것이 살인죄에 대하여 공소사실의 동일성이 미치는지의 여부가 문제된다.

Ⅱ. 공소사실의 동일성

1. 판단기준

공소사실의 동일성의 판단기준에 대하여, 과거에는 죄질동일설과 구성요건공통설, 소인공통설 등이 있었으나 현재는 주장되고 있지 아니하며, 공소사실의 동일성은 그 사실의 기초가 되는 사회적 사실관계가 기본적인 점에서 동일하면 그대로 유지된다고 하는 기본적 사실동일설이 통설과 판례의 태도이다.

2. 규범적 기준의 개입

판례는 기본적 사실관계의 동일성을 판단함에 있어서, 피고인의 행위와 자연적, 사회적 사실관계 이외에 규범적 요소를 고려하여야 한다고 하여, 기본적 사실동일설에 대하여 추가적인 판단 기준을 제시하고 있다.

3. 사안의 판단

선행사건에서 유죄로 확정된 증거인멸죄는 범행의 일시, 장소와 행위태양이 서로 다르고, 살인죄와 증거인멸죄는 보호법익이 서로 다르며 죄질에서도 현저한 차이가 있으므로 공소사실의 동일성을 인정할 수 없다. 따라서 살인죄로 처벌받는 것이 확정판결의 기판력 및 일사부재리의 원칙에 반한다고 할 수 없다. 판례 역시 유사한 사안에서 같은 취지로 판시하였다(대판 2017. 1. 25, 2016도15526).

III. 결 론

변호인의 일사부재리 주장은 타당하지 않다.

제2문 - (3)

(3) J이 벌금형을 감당하기 힘들다며 제1범죄사실에 대한 약식명령에 대하여 징역형에 대한 집행유예를 선고하여 달라는 취지로 정식재판을 청구한 경우, 법원은 J의 제1범죄사실에 대하여 징역형의 집행유예를 선고할 수 있는가? (15점)

I. 쟁점의 정리

사안의 경우 약식명령에 대하여 정식재판을 청구한 경우에도 불이익변경금지의 원칙이 적용되는지 여부가 문제된다. 또한 이러한 불이익변경금지의 원칙이 헌법에서 보장하고 있는 피고인의 공정한 재판을 받을 권리를 침해하는지 여부 및 법원의 양형결정권을 침해하는지 여부가 문제된다.

II. 불이익변경금지의 원칙

1. 의의 및 취지

불이익변경금지의 원칙이란 피고인만 상소한 사건과 피고인을 위하여 상소한 사건에 대하여는 상소심은 원심판결의 형보다 중한 형을 선고하지 못한다는 원칙이다(형사소송법 제368조, 제396조 제2항).

2. 약식명령에 대한 정식재판청구사건에도 불이익변경금지 원칙이 적용되는지 여부

종래 형사소송법 제457조의2에서는 "피고인이 정식재판을 청구한 사건에 대하여는 약식명령의 형보다 중한 형을 선고하지 못한다."고 규정하여 약식명령에 대한 정식재판의 청구에도 불이익변경금지의 원칙을 적용하고 있었다. 그러나 이로 인해 법원의 정식재판 업무가 지나치게 과중되고, 밑져봐야 본전이라는 식의 정식재판 남용이 문제로 대두되어 법이 개정되기에 이르렀다. 이에 현재는 형사소송법 457조의2(형종 상향의 금지 등)에서는 피고인이 정식재판을 청구한 사건에 대하여는 약식명령의 형보다 중한 종류의 형을 선고하지 못한다고 규정하면서 피고인이 정식재판을 청구한 사건에 대하여 약식명령의 형보다 중한 형을 선고하는 경우에는 판결서에 양형의 이유를 적어야 한다고 개정하였다.

III. 결 론

피고인 丁의 제1범죄사실 대한 벌금 100만원의 약식명령에 대한 정식재판청구사건에서 법원이 징역형의 집행유예를 선고하는 것은 형사소송법 제457조의2에서 규정한 형종상향금지의 원칙에 위반되므로 허용될 수 없다.

제2문 - (4)

(4) 위 3에서 정식재판을 진행하는 법원이 丁의 제1범죄사실에 대하여 벌금 500만원을 선고하였다. 적법한가? (10점)

앞서 살펴본바와 같이 형사소송법 457조의2(형종 상향의 금지 등)에서는 피고인이 정식재판을 청구한 사건에 대하여는 약식명령의 형보다 중한 종류의 형을 선고하지 못한다고 규정하면서 피고인이 정식재판을 청구한 사건에 대하여 약식명령의 형보다 중한 형을 선고하는 경우에는 판결서에 양형의 이유를 적어야 한다고 개정하였다.

따라서 동일한 형종 범위내 에서 벌금을 상향하여 500만원을 선고하는 것은 가능하며, 다만 이 경우 판결서에 그 양형이유를 기재하여야 한다.

제2문 - (5)

(5) 위 라. 사안에서 피고인 丁의 변호인은 항소심에서 제출기한내에 항소이유서를 제출하면서 사기죄에 대하여는 법리오해와 양형부당을, 도로교통법위반죄는 양형이 부당하다는 취지의 내용을 기재하였고, 항소심은 피고인이 제1심 판결 전부에 대하여 항소한 것으로 보고 심리하여 제1심 판결 중 사기 부분에 대한 피고인의 항소를 받아들여 위 부분을 파기하고 무죄를 선고하였으며, 도로교통법위반죄 부분에 대하여는 피고인의 양형부당 항소를 배척하고 판결로 위 부분에 대한 피고인의 항소를 기각하였다면, 심판범위와 관련하여 항소심판결의 당부를 논하시오. 또한 이러한 항소심 판결에 대하여 피고인과 검사 모두 상고한 경우 상고심은 제3범죄사실인 도로교통법위반죄 부분과 관련하여 파기환송을 할 수 있는지 여부를 논하시오. (25점)

I. 쟁점의 정리

사안의 경우 제2범죄사실과 제3범죄사실은 중간에 금고 이상의 확정판결이 존재하므로 제2범죄사실과 확정판결의 범죄사실은 제37조 후단의 사후적 경합범에 해당하고, 제2범죄사실과 제3범죄사실은 확정판결 전후의 것으로 두 개의 주문이 설시된다.

II. 일부상소 가부

1. 일부상소의 의의

일부상소란 재판의 일부에 대한 상소를 말하고 여기서 '재판의 일부'란 상소불가분의 원칙상 한 개의 사건의 일부를 말하는 것이 아니라 수개의 사건이 병합 심판되고 그 결과 판결주문이 수개인 경우에 그 수개의 재판 중 일부만을 의미한다. 일부상소는 잔여부분에 대하여 재판의 확정을 촉진하여 법적안정성을 기하고, 상소법원의 심판대상을 축소하여 재판의 신속과 소송경제를 도모하자는데 그 취지가 있다.

일부상소가 허용되기 위하여는 ① 재판의 내용이 가분이고, ② 독립된 재판이 가능할 것을 요한다. 따라서 일죄의 일부만 유죄로 한 경우 및 포괄일죄의 일부에 대하여도 일부상소가 허용되지 않고 상소불가분의 원칙이 적용됨이 원칙이다. 사안의 경우 주문이 별개로 선고되므로 재판의 내용이 가분이고, 독립된 재판이 가능한 경우로써 일부상소가 가능하다(법 제342조 제1항).

2. 항소심의 심판범위

형법 제37조 전단의 경합범으로 동시에 기소된 수 개의 공소사실에 대하여 일부 유죄, 일부 무죄를 선고하거나 수 개의 공소사실이 금고 이상의 형에 처한 확정판결 전후의 것이어서 형법 제37조 후단, 제39조 제1항에 의하여 각기 따로 유·무죄를 선고하거나 형을 정하는 등으로 판결주문이 수 개일 때에는 그 1개의 주문에 포함된 부분을 다른 부분과 분리하여 일부상소를 할 수 있고, 이때 당사자 쌍방이 상소하지 아니한 부분은 분리 확정된다. 그러므로 확정판결 전의 공소사실과 확정판결 후의 공소사실에 대하여 따로 유죄를 선고하여 두 개의 형을 정한 제1심 판결에 대하여 피고인만이 확정판결 전의 유죄판결 부분에 대하여 항소한 경우, 피고인과 검사가 항소하지 아니한 확정판결 후의 유죄판결 부분은 항소기간이 지남으로써 확정되어 항소심에 계속된 사건은 확정판결 전의 유죄판결 부분뿐이고, 그에 따라 항소심이 심리·판단하여야 할 범위는 확정판결 전의 유죄판결 부분에 한정된다 (대판 2013. 6. 20, 2010도14328 전합, 대판 2015. 8. 19, 2015도8232, 대판 2018. 3. 29, 2016도18553).

3. 상고심의 파기범위

검사는 항소를 제기하지 아니하고 피고인만이 제1심 판결 중 확정판결 전 범행인 사기 부분에 대하여 항소한 이 사건에서, 확정판결 후 범행인 도로교통법위반죄 등 부분은 항소기간이 지남으로써 확정되고 사기 부분만이 원심에 계속되게 되었으므로, 원심으로서는 사기 부분만을 심리·판단하였어야 하고, 설령 변호인이 항소이유서에 이미 확정된 도로교통법위반죄 부분에 대한 항소이유를 기재하였다고 하더라도 도로교통법 위반죄 부분은 원심인 항소심의 심리·판단의 대상이 될 수 없다.

그럼에도 항소심은 이미 유죄로 확정된 도로교통법위반죄 부분까지 다시 심리하여 판결로 위 부분에 대한 피고인의 항소를 기각하였으니, 원심판결 중 유죄 부분에는 항소심의 심리·판단의 범위에 관한 법리를 오해하여 판결 결과에 영향을 미친 잘못이 있다.

상고심으로서는 항소심 판결 중 제3범죄사실의 항소기각 부분을 파기한다. 다만 이 부분은 이미 확정되어 당초부터 원심의 심판대상이 아니었으므로 원심에 환송할 수 없고, 이 법원이 이를 파기하는 것으로 충분하다(대판 2018. 3. 29, 2016도18553).

III. 결 론

피고인 丁의 제2범죄사실과 제3범죄사실은 주문이 별개로 선고되어 피고인만이 제2범죄사실에 대하여 항소하였다면 제3범죄사실은 제1심 판결이 그대로 확정된다. 따라서 항소심에서는 도로교통법위반죄 부분을 처음부터 심리할 수 없었다. 그럼에도 불구하고 제3범죄사실에 대한 항소기각을 판결하였으므로 이는 항소심의 심판범위에 대한 법리오해가 존재한다. 이러한 항소심 판결에 대하여 쌍방상고로 상고심의 심리가 이루어진 경우 법리오해를 이유로 제3범죄사실에 대한 항소기각 판결은 파기될 것이다. 다만 처음부터 1심 판결로 확정되었어야 할 제3범죄사실은 항소심에서 다시 심리하는 것이 불가능하므로 파기환송이 아니라 파기판결만을 할 뿐이다.

종합사례 3. 업무방해죄에서 '업무'의 의미/ 상해의 개념 / 정당방위 / 규범의 보호목적이론 / 무영장 압수·수색의 적법성 / 항소심에서의 공소장변경

건설일용직 근로자인 피고인 甲은 공소외 1로부터 밀린 일당 100여만원을 받지 못해 공소외 1에게 앙심을 품고 있던 중 2019. 10. 28. 10:00경 서울 동대문구 (상세 주소 생략) 소재 공소외 1이 시행하는 상가신축 공사현장에서 작업을 하고 있던 인부들을 툭툭 치고 시비를 걸면서 "뼈 빠지게 일해도 사기꾼 공소외 1로부터 임금을 받지 못할 것이다. 일을 그만 하고 나가라."라는 취지의 이야기를 하고 이에 공소외 1의 112신고를 받고 출동한 경찰관으로부터 제지를 당하고도 다시 공사현장으로 찾아와 인부들에게 욕설을 하고 건축자재를 발로 차는 등 약 5시간 동안 공소외 1의 상가신축 공사업무를 방해하였다.

공소외 1이 같은 날 14:30경 현장사무실로 사용하던 컨테이너 박스에서 인부들에게 줄 임금을 세고 있었는데 甲이 들어오자 돈 세는 것을 멈추고 책상 서랍에 돈을 넣어 둔 다음 甲에게 나갈 것을 요구하였으나 甲은 계속 시비를 걸면서 나가지 않고 있던 중 15:00경 현장에서 작업하던 인부가 손을 다쳤다는 연락을 받은 공소외 1이 그를 병원에 데리고 갔다가 16:00경 다시 현장사무실에 돌아오자 甲이 황급히 현장사무실에서 도망치듯 나갔다. 이에 공소외 1이 이상한 생각이 들어 현장사무실 책상 서랍을 열어 보고 돈(76만원)이 없어진 것을 발견하고 甲의 소행이라고 의심하여 경찰에 신고하였는데 안암지구대 소속 경찰관 2명은 공소외 1로부터 도난신고를 받고 공소외 1과 함께 인근에 사는 甲의 집으로 출동하여 甲의 동의 아래 집으로 들어가 주방입구에서 甲의 지갑 옆에 흩어져 있던 만원권 지폐 19장을 발견하였다. 그러나 공소외 1이 분실하였다는 76만원과는 차이가 있고 甲이 절취사실을 부인하면서 영장제시를 요구하자 일단 임의동행 형식으로 甲을 지구대로 데리고 가 지구대에서 위 경찰관 중 1명이 공소외 1로부터 甲이 트럭을 타고 공사현장에 왔었다는 이야기를 듣고 甲에게 차량 열쇠를 요구하였으나 거절당하자 다시 甲의 집으로 들어가 수색하여 甲 소유의 1톤 화물트럭열쇠를 발견하고 그 열쇠로 甲의 집 인근 이면도로에 주차되어 있던 甲의 트럭 문을 열어 보았는데, 조수석 아래에 있던 종이박스 밑에 만원권 40장이 깔려 있는 것을 보고 스마트폰으로 사진촬영하고 다른 경찰관에게 연락하여 같은 날 18:30경 甲과 함께 甲의 집에 가서 위 19만원과 트럭에서 발견한 40만원을 甲으로부터 압수하고 甲을 다시 지구대로 연행하여 압수조서를 작성한 후 甲을 현행범인으로 체포하였다.

술에 약간 취해 있던 甲은 화를 참지 못하고 경찰지구대에서 경찰관들에게 '경찰은 죄 없고 힘없는 자만 못살게 군다.', '민중의 몽둥이!'라는 등 큰소리로 욕설을 하며 행패를 부렸는데, 甲의 소란행위로 인해 지구대 내에 있는 경찰관들이 일을 멈출 수밖에 없었다. 甲이 한동안 지구대의 소파에 앉아 있다가 갑자기 일어나 지구대 사무실 내에 설치된 정수기를 발로 차 넘어뜨리려 하자 옆에 있던 경찰관 A가 피고인 甲의 행동을 제지하는 과정에서 甲을 밀쳐 책상 모서리에 머리를 부딪치게 되었다. 바닥에 쓰러진 甲이 의식이 없는 것처럼 보이자 119에 신고하여 출동한 119구급차(운전자 B)에 태워 인근 대학병원 응급실로 가던 중 구급차에서 의식이 돌아왔으나 B가 좌회전 금지 구역에서 급히 좌회전을 하다가 후방 50m에서부터 중앙선을 넘어 직진하려던 1톤 화물트럭과 충돌하였고 그 충돌사고로 인하여 甲이 사망하였다.

검사는 "피고인 甲이 2019. 10. 28. 15:00경 서울 동대문구 (상세 주소 생략) 공소외 1의 상가신축공사 현장사무실에서, 현장에서 작업하던 인부가 손을 다쳐 공소외 1이 그를 병원에 데리고 간 틈을 이용하여 책상 서랍에 있던 공소외 1 소유의 현금 76만원을 가지고 가 이를 절취하였다"는 사실로 공소제기 하였다. 피고인 甲의 절도혐의에 대해서 제1심에서 무죄판결이 선고되자 검사가 항소하여 항소심이 진행되는 도중 검사는 "피고인 甲이 2019. 10. 28. 15:00경 서울 동대문구 (상세 주소 생략) 공소외 1의 상가신축공사 현장사무실에서, 현장에서 작업하던 인부가 손을 다쳐 공소외 1이 그를 병원에 데리고 간 틈을 이용하여 공소외 1이 책상서랍에 넣어 놓은 현금 76만원을 절취하여 나가려다가 다른 인부 C에게 발각되자 체포면탈 목적으로 그를 밀쳐 손가락에 2주간의 치료를 요하는 상해를 입히고 달아났다."는 사실로 공소장변경을 신청하였다. C는 피고인 甲이 절도죄로 처벌받으면 자신에 대한 상해부분은 그냥 없던 일로 하려했으나 피고인 甲이 무죄판결을 받았다는 소식을 듣고 괘씸한 생각이 들어 상해사실을 경찰에 신고하였다.

⑴ 甲이 사망하지 않았다고 가정하고 지구대 내에서의 甲의 소란행위에 대한 형사책임을 논하시오.

⑵ 경찰관 A와 구급차 운전자 B의 형사책임을 논하시오.

⑶ 경찰관이 甲의 집과 트럭에서 현금을 발견하고 이를 압수하였는바 이에 대한 적법성을 판단하시오.

⑷ 검사의 공소장변경신청에 대해 항소심은 어떤 판단을 내릴 수 있는가(甲이 사망하지 않았다고 가정할 것).

해 설

(1) 문

(1) 甲이 사망하지 않았다고 가정하고 지구대 내에서의 甲의 소란행위에 대한 형사책임을
논하시오.

Ⅰ. 설문(1) - 지구대 내에서의 소란행위의 죄책

1. 공무집행방해죄(형법 제136조 제1항)의 성부

(1) 문제의 소재

공무집행방해죄는 직무를 집행하는 공무원을 폭행·협박함으로써 성립하는 범죄이다.
사안에서 지구대 내의 경찰관들이 공무원으로서 공무를 수행하고 있었음은 명백하고, 甲의
행위로 경찰관들의 업무수행이 방해를 받았으므로 甲의 소란행위가 공무집행방해죄의 성립
에 요구되는 폭행·협박에 해당된다면 공무집행방해죄의 구성요건해당성이 인정될 것이다.
따라서 甲이 큰 소리로 욕설을 하고 행패를 부린 것이 공무집행방해죄의 폭행에 해당될 것
인지가 문제된다.

(2) 공무집행방해죄에서 폭행과 협박

공무집행방해죄에서 폭행이란 사람에 대한 직·간접의 유형력의 행사를 의미하는 광의
의 개념이다. 따라서 반드시 공무원의 신체에 대한 직접적인 유형력의 행사여야 하는 것이
아니고 물건에 대한 유형력의 행사라 하더라도 간접적으로 공무원에 대한 것이면 본죄가
성립한다. 판례도 이러한 취지에서 "경찰관이 공무를 집행하고 있는 파출소 사무실의 바닥
에 인분이 들어있는 물통을 집어던지고 책상위에 있던 재떨이에 인분을 퍼 담아 사무실 바
닥에 던지는 행위는 동 경찰관에 대한 폭행"(대판 1981. 3. 24, 81도326)에 해당한다고 보았
다. 나아가 집달관 대리의 보조자인 인부에 대한 유형력의 행사도 간접적으로 집달관 대리
에 대한 유형력의 행사로 볼 수 있다고 한 판례도 있다(대판 1970. 5. 12, 70도561).

본죄의 협박은 공무원에게 공포심을 일으키게 할 수 있는 해악의 고지를 말하며, 상대
방이 현실적으로 공포심을 느낄 것을 요하는 것이 아니다(광의의 협박).

공무집행방해죄에서 폭행 또는 협박은 공무집행을 방해할 정도의 적극적인 행위에 의한
것이어야 한다. 따라서 소극적 저항이나 단순한 불복종은 공무집행을 방해할 수 있는 정도
의 폭행 또는 협박이라고 할 수 없다. 마찬가지로 경미한 정도의 폭행 또는 협박도 본죄에

해당하지 않는다(대판 1976. 5. 11, 76도988).

(3) 설문의 경우

甲이 큰 소리로 욕설을 하고 행패를 부린 것이 협박이 아님은 명백하므로, 甲의 소란행위가 공무집행방해죄에서 요구하는 폭행의 정도에 이른 것인지 문제된다. 甲의 소란행위로 인해서 경찰공무원들이 일을 멈출 수밖에 없었으므로 직무집행을 방해할 정도에 이른 것처럼 보인다. 그런데 甲이 정수기를 찼다면 이는 간접적 유형력의 행사로서 폭행에 해당할 여지가 있으나, 甲은 아직 정수기를 차지 않았고 단순히 지구대 내에서 큰 소리로 욕설을 하면서 행패를 부렸는바 이를 폭행에 해당한다고 보기는 어려울 것이다. 甲의 행위는 폭행에 이르지 않는 위력 정도에 해당한다고 판단된다. 판례도 이와 유사한 사안에서 공무집행 방해죄의 폭행의 정도에 이르지 않았다고 보면서 업무방해죄의 위력에 해당하지만 사적인 업무와 공무를 구별하여 업무방해죄도 성립하지 않는다고 보았다(대판 2009. 11. 19, 2009도 4166 전합). 경찰청 민원실에서 말똥을 책상 및 민원실 바닥에 뿌리고 소리를 지르는 등 난동을 부린 행위도 위력으로 경찰관의 민원접수 업무를 방해한 것이지만 마찬가지 이유로 업무방해죄는 성립하지 않는다(대판 2010. 2. 25, 2008도9049).

2. 업무방해죄(형법 제314조)의 성부

(1) 문제의 소재

업무방해죄는 허위사실을 유포하거나 위계·위력으로 사람의 업무를 방해하면 성립하는 범죄이다. 업무방해죄는 공무집행방해죄와 달리 위력에 의한 것도 포함하는바, 위력에 해당하는 행위로 공무를 방해한 경우에도 업무방해죄로 의율할 수 있는지가 문제된다. 이는 업무방해죄의 '업무'에 公務도 포함할 것인지 아니면 私務에 국한할 것인지의 문제이다.

(2) 학설과 판례

업무란 사회생활상의 지위에서 계속적으로 행하는 사무를 말한다. 따라서 공무원이 직무상 수행하는 공무 역시 공무원이라는 사회생활상의 지위에서 계속적으로 종사하는 사무이므로 문리적으로 보면 업무방해죄의 '업무'의 개념에 포함된다고 볼 수 있다. 또한 업무방해죄의 업무에 공무를 제외한다는 명문의 규정이 없는 이상 공무도 업무방해죄의 업무에 포함된다고 볼 수 있다. 이러한 입장에 따르면 업무방해죄의 행위유형인 위력이나 허위사실 유포에 의하여 공무집행이 방해된 경우에는 공무집행방해죄는 성립하지 않지만 업무방해죄에 해당하게 된다.

이에 반해서 업무방해죄는 일반적으로 사람의 사회적·경제적 활동의 자유를 보호법익으로 하므로 공무는 업무방해죄의 '업무'에서 제외된다는 견해가 있다. 대법원 전원합의체

판결의 다수의견도 "업무방해죄와 공무집행방해죄는 그 보호법익과 보호대상이 상이할 뿐만 아니라 업무방해죄의 행위유형에 비하여 공무집행방해죄의 행위유형은 보다 제한되어 있다. 즉 공무집행방해죄는 폭행, 협박에 이른 경우를 구성요건으로 삼고 있을 뿐 이에 이르지 아니하는 위력 등에 의한 경우는 그 구성요건의 대상으로 삼고 있지 않다. 또한, 형법은 공무집행방해죄 외에도 여러 가지 유형의 공무방해행위를 처벌하는 규정을 개별적·구체적으로 마련하여 두고 있으므로, 이러한 처벌조항 이외에 공무의 집행을 업무방해죄에 의하여 보호받도록 하여야 할 현실적 필요가 적다는 측면도 있다. 그러므로 형법이 업무방해죄와는 별도로 공무집행방해죄를 규정하고 있는 것은 사적 업무와 공무를 구별하여 공무에 관해서는 공무원에 대한 폭행, 협박 또는 위계의 방법으로 그 집행을 방해하는 경우에 한하여 처벌하겠다는 취지라고 보아야 한다. 따라서 공무원이 직무상 수행하는 공무를 방해하는 행위에 대해서는 업무방해죄로 의율할 수는 없다고 해석함이 상당하다(대판 2009. 11. 19, 2009도4166 전합)"고 하여 공무제외설을 취하였다.

(3) 검토 및 사안에의 적용

형법이 공무집행방해죄의 행위태양을 폭행, 협박, 위계로 제한한 것은 폭행에 이르지 않는 정도의 위력에 의한 공무집행방해행위는 처벌하지 않겠다는 의미인바, 공무포함설은 이러한 입법취지에 부합하지 않고, 피고인에게 불리한 확장해석으로 죄형법정주의 정신에 반한다. 또한 공무원의 공무집행은 공권력의 행사이므로 어느 정도 유형력이 수반될 수 있어 이에 저항하는 모든 행위를 공무집행방해죄로 처벌한다면 개인의 권리가 지나치게 제한될 수 있다. 따라서 공무제외설이 타당하다.

설문에서 甲은 위력으로 지구대 경찰관의 공무를 방해했을 뿐이므로, 업무방해죄의 죄책을 지지 않는다.

3. 결 론

甲의 행위는 위력에 해당되어 공무집행방해죄의 행위유형에 해당하지 않고, 업무방해죄의 업무와 공무집행방해죄의 공무는 서로 구별되고 업무에 공무는 제외되어야 하므로 업무방해죄도 성립하지 않는다. 甲의 지구대 내 소란행위는 어느 구성요건에도 해당하지 않는 행위이다.

(2) 문

⑵ 경찰관 A와 구급차 운전자 B의 형사책임을 논하시오.

Ⅱ. 설문(2) - 경찰관 A가 甲을 밀쳐 의식을 잃게 한 행위와 운전자 B가 충돌사고로 甲을 사망에 이르게 한 행위의 죄책

1. A의 죄책

(1) 문제의 소재

A는 甲의 소란행위를 제지하기 위하여 甲을 밀쳤는데 甲이 책상 모서리에 머리를 부딪치게 된 것이므로, A에게 甲의 상해나 사망의 결과에 대한 고의가 있었던 것은 아니다. 그러나 고의로 甲을 밀쳤으므로 폭행에 대한 고의는 있었던 것으로 보인다. 따라서 폭행치상죄 혹은 폭행치사죄의 성부가 문제된다. 의식을 잃은 것이 상해개념을 충족하는 것인지와 사망의 경과에 대한 인과관계 및 객관적 귀속을 검토하여야 한다. 또한 甲의 소란행위를 막기 위하여 경미한 폭행을 한 것이므로, 정당방위 혹은 정당행위로서 위법성이 조각되는지를 논한다.

(2) 구성요건해당성

1) 폭행치상죄(형법 제262조)의 상해

상해의 개념에 관해서 (i) 상해를 넓은 의미로 파악하여 신체의 외부적 완전성을 침해하면 상해에 해당한다는 신체의 완전성설, (ii) 상해를 좁은 의미로 파악하여 사람의 내부적 생리 기능을 훼손하면 상해이고, 외부적 완전성을 침해하면 폭행이라는 생리적 기능훼손설, (iii) 상해에는 생리적 기능의 훼손과 신체 외부의 중대한 변화가 포함된다는 절충설 등이 있다. 신체의 완전성설에 따르면 상해와 폭행의 구별이 불분명해지고 절충설은 중대한 변화의 기준이 모호하다는 비판이 있다.

(iv) 대법원 판례는 상해를 신체의 완전성을 훼손하거나 생리적 기능에 장애를 초래하는 것으로 보는 판시(대판 1999. 1. 26, 98도3732)와 신체의 완전성을 해하는 것으로 보는 판시(대판 1982. 12. 28, 82도2588)도 있지만, 주로 상해를 피해자의 신체의 건강 상태가 불량하게 변경되고 생활기능에 장애가 초래되는 것으로 보아 생리적 기능훼손설의 입장(대판 1996. 11. 22, 96도1395; 대판 2000. 2. 11, 99도4794; 대판 2000. 2. 25, 99도4305; 대판 2003. 7. 11, 2003도2313; 대판 2020. 3. 27, 2016도18713)을 취하고 있다고 본다. 오랜 시간 동안의 협박과 폭행을 이기지 못하고 실신하여 범인들이 불러온 구급차 안에서야 정신을 차리게 되었다면,

외부적으로 어떤 상처가 발생하지 않았다고 하더라도 생리적 기능에 훼손을 입어 신체에 대한 상해를 인정할 수 있다(대판 1996. 12. 10, 96도2529). 마찬가지로 외관상의 상처가 없더라도 폭행에 의한 보행 불능, 수면장애, 식욕감퇴 등 기능의 장해가 초래된 경우(대판 1969. 3. 11, 69도161)나 처녀막파열(대판 1995. 7. 25, 94도1351)도 상해에 해당한다.

폭행죄와 상해죄는 모두 신체의 완전성을 침해하는 범죄지만 양자를 구별하고 있는 현행법의 해석상 폭행으로도 신체의 완전성이 침해되기 때문에 상해를 생리적 기능장애 내지 건강침해로 보아야 한다. 즉 육체적 및 정신적 병적 상태의 야기와 증가가 상해이다. 따라서 건강악화, 신체상처, 질병감염 뿐만 아니라 식욕감퇴 및 수면장애나 스트레스성 장애 등 기능장애도 상해로 볼 수 있다. 그러나 모발이나 음모절단 등 외관의 중요한 변경은 상해가 아니라 폭행에 해당한다(대판 2000. 3. 23, 99도3099).

이 사안에서 의식을 잃은 것은 외적 변화는 없었지만 생리적 기능이 훼손된 것은 분명하므로 상해에 해당한다. A가 폭행을 하여 그로 인해 상해의 결과가 발생하였으므로 폭행치상죄의 구성요건해당성이 인정된다.

2) 폭행치사죄(형법 제262조)의 성부 – 인과관계 및 객관적 귀속

甲은 A의 폭행에 의해 의식을 잃었으나 119구급차에 타고 가던 중 의식이 돌아왔고 그 후 충돌사고로 사망하였으므로 A의 폭행행위와 사망의 결과 사이에 인과관계 및 객관적 귀속을 인정할 수 있는지가 문제된다. 인과관계를 조건설로 파악하는 견해를 따르지 않는 한 甲의 사망은 교통사고에 의한 것이 분명하므로 A의 폭행과 甲의 사망 사이에 인과관계 또는 객관적 귀속을 인정할 수 없다.

(3) 위법성조각사유의 존부 – 정당방위(형법 제21조) 해당 여부

정당방위는 자기 또는 타인의 법익에 대한 현재의 부당한 침해가 있을 때 이를 인식하고 방위행위를 하여야 하고 이는 상당한 이유가 있어야 한다. 즉, 객관적 정당화 상황으로서 현재의 부당한 침해와 주관적 정당화 요소로서 방위의사, 그리고 방위행위의 상당성이 요구된다. 이때 방위행위의 상당성은 방위행위로 침해된 법익과 수호하고자 하는 법익의 법익균형성이 아니라, 현재의 부당한 공격에 대한 방위행위로서 당해 행위가 필요하고(방어의 요구성) 또 수단과 목적 사이의 비례관계(수단과 목적의 상당성)에 있는가이다. 당해 사안에서 공격의 정도, 공격자의 위험성, 적당한 방위수단의 존부 등을 고려하여 행위 당시를 기준으로 객관적으로 판단할때 방위행위가 요구되는지를 판단해본다.

사안에서 현재 甲이 재물을 손괴하려 하므로 현재의 부당한 침해가 존재하고, A는 이를 막기 위해 甲을 밀친 것인바 방위의사도 인정된다. 또한, 甲의 재물 손괴를 수반한 소란행위를 막기 위해 甲을 밀치는 정도의 경미한 폭행을 사용하는 것은 필요하고, 수단과 목적

사이의 비례관계도 있으므로 방위행위의 상당성도 인정되어 정당방위에 해당한다. 방위행위의 상당성은 법익균형성을 의미하는 것이 아니므로 상해의 결과가 발생하였다고 하더라도 방위의 상당성을 인정하는 데 지장이 없다.

(4) 소 결

A의 행위는 폭행치상죄의 구성요건에 해당하나 형법 제21조의 정당방위의 요건을 충족하므로 위법성이 조각되어 무죄이다.

2. B의 죄책 – 업무상 과실치사죄(형법 제268조)의 성부

(1) 문제의 소재

구급차 운전사 B는 좌회전 금지 구역에서 좌회전을 하는 순간 중앙선을 넘어 진행하던 후행차량과 충돌하여 甲을 사망에 이르게 하였는바, 업무상 과실치사죄의 성부가 문제된다. B에게 업무상 주의의무위반이 인정되는지 및 과실이 인정되더라도 사망의 결과를 B에게 귀속시킬 수 있는지를 논해야 한다.

(2) 주의의무위반

판례는 유사한 사건에서 "피고인이 좌회전 금지구역에서 좌회전한 것은 잘못이나 이러한 경우에도 피고인으로서는 50여 미터 후방에서 따라오던 후행차량이 중앙선을 넘어 피고인 운전차량의 좌측으로 돌진하는 등 극히 비정상적인 방법으로 진행할 것까지를 예상하여 사고발생방지조치를 취하여야 할 업무상 주의의무가 있다고 할 수는 없고"라고 하여 주의의무위반을 부정하는 듯한 판시를 한 바 있다(대판 1996. 5. 28, 95도1200). 그러나 이는 주의의무위반과 인과관계 및 객관적 귀속의 문제를 혼동한 것이다.

이 사안에서 B는 좌회전 금지 규범을 준수하지 않았으므로 주의의무위반은 인정된다. 문제는 甲의 사망의 결과를 B의 주의의무위반 탓으로 돌릴 수 있는지, 인과관계와 객관적 귀속을 인정할 수 있는가이다.

(3) 인과관계와 객관적 귀속 – 규범의 보호목적이론

인과관계란 구성요건해당성을 논함에 있어 실행행위와 구성요건적 결과와의 사이에 있어야 하는 관계를 말한다. 일정한 결과의 발생을 필요로 하는 결과범의 경우에는 실행행위에 뒤이어 일정한 결과가 야기되지 않으면 구성요건해당성이 완전히 충족되지 못한다. 객관적 구성요건해당성 단계에서는 인과관계론을 통해서 행위와 구성요건적 결과와의 사이의 인과적 관련성을 확정한다. 여기서는 우선 사실적인 관점에서 인과관계의 존부를 확인하는 것이다. 그 후 이와 같이 인과관련성 있는 결과를 객관적으로 행위자에게 귀속시킬 수 있을 것인가, 행위자의 행위 작품으로 볼 수 있는가를 규범적인 관점에서 검토하는 것이 객관적 귀속이론이다. 따라서 객관적 귀속은 인과관계의 존재를 전제로 한다.

결과범에서 객관적 구성요건해당성의 확정을 인과관계와 객관적 귀속의 2단계에 걸쳐 검토하려는 입장은 인과관계의 단계에서는 행위와 결과 사이의 조건관계를 확인하는 조건설이나 합법칙적 조건설을 취한다. 인과관계에서 상당인과관계설을 취하는 입장은 객관적 귀속을 문제삼지 않는다. 상당인과관계설에서는 인과관계의 존부를 상당성이라는 규범적 척도로 이미 판단하였기 때문에 굳이 다시 한 번 객관적 귀속이라는 규범적 관점에서의 검토가 필요없는 것이다.

이 사안에서 조건설이나 합법칙적 조건설은 B가 좌회전금지구역에서 좌회전을 하지 않았더라면 중앙선을 침범하여 진행하려던 트럭과 충돌하지 않았을 것이기 때문에 인과관계를 인정한다. 다만 객관적 귀속이론에 의하여 B의 책임이 최종적으로 결정된다. 즉 충돌사고로 인한 구성요건적 결과가 B의 과실에 귀속되려면 객관적 귀속의 척도를 거쳐 귀속이 인정되어야 하며, 이 경우 적용가능한 척도로 규범의 보호목적이론이 제시된다. 규범의 보호목적이론이란 결과가 행위자의 행위에 의하여 침해된 규범의 보호범위 밖에서 발생하였고 행위자가 발생시킨 법률상 허용될 수 없는 위험이 아닌 다른 위험이 결과로 실현될 때는 행위자에게 귀속시킬 수 없다는 이론이다.

특정 도로에서 좌회전을 금지하는 규범은 좌회전을 하는 차량이 별로 없고 직진차량만 많은 도로에서 좌회전 차량에 할당하는 시간을 절약하여 도로교통을 원활하게 하기 위한 것일 뿐 중앙선을 넘어 주행하는 다른 차와의 충돌을 막기 위한 것은 아니다. 즉, 좌회전 금지 규정의 보호목적은 도로교통의 원활이지 교통사고 방지가 아니므로, 甲의 사망은 좌회전 금지규범의 보호범위 밖의 결과이다.

B가 좌회전 금지 규범을 위반하여 발생시킨 위험은 도로교통의 혼란일 뿐이고, 甲의 사망은 이와는 별개로 중앙선을 넘어 주행하던 트럭운전사가 발생시킨 위험의 결과이므로, 이를 B에게 귀속시킬 수 없다.

3. 결 론

A의 폭행치상행위는 정당방위로서 위법성이 조각되고 B는 사망의 결과에 대한 객관적 귀속이 부정되어 모두 무죄이다.

(3) 문

⑶ 경찰관이 甲의 집과 트럭에서 현금을 발견하고 이를 압수하였는바 이에 대한 적법성
을 판단하시오.

III. 설문(3) - 압수 · 수색의 적법성

1. 문제의 소재

영장주의에 따라 압수 · 수색은 영장을 발부받아 하는 것이 원칙이다(헌법 제12조 제3항,
제16조, 형사소송법 제215조). 그러나 현행 형사소송법은 제216조 내지 제218조에서 영장 없
이 압수 · 수색을 할 수 있는 예외를 규정하고 있다.

사안에서는 甲에 대한 압수 · 수색영장이 발부된 바 없고 경찰관이 임의 동행한 甲의 트
럭과 집을 수색하고 현금을 압수한 후 甲을 현행범으로 체포한바, 이것이 형사소송법 제
216조 제1항 제2호의 체포현장에서의 압수 · 수색에 해당하는지, 동조 제3항의 범행 장소에
서의 압수 · 수색인지, 혹은 제217조 제1항의 긴급체포시의 압수 · 수색으로서 적법한지 논
해야 한다.

2. 체포현장에서의 압수 · 수색(형사소송법 제216조 제1항 제2호)에 해당하는지
여부

현행범인을 체포하는 경우에 필요한 때에는 영장 없이 체포현장에서 압수 · 수색을 할
수 있다. 이를 위해서는 우선 현행범체포가 있어야 하고, 체포현장에서 이루어져야 한다.

(1) 현행범체포

피고인 甲을 지구대로 데리고 간 것은 임의동행 형식이었으므로 긴급체포라거나 현행범
체포라고 할 수 없다. 다만, 지구대에 임의동행한 후 압수 · 수색을 하고 나서야 甲을 체포
한 것이 현행범체포로서 적법한지 문제된다. 현행범체포의 기본적 요건은 피의자가 현행범
(형사소송법 제212조) 또는 준현행범(형사소송법 제211조 제2항)이어야 한다.

1) 현행범인인지 여부

현행범인이란 범죄의 실행 중이거나 범죄의 실행 직후인 자를 말한다(형사소송법 제211조
제1항). 특히, 범죄의 실행 직후인 자란 범죄와 시간적 · 장소적 접착성이 있는 자를 의미한
다. 판례에 의하면 "시간적으로나 장소적으로 보아 체포를 당하는 자가 방금 범죄를 실행
한 범인이라는 점에 대한 죄증이 명백히 존재하는 것으로 인정되는 경우에만 현행범인으로

볼 수 있다"(대판 2002. 5. 10, 2001도300; 대판 2006. 2. 10, 2005도7158; 대판 2007. 4. 13, 2007 도1249). 예컨대 "교사가 교장실에서 약 5분 동안 소란을 피운 후 40여분 정도가 지나 경찰 관들이 출동하여 교장실이 아닌 서무실에서 그를 연행하려 한 경우, 그를 '범죄의 실행 즉 후인 자'로서 현행범인이라고 단정한 위법이 있다(대판 1991. 9. 24, 91도1314)"고 한 바 있 고, "범행을 한 지 겨우 10분 후에 지나지 않고, 그 장소도 범행 현장에 인접한 학교의 운 동장이며, 피해자의 친구가 112 신고를 하고 나서 피고인이 도주하는지 여부를 계속 감시 하고 있던 중 신고를 받고 출동한 경찰관들에게 피고인을 지적하여 체포하도록 하였으므로 피고인은 범죄 실행의 즉후인 자로서 현행범인에 해당한다(대판 1993. 8. 13, 93도926)"고 판 단하였다.

사안의 경우 甲은 이미 지구대에 임의 동행되어 있던 자이므로, 시간적으로나 장소적으 로 범죄와의 접착성이 있다고 볼 수 없어 범죄의 실행 중이라거나 실행 직후인 자로서 현 행범인이라고 볼 수 없다.

2) 준현행범인인지 여부

甲은 형사소송법 제211조 제2항 각호 어디에도 해당하지 않아 준현행범인도 아니다.

(2) 체포현장에서의 수색

체포현장의 의미는 압수·수색과 체포와의 사이에 어느 정도 시간적 접착을 요구하는지 와 관련하여 문제된다.

이에 대해서 학설은 ① 체포 전후를 불문하고 체포행위와 시간적·장소적 접착이 있으 면 족하다는 견해, ② 피의자가 현실적으로 체포되었어야 한다는 견해, ③ 피의자가 있는 장소에서 압수·수색해야 한다는 견해, ④ 피의자 체포에 착수했어야 한다는 견해 등이 대 립하고 있다.

피의자가 없는 곳에서 압수·수색을 하는 것은 체포에 수반되는 긴급행위라고 볼 수 없 어 적어도 피의자가 현재하는 곳만을 체포현장이라고 해야 한다. 피의자가 존재하는 이상 체포의 전후나 성공 여부는 불문하며, 다만 피의자 체포에 착수했으나 피의자가 도주한 경 우에는 체포현장에 해당한다고 보는 것이 형사소송법 제216조 제1항의 취지에 부합한다.

따라서 피고인 甲을 지구대에 남겨두고 다시 피고인의 집으로 가서 피고인의 집과 차량 을 수색한 것을 체포현장에서의 수색이라고 할 수 없다.

(3) 소 결

甲은 현행범 또는 준현행범인이 아니고, 사안에서의 수색은 체포현장에서의 수색이 아 니므로 형사소송법 제216조 제1항 제2호에 해당하지 않는다.

3. 범죄장소에서의 압수 · 수색(형사소송법 제216조 제3항)에 해당하는지 여부

범행 중 또는 범행 직후의 범죄장소에서 긴급을 요하여 법원판사의 영장을 받을 수 없는 때에는 영장 없이 압수 · 수색을 할 수 있다. 이때에는 사후에 지체 없이 영장을 받아야 한다. 사안의 경우에는 위에서 살펴본 바와 같이 범행 중이라거나 범행 직후라고 보기 어렵고, 사후에 영장을 받은 사정도 없으므로 동 규정에 의한 적법한 압수 · 수색이라 할 수 없다.

4. 긴급체포시의 압수 · 수색(형사소송법 제217조 제1항)에 해당하는지 여부

긴급체포의 규정에 의해 체포된 자가 소유 · 소지 · 보관하는 물건을 긴급히 압수할 필요가 있는 경우에는 체포 후 24시간 이내에 영장 없이 압수 · 수색할 수 있다. 긴급체포시의 압수 · 수색에 해당되는지를 논하기 위해서 선결적으로 甲이 긴급 체포된 자인지를 검토한다.

형사소송법 제200조의3에 따르면, 긴급체포의 실체적 요건으로는 사형 · 무기 또는 장기 3년 이상의 징역이나 금고에 해당하는 죄를 범했다고 의심할 만한 상당한 이유가 있어야 하고(범죄의 중대성, 혐의의 상당성), 증거인멸이나 도주의 우려가 있어야 하며(체포의 필요성), 체포영장을 받을 시간적 여유가 없어야 한다(체포의 긴급성). 또한 절차적 요건으로는 피의사실의 요지, 체포의 이유와 변호사를 선임할 수 있음을 말하고 변명의 기회를 주어야 하고(형사소송법 제200조의5), 긴급체포서를 즉시 작성해야 한다.

그런데 甲은 임의 동행된 후 현행범으로 체포된 바, 긴급 체포된 자라고 할 수 없다. 절도죄는 법정형이 장기 3년 이상의 징역에 해당하나, 甲이 혐의를 부인한다는 사실만으로 증거인멸이나 도주우려가 있다고 할 수 없고, 임의동행 후 체포영장을 받을 시간적 여유도 있었다고 본다. 나아가 제200조의5의 사항 고지 없이 임의동행 형식으로 동행하였으므로 긴급체포의 절차적 요건도 갖추지 못한 것으로 보인다.

따라서 甲은 긴급체포된 것이 아니고, 이 사건 압수 · 수색을 긴급체포시의 압수 · 수색으로 볼 수 없다.

5. 결 론

이 사건 압수 · 수색은 영장 없이 이루어졌으며 영장주의의 예외를 규정한 형사소송법 제216조 제1항 제2호, 동조 제3항, 제217조 제1항 등 어디에도 해당하지 않으므로 부적법하다.

(4) 문

⑷ 검사의 공소장변경신청에 대해 항소심은 어떤 판단을 내릴 수 있는가(甲이 사망하지
않았다고 가정할 것).

IV. 설문(4) - 항소심의 판단

1. 문제의 소재

설문에서 검사는 절도 혐의로 공소제기한 후 항소심에서 준강도상해로 공소장변경을 신
청하였다. 이에 대한 항소심 법원의 판단을 알아보기 위해서는 첫째, 항소심에서 공소장변
경 가부를 논하고, 둘째, 절도에서 준강도상해로 공소장을 변경하는 것이 공소사실의 동일
성이 있어 공소장변경의 요건을 충족하는지를 논해야 한다. 상해죄는 친고죄나 반의사불벌
죄가 아니므로 C가 상해사실을 뒤늦게 신고한 것은 문제가 되지 않는다.

2. 항소심에서 공소장변경 가부

(1) 문제의 소재

항소심에서 공소장변경이 허용되는지는 항소심의 구조를 속심으로 볼 것인지 사후심으
로 볼 것인지에 따라 달라진다.

(2) 학설과 판례

항소심은 사후심이라는 사후심설의 입장에서 사후심은 원심판결의 당부만을 판단하는
것이므로 항소심에서는 공소장변경이 허용되지 않는다는 견해, 항소심은 속심이라는 속심
설의 입장에서 공소장변경이 전면적으로 허용된다는 견해, 항소심을 사후심으로 보더라도
항소심이 파기 자판하는 경우에는 예외적으로 속심의 성질을 가지므로 예외적으로 공소장
변경이 허용된다는 견해 등이 있다.

판례는 "현행 형사소송법상 항소심은 기본적으로 실체적 진실을 추구하는 면에서 속심
적 기능이 강조되고 있고, 다만, 사후심적 요소를 도입한 형사소송법의 조문들이 남상소의
폐단을 억제하고 항소법원의 부담을 감소시킨다는 소송경제상의 필요에서 항소심의 속심적
성격에 제한을 가하고 있음에 불과하다(대판 1983. 4. 26, 82도2829)"라고 하여 사후심설을
배척하였고, "현행법상 형사항소심의 구조가 오로지 사후심으로서의 성격만을 가지고 있는
것은 아니어서 공소장의 변경은 항소심에서도 할 수 있는 것이다(대판 1981. 8. 20, 81도698;
대판 1986. 7. 8, 86도621; 대판 1987. 7. 21, 87도1101; 대판 1990. 2. 9, 89도225; 대판 1990. 2. 13,

89도2468; 대판 1992. 12. 22, 92도2047; 대판 1995. 2. 17, 94도3297; 대판 2017. 9. 21, 2017도 7843)"라고 하여 항소심에서 공소장변경이 허용된다는 적극설의 입장으로 보인다.

(3) 검토 및 설문의 경우

사후심설은 항소이유를 원판결의 법령위반·사실오인 및 양형부당에 제한한 형사소송법 제361조의5와 항소법원은 항소이유에 포함된 사항에 대해서만 심판하도록 한 동법 제364 조 제1항을 근거로 항소심을 사후심으로 이해한다. 반면 속심설은 제1심 법원에서 증거로 할 수 있던 증거는 항소법원에서도 증거로 할 수 있도록 한 제364조 제3항이나 항소심 심 리에 제1심 공판에 대한 규정을 준용하는 제370조를 근거로 항소심은 속심이라고 한다.

현행 형사소송법의 규정을 종합해 보면 사후심적 요소와 속심적 요소를 모두 가지고 있 다고 본다. 그러나 항소이유서의 제출이 없어도 판결에 영향을 미친 위법이 있는 경우에는 항소심 법원이 직권으로 심판할 수 있도록 한 제364조 제2항의 규정 등을 종합해 보면 사 실심의 종심으로서 속심적 기능이 더 강조되고 있는 것으로 보이고 사후심적 규정은 단지 소송경제와 남상소 방지를 위하여 항소심의 속심적 성격을 제한하고 있다고 볼 수 있다.

따라서 항소심의 구조를 사후심으로 보지 않는 한 항소심에서의 공소장변경은 허용된다 고 보는 것이 타당하다.

3. 공소장변경의 요건

항소심에서의 공소장변경이 허용된다고 하더라도 공소장변경의 한계인 공소사실의 동일 성이 인정되어야 한다. 형사소송법 제298조 제1항은 검사가 공소사실의 동일성을 해하지 않는 한도에서 법원의 허가를 얻어 공소장을 변경할 수 있음을 규정하고 있다. 공소장변경 의 한계가 되는 '공소사실의 동일성'의 기준에 대해 학설과 판례의 입장을 살펴본다.

(1) 공소사실의 동일성에 관한 학설과 판례

기본적 사실동일설은 자연적·전 법률적 관점에서 공소사실을 그 기초가 되는 사회적 사실로 환원하여 그러한 사실이 기본적인 점에서 동일하면 동일성이 인정된다는 견해이다. 이 견해는 사실관계의 기본적인 점과 지엽적인 점을 구별하는 기준이 불명확하여 동일성의 범위를 지나치게 확대한다는 비판을 받는다.

죄질동일설은 공소사실은 자연적 사실이 아니라 일정한 죄명에 의한 사실관계의 파악에 불과하므로, 죄질의 동일성이 인정되어야 공소사실의 동일성이 인정된다는 견해이다. 이 견해에 대해서는 동일성의 범위를 지나치게 좁혀서 공소장변경제도를 무의미하게 만든다는 비판이 있다.

구성요건공통설은 공소장변경 전과 후의 구성요건이 상당 정도 부합하는 경우에 공소사실의 동일성을 인정하는 견해이다. 그러나 '상당한 정도의 부합'이라는 기준이 불명확하다는 비판을 받는다.

소인공통설은 소인의 기본적 부분을 공통으로 하면 공소사실이 동일한 것이라는 견해이다. 그러나 소인 개념을 규정하고 있는 일본과는 달리, 소인 개념을 인정하지 않는 우리 형사소송법 하에서는 채택할 수 없다는 비판을 받는다.

본래 대법원은 공소사실의 동일성은 그 사실의 기초가 되는 사회적 사실관계가 기본적인 점에서 동일하면 그대로 유지된다고 보아 기본적 사실동일성설을 취하고 있었다(대판 1986. 7. 8, 85도554; 대판 1987. 2. 10, 85도897; 대판 1990. 2. 13, 89도1457; 대판 1994. 3. 8, 93도2950). 그러나 판결이 확정된 장물취득죄와 강도상해죄 사이에 동일성이 있는지 문제된 사건에서 두 죄의 기본적 사실관계가 동일한가의 여부는 그 규범적 요소를 전적으로 배제한 채 순수하게 사회적, 전 법률적인 관점에서만 파악할 수는 없고, 그 자연적, 사회적 사실관계나 피고인의 행위가 동일한 것인가 외에 그 규범적 요소도 기본적 사실관계 동일성의 실질적 내용의 일부를 이루는 것이라고 보는 것이 상당하다(대판 1994. 3. 22, 93도2080 전합; 대판 1998. 6. 26, 97도3297; 대판 1999. 5. 14, 98도1438; 대판 2003. 7. 11, 2002도2642; 대판 2005. 1. 13, 2004도6390; 대판 2017. 9. 21, 2017도9878)"며 규범적 요소를 고려하여 강도상해죄와 장물취득죄 간의 공소사실 동일성을 부정한 바 있다.

(2) 검토 및 설문의 경우

공소사실의 동일성 판단은 법적 평가가 아닌 사실판단이기 때문에 순수하게 자연적 관점에서 판단하는 기본적 사실동일설이 타당하다. 여기에 규범적 요소까지 고려한다면 동일성의 판단 기준을 지나치게 불명확하게 만들고 기본적 사실동일설의 취지에 반하게 된다. 따라서 엄격한 의미의 기본적 사실동일설에 따른다.

기본적 사실동일설에서는 공소장에 기재된 공소사실과 변경된 공소사실이 시간적·장소적으로 밀접한 관계에 있거나(밀접관계), 양립할 수 없는 관계에 있으면(택일관계) 공소사실의 동일성을 인정한다. 사안의 경우 공소장변경 전에는 절취사실이 공소사실이고, 변경하고자 하는 공소사실은 절취사실에 C에 대한 상해사실까지 포함한다. 그런데 양자는 시간적·장소적으로 근접되어 있으므로 기본적 사실의 동일성을 인정할 수 있다.

4. 결 론

항소심에서의 공소장변경도 가능하고, 절도와 준강도상해는 기본적 사실이 동일하므로 공소사실의 동일성이 인정되어 항소심 법원은 공소장변경을 허가해야 한다.

종합사례 4. 변호사법 제111조의 해석 / 긴급체포 / 함정수사 / 폭력행위 등 처벌에 관한 법률 제7조의 해석

피고인 甲과 乙은 마약사범으로 구속된 공소외 A가 수사기관에서 수사공적(搜査功績)으로 선처(善處)를 받도록 하기 위하여, 피고인 甲은 마약을 판매한 후 매수자를 피고인 乙에게 알려주고, 피고인 乙은 수사기관에 위 매수자를 제보하여 검거되도록 하여 A의 수사공적을 만들어 준 다음 A가 선처를 받도록 수사기관에 청탁하기로 하고, 그 대가로 A의 친척으로부터 금품을 받아 피고인 甲은 소개비 및 마약사범 제보 작업비를 받고 나머지는 피고인 乙이 갖기로 공모하여, 피고인 乙은 2017. 4. 28. 21:00경 A에 대한 검찰 청탁 및 작업비 등 명목으로 A의 친척으로부터 1,200만원을 교부받고, 피고인 甲은 피고인 乙로부터, 그날 22:00 무렵 소개비로 100만원, 2017. 5. 1. 20:00 무렵 마약사범 제보 작업비로 400만원, 2017. 5. 2. 21:46 무렵 마약사범 제보 작업비로 100만원을 받아 공무원이 취급하는 사무에 관하여 청탁한다는 명목으로 금품을 수수하였다.

xx지방검찰청 검사 C는 2017. 5. 29. 마약류 관리에 관한 법률(향정) 위반 혐의로 피고인 甲을 긴급체포하기 위하여 위 검찰청 마약수사과 직원들과 함께 피고인 甲의 집 앞에서 대기하다가 甲이 집 밖으로 나오자 검찰청 직원 중의 한 명이 피고인 甲의 이름을 불렀는데, 이때 피고인 甲이 도망치려 하자 검찰청 직원들이 뒤따르가 전기충격기를 발사하여 피고인 甲을 제압한 후 피의사실의 요지와 체포의 이유만 고지하였다. 피고인 甲은 검찰 직원의 전화를 받고 정장을 입고 검찰청에 가기 전에 마약투약에 사용한 주사기와 소지하던 칼을 검은 비닐봉지에 담아 버리려고 집 밖으로 나오는 순간 검찰 직원에게 체포되었다고 주장하였다.

피고인 甲이 2015. 5. 25. 공소외 B에게 필로폰 약 0.03g이 든 1회용 주사기를 교부하고, 같은 달 28. 18:00 무렵 필로폰 약 0.03g을 1회용 주사기에 넣고 생수로 희석한 다음 자신의 팔에 주사하여 투약하였는바, 공소외 B가 같은 달 29. 위 사실을 검찰에 신고하여 피고인 甲이 체포되도록 하였다. 공소외 B는 마약사범으로 구속된 공소외 A가 수사기관에서 수사공적으로 선처를 받도록 하기 위한 피고인 甲과 乙의 계획을 미리 알고 이들을 검찰에 신고하여 처벌받게 할 생각으로 피고인 甲에게 접근하여 수차례 반복적으로 필로폰을 교부하도록 하거나 필로폰을 투약하도록 유인했었다.

(1) 피고인 甲이 수사기관에 마약사범 구속자에 대한 선처를 청탁한다는 명목으로 돈을 받은 경우 그 돈 중 일부가 위 청탁을 위한 다른 마약사범에 대한 제보 및 체포 비용 명목이었다면 변호사법 위반죄(변호사법 제111조)가 성립하는가?

(2) 피고인 甲의 변호인은 공판정에서 검사와 검찰청 직원의 긴급체포가 불법이라고 주장하려고 한다. 어떤 주장이 가능한가?

(3) 피고인 甲의 변호인이 공소외 B의 행위가 위법한 함정수사라고 주장하자 검사는 함정수사에 해당하지 않는다고 주장하려 한다. 검사의 주장의 내용이 어떠해야 하는가?

(4) 피고인 甲을 체포하는 과정에서 그가 소지한 비닐봉지 안의 칼에 대하여 폭처법 제7조에서 말하는 위험한 물건의 '휴대'에 해당한다는 내용의 공소사실에 대해서 법원은 어떤 판단을 내려야 하는가?

해 설

(1) 문

(1) 피고인 甲이 수사기관에 마약사범 구속자에 대한 선처를 청탁한다는 명목으로 돈을 받은 경우 그 돈 중 일부가 위 청탁을 위한 다른 마약사범에 대한 제보 및 체포 비용 명목이었다면 변호사법 위반죄(변호사법 제111조)가 성립하는가?

Ⅰ. 설문(1) - 변호사법 제111조 위반 여부

1. 문제의 소재

변호사법 제111조는 "공무원이 취급하는 사건 또는 사무에 관하여 청탁 또는 알선을 한다는 명목으로 금품·향응, 그 밖의 이익을 받거나 받을 것을 약속한 자 또는 제3자에게 이를 공여하게 하거나 공여하게 할 것을 약속한 자는 5년 이하의 징역 또는 1천만원 이하의 벌금에 처한다"는 규정이다.

사안에서 甲이 공무원이 취급하는 사안에 관하여 청탁 명목으로 금품을 받았음이 명백하다. 그러나 그 돈의 일부가 다른 마약사범에 대한 제보 및 체포 비용 명목이었다면 이 부분은 단순히 공무원의 사무에 편의를 제공하고 그 대가를 받은 것에 불과하여 변호사법 위반이 아닌 것인지가 문제된다.

2. 판 례

대법원은 "변호사법 제111조 소정의 '공무원이 취급하는 사건 또는 사무에 관하여 청탁 또는 알선을 한다는 명목으로 금품·향응 기타 이익을 받는다' 함은 공무원이 취급하는 사건 또는 사무에 관하여 공무원과 의뢰인 사이를 중개한다는 명목으로 금품을 수수한 경우를 말하는 것으로, 단순히 공무원이 취급하는 사건 또는 사무와 관련하여 노무나 편의를 제공하고, 그 대가로서 금품 등을 수수하였을 뿐인 경우는 이에 포함되지 않는다(대판 2004. 9. 24, 2003도3145)"고 한 바 있으나, "공무원이 취급하는 사건 또는 사무에 관하여 청탁한다는 명목으로서의 성질과 단순히 공무원이 취급하는 사건 또는 사무와 관련하여 노무나 편의를 제공하고 그 대가로서의 성질이 불가분적으로 결합되어 금품이 수수된 경우에는 그 전부가 불가분적으로 공무원이 취급하는 사건 또는 사무에 관하여 청탁한다는 명목으로서의 성질을 가진다(대판 2005. 4. 29, 2005도514; 대판 2005. 12. 22, 2005도7771; 대판 2008. 4. 10,

2007도3044; 대판 2017. 11. 9, 2017도9746)"고 하였다.

사안과 유사한 사건에서 판례는 수사기관에 마약사범 구속자에 대한 선처를 청탁한다는 명목으로 돈을 받은 경우 그 돈 중 일부가 위 청탁을 위한 다른 마약사범에 대한 제보 및 체포 비용 명목이었다고 하더라도 위 돈 전부에 대하여 변호사법 위반죄가 성립한다고 판시한 바 있다(대판 2008. 7. 24, 2008도2794).

3. 검토 및 사안의 경우

생각건대, 청탁의 성질과 대가의 성질이 불가분적으로 결합되어 있는 경우에는 이를 구분하여 판단하기가 어렵고, 만일 구분하여 대가의 성질을 갖는 부분은 변호사법 제111조를 적용하지 않는다고 한다면 면책을 위해 악용되어 동조의 입법취지를 몰각시킬 여지가 있다. 따라서 판례의 태도가 타당한바, 사안의 경우 甲에게는 수수한 금품 전체에 대한 변호사법 제111조 위반죄가 성립한다.

(2) 문

⑵ 피고인 甲의 변호인은 공판정에서 검사와 검찰청 직원의 긴급체포가 불법이라고 주장하려고 한다. 어떤 주장이 가능한가?

Ⅱ. 설문(2) - 긴급체포의 위법성

1. 문제의 소재

우리 형사소송법은 영장주의의 예외로서 긴급체포를 규정하고 있다(헌법 제12조 제3항, 형사소송법 제200조의3). 따라서 긴급체포가 적법하기 위해서는 실체적·절차적 요건들을 만족시켜야 하는바, 이하에서는 일반론으로서 긴급체포의 요건 및 절차를 논하고, 사안의 경우 甲의 변호인이 검찰청 직원들이 甲을 제압한 후 피의사실의 요지와 체포의 이유만 고지한 것이 부적법하다고 주장할 수 있는지 검토한다.

2. 긴급체포의 요건과 절차

형사소송법 제200조의3에 따르면, 긴급체포의 요건으로는 사형·무기 또는 장기 3년 이상의 징역이나 금고에 해당하는 죄를 범했다고 의심할 만한 상당한 이유가 있어야 하고(범죄의 중대성, 혐의의 상당성), 증거인멸이나 도주의 우려가 있어야 하며(체포의 필요성), 체포영장을 받을 시간적 여유가 없어야 한다(체포의 긴급성).

절차적 요건으로는 피의사실의 요지, 체포의 이유와 변호사를 선임할 수 있음을 말하고 변명의 기회를 주어야 하고(형사소송법 제200조의5), 긴급체포서를 즉시 작성해야 한다(동법 제200조의3 제3항).

이때 피의사실 등의 고지는 긴급체포를 위한 실력행사에 들어가기 이전에 미리 하여야 하는 것이 원칙이나, 달아나는 피의자를 쫓아가 붙들거나 폭력으로 대항하는 피의자를 실력으로 제압하는 경우에는 붙들거나 제압하는 과정에서 하거나, 그것이 여의치 않은 경우에는 일단 붙들거나 제압한 후에 지체 없이 하여야 한다(대판 2004. 8. 30, 2004도3212; 대판 2007. 11. 29, 2007도7961; 대판 2008. 2. 14, 2007도10006; 대판 2008. 7. 24, 2008도2794; 대판 2010. 6. 24, 2008도11226; 대판 2012. 2. 9, 2011도7193; 대판 2017. 3. 15, 2013도2168).

3. 사안의 경우

甲은 마약류 관리에 관한 법률 제4조 제1항 제1호에 위반하여 마약을 소지, 투약, 운반하였는바, 이는 1년 이상의 징역에 해당하는 범죄이다(동법 제59조). 따라서 법정형의 장기가 3년 이상이어서 범죄의 중대성은 인정되고, 甲이 도주를 시도하였으므로 도주의 우려가 있어 체포의 필요성도 인정된다. 설사 甲의 주장대로 甲이 검찰청에 가려던 중이어서 도주의 우려가 없다고 하더라도 甲은 마약투약에 사용한 주사기와 소지하던 칼을 버리려고 했으므로 증거인멸의 우려가 있다. 체포영장을 받을 시간적 여유가 없었는지 여부는 명백하지 않으나, 정황상 검찰은 甲의 범죄를 인지한 직후 甲의 집 앞에서 기다린 것으로 보이므로 긴급성 요건도 충족한다. 따라서 긴급체포의 실체적 요건은 충족시킨다.

긴급체포의 절차를 준수하였는지를 검토해야 하는데, 피의자를 긴급체포하는 경우에는 반드시 피의사실의 요지, 체포의 이유와 변호인을 선임할 수 있음을 말하고, 변명할 기회를 주어야 한다. 경찰관들이 미란다 원칙상 고지사항의 일부만 고지하고 신원확인절차를 밟으려는 순간 범인이 유리조각을 쥐고 휘둘러 이를 제압하려는 경찰관들에게 상해를 입힌 경우, 그 제압과정 중이나 후에 지체 없이 미란다 원칙을 고지하면 된다(대판 2007. 11. 29, 2007도7961). 또한 경찰이 70명가량의 전투경찰순경을 동원하여 집회 참가자에 대한 체포에 나서 9명을 현행범으로 체포하고, 그 과정에서 피고인은 전투경찰순경 A에게 체포되어 바로 호송버스에 탑승하게 되면서 경찰관 B에게서 피의사실의 요지 및 현행범인 체포의 이유와 변호인을 선임할 수 있음을 고지 받고 변명의 기회를 제공받은 사안에서, 집회의 개최 상황, 현행범 체포의 과정, 미란다 원칙을 고지한 시기 등에 비추어 현행범 체포 과정에서 형사소송법 제200조의5에 규정된 고지가 이루어졌다고 본다(대판 2012. 2. 9, 2011도 7193).

사안의 경우 검찰청 직원들이 甲을 제압한 이후에야 피의사실의 요지와 체포이유만을 고지하였는데, 제압한 후에 고지한 것은 달아나는 피의자를 쫓아가 붙잡은 직후에 지체 없이 고지한 것이므로 적법하다고 본다.

다만, 사안에서 피의사실의 요지와 체포이유만을 고지하고 변호인을 선임할 수 있음을 고지하지 않은 것은 형사소송법 제200조의5를 위반한 것이다. 따라서 甲의 변호인은 검찰청 직원들이 긴급체포의 절차를 준수하지 않았으므로 제200조의5를 위반하여 이 사건 긴급체포는 불법이라고 주장할 수 있다.

(3) 문

(3) 피고인 甲의 변호인이 공소외 B의 행위가 위법한 함정수사라고 주장하자 검사는 함정수사에 해당하지 않는다고 주장하려 한다. 검사의 주장의 내용이 어떠해야 하는가?

III. 설문(3) - 함정수사의 종류 및 허용 여부

1. 문제의 소재

함정수사란 수사기관이 범죄를 교사한 후 범죄의 실행을 기다려 범인을 체포하는 수사방법을 의미한다. 함정수사는 수사의 신의칙과 관련하여 그 종류나 허용 여부가 문제된다. 사안에서는 B가 甲에게 필로폰의 교부·투약을 교사하고 이를 검찰에 신고한바, 검사의 입장에서 사안의 수사가 위법한 함정수사가 아니라는 근거를 밝혀야 한다. 甲의 변호인은 B의 행위가 위법한 함정수사라고 주장하고 있으므로, 함정수사의 위법성판단기준을 검토하여 이 주장의 당부를 논한다.

2. 함정수사의 위법성판단기준

(1) 학설의 태도

이미 범의를 가지고 있는 자에게 기회만 제공하는 기회제공형 함정수사는 적법하나, 범의가 없는 자에게 범의를 유발하는 범의유발형 함정수사는 위법하다는 견해(주관설), 범인의 주관적 범의 유무가 아니라 수사기관이 사용한 유혹의 방법에 따라 위법성을 판단하여야 하는데 수사기관이 사용한 방법이 범의가 없던 자에게 범의를 유발시킬 정도의 유혹이었다면 위법성을 인정하는 견해(객관설), 주관설을 기초로 하되 수사기관이 사용한 방법도 고려하는 견해(종합설) 등이 있다.

(2) 판 례

대법원은 "본래 범의를 가지지 아니한 자에 대하여 수사기관이 사술이나 계략 등을 써서 범의를 유발케 하여 범죄인을 검거하는 함정수사는 위법하다(대판 2005. 10. 28, 2005도1247)"고 하여 주관설의 입장이었다. 그러나 "본래 범의를 가지지 아니한 자에 대하여 수사기관이 사술이나 계략 등을 써서 범의를 유발케 하여 범죄인을 검거하는 함정수사는 위법하다 할 것인바, 구체적인 사건에 있어서 위법한 함정수사에 해당하는지 여부는 해당 범죄의 종류와 성질, 유인자의 지위와 역할, 유인자의 경위와 방법, 유인에 따른 피유인자의 반응, 피유인자의 처벌 전력 및 유인행위 자체의 위법성 등을 종합하여 판단하여야 한다(대판 2007. 7. 12, 2006도2339; 대판 2007. 11. 29, 2007도7680; 대판 2013. 3. 28, 2013도1473)"고 하여 종합설을 취하고 있다.

이에 따르면 수사기관과 직접 관련이 있는 유인자가 피유인자와의 개인적인 친밀관계를 이용하여 피유인자의 동정심이나 감정에 호소하거나, 금전적·심리적 압박이나 위협 등을 가하거나, 거절하기 힘든 유혹을 하거나, 또는 범행방법을 구체적으로 제시하고 범행에 사용할 금전까지 제공하는 등으로 과도하게 개입함으로써 피유인자로 하여금 범의를 일으키게 하는 것은 위법한 함정수사에 해당하여 허용되지 아니하지만, 유인자가 수사기관과 직접적인 관련을 맺지 아니한 상태에서 피유인자를 상대로 단순히 수차례 반복적으로 범행을 부탁하였을 뿐 수사기관이 사술이나 계략 등을 사용하였다고 볼 수 없는 경우는, 설령 그로 인하여 피유인자의 범의가 유발되었다 하더라도 위법한 함정수사에 해당하지 아니한다(대판 2007. 7. 12, 2006도2339; 대판 2008. 3. 13, 2007도10804; 대판 2013. 3. 28, 2013도1473; 대판 2020. 1. 30, 2019도15987).

(3) 검토 및 사안의 경우

객관설은 수사기관이 경미한 유혹의 방법을 사용하여 범의를 유발하면 적법하다고 보게 되어 부당하다. 범의 없는 일반인을 보호하기 위해서는 주관설이 타당한바, 사안의 경우에 만일 B를 수사기관 혹은 그와 동일시할 수 있는 것으로 본다면, 甲에게 수차례 필로폰을 교부·투약하도록 유인하여 甲에게 범의를 유발한 것은 위법한 함정수사에 해당할 것이다. 甲의 변호인은 이러한 견지에서 공소외 B의 행위가 위법한 함정수사라고 주장할 것이다.

3. 유인자가 수사기관이 아닌 경우의 문제

B는 수사기관이 아닌 일반인으로서 甲에게 범의를 유발하여 이를 신고하려고 했을 뿐, 수사기관과 의사연락을 한 것도 아니다. 이러한 일반인의 독자적인 범의 유발 행위는 '수사'의 한 형태라고 볼 수 없을 뿐만 아니라, 수사기관의 행위와 동일시할 수도 없다. 일반인이 타인에게 범죄를 교사한 경우에는 각각 해당 범죄의 본범과 교사범으로 처벌하면 족할 뿐, 교사의 동기가 신고하고자 하는 데 있었다고 하여 위법한 함정수사로 보아 본범에게 면책의 여지를 주어서는 안 된다.

판례(대판 2007. 7. 12, 2006도2339)도 유사한 사안에서 변호인의 함정수사 주장을 배척하였다.

4. 결 론

B가 수사기관이었다면 사안은 범의유발형 함정수사로서 위법한 함정수사로 평가될 수 있을 것이나, B는 수사기관이 아닌 일반인이고 수사기관과 관련을 맺고 유인행위를 한 것도 아니므로 위법한 함정수사라고 할 수 없다. 검사는 변호인의 주장은 B가 수사기관이 아님을 간과하였으며, 일반인인 B의 유인행위를 두고 위법한 함정수사라고 할 수 없다고 주장해야 한다.

---

(4)문

(4) 피고인 甲을 체포하는 과정에서 그가 소지한 비닐봉지 안의 칼에 대하여 폭처법 제7조에서 말하는 위험한 물건의 '휴대'에 해당한다는 내용의 공소사실에 대해서 법원은 어떤 판단을 내려야 하는가?

IV. 설문(4) - 폭처법 제7조 위반 여부

1. 문제의 소재

폭처법 제7조는 정당한 이유 없이 폭력범죄에 공용될 우려가 있는 흉기 기타 위험한 물건의 휴대를 처벌하고 있다. 그런데 甲은 칼을 버리려고 한 것이라고 주장하는바, 이 주장이 사실이라면 이를 흉기를 '휴대'한 것으로 볼 수 있는지 문제된다.

2. '휴대'의 의미

'휴대'의 사전적 의미는 '소지'이나, 더 넓은 의미까지 포함한다고 볼 것인지에 대하여 견해의 대립이 있는데, 판례는 특수공무집행방해죄(대판 1984. 10. 23, 84도2001; 대판 1997. 5. 30, 97도597; 대판 2002. 9. 6, 2002도2812), 폭처법 제3조 제1항 위반죄(대판 1997. 5. 30, 97도597; 대판 2002. 9. 6, 2002도2812)에서 소지뿐만 아니라 '널리 이용한다'는 뜻도 포함하는 광의로 해석하고 있다.

다만 판례는 폭처법 제7조에 관하여는 "위험한 물건의 휴대라 함은 범죄현장에서 사용할 의도 아래 위험한 물건을 몸 또는 몸 가까이에 소지하는 것을 말한다"(대판 1990. 11. 13, 90도2170; 대판 1991. 4. 9, 91도427; 대판 1992. 5. 12, 92도381)"라고 하여 사전적 의미로 파악하고 있다. 자기가 기거하는 집이나 아파트 등에 보관하였다는 것만으로는 위 법조에서 말하는 위험한 물건의 휴대라고 할 수 없다(대판 1990. 11. 13, 90도2170; 대판 1992. 5. 12, 92도381).

설문의 경우에는 어떤 의도로 소지하고 있는지에 상관없이 칼을 비닐에 넣어 소지하고 있었으므로 어느 견해에 의하더라도 '휴대'하고 있는 것으로 볼 수 있다.

3. 폭처법 제7조 위반 여부

동조는 단순히 흉기를 휴대한 모든 경우를 처벌하는 것이 아니라, 폭력범죄에 사용하기 위하여 흉기를 휴대한 경우를 처벌하고자 하는 취지의 규정이다. 따라서 폭력범죄에 사용할 의도 없이 단순히 흉기를 휴대하는 것은 동조 위반으로 볼 수 없다.

그런데 甲은 칼로 폭력범죄를 저지르려던 것이 아니라 칼을 버리기 위해 소지하던 것뿐이므로 폭처법 제7조 위반으로 의율할 수는 없다. 판례도 유사한 사안에서 피고인이 범행현장에서 사용할 의도 아래 흉기를 휴대하였다고 볼 수 없다고 판단하였다(대판 2008. 7. 24, 2008도2794).

4. 결 론

甲은 흉기인 칼을 소지하기는 하였으나, 범죄를 저지를 의도가 없었기 때문에 폭처법 제7조를 위반하지 않았다. 법원은 이 부분 공소사실에 대해서 무죄를 선고해야 한다.

종합사례 5. 장애인 간음·강간/협박죄의 성격과 기수시기/전문증거·재전문증거의 증거능력

검사는 제1회 피의자신문 시 피고인(甲)의 진술을 근거로 "피고인은 2019. 1. 중순(일자 불상경) 같은 동네(부산 사하구 번지기재생략)에 살아 알고 지내던 A(13세, A는 지적장애 3급, 의수를 착용한 지체장애 2급, 지적 능력은 4~6세이고 비일상적인 문제 상황에서 자신의 의사를 분명히 표현하고 해결하는 능력이 뚜렷하게 낮음)를 A의 집 방안에서 때릴 듯 인상을 쓰면서 위협하여, 피고인을 밀어내려 하거나 팬티를 꽉 붙들고 있었을 뿐 별다른 저항을 하지 못한 A를 1회 간음하였다"는 사실로 성폭력처벌법 위반으로 기소하였다.

甲은 A의 방에서 나오다가 밖에서 서성이던 A의 친구 B(농아자)를 발견하고 B가 A의 부모에게 알릴지도 모른다는 생각에 주먹을 쥐어 보이면서 "오늘 보고 들은 것은 입도 뻥긋하지 마라, 내 말 안 들으면 맞는다"라며 겁을 주었다. 甲은 B가 농아자임을 알지 못했다.

제1심 법원에 다음과 같은 증거가 제출되었다. 피고인 甲은 이에 대해 증거로 함에 동의하지 않았다.

① 사법경찰리가 위 피해자의 경찰에서의 진술과정을 촬영·녹음한 진술녹화테이프는 위 피해자와 함께 경찰에서의 조사 및 그 촬영과정에 동석하였던 위 피해자와 신뢰관계에 있는 성폭력상담소 상담원이 제1심 제3회 기일의 위 <u>진술녹화테이프</u>에 대한 검증절차에서 한 진술에 의하여 그 성립의 진정함이 인정되었다.

② 사법경찰리가 작성한 피해자에 대한 진술조서의 진술기재와 의사가 작성한 초진기록지 사본 및 정신과 의사가 작성한 소아·청소년 정신과 심리평가 보고서의 각 기재 중 위 <u>피해자의 진술 부분</u>에 대해서 원진술자인 위 피해자가 제1심 법정에서 증인으로 출석하여 대부분의 증인신문사항에 관하여 기억이 나지 않는다는 취지로 진술하였으나 피해자의 진술내용이나 그에 대한 조서나 서류의 작성에 허위개입의 여지가 거의 없고 그 진술내용의 신빙성이나 임의성을 담보할 구체적이고 외부적인 정황이 있었다.

③ 피해자의 아버지의 원심 법정에서의 진술과 성폭력상담소 상담원의 검찰에서의 진술을 기재한 <u>조서</u>는, 피해자의 아버지나 위 상담원이, 피해자로부터 들었다는 피해자의 피해사실을, 피해자의 어머니로부터 다시 전해 들어서 알게 되었다는 것을 그 내용으로 하고 있다.

(1) 피고인 甲의 장애인 간음행위에 대한 형사책임을 성폭력처벌법의 개정 전후를 비교하여 논하시오.

(2) 검사와 변호인의 입장에서 피고인 甲이 B에게 겁을 준 행위의 형사책임에 대해서 주장하시오.

(3) 제1심 법원에 제출된 증거(①, ②, ③) 중 밑줄 친 부분의 증거능력을 판단하시오.

---

* 성폭력범죄의 처벌 등에 관한 특례법(2012. 12. 18. 전부개정 후)

제6조(장애인에 대한 강간·강제추행 등) ① 신체적인 또는 정신적인 장애가 있는 사람에 대하여 「형법」 제297조(강간)의 죄를 범한 사람은 무기 또는 7년 이상의 징역에 처한다.(이하 조항 중략)

④ 신체적인 또는 정신적인 장애로 항거불능 또는 항거곤란 상태에 있음을 이용하여 사람을 간음하거나 추행한 사람은 제1항부터 제3항까지의 예에 따라 처벌한다.

* 성폭력범죄의 처벌 등에 관한 특례법(2011. 11. 17. 일부개정 전)

제6조(장애인에 대한 간음 등) 신체적인 또는 정신적인 장애로 항거불능인 상태에 있음을 이용하여 여자를 간음하거나 사람에 대하여 추행을 한 사람은 「형법」 제297조(강간) 또는 제298조(강제추행)에서 정한 형으로 처벌한다.

해 설

(1) 문

(1) 피고인 甲의 장애인 간음행위에 대한 형사책임을 성폭력처벌법의 개정 전후를 비교하여 논하시오.

Ⅰ. 설문(1) – 피고인 甲의 장애인 간음행위에 대한 형사책임

1. 개정 전 성폭력처벌법 하의 甲의 죄책

(1) 주거침입죄(형법 제319조 제1항)의 성부

甲은 A의 집에 A를 간음할 목적으로 들어왔는바, A의 집은 일반적으로 출입이 허용된 장소도 아니고 동의권자의 동의도 없었기 때문에 주거침입죄가 성립한다.

(2) 장애인에 대한 간음죄(개정 전 성폭력처벌법 제6조)의 구성요건

개정 전 성폭력처벌법 제6조에 의하면 장애인에 대한 간음죄는 ① 신체적인 또는 정신적인 장애로 ② 항거불능인 상태에 있음을 이용하여 ③ 여자를 간음하였을 때 성립하는 범죄다.

여기서 "신체장애 또는 정신상의 장애로 항거불능인 상태에 있음"이라 함은, 신체장애 또는 정신상의 장애 그 자체로 항거불능의 상태에 있는 경우뿐 아니라 신체장애 또는 정신상의 장애가 주된 원인이 되어 심리적 또는 물리적으로 반항이 불가능하거나 현저히 곤란한 상태에 이른 경우를 포함하는 것으로 보아야 하고, 그 중 정신상의 장애가 주된 원인이 되어 항거불능인 상태에 있었는지 여부를 판단함에 있어서는 피해자의 정신상 장애의 정도뿐 아니라 피해자와 가해자의 신분을 비롯한 관계, 주변의 상황 내지 환경, 가해자의 행위 내용과 방법, 피해자의 인식과 반응의 내용 등을 종합적으로 검토해야 한다(대판 2007. 7. 27, 2005도2994; 대판 2012. 3. 15, 2012도574; 대판 2013. 4. 11, 2012도12714).

또한 항거불능인 상태에 있음을 이용하여 여자를 간음하여야 한다. 폭행 또는 협박을 수단으로 여자를 강간하는 것이 아니라는 점에서 형법 제297조와는 차이가 있다. 그리하여 신체적인 또는 정신적인 상태로 인하여 항거불능인 상태에 있다고 하더라도 행위자가 이를 이용하여 간음한 것이 아니라 폭행 또는 협박을 수단으로 여자를 강간하였다면 개정 전 성폭력처벌법 제6조가 성립하지 않고 형법 제297조의 강간죄가 성립한다. 개정 전 성폭력처벌법 제6조도 과형에 있어서는 제297조에서 정한 형으로 처벌되지만 행위자에게 성립하는 범죄가 다르고 이는 후술하는 주거침입강간죄의 성부에 영향을 미친다.

설문에서 甲은 정신적인 장애가 있는 A에 대하여 때릴 듯 인상을 쓰면서 위협하여, 별다른 저항을 하지 못한 A를 간음하였는바 이는 지적 능력이 매우 낮고 정신적 장애가 있는 어린 여자아이를 항거가 곤란할 정도의 협박을 수단으로 강간한 경우에 해당하여 형법 제297조의 강간죄에 해당한다.

(3) 주거침입강간죄(개정 전 성폭력처벌법 제3조 제1항)의 구성요건

주거침입강간죄란 ① 형법 제319조 제1항의 주거침입죄를 범한 사람이 ② 형법 제297조의 강간죄를 범한 경우에 성립하는 범죄다(개정 전 성폭력처벌법 제3조 제1항).

형법 제297조의 강간죄를 범하여야 하는바, 폭행 또는 협박을 수단으로 부녀를 강간하여야 한다. 여기서의 폭행 또는 협박은 형법 제297조에서와 같이 피해자의 항거를 불가능하게 하거나 현저히 곤란하게 할 정도의 것이어야 하고, 그 폭행·협박이 피해자의 항거를 불가능하게 하거나 현저히 곤란하게 할 정도의 것이었는지 여부는 그 폭행·협박의 내용과 정도는 물론, 유형력을 행사하게 된 경위, 피해자와의 관계, 성교 당시와 그 후의 정황 등 모든 사정을 종합하여 판단하여야 한다(대판 2007. 1. 25, 2006도5979). 또한 사후적으로 보아 피해자가 성교 이전에 범행 현장을 벗어날 수 있었다거나 피해자가 사력을 다하여 반항하지 않았다는 사정만으로 가해자의 폭행·협박이 피해자의 항거를 현저히 곤란하게 할 정도에 이르지 않았다고 섣불리 단정하여서는 안 된다(대판 2005. 7. 28, 2005도3071; 대판 2012. 7. 12, 2012도4031).

(4) 소결 – 주거침입강간죄

판례는 "피고인이 별다른 강제력을 행사하지 않고서 지적 능력이 4~8세에 불과한 정신지체 장애여성을 간음하였고 장애여성도 이에 대하여 별다른 저항행위를 하지 아니한 사안에서, 피해자가 정신장애를 주된 원인으로 항거불능상태에 있었음을 이용하여 간음행위를 한 것으로서 성폭력범죄의 처벌 및 피해자보호 등에 관한 법률 제8조의 '항거불능인 상태'에 해당한다(대판 2007. 7. 27, 2005도2994)"고 판시한 바 있다. 그러나 판결이유에 설시된 공소사실에 의하면 피고인은 피해자의 모나 작은 오빠를 폭행한 적이 있으나 피해자를 간음하는 시점에 있어서 간음의 목적을 달성하기 위한 별다른 폭행이나 협박 수단을 사용하지 아니하였다고 하므로 본 사안과는 다소 구분된다.

설문에서 甲은 A의 집에 간음목적으로 침입한 후 강간죄를 범하였는바, 개정 전 성폭력처벌법 제3조 제1항의 주거침입강간죄가 성립하여 무기징역 또는 5년 이상의 징역에 처하게 된다.

2. 개정 후 성폭력처벌법 하의 甲의 죄책

(1) 주거침입죄(형법 제319조 제1항)의 성부

甲에게는 성폭력처벌법의 개정 전후를 불문하고 주거침입죄가 성립한다.

(2) 장애인에 대한 강간죄(개정 후 성폭력처벌법 제6조 제1항)의 개정취지 및 구성요건

개정된 성폭력처벌법(2012. 12. 18.)은 성폭력범죄로부터 보호가 필요한 장애인과 13세 미만의 여자에 대하여 별도의 법적 보호 장치를 마련하기 위하여 장애가 있는 여자 및 사람에 대한 범죄를 유형화하여 처벌을 강화하며(제6조 제1항에서 제7항까지 범죄를 유형화시키고 있다), 13세 미만의 여자와 장애가 있는 여자에 대하여 강간죄를 범한 사람을 무기징역에 처할 수 있게 하였다(제6조 제1항은 무기징역 또는 7년 이상의 징역에 처한다고 규정하고 있다).

장애인에 대한 강간죄는 ① 신체적인 또는 정신적인 장애가 있는 사람에 대하여 ② 형법 제297조(강간)의 죄를 범한 경우에 성립하는 범죄다.

개정 전 장애인에 대한 간음죄는 개정 후 성폭력처벌법 제6조 제4항에 그대로 규정되어 있어 제1항의 장애인에 대한 강간죄와는 구별을 하고 있다. 다만 '항거불능 상태' 외에 '항거곤란 상태'를 추가하여, 항거불능 상태를 '심리적 또는 물리적으로 반항이 절대적으로 불가능하거나 현저히 곤란한 경우'로 엄격하게 제한하여 해석하는 판례(대판 2000. 5. 26, 98도3257; 대판 2003. 10. 24, 2003도5322)의 문제점을 입법적으로 해결하기 위하여 장애인에 대한 성폭력범죄의 성립요건을 완화하였다.

따라서 항거불능 또는 항거곤란 상태에 있음을 이용하여 간음을 하였다면 성폭력처벌법 제6조 제4항이 성립하지만 폭행 또는 협박을 수단으로 장애가 있는 여자를 강간한 자는 제1항이 적용되어 장애인에 대한 강간죄가 성립하고, 이는 형법 제297조에 대한 관계에서 가중적 구성요건이라 할 수 있다(법정형이 무기징역 또는 7년 이상의 징역). 여기서 문제는 판례가 강간죄의 성립요건인 '폭행 또는 협박'을 최협의로 이해하여 '피해자의 반항을 불가능하게 하거나 현저히 곤란하게 할 정도'(대판 2007. 1. 25, 2006도5979; 대판 2010. 11. 11, 2010도9633; 대판 2013. 5. 16, 2012도14788, 2012전도252 전합)로 해석하고 있으므로 이러한 해석태도가 바뀌지 않는 한 장애인에 대한 강간죄의 성립요건이 완화되었다고 보기 어렵다는 점이다.

(3) 소결 - 장애인에 대한 강간죄와 주거침입강간죄 간의 관계

피고인 甲은 A의 집에 간음목적으로 침입한 후, 정신적인 장애가 있는 피해자 A에 대하여 때릴 듯한 위협을 가하여 별다른 저항을 하지 못하는 A를 간음하였는바 이는 형법 제319조 제1항의 주거침입죄를 범한 자가 개정 후 성폭력처벌법 제6조 제1항의 장애인에 대한 강간죄를 범한 경우가 된다. 장애인에 대한 강간죄는 형법 제297조의 강간죄에 비하여 객체의 특수성에 의하여 불법이 가중되는 가중적 구성요건인바, 기본적으로는 형법 제297조가 성립하는 경우와 다르지 않으므로 제3조 제1항의 주거침입강간죄가 성립할 것처럼 보인다.

주거침입강간죄와 장애인에 대한 강간죄의 법정형을 비교해보면 전자는 무기징역 또는 5년 이상의 징역, 후자는 무기징역 또는 7년 이상의 유기징역인바, 객체의 특수성에 의해 가중적 구성요건이 적용될 범죄가 주거침입 후에 이루어졌다고 하여 더 경하게 처벌되는 것은 모순이라 할 것이다. 이때에는 강간이라는 행위는 주거침입강간과 장애인에 대한 강간죄에서 중첩하여 단일하게 이루어졌으므로 상상적 경합을 인정하여야 하고, 甲은 가장 중한 무기징역 또는 7년 이상의 유기징역에 처하게 된다.

3. 사안의 해결

(1) 개정 전 성폭력처벌법에 의할 경우에는 피고인 甲은 A의 집에 간음목적으로 침입한 후 강간죄를 범하였는바, 개정 전 성폭력처벌법 제3조 제1항의 주거침입강간죄가 성립하여 무기징역 또는 5년 이상의 징역에 처하게 된다.

(2) 개정 후 성폭력처벌법에 의할 경우에는 피고인 甲은 제3조 제1항 주거침입강간죄와 제6조 제1항의 장애인에 대한 강간죄의 상상적 경합이 성립하고 과형에 있어서는 무기징역 또는 7년 이상의 유기징역에 처하게 된다.

(2) 문

⑵ 검사와 변호인의 입장에서 피고인 甲이 B에게 겁을 준 행위의 형사책임에 대해서 주장하시오.

Ⅱ. 설문(2) - 피고인 甲이 B에게 겁을 준 행위의 형사책임

1. 문제의 제기 - 협박죄(형법 제283조)의 성부

피고인 甲이 B에게 겁을 준 행위는 B가 수사단서를 제공하는 것을 막기 위한 협박이 아니라 단순히 피해자의 부모에게 알리는 것을 막기 위한 협박이라는 점에서 특가법 제5조의9 제1항 제2항 상의 수사단서의 제공을 못하게 하기 위한 협박죄가 아닌 형법 제283조

제1항의 협박죄가 문제된다. 자신의 범죄행위를 은폐하기 위하여 B를 협박한 행위는 위법성조각사유나 책임조각사유도 존재하지 아니하므로 피고인 甲의 죄책은 구성요건해당성에 대한 검토로 족하다.

협박죄는 사람을 협박함으로써 성립한다. 본죄는 사람의 의사결정의 자유를 보호법익으로 하는 범죄이므로 본죄의 객체인 사람은 해악고지에 의하여 공포심을 일으킬 만한 정신능력이 있으면 충분하고 농아자라고 해서 그 객체에서 제외되지는 않는다. 또한 협박죄에서의 주관적 구성요건으로서의 고의는 행위자가 해악을 고지한다는 것을 인식·인용하는 것을 그 내용으로 하며 객체가 농아자인지 아닌지를 인식할 필요는 없다.

결국 피고인 甲의 형사책임은 甲이 B에게 행한 해악의 고지가 협박의 개념에 해당하는지에 달려있는바, 이것은 또한 본죄의 성격에 대한 문제이기도 하다. 검사와 변호인의 입장에서 각각 제일 중하게 처벌할 수 있는 해석, 가장 경하게 혹은 처벌되지 아니하게 할 수 있는 해석을 검토하기로 한다.

2. 검사의 입장에서 피고인 甲의 형사책임에 대한 주장

(1) 협박죄의 성격과 협박의 개념

변경된 전원합의체 판결(대판 2007. 9. 28, 2007도606 전합)의 다수의견은 "협박죄는 사람의 의사결정의 자유를 보호법익으로 하는 위험범이라 봄이 상당"하다고 하고 이어서 고지된 해악의 내용이 "일반적으로 사람으로 하여금 공포심을 일으키게 하기에 충분한 것이어야 하지만, 상대방이 그에 의하여 현실적으로 공포심을 일으킬 것까지 요구하는 것은 아니"라고 판시하였다.

판례(대판 2012. 8. 17, 2011도10451; 대판 2017. 3. 30, 2017도771) 역시 형법 제283조에서 정하는 협박죄의 성립에 요구되는 '협박'이라고 함은 일반적으로 그 상대방이 된 사람으로 하여금 공포심을 일으키기에 충분한 정도의 해악을 고지하는 것이라고 하여 협박죄의 협박을 광의의 협박으로 보고 있다.

협박죄의 주관적 구성요건으로서 고의는 자신이 협박을 한다는 사실에 대한 인식과 의사를 내용으로 하게 된다. 상대방에게 그러한 해악을 고지하는 것을 인식하면 족하고 그것이 도달하여 상대방이 현실적으로 공포심을 일으킬 것이라는 것까지 인식할 필요는 없다.

(2) 협박죄의 기수시기에 대한 판단

이어서 다수의견은 "그와 같은 정도의 해악을 고지함으로써 상대방이 그 의미를 인식한 이상, 상대방이 현실적으로 공포심을 일으켰는지 여부와 관계없이 그로써 구성요건은 충족되어 협박죄의 기수에 이르는 것으로 해석하여야 한다"고 하고 "협박죄의 미수범 처벌조항은 해악의 고지가 현실적으로 상대방에게 도달하지 아니한 경우나, 도달은 하였으나 상대방이 이를 지각하지 못하였거나 고지된 해악의 의미를 인식하지 못한 경우 등에 적용될 뿐이다"라고 판시하였다.

(3) 소결 – 협박죄의 기수

협박죄의 성격을 위험범으로 보고 그 기수시기는 일반적으로 사람으로 하여금 공포심을 일으키게 하기에 충분한 정도의 해악을 고지함으로써 상대방이 그 의미를 인식한 때로 본다면 피고인 甲이 농아자 B에게 주먹을 쥐어 보이면서 "오늘 보고 들은 것은 입도 뻥끗하지 마라, 내 말 안 들으면 맞는다"라고 말한 것은 일반적으로 공포심을 생기게 할 만한 해악을 고지한 것이 되고 B가 현실적으로 공포심을 느끼지 않았더라도 협박죄의 기수가 된다.

B가 농아자라서 피고인 甲의 말을 듣지 못했으므로 지각하지 못한 것이 아닌지가 문제되지만, 농아자도 손짓과 몸짓 그리고 입모양을 통해 상대방이 하는 말을 어느 정도 지각할 수 있다. 따라서 주먹을 쥐어 보이면서 "입도 뻥끗하지 마라", "맞는다"라고 말한 것은 농아자도 불충분하게나마 해악으로서 지각하고 의미를 인식할 수 있다. 따라서 피고인 甲은 협박죄의 기수범이 성립한다.

3. 변호인의 입장에서 피고인 甲의 형사책임에 대한 주장

(1) 협박죄의 성격과 협박의 개념

전술한 전원합의체 판결 소수의견에 의하면 "형법의 협박죄는 침해범으로서 일반적으로 사람으로 하여금 공포심을 일으킬 수 있는 정도의 해악의 고지가 상대방에게 도달하여 상대방이 그 의미를 인식하고 나아가 현실적으로 공포심을 일으켰을 때에 비로소 기수에 이르는 것으로 보아야 한다"고 한다.

소수의견에 의한다면 협박죄에서의 협박은 상대방이 현실적으로 공포심을 느낄 수 있는 정도의 해악을 고지하는 것이고, 현실적으로 상대방이 공포심을 느껴야 하는 협의의 협박이 된다. 기존의 학설 역시도 협박죄의 협박은 ① 상대방이 현실적으로 외포심을 느낄 정도여야 하며 상대방의 반항을 억압하지 않을 정도의 해악고지라는 점에서 협의의 협박이며(예컨대 강요죄의 협박), ② 상대방이 현실적으로 외포심을 느꼈는지 불문하는 광의의 협박(예컨대 공무집행방해죄, 직무강요죄, 특수도주죄, 소요죄, 다중불해산죄, 내란죄 등의 협박)과 ③ 상대방의 반항을 현저히 곤란하게 하거나(예컨대 강간죄, 강제추행죄 등의 협박) 반항을 억압할 정도(예컨대 강도죄, 준강도죄 등의 협박)의 해악고지를 의미하는 최협의의 협박과 구별된다고 보고 있다.

협박죄의 주관적 구성요건으로서 고의는 자신이 협박을 한다는 사실에 대한 인식과 의사를 내용으로 하게 된다. 상대방에게 그러한 해악을 고지하는 것에서 나아가 그 해악이 상대방에게 도달하여 상대방이 현실적으로 공포심을 일으킬 것이라는 것까지 인식하여야 한다.

(2) 협박죄의 기수시기에 대한 판단

나아가 소수의견은 "해악의 고지에 의해 현실적으로 공포심을 일으켰는지 여부나 그 정도는 사람마다 다를 수 있다고 하더라도 이를 판단할 수 없다거나 판단을 위한 객관적인 척도나 기준이 존재하지 않는다고 단정할 것은 아니며, 사람이 현실적으로 공포심을 일으켰는지 여부를 판단할 만한 객관적인 기준 및 개별 사건에서 쌍방의 입증과 그에 의하여 인정되는 구체적인 사정 등을 모두 종합하여, 당해 협박행위로 상대방이 현실적으로 공포심을 일으켰다는 점이 증명된다면 협박죄의 기수에 이르렀다고 인정하고, 이에 대한 증명이 부족하거나 오히려 상대방이 현실적으로 공포심을 일으키지 않았다는 점이 증명된다면 협박죄의 미수에 그친 것으로 인정하면 될 것이다"라고 판시하였다. 결국 기수시기도 협박죄의 성격과 협박죄의 개념에 의할 때 상대방이 현실적으로 공포심을 일으켰을 때가 되고 현실적으로 공포심을 느끼지 못했다면 미수가 된다.

(3) 소결 – 협박죄의 불능미수(형법 제286조, 형법 제27조)

협박죄의 성격을 침해범으로 보고 그 기수시기는 해악이 현실적으로 상대방에게 공포심을 일으켰을 때라고 한다면 변호인으로서는 피고인 甲이 농아자인 B에게 해악을 고지하였으나 B는 이를 제대로 지각하지 못하였거나 고지된 해악의 의미를 제대로 인식하지 못하여 현실적으로 공포심을 일으키지 못했다고 주장할 수 있다. 피고인 甲은 B가 농아자인 줄 몰랐기 때문에 자신이 고지한 해악을 상대방이 지각하고 그 의미를 인식하여 외포심을 일으킬 수 있을 것이라 생각하였지만 현실은 농아자라서 지각 및 인식이 불충분하고 외포심을 일으킬 수 없었던 경우로서 협박죄의 불능미수범(제283조, 제286조, 제27조)이 성립한다.

4. 사안의 해결

(1) 검사의 입장에서는 협박죄는 위험범으로서 일반적으로 상대방으로 하여금 공포심을 느끼게 할 만한 해악을 고지하면 기수가 되고, 사안에서 피고인 甲은 그 정도의 해악을 고지하였고 상대방인 B는 불충분하게나마 해악을 지각하고 의미를 인식할 수 있는 상대방이었으므로 현실적으로 공포심을 느꼈는지와 무관하게 협박죄의 기수범이라는 논고를 펼칠 수 있다. 피고인 甲은 3년 이하의 징역, 500만원 이하의 벌금, 구류, 또는 과료에 처하게 된다(피고인 甲의 형사책임이 가장 중한 경우).

(2) 변호인의 입장에서는 협박죄는 침해범으로서 상대방이 현실적으로 공포심을 일으켜

야 기수가 되고, 사안에서 피고인 甲은 상대방이 현실적으로 해악을 지각하고 의미를 인식하여 공포심을 일으킬 것이라 인식하였지만, 현실에서는 상대방이 제대로 해악을 지각할 수 없었고 또한 의미를 인식하지 못하여 현실적으로 공포심조차 일으킬 수 없어 협박죄의 불능미수범이 성립하다고 변론을 할 수 있다. 피고인 甲은 3년 이하의 징역, 500만원 이하의 벌금, 구류, 또는 과료에 처해지지만 형법 제27조에 의하여 임의적으로 감면된다(피고인 甲의 형사책임이 가장 경한 경우).

(3) 문

⑶ 제1심 법원에 제출된 증거(①, ②, ③) 중 밑줄 친 부분의 증거능력을 판단하시오.

III. 설문(3) - 제1심법원에 제출된 증거의 증거능력 판단

1. 전문증거의 원칙과 예외

요증사실과 관련된 공판기일 또는 공판준비기일 외의 진술증거를 전문증거라고 한다. 전문증거는 피고인이 증거로 함에 동의하지 아니하는 이상 제310조의2에 의하여 증거능력이 제한된다. 다만 제311조부터 제316조에서 정한 예외에 해당하는 경우, 그리고 다른 특별법에서 예외를 인정하는 경우 그 증거능력이 인정될 수 있다.

설문에서 위법수집증거배제법칙(형사소송법 제308조의2)에 위반되는 사정이 보이지 않고, 피고인 甲은 ①번 증거 ②번 증거 ③번 증거 모두 증거로 함에 동의하지 아니하였으므로 각각 제311조부터 제316조에서 정한 예외, 그리고 다른 특별법에서 정한 예외에 해당하는지 여부가 문제된다.

2. ①번 증거의 증거능력 – (사법경찰관작성 참고인진술조서 혹은 성폭력범죄의 처벌 등에 관한 특례법 제30조 제6항의 예외 해당 여부)

(1) 사법경찰관 작성 참고인진술조서인지 여부

학설과 판례는 종래부터 사법경찰리라 할지라도 검사 또는 사법경찰관으로부터 구체적 사건에 관하여 특정한 수사명령을 받으면 사법경찰관의 사무를 취급할 권한이 인정될 수 있으며, 사법경찰리작성 피의자신문조서도 증거능력이 인정된다고 보았다(대판 1982. 3. 9, 82도63). 따라서 사안에서 사법경찰리에 의한 진술녹화 역시도 제221조 제1항의 사법경찰관이 행한 사무로 취급될 수 있다.

다만 형사소송법 제312조 제4항의 적법한 절차와 방식이라 함은 제 3 자에 대한 조서 작성 과정에서 지켜야 할 진술거부권의 고지 등 형사소송법이 정한 제반절차를 준수하고 조서의 작성방식에도 어긋남이 없어야 한다는 것을 의미한다(대판 2012. 5. 24, 2011도7757). 영상녹화의 방식은 그러한 조거작성과정의 절차와 방식을 준수하지 아니한 것으로서 제312조 제4항의 전문증거가 될 수 없다.

(2) 성폭력처벌법 제30조 제6항의 전문증거

성폭력범죄의 피해자가 19세 미만이거나 신체적인 또는 정신적인 장애로 사물을 변별하거나 의사를 결정할 능력이 미약한 경우에는 피해자의 진술 내용과 조사 과정을 비디오녹화기 등 영상물 녹화장치로 촬영·보존하여야 한다(성폭력처벌법 제30조 제1항). 제1항에 따라 촬영한 영상물에 수록된 피해자의 진술은 공판준비기일 또는 공판기일에 피해자나 조사 과정에 동석하였던 신뢰관계에 있는 사람 또는 진술조력인의 진술에 의하여 그 성립의 진정함이 인정된 경우에 증거로 할 수 있다(동법 제30조 제6항).[7]

1) 진술녹화테이프(영상녹화물)는 형사소송법 하에서 엄격한 증명의 자료로 사용되는 것이 금지되고(제307조 제1항), 다만 피의자신문조서 등의 실질적 진정성립을 인정하기 위한 자료로 사용될 수 있고(제312조 제2항) 피고인 또는 피고인 아닌 자의 기억 환기를 위하여 사용될 수 있다(제318조의2 제2항). 그러나 성폭력처벌법 제30조 제1항에서 이러한 영상녹화물을 보존할 것을 명하고, 제6항에서는 그 증거능력을 인정하기 위한 요건을 규정함으로써, 동법이 적용되는 한도 내에서 엄격한 증명의 자료로 사용할 수 있도록 하고 있다.

2) 실질적 진정성립의 인정은 원칙적으로는 직접심리주의와 피고인의 반대신문권 보장이라는 면에서 원진술자가 하는 것이 타당하다. 그러나 성폭력처벌법 제30조 제6항은 피해

---

7) 헌법재판소는, 영상물에 수록된 '19세 미만 성폭력범죄 피해자'(이하 '미성년 피해자'라 한다)의 진술에 관하여 조사 과정에 동석하였던 신뢰관계인 내지 진술조력인의 법정진술에 의하여 그 성립의 진정함이 인정된 경우에도 증거능력을 인정할 수 있도록 정한 '성폭력범죄의 처벌 등에 관한 특례법' 제30조 제6항 중 '제1항에 따라 촬영한 영상물에 수록된 피해자의 진술은 공판준비기일 또는 공판기일에 조사 과정에 동석하였던 신뢰관계에 있는 사람 또는 진술조력인의 진술에 의하여 그 성립의 진정함이 인정된 경우에 증거로 할 수 있다' 부분 가운데 19세 미만 성폭력범죄 피해자에 관한 부분이 과잉금지원칙을 위반하여 공정한 재판을 받을 권리를 침해한다는 이유로 위헌결정(헌재결 2021. 12. 23, 2018헌바524)하였다. 미성년 피해자의 2차 피해를 방지하는 것은 성폭력범죄에 관한 형사절차를 형성함에 있어 포기할 수 없는 중요한 가치이나 그 과정에서 피고인의 공정한 재판을 받을 권리도 보장되어야 하며, 미성년 피해자의 2차 피해는 성폭력범죄 사건 수사의 초기단계에서부터 증거보전절차를 적극적으로 실시하거나, 비디오 등 중계장치에 의한 증인신문 등 여러 조화적인 제도를 적극 활용함으로써 달성할 수 있다는 것이다.

자의 연령 또는 신체적·정신적 장애를 고려하여 영상녹화물에 수록된 피해자의 진술에 대하여 원진술자인 피해자가 아니라 조사 과정에 동석하였던 신뢰관계 있는 제3자가 실질적 진정성립을 인정할 수 있는 예외를 두었다.

3) 사법경찰리가 위 피해자의 경찰에서의 진술과정을 촬영·녹음한 진술녹화테이프는 사법경찰관이 촬영·녹음한 진술녹화테이프로 볼 수 있고, 위 피해자와 신뢰관계에 있는 성폭력상담소 상담원이 함께 경찰에서의 조사 및 그 촬영과정에 동석한 후 제1심 제3회 기일의 위 진술녹화테이프에 대한 검증절차에서 한 진술에 의하여 그 성립의 진정함이 인정되었으므로 성폭력처벌법 제30조 제6항의 전문증거에 해당한다. 따라서 증거능력이 인정된다.

3. ②번 증거의 증거능력 – 제312조 제4항과 제313조 제1항의 전문증거 그리고 제314조의 특신상태

(1) 제312조 제4항의 증거능력 – 사법경찰리가 작성한 피해자에 대한 진술조서(제312조 제4항)의 진술기재 중 위 피해자의 진술 부분

전술한 사법경찰리 사무취급이론에 의하면 사법경찰리가 작성한 피해자에 대한 진술조서를 사법경찰관이 작성한 것으로 취급할 수 있다. 검사 또는 사법경찰관이 피고인이 아닌 자의 진술을 기재한 조서는 ① 적법한 절차와 방식에 따라 작성된 것으로서, ② 그 조서가 검사 또는 사법경찰관 앞에서 진술한 내용과 동일하게 기재되어 있음이 원진술자의 공판준비 또는 공판기일에서의 진술이나 영상녹화물 또는 그 밖의 객관적인 방법에 의하여 증명되고, ③ 피고인 또는 변호인이 공판준비 또는 공판기일에 그 기재 내용에 관하여 원진술자를 신문할 수 있었던 때에는 증거로 할 수 있다. ④ 다만, 그 조서에 기재된 진술이 특히 신빙할 수 있는 상태하에서 행하여졌음이 증명된 때에 한한다(제312조 제4항).

1) 적법한 절차와 방식이라 함은 제3자에 대한 조서 작성 과정에서 지켜야 할 진술거부권의 고지 등 형사소송법이 정한 제반절차를 준수하고 조서의 작성방식에도 어긋남이 없어야 한다는 것을 의미한다(대판 2012. 5. 24, 2011도7757; 대판 2017. 7. 18, 2015도12981). 사안에서는 적법한 절차와 방식에 어긋난 사정이 보이지 않으므로 이 부분은 충족한 것으로 본다.

2) 실질적 진정성립은 그 조서가 검사 또는 사법경찰관 앞에서 진술한 내용과 동일하게 기재되어 있음이 원진술자의 공판준비 또는 공판기일에서의 진술이나 영상녹화물 또는 그 밖의 객관적인 방법에 의하여 증명되는 것을 의미한다. 원진술자인 위 피해자가 제1심 법정에서 증인으로 출석하여 대부분의 증인신문사항에 관하여 기억이 나지 않는다는 취지로 진술하였으나 피해자의 진술내용이나 그에 대한 조서나 서류의 작성에 허위개입의 여지가 거의 없고 그 진술내용의 신빙성이나 임의성을 담보할 구체적이고 외부적인 정황이 있었다

고 하는바 후술하는 제314조의 예외에 해당한다면 원진술자의 실질적 진정성립을 인정하는 진술이 없음에도 불구하고 증거능력이 인정될 수 있다.

3) 반대신문의 기회가 부여되어야 하는데 이는 현실적으로 반대신문을 하여야 한다는 것은 아니다. 원진술자인 위 피해자가 제1심 법정에서 증인으로 출석하여 피고인 또는 변호인이 그 기재 내용에 관하여 원진술자를 신문할 기회가 있었던바, 이 요건도 충족되었다.

4) 제312조 제4항의 특신상태란 판례에 의하면 진술 내용이나 조서 작성에 허위개입의 여지가 거의 없고, 진술 내용의 신빙성이나 임의성을 담보할 구체적이고 외부적인 정황이 있는 것을 말한다(대판 2012. 7. 26, 2012도2937). 특신상태 역시 충족됨은 설문 상 명확하다.

(2) 의사가 작성한 초진기록지 사본(제313조 제1항) 및 정신과 의사가 작성한 소아·청소년 정신과 심리평가 보고서(제313조 제1항)의 각 기재 중 위 피해자의 진술 부분

1) 사본의 증거능력

우리 형사소송법은 증명 대상이 되는 사실과 가장 가까운 원본 증거를 재판의 기초로 삼아야 하며 원본 증거의 대체물 사용은 원칙적으로 허용되어서는 안 된다는 실질적 직접심리주의를 채택하고 있는바(대판 2006. 11. 24, 2006도4994), 법정에 현출되어야 하는 증거는 원칙적으로 원본이어야 하며 사본의 제출은 제한된다. 그러나 판례는 피의자신문조서의 초본이 제출된 사안에서 초본으로서의 특별한 요건 외에 ① 피의자신문조서의 원본이 존재하거나 존재하였을 것, ② 피의자신문조서의 원본 제출이 불능 또는 곤란한 사정이 있을 것, ③ 원본을 정확하게 전사하였을 것 등 3가지 요건을 전제로 피고인에 대한 검사 작성의 피의자신문조서원본과 동일하게 취급할 수 있다(대판 2002. 10. 22, 2000도5461)고 판시하여 예외적으로 증거능력을 인정하였다. 의사가 작성한 초진기록지 사본 역시 3가지 요건의 충족하에 그 증거능력이 인정될 수 있다.

2) 제313조 제1항의 요건

피고인 또는 피고인이 아닌 자가 작성한 진술서나 그 진술을 기재한 서류로서 ① 그 작성자 또는 진술자의 자필이거나 그 서명 또는 날인이 있는 것은 ② 공판준비나 공판기일에서의 그 작성자 또는 진술자의 진술에 의하여 그 성립의 진정함이 증명된 때에는 증거로 할 수 있다.

① **진술서와 진술서면의 구분**　　제313조 제1항의 진술서는 자기의 의사를 기재한 서면을 말하고 제312조 제5항과의 관계상 수사 이전에 작성하였거나, 수사과정과 별개로 작성한 진술서를 피고인 또는 제3자가 법원에 직접 제출하거나 공판심리 중에 작성하여 법원에 제출한 경우만을 말한다. 이에 반해 진술을 기재한 서류(진술서면)란 변호인이나 제3자(수사

기관은 제외)가 피고인 또는 피고인 아닌 자의 진술을 기재한 서류를 말한다.

설문에서 피해자의 진술이 기재된 의사의 초진기록지 사본이나 정신과 의사의 소아·청소년 정신과 심리평가 보고서는 제3자가 피고인 아닌 자의 진술을 기재한 서류로서 진술서면에 해당한다.

② 증거능력 인정요건으로서 진정성립의 의미 본조의 진정성립은 형식적 진정성립 이외에 실질적 진정성립을 포함하는 개념이며, 형식적 진정성립이란 진술서면의 서명이나 기명날인이 진정함을 의미하고 실질적 진정성립은 진술과 해당서류에 기재된 내용이 일치함을 의미한다. 본조는 제312조와 달리 적법한 절차와 방식에 따라 작성된 조서임은 요구하고 있지 않다. 따라서 의사와 정신과 의사의 서명이나 기명날인이 있고 공판준비 또는 공판기일에서의 진술에 의하여 실질적 진정성립이 인정되면 충분하다.

③ 진술서면의 진정성립의 인정주체 진술서면에 있어서는 작성자와 원진술자가 서로 다른데, 통설과 판례(대판 1997. 3. 28, 96도2417; 대판 2008. 7. 10, 2007도10755)는 제313조 제1항 본문의 작성자는 진술서에 대응되고, 원진술자는 진술기재서면에 대응된다고 보아 진술서면에 있어서는 작성자가 아니라 원진술자가 실질적 진정성립을 인정해야 한다고 본다. 사안에서는 원진술자인 피해자가 진정성립을 인정해야 할 것이다.

설문에서 피해자가 기억나지 않는다는 취지로 진술하여 실질적 진정성립이 이루어지지 않고 있지만 제314조의 예외에 해당한다면 의사의 초진기록지 사본, 정신과 의사의 보고서 모두 제313조 제1항의 요건을 충족하게 된다.

(3) 제314조에 의한 증거능력인정의 예외

1) 의 의

제314조는 "제312조 또는 제313조의 경우에 공판준비 또는 공판기일에 진술을 요하는 자가 사망·질병·외국거주·소재불명 그 밖에 이에 준하는 사유로 인하여 진술할 수 없는 때에는 그 조서 및 그 밖의 서류를 증거로 할 수 있다. 다만, 그 진술 또는 작성이 특히 신빙할 수 있는 상태 하에서 행하여졌음이 증명된 때에 한한다"라고 규정하고 있다.

2) 요 건

① 제312조 또는 제313조의 서류로서(대상), ② 사망·질병·외국거주·소재불명 그 밖에 이에 준하는 사유로 인하여 진술할 수 없는 때이어야 하며(필요성), ③ 그 진술 또는 작성이 특히 신빙할 수 있는 상태 하에서 행하여졌음이 증명되어야 한다(특신상태).

설문에서 참고인진술조서는 제312조 제4항의 서류이며, 의사의 초진기록지 사본과 정신과 의사의 보고서는 제313조 제1항의 서류임이 명백하다(대상의 충족). 다만 설문에서 원진술자인 피해자가 사망·질병·외국거주·소재불명 그 밖에 이에 준하는 사유로 인하여 진술할 수 없는 때인지(필요성의 충족 여부), 그리고 그 진술 또는 작성이 특히 신빙할 수 있는 상태 하에서 행하여졌음이 증명되었는지(특신상태의 충족 여부)가 문제된다.

3) 필요성의 충족 여부

증인이 증언거부권을 행사하여 증언을 거절한 때에 관한 판례이기는 하나 제314조의 예외사유의 범위에 대하여 판단기준을 제시하는 최근의 판례가 있다. 최근 전원합의체 판결(대판 2012. 5. 17, 2009도6788 전합. 마찬가지로 대판 2019. 11. 21, 2018도13945 전합)의 다수의견은 구 형사소송법 제314조에 비하여 현행 형사소송법은 그 예외사유의 범위를 더욱 엄격하게 제한하고 있다고 한 반면, 반대의견은 형사소송법 제314조는 작성자 또는 원진술자의 법정진술에 의하여 진정성립이 증명되지 아니한 서류라도 일정한 경우 증거로 할 수 있도록 허용한 규정으로서, 전문증거의 증거능력을 지나치게 엄격하게 제한함으로써 형사소송의 지도이념인 실체적 진실발견을 방해하여서는 아니 된다는 데 그 목적과 취지가 있다고 하였다. 반대의견은 나아가 위 규정의 '진술을 요하는 자가 사망·질병·외국거주·소재불명, 그 밖에 이에 준하는 사유로 인하여 진술할 수 없는 때'라 함은 서류의 작성자 또는 원진술자가 공판준비 또는 공판기일에 출석할 수 없는 경우는 물론이고 법정에 출석하더라도 그로부터 해당 서류의 진정성립에 관한 진술을 들을 수 없는 경우도 널리 포함한다고 해석하여야 한다고 보았다.

구 형사소송법하의 판례지만 형사소송법 제314조, 제316조 제2항에서 말하는 '원진술자가 진술을 할 수 없는 때'에는 사망, 질병 등 명시적으로 열거된 사유 외에도 원진술자가 공판정에서 진술을 한 경우라도 증인신문 당시 일정한 사항에 관하여 기억이 나지 않는다는 취지로 진술하여 그 진술의 일부가 재현 불가능하게 된 경우도 포함하는 것이라고 하여 수사기관에서 진술한 피해자인 유아가 공판정에서 진술을 하였더라도 증인신문 당시 일정한 사항에 관하여 기억이 나지 않는다는 취지로 진술하여 그 진술의 일부가 재현 불가능하게 된 경우, 형사소송법 제314조, 제316조 제2항에서 말하는 '원진술자가 진술을 할 수 없는 때'에 해당한다고 판시한 바 있다(대판 2006. 4. 14, 2005도9561).

설문에서 원진술자인 피해자가 제1심 법정에서 증인으로 출석하여 대부분의 증인신문사항에 관하여 기억이 나지 않는다는 취지로 진술하였는데, 피해자의 장애와 성폭력범죄의 피해자가 입는 정신적인 피해를 고려할 때 법정에 출석하더라도 그로부터 해당 서류의 진정성립에 관한 진술을 들을 수 없는 경우로 보아야 한다. 따라서 필요성이 충족된다.

4) 특신상태의 인정 여부

학설과 판례(대판 1995. 12. 26, 95도2340)는 일치하여 본조의 특신상태란 "그 진술 내용이나 조서 또는 서류의 작성에 허위 개입의 여지가 거의 없고, 그 진술내용의 신빙성이나 임의성을 담보할 구체적이고 외부적인 정황이 있는 경우"를 가리키는 것이라고 한다. 설문에 나타난 사정에 의하면 특신상태가 존재함이 명백하다.

(4) 소 결

사법경찰리작성 참고인진술조서는 제312조 제4항의 서류이며 제314조의 예외에 해당하여 증거능력이 인정되며, 의사가 작성한 초진기록지 사본과 정신과 의사가 작성한 보고서는 제313조 제1항의 진술서면이며 제314조의 예외에 해당하여 증거능력이 인정된다.

4. ③번 증거의 증거능력 – 재전문진술과 재전문진술이 기재된 조서의 증거능력

(1) 문 제 점

설문에서 피해자의 아버지의 원심 법정에서의 진술은 피해자의 어머니가 들었다는 피해자의 피해사실을 피해자의 어머니에게 다시 전해 들어서 알게 되었으므로, 전문진술이 2회에 걸쳐서 행해진 재전문진술이다. 반면 성폭력상담소 상담원의 검찰에서의 진술을 기재한 조서는 위 상담원이 피해자의 어머니가 들었다는 피해자의 피해사실을 피해자의 어머니에게 다시 전해 들어서 알게 되었고, 그 상담원의 진술이 기재된 것이므로, 재전문진술이 기재된 조서(참고인의 재전문진술이 기재된 검찰작성 참고인조서)이다.

이와 같이 전문법칙의 예외의 법리에 따라 증거능력이 인정되는 전문증거가 그 내용에서 다시 전문증거를 포함하는 경우(즉, 이중의 전문이 되는 경우)를 재전문증거라고 한다. 이러한 재전문증거 역시도 형사소송법 제310조의2의 규정에 의하여 원칙적으로 증거능력이 없음은 당연하나, 전문증거가 각각 증거능력 인정요건을 구비한다면 증거능력이 인정될 수 있는지가 문제된다.

(2) 판 례(대판 2000. 3. 10, 2000도159)

1) 전문진술을 기재한 조서의 경우

전문진술은 형사소송법 제316조 제2항의 규정에 따라 원진술자가 사망, 질병, 외국거주 기타 사유로 인하여 진술할 수 없고 그 진술이 특히 신빙할 수 있는 상태하에서 행하여진 때에 한하여 예외적으로 증거능력이 있다고 할 것이고, 전문진술이 기재된 조서는 형사소송법 제312조 또는 제314조의 규정에 의하여 각 그 증거능력이 인정될 수 있는 경우에 해당하여야 함을 물론 나아가 형사소송법 제316조 제2항의 규정에 따른 위와 같은 요건을 갖추어야 예외적으로 증거능력이 있다.

2) 재전문진술과 재전문진술을 기재한 조서의 경우

형사소송법은 전문진술에 대하여 제316조에서 실질상 단순한 전문의 형태를 취하는 경우에 한하여 예외적으로 그 증거능력을 인정하는 규정을 두고 있을 뿐, 재전문진술이나 재전문진술을 기재한 조서에 대하여는 달리 그 증거능력을 인정하는 규정을 두고 있지 아니하고 있으므로, 피고인이 증거로 하는 데 동의하지 아니하는 한 형사소송법 제310조의2의 규정에 의하여 이를 증거로 할 수 없다.

(3) 비판 및 검토

1) 판례는 전문진술을 기재한 조서에 대하여 전문진술이 기재된 조서는 형사소송법 제312조 또는 제314조의 규정에 의하여 각 그 증거능력이 인정될 수 있는 경우에 해당하여야 함은 물론 나아가 형사소송법 제316조 제2항의 규정에 따른 위와 같은 요건을 갖추면 충분하다고 하지만, 여기서 한걸음 나아가 최초진술자의 진술에 의해서 재전문진술이 자신의 진술과 동일하다는 점이 또한 인정되어야 가중된 왜곡을 차단할 수 있다는 지적이 있다.

2) 그리고 재전문진술(사안에서 아버지의 진술)이나 재전문진술을 기재한 조서(사안에서 상담원의 재전문진술이 기재된 검찰작성 참고인조서)의 경우 그 증거능력을 인정하는 규정을 두고 있지 아니하여 피고인이 증거로 하는 데 동의하지 아니하는 한 형사소송법 제310조의2의 규정에 의하여 이를 증거로 할 수 없다고 하였지만, 아동성폭력범죄와 같은 특수한 상황에서 이러한 누적적 전문증거의 증거능력을 인정함으로써 효과적인 대처를 하고 있는 미국연방증거법의 규율을 참고하여 우리나라에서도 전문법칙의 예외조항을 모두 충족한다면 증거능력을 부여하는 것이 타당하다는 지적이 있다. 이때에도 역시 최초진술자의 진술에 의해서 재전문진술이 자신의 진술과 동일하다는 점이 또한 인정된다면 가중된 왜곡을 차단할 수 있을 것이다.

(4) 사안의 재전문증거의 증거능력이 인정되기 위한 구체적 요건 검토

피해자의 아버지의 재전문진술은 형사소송법 제316조 제2항의 예외사유(필요성)와 특신상태의 요건을 거듭 충족시킬 경우에 증거능력이 인정될 수 있다. 상담원의 재전문진술이 기재된 검찰의 참고인조서는 제316조 제2항의 요건을 거듭 충족시키고 검찰작성 참고인진술조서에 대한 제312조 제4항 상의 요건을 충족시켜야 한다. 나아가 최초진술자인 피해자의 진술에 의해서 재전문진술과 재전문진술이 기재된 조서의 내용이 자신의 진술과 동일하다는 점이 또한 인정된다면 가중된 왜곡을 차단할 수 있을 것이다.

5. 사안의 해결

(1) 사법경찰리가 위 피해자의 경찰에서의 진술과정을 촬영·녹음한 진술녹화테이프(①번 증거)는 사법경찰관이 촬영·녹음한 진술녹화테이프로 볼 수 있고, 위 피해자와 신뢰관계에 있는 성폭력상담소 상담원이 함께 경찰에서의 조사 및 그 촬영과정에 동석한 후 제1심 제3회 기일의 위 진술녹화테이프에 대한 검증절차에서 한 진술에 의하여 그 성립의 진정함

이 인정되었으므로 성폭력처벌법 제30조 제6항의 전문증거에 해당한다. 따라서 증거능력이 인정된다.

(2) 사법경찰리작성 참고인진술조서는 제312조 제4항의 서류이며 제314조의 예외에 해당하여 증거능력이 인정되며, 의사가 작성한 초진기록지 사본과 정신과 의사가 작성한 보고서는 제313조 제1항의 진술서면이며 제314조의 예외에 해당하여 증거능력이 인정된다. 각각의 조서와 진술서면에 기재된 피해자의 진술 부분(②번 증거)은 역시 증거능력이 인정된다.

(3) 원심 법정에서의 피해자의 아버지의 재전문진술은 형사소송법 제316조 제2항의 예외사유(필요성)와 특신상태의 요건을 거듭 충족시킬 경우에 증거능력이 인정될 수 있다. 상담원의 재전문진술이 기재된 검찰의 참고인조서는 제316조 제2항의 요건을 거듭 충족시키고 검찰작성 참고인진술조서에 대한 제312조 제4항 상의 요건을 충족시켜야 한다. 나아가 최초진술자인 피해자의 진술에 의해서 재전문진술과 재전문진술이 기재된 조서(③번 증거)의 내용이 자신의 진술과 동일하다는 점이 또한 인정된다면 가중된 왜곡을 차단할 수 있을 것이다.

판 례 색 인

사 항 색 인

저자약력

하태훈
고려대학교 법과대학 졸업(1981년)
고려대학교 대학원 형사법 전공(1985년 법학석사)
독일 Köln대학교 법과대학 박사과정(1990년 Dr. jur.)
UC Berkeley, School of Law, Visiting Scholar
경찰청 인권위원회 위원
대법원 양형위원회 위원
고려대학교 교원윤리위원회 위원장
고려대학교 법학연구원 원장
한국비교형사법학회 회장
한국형사법학회 회장
국가인권위원회 혁신위원회 위원장
한국범죄방지재단 학술상 수상
법무부 교정정책자문단 위원장
참여연대 공동대표
현: 고려대학교 법학전문대학원 교수
    한국형사·법무정책연구원 원장

저서 및 주요 논문
Die strafrechtliche Behandlung des untauglichen Versuchs, Baden-Baden(1991).
사례중심 형법총론, 법원사(2002).
판례중심 형법총론·각론, 법원사(2006).
검찰공화국, 대한민국(공저), 삼인(2011).
명확성의 원칙과 일반교통방해죄의 예시적 입법형식, 형사법연구 제26권 2호(2014).
합리적인 사법제도 구현방안, 고려법학 제75호(2014).
수사공보준칙과 피의사실공표죄, 안암법학 제48호(2015).
한국 형사법학 60년의 회고와 전망 -형사소송법 중 총론과 수사를 중심으로-, 형사법연구 제29권 3호(2017).
형사사건에서의 재판전 범죄보도에 대한 제도적 통제방안에 관한 연구(공저), 법원행정처(2017).
의료법학 20주년 회고와 전망(형사법 분야), 의료법학 제20권 3호(2019).
수사권·기소권 분리와 독립수사기구 설치 방안(공저), 국회입법조사처(2020).
수용자 인권보호를 위한 과밀수용 해소방안 연구(공저), 법무부(2021).
사례판례중심 형법강의, 법원사(2021) 등 다수.

김정철

고려대학교 법과대학 졸업(2000년)

고려대학교 대학원 형사법 전공(2007년 법학석사, 2014년 법학박사)

국회법정형정비 자문위원

서강대학교 법학전문대학원 겸임교수

서울지방변호사회 기획이사

성균관대학교 법학전문대학원 겸임교수

서울지방변호사회 수사권조정 및 공수처 TF 위원

현: 법무법인 우리 대표변호사

    한국형사소송법학회 정회원(인권이사)

    서울지방경찰청 수사이의심사위원회 위원

저서 및 주요 논문

公判中心主義 관점에서 바라 본 公訴權濫用(公訴維持濫用)에 관한 研究(2007년 석사논문).

자본시장법상 금융투자상품의 투자자보호를 위한 제도에 관한 연구: 자본시장법 제178조의 해석과 증권관련집단소송법 개정방안을 중심으로(2014년 박사논문).

투자자보호를 위한 자본시장과 금융투자업에 관한 법률 제178조 제1항 제1호의 부정거래행위에 대한 해석(2015년, 안암법학).

로스쿨 형사사례연습(법문사 刊).

형법포로이어스, 형소포로이어스(헤르메스 刊).

로이어스 형사법 기록형(헤르메스 刊).

로이어스 특별형법(헤르메스 刊) 외 다수.

제6판
형사법사례연습

초판발행　　　　　2004년 11월 30일
제4판발행　　　　　2014년　2월 25일
전면 개정판발행　　2020년　6월 10일
제6판발행　　　　　2022년　5월 25일

지은이　　　하태훈·김정철
펴낸이　　　안종만·안상준

편　집　　　장유나
기획/마케팅　조성호
표지디자인　이소연
제　작　　　고철민·조영환

펴낸곳　　　㈜ **박영사**
　　　　　　서울특별시 금천구 가산디지털2로 53, 210호(가산동, 한라시그마밸리)
　　　　　　등록　1959. 3. 11. 제300-1959-1호(倫)

전　화　　　02)733-6771
f a x　　　02)736-4818
e-mail　　　pys@pybook.co.kr
homepage　www.pybook.co.kr
ISBN　　　979-11-303-4190-3　　93360

정　가　　　43,000원